Instrumente zur Dürrebewältigung im öffentlichen Wasserrecht

Das Recht der Wasser- und Entsorgungswirtschaft

Herausgegeben von Professor Dr. Dr. Wolfgang Durner, Direktor des Instituts für das Recht der Wasser- und Entsorgungswirtschaft an der Universität Bonn, mit Unterstützung des Vereins zur Förderung des Instituts

Band 54

Instrumente zur Dürrebewältigung im öffentlichen Wasserrecht

Eine rechtsvergleichende Untersuchung zwischen dem Bundesland Baden-Württemberg und dem US-Bundesstaat Kalifornien

Von

Dr. Victoria Caillet

Carl Heymanns Verlag 2022

Zitiervorschlag: *Caillet*, Instrumente zur Dürrebewältigung im öffentlichen Wasserrecht (RWW Bd. 54), S. 1

Bibliografische Information der Deutschen Nationalbibliothek
Die Deutsche Nationalbibliothek verzeichnet diese Publikation in der Deutschen Nationalbibliografie; detaillierte bibliografische Daten sind im Internet über http://dnb.d-nb.de abrufbar.

ISBN 978-3-452-29872-0

Zugleich Dissertation Universität Heidelberg, 2021

www.wolterskluwer.de

Alle Rechte vorbehalten.
© 2022 Wolters Kluwer Deutschland GmbH, Wolters-Kluwer-Str. 1, 50354 Hürth.

Das Werk einschließlich aller seiner Teile ist urheberrechtlich geschützt. Jede Verwertung außerhalb der engen Grenzen des Urheberrechtsgesetzes ist ohne Zustimmung des Verlages unzulässig und strafbar. Das gilt insbesondere für Vervielfältigungen, Übersetzungen, Mikroverfilmungen und die Einspeicherung und Verarbeitung in elektronischen Systemen.

Verlag, Herausgeber und Autorin übernehmen keine Haftung für inhaltliche oder drucktechnische Fehler.

Umschlagkonzeption: Martina Busch Grafikdesign, Homburg-Kirrberg
Satz: R. John + W. John GbR, Köln
Druck und Weiterverarbeitung: SDK Systemdruck Köln GmbH & Co. KG

Gedruckt auf säurefreiem, alterungsbeständigem und chlorfreiem Papier.

To my family

Vorwort

Die vorliegende Arbeit wurde im Wintersemester 2020/2021 von der Juristischen Fakultät der Ruprecht-Karls-Universität Heidelberg als Dissertation angenommen. Für die Druckfassung wurde sie aktualisiert und auf den Stand Juni 2021 gebracht. Printquellen zum kalifornischen Teil der Arbeit konnten bis März 2019 berücksichtigt werden.

Mein besonderer Dank gilt meiner Doktormutter, Frau Prof. Dr. Ute Mager für ihre wertvollen Anregungen und hervorragende Betreuung bei der Erstellung der vorliegenden Arbeit. Sie hat mich in jedem Stadium der Arbeit mit großem Engagement unterstützt und gleichzeitig den unverzichtbaren wissenschaftlichen Freiraum ermöglicht. Ihr Einsatz bereicherte die vorliegende Arbeit auch durch die Vernetzung mit anderen Forschungsgruppen, Experten und Entscheidungsträgern.

Ausdrücklicher Dank gilt auch Herrn Prof. Dr. Dr. Wolfgang Kahl für die die Erstellung des Zweitgutachtens, Herrn Prof. Dr. Hanno Kube für sein Mitwirken in der Prüfungskommission, sowie Herrn Prof. Dr. Dr. Wolfgang Durner für die Aufnahme der Arbeit in die Schriftenreihe »Das Recht der Wasser- und Entsorgungswirtschaft«. Ganz besonderer Dank gebührt Prof. Richard Frank, J. D. von der University of California Davis für den wissenschaftlichen Austausch, seine Denkanstöße und die selbstverständliche Einbindung in die wasserrechtliche Forschungsgemeinschaft in Kalifornien, die für eine Erschließung der kalifornischen Rechtslage unverzichtbar war.

Die vorliegende Arbeit entstand als Teil des interdisziplinären Forschungsprojekts Drought Processes, Impacts and Resilience (DRIeR), gefördert durch das Ministerium für Wissenschaft, Forschung und Kunst Baden-Württemberg. DRIeR ermöglichte zudem auch den Austausch mit ForscherInnen anderer Disziplinen. Ihnen gilt ein herzliches Dankeschön für die gewinnbringende Zusammenarbeit und wertvolle Denkanstöße zum Dürremanagement als Querschnittsmaterie. Großer Dank gebührt den vielen Gesprächspartnern aus der Verwaltung, der Praxis und dem Verbandswesen für Ihre bereichernden Erfahrungsberichte. Mein Forschungsaufenthalt in Kalifornien im Frühjahr 2017 gewährte unverzichtbare Einblicke in die dortige Dürrebewältigung durch den Austausch mit ForscherInnen, BehördenvertreterInnen und Verbänden. Ein herzlicher Dank gilt meinen ehemaligen KollegInnen am Lehrstuhl von Prof. Mager, ganz besonders Dr. Peter Zoth, Dr. Maximilian Mödinger und Felix Bruckert, am Geographischen Institut, am HCA und am HCE der Universität Heidelberg.

Ein spezieller Dank geht an meine Familie und FreundInnen, die mir in jeder Phase dieser Arbeit permanent mit Rat und Tat zur Seite standen. An meine Eltern Susanne und Jürgen für ihre Anregungen und uneingeschränkte Unterstützung. An meine Schwester Valerie, die mir stets mit offenen Armen und Ohren zur Seite stand. An Niklas, für Deinen bedingungslosen Rückhalt und nicht zuletzt für Deine Zeit und Geduld bei der technischen Umsetzung dieser Arbeit. To family and friends here and there, for your unlimited support and help in many ways.

An alle, die mich auf diesem Lebensabschnitt begleitet und die Zeit unvergesslich und einmalig gemacht haben. Danke, dass ihr immer für mich da wart.

Heidelberg, März 2022 *Victoria Caillet*

Inhaltsübersicht

Vorwort VII

Inhaltsübersicht IX

Inhalt XI

A. Einleitung 1
I. Anlass der Arbeit und Forschungsgegenstand 1
II. Methodische Vorgehensweise 5
III. Gang der Untersuchung 6
IV. Ordnung der wasserrechtlichen Instrumente 7
V. Grundbegriffe der Arbeit 9

B. Grundlagen 19
I. Wasserressourcen in Baden-Württemberg und Kalifornien: Dargebot und Nutzung . . . 19
II. Tatsächliche Ausgangsbedingungen im Umgang mit Dürreereignissen 30
III. Zwischen Risikovorsorge und Gefahrenabwehr 42

C. Die Rechtslage im Bundesland Baden-Württemberg 51
I. Historische Regelungsansätze der Wasserverteilung 51
II. Rechtliche Rahmenbedingungen 53
III. Instrumente mit Eignung zur Dürrebewältigung 81

D. Die Rechtslage im US-Bundesstaat Kalifornien 199
I. Rechtliche Rahmenbedingungen 199
II. Entwicklung des modernen Dürremanagements im Wasserrecht 220
III. Instrumente zur Dürrebewältigung 224

E. Vergleich und Handlungsempfehlungen 361
I. Rechtliche Rahmenbedingungen für die Dürrebewältigung 361
II. Instrumente direkter Verhaltenssteuerung 373
III. Planerische Instrumente 412
IV. Ökonomische Instrumente 438
V. Zusammenwirken von Wasserrecht und anderen Rechtsgebieten 447

F. Zusammenfassung der Ergebnisse und Fazit 455
I. Zusammenfassung der Ergebnisse 455
II. Fazit 461

Abkürzungen 463

Rechtsquellen 467

Literatur 473

Abbildungen und Tabellen 537

Sachregister 539

Inhalt

Vorwort VII

Inhaltsübersicht IX

A. Einleitung 1
  I. Anlass der Arbeit und Forschungsgegenstand 1
    1. Wahl der zu vergleichenden Rechtsordnungen 2
    2. Forschungsstand 3
  II. Methodische Vorgehensweise 5
  III. Gang der Untersuchung 6
  IV. Ordnung der wasserrechtlichen Instrumente 7
  V. Grundbegriffe der Arbeit 9
    1. Trockenheit und Dürre 10
      a) Abgrenzung verwandter Begriffe: Dürre, Wasserknappheit, Aridität, Verwüstung .. 10
      b) Zu den Unterschieden zwischen Dürre und Trockenheit .. 11
      c) Rechtliche Ansätze zur Begriffsbestimmung 14
    2. Drought 15
    3. Bedeutung der Definitionenvielfalt für Rechtssetzung und -anwendung 16

B. Grundlagen 19
  I. Wasserressourcen in Baden-Württemberg und Kalifornien: Dargebot und Nutzung ... 19
    1. Wasserdargebot 20
    2. Einfluss des Wasserdargebots auf die Wasserinfrastruktur .. 22
    3. Nutzungsinteressen und Inanspruchnahme des Wasserdargebots .. 24
      a) Öffentliche Wasserversorgung 25
      b) Landwirtschaft 26
      c) Energiewirtschaft 27
      d) Industrie und verarbeitendes Gewerbe 28
      e) Schifffahrt 29
      f) Gewässerökologie 29
    4. Zusammenfassung 29
  II. Tatsächliche Ausgangsbedingungen im Umgang mit Dürreereignissen .. 30
    1. Auswirkungen 30
      a) In Baden-Württemberg 31
      b) In Kalifornien 36
      c) Zusammenfassung 37
    2. Dürremonitoring und -vorhersage: Das Unsichtbare sichtbar machen 38
    3. Dürreereignisse in Baden-Württemberg als Folge des Klimawandels 41

Inhalt

III.	*Zwischen Risikovorsorge und Gefahrenabwehr*	42
1.	Der Risikobegriff im öffentlichen Wasserrecht für Baden-Württemberg und Kalifornien	43
2.	Dürrebewältigung durch Risikomanagement	46

C. Die Rechtslage im Bundesland Baden-Württemberg ... 51

I. Historische Regelungsansätze der Wasserverteilung ... 51

II. Rechtliche Rahmenbedingungen ... 53
1. Unionsrechtlicher Rahmen zur Dürrebewältigung ... 53
   a) Unionsrechtliche Regelungskompetenz, Art. 192 Abs. 2 UAbs. 1 AEUV ... 54
   b) Europäische Dürrebewältigungsstrategie ... 55
   c) Bedeutung und Eignung der Umweltprinzipien ... 56
      aa) Verursacherprinzip, Art. 191 Abs. 2 UA. 1 S. 2 AEUV, Art. 20a GG ... 56
      bb) Vorsorgeprinzip, Art. 191 Abs. 2 UA. 1 S. 2 AEUV, Art. 20a GG ... 57
      cc) Nachhaltigkeitsprinzip, Art. 3 Abs. 3 EUV, Art. 11 AEUV ... 58
2. Verfassungsrechtlicher Rahmen ... 59
   a) Gesetzgebungskompetenz, Art. 72 Abs. 3 S. 1 Nr. 5, 74 Abs. Nr. 32 GG ... 59
   b) Verwaltungskompetenz ... 60
   c) Schutz der Gewässer als natürliche Lebensgrundlage, Art. 20a GG ... 60
   d) Grundrechtliche Schutzpflicht des Staates vor Extremereignissen ... 61
3. Benutzungsregulierung im dreistufigen Verwaltungsaufbau ... 63
4. Bildung und Funktion von Wasserverbänden ... 64
5. Wasserrechtliche Prinzipien mit Eignung zur Dürrebewältigung ... 65
   a) Allgemeine Grundsätze der Bewirtschaftung, § 6 WHG ... 66
      aa) Der Begriff der nachhaltigen Bewirtschaftung, § 6 Abs. 1 S. 1 WHG ... 66
      bb) Bewirtschaftung zum Allgemeinwohl, § 6 Abs. 1 S. 1 Nr. 3 WHG ... 67
      cc) Erhaltung von Nutzungsmöglichkeiten, § 6 Abs. 1 S. 1 Nr. 4 WHG ... 68
      dd) Vermeidung von Folgen des Klimawandels, § 6 Abs. 1 S. 1 Nr. 5 WHG ... 68
      ee) Zwischenbilanz ... 69
   b) Eignung allgemeiner Kollisionsregeln bei Nutzungskonflikten ... 70
   c) Bewirtschaftungsziele und -vorgaben der Wasserrahmenrichtlinie ... 71
      aa) Guter Zustand der Oberflächengewässer, § 27 Abs. 1 WHG ... 72
      bb) Guter Zustand des Grundwassers, § 47 Abs. 1 WHG ... 73
      cc) Verschlechterungsverbot ... 74
      dd) Dürre als Ausnahme von Bewirtschaftungszielen, § 31 WHG ... 76
         (1) Vorübergehende Verschlechterung, § 31 Abs. 1 WHG ... 76
         (2) Natürliche Ursache, § 31 Abs. 1 Nr. 1 lit. a WHG ... 77
         (3) Außergewöhnliches und nicht vorhersehbares Ereignis, § 31 Abs. 1 Nr. 1 lit. a WHG ... 77
         (4) Verhaltenspflichten bei rechtmäßiger Ausnahme vom Verschlechterungsverbot ... 79
      ee) Zwischenbilanz ... 80
   d) Bewertung ... 81

III. Instrumente mit Eignung zur Dürrebewältigung ... 81
1. Instrumente direkter Verhaltenssteuerung ... 82
   a) Zwingende Rechtssätze ... 83
      aa) Allgemeine Sorgfaltspflichten, § 5 Abs. 1 WHG ... 83
         (1) Vermeidung nachteiliger Gewässerveränderungen, § 5 Abs. 1 Nr. 1 WHG ... 84
         (2) Sparsamkeitsgebot, § 5 Abs. 1 Nr. 2 WHG ... 84
         (3) Zwischenbilanz ... 87

bb) Die Mindestwasserführung, § 33 WHG 88
    (1) Bedeutung für Niedrigwassersituationen 88
    (2) Regelungsadressat und Schutzniveau bei Niedrigwasser 90
    (3) Bestimmung der erforderlichen Abflussmenge 91
    (4) Die Mindestwasserführung auf Ebene der administrativen Einzelfallentscheidung 93
        α) Konkretisierung von § 33 WHG in wasserrechtlichen Genehmigungsbescheiden............................ 93
        β) Überwachung und Ausnahmen 94
    (5) Zwischenbilanz................................ 95
cc) Abfluss und Durchgängigkeit von Gewässern, §§ 34, 35 WHG 96
b) Präventive Steuerung des Benutzungsverhaltens: Das repressive Verbot mit Erlaubnisvorbehalt, § 8 WHG 98
  aa) Anwendungsbereich, §§ 8 Abs. 1, 9 Abs. 1 und 2 WHG 99
  bb) Behördlicher Gestaltungsspielraum, § 12 WHG 100
    (1) Zwingende Versagungsgründe zum Schutz des Wasserhaushalts, § 12 Abs. 1 WHG 100
    (2) Ergänzende Voraussetzungen nach §§ 14 f. WHG 102
        α) Bewilligung, § 14 WHG........................ 103
        β) Gehobene Erlaubnis, § 15 WHG 104
    (3) Das Bewirtschaftungsermessen, § 12 Abs. 2 WHG.............. 104
    (4) Inhalts- und Nebenbestimmungen, § 13 WHG................ 105
        α) Umfang der Steuerungsmöglichkeiten................. 106
        β) Entnahmeregulierung durch Inhaltsbestimmungen............ 106
        γ) Gestaltungsspielraum durch Nebenbestimmungen 107
    (5) Zwischenbilanz 109
  cc) Antragskonkurrenzen im Genehmigungsverfahren, § 94 WG-BW 109
  dd) Zwischenbilanz 111
c) Inhalt und Grenzen genehmigungsfreier Benutzungen 112
  aa) Gemeingebrauch an Oberflächengewässern, § 25 WHG iVm. § 20 WG-BW .. 113
    (1) Benutzungszwecke, § 20 Abs. 1 S. 1 Hs. 1 WG-BW 113
    (2) Genehmigungsfreie Entnahmen für Land-, Forstwirtschaft und Gartenbau, § 20 Abs. 1 S. 2 WG-BW 114
    (3) Die Generalklausel »ähnliche unschädliche Verrichtungen«, § 20 Abs. 1 S. 1 Hs. 1 WG-BW 116
    (4) Zwischenbilanz................................ 116
  bb) Erlaubnisfreie Nutzung des Grundwassers, § 46 WHG iVm. § 42 WG-BW .. 117
    (1) Benutzungszwecke, § 46 Abs. 1 WHG.................... 117
    (2) Benutzungszwecke nach § 42 Abs. 2 WG-BW 119
    (3) Tatsächliche und rechtliche Beschränkungen................. 119
    (4) Bewertung 120
  cc) Alte Rechte und alte Befugnisse, §§ 20, 21 WHG 121
  dd) Zwischenbilanz 122
d) Repressive Steuerung von Gewässerbenutzungen 122
  aa) Verhältnis der repressiven Instrumente zueinander 123
  bb) Anpassung von Genehmigungsfestsetzungen, §§ 13, 18 WHG 124
    (1) Nachträgliche Modifikation, § 13 WHG 125
    (2) Widerruf, § 18 WHG............................. 125
  cc) Benutzungsregulierung durch die Gewässeraufsicht 127
    (1) Eingriffsbefugnis der Gewässeraufsicht, § 100 Abs. 1 S. 2 WHG 127
    (2) Anwendungsbereich der wasserrechtlichen Generalklausel, § 100 Abs. 1 S. 2 WHG 128

		(3)	Maßnahmen der Gewässeraufsicht, § 100 Abs. 1 S. 2, Abs. 2 WHG iVm. § 75 WG-BW		129
		(4)	Zwischenbilanz		130
	dd)	Nachträgliche Regulierung genehmigungsfreier Benutzungen			131
		(1)	Beschränkung des Gemeingebrauchs, § 25 S. 1 WHG iVm. § 21 Abs. 2 Nr. 1 WG-BW		131
			α)	Doppelte Zuständigkeit von Wasser- und Ortspolizeibehörde	132
			β)	Befugnis und Anlass zur Regelung des Gemeingebrauchs nach § 21 Abs. 2 WG-BW bei Dürre	133
			γ)	Regelungsinhalt nach § 21 Abs. 2 Nr. 1 WG-BW	134
			δ)	Sanktionierung rechtswidriger Entnahmen	135
		(2)	Beschränkung erlaubnisfreier Grundwasserentnahmen, § 46 WHG iVm. § 42 WG-BW		136
		(3)	Zwischenbilanz		136
	ee)	Ausgleichsverfahren bei Nutzungskonkurrenzen, § 22 WHG			137
		(1)	Anwendung bei dürrebedingten Konkurrenzsituationen		138
		(2)	Anpassungsmöglichkeiten der Benutzungen, § 22 S. 2 WHG		139
	ff)	Zwischenbilanz			140
e)	Besondere Verhaltenssteuerung in Wasserschutzgebieten, §§ 51, 52 WHG				141
	aa)	Ausweisung eines Wasserschutzgebiets, § 51 WHG			141
	bb)	Verhaltensregeln in Wasserschutzgebieten, § 52 WHG			143
		(1)	Schutzanordnungen nach der VwV Wasserschutzgebiete		143
		(2)	Nutzungsregelungen nach der SchALVO		144
	cc)	Zwischenbilanz			146
f)	Sanktionierung und Haftung bei Zuwiderhandlungen				146
	aa)	Bußgeldvorschriften für illegale Gewässerbenutzungen, § 103 WHG iVm. § 126 WG-BW			147
	bb)	Haftung für nachteilige Veränderungen der Wasserbeschaffenheit, § 89 WHG			148
g)	*Ad hoc* Regelungen für besondere Gefahrensituationen				149
	aa)	Beschränkung der örtlichen Nachfrage durch öffentliche Wasserversorger			149
	bb)	Eignung des LKatSG zur *ad hoc* Dürrebewältigung			151
		(1)	Feststellung eines Katastrophenfalls, § 1 Abs. 2 LKatSG		151
		(2)	Feststellung eines Katastrophenvoralarms, § 22 LKatSG		152
		(3)	Rechtsfolgen der Feststellung eines Katastrophenfalls		152
	cc)	Trinkwassernotversorgung nach dem WasSiG			153
		(1)	Anwendungsbereich des WasSiG		153
		(2)	Eignung des WasSiG für die Dürrebewältigung		155
	dd)	Zwischenbilanz			156
h)	Bewertung				156
2.	Planerische Instrumente				157
a)	Eignung von Bewirtschaftungsplänen zur Dürrebewältigung, § 83 WHG				157
	aa)	Aufstellungs- und Aktualisierungsverfahren, § 83 Abs. 4 WHG			158
	bb)	Dürrerelevanter Planungsinhalt in Bewirtschaftungsplänen, § 83 WHG			159
		(1)	Gesetzlicher Mindestinhalt, § 83 Abs. 2 WHG		159
		(2)	Berücksichtigung von Dürreereignissen in den baden-württembergischen Bewirtschaftungsplänen		161
		(3)	Zwischenbilanz		163
b)	Eignung von Maßnahmenprogrammen zur Dürrebewältigung, § 82 WHG				164
	aa)	Aufstellungs- und Aktualisierungsverfahren			165
	bb)	Dürrerelevanter Planungsinhalt in Maßnahmenprogrammen, § 82 WHG			166
		(1)	Gesetzlich vorgegebener Regelungsinhalt		166
			α)	Grundlegende Maßnahmen, § 82 Abs. 2, Abs. 3 WHG	167

	β) Ergänzende Maßnahmen, § 82 Abs. 2, Abs. 4 WHG	167
	(2) Berücksichtigung von Dürreereignissen in den baden-württembergischen Maßnahmenprogrammen	168
	(3) Zwischenbilanz	170
c)	Dürrebewirtschaftungspläne nach § 83 Abs. 3 WHG	171
d)	Maßnahmenpläne der Wasserversorger, § 38 Abs. 1 IfSG iVm. § 16 Abs. 5 TrinkwV	172
e)	Gewässerökologiepläne mit Eignung zur Dürrebewältigung	173
	aa) Regulierung der Gewässertemperatur durch Wärmelastpläne	173
	(1) Entwicklung	173
	(2) Beispiel: Der Wärmelastplan Neckar	174
	bb) Regulierung der Sauerstoffkonzentration: Das Sauerstoffreglement Neckar	176
f)	Gewässerschutz durch Warn- und Alarmpläne	178
	aa) Katastrophenschutzrechtliche Alarmpläne: Der IWA-Rhein	178
	bb) Gewässerökologische Alarmpläne: Der AMÖ	179
g)	Zusammenfassung	181
3. Ökonomische Instrumente		181
a)	Wasserentnahmeentgelt, § 100 WG-BW	182
	aa) Entgeltpflicht, § 102 WG-BW	183
	bb) Ausnahmen von der Entgeltpflicht, § 103 WG-BW	184
	cc) Bemessungsgrundlage, § 104 WG-BW	185
	(1) Rechtliche Vorgaben für die Tarifgestaltung	186
	(2) Das Wasserentnahmeentgelt in der Praxis der öffentlichen Wasserversorgung	187
	dd) Zusammenfassung und Bewertung	189
b)	Staatliche Zuwendungen	190
	aa) Der MEPL 2014–2020	190
	bb) Soforthilfen für die Landwirtschaft nach der VwV Dürrehilfe	191
c)	Privatrechtliche Entschädigung durch Versicherungspolicen	194
	aa) Versicherungsmodelle zur Absicherung von Dürreschäden	194
	bb) Steuerungspotential der derzeitigen Dürreversicherungen	196
4. Zusammenfassung und Bewertung		197

D. Die Rechtslage im US-Bundesstaat Kalifornien 199

I. Rechtliche Rahmenbedingungen 199

1. Rechtsquellen des kalifornischen Wassermengenrechts 199
   - a) Verfassung 200
   - b) Formelle Gesetze (*statutes*) 200
   - c) Regulations 201
   - d) Case Law 201
   - e) Pläne 201
   - f) Bundesrecht 202
2. Verwaltungskompetenz im Wassermengenrecht 203
   - a) Bundesbehörden (*federal agencies*) 203
   - b) Bundesstaatliche Behörden (*state agencies*) 204
     - aa) Der »*good cop*« der kalifornischen Wasserbehörden: Das DWR 204
     - bb) Der »*bad cop*« der kalifornischen Wasserbehörden: Das SWRCB 205
   - c) Bewirtschaftung der Gewässer durch die Lokalverwaltung (*local government*) 206
     - aa) *Counties* 207
     - bb) *Incorporated municipalities* 207
     - cc) *Special districts* 208

3. Grundlagen und Systematik des kalifornischen Wasserrechts 210
   a) Grundprinzipien 210
      aa) Die Reasonable and Beneficial Use Doctrine, Art. 10 Sec. 2 Cal. Const. 210
      bb) Die PTD 212
      cc) Eigentum an Gewässern in Kalifornien 214
      dd) Rechtliche Aufspaltung des Regelungsgegenstands 214
   b) Das System der Wasserrechte 215
      aa) Dogmatik des dualen Wasserrechtesystems 215
      bb) Wasserrechte an Oberflächengewässern und *subterranean streams*, § 102 WAT 216
      cc) Wasserrechte an Grundwasser im engeren Sinne (*percolating groundwater*) . . 218
   c) Bewertung des dualen Wasserrechtesystems für die Dürrebewältigung 219
II. Entwicklung des modernen Dürremanagements im Wasserrecht 220
III. Instrumente zur Dürrebewältigung 224
1. Instrumente direkter Verhaltenssteuerung 225
   a) Das kalifornische Nutzungsregime: Nutzungsumfang und Beschränkungsmöglichkeit von Wasserrechten 225
      aa) Anpassung der Nutzungsmenge, Art. 10 Sec. 2 Cal. Const. 225
      bb) Regelung der Nutzungsmenge von *post-1914 appropriative rights* 227
      cc) Zwischenbilanz 230
   b) Wasserverteilung in Kalifornien: die Hierarchie der Wasserrechte 231
      aa) Vertikale und horizontale Priorisierung nach Art des Wasserrechts 231
      bb) Modifikation durch *reasonable and beneficial use*, Art. 10 Sec. 2 Cal. Const. . 233
      cc) Stärkung häuslicher Wassernutzungen durch das *human right to water*, § 106.3 WAT 236
      dd) Ausnahmsweise Abweichungen von der Hierarchie der Wasserrechte durch *area of origin priorities* 236
      ee) Besonderheiten für Grundwasser 237
      ff) Zwischenbilanz 238
   c) Nachträgliche Beschränkung von Wasserrechten 239
   d) Durchsetzung wasserrechtlicher Regelungen, §§ 1825 ff. WAT 241
      aa) Dokumentations- und Informationspflichten bei der Ausübung von Wasserrechten, § 1840 WAT 241
      bb) Untersagungsanordnungen 242
   e) Prozessuale Verfahren zur Wasserverteilung und Durchsetzung der Wasserrechte . . 242
      aa) Administrative Zuteilung von Wasserrechten durch *statutory adjudication*, §§ 2500 ff. WAT 243
      bb) Die Rolle der Physical Solution Doctrine 244
   f) Gewässerökologie im Nutzungsregime: Schutz durch *instream flow protection laws* 246
      aa) Berücksichtigung eines Mindestabflusses im Rahmen der Wasserrechte 246
          (1) *Instream uses* 246
          (2) Die Mindestwasserführung als *public water right* der Public Trust Doctrine 247
          (3) Berücksichtigung des *instream flows* durch das SWRCB 248
      bb) Regulierung der Mindestwasserführung für die Schifffahrt 249
      cc) Bewertung 250
   g) Zwingende Sparsamkeitsanforderungen für öffentliche Gebäude und Plätze, § 11011.29 CGC 252
   h) Rechtsverordnungen zur Regulierung städtischer Wassernutzungen im Außenbereich (*landscaping ordinance*), §§ 490 ff. CCR 253

i) Gefahrenstufen zur *ad hoc* Dürrebewältigung 255
   aa) Örtliche Dürrebewältigung mittels wasserrechtlicher Instrumente 256
      (1) Rechtsverordnungen 256
         α) Zum Gewässerschutz (*water conservation programs*) 256
         β) Zur Regulierung künftiger Nachfrage (*demand offset programs*) 257
      (2) Feststellung eines örtlichen Wasserknappheitsfalls, § 350 WAT 259
         α) Anforderungen an die Feststellung des Wasserknappheitsfalls 259
         β) Rechtsfolgen der Feststellung des Wasserknappheitsfalls 260
            αα) Freischaltung der Anordnungsbefugnis von Maßnahmen zur Nachfrageregulierung, §§ 353 f. WAT 261
            ββ) Untersagung künftiger Anschlüsse an die öffentliche Wasserversorgung: *water moratoria*, § 356 WAT 262
      (3) Bewertung 263
   bb) Bewältigung lokaler Dürrekatastrophenfälle, § 8630 (a) CGC 264
      (1) Feststellung eines lokalen Dürrekatastrophenfalls, §§ 8630, 8558 (c) CGC 265
      (2) Rechtsfolgen der Feststellung, §§ 8631 ff. CGC 265
   cc) Bewältigung bundesstaatenweiter Dürrekatastrophenfälle, § 8625 CGC 266
      (1) Die Feststellung des bundesstaatenweiten Dürrekatastrophenfalls, § 8625 CGC 267
      (2) Rechtsfolgen der Feststellung 268
         α) Befugnisse des Gouverneurs, §§ 8565 ff. CGC 268
            αα) Organisationshoheit und Anordnungsbefugnisse, § 8567 (a) CGC . 269
            ββ) Ausübung der Anordnungsbefugnisse in der Praxis: Die DED vom 27. 1. 2014 269
            γγ) Charakteristika ergangener Executive Orders am Beispiel der EO vom 25. 4. 2014 270
         β) Rechtssetzungsbefugnisse des State Water Resources Control Board, § 1058.5 WAT 271
            αα) Anforderungen an den Erlass von *drought emergency regulations*, § 1058.5 WAT 272
            ββ) Ausübung der Rechtssetzungsbefugnis am Beispiel der Dürre 2012–2017: Nutzungsregulierung in drei Phasen 273
               (i) Phase 1: freiwilliges Einsparziel in Höhe von 20% 273
               (ii) Phase 2: obligatorische Verbrauchsreduzierung um 25% ... 277
               (iii) Phase 3: individuell festgelegte Einsparvorgaben 279
               (iv) Dauerhafte Beschränkung ausgewählter Nutzungszwecke (*state conservation mandates*), §§ 864 f. CCR 280
         γγ) Durchsetzung der *drought emergency regulations* 281
      (3) Beendigung des bundesstaatlichen Dürrekatastrophenfalls, § 8629 CGC . 282
      (4) Zwischenbilanz 282
   dd) Zusammenfassende Bewertung 284
2. Planerische Instrumente 284
   a) Bundesstaatenweit geltende, allgemeine Pläne 285
      aa) Der California Water Plan (CWP) als Datengrundlage 285
      bb) Der California Water Action Plan (CWAP) als Bewirtschaftungsstrategie 287
   b) Wassermanagmentpläne zur Sicherstellung der Wasserversorgung 289
      aa) *Urban water management plans* (UWMPs) 289
        (1) Aufstellungs-, Aktualisierungs- und Verfahrensvorgaben 290

XVII

(2) Gesetzlicher Mindestinhalt 291
   α) Bestimmung der Bewirtschaftungsziele und -methoden, § 10608.20
      WAT 291
      αα) Neueinführung des *baseline daily per capita use* durch AB 1668
          (2018) 291
      ββ) Methodische Bestimmung der Zwischenziele, § 10608.20 (b) WAT 293
   β) Analyse des Versorgungsgebiets und Nachfrageregulierung,
      § 10631 (c), (f) WAT 293
   γ) *Water shortage contingency plans* (WSCPs), § 10632 WAT 297
      αα) Festlegung von Dürrestufen, § 10632 (a) WAT 297
      ββ) Potentielle Bewältigungsmaßnahmen der Aktionspläne,
          § 10632 (a) (4)–(8) WAT 298
          (i) Untersagung bestimmter Verwendungszwecke, § 10632 (a) (4)
              WAT 299
          (ii) Maßnahmen zur Senkung des Verbrauchs, § 10632 (a) (5)
              WAT 299
          (iii) Ökonomische Auswirkungen der Maßnahmen, § 10632 (a) (7)
              WAT 300
          (iv) Mustervorlage zur Feststellung von Wasserknappheitsfällen,
              § 10632 (a) (8) WAT 300
   δ) Alternative Dürremanagementpläne für *small water suppliers*,
      § 10609.40 f. WAT 301
(3) Kontrolle und Überwachung der UWMPs 301
(4) Zwischenbilanz 301
bb) Landwirtschaftliche Wassermanagementpläne 303
   (1) *Water conservation plans* nach dem Reclamation Reform Act 1982 304
   (2) *Agricultural water management plans* (AWMPs), §§ 10800 ff. WAT ... 305
      α) Aufstellungs- und Aktualisierungsvorgaben für landwirtschaftliche
         Wasserversorger, § 10820 WAT 306
      β) Beschreibung des Versorgungsgebiets, § 10826 (a) (1)–(8) WAT 307
      γ) Beschreibung des Gewässerzustands und Prognose zur Wasserverfüg-
         barkeit, § 10826 WAT 308
      δ) Dokumentation von Bewirtschaftungsmaßnahmen und *efficient water
         management practices* (EWMPs), § 10826 (e), (g) iVm. § 10608.48
         WAT 308
         αα) *Critical* EWMPs, § 10608.48 (b) WAT 309
         ββ) *Additional* EWMPs, § 10608.48 (c) WAT 309
      ε) Dürremanagementpläne (*drought management plans* – DMPs),
         § 10826.2 WAT 309
         αα) Gesetzliche Anforderungen an DMPs, § 108026.2 WAT 311
         ββ) Die *drought response matrix* des San Diego Regional AWMP: Ein
             Praxisbeispiel 311
      ζ) Kontrolle und Überwachung der AWMPs 312
   (3) Zwischenbilanz 313
c) Grundwasserschutz durch planerische Instrumente 313
   aa) *Groundwater sustainability plans* (GSPs) 315
      (1) Systematik 315
      (2) Gesetzlicher Mindestinhalt 315
         α) Beschreibung des Einzugsgebiets und Zustand des Grundwassers,
            10727.2 (a) WAT 316
         β) Bestimmung der Nachhaltigkeitsziele (*groundwater sustainability
            goals*), § 10727 (b) WAT 317

γ) Festlegung von Bewirtschaftungsvorgaben, § 10727.2 (c) (d) WAT ... 317
(3) Die Bedeutung des SGMA für die Bewältigung von Dürreereignissen ... 318
bb) Schutz von Grundwasserressourcen durch *groundwater protection areas* 319
d) Dürrebewältigung durch spezielle bundesstaatenweite Aktionspläne 320
aa) Der Drought Contingency Plan als Ergänzung zum California Water Plan ... 320
(1) Derzeitiger Stellenwert des Drought Contingency Plan zur bundesstaatlichen Dürrebewältigung................................. 320
(2) Aufbau, Funktion und inhaltliche Ausrichtung des Drought Contingency Plan 321
α) Koordinations- und Kommunikationsstrukturen bei Dürreereignissen . 321
β) Darstellung von Dürrebewältigungsstrategien 322
γ) Bundesstaatenweiter Dürreaktionsplan nach Tabelle 2 des Drought Contingency Plan 323
(3) Bewertung 324
bb) Der Drought Operations Plan der Fernwasserversorgungssysteme SWP und CVP 325
(1) Vorhersage für sommerliche Lieferumfänge 326
(2) Befreiung von gewässerökologischen Vorschriften 328
(3) Zwischenbilanz.. 329
cc) Der Critical Water Shortage Contingency Plan der California Natural Resources Agency (CNRA) 329
e) Schutz der Gewässerökologie durch gewässerqualitätsspezifische Pläne 330
aa) *Regional water quality control plans* – ein Dürremanagement für die Gewässerqualität? 331
(1) Regelungsadressat und Rechtsbindungswirkung der Pläne 331
(2) Regelungsgegenstand der Pläne: Gewässerverunreinigungen, § 13050 (i) WAT iVm. 33 USC § 1362 (19) CWA 332
(3) Regelungspotential der Gewässerschutzpläne für Dürreereignisse 333
α) Bestimmung der Gewässerschutzziele für Verunreinigungen, § 1341 WAT.. 333
β) Die Maßnahmenprogramme und Total Maximum Daily Loads, § 13242 WAT.. 333
(4) Zwischenbilanz... 335
bb) Bundesstaatenweites Management von Wärmelast.................... 336
(1) Der Thermal Plan des SWRCB................................ 336
(2) Resolution 75-58 des SWRCB zur Regulierung von Kühlwasser bei inländischen Gewässern 337
(3) Wassertemperaturmanagement am Beispiel des Sacramento River Temperature Management Plan 339
α) Artenschutzgerechte Grenzwerte für die Wassertemperatur 340
β) Kontrolle des Planungsinhalts durch Stellungnahmen von Behörden . . 341
γ) Zwischenbilanz 341
cc) Schlussbewertung 341
f) Zusammenfassende Bewertung der planerischen Instrumente 342
3. Ökonomische Instrumente 343
a) Wasserpreise und gestufte Wasserspartarife 344
aa) Verfassungsrechtlicher Rahmen 344
(1) Propositions 13 und 218 344
(2) Vereinbarkeit von gestuften Wassertarifstrukturen mit Proposition 218 . . . 345
(3) Proposition 26 346
bb) Einfachgesetzliche Anforderungen nach §§ 370 ff. WAT an gestufte Wasserpreise 347

   cc) Ausgestaltungen von Wasserpreisen in der Praxis 347
   dd) Zwischenbilanz 348
  b) Wassertransfers: Die marktwirtschaftliche Umverteilung des Wasserdargebots . . . 350
   aa) Konstellationen zur Durchführung von Wassertransfers 350
   bb) Steuerungspotential von Wassertransfers bei Dürreereignissen 353
  c) Die Dürrewasserbank: Instrument zur staatlichen Regulierung von Wassertransfers 354
   aa) Betriebs- und Wirkungsweise 354
   bb) Steuerungspotential für Dürreereignisse 356
  d) Dürreversicherungen 357
  e) Dürrekatastrophenhilfe 358
4. Abschließende Bewertung 358

E. Vergleich und Handlungsempfehlungen 361
I. *Rechtliche Rahmenbedingungen für die Dürrebewältigung* 361
1. Konzeptionelle Ausrichtung des Wasserrechts 361
  a) Das Integrationsmodell der baden-württembergischen Bewirtschaftungspraxis . . . 363
  b) Das Ausnahmemodell der europäischen Wasserrahmenrichtlinie 363
  c) Die *ad hoc* Bewältigungsstrategie im kalifornischen Wasserrecht 364
  d) Bewertung 364
2. Administrative Akteure und die öffentliche Wasserversorgung: Funktion und Bedeutung 365
  a) Verwaltungsaufbau im Wasserrecht 365
  b) Sachliche und örtliche Zuständigkeiten der Wasserbehörden 366
  c) Rolle und Funktion der Wasserversorger 368
  d) Handlungsempfehlungen 368
   aa) Mehrstufige Versorgungsstrukturen für die öffentliche Wasserversorgung 368
   bb) Wasserversorgungssicherheit durch Wasserverbände 369
  e) Fazit 370
3. Dürrebewältigung durch wasserrechtliche Prinzipien 370
  a) Verfassungsrechtlicher Rechtsrahmen 370
  b) Einfachgesetzliche Verankerung 372
  c) Handlungsempfehlungen 372
   aa) Allgemeine Grundsätze der Gewässerbewirtschaftung, § 6 WHG 372
   bb) Das Sparsamkeitsgebot, § 5 Abs. 1 Nr. 2 WHG 373
   cc) Die Bewirtschaftungsziele, §§ 27–31, 47 WHG 373
II. *Instrumente direkter Verhaltenssteuerung* 373
1. Mindestwasserführung 373
  a) Vergleichende Gegenüberstellung 374
  b) Handlungsempfehlung 375
2. Die Eröffnungskontrolle: präventive Steuerungspflichten und -möglichkeiten 375
  a) Die Gewässerbenutzung in der wasserrechtlichen Dogmatik 375
   aa) Das Regel-Ausnahme-Verhältnis 376
   bb) »Alte Rechte« als Risikofaktor für die Dürrebewältigung 377
   cc) Bewertung 378
  b) Priorisierung von Wasserbenutzungen 378
   aa) Hierarchie nach Rechtsform und Zweck der Gewässerbenutzung 378
   bb) Räumliche Priorisierung 380
   cc) Notwendigkeit einer einfachgesetzlichen Nutzungshierarchie 381
   dd) Bewertung 382
   ee) Handlungsempfehlungen 382

	c) Genehmigungspflichtige Gewässerbenutzungen	383
	aa) Administrative Entscheidungsspielräume im Einzelfall	384
	bb) Dürrerelevante Festsetzungen in Genehmigungsbescheiden	385
	cc) Bewertung	385
	dd) Handlungsempfehlungen	386
	(1) Dürrebedarfsplanung in Anlehnung an § 14 Abs. 1 Nr. 2 WHG	386
	(2) Ausgestaltung von Inhaltsbestimmungen, § 13 WHG	386
	(3) Dürrespezifische Nebenbestimmungen, § 13 WHG	387
	d) Modernisierung genehmigungsfreier Benutzungstatbestände, §§ 25, 46 WHG	388
	e) Repressive Steuerungsmöglichkeiten: Modifizierung, Beschränkung, Sanktionierung	389
	aa) Stufenweise Anpassungsmöglichkeiten	389
	bb) Modifizierte Gewährung von genehmigungspflichtigen Gewässerbenutzungen	390
	cc) Beschränkungen und Gewässernutzungsverbote	390
	dd) Sanktionsinstrumente	391
	ee) Handlungsempfehlungen	392
	(1) Bestimmung des Anordnungszeitpunkts und der Anordnungsadressaten	392
	(2) Repressive Steuerung von Gewässerbenutzungen	393
	(3) Repressive Steuerung genehmigungsfreier Gewässerbenutzungen	394
	(4) Dürrezuschlag und Erweiterung des Bußgeldkatalogs	395
	f) Prozedurale Ausgleichsverfahren	395
	aa) Vergleichende Gegenüberstellung	396
	bb) Handlungsempfehlung	397
	g) Wasserschutzgebiete nach § 51 f. WHG vs. *groundwater protection areas*	397
	aa) Zweckmäßigkeit	397
	bb) Bewertung	398
	cc) Handlungsempfehlungen	399
	(1) Festsetzung von Wasserschutzgebieten, § 51 WHG	399
	(2) Schutzanordnungen nach § 52 WHG iVm. SchALVO	400
3.	Gefahrenstufen zur *ad hoc* Dürrebewältigung	400
	a) Strukturelle Vorbemerkung	400
	b) Bewältigung durch örtliche Wasserversorger	401
	c) Bewältigung mittels Katastrophenschutzrecht	402
	aa) Feststellung des Katastrophenfalls bei Dürreereignissen	403
	bb) Rechtsfolge der Feststellung eines Dürrekatastrophenfalls	403
	(1) Das LKatSG und *local emergencies*	404
	(2) *Statewide drought emergencies*	404
	d) Sicherstellung der Wasserversorgung auf Bundesebene	406
	e) Bewertung	406
	f) Handlungsempfehlungen	407
	aa) Einrichtung einer Dürresondereinheit	407
	bb) Nachfrageregulierung durch öffentliche Wasserversorger	408
	cc) Regulierung und Versorgung gewässerabhängiger Sektoren bei Dürreereignissen	409
	dd) Beitrag des LKatSG für die lokale Dürrebewältigung	410
	ee) Beitrag landesweiter Vorgaben zur Dürrebewältigung	410
4.	Bewertung und Begleitinstrumente zur effektiven Verhaltenssteuerung	410
	a) Effektivitätssteigerung durch staatliches Informationshandeln	411
	b) Das Wasserbuch als praxistaugliche Informationsgrundlage, § 87 WHG	411

Inhalt

III.	*Planerische Instrumente*	412
1.	Wassermanagement- und Bewirtschaftungspläne	413
	a) Konzeptionelle Unterschiede	413
	aa) Sonderstellung des California Water Plan	413
	bb) Bewirtschaftungspläne, Maßnahmenprogramme und *water management plans*	413
	cc) Zwischenfazit	415
	dd) Handlungsempfehlungen	415
	b) Inhaltliche Ausprägung der Pläne bezüglich Dürreereignisse ...	416
	aa) Beschreibung von Planeinzugsgebiet und Gewässerzustand	416
	bb) Dürrespezifische Bewirtschaftungsmaßnahmen	417
	c) Bewertung	419
	d) Handlungsempfehlungen	420
	aa) Dürreanalyse in Bewirtschaftungsplänen, § 83 WHG	420
	bb) Ablaufplan zur *ad hoc* Dürrebewältigung	422
	cc) Dürremaßnahmenkatalog in Anlehnung an § 31 Abs. 1 Nr. 3 WHG	422
	(1) Integrierte Dürreaktionspläne	423
	(2) Akteursspezifische Dürrepläne	424
	(3) Erweiterte Öffentlichkeitsbeteiligung	424
	dd) Notwendigkeit einer gesetzlichen Regelung	425
2.	Grundwasserschutz	426
	a) Nachhaltige Grundwasserbewirtschaftung durch *groundwater sustainability plans* .	426
	b) Bewirtschaftungspläne und Maßnahmenprogramme	426
	c) Bewertung und Handlungsempfehlung	427
3.	Planerische Instrumente zum Schutz der Gewässerökologie	428
	a) Konzeptionelle Unterschiede in den Rechtsordnungen	428
	b) Besondere Pläne zur Regulierung der Gewässertemperatur	429
	aa) Zweckmäßigkeit vorhandener Pläne	429
	bb) Handlungsempfehlung	431
	(1) Eignung hydrologischer Modelle	431
	(2) Dürremanagement in Wärmelastplänen	431
	c) Sauerstoffregulierung der Gewässer	432
	aa) Praxisbeispiele	432
	bb) Handlungsempfehlungen am Beispiel des Sauerstoffreglements Neckar	433
	d) Weitere Handlungsempfehlungen	433
	aa) Niedrigwassermanagement	434
	bb) Betriebsplan für stauregulierte Gewässer	435
4.	Dürrespezifische Pläne	435
5.	Systematische und inhaltliche Gestaltung einer gesetzlichen Regelung eines Dürremanagements	436
6.	Bewertung	437
IV.	*Ökonomische Instrumente*	438
1.	Wasserpreis	438
	a) Bewertung	440
	b) Handlungsempfehlungen	441
2.	Wassertransfers	442
3.	Dürreversicherungen	443
4.	Dürrekatastrophenhilfe	444
5.	Handlungsempfehlungen	444
	a) Dürreversicherungen vs. *ad hoc* Ernteausfallzahlungen	445
	b) Subventionen	446

V.	Zusammenwirken von Wasserrecht und anderen Rechtsgebieten	447
1.	Bauleitplanung und Raumordnung	448
2.	Natur- und Artenschutzrecht	448

F. Zusammenfassung der Ergebnisse und Fazit 455

I. Zusammenfassung der Ergebnisse 455

II. Fazit 461

Abkürzungen 463

Rechtsquellen 467

Literatur 473

Abbildungen und Tabellen 537

Sachregister 539

XXIII

A. Einleitung

I. Anlass der Arbeit und Forschungsgegenstand

Bereits im *Naßauskiesungs*-Beschluss[1] betonte das Bundesverfassungsgericht, dass »das Wasser […] eine der wichtigsten Grundlagen allen menschlichen, tierischen und pflanzlichen Lebens [ist]. Es wird nicht nur als Trinkwasser und Brauchwasser, sondern auch als Produktionsmittel in Industrie und Handwerk benötigt. [Bereits] wegen der vielfältigen und teilweise miteinander konkurrierenden Nutzungsinteressen [ist] eine geordnete Wasserbewirtschaftung sowohl für die Bevölkerung als auch für die Gesamtwirtschaft lebensnotwendig.«

Der Jahrhundertsommer 2003 und der Dürresommer 2018 in Deutschland, um nur die prominentesten außergewöhnlichen Dürreereignisse seit Anbeginn des 21. Jahrhunderts zu nennen, verleihen der Feststellung des Bundesverfassungsgerichts in Baden-Württemberg neue Bedeutung und höhere Relevanz denn je. Allein im Jahr 2018 verursachten Trockenheit und Hitze Schäden und Ertragsausfälle in Höhe von 770 Millionen Euro auf dem Gebiet der Bundesrepublik Deutschland.[2] Prognosen des Deutschen Wetterdienstes zufolge wird die Wahrscheinlichkeit von Dürren wie im Sommer 2018 durch den Klimawandel noch weiter steigen, sich möglicherweise sogar verdoppeln.[3] Die Klimabilanz des Deutschen Wetterdienstes lautet aus diesem Grund: »Deutschland wird mit Dürren leben müssen.«[4] Angesichts dieser Prognose stehen die Gesellschaft und das Recht vor neuen Herausforderungen für eine geordnete Wasserbewirtschaftung. Aufbauend auf den bestehenden wasserrechtlichen Regelungen, die staatliche Akteure teilweise bereits aktiv zur Dürrebewältigung einsetzten, stellt sich die Frage nach der langfristigen Eignung der wasserrechtlichen Instrumente, um Umwelt und Gesellschaft auf die zunehmende Häufigkeit von Dürreereignissen vorzubereiten und nachhaltig vor deren Auswirkungen zu schützen.

Im Unterschied zum Hochwasserschutz, der im Wasserhaushaltsgesetz (WHG) einen eigenen Abschnitt in §§ 72 ff. WHG umfasst, sieht das in Baden-Württemberg geltende öffentliche Wasserrecht derzeit keine speziellen Instrumente zur Dürrebewältigung vor. Das Bayerische Wassergesetz (BayWG) enthält zumindest eine Norm, Art. 4 BayWG, die »Grundsätze für den Schutz vor Hochwasser und Dürren« formuliert. Spezielle Regelungen zur Dürrebewältigung sind im öffentlichen Wasserrecht der Länder und des Bundes die Ausnahme. Dies veranlasst zur Überlegung, ob und inwieweit eine Anpassung des Wasserrechts für Baden-Württemberg an Dürreereignisse erforderlich ist. Der Schutz vor Dürreereignissen zählt in grundsätzlich wasserreicheren Bundesländern wie Baden-Württemberg nicht zum vorrangigen Regelungsziel des Wasserrechts. In

---

1 BVerfG, Beschl. v. 15. 7. 1981 – *Naßauskiesung*, BVerfGE 58, 300 (341).
2 *UBA*, Monitoringbericht 2019, 2019, S. 96.
3 *Imbery et al.*, Vorläufiger Rückblick auf den Sommer 2018, Deutscher Wetterdienst, 2018, S. 7.
4 *Lüdemann*, »Deutschland wird mit Dürren leben müssen«, ZEIT ONLINE, 2019, https://www.zeit.de/wissen/umwelt/2019-03/wetter-rekordsommer-karsten-schwanke-2018-klimawandel-duerre [abgerufen am 12. 7. 2021].

A. Einleitung

anderen Breitengraden, in denen Dürreereignisse regelmäßig auftreten, nimmt der Schutz vor den Dürreauswirkungen einen wesentlichen Bestandteil wasserrechtlicher Regelungen ein. Zu einem Gliedstaat, der seit seiner Gründung mit der effektiven Dürrebewältigung befasst ist, zählt der US-Bundesstaat Kalifornien. Das kalifornische Wasserrecht verfügt über eine Vielzahl an Instrumenten, die verschiedene Anregungen zur Weiterentwicklung und Anpassung des hiesigen Wasserrechts bieten.

1. Wahl der zu vergleichenden Rechtsordnungen

Die vorliegende Arbeit untersucht wasserrechtliche Instrumente zum Schutz vor Dürreereignissen in Baden-Württemberg und Kalifornien. Charakteristisch für das in Baden-Württemberg geltende Wasserwirtschaftsrecht ist der ausgeprägte Bewirtschaftungsansatz unter Berücksichtigung der Gesamtbelastung eines Gewässers.[5] Ausdrücklich erklärt § 1 WHG die nachhaltige Gewässerbewirtschaftung zum Zweck des Gesetzes. Historisch gesehen wurzelt das Wasserwirtschaftsrecht im Polizei- und Ordnungsrecht, dessen zentrale Funktion einst darin bestand, die Nutzung der Gewässer durch die Bevölkerung hoheitlich zu regeln.[6]

Das kalifornische Wasserrecht stellt in mehrerer Hinsicht einen Gegenentwurf zum für Baden-Württemberg geltenden Wasserrecht des WHG und des Wassergesetzes für Baden-Württemberg (WG-BW) dar. Zum einen ist es ein prominentes Beispiel für ein Wasserrecht, dessen Ursprung in der gesellschaftlichen Notwendigkeit der Verteilung einer knappen Ressource und der regelmäßigen Bewältigung außergewöhnlicher Dürreereignisse liegt. In Kalifornien stehen Gesetzgeber und *policymaker*[7] (Entscheidungsträger) seit Gründung des Bundesstaates vor der Herausforderung,[8] die Anfälligkeit von Gesellschaft und Umwelt gegenüber Dürreauswirkungen zu minimieren. Im Unterschied zu Baden-Württemberg sind Dürren in Kalifornien treibende Kraft für die Weiterentwicklung und regelmäßige Anpassung des Wasserrechts. Zum anderen bietet der Kontext des Common Law in vielerlei Hinsicht eine neuartige Perspektive auf die verschiedenen Möglichkeiten zur zielbewussten Steuerung der menschlichen Eingriffe in den Wasserhaushalt.

Neben den rechtsdogmatischen Unterschieden, die sich aufgrund der verschiedenen Rechtstraditionen ergeben, bestehen zwischen beide Gliedstaaten aber auch wesentliche Gemeinsamkeiten. Beide Rechtsordnungen sind Teil eines föderalen Staatsaufbaus. Zudem erfolgt die Dürrebewältigung in Kalifornien primär auf lokaler Ebene durch lokale Akteure, die aufgrund der ausgeprägten *home rule* mit starken Rechtssetzungs- und -anordnungsbefugnissen ausgestattet sind. Da die räumliche Ausdehnung von Dürre-

---

5 Vgl. *Kloepfer*, Zur Geschichte des deutschen Umweltrechts, 1994, S. 85.
6 Als besonderes Gefahrenabwehrrecht verfolgte es eine rein polizei- und ordnungsrechtliche Funktion, *Czychowski/Reinhardt*, WHG, 12. Aufl. 2019, Einl. Rn. 51; allgemein *Rehbinder*, Ziele, Grundsätze, Strategien und Instrumente des Umweltschutzes, in: Rehbinder/Schink (Hrsg.), Grundzüge des Umweltrechts, 5. Aufl. 2018, § 3 Rn. 258; *Kloepfer*, Umweltrecht, 4. Aufl. 2016, § 5 Rn. 19, 24.
7 Diese Untersuchung nimmt insbesondere auf englischsprachige Begriffe Bezug. Englische und andere fremdsprachige Begriffe werden *kursiv* hervorgehoben. Davon ausgenommen sind englischsprachige Eigennamen spezieller Instrumente.
8 Näher Abschnitt D.II.

ereignissen in Baden-Württemberg bislang überwiegend auf lokale Gebiete beschränkt ist, sind die vorwiegend lokalen Dürrebewältigungsstrategien in Kalifornien für Baden-Württemberg besonders lehrreich.

Nicht zuletzt hat der Austausch zwischen Kalifornien und Baden-Württemberg über nachhaltige und effektive Umweltschutzstrategien gerade im Bereich des Umweltrechts lange Tradition. Jüngstes Beispiel hierfür ist die Kooperation des Landes Baden-Württemberg mit dem US-Bundesstaat Kalifornien zur Vereinbarung von Klimaschutzzielen in einer Absichtserklärung (*memorandum of understanding*) namens »Under2MOU«. Under2MOU liegt die Überzeugung zugrunde, dass zukunftsträchtige Klimaschutzstrategien besonders effektiv auf subnationaler Ebene in gemeinsamem Austausch entwickelt und umgesetzt werden können.[9] Gleiches gilt auch für Dürreereignisse, insbesondere wenn diese überwiegend lokale Auswirkungen zeigen.

2. Forschungsstand

Die vorliegende Arbeit untersucht, ob und inwieweit Instrumente des öffentlichen Wasserwirtschaftsrechts in Baden-Württemberg im Vergleich zu denen des kalifornischen Wasserrechts Eignung zur Dürrebewältigung aufweisen. Sie folgt einer weiteren Forschungsarbeit zum Dürremanagement im deutschen und spanischen Wasserrecht nach, die ebenfalls im Rahmen des interdisziplinären Forschungsnetzwerks Drought Processes, Impacts and Resilience (DRIeR) am Lehrstuhl von Prof. Mager entstand.[10]

Darüber hinaus hat eine rechtswissenschaftliche Auseinandersetzung mit wasserrechtlichen Instrumenten zum Schutz vor Dürren sowohl in Baden-Württemberg als auch in Kalifornien bislang (Stand Juli 2021) nur punktuell stattgefunden. In Baden-Württemberg erfolgte eine Befassung mit Dürreschutzvorschriften meist beiläufig im Zusammenhang mit dem Klimawandelanpassungsrecht,[11] oder im Rahmen punktueller Untersuchungen zu einzelnen Instrumenten, wie etwa zur Untersagung des Gemeingebrauchs bei Trockenheit.[12]

Eine umfassende Untersuchung verfügbarer wasserrechtlicher Instrumente, die die Eignung und das Zusammenwirken der Instrumente für ein effektives Dürremanagement beleuchtet, ist, soweit ersichtlich in Baden-Württemberg, in diesem Umfang bislang nicht erfolgt. Einen Anstoß für die Durchführung von Untersuchungen in diesem Bereich gab

---

9 »Under2MOU« ist eine Absichtserklärung, in der sich die Unterzeichner darauf verständigen, ihre Treibhausgasemissionen bis zum Jahr 2050 um 80–95 % im Vergleich zum Jahr 1990 zu verringern und/oder die Treibhausgasemissionen auf weniger als zwei Tonnen pro Person und Jahr zu begrenzen, *UM BW*, Global Climate Leadership: MOU, 2015, https://um.baden-wuerttemberg.de/fileadmin/redaktion/m-um/intern/Dateien/Dokumente/4_Klima/Klimaschutz/MOU_Global_Climate_Leadership_dt.pdf [abgerufen am 12.7.2021], unterzeichnet am 15.5.2015.
10 *Zoth*, Rechtliche Instrumente für das Dürre-Management, 2020.
11 *Reese et al.*, Anpassung an die Folgen des Klimawandels, 2. Aufl. 2016, S. 180 ff.; zuvor *Reese et al.*, Rechtlicher Handlungsbedarf für die Anpassung an die Folgen des Klimawandels, 1. Aufl. 2010, S. 105 ff.; Ansätze auch bei *Köck et al.*, Das Instrument der Bedarfsplanung, Bericht 55/2017, UBA, 2017, S. 218 ff.
12 *Lenk*, Einschränkung des wasserrechtlichen Gemeingebrauchs, VBlBW 2017, 183.

A. Einleitung

jedenfalls das Dürrejahr 2018, sodass in naher Zukunft mit einer verstärkten (rechtswissenschaftlichen) Auseinandersetzung in diesem Bereich zu rechnen ist.[13] Ein Beispiel hierfür ist die Erarbeitung des »Masterplan Wasserversorgung«, der in den kommenden Jahren vom Ministerium für Umwelt, Klima und Energiewirtschaft Baden-Württemberg (UM BW) und dem Ministerium für Ernährung, Ländlichen Raum und Verbraucherschutz Baden-Württemberg (MLR BW) erstellt wird. Er soll eine Datengrundlage für Kommunen bilden, die Herausforderungen des Klimawandels – darunter Hitze und Trockenheit – für eine sichere Wasserversorgung zu meistern.[14]

Auf Bundesebene hat das Bundesministerium für Umwelt, Naturschutz und nukleare Sicherheit (BMU) im Juni 2021 einen Entwurf für eine »Nationale Wasserstrategie« veröffentlicht, die den Herausforderungen für die Wasserwirtschaft und die Wasserressourcen beggenen soll.[15] Sie benennt die Vorsorge gegenüber den Folgen von Extremereignissen und Katastrophenfällen, wie Hochwasser und Dürren, als zentrales Element für die Versorgungssicherheit in ausreichender Menge und Güte.[16]

In Kalifornien besteht bereits seit Jahrzehnten ein breiter Diskurs über die Tauglichkeit und Effektivität wasserrechtlicher Regelungen zur Dürrebewältigung. Dies zeigt sich an der beachtlichen Zahl rechtswissenschaftlicher Beiträge in amerikanischen Fachzeitschriften (*law journals*). Allerdings beschränken sich die Beiträge – entsprechender der Tradition des Common Law – überwiegend auf die Wirksamkeit einzelner Sektoren oder Instrumente während eines bestimmten Dürreereignisses.[17] Eine umfassende Untersuchung der zentralen wasserrechtlichen Instrumente und ihrem Zusammenwirken zu einem Dürremanagement war bislang nur vereinzelt Gegenstand der rechtswissenschaftlichen Auseinandersetzung in Kalifornien.

Die nachfolgende Untersuchung des wasserrechtlichen Rahmens zur Dürrebewältigung kann aus den vorbenannten Gründen auf den derzeitigen Forschungsstand in beiden Gliedstaaten aufbauen.

---

13 So hat z.B. im Februar 2020 das Umweltbundesamt, das *IWW Zentrum Wasser* (Bereich Wasserressourcen-Management) und die Arbeitsgruppe der aquatischen Ökologie der Universität Duisburg-Essen mit der Erstellung einer Bestandsaufnahme zu den Themen Niedrigwasser, Dürre und reduzierter Grundwasserneubildung beauftragt, siehe *IWW Zentrum Wasser*, Niedrigwasser – Neues Projekt für mehr Sicherheit, 2020, https://iww-online.de/niedrigwasser-neues-projekt-fuer-mehr-sicherheit/ [abgerufen am 11.7.2021].
14 *UM BW/MLR BW*, Land erarbeitet Masterplan, 2019, https://um.baden-wuerttemberg.de/de/service/presse/pressemitteilung/pid/klimawandel-und-wasserversorgung-land-erarbeitet-masterplan/ [abgerufen am 13.7.2021].
15 *BMU*, Nationale Wasserstrategie, 2021.
16 *BMU*, Nationale Wasserstrategie, 2021, S. 18.
17 Ausnahmsweise einen umfassenden Ansatz wählend, *Taylor*, Drought Down Under and Lessons in Water Policy for the Golden State, U.C. Davis L. Rev. 2017, 54. Eine umfassendere Beleuchtung eines Dürremanagements enthalten historisch-soziologisch geprägte Werke, die die kulturelle Entwicklung der Dürrebewältigung in den Vordergrund stellen, wie *Hundley*, The Great Thirst, Revised Edition 2001; *Reisner*, Cadillac Desert, Revised Edition 1993; *Reisner/Bates*, Overtapped Oasis, 1990, oder interdisziplinäre Untersuchungen von Forschungsinstituten wie dem Public Policy Institute of California (PPIC) oder dem Pacific Research Institute. Erste Ansätze präsentiert bereits *Caillet*, Legal Tools for Drought Management in the US State of California, ZfU 2018, 1.

II. Methodische Vorgehensweise

Die bereits angedeuteten rechtlichen und tatsächlichen Unterschiede der ausgewählten Rechtsordnungen legen ein Vorgehen im Wege des funktionalen Rechtsvergleichs[18] nahe.[19] Der funktionale Rechtsvergleich sieht in den Unterschieden der zu vergleichenden Rechtsordnungen[20] die Möglichkeit zur Distanzierung von der eigenen Rechtsordnung. Dadurch tritt die Zweckmäßigkeit der Lösungsmodelle[21] in den Vordergrund und erhöht den rechtsordnungsübergreifenden Fundus[22] an Lösungsmodellen. Die dogmatischen Unterschiede der ausgewählten Rechtsordnungen sowie die unterschiedliche Intensität und die räumliche Ausdehnung von Dürreereignissen in den Gliedstaaten bereichern damit den »Vorrat an Lösungen«[23] für ein effektives Dürremanagement.

Ausgangspunkt und Untersuchungsgegenstand der funktionalen Rechtsvergleichung ist die von Systembegriffen der zu vergleichenden Rechtsordnungen losgelöste, regelungsbedürftige Sachfrage,[24] ein gesellschaftliches Problem,[25] das *tertium comparationis* oder der »dritte Begriff«.[26] Zudem begreift der funktionale Rechtsvergleich Regelungen nicht nur als Ergebnis eines gesellschaftlichen Regelungsbedürfnisses. Er betrachtet die praktische

---

18 Zum Funktionalitätsprinzip *Strebel*, Vergleichung und vergleichende Methode im öffentlichen Recht, ZaöRV 1964, 405 (419); *Tschentscher*, Dialektische Rechtsvergleichung, JZ 2007, 807 (811); *Bernhardt*, Eigenheiten und Ziele der Rechtsvergleichung im öffentlichen Recht, ZaöRV 1964, 431 (434); *Starck* geht soweit, dass er bei der Übertragung des Funktionalitätsprinzips ins Öffentliche Recht eine Metasprache fordert, in der die Regelungen von Lebensproblemen mit autonomen Begriffen beschrieben werde, *Starck*, Rechtsvergleichung im öffentlichen Recht, JZ 1997, 1021 (1027); für das Privatrecht grundlegend *Zweigert/Kötz*, Einführung in die Rechtsvergleichung auf dem Gebiete des Privatrechts, 3. Aufl. 1996, S. 33; *Rheinstein*, Einführung in die Rechtsvergleichung, 2. Aufl. 1987, S. 27.
19 Zum rechtspolitischen Interesse an der Aufbereitung ausländischer Lösungen für die Auseinandersetzung mit dem nationalen Recht *Schönberger*, Verwaltungsrechtsvergleichung, in: von Bogdandy/Cassese/Huber (Hrsg.), Handbuch Ius Publicum Europaeum, Band IV: Verwaltungsrecht in Europa: Wissenschaft, 2011, § 71, S. 493 (509); allgemein *Bernhardt*, Eigenheiten und Ziele der Rechtsvergleichung im öffentlichen Recht, ZaöRV 1964, 431 (445).
20 Im Verwaltungsvergleich bestehen zwingend Grenzen der Vergleichbarkeit aufgrund der Konstitutionalisierung des Rechtsgebiets, *Strebel*, Vergleichung und vergleichende Methode im öffentlichen Recht, ZaöRV 1964, 405 (421); *Schönberger*, Verwaltungsrechtsvergleichung, in: von Bogdandy/Cassese/Huber (Hrsg.), Handbuch Ius Publicum Europaeum, Band IV: Verwaltungsrecht in Europa: Wissenschaft, 2011, § 71, S. 493 (501).
21 Für das Privatrecht prägend *Zweigert/Kötz*, Einführung in die Rechtsvergleichung auf dem Gebiete des Privatrechts, 3. Aufl. 1996, S. 14.
22 *Schmidt-Aßmann*, Verwaltungsrechtliche Dogmatik, 2013, S. 27.
23 *Zitelmann*, Aufgaben und Bedeutung der Rechtsvergleichung, DJZ 1900, 329 (331).
24 *Zweigert/Kötz*, Einführung in die Rechtsvergleichung auf dem Gebiete des Privatrechts, 3. Aufl. 1996, S. 33.
25 *Zweigert/Kötz*, Einführung in die Rechtsvergleichung auf dem Gebiete des Privatrechts, 3. Aufl. 1996, S. 33; *Rheinstein*, Einführung in die Rechtsvergleichung, 2. Aufl. 1987, S. 21; *Bernhardt*, Eigenheiten und Ziele der Rechtsvergleichung im öffentlichen Recht, ZaöRV 1964, 431 (436 f.).
26 *Radbruch*, Über die Methode der Rechtsvergleichung, in: Kaufmann (Hrsg.), Gustav Radbruch Gesamtausgabe, Band 15: Rechtsvergleichende Schriften, 1999, S. 152 (153).

A. Einleitung

Wirksamkeit der Regelungen auch vor dem Hintergrund historischer, kultureller, sozialer und wirtschaftlicher Einflüsse.[27]

Angesichts der auch in Baden-Württemberg vermehrt aufgetretenen Dürreereignisse in den Jahren 2003, 2015, 2018, 2019 sowie 2020[28] und der prognostizierten Zunahme an Dürreereignissen[29] besteht ein tatsächliches Bedürfnis, Umwelt und Gesellschaft hinreichend vor Dürreauswirkungen zu schützen. Dieses Bedürfnis ist dadurch verstärkt, dass Dürreauswirkungen in manchen Sektoren hohe ökonomische Schäden verursachen oder irreversible Auswirkungen auf die Umwelt haben.[30] Hieran knüpft die Frage an, ob und welche Strategien, Instrumente und Maßnahmen das Wasserrecht bereit hält, um Dürreauswirkungen vorrangig zu vermeiden und notfalls die Auswirkungen auf Umwelt und Gesellschaft kurzfristig zu minimieren. Soweit rechtliche Regelungen zur Dürrebewältigung im Wasserrecht vorgesehen sind, stellt sich die Frage nach deren inhaltlicher Eignung und Zweckmäßigkeit für eine vorausschauende Vermeidung von Nutzungskonflikten und einer effektiven Dürrebewältigung. Das kalifornische Wasserrecht könnte gerade im Hinblick auf die inhaltliche Ausgestaltung dürrespezifischer Instrumente Anregungen für die Umsetzung von Dürrebewältigungsstrategien im Wasserrecht bieten.

III. Gang der Untersuchung

Ziel der vorliegenden Arbeit ist es, zu untersuchen, inwieweit das für Baden-Württemberg geltende Wasserrecht im Hinblick auf einen nachhaltigen und effektiven Schutz von Umwelt und Gesellschaft vor Dürren anpassungs- oder ergänzungsbedürftig ist. Hierzu sollen Handlungsempfehlungen rechtlicher und, sofern damit verbunden, tatsächlicher Art ausgesprochen werden, mittels derer die Dürreauswirkungen auf Umwelt und Gesellschaft langfristig und frühzeitig vermieden oder zumindest nachhaltig minimiert werden können.

Die vorliegende Arbeit geht in vier Schritten vor. Der erste Schritt (Kapitel B.) dient dazu, den Regelungsgegenstand Dürre zu bestimmen, indem die Auswirkungen der wichtigsten Dürreereignisse und die Regelungsmöglichkeiten unter tatsächlicher Ungewissheit dargestellt werden. Die Untersuchung der tatsächlichen Umstände ist zugleich eine Vorbereitung für den funktionalen Rechtsvergleich, um bei der Zweckmäßigkeit der rechtlichen Regelungen auch deren Begleitumstände würdigen zu können.

Im zweiten und dritten Untersuchungsschritt (Kapitel C., Kapitel D.) folgt die Darstellung der wasserrechtlichen Instrumente der beiden zu vergleichenden Rechtsordnungen Baden-Württemberg und Kalifornien. Angesichts des Forschungsstands in beiden Gliedstaaten ordnet die vorliegenden Untersuchung die verschiedenen wasserrechtli-

---

27 *Sommermann*, Die Bedeutung der Rechtsvergleichung für die Fortentwicklung des Staats-und Verwaltungsrechts in Europa, DÖV 1999, 1017 (1022); *Schmidt-Aßmann*, Das allgemeine Verwaltungsrecht als Ordnungsidee, 2. Aufl. 2006, S. 18.
28 Auch *LfU*, Das Niedrigwasserjahr 2003, 2004; *Fliß et al.*, Auswirkungen des Klimawandels auf das Grundwasser und die Wasserversorgung in Süddeutschland, Grundwasser 2021, 33 (38 f.); für 2020 *LUBW*, März und April 2020: Eine außergewöhnlich warme und trockene Witterung, 2020.
29 *Imbery et al.*, Vorläufiger Rückblick auf den Sommer 2018, Deutscher Wetterdienst, 2018, S. 7.
30 Siehe Kapitel B.

chen Instrumente nach der im deutschen Verwaltungsrecht typischen Klassifizierung rechtlicher Instrumente, um die Bandbreite an Regelungs- und Handlungsmöglichkeiten zur Dürrebewältigung möglichst umfassend abzubilden und die Möglichkeit übergeordneter Koordinierung der Instrumente im Sinne eines Dürremanagements aufzuzeigen. Die Untersuchung wasserrechtlicher Instrumente soll im Übrigen nicht darüber hinwegtäuschen, dass ein nachhaltiges Dürremanagement auch in andere Rechtsgebiete, wie das Boden-, Forst-, Natur-, Raumplanungs- und Katastrophenschutzrecht, hineinwirkt. Aktuelles Beispiel in diesem Zusammenhang ist u. a. § 9 Abs. 1 LBO iVm. § 21a NatSchG, wodurch ein Verbot von Schottergärten angeordnet wird. Insoweit besteht über die Grenzen des öffentlichen Wasserwirtschaftsrechts hinaus Umsetzungs- und Abstimmungsbedarf, der an den entsprechenden Schnittstellen überblicksartig aufgeworfen wird.

Der vierte Untersuchungsschritt (Kapitel E.) stellt die gewonnenen Erkenntnisse aus den Länderberichten gegenüber, indem er Unterschiede und Gemeinsamkeiten der Instrumente feststellt, Gründe hierfür aufzeigt und den Beitrag der Regelungen zur langfristigen Dürrevorsorge oder *ad hoc* Dürrebewältigung unter dem Gesichtspunkten einer nachhaltigen Ressourcenbewirtschaftung und zweckmäßigen Verteilung beleuchtet. Im Anschluss daran werden für das jeweilige Instrument in Anlehnung an das kalifornische Dürremanagement Handlungsempfehlungen *de lege ferenda* ausgesprochen, um das Schutzniveau wasserrechtlicher Instrumente zur Dürrebewältigung zu erhöhen und Dürreauswirkungen für Gesellschaft und Umwelt zu minimieren.

IV. Ordnung der wasserrechtlichen Instrumente

Die Rechtsordnungen beider Gliedstaaten enthalten jeweils zahlreiche wasserrechtliche Instrumente, die die menschliche Benutzung der Gewässer steuern, also im Sinne einer übergeordneten Zielsetzung beeinflussen und lenken. Der Begriff »Instrument« meint die systematische Ordnung von »Werkzeugen« und »Mitteln«, die der Verwaltung zur Erfüllung ihrer Aufgaben zur Verfügung stehen (»Maßnahmentypen«).[31] Die Einstufung von Instrumenten in Instrumentengruppen erfolgt im Umweltrecht vorherrschend nach der Wirkungsweise des Instruments gegenüber dem Adressaten.[32] Dieser Ansatz bietet

---

31 *Kloepfer*, Umweltrecht, 4. Aufl. 2016, § 5 Rn. 2, 7 ff.; *Rehbinder*, Ziele, Grundsätze, Strategien und Instrumente des Umweltschutzes, in: Rehbinder/Schink (Hrsg.), Grundzüge des Umweltrechts, 5. Aufl. 2018, § 3 Rn. 248; *Michael*, Formen- und Instrumentenmix, in: Hoffmann-Riehm/Schmidt-Aßmann/Voßkuhle (Hrsg.), Grundlagen des Verwaltungsrechts, Band II: Informationsordnung, Verwaltungsverfahren, Handlungsformen, 2. Aufl. 2012, § 41 Rn. 10.
32 *Meßerschmidt*, Instrumente des Umweltrechts, in: Ehlers/Fehling/Pünder (Hrsg.), Besonderes Verwaltungsrecht, 4. Aufl. 2020, § 45 Rn. 3; *Hoppe/Beckmann/Kauch*, Umweltrecht, 2. Aufl. 2000, § 6 Rn. 6; *Leifer*, Das europäische Umweltmanagementsystem EMAS, 2007, S. 8; *Rehbinder*, Ziele, Grundsätze, Strategien und Instrumente des Umweltschutzes, in: Rehbinder/Schink (Hrsg.), Grundzüge des Umweltrechts, 5. Aufl. 2018, § 3 Rn. 249. Andere Ansätze unterscheiden z. B. nach Regelungsgehalt (teilweise auch Regelungsmodus genannt) in eingreifende, leistende und planende Maßnahmen, formal-juristisch nach Rechtsformen zwischen Normen wie Gesetzen, Rechtsordnungen, Satzungen und Verwaltungsakten oder nach Regelungszielen wie emissionsbezogene, ressourcenbezogene, produktbezogene oder in Regulierungsstrategien

A. Einleitung

für die nachfolgende Untersuchung den Vorteil, dass die Wirkungsweise und Bedeutung der Instrumente für die Dürrebewältigung besonders offenkundig hervortritt.

Die vorliegende Arbeit unterscheidet diesem Ansatz folgend zwischen Instrumenten direkter Verhaltenssteuerung, planerischen Instrumenten sowie Instrumenten indirekter Verhaltenssteuerung.[33] Instrumente direkter Verhaltenssteuerung umfassen alle Maßnahmen, die dem Normadressaten aufgrund ihrer imperativen Befehlsform ein zwingendes Verhalten abverlangen (Handlungs-, Duldungs- oder Unterlassungspflicht).[34] Instrumente indirekter Verhaltenssteuerung schaffen eine Anreizsituation, die den Normadressaten zur freiwilligen Verhaltensänderung veranlassen soll und umfassen insbesondere ökonomische Instrumente.[35] Planerische Instrumente dienen der Umsetzung des Vorsorgeprinzips und bereiten Instrumente der direkten und indirekten Verhaltenssteuerung programmatisch vor, indem sie auf übergeordneter Ebene Umweltziele konkretisieren, Interessenkonflikte gestalten und Leitlinien für die Ressourcenbewirtschaftung vorgeben.[36]

Im Mittelpunkt der Untersuchung steht neben der systematischen Ordnung der Instrumente auch deren Abstimmung mit anderen Instrumenten im sogenannten Instrumentenverbund und Instrumentenmix, da das Zusammenwirken der Instrumente einen wesentlichen Beitrag für einen nachhaltigen Ressourcenschutz leistet.[37]

---

nach hoheitlicher Regulierung und individueller Selbstregulierung bringen, umfassend *Kloepfer*, Umweltrecht, 4. Aufl. 2016, § 5 Rn. 5 f., 29 ff.; *Rehbinder*, Ziele, Grundsätze, Strategien und Instrumente des Umweltschutzes, in: Rehbinder/Schink (Hrsg.), Grundzüge des Umweltrechts, 5. Aufl. 2018, § 3 Rn. 249 ff.; *Schlacke*, Umweltrecht, 7. Aufl. 2019, § 5 Rn. 2; zum Ansatz nach Regulierungsstrategien *Eifert*, Regulierungsstrategien, in: Hoffmann-Riem/Schmidt-Aßmann/Voßkuhle (Hrsg.), Grundlagen des Verwaltungsrechts, Band I: Methoden, Maßstäbe, Aufgaben, Organisation, 2. Aufl. 2012, § 19; in Ansätzen auch *Sparwasser/Engel/Voßkuhle*, Umweltrecht, 5. Aufl. 2003, Kapitel 2 Rn. 170; zum Zielbezug Ansatz *Hartkopf/Bohne*, Umweltpolitik, 1983, S. 173 f.; zum Regelungsmodus Ansatz *Hoppe/Beckmann/Kauch*, Umweltrecht, 2. Aufl. 2000, § 6 Rn. 5.

33 Wie die Aufteilung zeigt, hängt der Instrumentenbegriff eng mit dem Begriff Steuerung zusammen, hierzu *Kloepfer*, Umweltrecht, 4. Aufl. 2016, § 5 Rn. 5; *Rehbinder*, Ziele, Grundsätze, Strategien und Instrumente des Umweltschutzes, in: Rehbinder/Schink (Hrsg.), Grundzüge des Umweltrechts, 5. Aufl. 2018, § 3 Rn. 251.

34 *Kahl/Gärditz*, Umweltrecht, 11. Aufl. 2019, § 4 Rn. 65; allgemein *Roßnagel/Sanden*, Grundlagen der Weiterentwicklung von rechtlichen Instrumenten zur Ressourcenschonung, 2007, S. 14; *Kloepfer*, Umweltrecht, 4. Aufl. 2016, § 5 Rn. 42. Aufgrund des Begleitcharakters von Instrumenten indirekter Verhaltenssteuerung werden diese jeweils zuletzt abgehandelt.

35 *Schlacke*, Umweltrecht, 7. Aufl. 2019, § 5 Rn. 81; *Hoppe/Beckmann/Kauch*, Umweltrecht, 2. Aufl. 2000, § 6 Rn. 8; *Lübbe-Wolff*, Instrumente des Umweltrechts, NVwZ 2001, 481 (481 f.); *Kahl/Gärditz*, Umweltrecht, 11. Aufl. 2019, § 4 Rn. 65, 116, der zusätzlich noch informelle Instrumente unterscheidet; *Rehbinder/Schink*, Grundzüge des Umweltrechts, 5. Aufl. 2018, S. 145, 245, 333 ff. unterscheidet darüber hinaus noch flexible Instrumente.

36 *Kahl/Gärditz*, Umweltrecht, 11. Aufl. 2019, § 4 Rn. 50; *Hoppe/Beckmann/Kauch*, Umweltrecht, 2. Aufl. 2000, § 6 Rn. 9; *Sparwasser/Engel/Voßkuhle*, Umweltrecht, 5. Aufl. 2003, Kapitel 2 Rn. 88.

37 Allgemein *Kahl/Gärditz*, Umweltrecht, 11. Aufl. 2019, § 4 Rn. 49; *Kloepfer*, Umweltrecht, 4. Aufl. 2016, § 5 Rn. 25, 60 f.; *Rehbinder*, Ziele, Grundsätze, Strategien und Instrumente des Umweltschutzes, in: Rehbinder/Schink (Hrsg.), Grundzüge des Umweltrechts, 5. Aufl. 2018, § 3 Rn. 254; zum Instrumentenmix unterschiedlicher Rechtsformen und einem Mix aus Handlungsformen und Instrumenten ausführlich *Michael*, Formen- und Instrumentenmix,

Innerhalb der Einteilung der Instrumente anhand ihrer Wirkungsweise für die Adressaten unterscheidet die vorliegende Untersuchung nach der Funktion des jeweiligen Instruments für die Bewältigung von Dürreereignissen. Der Begriff der Dürrebewältigung umfasst und differenziert, entsprechend dem in der Dürremanagementforschung vorherrschenden Ansatz[38] nach dem Risikokreislauf bei Naturgefahren[39] folgende beiden Pole: Einerseits die »Dürrevorsorge«, die proaktive, strategische Maßnahmen zur Vorbereitung auf künftige Dürreereignisse, darunter die Bereiche Prävention, Vorbereitung (*preparedness*)[40] und die Verringerung der Eintrittsintensität (*mitigation*), umfasst; andererseits die »*ad hoc* Dürrebewältigung« mit reaktiven Notfallmaßnahmen bei Beginn einer Dürre, darunter die Bereiche Reaktion (*response*), Wiederherstellung (*recovery*) sowie Anpassung (*adaptation*).[41] Entsprechend dieser bipolaren Aufteilung ordnet die nachfolgende Untersuchung die wasserrechtlichen Instrumente zunächst nach Instrumentenklassen und innerhalb der einzelnen Instrumentenklassen nach ihrer Funktion wahlweise oder kumulativ den Handlungsfeldern Dürrevorsorge oder der gefahrenabwehrrechtlichen *ad hoc* Dürrebewältigung zu.

V. Grundbegriffe der Arbeit

Effektive und nachhaltige Regelungen erfordern eine klare Definition des Regelungsgegenstandes, um im Rahmen der Subsumtion die gewünschte Rechtsfolge für den

---

in: Hoffmann-Riehm/Schmidt-Aßmann/Voßkuhle (Hrsg.), Grundlagen des Verwaltungsrechts, Band II: Informationsordnung, Verwaltungsverfahren, Handlungsformen, 2. Aufl. 2012, § 41 Rn. 4, 11 ff.

38 Andere Ansätze unterscheiden z. B. nach den verschiedenen Ebenen der Gewässerbewirtschaftung – Ressourcenbewirtschaftung, Wassergewinnung, Verteilung der Wasserressourcen, Nachfrageregulierung, Abwasserrückführung – und nach Zuordnung der Regelungsadressaten nach Sektoren, näher *Lallana et al.*, Sustainable Water Use in Europe, Environmental Issue Report 19, EEA, 2001, S. 12; *Walker/Hrezo/Haley*, Management of Water Resources for Drought Conditions, in: Paulson *et al.* (Hrsg.), National Water Summary 1988–89, 1991, S. 147 (147 f.); vgl. zu letzterem *Stein et al.*, European Drought and Water Scarcity Policies, in: Bressers/Bressers/Larrue (Hrsg.), Governance for Drought Resilience, 2016, S. 17; *EEA*, Water Resources Across Europe, EEA Report 2/2009, 2009; *European Commission*, Drought Management Plan Report, Technical Report 2008-023, Water Scarcity and Droughts Expert Network, 2008.

39 Hierzu näher sogleich, siehe Abschnitt B.III.

40 Im Unterschied zu Prävention als Vermeidung des Eintritts eines Ereignisses meint Vorsorge die Vorbereitung von Maßnahmen zur Minderung des Schadenseintritts, -ausmaßes oder -dauer, *Rudolf-Miklau*, Umgang mit Naturkatastrophen, 2018, S. 114.

41 Mit teilweise abweichender Bezeichnung *Tsegai/Liebe/Ardakanian*, Synthesis: Capacity Development to Support National Drought Management Policies, UNW-DPC, 2015, S. 3; *Kruse/Seidl*, Social Capacities for Drought Risk Management in Switzerland, Nat. Hazards Earth Syst. Sci. 2013, 3429 (3430 f.); vgl. *Wilhite et al.*, Planning for Drought, JAWRA 2000, 697 (698); *Stein et al.*, European Drought and Water Scarcity Policies, in: Bressers/Bressers/Larrue (Hrsg.), Governance for Drought Resilience, 2016, S. 17 (21); *Wilhite/Sivakumar/Pulwarty*, Managing Drought Risk in a Changing Climate, Weather Clim. Extrem. 2014, 4; ausführlich zum Risikokreislauf für Naturgefahren sogleich unter Abschnitt B.III.

A. Einleitung

zugrundeliegenden Sachverhalt herbeizuführen. Bislang stellen die Begriffe Trockenheit und Dürre (im Englischen: *drought*) sowohl in Baden-Württemberg als auch in Kalifornien keine Rechtsbegriffe dar. Sofern wasserrechtliche Regelungen die Begriffe in rechtlichen Zusammenhängen verwenden, wird auf das naturwissenschaftlich geprägte Verständnis zurückgegriffen. In der naturwissenschaftlichen Forschung bestehen allerdings über 150 verschiedene Dürredefinitionen,[42] die in der Folge eher zur Ungewissheit des Begriffsverständnisses beitragen, als ihr abzuhelfen.

1. Trockenheit und Dürre

Der Begriff Dürre oder Trockenheit findet bislang weder im WHG noch im WG-BW Verwendung. Das BayWG normiert in Art. 44 BayWG ausnahmsweise »Grundsätze für den Schutz vor Hochwasser und Dürre«. Was unter dem Begriff der Dürre zu verstehen ist, lässt der bayerische Landesgesetzgeber ebenfalls offen. Auch in den Naturwissenschaften existiert »eine universale Definition des Begriffes Dürre […] aufgrund ihrer starken Abhängigkeit von Zeit und Raum nicht. Eine solche universale Definition wäre auch aufgrund der vielfältigen Auswirkungen von Dürre praktisch nicht umsetzbar.«[43] Einigkeit besteht zumindest insofern, dass Dürre einen Zustand unzureichender Wasserverfügbarkeit beschreibt, der durch ein Niederschlagsdefizit über eine bestimmte Zeitdauer verursacht wird.[44]

a) Abgrenzung verwandter Begriffe: Dürre, Wasserknappheit, Aridität, Verwüstung

Neben Dürre stehen auch die Begriffe Wasserknappheit, Aridität und Verwüstung im allgemeinen Sprachgebrauch für ein unterdurchschnittliches Dargebot. Die Zustände unterscheiden sich nicht nur in zeitlicher Hinsicht sondern auch durch verschiedene Ursachen (veranschaulicht in Abbildung 1).

Aus statistischer Sicht ist Dürre ein seltenes Extremereignis, das mit einer bestimmten Wiederkehrwahrscheinlichkeit in nahezu allen Klimazonen auftritt und natürlichen Ursprungs ist.[45] Dürre wird häufig mit dem Begriff der Wasserknappheit (*water shortage*,

---

42 *Hisdal/Tallaksen*, Drought Event Definition, ARIDE Technical Report 6, 2000, S. 1; erstmals *Wilhite/Glantz*, Understanding the Drought Phenomenon, Water Int. 1985, 111 (115); *Dracup/Lee/Paulson*, On the Definition of Droughts, Water Resour. Res. 1980, 297 (297 ff.).
43 *Bernhofer et al.*, Untersuchungen zur Erfassung und Charakterisierung von meteorologischer Trockenheit, Heft 7/2015, LfULG, 2015, S. 14; ebenso *van Loon et al.*, Drought in a Human-modified World, Hydrol. Earth Syst. Sci. 2016, 3631 (3633); *Heinrich/Gobiet*, The Future of Dry and Wet Spells in Europe, Int. J. Climatol. 2012, 1951 (1952 f.).
44 *Bernhofer et al.*, Untersuchungen zur Erfassung und Charakterisierung von meteorologischer Trockenheit, Heft 7/2015, LfULG, 2015, S. 14; *van Loon et al.*, Drought in a Human-modified World, Hydrol. Earth Syst. Sci. 2016, 3631 (3633).
45 *Bernhofer et al.*, Untersuchungen zur Erfassung und Charakterisierung von meteorologischer Trockenheit, Heft 7/2015, LfULG, 2015, S. 14; *Mette/Rötzer/Pretzsch*, Ein Dürre-Index für die Forstwirtschaft?, LWF aktuell 2011, 19 (20); *Bender/Schaller*, Vergleichendes Lexikon, 2014, Nr. 126 »Dürre«.

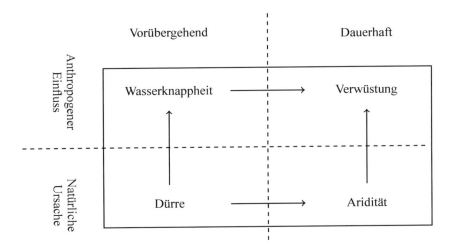

Abbildung 1: Abgrenzung der Begrifflichkeiten.
Quelle: eigene Darstellung nach *Pereira et al.*, Desertification, Territory and People, A Holistic Approach in the Portugese Context, in: Kepner *et al.* (Hrsg.), Desertification in the Mediterranean Region. A Security Issue, 2006, S. 269.

water scarcity) gleichgesetzt.[46] In Kalifornien sieht das zentrale wasserrechtliche Regelungswerk, der California Water Code (WAT), Dürre sogar teilweise als einen Unterfall der Wasserknappheit an.[47] Beide Begriffe bezeichnen eine Situation, in der die Nachfrage höher ist als Wasser verfügbar. Im Unterschied zum Naturereignis Dürre geht Wasserknappheit auf die menschliche (Über-)Nutzung der Ressourcen, häufig in Verbindung mit einem Bevölkerungswachstum, zurück.[48]

Aridität geht wie Dürre auf natürliche Umstände zurück, ist jedoch von langfristiger Dauer. In ariden Gebieten übersteigt die Verdunstungsrate üblicherweise die Niederschlagsmenge.[49] Eine langfristige Übernutzung der verfügbaren Wasserressourcen in ariden Gebieten kann schlimmstenfalls zur Verwüstung führen.

b) Zu den Unterschieden zwischen Dürre und Trockenheit

Terminologische Abgrenzungsschwierigkeiten gehen im deutschsprachigen Raum auch von den Begriffen Dürre und Trockenheit aus. Häufig wird Trockenheit synonym für Dürre verwendet, wobei der Begriff Trockenheit umgangssprachlich eine geringere Intensität,

---

46 *Van Loon et al.*, Drought in a Human-modified World, Hydrol. Earth Syst. Sci. 2016, 3631 (3636).
47 Hierzu näher Abschnitt D.III.2.b)aa)(2)γ).
48 *Van Loon et al.*, Drought in a Human-modified World, Hydrol. Earth Syst. Sci. 2016, 3631 (3636).
49 *Bernhofer et al.*, Untersuchungen zur Erfassung und Charakterisierung von meteorologischer Trockenheit, Heft 7/2015, LfULG, 2015, S. 14.

A. Einleitung

Dauer, Ausmaß oder Schwere des Niederschlagsdefizits als Dürre nahelegt.[50] Teilweise wird Trockenheit jedoch als dauerhaften Zustand geringen Niederschlags in bestimmten Regionen der Erde (wissenschaftlich: Aridität) bezeichnet.[51] Die naturwissenschaftliche Forschung zu diesem Thema, der sich die nachfolgende Untersuchung anschließt, versteht Trockenheit als das Auftreten eines niederschlagärmeren Zustandes während Dürre mit Auswirkungen auf Umwelt und Gesellschaft verbunden ist.[52]

Für eine rechtswissenschaftliche Auseinandersetzung mit Dürre eignet sich der auswirkungsbezogene Dürrebegriff. Rechtlicher Handlungsbedarf besteht grundsätzlich erst dann, wenn aufgrund des Naturereignisses Auswirkungen auf Gesellschaft und Umwelt drohen, die es zu vermeiden gilt. Der auswirkungsbezogene Dürrebegriff umfasst üblicherweise vier Unterkategorien:[53] die meteorologische Dürre, die Bodenfeuchte-Dürre, die hydrologische Dürre sowie die sozio-ökonomische Dürre (siehe Abbildung 2).

Die meteorologische Dürre beschreibt den Zustand eines Niederschlagsdefizits einer Region über einen bestimmten Zeitraum.[54] Ist im allgemeinen Sprachgebrauch von Trockenheit die Rede, so meint Trockenheit typischerweise eine meteorologische Dürre. Diese wird von Behörden teilweise bereits jetzt im Rahmen von Monitoringinstrumenten für Baden-Württemberg quantifiziert. Das bayerische Landesamt für Umwelt spricht von einer »meteorologischen Trockenperiode«, wenn an mindestens elf aufeinander folgenden Tagen die Niederschlagswerte pro Tag weniger als 1,0 mm betragen.[55] Die Hochwasservorhersagezentrale der Landesanstalt für Umwelt Baden-Württemberg (LUBW), die das landesweite Monitoring der Gewässerpegelstände übernimmt, weist seit

---

50 Vgl. *Blauhut/Stahl*, Risikomanagement von Dürren in Deutschland, Forum für Hydrologie und Wasserbewirtschaftung 2018, 203 (203).
51 *Bernhofer et al.*, Untersuchungen zur Erfassung und Charakterisierung von meteorologischer Trockenheit, Heft 7/2015, LfULG, 2015, S. 21.
52 Vgl. so z. B. *van Loon*, Hydrological Drought Explained, WIRES 2015, 359 (361 ff.); *Mishra/Singh*, A Review of Drought Concepts, J. Hydrol. 2010, 202 (206); *Hisdal/Tallaksen*, Drought Event Definition, ARIDE Technical Report 6, 2000, S. 6 ff. Die verschiedenen Dürredefinitionen können zudem zwei Ansätzen zugeordnet werden, den konzeptionellen und den operationellen Dürredefinitionen, näher: *Wilhite/Glantz*, Understanding the Drought Phenomenon, Water Int. 1985, 111 (111 ff.); *Bernhofer et al.*, Untersuchungen zur Erfassung und Charakterisierung von meteorologischer Trockenheit, Heft 7/2015, LfULG, 2015, S. 14.
53 Die Auswirkungen der verschiedenen Dürre-Kategorien seien an dieser Stelle im Rahmen der Einleitung nur kurz im Hinblick auf ihre Bedeutung für die Definition des Dürre-Begriffs erwähnt, sie werden anschließend im Kapitel B. vertieft. Vgl. so z. B. *van Loon*, Hydrological Drought Explained, WIRES 2015, 359 (361 ff.); *Mishra/Singh*, A Review of Drought Concepts, J. Hydrol. 2010, 202 (206); *Hisdal/Tallaksen*, Drought Event Definition, ARIDE Technical Report 6, 2000, S. 6 ff.
54 *Van Loon*, Hydrological Drought Explained, WIRES 2015, 359 (361); *Mishra/Singh*, A Review of Drought Concepts, J. Hydrol. 2010, 202 (206); *Hisdal/Tallaksen*, Drought Event Definition, ARIDE Technical Report 6, 2000, S. 6 ff.; *Blauhut/Stahl*, Risikomanagement von Dürren in Deutschland, Forum für Hydrologie und Wasserbewirtschaftung 2018, 203 (203); *Maniak*, Hydrologie und Wasserwirtschaft, 7. Aufl. 2016, S. 202; *Binder/Steinreiber*, Charakterisierung von extremen Wetterereignissen, in: Steininger/Steinreiber/Ritz (Hrsg.), Extreme Wetterereignisse und ihre wirtschaftlichen Folgen, 2005, S. 11 (17).
55 *Niedrigwasser-Informationsdienst Bayern*, Niederschlag: Definition der Trockenperioden, 2021, https://www.nid.bayern.de/hilfe [abgerufen am 12.7.2021].

V. *Grundbegriffe der Arbeit*

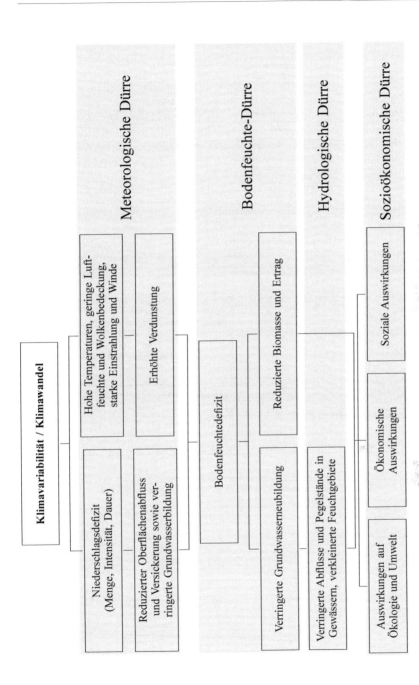

Abbildung 2: Schematische Darstellung der hydrometeorologischen Entwicklung verschiedener Dürretypen.
Quelle: eigene Darstellung nach *Vogt/Spinoni/Naumann*, Dürre in Europa, in: Lozán *et al.* (Hrsg.), Extremereignisse, 2018, S. 119 und in Anlehnung an Darstellungen des National Drought Mitigation Center (NDMC).

A. Einleitung

einiger Zeit auch die Kenngröße »mittleres Niedrigwasser« aus.[56] Auch bezieht die LUBW mittlere Niedrigwasserereignisse im Rahmen der Wasserstandsvorhersagen ein, sie unternimmt jedoch keinen Versuch einer »Dürre-«Definition.[57]

Die landwirtschaftliche Dürre, auch Bodenfeuchte-Dürre, beschreibt die Auswirkung des Niederschlagsdefizits auf die Bodenfeuchte. Ein Bodenfeuchtedefizit kann das Wachstum der Vegetation beeinträchtigen und zu Ernteausfällen führen.[58]

Die hydrologische Dürre tritt in Form negativer Anomalien an Oberflächengewässern und Grundwasser auf und äußert sich z. B. durch niedrige Pegel- oder Grundwasserstände oder verringerten Abfluss.[59] Niedrigwasser ist folglich eine Auswirkung eines Dürreereignisses, wohingegen Wasserknappheit die künstliche Übernutzung verfügbarer Wasserressourcen beschreibt.[60]

Für Niedrigwasser besteht im Übrigen, im Unterschied zu den bereits genannten Begrifflichkeiten, ein bundesweit einheitliches Verständnis: Nach den freiwilligen Standards des Deutschen Instituts für Normierung (DIN 4049) ist Niedrigwasser ein »Zustand in einem oberirdischen Gewässer, bei dem der Wasserstand oder der Durchfluss einen bestimmten Wert (Schwellenwert) erreicht oder unterschritten hat.«[61]

Zuletzt beschreibt die sozio-ökonomische Dürre einen Zustand sinkender Grundwasserspiegel und Wasserständen an Oberflächengewässern, die zu Einschränkungen bei der menschlichen Nutzung der Gewässer führen.[62]

c)   Rechtliche Ansätze zur Begriffsbestimmung

In humiden Breitengraden wie in Baden-Württemberg stellt sich die Einstufung von Dürre als Naturkatastrophe bislang ausschließlich im Zusammenhang mit staatlichen Hilfeleistungen zur Bewältigung von Dürreschäden, insbesondere in der Landwirtschaft. Anhaltspunkte zur Bestimmung des Dürrebegriffs und der Identifizierung von Dürrestufen bietet die VwV Dürrehilfe.[63] Die VwV Dürrehilfe stufte das Ereignis dabei nicht im Sinne des Katastrophenschutzgesetzes ein, sondern als außergewöhnliches Naturereignis im Sinne der Nummern 2.3 und 7.1 der nationalen Rahmenrichtlinie zur Gewährung staatlicher Zuwendungen zur Bewältigung von Schäden in der Land- und Forstwirtschaft verursacht durch Naturkatastrophen oder widrige Witterungsverhältnisse. Daran

---

56   *LUBW*, Pegelkarte, Hochwasservorhersagezentrale Baden-Württemberg, 2018, https://www.hvz.baden-wuerttemberg.de/ [abgerufen am 12. 7. 2021].
57   Vgl. die Untersuchung der Wasserstandsvorhersage der LUBW für Niedrigwasserereignisse *Bremicker/Homagk/Ludwig*, Operationelle Niedrigwasservorhersage für das Neckareinzugsgebiet, WaWi 2004, 40 (40).
58   *Mishra/Singh*, A Review of Drought Concepts, J. Hydrol. 2010, 202 (206).
59   *Van Loon*, Hydrological Drought Explained, WIRES 2015, 359 (362); *Hisdal/Tallaksen*, Drought Event Definition, ARIDE Technical Report 6, 2000, S. 8 ff.
60   *EEA*, Water Resources in Europe in the Context of Vulnerability, EEA Report 11/2012, 2012, S. 34; *Schmidt/Benítez/Benítez*, Working Definitions of Water Scarcity and Drought, 4. Aufl. 2012, S. 9.
61   Auch *Bayerisches Landesamt für Umwelt*, Niedrigwasser in Bayern, 2016, S. 18.
62   *Mishra/Singh*, A Review of Drought Concepts, J. Hydrol. 2010, 202 (206).
63   Verwaltungsvorschrift des Ministeriums für Ländlichen Raum und Verbraucherschutz zur Gewährung staatlicher Billigkeitsleistungen zur Bewältigung von Dürreschäden in der Landwirtschaft in Baden-Württemberg vom 1. 11. 2018 – Az.: 27-8581.05.

wird deutlich, dass Dürreereignisse nicht grundsätzlich, sondern erst ab einer gewissen Intensität und Dauer als außergewöhnlich eingestuft werden. Es liegt nahe, neben einer Dürredefinition auch eine Differenzierung nach verschiedenen Dürrestufen anhand von Dauer, Schwere, räumlichem Ausmaß und deren Eintrittswahrscheinlichkeit vorzunehmen.[64] Ein Beispiel hierfür stellen die – im Unterschied zur Dürre – ausdrücklichen Vorschriften für das Hochwassermanagement im Wasserhaushaltsgesetz dar. § 72 WHG enthält nicht nur eine Legaldefinition des Begriffs des Hochwassers, sondern nimmt eine Klassifizierung von Hochwasserereignissen nach ihrer Eintrittswahrscheinlichkeit vor und besitzt insoweit Vorbildcharakter.

Kaum Anhaltspunkte für die Festlegung von Dürrestufen bietet hingegen das Landeskatastrophenschutzgesetz Baden-Württemberg (LKatSG), dem eine Differenzierung zwischen Gefahr und Katastrophe entnommen werden kann. Dürreereignisse treten auch in Baden-Württemberg schleichend auf,[65] sodass es regelmäßig am typischen Merkmal eines plötzlichen und unerwarteten Auftretens fehlt. In der Praxis wird daher weniger die Dürreintensität, als die Notwendigkeit nach organisatorischer und administrativer Unterstützung für die Qualifizierung im Sinne des LKatSG ausschlaggebend sein,[66] um ein Dürreereignis der Intensität nach als Katastrophe im Sinne des LKatSG einzustufen.

2. Drought

Im englischsprachigen Raum steht der Begriff »*drought*« sowohl für die Begriffe Trockenheit als auch für Dürre. Gleichermaßen wie im deutschsprachigen Raum stellen sich jedoch Abgrenzungsfragen zu verwandten Begriffen wie *water scarcity, water shortage, aridity, desertification*. Die Begriffe *drought, water scarcity und water shortage* treten an verschiedenen Stellen im WAT auf. Häufig findet keine trennscharfe Unterscheidung zwischen den verschiedenen Begriffen statt. Sie werden synonym (»*interchangeably*«) verwendet,[67] sodass die Grenze zwischen natürlichem Ereignis (Trockenheit/Dürre) und künstlicher Verursachung (Wasserknappheit) verschwimmt. Im Rahmen von Regelungen zur *ad hoc* Dürrebewältigung ist beispielsweise auch von *water shortage contingency plans* (WSCPs) oder *water conservation plans* die Rede.[68] Beide Instrumente sollen sämtliche Anwendungsbereiche erfassen, in denen die Nachfrage das verfügbare Wasserdargebot überschreitet, dementsprechend auch und vorrangig bei Dürre.

Obwohl Regelungen betreffend den Wasserhaushalt und Dürreereignisse seit der Gründung des Bundesstaates das kalifornische Wasserrecht prägen und an verschiedenen Stellen im Wasserrecht ausdrücklich Erwähnung finden, fehlt es überwiegend an Legaldefinitionen, die den Anwendungsbereich der Regelungen näher bestimmen. Häufig wird

---

64 *Bernhofer et al.*, Untersuchungen zur Erfassung und Charakterisierung von meteorologischer Trockenheit, Heft 7/2015, LfULG, 2015, S. 21.
65 Näher hierzu Kapitel B.
66 *Bernhofer et al.*, Untersuchungen zur Erfassung und Charakterisierung von meteorologischer Trockenheit, Heft 7/2015, LfULG, 2015, S. 14.
67 Dies feststellend *Langridge*, Confronting Drought, U. Denv. Water L. Rev. 2008, 295 (297).
68 Deutlich wird die synonyme Verwendung anhand der planerischen Instrumente des kalifornischen Wasserrechts. Zum Beispiel regeln *water shortage contingency plans* (WSCPs), siehe Abschnitt D.III.2.b)aa)(2)γ), sowohl natürliche als auch künstlich verursachte Engpässe.

A. Einleitung

erst aus dem Kontext der Normen deutlich, ob diese auf Dürre oder Trockenheit im Sinne des deutschen Begriffsverständnisses Anwendung finden.

In anderen US-Bundesstaaten, z. B. in Washington, sehen »Administrative Codes« zumindest eine Definition vor, die auf nachfolgenden Ebenen präzisiert werden kann:

»›Drought conditions‹ are water supply conditions where a geographical area or a significant part of a geographical area is receiving, or is projected to receive, less than seventy-five percent of normal water supply as the result of natural conditions and the deficiency causes, or is expected to cause, undue hardship to water users within that area.« (Washington Administrative Code (WAC) 173-166-030 (2))

Von diesem Ansatz distanziert sich das kalifornische Wasserrecht zum Teil bewusst. Das Department of Water Resources (DWR), eine von zwei obersten Wasserbehörden in Kalifornien,[69] betont, dass lokale Wasserbehörden eine unterschiedliche Definition von Dürre verwenden, da Dürre von verschiedenen Faktoren abhängt.[70] Eine allgemeine Begriffsbestimmung im Sinne eines gemeinsamen Nenners bietet stattdessen das National Drought Mitigation Center (NDMC), das für das bundesweite Dürremonitoring in USA zuständig ist. Es definiert *drought* als

»deficiency of precipitation from expected or ›normal‹ that, when extended over a season or longer period of time, is insufficient to meet demands. This may result in economic, social, and environmental impacts.«[71]

Der englische Begriff *drought* entspricht folglich überwiegend dem deutschen Begriff »Dürre«.[72]

3. Bedeutung der Definitionenvielfalt für Rechtssetzung und -anwendung

Die starke Abhängigkeit von Zeit, Raum und Anfälligkeit der betroffenen Akteure erschwert im Vergleich zu anderen Naturereignissen ein einheitliches Begriffsverständnis. Da es bereits in der naturwissenschaftlichen Forschung keine universell einsetzbare Definition gibt, kann diese auch nicht auf Rechtssetzungs- und Rechtsanwendungsebene übernommen oder angepasst werden. Die Rechtssetzung in Baden-Württemberg, vor allem aber in Kalifornien, überlässt die Definition des Begriffs nachfolgenden Entscheidungsträgern, um den Kontext der Dürreereignisse nicht einzuschränken. Ein solches Vorgehen birgt jedoch die Gefahr von Rechtsunsicherheit und Rechtszersplitterung. Im Ergebnis unternimmt die Rechtssetzung im Rahmen der Dürrebewältigung stets eine Gratwanderung zwischen hinreichend konkretem Lebenssachverhalt auf Tatbestandsebene und Flexibilität auf Rechtsfolgenebene.

---

69 Zu den Verwaltungskompetenzen im Wasserrecht siehe Abschnitt D.I.2.
70 *DWR*, Drought: Defining Drought, 2021, https://water.ca.gov/water-basics/drought [abgerufen am 12. 7. 2021].
71 *Knutson/Hayes/Phillips*, How to Reduce Drought Risk, NDMC Preparedness and Mitigation Working Group, 1998, Appendix A, S. A-2.
72 Siehe die englischsprachige Literatur zur Definition von Dürre (*drought*), für viele *Wilhite/Glantz*, Understanding the Drought Phenomenon, Water Int. 1985, 111 (115); *Dracup/Lee/Paulson*, On the Definition of Droughts, Water Resour. Res. 1980, 297 (297 ff.); auch *Tortajada et al.*, The California Drought, Environ. Sci. Policy 2017, 97 (98).

Für die nachfolgende Untersuchung findet der Dürrebegriff immer dann Verwendung, wenn es speziell um die Auswirkungen des Naturereignisses auf Umwelt und Gesellschaft geht. Die einheitliche Verwendung des Begriffs Dürre soll dabei nicht über die klimatischen und dargebotsspezifischen Unterschiede der ausgewählten Rechtsordnungen hinwegtäuschen. Für die rechtsvergleichende Untersuchung überwiegt, dass eine Regelungsnotwendigkeit für Dürreereignisse nur dann besteht, wenn sich diese auf Umwelt und Gesellschaft auswirken. Trockenheitsereignis hingegen meint das rein situative Auftreten oder Bestehen eines Niederschlagsdefizits. Es ist als solches, wie auch der Wasserhaushalt selbst als Naturvorgang, einer rechtlichen Regelung nicht zugänglich[73] und begründet für sich keine Regelungsnotwendigkeit.

---

73 Für den Wasserhaushalt BVerfG, Beschl. v. 15. 7. 1981 – *Naßauskiesung*, BVerfGE 58, 300 (339).

B. Grundlagen

Dürren sind seltene natürliche Ereignisse, die mit einer bestimmten Wiederkehrwahrscheinlichkeit in nahezu allen Klimazonen auftreten.[74] Ihr Eintrittszeitpunkt, ihre Dauer, Schwere und räumliche Ausdehnung entziehen sich aufgrund ihres natürlichen Ursprungs grundsätzlich einer rechtlichen Steuerung.[75] Dürreereignisse stellen, neben Hochwasser und anderen Naturereignissen, jedoch auch soziale Phänomene dar. Das Ausmaß dürrebedingter Schäden hängt nicht nur von der Dauer und Intensität des Ereignisses ab, sondern auch von der Anfälligkeit von Umwelt und Gesellschaft für Dürreauswirkungen und maßgeblich von der Verfügbarkeit tauglicher Bewältigungsstrategien.[76]

Für die Umsetzung tauglicher Bewältigungsstrategien ist die schleichende Entwicklung von Dürreereignissen zugleich Potential und Herausforderung: Wird eine Dürre frühzeitig erkannt, können verantwortliche und betroffene Akteure frühstmöglich Maßnahmen zur Verhinderung von Auswirkungen ergreifen. Unterbleibt ein frühzeitiges Handeln, können irreversible Schäden für die Umwelt und Gewässerökologie drohen. Beide Umstände, die Auswirkungsbezogenheit und die schleichende Entwicklung eines Dürrefalls, ermöglichen und erfordern die rechtliche Regelung von Trockenheitsereignissen.

Voraussetzung für die Untersuchung der rechtlichen Instrumente ist es sich zum einen die tatsächlichen Ausgangsbedingungen hinsichtlich des Wasserdargebots, der Inanspruchnahme durch Gewässerbenutzer und der Dürreauswirkungen zu vergegenwärtigen. Zum anderen ist zu klären, inwieweit mit Ungewissheit behaftete Naturereignisse überhaupt einer rechtlichen Regelung zugänglich sind.

I. Wasserressourcen in Baden-Württemberg und Kalifornien: Dargebot und Nutzung

Die Süßwasserressourcen[77] sind sowohl in Baden-Württemberg als auch in Kalifornien Gegenstand verschiedener Nutzungsansprüche und -interessen, die hohe Anforderungen an ein konstant verfügbares Wasserdargebot in ausreichende Menge und hinreichender Qualität stellen. Die Verfügbarkeit der Gewässer wird überwiegend durch zwei Faktoren beeinflusst, zum einen das natürliche Dargebot, zum anderen die mengenmäßige Inanspruchnahme. Beide Faktoren fallen in den zu vergleichenden Rechtsordnungen aufgrund hydrologischer und klimatischer Unterschiede verschieden aus.

---

74 *Bernhofer et al.*, Untersuchungen zur Erfassung und Charakterisierung von meteorologischer Trockenheit, Heft 7/2015, LfULG, 2015, S. 14.
75 Für den Regelungsgegenstand Wasserhaushalt BVerfG, Beschl. v. 15.7.1981 – *Naßauskiesung*, BVerfGE 58, 300 (339).
76 *Plapp*, Wahrnehmung von Risiken aus Naturkatastrophen, 2003, S. 61.
77 Weniger als 4 % der weltweiten Wasserressourcen bestehen in Form von flüssigem Süßwasser, *Laskowski*, Das Menschenrecht auf Wasser, 2010, S. 5.

B. Grundlagen

1. Wasserdargebot

Das Wasserdargebot gibt an, welche Menge an Grundwasser und Oberflächengewässer in einem bestimmten Gebiet für eine bestimmte Zeitspanne potentiell verfügbar ist.[78] Idealerweise steht das Wasserdargebot in räumlicher und zeitlicher Hinsicht in Einklang mit der Nachfrage, um eine möglichst ressourcennahe und ressourcenschonende Bewirtschaftung zu ermöglichen.

Deutschland gilt im Vergleich zu anderen europäischen Ländern trotz seines humiden Klimas, für das ein häufiger Wetterwechsel mit hohem Niederschlag zu allen Jahreszeiten typisch ist,[79] nicht uneingeschränkt als wasserreiches Land.[80] Im deutschlandweiten Vergleich ist Baden-Württemberg allerdings als wasserreiches Land einzustufen, da 26 % des Wasserdargebots im Bundesgebiet allein in Baden-Württemberg auftritt.[81]

Bei räumlicher und zeitlicher Differenzierung fällt auf, dass auch in Baden-Württemberg lokale Wassermangelgebiete vorkommen.[82] Hierzu gehören beispielsweise der mittlere Neckarraum oder der Nordosten Baden-Württembergs, für die geringe Niederschläge und weniger Grundwasserressourcen typisch sind.[83] Die Randgebiete Baden-Württembergs, wie die Bodenseeregion, die Oberrheinebene, das Donauried und die Karstquellen auf der Schwäbischen Alb zählen hingegen zu den wasserreichen Gebieten.[84] Auch in Baden-Württemberg kann das Wasserdargebot daher nicht pauschal als wasserreich bezeichnet werden.[85]

Zu den wichtigsten Wasserressourcen für die Wasserwirtschaft in Baden-Württemberg gehören Grundwasser, Oberflächengewässer[86] und Niederschlag. Die Verfügbarkeit

---

78 *UBA*, Wasserressourcen und ihre Nutzung, 2020, https://www.umweltbundesamt.de/daten/wasser/wasserressourcen-ihre-nutzung [abgerufen am 12.7.2021].
79 *LUBW*, Hochwasserrückhaltebecken und Talsperren, 2008, S. 25; *Lehn/Steiner/Mohr*, Wasser – die elementare Ressource, 1996, S. 22.
80 *Reimer*, Effiziente Wassernutzung durch Wasserentnahmeentgelte?, LKRZ 2013, 445 (449).
81 Das jährliche Wasserdargebot in Deutschland beläuft sich auf 188 Mrd. m^3, wovon 49 Mrd. m^3 in Baden-Württemberg auftreten, *BMU/UBA*, Wasserwirtschaft in Deutschland, 2017, S. 29; Hintergrund und Eckdaten zum Wasserhaushalt Baden-Württemberg *Steinmetz/Wieprecht/Bárdossy*, Anpassungsstrategie Baden-Württemberg an die Folgen des Klimawandels, Teil A: Langfassung, Wasserforschungszentrum Stuttgart, 2013, S. 5 ff.
82 Vgl. Schaubild *Steinmetz/Wieprecht/Bárdossy*, Anpassungsstrategie Baden-Württemberg an die Folgen des Klimawandels, Teil A: Langfassung, Wasserforschungszentrum Stuttgart, 2013, S. 14; allgemein *Reimer*, Effiziente Wassernutzung durch Wasserentnahmeentgelte?, LKRZ 2013, 445 (449).
83 Vgl. *Steinmetz/Wieprecht/Bárdossy*, Anpassungsstrategie Baden-Württemberg an die Folgen des Klimawandels, Teil A: Langfassung, Wasserforschungszentrum Stuttgart, 2013, S. 14; *Lehn/Steiner/Mohr*, Wasser – die elementare Ressource, 1996, S. 28.
84 *Lehn/Steiner/Mohr*, Wasser – die elementare Ressource, 1996, S. 28.
85 Die Nachfrage in Baden-Württemberg beansprucht gerade einmal 10 % des Wasserdargebots, *Klaiber*, Maßnahmen zur strukturellen Verbesserung der öffentlichen Wasserversorgung in BW, in: Rott (Hrsg.), Innovationen in der Wasserversorgung, 2006, S. 1 (1).
86 Inkl. 686 Stauanlagen, Fluss-, See- und Talwassersperren, *Weißenberger*, Öffentliche Wasserversorgung 2013, Stat. Monatsheft BW 2015, 36 (36); *Rommel*, Wasserwirtschaft in Baden-Württemberg, Stat. Monatsheft BW 2016, 34 (35); *LUBW*, Hochwasserrückhaltebecken und Talsperren, 2008, S. 10.

von Grundwasser weist, wie eben angedeutet, große regionale Unterschiede in Bezug auf Menge und Qualität auf. Sie ist abhängig von der Speicherfähigkeit des Grundwasserkörpers, der Landnutzung und der Grundwasserneubildungsrate.[87] Erhebungen der Landesanstalt für Umwelt Baden-Württemberg (LUBW) zufolge findet Grundwasserneubildung überwiegend im Winterhalbjahr statt, da in Sommermonaten die Verdunstungsrate höher ist.[88]

Konstante Niederschlagsverhältnisse sind daher die Grundvoraussetzung für einen guten mengenmäßigen Zustand von Oberflächengewässern und Grundwasser bei Beibehaltung der derzeitigen Bewirtschaftungspraxis. Aber auch die räumlichen und saisonalen Niederschlagsverteilung unterliegt in Baden-Württemberg Schwankungen.[89] Derzeit gleichen Niederschlag und die Grundwasserneubildung die Nachfrage, als Summe aller mengenmäßigen Benutzungen, die sogleich näher beleuchtet werden, überwiegend aus. Dies zeigt sich insbesondere daran, dass die Grundwasserteilkörper einen weitgehend guten mengenmäßigen Zustand aufweisen.[90] Neue Erhebungen zeigen jedoch eine negative Tendenz der innerjährlichen Niederschlagsverteilung. Unterdurchschnittliche Niederschlagswerte (62 % des jährlichen Mittelwertes) treten vor allem im Süden Deutschlands in den Wintermonaten auf.[91]

Im Unterschied zu Baden-Württemberg besteht in Kalifornien Wasserknappheit.[92] Dies ist auf die große räumliche sowie zeitliche Diskrepanz zwischen den verfügbaren Ressourcen und der Nachfrage zurückzuführen.[93] Niederschlag ist eine der wichtigsten Ressourcen für die Wasserwirtschaft, fällt jedoch aufgrund der mediterranen und ariden Bedingungen fast ausschließlich (80 %) in den Wintermonaten.[94] Nachfrage, die in den Sommermonaten tendenziell steigt, und Verfügbarkeit stehen in unmittelbarer zeitlicher Diskrepanz.[95] Hinzu kommt, dass die Niederschlagsmenge in den Wintermonaten stark von den Wetterphänomenen El Niño und La Niña abhängt.[96]

In zeitlicher Hinsicht beeinflusst der Schneefall im Winter in Nordkalifornien maßgeblich die jährlich verfügbare Menge des Wasserdargebots. Die Schneedecke dient über das

---

87 *Lehn/Steiner/Mohr*, Wasser – die elementare Ressource, 1996, S. 28; *KLIWA*, Klimawandel in Süddeutschland, Monitoringbericht, 2016, S. 48.
88 *LUBW*, Grundwasserüberwachung, 2017, S. 20.
89 *Armbruster*, Grundwasserneubildung in BW, 2002, S. 115. Das jährliche Niederschlagsmittel liegt in Baden-Württemberg bei 962 mm/a, vgl. *UM BW*, WaBoA, 4. Aufl. 2012, Niederschlag.
90 Hierzu siehe *UM BW*, Weitergehende Beschreibung gefährdeter Grundwasserkörper, 2020, https://um.baden-wuerttemberg.de/de/umwelt-natur/wasser-und-boden/blaues-gut/europaeische-wasserrahmenrichtlinie/erster-bewirtschaftungszyklus/bestandsaufnahme-2004/gefaehrdete-grundwasserkoerper/ [abgerufen am 12.7.2021].
91 Der Dezember 2016 war der niederschlagsärmste Dezember seit 1963, BT-Drs. 18/13055, S. 1.
92 *Dettinger et al.*, Atmospheric Rivers, Floods and the Water Resources of California, Water 2011, 445 (445).
93 Vgl. *Delfino*, Moving Water in a Highly Altered Land, Duke Environ. L. & Pol'y Forum 2016, 273 (274).
94 *Doremus/Hanemann*, The Challenges of Dynamic Water Management in the American West, UCLA J. Envtl. L. and Pol'y 2008, 55 (57); *Cody/Folger/Brown*, California Drought, Congressional Research Service, 2015, S. 8.
95 *Spanos*, Water Management, Golden Gate U. Envtl. L. J. 2014, 143 (147).
96 *Seager et al.*, What can Drought-stricken California Expect from the El Niño Winter Forecast?, 2015, S. 1.

B. Grundlagen

Jahr hinweg als natürlicher Wasserspeicher.[97] In räumlicher Hinsicht fällt zwei Drittel des jährlichen Niederschlags in Nordkalifornien, während zwei Drittel der Bevölkerung südlich der San Francisco Bay Area lebt.[98]

Aufgrund der Unbeständigkeit des Niederschlags, der unmittelbar auf den mengenmäßigen Zustand der Oberflächengewässer Einfluss nimmt, ist die Verfügbarkeit von Grundwasser unerlässlich für die Wasserwirtschaft in Kalifornien. Die 517 noch unregulierten Grundwasser(teil)körper dienen gerade in Dürrejahren zum Ausgleich von Wasserengpässen und galten bis vor kurzem als unerschöpfliche Wasserspeicher (»unlimited savings account«).[99] Natürliche Umstände und menschliche Übernutzung haben jedoch zur Folge, dass nur ein Bruchteil des Grundwasserdargebots den Qualitätsanforderungen für die Wasserversorgung entspricht und ökonomisch sinnvoll nutzbar ist.[100] In einem normalen hydrologischen Jahr[101] decken Grundwasserressourcen etwa 30 % bis 35 %, Niederschlag in Form von Schnee etwa 30 % und die Oberflächengewässer ca. 30 % des menschlichen Wasserbedarfs ab.[102] Bei Dürreereignissen steigt die Inanspruchnahme von Grundwasserressourcen auf bis zu 60 % an.[103]

2. *Einfluss des Wasserdargebots auf die Wasserinfrastruktur*

Die zeitliche und räumliche Verteilung des Wasserdargebots in den Gliedstaaten beeinflusst den Aufbau der Wasserinfrastruktur. Der Begriff der Wasserinfrastruktur umfasst alle Wasserversorgungs- und Entwässerungssysteme, die zur zuverlässigen und sicheren Versorgung mittels entsprechenden Vorrichtungen zur Verteilung des Wassers beitragen.[104]

Die Wasserinfrastruktur in Baden-Württemberg entspricht dem Örtlichkeitsgrundsatz aus § 50 Abs. 2 WHG und ist pyramidenförmig angelegt. Lokale Wasserversorgungs-

---

97 Näher *Cody/Folger/Brown*, California Drought, Congressional Research Service, 2015, S. 11; *NRDC*, California Snowpack and Drought, 2014, S. 1; *Freeman*, Securing Water Supplies, 2008, S. 10.
98 Niederschlagswerte differieren zwischen 70 mm in der Stadt Anza bis zu 2.540 mm im Gebirge Sierra Nevada, *Börk et al.*, Water for Fish, U.C. Davis L. Rev. 2012, 811 (811); *Tarlock*, From Natural Scarcity to Artificial Abundance, Hastings W.-Nw. J. Envtl. L. & Pol'y 1994, 71 (73).
99 *DWR*, Bulletin 118 Interim Update 2016, 2016, S. 21; über das tatsächliche mengenmäßige Dargebot an Grundwasser bestehen verschiedene Schätzungen, vgl. *Kang/Jackson*, Salinity of Deep Groundwater in California, PNAS 2016, 7768 (7768); *Water Education Foundation*, Groundwater, 2011, S. 4.
100 96 % aller Grundwasserentnahmen entstammen 127 Grundwasserkörpern, *Water Education Foundation*, Groundwater, 2011, S. 4; *DWR*, Status Report on CASGEM 2012–2015, 2016, S. 3.
101 Als normales hydrologisches Jahr wird ein Jahr bezeichnet, in dem der Niederschlag im Vergleich zum langjährigen Mittel durchschnittlich ausfällt.
102 SGMA, Uncodified Findings (a) (2); *DWR*, Bulletin 118 Update 2003, 2003, S. 2; *Hanak/Stryjewski*, California's Water Market, PPIC Water Policy Center, 2012, S. 9.
103 *Gleick et al.*, The Untapped Potential of California's Water Supply, Pacific Institute, 2014, S. 2; *Leahy*, Desperate Times Call for Sensible Measures, Golden Gate U. Envtl. L. J. 2016, 5 (16); *Smith*, Water Rules: California's Sustainable Groundwater Management Act, L.A. Lawyer 2015, 18 (29).
104 *Tauchmann et al.*, Innovationen für eine nachhaltige Wasserwirtschaft, 2006, S. 289.

I. Wasserressourcen in Baden-Württemberg und Kalifornien: Dargebot und Nutzung

unternehmen dominieren zahlenmäßig und bedienen etwa 50 % der Nachfrage. Derzeit bestehen in Baden-Württemberg 1.066 gemeindliche Wasserversorger, die Wasser überwiegend in Eigengewinnung aus 2.400 Entnahmestellen durch Brunnen oder Quellen gewinnen.[105] Die Versorgung durch lokale Einheiten ist damit nicht nur die nach § 50 Abs. 2 WHG favorisierte Versorgungsstruktur, sondern auch in der Praxis am häufigsten anzutreffen. Die übrigen 30 % der Nachfrage bedienen Fernwasserversorgungssysteme oder Zusammenschlüsse lokaler Wasserversorger in Form von Zweckverbänden oder Wasser- und Bodenverbänden. Der Zusammenschluss zu regionalen Verbänden hat oft mehrere Gründe: Zum einen sinken Fixkosten für die Instandhaltung der Versorgungsinfrastruktur, zum anderen steigt die Versorgungssicherheit, da örtliche Engpässe durch ein größeres Verbundnetz leichter ausgeglichen werden können.[106] An der Spitze der Pyramide stehen vier überregionale Fernwasserversorger,[107] die bis heute eine der wenigen Ausnahmen vom Örtlichkeitsgrundsatz bilden.

In Kalifornien hingegen sind die Fernwasserversorgungssysteme – zu den Größten zählen das California State Water Project (SWP) und das Central Valley Project (CVP) – unerlässlicher Bestandteil zur Mobilisierung der Wasserressourcen aus Nordkalifornien. Historisch bedingt ergibt sich in Kalifornien eine mehrstufige Wasserinfrastruktur, an der verschiedene Akteure (*water organizations*)[108] beteiligt sind.[109] Die Betreiber eines Fernwasserversorgungssystems erschließen die Wasserressourcen in Nordkalifornien und leiten das gewonnene Wasser durch das bundesstaatenweite Versorgungsnetz an die Bezirksbehörden (*county agencies*) weiter.[110] Die *county agencies* beziehen ihr Wasser auf der Grundlage eines Wasserlieferungsvertrags (*contracts*) mit den Fernwasserversorgungsbetreibern.[111] Die Bezirksbehörden wiederum beliefern lokale Wasserversorger, die

---

105 *Klaiber*, Maßnahmen zur strukturellen Verbesserung der öffentlichen Wasserversorgung in BW, in: Rott (Hrsg.), Innovationen in der Wasserversorgung, 2006, S. 1 (1); *Rommel*, Wasserwirtschaft in Baden-Württemberg, Stat. Monatsheft BW 2016, 34 (36).
106 Viele Gemeinden stellen daher auf eine Verbundversorgung als Notversorgungskonzept ab, vgl. VG Freiburg, Urt. v. 26. 7. 2013 – 4 K 280/12.
107 Namentlich der Zweckverband Bodensee-Wasserversorgung (BWV), der seit 1954 Bodenseewasser bis in den Norden Baden-Württembergs liefert. Die BWV ist das größte Fernwasserversorgungssystem mit einem Leitungsnetz von 1.600 km. Die Wasserversorgung Kleine Kinzig (WKK) liefert Wasser aus einer Trinkwassertalsperre in den Schwarzwald. Seit 1912 versorgt das älteste Fernwasserversorgungssystem, der Zweckverband Landeswasserversorgung (LW), den Verdichtungsraum mittlerer Neckar aus dem Donauried. Der Zweckverband Wasserversorgung Nordostwürttemberg beliefert die Wassermangelgebiete im Nordosten von Baden-Württemberg mit Wasser der LW und BWV, vgl. *UM BW*, Unser kostbares Wasser, 5. Aufl. 2018, S. 34 f.
108 *Lund/Medellín-Azuara*, California, in: World Water Council (Hrsg.), Global Water Security, 2018, S. 267 (268 ff.).
109 Zur nachfolgenden Struktur *Thompson*, Water Markets, in: Hill/Anderson (Hrsg.), Water Marketing, the Next Generation, 1997, S. 1 (12).
110 Ausführlich auch *BMWi*, Zielmarktanalyse Wasserwirtschaft Kalifornien 2018, 2018, S. 24 ff.
111 Die *contracts* sind überwiegend auf eine Laufzeit von 50 Jahren angelegt und setzen den maximalen Lieferumfang fest. Die Verträge enthalten spezielle Bestimmungen zum Umfang der Wasserlieferungen bei Trockenheit. Teils greifen prozentuale Kürzungen bis hin zum Ausfall der Lieferung, teils beinhalten die Verträge ein von der Rechtslage abweichende Priorisierung von Wasserlieferungen, exemplarisch *Metropolitan Municipal Water District*, Contract between the Metropolitan Municipal Water District and the Department of Water

B. Grundlagen

das Wasser für den Endverbraucher bereitstellen. In einem hydrologisch normalen Jahr stellen die Fernwasserversorgungsysteme etwa ein Drittel des gesamten Oberflächenwasserdargebots bereit.[112] Etwa 1 % der Nachfrage – Tendenz steigend – wird bislang durch die Wiederaufbereitung und Entsalzungsanlagen gewonnen.[113] Die restliche Nachfrage wird durch lokale Wasserressourcen aus Oberflächengewässern oder Grundwasser gewonnen.

Eine lokale Wasserversorgung findet in Kalifornien überwiegend durch *state small water systems* (SSWSs) statt. § 116275 (h)–(n) California Health and Safety Code (HSC) unterscheidet vier Arten von SSWSs mit weniger als 200 Anschlüssen. Im Unterschied zu größeren Versorgungseinrichtungen decken SSWSs die Nachfrage häufig ausschließlich durch lokale Wasserressourcen und sind nicht an eine größere Verbundinfrastruktur angeschlossen.[114] Sie beliefern zwar nur einen Bruchteil der Bevölkerung überwiegend in ländlichen Regionen, stellen jedoch die Mehrzahl an Wasserversorgungssystemen.[115] Auch in Kalifornien gilt die Versorgung aus lokalen Wasserressourcen aus ökologischen Gesichtspunkten als vorzugswürdig gegenüber einer Versorgung durch Fernwasserversorgungssysteme. Die Abhängigkeit von einem ausschließlich örtlichen Wasserdargebot erhöht jedoch die Anfälligkeit von Wasserversorgern gegenüber Dürreauswirkungen. Zur Versorgungssicherheit ist sowohl die Diversifizierung der Wasserressourcen als auch die Absicherung der Wasserverfügbarkeit durch den Anschluss an größere Verbund- und/oder Fernwasserversorgungssysteme unerlässlich.

3. Nutzungsinteressen und Inanspruchnahme des Wasserdargebots

Die verschiedenen Nutzungsansprüche und -interessen verdeutlichen nicht nur die Abhängigkeit der Gesellschaft von einem konstant verfügbaren Wasserdargebot. Sie geben auch Aufschluss über besonders dürreanfällige Akteure, potentielle Regelungsadressaten und Regelungsansätze zur rechtlichen Steuerung der Gewässerbewirtschaftung bei Dürreereignissen.[116]

Resources for a Water Supply and Selected Related Agreements, 2005, http://s3-us-west-2.amazonaws.com/ucldc-nuxeo-ref-media/6a262f68-0483-45d6-8aef-b329bba1a898 [abgerufen am 5.7.2018], S. 44 ff., 51 ff.

112 47 % des Niederschlags fließt durch das Sacramento-San Joaquin River Delta. Das Delta stellt 45 % der Trinkwasserversorgung und 40 % der landwirtschaftlichen Wasserressourcen, *Lowel/Rains/Lynne*, Global Climate Change and California Agriculture, in: Knox/Scheuring (Hrsg.), Global Climate Change and California, 1991, Kap. 6, S. 97 (112).

113 *DWR*, CWP Update 2013 – The Strategic Plan, Volume 1, 2014, S. 3-34.

114 SSWS lassen sich inzwischen nur schwer in größere Verbundnetze integrieren, da die Wasserpreise für die Benutzer des größeren Verbundnetzes aufgrund hoher Fixkosten für kleine Wasserversorger steigen würden, vgl. *DWR*, California's Most Significant Droughts, 2015, S. 72.

115 *DWR*, California's Most Significant Droughts, 2015, S. 72; *DWR/CNRA*, Drought in California, 2015, S. 11.

116 Ähnlich *Kuhn/Beising*, Umweltwandel und Naturgefahren, Regio Basiliensis 2009, 3 (9).

a) Öffentliche Wasserversorgung

Der Begriff der öffentlichen Wasserversorgung wird unter anderem in § 50 WHG vorausgesetzt. Wasserversorgung meint das Sammeln, Fördern, Aufbereiten, Bereitstellen, Weiterleiten, Zuleiten, Verteilen von und das Beliefern der Verbraucher mit Trink- und Brauchwasser.[117] Öffentlich ist die Wasserversorgung, wenn ein unbestimmter Personenkreis mit Trink- oder Brauchwasser beliefert wird, die Wasserversorgung somit nicht nur der Eigenversorgung dient.[118]

In Baden-Württemberg entfallen 15 % aller Wassernutzungen auf die öffentliche Wasserversorgung.[119] Das entspricht einer Anschlussquote von 99,5 % der gesamten Bevölkerung. In Städten und Gemeinden mit mehr als 100.000 Einwohnern liegt die Anschlussquote sogar bei fast 100 %.[120] Der tägliche individuelle Wasserverbrauch in Baden-Württemberg liegt durchschnittlich bei 119 Liter pro Kopf.[121] Unter den individuellen Wasserverbrauch fällt die Inanspruchnahme von Trinkwasser für Essen, Trinken, Geschirrspülen, Duschen, Toilettenspülung und Wäschewaschen.[122] Die Nachfrage der öffentlichen Wasserversorgung wird überwiegend aus lokalen Wasserressourcen bedient. Davon stammen etwa 70 % aus Grund- oder Quellwasser und 30 % aus Fluss- oder Seewasser.[123] Die Zuverlässigkeit der Wasserversorgung ist in Baden-Württemberg (noch) eine Selbstverständlichkeit. Sie steht vor allem in ländlichen Räumen jedoch auch vor Herausforderungen, wie der Abhängigkeit vom örtlichen Wasserdargebot oder Instandhaltungskosten.[124] Mit der geplanten Erstellung des »Masterplan Wasserversorgung« reagiert das Ministerium für Umwelt, Klima und Energiewirtschaft Baden-Württemberg (UM BW) und das Ministerium für Ernährung, Ländlichen Raum und Verbraucherschutz Baden-Württemberg (MLR BW) auf die (künftigen) Herausforderungen des Klimawandels für die öffentliche Wasserversorgung.[125] Dieser soll zukünftig auch bei zunehmender Hitze und Trockenheit in Baden-Württemberg die Versorgungssicherheit der öffentlichen Wasserversorgung gewährleisten.

---

117 *Gruneberg*, in: Berendes/Frenz/Müggeborg, WHG, 1. Aufl. 2011, § 50 Rn. 32.
118 *Gruneberg*, in: Berendes/Frenz/Müggeborg, WHG, 1. Aufl. 2011, § 50 Rn. 32.
119 *Weißenberger*, Öffentliche Wasserversorgung 2013, Stat. Monatsheft BW 2015, 36 (36).
120 Nur etwa 0,4 % der Nachfrage entfällt auf private Brunnen, *Heitzmann*, Die öffentliche Wasserversorgung in Baden-Württemberg 2010, Stat. Monatsheft BW 2012, 44 (45); *Nowak*, Daten der Wasserwirtschaft im Angebot des Forschungsdatenzentrums, Stat. Monatsheft BW 2014, 34 (39).
121 Er liegt damit unter dem Bundesdurchschnitt von 126 Liter pro Kopf/Tag *Rommel*, Wasserwirtschaft in Baden-Württemberg, Stat. Monatsheft BW 2016, 34 (36); *Rommel*, Trinkwasserabgabe mit dem Bevölkerungswachstum gestiegen, Statistisches Landesamt Baden-Württemberg, 2018, https://www.statistik-bw.de/Presse/Pressemitteilungen/2018190 [abgerufen am 12. 7. 2021].
122 *UBA*, Wassersparen in Privathaushalten, 2014, S. 16.
123 *Lehn/Steiner/Mohr*, Wasser – die elementare Ressource, 1996, S. 25; *LUBW*, Grundwasserüberwachung, 2017, S. 22; *Weißenberger*, Öffentliche Wasserversorgung 2013, Stat. Monatsheft BW 2015, 36 (37).
124 *Rost et al.*, Auswirkungen eines technischen Paradigmenwechsels auf die wasserwirtschaftliche Organisation in strukturschwachen ländlichen Räumen, RuR 2015, 343.
125 *UM BW/MLR BW*, Land erarbeitet Masterplan, 2019, https://um.baden-wuerttemberg.de/de/service/presse/pressemitteilung/pid/klimawandel-und-wasserversorgung-land-erarbeitet-masterplan/ [abgerufen am 13. 7. 2021].

B. Grundlagen

In Kalifornien beansprucht die öffentliche Wasserversorgung (*urban water supply*) etwa 10 % aller Wassernutzungen.[126] Der durchschnittliche Tagesverbrauch eines Kaliforniers beträgt umgerechnet etwa 570 Liter für Trinken, Baden, Waschen, Putzen und Gartenbewässerung.[127] Im Unterschied zu Baden-Württemberg bestehen in Kalifornien etliche Studien über häusliche Nutzungszwecke (*urban uses*) von Wasser aus der öffentlichen Wasserversorgung. 34 % der Nachfrage entfällt auf Wassernutzungen in den Privathaushalten, 49 % auf die Bewässerung von Gärten und Landschaft.[128] Letztere birgt folglich ein hohes Einsparpotential, das der kalifornische Gesetzgeber auch erkannt hat.[129]

Die Gegenüberstellung der Trinkwassernutzung von Privathaushalten zeigt, dass der pro Kopf Verbrauch in Baden-Württemberg deutlich niedriger ist als in Kalifornien, jedoch die Gartenbewässerung in Baden-Württemberg nicht in den pro-Kopf Verbrauch einbezogen wird. Untersuchungen zur Anfälligkeit der öffentlichen Wasserversorger[130] können Aufschluss darüber geben, ob, wann und in welchen Bereichen eine Steuerung der Trinkwassernutzung zur Belastbarkeit der öffentlichen Wasserversorger bei Trockenheitsereignissen beiträgt.

b) Landwirtschaft

Der Grad der Beanspruchung und die Abhängigkeit der Landwirtschaft von Wasserressourcen differiert in den Gliedstaaten deutlich. Bislang entfällt in Baden-Württemberg durchschnittlich nur etwa 0,2 % der Nachfrage auf landwirtschaftliche Wassernutzungen.[131] Allerdings besteht auch hier eine zunehmende Tendenz. Seit 2010 hat die Bewässerungslandwirtschaft in Baden-Württemberg um ein Drittel zugenommen.[132] Örtlich kann die Bewässerungslandwirtschaft bis zu 25 % der gesamten Nachfrage ausmachen.[133] Die Gründe für die regionalen Unterschiede liegen an der örtlichen Verfügbarkeit von Niederschlag und der Art des landwirtschaftlichen Anbaus. Die Art der Wasserressourcen zur Bewässerung variiert ebenfalls stark. Sie reicht von der Nutzung der öffentlichen Trinkwasserversorgung, wie teilweise für den Weinbau, des Grundwassers durch eigene Brunnen, des Regenwassers aus Zisternen bis hin zur Entnahme aus Oberflächengewässern im Rahmen des Gemeingebrauchs.

In Kalifornien entfallen 40 % der Wassernutzung auf die Landwirtschaft, wobei sie als mit Abstand größter Wassernutzer Kaliforniens 1,45 % zum Bruttoinlandsprodukt beiträgt

---

126 99 % der Bevölkerung sind in Kalifornien an die öffentliche Wasserversorgung angeschlossen. Die verbleibenden 1 % beziehen Wasser fast ausschließlich aus eigenen Brunnen, *Thompson/Leshy/Abrams*, Legal Control of Water Resources, 5. Aufl. 2012, S. 802.
127 Konkret beträgt der Verbrauch pro Kopf 140 *gallons*, *Fulton/Cooley/Gleick*, California's Water Footprint, Pacific Institute, 2012, S. 1.
128 *PPIC Water Policy Center*, Water for Cities, 2016.
129 Siehe Abschnitt D.III.1.h).
130 U. a. *Falasca*, Untersuchung der öffentlichen Trinkwasserversorgung in Baden-Württemberg zum Umgang mit Trockenheit, 2016.
131 *Haug*, Wasserbedarf in Baden-Württemberg, Stat. Monatsheft BW 2007, 44 (45).
132 *Statistisches Landesamt Baden-Württemberg*, Landwirtschaftliche Betriebe setzen vermehrt auf Bewässerung, 2017, https://www.statistik-bw.de/Presse/Pressemitteilungen/2017172 [abgerufen am 12. 7. 2021].
133 *Haug*, Wasserbedarf in Baden-Württemberg, Stat. Monatsheft BW 2007, 44 (45).

und über 7 % der Arbeitskräfte auf dem privaten Arbeitsmarkt beschäftigt.[134] Seit ca. 60 Jahren stagniert der landwirtschaftliche Wasserverbrauch trotz des Anbautrends von einjährigen Feldkulturen – wie Tomaten, Baumwolle oder Getreide – zu mehrjährigen, konstant bewässerungsbedürftigen »high value crops«, wie Avocado- oder Mandelbäumen.[135] Wassereffiziente Technologien, wie die Tröpfchenbewässerung, konnten den erhöhten Bewässerungsbedarf bislang ausgleichen, sodass insgesamt keine erhöhte Gewässerbeanspruchung stattfindet.[136] Die landwirtschaftliche Nachfrage wird überwiegend durch das Fernwasserversorgungssystem CVP und betriebseigene Grundwasserbrunnen bedient. Bei Dürreereignissen treten häufig Lieferungsengpässe in der Fernwasserversorgung auf, sodass Landwirte überwiegend auf die Nutzung des Grundwassers zurückgreifen.[137]

Der Vergleich der landwirtschaftlichen Nutzung verdeutlicht, dass die Bewässerung landwirtschaftlich genutzter Flächen bei Dürreereignissen unumgänglich ist, um Ernteausfälle zu vermeiden. Gleichzeitig steigt die Anfälligkeit der Landwirtschaft für Dürreauswirkungen mit dem Anbau mehrjähriger, bewässerungsintensiver Kulturen.

c) Energiewirtschaft

Die Energiewirtschaft nutzt Oberflächengewässer zum einen zur Energiegewinnung aus Wasserkraft, zum anderen zur Kühlung anderer Energiegewinnungsmethoden.[138] Nutzungskonflikte zwischen der Energiewirtschaft und der Gewässerökologie haben im Wasserrecht eine lange Tradition[139] und treten sowohl in Kalifornien als auch in Baden-Württemberg auf.

In Baden-Württemberg beansprucht die Energiewirtschaft etwa 75 % der gesamten Nachfrage[140] und ist damit mit Abstand der größte Gewässerbenutzer. Sie nutzt Oberflächengewässer überwiegend zu Kühlungszwecken für Wärmekraftwerke an Rhein und Neckar.[141] Aufgrund der hohen Inanspruchnahme der Gewässer zu Kühlzwecken stuft

---

134 Vgl. *UC AIC*, The Measure of California Agriculture, 2009, S. 5-3 f.
135 Zu den ökonomischen Hintergründen der Verschiebung und dem Wasserverbrauch verschiedener Kulturen vgl. *Cooley et al.*, Impacts of California's Ongoing Drought: Agriculture, Pacific Institute, 2015, S. 8, 12; *Johnson/Cody*, California Agricultural Production and Irrigated Water Use, Congressional Research Services Report, 2015, S. 6.
136 *PPIC Water Policy Center*, Water for Farms, 2015, S. 2.
137 Die mengenmäßige Beanspruchung der Grundwasserressourcen durch die Landwirtschaft wird, mangels Kenntnis über die Anzahl an Brunnen, grob auf 700.000 bis zu 1 Mio. Liter geschätzt, vgl. *Water Education Foundation*, Groundwater, 2011, S. 4; *Faunt/Sneed*, Water Availability and Subsidence in California's Central Valley, San Franc. Estuary Watershed Sci. 2015, 1 (1).
138 *Gleick*, Impacts of California's Five-Year (2012–2016) Drought on Hydroelectricity Generation, Pacific Institute, 2017, S. 1.
139 *Schaub*, Regionale Wasserversorgung im Zeichen des Klimawandels, Regio Basiliensis 2009, 53 (57).
140 Der hohe Anteil der Energiewirtschaft am Wasserbedarf korreliert mit dem hohen Anteil von Oberflächengewässern (90 %) bei der Deckung des Bedarfs, *Rommel*, Wasserwirtschaft in Baden-Württemberg, Stat. Monatsheft BW 2016, 34 (35); *Haug*, Wasserbedarf in Baden-Württemberg, Stat. Monatsheft BW 2007, 44 (44).
141 *Rommel*, Wasserwirtschaft in Baden-Württemberg, Stat. Monatsheft BW 2016, 34 (35); *Haug*, Wasserbedarf in Baden-Württemberg, Stat. Monatsheft BW 2007, 44 (44).

B. Grundlagen

die Europäische Umweltagentur (European Environment Agency, EEA) Deutschland als künftig von Wasserstress betroffenen EU-Mitgliedstaat ein.[142]

Seit Einführung des Erneuerbare-Energien-Gesetzes (EEG) hat die Anzahl kleiner Wasserkraftwerke deutlich zugenommen.[143] Die Energiewende wirkt sich insoweit positiv auf die Klimabilanz auf, erhöht jedoch das Konfliktpotential zwischen Wasserkraft und Gewässerökologie.

Der Wassernutzungsanteil der Energiewirtschaft wird in Kalifornien üblicherweise nicht prozentual erhoben. Im Zentrum der Untersuchungen stehen stattdessen die vielfältigen Funktionen und Nutzungsinteressen an den 1.200 Reservoirs in Kalifornien.[144] Sie speichern Wasser für die Wasserversorgung zu Trinkwasser- und Bewässerungszwecken, sind Naherholungsziel für Freizeitaktivitäten wie Schwimmen oder Segeln, dienen dem Hochwasserschutz und gewinnen Energie.[145] Konkurrierende Interessenlagen zwischen der Wasserkraftnutzung und anderen Wassernutzern sind bei Dürreereignissen nicht selten, wie beispielsweise mit der öffentlichen Wasserversorgung oder ökologischen Anforderungen an einen konstanten Mindestabfluss.[146] Ein nachhaltiges Tal- und Stauseenmanagement ist daher für die Dürrebewältigung unerlässlich.

d) Industrie und verarbeitendes Gewerbe

Zu einem der wichtigsten mengenmäßig relevanten Benutzern des Wasserdargebots zählt in Baden-Württemberg das verarbeitende Gewerbe.[147] Darunter fallen insbesondere die Zellstoff- und Papierherstellung sowie die chemische und pharmazeutische Industrie. Den Bedarf deckt das verarbeitende, meist standortgebundene Gewerbe überwiegend mit Flusswasser in einer Größenordnung von 345 Mio. m³ Wasser pro Jahr.[148] Aufgrund der Standortgebundenheit ist das verarbeitende Gewerbe häufig besonders abhängig vom lokalen Dargebot von Oberflächengewässern und kann mitunter hohe ökonomische Schäden bei trockenheitsbedingtem Niedrigwasser erleiden. Um nur ein Beispiel

---

142 *EEA*, Climate Change and Water Adaptation Issues, Technical Report 2/2007, 2007, S. 15; *Hafner*, Rechtliche Rahmenbedingungen für eine an den Klimawandel angepasste Landwirtschaft, UPR 2010, 371 (374).
143 Vgl. *Wurster*, Energiewende in Baden-Württemberg, in: Hörisch/Wurster (Hrsg.), Das grünrote Experiment in Baden-Württemberg, 2017, S. 251 (256).
144 Vgl. *Lund*, Should California Expand Reservoir Capacity by Removing Sediment?, California WaterBlog, 2014, https://californiawaterblog.com/2014/06/09/should-california-expand-reservoir-capacity-by-removing-sediment/ [abgerufen am 12.7.2021].
145 9% des Energiebedarfs wird in Kalifornien aus Wasserkraft gedeckt, *Diffenbaugh/Swain/Touma*, Anthropogenic Warming Has Increased Drought Risk in California, PNAS 2015, 3931 (3931); *Mann*, Like Water for Energy, U. Colo. L. Rev. 2011, 505 (512).
146 Vgl. *Gleick*, Impacts of California's Five-Year (2012–2016) Drought on Hydroelectricity Generation, Pacific Institute, 2017, S. 2.
147 *Rommel*, Wasserwirtschaft in Baden-Württemberg, Stat. Monatsheft BW 2016, 34 (34).
148 *Rommel*, Wasserwirtschaft in Baden-Württemberg, Stat. Monatsheft BW 2016, 34 (35); im Vergleich dazu sind zur Bewässerung der Heidelberger Neckarwiese jeden Sommer eine Million m³ Wasser notwendig, *Kämmereiamt Stadt Heidelberg*, Heidelberger Neckarwiese als beliebte Spiel-, Sport- und Freizeitfläche, Sport & Freizeit Stadt Heidelberg, 2021, https://www.heidelberg.de/hd,Lde/HD/Rathaus/Sport+_+Freizeit.html [abgerufen am 12.7.2021].

zu nennen, führte das Niedrigwasser im Dürresommer 2018 bei der BASF zu einem Ergebnisrückgang von fast 23 %.[149]

In Kalifornien wird die prozentuale Beanspruchung des Wasserdargebots durch Industrie und Gewerbe (*industrial and commercial water use*) nicht getrennt erhoben.[150] Als bislang größter Wirtschaftszweig fällt insbesondere die Landwirtschaft ins Gewicht.

e) Schifffahrt

Die Schifffahrt nimmt unter den zuvor genannten Nutzungsgruppen eine Sonderrolle ein, da sie die Wasserressourcen nicht mengenmäßig beansprucht. Sie ist jedoch unmittelbar vom mengenmäßigen Zustand der Oberflächengewässer abhängig und daher als weitere Interessengruppe von Dürreereignissen betroffen.

Die Binnenschifffahrt ist der drittwichtigste Verkehrsträger in Deutschland nach der Straße und der Schiene.[151] Das gewerblich genutzte Wasserstraßennetz in Baden-Württemberg hat eine Gesamtlänge von 550 km, die sich auf die baden-württembergischen Teile des Rheins, des Neckars, der Donau und des Mains erstrecken.[152]

In Kalifornien spielt die Binnenschifffahrt eine untergeordnete Rolle aufgrund geographischer Faktoren. Viele Flüsse sind vergleichsweise naturbelassen und dadurch zu weit und zu flach für die Transportschifffahrt, oder verlaufen nicht an den Haupthandelstrassen. Lediglich die Wirtschaftsachse zwischen der Bay Area und Sacramento/San Joaquin ist durch *Deepwater Shipment Channels* ausgebaut und für Transportzwecke nutzbar.[153]

f) Gewässerökologie

Im Unterschied zu Baden-Württemberg berücksichtigen Statistiken in Kalifornien die Gewässerökologie als eigenständige Benutzergruppe. Sie legen dar, dass 50 % aller Wassernutzungen auf den Erhaltung der Gewässerökologie entfallen sollten.[154] Dabei handelt es sich jedoch lediglich um die Summe aller rechtlich vorgesehen ökologischen Mindeststandards, nicht um die tatsächliche Wasserverfügbarkeit für die Ökologie.

4. Zusammenfassung

Der Vergleich des Wasserdargebots in Baden-Württemberg und Kalifornien ergibt, dass trotz regionaler Unterschiede in der Verfügbarkeit der Wasserressourcen, Baden-Württemberg eine konstantere Niederschlagsverhältnisse aufweist. In Kalifornien hingegen

---

149 *dpa/Reuters*, BASF macht fast ein Viertel weniger Gewinn, Frankfurter Allgemeine – FAZ.NET, 2019, https://www.faz.net/-gqi-9k8fe [abgerufen am 12.7.2021].
150 *Mount/Hanak*, Water Use in California, PPIC Water Policy Center, 2016, S. 2.
151 *VM BW*, Wasserstraßen, 2021, https://vm.baden-wuerttemberg.de/de/mobilitaet-verkehr/wasser/wasserstrassen/ [abgerufen am 12.7.2021].
152 *VM BW*, Wasserstraßen, 2021, https://vm.baden-wuerttemberg.de/de/mobilitaet-verkehr/wasser/wasserstrassen/ [abgerufen am 12.7.2021].
153 Siehe Abschnitt D.III.1.f)bb).
154 *PPIC*, Climate Change Vulnerability of Native and Alien Freshwater Fishes of California, 2016, S. 1.

B. Grundlagen

bestehen große Diskrepanzen hinsichtlich der räumlichen Verteilung von Wasserressourcen und zeitlichem Auftreten von Niederschlag. Hinzu kommt, dass der Wasserbedarf in Kalifornien besonders stark regional und saisonal variiert.[155]

In Bezug auf Dürreereignisse verdeutlicht die Gegenüberstellung das Spannungsfeld zwischen wirtschaftlichen Interessen an der Wassernutzung, lebensnotwendigem Trinkwasserbedarf und dem Schutz der Gewässerökologie. Aufgabe des Gesetzgebers und der Verwaltung ist es, die verschiedenen Interessen präventiv zu einem angemessenen Ausgleich zu bringen und bei Nutzungskonflikten gegebenenfalls steuernd einzugreifen. Die Untersuchung der Gewässerbenutzer legt zahlreiche Anknüpfungspunkte für rechtliche Regelungen zur Bewältigung von Dürreereignissen frei und verdeutlicht, dass ein Dürremanagement sowohl langfristig vorsorglich auf Dargebotsebene als auch auf Nachfrageseite kurzfristig regulierend ansetzen kann.

II. Tatsächliche Ausgangsbedingungen im Umgang mit Dürreereignissen: Auswirkungen, Monitoring und Vorhersagemodelle

Vergangene Extremereignisse und Prognosen zu den Folgen des Klimawandels geben Aufschluss darüber, welche Sektoren von der prognostizierten Zunahme an Dürreereignissen künftig besonders betroffen sein können. Dürrevorhersagesysteme tragen dazu bei, im Rahmen der technischen Möglichkeiten den Eintritt, die Intensität, Dauer und räumliche Ausdehnung eines Dürreereignisses möglichst frühzeitig vorherzusagen. Ihr Beitrag liegt darin, Gesellschaft und Umwelt möglichst frühzeitig über eine bevorstehende Dürre zu informieren und konkrete Maßnahmen zur Dürrevorsorge zu veranlassen. Häufig vergehen Wochen bis Monate bis eine Dürre Auswirkungen zeigt. Treten diese einmal auf, potenzieren sich die Auswirkungen sehr schnell.[156]

Die Intensität eines Dürreereignisses, dessen räumliche Ausdehnung und Dauer bilden Dürremonitoring-Instrumente und Dürreindizes ab. Sie können in rechtlicher Hinsicht als Bindeglied für ein Dürremanagement dienen, da sie die Betroffenheit von Gesellschaft und Umwelt bei Dürreereignissen quantifizieren und daran anknüpfend Maßnahmen zur *ad hoc* Dürrebewältigung getroffen werden können.

1. Auswirkungen

Die Dürreauswirkungen sind neben den Gewässerbenutzungen weiterer Anknüpfungspunkt für rechtliche Regelungen zur Dürrebewältigung, die sowohl auf Tatbestands- als auch auf Rechtsfolgenseite Berücksichtigung finden können. Zur Veranschaulichung

---

155 *DWR*, CWP Update 2013 – The Strategic Plan, Volume 1, 2014, S. 3-26; *Johnson/Cody*, California Agricultural Production and Irrigated Water Use, Congressional Research Services Report, 2015, S. 1; *Little Hoover Commission*, Managing for a Change, 2010, S. 15; *Mount/Hanak*, Water Use in California, PPIC Water Policy Center, 2016, S. 2.
156 *Below/Grover-Kopec/Dilley*, Documenting Drought-Related Disasters, J. Environ. Dev. 2007, 328 (330).

greift die nachfolgende Untersuchung beispielhaft einige Trockenheitsereignisse heraus, die die Dürreauswirkungen auf die verschiedenen Gewässerbenutzer und Sektoren veranschaulichen.[157] Vorweg ist festzuhalten, dass die Dürreauswirkungen je nach Intensität, Dauer und der Anfälligkeit des betroffenen Akteurs sehr unterschiedliche Gestalt annehmen können.

a) In Baden-Württemberg

Seit 2000 traten deutschlandweit mehrere Trockenheitsereignisse auf, die auch in Baden-Württemberg Auswirkungen hervorriefen, darunter der »Jahrhundertsommer 2003« mit einem Hitzerekord von über 40 °C,[158] die Frühjahrestrockenheit 2014,[159] die Herbsttrockenheit 2015,[160] und die Wintertrockenheit 2017.[161] Dem zweiten Monitoringbericht der Bundesregierung zufolge sind die Ertragseinbußen in der betrachteten Zeitreihe von 1986 bis 2017 in Folge der starken Frühsommerdürre im Jahr 2003 am deutlichsten ausgeprägt.[162] Besonders gravierende, deutschlandweite Auswirkungen zeigte auch der Dürresommer 2018, dessen Auswirkungen durch eine ungewöhnliche Hitzewelle verschärft wurden. In der ersten Jahreshälfte 2018 fiel bundesweit pro Monat nur 44 % des durchschnittlichen monatlichen Niederschlags.[163] In Baden-Württemberg wurde im ersten Halbjahr nur etwa zwei Drittel des mittleren Gebietsniederschlags gemessen.[164] Die Folgen der Dürre 2018 verursachte enorme Forstschäden, die noch bis 2020 sichtbar waren.[165] Auf den Dürresommer 2018 folgten in den Jahren 2019[166] und 2020[167] weitere

---

157 *Stahl et al.*, Impacts of European Drought Events, Nat. Hazards Earth Syst. Sci. 2016, 801 (806); *Blauhut et al.*, Estimating drought risk across Europe, Hydrol. Earth Syst. Sci. 2016, 2779 (2779).
158 *Köhler et al.*, Überblick zur Niedrigwasserperiode 2003 in Deutschland, HyWa 2007, 118 (118); *Köppe*, Sommer weist höchste Temperaturanomalie seit 1881 auf, DER SPIEGEL | Online-Nachrichten, 2018, http://www.spiegel.de/wissenschaft/natur/hitze-sommer-weist-hoechste-temperaturanomalie-seit-1881-auf-a-1221615.html [abgerufen am 12.7.2021].
159 *KLIWA*, Entwicklung von Bodenwasserhaushalt und Grundwasserneubildung in Baden-Württemberg, Bayern, Rheinland-Pfalz und Hessen (1951–2015), KLIWA-Bericht Nr. 21, 2017, S. 29.
160 *LUBW*, Das Niedrigwasserjahr 2015, 2017, S. 26.
161 BT-Drs. 18/13055, S. 1.
162 *UBA*, Monitoringbericht 2019, 2019, S. 222; zu den schwerwiegenden Folgen für landwirtschaftliche Erträge auch *Vatter/Wagnitz/Hernandez*, Risiko Dürre, WWF Deutschland, 2019, S. 37.
163 *Stürzenhofecker/Zacharakis*, »Die schlechteste Ernte des Jahrhunderts«, ZEIT ONLINE, 2018, https://www.zeit.de/wirtschaft/2018-07/landwirtschaft-deutschland-bauern-ernteausfaelle-duerre-trockenheit [abgerufen am 12.7.2021].
164 *LRA Schwäbisch Hall*, Allgemeinverfügung Niedrigwasser v. 14.8.2018.
165 *MLR BW*, Waldzustandsbericht 2020, 2021, S. 12.
166 *dpa*, Dürre in BW ist noch nicht vorbei, SÜDKURIER Online, 2019, https://www.suedkurier.de/baden-wuerttemberg/Duerre-in-Baden-Wuerttemberg-ist-noch-nicht-vorbei;art417930,10246169 [abgerufen am 12.7.2021].
167 *LUBW*, März und April 2020: Eine außergewöhnlich warme und trockene Witterung, 2020; auch *Fliß et al.*, Auswirkungen des Klimawandels auf das Grundwasser und die Wasserversorgung in Süddeutschland, Grundwasser 2021, 33 (38 f.).

B. Grundlagen

Dürreperioden. Auswirkungen von Dürreereignissen treten zunächst an Oberflächengewässern auf. Unterdurchschnittliche Niederschlagswerte und eine hohe Verdunstungsrate führen zu Niedrigwassersituationen, die seit der Jahrtausendwende vermehrt auftreten.[168] Im Dürresommer 2018 wies beispielsweise der Rhein Niedrigwasserstände in Höhe von 50 cm anstatt durchschnittlichen 263 cm auf und legte ein 123 Jahre altes Schiffswrack frei.[169] Am 11.8.2018 wiesen 146 Pegelmessstellen von 330 eingetragenen Pegeln der LUBW die unterste Pegelstufe eines mittleren Niedrigwasser aus.[170] Die Niedrigwassersituationen führen darüber hinaus zu einer Verschlechterung der Gewässerqualität in Form von steigenden Wassertemperaturen, geringem Sauerstoffgehalt und steigender Schadstoffkonzentration.[171] Hierdurch steigt die Anfälligkeit der Gewässerökologie, wie z.B. das Krankheits- und Sterberisiko der aquatischen Umwelt (Fischsterben).[172] Im Sommer 2003 wurden beispielsweise 41 Tage verzeichnet, an denen der Rhein eine Gewässertemperatur über 25 °C aufwies.[173] Im Sommer 2003 verendeten allein 70.000 Fische am Untersee des Bodensees, mindestens 50.000 Äschen und zehntausende Aale im Rhein.[174] Im Dürresommer 2018 verendeten 20 Tonnen Fisch im Aasee in Münster wegen Sauerstoffmangels,[175] am Max-Eyth-See in Stuttgart setzte das Technische Hilfswerk Großpumpen ein um den Sauerstoffgehalt zu erhöhen;[176] aus dem Rhein wurden bereits

---

168 BT-Drs. 18/13055, S. 1.
169 *Merlot*, Rhein: Dürre legt Schiffswrack aus dem 19. Jahrhundert frei, DER SPIEGEL | Online-Nachrichten, 2018, http://www.spiegel.de/wissenschaft/mensch/emmerich-am-rhein-duerre-legt-123-jahre-altes-schiffswrack-frei-a-1222632.html [abgerufen am 12.7.2021].
170 *LUBW*, Pegelkarte, Hochwasservorhersagezentrale Baden-Württemberg, 2018, https://www.hvz.baden-wuerttemberg.de/ [abgerufen am 12.7.2021]; im »Jahrhundertsommer 2003« erreichten deutschlandweit sieben Pegel die Größenordnung eines Jahrundertniedrigwasserereignisses, *Köhler et al.*, Überblick zur Niedrigwasserperiode 2003 in Deutschland, HyWa 2007, 118 (119).
171 Bereits allgemein BVerfG, Urt. v. 30.10.1962 – *Seewasserstraßen*, BVerfGE 15, 1 (21); *LAWA*, Leitlinien für ein nachhaltiges Niedrigwassermanagement, 2007, S. 6; *Koop/Bergfeld/Keller*, Einfluss von extremen Niedrigwasser-Ereignissen und gleichzeitigen Hitzeperioden auf die Ökologie von Bundeswasserstraßen, HyWa 2007, 202 (202).
172 Beispielhaft hierfür war das Aalsterben im Sommer 2003 im Rhein, *LAWA*, Leitlinien für ein nachhaltiges Niedrigwassermanagement, 2007, S. 7; allgemein *UM BW*, Strategie zur Anpassung an den Klimawandel in Baden-Württemberg, 2015, S. 76; *Steinmetz/Wieprecht/Bárdossy*, Anpassungsstrategie Baden-Württemberg an die Folgen des Klimawandels, Teil A: Langfassung, Wasserforschungszentrum Stuttgart, 2013, S. 58, 62 f.
173 *Koop/Bergfeld/Keller*, Einfluss von extremen Niedrigwasser-Ereignissen und gleichzeitigen Hitzeperioden auf die Ökologie von Bundeswasserstraßen, HyWa 2007, 202 (202).
174 *Jauss*, Hitzewelle: Im Bodensee droht Fischen ein Massensterben, Schwäbische Zeitung, 2019, https://www.schwaebische.de/landkreis/bodenseekreis/langenargen_artikel,-hitzewelle-im-bodensee-droht-fischen-ein-massensterben-_arid,10912963.html [abgerufen am 12.7.2021]; *Koop/Bergfeld/Keller*, Einfluss von extremen Niedrigwasser-Ereignissen und gleichzeitigen Hitzeperioden auf die Ökologie von Bundeswasserstraßen, HyWa 2007, 202 (207); *LfU*, Das Niedrigwasserjahr 2003, 2004, S. 35.
175 *dpa*, Sauerstoffmangel, Die Welt, 2018, https://www.welt.de/regionales/nrw/article180981232/Sauerstoffmangel-20-Tonnen-Fisch-in-Muensters-Aasee-verendet.html [abgerufen am 12.7.2021].
176 *Bilger*, Hitze in Stuttgart: Das THW übernimmt die Nachtschicht am Max-Eyth-See, Stuttgarter Zeitung, 2018, https://www.stuttgarter-zeitung.de/inhalt.hitze-in-stuttgart-das-thw-

Anfang August 2018 eine Tonne tote Fische geborgen.[177] Neben dem Fischsterben wurden vielerorts weniger Fischarten gefunden, und häufig sind sogar Leitarten deutlich dezimiert worden.[178]

Die Auswirkungen von Dürreereignisse auf Grundwasser sind demgegenüber unsichtbar und häufig erst nach geraumer Zeit quantifizierbar.[179] Die Auswirkungen des Dürresommers 2018 auf die Grundwasserpegel konnten auch im Folgejahr noch nicht abschließend bewertet werden. Auswirkungen treten in Form einer verringerten Grundwasserneubildungsrate auf und können je nach Größe des Grundwasserkörpers zur dauerhaften Absenkung der Grundwasserstände führen.[180] Jüngste Erhebungen zeigen, dass die Grundwasserneubildung sich in den letzten 17 Jahren um 19 % reduzierte mit erheblichen Defiziten während der Dürrejahre 2003, 2015, 2018 und 2019.[181] In qualitativer Hinsicht besteht die Gefahr des Hineinschwemmens von Schadstoffen, da die natürliche Filterfunktion des Bodens bei Trockenheitsereignissen beeinträchtigt wird. Im Übrigen bewirken Trockenheitsereignisse einen Rückgang der Bodenfeuchte, was zum Trockenfallen von Feucht- und Sumpfgebieten führen kann und zugleich die natürliche Aufnahmefähigkeit des Bodens bei Regenfällen verringert.[182]

Verringerte Bodenfeuchte und Niederschlag beeinträchtigen das Wachstum und den Ertrag von (Nutz-)Pflanzen.[183] Dies kann in Ernteausfällen und ökonomischen Einbußen für die Landwirtschaft resultieren. In der Folge steigt der Einsatz künstlicher Beregnungsmethoden, die wiederum die Abhängigkeit der Landwirtschaft von einem konstant verfügbaren Wasserdargebot erhöhen.[184] Im Dürresommer 2018 entstanden deutschlandweit laut dem Deutschen Bauernverband landwirtschaftliche Schäden in Höhe von 2,5 Milliarden Euro.[185] Neben der Pflanzenproduktion kann auch die Tierproduktion im

---

uebernimmt-die-nachtschicht-am-max-eyth-see.0521eaa5-f366-419c-838d-31cd5915b6c8.html [abgerufen am 11.7.2021].

177 *dpa*, Fischsterben, ZEIT ONLINE, 2018, https://www.zeit.de/gesellschaft/zeitgeschehen/2018-08/fischsterben-hochrhein-hitze-schweizerischer-fischereiverband [abgerufen am 12.7.2021].
178 *Basen/Gaye-Siessegger/Brinker*, Auswirkung von Dürre und Hitze 2018 auf Fischbestände, Landinfo 2018, 56 (59).
179 Vgl. *Marold/Hergesell*, Das EU-Projekt WATER CoRe, in: Hessisches Landesamt für Umwelt und Geologie (Hrsg.), Jahresbericht 2011, 2012, S. 55 (56).
180 *Armbruster*, Grundwasserneubildung in BW, 2002, S. 115; *Marold/Hergesell*, Das EU-Projekt WATER CoRe, in: Hessisches Landesamt für Umwelt und Geologie (Hrsg.), Jahresbericht 2011, 2012, S. 55 (56).
181 *Fliß et al.*, Auswirkungen des Klimawandels auf das Grundwasser und die Wasserversorgung in Süddeutschland, Grundwasser 2021, 33 (37).
182 *Steinmetz/Wieprecht/Bárdossy*, Anpassungsstrategie Baden-Württemberg an die Folgen des Klimawandels, Teil A: Langfassung, Wasserforschungszentrum Stuttgart, 2013, S. 63.
183 *UBA*, Monitoringbericht 2019, 2019, S. 8; die Getreideernte in Deutschland fiel im Jahr 2015 um 22 % unter dem Jahresdurchschnitt aus, *Zink et al.*, The German Drought Monitor, Environ. Res. Lett. 2016, 074002:1 (5); *Gömann/Bender/Bolte*, Agrarrelevante Extremwetterlagen und Möglichkeiten von Risikomanagementsystemen, Johann Heinrich von Thünen-Institut, 2015, S. 82, 108 ff.
184 *GDV*, Landwirtschaftliche Mehrgefahrenversicherungen für Deutschland, 2016, S. 20; *Hafner*, Rechtliche Rahmenbedingungen für eine an den Klimawandel angepasste Landwirtschaft, UPR 2010, 371 (374).
185 *Vatter/Wagnitz/Hernandez*, Risiko Dürre, WWF Deutschland, 2019, S. 37.

landwirtschaftlichen Sektor von Dürreauswirkungen betroffen sein.[186] Künftig sei insbesondere mit Einbußen in der Milch-, Eier- und Fleischerzeugung zu rechnen, da Dürre- und Hitzewellen das Grundfutteraufkommen verringern und die Tiergesundheit negativ beeinträchtigen können.[187] Dürreereignisse können jedoch auch zu einer Verlängerung der Vegetationszeit führen, die sich positiv auf den landwirtschaftlichen Ertrag auswirkt. Zum Beispiel begünstigte der Dürresommer 2018 den Reifungsprozess von Weinreben bei gleichzeitiger Bewässerung.[188]

Im Bereich der Forstwirtschaft steigt das Waldbrandrisiko und das Risiko für frühzeitigen Laubfall.[189] In den beiden Jahren 2018 und 2019 verursachten extreme Dürren überdurchschnittlich viele Waldbrände. Nach Angabe der Bundesländer fielen im Dürrejahr 2018 in der Bundesrepublik Deutschland rund 32,4 Mio. m³ Schadholz an. So ging allein im Jahr 2018 eine Fläche von 2.349 ha verloren.[190] Eine besonders hohe Anfälligkeit für Waldbrände weisen die künstlich angelegten Fichten- und Kiefernwälder auf, da deren Nadeln leicht entflammbar sind.[191] Aber auch Laubbäume wie die Rotbuche sind einem verstärkten Waldbrandrisiko ausgesetzt.[192] Vor allem aber begünstigen Dürren die Vermehrung des Borkenkäfers, sodass allein im Südwesten Waldschäden in Höhe von 100 Millionen Euro eingetreten sind.[193]

Trockenheitsbedingtes Niedrigwasser betrifft insbesondere die Sektoren Binnenschifffahrt, Energiewirtschaft und die Industrie. Im »Jahrhundertsommer 2003« beschränkten die Wasserbehörden sogar wasserrechtliche Erlaubnisse zum Betrieb von Kohle- und Kernkraftwerken am Rhein, um eine künstliche Erhöhung der Gewässertemperatur zusätzlich zur trockenheitsbedingten Erhöhung zu verhindern.[194] Im Dürresommer 2018, aber auch im Jahr 2003, erließen die unteren Wasserbehörden in Baden-Württemberg sieben Ausnahmegenehmigungen für den Betrieb von Kohle- und Kernkraftwerken am Neckar

---

186 *UBA*, Monitoringbericht 2019, 2019, S. 91.
187 *UBA*, Monitoringbericht 2019, 2019, S. 91.
188 *Hollmer*, Weinanbau, ZEITmagazin ONLINE – Die Zeit, 2018, https://www.zeit.de/zeit-magazin/essen-trinken/2018-08/weinanbau-hitze-wein-winzer-klimawandel [abgerufen am 12.7.2021].
189 Vereinzelt brachen im Jahr 2016 trockenheitsbedingte Waldbrände aus, BT-Drs. 18/13055, S. 2; allgemein *De Bono et al.*, Impacts of Summer 2003 Heat Wave in Europe, UNEP, 2004, S. 4; *Zink et al.*, The German Drought Monitor, Environ. Res. Lett. 2016, 074002:1 (5).
190 *UBA*, Monitoringbericht 2019, 2019, S. 111.
191 *Schadwinkel et al.*, Hitze und Dürre: Das hält der Wald nicht aus, ZEIT ONLINE, 2018, https://www.zeit.de/wissen/umwelt/2018-08/duerre-deutschland-hitze-klima-wald-forst [abgerufen am 12.7.2021]; im oberbayrischen Oberaudorf am Inn musste das Landratsamt Rosenheim sogar den Katastrophenfall wegen eines Waldbrandes ausrufen, *SZ.de/dpa*, Waldbrand im Landkreis Rosenheim nicht unter Kontrolle, Süddeutsche Zeitung, 2018, https://www.sueddeutsche.de/bayern/waldbrand-kiefersfelden-1.4087878 [abgerufen am 12.7.2021].
192 *UBA*, Monitoringbericht 2019, 2019, S. 111.
193 *Bäuerlein*, Der Borkenkäfer frisst sich durch, SÜDKURIER Online, 2019, https://www.suedkurier.de/ueberregional/baden-wuerttemberg/Der-Borkenkaefer-frisst-sich-durch-Dem-Wald-im-Suedwesten-droht-eine-Katastrophe;art417930,10109374 [abgerufen am 12.7.2021].
194 *Reese et al.*, Rechtlicher Handlungsbedarf für die Anpassung an die Folgen des Klimawandels, 1. Aufl. 2010, S. 184; *KLIWA*, Klimawandel in Süddeutschland, Monitoringbericht, 2016, S. 9.

trotz Überschreitung der 28 °C Gradmarke.[195] Fahrverbote für die Schifffahrt gab es weder im »Jahrhundertsommer 2003« noch im »Dürresommer 2018«.[196] Auf dem Oberrhein bei Mannheim konnten die Frachter im Sommer 2018 nach Angaben des Wasserstraßen- und Schifffahrtsamtes Mannheim nur noch die Hälfte oder noch weniger der normalen Ladung transportieren.[197] Aufgrund der niedrigen Pegelstände erlitt die Binnenschifffahrt im Jahr 2003 Transporteinbußen in Höhe von 5 %.[198] Die niedrigen Pegelstände beeinträchtigen im Übrigen auch das ortsgebundene Gewerbe, wie die BASF in Ludwigshafen am Rhein, die aufgrund des Niedrigwassers 2018 Umsatzeinbußen in Millionenhöhe erlitt und bereits ankündigte, Lehren aus dem extremen Niedrigwasser ziehen zu müssen.[199]

Von vergleichsweise geringen Auswirkungen ist bislang in Baden-Württemberg die öffentliche Wasserversorgung betroffen. Gleichwohl betont der zweite Monitoringbericht des Umweltbundesamts und die Nationale Wasserstrategie, dass auch der Aufrechterhaltung einer in allen Teilen Deutschlands ausreichenden und zugleich nachhaltigen Versorgung mit Trink- und Brauchwasser und den möglichen Zielkonflikten um die Ressource Wasser nach dem Dürrejahr 2018 (sowie 2019 und 2020) vermehrt Aufmerksamkeit zu schenken sei.[200] Die Belastbarkeit der Wasserversorgung in Baden-Württemberg ist darauf zurückzuführen, dass die meisten Wasserversorger ihr Wasser aus verschiedenen Ressourcen beziehen und an regionale Verbundnetze angeschlossen sind – diese Strukturmaßnahmen erfolgten im Übrigen überwiegend als Reaktion auf den Jahrhundertsommer 2003 –, wodurch lokale Engpässe ohne Weiteres ausgeglichen werden können.[201] Ein Beispiel hierfür sind die Stadtwerke Heidelberg, die im Dürresommer 2018 aufgrund der

---

195 *UM BW*, Auswirkungen der Hitze auf die Stromversorgung, 2018, https://um.baden-wuerttemberg.de/de/service/presse/pressemitteilung/pid/auswirkungen-der-hitze-auf-die-stromversorgung/ [abgerufen am 12.7.2021]; *StM BW*, Auswirkungen der Hitze auf die Stromversorgung, 2018, https://stm.baden-wuerttemberg.de/de/service/presse/pressemitteilung/pid/auswirkungen-der-hitze-auf-die-stromversorgung-1/ [abgerufen am 12.7.2021]; *Köhler et al.*, Überblick zur Niedrigwasserperiode 2003 in Deutschland, HyWa 2007, 118 (128).
196 *Bidder*, Binnenschiffer leiden unter Wassermangel, DER SPIEGEL | Online-Nachrichten, 2018, http://www.spiegel.de/wirtschaft/unternehmen/hitze-niedrigwasser-auf-rhein-und-elbe-macht-schifffahrt-zu-schaffen-a-1220682.html [abgerufen am 12.7.2021].
197 *Bidder*, Binnenschiffer leiden unter Wassermangel, DER SPIEGEL | Online-Nachrichten, 2018, http://www.spiegel.de/wirtschaft/unternehmen/hitze-niedrigwasser-auf-rhein-und-elbe-macht-schifffahrt-zu-schaffen-a-1220682.html [abgerufen am 12.7.2021].
198 *Steinmetz/Wieprecht/Bárdossy*, Anpassungsstrategie Baden-Württemberg an die Folgen des Klimawandels, Teil A: Langfassung, Wasserforschungszentrum Stuttgart, 2013, S. 59.
199 *dpa/Reuters*, BASF macht fast ein Viertel weniger Gewinn, Frankfurter Allgemeine – FAZ.NET, 2019, https://www.faz.net/-gqi-9k8fe [abgerufen am 12.7.2021].
200 *UBA*, Monitoringbericht 2019, 2019, S. 47; *BMU*, Nationale Wasserstrategie, 2021, S. 30.
201 Exemplarisch hierfür *EUWID Wasser und Abwasser*, Baden-Württemberg: Grundwasserspiegel deutlich gesunken, 2016, https://www.euwid-wasser.de/news/politik/einzelansicht/Artikel/baden-wuerttemberg-wassermangel-durch-trockene-und-warme-witterung.html [abgerufen am 22.2.2020]; *dpa*, Grundwasserstand niedrig, RNZ, 2020, https://www.rnz.de/politik/suedwest_artikel,-grundwasserstand-niedrig-zu-wenig-regen-in-baden-wuerttemberg-_arid,546189.html [abgerufen am 12.7.2021]; *UM BW*, Strategie zur Anpassung an den Klimawandel in Baden-Württemberg, 2015, S. 181; *Fischer*, Gibt es einen neuen Jahrhundertsommer?, Spektrum der Wissenschaft, 2018, https://www.spektrum.de/news/gibt-es-einen-neuen-jahrhundertsommer/1576400 [abgerufen am 12.7.2021].

B. Grundlagen

ausbleibenden Quellschüttung ersatzweise für einige Stadtgebiete die Trinkwasserversorgung übernehmen.[202] Im Dürresommer 2018 kam es auch vereinzelt zu Ausfällen der Trinkwasserversorgung und dem Einsatz leitungsungebundener Ersatzmaßnahmen, so zum Beispiel in den hessischen Kleinstädten Kelkheim und Ulrichstein;[203] im Jahr 2020 war unter anderem die Gemeinde Grävenwiesbach[204] betroffen. Bereits im Juni 2017 kündigte der baden-württembergische Zweckverband Mannenbach-Wasserversorgung an, dass die Wasserversorgung aufgrund der geringen Quellschüttung »ernsthaft gefährdet« ist.[205] Mehrere Wasserversorger riefen im Sommer 2018 die Endnutzer zu Wassersparmaßnahmen auf oder versagten ausgewählte Nutzungszwecke wie Autowaschen oder Befüllen privater Schwimmbecken.[206]

Wie der Dürresommer 2018 zeigt, sind die Dürreauswirkungen in Baden-Württemberg ein überwiegend lokales Phänomen und stark von der Belastbarkeit betroffener Akteure abhängig. Eine pauschale Aussage über zwingende Auswirkungen bei Dürreereignissen lässt sich daher nicht treffen. Grundsätzlich ist jedoch die Tendenz zu erkennen, dass Dürreauswirkungen in Baden-Württemberg eher kurzfristiger Natur sind und irreversible Schäden vermieden werden können.

b) In Kalifornien

Die eher kurzfristigen Auswirkungen von Dürreereignissen, die in Baden-Württemberg auftreten, kommen in Kalifornien ebenfalls, jedoch mit wesentlich höherer Frequenz und Intensität vor.[207] Dies hat zur Folge, dass sich Dürreauswirkungen überlagern[208] und bei

---

202 *Stadtwerke Heidelberg*, Trockene Quelle in Handschuhsheim erfordern Umstellung der Trinkwasserversorgung, Metropolnews, 2018, https://www.metropolnews.info/mp352926 [abgerufen am 12.7.2021].
203 *Diegel*, Wasserversorgungsproblem, Osthessen News, 2018, https://osthessen-news.de/n11594778/wasserversorgungsproblem-tankwagen-bringen-taglich-60-kubikmeter-wasser.html [abgerufen am 12.7.2021]; *dpa*, Wasserspar-Appell im Taunus zeigt Wirkung, Frankfurter Allgemeine – FAZ.NET, 2018, https://www.faz.net/-gzl-9d2yo [abgerufen am 12.7.2021]; *Glöckner/dpa*, In hessischen Gemeinden wird das Trinkwasser knapp – Bundesregierung erstellt Notfallplan, FOCUS Online, 2018, https://www.focus.de/panorama/wetter-aktuell/anhaltende-trockenheit-in-hessischen-gemeinden-wird-das-trinkwasser-knapp-bundesregierung-erstellt-notfallplan_id_9374913.html [abgerufen am 17.7.2021]; *Stadt Kelkheim (Taunus)*, Akuter Trinkwassernotstand in Ruppertshain und Eppenhain, https://www.kelkheim.de/_rubric/detail.php?rubric=DE+Aktuelles-und-Bekanntmachungen&nr=8299 [abgerufen am 12.7.2021].
204 *Biener*, Notstand im Hochtaunuskreis, Frankfurter Allgemeine – FAZ.NET, 2020, https://www.faz.net/-gzg-a2223 [abgerufen am 12.7.2021].
205 *Zweckverband Mannenbach-Wasserversorgung*, Wasserversorgung wegen extremer Trockenheit ernsthaft gefährdet, 2017.
206 Z.B. *Trinkwasserverband Stader Land*, Amtliche Bekanntmachung v. 25.7.2018.
207 Die nachfolgenden Ausführungen beschränken sich auf die Darstellung der langfristigen Dürreauswirkungen in Kalifornien. Ausführlich zu den Auswirkungen während der letzten Dürreperiode 2012-2017 *CNRA*, Report to the Legislature on the 2012–2016 Drought, 2021.
208 Die Akkumulation von Trockenheitsauswirkungen ist ebenfalls charakteristisch für Trockenheitsereignisse, *Below/Grover-Kopec/Dilley*, Documenting Drought-Related Disasters, J. Environ. Dev. 2007, 328 (330).

mehrjährigen Ereignissen zu langfristigen, teils irreversiblen Schäden für die Umwelt führen.[209]

Wasserknappheit durch ein hohes Bevölkerungswachstum, städtische Ballungszentren mit lokal hoher Nachfrage sowie der landwirtschaftliche Anbau bewässerungsintensiver Kulturen verschärfen die natürlichen Auswirkungen von Dürreereignisse zunehmend.[210] Sektoren, wie beispielsweise die öffentliche Wasserversorgung und die Landwirtschaft, stehen vor vergleichsweise großen Herausforderungen, die erhöhte Nachfrage und das verringerte Dargebot bei Dürreereignissen zu vereinbaren. Ihre Anfälligkeit für Dürreereignisse ist somit höher und zwingt betroffene Akteure häufig zu Ersatzmaßnahmen in Form von Wassernotversorgungen, Notschlachtungen oder dem Brachliegenlassen von landwirtschaftlichen Flächen. Dementsprechend hoch sind auch die ökonomischen Auswirkungen von Dürreereignissen.[211] Zum Ausgleich des niedrigen Dargebots aus Oberflächengewässern greifen Landwirtschaft und Wasserversorgung vorwiegend auf Grundwasserressourcen zurück, wodurch die natürlichen Auswirkungen von Dürreereignissen durch die menschliche Übernutzung der Ressourcen verstärkt werden. Langfristig führt dies zu teils gravierenden Bodenabsenkungen in Größenordnungen von einigen Metern und dem Eindringen von Salzwasser in meeresnahe Grundwasserkörper.[212]

Aufgrund niedriger Pegel von Oberflächengewässern bei Dürreereignissen und deren überwiegenden Verwendung für menschliche Nutzungszwecke sind zahlreiche Fischarten in kalifornischen Gewässern erheblich gefährdet und teils konkret vom Aussterben bedroht.[213] Trockenheitsbedingte Waldbrände treten in Kalifornien fast jährlich auf und zerstören wichtige Lebensräume von Flora und Fauna.[214] In Kalifornien dient ein großer Teil der Bewältigungsstrategien dazu, irreversible Schäden abzumildern und die Versorgungssicherheit der Trinkwasserversorgung zu gewährleisten.

c) Zusammenfassung

Die Schwere der Auswirkungen eines Dürreereignisses auf betroffene Sektoren hängt nicht nur von seiner Dauer und Intensität, sondern auch von der Belastbarkeit betroffener Akteure durch Vorhaltung entsprechender Bewältigungsstrategien ab. Bei Dürre kann das Zusammentreffen von natürlichen Dürreauswirkungen und unverändertem menschlichen Nutzungsverhalten zu irreversiblen Umweltschäden führen, sodass es die menschliche Inanspruchnahme entsprechend anzupassen gilt.

---

209 Durchschnittlich dauern Trockenheitsereignisse in Kalifornien ein bis drei Jahre. Längere Dürren sind auch in Kalifornien ungewöhnlich, vgl. *Jones*, Preparing For California's Next Drought, DWR, 2000, S. 9; die Dürreauswirkungen variieren stark je nach betroffenem Sektor/Akteur, *Neumann*, Drought Proofing Water Law, U. Denv. Water L. Rev. 2003, 92 (98).
210 Z. B. im Central Valley, vgl. *Delfino*, Moving Water in a Highly Altered Land, Duke Environ. L. & Pol'y Forum 2016, 273 (279).
211 *Medellín-Azuara et al.*, Economic Analysis of the 2016 California Drought on Agriculture, UC Davis CWS, 2016.
212 *Water Education Foundation*, Groundwater, 2011, S. 4; *Borchers/Carpenter*, Land Subsidence from Groundwater Use, California Water Foundation, 2014, S. 1.
213 *Delfino*, Moving Water in a Highly Altered Land, Duke Environ. L. & Pol'y Forum 2016, 273 (279 f.).
214 *Scasta/Weir/Stambaugh*, Drought and Wildfires, Rangelands 2016, 197 (197 ff.).

B. Grundlagen

2. *Dürremonitoring und -vorhersage: Das Unsichtbare sichtbar machen*

Dürremonitoring anhand von Dürreindices bildet das Fundament eines Dürremanagements. Es zeigt Ausmaß und Intensität eines Ereignisses an, an die entsprechende Maßnahmen zur Verringerung der Auswirkungen geknüpft werden können. Gerade für Wasserbehörden, Verbände und Wasserversorger können Dürreindices ein wertvolles Instrument darstellen, um Frühwarnsysteme einzurichten und bei Notwendigkeit einer Gefahrenabwehr möglichst schnell reagieren zu können.[215] Die Einbettung von Dürreindices in Frühwarnsysteme ermöglicht nicht nur die Dürreauswirkungen im Vorfeld zu vermeiden, sondern auch die mit ihnen verbundenen Schäden im Ernstfall zu minimieren.[216]

In beiden Gliedstaaten bestehen verschiedene Dürreindices, denen unterschiedliche hydrologische und meteorologische Parameter zugrunde liegen.[217] In Baden-Württemberg erfolgt die Quantifizierung von Dürreauswirkungen mittels Instrumenten der allgemeinen Gewässerüberwachung. Dürreindices bestehen fast ausschließlich auf europäischer Ebene (European Drought Observatory, EDO) oder Bundesebene (UFZ-Dürremonitor). Die LUBW betreibt sowohl ein Grundwassermessnetz als auch ein Niedrigwassermonitoring über das Pegelnetz für Oberflächengewässer im Rahmen des Hochwasservorhersagezentrums. Die Pegelüberwachungssysteme sind Teil des obligatorischen Gewässermonitorings nach Art. 8, Anhang V der Wasserrahmenrichtlinie (WRRL) und der Hochwasserrisikomanagementrichtlinie (HWRM-RL). Die LUBW bewertet den mengenmäßigen Zustand der Grundwasserressourcen nach einem dreistufigen Ampelsystem (Bewertungsmessnetz Grundwasservorräte). Das Pegelnetz für Oberflächengewässer ist überwiegend auf Hochwasserereignisse ausgerichtet, enthält jedoch nur eine Stufe zum mittleren Niedrigwasser.[218] Für Baden-Württemberg erhebt das LUBW auch den Trockenheitsindex (TI),[219]

---

215 *Quiring/Papakryiakou*, An Evaluation of Agricultural Drought Indices for the Canadian Prairies, Agric. For. Meteorol. 2003, 49 (49 ff.); *Lohani/Loganathan*, An Early Warning System for Drought Management Using the Palmer Drought Index, JAWRA 1997, 1375 (1375 ff.); *Mendicino/Versace*, Integrated Drought Watch System, Water Resour. Manage. 2007, 1409 (1409).

216 *Nam et al.*, A Real-time Online Drought Broadcast System for Monitoring Soil Moisture Index, KSCE J. Civ. Eng. 2012, 357 (357).

217 Eine Gegenüberstellung verschiedener Dürreindices bietet z.B. *Heim Jr.*, A Review of Twentieth-Century Drought Indices Used in the United States, Bull. Am. Meteorol. Soc. 2002, 1149 (1149 ff.); *Keyantash/Dracup*, The Quantification of Drought, Bull. Am. Meteorol. Soc. 2002, 1167 (1167 ff.); *Niemeyer et al.*, Online Pre-operational Drought Monitoring at the European Scale, in: Geophys. Res. Abstr. 2008; *Tsakiris et al.*, A System-based Paradigm of Drought Analysis for Operational Management, Water Resour. Manage. 2013, 5281 (5281 ff.); *Svoboda/Fuchs*, Handbook of Drought Indicators and Indices, WMO, 2016, S. 10 ff.; *Döring et al.*, Vergleich von Trockenheitsindizes zur Nutzung in der Landwirtschaft unter den klimatischen Bedingungen Mitteldeutschlands, Hercynia N.F. 2011, 145 (145 ff.).

218 Ein Niedrigwassermonitoring besteht seit 1997 für das Neckareinzugsgebiet, ausführlich *Bremicker/Homagk/Ludwig*, Operationelle Niedrigwasservorhersage für das Neckareinzugsgebiet, WaWi 2004, 40 (40); *LUBW*, Hinweise zu den Wasserstands- und Abflussvorhersagen, 2018, S. 1.

219 Auch andere Akteure, wie z. B. das KLIWA, eine fach- und länderübergreifende Zusammenarbeit der Länder Bayern, Baden-Württemberg und Rheinland-Pfalz nutzen den TI, *Blomenhofer et al.*, Auswirkungen des Klimawandels auf Bodenwasserhaushalt und Grundwasserneubil-

der das Ausmaß an Wassermangel im Boden quantifiziert, bei dem eine ausreichende Wasserversorgung der Pflanzen nicht mehr gewährleistet ist.[220]

Seit 2014 können Stakeholder im Einzugsgebiet Baden-Württemberg auch auf den deutschlandweiten UFZ-Dürremonitor zurückgreifen. Der Dürremonitor stellt den monatlichen Zustand der Bodenfeuchte (mittlere Tiefe: ca. 1,8 m) dar und kategorisiert die ermittelten Werte in fünf Dürrestufen (ungewöhnlich trocken, moderate Dürre, schwere Dürre, extreme Dürre, außergewöhnliche Dürre). Die Dürrestufen sind farblich und inhaltlich an den US Drought Monitor und den Bodenfeuchteindex (Soil Moisture Index, SMI) angelehnt.[221] Der Deutsche Wetterdienst und die LUBW[222] greifen ferner auf den TI nach *de Martonne*[223] zurück, der aus Niederschlag und Lufttemperatur gebildet wird.[224]

Vorhersagemodelle sind in Baden-Württemberg in die allgemeine mengenmäßige Gewässerüberwachung integriert. Sie ermöglichen Prognosen für den Wasserstand oder die Neubildungsrate über die nächsten drei bis 21 Tage.[225] Eine jüngst entwickelte Methode des Alfred-Weber-Instituts Heidelberg ermöglicht zukünftig Niedrigwasserprognosen über bis zu drei Monate.[226] Die LUBW veröffentlicht neben der Kategorisierung der Grundwasserpegel anhand des Ampelsystems auch monatliche Prognosen über die Entwicklung des mengenmäßigen Grundwasserzustands anhand von Grundwassermodellen wie GWN-BW oder TRAIN.[227] Eine bis zu siebentägige Niedrigwasservorhersage auf der Grundlage des Wasserhaushaltsmodells LARSIM ergänzt die Überwachung der Oberflächengewässer durch die LUBW.[228]

   dung in Baden-Württemberg, Bayern und Rheinland-Pfalz, KLIWA-Bericht Nr. 17, KLIWA, 2012, S. 16.
220 *UM BW*, WaBoA, 4. Aufl. 2012, Kapitel 6.4 Trockenheitsindex.
221 Vgl. *Zink et al.*, The German Drought Monitor, Environ. Res. Lett. 2016, 074002:1 (5); *Marx et al.*, Der Dürremonitor, Forum für Hydrologie und Wasserbewirtschaftung 2016, 131 (134).
222 Auch andere Akteure wie z. B. das KLIWA, eine fach- und länderübergreifende Zusammenarbeit der Länder Bayern, Baden-Württemberg und Rheinland-Pfalz, nutzen den TI, *Blomenhofer et al.*, Auswirkungen des Klimawandels auf Bodenwasserhaushalt und Grundwasserneubildung in Baden-Württemberg, Bayern und Rheinland-Pfalz, KLIWA-Bericht Nr. 17, KLIWA, 2012, S. 16.
223 *Müller-Westermeier*, Verfügbarkeit und Qualität flächenbezogener Klimadaten, DWD, https://www.dwd.de/DE/leistungen/klimakartendeutschland/detailbeschreibung.html [abgerufen am 12. 7. 2021]; bereits *Müller-Westermeier*, Die mittleren klimatologischen Bedingungen in Deutschland (Teil III), in: DWD (Hrsg.), Klimastatusbericht 1999, 2000, S. 48 (49).
224 *Döring et al.*, Vergleich von Trockenheitsindizes zur Nutzung in der Landwirtschaft unter den klimatischen Bedingungen Mitteldeutschlands, Hercynia N.F. 2011, 145 (147); *de Martonne*, Une nouvelle fonction climatologique: L'indice d'aridité, Météorologie 1926, 449.
225 Zu den Nutzern verschiedener Vorhersagemodelle zählen die Wasserbehörden, die Schifffahrt, die Energiewirtschaft und die Wasserversorgung, vgl. *Bremicker/Homagk/Ludwig*, Operationelle Niedrigwasservorhersage für das Neckareinzugsgebiet, WaWi 2004, 40 (44). Die Landwirtschaft richtet ihre Wassernutzung überwiegend nach Wetterberichten aus.
226 *Ionita/Nagavciuc*, Forecasting Low Flow Conditions Months in Advance Through Teleconnection Patterns, Nature 2020, 13258.
227 Hierzu *Menzel*, Flächenhafte Modellierung der Evapotranspiration mit TRAIN, 1999.
228 Zugrundeliegende meteorologische und hydrologische Messdaten stammen aus dem Messnetz der LUBW und des DWD, *Bremicker/Homagk/Ludwig*, Operationelle Niedrigwasservorhersage für das Neckareinzugsgebiet, WaWi 2004, 40 (41, 44).

B. Grundlagen

In Kalifornien nutzen Wasserbehörden, Wasserversorger und Verbände unterschiedliche Dürreindices. Der US Drought Monitor ermöglicht eine grobe Einschätzung über die Dürrebedingungen im Bundesstaat. Der US Drought Monitor beruht auf dem Palmer Drought Severity Index (PDSI), einem der gängigsten Indices zur Einstufung von Dürre.[229] Der PDSI beruht auf monatlichen Werten von Niederschlag, Evapotranspiration, Bodenfeuchte und Abfluss. Er gibt vor allem Aufschluss über die hydrologische Dürre,[230] die der US Drought Monitor in fünf Trockenheitsstufen (*abnormally dry, moderate drought, severe drought, extreme drought, exceptional drought*) und Farbschemata veranschaulicht.

Für betroffene Akteure und Behörden bietet der US Drought Monitor eine leicht zugängliche Einschätzung der Dürresituation, da er jeder Trockenheitsstufe potentielle Auswirkungen zuordnet. Ihm kommt insoweit für fast alle Frühwarn- und Managementsysteme Indizwirkung zu. Aufgrund der großen Skala sind die Angaben des US Drought Monitor jedoch sehr pauschal und für regionale und lokale Akteure häufig ungeeignet. Aus diesem Grund bestehen in Kalifornien zahlreiche regionale oder sektorenspezifische Monitoringprogramme, in Kalifornien z. B. das California Irrigation Management Information System (CIMIS), das mittels Niederschlagsprognosen Aussagen über die Bewässerungsbedürftigkeit verschiedener Nutzpflanzen trifft.[231] Den mengenmäßigen Zustand der Gewässer überwachen ferner allgemeine Monitoringsysteme wie das California Statewide Groundwater Elevation Monitoring (GASGEM).

Sowohl in Kalifornien als auch in Deutschland/Baden-Württemberg greifen die meisten Dürreindices zur Identifikation einer Dürre auf die Indikatoren Niederschlag, Grundwasserneubildungsrate und Bodenfeuchte zurück.[232] Im Unterschied zum Monitoring von Dürreauswirkungen ermöglichen Vorhersagemodelle eine frühzeitige Anpassung der Gewässerbewirtschaftung an Dürreereignisse. Die Kombination aus Dürreindices in Verbindung mit Aktionsplänen und Vorhersagemodellen leistet damit einen wichtigen Beitrag, um Auswirkungen von Dürreereignissen vorzubeugen und die Belastbarkeit betroffener Sektoren gegenüber einem bevorstehenden Ereignis zu erhöhen.[233] Aufgrund der unterschiedlichen Ausrichtung gibt es nicht den einen »universellen« Dürreindex.[234] Es liegt an den jeweiligen Akteure den für ihre Zwecke am besten geeigneten Dürreindex zu wählen. Die World Meteorological Organization (WMO) hat z. B. einen Fragenkatalog mit Ampelsystem entwickelt, um Stakeholder bei der Auswahl zu unterstützen.[235]

---

229 *Dai*, Characteristics and Trends in Various Forms of the Palmer Drought Severity Index During 1900–2008, J. Geophys. Res. Atmos. 2011, 1 (1).
230 *Dai*, Characteristics and Trends in Various Forms of the Palmer Drought Severity Index During 1900–2008, J. Geophys. Res. Atmos. 2011, 1 (2).
231 *Cooley/Christian-Smith/Gleick*, More with Less, Pacific Institute, 2008, S. 28.
232 *Stölzle/Stahl*, Wassernutzung und Trockenheitsindikatoren in Baden-Württemberg, Standort 2011, 94 (94).
233 *Quiring/Papakryiakou*, An Evaluation of Agricultural Drought Indices for the Canadian Prairies, Agric. For. Meteorol. 2003, 49 (49 ff.); *Lohani/Loganathan*, An Early Warning System for Drought Management Using the Palmer Drought Index, JAWRA 1997, 1375 (1375 ff.); *Mendicino/Versace*, Integrated Drought Watch System, Water Resour. Manage. 2007, 1409 (1409); *Nam et al.*, A Real-time Online Drought Broadcast System for Monitoring Soil Moisture Index, KSCE J. Civ. Eng. 2012, 357 (357).
234 *Van Loon*, Hydrological Drought Explained, WIRES 2015, 359 (362); *Svoboda/Fuchs*, Handbook of Drought Indicators and Indices, WMO, 2016, S. 5.
235 *Svoboda/Fuchs*, Handbook of Drought Indicators and Indices, WMO, 2016, S. 5 ff.

3. Dürreereignisse in Baden-Württemberg als Folge des Klimawandels

Aufgrund des Klimawandels ist langfristig mit einem Anstieg der Lufttemperatur zu rechnen (globale Erwärmung). In Baden-Württemberg erwarten Klimaforscher einen Temperaturanstieg zwischen 0,8 und 1,7 °C im Zeitraum 2021–2050.[236] Das kann dazu führen, dass Ereignisse wie der »Jahrhundertsommer 2003« am Ende des 21. Jahrhunderts alle fünf Jahre vorkommen könnten;[237] Dürreereignisse, wie der »Dürresommer 2018«, künftig alle acht Jahre.[238] Eine steigende Lufttemperatur bedeutet für den Wasserhaushalt eine erhöhte Verdunstungsrate und einen Anstieg der Gewässertemperatur. Ein Temperaturanstieg in den Wintermonaten verschiebt die Form des Niederschlags von Schnee zu Regen. Hinzu kommen allgemeine Veränderungen im Niederschlagsverhalten in Baden-Württemberg. Studien belegen bereits jetzt einen Trend zur Abnahme sommerlicher Niederschläge in Häufigkeit und Intensität bei gleichzeitiger Verlagerung von Niederschlagsereignisse auf die Wintermonate.[239] Langfristig ist mit einer weiteren Abnahme von sommerlichen Niederschlägen um bis zu 5 % zu rechnen. Temperaturanstieg und verändertes Niederschlagsverhalten erhöhen das Risiko für Niedrigwasser um das Fünffache im Vergleich zum Zeitraum vor 1985, besonders in den Monaten Juli bis September.[240]

Der Klimawandel beeinflusst nicht nur die langfristige Entwicklung des Wasserhaushalts in qualitativer und quantitativer Hinsicht, er wirkt sich auch auf die Zunahme von Frequenz und Intensität von Extremereignissen wie Dürren aus.[241] Die Wahrscheinlichkeit eines sommerlichen Trockenheitsereignisses hat gegenüber den siebziger Jahren des vergangenen Jahrhunderts um mehr als das Zweifache zugenommen.[242] Klimaforscher prognostizieren mehrwöchige Trockenperioden insbesondere im Sommer und Herbst.[243] Bereits seit 1901 hat die Frequenz von Dürreereignissen stetig zugenommen.[244]

Typischerweise sind Gebiete mit einer grundsätzlich negativen klimatischen Wasserbilanz anfälliger für Trockenheitsereignisse.[245] In Baden-Württemberg besteht keine

---

236 *UM BW/LUBW*, Klimawandel in Baden-Württemberg, 4. Aufl. 2016.
237 *Mäder*, Extremwetter durch Erderwärmung?, Spektrum der Wissenschaft, 2018, https://www.spektrum.de/news/extremwetter-durch-erderwaermung/1581182 [abgerufen am 12.7.2021].
238 Siehe auch Kapitel A.
239 *UM BW/LUBW*, Klimawandel in Baden-Württemberg, 4. Aufl. 2016, S. 17.
240 *LUBW/UM BW*, Umweltdaten 2009, 2009, S. 116.
241 Allgemein *BMU*, Nationale Wasserstrategie, 2021, S. 53.
242 *Caspary/Hennegriff*, Die Entwicklung von trockenen Großwetterlagen, KLIWA-Bericht Nr. 18, KLIWA, 2012, S. 9, 11; nach KLARA steige die Zahl der Tage mit mittelmäßiger bis extremer Wärmebelastung um 5 % bis 30 %, *Stock*, KLARA, Potsdam-Institut für Klimafolgenforschung, 2005, S. 56; allgemein *Hennegriff/Ihringer/Kolokotronis*, Prognosen von Auswirkungen des Klimawandels auf Niedrigwasserverhältnisse in BW, HyWa 2008, 309 (309).
243 *Zebisch et al.*, Klimawandel in Deutschland, Potsdam-Institut für Klimafolgenforschung, 2005, S. 35, 47 ff., 167 ff.
244 *Lüttger/Feike*, Development of Heat and Drought Related Extreme Weather Events and their Effect on Winter Wheat Yields in Germany, Theor. Appl. Climatol. 2018, 15 (16).
245 Z.B. die geographischen Regionen des Nordostdeutschen Tieflands oder die südostdeutschen Hügel und Becken, *Zebisch et al.*, Klimawandel in Deutschland, Potsdam-Institut für Klimafolgenforschung, 2005, S. 166.

unmittelbare Gefährdung der öffentlichen Wasserversorgung, regional können jedoch Anpassungsmaßnahmen erforderlich werden, um den Grundsatz der ortsnahen Wasserversorgung aufrecht zu halten.[246] Besonders verwundbar sind Wasserversorger im ländlichen Raum und mit dezentralen Wasserversorgungsstrukturen, die bereits jetzt eine negative klimatische Wasserbilanz aufweisen.[247] Generell ist mit einer Zunahme von Nutzungskonflikten zwischen Schifffahrt, Landwirtschaft, Energiewirtschaft und den Anforderungen der Gewässerökologie zu rechnen.[248] Wie die Folgen des Klimawandels und die potentiell widerstreitenden Nutzungsinteressen zeigen, besteht damit ein tatsächliches Bedürfnis verschiedener Wassernutzungssektoren und -akteure nach rechtlichen Instrumenten zur Dürrebewältigung.

III. Zwischen Risikovorsorge und Gefahrenabwehr: Dürrebewältigung durch Risikomanagement

Dürreereignisse können gravierende Auswirkungen hervorrufen, wie der vorbenannte Abschnitt zeigt. Gleichwohl sind die Dauer, die Intensität, das örtliche und das räumliche Auftreten eines Ereignisses nur eingeschränkt vorhersehbar.[249]

Rechtliche Schutzkonzepte[250] für Umwelt und Gesellschaft müssen dementsprechend verschiedene unbekannte Parameter, die von einer teils quantifizierbaren Ungewissheit bis hin zu einer Nicht-Vorhersehbarkeit reichen, einbeziehen. Dies stellt die Handlungsfähigkeit und -möglichkeit staatlicher und betroffener Akteure zum Schutz vor Dürreereignissen vor höhere Herausforderungen, als es zum Beispiel im Bereich des Hochwasserschutzrechtes der Fall ist. Dort betrifft die Ungewissheit nur wenige Parameter, etwa den räumlichen Einzugsbereich, der vorwiegend in der Nähe von Oberflächengewässern liegt, oder die Intensität des Ereignisses, die sich in der Pegelhöhe der jeweiligen Oberflächengewässern niederschlägt. Rechtliche Konzepte zum Schutz vor Dürreauswirkungen benötigen daher ein besonderes Maß an Flexibilität, insbesondere bei langfristigen Regelungen.[251]

In der interdisziplinären Dürreforschung herrscht inzwischen Einigkeit, dass anstelle eines rein gefahrenabwehrrechtlich ausgerichteten Krisenmanagements, eine effektive

---

246 Vgl. *Reese*, Die Anpassung an den Klimawandel im Bewirtschaftungssystem der Wasserrahmenrichtlinie, ZfW 2011, 61 (63).
247 *Köck*, Klimawandel und Recht, ZUR 2007, 393 (398); *Fischer*, Wie sicher sind Deutschlands Wasserreserven?, Spektrum der Wissenschaft, 2018, https://www.spektrum.de/news/wie-sicher-sind-deutschlands-wasserreserven/1582184 [abgerufen am 12. 7. 2021].
248 *Reese*, Die Anpassung an den Klimawandel im Bewirtschaftungssystem der Wasserrahmenrichtlinie, ZfW 2011, 61 (62).
249 Vgl. auch *Below/Grover-Kopec/Dilley*, Documenting Drought-Related Disasters, J. Environ. Dev. 2007, 328 (330); *Rossi*, Drought Risk for Water Supply Systems Based on Low-Flow Regionalisation, 2011, S. 10.
250 Hierzu ausführlich *Wagner*, Der Risikoansatz in der EU-HWRMRL, NuR 2008, 774 (774); *Rudolf-Miklau*, Umgang mit Naturkatastrophen, 2018, S. 20.
251 In Bezug auf das Klimawandelanpassungsrecht *Fischer*, Grundlagen und Grundstrukturen eines Klimawandelanpassungsrechts, 2013, S. 118.

und nachhaltige Dürrebewältigung im Wege des Risikomanagements zu erfolgen hat.[252] Auch die Nationale Wasserstrategie empfiehlt die wasserwirtschaftliche Planung in Richtung des Risikomanagements von Dürren weiterzuentwickeln.[253] Risikomanagement[254] bezeichnet eine koordinierte Herangehensweise im Umgang mit potentiell schädigenden Naturgefahren und deren Auswirkungen. Der Schwerpunkt des koordinierten Umgangs liegt dabei auf der Risikovermeidung und -minimierung.[255] Vereint in einem Managementprozess greifen somit die Bereiche Risikovorsorge und Gefahrenabwehr nahtlos ineinander. Aufgrund der zentralen Bedeutung des Risikomanagements für die Dürrebewältigung in der interdisziplinären Forschung kommt eine Darstellung nicht ohne die Definition von Risiko aus.

1. Der Risikobegriff im öffentlichen Wasserrecht für Baden-Württemberg und Kalifornien

Das Risikoverwaltungsrecht prägte maßgeblich die rechtliche Dimension des Risikobegriffs durch die Entwicklung eindeutig zugewiesener Definitionen für das Begriffspaar »Gefahr« und »Risiko«.[256] Im Unterschied zur Gefahr, bei der eine hinreichende Wahr-

---

252 Grundlegend *Wilhite*, The Enigma of Drought, in: ders. (Hrsg.), Drought Assessment, Management, and Planning, 1993, S. 3 (3); *Wilhite et al.*, Planning for Drought, JAWRA 2000, 697 (679 ff.); *Rossi/Castiglione/Bonaccorso*, Guidelines for Planning and Implementing Drought Mitigation Measures, in: Rossi/Vega/Bonaccorso (Hrsg.), Methods and Tools for Drought Analysis and Management, 2007, S. 325 (335 ff.); für viele *Pereira/Cordery/Iacovides*, Coping with Water Scarcity, 2009; *Iglesias et al.*, Coping with Drought Risk in Agriculture and Water Supply Systems, 2009; *Vogt/Somma*, Drought and Drought Mitigation in Europe, 2000; *Vogt et al.*, Drought Risk Management, in: Wilhite/Pulwarty (Hrsg.), Drought and Water Crises, 2. Aufl. 2017, S. 385 (386 ff.).
253 *BMU*, Nationale Wasserstrategie, 2021, S. 33, 65.
254 Der Begriff Risikomanagement stammt aus der Betriebswirtschaftslehre. Er beschreibt dort den Prozess bzw. Zusammenfassung aller betrieblichen Anstrengungen zur Identifikation und Beurteilung von Risiken, sowie darauf aufbauend alle Maßnahmen zur Handhabung und Bewältigung dieser Risiken, *Köck*, Grundzüge des Risikomanagements im Umweltrecht, in: Bora (Hrsg.), Rechtliches Risikomanagement, 1999, S. 129 (130); *Trips*, Risikomanagement in der öffentlichen Verwaltung, NVwZ 2003, 804 (805); zur begrifflichen Definition von Risikomanagement in der Betriebswirtschaftslehre *Janzen*, Unternehmerische Risikopolitik und Umweltschutz, in: Junkernheinrich/Klemmer/Wagner (Hrsg.), Handbuch zur Umweltökonomie, 1995, S. 348 (349).
255 In Bezug auf Naturereignisse *Hollenstein*, Analyse, Bewertung und Management von Naturrisiken, 1996, S. 135.
256 Die Auseinandersetzung kreist insbesondere um die verschiedenen Ebenen zur effektiven Risikobewältigung. Während das Drei-Stufen-Modell dem traditionellen Sicherheitsansatz folgt – hierzu *Appel*, Stufen der Risikoabwehr, NuR 1996, 227 (228) – und, geleitet von der Frage nach der Schutzmöglichkeit vor Ereignissen, die Ebenen Gefahr, Risiko und Restrisiko unterscheidet – siehe *Scherzberg*, Risiko als Rechtsproblem, VerwArch 1993, 484 (492); *Pils*, Zum Wandel des Gefahrenbegriffs im Polizeirecht, DÖV 2008, 941 (942); zum Begriff des Restrisikos BVerfG, Beschl. v. 8.8.1978 – *Kalkar I*, BVerfGE 49, 89 (127 f.) –, kennt das moderne, ursprünglich im Atomrecht entwickelte Zwei-Stufen-Modell »Risiko« als übergeordneten Begriff für ein hinnehmbares und ein nicht-hinnehmbares Risiko, *Di Fabio*,

B. Grundlagen

scheinlichkeit[257] eines Schadenseintritts in absehbarer Zeit vorliegen muss, bezeichnet Risiko eine Kategorie niedrigerer Eintrittswahrscheinlichkeit von Schäden.[258] Auf der Handlungsebene erfordert Risiko, im Unterschied zur Gefahr, der mit Abwehrmaßnahmen begegnet werden kann, Maßnahmen zur Vorsorge mit dem Ziel das Risiko zu verhindern oder zu minimieren.[259]

Das Unionsrecht, das eher an dem naturwissenschaftlichen Risikoverständnis ausgerichtet ist,[260] versteht Risiko sowohl in der WRRL als auch in der HWRM-RL als übergeordneten Rechtsbegriff. Demzufolge meint ein geringes Risiko im Unionsrecht ein Risiko im Sinne des Risikoverwaltungsrechts. Ein hohes Risiko entspricht dem Gefahrenbegriff.[261] Anstelle einer materiell erforderlichen Eingriffsschwelle zur Gefahrenabwehr verlagert das Unionsrecht die Handlungsebene auf die Prozeduralisierung des Rechts zur Durchführung von Risikoanalysen, die zur Ermittlung der Eintrittswahrscheinlichkeit dienen.[262]

Risikoentscheidungen im Rechtsstaat, 1994, S. 108; *Wahl/Appel*, Prävention und Vorsorge: Von der Staatsaufgabe zur rechtlichen Ausgestaltung, in: Wahl (Hrsg.), Prävention und Vorsorge, 1995, S. 1 (85 ff.); grundlegend in Anlehnung an die naturwissenschaftliche Forschung *Murswiek*, Die Bewältigung der wissenschaftlichen und technischen Entwicklungen durch das Verwaltungsrecht, VVStRL 1990, 207; *Meier*, Risikosteuerung im Lebensmittel-und Gentechnikrecht, Band 23, 2000, S. 225; *Peine*, Risikoabschätzung im Bodenschutz, DVBl. 1998, 157 (157); *Reich*, Gefahr – Risiko – Restrisiko, 1989, S. 106. Die zentrale Frage des letztgenannten Ansatzes betrifft das Kosten-Nutzen-Verhältnis der Maßnahmen im Vergleich zum Risiko als »Preis der Sicherheit«.

257 Zur Bestimmung des Begriffs der Wahrscheinlichkeit in Abgrenzung zur mathematischen Wahrscheinlichkeit *Di Fabio*, Gefahr, Vorsorge, Risiko, Jura 1996, 566 (568); *Ladeur*, Risikowissen und Risikoentscheidung, KritV 1991, 241 (242); *Seiler*, Recht und technische Risiken, 1997, S. 158 m. w. N.; *Kahl/Gärditz*, Umweltrecht, 11. Aufl. 2019, § 3 Rn. 21.

258 Eine Darstellung dieses Risikoverständnisses, das die Möglichkeit als Abgrenzungskriterium des Zwei-Stufen-Modells nutzt, auch bei *Lepsius*, Risikosteuerung durch Verwaltungsrecht, VVStRL 2003, 264 (268 f.); *Appel*, Stufen der Risikoabwehr, NuR 1996, 227 (229); der Professorenentwurf zum Allgemeinen Umweltgesetzbuch sah in § 2 Abs. 6 S. 1 UGB zum Zwecke der Rechtsklarheit eine Legaldefinition des »Umweltrisikos« in Abgrenzung zur »Umweltgefahr« vor als »die Möglichkeit des Eintritts einer Umweltbeeinträchtigung, soweit sie nicht aufgrund praktischer Vernunft ausgeschlossen erscheint«, *Kloepfer/Rehbinder/Schmidt-Aßmann*, Umweltgesetzbuch: Allgemeiner Teil, 1990, S. 38.

259 *Calliess/Korte*, Das neue Recht der Grünen Gentechnik im europäischen Verwaltungsverbund, DÖV 2006, 10 (12); *Köck*, Grundzüge des Risikomanagements im Umweltrecht, in: Bora (Hrsg.), Rechtliches Risikomanagement, 1999, S. 129 (130); *Reich*, Gefahr – Risiko – Restrisiko, 1989, S. 27; *Wahl/Appel*, Prävention und Vorsorge: Von der Staatsaufgabe zur rechtlichen Ausgestaltung, in: Wahl (Hrsg.), Prävention und Vorsorge, 1995, S. 1 (75 ff.).

260 Eine Risikodefinition auf europäischer Ebene bot erstmals Art. 2 lit. h) EU-Richtlinie 89/24/EG. Eine Übersicht bietet *Arndt*, Das Risikoverständnis der Europäischen Union unter besonderer Berücksichtigung des Vorsorgeprinzips, in: Jaeckel/Janssen (Hrsg.), Risikodogmatik im Umwelt- und Technikrecht, 2012, S. 35 (40 f.).

261 *Janssen*, HQ1 – HQextrem – Hochwasserrisikomanagement im novellierten Wasserrecht, in: Jaeckel/Janssen (Hrsg.), Risikodogmatik im Umwelt- und Technikrecht, 2012, S. 81 (92); *BMU*, Umweltgesetzbuch, 1998, S. 440.

262 Vgl. zur Prozeduralisierung der Risikoanalyse auch *Lepsius*, Risikosteuerung durch Verwaltungsrecht, VVStRL 2003, 264 (275).

Das öffentliche Wasserwirtschaftsrecht sieht den Risikobegriff in den Regelungen zur Hochwasserbewältigung nach §§ 73 ff. WHG vor. Ausdrücklich definiert § 73 Abs. 1 S. 2 WHG in Umsetzung von Art. 2 Abs. 2 HWRM-RL den Begriff »Hochwasserrisiko« als die Kombination der Wahrscheinlichkeit des Eintritts eines Hochwasserereignisses mit den möglichen nachteiligen Hochwasserfolgen für die menschliche Gesundheit, die Umwelt, das Kulturerbe, wirtschaftliche Tätigkeiten und erhebliche Sachwerte. Die Legaldefinition zeigt, dass der deutsche Gesetzgeber im Bereich des Hochwasserrechts den Risikobegriff an das unionsrechtliche Verständnis anpasst. Eine vergleichbare Vorgehensweise liegt auch für den Bereich der Dürrebewältigung nahe. Insbesondere ist der Risikobegriff im Zusammenhang mit dem Risikomanagement von Dürreereignissen durch das vorbenannte interdisziplinäre Verständnis geprägt und daher auch bei der juristischen Abhandlung über den Bestand und die Integration des Ansatzes in das Wasserwirtschaftsrecht in diesem Kontext zu sehen.

In Kalifornien ist Risiko (*risk*) ein fester Bestandteil von Dürrebewältigungsstrategien. Der Begriff findet sich mehrfach in wasserrechtlichen Regelungen, wird jedoch häufig vom Gesetzgeber vorausgesetzt, wie z. B. in § 10612 California Water Code (WAT), und nicht näher definiert. In der Praxis bestehen dadurch Abgrenzungsschwierigkeiten zu verwandten Begriffen, wie *emergency*, *hazard* oder *disaster*. Grundsätzlich ist festzustellen, dass die verschiedenen Begriffe des Risikovorsorge- und Gefahrenabwehrrechts weniger dogmatisch verfestigt sind und die Begriffe daher teils synonym verwendet werden.[263]

Das National Drought Mitigation Center (NDMC) definiert *(drought-)risk* entlang dem naturwissenschaftlichen Begriffsverständnis als

»the potential adverse effects of drought as a product of both, the frequency and severity of the hazard, and corresponding vulnerability.«[264]

Dürrerisiko meint folglich das Produkt aus Häufigkeit, Intensität der Gefahr und Vulnerabilität. Die Definition kombiniert das naturwissenschaftliche mit dem juristischen Risikoverständnis, wobei der Begriff der Gefahr im kalifornischen Wasserrecht weniger dogmatisch aufgeladen ist als in Baden-Württemberg.

Der Begriff *hazard* lässt inhaltlich Ähnlichkeiten zum deutschen Gefahrenbegriff erkennen. So meint *(Drought-)hazard*

»a threatening event (in this case, a drought, a reduction in water supply, or an increase in water demand) that would make supply inadequate to meet demand.«[265]

Neben dem Begriff *hazard* wird häufig auch der Begriff *emergency* verwendet. Letzterer tritt insbesondere im Kontext mit der Bewältigung von (Natur-)Katastrophen auf. Ein Beispiel hierfür ist § 8558 California Government Code (CGC) als Teil des California Emergency Services Act, der zwischen *state of emergency* und *local emergency* unter-

---

263 Vgl. *Fisher*, Risk and Environmental Law, in: Richardson/Wood (Hrsg.), Environmental Law for Sustainability, 2006, S. 97 (109 f.); *Parry/Carter*, Climate Impact Assessment, in: Wilhite/Easterling/Wood (Hrsg.), Planning for Drought, 1987, S. 165 (165 ff.); *Blaikie et al.*, At Risk, 2. Aufl. 2014, S. 15.
264 *Knutson/Hayes/Phillips*, How to Reduce Drought Risk, NDMC Preparedness and Mitigation Working Group, 1998, A-2 Appendix A.
265 *Knutson/Hayes/Phillips*, How to Reduce Drought Risk, NDMC Preparedness and Mitigation Working Group, 1998, A-2 Appendix A.

B. Grundlagen

scheidet. An der Definition des *local emergency* in § 8558 (c) (1) CGC wird gleichzeitig ein Zusammenhang zum Begriff *disaster* deutlich:

»›Local emergency‹ means the duly proclaimed existence of conditions of disaster or of extreme peril to the safety of persons and property within the territorial limits of a county, city and county, or city, caused by conditions such as air pollution, fire, flood, storm, epidemic, riot, drought, [...] or other conditions, other than conditions resulting from a labor controversy, which are or are likely to be beyond the control of the services, personnel, equipment, and facilities of that political subdivision and require the combined forces of other political subdivisions to combat [...].«

2. Dürrebewältigung durch Risikomanagement

Der Risikomanagementansatz vereinigt alle Teilbereiche der Dürrebewältigung in einem zyklischen Managementprozess. In Kalifornien findet er als Strategie zur Vermeidung und Minimierung von Dürrerisiken seit etwa zwei Jahrzehnten besondere Beachtung.[266] Das in Baden-Württemberg geltende Wasserrecht berücksichtigt das Risikomanagement bislang ausschließlich im Zusammenhang mit der Hochwasserbewältigung, die durch die HWRM-RL vorgegeben wird.

Der Risikomanagementkreislauf wird üblicherweise in vier Schritte[267] unterteilt. Er reicht von der vorbereitenden Risikoermittlung mit Risikobewertung über das Risikomanagement mit den Bereichen der Vorsorge und der *ad hoc* Bewältigung bis hin zur Nachsorge durch die anschließende Risikoüberwachung mit Schadensbeseitigung und Ereignisanalyse (siehe Abbildung 3, konkretisiert in Abbildung 4).[268]

Im Einzelnen beschreibt die Stufe der Risikoermittlung die umfassende, möglichst erschöpfende Ermittlung aller maßgeblichen Informationen und Erkenntnisquellen über das Naturereignis.[269] Die dadurch erlangte Information wird anschließend im Wege eines wissenschaftlich-technischen Erkenntnisprozesses bewertet.[270] In der öffentlichen Verwaltung findet typischerweise die unter Abbildung 5 geführte Matrix Anwendung.[271]

---

266 *Richardson/Wood*, Environmental Law for Sustainability, 2006, S. 42.
267 Teils wird der Managementprozess zur Risikobewältigung in drei bis fünf Stufen unterteilt. Die verschiedenartige Bezeichnung der einzelnen Managementschritte beeinflusst die inhaltlichen Vorgaben nicht, vgl. mit drei Stufen *Wagner*, Der Risikoansatz in der EU-HWRMRL, NuR 2008, 774 (774); mit fünf Stufen *Merz/Emmermann*, Zum Umgang mit Naturgefahren in Deutschland, GAIA 2006, 265 (266); zu den genauen Unterscheidungen und Ansichten in der Literatur vgl. die Zusammenfassung bei *Braun*, Bundesbehörden und europäische Agenturen als Akteure in Risikoverfahren des Umwelt- und Gesundheitsschutzrechts, 2013, S. 17.
268 *Ladeur*, Risikowissen und Risikoentscheidung, KritV 1991, 241 (251); *Braun*, Bundesbehörden und europäische Agenturen als Akteure in Risikoverfahren des Umwelt- und Gesundheitsschutzrechts, 2013, S. 18.
269 *Calliess*, Vorsorgeprinzip und Beweislastverteilung im Verwaltungsrecht, DVBl. 2001, 1725 (1727); *Braun*, Bundesbehörden und europäische Agenturen als Akteure in Risikoverfahren des Umwelt- und Gesundheitsschutzrechts, 2013, S. 18.
270 *Braun*, Bundesbehörden und europäische Agenturen als Akteure in Risikoverfahren des Umwelt- und Gesundheitsschutzrechts, 2013, S. 17.
271 Ansätze dazu finden sich bei *Martin/Bär*, Grundzüge des Risikomanagements nach KonTraG, 2002, S. 101; *Bitz*, Abgrenzung des Risiko-Frühwarnsystems ieS. nach KonTraG, BFuP 2000, 231 (239).

III. Zwischen Risikovorsorge und Gefahrenabwehr

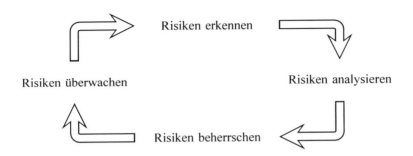

Abbildung 3: Risikomanagement.
Quelle: eigene Darstellung nach *Trips*, Risikomanagement in der öffentlichen Verwaltung, NVwZ 2003, 804 (805).

Abbildung 4: The Cycle of Disaster Management.
Quelle: eigene Darstellung nach *Wilhite/Svoboda*, Drought Early Warning Systems in the Context of Drought Preparedness and Mitigation, in: Wilhite/Sivakumar/Wood (Hrsg.), Early Warning Systems for Drought Preparedness and Drought Management, 2000, S. 1 (8).

B. Grundlagen

Als Risikomanagement im engeren Sinn erfolgt die Festlegung von Maßnahmen für den Bereich der Risikovorsorge und -bewältigung, häufig in Form von Maßnahmenplänen. Ziel der Maßnahmen muss es sein, Risiko und Schaden möglichst effektiv und effizient abzuwenden.[272] Somit fließt die dem Risikoansatz zugrundeliegende Kosten-Nutzen-Bewertung in die Auswahl der Maßnahmen ein. Im Anschluss an ein Naturereignis setzt die Risikoüberwachung ein. Auf dieser Ebene ist eine Bewertung der eingesetzten Maßnahmen vorzunehmen mit dem Ziel der internen Kontrolle und der Verbesserung von Abläufen und Maßnahmen.[273]

– schwere Folgen – niedrige Eintrittswahrscheinlichkeit → Notfallplan	– schwere Folgen – hohe Eintrittswahrscheinlichkeit → dringender Handlungsbedarf
– Geringe Folgen – niedrige Eintrittswahrscheinlichkeit → periodische Überprüfung	– geringe Folgen – hohe Eintrittswahrscheinlichkeit → Handlung in Betracht ziehen

Abbildung 5: Die Matrix des Risikomanagements.
Quelle: *Trips*, Risikomanagement in der öffentlichen Verwaltung, NVwZ 2003, 804 (806).

Zentrales Anliegen des Risikomanagements, auch im Bereich Dürremanagement, ist die sektorenübergreifende Bündelung von Maßnahmen durch die Abstimmung betroffener Akteure und der verschiedenen Ebenen der Risikobewältigung. Gleichzeitig soll durch effektive und effiziente Maßnahmen das Kosten-Nutzen-Verhältnis zwischen dem Wissensdefizit bei und dem Schutz von Umwelt und Gesellschaft vor Naturgefahren gewahrt werden.[274] Eine kartografische Umsetzung wie im Bereich des Hochwasserschutzes[275] lässt sich auf Dürreereignisse nach den vorstehenden Ausführungen über Auswirkungen und Vorhersehbarkeit im Abschnitt B.II.1. nicht uneingeschränkt übertragen. Dies liegt zum einen am Regelungsgegenstand, der als Querschnittsmaterie je nach Auswirkungen des Ereignisses und Anfälligkeit der betroffenen Sektoren neben dem Wasserwirtschaftsrecht auch andere Rechtsgebiete betrifft. Zum anderen sind Dürreereignisse im Unterschied zu Hochwasser weniger örtlich eingrenzbar, da sie – räumlich

---

272 *Braun*, Bundesbehörden und europäische Agenturen als Akteure in Risikoverfahren des Umwelt- und Gesundheitsschutzrechts, 2013, S. 18; *Hollenstein*, Analyse, Bewertung und Management von Naturrisiken, 1996, S. 135.
273 *Merz/Emmermann*, Zum Umgang mit Naturgefahren in Deutschland, GAIA 2006, 265 (271); *Trips*, Risikomanagement in der öffentlichen Verwaltung, NVwZ 2003, 804 (807).
274 Vgl. *Scherzberg*, Risiko als Rechtsproblem, VerwArch 1993, 484 (499); *Banse*, Herkunft und Anspruch der Risikoforschung, in: ders. (Hrsg.), Risikoforschung zwischen Disziplinarität und Interdisziplinarität, 1998, S. 15 (59 f.).
275 Anhand der Gefahren- und Risikokarten (vgl. erste und zweite Stufe des Risikomanagementverfahrens) sollen in den Hochwasserrisikomanagementplänen mögliche Maßnahmen und Umsetzungsmöglichkeiten erarbeitet werden (dritte Stufe). Die Umsetzung der HWRM-RL soll alle sechs Jahre aktualisiert und überprüft werden, § 75 Abs. 6 WHG.

betrachtet – grundsätzlich überall auftreten können.[276] Eine Möglichkeit zur Identifikation von Risikogebieten ist die Umsetzung eines mehrstufigen Dürrerisikomanagements sowohl auf nationaler als auch auf regionaler Ebene.[277] Um die Effizienz und Effektivität der Maßnahmen im Dürrefall zu gewährleisten, bedarf es nach diesem Ansatz einer Koordinierung und Integration der verschiedenen Ebenen des Risikomanagements.

---

276 Vgl. *Kampragou et al.*, Harmonization of Water-Related Policies, Environ. Sci. Policy 2011, 815 (817); *Urwin/Jordan*, Does Public Policy Support or Undermine Climate Change Adaptation?, Glob. Environ. Change 2008, 180 (182 ff.).
277 *United Nations Office for Disaster Risk Reduction*, Terminology on Disaster Risk Reduction, 2009, S. 26 ff.; *Blauhut/Stahl*, Risikomanagement von Dürren in Deutschland, Forum für Hydrologie und Wasserbewirtschaftung 2018, 203 (204).

C. Die Rechtslage im Bundesland Baden-Württemberg

I. Historische Regelungsansätze der Wasserverteilung

Für die Entwicklung des Wasserrechts für Baden-Württemberg spielten Dürreereignisse eine untergeordnete Rolle. Vereinzelt offenbaren historische, vorwiegend dezentrale[278] Regelungen das Bedürfnis nach der Lösung von wassermengen- oder dürrebedingten Nutzungskonflikten.

Bereits das Römische Recht unterschied zwischen öffentlichen und privatrechtlichen Gewässern[279] und verstand das Wasser grundsätzlich als Akzessorium zu Grund und Boden.[280] Diese systematische Unterteilung verdeutlichte das Spannungsverhältnis von Wasser als Gegenstand des Privateigentums einerseits und als Gemeingut der Bevölkerung andererseits.[281]

Später ergänzte das germanische Recht den römisch-rechtlichen Grundsatz des Rechts am Wasser aus dem Recht am Grundstückseigentum durch das Prinzip der Grundherrlichkeit.[282] Danach steht alles fließende Wasser im Eigentum des Grundherren.[283] Ab dem 16. Jahrhundert verteilten Lehnsherren das Wasser durch Wasserregale.[284] Die Wasserre-

---

278 *Kloepfer*, Zur Geschichte des deutschen Umweltrechts, 1994, S. 15; *Reinhardt*, Wasserrecht im föderalen Staat, in: Härtel (Hrsg.), Handbuch Föderalismus, 2012, Kap. 70, S. 463 (464).
279 *Mager*, Die Entwicklung des Wasserwirtschaftsrechts, ZaöRV 2010, 789 (802 f.); zu den öffentlichen Gewässern (*flumen publicum*) gehörten stets fließende Flüsse (*flumina perennia*) und teilweise fließende Flüsse (*flumina torrens*), deren Eigenschaften anhand der Schiffbarkeit bestimmt wurde; zu den privatrechtlichen Gewässern gehörten die Bäche (*rivi*), Quellen (*fontes*), Teiche sowie Grundwasser (*aqua subterranea*), strittig hingegen die Zugehörigkeit von Regenwasser (*aqua profluens*), näher *Ossig*, Römisches Wasserrecht, 1898, S. 1 f.; *Brückner*, Das deutsche Wasserrecht, Annalen des Deutschen Reichs 1877, 1 (3); *Leu*, Eydgenössisches Stadt- und Land-Recht, 1728, S. 122 f.
280 »*Cuius es solum eius est iusque ad coelum, usque ad infernos*«, *Goeke*, Das Grundeigentum im Luftraum und im Erdreich, 1999, S. 38; Dig. 43.12.1.4; Dig. 43.12.1.10; Dig. 39.3.21; Dig. 39.3.2.10; Dig. 39.3.6.1; *Walter/Maier*, Die Sicherung von Bezugs- und Abnahmeverpflichtungen durch Dienstbarkeiten, NJW 1988, 377 (385); zum Eigentumsbegriff *Kaser/Knütel/Lohsse*, Römisches Privatrecht, 21. Aufl. 2017, § 22 I. Die *flumina publica* waren nach Römischem Recht hingegen nicht eigentumsfähig (»*res communis omnium res extra commercium*«), näher »Wasserrecht«, in: Erler/Kaufmann/Werkmüller (Hrsg.), Handwörterbuch zur deutschen Rechtsgeschichte, Band 5, 1. Aufl. 1998, Sp. 1158.
281 *Von Stein*, Handbuch der Verwaltungslehre und des Verwaltungsrechts, 2010, S. 135 f.
282 *Von Stein*, Handbuch der Verwaltungslehre und des Verwaltungsrechts, 2010, S. 135 f.; teilweise a. A. »Wasserrecht«, in: Erler/Kaufmann/Werkmüller (Hrsg.), Handwörterbuch zur deutschen Rechtsgeschichte, Band 5, 1. Aufl. 1998, Sp. 1158 ff.
283 Bis ins 19. Jahrhundert war es Aufgabe und Pflicht des Grundherren Nutzungsrechte an Gewässern an die Untergebenen zu verleihen, *Goeke*, Das Grundeigentum im Luftraum und im Erdreich, 1999, S. 42, 48.
284 Vgl. *von Stein*, Handbuch der Verwaltungslehre und des Verwaltungsrechts, 2010, S. 135; *Sparwasser/Engel/Voßkuhle*, Umweltrecht, 5. Aufl. 2003, § 8 Rn. 46.

gale galten zum einen als Finanzquelle der Könige und Lehnsherren. Zum anderen waren sie herrschaftliche Pflicht, die Wasserverteilung im Interesse der Gewässerbenutzer zu regeln.[285] Die Wasserverteilung durch Wasserregale prägte fortan das Verständnis von Wasser als Regelungsgegenstand des öffentlichen Rechts,[286] das der hoheitlichen Aufsicht über die Verteilung und Bewirtschaftung unterliegt.

Im Hochmittelalter enthielt z. B. der Sachsenspiegel geschriebene Regelungen zum Umgang mit Wasser.[287] Wassermengenkonflikte traten insbesondere im Zusammenhang mit dem Betrieb von Mühlen auf und wurden seit dem 15. Jahrhundert durch Mühlenordnungen geregelt, die bis in das 19. Jahrhundert in Kraft waren.[288] Die Mühlenordnungen enthielten zum einen Regelungen zur Lösung der Nutzungskonflikte der Mühlenbetreiber untereinander und nahmen damit eine Verteilung des (begrenzten) Wasserdargebots vor.[289] Sie enthielten zum anderen auch Regelungen zum Ausgleich von widerstreitenden Nutzungsinteressen zwischen den Mühlenbetreibern und anderen Gewässerbenutzern, wie der Wasserversorgung und der Landwirtschaft.[290]

Zum Ausgleich widerstreitender Nutzungsinteressen dienten auch die Wassergerichte (*iudicium aquaticum*), die bis in die frühe Neuzeit die Nutzung von Wasserläufen und Bächen überwachten, um über die Wasserverteilung, insbesondere über das Recht zum Aufstauen von Wasser zum Betrieb von Mühlen, und rechtswidrige Wassernutzungen zu entscheiden.[291]

Die Vorgänger der modernen Wasserrechtsordnungen[292] sahen ein Regelungsbedürfnis hinsichtlich der nutzbaren Wassermenge vorwiegend im Zusammenhang mit der stoff-

---

285 Zu den verschiedenen Funktionen der Regalien auch *Thieme*, Die Funktion der Regalien im Mittelalter, ZRG GA 1942, 57 (61, 63, 65 f.); *Durner*, Wasserrecht, in: Rehbinder/Schink (Hrsg.), Grundzüge des Umweltrechts, 5. Aufl. 2018, § 9 Rn. 2.

286 *Kloepfer*, Zur Geschichte des deutschen Umweltrechts, 1994, 14 m. w. N.; *Kube*, Private Property in Natural Resources and the Public Weal in German Law, Nat. Resources J. 1997, 857 (858).

287 »Welches Wasser strömend fließt, das ist allgemein, darin zu fahren und zu fischen.« Zur Gewässereinteilung *von Repgow*, Der Sachsenspiegel, 2002, S. 74; zum Wasserrecht im Mittelalter *Brehme*, Privatisierung und Regulierung der öffentlichen Wasserversorgung, 2010, S. 121; *Nisipeanu*, Tradition oder Fortentwicklung?, NuR 2008, 87 (88).

288 Zu Wassermengenkonflikten im Zusammenhang mit dem Betrieb von Mühlen *Mager*, Die Entwicklung des Wasserwirtschaftsrechts, ZaöRV 2010, 789 (799 f.); einen Überblick über einige Mühlenordnungen bietet »Mühlenrecht«, in: Cordes *et al.* (Hrsg.), Handwörterbuch zur deutschen Rechtsgeschichte, Band 3, 2. Aufl. 2016, Sp. 1659.

289 *Kloepfer*, Zur Geschichte des deutschen Umweltrechts, 1994, S. 17.

290 *Nisipeanu*, Tradition oder Fortentwicklung?, NuR 2008, 87 (88).

291 »Wassergericht«, in: Erler/Kaufmann/Werkmüller (Hrsg.), Handwörterbuch zur deutschen Rechtsgeschichte, Band 5, 1. Aufl. 1998, Sp. 1154; in Sekundärquellen sind teils drei, das Schwäbische, das Wetterauersche und das Oettingische Wassergericht, überliefert, vgl. *Strelin*, Das Wassergericht, in: Harl (Hrsg.), Allgemeines Archiv für die gesammte Staatswissenschaft, Gesetzgebung und Staatsverwaltung, 1825, S. 312 (312 ff.).

292 So z. B. die drei Wassergesetze vom 28. 5. 1852 in Bayern, das Badische Wassergesetz vom 25. 8. 1876 oder das Hessische Bachgesetz vom 30. 7. 1887; ausführlich OLG Frankfurt a. M., Urt. v. 21. 6. 2006 – 14 U 72/04, Rn. 29 (openjur); *Drost/Ell*, Das neue Wasserrecht, 2. Aufl. 2016, S. 25; *Geffcken*, Zur Geschichte des deutschen Wasserrechts, ZRG GA 1900, 173 (173); einen Überblick bietend *Brückner*, Das deutsche Wasserrecht, Annalen des Deutschen Reichs 1877, 1 (16 ff.).

lichen Belastung der Gewässer durch Abwasser.[293] Die historische Entwicklung zeigt den graduellen Wandel des Wassers von einem ursprünglich »freien« Gut hin zu einem von vielseitigen Interessen und zunehmenden Nutzungsansprüchen geprägten »raren« Umweltmedium.[294]

Jüngste Entwicklungen stellen die rechtliche Ordnung des Wasserdargebots nach Menge und Güte[295] vor neue Herausforderungen: Die Wärmebelastung der Fließgewässer durch Kraftwerke, die Übernutzung der Grundwasservorkommen sowie die Beeinträchtigung der Gewässerqualität und natürliche Ursachen, wie geringer Niederschlag, sind nur einige Beispiele für die konstante Anpassungsbedürftigkeit des Wasserrechts, um eine nachhaltige Ressourcenbewirtschaftung zu gewährleisten.[296]

II. Rechtliche Rahmenbedingungen

Unionsrechtliche, verfassungsrechtliche und verwaltungsorganisatorische Vorgaben prägen die Ausgestaltung wasserrechtlicher Instrumente und die entsprechenden Handlungsmöglichkeiten der Verwaltung. Sie geben den Rahmen vor, innerhalb dessen die Eignung der wasserrechtlichen Instrumente für die Bewältigung von Dürreereignissen, deren Anpassungsfähigkeit und -bedürftigkeit *de lege ferenda* zu beurteilen ist.

1. Unionsrechtlicher Rahmen zur Dürrebewältigung

Übergeordnete Rahmenvorgaben für die Dürrebewältigung ergeben sich unter anderem aus der unionsrechtlichen Regelungskompetenz nach Art. 192 Abs. 2 UAbs. 1 Spiegelstrich 2 AEUV und den Umweltprinzipien nach Art. 191 AEUV und Art. 20a GG. Das Vorsorge-, das Verursacher- und das Nachhaltigkeitsprinzip[297] geben den gewässerökologischen Minimalstandard auch bei Dürreereignissen vor,[298] der in zahlreichen Instrumenten des WHG fortwirkt.

---

293 Vgl. *Seiler*, Die Gewässerbenutzungen und ihre Rechtsgrundlagen, 1976, S. 75.
294 Den Wandel vom »freien Gut« hin zum »knappen Gut« auch beschreibend, vgl. *Sparwasser/Engel/Voßkuhle*, Umweltrecht, 5. Aufl. 2003, § 8 Rn. 4 ff.
295 BVerfG, Urt. v. 30.10.1962 – *Seewasserstraßen*, BVerfGE 15, 1 (14 f.); *Schlacke*, Umweltrecht, 7. Aufl. 2019, § 11 Rn. 1 f.
296 *Schlacke*, Umweltrecht, 7. Aufl. 2019, § 11 Rn. 1 f.
297 Zu den Prinzipien im Einzelnen z. B. *Winter*, Umweltrechtliche Prinzipien des Gemeinschaftsrechts, ZUR 2003, 137 (137 ff.); *Eifert*, Umweltschutzrecht, in: Schoch (Hrsg.), Besonderes Verwaltungsrecht, 2013, Kap. 5 Rn. 27, 39.
298 Allgemein *Epiney*, in: von Mangoldt/Klein/Starck, GG, Band 2, 7. Aufl. 2018, Art. 20a GG Rn. 61; teilweise wird das Schutzniveau von Art. 20a GG im Sinne eines Optimierungsgebots verstanden, *Sommermann*, in: von Münch/Kunig, GG, Band 1, 7. Aufl. 2021, Art. 20a GG Rn. 44; ausführlich *Murswiek*, in: Sachs, GG, 9. Aufl. 2021, Art. 20a GG Rn. 41 ff.; *Groß*, Welche Klimaschutzpflichten ergeben sich aus Art. 20a GG?, ZUR 2009, 364 (367).

a) Unionsrechtliche Regelungskompetenz, Art. 192 Abs. 2 UAbs. 1 AEUV

Aufgrund des Prinzips der begrenzten Einzelermächtigung nach Art. 5 Abs. 2 EUV darf der unionsrechtliche Gesetzgeber nur im Rahmen der ihm übertragenen Aufgaben tätig werden. In den Regelungen zur Beschlussfassung nennt Art. 192 Abs. 2 UAbs. 1 Spiegelstrich 2 AEUV »Maßnahmen, die die mengenmäßige Bewirtschaftung der Wasserressourcen berühren oder die Verfügbarkeit dieser Ressourcen mittelbar oder unmittelbar betreffen«.[299] Hierzu hat der EuGH in der Entscheidung *Königreich Spanien ./. Rat der EU* ausdrücklich festgestellt: »Das Hoheitsgebiet und der Boden der Mitgliedstaaten sowie ihre Wasserressourcen sind begrenzte Ressourcen«. Von der Regelung umfasst sind »Maßnahmen zur Regelung der quantitativen Aspekte der Nutzung dieser Ressourcen oder, mit anderen Worten, zur Bewirtschaftung begrenzter Ressourcen unter quantitativen Aspekten, nicht aber solche Maßnahmen, die die Verbesserung und den Schutz der Qualität dieser Ressourcen betreffen.«[300] Der europäische Gesetzgeber hat durch die mit dem Vertrag von Nizza geänderte Fassung (»mengenmäßige« Bewirtschaftung) insoweit Rechtsklarheit geschaffen.[301] Dem Bereich der Verfügbarkeit der Ressourcen gehören Regelungen über die Ressourcenschonung, wie z. B. die sparsame Trinkwassernutzung, an.[302] Infolgedessen erfordern europäische Regelungen im Bereich des Wassermengenrechts die Einstimmigkeit im Europäischen Rat nach Anhörung u. a. des Parlaments.[303]

Das Einstimmigkeitserfordernis in Art. 192 Abs. 2 UAbs. 1 AEUV stellt eine Kompromisslösung im Hinblick auf die nach Art. 192 Abs. 1 AEUV vorgesehene Möglichkeit von Mehrheitsbeschlüssen dar. Sie hat ihren Ursprung in den Verhandlungen zum Vertrag von Maastricht, bei denen insbesondere Spanien und das Vereinte Königreich eine Einführung der Abstimmung nach dem Mehrheitsprinzip – letztlich erfolglos – ablehnten.[304] Ursprünglich verabschiedete der Ministerrat auf der Basis eines eigenen Umwelttitels in Art. 130s EWGV, eingeführt mit der Einheitlichen Europäischen Akte 1987, einstimmig Umweltrechtsakte auf Vorschlag der Kommission und nach Anhörung des Europäischen Parlaments, sowie des Wirtschafts- und Sozialausschusses hin. Das Einstimmigkeitserfordernis stellt damit historisch gesehen den Regelfall europäischer Beschlussfassung im Bereich des Umweltrechts dar. Erst durch den in Maastricht vereinbarten Vertrag über die Europäische Union sind im Jahr 2001 die Rechtsgrundlagen im Bereich des Umwelt-

---

299 So *Kotulla*, WHG, 2. Aufl. 2011, Einführung Rn. 73, wobei in der Literatur strittig ist, ob Art. 192 Abs. 2 AEUV eine eigene Rechtsgrundlage – so Kahl, in: Streinz, EUV/AEUV, 3. Aufl. 2018, Art. 192 Rn. 18 – oder eine abweichende Verfahrensvorschrift zu Art. 192 Abs. 1 AEUV ist, vgl. *Nettesheim*, in: Grabitz/Hilf/Nettesheim, Das Recht der Europäischen Union, 68. EL 2019, Art. 192 Rn. 68, 77.
300 EuGH, Urt. v. 30. 1. 2001 – *Königreich Spanien ./. Rat der EU*, Rn. 52.
301 *Kahl*, in: Streinz, EUV/AEUV, 3. Aufl. 2018, Art. 192 AEUV Rn. 27.
302 *Kahl*, in: Streinz, EUV/AEUV, 3. Aufl. 2018, Art. 192 AEUV Rn. 27.
303 *Frenz*, Außenkompetenzen der Europäischen Gemeinschaften und der Mitgliedstaaten im Umweltbereich, 2001, S. 117 f.; zur Zuständigkeit bezüglich der »Bewirtschaftung der Wasserressourcen« nach Art. 192 Abs. 2 AEUV *Calliess*, Die Umweltkompetenzen der EG nach dem Vertrag von Nizza, ZUR 2003, 129 (131); *Calliess*, in: Calliess/Ruffert, EUV/AEUV, 5. Aufl. 2016, Art. 175 Rn. 23; *Breier*, in: Lenz/Borchardt, EU-Verträge Kommentar, 6. Aufl. 2013, Art. 192 Rn. 11; *Kahl*, in: Streinz, EUV/AEUV, 3. Aufl. 2018, Art. 192 AEUV Rn. 17; vgl. *Epiney*, Umweltrecht der Europäischen Union, 4. Aufl. 2019, S. 51.
304 *Kahl*, in: Streinz, EUV/AEUV, 3. Aufl. 2018, Art. 192 AEUV Rn. 17.

schutzes im Hinblick auf Anwendungsbereich und Verfahren differenzierter ausgestaltet worden.[305] Weitere Versuche, das Einstimmigkeitserfordernis abzuschaffen, scheiterten am Widerstand einzelner Mitgliedstaaten, zuletzt bei den Verhandlungen zum Amsterdamer Vertrag am Veto Spaniens und der Bundesrepublik Deutschlands.[306] Die erfolglosen Versuche verdeutlichen nicht zuletzt das Bedürfnis der Mitgliedstaaten nach autonomer Regelung von sensiblen Bereichen wie dem Wasser- und Bodenschutz.[307]

Von der Regelungskompetenz aus Art. 192 AEUV hat der Europäische Gesetzgeber zwar nicht in Bezug auf quantitative, jedoch in Bezug auf qualitative Regelungen Gebrauch gemacht und Sekundärrechtsakte erlassen. Zentrale Rahmenvorgaben für die Bewirtschaftung der Gewässer enthält die Wasserrahmenrichtlinie (WRRL). Art. 4 WRRL erfordert einen, überwiegend qualitativ, »guten Zustand der Gewässer«. »Die Verminderung der Folgen von Dürren« nennt die WRRL nur als Nebenziel nach Art. 1 lit. e WRRL ohne darauf im Folgenden näher einzugehen. Weitere Richtlinien ergänzen die WRRL; sie sind für die Bewältigung von Dürreereignissen von eher untergeordneter Bedeutung.[308] Da die Vorgaben der WRRL im WHG und WG-BW vollständig umgesetzt sind, werden die dürrespezifischen Regelungsinhalte der WRRL überwiegend im Rahmen der Umsetzungsnormen beleuchtet.

b) Europäische Dürrebewältigungsstrategie

Das bedeutet jedoch nicht, dass die Europäische Union auf dem Gebiet des Dürremanagements untätig geblieben ist. Zwischen den Jahren 2007 und 2012 verfolgte die EU-Kommission eine »EU-Strategie gegen Wasserknappheit und Dürren« (»*EU Action on Water Scarcity and Droughts*«).[309] Auslöser war eine extreme Dürreperiode, die in den Jahren 2005 bis 2008 vor allem den Süden Europas betraf. Ziel der Strategie war es, die Anfälligkeit von Gesellschaft und Umwelt in der Europäischen Union gegenüber Dürren zu vermindern. Ein Teil der Bewältigungsstrategie war auch die Errichtung einer europäischen Dürrebeobachtungsstelle (European Drought Observatory, EDO).

An die EU-Strategie gegen Wasserknappheit und Dürre schloss 2012 ein Blueprint für den Schutz europäischer Gewässer (EU-KOM (2012) 673 endg.)[310] nahtlos an. Die Maßnahmen des Blueprints stehen im Zeichen einer nachhaltigen Wasserwirtschaft der Europäischen Nachhaltigkeitsstrategie Horizon 2020. Die unionsrechtlichen Bestrebungen zur Dürrebewältigung insbesondere durch eine Politik des Wassersparens stufte die Bundesregierung für Deutschland zunächst noch ambivalent ein.[311] Stand 2009 entspreche

---

305 *Breier*, Die Rechtsetzungspraxis der Europäischen Gemeinschaften am Beispiel des Umweltrechts, EWS 1998, 439 (439).
306 *Kahl*, in: Streinz, EUV/AEUV, 3. Aufl. 2018, Art. 192 AEUV Rn. 17.
307 *Calliess*, in: Calliess/Ruffert, EUV/AEUV, 5. Aufl. 2016, Art. 192 Rn. 28.
308 Z. B. die ÜRL; die BG-RL; die UQN-RL oder die HWRM-RL.
309 EU-KOM (2007) 414 endg. vom 18.7.2007, Mitteilung der Kommission an das Europäische Parlament und den Rat, Antworten auf die Herausforderungen von Wasserknappheit und Dürre in der Europäischen Union mit Umsetzungsberichten in den Jahren 2008 (EU-KOM (2008), 875 endg.), 2010 (EU-KOM (2010) 228 endg.) und 2011 (EU-KOM (2011) 133).
310 EU-KOM (2012) 673 endg. v. 14.11.2012, Ein Blueprint für den Schutz der europäischen Wasserressourcen.
311 *Nutzenberger*, Drei aktuelle EU-Themen, UPR 2008, 142 (142).

eine »einseitige Fokussierung auf das Wassersparen nicht den wasserwirtschaftlichen Anforderungen.«[312] Auch die generelle Zunahme von Dürren aufgrund des Klimawandels bei gleichzeitig steigendem Wasserbedarf hat die jüngsten Entwicklungen auf europäischer Ebene zur Privatisierung der Wasserversorgung und der Mindestanforderungen für die Wasserwiederverwendung beeinflusst. Im Zeichen des Wassersparens als Reaktion auf Hitze- und Dürreereignisse steht die am 26. 6. 2020 in Kraft getretene Verordnung 2020/741 über die Mindestanforderungen für die Wasserwiederverwendung (sog. *water reuse* Verordnung). Ziel der Verordnung ist es, die Wasserknappheit in der Europäischen Union in Folge des Klimawandels, unvorhersehbarer Wetterereignisse und Dürren durch Wasserwiederverwendung für die landwirtschaftliche Bewässerung zu verringern (Erwägungsgrund 1). Die Verordnung gilt ab dem 26. 9. 2023.

c)   Bedeutung und Eignung der Umweltprinzipien

Die Umweltprinzipien haben besondere Ausstrahlungswirkung[313] auf das Wasserwirtschaftsrecht und sind sowohl unionsrechtlich, als auch als Teilprinzipien von Art. 20a GG[314] allgemein anerkannt.

aa)   Verursacherprinzip, Art. 191 Abs. 2 UA. 1 S. 2 AEUV, Art. 20a GG

Das Verursacherprinzip ist in Art. 191 Abs. 2 UAbs. 1 S. 2 AEUV und als ungeschriebenes Teilprinzip in Art. 20a GG verankert.[315] Nach dem Verursacherprinzip sollen Umweltbelastungen ihrem jeweiligen Verursacher zugerechnet werden.[316] Da Dürreereignisse und ihre Auswirkungen – auch wenn sie Folgen des Klimawandels sein können – vorwiegend natürlichen Ursprungs sind, ist die Relevanz des Verursacherprinzips zur Dürrebewältigung eher beschränkt. Hinzu kommt, dass das in Baden-Württemberg geltende Wasserrecht die Gewässerbenutzungen unter eine umfassende präventive Eröffnungskontrolle zur Vermeidung schädlicher Gewässerveränderungen nach § 12 Abs. 1 WHG stellt, weshalb das Verursacherprinzip dort vergleichsweise schwächer ausgestaltet ist, als etwa im Bundes-Bodenschutzgesetz (BBodSchG).[317] Ein Beispiel für die Relevanz des Verursacherprinzip im Zusammenhang mit Dürreereignissen sind Wärmeeinleitungen von Kraftwerksbetreibern. So kann es teils erforderlich sein, dass diese in den trockenen Sommermonaten nach dem Stand der Technik Vorkehrungen treffen, um eine Erwärmung der Gewässer durch

---

312   BR-Drs. 280/1/09, S. 4.
313   Von einer verfassungsmäßigen Werteentscheidung zugunsten des Umweltschutzes spricht *Jarass*, in: Jarass/Pieroth, GG, 16. Aufl. 2020, Art. 20a Rn. 1; *Kahl*, Umweltpinzip und Gemeinschaftsrecht, 1993, S. 92 ff.
314   *Jarass*, in: Jarass/Pieroth, GG, 16. Aufl. 2020, vgl. Art. 20a Rn. 8; *Eifert*, Umweltschutzrecht, in: Schoch (Hrsg.), Besonderes Verwaltungsrecht, 2013, Kap. 5 Rn. 40, 53.
315   *Jarass*, in: Jarass/Pieroth, GG, 16. Aufl. 2020, Art. 20a Rn. 9.
316   *Eifert*, Umweltschutzrecht, in: Schoch (Hrsg.), Besonderes Verwaltungsrecht, 2013, Kap. 5 Rn. 43; *Kahl/Gärditz*, Umweltrecht, 11. Aufl. 2019, § 2 Rn. 15; *Sparwasser/Engel/Voßkuhle*, Umweltrecht, 5. Aufl. 2003, § 2 Rn. 31.
317   Das BBodSchG sieht neben Verhaltens- und Zustandsverantwortlichen auch die Haftung früherer Eigentümer vor, § 4 BBodSchG.

die Wärmeeinleitung zu vermindern.³¹⁸ Ein weiteres Beispiel für die Verankerung des Verursacherprinzips ist das Wassernutzungsentgelt nach §§ 100 ff. WG-BW als Ausdruck des Kostenzurechnungsprinzips.³¹⁹

bb) Vorsorgeprinzip, Art. 191 Abs. 2 UA. 1 S. 2 AEUV, Art. 20a GG

Das Vorsorgeprinzip ist darauf gerichtet, Umweltbeeinträchtigungen von vornherein zu vermeiden.³²⁰ Es findet seine gesetzliche Grundlage in Art. 191 Abs. 2 UA. 1 S. 2 AEUV sowie als ungeschriebenes Teilprinzip in Art. 20a GG.³²¹ Nach dem Vorsorgeprinzip sind unnötige Umweltbelastungen zu vermeiden, mögliche Schäden zu verhindern, sowie die Ungewissheit über die (Wechsel-)Wirkungen von Umweltbelastungen zu berücksichtigen.³²² Das Vorsorgeprinzip hat für die Dürrevorsorge durch wasserrechtliche Instrumente zentrale Bedeutung, da es den zulässigen Eingriffszeitpunkt für staatliche Maßnahmen vorverlagert.³²³ Der Schutzauftrag des in Art. 20a GG verankerten Vorsorgeprinzips greift jedenfalls dann, wenn eine Gefährdung des Schutzguts der natürlichen Lebensgrundlagen wahrscheinlich ist.³²⁴ Es deckt sowohl den Bereich der Ressourcenvorsorge als auch den Bereich der Risikovorsorge ab.³²⁵ Ausdruck findet das Vorsorgeprinzip unter anderem in einfachgesetzlichen Normen zur Risikovermeidung und -minderung, zur Ressourcenschonung und -sicherung.³²⁶

Da der Gedanke der Ressourcenschonung im Wasserrecht besonders ausgeprägt ist, liegt das Vorsorgeprinzip zahlreichen wasserrechtlichen Regelungen zugrunde. Ein Bei-

---

318 *IKGB*, Bodensee-Richtlinie 2005 mit VwV des Umweltministeriums vom 10. 12. 2006 – Az.: 5-8903.11/52 über die Einführung der Bodensee-Richtlinien 2005 zu ihrer Einführung in Baden-Württemberg, 2005, S. 23.
319 Vgl. BVerfG, Beschl. v. 7. 11. 1995 – *Wasserpfennig*, BVerfGE 93, 319, 2. LS.
320 *Kahl/Gärditz*, Umweltrecht, 11. Aufl. 2019, § 2 Rn. 13.
321 Zum Vorsorgeprinzip ausführlich *Epiney*, in: von Mangoldt/Klein/Starck, GG, Band 2, 7. Aufl. 2018, Art. 20a Rn. 73.
322 *Eifert*, Umweltschutzrecht, in: Schoch (Hrsg.), Besonderes Verwaltungsrecht, 2013, Kap. 5 Rn. 49; umfassend *Appel*, Staatliche Zukunfts- und Entwicklungsvorsorge, 2005, S. 185 ff.; *Delgado del Saz*, Vorsorge als Verfassungsprinzip im europäischen Umweltverbund, 2017, S. 41 ff.
323 *Delgado del Saz*, Vorsorge als Verfassungsprinzip im europäischen Umweltverbund, 2017, S. 61.
324 So auch die Rechtsprechung des BVerfG bei der Bestimmung der Reichweite der Schutzpflicht BVerfG, Beschl. v. 8. 8. 1978 – *Kalkar I*, BVerfGE 49, 89 (137 ff.); *Calliess*, in: Calliess/Ruffert, EUV/AEUV, 5. Aufl. 2016, Art. 191 Rn. 33; *Epiney*, in: von Mangoldt/Klein/Starck, GG, Band 2, 7. Aufl. 2018, Art. 20a GG Rn. 69; *Delgado del Saz*, Vorsorge als Verfassungsprinzip im europäischen Umweltverbund, 2017, S. 61.
325 *Gassner*, Natur- und Landschaftsschutzrecht, 2. Aufl. 2016, Rn. 104; im Unterschied dazu differenziert Art. 191 Abs. 2 S. 2 AEUV begrifflich zwischen Vorsorge- und Vorbeugeprinzip. Sofern dem Vorbeugeprinzip ein eigenständiger Anwendungsbereich zugesprochen wird, beschränkt sich dieser auf die Prävention bekannter Schadensmöglichkeiten im Unterschied zum Vorsorgeprinzip, das den Umgang mit Risiken beinhaltet, *Arndt*, Das Vorsorgeprinzip im EU-Recht, 2009, S. 124 ff., 325 ff.; *Kahl/Gärditz*, Umweltrecht, 11. Aufl. 2019, § 2 Rn. 13.
326 Grundlegend *Rehbinder*, Nachhaltigkeit als Prinzip des Umweltrechts, in: Dolde (Hrsg.), Umweltrecht im Wandel, 2001, S. 721 (724); *Gassner*, Natur- und Landschaftsschutzrecht, 2. Aufl. 2016, Rn. 104; *Rudolf-Miklau*, Umgang mit Naturkatastrophen, 2018, S. 7.

spiel ist § 5 Abs. 1 Nr. 2 WHG, der Gewässerbenutzende zur sparsamen Verwendung des Wassers verpflichtet.[327] Dem Bereich der Risikovorsorge tragen insbesondere planerischen Instrumente Rechnung, aber auch geeignete technische Vorkehrungen oder die Berücksichtigung von Langzeitrisiken bei wasserrechtlichen Entscheidungen.[328]

cc) Nachhaltigkeitsprinzip, Art. 3 Abs. 3 EUV, Art. 11 AEUV

Das Nachhaltigkeitsprinzip ist primärrechtlich in den Zielen der Union in Art. 3 Abs. 3 EUV, in der Querschnittsklausel des Art. 11 AEUV und verfassungsrechtlich in Art. 20a GG als generationenübergreifende Ressourcenverantwortung[329] verankert. Das Nachhaltigkeitsprinzip zielt auf die Sicherung der dauerhaften Funktionsfähigkeit der Umwelt.[330] Es umfasst die Nachhaltigkeitstrias aus ökologischer, ökonomischer und sozialer Nachhaltigkeit[331] für die dauerhafte Entwicklung und die Bedürfnisse der gegenwärtigen und künftigen Generationen.[332]

Das Nachhaltigkeitsprinzip spielt insbesondere für den Bereich der Dürrevorsorge eine Rolle aufgrund seiner Funktion, den langfristigen Erhalt der Ressourcen zu schützen und für eine verantwortungsvolle Inanspruchnahme der Ressourcen zu sorgen. Diese Auffassung stützt Erwägungsgrund 16 und Art. 1 Buchst. b) der Richtlinie 2000/26/EG (WRRL), wonach »die Förderung einer nachhaltigen Wassernutzung auf der Grundlage eines langfristigen Schutzes der vorhandenen Ressourcen« im Vordergrund steht. Das Nachhaltigkeitsprinzip bedeutet für das Wasserrecht einen sparsamen Umgang mit nicht erneuerbaren Rohstoffen und einen bestandserhaltenden Verbrauch von erneuerbaren Ressourcen fordert.[333] Aus der ökologisch-ressourcenbezogenen Perspektive des Nachhaltigkeitsprinzips bedeutet Ressourcenschonung, dass die Benutzung der Gewäs-

---

327 Vgl. *Knopp*, in: Sieder *et al.*, WHG AbwAG, 55. EL 2020, § 5 WHG Rn. 5.
328 *Epiney*, in: von Mangoldt/Klein/Starck, GG, Band 2, 7. Aufl. 2018, Art. 20a Rn. 69 f.; allgemein *Jarass*, in: Jarass/Pieroth, GG, 16. Aufl. 2020, Art. 20a Rn. 5, 8; *Sommermann*, in: von Münch/Kunig, GG, Band 1, 7. Aufl. 2021, Art. 20a Rn. 21; *Volkens*, Vorsorge im Wasserrecht, 1993, S. 25.
329 Anstatt vieler *Gärditz*, in: Landmann/Rohmer, Umweltrecht Kommentar, 94. EL. 2020, Art. 20a GG Rn. 2.
330 *Knopp*, in: Sieder *et al.*, WHG AbwAG, 55. EL 2020, § 1 WHG Rn. 15; *Eifert*, Umweltschutzrecht, in: Schoch (Hrsg.), Besonderes Verwaltungsrecht, 2013, Kap. 5 Rn. 66; näher zum Nachhaltigkeitsprinzip BT-Drs. 12/6995, S. 47; *Ketteler*, Der Begriff der Nachhaltigkeit, NuR 2002, 513 (519).
331 *Grünewald*, Regulatorische und institutionelle Ansätze für eine nachhaltige Wasserbewirtschaftung, in: Hüttl/Bens (Hrsg.), Georessource Wasser – Herausforderung Globaler Wandel, 2012, S. 236 (237); *Kahlenborn/Kraemer*, Nachhaltige Wasserwirtschaft, 1999, S. 18; ausführlich *Kahl*, Nachhaltigkeit als Verbundbegriff, 2008, S. 425 ff.; *Pufé*, Nachhaltigkeit, 3. Aufl. 2017, S. 111 ff.; zur Definition des Nachhaltigkeitsbegriffs im Einzelnen *Roden*, Urbane Biodiversität als städtebaurechtliches Nachhaltigkeitskonzept, 2017, S. 61 f.
332 *Knopp*, in: Sieder *et al.*, WHG AbwAG, 55. EL 2020, § 1 WHG Rn. 20.
333 Allgemein *Jarass*, in: Jarass/Pieroth, GG, 16. Aufl. 2020, Art. 20a Rn. 10; *Sommermann*, in: von Münch/Kunig, GG, Band 1, 7. Aufl. 2021, Art. 20a Rn. 30; *Murswiek*, in: Sachs, GG, 9. Aufl. 2021, Art. 20a Rn. 38; *Glaser*, Nachhaltige Entwicklung und Demokratie, 2006, S. 232.

ser nicht größer sein darf als ihre Regenerationsrate.[334] Insoweit bestehen inhaltliche Überschneidungsbereiche zwischen Vorsorge- und Nachhaltigkeitsprinzip.[335]

Dürrerelevante Wirkbereiche des Nachhaltigkeitsprinzips sind zum Beispiel das für Baden-Württemberg geltende integrierte Wassermanagement zur Regulierung und Abstimmung von Gewässerbenutzungen, -dargebot und -qualität.[336] Das WHG erwähnt das Nachhaltigkeitsprinzip ausdrücklich in den Zielen nach § 1 und in den allgemeinen Grundsätzen der Gewässerbewirtschaftung nach § 6 Abs. 1 S. 1, wonach die Gewässer »nachhaltig zu bewirtschaften« sind. Die abwägungsleitende Funktion des Nachhaltigkeitsprinzips tritt im Wasserhaushaltsrecht aufgrund des ausgeprägten Bewirtschaftungsermessens besonders hervor. Sie wird zum Teil des Abwägungsmaterials und zur gesetzgeberisch vorgegebenen Leitlinie im Rahmen des Bewirtschaftungsermessens.[337] Durch die starke Ausprägung des Nachhaltigkeitsprinzip im Wasserrecht steht der Gewässer(qualitäts)schutz an oberster Stelle bei der Bewirtschaftung der Gewässer.

2. Verfassungsrechtlicher Rahmen

a) Gesetzgebungskompetenz, Art. 72 Abs. 3 S. 1 Nr. 5, 74 Abs. Nr. 32 GG

Die am 1.9.2006 in Kraft getretene Reform (Föderalismusreform I) hat die Zuständigkeiten zwischen Bund und Ländern neu geordnet. Damit wurde auch der nach Art. 75 Abs. 1 Nr. 4 GG a.F. der Rahmengesetzgebung unterstehende Bereich des Wasserrechts in die konkurrierende Gesetzgebung nach Art. 74 Abs. 1 Nr. 32 GG überführt.[338] Mit Erlass des WHG hat der Bund von seiner konkurrierenden Gesetzgebungskompetenz nach Art. 72 Abs. 1 GG Gebrauch gemacht. Von der in Art. 72 Abs. 3 S. 1 Nr. 5 GG bestehenden Abweichungsmöglichkeit hat das Bundesland Baden-Württemberg ebenso Gebrauch gemacht und ein vollständig auf das WHG 2010 abgestimmtes WG-BW erlassen.[339] Zur Dürrebewältigung steht es den Landesgesetzgebern innerhalb dieses Rahmens ebenso frei, eigene (abändernde) Regelungen zu erlassen.

---

334 *Knopp*, in: Sieder *et al.*, WHG AbwAG, 55. EL 2020, § 1 WHG Rn. 15.
335 Vorsorge- und Nachhaltigkeitsprinzip nähern sich dem Regelungsgegenstand Ressourcenschonung jedoch aus unterschiedlichen Blickwinkeln, einmal aus der Perspektive der Umweltgefährdung und einmal aus den Grundsätzen langfristiger Umweltnutzung, vgl. *Knopp*, in: Sieder *et al.*, WHG AbwAG, 55. EL 2020, § 1 WHG Rn. 15; auch *Eifert*, Umweltschutzrecht, in: Schoch (Hrsg.), Besonderes Verwaltungsrecht, 2013, Kap. 5 Rn. 66; *Kloepfer*, Umweltrecht, 4. Aufl. 2016, § 3 Rn. 37; *Ramsauer*, Allgemeines Umweltverwaltungsrecht, in: Koch (Hrsg.), Umweltrecht, 4. Aufl. 2014, § 3 Rn. 33.
336 Näher *Mager*, Die Entwicklung des Wasserwirtschaftsrechts, ZaöRV 2010, 789 (805); *Moss/Hüesker*, Wasserinfrastrukturen als Gemeinwohlträger, 2010, S. 12; allgemein *Eifert*, Umweltschutzrecht, in: Schoch (Hrsg.), Besonderes Verwaltungsrecht, 2013, Kap. 5 Rn. 66; *Grünewald*, Regulatorische und institutionelle Ansätze für eine nachhaltige Wasserbewirtschaftung, in: Hüttl/Bens (Hrsg.), Georessource Wasser – Herausforderung Globaler Wandel, 2012, S. 236 (236).
337 *Knopp*, in: Sieder *et al.*, WHG AbwAG, 55. EL 2020, § 1 WHG Rn. 19, 27.
338 Ausführlich *Reinhardt*, Gesetzgebungskompetenzen im Wasserrecht, AöR 2010, 459.
339 *Kahl/Gärditz*, Umweltrecht, 11. Aufl. 2019, § 8 Rn. 13.

C. Die Rechtslage im Bundesland Baden-Württemberg

b) Verwaltungskompetenz

Nach Art. 83 GG iVm. § 80 WG-BW obliegt der Vollzug des WHG und des WG-BW der Landesverwaltung Baden-Württembergs, im Speziellen den Wasserbehörden.[340] Die Organisation und Zuständigkeiten der Verwaltung im Wasserwirtschaftsrecht sind sowohl horizontal, als auch vertikal dekonzentriert und hierarchisch ausgestaltet.

Seit dem 1. 7. 1995 sind die ursprünglich als Sonderbehörden organisierten Wasserbehörden Teil der Verwaltungsbehörden iSv. § 1 Abs. 2 LVG.[341] Bei der Eingliederung der Sonderbehörden in die »allgemeinen« Verwaltungsbehörden hielt der Landesgesetzgeber an den historisch gewachsenen territorialen Grenzen der Gebietskörperschaften als Verwaltungs- und Vollzugsgrenzen der Wasserbehörden fest. Die Umsetzung der WRRL, die nach § 7 Abs. 1 WHG eine Bewirtschaftung nach Flussgebietseinheiten voraussetzt, führte nicht zu einer Durchbrechung der historischen Verwaltungs- und Vollzugsgrenzen, jedoch zu einer Neuausrichtung der territorialen Zuständigkeit im Wasserrecht.[342] § 83 Abs. 2, Abs. 3 WG-BW erklärt die Regierungspräsidien zu den Flussgebietsbehörden und legt in Verbindung mit Anlage 2 WG-BW die Zuständigkeit der Regierungspräsidien für die Flussgebietseinheiten und Bearbeitungsgebiete kartografisch fest. Auch nach Umsetzung der WRRL verfügt Baden-Württemberg über einen dreistufigen Verwaltungsaufbau im Wasserrecht. Spätestens an den Landesgrenzen findet jedoch eine Durchbrechung der Flussgebietsbewirtschaftung statt. § 7 Abs. 2 WHG normiert daher eine Koordinationspflicht, soweit die Belange der flussgebietsbezogenen Gewässerbewirtschaftung dies verlangen.

c) Schutz der Gewässer als natürliche Lebensgrundlage, Art. 20a GG

Art. 20a GG verpflichtet ausdrücklich zum Schutz der natürlichen Lebensgrundlagen. Der Begriff natürliche Lebensgrundlage steht synonym für den Begriff Umwelt und umfasst in Anlehnung an § 2 Abs. 1 S. 2 Nr. 3 Gesetz über die Umweltverträglichkeitsprüfung (UVPG), § 1 BNatSchG auch das Umweltmedium Wasser.[343] Als Staatszielbestimmung[344] enthält Art. 20a GG einen staatlichen Schutzauftrag, der an die Gefährdung des Schutzguts

---

340 Grundlegend zur allgemeinen Verwaltungsorganisation in Baden-Württemberg *Schenk*, Grundlegende Strukturen der Verwaltung in BW, VBlBW 2003, 461 (461 ff.).
341 Durch das »Sonderbehörden-Eingliederungsgesetz« vom 12. 12. 1994 gliederte der Gesetzgeber u. a. die Wasserwirtschaftsämter in die allgemeinen Verwaltungsbehörden der Landkreisverwaltung ein zum Zwecke der Wirtschaftlichkeit, Wirksamkeit und Schnelligkeit des Verwaltungshandelns, SobEG v. 12. 12. 1994, GBl. 1994, 653; *Guse/Schuster*, Die Verwaltungsstruktur-Reformen, in: Landkreistag BW (Hrsg.), 50 Jahre Landkreistag Baden-Württemberg, 2006, S. 83 (83); *Munding*, Die Verwaltungsreform in Baden-Württemberg, VBlBW 2004, 448 (449).
342 *Köck*, Wasserwirtschaft und Gewässerschutz, ZUR 2012, 140 (144).
343 *Jarass*, in: Jarass/Pieroth, GG, 16. Aufl. 2020, Art. 20a GG Rn. 3; *Scholz*, in: Maunz/Dürig, GG, Band 3, 93. EL. 2020, Art. 20a GG Rn. 36; *Kloepfer*, Umweltschutz als Verfassungsrecht, DVBl. 1996, 73 (76); *Glaser*, Nachhaltige Entwicklung und Demokratie, 2006, S. 229.
344 BVerfG, Beschl. v. 16. 2. 2000 – Altlasten, BVerfGE 102, 1 (18); *Epiney*, in: von Mangoldt/Klein/Starck, GG, Band 2, 7. Aufl. 2018, Art. 20a GG Rn. 32; *Kloepfer*, Umweltschutz als Verfassungsrecht, DVBl. 1996, 73 (74).

durch menschliches Verhalten oder Naturkatastrophen anknüpft.[345] Art. 20a GG verpflichtet den Staat zum Schutz von Gewässern und anderen Schutzgütern (z. B. Fischpopulationen, Baumbestände, Boden)[346] nicht nur vor menschlich induzierter Wasserknappheit durch Überbeanspruchung oder ökologische Verschlechterung des Gewässerzustands, sondern auch vor Naturereignissen. Art. 20a GG gibt das Ziel des Umweltschutzes verbindlich vor, überlässt die Konkretisierung und die Wahl der Mittel jedoch dem Gesetzgeber.[347] Die abwägungsleitende Funktion des Art. 20a GG tritt im Wasserhaushaltsrecht aufgrund des ausgeprägten Bewirtschaftungsansatzes, der Ausdruck im Bewirtschaftungsermessen bei Einzelfallentscheidungen und den Bewirtschaftungsziele bei Planungsentscheidungen findet, besonders hervor. Allerdings steht Art. 20a GG kein Vorrang gegenüber anderen verfassungsrechtlich geschützten Belangen zu.[348] Die Vorgaben des Art. 20a GG iVm. §§ 1, 6 WHG verdeutlichen einmal mehr, dass die Gewässer um ihrer selbst willen und als knappes Gut[349] zu schützen sind.

d) Grundrechtliche Schutzpflicht des Staates vor Extremereignissen

Angesichts des modernen Risikoverwaltungsrechts erlangt die grundrechtliche Schutzpflicht besondere Bedeutung.[350] Dies gibt Anlass zur Überlegung, ob und wann ein hoheitliches Tätigwerden zum Schutz vor Dürreereignissen erforderlich ist.

Neben der Funktion als Abwehrrecht sind die Grundrechte auch Ausdruck einer objektiv-rechtlichen Wertentscheidung[351] des Verfassungsgebers mit Richtlinienanspruch für das gesamte staatliche Handeln. Aus dieser erwachsen staatliche Schutzpflichten zugunsten des Einzelnen, die durch die Grundrechte gesicherten Schutzgüter vor umweltbelastenden Maßnahmen privater Dritter aktiv zu schützen.[352] Im Umweltrecht wird insbesondere aus Art. 2 Abs. 2 S. 1 GG (iVm. Art. 1 Abs. 1 S. 2 GG) die Schutzpflicht der Legislative abgeleitet, sich schützend und fördernd vor die Rechtsgüter Leben und körperliche Unversehrtheit zu stellen.[353] Diese Rechtsgüter können bei Dürreereignissen durch Hitzetote oder körperliche Beeinträchtigungen aufgrund einer unzureichenden Trinkwasserversorgung betroffen sein. Zu den weiteren schutzwürdigen Rechtsgütern zählt nach herrschender

---

345 *Epiney*, in: von Mangoldt/Klein/Starck, GG, Band 2, 7. Aufl. 2018, Art. 20a GG Rn. 20; *Jarass*, in: Jarass/Pieroth, GG, 16. Aufl. 2020, Art. 20a GG Rn. 5; der Schutzauftrag umfasst einerseits die Abwehr bzw. ein Unterlassen von Schädigungen, andererseits auch die Ergreifung positiver Schutzmaßnahmen im Sinne einer Langzeitverantwortung, *Murswiek*, in: Sachs, GG, 9. Aufl. 2021, Art. 20a GG Rn. 33.
346 *Gassner*, Natur- und Landschaftsschutzrecht, 2. Aufl. 2016, Rn. 98, 101.
347 *Sommermann*, in: von Münch/Kunig, GG, Band 1, 7. Aufl. 2021, Art. 20a GG Rn. 41.
348 Für viele *Sommermann*, in: von Münch/Kunig, GG, Band 1, 7. Aufl. 2021, Art. 20a GG Rn. 40.
349 BVerfG, Beschl. v. 20. 1. 2010, NVwZ 2010, 831 (831).
350 Der Ursprung für den Wandel der Grundrechtsdogmatik beruht auf BVerfG, Urt. v. 15. 1. 1958 – *Lüth*, BVerfGE 7, 198 (204 ff.); hierzu ausführlich *Jestaedt*, Grundrechtsentfaltung im Gesetz, 1999, S. 108 ff.; *Klafki*, Risiko und Recht, 2017, S. 21 m. w. N.
351 Erstmals BVerfG, Urt. v. 15. 1. 1958 – *Lüth*, BVerfGE 7, 198 (204 f.); seit dem in ständiger Rechtsprechung BVerfG, Beschl. v. 14. 1. 1981, BVerfGE 56, 54 (73); *Dietlein*, Die Lehre von den grundrechtlichen Schutzpflichten, 1992, S. 67.
352 BVerfG, Beschl. v. 8. 8. 1978 – *Kalkar I*, BVerfGE 49, 89 (141 f.); für das Schrifttum *Kahl/Gärditz*, Umweltrecht, 11. Aufl. 2019, § 3 Rn. 19.
353 *Kahl/Gärditz*, Umweltrecht, 11. Aufl. 2019, § 3 Rn. 19.

Meinung auch das Eigentum aus Art. 14 Abs. 1 S. 1 GG, das z.B. bei privaten Waldbesitzern durch Waldschäden oder bei Landwirten durch Ernteverluste betroffen sein kann.[354] Voraussetzung für ein Eingreifen der Schutzpflichten zum Schutz vor Dürreereignissen ist insbesondere das Bestehen einer Schutzpflichtenlage, d.h. eine Gefahren- oder Risikolage mit hinreichendem Gefährdungsniveau für die schutzfähigen Rechtsgüter.[355] Das Heranreichen von Naturereignissen an ein hinreichendes Gefährdungsniveau wird jüngst auch im Zusammenhang mit sog. »Klimaklagen« (*climate change litigation*) diskutiert.[356]

Nach wie vor umstritten ist die Frage, ob eine Schutzpflichtenlage, eine dem Staat zurechenbare Handlung, nur durch anthropogene Umweltbelastungen oder auch durch umweltgefährdende Naturereignisse hervorgerufen werden kann.[357] Die Rechtsordnung sieht an mehreren Stellen eine staatliche Verantwortung zur Abwehr naturbedingter Schäden vor. Zum einen kann eine Gefahr iSv. §§ 1, 3 PolG auch durch Naturereignisse hervorgerufen werden.[358] Zum anderen begründet auch die Staatszielbestimmung des Art. 20a GG einen staatlichen Schutzauftrag nicht nur vor menschlichem Verhalten, sondern auch vor Naturereignissen.[359] Letztlich greift eine Beschränkung auf den Schutz vor Handlungen privater Dritter oder des Staates grundsätzlich zu kurz.[360] Die Einheitlichkeit der Rechtsordnung und der Umstand, dass die meisten natürlichen Gefährdungslagen durch menschliches Handeln hervorgerufen oder verstärkt werden, sprechen dafür, Schutzpflichten auch bei Gefährdungslagen durch Naturereignisse anzuerkennen.

Ungeachtet der Notwendigkeit eines staatlichen Einschreitens steht dem Gesetzgeber jedenfalls bei der Erfüllung der Schutzpflicht ein weiter Einschätzungs-, Wertungs- und Gestaltungsspielraum zur Abwägung zwischen der Bedeutung des konkret verfolgten Schutzziels und der Intensität des Eingriffs in die Grundrechte Dritter zu.[361] Er schuldet daher nur einen wirksamen Minimalschutz, der seine Grenze im Untermaßverbot findet.[362] Ein gesetzgeberisches Tätigwerden zum Schutz vor Dürreereignissen wäre im Ergebnis nur dann angezeigt, wenn die Instrumente des WHG und des WG-BW überhaupt keine Schutzvorkehrungen treffen oder die getroffenen Regelungen und Maßnahmen gänzlich

---

354 Vgl. BVerfG, Beschl. v. 14.9.1983 – *Vorprüfungsausschluss*, NJW 1983, 2931 (2932).
355 *Epping*, Grundrechte, 8. Aufl. 2019, Kap. 3 Rn. 124 f.; *Kahl/Gärditz*, Umweltrecht, 11. Aufl. 2019, § 3 Rn. 20.
356 BVerfG, Beschl. v. 24.3.2021 – 1 BvR 2656/18; VG Berlin, Urt. v. 31.10.2019 – 10 K 412/18; aus dem Schrifttum *Groß*, Die Ableitung von Klimaschutzmaßnahmen aus grundrechtlichen Schutzpflichten, NVwZ 2020, 337; *Meyer*, Grundrechtsschutz in Sachen Klimawandel?, NJW 2020, 894 (897).
357 Ausführlich *Szczekalla*, Die sogenannten grundrechtlichen Schutzpflichten im deutschen und europäischen Recht, 2002, S. 98 ff., 276 ff.; letzteres bejahend *Kahl/Gärditz*, Umweltrecht, 11. Aufl. 2019, § 3 Rn. 20; grundlegend *Jaeckel*, Schutzpflichten im deutschen und europäischen Recht, 2001, S. 80.
358 Näher *Stoppel*, Grundfreiheitliche Schutzpflichten, 2002, S. 51.
359 Abschnitt C.II.2.c).
360 Bereits *Dietlein*, Die Lehre von den grundrechtlichen Schutzpflichten, 1992, S. 103.
361 BVerfG, Beschl. v. 29.10.1987 – *Lagerung chemischer Waffen*, BVerfGE 77, 170 (214 f.); *Kahl/Gärditz*, Umweltrecht, 11. Aufl. 2019, § 3 Rn. 27 m. w. N.
362 *Isensee*, Das Grundrecht als Abwehrrecht und als staatliche Schutzpflicht, in: Isensee/Kirchhof (Hrsg.), Allgemeine Grundrechtslehren, 3. Aufl. 2011, Rn. 165; *Merten*, Grundrechtliche Schutzpflichten und Untermaßverbot, in: Stern (Hrsg.), Gedächtnisschrift für Joachim Burmeister, 2005, S. 227.

ungeeignet oder völlig unzulänglich sind, das gebotene Schutzziel zu erreichen oder erheblich dahinter zurückbleiben.

3. Benutzungsregulierung im dreistufigen Verwaltungsaufbau

Der in Baden-Württemberg vorherrschende dreistufige Verwaltungsaufbau[363] besteht auch im Wasserwirtschaftsrecht. Nach § 80 Abs. 2 Nr. 1 WG-BW ist das Umweltministerium oberste Wasserbehörde.[364] Die Regierungspräsidien iSv. § 11 LVG sind nach § 80 Abs. 2 Nr. 2 WG-BW höhere Wasserbehörden. Untere Verwaltungsbehörden iSv. § 15 LVG sind nach § 80 Abs. 2 Nr. 3 WG-BW die unteren Wasserbehörden. Primäre Aufgabe der Wasserbehörden ist nach § 80 Abs. 1 WG-BW der Vollzug wasserrechtlicher Regelungen des WHG und des WG-BW. Nach § 82 WG-BW ist die sachliche Zuständigkeit für wasserrechtliche Genehmigungsentscheidungen vertikal-dezentralisiert auf die Wasserbehörden verteilt. Im Rahmen der sachlichen Zuständigkeit geht § 82 Abs. 1 S. 1 WG-BW vom Grundsatz der Zuständigkeit der unteren Wasserbehörden aus, der nach § 82 Abs. 1 S. 4 WG-BW auch die Erhebung des Wasserentnahmeentgelts umfasst. Die öffentliche Wasserversorgung ist nach § 50 Abs. 2 WHG, § 44 Abs. 1 WG-BW »Aufgabe der Daseinsvorsorge« und liegt im Zuständigkeitsbereich der Gemeinden.[365] Dabei haben die Gemeinden als öffentliche Wasserversorgung sicherzustellen, dass Wasser in guter Qualität und ausreichender Menge bereit steht, § 44 Abs. 3 S. 1 WG-BW. Vorsorgende Maßnahmen in Bezug auf die Versorgungssicherheit und Güte sowie Maßnahmen zum Schutz der Gewässer sollen im Rahmen des Aufgabenbereichs durchgeführt und unterstützt werden, § 44 Abs. 3 S. 2 WG-BW.

Abweichungen vom Grundsatz der Zuständigkeit der unteren Wasserbehörden zählen § 82 Abs. 2, Abs. 3 WG-BW enumerativ auf. Die Vorschriften behalten Entscheidungen über Benutzungen, die aufgrund ihrer Entnahmemenge oder ihrer ökologischen Auswirkungen die Gewässer überregional oder in ungewöhnlich hohem Maße belasten, den höheren Wasserbehörden vor. Zum Beispiel ist das Umweltministerium nach § 82 Abs. 3 S. 1 Nr. 1 WG-BW für Entscheidungen bezüglich der Entnahme von Wasser zum Betrieb eines Kernkraftwerks sachlich zuständig. Nach § 82 Abs. 2 S. 1 Nr. 1 a) WG-BW entscheiden Regierungspräsidien über Grundwasserentnahmen, wenn die zu nutzende Wassermenge fünf Millionen m³ im Jahr übersteigt. Die Regierungspräsidien sind darüber hinaus nach § 83 Abs. 2 WG-BW zugleich Flussgebietsbehörden und im Rahmen von § 83 Abs. 1 WG-BW auch für den Vollzug der Oberflächengewässerverordnung (OGewV),[366]

---

363 LT-Drs. 13/3201, S. 1; *Wahl*, Verwaltungsorganisation, in: Maurer/Hendler (Hrsg.), BWStVR, 1990, S. 92 (95); *Munding*, Die Verwaltungsreform in Baden-Württemberg, VBlBW 2004, 448 (449).
364 Die Binnenorganisation des Umweltministeriums folgt dem Ressortprinzip und sieht eine horizontal-fachlicher Dekonzentration vor, *Wahl*, Verwaltungsorganisation, in: Maurer/Hendler (Hrsg.), BWStVR, 1990, S. 92 (96, 98).
365 Mangels spezialgesetzlicher Aufgabenzuweisung durch Landesgesetz ist die örtliche, öffentliche Wasserversorgung grundsätzlich freiwillige Selbstaufgabe der Kommunen iSv. Art. 28 Abs. 2 GG.
366 Oberflächengewässerverordnung vom 20. 6. 2016 (BGBl. I S. 1373).

der Grundwasserverordnung (GrwV),[367] sowie für die Aufstellung und Überprüfung von Maßnahmenprogrammen und Bewirtschaftungsplänen zuständig.

Eine Steuerung der Ermessensausübung nachgeordneter Wasserbehörden erfolgt insbesondere durch das Umweltministerium in Form von verwaltungsinternen Verwaltungsvorschriften, unverbindlichen Handlungsempfehlungen und Leitlinien. Es wirkt zusammen mit den anderen Bundesländern und dem Bundesumweltministerium bei der Bund-Länder-Arbeitsgemeinschaft Wasser (LAWA) im Wege der informalen Zusammenarbeit[368] mit. Die LAWA ist nach Punkt 11. 2. 3 der Geschäftsordnung der Umweltministerkonferenz (UMK) eines ihrer Arbeitsgremien. Zu ihrem Aufgabenbereich gehört nach Nr. 1 der LAWA-Gschäftsordnung die Abstimmung über grundsätzliche Vorgehensweisen zum Gesetzesvollzug im Bereich des Wasserwirtschaftsrecht, die Erörterung aktueller Vollzugsprobleme und die Entwicklung für Leitlinien für die Gesetzesumsetzung.[369] § 7 Abs. 2 WHG fordert ausdrücklich, dass die zuständigen Behörden der Länder untereinander ihre wasserwirtschaftlichen Planungen und Maßnahmen koordinieren, soweit die Belange der flussgebietsbezogenen Gewässerbewirtschaftung dies erfordern. In der Praxis erfolgt der gemeinsame Vollzug überwiegend in der Zusammenarbeit der Landesbehörden im Rahmen der bereits vor Inkrafttreten der WRRL eingerichteten LAWA, da die 56. UMK im Jahr 2001 die Einrichtung einer länderübergreifend zuständigen Behörde ablehnte.[370] Rechtlich nicht gebundene Abstimmungen oder politische Absichtserklärungen genügen den Anforderungen des § 7 Abs. 2 WHG allerdings nicht.[371] Abgesehen von Ausnahmefälle, in denen Hoheitsbefugnisse oder unter Parlamentsvorbehalt stehende Sachfragen zu regeln sind, die den Abschluss eines Staatsvertrags benötigen, genügen Verwaltungsvereinbarungen (öffentlich-rechtliche Verträge im Sinne der §§ 54 ff. VwVfG) einer richtlinien- und gesetzeskonforme Koordinierung iSd. § 7 Abs. 2 WHG.[372] Den Zielen der WRRL sei bereits durch die bindenden unions- und bundesrechtlichen Vorgaben sowie die in der LAWA und danach auch zwischen den Ländern in der Flussgebietseinheit abgestimmten im Wesentlichen inhaltsgleichen Regelungen genüge getan.[373]

4. Bildung und Funktion von Wasserverbänden

Eine wichtige Rolle bei der Wasserverteilung spielen die Wasserverbände. Wasserverbände nehmen nach § 2 Wasserverbandsgesetz (WVG) als Selbstverwaltungskörperschaften des öffentlichen Rechts auf einem bestimmten Gebiet eigenverantwortlich wasserwirtschaftliche Aufgaben wahr. Im Rahmen der gesetzlichen Vorgaben können Wasserverbände grundsätzlich auch Aufgaben zur Dürrebewältigung übernehmen.[374] Besonders

---

367 Grundwasserverordnung vom 9. 11. 2010 (BGBl. I S. 1513).
368 *Frankenberger*, Umweltschutz durch Rechtsverordnung, 1998, S. 184 f.
369 Auch *Köck*, Wasserwirtschaft und Gewässerschutz, ZUR 2012, 140 (144).
370 *Pape*, in: Landmann/Rohmer, Umweltrecht Kommentar, 94. EL. 2020, § 7 Rn. 12 f.
371 *Ginzky*, in: Giesberts/Reinhardt, BeckOK Umweltrecht, 58. Ed. 2021, § 7 WHG Rn. 5; *Knopp*, in: Sieder *et al.*, WHG AbwAG, 55. EL 2020, § 7 WHG Rn. 29.
372 *Knopp*, in: Sieder *et al.*, WHG AbwAG, 55. EL 2020, § 7 WHG Rn. 29.
373 *Knopp*, in: Sieder *et al.*, WHG AbwAG, 55. EL 2020, § 7 WHG Rn. 29.
374 Bereits *Zoth/Caillet/Mager*, Herausforderungen und Realität eines Dürremanagements in Baden-Württemberg, VBlBW 2019, 133 (136).

geeignet erscheint hierfür die (finanzielle) Entlastung von Gewässerbenutzern im Bereich der Eigenvorsorge. Die Erschließung von Gewässerressourcen, der Bau von Zisternen zur Sammlung von Niederschlagwasser oder die Errichtung von Bewässerungsanlagen stärken die (betrieblichen) Eigenvorsorge vor Dürreauswirkungen.[375] Häufig geht damit jedoch ein hoher Aufwand und eine hohe finanzielle Belastung für einzelne Gewässerbenutzer einher.[376] Wasserverbände bieten hier die Möglichkeit eine gemeinsame Infrastruktur zu schaffen, den Aufwand für betriebliche Maßnahmen zu senken und die Kosten auf möglichst viele Nutzer zu verteilen.

Ein Wasserverband kann nach § 7 WVG auf Initiative der Beteiligten oder von Amts wegen errichtet werden.[377] Beteiligte und mögliche Verbandsmitglieder sind insbesondere Eigentümer und Erbbauberechtigte von Grundstücken und Anlagen im Einzugsgebiet nach § 4 Abs. 1 WVG. Die Aufgaben und Maßnahmen des Wasserverbands werden nach § 28 Abs. 1 WVG durch Mitgliedsbeiträge finanziert.

Welche Aufgaben ein Wasserverband übernehmen darf, regelt § 2 WVG. Insbesondere die Bildung von Bewässerungsverbänden (Nr. 7) sowie von Wasserbeschaffungsverbänden (Nr. 11) weist Eignung zur Dürrevorsorge auf. Zu den Aufgaben eines Wasserbeschaffungsverbandes nach § 2 Nr. 11 WVG zählen z. B. der Bau oder Betrieb von Sammel- und Rückhaltebecken oder Zisternen.[378] Das mögliche Tätigkeitsspektrum von Bewässerungsverbänden (§ 2 Nr. 7 WVG) ist vielfältig. Manche Bewässerungsverbände verwalten ausschließlich die Wassernutzungsrechte des Verbandes. Andere Bewässerungsverbände ermöglichen die Erschließung von Gewässern, indem sie Brunnen bauen und unterhalten oder ein Rohrnetz betreiben. Wieder andere Bewässerungsverbände stellen den Landwirten ein komplettes Bewässerungssystem zur Verfügung.[379] Die Aufgaben der Bewässerungsverbände hängen folglich stark von den örtlichen Gegebenheiten und der Bedarfslage der Verbandsmitglieder ab. Gerade hierdurch besteht jedoch großes Potential die gemeinsamen Herausforderungen und Anpassungsbedürftigkeiten der Verbandsmitglieder an Dürreereignisse zu ermitteln und diese kollektiv zur Dürrevorsorge kostengünstig und ressourceneffizent umzusetzen.

5. *Wasserrechtliche Prinzipien mit Eignung zur Dürrebewältigung*

Das WHG sieht verschiedene Prinzipien vor, die in das zweistufige Bewirtschaftungsermessen der Wasserbehörden, sowohl auf Ebene der Gestattung von Gewässerbenutzungen als auch im Rahmen der wasserwirtschaftlichen Planung, hineinwirken.[380] Sie übernehmen eine mittelbare Steuerungs- und Lenkungsfunktion, indem sie durch allgemeine

---

375 Ausführlich zu Maßnahmen der betrieblichen Eigenvorsorge *BMEL*, Risiko- und Krisenmanagement in der Landwirtschaft, 2018, S. 15 ff.
376 *KLIWA*, Niedrigwasser in Süddeutschland, KLIWA-Bericht Nr. 23, 2018, S. 73.
377 In Baden-Württemberg entscheiden die unteren Verwaltungsbehörden nach § 1 Abs. 1 AG-WVG iVm. § 15 Abs. 1 LVG über die Zulassung von Wasserverbänden.
378 *Reinhardt*, in: Reinhardt/Hasche, Wasserverbandsgesetz, 2011, § 2 Rn. 26.
379 *Zoth/Caillet/Mager*, Herausforderungen und Realität eines Dürremanagements in Baden-Württemberg, VBlBW 2019, 133 (136).
380 BT-Drs. 16/12275, S. 55; *Hasche*, in: Giesberts/Reinhardt, BeckOK Umweltrecht, 58. Ed. 2021, § 6 WHG Rn. 1; auch *Hasche*, Das neue Bewirtschaftungsermessen im Wasserrecht,

C. Die Rechtslage im Bundesland Baden-Württemberg

Bewirtschaftungsvorgaben die Eignung der wasserrechtlichen Instrumente für die Dürrebewältigung beeinflussen.

a) Allgemeine Grundsätze der Bewirtschaftung, § 6 WHG

Der staatliche Bewirtschaftungsauftrag für die Gewässer richtet sich an die Länder, die gemäß Art. 83 GG zur Ausführung der Bundesgesetze als eigene Angelegenheit verpflichtet sind.[381] Zur Bewirtschaftung verpflichtet und damit auch Adressat der allgemeinen Grundsätze der Bewirtschaftung nach § 6 WHG sind in erster Linie die Wasserbehörden. Die allgemeinen Grundsätze der Bewirtschaftung nach § 6 WHG nehmen überwiegend die ökologische Funktion der Gewässer in den Blick.[382] Dürreereignisse werden im Wortlaut von § 6 WHG nicht explizit erwähnt. Dennoch enthält § 6 WHG Vorgaben für die Wasserbehörden, die mittelbar zur Dürrevorsorge und zur *ad hoc* Dürrebewältigung beitragen können. Die in § 6 WHG genannten Grundsätze stehen gleichwertig nebeneinander. Bei der Ausübung des Bewirtschaftungsermessens müssen die zuständigen Wasserbehörden die verschiedenen Grundsätze gegeneinander abwägen.[383]

aa) Der Begriff der nachhaltigen Bewirtschaftung, § 6 Abs. 1 S. 1 WHG

§ 6 Abs. 1 S. 1 WHG betont die nachhaltige *Be*-wirtschaftung der Gewässer, wodurch die Nutzung der Ressourcen im Rahmen ihrer Erhaltungsfähigkeit zum Ausdruck kommt. Der Zusatz »nachhaltig« setzt Art. 1 b WRRL, der von nachhaltiger Wassernutzung spricht, in das für Baden-Württemberg geltende Wasserrecht um[384] und verdeutlicht, dass die Gewässer *be*- und nicht weggewirtschaftet werden sollen.[385] §§ 6 Abs. 1 S. 1 iVm. 1 WHG geben vor, dass der Gewässerschutz bei der Bewirtschaftung der Gewässer oberste Priorität hat. Im Hinblick auf die prognostizierte Zunahme von Dürreereignissen bedeutet das eine besonders vorausschauende Verteilung des Dargebots durch die wasserbehördlichen Benutzungsentscheidungen.[386] Benutzungen sollten nur bei konkretem Bedarf und hinreichendem Wasserdargebot zugelassen werden, wobei insbesondere bei

---

2004, S. 234 ff.; allgemein *Kotulla*, Das novellierte Wasserhaushaltsgesetz, NVwZ 2010, 79 (81); *Seeliger/Wrede*, Zum neuen Wasserhaushaltsgesetz, NuR 2009, 679 (681).
381 *Czychowski/Reinhardt*, WHG, 12. Aufl. 2019, § 6 Rn. 14.
382 *Hasche*, in: Giesberts/Reinhardt, BeckOK Umweltrecht, 58. Ed. 2021, § 6 WHG Rn. 2; *Berendes*, in: von Lersner/Berendes/Reinhardt, Handbuch des deutschen Wasserrechts, Band 1, 2021, § 6 WHG Rn. 1, 3.
383 *Berendes*, in: Berendes/Frenz/Müggeborg, WHG, 2. Aufl. 2017, § 6 Rn. 9.
384 Zur Definition vgl. *Schenk*, in: Sieder et al., WHG AbwAG, 55. EL 2020, § 6 WHG Rn. 8.
385 *Reinhardt*, Möglichkeiten und Grenzen einer »nachhaltigen« Bewirtschaftung von Umweltressourcen, in: Marburger/Reinhardt/Schröder (Hrsg.), Die Bewältigung von Langzeitrisiken im Umwelt- und Technikrecht, 1998, S. 73 (89 ff.); zur umstrittenen Frage, ob der Zusatz »Nachhaltigkeit« höhere Anforderungen an die Bewirtschaftung stellt oder die Nachhaltigkeit bereits hinreichend im Begriff der Bewirtschaftung verankert ist, vgl. *Czychowski/Reinhardt*, WHG, 12. Aufl. 2019, § 6 Rn. 6; letzterem zustimmend BT-Drs. 16/12275, S. 55; allgemein *Pape*, in: Landmann/Rohmer, Umweltrecht Kommentar, 94. EL. 2020, § 6 WHG Rn. 20; *Caßor-Pfeiffer*, Das Gesetz zur Neuregelung des Wasserrechts, ZfW 2010, 1 (7).
386 Allgemein *Pape*, in: Landmann/Rohmer, Umweltrecht Kommentar, 94. EL. 2020, § 6 WHG Rn. 11.

der Antragsstellung für eine Gewässerbenutzung bereits jährliche und außergewöhnliche Dürreereignisse in die Bemessung des Dargebots einbezogen werden sollten.[387]

bb) Bewirtschaftung zum Allgemeinwohl, § 6 Abs. 1 S. 1 Nr. 3 WHG

Nach § 6 Abs. 1 S. 1 Nr. 3 WHG sind die Gewässer vorrangig » zum Wohl der Allgemeinheit[388] und im Einklang mit ihm auch im Interesse[389] Einzelner zu nutzen«. Der Gesetzgeber trifft damit eine Priorisierungsentscheidung zugunsten des Wohls der Allgemeinheit. Sie kann den Behörden als Leitlinie bei der Verteilung von Wasserressourcen dienen, sowohl im Rahmen des wasserrechtlichen Genehmigungsverfahrens nach § 8 WHG als auch bei Benutzungsbeschränkungen im Wege der Gewässeraufsicht nach §§ 100 ff. WHG. Zum Wohl der Allgemeinheit zählen wasserwirtschaftliche und wasserwirtschaftsnahe öffentliche Belange, darunter der Natur- und Landschaftsschutz, der Verkehrsschutz und der Gesundheitsschutz inklusive der öffentlichen Wasserversorgung.[390] Beispielsweise steht das Anstauen eines Fischteichs in einem Wassermangelgebiet öffentlichen Belangen, wie der Sicherung des Wasserhaushalts nach Menge und Beschaffenheit, entgegen.[391] § 6 Abs. 1 Nr. 3 WHG fordert, dass Benutzungen Einzelner[392] im Einklang mit dem Wohl der Allgemeinheit stehen müssen und im Zweifel hinter einer Nutzung zum Allgemeinwohl zurücktreten.[393] Wenn bereits unter normalen hydrologischen Voraussetzungen öffentliche Allgemeinwohlbelange Vorrang vor privaten Nutzungen genießen, muss dies erst recht unter Dürrebedingungen gelten (*argumentum a fortiori*).

387 Ein Antrag auf Bewilligung einer künftigen, potentiellen Bedarfssteigerung (Vorratsgenehmigung) widerspricht beispielsweise der nachhaltigen Bewirtschaftung iSv. § 6 Abs. 1 S. 1 WHG, VG Aachen, Urt. v. 31. 5. 2017 – 6 K 100/16, Rn. 10 (juris).
388 Ausführlich zum Begriff »Wohl der Allgemeinheit« *Bulling et al.*, WG-BW, Band 1, 3. Aufl., 55. EL 2020, § 94 Rn. 15 ff.; *Berendes*, in: Berendes/Frenz/Müggeborg, WHG, 2. Aufl. 2017, § 6 Rn. 17; *Keppeler*, Zur Versagung wasserrechtlicher Gestattungen nach § 6 WHG, NVwZ 1992, 137 (137).
389 Interesse oder Nutzen ist jeder unmittelbare oder mittelbare, vermögenswerte oder ideelle Vorteil *Berendes*, in: Berendes/Frenz/Müggeborg, WHG, 2. Aufl. 2017, § 6 Rn. 20; *Czychowski/Reinhardt*, WHG, 12. Aufl. 2019, § 6 Rn. 34.
390 Beispielsweise BVerwG, Beschl. v. 6. 9. 2004 – 7 B 62.04, ZfW 2005, 227, 229; *Berendes*, in: Berendes/Frenz/Müggeborg, WHG, 2. Aufl. 2017, § 6 WHG Rn. 17; *Pape*, in: Landmann/Rohmer, Umweltrecht Kommentar, 94. EL. 2020, § 6 WHG Rn. 25; *Keppeler*, Zur Versagung wasserrechtlicher Gestattungen nach § 6 WHG, NVwZ 1992, 137 (137).
391 VG Ansbach, Urt. v. 31. 7. 2007 – AN 15 K 07.01239, Rn. 41 (juris); zur geordneten Bewirtschaftung nach Menge und Beschaffenheit BVerfG, Beschl. v. 15. 7. 1981 – *Naßauskiesung*, BVerfGE 58, 300 (329); die Nassauskiesungsentscheidung stellt zudem klar, dass eine »wirtschaftliche Ausnutzung des Grundeigentums und damit auch der angrenzenden und darunterliegenden Gewässerressourcen unterbunden werde« BVerwG, Urt. v. 17. 3. 1989, BVerwGE 81, 347 (349).
392 Dazu zählen z. B. Wasserentnahmen oder Abwassereinleitungen von Haushalten, Gewerbe, Industrie, Landwirtschaft. Diese sind nur im Rahmen und in Übereinstimmung mit den Belangen des Gemeinwohls, z. B. der Gewährleistung einer funktionierenden öffentlichen Wasserversorgung oder Abwasserbeseitigung, zulässig, vgl. *Berendes*, in: Berendes/Frenz/Müggeborg, WHG, 2. Aufl. 2017, § 6 Rn. 20.
393 *Hasche*, in: Giesberts/Reinhardt, BeckOK Umweltrecht, 58. Ed. 2021, § 6 WHG Rn. 6; *Schenk*, in: Sieder *et al.*, WHG AbwAG, 55. EL 2020, § 6 WHG Rn. 13.

cc) Erhaltung von Nutzungsmöglichkeiten, § 6 Abs. 1 S. 1 Nr. 4 WHG

Nach § 6 Abs. 1 S. 1 Nr. 4 WHG sollen »bestehende oder künftige Nutzungsmöglichkeiten insbesondere für die öffentliche Wasserversorgung erhalten oder geschaffen werden«. Die Norm nimmt eine Konkretisierung des Nachhaltigkeitsprinzips in Bezug auf die öffentliche Wasserversorgung vor.[394] Der Begriff der öffentlichen Wasserversorgung meint nach den Standards des deutschen Instituts für Normierung (DIN 4046 09/1983) jede tatsächliche nicht nur vorübergehende Versorgung der Allgemeinheit dienenden Wasserversorgung. § 6 Abs. 1 Nr. 4 WHG trägt somit dazu bei, dass die öffentliche Wasserversorgung als besonders schützenswerter Benutzungszweck Vorrang vor anderen Benutzungszwecken genießt.[395] § 6 Abs. 1 Nr. 4 WHG verpflichtet insbesondere die Planungsträger bei der Ausübung ihres Ermessens die öffentliche Wasserversorgung als hervorgehobenen Belang des Allgemeinwohls zu berücksichtigen. Besondere Relevanz erlangt § 6 Abs. 1 Nr. 4 WHG bei der Aufstellung von Maßnahmenprogrammen, die hiernach eine vorausschauende Verteilung der Gewässer vornehmen und die öffentliche Trinkwasserversorger als vorrangige Benutzung würdigen sollen.[396]

dd) Vermeidung von Folgen des Klimawandels, § 6 Abs. 1 S. 1 Nr. 5 WHG

Nach § 6 Abs. 1 S. 1 Nr. 5 WHG sind die Gewässer derart zu bewirtschaften, dass »möglichen Folgen des Klimawandels vorgebeugt wird«. Der Gesetzgeber setzt die Unvermeidbarkeit des Klimawandels im Wortlaut der Norm voraus.[397] Implizit bedeutet dies, dass die Zunahme an Extremereignissen – darunter Dürreereignisse – als Folge des Klimawandels von den Wasserbehörden bei der Ausübung ihres Bewirtschaftungsermessens berücksichtigt werden muss. Zu den Folgen des Klimawandels benennt die Literatur ausdrücklich und vorrangig auch »Wasserknappheit«, die eine entsprechende Anpassung der Bewirtschaftung fordere.[398] Da die Folgen des Klimawandels unter anderem die Wassertemperatur, die Wasserverfügbarkeit und die Wassermenge verändern können, erlangt § 6 Abs. 1 S. 1 Nr. 5 WHG besondere Bedeutung bei der Aufstellung von Bewirtschaftungsplänen und der Wasserverteilung im Einzelfall durch Genehmigungsent-

---

394 BT-Drs. 16/12275, S. 55; *Pape*, in: Landmann/Rohmer, Umweltrecht Kommentar, 94. EL. 2020, § 6 WHG Rn. 27; *Berendes*, in: Berendes/Frenz/Müggeborg, WHG, 2. Aufl. 2017, § 6 WHG Rn. 22; *Schenk*, in: Sieder et al., WHG AbwAG, 55. EL 2020, § 6 WHG Rn. 14.
395 Allgemein *Hasche*, in: Giesberts/Reinhardt, BeckOK Umweltrecht, 58. Ed. 2021, § 6 WHG Rn. 7; vgl. *Schenk*, in: Sieder et al., WHG AbwAG, 55. EL 2020, § 6 WHG Rn. 14; *Berendes*, in: Berendes/Frenz/Müggeborg, WHG, 2. Aufl. 2017, § 6 WHG Rn. 22.
396 *Berendes*, in: Berendes/Frenz/Müggeborg, WHG, 2. Aufl. 2017, § 6 WHG Rn. 22; *Hasche*, in: Giesberts/Reinhardt, BeckOK Umweltrecht, 58. Ed. 2021, § 6 WHG Rn. 7.
397 Im Zuge der Neufassung des WHG durch das Gesetz v. 31. 7. 2009 änderte der Gesetzgeber den Wortlaut der Norm von »Klimaschutz« zu »Folgen des Klimawandels«, siehe BT-Drs. 16/13426, S. 2, 13; *Pape*, in: Landmann/Rohmer, Umweltrecht Kommentar, 94. EL. 2020, § 6 WHG Rn. 29 f.; *Appel*, Wasserrechtliches Gestattungsregime und Klimawandel, NuR 2011, 677 (678).
398 *Schenk*, in: Sieder et al., WHG AbwAG, 55. EL 2020, § 6 WHG Rn. 5, 15; *Pape*, in: Landmann/Rohmer, Umweltrecht Kommentar, 94. EL. 2020, § 6 WHG Rn. 29.

scheidungen.[399] Das Steuerungspotential von § 6 Abs. 1 S. 1 Nr. 5 WHG entfaltet jedoch nur eingeschränkt Wirkung. Auf Ebene der genehmigungspflichtigen Gewässerbenutzungen stößt § 6 Abs. 1 S. 1 Nr. 5 WHG häufig an die Grenzen der Vollzugstauglichkeit, da Klimamodelle selten ausreichend gesicherte Ergebnisse und Auswertungen im Einzelfall liefern können.[400] Im Vordergrund von § 6 Abs. 1 S. 1 Nr. 5 WHG steht daher ein vorausschauendes Handeln staatlicher Entscheidungsträger, in deren Verantwortung die Entwicklung von Anpassungsstrategien insbesondere im Hinblick auf eine mögliche Verknappung des Wassers liegt.[401] Zur Dürrebewältigung gehören hierzu eine effiziente Nutzung der Gewässerressourcen, die prognostizierte Zunahme von Extremereignissen in die wasserwirtschaftliche Planung (z. B. sommerliche oder winterliche Trockenheit), infrastrukturelle Anpassungsmaßnahmen oder die Regulierung der Nachfrage.[402]

ee) Zwischenbilanz

Die Effektivität der allgemeinen Grundsätze zur Bewirtschaftung nach § 6 WHG zur Anpassung der Gewässerbenutzung an Dürreereignisse im Einzelfall oder auf planerischer Ebene ist ambivalent zu beurteilen.

Die vom Grundsatz her gewässerökologisch ausgerichteten Prinzipien des § 6 WHG zielen nicht darauf, Dürreereignisse im Speziellen zu regeln oder zu berücksichtigen. Dies wird am Wortlaut der Norm deutlich. Sinn und Zweck des § 6 WHG ist es vielmehr, mittels auslegungsbedürftiger Begriffe generelle Eckpfeiler für eine nachhaltige Bewirtschaftung vorzugeben, die die Wasserbehörden im Rahmen der Ermessensausübung entsprechend würdigen.[403] Der generalklauselartige Charakter sowie die gewässerökologisch ausgerichtete Zielsetzung der Norm stehen der mittelbaren Berücksichtigung von Dürreereignissen jedoch nicht entgegen. Die Auslegungsbedürftigkeit der generalklauselartigen Begriffe verleiht dem Bewirtschaftungsermessen der Wasserbehörden Dynamik und Flexibilität, mit der die Anpassungsfähigkeit wasserrechtlicher Instrumente z. B. an die Folgen des Klimawandels einhergeht. Dem entspricht auch die Systematik von § 6 Abs. 1 WHG, da § 6 Abs. 1 S. 2 WHG als Grundsatz ein hohes Schutzniveau für die Umwelt fordert. Die gewässerökologische Ausrichtung von § 6 WHG meint – nach Auffassung des BVerwG – vorrangig den Schutz der Natur um ihrer selbst willen und weniger als wirtschaftliche Erwerbsgrundlage einzelner Gewässerbenutzer.[404] Diese Grundannahme liegt sowohl dem

---

399 BR-Drs. 280/1/09, S. 5, 74; *Schenk*, in: Sieder *et al.*, WHG AbwAG, 55. EL 2020, § 6 WHG Rn. 3; *Hafner*, Rechtliche Rahmenbedingungen für eine an den Klimawandel angepasste Landwirtschaft, UPR 2010, 371 (374).
400 *Hasche*, in: Giesberts/Reinhardt, BeckOK Umweltrecht, 58. Ed. 2021, § 6 WHG Rn. 8; wohl auch *Appel*, Wasserrechtliches Gestattungsregime und Klimawandel, NuR 2011, 677 (679); a. A. *Attendorn*, Berücksichtigung der Belange der Energiewende bei der Anwendung des Wasserrechts, UPR 2013, 47 (51).
401 *Berendes*, in: Berendes/Frenz/Müggeborg, WHG, 2. Aufl. 2017, § 6 WHG Rn. 23; *Schenk*, in: Sieder *et al.*, WHG AbwAG, 55. EL 2020, § 6 WHG Rn. 15.
402 Auch *Berendes*, in: Berendes/Frenz/Müggeborg, WHG, 2. Aufl. 2017, § 6 WHG Rn. 23.
403 BT-Drs. 16/12275, S. 55; *Berendes*, in: Berendes/Frenz/Müggeborg, WHG, 2. Aufl. 2017, § 6 WHG Rn. 8.
404 BVerwG, Beschl. v. 6. 9. 2004, ZfW 2005, 227 (231); vgl. auch *Czychowski/Reinhardt*, WHG, 12. Aufl. 2019, § 6 WHG Rn. 3.

C. Die Rechtslage im Bundesland Baden-Württemberg

gewässerökologischen Bewirtschaftungsverständnis als auch einem vorsorgegeprägten Dürremanagement zugrunde. Insoweit bedeutet ein gewässerökologisch geprägtes hohes Schutzniveau bei der Gewässerbewirtschaftung implizit – wenngleich nicht vorrangig – auch Dürrevorsorge. Ein weiterer Aspekt für die Wirkung von § 6 Abs. 1 WHG ist dessen Ausstrahlung auf behördliche Entscheidungen anderer Rechtsgebiete mit wasserrechtlichem Bezug.[405] § 6 WHG erlangt hierdurch rechtsgebietsübergreifende Wirkung, die dem Regelungsgegenstand Trockenheit als Querschnittsmaterie entspricht.

Nachteilig hingegen wirkt sich die beschränkt materiell-rechtliche Wirkung der Prinzipien aus.[406] Dies kann zur Folge haben, dass die Wasserbehörden im Rahmen ihres Ermessens eine Priorisierung der Ziele vornehmen müssen.[407] Durch die Ausklammerung von Dürreereignissen könnte der dürretaugliche Regelungsinhalt gegenüber anderen Bewirtschaftungsgrundsätzen als weniger relevant herabgestuft werden. Es liegt folglich im Verantwortungsbereich der jeweiligen Wasserbehörden das, im Verhältnis zu anderen Naturereignissen weniger sichtbare Ereignis Trockenheit auch in Zeiten ausreichenden Wasserdargebots hinreichend zu berücksichtigen. § 6 Abs. 1 WHG bietet zwar mittelbar Anhaltspunkte zur Dürrevorsorge, stellt diese jedoch nicht unmittelbar und flächendeckend her.

b) Eignung allgemeiner Kollisionsregeln bei Nutzungskonflikten

Neben § 6 WHG bestehen im für Baden-Württemberg geltenden Wasserrecht weitere, teils ungeschriebene Prinzipien, die zur Bewältigung von Nutzungskonflikten kurzfristig herangezogen werden können. Sie betreffen somit den Bereich der *ad hoc* Dürrebewältigung. Der Grundsatz der Gemeinverträglichkeit nach § 14 Abs. 2, Abs. 3 WG-BW[408] und das Gebot der Rücksichtnahme[409] stellen tragende Prinzip der Gewässerbewirtschaftung

---

405 Allgemein *Pape*, in: Landmann/Rohmer, Umweltrecht Kommentar, 94. EL. 2020, § 6 WHG Rn. 13; *Breuer/Gärditz*, Öffentliches und privates Wasserrecht, 4. Aufl. 2017, Rn. 289.
406 *Praml*, Anmerkungen zur Novellierung des Bundes-Wasserrechts, NuR 1986, 66 (68); *Breuer/Gärditz*, Öffentliches und privates Wasserrecht, 4. Aufl. 2017, Rn. 288; *Volkens*, Vorsorge im Wasserrecht, 1993, S. 33 ff.
407 *Pape*, in: Landmann/Rohmer, Umweltrecht Kommentar, 94. EL. 2020, § 6 WHG Rn. 12.
408 Ursprünglich fand der Grundsatz der Gemeinverträglichkeit ausschließlich auf den Gemeingebrauch Anwendung mangels einfachgesetzlicher Vorgaben zur Lösung kollidierender Gemeingebrauchsbenutzungen, erstmals RG, Urt. v. 9.7.1886, RGZ 16, 144 (146); allgemein *Knopp*, in: Sieder et al., WHG AbwAG, 55. EL 2020, § 25 WHG Rn. 15 ff.; *Friesecke*, Die Gemeinverträglichkeit im Wasserrecht, DVBl. 1960, 711 (714); *Hardinghaus*, Öffentliche Sachherrschaft und öffentliche Sachwaltung, 1966, S. 44. Im Jahr 1970 erklärte das BVerwG den Grundsatz der Gemeinverträglichkeit auf das ganze Wasserrecht anwendbar, BVerwG, Urt. v. 11.11.1970, BVerwGE 36, 248 (251).
409 In einer Entscheidung aus dem Jahr 1987 wandte das BVerwG das im Baurecht entwickelte Rücksichtnahmegebot im Wasserrecht an, BVerwG, Urt. v. 15.7.1987, BVerwGE 78, 40 (43 f.). Seitdem nehmen Rechtsprechung und Literatur ein wasserrechtliches Rücksichtnahmegebot an, wenngleich der Anwendungsbereich weniger etabliert ist, als die im Baurecht bestehenden Fallgruppen BVerwG, Urt. v. 18.3.2009, BVerwGE 133, 239 (249 f.); BVerwG, Urt. v. 26.4.2007, BVerwGE 128, 358 (362); in der Literatur auch *Köck*, Wasserwirtschaft und Gewässerschutz, ZUR 2012, 140 (147); *Jeromin/Praml*, Hochwasserschutz und wasserrechtliches Rücksichtnahmegebot, NVwZ 2009, 1079 (1080); *Reinhardt*, Drittschutz im

dar. Sie resultieren aus dem Umstand der vielfältigen Inanspruchnahme einer gemeinsamen Ressource und verpflichten die daraus resultierende standortspezifische Schicksalsgemeinschaft zur gegenseitigen Rücksichtnahme.[410] Nach § 14 Abs. 3 WG-BW sind »Gewässerbenutzer verpflichtet, Anlagen zur Benutzung des Wassers so einzurichten, zu unterhalten und zu betreiben, dass Wasser nicht zum Nachteil anderer nutzlos aufgestaut, abgelassen, verbraucht wird oder verloren geht.« Das Rücksichtnahmegebot besagt, dass die gemeinsame Ressourcen auf schonende Weise von allen Beteiligten genutzt werden soll.[411] Da die Grundsätze inhaltliche Überschneidungen aufweisen, ist eine trennscharfe Abgrenzung beider Grundsätze kaum möglich.[412]

Daraus eine Rangfolge für Gewässerbenutzungen abzuleiten, wenn die gesetzlichen Grundlagen einer Lösung des Benutzungskonflikts entbehren, ist eine »sehr schwierige und wohl nur jeweils nach konkreter Prüfung der Lage zu lösende Frage«.[413] Der generelle Regelungsinhalt der Prinzipien kann den Gewässerbenutzern und Wasserbehörden daher allenfalls grobe Leitlinien zur Lösung von allgemeinen Interessenkonflikten im Vorfeld der wasserrechtlichen Benutzung aufzeigen.

c) Bewirtschaftungsziele und -vorgaben der Wasserrahmenrichtlinie

Die Bewirtschaftungsziele und -vorgaben sind der zentrale Ordnungsrahmen für den Gewässerschutz und die Gewässerbenutzung in Baden-Württemberg, so Art. 1 WRRL. Die WRRL verfolgt einen integrierten, auf Flusseinzugsgebiete[414] bezogenen Ansatz mithilfe dessen das Umweltziel, ein guter Zustand der Gewässer nach Art. 4 WRRL, erreicht werden soll. Die §§ 27–31, 47 WHG setzen die Bewirtschaftungsziele und -vorgaben der WRRL für Oberflächengewässer und Grundwasser in nationales Recht um. Sie konkretisieren die allgemeinen Grundsätze der Bewirtschaftung nach §§ 1, 6 WHG und begrenzen das zweistufige Bewirtschaftungsermessen der Wasserbehörden im Einzelfall und auf planerischer Ebene.[415]

Um das unionsrechtliche Ziel, den guten Zustand der Gewässer nach Art. 4 WRRL zu erreichen, verpflichtet die WRRL die Flusseinzugsgebietsbehörden und die Wasser-

---

Wasserrecht, DÖV 2011, 135 (138 ff.); a. A. *Groß*, Die Klagebefugnis als gesetzliches Regulativ des Kontrollzugangs, Die Verwaltung 2010, 349 (355 ff.); ausführlich *Knauber*, Das Gebot der Rücksichtnahme, NVwZ 1988, 997 (999).

410 LT-Drs. 2/2920, S. 4913; BVerwG, Urt. v. 11. 11. 1970, BVerwGE 36, 248 (251); *Giesecke*, Das Recht am eingerichteten und ausgeübten Gewerbebetrieb im Wasserrecht, ZfW 1964, 3748 (40 f.).

411 Ähnlich *Laskowski*, Das Menschenrecht auf Wasser, 2010, S. 135.

412 Eine trennscharfe Unterscheidung vermeidet auch der BGH, siehe BGH, Beschl. v. 23. 6. 1983, BGHZ 88, 34 (42); zur Gemeinverträglichkeit als Ausdruck des Rücksichtnahmegebots *Bulling et al.*, WG-BW, Band 1, 3. Aufl., 55. EL 2020, § 14 Rn. 50; beispielhaft auch *Friesecke*, Die Gemeinverträglichkeit im Wasserrecht, DVBl. 1960, 711 (714).

413 *Scheuner*, Die Gemeinverträglichkeit, in: Beiträge zum Recht der Wasserwirtschaft und zum Energierecht, 1958, S. 73 (87).

414 Von einem ganzheitlichen Ansatz sprechend *Knopp*, in: Sieder *et al.*, WHG AbwAG, 55. EL 2020, § 7 WHG Rn. 9 ff.

415 BT-Drs. 14/7755, S. 17; *Pape*, in: Landmann/Rohmer, Umweltrecht Kommentar, 94. EL 2020, § 27 WHG Rn. 2; *Seeliger/Wrede*, Zum neuen Wasserhaushaltsgesetz, NuR 2009, 679 (682).

C. Die Rechtslage im Bundesland Baden-Württemberg

behörden im Einzelfall[416] den Gewässerzustand von Gewässern, die den guten Zustand nicht erreichen nach §§ 27 Abs. 1 Nr. 2, 47 Abs. 1 Nr. 2 WHG, zu verbessern oder zu erhalten und verbietet die Verschlechterung des Gewässerzustands nach §§ 27 Abs. 1 Nr. 1, 47 Abs. 1 Nr. 1 WHG. Dürreereignisse finden nur untergeordnet an wenigen Stellen Berücksichtigung, z. B. in Art. 1 lit. e WRRL wonach die Richtlinie auch (aber nicht vorrangig) einen Beitrag zur Minderung der Auswirkungen von Dürren leisten soll. Ein weiteres Beispiel mit Relevanz für die *ad hoc* Dürrebewältigung ist Art. 4 Abs. 6 WRRL, umgesetzt in § 31 Abs. 1 WHG, wonach eine vorübergehende Verschlechterung des Gewässerzustands nicht gegen die Bewirtschaftungsziele verstößt, wenn sie auf außergewöhnlichen, natürlichen Umständen beruht.

aa) Guter Zustand der Oberflächengewässer, § 27 Abs. 1 WHG

Ein guter Zustand von Oberflächengewässern liegt vor, wenn das Gewässer einen guten ökologischen und chemischen Zustand nach Art. 2 Nr. 18 WRRL, umgesetzt in § 27 Abs. 1 WHG, aufweist.[417] Welche Faktoren den Begriffen ökologischer Zustand und chemischer Zustand zugrunde liegen, regelt § 23 Abs. 1 Nr. 1–3 WHG iVm. der Verordnung zum Schutz der Oberflächengewässer (OGewV).[418] Die Normen setzten Art. 2 Nr. 21, 22, Anhang V WRRL bezüglich des ökologischen Zustands und Art. 2 Nr. 24, Anhang IV WRRL bezüglich des chemischen Zustand mit Verweis auf Anhang IV der WRRL um.[419] § 5 iVm. Anhang 3 Nr. 3.2 OGewV nennt zum Beispiel allgemein physikalisch-chemische Qualitätskomponenten, darunter die Wassertemperatur, den Sauerstoffgehalt und die Nährstoffverhältnisse. Obwohl nicht im Wortlaut von § 27 Abs. 1 WHG angelegt, nennt Anhang 3 Nr. 2 OGewV auch hydromorphologische Qualitätskomponenten, darunter die Abflussdynamik bei Flüssen, die Wasserstanddynamik und die Wassererneuerungszeit bei Seen. Nach § 5 Abs. 1 OGewV iVm. Anhang 4 und 8 OGewV stufen die zuständigen Wasserbehörden den ökologischen Zustand der Gewässer anhand der Qualitätskomponenten in fünf Zustandsklassen (sehr gut, gut, mäßig, unbefriedigend oder schlecht) ein.[420] Für den chemischen Zustand bestehen nach § 6 Abs. 1 OGewV iVm. Anhang 8 nur zwei Zustandsklassen (gut oder schlecht).[421] Die Kategorien und Qualitätskomponenten geben Aufschluss darüber, welche Bewirtschaftungsvorgaben die Wasserbehörden zu verfolgen haben, um einen guten Gewässerzustand nach Art. 2 Nr. 18, 20 WRRL zu erreichen.

---

416 Zur Anwendung des Verschlechterungsverbots auf die wasserwirtschaftliche Planung und den Einzelfall, EuGH, Urt. v. 1. 7. 2015 – *Weservertiefung*, NVwZ 2015, 1041 (1041); *Durner*, in: Landmann/Rohmer, Umweltrecht Kommentar, 94. EL. 2020, § 27 WHG Rn. 8; *Rehbinder*, Der EuGH und das wasserrechtliche Verschlechterungsverbot, NVwZ 2015, 1506 (1507).
417 Für erheblich veränderte und künstliche Gewässer ist entsprechend auf das gute ökologische und chemische Potential abzustellen, vgl. §§ 28, 27 Abs. 2 WHG.
418 Die OGewV vom 20. 6. 2016 trat am 24. 6. 2016 in Kraft und setzt unter anderem die WRRL um, vgl. BGBl. I 1373; *Schendel/Scheier*, in: Giesberts/Reinhardt, BeckOK Umweltrecht, 58. Ed. 2021, § 23 WHG Rn. 6.
419 Da das WHG die Begriffe ökologischer und chemischer Zustand nicht definiert, § 27 WHG jedoch der Umsetzung der WRRL dient, ist insoweit ein Rückgriff auf die Definition in der Richtlinie selbst möglich.
420 Für erheblich veränderte oder künstliche Gewässer gelten die Vorgaben entsprechend § 5 Abs. 2 WHG.
421 *Ginzky*, Das Verschlechterungsverbot nach der Wasserrahmenrichtlinie, NuR 2008, 147 (149).

Anhand der Qualitätskomponenten wird deutlich, dass der mengenmäßige Zustand von Oberflächengewässern im Rahmen der Bewirtschaftungsziele eine untergeordnete Rolle spielt. Hierfür spricht auch die systematische Gesamtschau mit § 47 WHG, der bei Grundwasser ausdrücklich den mengenmäßigen Zustand nennt. Im Umkehrschluss liegt es nahe, dass der unionsrechtliche Gesetzgeber bewusst die Wassermenge bei Oberflächengewässern vom Umweltziel eines guten Gewässerzustands ausnehmen wollte. Der nationale Gesetzgeber übertrifft insoweit die unionsrechtlichen Vorgaben, indem er in Anhang 3 Nr 2. OGewV auch hydromorphologische Qualitätskomponenten nennt. Trotz der grundsätzlich ökologisch-chemischen Ausrichtung der Bewirtschaftung von Oberflächengewässern nach § 27 Abs. 1 WHG kann die Bewältigung von Dürreereignissen mittelbar eine Rolle spielen. Die chemischen Qualitätskomponenten wie Sauerstoff, Wassertemperatur oder Schadstoffe geben Auskunft über die Belastbarkeit der Gewässer bei Dürreereignissen. Insofern findet mittelbar durch die Überwachung der »Qualitätskomponenten« im Rahmen des Überwachungsnetzes nach § 10 Abs. 1 OGewV – betrieben durch die Landesanstalt für Umwelt Baden-Württemberg (LUBW) – auch eine Überwachung dürrerelevanter Indikatoren statt. Konkrete Vorgaben für ein Wassermengenmanagement schließt jedoch bereits Art. 2 Nr. 18 der WRRL aus, indem dort die Bemessung des »guten Oberflächenzustands« allein an ökologischen und chemischen Komponenten ausgerichtet ist.

bb) Guter Zustand des Grundwassers, § 47 Abs. 1 WHG

Nach § 47 Abs. 1 Nr. 1, 3 WHG iVm. Art. 2 Nr. 20 WRRL liegt ein guter Zustand des Grundwassers vor, wenn das Grundwasser einen guten mengenmäßigen und chemischen Zustand aufweist. Im Unterschied zu Oberflächengewässern berücksichtigt die WRRL in Bezug auf Grundwasser ausdrücklich den mengenmäßigen Zustand. Dies überrascht angesichts der ökologischen Ausrichtung der WRRL, könnte jedoch der überragenden Bedeutung der Grundwasserressourcen für die Trinkwasserversorgung und dem Zusammenwirken von qualitativen und quantitativen Faktoren für die Gewässerqualität geschuldet sein.[422] »Mengenmäßiger Zustand« meint nach Art. 2 Nr. 26 WRRL das Ausmaß, in dem ein Grundwasserkörper durch direkte und indirekte Entnahme beeinträchtigt wird. Welche Qualitätskomponenten dem mengenmäßigen Zustand zugrunde liegen, regelt § 23 Abs. 1 Nr. 1–3 WHG iVm. § 4 der Verordnung zum Schutz des Grundwassers (GrwV). Nach § 4 Abs. 1 GrwV stuft die zuständige Wasserbehörde den mengenmäßigen Zustand in zwei Zustandsklassen (gut oder schlecht) ein. Damit der mengenmäßige Grundwasserzustand als gut eingestuft wird, müssen die Voraussetzungen von § 4 Abs. 2 GrwV in Umsetzung von Art. 2 Nr. 26–28 iVm. Anhang V Tabelle 2.1.2, 2.2.4 WRRL kumulativ vorliegen. Insbesondere darf die langfristige mittlere jährliche Grundwasserentnahme[423] das nutzbare Grundwasserdargebot nach § 4 Abs. 2 Nr. 1 GrwV nicht übersteigen und die durch menschliche Tätigkeit bedingte Änderung des Grundwasserzustands nach § 4 Abs. 2 Nr. 2 a) GrwV nicht zu einer Verfehlung der Bewirtschaftungsziele führen. Zur

---

422 Vgl. ähnlich *Meyer*, in: Landmann/Rohmer, Umweltrecht Kommentar, 94. EL. 2020, § 47 WHG Rn. 2; *Böhme*, in: Berendes/Frenz/Müggeborg, WHG, 1. Aufl. 2011, § 47 WHG Rn. 3.
423 Eine Aufzählung über Verhaltensweisen, die als Entnahme von Grundwasser gelten, siehe *Meyer*, in: Landmann/Rohmer, Umweltrecht Kommentar, 94. EL. 2020, § 47 WHG Rn. 7; *Rossi*, in: Sieder et al., WHG AbwAG, 55. EL 2020, § 47 WHG Rn. 17.

Überwachung des Grundwasserzustands nach § 9 GrwV iVm. Anlage 3 betreiben die Länder – in Baden-Württemberg das LUBW – ein Messnetz, das langfristig auch Daten über die Veränderung des Grundwasserzustands aufgrund des Klimawandels erfassen soll.[424] Allerdings bleibt die Messstellendichte in Baden-Württemberg bislang hinter dem Bundesdurchschnitt zurück.[425]

Landesweit ist der mengenmäßige Zustand der Grundwasserkörper als gut einzustufen, in Bezug auf den chemischen Zustand verfehlen aktuell noch 11 von 23 Grundwasserkörper die Qualitätsanforderungen.[426] Häufigster Grund für einen schlechten chemischen Zustand ist die Belastung mit Nitrat durch die Landwirtschaft.[427]

Durch die Berücksichtigung des mengenmäßigen Zustands dient die WRRL unmittelbar zur nachhaltigen Bewirtschaftung der Grundwasserressourcen. Sie schützt vor einer Übernutzung und kann aufgrund ihres Beitrags zur Belastbarkeit von Grundwasserressourcen auch als geeignet zur Vermeidung von Dürreauswirkungen auf Grundwasser angesehen werden.[428] Die Bestimmung des guten mengenmäßigen Grundwasserzustands geht jedoch nicht soweit, dass auch Dürreereignisse konkret bei der Bestimmung des Zustands einzubeziehen sind. Dadurch wird einmal mehr deutlich, dass die WRRL nicht den Anspruch eines Wassermengenmanagements dient, sondern vorrangig dem Schutz der Gewässerqualität und -ökologie verschrieben ist.

cc) Verschlechterungsverbot

Nach §§ 27 Abs. 1 Nr. 1, 3, 47 Abs. 1 Nr. 1, 3 WHG sind Oberflächengewässer und Grundwasser »so zu bewirtschaften, dass eine Verschlechterung des ökologischen/mengenmäßigen und chemischen Zustands vermieden, erreicht oder erhalten wird«. Für die Bewältigung von Dürreereignissen ist insbesondere das Verschlechtungsverbot nach Art. 4 Abs. 1 lit. a (i), lit. b (i) WRRL umgesetzt in §§ 27 Abs. 1 Nr. 1, 47 Abs. 1 Nr. 1 WHG relevant, da dieses die Mindestanforderungen an den Gewässerschutz aufstellt. Das Verschlechterungsverbot gilt unmittelbar für alle Wasserbehörden bei wasserwirt-

---

424 *BMUB/UBA*, Wasserwirtschaft in Deutschland, 2013, S. 48; *BMU/UBA*, Wasserwirtschaft in Deutschland, 2017, S. 34.
425 Eine bestimmte Messstellendichte ist gesetzlich nicht erforderlich. Es genügt, dass die Dichte der Messstellennetzes und die Häufigkeit der Messungen nach Anlage 3 2.1. GrwV Abschätzungen zu den Grundwasserständen zulassen, *BMUB/UBA*, Wasserwirtschaft in Deutschland, 2013, S. 48.
426 Der gute chemische Zustand der Grundwasserkörper konnte durch Maßnahmen der SchALVO, näher hierzu Abschnitt C.III.1.e)bb)(2), ggü. 2009 bei über 50 % der als schlecht eingestuften Grundwasserkörper erreicht werden, LT-Drs. 15/7121, S. 3; *UM BW*, Zwischenbericht 2018 zur RL 2000/60/EG, 2019, S. 5.
427 *BMUB/UBA*, Wasserwirtschaft in Deutschland, 2013, S. 52; *BMU/UBA*, Wasserwirtschaft in Deutschland, 2017, S. 117 ff.; Karten zu gefährdeten Grundwasserkörpern im Bearbeitungsgebiet Oberrhein finden sich z. B. unter *UM BW*, Weitergehende Beschreibung gefährdeter Grundwasserkörper, 2020, https://um.baden-wuerttemberg.de/de/umwelt-natur/wasser-und-boden/blaues-gut/europaeische-wasserrahmenrichtlinie/erster-bewirtschaftungszyklus/bestandsaufnahme-2004/gefaehrdete-grundwasserkoerper/ [abgerufen am 12.7.2021].
428 In Anlehnung an *European Commission*, Drought Management Plan Report, Technical Report 2008-023, Water Scarcity and Droughts Expert Network, 2008, S. 47 ff.; *Anschütz*, Das wasserrechtliche Verschlechterungsverbot und seine Ausnahmen, 2017, S. 323.

schaftlichen Entscheidungen und bindet dadurch mittelbar auch die Gewässerbenutzer. Konkrete Handlungsvorgaben können die Flusseinzugsgebietsbehörden in Maßnahmenprogrammen nach § 82 WHG festlegen, um die Umsetzung des Verschlechterungsverbots im Einzelfall auf planerischer Ebene vorzubereiten.

Wann ein Gewässerzustand eine Verschlechterung im Sinne des Verschlechterungsverbots aufweist, war mangels Legaldefinition in der WRRL bis zur Weserentscheidung des EuGH heftig umstritten.[429] Nach der Status-quo-Theorie begründet jede nachteilige Veränderung des Gewässerzustands auch innerhalb einer Zustandskategorie eine Verschlechterung.[430] Die Zustandsklassentheorie (auch Stufentheorie) nimmt hingegen eine Verschlechterung des Gewässerzustands erst dann an, wenn eine Herabstufung in eine niedrigere Zustandskategorie erfolgt.[431] Der EuGH folgte in der Weserentscheidung keiner der beiden Auffassungen und schlug stattdessen einen Mittelweg ein. Nach seiner Auffassung liegt eine Verschlechterung vor, wenn sich bereits eine Qualitätskomponente um eine Kategorie verschlechtert, nicht aber eine insgesamt niedrigere Einstufung erfolgt.[432]

In Bezug auf zweistufige Zustandsklassen (wie z. B. beim chemischen Zustand von Oberflächengewässern oder dem mengenmäßigen Zustand von Grundwasser) hat sich der EuGH nicht geäußert. Eine Verschlechterung ist wohl immer dann anzunehmen, wenn die für die Einstufung des Zustandes maßgeblichen Umweltqualitätsnorm die Schwelle zur Zustandsklasse »schlecht« überschritten hat.[433]

Für Dürreereignisse bedeutet das Verschlechterungsverbot für die Wasserbehörden, dass bereits die Verschlechterung einer Qualitätskomponente um eine Zustandsklasse zu vermeiden ist. Ob die Verschlechterung auf menschliches Gewässerbenutzungsverhalten zurückzuführen ist oder aufgrund von Dürreereignissen eintritt, ist außerhalb der Ausnahmen von den Bewirtschaftungszielen nach § 31 WHG zweitrangig.

---

[429] EuGH, Urt. v. 1.7.2015 – *Weservertiefung*, NuR 2015, 554; zum Streitstand *Schmid*, in: Berendes/Frenz/Müggeborg, WHG, 2. Aufl. 2017, § 27 Rn. 126 ff.; *Laskowski*, Das Verschlechterungsverbot im europäischen Wasserrecht nach dem EuGH Urteil vom 1. Juli 2015, ZUR 2015, 542; mit kritischer Auseinadersetzung *Anschütz*, Das wasserrechtliche Verschlechterungsverbot und seine Ausnahmen, 2017, S. 172 ff.

[430] Anstelle vieler *Kotulla*, WHG, 2. Aufl. 2011, § 27 Rn. 5; *Laskowski*, Kohlekraftwerke im Lichte der EU-Wasserrahmenrichtlinie, ZUR 2013, 131 (133); *Reinhardt*, Die gesetzliche Förderung kleiner Wasserkraftanlagen, NuR 2006, 205 (210); *Anschütz*, Das wasserrechtliche Verschlechterungsverbot und seine Ausnahmen, 2017, S. 186.

[431] Anstelle vieler *Durner*, in: Landmann/Rohmer, Umweltrecht Kommentar, 94. EL. 2020, § 27 Rn. 25; *Elgeti/Fries/Hurck*, Der Begriff der Zustands- und Potentialverschlechterung nach der Wasserrahmenrichtlinie, NuR 2006, 745 (748); *Faßbender*, Zur aktuellen Diskussion um das Verschlechterungsverbot der Wasserrahmenrichtlinie, EurUP 2013, 70 (74 ff.); *Spieth/Ipsen*, Die Wasserrahmenrichtlinie als neues Damoklesschwert?, NVwZ 2013, 391 (392 f.); vgl. *Anschütz*, Das wasserrechtliche Verschlechterungsverbot und seine Ausnahmen, 2017, S. 174.

[432] EuGH, Urt. v. 1.7.2015 – *Weservertiefung*, NuR 2015, 554 (559); *Ginzky*, Die Entscheidung des EuGH zum Verschlechterungsverbot, NuR 2015, 624 (625 f.). Bei Grundwasser muss nach § 10 GrwV zusätzlich eine Trendumkehr der steigenden Schadstoffkonzentration vorliegen.

[433] Vgl. *Dallhammer/Fritzsch*, Verschlechterungsverbot, ZUR 2016, 340 (346 ff.). Ist die Zustandsklasse bereits »schlecht«, so verstößt jede weitere nachteilige Veränderung gegen das Verschlechterungsverbot.

dd) Dürre als Ausnahme von Bewirtschaftungszielen, § 31 WHG

Grundsätzlich gilt das Verschlechterungsverbot auch während Dürreereignissen. Dies legt der Umkehrschluss aus § 31 Abs. 1 WHG nahe. Ausnahmsweise ermächtigt § 31 WHG in Anknüpfung an Art. 4 Abs. 6 WRRL, der als Ausnahmetatbestand auch ausdrücklich Dürre benennt, zur vorübergehenden Nichteinhaltung der Bewirtschaftungsziele und des Verschlechterungsverbots.[434] Die Ausnahmevorschrift gilt aber nur für besondere, nicht beeinflussbare Umstände.[435] Von ihr kann nur Gebrauch gemacht werden, wenn alle Voraussetzungen eingehalten werden. Das Verschlechterungsverbot findet derzeit auf alle Dürreereignisse Anwendung, da in Baden-Württemberg die Flusseinzugsgebietsbehörden die zwingende Voraussetzung des § 31 Abs. 1 Nr. 3 WHG bislang nicht in den Maßnahmenprogrammen nach § 82 WHG umgesetzt haben.[436] Von der Ausnahme nach § 31 Abs. 1 Nr. 1 WHG kann jedoch nur Gebrauch gemacht werden, wenn auch die übrigen Voraussetzungen des Absatzes erfüllt sind. Hierzu gehört insbesondere, dass solche Maßnahmen ergriffen werden, die eine Wiederherstellung des vorherigen Gewässerzustands nicht gefährden und in einem Maßnahmenprogramm nach § 82 WHG aufgeführt werden.

(1) Vorübergehende Verschlechterung, § 31 Abs. 1 WHG

§ 31 WHG dispensiert das Verschlechterungsverbot von Gesetzes wegen,[437] sofern die in § 31 Abs. 1 Nr. 1 lit. a, Nr. 2–4 und § 83 Abs. 2 Nr. 4 WHG genannten Voraussetzungen kumulativ vorliegen. Voraussetzung für den Anwendungsbereich der Ausnahmeregelung ist nach § 31 WHG jedoch primär, dass die Verschlechterung nur vorübergehender Natur ist. Die Voraussetzung »vorübergehende Verschlechterung« stellt sicher, dass unbeeinflussbare Umstände nicht als dauerhafter Vorwand zur Nichteinhaltung der Umweltziele missbraucht werden. Vorübergehend ist eine Verschlechterung,[438] wenn in absehbarer Zeit mit ihrer Beendigung zu rechnen ist und ihr zeitnah abgeholfen werden kann.[439] Einen Zeitrahmen innerhalb dessen die Verschlechterung »vorübergehend« ist, nennt weder die WRRL noch § 31 WHG. Aufgrund der eng auszulegenden Ausnahmeregelung muss die Verschlechterung schnellstmöglich rückgängig gemacht werden, wie auch der Wortlaut von § 31 Abs. 1 Nr. 4 WHG nahelegt.[440] Als Obergrenze einer vorübergehenden

---

434 Die Abweichungsbefugnis nach § 30 WHG spielt für die Dürrebewältigung eine untergeordnete Rolle, da § 31 WHG als *lex specialis* eine Anwendung von § 30 WHG verdrängt.
435 *Port*, Die Umweltziele der Wasserrahmenrichtlinie, 2011, S. 37 f.
436 Hierzu näher Abschnitt C.II.5.c)dd)(4).
437 Folglich ist keine gesonderte konstitutive Anordnung seitens der Wasserbehörden erforderlich, vgl. *Knopp*, in: Sieder *et al.*, WHG AbwAG, 55. EL 2020, § 31 WHG Rn. 4.
438 Als Verschlechterung gelten bereits geringfügige Abweichungen. Ein Herabsinken in eine schlechtere Zustandskategorie z. B. von sehr gut in gut ist nicht erforderlich OVG Rheinland-Pfalz, Urt. v. 11. 10. 2005 – 1 A 10776/05, Rn. 9 (juris); *Knopp*, in: Sieder *et al.*, WHG AbwAG, 55. EL 2020, § 31 WHG Rn. 10 f.; *Kotulla*, WHG, 2. Aufl. 2011, § 27 Rn. 5.
439 *Anschütz*, Das wasserrechtliche Verschlechterungsverbot und seine Ausnahmen, 2017, S. 333; *Wabnitz*, Das Verschlechterungsverbot für Oberflächengewässer und Grundwasser, 2010, S. 133.
440 Anderenfalls müssen die Gewässer als künstlich oder erheblich verändert eingestuft werden, BT-Drs. 14/7755, S. 19; *Ginzky*, in: Giesberts/Reinhardt, BeckOK Umweltrecht, 58. Ed. 2021, § 31 WHG Rn. 2; *Berendes*, in: von Lersner/Berendes/Reinhardt, Handbuch des deutschen

Verschlechterung kommt maximal die Geltungsdauer eines Bewirtschaftungszyklus in Betracht. Eine solche Richtschnur legen die systematischen Bezüge von § 31 Abs. 1 Nr. 3 WHG und § 83 Abs. 2 Nr. 4 WHG sowie die jährliche Überprüfungspflicht nach § 31 Abs. 1 Nr. 4 WHG nahe. Diese verdeutlichen, dass der Ausnahmetatbestand und die planerischen Instrumente einander ergänzen.

(2) Natürliche Ursache, § 31 Abs. 1 Nr. 1 lit. a WHG

Ergänzend muss nach § 31 Abs. 1 Nr. 1 lit. a WHG ein Umstand vorliegen, der auf einer »natürlichen Ursache beruht oder durch höhere Gewalt bedingt ist und zudem außergewöhnlich und nicht vorhersehbar ist«. Die Tatbestandsmerkmale »natürliche Ursache« und »höhere Gewalt« sind nach einhelliger Auffassung synonym zu verstehen. Ihnen ist gemein, dass sie Verschlechterungen aufgrund menschlicher Bewirtschaftung der Gewässer vom Anwendungsbereich ausnehmen.[441] Insbesondere künstlich verursachte Wasserknappheit ist damit im Unterschied zu Dürren, die natürlichen Ursprungs sind, vom Anwendungsbereich ausgenommen. Die Einstufung von Dürren als natürliche Ereignisse wird durch den Gesetzgeber bestätigt, der in Art. 4 Abs. 6 WRRL neben »starken Überschwemmungen« ausdrücklich auch »lang anhaltende Dürren« als Anwendungsfall der Ausnahmeregelung benennt.[442]

(3) Außergewöhnliches und nicht vorhersehbares Ereignis, § 31 Abs. 1 Nr. 1 lit. a WHG

Schließlich muss das Ereignis nach § 31 Abs. 1 Nr. 1 lit. a WHG »außergewöhnlich und nicht vorhersehbar« sein, um eine Ausnahme vom Verschlechterungsverbot zu rechtfertigen. Beide Merkmale unterstreichen den Ausnahmecharakter von § 31 Abs. 1 WHG und schließen gewöhnliche, saisonale Ereignisse vom Anwendungsbereich aus.[443]

Damit verbunden ist die grundsätzliche Frage, wann ein Dürreereignis als außergewöhnlich und nicht vorhersehbar – und nicht nur als saisonales Ereignis – einzustufen ist. Hierzu bietet Art. 4 Abs. 6 WRRL zumindest teilweise Aufschluss und benennt, wie bereits erwähnt, neben »starken Überschwemmungen« auch »lang anhaltende Dürren« (*prolonged droughts*). Die Aufzählung macht deutlich, dass ein Naturereignis nicht nur bei langer Dauer, sondern auch bei hoher Intensität als außergewöhnlich eingestuft werden kann.

Wasserrechts, Band 1, 2021, § 31 WHG Rn. 2; *Czychowski/Reinhardt*, WHG, 12. Aufl. 2019, § 31 Rn. 4.

441 Eine anthropogene Mitverursachung im Rahmen des Klimawandels ist hingegen unschädlich, *Czychowski/Reinhardt*, WHG, 12. Aufl. 2019, § 31 Rn. 5; *Durner*, in: Landmann/Rohmer, Umweltrecht Kommentar, 94. EL. 2020, § 31 Rn. 16; zur Definition der »natürlichen Ursache« im Einzelnen anstelle vieler *Ginzky*, in: Giesberts/Reinhardt, BeckOK Umweltrecht, 58. Ed. 2021, § 31 WHG Rn. 3; zur »höheren Gewalt« *Anschütz*, Das wasserrechtliche Verschlechterungsverbot und seine Ausnahmen, 2017, S. 290 ff.

442 So auch *Berendes*, in: von Lersner/Berendes/Reinhardt, Handbuch des deutschen Wasserrechts, Band 1, 2021, § 31 WHG Rn. 2.

443 *Czychowski/Reinhardt*, WHG, 12. Aufl. 2019, § 31 Rn. 6; *Schmid*, in: Berendes/Frenz/Müggeborg, WHG, 2. Aufl. 2017, § 31 Rn. 5.

Nach Auffassung des Communication and Information Resource Centre for Administrations, Businesses and Citizens (CIRCABC) der EU-Kommission[444] dient der Zusatz in Art. 4 Abs. 6 WRRL dazu, den Ausnahmecharakter des Naturereignisses im Vergleich zu saisonalen Ereignissen zu unterstreichen. Eine Konkretisierung des Anwendungsbereichs nimmt die Kommission allerdings nicht vor.[445] Damit bleibt auch die Frage unbeantwortet, wann ein Dürreereignis im Hinblick auf die Eintrittswahrscheinlichkeit[446] noch »gewöhnlich, saisonal« und wann »außergewöhnlich, unvorhersehbar« ist.

Für den Bereich Hochwasser legt die EU-Kommission nahe, Hochwasserereignisse mit geringer Eintrittswahrscheinlichkeit und Extremereignisse gemäß der Hochwasserrisikomanagementrichtlinie (HWRM-RL) als »starke Überschwemmungen« einzustufen.[447] Diese haben nach § 74 Abs. 2 Nr. 1 WHG ein voraussichtliches Wiederkehrintervall von mindestens 200 Jahren. Dieser Richtwert könnte auch bei Dürren einen Anhaltspunkt zur Abgrenzung von saisonalen Ereignissen bieten, sofern die regionalen Gebietseingenschaften keine andere Einschätzung rechtfertigen.

In den Bewirtschaftungsplänen ist deshalb nach § 83 Abs. 2 Nr. 4 WHG festzulegen, wann ein »außergewöhnliches und unvorhersehbares« Ereignis im Sinne von § 31 Abs. 1 Nr. 1 lit. a WHG vorliegt.[448] Dies soll nach den Leitlinien der EU-Kommission anhand von Dürreindikatoren, die auf drei Kategorien entfallen (hydrologische/klimatologische, sowie ökologische und sozio-ökonomische Auswirkungen), bestimmt werden.[449] Bei der Auswahl der Dürreindikatoren sollten ausschließlich von menschlicher Bewirtschaftung unbeeinflusste Kenngrößen gewählt werden, um eine Verfälschung der Monitoringergebnisse zu vermeiden. Grundsätzlich liegt der Schwerpunkt der Rechtfertigung einer Ausnahme von den Bewirtschaftungsziele iSv. § 31 Abs. 1 Nr. 1 lit. a WHG jedoch weniger auf der Tauglichkeit zugrundeliegender Indikatoren, als in der Begründung- und Nachweispflicht.[450]

Die regional individuelle Bestimmbarkeit einer außergewöhnlichen Dürre ist zu begrüßen, da die Besonderheiten der Flusseinzugsgebiete berücksichtigt werden, aber dennoch eine kohärente Leitlinie für die Anwendungsfälle des § 31 Abs. 1 Nr. 1 lit. a WHG

---

444 *European Commission*, Guidance Document No. 20 on Exemptions to the Environmental Objectives, Technical Report 2009-027, 2009, S. 38; zugleich *European Commission*, Drought Management Plan Report, Technical Report 2008-023, Water Scarcity and Droughts Expert Network, 2008.

445 Vgl. auch *Marcos*, An Environmental Focus on Drought: The Water Framework Directive, in: Iglesias et al. (Hrsg.), Coping with Drought Risk in Agriculture and Water Supply Systems, 2009, Kap. 4, S. 43 (49).

446 *European Commission*, Drought Management Plan Report, Technical Report 2008-023, Water Scarcity and Droughts Expert Network, 2008, S. 6.

447 *European Commission*, Guidance Document No. 20 on Exemptions to the Environmental Objectives, Technical Report 2009-027, 2009, S. 23.

448 *Hasche*, Das neue Bewirtschaftungsermessen im Wasserrecht, 2004, S. 173; *Anschütz*, Das wasserrechtliche Verschlechterungsverbot und seine Ausnahmen, 2017, S. 322.

449 *European Commission*, Guidance Document No. 20 on Exemptions to the Environmental Objectives, Technical Report 2009-027, 2009, Annex III, S.41; *European Commission*, Drought Management Plan Report, Technical Report 2008-023, Water Scarcity and Droughts Expert Network, 2008, S. 4.

450 Vgl. ähnlich *Anschütz*, Das wasserrechtliche Verschlechterungsverbot und seine Ausnahmen, 2017, S. 322.

geschaffen wird. Allerdings gehen die in Baden-Württemberg geltenden Bewirtschaftungspläne auf die Regelungsmöglichkeit nach § 83 Abs. 2 Nr. 4 WHG bislang nicht ein. Es fehlt insoweit sowohl an einer Definition des Begriffs Trockenheit/Dürre als auch an einem regionalen oder übergeordneten Referenzrahmen, wie dies z. B. im Bereich des Hochwasserschutzrechts erfolgt ist. Dort gibt § 72 WHG eine Legaldefinition des Begriffs Hochwasser vor. § 74 Abs. 2 Nr. 1–3 WHG unterscheidet Hochwasserereignisse mit verschiedenen Wiederkehrintervallen nach 200 Jahren (Extremereignis), 100 Jahren und »hoher Wahrscheinlichkeit«. Selbst wenn die baden-württembergischen Flusseinzugsgebietsbehörden und Wasserbehörden von der Ausnahmeregelung des § 31 Abs. 1 WHG keinen Gebrauch machen (möchten), würde zumindest eine Definition des Begriffs »langanhaltender Dürre« in den Bewirtschaftungsplänen nach § 83 Abs. 2 Nr. 4 WHG zur Rechtsklarheit und besseren Abgrenzung von saisonalen Dürreereignissen beitragen.

(4) Verhaltenspflichten bei rechtmäßiger Ausnahme vom Verschlechterungsverbot

Begründet ein Dürreereignis eine rechtmäßige Ausnahme nach § 31 Abs. 1 Nr. 1 lit. a WHG gelten für die Bewirtschaftung zuständigen Wasserbehörden spezielle Verhaltenspflichten nach § 31 Abs. 1 Nr. 2–4 WHG. Die Wasserbehörden müssen »alle praktisch geeigneten Maßnahmen ergreifen, um eine weitere Verschlechterung des Gewässerzustands zu verhindern«. Die Vorschrift wiederholt das Verschlechterungsverbot aus §§ 27 Abs. 1 Nr. 1, 47 Abs. 1 Nr. 1 WHG und verpflichtet auch bei Dürreereignissen einer Verschlechterung des Gewässerzustands mit allen Mitteln entgegenzuwirken.[451] Nach § 31 Abs. 1 Nr. 3 WHG müssen die Wasserbehörden Vorsorge betreiben, indem sie während des Dürreereignisses nur solche Maßnahmen ergreifen, die eine Wiederherstellung des vorherigen Gewässerzustandes nicht gefährden und vorab in den Maßnahmenprogrammen nach § 82 WHG geführt werden.[452] Sinn und Zweck der Norm ist es, spontanen Überreaktionen auch zur Dürrebewältigung wie z. B. der unnötigen Übernutzung von Grundwasserressourcen vorzubeugen. Die Aufführung von oder ein Verweis auf Gegenmaßnahmen[453] in den Maßnahmenprogrammen nach § 82 WHG erhöhen die Übersicht über mögliche Instrumente zur Dürrebewältigung und tragen zu einem schnelleren und effektiveren Verwaltungshandeln.

Um die vorübergehende Verschlechterung möglichst zeitnah zu beseitigen, ordnet § 31 Abs. 1 Nr. 4 WHG eine jährliche Überprüfungspflicht an, damit sich der Ausnahmezustand nicht zum Dauerzustand entwickelt. Gerade (Früh-)Warnsysteme können einer derartigen Entwicklung vorbeugen, da sie nicht nur eine kontinuierliche Überwachung der Dürreereignisse ermöglichen, sondern auch Verhaltensdirektiven im Sinne von § 31 Abs. 1 Nr. 2 WHG vorsehen.[454]

---

451 *Schmid*, in: Berendes/Frenz/Müggeborg, WHG, 2. Aufl. 2017, § 31 Rn. 14.
452 *Wabnitz*, Das Verschlechterungsverbot für Oberflächengewässer und Grundwasser, 2010, S. 136.
453 Auch ein Verweis auf andere Instrumente ist zulässig, sofern die Auflistung über die reine Nennung von Paragraphen hinaus geht, hierzu *Appel*, in: Berendes/Frenz/Müggeborg, WHG, 2. Aufl. 2017, § 82 Rn. 28. Denkbar ist daher ein Verweis auf Rechtssetzungsakte, Notfallpläne oder informelles Verwaltungshandeln.
454 *Czychowski/Reinhardt*, WHG, 12. Aufl. 2019, § 82 Rn. 35; *Anschütz*, Das wasserrechtliche Verschlechterungsverbot und seine Ausnahmen, 2017, S. 326.

ee) Zwischenbilanz

Die unionsrechtlichen Bewirtschaftungsvorgaben der WRRL können unter dem Gesichtspunkt der Dürrebewältigung vorwiegend dem Bereich der Dürrevorsorge zugeordnet werden, wenngleich Dürren in der WRRL nur am Rande eine Rolle spielt. Die überwiegend ökologisch ausgerichtete WRRL klammert auch Regelungen zur Wassermenge in den Umweltzielen bis auf den mengenmäßigen Zustand des Grundwassers nach Art. 2 Nr. 26 WRRL aus. Dieses Defizit setzt sich auf der Planungsebene fort.[455] Der Wunsch nach einem europäischen »Wassermengenrecht« unterliegt jedoch den hohen Voraussetzungen der Einstimmigkeit nach Art. 191 Abs. 2 UAbs. 1 AEUV und wirft zugleich die strukturelle Fragen auf, ob ein Wassermengenrecht in die WRRL integriert oder in einer gesonderten Richtlinie – wie etwa im Bereich des Hochwasserschutzrechts – erlassen werden sollte.

Das Verschlechterungsverbot in seiner derzeitigen Auslegung stellt hohe Anforderungen an die Bewirtschaftung der Gewässer. Mit dem Ziel einer guten Gewässerqualität geht eine langfristige Ressourcenvorsorge einher, die mittelbar die Anfälligkeit der Gewässer gegenüber Dürreereignissen senkt.

Auf der einen Seite entspricht es dem Bewirtschaftungsziel eines guten Gewässerzustands iSe. hohen gewässerökologischen Schutzes, dass die Wasserbehörden in Baden-Württemberg wohl keine Absicht verfolgen, die Ausnahmebefugnis des § 31 WHG zur *ad hoc* Dürrebewältigung zu nutzen. Zu einer umfassenden Dürrevorsorge gehört allerdings auch die Vorhaltung eines *ad hoc* Dürremanagements, wie die Voraussetzungen des § 31 Abs. 1 WHG in Umsetzung der Vorgaben der WRRL nahelegen. § 31 Abs. 1 WHG bietet hierfür einen geeigneten Rechtsrahmen, um den Begriff »langanhaltende Dürre« in Abgrenzung zu einer gewöhnlichen Dürre und anderen Dürrestufen in den Bewirtschaftungsplänen nach § 83 Abs. 2 Nr. 4 WHG zu definieren. In diesem Zusammenhang könnten die Regierungspräsidien als für Baden-Württemberg zuständige Planaufstellungsbehörden klarstellen, dass in Baden-Württemberg von der gesetzgeberisch eingeräumten Möglichkeit zur Abweichung von den Bewirtschaftungszielen nach §§ 31 Abs. 1, 83 Abs. 2 Nr. 4 WHG grundsätzlich kein Gebrauch gemacht wird. Eine derartige Ergänzung der Bewirtschaftungspläne würde angesichts der prognostizierten Zunahme von Extremereignissen zur Rechtssicherheit beitragen.

Auf der anderen Seite sollte über die Zulässigkeit einer Ausnahme von den Bewirtschaftungszielen gerade für diejenigen Wasserkörper nachgedacht werden, die die Bewirtschaftungsziele nicht erreichen. Die Frage der Beschränkung *per se* zulässiger Nutzungen im Dürrefall könnte sich ansonsten auf die generelle Zulassungsfrage der Benutzung vorverlagern.[456] Dies könnte zur Folge haben, dass die Benutzung derartiger Gewässer grundsätzlich versagt wird und gleichzeitig die (mengenmäßige) Belastung auf die Wasserkörper in gutem Zustand steigt. Gerade hierfür kann die Regelung der Ausnahme in Bewirtschaftungsplänen und Maßnahmenprogramme zum Vorbereitetsein auf Dürren beitragen.

---

455 Vgl. allgemein zur Anpassungsbedürftigkeit an den Klimawandel *Reese*, Rechtliche Aspekte der Klimaanpassung, in: Marx (Hrsg.), Klimaanpassung in Forschung und Politik, 2017, S. 73 (86).
456 Ähnlich *Köck et al.*, Das Instrument der Bedarfsplanung, Bericht 55/2017, UBA, 2017, S. 270.

d) Bewertung

Die genannten Prinzipien prägen den Rechtsrahmen, innerhalb dessen sich die wasserrechtlichen Instrumente bewegen und stellen allgemeine Bewirtschaftungsgrundsätze auf. Die Regelungsinhalte der Prinzipien in Bezug auf Dürreereignisse sind überwiegend jedoch zu abstrakt, um unmittelbar einen Beitrag zur langfristigen Dürrevorsorge zu leisten oder *ad hoc* die Dürreauswirkungen zu mindern. Hierzu wäre eine Konkretisierung zumindest auf untergesetzlicher Ebene, z. B. in den Bewirtschaftungsplänen oder Maßnahmenprogrammen nach § 82 f. WHG, notwendig.[457] Bislang hängt das Steuerungspotential der Prinzipien weitgehend von der Auslegung und Ermessensausübung durch die Wasserbehörden ab. Diese Praxis erscheint angesichts der Niederschlagsverhältnisse und des Gewässerdargebots in Baden-Württemberg vertretbar, sofern sich nachfolgende Entscheidungsträger ihrer Steuerungsfunktion und Ressourcenverantwortung im Einzelfall und auf planerischer Ebene hinreichend bewusst sind. Aufgrund der prognostizierten Zunahme von Extremereignissen als Folge des Klimawandels könnte eine Definition des Dürrebegriffs und dessen Klassifizierung nach dem Vorbild der §§ 72, 74 Abs. 2 WHG zumindest in den Bewirtschaftungsplänen zur Rechtssicherheit beitragen.

III. Instrumente mit Eignung zur Dürrebewältigung

Weder im WHG noch im WG-BW findet der Begriff »Dürre« Verwendung. Lediglich bei der Begriffsbestimmung für die Abwasserbeseitigung taucht der Begriff »Trockenwetter« auf, § 54 Abs. 1 S. 1 Nr. 1 WHG. Für das Hochwassermanagement hingegen gibt es ausdrückliche Vorschriften als Teil eines kohärenten Regelungskonzepts, wie die Legaldefinition von Hochwasser in § 72 WHG und spezielle wasserrechtliche Instrumente, wie die Pflicht zur Aufstellung von Hochwasserrisikomanagementplänen nach § 75 WHG oder die Ausweisung von Überschwemmungsgebieten nach § 76 WHG, § 65 WG-BW. Die wenigen landesgesetzlichen Regelungen, die auf Dürre oder Trockenheit ausdrücklich Bezug nehmen, wie z. B. Art. 44 Abs. 1 BayWG,[458] können dem Hochwassermanagement allerdings kein ebenbürtiges Dürremanagement gegenüberstellen.

Auch wenn das in Baden-Württemberg geltende Wasserrecht bislang noch kein Dürremanagement im engen Sinne enthält, können dennoch Instrumente identifiziert werden, die geeignet sind, die Auswirkungen von Dürren auf Umwelt und Gesellschaft zu vermeiden oder zu minimieren. Diejenigen Instrumente mit Eignung zur Dürrebewältigung können zudem auf zwei Handlungsfeldern eines Dürremanagements zugeordnet werden: der Dürrevorsorge und der *ad hoc* Dürrebewältigung.

---

457 Allgemein auch *Reinhardt*, Regelungsbedarf und Regelungsrahmen einer künftigen Europäischen Politik des Wassersparens, ZfW 2012, 61 (64).
458 Nach Art. 44 Abs. 1 S. 1 f. BayWG sollen »zur Minderung von Hochwasser- und Dürregefahren [...] Staat und Gemeinden im Rahmen ihrer Aufgaben auf 1. Erhalt oder Wiederherstellung der Versickerungsfähigkeit der Böden, 2. dezentrale Versickerung von Niederschlagswasser, [und] 3. Maßnahmen zur natürlichen Wasserrückhaltung und zur Wasserspeicherung hinwirken. Wasserspeicher sind so zu bewirtschaften, dass Hochwasser- und Dürregefahren gemindert werden.«

C. Die Rechtslage im Bundesland Baden-Württemberg

Aufgrund der ökologischen Ausrichtung der wasserrechtlichen Instrumente, geprägt durch die Vorgaben der WRRL, liegt das Regelungsziel der meisten Instrumente im Bereich der langfristigen Risiko- und Ressourcenvorsorge. Vereinzelt finden sich auch unmittelbare Regelungen des Wasserhaushalts. Zu letzteren zählen nach gesetzgeberischer Intention[459] insbesondere das Sparsamkeitsgebot in § 5 Abs. 1 Nr. 2 WHG ergänzt durch § 50 Abs. 3 WHG und die Bewirtschaftungsvorgaben für den mengenmäßigen Grundwasserzustand in § 47 Abs. 1 Nr. 3 WHG. Im Bereich der direkten Verhaltenssteuerung verfügen die Wasserbehörden nach aktuell geltendem Recht auch über Eingriffsbefugnisse für *ad hoc* Maßnahmen zur Abmilderung der Dürreauswirkungen. Manche davon, wie z. B. die Untersagung des Gemeingebrauchs nach § 21 Abs. 2 WG-BW, nutzten die Wasserbehörden bereits wiederholt während der letzten Dürren z. B. in den Jahren 2018 bis 2020, 2015 und 2003.

Der Schwerpunkt der rechtlichen Steuerung im Bereich der direkten Verhaltenssteuerung liegt derzeit jedoch überwiegend auf der behördlichen Zulassung erlaubnis- oder bewilligungspflichtiger Gewässerbenutzungen nach § 8 WHG. Die planerischen Instrumente dienen der langfristigen, strategischen Steuerung der allgemeinen Gewässerbewirtschaftung und können mittelbar Eignung zur langfristigen Dürrevorsorge entfalten. Ökonomische Instrumente können die Steuerungsfunktion der übrigen Instrumente verstärken und langfristige Anreize zur sparsamen Nutzung des Wasserdargebots setzen.

1. Instrumente direkter Verhaltenssteuerung

Anknüpfungspunkt der direkten Verhaltenssteuerung im Wasserrecht ist die genehmigungspflichtige oder -freie Gewässerbenutzung. Regelungen der direkten Verhaltenssteuer, sowohl auf präventiver als auch auf repressiver Ebene, sind im für Baden-Württemberg geltenden Wasserrecht besonders ausgeprägt. Sie offenbaren die Ursprünge des Wasserwirtschaftsrechts im allgemeinen Polizei- und Gefahrenabwehrrecht.[460]

Zentrale Instrumente der präventiven, direkten Verhaltenssteuerung sind die umfassende Eröffnungskontrolle nach § 8 WHG sowie die Vorschriften über die genehmigungsfreie Benutzung von Gewässern nach §§ 25, 46 WHG. Durch sie erfolgt die Verteilung der Wasserressourcen und die Zuweisung von Nutzungsmöglichkeiten. Repressive Instrumente – wie die nachträgliche Anordnung von Inhalts- und Nebenbestimmungen nach § 13 WHG, der Widerruf von Genehmigungen nach § 18 WHG, oder das Ausgleichsverfahren nach § 22 WHG – ermöglichen eine nachträgliche Anpassung der Gewässerbenutzungen. Maßnahmen der Gewässeraufsicht nach § 100 f. WHG iVm. §§ 75, 79 WG-BW, ergänzt durch ordnungs- und strafrechtliche Normen, schaffen einen Sanktions- und Haftungsrahmen, der auf ein rechtstreues Verhalten der Gewässerbenutzer hinwirkt.

Die Gesamtschau der Instrumente direkter Verhaltenssteuerung stärkt das Ziel einer nachhaltigen Bewirtschaftung, die nicht vorrangig dazu dient ein Dürremanagement zu

---

459 BT-Drs. 18/13055, S. 7.
460 Historisch verfolgte das Wasserwirtschaftsrecht als besonderes Gefahrenabwehrrecht eine rein polizei- und ordnungsrechtliche Funktion, *Czychowski/Reinhardt*, WHG, 12. Aufl. 2019, Einl. Rn. 51; allgemein *Rehbinder*, Ziele, Grundsätze, Strategien und Instrumente des Umweltschutzes, in: Rehbinder/Schink (Hrsg.), Grundzüge des Umweltrechts, 5. Aufl. 2018, § 3 Rn. 257 f.; *Kloepfer*, Umweltrecht, 4. Aufl. 2016, § 5 Rn. 19, 24.

implementieren, aber gleichwohl eine gewisse Eignung zur Dürrevorsorge aufweist und auch Instrumente bereithält, die zur *ad hoc* Dürrebewältigung eingesetzt werden können.

a) Zwingende Rechtssätze

Zwingende Rechtssätze entfalten unmittelbare Rechtskraft und binden sowohl Gewässerbenutzer als auch Wasserbehörden. Das in Baden-Württemberg geltende Wasserrecht sieht keine zwingenden Rechtssätze vor, die unmittelbar auf Dürreereignisse Bezug nehmen. Zu den wenigen wassermengenrelevanten Vorschriften gehören insbesondere die Pflicht zum sparsamen Wasserverbrauch nach § 5 Abs. 1 Nr. 2 WHG iVm. § 1 Abs. 2 Nr. 1 WG-BW sowie § 50 Abs. 3 WHG und die Einhaltung der Mindestwasserführung nach § 33 WHG. Die Normen setzen materiell-rechtliche Mindeststandards, die auch im Hinblick auf und bei Dürreereignissen gelten.

aa) Allgemeine Sorgfaltspflichten, § 5 Abs. 1 WHG

Nach § 5 Abs. 1 WHG ist jede Person[461] verpflichtet, »bei Maßnahmen, mit denen Einwirkungen auf ein Gewässer verbunden sein können [willentlich oder unwillentlich], die nach den Umständen erforderliche Sorgfalt anzuwenden«. Besondere Bedeutung gewinnen die Verhaltenspflichten des § 5 WHG insbesondere bei Maßnahmen[462] im wasserrechtlichen Vorfeld unterhalb der Gefahrenschwelle und vor Einschreiten der Gewässeraufsicht nach §§ 100 f. WHG.[463] Die in § 5 Abs. 1 Nr. 3–4, Abs. 2 WHG genannten Sorgfaltspflichten dienen dem Schutz vor Hochwasserereignissen. Eignung

---

461 Der Begriff »jede Person« hat ggü. der alten Fassung »jedermann« klarstellende Funktion. Auch nach alter Rechtslage umfasste »jedermann« öffentliche wie private, natürliche und juristische Personen, *Czychowski/Reinhardt*, WHG, 12. Aufl. 2019, § 5 Rn. 1; *Berendes*, in: Berendes/Frenz/Müggeborg, WHG, 2. Aufl. 2017, § 5 Rn. 5; *Knopp*, in: Sieder *et al.*, WHG AbwAG, 55. EL 2020, § 5 Rn. 10; *Viertel*, Die Bedeutung von § 1 a WHG für die Zulässigkeit von Abwasserleitungen, ZfW 1996, 417 (421); *Kibele*, Die Wassergesetz-Novelle von 1988, VBlBW 1988, 321 (323).

462 Der Begriff der Maßnahme besitzt Auffangfunktion und umfasst grundsätzlich neben Gewässerbenutzungen iSv. § 9 WHG (unmittelbarer Gewässerbezug) auch Handlungen mit mittelbarem Gewässerbezug im wasserrechtlichen Vorfeld, BVerwG, Beschl. v. 25. 2. 1991, NVwZ 1991, 996 (997); OVG Koblenz, Urt. v. 26. 8. 1992, ZfW 1993, 220 (223); *Faßbender*, in: Landmann/Rohmer, Umweltrecht Kommentar, 94. EL. 2020, § 5 WHG Rn. 14; *Hasche*, in: Giesberts/Reinhardt, BeckOK Umweltrecht, 58. Ed. 2021, § 5 WHG Rn. 4; *Breuer/Gärditz*, Öffentliches und privates Wasserrecht, 4. Aufl. 2017, Rn. 307.

463 Dies schließt nicht aus, dass § 5 Abs. 1 WHG auch bei Einschreiten der Gewässeraufsicht herangezogen werden kann. Die Eingriffsbefugnis der Gewässeraufsicht zur Durchsetzung der relativen Ge- und Verbote von § 5 Abs. 1 WHG wird in der Literatur teils auf § 5 WHG als eigenständige Ermächtigungsgrundlage, teils auf §§ 100 Abs. 1 S. 2 iVm. 5 WHG gestützt, vgl. ausführlich *Czychowski/Reinhardt*, WHG, 12. Aufl. 2019, § 5 WHG Rn. 17, 18. Im Ergebnis ist der Streit überwiegend theoretischer Natur, da in beiden Fällen die Gewässeraufsicht zur Durchsetzung von § 5 WHG berechtigt ist. Auf die polizeiliche Generalklausel abstellend *Knopp*, in: Sieder *et al.*, WHG AbwAG, 55. EL 2020, § 5 WHG Rn. 9; *Kubitza*, Die wasserpolizeiliche Generalklausel, 2015, S. 86 ff., 90.

C. Die Rechtslage im Bundesland Baden-Württemberg

für die Bewältigung von Dürreereignisse könnten hingegen die Sorgfaltspflichten der § 5 Abs. 1 Nr. 1–2 WHG[464] aufweisen.

(1) Vermeidung nachteiliger Gewässerveränderungen, § 5 Abs. 1 Nr. 1 WHG

Nach § 5 Abs. 1 Nr. 1 WHG sind »nachteilige Veränderungen[465] der Gewässereigenschaften zu vermeiden«. Zur Gewässereigenschaft gehört nach der Legaldefinition in § 3 Nr. 7 WHG vorwiegend die Wasserbeschaffenheit nach § 3 Nr. 9 WHG, die Gewässerökologie und die Hydromorphologie, aber auch die Wassermenge. Regelungsziel und Anwendungsbereich von § 5 Abs. 1 Nr. 1 WHG betreffen jedoch vorwiegend Verhaltensweisen, die zu einer Beeinträchtigung der Gewässerqualität führen wie z. B. die Aufbringung von Dünge- oder Pflanzenschutzmitteln durch Landwirte[466] oder die Berücksichtigung der fachgerechten Abwasserentsorgung von Trägern der Bauleitplanung.[467] Die Verpflichtung zur Vermeidung einer nachteiligen Veränderung der Wassermenge nach § 5 Abs. 1 Nr. 1 WHG spielt, wenn überhaupt, für die Wasserbehörden bei Ausübung ihres Bewirtschaftungsermessens im Zusammenhang mit genehmigungspflichtigen und genehmigungsfreien Gewässerbenutzungen eine Rolle. Praxisbeispiele für Sonderregelungen auf der Grundlage von § 5 Abs. 1 Nr. 1 WHG im Zusammenhang mit Dürre sind, bis auf die Einschränkung des Gemeingebrauchs nach § 21 Abs. 2 WG-BW, nicht bekannt. Die Eignung von § 5 Abs. 1 Nr. 1 WHG zur *ad hoc* Regelung von Entnahmen im Dürrefall ist somit zwar grundsätzlich gegeben, bedarf jedoch der Umsetzung durch andere Instrumente und im Hinblick auf den materiell-rechtlichen Maßstab einer Konkretisierung im Einzelfall. Dementsprechend steht eher der langfristige Beitrag der Norm zu einer grundsätzlich nachhaltigen Bewirtschaftung, die mittelbar zur Dürrevorsorge beiträgt, im Vordergrund.

(2) Sparsamkeitsgebot, § 5 Abs. 1 Nr. 2 WHG

Wesentlich höhere Relevanz für die Dürrevorsorge, um die Anfälligkeit von Umwelt und Gesellschaft gegenüber Dürren langfristig zu senken, hat die Sicherstellung einer effizienten und sparsamen Wassernutzung.[468] Hierzu sieht das Wasserrecht in § 5 Abs. 1 Nr. 2 WHG, § 1 Abs. 2 Nr. 1 WG-BW sowie § 50 Abs. 3 WHG die Pflicht zur sparsamen Verwendung des Wassers vor.[469] Sparsamkeit meint eine am langfristig verfügbaren

---

464 Die in § 5 WHG genannten Grundsätze stehen gleichwertig gegenüber, LT-Drs. 15/3760, S. 119.
465 Mit der Formulierung »nachteilige Veränderung« greift der Gesetzgeber inhaltlich einen Aspekt der Legaldefinition der schädlichen Gewässereigenschaft nach § 3 Nr. 10 WHG auf, näher *Seeliger/Wrede*, Zum neuen Wasserhaushaltsgesetz, NuR 2009, 679 (681).
466 *Knopp*, in: Sieder *et al.*, WHG AbwAG, 55. EL 2020, § 5 Rn. 19 f.; *Hasche*, in: Giesberts/Reinhardt, BeckOK Umweltrecht, 58. Ed. 2021, § 5 WHG Rn. 4.
467 *Czychowski/Reinhardt*, WHG, 12. Aufl. 2019, § 5 Rn. 3.
468 *Zoth/Caillet/Mager*, Herausforderungen und Realität eines Dürremanagements in Baden-Württemberg, VBlBW 2019, 133 (133).
469 Bei der bundesweiten Einführung des Sparsamkeitsgebots griff der Gesetzgeber bereits bestehende landesrechtliche Regelungen auf, wie z. B. § 1 Abs. 2 Nr. 1 WG-BW, *Kibele*, Die Wassergesetz-Novelle von 1988, VBlBW 1988, 321 (322).

Dargebot orientierte Gewässerbenutzung unter Berücksichtigung einer nachhaltigen Befriedigung des Wasserbedarfs.[470] Eine ähnliche Zielrichtung verfolgt Art. 191 Abs. 1 Spiegelstrich 3 AEUV, aufgegriffen in Erwägungsgrund 11 der WRRL, der von einem Beitrag der Umweltpolitik zu einer umsichtigen und rationellen Verwendung der natürlichen Ressourcen spricht. Zudem verpflichtet § 50 Abs. 3 WHG die Träger der öffentlichen Wasserversorgung auf einen sorgsamen Umgang mit Wasser hinzuwirken, die Wasserverluste in den Einrichtungen gering zu halten und die Endverbraucher über Maßnahmen zur Einsparung zu informieren. Nach Auffassung des Bundesgesetzgebers bei Erlass des 5. Gesetzes zur Neuordnung des Wasserhaushaltsgesetzes[471] ist das wasserrechtliche Sparsamkeitsgebot in Relation zur Wasserverfügbarkeit in Deutschland zu sehen. Generell verfüge Deutschland über ein ausreichendes Wasserdargebot, regional seien jedoch in der Vergangenheit Engpässe aufgetreten. Ein sparsamer Umgang mit verfügbaren Ressourcen sei daher auch im Hinblick auf die nachteiligen Folgen für die Gewässerökologie geboten. Insbesondere im Umgang mit hochwertigen Grundwasservorkommen solle stärker als bisher auf eine Anwendung wassersparender Verfahren hingewirkt werden.[472] Der Gesetzgeber hat damit richtigerweise erkannt, dass das Sparsamkeitsgebot auch im Hinblick auf den Zusammenhang von Gewässerqualität und Wassermenge eine wesentliche Rolle spielt. Gerade bei Dürreereignissen können Wasserentnahmen nicht nur die Wassermenge künstlich verringern, sondern auch die Gewässerqualität beeinträchtigen, da Restwassermenge und Sauerstoff abnehmen, die Gewässertemperatur und der Schadstoffgehalt hingegen steigen.[473]

Zutreffend stellt das Sparsamkeitsgebot kein Minimalgebot dar. Es verpflichtet somit nicht zu »Wassersparen um jeden Preis«,[474] sondern gilt als relatives Gebot mit Abweichungsmöglichkeit bei fehlender Notwendigkeit.[475] Deutlich wird die Relativität des Sparsamkeitsgebots bereits am Wortlaut von § 5 Abs. 1 Nr. 2 WHG, der eine mit »Rücksicht auf den Wasserhaushalt« sparsame Verwendung – und nicht etwa »unter Berücksichtigung« des Wasserhaushalts – fordert. Darüber hinaus ist das Sparsamkeitsgebot Ausdruck des Vorsorgeprinzips.[476] Es beansprucht generelle Gültigkeit unter Wahrung des Verhältnismäßigkeitsgrundsatzes, sofern keine Konkretisierung, wie etwa § 50 Abs. 3 WHG, existiert.[477] Der Sorgfaltsmaßstab des Sparsamkeitsgebots ist im Einzelfall anhand der »Je-desto-Formel« zu bestimmen. Je wahrscheinlicher und größer der Schaden für Wassergüte oder Wassermenge ist, desto höhere Anforderungen sind an den Sorgfaltsmaß-

---

470 *Bulling et al.*, WG-BW, Band 1, 3. Aufl., 55. EL 2020, § 1 Rn. 15.
471 5. Gesetz zur Änderung des WHG 25. 7. 1986 (BGBl. I S. 1165).
472 Vgl. BT-Drs. 10/3973, S. 4, 9.
473 Allgemein BT-Drs. 10/3973, S. 4, 9; *Knopp*, in: Sieder *et al.*, WHG AbwAG, 55. EL 2020, § 5 WHG Rn. 40; bereits Abschnitt B.II.1.
474 Ausführlich auch bei *Faßbender*, in: Landmann/Rohmer, Umweltrecht Kommentar, 94. EL. 2020, § 5 WHG Rn. 22; *Hasche*, in: Giesberts/Reinhardt, BeckOK Umweltrecht, 58. Ed. 2021, § 5 WHG Rn. 6; *Knopp*, in: Sieder *et al.*, WHG AbwAG, 55. EL 2020, § 5 WHG Rn. 43; *Reinhardt*, Regelungsbedarf und Regelungsrahmen einer künftigen Europäischen Politik des Wassersparens, ZfW 2012, 61 (64).
475 So auch *Faßbender*, in: Landmann/Rohmer, Umweltrecht Kommentar, 94. EL. 2020, § 5 WHG Rn. 22; *Kotulla*, WHG, 2. Aufl. 2011, § 5 WHG Rn. 13.
476 BT-Drs. 10/3973, S. 9.
477 *Faßbender*, in: Landmann/Rohmer, Umweltrecht Kommentar, 94. EL. 2020, § 5 WHG Rn. 23.

stab zu richten.[478] *A fortiori* müsste der Sorgfaltsmaßstab bei Dürreereignissen höhere Anforderungen an die sparsame Gewässerbenutzung stellen, da im Dürrefall die Anfälligkeit des Wasserhaushalts für Entnahmen, Wärme- oder Abwassereinleitungen steigt. Eine derartige Praxis der Gewässerbewirtschaftung ist bislang in Baden-Württemberg nicht üblich.

Allerdings liegt es im Aufgabenbereich der Gewässerbenutzenden z. B. im Rahmen ihrer Antragsstellung auf Gewässerbenutzung darzulegen, welche Maßnahmen sie zur sparsamen Wasserverwendung ergreifen.[479] Die Wasserbehörden prüfen bei genehmigungspflichtigen Benutzungen nach Maßgabe des § 5 Abs. 1 Nr. 2 WHG beispielsweise, ob und in welchem Umfang die Wasserentnahme in der beantragten Form erforderlich ist.[480] Zu den Ausprägungen des Sparsamkeitsgebots gehören auch der Einsatz wassereffizienter Technologien und wassersparende Benutzungsmethoden,[481] die Wiederaufbereitung von Abwasser, die Benutzung von Brauchwasser in geschlossenen Kreisläufen, die Subventionierung wassereffizienter Bewässerungssysteme für die Landwirtschaft oder die Instandhaltung von Leitungen und Entnahmesystemen.[482] In Bezug auf den Einsatz wassersparender Maßnahmen im Haushalt (wie z. B. effiziente Wasserhähne, Toilettenspülungen oder Waschmaschinen, sowie die Trennung von Trink- und Brauchwasser)[483] gelten die konkretisierenden Vorgaben des § 50 Abs. 3 WHG. In Bezug auf Einsparmöglichkeiten der Endverbraucher gilt das Gebot der sparsamen Wasserverwendung daher nicht absolut. § 50 Abs. 3 S. 2 WHG erfordert, dass die Wasserversorger vorrangig auf eine Beeinflussung durch Information und Beratung setzen.[484]

Eine zu strikte Einhaltung des Sparsamkeitsgebots hält die Literatur für hinderlich, da teilweise aufwändige betriebstechnische Maßnahmen erforderlich werden können, um hygienische Probleme mit den Trinkwasser-Leitungsnetzen (z. B. mikrobielle Verunreinigung, erhöhte Korrosion durch längere Stagnation) zu vermeiden.[485] Bei hydrologisch wasserreichen Bedingungen mag eine weniger effiziente Gewässerbenutzungspraxis verhältnismäßig und mit § 5 Abs. 1 Nr. 2 WHG vereinbar sein. Bei Dürreereignissen hingegen sollte das Wasserdargebot möglichst effizient und sparsam genutzt werden, um die natürliche Wasserknappheit und eventuelle menschliche Bedarfsspitzen auszugleichen. Eine Relativierung des Sparsamkeitsgebots aus infrastrukturellen Gründen scheint in diesem

---

478 *Knopp*, in: Sieder *et al.*, WHG AbwAG, 55. EL 2020, § 5 WHG Rn. 32; *Heiermann*, Der Schutz des Bodens vor Schadstoffeintrag, 1992, S. 212; *Möker*, Gewässerbelastungen durch Agrarstoffe, 1993, S. 182.
479 *Knopp*, in: Sieder *et al.*, WHG AbwAG, 55. EL 2020, § 5 WHG Rn. 42.
480 *Knopp*, in: Sieder *et al.*, WHG AbwAG, 55. EL 2020, § 5 WHG Rn. 42.
481 In Bezug auf Wasserkraftanlagen fordert § 24 Abs. 4 WHG eine effiziente Nutzung der unter ökologischen Gesichtspunkten verfügbaren Wassermenge entsprechend dem Stand der Technik.
482 Zur Aufzählung *Gude*, in: Gsell *et al.*, BeckOGK, 2019, § 5 WHG Rn. 27; auch BT-Drs. 10/3973, S. 9; *Czychowski/Reinhardt*, WHG, 12. Aufl. 2019, § 5 Rn. 23 f.; *Hasche*, in: Giesberts/Reinhardt, BeckOK Umweltrecht, 58. Ed. 2021, § 5 WHG Rn. 6; *Berendes*, in: Berendes/Frenz/Müggeborg, WHG, 2. Aufl. 2017, § 5 Rn. 10.
483 *Faßbender*, in: Landmann/Rohmer, Umweltrecht Kommentar, 94. EL. 2020, § 5 WHG Rn. 25; *Knopp*, in: Sieder *et al.*, WHG AbwAG, 55. EL 2020, § 5 WHG Rn. 41.
484 *Faßbender*, in: Landmann/Rohmer, Umweltrecht Kommentar, 94. EL. 2020, § 5 WHG Rn. 25.
485 Z. B. BR-Drs. 280/1/09, S. 4; *Knopp*, in: Sieder *et al.*, WHG AbwAG, 55. EL 2020, § 5 WHG Rn. 43.

Zusammenhang weniger mit § 5 Abs. 1 Nr. 2 WHG und dem Ziel einer nachhaltigen Bewirtschaftung nach § 1 WHG vereinbar. Vielmehr sollte langfristig die Anpassung der Infrastruktur an eine nachhaltige Gewässerbenutzung und die Folgen des Klimawandels im Vordergrund stehen.

Über das allgemeine Sparsamkeitsgebot hinaus haben die öffentlichen Wasserversorger nach § 50 Abs. 3 WHG auf einen sparsamen Umgang mit Wasser hinzuwirken. Hierunter fallen Maßnahmen wie die Instandhaltung der Infrastruktur oder die Information der Endverbraucher über Einsparungsmaßnahmen. Durch die Geringhaltung infrastrukturbedingter Wasserverluste können die Gewässer effizient genutzt werden. Das Effizienzgebot richtet sich an alle Einrichtungen, die zu einer Wasserversorgung gehören und konkretisiert die allgemeine Jedermann-Pflicht aus § 5 Abs. 1 Nr. 2 WHG.[486] Das Gebot mag aus gesetzgeberischer Intention einer (selbstverständlichen) nachhaltiger Ressourcenbewirtschaftung entsprechen, es leistet jedoch, wie wenige andere Normen im WHG, einen ungewöhnlich hohen Beitrag zur Dürrevorsorge. Umstritten ist hingegen, ob öffentliche Wasserversorger darüber hinaus eine Regelungsbefugnis hinsichtlich des Umfangs und der Art der Wassernutzung gegenüber Endkunden besitzen.[487]

(3) Zwischenbilanz

Wie eingangs erwähnt, stellt § 5 WHG keinen spezifischen Zusammenhang zwischen den Sorgfaltspflichten und der Dürrebewältigung her. Ausgewählte Sorgfaltspflichten weisen Eignung für die mittelbare Dürrevorsorge oder zur *ad hoc* Dürrebewältigung auf. Unter den Sorgfaltspflichten des § 5 Abs. 1 WHG leistet das Sparsamkeitsgebot den größten Beitrag zur Dürrebewältigung. Es beinhaltet materiell-rechtliche Ansätze für eine kurzfristige *ad hoc* Anpassung des Gewässerbenutzungsverhaltens bei Dürre in Verbindung mit der Vermeidung nachteiliger Gewässerveränderungen nach § 5 Abs. 1 Nr. 1 WHG. Gleichzeitig haftet dem Sparsamkeitsgebot auch eine Komponente der Dürrevorsorge an, da es dazu beiträgt langfristig und flächendeckend eine ressourcenschonenden und effiziente Gewässerbewirtschaftung umzusetzen. Wie der Anwendungsbereich von § 5 Abs. 1 Nr. 2 WHG nahelegt, ist das Sparsamkeitsgebot in seiner derzeitigen Form, trotz verbindlicher Verhaltenspflicht, zu abstrakt und unbestimmt, um konkrete Handlungsanweisungen für die Vielzahl an Gewässerbenutzern aufzustellen.[488] Diesen Eindruck verstärkt § 103 WHG, der einen Verstoß gegen das Sparsamkeitsgebot mangels verfassungsrechtlich gebotener Bestimmtheit[489] nicht als Ordnungswidrigkeit sanktioniert. Mangels konkreter Vorgaben liegt es im Bewirtschaftungsermessen der Behörden, das Sparsamkeitsgebot in ihren Vollzugsentscheidungen zu konkretisieren. Für genehmigungsfreie Gewässerbenutzungen entfaltet § 5 Abs. 1 Nr. 2 WHG zwar einen unmittelbar geltenden Appell zur sparsamen Wassernutzung, es fehlt jedoch insbesondere hier an konkreten Handlungsdirektiven. Diesen Gestaltungsspielraum füllen bislang auch die

---

486 *Gößl*, in: Sieder *et al.*, WHG AbwAG, 55. EL 2020, § 50 WHG Rn. 34 f.
487 Hierzu *Czychowski/Reinhardt*, WHG, 12. Aufl. 2019, § 50 Rn. 35; dies ablehnend *Reese et al.*, Anpassung an die Folgen des Klimawandels, 2. Aufl. 2016, S. 200.
488 *Berendes*, in: Berendes/Frenz/Müggeborg, WHG, 2. Aufl. 2017, § 5 Rn. 2, 5; *Reinhardt*, Regelungsbedarf und Regelungsrahmen einer künftigen Europäischen Politik des Wassersparens, ZfW 2012, 61 (64).
489 *Berendes*, in: Berendes/Frenz/Müggeborg, WHG, 2. Aufl. 2017, § 5 Rn. 2.

landesrechtlichen Regelungen nicht aus.[490] *De lege ferenda* wäre eine Konkretisierung durch spezifische Wassersparmaßnahmen, z. B. in Maßnahmenprogrammen nach § 82 Abs. 4 WHG, Verwaltungsvorschriften oder unverbindliche Leitlinien wünschenswert.[491]

bb) Die Mindestwasserführung, § 33 WHG

Das Verbot zur Unterschreitung der Mindestwasserführung nach § 33 WHG kommt im derzeit für Baden-Württemberg geltenden Wasserrecht einem Niedrigwassermanagement für Oberflächengewässer am nächsten.[492] § 33 WHG verpflichtet grundsätzlich jeden Gewässerbenutzer zur Einhaltung der für die Ziele des § 6 Abs. 1 und der §§ 27–31 WHG erforderlichen Abflussmenge. Als unmittelbar geltender, zwingender Rechtssatz weist § 33 WHG eine sehr weitgehende Regelungswirkung auf und verspricht ein hohes Steuerungspotential sowohl für den Bereich der Dürrevorsorge, als auch den Bereich der *ad hoc* Bewältigung, wenngleich auch hier der Wortlaut der Norm kein Bezug zu Dürre oder Trockenheit herstellt. Die Regelung einer Mindestwasserführung könnte langfristig nicht nur die Anfälligkeit der Gewässer für Dürreauswirkungen minimieren, sondern auch den materiell-rechtlichen Minimalstandard für *ad hoc* Maßnahmen zur kurzfristigen Dürrebewältigung vorgeben.

(1) Bedeutung für Niedrigwassersituationen

Nach § 33 WHG ist

»das Aufstauen eines oberirdischen Gewässers oder das Entnehmen oder Ableiten von Wasser aus einem oberirdischen Gewässer [...] nur zulässig, wenn die Abflussmenge erhalten bleibt, die für das Gewässer und andere hiermit verbundene Gewässer erforderlich ist, um den Zielen des § 6 Absatz 1 und der §§ 27 bis 31 zu entsprechen (Mindestwasserführung).«

Als bundesrechtliche Vollregelung[493] stellt § 33 WHG einen Minimalstandard[494] für den mengenmäßigen Zustand von Oberflächengewässern auf. Auf den ersten Blick erweckt § 33 WHG den Anschein, ausschließlich einen quantitativ ausgerichteten Regelungsansatz zu verfolgen, dessen Telos auf die Vermeidung von benutzungs- und dürrebedingten Niedrigwassersituationen gerichtet ist. Die Norm dient jedoch in erster Linie dem Erhalt der ökologischen Funktionsfähigkeit von Oberflächengewässern und ihren standorttypischen Lebensgemeinschaften.[495] Sie stellt in Anlehnung an Anhang V Nr. 1.1.1 WRRL spezi-

---

490 Wie z. B. § 1 Abs. 2 Nr. 2 WG-BW, der den Wortlaut von § 5 Abs. 1 Nr. 2 WHG um das Merkmal der »effizienten« Wassernutzung ergänzt.
491 Für Maßnahmenprogramme sieht § 82 Abs. 4 WHG sogar ausdrücklich eine Konkretisierung vor. Die zuständigen Behörden haben davon überwiegend keinen Gebrauch gemacht.
492 Hierzu bereits *Caillet et al.*, Die Mindestwasserführung als Instrument des Gewässerschutzes vor den Auswirkungen von Niedrigwasserereignissen, ZfU 2018, 385.
493 Die bundesrechtliche Vollregelung besteht seit der Neufassung des WHG im Jahr 2009. Die Regelung einer Mindestwasserführung war zuvor bereits im Wasserwirtschaftsrecht der Länder verankert, z. B. § 42a SächsWG.
494 So auch die Literatur, *Berendes/Frenz/Müggeborg*, WHG, 2. Aufl. 2017, § 33 Rn. 6; *Caßor-Pfeiffer*, Das Gesetz zur Neuregelung des Wasserrechts, ZfW 2010, 1 (13).
495 BT-Drs. 16/12275, S. 60; *Faßbender*, in: Landmann/Rohmer, Umweltrecht Kommentar, 94. EL. 2020, § 33 WHG Rn. 4; *Knopp*, in: Sieder et al., WHG AbwAG, 55. EL 2020, § 33 WHG

fisch auf den Schutz der Gewässerflora ab.[496] Die Notwendigkeit für einen Mindestabfluss erwächst aus der Summationswirkung von Gewässerbenutzungen auf Oberflächengewässer.[497] Beispielsweise können Benutzungen in Form von Entnahmen oder Ableitungen zur Wasserkraftnutzung, zur Kraftwerksbetreibung, zur Tagebauflutung, zu industriellen oder landwirtschaftlichen Zwecken den Pegelstand eines Oberflächengewässers senken und ein künstliches Niedrigwasserereignis (Wasserstress) verursachen.[498] Niedrigwasser kann von einem Absinken der Fließgeschwindigkeit bis hin zu einem Trockenfallen größerer Gewässerabschnitte führen und in den Sommermonaten die Gewässertemperatur und Schadstoffkonzentration erhöhen.[499] Dadurch werden die Gewässerfauna und -flora einem Dürrestress ausgesetzt, der zum Massensterben von Fischen und anderen aquatischen Lebewesen führen kann. § 33 WHG soll derartigen Auswirkungen vorbeugen und sicherstellen, dass trotz der Entnahmen und Ableitungen genügend Restwasser im Flusslauf oder in den Ausleitungsstrecken verbleibt.[500] Das Verbot der Mindestwasserführung hat somit zum Ziel, die Gewässerökologie und -qualität primär vor menschlicher Übernutzung zu schützen.

Über die Mindestwasserführung bei Dürrebedingungen trifft § 33 WHG keine nähere Regelung. Da § 33 WHG als unmittelbares gesetzliches Verbot ausgestaltet ist, gelten die Vorgaben auch bei Dürreereignissen. Dies ergibt sich aus dem Wortlaut der Norm, der nicht nach der Ursache für einen niedrigen Abfluss unterscheidet, sondern das menschlichen Nutzungsverhalten in Bezug auf den Gewässerabfluss regelt. Ohne spezielle Vorgaben zur ad hoc Dürrebewältigung aufzustellen, erlangt § 33 WHG bei Dürrebedingungen besondere Relevanz.

Welche Folgen Niedrigwasser auf die Gewässer haben, zeigt der Dürresommer 2018 besonders anschaulich. Allein am Rhein starben über 20 t Fische.[501] Während des »Jahr-

---

       Rn. 6; *Niesen*, in: Berendes/Frenz/Müggeborg, WHG, 2. Aufl. 2017, § 33 Rn. 3; *Caßor-Pfeiffer*, Das Gesetz zur Neuregelung des Wasserrechts, ZfW 2010, 1 (13); *Seeliger/Wrede*, Zum neuen Wasserhaushaltsgesetz, NuR 2009, 679 (685).
496 Die hydromorphologischen Komponenten Abfluss und Abflussdynamik unterstützen hier die biologische Komponente, *Faßbender*, in: Landmann/Rohmer, Umweltrecht Kommentar, 94. EL. 2020, § 33 WHG Rn. 5; *Knopp*, in: Sieder *et al.*, WHG AbwAG, 55. EL 2020, § 33 Rn. 10; allgemein *Caßor-Pfeiffer*, Das Gesetz zur Neuregelung des Wasserrechts, ZfW 2010, 1 (13).
497 Das Verbot der Unterschreitung der Mindestwasserführung gilt nach § 33 WHG auch für verbundene Gewässer. Der Gesetzgeber verfolgt damit ein integriertes Schutzniveau, das den hydrologischen Gegebenheiten des Wasserkreislaufs Rechnung trägt. Neben anderen verbundenen Oberflächengewässer können auch Grundwasserkörper mit einem Oberflächengewässer verbunden sein. Eine nicht eingehaltene Mindestwasserführung kann im Einzelfall zu einem Absinken des Grundwasserspiegels führen, das sich wiederum z. B. auf das Trockenfallen von Feuchtbiotopen auswirken kann, näher *Niesen*, in: Berendes/Frenz/Müggeborg, WHG, 2. Aufl. 2017, § 33 WHG Rn. 22.
498 Mit Beispielen *Knopp*, in: Sieder *et al.*, WHG AbwAG, 55. EL 2020, § 33 Rn. 6.
499 VGH BW, Urt. v. 15. 12. 2015 – 3 S 2158/14; *Knopp*, in: Sieder *et al.*, WHG AbwAG, 55. EL 2020, § 33 Rn. 8.
500 VGH BW, Urt. v. 15. 12. 2015 – 3 S 2158/14, Rn. 78 (amtl. Anm.).
501 *Merlot*, Warmes Flusswasser, DER SPIEGEL | Online-Nachrichten, 2018, http://www.spiegel.de/wissenschaft/natur/schweiz-im-rhein-sterben-die-fische-a-1221830.html [abgerufen am 12. 7. 2021].

C. Die Rechtslage im Bundesland Baden-Württemberg

hundertsommers 2003« kam es zu einem Massensterben von Körbchenmuscheln und Äschen im Hochrhein.[502]

(2) Regelungsadressat und Schutzniveau bei Niedrigwasser

Das Verbot der Unterschreitung der Mindestwasserführung findet auf die in § 33 WHG enumerativ genannten Wasserbenutzungen Anwendung. Hierzu gehört »das Aufstauen eines oberirdischen Gewässers oder das Entnehmen oder Ableiten von Wasser aus einem oberirdischen Gewässer.« Das Verbot richtet sich in erster Linie an die Wasserbehörden bei genehmigungspflichtigen Gewässerbenutzungen; es bindet aufgrund seines Wortlauts aber auch die genehmigungsfreien Gewässerbenutzenden.[503] In Bezug auf erlaubnisfreie Gewässerbenutzungen sieht der Bußgeldtatbestand des § 103 WHG iVm. § 126 WG-BW jedoch keine Sanktionierung bei Nichteinhaltung von § 33 WHG vor.[504] Der Schwerpunkt der Umsetzung von § 33 WHG liegt daher bei genehmigungspflichtigen Gewässerbenutzungen.

Für die Wasserbehörde ist § 33 WHG ein gesetzliches Gestattungshindernis. Die Behörden müssen die Einhaltung von § 33 WHG durch Inhalts- und Nebenbestimmungen sicherstellen oder anderenfalls einen Antrag auf Gewässerbenutzung versagen.[505] Erlaubnis- und bewilligungspflichtige Gewässerbenutzungen sind an § 33 WHG überwiegend mittelbar durch die Festsetzungen im Erlaubnisbescheid gebunden. Enthält die wasserrechtliche Genehmigung keine Nebenbestimmungen in Bezug auf die Mindestwasserführung, verpflichtet § 33 WHG unmittelbar auch diese Gewässerbenutzenden zur Einhaltung der Mindestwasserführung.

Die genannten Regelungsadressaten müssen zu jeder Zeit die »erforderliche Abflussmenge« einhalten. Liegt eine natürliche Verringerung des Abflusses durch ein Dürreereignis vor, müssen Gewässerbenutzer ihr Benutzungsverhalten entsprechend anpassen, um den Mindestabfluss einzuhalten. Sie dürfen insbesondere keine Verschlechterung der Gewässer herbeiführen (Verschlechterungsverbot).[506] Das kann im Einzelfall auch bedeuten, dass die Gewässerbenutzung während Trockenheit einzustellen ist.[507] Im Unterschied zum häufig eingesetzten Instrument der Untersagung des Gemeingebrauchs nach § 21 Abs. 2 WG-BW,[508] ergingen jedoch bislang keine *ad hoc* Maßnahmen von Wasserbehörden, insbesondere der Gewässeraufsicht, zur Beschränkung oder Untersagung genehmigungspflichtiger Gewässerbenutzungen bei Dürre aufgrund von § 33 WHG. Es

---

502 *Köhler et al.*, Überblick zur Niedrigwasserperiode 2003 in Deutschland, HyWa 2007, 118 (127).
503 *Faßbender*, in: Landmann/Rohmer, Umweltrecht Kommentar, 94. EL. 2020, § 33 WHG Rn. 25; *Reinhardt*, in: Czychowski/Reinhardt, WHG, 12. Aufl. 2019, § 33 Rn. 3; *Niesen*, in: Berendes/Frenz/Müggenborg, WHG, 2. Aufl. 2017, § 33 Rn. 4; *Knopp*, in: Sieder *et al.*, WHG AbwAG, 55. EL 2020, § 33 WHG Rn. 24.
504 Etwas anderes gilt, wenn eine Untersagung des Gemeingebrauchs nach § 20 Abs. 2 Nr. 1 WG-BW vorliegt, siehe Abschnitt C.III.1.d)dd)(1)δ).
505 *Reinhardt*, in: Czychowski/Reinhardt, WHG, 12. Aufl. 2019, § 33 Rn. 3; *Knopp*, in: Sieder *et al.*, WHG AbwAG, 55. EL 2020, § 33 WHG Rn. 41.
506 Hierzu bereits Abschnitt C.II.5.c).
507 *Knopp*, in: Sieder *et al.*, WHG AbwAG, 55. EL 2020, § 33 Rn. 43.
508 Näher hierzu Abschnitt C.III.1.d)dd)(1).

besteht jedoch auch die Möglichkeit, dass die Behörden im Rahmen des informellen Verwaltungshandelns entsprechende Akteure informieren und ein Tätigwerden der Eingriffsverwaltung dadurch entbehrlich wird. Wird die Mindestwasserführung ausschließlich durch natürliche Umstände ohne menschliches Zutun unterschritten, besteht für die in § 33 WHG verpflichteten Gewässerbenutzer jedoch keine Pflicht zur Durchführung von Maßnahmen zur künstlichen Erhöhung der Abflussmenge. Dies ergibt sich bereits aus dem Wortlaut von § 33 WHG, der von »erhalten« der Mindestwasserführung und nicht von »herstellen« der Mindestwasserführung spricht. Dies mag jedoch nichts daran ändern, dass eine Anpassungspflicht der zuständigen Wasserbehörden für die mengenmäßigen Inanspruchnahme der Oberflächengewässer im Sinne einer *ad hoc* Dürrebewältigung besteht, wenn ein Unterschreiten der Mindestwasserführung bei Dürre zu befürchten ist.

(3) Bestimmung der erforderlichen Abflussmenge

§ 33 WHG fordert die Einhaltung der Abflussmenge, »die für das Gewässer und andere hiermit verbundene Gewässer erforderlich ist, um den Bewirtschaftungsgrundsätzen und -zielen des § 6 Absatz 1 und der §§ 27 bis 31 [WHG] zu entsprechen.« Um die Flexibilität des wasserrechtlichen Vollzugs zu wahren, verzichtet § 33 WHG darauf, einen konkreten Grenzwert festzulegen. Stattdessen legt § 33 WHG die Bestimmung und Festsetzung der Mindestwasserführung in die Bewirtschaftungsverantwortung der Wasserbehörden.[509] Sie ermitteln im Einzelfall durch Abwägung der in §§ 6 Abs. 1, 27–31 WHG genannten Belange und unter Berücksichtigung des Verhältnismäßigkeitsgrundsatzes, welche Abflussmenge »erforderlich« ist. In die Abwägung sind auch die hydrologische Situation und die ökologischen Erfordernisse vor Ort einzustellen.[510] Eine klare Leitlinie für die Abwägungsentscheidung bietet in dieser Hinsicht auch § 6 WHG nicht. Die in § 6 WHG genannten Belange weisen für die Bestimmung der »erforderlichen Abflussmenge« teils sogar gegenläufige Zielrichtungen auf. Auf der einen Seite fordert § 6 Abs. 1 Nr. 1 WHG, dass die Gewässer als Lebensräume von Tieren und Pflanzen zu erhalten sind, auf der anderen Seite sollen nach § 6 Abs. 1 Nr. 4 WHG bestehende und künftige Nutzungsmöglichkeiten erhalten bleiben oder geschaffen werden. Ergänzend können die Wasserbehörden ihre Abwägungsentscheidung an den in Maßnahmenprogrammen und Bewirtschaftungsplänen konkretisierten Bewirtschaftungszielen ausrichten.[511]

§ 33 WHG stellt keine Anforderungen an das Verfahren zur Ermittlung der Mindestwasserführung.[512] In Baden-Württemberg eröffnet § 23 Abs. 1 iVm. § 19 Abs. 1 WG-

---

509 BVerwG, Beschl. v. 26. 1. 2017 – 7 B 3.16, Rn. 12 (amtl. Anm.); BVerwG, Beschl. v. 16. 8. 1989 – 7 B 57.89; *Niesen*, in: Berendes/Frenz/Müggeborg, WHG, 2. Aufl. 2017, § 33 Rn. 10, 24.
510 BT-Drs. 16/12275, S. 60; BVerwG, Beschl. v. 26. 1. 2017 – 7 B 3.16, Rn. 11 f. (amtl. Anm.); VGH BW, Urt. v. 15. 12. 2015 – 3 S 2158/14, Rn. 88 (juris); *Niesen*, in: Berendes/Frenz/Müggeborg, WHG, 2. Aufl. 2017, § 33 Rn. 18; *Pawlowski*, Gewässerunterhaltung zwischen Verkehrssicherung und ökologischer Rekonstruktion, EurUP 2015, 127 (132).
511 Vgl. VGH BW, Urt. v. 15. 12. 2015 – 3 S 2158/14, Rn. 98 f. (juris).
512 VGH BW, Urt. v. 15. 12. 2015 – 3 S 2158/14, Rn. 88 (juris). Es verbleibt insofern ein methodologischer Beurteilungsspielraum zur Anwendung hydrologisch-statistischer oder ökologisch begründeter Verfahren, wobei letztere in der Verwaltungspraxis überwiegen, *Niesen*, in: Berendes/Frenz/Müggeborg, WHG, 2. Aufl. 2017, § 33 Rn. 19; *Jacob/Lau*, Beurteilungsspielraum und Einschätzungsprärogative, NVwZ 2015, 241 (246).

BW die Möglichkeit, das Verfahren zur Bestimmung der Mindestwasserführung durch Rechtsverordnung zu regeln. Tatsächlich ist das Verfahren durch die VwV Wasserkrafterlass 2018[513] als Nachfolgeregelung der VwV Wasserkrafterlass 2006[514] konkretisiert.[515] Die VwV Wasserkrafterlass 2018 hält in Nr. 3.1.2 an dem bereits nach der VwV Wasserkrafterlass 2006 zugrundeliegenden zweistufigen Verfahren fest, löst sich aber vom Konzept eines standardisierten Orientierungswerts in Höhe von ⅓ Mittlerer Niedrigwasserabfluss (MNQ). Stattdessen ist nach Nr. 3.1.2.1 auf erster Stufe ein Einstiegswert für alle Gewässer mit einem Mittlerer Abfluss (MQ) größer als 0,4 m³/s (standortbezogener Einstiegswert) zu ermitteln. Dieser beträgt je nach Gewässerart – Nr. 3.1.2.1 unterscheidet zwischen Lachs-/Seeforellengewässern und anderen Gewässern – zwischen ⅔ und ⅓ des MNQ.

Für (kleine) Gewässer mit weniger als 0,4 m³/s Abfluss entfällt nach Nr. 3.1.2.1 die Ermittlung eines Einstiegswerts mangels Aussagekraft. Bei kleinen Gewässern ist direkt die zweite Stufe, eine örtliche Anpassung nach Nr. 3.1.2.2, vorzunehmen. Nr. 3.1.2.2 führt fünf Kriterien auf, die zur örtlichen Anpassung des Einstiegswertes herangezogen werden können: Durchgängigkeit in der Ausleitungsstrecke, bei ausreichender Leitströmung für die Auffindbarkeit der Ausleitungsstrecke, funktionsfähige Anlage zur Herstellung der Durchgängigkeit, Erhaltung bzw. Herstellung eines zusammenhängenden und funktionsfähigen Lebensraums, Wassergüte. Einzelfallabhängig können weitere sechs Kriterien herangezogen werden, darunter: hydrologische Besonderheiten, insbesondere bei Karstabflüssen, Zuflüsse in der Ausleitungsstrecke, Grundwasserhaushalt, Temperaturhaushalt, Ausleitungs- und Staulänge, sowie Sohlstabilität. Auf der Grundlage dieser Kriterien ist eine Anpassung des Einstiegswerts sowohl nach oben als auch nach unten möglich, wie Nr. 3.1.2.2 ausdrücklich feststellt.

Vollzugserleichternd stellt Nr. 3.1.2.4 die Vorhaltung von Kontrolleinrichtungen und die Durchführung erforderlicher Untersuchungen in den Verantwortungsbereich der Nutzer. Ausdrücklich regt Nr. 3.1.2.4 an, Art und Umfang der Untersuchungen mit der unteren Wasserbehörde unter Beteiligung der unteren Naturschutzbehörde abzusprechen und als Auflagen in wasserrechtlichen Genehmigungen zu regeln. Anfallende Kosten sind unter Hinweis auf § 75 Abs. 2 WHG von den Benutzern eines Gewässers und den Betreibern von Anlagen zu tragen.

---

513 Gemeinsame Verwaltungsvorschrift des Umweltministeriums und des Ministeriums für Ländlichen Raum und Verbraucherschutz zur gesamtökologischen Beurteilung der Wasserkraftnutzung; Kriterien für die Zulassung von Wasserkraftanlagen bis 1.000 kW vom 15.5.2018, GABl. 2018 S. 403 Az.: 5-8964.00.

514 Gemeinsame Verwaltungsvorschrift des Umweltministeriums, des Ministeriums für Ernährung und Ländlichen Raum und des Wirtschaftsministeriums zur gesamtökologischen Beurteilung der Wasserkraftnutzung; Kriterien für die Zulassung von Wasserkraftanlagen bis 1000 kW vom 30.12.2006, GABl. 2007 S. 105, Az.: 51-8964.00.

515 Eine Regelung durch Rechtsverordnung ist nicht zwingend erforderlich, da eine Bestimmung der Mindestwasserführung im Einzelfall auch durch andere Instrumente als eine Festlegung von Kriterien durch Rechtsverordnung erfolgen kann, vgl. VGH BW, Urt. v. 15.12.2015 – 3 S 2158/14, Leitsatz 3, Rn. 85 (juris); BVerwG, Beschl. v. 26.1.2017 – 7 B 3.16, Rn. 13, 17 (amtl. Anm.).

(4) Die Mindestwasserführung auf Ebene der administrativen Einzelfallentscheidung

§ 33 WHG gilt als zwingender Rechtssatz grundsätzlich für jeden Gewässerbenutzer unabhängig von einer Genehmigungspflicht. Da genehmigungsfreie Gewässerbenutzungen rechtlich auf eine geringe Entnahmemenge beschränkt sind und das Verfahren zur Bestimmung der Mindestwasserführung nach dem Wasserkrafterlass sehr komplex und technisch ausgestaltet ist, liegt der Hauptanwendungsbereich von § 33 WHG bei genehmigungspflichtigen Gewässerbenutzungen. Die Umsetzung der Vorgaben zur Mindestwasserführung erfolgt überwiegend durch die Wasserbehörden in den Festsetzungen eines Zulassungsbescheids oder durch nachträgliche Anordnung.

α) Konkretisierung von § 33 WHG in wasserrechtlichen Genehmigungsbescheiden

Die Wasserbehörden müssen § 33 WHG als materiell-rechtliche Bewirtschaftungsvorgabe von Amts wegen beachten.[516] Das bedeutet konkret: Bei Antrag auf Zulassung einer Gewässerbenutzung muss die Behörde sicherstellen, dass die Summe aller Wasserentnahmen und Ableitungen in einem Gewässerabschnitt nicht die örtlich erforderliche Mindestwasserführung unterschreitet.[517] Sollte die Benutzung eine Prüfung nach dem UVPG erfordern, prüft die Behörde im Rahmen der Wirkungsanalyse ferner, inwieweit die Benutzung zu einer Verschlechterung der Gewässereigenschaft führt.[518]

Um ein Unterschreiten der Mindestwasserführung zu verhindern, setzt die Behörde (insbesondere bei Ausleitungskraftwerken) die erforderliche Mindestwassermenge im Zulassungsbescheid konkret fest.[519] Die Grenzwerte dürfen dabei auch saisonal differieren und z. B. an die Laichzeiten der Gewässerfauna angepasst werden.[520] Gegebenenfalls stellt die Behörde durch die Anordnung von Maßnahmen iSv. § 13 WHG im Zulassungsbescheid sicher, dass die Gewässerbenutzung die erforderliche Mindestabflussmenge nach § 33 WHG einhält.

Praktische Bedeutung erlangen die Vorgaben zur Einhaltung der Mindestwasserführung vor allem bei Benutzungen zum Zwecke der Wasserkraftgewinnung[521] und bei Einleitun-

---

516 *Czychowski/Reinhardt*, WHG, 12. Aufl. 2019, § 33 Rn. 3; *Niesen*, in: Berendes/Frenz/Müggeborg, WHG, 2. Aufl. 2017, § 33 Rn. 4.
517 *Niesen*, in: Berendes/Frenz/Müggeborg, WHG, 2. Aufl. 2017, § 33 Rn. 14.
518 Im Beispielsfall einer Gewässerbenutzung zu Kühlzwecken eines Kraftwerks prüft die zuständige Behörde u. a. inwieweit das eingeleitete Kühlwasser zu einer Erwärmung des Oberflächengewässers führt, vgl. *EnBW*, Gehobene wasserrechtliche Erlaubnis und Entnahme, Energieversorgung Baden-Württemberg, 2016, S. 12.
519 BVerwG, Beschl. v. 26. 1. 2017 – 7 B 3.16, Rn. 1 (amtl. Anm.) mit den Vorinstanzen VGH BW, Urt. v. 15. 12. 2015 – 3 S 2158/14 und VG Karlsruhe, Urt. v. 2. 7. 2014 – 4 K 3423/11 und Widerspruchsverfahren LT-Drs. 15/919, S. 7.
520 LT-Drs. 15/919, S. 7 f.
521 Der Betrieb eines Wasserkraftwerks stellt aufgrund der Ableitung des Gewässers und anschließenden Wiedereinleitung eine Benutzung iSv. § 9 Abs. 1 Nr. 1, 4 WHG dar. Der Wasserkrafterlass sowie die Vorgängerregelung sehen aufgrund der hohen Praxisrelevanz Direktiven für die Zulassungsentscheidung nach § 24 WG-BW vor, insbesondere wann die Voraussetzungen einer Ablehnung des Genehmigungsantrags vorliegen, VwV Wasserkrafterlass 2006, Nr. V 1 ff., S. 19 ff.

gen aus Kläranlagen.[522] Bei Gewässerbenutzungen zum Zwecke der Wasserkraft besteht ein besonderes Konfliktpotential zwischen den Interessen der Betreiber an einer möglichst umfänglichen Wassernutzung zur Energiegewinnung und dem ökologischen Erfordernis einer Mindestwasserführung.[523] Grund dafür ist, dass der Betrieb einer Wasserkraftanlage in der Ausleitungsstrecke ein künstliches Dürreereignis herbeiführen kann, wenn z. B. der gesamte Abfluss zur maximalen Energiegewinnung genutzt wird. In der Folge können größere Gewässerabschnitte am Unterlauf trockenfallen.[524] Zur Einhaltung der Mindestwasserführung kann die zuständige Behörde umfassende Maßnahmen anordnen, um den Mindestwasserstand in Ausleitungsstrecken oder eine Mindestverdünnung bei der Einleitung von Stoffen (Schadstoffe, temperaturerhöhtes Kühlwasser) durchzusetzen. Im Falle industrieller Benutzungen dürfen die Maßnahmen zu erheblichen wirtschaftlichen Aufwendungen oder einer Beeinträchtigung der Benutzung führen, da Rentabilität eines industriellen Gewerbes trotz öffentlichen Interesses nach § 24 Abs. 2 WHG keine zwingende Zumutbarkeitsschranke für wasserrechtliche Nebenbestimmungen ist.[525]

β) Überwachung und Ausnahmen

Die Einhaltung der Mindestwasserführung ist in erster Linie eigenverantwortlich durch die Gewässerbenutzende in Form der Eigenkontrolle zu gewährleisten. Art und Umfang der Eigenkontrolle sind in der wasserrechtlichen Entscheidung festzulegen.[526] Der Leitfaden der LUBW zu Mindestabflüssen in Ausleitungsstrecken empfiehlt bereits bei der Planung von Anlagen entsprechende Konzepte zur Überprüfung der Abflüsse vorzusehen, um nachträgliche Maßnahmen für die Kontrolle der Abflusswerte zu vermeiden.[527] Im Übrigen erfolgt die behördliche Überwachung im Rahmen der allgemeinen Gewässeraufsicht nach § 100 WHG iVm. § 75 WG-BW im Beisein oder durch die Fischereibehörde.[528] Die Kosten für die Überwachung der Mindestwasserführung tragen nach § 75 Abs. 2 S. 1 WG-BW die Benutzer oder Anlagenbetreiber selbst.

Ob und wie die Gewässerbenutzer von den Mindestwasserabflüssen abweichen dürfen, wird durch § 33 WHG nicht geregelt. Wasserbehörden können daher von den zwingenden Vorgaben der Mindestwasserführung nur ausnahmsweise, ggf. auf der Grundlage von § 31 Abs. 1 WHG, abweichen und eine Unterschreitung des Mindestabflusses durch Ausnahmegenehmigungen gestatten. Eine derartige Verwaltungspraxis erfolgte z. B. bei

---

522 *Niesen*, in: Berendes/Frenz/Müggeborg, WHG, 2. Aufl. 2017, § 33 Rn. 7; *Knopp*, in: Sieder *et al.*, WHG AbwAG, 55. EL 2020, § 33 WHG Rn. 16.
523 *Kotulla*, WHG, 2. Aufl. 2011, § 33 Rn. 9; *Riedel*, in: Giesberts/Reinhardt, BeckOK Umweltrecht, 46. Ed. 2018, Vor § 33 WHG; *Seeliger/Wrede*, Zum neuen Wasserhaushaltsgesetz, NuR 2009, 679 (685); *Giesecke/Mosonyi*, Wasserkraftanlagen, 5. Aufl. 2009, S. 1 ff. Dieses Konfliktpotential greift die rechtswissenschaftliche Literatur umfassend auf, exemplarisch dafür *Lauer*, Das Konfliktverhältnis Wasserkraft contra Umweltschutz, 2012; *Breuer*, Rechtsfragen des Konflikts zwischen Wasserkraftnutzung und Fischfauna, 2006, S. 33 ff.
524 VGH BW, Urt. v. 15.12.2015 – 3 S 2158/14, Rn. 68 (juris); *Knopp*, in: Sieder *et al.*, WHG AbwAG, 55. EL 2020, § 33 WHG Rn. 15.
525 LT-Drs. 15/919, S. 7, 13; VG Freiburg, Urt. v. 23.9.2010 – 6 K 1168/07.
526 *LfU*, Mindestabflüsse in Ausleitungsstrecken, 2005, S. 39.
527 *LfU*, Mindestabflüsse in Ausleitungsstrecken, 2005, S. 39.
528 *LfU*, Mindestabflüsse in Ausleitungsstrecken, 2005, S. 39.

langanhaltenden Niedrigwasserereignissen, indem Wasserbehörden auf Antrag von Kraftwerksbetreibern ausnahmsweise eine Unterschreitung der in den Genehmigungsbescheiden festgesetzten Mindestwasserführungswerten gestatteten.[529]

(5) Zwischenbilanz

Das Verbot der Unterschreitung der Mindestwasserführung aus § 33 WHG, konkretisiert durch die Verwaltungsvorschrift (VwV) Wasserkrafterlass, verpflichtet die Gewässerbenutzer dazu, die für die Gewässerökologie erforderliche Abflussmenge einzuhalten. § 33 WHG trägt damit allgemein zu einem guten Zustand der Gewässer iSv. § 27 WHG bei, wodurch mittelbar die Anfälligkeit der Oberflächengewässer für Dürreauswirkungen abnimmt. Insofern trägt § 33 WHG zu einer langfristigen Dürrevorsorge bei. Die Norm enthält im Übrigen aber auch Regelungspotential zur *ad hoc* Dürrebewältigung. Aus § 33 WHG lässt sich zwar keine kurzfristige *ad hoc* Pflicht zur künstlichen Verbesserung der Abflussverhältnisse bei Dürre ableiten. Jedoch verlangt das Gebot der Mindestwasserführung die Beschränkung oder Untersagung der Gewässerbenutzung bei Niedrigwasserverhältnissen. Angesichts der prognostizierten Zunahme von Extremereignissen steht insbesondere die Energiewirtschaft einer derartigen Verwaltungspraxis kritisch gegenüber. Das Jahr über gesehen könnten die Turbinen »nie volle Auslastung fahren«.[530] Die Umsetzung und Konkretisierung der Mindestwasserführung gerade bei Dürreereignissen durch die Verwaltungspraxis erfolgt dementsprechend stets im Spannungsverhältnis zwischen dem Schutz der Gewässerökologie, der Energiewirtschaft und -versorgung und klimapolitischen Erwägungen.

Begrüßenswert ist die Befristung und Aktualisierung der VwV Wasserkrafterlass zur Bestimmung der Mindestwasserführung, da dadurch eine regelmäßige Anpassung des Verfahrens erfolgen kann. Das Verfahren zur Bestimmung der Mindestwasserführung im Einzelfall nach dem Wasserkrafterlass trägt dazu bei, dass die Grenzwerte der Verhältnismäßigkeit und den Anforderungen des Einzelfalls entsprechen. Interessengruppen kritisieren jedoch die örtliche Anpassung der Orientierungswerte, da diese zu niedrige Abflusswerte hervorbringen würde und diese bereits in der Vergangenheit nicht ausreichten um bestimmte Organismengruppen in den Gewässern beispielsweise im Sommer 2003 zu schützen.[531] Darüber hinaus sind in der Praxis genehmigungsfreie Gewässerbenutzungen von den Anforderungen des § 33 WHG weitgehend ausgenommen, da das Verfahren zur Bestimmung der Mindestwassermenge für diese Benutzergruppe regelmäßig zu komplex und technisch ausgestaltet ist. Der Wasserkrafterlass sieht ferner von der Anwendung hydrologischer Modelle ab, sodass fraglich ist, wie die kumulative Belastung der Gewässerbenutzungen im Rahmen der behördlichen Einzelfallentscheidung bei der Bestimmung der Mindestwasserführung Berücksichtigung finden kann. Im Ergebnis verdeutlicht das Verfahren zur Bestimmung der Mindestwasserführung, dass

---

529 BT-Drs. 18/8992, S. 4 f.
530 Vgl. Stellungnahme der Arbeitsgemeinschaft Wasserkraftwerke Baden-Württemberg zum Entwurf 2017 des Wasserkrafterlasses, 2017, S. 10 (unveröffentlicht).
531 Im Besonderen sei die Mindestwasserführung des Neckars mit 25 m³/s zu niedrig, da es an der Staustufe Laufen zu einem Sterben der Körbchenmuscheln kam, vgl. *EnBW*, Gehobene wasserrechtliche Erlaubnis und Entnahme, Energieversorgung Baden-Württemberg, 2016, S. 11.

§ 33 WHG in seiner derzeitigen Fassung ein planerisches Instrument zur Koordinierung aller Wasserbenutzungen nicht ersetzen kann.[532]

Grundsätzlich erscheint die Verschärfung der Einstiegswerte für die Mindestwasserführung in der VwV Wasserkrafterlass 2018 begrüßenswert, da sie Belastbarkeit der Gewässerökologie und -qualität erhöhen. Ob das Konfliktpotential zwischen Energiewirtschaft und Gewässerökologie durch die Neuregelungen gesenkt wird, ist zu bezweifeln. Auch die klimapolitischen Förderung der (kleinen) Wasserkraft als erneuerbare Energiequelle nach § 24 Abs. 1 WG-BW muss mit den Anforderungen der Gewässerökologie nach § 33 WHG vereinbar sein.[533] Auch unter der VwV Wasserkrafterlass 2018 gilt es den klimapolitisch vorangetriebenen Ausbau der Wasserkraft als erneuerbare Energiequelle und den Gewässerschutz einem angemessenen Ausgleich zuzuführen. Im Hinblick auf die Zunahme von Dürreereignissen wäre hierzu die Umsetzung einer einheitlichen Verwaltungspraxis, die Gewässerbenutzungen bei Niedrigwassersituationen konsequent einschränkt, wie z. B. bei Kraftwerken an der Lippe und am Rhein im Sommer des Jahres 2015, wünschenswert.[534] Die VwV Wasserkrafterlass 2018 sieht eine behördlichen Verpflichtung, die ermittelte Mindestwasserführung sowie ein Betriebsverbot bei Unterschreitung in Zulassungen zwingend festzuschreiben, nicht vor. Ungeachtet des rechtlichen Dürfens im Rahmen von § 33 WHG stellt sich bei Niedrigwassersituationen auch die Frage der Wirtschaftlichkeit eines uneingeschränkten Betriebs von Wasserkraftwerken iSd. in § 24 Abs. 4 WG-BW verankerten Effizienzgebots.[535] Diese Frage sollte auf übergeordneter Ebene im Rahmen von planerischen Instrumenten zum Zwecke der *ad hoc* Dürrebewältigung vorab geklärt werden.

cc) Abfluss und Durchgängigkeit von Gewässern, §§ 34, 35 WHG

Zwingende Rechtssätze zu Abfluss und Durchgängigkeit von Gewässern enthalten auch die §§ 34, 35 WHG. Sie gehören zusammen mit § 33 WHG zu den wichtigen Neuregelungen der Gewässerbewirtschaftung, die der Erreichung der Bewirtschaftungsziele nach §§ 6, 27–31 WHG dienen.[536] Die §§ 34, 35 WHG ergänzen § 33 WHG mittelbar auch dabei, die Anfälligkeit von Oberflächengewässern gegenüber Dürren langfristig zu senken. §§ 34, 35 WHG dienen im Speziellen der Nutzungsregulierung von Anlagen der Wasserenergie und Wasserkraft, um die besonderen Anforderungen der Gewässerfauna zu wahren.[537]

§ 35 WHG ist als zwingender Versagungsgrund ausgestaltet und gleichwohl neben § 33 WHG anwendbar.[538] Nach § 35 Abs. 1 WHG darf die Wasserkraftnutzung nur zugelassen werden, wenn geeignete Maßnahmen zum Schutz der Fischpopulation ergriffen werden.

---

532 Auch allgemein BT-Drs. 18/8992, S. 5.
533 Hierzu bereits VwV Wasserkrafterlass 2006, S. 1.
534 BT-Drs. 18/8992, S. 5.
535 Das Effizienzgebot bezieht sich nicht auf die gesamte Wassermenge, sondern nur auf diejenige Wassermengen, die unter ökologischen Aspekten sinnvoll nutzbar ist, vgl. LT-Drs. 15/3760, S. 183; *Bulling et al.*, WG-BW, Band 1, 3. Aufl., 55. EL 2020, § 24 Rn. 18.
536 *Knopp*, in: Sieder *et al.*, WHG AbwAG, 55. EL 2020, § 33 WHG Rn. 9.
537 VGH BW, Urt. v. 15. 12. 2015 – 3 S 2158/14, Leitsatz 5 (amtl. Anm.).
538 VGH BW, Urt. v. 15. 12. 2015 – 3 S 2158/14, Leitsatz 5 (amtl. Anm.); *Riedel*, in: Giesberts/Reinhardt, BeckOK Umweltrecht, 46. Ed. 2018, § 33 WHG Rn. 5a; *Reinhardt*, Neue wasser-

Ergänzend soll nach § 35 Abs. 3 WHG eine Wasserkraftpotentialermittlung erfolgen, damit eine Gewässerbenutzung nur an den Standorten erfolgt, an denen sie hydrologisch und ökologisch sinnvoll ist.[539] Da die Wasserkraft in Baden-Württemberg eine lange Tradition hat und geeignete Standorte weitgehend belegt sind, ist § 35 Abs. 3 WHG von untergeordneter Bedeutung.[540] Allerdings bringt § 35 WHG das Konfliktverhältnis von Wasserkraft und Gewässerökologie besonders deutlich zum Ausdruck und räumt der Schutzwürdigkeit der Gewässer Vorrang vor der Wasserkraft ein.[541] Die Norm enthält aufgrund ihres allgemein-generellen Wortlauts jedoch kaum vollzugsfähige Steuerungsbefehle. Es ist daher dem Bewirtschaftungsermessen der Wasserbehörden im Einzelfall überlassen, konkrete Regelungen zu treffen und Maßnahmen anzuordnen.[542]

§ 34 WHG fordert, ergänzend zu den Anforderungen des § 33 WHG, die Durchgängigkeit oberirdischer Gewässer.[543] Nach § 34 Abs. 1 WHG dürfen Stauanlagen nur betrieben werden, wenn die Durchgängigkeit der Gewässer erhalten oder wiederhergestellt wird, um den Bewirtschaftungszielen nach §§ 6, 27–31 WHG zu entsprechen. Entsprechen Stauanlagen nicht den Anforderungen nach § 34 Abs. 1 WHG, ist die zuständige Wasserbehörde nach § 34 Abs. 2 WHG zur Anordnung entsprechender Maßnahmen, z. B. geeignete technische Vorkehrungen oder Einhaltung des Mindestwasserabflusses als wesentlicher Bestandteil der Durchgängigkeit, verpflichtet.[544]

Die §§ 34, 35 WHG senken – in Verlängerung zu § 33 WHG – die langfristige Anfälligkeit der Gewässerfauna für Dürre und geben für Nutzungskonkurrenzen eine gesetzliche Priorisierung des Gewässerschutzes gegenüber der menschlichen Gewässerbenutzung vor. Insoweit weisen die Normen mittelbar Eignung zur Dürrevorsorge auf. Der Gesetzgeber hat in der Norm die grundlegende Werteentscheidung zugunsten des ökologischen Ressourcenschutzes getroffen, die bereits vielen anderen Normen des WHG z. B. §§ 1, 6 Abs. 1 Nr. 1 und 2, 27–31 oder 33, zugrunde liegt. Diese Priorisierungsentscheidung kann zuständigen Wasserbehörden zugleich bei *ad hoc* Maßnahmen zur Dürrebewältigung als Leitlinie dienen. Für die Ausgestaltung von *ad hoc* Maßnahmen zur Dürrebewältigung verdeutlicht § 35 Abs. 1 WHG, dass eine Bezugnahme auf den Artenschutz, wie z. B. besonders anfällige Fischpopulation, eine starke Steuerung der Gewässerbenutzung ermöglicht. Dies ist bereits durch den Regelungsgegenstand des Artenschutzes bedingt, der wenig Differenzierungsmöglichkeit zulässt. Die Eignung der §§ 34, 35 WHG für die Dürrebewältigung liegt somit primär in ihrem konzeptionellen Vorbildcharakter für die Lösung von Nutzungskonkurrenzen. Im Hinblick auf die Dürrevorsorge kommt den Normen Unterstützungsfunktion für § 33 WHG zu. Durch das Zusammenwirken der §§ 33 ff.

---

rechtliche Anforderungen an die Modernisierung von Wasserkraftanlagen, NVwZ 2011, 1089 (1090); *Breuer/Gärditz*, Öffentliches und privates Wasserrecht, 4. Aufl. 2017, Rn. 608, 610.
539 Grund hierfür ist, dass der Betrieb von Wasserkraftanlagen durch natürliche Faktoren wie verfügbarer Abfluss und vorhandene Fallhöhe begrenzt wird, LT-Drs. 16/2938, S. 7.
540 LT-Drs. 16/2938, S. 7.
541 *Lauer*, Das Konfliktverhältnis Wasserkraft contra Umweltschutz, 2012, S. 180.
542 *Reinhardt*, Neue wasserrechtliche Anforderungen an die Modernisierung von Wasserkraftanlagen, NVwZ 2011, 1089 (1089).
543 Von einem engen sachlichen Zusammenhang der Normen sprechend VGH BW, Urt. v. 15. 12. 2015 – 3 S 2158/14, Rn. 81 (juris); ähnlich *Czychowski/Reinhardt*, WHG, 12. Aufl. 2019, § 33 Rn. 2.
544 *Knopp*, in: Sieder *et al.*, WHG AbwAG, 55. EL 2020, § 33 WHG Rn. 7.

C. Die Rechtslage im Bundesland Baden-Württemberg

WHG kann mittelbar die Anfälligkeit der Gewässerökologie gegenüber Dürreereignissen gesenkt werden.

b) Präventive Steuerung des Benutzungsverhaltens: Das repressive Verbot mit Erlaubnisvorbehalt, § 8 WHG

Bereits in der *(Großer) Erftverband*-Entscheidung betonte das BVerfG, dass die Wasserwirtschaft kein klassischer, von rein ökonomischen Interessen geprägter Wirtschaftszweig ist.[545] Ein wichtiger Baustein, um eine Übernutzung der Gewässer zu vermeiden und die nachhaltige Bewirtschaftung der Gewässer als Lebensgrundlage sicherzustellen, ist die hoheitliche Zuteilung von Wassernutzungsrechten im Rahmen der präventiven Eröffnungskontrolle. Die Eröffnungskontrolle nach § 8 WHG ist als repressives Verbot mit Erlaubnisvorbehalt ausgestaltet und für alle genehmigungspflichtigen Gewässerbenutzungen von Relevanz.[546] Die wasserrechtliche Eröffnungskontrolle nach § 8 WHG verkehrt somit das aus dem Straßenrecht bekannte Regel-Ausnahme-Verhältnis von Gemeingebrauch und Sondernutzung ins Gegenteil.[547] § 4 Abs. 3 WHG stellt zudem ausdrücklich klar, dass das Grundeigentum nicht zur Nutzung der Gewässer berechtigt. Die besonders strenge Eröffnungskontrolle, die grundsätzlich jede Gewässerbenutzung einer behördlichen Genehmigung unterstellt,[548] geht auf den hohen Stellenwert des Schutzguts Wasser als Lebensgrundlage für Gesellschaft und Umwelt und knappem Gut zurück.[549] Die

---

545 BVerfG, Urt. v. 29.7.1959 – *(Großer) Erftverband*, BVerfGE 10, 89 (113); *Böllinger et al.*, Die Wirkung anthropogener Klimaänderungen, NuR 2001, 121 (121).
546 *Mager*, Die Entwicklung des Wasserwirtschaftsrechts, ZaöRV 2010, 789 (803); vgl. m. w. N. *Czychowski/Reinhardt*, WHG, 12. Aufl. 2019, § 8 Rn. 3; *Gromitsaris*, Die Unterscheidung zwischen präventivem Verbot mit Erlaubnisvorbehalt und repressivem Verbot mit Befreiungsvorbehalt, DÖV 1997, 401 (401 ff.); *Schmidt-Kötters*, Teilbarkeit und Übertragbarkeit von Genehmigung und Anlagenbetrieb, WiVerw 2013, 199 (199); *Kahl/Gärditz*, Umweltrecht, 11. Aufl. 2019, § 8 Rn. 19; *Breuer/Gärditz*, Öffentliches und privates Wasserrecht, 4. Aufl. 2017, Rn. 285; *Hoppe/Beckmann/Kauch*, Umweltrecht, 2. Aufl. 2000, § 8 WHG Rn. 42; *Kindhäuser*, Rechtstheoretische Grundfragen des Umweltstrafrechts, in: Letzgus (Hrsg.), Für Recht und Staat, 1994, S. 967 (982).
547 Hierzu *Fridrich*, Das öffentliche Eigentum an Gewässern nach dem baden-württembergischen Wasserrecht, 2016, S. 191.
548 BT-Drs. 16/12275, S. 55; BVerfG, Beschl. v. 15.7.1981 – *Naßauskiesung*, BVerfGE 58, 300 (346); *Schmid*, in: Berendes/Frenz/Müggeborg, WHG, 2. Aufl. 2017, § 8 Rn. 8; *Köck*, Zur Entwicklung des Rechts der Wasserversorgung und der Abwasserbeseitigung, ZUR 2015, 3 (3, 9); *Ehlers/Pünder*, Allgemeines Verwaltungsrecht, 15. Aufl. 2016, § 1 Rn. 50; *Schlacke*, Umweltrecht, 8. Aufl. 2019, § 11 Rn. 37, 43; allgemein *Maurer/Waldhoff*, Allgemeines Verwaltungsrecht, 20. Aufl. 2020, § 9 Rn. 56; *Rehbinder*, Ziele, Grundsätze, Strategien und Instrumente des Umweltschutzes, in: Rehbinder/Schink (Hrsg.), Grundzüge des Umweltrechts, 5. Aufl. 2018, § 3 Rn. 257 ff.; *Lenk*, Einschränkung des wasserrechtlichen Gemeingebrauchs, VBlBW 2017, 183 (183.); *Reinhardt*, Das wasserhaushaltsgesetzliche System der Eröffnungskontrollen unter Berücksichtigung bergrechtlicher Sachverhaltsgestaltungen, NuR 1999, 134 (135).
549 BVerfG, Beschl. v. 15.7.1981 – *Naßauskiesung*, BVerfGE 58, 300 (347); *Gassner*, Natur- und Landschaftsschutzrecht, 2. Aufl. 2016, Rn. 387; *Köck et al.*, Das Instrument der Bedarfsplanung, Bericht 55/2017, UBA, 2017, S. 266.

administrative Zuteilung von Nutzungsrechten erfolgt nicht aus der grundsätzlichen Unerwünschtheit von Benutzungen iSv. § 9 WHG. Sie ist Ausdruck der Begrenztheit und Lebensnotwendigkeit der Wasserressourcen, die einer nachhaltigen, dem Allgemeinwohl dienenden Verteilung iSv. § 1 WHG unterliegen.[550] Als Handlungsformen stehen den Wasserbehörden die Genehmigungsformen Erlaubnis, gehobene Erlaubnis und Bewilligung nach § 8 iVm. § 10 ff. WHG zur Verfügung, um Gewässerbenutzungen dergestalt zu steuern, dass Nutzungskonflikte und eine Übernutzung der Gewässer im Vorfeld vermieden werden. Im Zentrum der Ausübung des Bewirtschaftungsermessens nach § 12 Abs. 2 WHG steht folglich ein langfristiger nachhaltiger Ressourcenschutz,[551] der – ohne dies ausdrücklich festzulegen – die Grundvoraussetzung für eine geringe Anfälligkeit der Gewässer für die Dürreauswirkungen bildet. Insofern kann vom repressiven System mit Erlaubnisvorbehalt im Wasserrecht eine Eignung zur Dürrevorsorge ausgehen. Im Einzelfall können die zuständigen Wasserbehörden zudem nach § 13 WHG Festsetzungen treffen, die Auflagen und Benutzungsbedingungen für die Benutzung von Gewässern vorgeben. Die präventive Eröffnungskontrolle gibt den Wasserbehörden folglich zahlreiche Instrumente an die Hand, um bei genehmigungspflichtigen Benutzungen eine vorausschauende, nachhaltige Bewirtschaftung der Gewässer sicherzustellen.

aa) Anwendungsbereich, §§ 8 Abs. 1, 9 Abs. 1 und 2 WHG

Nach § 8 Abs. 1 WHG bedarf die »die Benutzung eines Gewässers […] der Erlaubnis oder der Bewilligung, soweit nicht durch dieses Gesetz […] etwas anderes bestimmt ist.« Durch den Begriff der Gewässerbenutzung in § 8 Abs. 1 WHG legt der Gesetzgeber den Anwendungsbereich der präventiven Eröffnungskontrolle und damit die präventive Steuerungsmöglichkeit von Gewässerbenutzungen durch die Wasserbehörden fest. Der Begriff der Gewässerbenutzung ist in § 9 Abs. 1 und 2 WHG iVm. § 14 WG-BW näher bestimmt und umfasst grundsätzlich alle wesentlichen Gewässerbenutzungen.[552] Zu den mengenmäßig besonders relevanten Gewässerbenutzungen zählen z. B. das Entnehmen oder Ableiten von Wasser aus oberirdischen Gewässern nach § 9 Abs. 1 Nr. 1 WHG und das Entnehmen von Grundwasser nach § 9 Abs. 1 Nr. 5 WHG. Unter den klassischen Entnahme- und Ableitungszwecken befinden sich die Trinkwasserversorgung, die landwirtschaftliche Bewässerung und das Ableiten zu Kühlungszwecken eines Wärme-

---

550 *Czychowski/Reinhardt*, WHG, 12. Aufl. 2019, § 8 Rn. 4; *Schmid*, in: Berendes/Frenz/Müggeborg, WHG, 2. Aufl. 2017, § 12 Rn. 86; *Lenk*, Einschränkung des wasserrechtlichen Gemeingebrauchs, VBlBW 2017, 183 (183).
551 *Kloepfer*, Handbuch des Katastrophenrechts, 2015, S. 517.
552 § 9 WHG unterscheidet echte (finale) Benutzungen in § 9 Abs. 1 WHG von unechten Benutzungen nach § 9 Abs. 2 WHG. Unter echte Benutzungen fallen Handlungen die typischerweise wasserwirtschaftliche Gefährlichkeit in Form eines Eingriffs auf Wasserhaushalt und Wasserqualität aufweisen, wie z. B. das Entnehmen oder Ableiten von Wasser aus oberirdischen Gewässern und Grundwasser oder das Aufstauen und Absenken von oberirdischen Gewässern. § 9 Abs. 2 Nr. 2 WHG sieht für final gewässerbezogene Handlungen zudem einen umfassenden Auffangtatbestand vor, näher BVerwG, Urt. v. 16. 11. 1973, ZfW, 296 (297 ff.); *Viertel*, Die Bedeutung von § 1 a WHG für die Zulässigkeit von Abwasserleitungen, ZfW 1996, 417 (421); *Kloepfer*, Umweltrecht, 4. Aufl. 2016, § 14 Rn. 125; *Schlacke*, Umweltrecht, 7. Aufl. 2019, § 11 Rn. 40 f.

kraftwerks.⁵⁵³ Weitere, mengenrelevante Gewässerbenutzungen sind das Absenken oder Anheben des natürlichen Wasserspiegels nach § 9 Abs. 1 Nr. 2 WHG, wie es beispielsweise beim Betrieb von Talsperren⁵⁵⁴ oder der künstlichen Veränderung der Wassermenge in einem Fischteich⁵⁵⁵ der Fall ist.⁵⁵⁶

Die Grenzen der präventiven Eröffnungskontrolle ergeben sich im Übrigen auch durch die gesetzlich vorgesehenen, genehmigungsfreien Gewässerbenutzungen nach §§ 25, 46 WHG.

bb) Behördlicher Gestaltungsspielraum, § 12 WHG

§ 12 Abs. 1 WHG enthält den zentralen materiell-rechtlichen Entscheidungsmaßstab für genehmigungspflichtige Gewässerbenutzungen.⁵⁵⁷ Die Erlaubnis oder Bewilligung zur Gewässerbenutzung erfolgt durch Verwaltungsakt, dessen Erteilung nach § 12 Abs. 2 WHG im Ermessen der Wasserbehörden steht.⁵⁵⁸ Bis auf die zwingenden Versagungsgründe des § 12 Abs. 1 WHG räumt das Wasserrecht den Wasserbehörden einen weiten Ermessensspielraum zur Erteilung der Genehmigung und Ausgestaltung der Festsetzungen nach § 13 WHG ein. Von besonderem Interesse ist insbesondere, inwieweit die § 12 f. WHG den zuständigen Wasserbehörden die Möglichkeit eröffnen, auf Vollzugsebene vorausschauende Festsetzung zur Dürrevorsorge zu treffen und die Gewässerbenutzung dahingehend präventiv zu steuern.

(1) Zwingende Versagungsgründe zum Schutz des Wasserhaushalts, § 12 Abs. 1 WHG

Nach § 12 Abs. 1 Nr. 1 WHG⁵⁵⁹ sind »die Erlaubnis und die Bewilligung [...] zu versagen, wenn schädliche, auch durch Nebenbestimmungen nicht vermeidbare oder nicht ausgleichbare Gewässerveränderungen⁵⁶⁰ zu erwarten sind.« Aufgrund des zwingenden

---

553 VG Ansbach, Urt. v. 4. 8. 2016 – AN 9 K 15.00961.
554 Talsperren, die dem Ausbau der Gewässer iSv. § 67 Abs. 2 WHG dienen, sind nach § 9 Abs. 3 WHG keine Benutzungen und unterliegen daher dem gesonderten Prüfungsmaßstab der § 67 ff. WHG.
555 Auf Dauer, Zweck oder Umfang der Veränderung des Wasserhaushalts kommt es dabei nicht an, VGH BW, Urt. v. 22. 1. 1988, ZfW 1989, 33 (35); *Czychowski/Reinhardt*, WHG, 12. Aufl. 2019, § 9 Rn. 19.
556 Allgemein *Hasche*, in: Giesberts/Reinhardt, BeckOK Umweltrecht, 58. Ed. 2021, § 9 WHG Rn. 5.
557 *Knopp*, in: Sieder et al., WHG AbwAG, 55. EL 2020, § 12 Rn. 9.
558 *Eifert*, Umweltschutzrecht, in: Schoch (Hrsg.), Besonderes Verwaltungsrecht, 2013, Kap. 5 Rn. 249.
559 Auf § 12 Abs. 1 Nr. 2 WHG wird in diesem Zusammenhang nicht eingegangen, da Nr. 2 sich auf außerhalb des Wasserrechts spezialgesetzlich normierte Versagungsgründe bezieht, *Schmid*, in: Berendes/Frenz/Müggeborg, WHG, 2. Aufl. 2017, § 12 Rn. 48; allgemein *Breuer/Gärditz*, Öffentliches und privates Wasserrecht, 4. Aufl. 2017, Rn. 568.
560 Eine Legaldefinition des Begriffs der schädlichen Gewässerveränderung enthält § 3 Nr. 10 WHG. Eine schädliche Gewässerveränderung ist zu erwarten iSv. § 12 Abs. 1 Nr. 1 iVm. § 3 Nr. 10 WHG, wenn nach allgemeiner Lebenserfahrung oder fachlich anerkannten Regeln eine hinreichende Wahrscheinlichkeit besteht, dass die in Rede stehende Gewässerbenutzung schädliche Gewässerveränderungen zur Folge haben wird, *Schendel/Scheier*, in: Giesberts/

Wortlauts ist eine Ermessensausübung der zuständigen Wasserbehörde im Bereich des § 12 Abs. 1 WHG nicht möglich. Können schädliche Gewässerveränderungen nicht durch die Festsetzung von Inhalts- und Nebenbestimmungen nach § 13 WHG vermieden werden, hat die zuständige Wasserbehörde die Genehmigung zu versagen. § 12 Abs. 1 WHG verdeutlicht damit den ständigen Widerstreits zwischen beabsichtigter Gewässerbenutzung und deren potentiell nachteiligen Folgen für das Allgemeinwohl.[561]

Auf der Grundlage von § 12 Abs. 1 WHG kann eine Versagung erfolgen, wenn die beantragte Gewässerbenutzung quantitativ oder qualitativ nicht unerhebliche Auswirkungen auf die Trink- und Brauchwasserversorgung hat.[562] Zum Beispiel können die Wasserbehörden bei Grundwasserressourcen mit Trinkwassereignung einen Antrag auf landwirtschaftliche Benutzung des Grundwassers zwecks Bewässerung versagen, da in diesem Fall die Schutzwürdigkeit der Ressourcen, das Sparsamkeits- und Nachhaltigkeitsgebots oder die Gefahr einer langfristigen Grundwasserabsenkung als Ausprägung der Bewirtschaftungsziele der WRRL entgegenstehen können. Ein zwingender Versagungsgrund nach § 12 Abs. 1 Nr. 1 WHG liegt auch dann vor, wie im *Naßauskiesung*-Beschluss festgestellt, wenn die Zulassung »die vorhandene Nutzungskapazität des Gewässers voll ausschöpfen würde, so daß für die Befriedigung eines künftig auftretenden Bedarfs kein Spielraum mehr vorhanden wäre.«[563] Für den Fall, dass die beantragte Benutzung zu einer Unterschreitung der Mindestwasserführung nach § 33 WHG[564] führt und dadurch schädliche Gewässerveränderungen hervorruft, kann die zuständige Wasserbehörde den Antrag ebenfalls versagen, sofern eine Einhaltung der Mindestwasserführung auch durch die Festsetzung von Inhalts- und Nebenbestimmungen nach § 13 WHG ausgeschlossen ist.

§ 12 Abs. 1 Nr. 1 WHG dient folglich unter Verhältnismäßigkeitsgesichtspunkten dazu, bestehende, konkurrierende und künftige Nutzungen zu ordnen, um die Bewirtschaftungsziele zu erreichen.[565] Bedeutsam sind hierbei kollidierenden Interessen Dritter an der Nutzung des gleichen Grundwasseraquifers.[566] Die Auslegungsbedürftigkeit des Begriffs schädliche Gewässerveränderung gewährleistet den Ressourcenschutz im Einzelfall. Eine Versagung des Antrags auf Genehmigung nach § 12 Abs. 1 Nr. 1 WHG scheitert unter dem Gesichtspunkt einer drohenden Übernutzung bei bevorstehenden Dürren wohl regelmäßig daran, dass im Zeitpunkt der Antragsstellung die schädliche Gewässerbeeinträchtigung unter potentiellen Dürrebedingungen nicht mit hinreichender Wahrscheinlichkeit feststeht.[567] § 12 Abs. 1 Nr. 1 WHG schafft vielmehr die Grundvoraus-

---

Reinhardt, BeckOK Umweltrecht, 58. Ed. 2021, § 12 Rn. 5; *Appel*, Wasserrechtliches Gestattungsregime und Klimawandel, NuR 2011, 677 (679).

561 *Knopp*, in: Sieder et al., WHG AbwAG, 55. EL 2020, § 12 Rn. 12.
562 BayVGH, Urt. v. 31. 10. 1986, ZfW 1988, 425 (426); *Pape*, in: Landmann/Rohmer, Umweltrecht Kommentar, 94. EL. 2020, § 12 WHG Rn. 27. Eine bloß entfernte Möglichkeit oder Besorgnis einer schädlichen Gewässerveränderung genügen nicht, siehe OVG Lüneburg, Urt. v. 14. 12. 2016 – 13 LC 48/14, Leitsatz.
563 BVerfG, Beschl. v. 15. 7. 1981 – *Naßauskiesung*, BVerfGE 58, 300 (347).
564 Ausführlich dazu siehe Abschnitt C.III.1.a)bb).
565 *Köck et al.*, Das Instrument der Bedarfsplanung, Bericht 55/2017, UBA, 2017, S. 271.
566 Jüngst VGH BW, Urt. v. 13. 6. 2019 – 3 S 2801/18.
567 Diesbezügliche Prognosen oder Modellierungen betreffen voraussichtlich regelmäßig den Bereich unterhalb der Gefahrenschwelle und erreichen daher wohl nicht die Schwelle der hinreichenden Wahrscheinlichkeit.

setzung für ein nachhaltiges Bewirtschaftungssystem, in dem die menschliche Benutzung die Gewässer so wenig wie möglich beeinträchtigen soll. Mittelbar wirkt § 12 WHG damit auch auf eine hohe Belastbarkeit der Gewässer gegenüber Dürreauswirkungen hin.

(2) Ergänzende Voraussetzungen nach §§ 14 f. WHG

Über § 12 WHG hinausgehende Voraussetzungen gelten für die Erteilung einer Bewilligung nach § 14 WHG und der gehobenen Erlaubnis nach § 15 WHG iVm. § 93 WG-BW.[568] Der Grund hierfür ist die stärkere Rechtsstellung dieser Genehmigungsarten, die einen besonderen Ausgleich zwischen Bestandsschutz und Gewässerschutz erfordert, um ein Gegengewicht zum Steuerungs- und Kontrollverlust der Wasserbehörden zu schaffen.[569] Selbst die Bewilligung als Recht zur Benutzung und damit stärkste Benutzungsposition unter den Genehmigungsarten gewährt nach § 10 Abs. 2 WHG keinen Anspruch auf Zufluss einer bestimmten Wassermenge.[570]

Ein Antrag auf Bewilligung und gehobene Erlaubnis erfolgt häufig im Zusammenhang mit Benutzungen, die aufgrund einer erheblichen mengenmäßigen Beanspruchung der Gewässer eine gesicherte Rechtsstellung anstreben. Der Betrieb von Gas- und Kraftwerken mit Kühlwasser, die Wasserkraftnutzung, Grundwasserentnahmen zur Nutzung der Geothermie oder die öffentliche Wasserversorgung nach § 50 WHG sind Benutzungszwecke, die regelmäßig bereits aufgrund der Entnahmemenge eine Bewilligung erfordern.[571] Zu den typischen Benutzungszwecken einer gehobenen Erlaubnis gehören die öffentliche Abwasserbeseitigung nach § 58 Abs. 1 S. 1 WHG, die Energiegewinnung mit Ausnahme kleinerer Wasserkraftwerke und unter Umständen auch die Be- und Entwässerung landwirtschaftlich genutzter Flächen im Rahmen von § 2 WVG und die öffentliche Wasserversorgung, sofern diese keine Bewilligung hält. Gewässerbenutzungen auf der Grundlage einer gehobenen Erlaubnis oder Bewilligung indizieren folglich eine umfangreiche mengenmäßige Beanspruchung der Gewässer.

Es erscheint im Sinne einer effektiven Dürrevorsorge nur folgerichtig, an die Gewährung einer gehobenen Erlaubnis oder Bewilligung erhöhte Voraussetzungen zu stellen, um auch das Risiko einer Übernutzung der Gewässerressourcen zu würdigen und möglichen Interessenkonflikten frühzeitig vorzubeugen.

---

568 Anschließend liegt es zudem im Ermessen der Behörde die Genehmigung gegebenfalls zu versagen, *Drost/Ell*, Das neue Wasserrecht, 2. Aufl. 2016, S. 87.
569 Allgemein *Knopp*, in: Sieder et al., WHG AbwAG, 55. EL 2020, § 14 WHG Rn. 5 f.
570 *Guckelberger*, in: Giesberts/Reinhardt, BeckOK Umweltrecht, 58. Ed. 2021, Vor § 14 WHG; *Laskowski/Ziehm*, Gewässerschutzrecht, in: Koch/Hofmann/Reese (Hrsg.), Umweltrecht, 5. Aufl. 2018, § 5 Rn. 88, 102.
571 Nutzungen dieser Art können die Notwendigkeit einer gesicherten Rechtsstellung nach § 14 Abs. 1 Nr. 1 WHG z. B. aufgrund des im Vorfeld erforderlichen Kapitaleinsatzes begründen, *Drost/Ell*, Das neue Wasserrecht, 2. Aufl. 2016, S. 87 f.; zu den Indizien, die für das Bedürfnis einer gesicherten Rechtsposition sprechen vgl. *Pape*, in: Landmann/Rohmer, Umweltrecht Kommentar, 94. EL. 2020, § 14 WHG Rn. 12 f. In Bezug auf Dürre enthält § 14 Abs. 1 Nr. 1 WHG keinen Regelungsinhalt.

α) Bewilligung, § 14 WHG

Die Bewilligung sichert die Rechtsstellung des Gewässerbenutzers durch eine beschränkte Widerruflichkeit des Verwaltungsakts nach § 18 Abs. 2 WHG und den Ausschluss von Ansprüchen Dritter nach § 16 Abs. 2 WHG ab.[572] Um die Anpassungsfähigkeit der Bewilligung und der damit verbundenen starken Rechtsstellung zu wahren, gewähren die Wasserbehörden eine Bewilligung ausschließlich befristet nach § 14 Abs. 2 WHG. Sogar bei Bewilligungen zum Zwecke der öffentlichen Wasserversorgung überschreiten die Wasserbehörden selten den gesetzlich intendierten Bewilligungszeitraum von 30 Jahren.[573] Für andere Nutzungszwecke – wie landwirtschaftliche Bewässerungen – legen manche Wasserbehörden einen noch kürzeren Bewilligungszeitraum von 10 Jahren fest.[574]

Die Pflicht zur Befristung nach § 14 Abs. 2 WHG sichert damit die zukünftige Entscheidungsmöglichkeit der Wasserbehörden über Gewässerbenutzungen ab und ermöglicht eine regelmäßige Anpassung der Benutzungen an hydrologische oder klimatologische Trends wie z. B. den Klimawandel. Zudem soll die wasserwirtschaftliche Entwicklung im Sinne einer nachhaltigen Bewirtschaftung nicht durch unbefristete Rechte gehemmt oder erschwert werden (keine Perpetuierung der Wasserverteilung).[575] Auch fordert § 14 Abs. 1 Nr. 2 WHG, dass »die Gewässerbenutzung einem bestimmten Zweck dienen [muss], der nach einem bestimmten Plan verfolgt wird«. Zum Beispiel kann die Wasserbehörde einen Antrag auf Gewässerbenutzung versagen, wenn die Beantragung der Bewilligung ausschließlich die Marktstellung gegenüber Benutzungskonkurrenten absichern soll oder auf rein spekulativen Annahmen über die Bedarfsentwicklung beruht (Vorratsbewilligung).[576] Die Gewässerbenutzer müssen die konkrete Erforderlichkeit ihres Bedarfs dementsprechend plausibel darlegen und begründen.[577] Da der Plan das Vorhaben jedoch nur in den Grundzügen festzulegen hat,[578] ist die Relevanz von § 14 Abs. 1 Nr. 2 WHG eher gering. Anderenfalls müsste eine detaillierte Bedarfsplanung unter Zugrundelegung verschiedener hydrologischer Szenarien (normales Wasserdargebot, unterdurchschnittliches Wasserdargebot, Dürre) erfolgen.

Die Eignung der Voraussetzungen an die Bewilligung nach § 14 WHG liegt folglich überwiegend darin, die Flexibilität des Bewirtschaftungsregimes zu wahren und langfristig Klimatrends, wie die Zunahme von Extremereignissen, zu berücksichtigen.

---

572 *Breuer/Gärditz*, Öffentliches und privates Wasserrecht, 4. Aufl. 2017, Rn. 620.
573 Vgl. VG Wiesbaden, Urt. v. 4.11.2013, GewArch 2014, 261 (261); auch *Eiselt*, Dauer der wasserrechtlichen Bewilligung nach § 8 Abs. 5 WHG, NuR 2007, 814 (816 f.).
574 *LRA Ravensburg*, Bewässerung landwirtschaftlicher Flächen, 2008, S. 13.
575 Erstmals BT-Drs. II/2920, S. 25. Die Befristung stellt insoweit auch eine Kompensation der erschwerten Widerrufsmöglichkeit der Bewilligung dar, *Knopp*, in: Sieder et al., WHG AbwAG, 55. EL 2020, § 14 WHG Rn. 64; *Guckelberger*, in: Giesberts/Reinhardt, BeckOK Umweltrecht, 58. Ed. 2021, § 14 WHG Rn. 9.
576 *Czychowski/Reinhardt*, WHG, 12. Aufl. 2019, § 14 Rn. 26; *Knopp*, in: Sieder et al., WHG AbwAG, 55. EL 2020, § 14 WHG Rn. 45; zur Vorratsbewilligung eines Mineralwasserherstellers *Drost/Ell*, Das neue Wasserrecht, 2. Aufl. 2016, S. 88.
577 Anderenfalls ist die Gewässerbenutzung zu versagen, BayVGH, Urt. v. 23.10.1989, ZfW 1990, 415 (415 f.); *Pape*, in: Landmann/Rohmer, Umweltrecht Kommentar, 94. EL. 2020, § 14 WHG Rn. 15 f.
578 *Czychowski/Reinhardt*, WHG, 12. Aufl. 2019, § 14 Rn. 25.

β) Gehobene Erlaubnis, § 15 WHG

Die gehobene Erlaubnis[579] erfordert nach § 15 Abs. 1 WHG iVm. § 93 WG-BW das Bestehen eines öffentlichen Interesses[580] an der Gewässerbenutzung. Der Begriff des öffentlichen Interesses eröffnet den Wasserbehörden die Möglichkeit, eine Priorisierung von Nutzungszwecken vorzunehmen und vorzugsweise Benutzungszwecke mit einer gesicherten Rechtsstellung auszustatten. Für die *ad hoc* Dürrebewältigung kann die gehobene Erlaubnis zugleich eine Indizwirkung entfalten, welche Benutzungen vorrangig vor »einfachen« Erlaubnissen zu schützen sind.

(3) Das Bewirtschaftungsermessen, § 12 Abs. 2 WHG

Sind die Voraussetzungen für den Minimalschutz der Gewässer nach § 12 Abs. 1 WHG erfüllt, liegt es im Ermessen der Wasserbehörden über die beantragte Gewässerbenutzung nach § 12 Abs. 2 WHG zu entscheiden und den Gewässerschutz im Einzelfall zu optimieren.[581] § 12 Abs. 2 WHG räumt den Wasserbehörden im Rahmen ihrer Zweckmäßigkeitsentscheidung ein Entschließungs- und Auswahlermessen ein.[582] Das Bewirtschaftungsermessen eröffnet den Wasserbehörden folglich einen weiten Gestaltungsspielraum,[583] verschiedene Belange des Gewässerschutzes und der Benutzung zu würdigen.

Ermessenslenkende Wirkungen kommt dabei den gesetzlichen Bewirtschaftungsziele der §§ 27–31, 47 WHG und deren Konkretisierung in den Bewirtschaftungsplänen und Maßnahmenprogrammen zu.[584] Die wasserrechtlichen Grundsätze des § 6 WHG können die behördliche Entscheidung darüber hinaus lenken.[585] Welche Belange die Wasserbehörden konkret zu berücksichtigen haben, hängt vom Einzelfall ab. Maßgeblich ist die Gesamtsituation des Wasserhaushalts.[586] Hierzu gehören zum Beispiel die Wasserverfüg-

---

579 Die bundesweite Einführung der gehobenen Erlaubnis durch die Neufassung des WHG diente insbesondere dazu, Kommunen und Zweckverbänden eine größere Rechtssicherheit für Abwassereinleitungen (die nicht als Bewilligung beantragt werden können, vgl. § 14 Abs. 1 Nr. 3 WHG) zu bieten, *Knopp*, in: Sieder *et al.*, WHG AbwAG, 55. EL 2020, § 15 WHG Rn. 6; *Pape*, in: Landmann/Rohmer, Umweltrecht Kommentar, 94. EL. 2020, § 15 WHG Rn. 3; *Egner/Fuchs*, Naturschutz- und Wasserrecht, 2009, § 15 WHG Rn. 2. Ihre gehobene Rechtsstellung liegt in der Vollzugserleichterung, da die Rechtsstellung des Gewässerbenutzers gegenüber Abwehransprüchen Dritter im Vergleich zur »einfachen« Erlaubnis stärker abgesichert ist (Privatrechtsfestigkeit), vgl. BT-Drs. 16/12275, S. 57.
580 Umstritten, für Dürreereignisse jedoch unerheblich, ist, inwieweit der Begriff des öffentlichen Interesses dem des Wohls der Allgemeinheit entspricht, dazu *Pape*, in: Landmann/Rohmer, Umweltrecht Kommentar, 94. EL. 2020, § 15 WHG Rn. 8.
581 *Eifert*, Umweltschutzrecht, in: Schoch (Hrsg.), Besonderes Verwaltungsrecht, 2013, Kap. 5 Rn. 249; *Pape*, in: Landmann/Rohmer, Umweltrecht Kommentar, 94. EL. 2020, § 12 WHG Rn. 49, 52.
582 *Pape*, in: Landmann/Rohmer, Umweltrecht Kommentar, 94. EL. 2020, § 12 WHG Rn. 48.
583 Allgemein *Maurer/Waldhoff*, Allgemeines Verwaltungsrecht, 20. Aufl. 2020, § 7 Rn. 14.
584 *Köck*, Zur Entwicklung des Rechts der Wasserversorgung und der Abwasserbeseitigung, ZUR 2015, 3 (10); *Knopp*, in: Sieder *et al.*, WHG AbwAG, 55. EL 2020, § 12 WHG Rn. 52.
585 *Czychowski/Reinhardt*, WHG, 12. Aufl. 2019, § 6 Rn. 14; *Schendel/Scheier*, in: Giesberts/Reinhardt, BeckOK Umweltrecht, 58. Ed. 2021, § 12 WHG Rn. 13.
586 *Knopp*, in: Sieder *et al.*, WHG AbwAG, 55. EL 2020, § 12 WHG Rn. 45.

barkeit, der Abfluss von Oberflächengewässern oder die Grundwasserneubildungsrate von Grundwasserressourcen, die gegenwärtige Auslastung der Gewässer durch Gewässerbenutzungen, die künftige Entwicklung der Nachfrage von bestehenden Genehmigungen und neuen Anträgen auf Gewässerbenutzung oder eine ungünstige Entwicklung des Wasserhaushalts als Folge des Klimawandels.[587] Für Baden-Württemberg bestimmt § 12 Abs. 4 WG-BW, dass Benutzungen des Grundwassers nur im Rahmen der Neubildung zugelassen werden dürfen. Nach allgemeiner Auffassung sind auch allgemeinwirtschaftliche und soziale Belange zu berücksichtigen, um eine sachgerechte und ressourcenschonende Verteilung der knappen Umweltressource vorzunehmen.[588]

Es steht den Wasserbehörden folglich frei, im Rahmen des Grundsatzes der Verhältnismäßigkeit Dürreereignisse bei der Ermessensausübung im Einzelfall zu berücksichtigen. Mangels unmittelbar dürrespezifischer Vorgaben in den Bewirtschaftungszielen und § 6 WHG hängt es stark vom Einzelfall ab, inwieweit Erwägungen zur Dürrevorsorge oder *ad hoc* Dürrebewältigung in die Ermessensausübung einfließen. Eine weitere Herausforderung liegt für die Wasserbehörden aufgrund der sachlichen und örtlichen Zuständigkeitsregelungen darin, einen mengenmäßigen Überblick über das Benutzungspotential der jeweiligen Gewässer zu haben. Gerade für eine langfristige Dürrevorsorge erscheint die Zugrundelegung der Gesamtbelastung eines Gewässer durch bestehende Gewässerbenutzungen auf Ebene des Flusseinzugsgebiets bei der Ermessensausübung notwendig. Derartige Erwägung können und sollen die Bewirtschaftungspläne nach § 83 WHG vorbereiten. Langfristig könnte dadurch nicht nur Benutzungskonflikten vorgebeugt, sondern auch eine Übernutzung der Gewässer und damit einhergehende gewässerökologische Folgen im Sinne einer langfristigen Dürrevorsorge vermieden werden.

(4) Inhalts- und Nebenbestimmungen, § 13 WHG

Das Bewirtschaftungsermessen der zuständigen Wasserbehörden umfasst auch die Möglichkeit, die Benutzungen präventiv durch Inhalts- und Nebenbestimmungen nach § 13 WHG zu regeln.[589] Sie spielen eine besondere Rolle für die vorausschauende, nachhaltige Bewirtschaftung der Gewässer und können daher geeignet sein, zur Dürrevorsorge beizutragen. Einen nicht abschließenden Katalog besonders gängiger Maßnahmen zur Regelung der Gewässerbenutzung enthält § 13 Abs. 2 WHG. Er bietet den zuständigen Wasserbehörden Anregung für die Anordnung entsprechender, ähnlicher oder anderer Festsetzungen.

---

587 Der Wasserbehörde ist im Einzelfall im Rahmen des Ermessens die »Zweckmäßigkeitsentscheidung über eine Optimierung des Gewässerschutzes anvertraut«, *Salzwedel*, Beurteilungsspielraum und Ermessen bei der Entscheidung über Bewilligungen und Erlaubnisse, RdWWi 1967, 35 (51 ff.), sowie – für die Erteilung einer Bewilligung – mit amtl. Anm. Widemann BVerwG, Urt. v. 29.1.1965, ZfW 1965, 98 (106); auch OVG Münster, Urt. v. 24.11.1972, ZfW 1974, 235 (245 ff.); *Knopp*, in: Sieder *et al.*, WHG AbwAG, 55. EL 2020, § 12 WHG Rn. 45.
588 Hierzu *Keppeler*, Zur Versagung wasserrechtlicher Gestattungen nach § 6 WHG, NVwZ 1992, 137 (141).
589 § 13 WHG konkretisiert die allgemeinen Bestimmungen des § 36 VwVfG. Zu Abgrenzungsfragen zwischen Inhalts- oder Nebenbestimmungen, vgl. für viele *Breuer/Gärditz*, Öffentliches und privates Wasserrecht, 4. Aufl. 2017, Rn. 643 ff., 664 ff.

C. Die Rechtslage im Bundesland Baden-Württemberg

α) Umfang der Steuerungsmöglichkeiten

Der Umfang der Steuerungsmöglichkeiten durch Inhalts- und Nebenbestimmungen spielt sich innerhalb des wasserbehördlichen Ermessensspielraums ab. Grenzen findet die Ermessensausübung unter anderem in dem Bestimmtheitsgebot und dem Grundsatz der Verhältnismäßigkeit.[590] Der Ermessensspielraum geht sogar so weit, dass Festsetzungen auch zur bestmöglichen Benutzung der Gewässer und zur Verbesserung des Gewässerzustands ergehen dürfen.[591] Hierfür spricht die systematische Verweisung von § 13 Abs. 2 Nr. 2 lit.a WHG auf die Maßnahmenprogramme mittels derer die Bewirtschaftungsziele umzusetzen sind und eine Verbesserung des Gewässerzustands zu verfolgen ist. In Bezug auf Festsetzungen zur Regelung des Wasserhaushalts können die Wasserbehörden z. B. Nebenbestimmungen festsetzen, die eine Ableitung von Oberflächenwasser zum Zwecke der Eigenversorgung unter die Auflage der Mitversorgung weiterer Gewässerbenutzer stellen.[592] Die Grenzen zur Anordnung von Festsetzungen nach § 13 WHG liegen im Rahmen des technisch Möglichen, der Eignung, nachteilige Gewässerveränderungen zu verhüten oder zu verbessern, und der Verhältnismäßigkeit anfallender Kosten.[593]

β) Entnahmeregulierung durch Inhaltsbestimmungen

Inhaltsbestimmungen iSv. § 13 WHG legen unter anderem Art, Maß, Ort und Zweck der Gewässerbenutzung im Einzelfall fest.[594] Darunter zählt auch das für den Wasserhaushalt und die Verteilungsgerechtigkeit wesentliche Merkmal der Entnahmemenge.[595] Die Festlegung der Entnahmemenge erfolgt in der Verwaltungspraxis auf unterschiedliche Art und Weise. Teilweise legen Wasserbehörden die Entnahmemenge in absolutem Umfang pro Tag oder Jahr fest.[596] Teilweise erfolgt eine Begrenzung durch die Festlegung einer Durchflussrate oder die Festlegung der Pumpleistung der Entnahmevorrichtung.[597] Manche Behörden erklären die Entnahme zur landwirtschaftlichen Bewässerung nur bis zu einem bestimmten Pegelstand für zulässig.[598] Denkbar ist auch die Festlegung saisonal angepasster, gestufter Entnahmemengen.[599] Vom letztgenannten Ansatz machen die

---

590 *Knopp*, in: Sieder *et al.*, WHG AbwAG, 55. EL 2020, § 13 WHG Rn. 2 f.; *Breuer/Gärditz*, Öffentliches und privates Wasserrecht, 4. Aufl. 2017, Rn. 652.
591 Ausführlich *Breuer/Gärditz*, Öffentliches und privates Wasserrecht, 4. Aufl. 2017, Rn. 651.
592 *Breuer/Gärditz*, Öffentliches und privates Wasserrecht, 4. Aufl. 2017, Rn. 651.
593 Allgemein *Breuer/Gärditz*, Öffentliches und privates Wasserrecht, 4. Aufl. 2017, Rn. 652.
594 *Hasche*, in: Giesberts/Reinhardt, BeckOK Umweltrecht, 58. Ed. 2021, § 13 WHG Rn. 4. *Schmid*, in: Berendes/Frenz/Müggeborg, WHG, 2. Aufl. 2017, § 13 Rn. 11 spricht insoweit von einem »identitätsbildenden Merkmal«; *Breuer/Gärditz*, Öffentliches und privates Wasserrecht, 4. Aufl. 2017, Rn. 644.
595 Grundlegend *Pape*, in: Landmann/Rohmer, Umweltrecht Kommentar, 94. EL. 2020, § 13 WHG Rn. 14 ff.
596 Vgl. VG Ansbach, Urt. v. 4.8.2016 – AN 9 K 15.00961; VG Freiburg, Urt. v. 26.7.2013 – 4 K 280/12.
597 *Pape*, in: Landmann/Rohmer, Umweltrecht Kommentar, 94. EL. 2020, § 13 WHG Rn. 45.
598 *LRA Ravensburg*, Bewässerung landwirtschaftlicher Flächen, 2008, S. 8.
599 BT-Drs. II/3536, S. 9; *Czychowski/Reinhardt*, WHG, 12. Aufl. 2019, § 13 Rn. 10; *Hasche*, in: Giesberts/Reinhardt, BeckOK Umweltrecht, 58. Ed. 2021, § 13 WHG Rn. 4.1; *Breuer/Gärditz*, Öffentliches und privates Wasserrecht, 4. Aufl. 2017, Rn. 644.

Wasserbehörden bislang eher selten Gebrauch. Die Vielfalt an Regelungsmöglichkeiten zeigt jedoch, dass vorbehaltlich der Wahrung des Verhältnismäßigkeitsgrundsatzes, eine vorausschauende Berücksichtigung von Dürreereignissen in den Inhaltsbestimmungen einer wasserrechtlichen Genehmigung möglich ist. Sie wäre im Sinne einer langfristigen Dürrevorsorge zugleich wünschenswert.

γ) Gestaltungsspielraum durch Nebenbestimmungen

§ 13 WHG sieht zudem die Möglichkeit vor, Nebenbestimmungen zur Ergänzung der Hauptregelung festzusetzen, um die Bewirtschaftungsziele zu erreichen.[600] Der nicht abschließenden Katalog des § 13 Abs. 2 WHG verdeutlicht erneut das Ziel einer primär gewässerqualitativ und -ökologisch ausgerichteten Gewässerbewirtschaftung. Allerdings schließt der allgemein gehaltene Wortlaut und der nicht abschließende Katalog der Norm[601] die Festsetzung von wassermengenrelevanten Nebenbestimmungen nicht aus.

Zwar nicht in § 13 Abs. 2 WHG angeführt, aber ein Beispiel für Nebenbestimmungen zum Schutz des Wasserhaushalts, ist die Möglichkeit eine Genehmigung zu befristen. Aufgrund der gesicherten Rechtsposition ist die Befristung bei einer Bewilligung sogar gesetzlich angeordnet, § 14 Abs. 2 WHG. Dadurch wird die Flexibilität des Bewirtschaftungssystems gewahrt und zukünftige Anpassungsmöglichkeiten durch die Wasserbehörden gesichert.[602] Es entspricht bereits heute der gängigen Praxis von Wasserbehörden alle Genehmigungsarten grundsätzlich befristet zu gewähren.[603] Sie müssen die Befristung im Einzelfall jedoch begründen, wobei ein pauschaler Hinweis auf den Klimawandel nicht genügt.[604] Der Zweck der Befristung kann z. B. bereits darin liegen, die Erteilung einer Genehmigung für Gewässerbenutzungen »auf Vorrat«, also ohne davon tatsächlich Gebrauch machen zu wollen, zu verhindern.[605]

§ 13 Abs. 2 Nr. 2 a WHG ermöglicht die Festsetzung von Maßnahmen, die in einem Maßnahmenprogramm nach § 82 WHG vorgesehen oder erforderlich sind. § 13 Abs. 2 Nr. 2 a WHG stellt die Umsetzung der Maßnahmenprogramme im Einzelfall her.[606] Die Maßnahmenprogramme geben den vollziehenden Wasserbehörden somit die Leitlinie für Nebenbestimmungen im Einzelfall vor. Je konkreter Maßnahmenprogramme auf Dürren

---

600 In der Praxis sind Nebenbestimmungen meist schwer von Inhaltsbestimmungen oder nicht bindenden Hinweisen, Empfehlungen oder Warnungen abzugrenzen, *Hasche*, in: Giesberts/Reinhardt, BeckOK Umweltrecht, 58. Ed. 2021, § 13 WHG Rn. 6.
601 Vgl. der Wortlaut »insbesondere« nach § 13 Abs. 2 WHG. Für Bewilligungen ist der Katalog der § 13 Abs. 2 WHG abschließend. Grund hierfür ist die eingeschränkte Widerrufsmöglichkeit von Bewilligungen nach § 18 Abs. 2 WHG im Unterschied zur Erlaubnis, für die § 18 Abs. 1 WHG eine freie Widerrufsmöglichkeit einräumt. § 13 Abs. 3 WHG beschränkt insoweit allein die nachträgliche Anordnungsbefugnis zuständiger Behörden, *Hasche*, in: Giesberts/Reinhardt, BeckOK Umweltrecht, 58. Ed. 2021, § 13 WHG Rn. 19.
602 Allgemein *Pape*, in: Landmann/Rohmer, Umweltrecht Kommentar, 94. EL. 2020, § 14 Rn. 26.
603 *Hasche*, in: Giesberts/Reinhardt, BeckOK Umweltrecht, 58. Ed. 2021, § 13 Rn. 7; *Breuer/Gärditz*, Öffentliches und privates Wasserrecht, 4. Aufl. 2017, Rn. 861.
604 Vgl. *Hasche*, in: Giesberts/Reinhardt, BeckOK Umweltrecht, 58. Ed. 2021, § 13 WHG Rn. 7; *Czychowski/Reinhardt*, WHG, 12. Aufl. 2019, § 13 Rn. 18.
605 VG Ansbach, Urt. v. 4. 8. 2016 – AN 9 K 15.00961; allgemein *Guckelberger*, in: Giesberts/Reinhardt, BeckOK Umweltrecht, 58. Ed. 2021, § 14 Rn. 6.
606 *Hasche*, in: Giesberts/Reinhardt, BeckOK Umweltrecht, 58. Ed. 2021, § 13 WHG Rn. 24.

eingehen, desto eher ist wohl mit der Anordnung dürrespezifischer Nebenbestimmungen zu rechnen.

Nach § 13 Abs. 2 Nr. 2 b WHG können die Wasserbehörden aus Gründen des Ressourcenschutzes Maßnahmen anordnen, um eine mit Rücksicht auf den Wasserhaushalt sparsame Verwendung sicherzustellen.[607] § 13 Abs. 2 Nr. 2 b WHG trägt zur Umsetzung des Sparsamkeitsgebots nach § 5 Abs. 1 Nr. 2 WHG iVm. § 3 Abs. 7 WG-BW im Einzelfall bei. Zu den Gründen des Ressourcenschutzes gehören insbesondere dauerhafte oder kurzfristige Wassermangelsituationen. Die Festsetzung muss jedoch verhältnismäßig zur zeitlichen und mengenmäßigen Intensität des Wassermangels sein.[608] Für entnehmende und unmittelbar verbrauchende Gewässerbenutzungen können die Wasserbehörden zum Beispiel betriebsbezogene Auflagen zur Senkung des Wasserverbrauchs festsetzen.[609] Dazu gehören beispielsweise Kreisläufe[610] oder ressourcenschonende Bewässerungsmethoden bei landwirtschaftlich anspruchsvollen Kulturen (Tröpfchenbewässerung).[611] Grundwasserentnahmen können von Infiltrationsmaßnahmen abhängig gemacht werden, um ein Gleichgewicht zwischen Entnahme und Grundwasserneubildung und Bewirtschaftungsziel des § 47 Abs. 1 Nr. 3 WHG herzustellen.[612] Geläufig ist auch die unmittelbare Beteiligung des Grundwasserbenutzers an den Kosten für die Infiltrationsmaßnahmen.[613] Im Unterschied zu den anderen Varianten der Norm, dient § 13 Abs. 2 Nr. 2 b WHG dem Schutz des mengenmäßigen Wasserhaushalts. Sofern das Kriterium der Erforderlichkeit vorliegt, rechtfertigt § 13 Abs. 2 Nr. 2 b WHG sogar eine noch strengere Regelung der Entnahme- oder Benutzungsmenge.

Nach § 13 Abs. 2 Nr. 2 c WHG können Wasserbehörden Maßnahmen zur Feststellung der Gewässereigenschaft und den Auswirkungen der Gewässerbenutzung festlegen. Derartiger Maßnahmen dienen üblicherweise dazu, sicherzustellen, dass die Gewässerbenutzung dauerhaft rechtmäßig erfolgt.[614] Zu den klassischen Kontrollmaßnahmen gehört die Anbringung einer Wasseruhr (Wasserzähler), die nach § 77 Abs. 1 WG-BW in Baden-Württemberg verpflichtend ist. Da der Begriff Auswirkungen iSv. § 13 Abs. 2 Nr. 2 c WHG weit zu verstehen ist, können die Wasserbehörden auch Gewässermonitoringmaßnahmen[615] oder technische Vorrichtungen zur Begrenzung der Entnahme festlegen.[616] Als weiteres Beispiel nennt § 13 Abs. 2 Nr. 2 d WHG die Vornahme von Ausgleichsmaßnahmen, wenn sich die Benutzung auf die Gewässereigenschaft auswirkt. Dazu gehören zum Beispiel Maßnahmen zur Niedrigwassererhöhung.[617] Eine Niedrigwasseraufhöhung kann insbesondere durch künstlichen Stauanlagen erfolgen, wie § 63 Abs. 3 WG-BW

---

607 Umstritten ist, ob Maßnahmen angeordnet werden können, wenn im Bewirtschaftungsplan bereits ein guter mengenmäßiger Zustand des Gewässers festgestellt wird, vgl. *Hasche*, in: Giesberts/Reinhardt, BeckOK Umweltrecht, 58. Ed. 2021, § 13 WHG Rn. 25.
608 *Pape*, in: Landmann/Rohmer, Umweltrecht Kommentar, 94. EL. 2020, § 13 WHG Rn. 67.
609 *Reese et al.*, Anpassung an die Folgen des Klimawandels, 2. Aufl. 2016, S. 199.
610 *Hasche*, in: Giesberts/Reinhardt, BeckOK Umweltrecht, 58. Ed. 2021, § 13 WHG Rn. 25.
611 VG Ansbach, Urt. v. 4. 8. 2016 – AN 9 K 15.00961.
612 *Hasche*, in: Giesberts/Reinhardt, BeckOK Umweltrecht, 58. Ed. 2021, § 13 WHG Rn. 10.1.
613 *Hasche*, in: Giesberts/Reinhardt, BeckOK Umweltrecht, 58. Ed. 2021, § 13 WHG Rn. 31.
614 *Pape*, in: Landmann/Rohmer, Umweltrecht Kommentar, 94. EL. 2020, § 13 WHG Rn. 72, f.
615 *Hasche*, in: Giesberts/Reinhardt, BeckOK Umweltrecht, 58. Ed. 2021, § 13 WHG Rn. 13.1.
616 *Breuer/Gärditz*, Öffentliches und privates Wasserrecht, 4. Aufl. 2017, Rn. 646.
617 *Pape*, in: Landmann/Rohmer, Umweltrecht Kommentar, 94. EL. 2020, § 13 WHG Rn. 75.

nahelegt. Besondere Aufgabe der Wasserbehörden ist in diesem Zusammenhang die zeitliche Bestimmung, wann Maßnahmen zur Niedrigwasseraufhöhung erfolgen sollen. Dabei gilt es stets zu beachten, dass eine Niedrigwasseraufhöhung flussabwärts durch Öffnung von Stauanlagen unmittelbar zu einer Absenkung des Pegels flussaufwärts führt. Der Katalog von § 13 Abs. 2 WHG liefert taugliche Anhaltspunkte für mengenmäßige Festsetzungen in Genehmigungsbescheiden, die in der Praxis teilweise erfolgen. Aufgrund der bewusst generell gehaltenen Festsetzungsvorschläge fehlt es jedoch an konkreten Regelungsvorgaben, um Maßnahmen zur Dürrevorsorge im Sinne eines flächendeckenden Dürremanagement auf Einzelfallebene umzusetzen.

(5) Zwischenbilanz

Zwingende Versagungsgründe, Bewirtschaftungsermessen und Festsetzungen von Inhalts- und Nebenbestimmungen bewirken eine starke präventive Steuerung genehmigungspflichtiger Gewässerbenutzungen. Zugleich räumen die verschiedenen Maßnahmen eine flexible Anpassung der Benutzungen im Einzelfall ein. Sie dienen primär einer möglichst ressourcenschonenden Gewässerbenutzung und Verteilung. Dabei nimmt der Gewässerschutz oberste Priorität ein. Die vom Ansatz einer nachhaltigen Verteilung der Ressourcen geleiteten Festsetzungsmöglichkeiten bilden das Fundament einer langfristigen Dürrevorsorge, ohne dies ausdrücklich im Wortlaut oder Telos festzuschreiben. Sie dienen dazu, die Übernutzung der Gewässer oder Nutzungskonflikte präventiv zu vermeiden. Für die Umsetzung eines Dürremanagements im Einzelfall lässt der abstrakte Wortlaut der §§ 12, 13 WHG zwar Raum, bietet jedoch derzeit wenig konkrete Anhaltspunkte. Die Konkretisierungsfunktion[618] des § 13 WHG läuft in Bezug auf Dürreereignisse weitgehend leer. Ob eine Festsetzung Dürrerelevanz aufweist, ist nicht nur von den Umständen des Einzelfalls abhängig, sondern auch von der jeweiligen Verwaltungspraxis der Wasserbehörden. Es müssten weitere Instrumente herangezogen werden, um das Regelungspotential des § 13 WHG für die Dürrevorsorge auszuschöpfen und eine flächendeckend einheitliche Verwaltungspraxis in den Genehmigungsfestsetzungen zu erreichen.

cc) Antragskonkurrenzen im Genehmigungsverfahren, § 94 WG-BW

Nutzungskonflikte können nicht erst auf Ebene der tatsächlichen Gewässerbenutzung, sondern bereits bei Beantragung einer Genehmigung auftreten. Die Regelung konkurrierender Genehmigungsanträge obliegt mangels bundesrechtlicher Vollregelung der Landesgesetzgebung.[619] Nach § 94 WG-BW liegt eine Benutzungskonkurrenz vor, wenn die beantragten Benutzungen aus Gewässerschutzgründen nicht nebeneinander ausgeübt werden können. Die Regelung des § 94 Abs. 1 WG-BW umfasst sowohl echte als auch unechte Konkurrenzsituationen von zwei oder mehr genehmigungsfähigen[620] Anträgen

---

618 *Pape*, in: Landmann/Rohmer, Umweltrecht Kommentar, 94. EL. 2020, § 13 WHG Rn. 7.
619 Mit einer Übersicht der verschiedenen Landesregelungen *Breuer/Gärditz*, Öffentliches und privates Wasserrecht, 4. Aufl. 2017, Rn. 638.
620 Genehmigungsfähig ist ein Antrag, wenn er konkret vorliegt, zulässig ist und die Einwendungsfrist nach § 94 Abs. 2 WG-BW einhält. Mittels der Einwendungsfrist sollen Verzögerungen im Genehmigungsverfahren vermieden werden, LT-Drs. 2/2920, S. 4914; *Bulling et al.*, WG-BW, Band 1, 3. Aufl., 55. EL 2020, § 94 Rn. 19.

auf Gewässerbenutzung.[621] Über die konkurrierenden Anträge entscheidet eine Wasserbehörde in einem gemeinsamen Verfahren. Fällt die sachliche Zuständigkeit nach § 82 WG-BW auseinander, so ist die jeweils höhere Wasserbehörde zur Entscheidung berufen.[622] Materiell-rechtlich prüfen die Wasserbehörden nach § 94 Abs. 1 WG-BW vorrangig, inwieweit beide Anträge – gegebenenfalls modifiziert – gewährt werden können.[623] Die Wasserbehörden können beispielsweise das verfügbare Wasserdargebot zwischen den Antragstellern aufteilen oder abwechselnde Benutzungszeiten festlegen.[624] Ist eine modifizierte Gewährung beider Anträge aus Gewässerschutzgründen nicht möglich, ist nach § 94 Abs. 1 WG-BW das Wohl der Allgemeinheit[625] und das Prioritätsprinzip als Entscheidungsmaßstab heranzuziehen.

Zur Auslegung des Begriffs »Wohl der Allgemeinheit« können die Wasserbehörden auf die Vorgängernorm, § 18 Abs. 1 S. 2 WG-BW a. F., zurückgreifen.[626] Allem voran erfüllt die öffentliche Wasserversorgung das Merkmal des Wohls der Allgemeinheit, wenngleich ihr kein Vorrang kraft Rechtsform eingeräumt wird.[627] Dies ergibt sich bereits aus der Gesamtschau der wasserrechtlichen Normen, welche die zentrale Bedeutung der öffentlichen Wasserversorgung z. B. in §§ 6 Abs. 1 Nr. 3, Nr. 4, 50 WHG unterstreicht. Liegen mehrere Anträge öffentlicher Wasserversorger vor, können die Wasserbehörden Kriterien wie Investitionsschutz, Arbeitsplätze oder andere ökonomische und volkswirtschaftliche Belange zur Entscheidung heranziehen.[628]

Auf die zeitliche Priorität der Anträge können die Wasserbehörden dann abstellen, wenn die beantragten Gewässerbenutzungen in jeder Hinsicht gleichwertig sind.[629] Die zeitliche Priorität ist ein dem Verwaltungsrecht bekanntes Kriterium im Umgang mit

---

621 Eine echte Konkurrenzsituation im Rechtssinne liegt vor, wenn sich zwei oder mehrere Anträge aus Rechtsgründen ausschließen. Bei einer unechten Konkurrenzsituation sind z. B. die Anträge einzeln betrachtet nicht genehmigungsfähig, näher *Siegel*, Entscheidungsfindung im Verwaltungsverbund, 2009, S. 101; *Rolshoven*, Wer zuerst kommt, mahlt zuerst?, NVwZ 2006, 516 (517).
622 *Bulling et al.*, WG-BW, Band 1, 3. Aufl., 55. EL 2020, § 94 Rn. 21.
623 *Bulling et al.*, WG-BW, Band 1, 3. Aufl., 55. EL 2020, § 94 Rn. 8. Eine Ablehnung von Anträgen ist auch aus systematischen Erwägungen zu § 14 Abs. 3 WHG zu vermeiden.
624 Sie können konkurrierende Benutzer jedoch nicht zu einer gemeinsamen Gewässerbenutzung zwingen, *Bulling et al.*, WG-BW, Band 1, 3. Aufl., 55. EL 2020, § 94 Rn. 8.
625 Dies intendiert bereits § 12 Abs. 2 iVm. § 22 S. 2 WHG, vgl. auch VG Freiburg, Urt. v. 26. 7. 2013 – 4 K 280/12.
626 Dieser nennt Kriterien wie Bestand von Vorhaben, Ortsgebundenheit, geringere Belästigung anderer, größere Sicherheit oder persönliche und wirtschaftliche Verhältnisse des Antragstellers. Der Katalog in § 18 Abs. 1 S. 2 WG-BW a. F. ist weder abschließend noch verbindlich. Im Übrigen begründet die Reihenfolge der Kriterien keinen Vorrang LT-Drs. 15/3760, S. 164; VGH BW, Urt. v. 12. 2. 2003 – 8 S 2828/02, 2. LS; *Bulling et al.*, WG-BW, Band 1, 3. Aufl., 55. EL 2020, § 94 Rn. 11.
627 Vgl. *Bulling et al.*, WG-BW, Band 1, 3. Aufl., 55. EL 2020, § 94 Rn. 13; *Breuer/Gärditz*, Öffentliches und privates Wasserrecht, 4. Aufl. 2017, Rn. 641.
628 LT-Drs. 15/4340, S. 14; VGH BW, Urt. v. 3. 7. 2014, ZfW 2015, 27 (27); *Bulling et al.*, WG-BW, Band 1, 3. Aufl., 55. EL 2020, § 94 Rn. 11, 18.
629 LT-Drs. 2/2920, S. 4914; *Bulling et al.*, WG-BW, Band 1, 3. Aufl., 55. EL 2020, 94 Rn. 14. Mit besonders eindeutigem Wortlaut, Art. 68 S. 2 BayWG: »Stehen mehrere beabsichtigte Benutzungen hiernach einander gleich, so ist der Antrag der das Gewässereigentum innehabenden Person vorzugswürdig gegenüber dem Antrag, der zeitlich zuerst gestellt wurde.«

Nutzungskonkurrenzen.⁶³⁰ Im Rahmen von § 94 Abs. 1 WG-BW berechtigt das Prioritätsprinzip die Wasserbehörden einem zeitlich früher gestellten Antrag stattzugeben und konkurrierende, später eingereichte Anträge ohne Ausgleichsanspruch abzulehnen.⁶³¹ Bei nicht ausreichendem Dargebot rechtfertigt bereits die Bestandskraft des bestehenden Genehmigungsbescheids die Versagung konkurrierender Anträge auf Gewässerbenutzung.⁶³²

Die Art und Weise, wie § 94 WG-BW konkurrierende Antragsstellungen einem Ausgleich zuführt, ist Ausdruck des grundlegenden Bewirtschaftungsverständnis, das in zahlreichen Normen, z. B. in §§ 1, 6, 27–31, 33 WHG, verankert ist. Oberste Priorität hat der Schutz der Gewässerqualität, der ein höheres Schutzniveau fordert, als eine rein auf die Vermeidung von Übernutzungen gerichtete Bewirtschaftung. Erst wenn dieser Schutz sichergestellt ist, können Benutzungen - vorrangig zum Wohl der Allgemeinheit - erfolgen. Durch diese besonders deutliche Grundsatzentscheidung gibt § 94 WG-BW zugleich Leitlinien vor, die für die *ad hoc* Lösung von tatsächlichen Nutzungskonkurrenzen bei Dürre herangezogen werden können. Darüber hinaus eröffnet § 94 WG-BW auch die Langzeitperspektive der präventiven Vermeidung von Gewässerübernutzung und trägt dadurch mittelbar auch zur Dürrevorsorge bei.

dd) Zwischenbilanz

Die besonders strenge wasserrechtliche Eröffnungskontrolle, ausgestaltet in Form des repressiven Verbots mit Erlaubnisvorbehalt und ihre Zuteilungsfunktion nach § 8 Abs. 1 WHG ermöglicht eine ressourcenschonende Gewässerbewirtschaftung. Sie leistet damit auch einen mittelbaren Beitrag zur langfristigen Dürrevorsorge, ohne dies ausdrücklich vorzugeben. Das Bewirtschaftungsermessen nach § 12 Abs. 2 WHG und die Möglichkeit präventiver Anordnungen von Inhalts- und Nebenbestimmungen nach § 13 WHG bieten verschiedene Instrumente zur präventiven mengenmäßigen Steuerung und Anpassung

---

630 *Rolshoven*, Wer zuerst kommt, mahlt zuerst?, NVwZ 2006, 516 (523). Besonders bekannte Beispiele sind im Baurecht das »Windhundrennen« bei Verkaufsflächenregelungen oder die Antragstellung für Windkraftanlagen in windhöffigen Gebieten, vgl. mit einer Übersicht *Rolshoven*, Wer zuerst kommt, mahlt zuerst?, NVwZ 2006, 516 (516 ff.); *Jarass*, Konkurrenz, Konzentration und Bindungswirkung von Genehmigungen, 1984, S. 33 ff.; zur subsidiären Bedeutung des Prioritätsprinzips OVG Rheinland-Pfalz, Beschl. v. 21.3.2014, ZNER 2014, 397 (397). Bereits das römische Recht sah das Prioritätsprinzip vor, *»qui prior est tempore, potior est iure«* (früher in der Zeit, stärker im Recht / *first in time, first in right*) nach Codex Justitianius C 8, 17, 3 a. E. (Caracalla). Der Sachsenspiegel nannte im Rahmen der Benutzungsregelung von Mühlen »Wer ouch erst zu der mulen kumt, der sal erst malen«, *von Repgow*, Sachsenspiegel, 1993, Zweites Buch, § 59 Abs. 4.
631 Vgl. *Bulling et al.*, WG-BW, Band 1, 3. Aufl., 55. EL 2020, § 94 Rn. 10, 14.
632 Hat der neue Zulassungsantrag überragende Bedeutung für das Wohl der Allgemeinheit – im Unterschied zum bestehenden Bescheid – kann ausnahmsweise dem Zulassungsantrag stattgegeben werden, bestehende Zulassungen oder alte Rechte/Befugnisse nach §§ 18, 20 Abs. 2 WHG ganz oder teilweise widerrufen und der Dritte entschädigt werden, VGH BW, Urt. v. 5.3.1981, ZfW 1982, 240 (242 f.); *Pape*, in: Landmann/Rohmer, Umweltrecht Kommentar, 94. EL. 2020, § 22 WHG Rn. 6; die möglichst vielseitige Nutzung der Gewässer zum allgemeinen Vorteil steht im Vordergrund, BVerwG, Urt. v. 11.11.1970, BVerwGE 36, 248 (251).

von Gewässerbenutzungen, vorrangig zum Schutz der Gewässerqualität. Aufgrund der überwiegend abstrakt gehaltenen Vorgaben in den §§ 12 ff. WHG, ist es Aufgabe der nach § 82 WG-BW sachlich zuständigen Wasserbehörden das Regelungspotential der Eröffnungskontrolle zur Regelung der Gewässerbenutzungen hinsichtlich Dürre auszuschöpfen.[633] Die Flexibilität der genannten Instrumente ermöglicht es, die Anfälligkeit des Gewässerbenutzers vor Dürreauswirkungen und die mengenmäßigen Auswirkungen der Gewässerbenutzung im Einzelfall zu würdigen.[634] Besonders begrüßenswert ist die fakultative, für Bewilligungen nach § 14 Abs. 2 WHG obligatorische, Befristung von Genehmigungsbescheiden. Das Bewirtschaftungsregime bleibt dadurch dynamisch und bietet Anpassungsmöglichkeiten an langfristige Klima- oder Wasserhaushaltstrends durch Neubescheidungen. Herausforderungen im Hinblick auf die Eignung der Instrumente präventiven Steuerung zur Dürrebewältigung liegt in der Fest- und Umsetzung einheitlicher Bewirtschaftungsstandards über die Grenzen der sachlichen Zuständigkeiten der Wasserbehörden hinweg. Gegebenenfalls können hier mangels konkreter gesetzlicher Vorgaben übergeordnete Leitlinien zur Steuerung der Ressourcen- und Leistungsverantwortung der Wasserbehörden erforderlich werden, um das Steuerungspotential der Eröffnungskontrolle für die Dürrebewältigung voll auszuschöpfen.

c) Inhalt und Grenzen genehmigungsfreier Benutzungen

Da genehmigungsfreien Gewässerbenutzungen die Vermutung einer gewässerökologischen Unbedenklichkeit anhaftet, sind diese ausnahmsweise von der wasserrechtlichen Eröffnungskontrolle ausgenommen. Anstelle einer präventiven Steuerung durch die Festsetzungen eines Genehmigungsbescheids treten hier gesetzliche Regelungen zur Zulässigkeit, Art und Umfang der genehmigungsfreien Nutzungen. Die genehmigungsfreie Nutzung von Oberflächengewässern (Gemeingebrauch) richtet sich nach § 25 WHG iVm. § 20 WG-BW. § 42 WG-BW ermöglicht die erlaubnisfreie Nutzung des Grundwassers und konkretisiert insofern die nach § 46 Abs. 3 WHG eingeräumte Möglichkeit zur Einschränkung oder Ausweitung erlaubnis- und bewilligungsfreier Benutzungstatbestände. Zu den genehmigungsfreien Benutzungen im weiteren Sinne zählt auch die Benutzungen zur Abwehr von Gefahren nach § 8 Abs. 3 WHG[635] sowie alte Rechte und alte Bewilligungen nach § 20 WHG. In manchen Bundesländern ist ergänzend der Eigentümer- und Anliegergebrauch nach § 26 WHG von einem Zulassungserfordernis ausgenommen. § 21 Abs. 1 WG-BW unterstellt den Eigentümer- und Anliegergebrauch in Baden-Württemberg jedoch ausdrücklich dem Genehmigungsvorbehalt. Vom Grundsatz her wählt das baden-württembergische Wasserrecht daher eine restriktive Zulassung erlaubnisfreier Gewässerbenutzungen, die als solche geeignet ist, die Gewässerbenutzungen möglichst umfassend präventiv zu steuern und damit zur Dürrevorsorge beizutragen.

---

633 Dies gilt v. a. für die Umsetzung der Bewirtschaftungsgrundsätze nach §§ 27–31, 47 WHG, der allgemeinen Grundsätze nach § 6 WHG und der Mindestwasserführung nach § 33 WHG.
634 Zur Flexibilität der wasserrechtlichen Instrumente auch *Ruttloff*, Das Verhältnis wasserrechtlicher Gestattungen zum Planfeststellungsrecht, UPR 2012, 328 (332).
635 Wichtigster Anwendungsbereich von § 8 Abs. 3 WHG liegt in der genehmigungsfreien Gewässerbenutzung zu Zwecken der Brandbekämpfung. Unter dem Gesichtspunkt eines erhöhten Waldbrandrisikos bei Dürre (Abschnitt B.II.1.), sollte dieser Ausnahmevorschrift zwingend beibehalten werden.

aa) Gemeingebrauch an Oberflächengewässern, § 25 WHG iVm. § 20 WG-BW

Die § 25 WHG iVm. § 20 WG-BW regeln den wasserrechtlichen Gemeingebrauch.[636] Zulässigkeit, Art und Umfang des Gemeingebrauchs als stark landesrechtlich geprägtes Rechtsinstitut[637] sind insbesondere der Widmung des § 20 WG-BW zu entnehmen. Ähnlich wie bei genehmigungspflichtigen Benutzungen, gewährt der Gemeingebrauch als solches keinen Anspruch auf tatsächliche Nutzung.[638] Der Gemeingebrauch erstreckt sich auf alle oberirdischen Gewässer mit Ausnahme der in § 20 Abs. 3 WG-BW genannten Speicherbecken, Gewässer in Hofräumen, Gärten und Parkanlagen.[639] § 20 Abs. 1 S. 1 Hs. 1 WG-BW gestattet jedermann den Gebrauch oberirdischer Gewässer zu unschädlichen Verrichtungen. Der Oberbegriff der unschädlichen Verrichtung umfasst nach § 20 Abs. 1 S. 1 Hs. 1 WG-BW einen Katalog an Benutzungszwecken sowie die Generalklausel »ähnliche unschädliche Verrichtungen«.[640] Die überwiegend restriktive Widmung des Gemeingebrauchs trägt zu einem hohen Gewässerschutz bei, der als Grundvoraussetzung für eine langfristige Dürrevorsorge anzusehen ist.

(1) Benutzungszwecke, § 20 Abs. 1 S. 1 Hs. 1 WG-BW

Der Katalog an zulässigen Benutzungszwecken in § 20 Abs. 1 S. 1 Hs. 1 WG-BW enthält vor allem traditionelle Arten der Gewässerbenutzung, die aus (wasser)wirtschaftlicher Sicht inzwischen von untergeordneter Bedeutung sind.[641] § 20 Abs. 1 S. 1 WG-BW nennt

---

636 Als zentrales Rechtsinstitut des öffentlichen Sachenrechts steht der »Gemeingebrauch« für die einem unbestimmten Personenkreis eingeräumte Befugnis kraft öffentlichen Rechts ohne besondere Zulassung eine öffentliche Sache innerhalb ihrer Zweckbestimmung zu nutzen, VGH BW, Urt. v. 9.7.1999, NVwZ-RR 2000, 211 (212); den historischen Begriff Gemeingebrauch prägend RG, Urt. v. 9.7.1886, RGZ 16, 144 (146); *Cormann*, in: Giesberts/Reinhardt, BeckOK Umweltrecht, 58. Ed. 2021, § 25 WHG Rn. 5; *Salzwedel*, Gedanken zur Fortentwicklung des Rechts der öffentlichen Sachen, Die Öffentliche Verwaltung 1963, 241 (244 ff.).
637 BT-Drs. 16/12275, S. 59; *Bulling et al.*, WG-BW, Band 1, 3. Aufl., 55. EL 2020, § 20 Rn. 1; *Knopp*, in: Sieder et al., WHG AbwAG, 55. EL 2020, § 25 WHG Rn. 27.
638 OVG Rheinland-Pfalz, Urt. v. 26.4.2001, ZfW 2002, 39 (40); *Ganske*, in: Landmann/Rohmer, Umweltrecht Kommentar, 94. EL. 2020, § 25 WHG Rn. 24.
639 Grund hierfür ist die fehlende Sozialpflichtigkeit eben genannter Gewässer, *Ganske*, in: Landmann/Rohmer, Umweltrecht Kommentar, 94. EL. 2020, § 25 WHG Rn. 29; *Schmid*, in: Berendes/Frenz/Müggeborg, WHG, 2. Aufl. 2017, § 25 Rn. 10; *Kotulla*, WHG, 2. Aufl. 2011, § 25 Rn. 7; *Papier*, Recht der öffentlichen Sachen, 3. Aufl. 1998, S. 39 f.
640 Vom Gemeingebrauch bundesweit ausgenommen ist das Einbringen und Einleiten von Stoffen nach § 25 Abs. 1 S. 1 WHG. Eine Rückausnahme sieht § 20 Abs. 2 WG-BW iVm. § 25 Abs. 3 WHG z.B. für das schadlose Einleiten von Niederschlagswasser zur dezentralen Niederschlagswasserbeseitigung vor. Im Hinblick auf die Dürrebewältigung ist die Rückausnahme zu begrüßen, da die Belastbarkeit der Grundwasserressourcen durch eine erhöhte Sicker- und Grundwasserneubildungsrate gestärkt wird, allgemein *Ganske*, in: Landmann/Rohmer, Umweltrecht Kommentar, 94. EL. 2020, § 25 WHG Rn. 45. Für die dezentrale Beseitigung von Niederschlagswasser gilt gleichzeitig die gleichnamige Verordnung des Umweltministeriums über die dezentrale Beseitigung von Niederschlagswasser v. 22.3.1999 (GBl. 1999 S. 157) z.g.d. Art. 11 des Gesetzes v. 3.12.2013 (GBl. S. 389, 441) – NiedSchlWasBesV.
641 BVerfG, Beschl. v. 7.11.1995 – *Wasserpfennig*, BVerfGE 93, 319 (339); *Ganske*, in: Landmann/Rohmer, Umweltrecht Kommentar, 94. EL. 2020, § 25 WHG Rn. 30; *Cormann*, in:

das Baden, das Schöpfen mit Handgefäßen, das Tränken und Schwemmen[642] von Vieh, das Fahren mit kleinen Fahrzeugen ohne eigene Triebkraft und die Nutzung als Eisbahn. Die Benutzungszwecke stellen bereits sehr konkrete Vorgaben an die Entnahme von Oberflächengewässern, die an manuelle Prozesse,[643] wie das Tränken von Vieh oder das Schöpfen mit Handgefäßen gebunden sind.[644] Bei den Benutzungszwecken des § 20 Abs. 1 S. 1 WG-BW überwiegen vertretbar die geringen mengenmäßigen Auswirkungen den Verwaltungsaufwand eines Genehmigungsverfahrens. Aus diesem Grund besteht bei den Benutzungszwecken eine geringe Missbrauchsgefahr bei Dürre.

(2) Genehmigungsfreie Entnahmen für Land-, Forstwirtschaft und Gartenbau, § 20 Abs. 1 S. 2 WG-BW

Wesentlich höhere Relevanz für den Wasserhaushalt weisen die genehmigungsfreien Nutzungen nach § 20 Abs. 1 S. 2 WG-BW auf. Die Norm ermöglicht eine zulassungsfreie Entnahme von Wasser in geringen Mengen für die Landwirtschaft, die Forstwirtschaft und den Gartenbau.[645] Der Begriff der »geringen Menge« erscheint auf den ersten Blick unbestimmt und dadurch zur Beschränkung der Entnahmemenge gerade bei akuten Dürren ungeeignet.

Ob die Entnahme[646] in einer »geringe Menge« erfolgt, bestimmt sich nach dem aktuellen Pegelstand und den Auswirkungen der Entnahme auf den örtlichen Wasserhaushalt.[647]

Giesberts/Reinhardt, BeckOK Umweltrecht, 58. Ed. 2021, § 25 WHG Rn. 1, 12; *Blumenberg*, Steuerung des Wassersports durch Umweltrecht, 1995, S. 60 f.; *Breuer/Gärditz*, Öffentliches und privates Wasserrecht, 4. Aufl. 2017, Rn. 456.

642 »Tränken« meint die unmittelbare Aufnahme von Wasser aus den Gewässern durch Tiere, *Bulling et al.*, WG-BW, Band 1, 3. Aufl., 55. EL 2020, § 20 Rn. 18; »schwemmen« meint das Reinigen und Baden von (Nutz-)Tieren. Der Widerspruch zur Genehmigungspflicht für das Einleiten von Stoffen nach § 25 S. 2 WHG ist durch Auslegung aufzulösen, *Ganske*, in: Landmann/Rohmer, Umweltrecht Kommentar, 94. EL. 2020, § 25 WHG Rn. 35; *Kibele*, Die Wassergesetz-Novelle von 1988, VBlBW 1988, 321 (325 f.); *Sinn*, Das Rechtsinstitut des Gemeingebrauchs im Wasserhaushaltsrecht, 2013, S. 54 f.

643 Der Einsatz von Schöpfrädern oder Motorpumpen zu Entnahme von Wasser ist damit ausdrücklich nicht vom Gemeingebrauch umfasst, *Bulling et al.*, WG-BW, Band 1, 3. Aufl., 55. EL 2020, § 20 Rn. 17.

644 Die Benutzungszwecke Baden oder Befahren können bei Dürreereignissen aufgrund ökologischer Auswirkungen relevant werden. Sie haben jedoch keine Auswirkungen auf den mengenmäßigen Zustand der Gewässer, weshalb an dieser Stelle auf die gängige Literatur verwiesen wird, *Ganske*, in: Landmann/Rohmer, Umweltrecht Kommentar, 94. EL. 2020, § 25 WHG Rn. 30, 36 ff.

645 Gegenüber der Vorgängerregelung schließt § 20 Abs. 1 S. 1 WG-BW inzwischen die Entnahme von Wasser in geringen Mengen für kleingewerbliche Betriebe aus, VGH BW, Urt. v. 4. 2. 1980, VBlBW 1981, 54 (55); a. A. *Habel*, Wassergesetz für Baden-Württemberg, 1982, § 26 Rn. 30; *Bulling et al.*, WG-BW, Band 1, 3. Aufl., 55. EL 2020, § 20 Rn. 3, 35.

646 Sofern Benutzer die Grenzen der »geringen Menge« wahren, ist im Unterschied zu S. 1 eine Entnahme auch durch Pump- oder Schöpfvorrichtungen möglich, *Bulling et al.*, WG-BW, Band 1, 3. Aufl., 55. EL 2020, § 20 Rn. 17, 32.

647 LT-Drs. 15/3760, S. 127; VGH BW, Urt. v. 21. 12. 1972, ZfW 1973, 180 (183); AG Freiburg, Urt. v. 4. 6. 1991, ZfW 1992, 389 (390); *Bulling et al.*, WG-BW, Band 1, 3. Aufl., 55. EL 2020, § 20 Rn. 32.

Grundsätzlich darf die Entnahme den örtlichen Wasserhaushalt auch zu Zeiten von Niedrigwasser nicht beeinträchtigen, d. h. keine wesentliche Verminderung der Wasserführung oder Senkung des Wasserspiegels für angrenzende Grundstücke herbeiführen.[648] Eine geringe Menge ist beispielsweise überschritten, wenn eine Entnahme zu Beregnungszwecken 5/6 des gesamten Wasserverbrauchs einer Gärtnerei ausmacht.[649]

Um begriffliche Ungenauigkeiten zu vermeiden, hat das Bundesland Hessen die zulassungsfreie Entnahmemenge des Gemeingebrauchs durch einen Grenzwert geregelt. Nach § 25 WHG iVm. § 29 Abs. 1 S. 3 HessWG dürfen Gewässerbenutzer 1.000 m³ pro Jahr mit einer Entnahmerate von 10 Liter/s durch mobile Anlagen genehmigungsfrei entnehmen.[650] Dieser Ansatz bietet jedoch materiell-rechtlich kein höheres Schutzniveau als § 20 Abs. 1 S. 2 WHG, da die örtlichen Gegebenheiten im Einzelfall keine Berücksichtigung finden und der Grenzwert im Ergebnis höher ausfällt, als die Auslegung des Begriffs »geringe Menge« zulässt.[651] Die Auslegungsbedürftigkeit des Wortlauts bietet im Vergleich zu einem konkreten Grenzwert jedoch ein größeres Maß an Rechtssicherheit.

Zumindest aus zwei Gesichtspunkten scheint § 20 Abs. 1 S. 2 WG-BW anpassungsbedürftig. Zum einen findet die Einhaltung der »geringen Menge« nach § 20 Abs. 1 S. 1 WG-BW weitgehend durch die Selbstregulierung gewerblicher Gewässerbenutzer mit wirtschaftlichen Interessen statt. Bei Dürren und der damit verbundenen Bedarfssteigerung besteht insoweit ein Missbrauchsrisiko, dass Benutzer die Schranken des schwach umrissenen Begriffs der geringen Menge nicht beachten. Einerseits führt die Selbstbestimmung der »geringen Menge« durch Benutzer dazu, dass die Summationswirkung von genehmigungsfreien und -pflichtigen Benutzungen weitgehend außer Acht bleibt. Es mag unter normalen hydrologischen Umständen vertretbar sein, dem Einzelnen unter wenigen Benutzern die Bestimmung der Entnahmemenge selbst zu überlassen. Bei Dürreereignissen, wenn eine Niedrigwassersituation und eine Zunahme an Entnahmen zu befürchten ist, liegt die Beeinträchtigung des Gewässerschutzes durch die Summation der Gewässerbenutzungen nahe. Andererseits kann es einem einzelnen Gewässerbenutzer nicht zugemutet werden, Erkundigungen über die Gesamtbelastung der Gewässer anzustellen. Bei Dürreereignissen wird es daher regelmäßig erforderlich sein, dass die zuständige Behörde den Gemeingebrauch nach § 21 Abs. 2 WG-BW durch Rechtsverordnung oder Allgemeinverfügung regelt.

Zum anderen stellt sich grundsätzlich die Frage der behördlichen Überprüfbarkeit von Entnahmen im Rahmen des Gemeingebrauchs. Die genaue Ermittlung der Entnahmemenge ist aufgrund der diffusen Entnahmemöglichkeit an Oberflächengewässern technisch wohl kaum realisierbar. Die Wasserbehörden sind daher bislang auf Hinweise aus der Bevölkerung angewiesen. § 20 Abs. 1 S. 2 WG-BW weist insoweit Missbrauchspotential für unbefugte Entnahmen während der Dauer eines Dürreereignisses auf.

---

648 *Bulling et al.*, WG-BW, Band 1, 3. Aufl., 55. EL 2020, § 20 Rn. 32; *Breuer/Gärditz*, Öffentliches und privates Wasserrecht, 4. Aufl. 2017, Rn. 462.
649 VGH BW, Urt. v. 21. 12. 1972, ZfW 1973, 180 (181); *Breuer/Gärditz*, Öffentliches und privates Wasserrecht, 4. Aufl. 2017, Rn. 462.
650 *Hafner*, Rechtliche Rahmenbedingungen für eine an den Klimawandel angepasste Landwirtschaft, UPR 2010, 371 (375).
651 *Sinn*, Das Rechtsinstitut des Gemeingebrauchs im Wasserhaushaltsrecht, 2013, S. 52.

C. Die Rechtslage im Bundesland Baden-Württemberg

(3) Die Generalklausel »ähnliche unschädliche Verrichtungen«, § 20 Abs. 1 S. 1 Hs. 1 WG-BW

Das WG-BW ist das bundesweit einzige Landeswassergesetz, das im Rahmen des Gemeingebrauchs auch eine Generalklausel, die Gewässernutzung zur ähnlichen unschädlichen Verrichtung nach § 20 Abs. 1 S. 1 Hs. 1 WG-BW, vorsieht.[652] Der Anwendungsbereich der Generalklausel umfasst überwiegend moderne Benutzungsformen zum Zwecke der Naherholung, wie beispielsweise motorisierter Wassersport oder Sporttauchen.[653] Derartige Benutzungsformen haben geringe Auswirkungen auf den mengenmäßigen Zustand oberirdischer Gewässer, da sie keine mengenmäßige Inanspruchnahme erfordern.

(4) Zwischenbilanz

Seine Schranken findet der Gemeingebrauch nach § 25 WHG in den entgegenstehenden Rechten anderer und der Beeinträchtigung des Eigentümer- und Anliegergebrauchs. Die Beschränkung bringt den subsidiären Charakter des Gemeingebrauchs und den Grundsatz der Gemeinverträglichkeit § 14 Abs. 2 WG-BW besonders deutlich zum Ausdruck.[654] Der Anwendungsbereich des Gemeingebrauchs ist in Baden-Württemberg vergleichsweise beschränkt und damit im Hinblick auf eine langfristige Dürrevorsorge angemessen. Anpassungsbedarf für eine effektive *ad hoc* Dürrebewältigung weist insbesondere § 20 Abs. 1 S. 2 WG-BW auf, da dieser ein Einfallstor für unbefugte Entnahmen bietet. Wasserbehörden könnten diesem Umstand entgegenwirken, indem sie für ihr Einzugsgebiet eine konkretisierende Regelung des Gemeingebrauchs durch Allgemeinverfügung oder Rechtsverordnung aufstellen, die im Idealfall zugleich Benutzungsvorgaben für Niedrigwasser- und Dürresituationen vorgeben.

---

652 Die Ursprünge der Generalklausel liegen in § 12 Abs. 1 des Badischen Wassergesetzes von 1899, *Sinn*, Das Rechtsinstitut des Gemeingebrauchs im Wasserhaushaltsrecht, 2013, S. 52; »ähnliche unschädliche Verrichtungen« meint Benutzungen, deren Schädlichkeitsgrad mit den genannten Benutzungsformen vergleichbar ist, *Bulling et al.*, WG-BW, Band 1, 3. Aufl., 55. EL 2020, § 20 Rn. 20.
653 Vgl. VGH BW, Urt. v. 9. 7. 1999, NVwZ-RR 2000, 211 (211 ff.); *Kloepfer/Brandner*, Wassersport und Umweltschutz, NVwZ 1988, 115 (118); *Breuer/Gärditz*, Öffentliches und privates Wasserrecht, 4. Aufl. 2017, Rn. 462; *Sinn*, Das Rechtsinstitut des Gemeingebrauchs im Wasserhaushaltsrecht, 2013, S. 52; *Blumenberg*, Steuerung des Wassersports durch Umweltrecht, 1995, S. 62 ff.; *Burgi*, Erholung in freier Natur, 1993, S. 202 f.; die Entnahme zum Betrieb einer Wärmepumpe ist hingegen erlaubnispflichtig VGH BW, Urt. v. 7. 3. 1980, ESVGH 30, 177 (178 ff.); a. A. *Bulling et al.*, WG-BW, Band 1, 3. Aufl., 55. EL 2020, § 20 Rn. 21.
654 § 25 S. 1 WHG stellt damit eine Rangordnung zwischen den verschiedenen, in Einklang zueinander zu bringenden Interessen auf, *Ganske*, in: Landmann/Rohmer, Umweltrecht Kommentar, 94. EL. 2020, § 25 WHG Rn. 17 f.; *Cormann*, in: Giesberts/Reinhardt, BeckOK Umweltrecht, 58. Ed. 2021, § 25 WHG Rn. 33; *Sinn*, Das Rechtsinstitut des Gemeingebrauchs im Wasserhaushaltsrecht, 2013, S. 68. Den Grundsatz der Gemeinverträglichkeit hat der Gesetzgeber als selbstverständlich vorausgesetzt und daher nicht in Wortlaut von § 25 WHG aufgenommen, *Breuer/Gärditz*, Öffentliches und privates Wasserrecht, 4. Aufl. 2017, Rn. 464; *Friesecke*, Die Gemeinverträglichkeit im Wasserrecht, DVBl. 1960, 711 (711 f.); *Bulling et al.*, WG-BW, Band 1, 3. Aufl., 55. EL 2020, § 20 Rn. 11.

bb) Erlaubnisfreie Nutzung des Grundwassers, § 46 WHG iVm. § 42 WG-BW

§ 46 WHG trifft eine dem Gemeingebrauch vergleichbare Regelung für Grundwasser.[655] Eine erlaubnisfreie Nutzung in Form des Entnehmens, Zutageförderns, Zutageleitens und Ableitens von Grundwasser ist nach § 46 Abs. 1 WHG iVm. § 42 WG-BW zulässig, sofern ein gesetzlich vorgesehener Benutzungszweck einschlägig ist und keine signifikanten nachteiligen Auswirkungen auf den Wasserhaushalt auftreten.

(1) Benutzungszwecke, § 46 Abs. 1 WHG

§ 46 WHG privilegiert einige Benutzungszwecke durch die Möglichkeit einer erlaubnisfreien Entnahme von Grundwasser. Insbesondere § 46 Abs. 1 Nr. 1 WHG nennt Benutzungszwecke, die bei Dürreereignissen vermehrt ausgeübt werden könnten und daher Konfliktpotential aufweisen.[656] Nach § 46 Abs. 1 Nr. 1 WHG können erlaubnisfreie Benutzungen für den Haushalt, für den landwirtschaftlichen Hofbetrieb, für das Tränken von Vieh außerhalb des Hofbetriebs oder in geringen Mengen zu einem vorübergehenden Zweck erfolgen.

Der Benutzungszweck Haushalt als Lebensmittelpunkt von natürlichen Personen dienende Wohnstätte[657] hat für Dürreereignisse eher geringe Relevanz, da in fast allen Gemeinden nach § 11 S. 1 GemO ein Anschluss- und Benutzungszwang an die öffentliche Wasserversorgung besteht. Wesentlich relevanter ist die Privilegierung der Landwirtschaft in § 46 Abs. 1 Nr. 1 Var. 2 WHG, der von erlaubnisfreier Benutzung für den landwirtschaftlichen Hofbetrieb spricht. Der Begriff Hofbetrieb steht seit der Einführung des § 46 WHG im Jahr 1957 im Wortlaut der Norm.[658] Da der historische Sinn und das Verständnis des Gesetzgebers die Auslegung des Begriffs Hofbetriebs vorgeben, sind u. a. Massentierhaltungsbetriebe nach der Anlage zur 4. BImSchV Nr. 7.1 vom Anwendungsbereich ausgenommen.[659] Die Nutzung des Grundwassers beschränkt sich im Übrigen auf den landwirtschaftlichen Hofbetrieb selbst.[660] Gewässerbenutzungen zum Zwecke der Bewässerungslandwirtschaft, externe landbaulich genutzte Flächen wie Äcker, Wiesen und Weiden oder landwirtschaftliche Industrie- bzw. Nebenbetriebe sind vom Anwen-

---

[655] Zur Frage, ob an Grundwasser *per se* ein Gemeingebrauch bestehen kann vgl. ausführlich *Sinn*, Das Rechtsinstitut des Gemeingebrauchs im Wasserhaushaltsrecht, 2013, S. 34 ff. Die Berechtigung zur erlaubnisfreien Nutzung ergibt sich aufgrund der Zuteilung durch das WHG nicht des Grundeigentums, *Cormann*, in: Giesberts/Reinhardt, BeckOK Umweltrecht, 58. Ed. 2021, § 46 WHG Rn. 1.

[656] Die Benutzungszwecke von § 46 Abs. 1 S. 1 Nr. 2 WHG weisen kaum Relevanz für die Dürrebewältigung auf und daher von der nachfolgenden Untersuchung ausgenommen.

[657] OVG Rheinland-Pfalz, Urt. v. 22. 1. 1987, ZfW 1988, 292 (292); *Meyer*, in: Landmann/Rohmer, Umweltrecht Kommentar, 94. EL. 2020, § 46 WHG Rn. 7.

[658] Generell ist der heutige § 46 WHG identisch mit der ersten Fassung im damaligen § 33 WHG a. F. vom 27. 7. 1957, WHG vom 27. 7. 1957, BGBl. 1957, S. 1116.

[659] BT-Drs. 16/12275, S. 64.

[660] *Czychowski/Reinhardt*, WHG, 12. Aufl. 2019, § 46 Rn. 14; *Cormann*, in: Giesberts/Reinhardt, BeckOK Umweltrecht, 58. Ed. 2021, § 46 WHG Rn. 11. Dieses Verständnis ergibt sich sowohl unmittelbar aus dem Wortlaut von § 46 Abs. 1 Nr. 1 Var. 1 WHG, der auf den »Hofbetrieb« anstelle des landwirtschaftlichen Betriebs abstellt, als auch aus der systematischen Auslegung im Zusammenhang mit § 46 Abs. 1 Nr. 1 Var. 2 WHG.

C. Die Rechtslage im Bundesland Baden-Württemberg

dungsbereich des § 46 Abs. 1 Nr. 1 WHG ausgenommen.[661] Das enge Begriffsverständnis des »Hofbetriebs« beugt auf der einen Seite einer intensiven Beanspruchung der Grundwasserressourcen vor. Auf der anderen Seite besteht durch die Auslegungsbedürftigkeit des Begriffs – ähnlich wie bei dem Gemeingebrauch an Oberflächengewässern – gerade bei Dürre Missbrauchsgefahr.

Mengenmäßige Implikationen können auch im Rahmen von § 46 Abs. 1 Nr. 1 Var. 4 WHG bei erlaubnisfreier Grundwasserentnahme in geringen Mengen zu einem vorübergehenden Zweck auftreten. Allerdings sind dem Merkmal vorübergehender Zweck zeitlich enge Grenzen gesetzt. Regelmäßig wiederkehrende Nutzungen fallen nicht darunter, auch nicht eine wiederholte Entnahme zum Ausgleich des Niederschlagsdefizits bei Dürre.[662] Ein weiteres Beispiel für einen unzulässigen, vorübergehenden Zweck ist auch die wiederholte Entnahme zur Speisung von Beregnungsanlagen in Wachstums- oder Trockenzeiten.[663] Das enge Begriffsverständnis wurzelt in der gesetzgeberischen Intention bei Erlass des § 33 a. F., wonach die Gefahr eines übergroßen Eingriffs in den Wasserhaushalt drohe und die Norm dementsprechend restriktiv auszulegen sei.[664] Neben den zeitlichen Grenzen stellt auch die Bestimmung der »geringen Menge« nach § 46 Abs. 1 Nr. 1 Var. 4 WHG im Einzelfall eine Herausforderung dar.[665] In der Regel ist die geringe Menge überschritten, wenn der Wasserhaushalt durch eine Grundwasserentnahme in der Umgebung der Entnahmestelle nennenswert absinkt.[666]

Dieses Verständnis verschiebt die Auslegungsbedürftigkeit des Begriffs der geringen Menge auf den der »nennenswerten Absenkung«. Im Ergebnis erfolgt auch hier die Bestimmung an dem Faktor der absoluten Entnahmemenge im Verhältnis zur Menge des örtlichen Grundwasserdargebots.[667] Eine erlaubnisfreie Nutzung liegt nach Auffassung der Rechtsprechung beispielsweise bei Entnahme von mehr als 500 m^3 täglich oder einem monatelangen Abpumpen von 20 m^3/h nicht mehr vor.[668] Zumindest im Zusammenhang mit erlaubnisfreien Grundwasserentnahmen prägt die Rechtsprechung den konturenlosen Begriff der geringen Menge. Dies ist angesichts der besonderen Schutzbedürftigkeit der Grundwasserressourcen begrüßenswert.

Allerdings schränkt der Landesgesetzgeber in Bezug auf Grundwasser die nach § 46 WHG eingeräumte Möglichkeit einer erlaubnisfreien Entnahme durch § 42 Abs. 1 WG-BW ein. § 42 Abs. 1 WG-BW räumt der obersten Wasserbehörde den Vorbehalt ein,

---

661 OVG Rheinland-Pfalz, Urt. v. 22. 1. 1987, ZfW 1988, 292 (294); *Cormann*, in: Giesberts/Reinhardt, BeckOK Umweltrecht, 58. Ed. 2021, § 46 WHG Rn. 11; *Meyer*, in: Landmann/Rohmer, Umweltrecht Kommentar, 94. EL. 2020, § 46 WHG Rn. 10.
662 *Cormann*, in: Giesberts/Reinhardt, BeckOK Umweltrecht, 58. Ed. 2021, § 46 WHG Rn. 16; *Czychowski/Reinhardt*, WHG, 12. Aufl. 2019, § 46 Rn. 17 m. w. N.
663 *Cormann*, in: Giesberts/Reinhardt, BeckOK Umweltrecht, 58. Ed. 2021, § 46 WHG Rn. 16.
664 Vgl. *Meyer*, in: Landmann/Rohmer, Umweltrecht Kommentar, 94. EL. 2020, § 46 WHG Rn. 2.
665 *Meyer*, Wasserhaltung und Wasserrecht, NZBau 2013, 8 (10).
666 *Böhme*, in: Berendes/Frenz/Müggeborg, WHG, 1. Aufl. 2011, § 46 WHG Rn. 12; *Meyer*, in: Landmann/Rohmer, Umweltrecht Kommentar, 94. EL. 2020, § 46 WHG Rn. 12.
667 OLG Stuttgart, Beschl. v. 11. 8. 1977, ZfW 1978, 252 (254); VGH BW, Urt. v. 21. 12. 1972, ZfW 1973, 180 (183).
668 BGH, Beschl. v. 22. 12. 1976, BGHZ 69, 1 (2, 10 f.); OVG Münster, Urt. v. 4. 2. 1965, ZfW 1965, 233 (234); mit weiteren Beispielen *Meyer*, in: Landmann/Rohmer, Umweltrecht Kommentar, 94. EL. 2020, § 46 WHG Rn. 12.

durch Rechtsverordnung allgemein oder für einzelne Gebiete zu bestimmen, dass in den Fällen des § 46 Abs. 1 WHG eine Erlaubnis oder eine Bewilligung erforderlich ist. Durch die Rückausnahme trägt der Landesgesetzgeber der Schutzbedürftigkeit von Grundwasservorkommen als primäre Versorgungsquelle Rechnung.

(2) Benutzungszwecke nach § 42 Abs. 2 WG-BW

Durch § 42 Abs. 2 WG-BW dehnt der Landesgesetzgeber den erlaubnisfreien Gebrauch des Grundwassers zum Zweck der Bewässerung[669] von kleingärtnerisch genutzten Flächen[670] in geringen Mengen aus. Damit ist der Anwendungsbereich der erlaubnisfreien Grundwasserentnahme in Baden-Württemberg weiter als auf Bundesebene. Eine vergleichbare Ausweitung des Gemeingebrauchs für Oberflächengewässer ermöglicht § 25 S. 1 WHG »wie dies nach Landesrecht als Gemeingebrauch zulässig ist«. Der Landesgesetzgeber hat hiervon in Bezug auf Oberflächengewässer durch § 20 Abs. 1 WG-BW Gebrauch gemacht. Auch für Oberflächengewässer ist daher das »Entnehmen von Wasser in geringen Mengen für die Landwirtschaft, die Forstwirtschaft und den Gartenbau« erlaubnisfrei. Der Landesgesetzgeber schafft damit im Wesentlichen einen Gleichlauf zwischen erlaubnisfreier Nutzung von Oberflächengewässern nach § 20 Abs. 1 WG-BW und Grundwasser nach § 42 Abs. 2 WG-BW.

(3) Tatsächliche und rechtliche Beschränkungen

In Bezug auf alle Benutzungszwecke gilt nach § 46 Abs. 1 S. 1 WHG, dass durch die Entnahme keine signifikanten[671] nachteiligen Auswirkungen auf den Wasserhaushalt erfolgen dürfen.[672] Die Voraussetzung dient der Umsetzung der fast wortgleichen unionsrechtlichen Vorgaben aus Art. 11 Abs. 3 e WRRL. Aufgrund ihres geringen Bestimmtheitsgrades ist das Einschränkungspotential des Merkmals jedoch eher gering.[673]

Wie auch bei § 25 S. 1 WHG in Bezug auf den Gemeingebrauch an Oberflächengewässern, sieht § 42 Abs. 2 WG-BW eine erlaubnisfreie Entnahme von Grundwasser nur »in geringen Mengen« vor. Damit stellt sich erneut die Frage nach der Bestimmung des Begriffs »geringe Menge«, die den Normadressaten im Einzelfall überlassen ist.

---

669 »Bewässerung« meint Anfeuchtung, Düngung, Reinigung, Erwärmung oder Auflandung des Bodens, *Bulling et al.*, WG-BW, Band 1, 3. Aufl., 55. EL 2020, § 42 Rn. 8.
670 Der Ausdruck kleingärtnerisch genutzte Flächen meint Schrebergärten, Heimgarten, Familiengarten – Gartenbauerzeugnisse nur für den Eigenbedarf und zur Erholung, vgl. § 1 Abs. 1 Nr. 1 BKleinG.
671 Das Merkmal der Signifikanz ist unterhalb der Erheblichkeitsschwelle an den Voraussetzungen des Besorgnisgrundsatzes auszurichten. Es genügt, dass die Möglichkeit eines entsprechenden Schadenseintritts besteht. Allgemein zum Besorgnisgrundsatz ausführlich BVerwG, Urt. v. 12. 9. 1980, ZfW 1981, 87 (88 ff.); grundlegend BVerwG, Urt. v. 16. 7. 1965, ZfW 1965, 113 (116); *Czychowski/Reinhardt*, WHG, 12. Aufl. 2019, § 25 WHG Rn. 4; *Bulling et al.*, WG-BW, Band 1, 3. Aufl., 55. EL 2020, § 42 Rn. 10b.
672 *Czychowski/Reinhardt*, WHG, 12. Aufl. 2019, § 46 WHG Rn. 21; *Böhme*, in: Berendes/Frenz/Müggeborg, WHG, 1. Aufl. 2011, § 46 Rn. 6; *Kotulla*, WHG, 2. Aufl. 2011, § 46 Rn. 13.
673 Vgl. *Sinn*, Das Rechtsinstitut des Gemeingebrauchs im Wasserhaushaltsrecht, 2013, S. 60; ausführlich näher *Rossi*, in: Sieder et al., WHG AbwAG, 55. EL 2020, § 25 WHG Rn. 27 ff.

Da die Ausübung der erlaubnisfreien Benutzung des Grundwassers nur mittels geeigneter Entnahmevorrichtungen möglich ist, stellt die Erlaubnis- und Anzeigepflichtigkeit eines Brunnens nach § 49 Abs. 1 S. 1 WHG iVm. § 43 Abs. 1 WG-BW (Bohranzeige) eine weitere Beschränkung der tatsächlichen Entnahme dar.[674] Die Bohranzeige ermöglicht zwar keine mittelbare präventive Steuerung der Entnahmemenge, verschafft den zuständigen Wasserbehörden jedoch Kenntnis über Ort und Art der Grundwasserentnahme.

(4) Bewertung

Im Vergleich zu den Benutzungszwecken des Gemeingebrauchs an oberirdischen Gewässern weisen die zulässigen Entnahmen nach § 46 WHG eine wesentlich höhere mengenmäßige Relevanz auf. Dies ist auch dem Umstand geschuldet, dass eine Entnahme von Grundwasser mittels Handgefäßen nicht möglich ist.

Die besondere Schutzbedürftigkeit der Grundwasservorkommen würdigt der Landesgesetzgeber dadurch, dass die oberste Wasserbehörden – in Baden-Württemberg das Umweltministerium – durch Rechtsverordnung eine Erlaubnis- oder Bewilligungspflicht auf der Grundlage von § 42 Abs. 1 WG-BW vorsehen kann. Die landesgesetzliche Rückausnahme von der erlaubnisfreien Benutzung nach § 46 WHG dient langfristig dem Ressourcenschutz. Die »Bohranzeige« erhöht gegenüber dem Gemeingebrauch sogar die Kenntnis der Wasserbehörden über die Anzahl und den Ort der erlaubnisfreien Grundwassernutzungen.[675] Da bei Dürreereignissen u. a. der Bedarf an Wasser zur Bewässerung steigt, ist gleichwohl fraglich, ob die Auslegungsbedürftigkeit[676] der Norm unter derartigen Umständen eine *ad hoc* Übernutzung der Grundwasserressourcen vermeiden kann. Zu beachten gilt es auch, dass im Unterschied zu Oberflächengewässern, eine Entnahme von Grundwasser nicht durch ein Schöpfen mit Handgefäßen möglich ist. Allein die Art und Weise der Entnahme von Grundwasser kann daher leichter zur Überschreitung der »geringen Menge« führen, als es bei Oberflächengewässern der Fall ist. Auch die Bohranzeige kann nicht verhindern, dass insbesondere Benutzergruppen mit wirtschaftlichen Interessen die Grenzen der Norm über eine ressourcensparende und schonende Grundwassernutzung ins Unzulässige ausdehnen und eine Selbstregulierung unterbleibt.

Die Gewässeraufsicht sollte gerade in diesem Bereich bei einer *ad hoc* Dürrebewältigung von ihrer Überwachungs- und Aufsichtsfunktion nach §§ 100 f. WHG Gebrauch machen, um wenigstens repressiv die Einhaltung der §§ 46 WHG iVm. § 42 WG-BW sicherzustellen. Durch die Bohranzeige bestehen immerhin taugliche Anhaltspunkte über den zur *ad hoc* Dürrebewältigung regelungsbedürftigen Benutzerkreis. Wünschenswert im Hinblick auf eine langfristige Dürrevorsorge wäre jedoch eine konkrete Regelung durch Rechtsverordnung.

---

674 Ausführlich *Meyer*, Wasserhaltung und Wasserrecht, NZBau 2013, 8 (8 ff.).
675 Ein darüberhinausgehendes Anzeigeerfordernis kann gegebenenfalls sogar entbehrlich werden. A. A. *Sinn*, Das Rechtsinstitut des Gemeingebrauchs im Wasserhaushaltsrecht, 2013, S. 63.
676 Zur restriktiven Auslegung von § 46 WHG als Ausnahmetatbestand VGH BW, Urt. v. 7. 3. 1980, ESVGH 30, 177; *Böhme*, in: Berendes/Frenz/Müggeborg, WHG, 1. Aufl. 2011, § 46 Rn. 6; *Meyer*, in: Landmann/Rohmer, Umweltrecht Kommentar, 94. EL. 2020, § 46 WHG Rn. 6.

cc) Alte Rechte und alte Befugnisse, §§ 20, 21 WHG

Gerade in den letzten Jahren bietet die Wiederentdeckung der Wasserkraft als Energiequelle[677] und die finanzielle Förderung der Wasserkraft nach dem EEG[678] einen wirtschaftlichen Anreiz zur Ausübung alter Rechte und Befugnisse nach §§ 20, 21 WHG in Form von jahrhundertealten Nutzungs-, Stau-, und Mühlenrechten.[679] Diese können den Wasserstand beeinträchtigen und eine vorausschauende Bewirtschaftung der Gewässer erschweren, da die Wasserbehörden häufig keine Kenntnis über Anzahl und Umfang alter Rechte haben. Die mit alten Rechten und Befugnisse verbundene Ungewissheit behindert bereits auf planerischer Ebene ein nachhaltiges Dargebots- und Nachfragemanagement.[680]

Im Unterschied zum Baurecht genießen alte Rechte und Bewilligungen im Wasserrecht jedoch keinen absoluten Bestandsschutz.[681] Sie müssen die gegenwärtigen Vorschriften des WHG, insbesondere über die Mindestwasserführung nach § 33 WHG und die Bewirtschaftungsziele nach §§ 27–31, 47 WHG, einhalten.[682] Darüber hinaus unterliegen alte Rechte und Bewilligungen auch den nachträglichen Anordnungs- und Widerrufsbefugnissen der zuständigen Wasserbehörde nach § 13 und § 20 Abs. 2 WHG.[683] Die große Anzahl gerichtlicher Entscheidungen der letzten Jahre zeigt, dass Behörden von diesen Befugnissen häufig Gebrauch machen.[684]

Ergänzend wirkt § 21 WHG der mit alten Rechten und Befugnissen verbundenen Ungewissheit durch ein umfassendes Anmeldeerfordernis[685] und ein gesetzlich vorgesehenes Erlöschen der Rechte entgegen. Inhaber alter Rechte und Befugnisse, die bis Ende Februar 2010 noch nicht im Wasserbuch standen, mussten bis zum 1. 3. 2013 bei der zuständigen Behörde einen Antrag auf Eintragung ins Wasserbuch stellen. Kommen Inhaber alter Rechte und Befugnisse diesem Anmeldeerfordernis auch unter Berücksichtigung der Einsetzung in den vorherigen Stand nach § 21 Abs. 1 S. 2 WHG iVm. § 32 VwVfG nicht nach, ordnet § 21 Abs. 1 S. 3 WHG das automatische Erlöschen der alten Rechte

---

677 In Baden-Württemberg ist die Wasserkraft nach wie vor die wichtigste regenerative Energiequelle, *Bulling et al.*, WG-BW, Band 1, 3. Aufl., 55. EL 2020, § 24 Rn. 3.
678 Ausführlich *Reinhardt*, Die gesetzliche Förderung kleiner Wasserkraftanlagen, NuR 2006, 205 (205).
679 VGH BW, Urt. v. 16. 12. 1981, NVwZ 1982, 570; *Reinhardt*, Neue wasserrechtliche Anforderungen an die Modernisierung von Wasserkraftanlagen, NVwZ 2011, 1089 (1090).
680 *Reinhardt* sieht es als Versäumnis des Gesetzgebers an, ein einheitliches Gestattungsregime für alte und neue Zulassungen zu schaffen. Es folge ein unübersichtliches Nebeneinander aus alten und neuen Zulassungen, die erhebliche Unsicherheiten in die Entscheidungsgrundlage einbrächten, *Reinhardt*, Neue wasserrechtliche Anforderungen an die Modernisierung von Wasserkraftanlagen, NVwZ 2011, 1089 (1090).
681 LT-Drs. 15/919, S. 7, 9; *Breuer/Gärditz*, Öffentliches und privates Wasserrecht, 4. Aufl. 2017, Rn. 503.
682 LT-Drs. 15/919, S. 7, 9.
683 Wie z. B. im Falle von VG Karlsruhe, Urt. v. 2. 7. 2014 – 4 K 3423/11, Rn. 46 (juris).
684 Vgl. beispielsweise BayVGH, Beschl. v. 22. 3. 2017 – 8 ZB 14/1350; VG Ansbach, Urt. v. 10. 1. 2018 – 9 K 16.02072; VG Würzburg, Urt. v. 24. 2. 2015 – W 4 K 14.928.
685 § 21 WHG führt gegenüber der Vorgängerregelung § 16 Abs. 2 WHG, die ein Anmeldeerfordernis nur aufgrund behördlicher Anordnung vorsah, ein bundesweites, flächendeckendes Anmeldeerfordernis ein. Bundesweit wird von einer Fallzahl von 28.700 anmeldeerforderlichen Rechten ausgegangen, BT-Drs. 16/12275, S. 44 f.

C. Die Rechtslage im Bundesland Baden-Württemberg

und Befugnisse zum 1.3.2020 an. Das Anmeldeerfordernis des § 21 WHG dient dazu, die Vollständigkeit des Wasserbuchs zu wahren und eine verlässliche Entscheidungsgrundlage über den Bestand aller Gewässerbenutzungen zu schaffen, somit die mit alten Rechten und Befugnissen verbundene Ungewissheit zu beseitigen.[686] Eine derartige Regelung verstößt nicht gegen Art. 14 GG. Nach Auffassung des Bundesverfassungsgerichts kann aus der Eigentumsgewährleistung nicht hergeleitet werden, dass eine vom Eigentumsrecht umfasste, vom Berechtigten ausgeübte Befugnis nach ihrem Entstehen für alle Zukunft uneingeschränkt erhalten bleiben müsse oder nur im Wege der Enteignung wieder genommen werden dürfte.[687] Auch die dürrespezifische Gefahr einer überplanmäßigen Belastung der Gewässer räumt der Erlöschungsgrund durch Zeitablauf nach § 21 Abs. 1 S. 3 WHG aus, sodass die Regelung in Anbetracht der prognostizierten Zunahme an Dürreereignissen mehr Rechtssicherheit für die mengenmäßige Inanspruchnahme der Gewässer und eine darauf aufbauende Dürrevorsorge schafft.

dd) Zwischenbilanz

Die gesetzgeberisch eingeräumte Möglichkeit zur genehmigungsfreien Benutzung von Oberflächengewässer und Grundwasser nach §§ 25, 46 WHG entziehen sich weitgehend der präventiven Steuerung durch die Wasserbehörden. An ihre Stelle treten gesetzliche Nutzungsvorgaben, die grundsätzlich strenge Maßstäbe an die zulässige Entnahmemenge enthalten. Der allgemein gehaltene Wortlaut der Normen erschwert jedoch die Bestimmung der zulässigen Entnahmemenge im Einzelfall, wodurch die Steuerungskraft der gesetzlichen Regelungen geschmälert wird. Die nur teilweise eingeräumten Befugnisse der Gewässeraufsicht im Bereich der genehmigungsfreien Nutzungstatbestände können die Effektivität der §§ 25, 46 WHG weiter verringern. Besonders geeignet erscheinen die Regelungen für alte Rechten und Befugnisse nach § 21 WHG. Der Erlöschenstatbestand nach § 21 WHG sorgt nicht nur für Rechtssicherheit hinsichtlich der mengenmäßigen Belastung der Gewässer, sondern trägt auch zur Vollständigkeit des Wasserbuchs nach § 69 WG-BW bei. Wenngleich die Instrumente an verschiedenen Stellen, wie der Konkretisierung der Grundsätze der Gewässerbewirtschaftung oder der Regelung des Gemeingebrauchs anpassungsbedürftig erscheinen, um einem rechtsmissbräuchlichen Benutzungsverhalten bei Dürre vorzubeugen, so entsprechen sie doch grundsätzlich den Anforderungen an einen nachhaltigen Gewässerschutz.

d) Repressive Steuerung von Gewässerbenutzungen

Präventive Instrumente allein reichen, wie die Negativerfahrungen der Vergangenheit zeigen,[688] nicht aus um einen umfassenden Gewässerschutz herzustellen.[689] Mit der nach-

---

686 Vgl. BT-Drs. II/2920, S. 27, wonach die angestrebte Neuordnung des Wasserhaushalts nicht durch ein Übermaß unkontrollierter alter Rechte und Befugnisse gefährdet werden soll; *Czychowski/Reinhardt*, WHG, 12. Aufl. 2019, § 21 Rn. 5.
687 BVerfG, Beschl. v. 24.2.2010 – 1 BvR 27/09, Rn. 65 (amtl. Anm.).
688 Zu vergangenen Negativerfahrungen *Kotulla*, WHG, 2. Aufl. 2011, § 100 Rn. 2; *Kubitza*, in: Landmann/Rohmer, Umweltrecht Kommentar, 94. EL. 2020, § 100 Rn. 12.
689 *Breuer/Gärditz*, Öffentliches und privates Wasserrecht, 4. Aufl. 2017, Rn. 990. Die präventive Eröffnungskontrolle ermöglicht zwar eine staatliche Aufsicht und Zuteilung der Gewässer,

träglichen Anordnung von Inhalts- oder Nebenbestimmungen nach § 13 WHG, dem Widerruf nach § 18 WHG, den allgemeinen Befugnissen der Gewässeraufsicht nach § 100 WHG iVm. § 75 WG-BW sowie den besonderen Befugnissen im Zusammenhang mit Wasser- und Eisgefahren nach § 79 WG-BW stehen den Wasserbehörden verschiedene Instrumente zur repressiven Steuerung des Nutzungsverhaltens zur Verfügung.[690] Auch im akuten Dürrefall verfügen die Behörden folglich über Eingriffsbefugnisse zur *ad hoc* Dürrebewältigung. Sie sind aufgrund ihrer gefahrenabwehrrechtlichen Natur geeignet, um rechtzeitig Maßnahmen zum Schutz von Gesellschaft und Umwelt vor den Dürreauswirkungen zu ergreifen, wenngleich ihr Regelungsinhalt nicht speziell für die Dürrebewältigung ausgerichtet ist.

§ 100 Abs. 2 WHG berechtigt ergänzend zur regelmäßigen Überprüfung erteilter Zulassungen[691] und kann dadurch die Möglichkeit bieten, die regelmäßige Überprüfung von Genehmigungsfestsetzungen im Hinblick auf deren Dürregeeignetheit präventiv zu veranlassen. Auch genehmigungsfreie Gewässerbenutzungen unterliegen der Gewässeraufsicht nach §§ 100–102 WHG.[692]

aa) Verhältnis der repressiven Instrumente zueinander

Die eben genannten Regelungen gehören alle dem Bereich der nachträglichen Steuerung von Gewässerbenutzungen an und verfolgen das gemeinsame Regelungsziel eines nachhaltigen Gewässerschutzes; ihr Verhältnis zueinander ist im WHG allerdings nicht ausdrücklich geregelt. Aus dem Wortlaut der Normen und ihrer Systematik können zumindest zwei Ansätze abgeleitet werden, wie sich die verschiedenen repressiven Instrumente direkter Verhaltenssteuerung zueinander verhalten.

Zum einen können § 18 WHG und §§ 100 Abs. 1 S. 2, 101 WHG iVm. §§ 75, 79 WG-BW herangezogen werden, wenn eine vollständige Untersagung einer Gewässerbenutzung zu erfolgen hat. Eine nur teilweise Beschränkung der Gewässerbenutzung kann nach diesem Verständnis über die Möglichkeit zur nachträglichen Anordnung nach § 13 WHG vorgenommen werden. Eine Differenzierung findet dementsprechend nach Umfang der Beschränkung anhand der Regelungsintensität statt. Für dieses Verständnis spricht teleologisch der Rechtsgedanke der *ultima ratio*, der sowohl dem Widerruf als auch einer Untersagungsverfügung der Gewässeraufsicht anhaftet.

Zum anderen können bei Zugrundelegung der Regelungsansätze und Wirkungsbereiche die §§ 13, 18 WHG und die Maßnahmen der Gewässeraufsicht nach §§ 100 Abs. 1 S. 2, 101 WHG iVm. §§ 75, 79 WG-BW als strikt zu trennende Regelungsinstrumente betrachtet werden. Während die §§ 13, 18 WHG einer langfristigen Anpassung der Gewässerbenutzung durch Änderung der Festsetzungen des Genehmigungsbescheids

---

die Zulassungsentscheidung verbleibt jedoch stets als Prognoseentscheidung im Hinblick auf die zukünftige Gewässerbenutzung, *Drost/Ell*, Das neue Wasserrecht, 2. Aufl. 2016, S. 119.

690 Für genehmigungsfreie Gewässerbenutzungen besteht neben den Eingriffsbefugnissen der Gewässeraufsicht die Möglichkeit der Beschränkung des Gemeingebrauchs nach § 21 WG-BW durch Allgemeinverfügung sowie die Beschränkung der zulassungsfreien Benutzung des Grundwassers nach § 46 Abs. 3 WHG iVm. § 42 Abs. 1 WG-BW.
691 Vgl. BT-Drs. 16/12275, S. 56.
692 *Czychowski/Reinhardt*, WHG, 12. Aufl. 2019, § 46 Rn. 9; *Meyer*, in: Landmann/Rohmer, Umweltrecht Kommentar, 94. EL. 2020, § 46 WHG Rn. 4.

dienen, erfolgt die Anordnung von Maßnahmen nach §§ 100 Abs. 1 S. 2, 101 WHG iVm. §§ 75, 79 WG-BW überwiegend zur kurzfristigen Änderung des tatsächlichen – rechtmäßigen oder rechtswidrigen – Benutzungsverhaltens.

Einen Mittelweg zwischen beiden Regelungsansätzen, der langfristigen Anpassung der Rechtsposition und der kurzfristigen Anpassung des tatsächlichen Nutzungsverhaltens, beinhaltet nach diesem Verständnis § 100 Abs. 2 WHG, der ergänzend zur regelmäßigen Überprüfung erteilter Zulassungen berechtigt.[693] Das WHG trifft diese Unterscheidung insbesondere dadurch, dass es die nachträgliche Anpassungsmöglichkeit der Rechtsposition nach §§ 13, 18 WHG systematisch im Zusammenhang mit den genehmigungspflichtigen Tatbeständen der Erlaubnis, gehobenen Erlaubnis und Bewilligung verortet und die Aufgaben und Befugnisse der Gewässeraufsicht in einem gesonderten Abschnitt abhandelt. Bei erlaubnispflichtigen Gewässerbenutzungen ist daher eine Änderung der Genehmigungsfestsetzungen erforderlich, bevor die Gewässeraufsicht eine rechtmäßige Benutzung beschränkt oder untersagt.[694] Die Unterscheidung zwischen langfristiger Anpassung der Rechtsposition nach §§ 13, 18 WHG und der kurzfristigen Anpassung des tatsächlichen Benutzungsverhaltens durch Aufgaben und Befugnissen der Gewässeraufsicht wird auch in § 100 Abs. 2 WHG deutlich, der eine regelmäßige und anlassbezogene Überprüfung vorsieht und auf dieser Grundlage gegebenenfalls eine Anpassung von Zulassungen fordert. Die Regelungswirkung von § 100 Abs. 2 WHG erstreckt sich jedoch ausschließlich auf die (tatsächliche) Überprüfung. Da die Norm keine eigenständige Rechtsgrundlage darstellt, kann eine Anpassung der Genehmigungsfestsetzungen ausschließlich nach den §§ 13, 18 WHG erfolgen. Nicht zuletzt weist auch der Regelungsinhalt der §§ 100 Abs. 1 S. 2, 101 WHG iVm. §§ 75, 79 WG-BW auf das kurzfristige Regelungsziel hin, da der Wortlaut eine Beeinträchtigung des Wasserhaushalts oder das Vorliegen einer Gefahr, deren Beseitigung die Maßnahmen der Gewässeraufsicht dienen, fordert.

Bei der *ad hoc* Dürrebewältigung liegt der Fokus tauglicher Bewältigungsstrategien auf der kurzfristigen Anpassung des Nutzungsverhaltens, um auf Niedrigwasser oder Wasserversorgungsengpässe möglichst schnell zu reagieren. Diesen Anforderungen entsprechen die Aufgaben und Befugnisse der Gewässeraufsicht aufgrund der Anknüpfung an das tatsächliche Benutzungsverhalten und des kurzfristigen Regelungshorizonts.

bb) Anpassung von Genehmigungsfestsetzungen, §§ 13, 18 WHG

Im Unterschied zu den Aufgaben und Befugnissen der Gewässeraufsicht nach §§ 100 WHG, dienen die §§ 13, 18 WHG zur langfristigen Anpassung der Genehmigungsfestsetzungen erlaubnispflichtiger Gewässerbenutzungen. Sie schränken den Bestandsschutz des Dauerverwaltungsakts ein, indem sie die Möglichkeit zur Modifikation der Vorgaben zur Gewässerbenutzung einräumen.

Die Möglichkeit der nachträglichen Anpassung nach § 13 WHG ist Ausdruck des Verhältnismäßigkeitsgrundsatzes und bildet eine Vorstufe zum gänzlichen Widerruf nach § 18 WHG, der nicht nur auf die §§ 48, 49 WHG verweist, sondern auch systematische Gemeinsamkeiten aufweist.

---

693 Vgl. BT-Drs. 16/12275, S. 56.
694 VGH Kassel, Urt. v. 3.11.2010, NuR 2011, 214 (214).

(1) Nachträgliche Modifikation, § 13 WHG

Der Wortlaut von § 13 Abs. 1 S. 1 WHG stellt klar, dass eine Anordnung von Inhalts- oder Nebenbestimmungen »auch nachträglich« möglich ist, sowohl bei der einfachen und der gehobenen Erlaubnis als auch bei der Bewilligung nach § 13 Abs. 3 WHG.[695] Hinsichtlich der Voraussetzungen von § 13 WHG sei auf die Ausführungen im Rahmen der präventiven Instrumente zur Dürrebewältigung verwiesen.[696] Zur nachträglichen Anpassung der Genehmigungsfestsetzungen an Dürreereignisse kommen insbesondere die Varianten § 13 Abs. 2 Nr. 2 a), b) und d) WHG in Betracht. Durch § 13 Abs. 2 Nr. 2 a) WHG ermöglicht der Gesetzgeber die nachträgliche Anpassung von Genehmigungsbescheiden an die Maßnahmenprogramme. Die Norm stellt sicher, dass der Planungsinhalt auch bei Einzelfallentscheidungen berücksichtigt wird. Würden die Maßnahmenprogramme nach § 82 WHG spezielle Maßnahmen für Dürreereignisse vorsehen, könnten diese nach § 13 Abs. 2 Nr. 2 a) umgesetzt oder Maßnahmen zur Durchsetzung angeordnet werden. Nach § 13 Abs. 2 Nr. 2 b) WHG können die Wasserbehörden Maßnahmen anordnen, damit das Wasser mit Rücksicht auf den Wasserhaushalt sparsam verwendet wird. Hieraus könnten die Wasserbehörden im Einzelfall Beschränkungen oder Nutzungsverbote für die Dauer des Dürrefalls in den bestehenden Genehmigungsbescheid aufnehmen, da bei Dürreereignissen größere Rücksicht auf den Wasserhaushalt zu nehmen ist. Gleiches könnte auch auf der Grundlage von § 13 Abs. 2 Nr. 2 b) WHG erfolgen, um nachteilige Veränderungen der Gewässereigenschaften durch Entnahmen auszugleichen. Auch eine konkrete Verschlechterung des Wasserhaushalts berechtigt zu einer nachträglichen Anpassung wasserrechtlicher Genehmigungen nach § 13 WHG.[697]

(2) Widerruf, § 18 WHG

Der Widerruf nach § 18 WHG ist *ultima ratio* und komplettiert die nachträglichen Anordnungsbefugnisse der Wasserbehörden.[698] Er ermöglicht die Aufhebung der Gestattungswirkung der wasserrechtlichen Zulassung oder eines Teils.[699] Im Unterschied zu nachträglichen Anordnungen nach § 13 WHG, wonach die Behörden sowohl langfristige

---

695   *Pape*, in: Landmann/Rohmer, Umweltrecht Kommentar, 94. EL. 2020, § 15 WHG Rn. 6. Nach § 20 Abs. 2 S. 3 iVm. § 13 Abs. 2 WHG können Behörden nachträgliche Festsetzungen auch für alte Rechte auferlegen, die von den Gewässerbenutzern entschädigungslos hinzunehmen sind. In den Fällen des § 14 Abs. 2 bis 4 WHG, in denen die beantragte Gewässerbenutzung zu einer Beeinträchtigung Rechte Dritter führen kann, hat die Zulassungsbehörde Inhalts- und Nebenbestimmungen obligatorisch anzuordnen, um nachteilige Wirkungen zu vermeiden oder auszugleichen.
696   Siehe Abschnitt C.III.1.b)bb)(4).
697   Hierzu *Pape*, in: Landmann/Rohmer, Umweltrecht Kommentar, 94. EL. 2020, § 13 WHG Rn. 1.
698   Überschneidungen zwischen § 13 WHG und § 18 WHG können bei der Beschränkung der Zulassung z. B. bei Beschränkung der Entnahmemenge nicht ausgeschlossen werden. Eine nachträgliche Anordnung kann sich auf den Bestand der Zulassung ebenso nachteilig auswirken wie ein teilweiser Widerruf. Zum Verhältnis von § 13 WHG zu § 18 WHG, *Kotulla/Rolfsen*, Der Widerruf von wasserrechtlichen Bewilligungen nach § 18 Abs. 2 WHG, NuR 2010, 625 (628).
699   *Breuer/Gärditz*, Öffentliches und privates Wasserrecht, 4. Aufl. 2017, Rn. 862.

als auch kurzfristige Maßnahmen zur Anpassung der Genehmigungen anordnen können, dient der Widerruf zur langfristigen Herstellung rechtmäßiger Zustände. Er ist daher an hohe Voraussetzungen gebunden, die nach Art der Genehmigung differieren. Grundsätzlich ist ein Widerruf nach § 18 WHG nur möglich, wenn ein Widerrufsgrund[700] vorliegt und der Grundsatz der Verhältnismäßigkeit gewahrt ist.[701] Nach strengster Auffassung wird sowohl für die Erlaubnis, als auch für die Bewilligung gefordert, dass ein Widerrufsgrund iSv. § 49 Abs. 2 S. 1 Nr. 2–5 LVwVfG vorliegen muss. Der Widerrufsgrund nachträglich eingetretener Tatsachen nach § 49 Abs. 2 Nr. 3 LVwVfG könnte einschlägig sein, wenn neue wissenschaftliche Erkenntnisse über Häufigkeit, Dauer oder Intensität von Dürreereignissen vorliegen oder neue, besonders gewässerschonende Bewirtschaftungsmethoden entwickelt werden, anhand derer der Entnahmebedarf verringert werden kann.[702] Allerdings müssten die neuen wissenschaftlichen Erkenntnisse die konstante Abnahme der Niederschlagsmenge in Höhe eines bestimmten Prozentsatzes fundiert belegen, um das Merkmal einer nachträglich eingetretenen Tatsache nach § 49 Abs. 2 Nr. 3 LVwVfG zu erfüllen. Der Anwendungsbereich ist in der Praxis, aufgrund der hohen Voraussetzungen, eher gering.

Für die Bewilligung können Wasserbehörden alternativ auch auf die Widerrufsgründe in § 18 Abs. 2 WHG abstellen. Sie dienen überwiegend der Flexibilität und Anpassungsfähigkeit von Bewilligungen. Beispielsweise verhindert § 18 Abs. 2 S. 2 Nr. 1 WHG eine Blockade der Gewässerbewirtschaftung durch »Vorrats-Bewilligungen«,[703] indem er eine ununterbrochene Ausübung und Ausschöpfung des Nutzungsrahmens der Bewilligung fordert. Danach kann die Behörde bei einem dauerhaften mehr als 50 prozentigen Unterschreiten der Entnahmemenge eine Bewilligung zur Nutzung von Grundwasser zu Trinkwasserzwecken in Höhe der ungenutzten Entnahmemenge widerrufen.[704]

Liegt ein Widerrufsgrund vor und ist der Grundsatz der Verhältnismäßigkeit gewahrt, kann der Widerruf nach § 18 WHG zur langfristigen Neuordnung der Bewirtschaftung dienen. Die praktische Relevanz von § 18 WHG dürfte jedoch vergleichsweise gering

---

700 Bezüglich den Anforderungen eines Widerrufsgrund bestehen unterschiedliche Auffassungen. Teilweise genügt bei der Erlaubnis das Vorliegen eines sachlichen Grundes, teilweise wird sowohl bei Bewilligung nach § 18 Abs. 2 WHG als auch bei der Erlaubnis das Vorliegen eines Widerrufsgrunds nach § 49 LVwVfG gefordert. Zu Letzterem OVG Münster, Urt. v. 17.12.1976, ZfW 1978, 247 (249); VGH BW, Urt. v. 6.3.1991, NVwZ-RR 1992, 126 (127); *Kopp/Ramsauer*, VwVfG, 20. Aufl. 2019, § 49 Rn. 25 ff.; *Schmid*, in: Berendes/Frenz/Müggeborg, WHG, 2. Aufl. 2017, § 18 Rn. 10, 24.

701 Allgemein BayVGH, Urt. v. 31.5.1990, ZfW 1991, 180 (184 f.); *Schmid*, in: Berendes/Frenz/Müggeborg, WHG, 2. Aufl. 2017, § 18 Rn. 10. Der Grundsatz der Verhältnismäßigkeit gebietet insbesondere den Vorrang nachträglicher Inhalts- und Nebenbestimmungen vor Anordnung des teilweisen oder gänzlichen Widerrufs.

702 Allgemein *Kopp/Ramsauer*, VwVfG, 20. Aufl. 2019, § 49 Rn. 45; *Pape*, in: Landmann/Rohmer, Umweltrecht Kommentar, 94. EL. 2020, § 18 WHG Rn. 34.

703 BVerwG, Beschl. v. 29.11.1993, ZfW 1994, 394 (395); VGH Kassel, Beschl. v. 5.7.1994, ZfW 1995, 171 (175); *Guckelberger*, in: Giesberts/Reinhardt, BeckOK Umweltrecht, 58. Ed. 2021, § 14 Rn. 6; *Schmid*, in: Berendes/Frenz/Müggeborg, WHG, 2. Aufl. 2017, § 18 Rn. 41.

704 Die Behörde muss jedoch natürliche Schwankungen von Wasserständen, sowie Bedarfsspitzen und Sicherheitsabschläge berücksichtigen, OVG Sachsen-Anhalt, Urt. v. 12.7.2007 – 2 L 5/06, Rn. 49 (juris); VG Würzburg, Urt. v. 18.5.2000 – W 1 K 99.655, Rn. 15 (juris); *Schmid*, in: Berendes/Frenz/Müggeborg, WHG, 2. Aufl. 2017, § 18 Rn. 42.

ausfallen, da die Wasserbehörden Genehmigungen meist befristet erteilen und damit grundsätzlich die Möglichkeit einer zukünftigen (neuen) Entscheidungsgrundlage beibehalten. Das Instrument Widerruf erhöht jedoch die Flexibilität der Wasserbehörden zur langfristigen Steuerung genehmigungspflichtiger Gewässerbenutzungen und kann insofern zur langfristigen Dürrevorsorge eingesetzt werden.

cc) Benutzungsregulierung durch die Gewässeraufsicht

Die §§ 100 ff. WHG statten die Gewässeraufsicht mit Aufgaben und Befugnissen aus, um sicherzustellen, dass die wasserrechtlichen und sonstigen öffentlich-rechtlichen Vorschriften bei der Benutzung der Gewässer erfüllt werden. Sie bieten daher, wie bereits genannt, die Möglichkeit zur nachträglichen Anordnung von Maßnahmen zur *ad hoc* Dürrebewältigung ohne dabei die Genehmigungsfestsetzungen zu ändern.

(1) Eingriffsbefugnis der Gewässeraufsicht, § 100 Abs. 1 S. 2 WHG

Die wasserpolizeirechtliche Generalklausel des § 100 Abs. 1 S. 2 WHG berechtigt die zuständigen Wasserbehörden zu sofortigem Einschreiten und zur Anordnung all jener notwendigen Maßnahmen, die Beeinträchtigungen des Wasserhaushalts vermeiden oder beseitigen.[705] Ob und wie die zuständige Behörde der Beeinträchtigung des Wasserhaushalts abhilft, liegt nach dem Wortlaut von § 100 Abs. 1 S. 2 WHG in ihrem pflichtgemäßen Ermessen. Eine Pflicht der Gewässeraufsicht zum Einschreiten besteht grundsätzlich nur dann, wenn eine Ermessensreduzierung auf Null vorliegt und die zuständige Behörde mangels praktischer Alternativlosigkeit keine andere Möglichkeit als den Erlass der Anordnung sieht.[706] Anderenfalls gilt das Opportunitätsprinzip.[707] Zu einer Ermessensreduzierung auf Null können eine hohe Intensität der Störung oder Gefährdung[708] oder eine Beeinträchtigung besonders hochrangiger Rechtsgüter[709] führen. Eine Pflicht der Gewässeraufsicht zum Einschreiten iRv. § 100 Abs. 1 S. 2 WHG kommt daher nur in Ausnahmefällen in Betracht, die eine hohe Intensität der Gefährdung aufweisen oder besonders hochrangige Rechtsgüter beeinträchtigen, wie es z. B. bei der Beeinträchtigung der Trinkwasserversorgung der Fall sein kann. Ein Anspruch eines Dritten auf Einschreiten der Gewässeraufsicht kommt nur dann in Betracht, wenn der Betroffene durch eine unbefugte Gewässerbenutzung konkret in drittschützenden Normen beeinträchtigt wird.[710] Demzufolge liegt es überwiegend im pflichtgemäßen Ermessen der zuständigen Behörde,

---

705 BayVGH, Beschl. v. 9. 6. 2017 – 8 CS 17.1103, redaktioneller Leitsatz 2.
706 Allgemein BVerwG, Urt. v. 18. 8. 1960, BVerwGE 11, 95 (97); *Gerhardt*, in: Schoch/Schneider/Bier, VwGO, 39. EL. 2020, § 114 Rn. 27.
707 Für die Vertreter der Literatur stellvertretend *Kubitza*, in: Landmann/Rohmer, Umweltrecht Kommentar, 94. EL. 2020, § 100 WHG Rn. 37; *Gößl*, in: Sieder *et al.*, WHG AbwAG, 55. EL 2020, § 100 WHG Rn. 95; a. A. wohl VGH BW, Urt. v. 15. 12. 2015 – 3 S 2158/14; VG Freiburg, Urt. v. 5. 4. 2017 – 4 K 630/16; ausführlich zu den verschiedenen Ansichten *Kubitza*, Die Gewässeraufsicht gemäß § 100 Abs. 1 S. 2 WHG, NuR 2018, 89 (92).
708 BVerwG, Urt. v. 18. 8. 1960, BVerwGE 11, 95 (97); *Di Fabio*, Die Ermessensreduzierung, VerwArch 1995, 214 (218 ff.).
709 BVerwG, Urt. v. 23. 11. 1967, BVerwGE 28, 223 (238).
710 *Kubitza*, in: Landmann/Rohmer, Umweltrecht Kommentar, 94. EL. 2020, § 100 WHG Rn. 40.

zu bestimmen, ob, wann, wie und gegenüber wem[711] *ad hoc* Dürrebewältigungsmaßnahmen erforderlich werden, um Beeinträchtigungen des Wasserhaushalts zu vermeiden oder zu beseitigen.[712]

(2) Anwendungsbereich der wasserrechtlichen Generalklausel, § 100 Abs. 1 S. 2 WHG

Nach § 100 Abs. 1 S. 2 WHG kann die Gewässeraufsicht[713] diejenigen Maßnahmen anordnen, »die im Einzelfall notwendig sind, um die Beeinträchtigungen des Wasserhaushalts zu vermeiden oder zu beseitigen oder die Erfüllung von Verpflichtungen nach Satz 1 sicherzustellen«. Die Notwendigkeit von Maßnahmen im Dürrefall setzt ebenfalls alternativ eine »Beeinträchtigung des Wasserhaushalts« oder die Nicht-Erfüllung »öffentlich-rechtlicher Vorschriften« iSv. § 100 Abs. 1 S. 1 WHG voraus.

Der Hauptanwendungsbereich der wasserrechtlichen Generalklausel liegt darin, die von einer rechtswidrigen Gewässerbenutzung ausgehenden Gefahrenlage zu beseitigen und somit einen Verstoß gegen die wasserrechtlichen Normen zu unterbinden.[714] In den Anwendungsbereich fallen formell illegale Gewässerbenutzungen, die trotz Genehmigungspflicht nach § 9 WHG ohne Genehmigung ausgeübt werden[715] aber auch Fälle materieller Illegalität. Zu Letzterem zählt z. B. die Missachtung von Inhalts- oder Nebenbestimmungen einer Genehmigung, beispielsweise durch Überschreitung der Grenzen des zulässigen Benutzungsumfangs, oder die Überschreitung des zulässigen Benutzungsumfangs der »geringen Menge« bei genehmigungsfreien Gewässerbenutzungen nach §§ 24, 46 WHG. Auch die Nichteinhaltung des Gebots der Mindestwasserführung nach § 33 WHG berechtigt die Gewässeraufsicht nach § 100 Abs. 1 S. 2 WHG zum Einschreiten.

Darüber hinaus könnte das Verschlechterungsverbot aus §§ 27, 47 WHG herangezogen werden, um rechtmäßige Gewässerbenutzungen an Dürreereignisse anzupassen. Dem liegt die Überlegung zugrunde, dass die generelle Rechtmäßigkeit einer Gewässerbenutzung unter normalen hydrologischen Bedingungen bei Dürreereignissen rechtswidrig werden könnte, wenn sie gegen das unionsrechtliche Verschlechterungsverbot verstößt. Nach dem Verschlechterungsverbot sind die oberirdischen Gewässer mit dem Ziel zu bewirt-

---

711 Verschlechtern die Gewässerbenutzer den Zustand der Gewässer bei Dürreereignissen durch ihr Bewirtschaftungsverhalten künstlich, können sie als Verhaltensstörer nach § 6 Abs. 1 PolG zur Verantwortung gezogen werden. Anderenfalls kommt eine Einstufung als Nichtstörer in Betracht. Nichtstörer ist, wer weder Verhaltens- noch Zustandsstörer ist, dessen Heranziehung zur konkreten Gefahrenabwehr aber auch bei Ausschöpfung der behördlichen Kräfte unerlässlich ist, *Kingreen/Poscher*, Polizei- und Ordnungsrecht, 10. Aufl. 2018, § 9 Rn. 2. Zum Zurechnungsproblem von Nitratbelastungen *Kubitza*, in: Landmann/Rohmer, Umweltrecht Kommentar, 94. EL. 2020, § 100 Rn. 33; *Reinhardt*, Energie, Pflanzenanbau und Wasserrecht, DVBl. 2012, 1195 (1198).
712 Allgemein *Gößl*, in: Sieder *et al.*, WHG AbwAG, 55. EL 2020, § 100 Rn. 117.
713 Grundsätzlich ist von der Alleinzuständigkeit der Gewässeraufsicht auszugehen. Polizei- und Ordnungsbehörden haben eine Hilfszuständigkeit, *Eifert*, Umweltschutzrecht, in: Schoch (Hrsg.), Besonderes Verwaltungsrecht, 2013, Kap. 5 Rn. 256.
714 Allgemein *Tünnessen-Harmes*, in: Giesberts/Reinhardt, BeckOK Umweltrecht, 58. Ed. 2021, § 100 WHG Rn. 2.
715 VG Würzburg, Urt. v. 20.7.2010 – W 4 K 09.1251, Rn. 30 ff. (juris); *Breuer/Gärditz*, Öffentliches und privates Wasserrecht, 4. Aufl. 2017, Rn. 1000.

schaften, eine »Verschlechterung« ihres ökologischen Zustandes zu vermeiden.[716] Wird z. B. die grundsätzlich rechtmäßige Entnahmemenge bei einem Dürreereignis nicht eingeschränkt, können die Dürreauswirkungen auf die Gewässerökologie verstärkt werden. In Bezug auf Grundwasser gebietet das Verschlechterungsverbot sogar eine Vermeidung der Verschlechterung des mengenmäßigen und chemischen Zustands, § 47 Abs. 1 Nr. 1 WHG. Bei Dürreereignissen ist die Grundwasserneubildungsrate niedriger, weshalb die unter normalen Umständen rechtmäßige Entnahmemenge zu einer Verschlechterung des mengenmäßigen Zustands des Grundwassers führen könnte. Aus diesen Gründen könnte das unionsrechtliche Verschlechterungsverbot die Gewässeraufsicht auch zu Maßnahmen gegenüber rechtmäßigen Gewässerbenutzungen ermächtigen.

Ein weiterer Anwendungsbereich der wasserrechtlichen Generalklausel ist die materiellrechtliche Polizeipflicht der Gewässeraufsicht zur Abwehr von Gefahren.[717] § 100 Abs. 1 S. 2 Alt. 1 WHG berechtigt die Gewässeraufsicht zu Maßnahmen, die eine Beeinträchtigung des Wasserhaushalts vermeiden oder beseitigen. Das Schutzgut Wasserhaushalt enthält insbesondere in den atypischen Gefahrenfällen Bedeutung, in denen eine spezielle gesetzliche Regelung nicht vorliegt oder vorliegen kann, wie in den Fällen von Naturereignissen. Naturereignisse, wie auch Dürreereignisse, sind atypische Gefahrenfälle, da sie gesetzlichen Regelungen durch Gebot oder Verbot selbst nicht zugänglich sind.[718] Voraussetzung für die Verpflichtung der Gewässeraufsicht zum Einschreiten ist ergänzend, dass das Naturereignis eine konkrete Gefahr für das Schutzgut Wasserhaushalt darstellt.[719]

(3) Maßnahmen der Gewässeraufsicht, § 100 Abs. 1 S. 2, Abs. 2 WHG iVm. § 75 WG-BW

Die Anordnungsmöglichkeiten der Gewässeraufsicht zur kurzfristigen *ad hoc* Dürrebewältigung sind vielfältig. Die wasserrechtliche Generalklausel berechtigt die Gewässeraufsicht zu sämtlichen Maßnahmen, vorausgesetzt sie sind zur Vermeidung oder Beseitigung von Beeinträchtigungen des Wasserhaushalts notwendig, § 100 Abs. 1 S. 2 WHG iVm. § 75 Abs. 1 S. 2 WG-BW. Zur *ad hoc* Dürrebewältigung kommen auf dieser Grundlage insbesondere Maßnahmen zur kurzfristigen Vermeidung und Minimierung von Dürreauswirkungen in Betracht. Hinsichtlich des Anordnungsinhalts der Maßnahmen hat die Gewässeraufsicht ein weites Auswahlermessen, dessen Grenzen in der Wahrung des Verhältnismäßigkeitsgrundsatzes liegen.[720]

Ziel der Maßnahmen ist, im Unterschied zur nachträglichen Anordnung von Inhalts- und Nebenbestimmungen nach § 13 WHG, die sofortige Wiederherstellung des rechtmäßigen Zustandes durch Regelung des tatsächlichen Benutzungsverhaltens. Hierzu gehören z. B. die Untersagung unerlaubter Gewässerbenutzungen,[721] Stilllegungs- oder

---

716 Siehe Abschnitt C.II.5.c).
717 *Gößl*, in: Sieder *et al.*, WHG AbwAG, 55. EL 2020, § 100 WHG Rn. 31.
718 *Kubitza*, in: Landmann/Rohmer, Umweltrecht Kommentar, 94. EL. 2020, § 100 WHG Rn. 16.
719 Allgemein *Kubitza*, in: Landmann/Rohmer, Umweltrecht Kommentar, 94. EL. 2020, § 100 WHG Rn. 21.
720 *Gößl*, in: Sieder *et al.*, WHG AbwAG, 55. EL 2020, § 100 Rn. 98; *Kubitza*, in: Landmann/Rohmer, Umweltrecht Kommentar, 94. EL. 2020, § 100 WHG Rn. 41 ff.
721 VG Würzburg, Urt. v. 20. 7. 2010 – W 4 K 09.1251.

Beseitigungsanordnungen bei formell illegalem Handeln,[722] oder die Durchsetzung der Sorgfaltspflichten nach § 5 WHG.[723] Auch eine Priorisierung von Gewässerbenutzungen ist zulässig:

»In Zeiten akuten Wassermangels oder bei auf Dauer verschlechterten Speisungsverhältnissen ist ferner eine gleichmäßige Aufteilung der verbleibenden Wassermenge unter den gewerblichen Gewässerbenutzungen möglich, wenn nicht einzelne eine Vorrangstellung durch eine Bewilligung haben.«[724]

Neben Maßnahmen zur unmittelbaren Gefahrenabwehr auf der Grundlage der wasserrechtlichen Generalklausel, berechtigt § 101 Abs. 1, Abs. 2 WHG zur Durchführung von Gefahrerforschungsmaßnahmen.

Um Maßnahmen der mittelbaren und unmittelbaren Gefahrenabwehr möglichst schnell anzuordnen, kann die Gewässeraufsicht auf die unmittelbare Ausführung nach § 8 Abs. 1 PolG zurückgreifen, vorausgesetzt die Gefahrenabwehr erfordert unverzügliche und reale Gegenmaßnahmen.[725] Das Bevorstehen oder Andauern eines Dürreereignisses erfordert in aller Regel ein unverzügliches Handeln, um Auswirkungen auf Gesellschaft und Umwelt so gering wie möglich zu halten. Die Möglichkeit zu Anordnung der unmittelbaren Ausführung erhöht dementsprechend die Reaktionsfähigkeit der Gewässeraufsicht und stärkt die Effektivität ihrer angeordneten Maßnahmen.

Weitgehend losgelöst von einer konkreten Gefahrenlage ermöglicht § 100 Abs. 2 WHG eine regelmäßige oder anlassbezogene Überprüfung erteilter Zulassungen. Die Überprüfung soll, in Umsetzung von Art. 11 Abs. 3 Buchst. e-i der WRRL, zur Aufarbeitung tatsächlicher Umstände beitragen, aufgrund derer eine nachträgliche Anpassung der Genehmigungsfestsetzungen nach § 13 WHG erfolgen kann. Überprüfung meint dabei nicht die Überwachung der Gewässer, sondern die Tauglichkeit der Festsetzungen des Genehmigungsbescheids.[726] Die nachträgliche Änderung der Genehmigungsfestsetzungen kann jedoch nur auf der Grundlage und unter den Voraussetzungen der §§ 13, 18 WHG oder der §§ 48 ff. VwVfG erfolgen.[727]

(4) Zwischenbilanz

Die Möglichkeit der Untersagung illegaler Gewässerbenutzungen nach § 100 Abs 1 S. 2 WHG leistet einen wichtigen Beitrag zum Gewässerschutz und zur sparsamen Nutzung der Ressourcen, der gerade bei Dürreereignissen besondere Relevanz erhält. Die Untersagungsmöglichkeit und die übrigen Befugnisse der Gewässeraufsicht vervollständigen die Möglichkeiten repressiver Verhaltenssteuerung nach §§ 13, 18 WHG. Ihre Relevanz für die ad hoc Anpassung des Benutzungsverhaltens ist gleichwohl höher einzustufen, da die Maßnahmen der Gewässeraufsicht an das tatsächliche Benutzungsverhalten und nicht die rechtlichen Vorgaben des Genehmigungsbescheids anknüpfen. Gerade im Hin-

---

722 *Eifert*, Umweltschutzrecht, in: Schoch (Hrsg.), Besonderes Verwaltungsrecht, 2013, Kap. 5 Rn. 256.
723 *Gößl*, in: Sieder et al., WHG AbwAG, 55. EL 2020, § 100 WHG Rn. 85 ff.
724 OVG Münster, Urt. v. 24. 11. 1972, ZfW 1974, 235 (246 f.).
725 *Breuer/Gärditz*, Öffentliches und privates Wasserrecht, 4. Aufl. 2017, Rn. 1027, 1030.
726 *Gößl*, in: Sieder et al., WHG AbwAG, 55. EL 2020, § 100 WHG Rn. 159.
727 *Gößl*, in: Sieder et al., WHG AbwAG, 55. EL 2020, § 100 WHG Rn. 160.

blick auf die Folgen des Klimawandels und eine Zunahme von Extremereignissen, wie Trockenheit, ist die ausdrückliche Normierung einer regelmäßigen Überprüfungs- und Anpassungsbefugnis begrüßenswert. § 100 WHG bietet die Möglichkeit zur Anpassung des tatsächlichen Benutzungsverhaltens und, ohne ausdrücklich auf die besondere Gefahrensituation im Zusammenhang mit Dürreereignissen einzugehen, eine Anknüpfungsmöglichkeit zur Umsetzung eines kurzfristigen *ad hoc* Dürremanagements. Die Eignung der gewässeraufsichtsrechtlichen Befugnisse zur Dürrebewältigung schmälert allenfalls, dass die Aufsichtsbehörden bislang nur in wenigen Fällen Kenntnis von rechtswidrigem Nutzungsverhalten erlangen. Trotz der grundsätzlichen Eignung der gewässeraufsichtsrechtlichen Befugnisse zur *ad hoc* Dürrebewältigung kann diesbezüglich allenfalls von einem Anknüpfungspunkt für ein *ad hoc* Dürremanagement gesprochen werden. Es fehlt in der Praxis bislang an einem mit anderen Akteuren und Maßnahmen abgestimmten, ausdifferenzierten Aktionsplan zur koordinierten Dürrebewältigung mit landesweitem Standard.

dd) Nachträgliche Regulierung genehmigungsfreier Benutzungen

Auch für genehmigungsfreie Benutzungen sieht das in Baden-Württemberg geltende Wasserrecht Instrumente zur repressiven Steuerung vor. Dies gibt Anlass zur Frage, ob und inwieweit die Regelungen Eignung für die *ad hoc* Beschränkung zulassungsfreier Gewässerbenutzungen im Dürrefall aufweisen. Da genehmigungsfreie Benutzungen häufig wasserwirtschaftlich subsidiäre Zwecke verfolgen, besteht gerade in diesem Bereich ein großes Einsparpotential zur Nachfragesenkung bei einem Dürreereignis.

(1) Beschränkung des Gemeingebrauchs, § 25 S. 1 WHG iVm. § 21 Abs. 2 Nr. 1 WG-BW

§ 25 S. 1 WHG iVm. § 21 Abs. 2 Nr. 1 WG-BW ermächtigt sowohl die Wasserbehörde als auch die Ortspolizeibehörde den Gemeingebrauch durch Rechtsverordnung oder im Einzelfall zu regeln, zu beschränken oder zu verbieten. Die Regelung dient dazu gewässernotwendige Anpassungen des Benutzungsverhaltens vorzunehmen.[728] Erneut handelt es sich um ein allgemeines wasserrechtliches Instrument, das der repressiven, direkten Verhaltenssteuerung zuzuordnen ist. In den letzten Jahrzehnten lag ein Schwerpunkt des Anwendungsbereichs auf der Untersagung von Naherholungszwecken wie dem Befahren mit Wasserfahrzeugen, Tauchen oder Windsurfen.[729] Seit dem Jahrhundertsommer 2003 haben einige Wasserbehörden das dürrespezifische *ad hoc* Regelungspotential des Instruments erkannt. Besonders zahlreiche Beschränkungen nach § 25 S. 1 WHG iVm. § 21 Abs. 2 Nr. 1 WG-BW ergingen jüngst während des Dürresommers 2018, darunter die des *LRA Ravensburg* durch Allgemeinverfügung mit Sofortvollzug zur Untersagung der

---

728 *Ganske*, in: Landmann/Rohmer, Umweltrecht Kommentar, 94. EL. 2020, § 25 WHG Rn. 53; *Kloepfer/Brandner*, Wassersport und Umweltschutz, NVwZ 1988, 115 (115, 118).
729 VGH BW, Urt. v. 11. 7. 1997 – *Tauchverbot am Teufelstisch*, VBlBW 1998, 25 (26 f.); VGH BW, Urt. v. 13. 3. 1987 – *Windsurfen auf dem Bodensee*, VBlBW 1987, 377 (378 ff.); *Breuer/Gärditz*, Öffentliches und privates Wasserrecht, 4. Aufl. 2017, Rn. 459 ff.; umfassend *Lenk*, Einschränkung des wasserrechtlichen Gemeingebrauchs, VBlBW 2017, 183 (183 ff.).

C. Die Rechtslage im Bundesland Baden-Württemberg

Ausübung des Gemeingebrauchs für Fluss- und Bachabschnitte im Landkreis.[730] Insofern kann von einer gängigen Praxis[731] zur *ad hoc* Dürrebewältigung gesprochen werden, auch wenn diese in Literatur und Rechtsprechung bislang wenig Beachtung gefunden hat.[732]

α) Doppelte Zuständigkeit von Wasser- und Ortspolizeibehörde

§ 21 Abs. 2 WG-BW ermächtigt sowohl die Wasserbehörde, als auch die Ortspolizeibehörde zum Erlass einer Rechtsverordnung oder eines Verwaltungsakts.[733] Damit liegt eine dem Verwaltungsrecht weitgehend fremde, aber zulässige doppelte Zuständigkeit vor.[734] Nach Auffassung des Gesetzgebers ist die doppelte Zuständigkeit zur zweckmäßigen Regelung der besonderen örtlichen Verhältnisse geboten.[735] Bei konkurrierenden Regelungen von Wasserbehörde und Ortspolizeibehörde, geht die Regelung der Wasserbehörde vor. Dies gebietet zum einen die Sachnähe der Wasserbehörde,[736] zum anderen die Rangordnung der Rechtsnormen, wie sich auch aus § 19 PolG ergibt,[737] wonach die Wasserbehörde häufig einen höheren Rang[738] einnimmt. Bei konkurrierenden Regelungen verschiedener Wasserbehörden findet der *lex superior* Grundsatz Anwendung.[739] Ob und inwieweit die doppelte Zuständigkeit in § 21 Abs. 2 WG-BW dem Sinn und Zweck eines möglichst frühzeitigen Einschreitens entspricht, hängt überwiegend vom Einzelfall ab. Die meisten dürrerbedingten Untersagungen des Gemeingebrauch erfolgten

---

730 *LRA Ravensburg*, Allgemeinverfügung v. 30. 7. 2018.
731 Die Zunahme dürrebezogener Allgemeinverfügungen zeigt sich deutschlandweit, anstelle vieler *Regierung von Oberfranken*, Einschränkung des Anliegergebrauchs an Flüssen und Bächen, Pressemitteilung 78/2015, 2015; für Baden-Württemberg *LRA Emmingen*, Keine Wasserentnahme aus Flüssen und Bächen v. 1. 1. 2014; LT-Drs. 15/1416, S. 2 ff.; *LRA Tübingen*, Allgemeinverfügung des Landratsamtes Tübingen zur Beschränkung des Gemeingebrauchs, Mitteilungsblatt des Stadtteils Hirschau 2015, 2; *LRA Breisgau-Hochschwarzwald*, Allgemeinverfügung v. 20. 4. 2011; *LRA Schwäbisch Hall*, Anschluss an die Allgemeinverfügungen vom 12.08.2015, 01.09.2015 und 15.09.2015 v. 1. 10. 2015; *LRA Schwäbisch Hall*, Allgemeinverfügung Niedrigwasser v. 14. 8. 2018.
732 Diese würdigend *Lenk*, Einschränkungen des wasserrechtlichen Gemeingebrauchs, VBlBW 2017, 183 (185 f.).
733 Die organschaftliche Zuständigkeit fällt je nach Form der Beschränkung auseinander. Fallen Allgemeinverfügungen in den Aufgabenbereich der Gemeinde als Pflichtaufgabe nach Weisung § 107 Abs. 4 S. 2 PolG, die der Bürgermeister in eigener Zuständigkeit § 44 Abs. 3 S. 1 Hs. 1 GemO erlässt, fallen Rechtsverordnungen als Satzungen in die Zuständigkeit des Gemeinderats, § 44 Abs. 3 S. 1 Hs. 2 GemO.
734 BVerwG, Urt. v. 1. 3. 1996, DVBl 1996, 1053, 1054 m. w. N.; *Bulling et al.*, WG-BW, Band 1, 3. Aufl., 55. EL 2020, § 21 Rn. 15.
735 LT-Drs. 2/2920, S. 4918; *Bulling et al.*, WG-BW, Band 1, 3. Aufl., 55. EL 2020, § 21 Rn. 15.
736 *Belz/Mußmann*, Polizeigesetz für Baden-Württemberg, 7. Aufl. 2009, § 11 Rn. 4.
737 *Bulling et al.*, WG-BW, Band 1, 3. Aufl., 55. EL 2020, § 21 Rn. 18.
738 Der Vorrang der ranghöheren Rechtsnorm gilt auch bei konkurrierenden Regelungen einer Wasserbehörde und einer Naturschutzgebietsverordnung eines Regierungspräsidiums nach § 26 Abs. 2 S. 2 Nr. 2 NatSchG. Es sei denn, die wasserrechtliche Regelung wurde ebenfalls vom Regierungspräsidium in ihrer Eigenschaft als höhere Wasserbehörde erlassen. In diesem Fall gilt der Grundsatz *lex posterior derogat legi priori*, vgl. *Bulling et al.*, WG-BW, Band 1, 3. Aufl., 55. EL 2020, § 21 Rn. 19.
739 *Bulling et al.*, WG-BW, Band 1, 3. Aufl., 55. EL 2020, § 21 Rn. 18.

bislang durch die Wasserbehörden bei Niedrigwasser. In der Praxis wird eine Untersagung wohl überwiegend durch die Wasserbehörden erfolgen, da sie aufgrund ihrer Sachnähe über die nötigen Fakten und hydrologischen Kenntnisse verfügen. Der Gefahr eines verzögerten Einschreitens aufgrund behördeninterner Zuständigkeitsverweisungen könnte gegebenenfalls durch interne Ablaufpläne abgeholfen werden.

β) Befugnis und Anlass zur Regelung des Gemeingebrauchs nach § 21 Abs. 2 WG-BW bei Dürre

Grundsätzlich liegt es im Entschließungsermessen der Wasser- oder Ortspolizeibehörde, von der Regelungsbefugnis nach § 21 Abs. 2 WG-BW Gebrauch zu machen (siehe Wortlaut »können«).[740] Dazu zählt die Einschätzung, wann eine Regelung des Gemeingebrauchs nach § 21 Abs. 2 WG-BW »aus Gründen des Allgemeinwohls« geboten ist. Anknüpfungspunkte hierfür bietet die in § 21 Abs. 2 WG-BW enthaltene katalogartige Aufzählung verschiedener Belange – wie die Ordnung des Wasserhaushalts, die Sicherstellung der Erholung, des Naturschutzes oder der Abwehr von Gefahren für die öffentliche Sicherheit oder Ordnung. Anlass zur Regelung des Gemeingebrauchs bei Dürreereignissen kann die Ordnung des Wasserhaushalts, der Naturschutz oder der Schutz der öffentlichen Wasserversorgung[741] bieten,[742] wenn Auswirkungen,[743] wie z. B. Niedrigwasser oder gewässerökologische Beeinträchtigungen, auftreten. Eine eindeutige Leitlinie, wann »Gründe des Allgemeinwohls« im Dürrefall vorliegen, lässt sich aus der bisherigen Verwaltungspraxis nicht ableiten. Viele Allgemeinverfügungen weisen auf die nachteiligen Auswirkungen von Niedrigwasser auf Fische, aquatische Tiere und Pflanzen hin.[744] Manche Allgemeinverfügungen sprechen von einer »langanhaltenden extremen Trockenheit«,[745] einer »nun seit Wochen anhaltende[n] Trockenheit […][infolge der] die örtlichen Gewässer sehr wenig Wasser führen oder sogar teilweise ganz ausgetrocknet sind«,[746] andere von »Wasserabflüsse[n] […] im Niedrigwasserbereich[, wodurch] […]

---

740 Eine Schranke findet das Entschließungsermessen insbesondere im Verhältnismäßigkeitsgrundsatz, vgl. *Bulling et al.*, WG-BW, Band 1, 3. Aufl., 55. EL 2020, § 21 Rn. 20; *Schmid*, in: Berendes/Frenz/Müggeborg, WHG, 2. Aufl. 2017, § 25 Rn. 73; *Czychowski/Reinhardt*, WHG, 12. Aufl. 2019, § 25 Rn. 48; *Ganske*, in: Landmann/Rohmer, Umweltrecht Kommentar, 94. EL. 2020, § 25 WHG Rn. 54; *Breuer/Gärditz*, Öffentliches und privates Wasserrecht, 4. Aufl. 2017, Rn. 461.
741 VGH BW, Urt. v. 29. 11. 2013 – 3 S 193/13, Rn. 27 (juris); *Bulling et al.*, WG-BW, Band 1, 3. Aufl., 55. EL 2020, § 21 Rn. 12.
742 *LRA Ravensburg*, Bewässerung landwirtschaftlicher Flächen, 2008, S. 8; vgl. allgemein VGH BW, Urt. v. 13. 3. 1987 – *Windsurfen auf dem Bodensee*, VBlBW 1987, 377 (381); m. Anm. *Maurer*, Wasserrecht, Allgemeinverfügung und Rechtsverordnung, VBlBW 1987, 361 (363); *Lenk*, Einschränkung des wasserrechtlichen Gemeingebrauchs, VBlBW 2017, 183 (185); *Breuer/Gärditz*, Öffentliches und privates Wasserrecht, 4. Aufl. 2017, Rn. 460.
743 Abschnitt B.II.1.
744 So beispielsweise für viele *LRA Emmingen*, Keine Wasserentnahme aus Flüssen und Bächen v. 1. 1. 2014.
745 *LRA Tübingen*, Allgemeinverfügung des Landratsamtes Tübingen zur Beschränkung des Gemeingebrauchs, Mitteilungsblatt des Stadtteils Hirschau 2015, 2.
746 *LRA Schwäbisch Hall*, Anschluss an die Allgemeinverfügungen vom 12.08.2015, 01.09.2015 und 15.09.2015 v. 1. 10. 2015.

für Fische und andere Wasserbewohner kritische Situationen entstehen [können]«,[747] wieder andere geben konkrete Pegelmarken an, bei deren Unterschreiten der Gemeingebrauch einzuschränken ist.[748] Aufgrund des Einzelfallbezugs von Anordnungen nach § 21 Abs. 2 WG-BW, den besonderen örtlichen Bedingungen und den vielfältigen potentiellen Auswirkungen von Dürreereignissen ist eine kategorische Vorgabe, wann die Wasserbehörden bei Dürre von ihrem Entschließungsermessen Gebrauch machen sollten, wohl nicht zielführend. Der ermessensspezifische Gestaltungsspielraum eröffnet an dieser Stelle vielmehr die Chance einer möglichst zielgerichteten und verhältnismäßigen *ad hoc* Dürrebewältigung. Konkrete Anhaltspunkte darüber, wann Dürreereignisse die Gründe des Allgemeinwohls berühren, könnten die Bewirtschaftungspläne und Maßnahmenprogramme liefern, diese gehen auf diesen Aspekt jedoch bislang nicht ein.[749]

γ) Regelungsinhalt nach § 21 Abs. 2 Nr. 1 WG-BW

Wasserbehördliche Anordnungen auf der Grundlage von § 21 Abs. 2 Nr. 1 WG-BW können die Ausübung des Gemeingebrauchs regeln, beschränken oder verbieten. Die konkrete Ausgestaltung des Regelungsinhalts steht im Auswahlermessen der zuständigen Behörde. Der Wortlaut der Norm gebietet jedoch die Einhaltung der Stufenfolge »regeln, beschränken, oder verbieten« als Ausprägung des Verhältnismäßigkeitsgrundsatzes. Ein sofortiges Verbot des Gemeingebrauchs kann im Einzelfall ausnahmsweise auch dann erfolgen, wenn die einzelnen Benutzungen den Wasserhaushalt nicht erheblich beeinträchtigen, aber die Summe der Benutzungen Schädigungspotential erreicht.[750] In den jüngst im Dürrefall erlassenen Allgemeinverfügungen nach § 21 Abs. 2 Nr. 1 WG-BW erfolgt überwiegend die gänzliche Versagung des Gemeingebrauchs an allen oberirdischen Gewässern im Einzugsbereich der zuständigen Behörde in den Sommermonaten (meist Juli bis Ende September).[751] Grundsätzlich ist ein derartig umfassendes Verbot aus Ressourcenschutzgründen zu begrüßen. Denkbar wären auch eine Regelung z. B. im Sinne einer abwechselnden Ausübung des Gemeingebrauchs oder eine Beschränkung z. B. auf eine maximale Entnahmemenge im Sinne einer Kontingentierung bei Trockenheit.

In der Praxis erfolgt die Untersagung vorwiegend durch Allgemeinverfügung.[752] Nach § 21 Abs. 2 WG-BW besteht zudem alternativ die Möglichkeit zur Regelung durch Rechtsverordnung.[753] Beide Rechtsformen haben gemeinsam, dass sie von der Exekutive erlassen werden können. Im Unterschied zur abstrakt-generellen Regelungsform der Rechtsverordnung, setzt die Rechtsform Allgemeinverfügung hinsichtlich des Sachverhalts eine konkrete und hinsichtlich des Adressatenkreises eine generelle Regelung

---

747 *Regierung von Oberfranken*, Einschränkung des Anliegergebrauchs an Flüssen und Bächen, Pressemitteilung 78/2015, 2015.
748 *LRA Breisgau-Hochschwarzwald*, Allgemeinverfügung v. 20. 4. 2011.
749 Ähnlich *Sinn*, Das Rechtsinstitut des Gemeingebrauchs im Wasserhaushaltsrecht, 2013, S. 61.
750 *Knopp*, in: Sieder et al., WHG AbwAG, 55. EL 2020, § 25 WHG Rn. 48.
751 *LRA Emmingen*, Keine Wasserentnahme aus Flüssen und Bächen v. 1. 1. 2014.
752 Aktuelle Beispiele hierfür sind *LRA Breisgau-Hochschwarzwald*, Allgemeinverfügung zur Untersagung des Gemeingebrauchs v. 26. 7. 2019; *LRA Heilbronn*, Allgemeinverfügung zur Wasserentnahme aus oberirdischen Gewässern im Landkreis Heilbronn v. 4. 8. 2020.
753 Hierzu ausführlich *Lenk*, Einschränkung des wasserrechtlichen Gemeingebrauchs, VBlBW 2017, 183 (185 ff.).

voraus.⁷⁵⁴ Ein konkreter Einzelfallbezug zum Sachverhalt ist bei Vorliegen eines dürrebedingten, örtlichen Niedrigwassers in der Regel gegeben. Die Möglichkeit zum Erlass einer benutzungsbezogenen oder personenbezogenen Allgemeinverfügung⁷⁵⁵ iSv. § 35 S. 2 LVwVfG hat gegenüber der Rechtsform Rechtsverordnung für die *ad hoc* Dürrebewältigung mehrere Vorteile. Sie ermöglicht einen schnellen und effektiven Vollzug, da die Möglichkeit zur Anordnung des Sofortvollzugs nach § 80 Abs. 4 VwGO und zur Vollstreckung nach dem LVwVG besteht. Sie kann im formlosen Verwaltungsverfahren erlassen werden und erlangt mit der Bekanntgabe gem. § 41 LVwVfG unabhängig von der Rechtmäßigkeit Verbindlichkeit, § 43 LVwVfG.⁷⁵⁶

Kommt es der zuständige Behörde hingegen darauf an, den Gemeingebrauch z. B. in Sommermonaten bei Niedrigwasser dauerhaft einzuschränken, muss dies durch eine Rechtsverordnung erfolgen.⁷⁵⁷ Das folgt aus der abstrakt-generellen Natur der Regelung und der Tatsache, dass sie objektiv auf Dauer angelegt ist.⁷⁵⁸ Indem der Gesetzgeber beide Rechtsformen einräumt, haben die zuständigen Behörden einen größtmöglichen Handlungsspielraum entweder präventiv vorsorgend durch Rechtsverordnungen zur generellen Untersagung des Gemeingebrauchs bei Niedrigwasser oder mittels Allgemeinverfügung *ad hoc* zum Schutz der Gewässer tätig zu werden.

δ) Sanktionierung rechtswidriger Entnahmen

Überschreitet ein Gewässerbenutzer den Umfang des Gemeingebrauchs iSv. § 20 Abs. 1 WHG vorsätzlich oder fahrlässig, handelt er ordnungswidrig iSv. § 126 Abs. 1 Nr. 4 WG-BW. Das Gleiche gilt für Gewässerbenutzende, die trotz des Verbots nach § 21 Abs. 2 WG-BW durch Allgemeinverfügung oder Rechtsverordnung Wasser entnehmen.⁷⁵⁹ § 126 Abs. 1 Nr. 4 WG-BW verstärkt somit die Steuerungskraft der Regelungen des Gemeingebrauchs. Die Eignung des Sanktionsinstruments für die *ad hoc* Dürrebewältigung wird allerdings durch das mit der Abwesenheit einer präventiven Steuerung im Einzelfall verbundene Informationsdefizit geschmälert. In der Praxis bedeutet dies bislang, dass die Wasserbehörden überwiegend nur solche rechtswidrigen Entnahmen sanktionieren, auf die sie durch Hinweise der Bevölkerung aufmerksam werden.

---

754 *Schoch*, Die Allgemeinverfügung, Jura 2012, 26 (26); *Koch/Rubel/Heselhaus*, Allgemeines Verwaltungsrecht, 3. Aufl. 2003, § 3 Rn. 30; *Erbguth/Guckelberger*, Allgemeines Verwaltungsrecht, 10. Aufl. 2020, § 12 Rn. 19 ff.; *Wallerath*, Allgemeines Verwaltungsrecht, 6. Aufl. 2009, § 9 Rn. 30; allgemein zur Abgrenzung beider Handlungsformen *Breuer/Gärditz*, Öffentliches und privates Wasserrecht, 4. Aufl. 2017, Rn. 270.
755 Näher zu den unterschiedlichen Arten von Allgemeinverfügungen *Kopp/Ramsauer*, VwVfG, 20. Aufl. 2019, § 35 Rn. 158; *Maurer/Waldhoff*, Allgemeines Verwaltungsrecht, 20. Aufl. 2020, § 9 Rn. 30 ff.; *Detterbeck*, Allgemeines Verwaltungsrecht, 19. Aufl. 2021, Rn. 468.
756 *Ramsauer*, Abgrenzung von Allgemeinverfügung und Rechtsverordnung, Juridica International 2014, 69 (79).
757 I. E. auch *Lenk*, Einschränkung des wasserrechtlichen Gemeingebrauchs, VBlBW 2017, 183 (188), mit dem treffenden Hinweis, dass in diesem Fall eine Konkretisierung auch über die räumliche Betrachtung nicht gelingt, wenn die Regelung auf »alle oberirdischen Gewässer« abstellt.
758 Vgl. VGH BW, Urt. v. 22. 6. 1986, NVwZ 1988, 168 (169).
759 *Bulling et al.*, WG-BW, Band 1, 3. Aufl., 55. EL 2020, § 126 Rn. 11.

(2) Beschränkung erlaubnisfreier Grundwasserentnahmen, § 46 WHG iVm. § 42 WG-BW

§ 46 Abs. 3 WHG ermächtigt die Landesgesetzgeber einschränkende Regelungen zur erlaubnisfreien Benutzung des Grundwassers zu treffen. Davon hat der Landesgesetzgeber in § 42 Abs. 1 WG-BW Gebrauch gemacht. § 42 WG-BW ermöglicht eine Beschränkung der erlaubnisfreien Benutzung des Grundwassers durch Rechtsverordnung der obersten Wasserbehörde Baden-Württembergs (Umweltministerium). Bereits die Wahl der Rechtsform unterstreicht die langfristige Wirkung des Instruments zur Regelung der erlaubnisfreien Benutzung im Generellen. Die Verweisung in § 46 Abs. 3 WHG auf landesrechtliche Regelungen verdeutlicht auch den Sinn und Zweck von § 42 WG-BW für eine langfristige Regelung der Benutzungszulassung. Ob derartige Rechtsverordnungen neben langfristigen Regelungen proaktiv auch (beschränkende) Regelung für erlaubnisfreie Grundwasserentnahmen im Dürrefall, der entsprechend zu definieren wäre, vorsehen dürfen, ist vor dem Hintergrund des Wortlauts und des Telos fraglich.

Nach § 42 Abs. 1 WG-BW kann die oberste Wasserbehörde die in § 46 WHG normierte Erlaubnisfreiheit einschränken, wenn die Ordnung des Wasserhaushalts gefährdet ist. Die Rechtsverordnung kann sowohl für das ganze Land als auch für einzelne Gebiete mit besonders knappen Grundwasservorräten gelten.[760] »Ordnung des Wasserhaushalts« meint die haushälterische Bewirtschaftung des in der Natur vorhandenen Wassers nach Menge und Güte mit dem Ziel aus dem natürlichen Wasserschatz den größtmöglichen Nutzen zu ziehen.[761] Eine Regelung, Beschränkung oder ein Verbot der erlaubnisfreien Grundwasserbenutzung durch Rechtsverordnung könnte daher im Hinblick auf Dürreereignisse erlassen werden, wenn die haushälterische Bewirtschaftung aufgrund des (geringen) mengenmäßigen Zustandes gefährdet ist. An das Merkmal der Gefährdung sind keine allzu hohen Anforderungen zu stellen, aufgrund der »kaum zu überschätzende[n] Bedeutung« des Grundwassers für die Allgemeinheit, insb. die öffentliche Wasserversorgung.[762] Zu beachten ist jedoch, dass die Auswirkungen von Dürreereignisse auf das Grundwasser mit zeitlicher Verzögerung eintreten. Eine unterdurchschnittliche Grundwasserneubildungsrate zeigt sich häufig erst mehrere Monate oder Jahre nach dem Dürrefall an geringeren Grundwasserständen. Die Rechtsverordnung müsste dementsprechend nicht nur Regelungen für die Bestimmung des Dürrefalls, sondern auch für die Beendigung der Auswirkungen auf den Wasserhaushalt treffen, um als dauerhafte Ausnahmeregelung dem Langzeitcharakter der Rechtsverordnung und der entsprechenden Ermächtigungsgrundlagen zu entsprechen.

(3) Zwischenbilanz

Die bestehende Praxis zur Einschränkung von genehmigungsfreien Oberflächenbenutzungen bei Dürre nach § 25 WHG iVm. § 21 Abs. 2 WG-BW verdeutlicht die Eignung des Instruments zur *ad hoc* Dürrebewältigung. Im Vergleich dazu handelt es sich bei der Möglichkeit der Rückausnahme von der erlaubnisfreien Grundwasserentnahme nach § 42 Abs. 1 WG-BW um ein Instrument mit langfristiger Wirkung, das zum dauerhaften

---

760 LT-Drs. 2/2920, S. 4920; *Bulling et al.*, WG-BW, Band 1, 3. Aufl., 55. EL 2020, § 42 Rn. 5.
761 BVerfG, Urt. v. 30.10.1962 – *Seewasserstraßen*, BVerfGE 15, 1 (15).
762 BVerfG, Beschl. v. 15.7.1981 – *Naßauskiesung*, BVerfGE 58, 300 (344).

Ressourcenschutz durch hoheitliche Aufsicht über die Grundwasserbenutzung beiträgt. Eine kurzfristige Einschränkung der erlaubnisfreien Grundwasserbenutzung wäre nach in § 42 Abs. 1 WG-BW denkbar, entspricht jedoch nicht unmittelbar dem Regelungsziel. Im Unterschied zum Gemeingebrauch an Oberflächengewässern, wo die Handlungsform der Allgemeinverfügung auch eine kurzfristige Regelung zur *ad hoc* Dürrebewältigung ermöglicht, weisen Rechtsverordnungen zur Regelung erlaubnisfreier Grundwasserbenutzungen durch ihren abstrakt-generellen Gehalt eher langfristige Steuerungswirkung auf. Sofern Rechtsverordnungen die bundesgesetzlich eingeräumte erlaubnisfreie Benutzung des Grundwassers einschränken, liegt der Schwerpunkt ihres Regelungspotentials auf der proaktiven – in den meisten Praxisfällen wohl mittelbaren – Dürrevorsorge durch die mengenmäßige Ressourcenschonung. Die Beschränkung von Grundwasserentnahmen im Dürrefall könnte jedoch aus mehreren Gründen für den Gewässerschutz erforderlich sein. Zum einen sind Knappheitssituationen im Grundwasser im Unterschied zu Niedrigwasserereignissen an Oberflächengewässern weniger sichtbar, zum anderen erfolgt das Absenken des Grundwasserspiegels häufig zeitlich verzögert zum Dürreereignis. Gerade bei Grundwasser droht die eben geschilderte Gefahr der Übernutzung. Indem der Bundesgesetzgeber auch in Bezug auf erlaubnisfreie Grundwassernutzungen die Möglichkeit einer Beschränkung nach § 46 Abs. 3 WHG geschaffen hat, ist jedoch nicht ausgeschlossen, dass durch eine entsprechende landesrechtliche Regelung vergleichbar § 21 Abs. 2 WG-BW auch die Möglichkeit einer kurzfristigen Beschränkung erlaubnisfreier Grundwasserentnahmen etwa durch Allgemeinverfügungen zur *ad hoc* Dürrebewältigung eingeräumt wird.

ee) Ausgleichsverfahren bei Nutzungskonkurrenzen, § 22 WHG

Zur nachträglichen Abstimmung von konkurrierenden Gewässerbenutzungen können die Wasserbehörden, gesetzt dem Fall einer unzureichenden Wassermenge, ein Ausgleichsverfahren nach § 22 WHG durchführen.[763] Der Ausgleich kann sowohl im Hinblick auf Art, Maß und Zeit der Gewässerbenutzung ergehen,[764] als auch eine Anpassung der zugrundeliegenden Rechtspositionen vornehmen. Insbesondere Ersteres schließt nicht aus, dass das Ausgleichsverfahren zur effektiven Konfliktlösung im Rahmen der *ad hoc* Dürrebewältigung eingesetzt wird. In Bezug auf Letzteres verbleibt dem Ausgleichsverfahren ein geringer Restanwendungsbereich, da die §§ 13, 18 und 22 WHG bereits die Möglichkeit einer langfristigen Änderung der Rechtsposition vorsehen.

Ziel des Ausgleichsverfahrens ist die wirtschaftliche Nutzbarkeit der Gewässer unter größtmöglicher Reinhaltung und sparsamer Inanspruchnahme.[765] § 22 WHG setzt voraus, dass »das Wasser nach Menge oder Beschaffenheit nicht für alle Benutzungen ausreicht oder zumindest eine Benutzung beeinträchtigt ist und [...] das Wohl der Allgemeinheit es erfordert«. Hauptanwendungsbereich der Norm liegt in der Beantragung eines Ausgleichsverfahrens durch einen Gewässerbenutzer bei einem tatsächlichen Nutzungskonflikt, z. B. bei Gewässerbenutzungen zur Erzeugung elektrischer Energie.[766]

---

763 Vgl. BVerwG, Urt. v. 11. 11. 1970, BVerwGE 36, 248, Rn. 19 (juris).
764 *Reinhardt*, in: Giesberts/Reinhardt, BeckOK Umweltrecht, 58. Ed. 2021, § 22 WHG Rn. 7.
765 *Széchényi*, in: Sieder *et al.*, WHG AbwAG, 55. EL 2020, § 22 WHG Rn. 2.
766 VG München, Urt. v. 9. 4. 2013 – M 2 K 12.4527, Rn. 22 (juris).

Alternativ kann das Ausgleichsverfahren auch von Amts wegen eingeleitet werden.[767] Es unterliegt im Übrigen den Voraussetzungen eines Verwaltungsverfahrens nach §§ 9 ff. VwVfG.[768] Alleinstellungsmerkmal des Ausgleichsverfahrens ist dessen Koordinierungs- und Konfliktschlichtungsfunktion. Im Vorfeld einer wasserrechtlichen Zulassung spielt das Ausgleichsverfahren eine untergeordnete Rolle. Nach der Rechtsprechung des BVerwG müssen die potentiellen Konflikte einer genehmigenden Gewässerbenutzung mit bereits genehmigten Gewässerbenutzungen schon in Zulassungsverfahren gelöst werden.[769] Das Ausgleichsverfahren könnte in solchen Fällen höhere praktische Relevanz erlangen, in denen zur Herstellung gemeinwohlverträglicher Zustände mehrere bestehende Zulassungen inhaltlich aufeinander abgestimmt werden müssen. Vorteil an dieser Stelle ist, dass die zuständige Wasserbehörde nur ein Verwaltungsverfahren durchzuführen hat.[770] Zugleich dient es dazu, im Austausch mit allen betroffenen Gewässerbenutzungen eine Lösung des Konflikts herbeizuführen[771] und das Wasserdargebot zwischen den Gewässerbenutzern insbesondere unter Berücksichtigung des Rücksichtnahmegebots zu verteilen.[772] Zudem ermöglicht § 22 WHG als Rechtsgrundlage für den Eingriff in bestehende Zulassungen auch die Umsetzung von Maßnahmenprogrammen zur Erreichung der Bewirtschaftungsziele.[773]

(1) Anwendung bei dürrebedingten Konkurrenzsituationen

Da der Wortlaut von § 22 WHG auf die ungenügende Menge des Wassers für alle Benutzungen abstellt, scheint der Anwendungsbereich der Norm den Dürrefall zu umfassen.[774] Ein Beispiel hierfür ist die Beeinträchtigung durch landwirtschaftliche Gewässerbenutzende, deren Beregnungsanlagen das – an sich ausreichende – Wasser zeitgleich entnehmen.[775] Ein weiteres Beispiel aus der Praxis ist die Verknappung des Grundwassers, wodurch nebeneinanderliegende Brunnen eines öffentlichen Wasserversorgers und eines Bereg-

---

767 *Pape*, in: Landmann/Rohmer, Umweltrecht Kommentar, 94. EL. 2020, § 22 WHG Rn. 28.
768 *Berendes*, in: Berendes/Frenz/Müggeborg, WHG, 2. Aufl. 2017, § 22 WHG Rn. 16; *Breuer/Gärditz*, Öffentliches und privates Wasserrecht, 4. Aufl. 2017, Rn. 642.
769 BVerwG, Urt. v. 11.11.1970, BVerwGE 36, 248, Rn. 19 (juris).
770 Vgl. *Széchényi*, in: Sieder *et al.*, WHG AbwAG, 55. EL 2020, § 22 WHG Rn. 3.
771 BVerwG, Urt. v. 3.7.1987, ZfW 1988, 337, 339 m. Anm. Salzwedel; *Drost/Ell*, Das neue Wasserrecht, 2. Aufl. 2016, S. 123. Dies entspricht auch dem Willen des Gesetzgebers, der die Verantwortung einer gütlichen Einigung über konkurrierende Benutzungen der Gewässer bei den Gewässerbenutzern selbst sieht. Ein erfolgloser Einigungsversuch ist jedoch keine zwingende Voraussetzung für ein Ausgleichsverfahren nach § 22 WHG, *Berendes*, in: Berendes/Frenz/Müggeborg, WHG, 2. Aufl. 2017, § 22 Rn. 5.
772 BVerwG, Urt. v. 3.7.1987, ZfW 1988, 337; vgl. auch *Széchényi*, in: Sieder *et al.*, WHG AbwAG, 55. EL 2020, § 22 WHG Rn. 3; *Voßkuhle*, Das Kompensationsprinzip, 1999, S. 301.
773 *Széchényi*, in: Sieder *et al.*, WHG AbwAG, 55. EL 2020, § 22 WHG Rn. 4.
774 § 22 S. 1 WHG stellt ggü. § 18 a. F. klar, dass bereits die Beeinträchtigung eines Benutzers aufgrund unzureichender Wassermenge oder Beschaffenheit genügt, *Czychowski/Reinhardt*, WHG, 12. Aufl. 2019, § 22 Rn. 8; *Berendes*, in: Berendes/Frenz/Müggeborg, WHG, 2. Aufl. 2017, § 22 Rn. 9, 16. Im Übrigen muss nach § 22 S. 1 a. E. WHG eine Anpassung der Gewässerbenutzungen nach dem Wohl der Allgemeinheit erforderlich sein.
775 Zu den Beispielen *Czychowski/Reinhardt*, WHG, 12. Aufl. 2019, § 22 Rn. 8.

nungsverbands ihre rechtlich zulässige Grundwasserentnahmemenge nicht mehr fördern können.[776]

Voraussetzung für die Eröffnung eines Ausgleichsverfahrens ist jedoch, dass die Beeinträchtigung der Gewässerbenutzung die Geringfügigkeitsschwelle überschreitet. Ein kurzfristig geringes Dargebot oder ein Fehlbedarf aufgrund außergewöhnlicher Umstände seien vom Anwendungsbereich des § 22 WHG ausgeschlossen.[777] Dies folge aus der Rechtsfolge von § 22 WHG, die eine dauerhafte Änderung der Rechtslage vorsehe.[778] Grundsätzlich ist dieser Auffassung zuzustimmen. Allerdings ist zu berücksichtigen, dass der Wortlaut von § 22 WHG auch die Regelung der Gewässerbenutzung ermöglicht.[779] Eine dauerhafte Änderung der zugrundeliegenden Rechtspositionen sieht § 22 WHG nicht zwingend vor. Zudem knüpft der Wortlaut lediglich an das Nichtausreichen der Wassermenge an; er trifft keine Unterscheidung nach hydrologischen Zuständen. Weder Wortlaut noch Funktion des Ausgleichsverfahrens widersprechen damit einer Anwendung des § 22 WHG auf mehrwöchige Dürreereignisse.

(2) Anpassungsmöglichkeiten der Benutzungen, § 22 S. 2 WHG

§ 22 S. 2 WHG überlässt es der zuständigen Wasserbehörde den Ausgleich »unter Abwägung der Interessen der Beteiligten und des Wohls der Allgemeinheit sowie unter Berücksichtigung des Gemeingebrauchs nach pflichtgemäßem Ermessen vorzunehmen.« In der Praxis kann dies dergestalt erfolgen, dass im Rahmen der Anhörung nach § 28 LVwVfG alle betroffenen Gewässerbenutzer an einen Tisch gebracht werden und unter Berücksichtigung aller Belange eine praktikable Lösung des Konflikts gesucht wird. Die Entscheidung der Wasserbehörde ergeht anschließend in einem Ausgleichsbescheid, der allen Beteiligten zugestellt wird[780] und Art, Maß und Zeit der Ausübung iSv. § 10 Abs. 1 WHG regelt oder beschränkt. Ob und wie die Behörde einen Nutzungskonflikt iSv. § 22 WHG ausgleicht, liegt in ihrem Auswahlermessen.[781] Sie kann zum Beispiel die Benutzungszeiten ändern, eine Sperrstundenregelung bei der Entnahme zu Beregnungszwecken oder eine Beschränkung der Entnahmemengen verhängen.[782] Ausnahmsweise kann die

---

776 Beispiel nach *Pape*, in: Landmann/Rohmer, Umweltrecht Kommentar, 94. EL. 2020, § 22 WHG Rn. 9; *Zabel*, Das Recht der öffentlichen Wasserversorgung nach dem novellierten Wasserhaushaltsgesetz, DVBl. 2010, 93 (99).
777 *Czychowski/Reinhardt*, WHG, 12. Aufl. 2019, § 22 Rn. 7; *Pape*, in: Landmann/Rohmer, Umweltrecht Kommentar, 94. EL. 2020, § 22 WHG Rn. 9; *Széchényi*, in: Sieder et al., WHG AbwAG, 55. EL 2020, § 22 WHG Rn. 7.
778 *Berendes*, in: Berendes/Frenz/Müggeborg, WHG, 2. Aufl. 2017, § 22 Rn. 8.
779 Auch *Reinhardt*, in: Giesberts/Reinhardt, BeckOK Umweltrecht, 58. Ed. 2021, § 22 WHG Rn. 5.
780 *Pape*, in: Landmann/Rohmer, Umweltrecht Kommentar, 94. EL. 2020, § 22 WHG Rn. 30.
781 Ein gänzlicher Widerruf, Rücknahme oder Aufhebung von Rechten und Befugnissen ist nicht zulässig. Wortlaut und Telos von § 22 WHG zielen auf eine Beschränkung der Ausübung, nicht der Befugnis, VG Würzburg, Urt. v. 24.2.2015 – W 4 K 14.928, Rn. 26 (juris); *Pape*, in: Landmann/Rohmer, Umweltrecht Kommentar, 94. EL. 2020, § 22 WHG Rn. 24; *Czychowski/Reinhardt*, WHG, 12. Aufl. 2019, § 22 Rn. 13; *Reinhardt*, in: Giesberts/Reinhardt, BeckOK Umweltrecht, 58. Ed. 2021, § 22 Rn. 6; *Kotulla*, WHG, 2. Aufl. 2011, § 22 Rn. 13.
782 *Czychowski/Reinhardt*, WHG, 12. Aufl. 2019, § 22 Rn. 14; *Pape*, in: Landmann/Rohmer, Umweltrecht Kommentar, 94. EL. 2020, § 22 WHG Rn. 22, 23.

Behörde subsidiär auch die Verpflichtung zu kompensierenden Geldleistungen (Ausgleichszahlungen) der Beteiligten untereinander vorsehen.[783] Die Ausgleichszahlungen dienen dazu, kollidierende Nutzungsinteressen in Einklang zu bringen, wo technisch-reale Neutralisierungsanordnungen nicht greifen und bestehende Rechte einer sinnvollen Nutzung des Umweltmediums Wasser durch Dritte eigentlich entgegenstehen.[784]

ff) Zwischenbilanz

Das Ausgleichsverfahren nach § 22 WHG findet in der behördlichen Praxis derzeit wenig Beachtung.[785] Üblicherweise greifen die Wasserbehörden auf Instrumente zur individuellen Anpassung einzelner Gewässerbenutzungen zurück. Das gesetzgeberisch intendierte Regelungspotential[786] von § 22 WHG könnte zukünftig *de lege ferenda* durch die Nutzung zur Konfliktlösung im Zusammenhang mit Dürreereignissen neue Bedeutung erlangen. Aufgrund seiner Einzigartigkeit in Bezug auf die Koordinierung und Konfliktschlichtungsfunktion von mehreren Gewässerbenutzern in einem gemeinsamen Verfahren hebt sich das Ausgleichsverfahren von anderen Maßnahmen der repressiven Verhaltenssteuerung mit Eignung zur *ad hoc* Dürrebewältigung ab. Es unterliegt zwar, wie auch eine wasserbehördliche Einzelentscheidung, den allgemeinen Verfahrensanforderungen des Verwaltungsverfahrens. Allerdings können im Ausgleichsverfahren alle betroffenen Gewässerbenutzer in einem Verfahren berücksichtigt werden, sodass der Verwaltungsaufwand geringer ausfällt. Zudem bewirkt die Koordinations- und Konfliktschlichtungsfunktion, dass die Summationswirkung der Gewässerbenutzungen berücksichtigt wird. Im Idealfall kann eine praktikable Regelung sogar mithilfe und im Einverständnis der betroffenen Gewässerbenutzer erfolgen. Je nach Anzahl der beteiligten Gewässerbenutzer kann das Ausgleichsverfahren mit Zeitaufwand verbunden sein, sodass eine Regelung der Konfliktsituation nicht rechtzeitig zu Beginn einer Dürre erfolgen kann. Ob das Ausgleichsverfahren zur *ad hoc* Dürrebewältigung geeignet ist, hängt folglich vom Einzelfall,

---

783 Die Vorgängerregelung § 18 S. 2 a. F. WHG sah dies sogar ausdrücklich vor. Ausgleichszahlung im Sinne von § 22 WHG dienen der gerechten Umlage von Vor- und Nachteilen der gemeinsamen Gewässernutzung. BT-Drs. 16/12275, S. 58; *Czychowski/Reinhardt*, WHG, 12. Aufl. 2019, § 22 Rn. 21; *Pape*, in: Landmann/Rohmer, Umweltrecht Kommentar, 94. EL. 2020, § 22 WHG Rn. 25; *Széchényi*, in: Sieder *et al.*, WHG AbwAG, 55. EL 2020, § 22 WHG Rn. 11.

784 *Voßkuhle*, Das Kompensationsprinzip, 1999, S. 301.

785 Bereits BT-Drs. 16/12275, 43, 45, welche die Anzahl durchgeführter Ausgleichsverfahren jährlich auf höchstens 50 Fälle bundesweit schätzt; *Berendes*, in: Berendes/Frenz/Müggeborg, WHG, 2. Aufl. 2017, § 22 Rn. 4; *Széchényi*, in: Sieder *et al.*, WHG AbwAG, 55. EL 2020, § 22 WHG Rn. 3; *Czychowski/Reinhardt*, WHG, 12. Aufl. 2019, § 22 Rn. 2; *Reese et al.* spricht § 22 WHG sogar jegliche materiell-rechtliche Ordnungsfunktion ab, *Reese et al.*, Anpassung an die Folgen des Klimawandels, 2. Aufl. 2016, S. 196.

786 Ursprünglich sah der Gesetzgeber in § 22 WHG ein ähnlich zentrales Regelungsinstrument wie dem wasserrechtlichen Zulassungsverfahren, BT-Drs. II/2920, S. 29; *Berendes*, in: Berendes/Frenz/Müggeborg, WHG, 2. Aufl. 2017, § 22 Rn. 4; zum Regelungspotential des § 22 WHG bei Umsetzung der WRRL *Knopp*, Das neue Wasserhaushaltsrecht, 2010, Rn. 231; bzgl. eigentumsrechtlicher Nachbarkonflikte *Breuer*, Eigentumsrelevante Nachbarkonflikte im Wasserwirtschaftsrecht, in: Durner/Sirvani (Hrsg.), Eigentum im Wasserrecht, 2016, S. 33 (57 f.); *Breuer/Gärditz*, Öffentliches und privates Wasserrecht, 4. Aufl. 2017, Rn. 642.

wie der Dauer des Dürreereignisses und der Anzahl betroffener Gewässerbenutzer ab. Nicht zu unterschätzen ist jedoch die Konfliktschlichtungs-, Koordinierungs- und Aufklärungsfunktion des Verfahrens in einer gemeinsamen Anhörung, das unter Umständen zu einer effektiveren Lösung führen kann als die Durchführung mehrerer Einzelverfahren zur tatsächlichen Beschränkung der Gewässerbenutzung.

e) Besondere Verhaltenssteuerung in Wasserschutzgebieten, §§ 51, 52 WHG

Speziell zum Schutz der Trinkwasserversorgung und der Gewässerökologie dient die Festsetzung von Wasserschutzgebieten nach § 51 WHG. Durch die Festsetzung eines Wasserschutzgebiets können die Gewässerbenutzungen im Einzugsgebiet eines Wasserschutzgebiets besonderen Benutzungsregeln nach § 52 WHG unterliegen. Wasserschutzgebiete nehmen eine Sonderstellung unter den Instrumenten direkter Verhaltenssteuerung ein, da die Festsetzung zunächst anhand eines Festsetzungszwecks erfolgt, das durch die Sonderbenutzungsregelungen, die in Baden-Württemberg in der Schutzgebiets- und Ausgleichsverordnung (SchALVO) geregelt sind, erreicht werden soll. Derzeit bestehen in Baden-Württemberg 2.300 rechtskräftig ausgewiesene Wasserschutzgebiete, die 26 % der Gesamtfläche Baden-Württembergs ausmachen.[787]

aa) Ausweisung eines Wasserschutzgebiets, § 51 WHG

§ 51 Abs. 1 S. 1 WHG benennt drei Festsetzungszwecke, zu denen die Ausweisung eines Wasserschutzgebiets durch Rechtsverordnung[788] erfolgen kann.[789] Hierzu zählen der Schutz der öffentlichen Wasserversorgung vor nachteiligen Auswirkungen (Nr. 1), die Anreicherung von Grundwasser (Nr. 2) und die Verbesserung der Gewässerqualität in Nitratproblem- und Sanierungsgebieten (Nr. 3). Da die Trinkwassergewinnung in Baden-Württemberg zu 73 % aus Grund- und Quellwasser erfolgt, weist der Festsetzungszweck »Schutz der öffentlichen Wasserversorgung« besondere Relevanz auf.[790] Die Festsetzungszwecke in § 51 Abs. 1 S. 1 Nr. 1 und Nr. 2 WHG lassen eine Eignung zur langfristigen Dürrevorsorge erkennen. § 51 Abs. 1 S. 1 Nr. 1 WHG ermöglicht die Festsetzung eines Wasserschutzgebiets im Interesse der öffentlichen Wasserversorgung, um die derzeit bestehende oder künftige, öffentliche Wasserversorgung vor nachteiligen Einwirkungen zu schützen. Unter den Begriff der künftigen Wasserversorgung fallen bereits Entwicklungen, die im Rahmen eines allgemeinen (Bewirtschaftungs-)Plans oder Programms dargelegt werden.[791] Eine präventive Festsetzung zum Zwecke der langfristigen Dürrevorsorge

---

787 *LUBW*, Wasserschutzgebiete und SchALVO, 2021, https://www.lubw.baden-wuerttemberg.de/wasser/wasserschutzgebiete [abgerufen am 12.7.2021].
788 *Sparwasser/Engel/Voßkuhle*, Umweltrecht, 5. Aufl. 2003, § 8 Rn. 239; *Kahl/Gärditz*, Umweltrecht, 11. Aufl. 2019, § 8 Rn. 85 ff.; die abstrakt-generelle Regelungsform ist notwendig, da die Schutzanordnungen eines Wasserschutzgebiets für einen unbestimmten Personenkreis gelten, BVerwG, Urt. v. 15.3.1968, BVerwGE 29, 207 (209 f.).
789 Näher *Tünnessen-Harmes*, in: Giesberts/Reinhardt, BeckOK Umweltrecht, 58. Ed. 2021, § 51 WHG Rn. 15 ff.
790 BayVGH, Urt. v. 5.12.2007 – 22 N 05.194, Rn. 20, 25 (juris); *Drost/Ell*, Das neue Wasserrecht, 2. Aufl. 2016, S. 186.
791 *Hünnekens*, in: Landmann/Rohmer, Umweltrecht Kommentar, 94. EL. 2020, § 51 Rn. 34.

C. Die Rechtslage im Bundesland Baden-Württemberg

wie zur Sicherstellung der künftigen Wasserversorgung in Gebieten mit Wassermangel, starkem Bevölkerungszuwachs oder prognostizierter Zunahme der Bewässerungslandwirtschaft könnte daher vom Anwendungsbereich eines Wasserschutzgebiets erfasst sein, sofern Bewirtschaftungspläne oder Maßnahmenprogramme derartige Entwicklungen entsprechend aufzeigen. § 51 Abs. 1 S. 1 Nr. 2 WHG ermöglicht die Festsetzung eines Wasserschutzgebiets zum Zweck der Grundwasseranreicherung, d. h. der künstlichen Erhöhung der Grundwassermenge.[792] Die Maßnahme Grundwasseranreicherung trägt in doppelter Hinsicht zur langfristigen Dürrevorsorge bei. Sie erhöht die Belastbarkeit des Grundwassers gegenüber Dürreauswirkungen, indem sie durch die künstliche Zuführung von Wasser zu einem guten quantitativen Grundwasserzustand beiträgt. Sie kann auch gezielt eingesetzt werden, um einen Dargebotsüberschuss in wasserreichen Zeiten zu »speichern« und die Verfügbarkeit von Wasser im Dürrefall zu erhöhen. Zwar geht der Wortlaut von § 51 Abs. 1 S. 1 Nr. 2 WHG nicht auf die dürrespezifische Funktion der Grundwasseranreicherung ein, er schließt eine derartige Anwendung jedoch auch nicht aus – vorausgesetzt der Anwendungsbereich ist nicht auf Ausnahmesituationen beschränkt, die eine unverhältnismäßige Härte für die Schutzanordnungsadressaten darstellen. Bei der Grundwasseranreicherung haben die Wasserbehörden dafür Sorge zu tragen, dass die Grundwasseranreicherung die Qualität hochwertiger Grundwasservorkommen nicht durch verunreinigtes Brauch- oder Nutzwasser verschlechtert.

§ 51 Abs. 1 S. 1 Nr. 3 WHG ermächtigt zur Ausweisung eines Wasserschutzgebiets, um Schadstoffeinträge und ökologische Belastungen der Gewässer zu vermeiden oder zu verringern.[793] Der klassische Anwendungsbereich dieses Schutzzwecks besteht in Gebieten mit hoher landwirtschaftlicher oder industrieller Belastung. Die Norm trägt insofern allenfalls mittelbar zur *ad hoc* Dürrebewältigung bei, indem sie die Gewässer vor einem punktuellen Einschwemmen einer hohen Menge an Schadstoffen nach einer Dürre schützt.

Im Übrigen müssen die Schutzzwecke nach § 51 Abs. 1 S. 1 WHG für das Wohl der Allgemeinheit erforderlich sein. Ein Schutzzweck ist erforderlich, wenn er vernünftigerweise geboten ist, d. h. Schutzbedürftigkeit, Schutzwürdigkeit und Schutzfähigkeit des Gewässers vorliegen.[794] Ferner müssen die unteren Wasserbehörden neben Einhaltung der allgemeinen Verfahrensvorschriften nach §§ 95 ff. WG-BW zwingend die durch die Festsetzung begünstigen Personen nach § 51 Abs. 1 S. 2 WHG benennen, da der begünstigte Personenkreis zu Entschädigungsleistungen an die Schutzanordnungsadressaten nach § 52 Abs. 4 WHG iVm. § 45 Abs. 2 WG-BW verpflichtet ist.[795]

---

792 *Czychowski/Reinhardt*, WHG, 12. Aufl. 2019, § 51 Rn. 30; *Schwind*, in: Berendes/Frenz/Müggeborg, WHG, 1. Aufl. 2011, § 51 Rn. 20; *Tünnessen-Harmes*, in: Giesberts/Reinhardt, BeckOK Umweltrecht, 58. Ed. 2021, § 51 WHG Rn. 19.

793 Namentlich zur Vermeidung des schädlichen Abfließens von Niederschlagswasser oder des Abschwemmens und Eintrags von Bodenbestandteilen, Dünge- oder Pflanzenschutzmitteln.

794 BVerwG, Urt. v. 2. 8. 2012, NVwZ 2013, 227 (228); VGH BW, Beschl. v. 24. 3. 1986, NVwZ 1987, 241 (242); BayVGH, Urt. v. 5. 12. 2007 – 22 N 05.194, Rn. 22 (juris); *Tünnessen-Harmes*, in: Giesberts/Reinhardt, BeckOK Umweltrecht, 58. Ed. 2021, § 51 WHG Rn. 26; *Sparwasser/Engel/Voßkuhle*, Umweltrecht, 5. Aufl. 2003, § 8 Rn. 240; *Drost/Ell*, Das neue Wasserrecht, 2. Aufl. 2016, S. 189 ff.

795 BT-Drs. 16/12275, S. 67; BGH, Urt. v. 25. 10. 1979, NJW 1980, 582 (582); *Tünnessen-Harmes*, in: Giesberts/Reinhardt, BeckOK Umweltrecht, 58. Ed. 2021, § 51 WHG Rn. 12; nach § 51 Abs. 1 S. 1 Nr. 1 WHG ist dies der Träger der öffentlichen Wasserversorgung, bei § 51 Abs. 1

Ursprünglich diente die Einführung des Wassernutzungsentgelts dazu, die Entschädigungsleistungen nach § 52 Abs. 4 WHG iVm. § 45 Abs. 2 WG-BW zu finanzieren.[796] Eine Entschädigungsleistung kommt allerdings nur dann in Betracht, wenn die Schutzanordnungen eine unzumutbare Belastung des Eigentums darstellt und eine Befreiung von den Schutzanordnungen nach § 52 Abs. 1 S. 2, 3 WHG nicht möglich ist.[797] Anderenfalls sind die Schutzanordnungen als Inhalts- und Schrankenbestimmung iSv. Art. 14 Abs. 1 GG entschädigungslos hinzunehmen.[798]

bb) Verhaltensregeln in Wasserschutzgebieten, § 52 WHG

Durch die Rechtsverordnung, mit der das Wasserschutzgebiet festgesetzt wird, können den Nutzungsberechtigten verschiedene Verbote, Beschränkungen, Duldungspflichten sowie Handlungspflichten nach § 52 WHG auferlegt werden (Schutzanordnungen). Die Schutzanordnungen gelten als *lex specials* zusätzlich zu den allgemeinen Benutzungsvorgaben und konkretisieren diese.[799] In Baden-Württemberg gelten für Wasserschutzgebiete grundsätzlich die Vorgaben der Verwaltungsvorschrift Wasserschutzgebiete (VwV-WSG) und der SchALVO, welche insbesondere das Aufbringen von Dünger und Pflanzenschutzmittel regelt. Typischerweise betreffen Schutzanordnungen, wie in der SchALVO, insbesondere die Landwirtschaft aber auch Grundstücksnutzer und andere Behörden. Sie regulieren z. B. die Abwasserbeseitigung, den Einsatz von Düngemitteln und Pestiziden, Bodeneingriffe durch den Bergbau oder Erdwärmesonden, sowie die Vorhabenplanung von Baugebieten oder Friedhöfen. Konkret können z. B. technische Vorrichtungen zur Minderung von Schadstoffeinträgen angeordnet[800] oder die Dokumentation der Grundstücksnutzung verlangt werden.[801] Nach § 45 Abs. 4 WG-BW wirken die öffentlichen Wasserversorger bei der Überwachung der Schutzgebietsanordnungen mit, informieren die Bevölkerung über die Schutzgebiete und -anordnungen und machen diese kenntlich.

(1) Schutzanordnungen nach der VwV Wasserschutzgebiete

Die Wasserschutzgebiete, insbesondere Trinkwasserschutzgebiete, sind üblicherweise in Zonen mit unterschiedlicher Schutzintensität und entsprechenden Schutzanordnungen

---

S. 1 Nr. 2, 3 WHG der Träger der Zwecke, für die das Wasserschutzgebiet eingerichtet wurde, *Gößl*, in: Sieder *et al.*, WHG AbwAG, 55. EL 2020, § 52 Rn. 110.

796   *Köck*, Zur Parallelität von Wassernutzungsrechten und Windnutzungsrechten, ZUR 2017, 684 (685).

797   BVerfG, Beschl. v. 6. 9. 2005, NVwZ 2005, 1412 (1414); BVerwG, Beschl. v. 15. 4. 2003, NVwZ 2003 1116 (1117); VGH Kassel, Urt. v. 13. 2. 1984 – VIII OE 100/82; *Drost/Ell*, Das neue Wasserrecht, 2. Aufl. 2016, S. 186.

798   BVerfG, Beschl. v. 6. 9. 2005, NVwZ 2005, 1412 (1414); VGH BW, Urt. v. 3. 8. 1998 – 3 S 990/98.

799   *Tünnessen-Harmes*, in: Giesberts/Reinhardt, BeckOK Umweltrecht, 58. Ed. 2021, § 51 WHG Rn. 1; *Gassner*, Natur- und Landschaftsschutzrecht, 2. Aufl. 2016, Rn. 377.

800   BayVGH, Urt. v. 6. 10. 2015 – 8 N 13.1281, 8 N 13.1282, 8 N 13.1284, 8 N 13.1286, 8 N 13.1287, Rn. 72 (amtl. Anm.).

801   Dazu kann auch die Überwachung und Einhaltung bestimmter Pegelstände gehören, *Gößl*, in: Sieder *et al.*, WHG AbwAG, 55. EL 2020, § 52 Rn. 53.

unterteilt, § 51 Abs. 2 WHG iVm. § 2 VwV-WSG.[802] Sie bestehen aus einer Fassungszone um die Wasserentnahmestelle (Zone I), einer engeren Schutzzone, in der landwirtschaftliche Nutzungen eingeschränkt erlaubt sind (Zone II), und einer weiteren Schutzzone, in der auch Wohnhäuser und gewerbliche Nutzungen zugelassen werden können (Zone III). Üblicherweise enthalten die Schutzgebietsanordnungen Bewirtschaftungsverbote für die Landwirtschaft und betreffen Düngung, Beweidung oder Tierhaltung für die im Bereich des Wasserschutzgebiets gelegen Grundstücke.[803]

(2) Nutzungsregelungen nach der Schutzgebiets- und Ausgleichsverordnung (SchALVO)

Die SchALVO[804] enthält besondere, landesweit geltende Schutzanordnungen. Sie stellt nach § 1 Abs. 2 SchALVO Verhaltensauflagen und Nutzungsbeschränkungen für die Landwirtschaft auf, die über die Anforderungen der ordnungsgemäßen Landwirtschaft[805] hinausgehen. Die Verhaltensauflagen betreffen insbesondere die Dünge- und Pflanzenschutzmittel, da diese zu einer stofflichen Belastung der Gewässer beitragen, vgl. § 1 SchALVO. Die Wasserschutzgebiete können nach Höhe der gemessenen Nitratkonzentration als Normal-, Problem oder Sanierungsgebiete ausgewiesen werden.[806] Entsprechend den Schutzzonen I–III sieht § 4 SchALVO zunächst Beschränkungen bis hin zu Düngeverboten vor. Für Problem- und Sanierungsgebiete gelten zusätzlich besondere Schutzbestimmungen nach § 5 SchALVO. Spezifisch wasserrechtliche Vorgaben enthält § 5 Abs. 4 Nr. 1 e) SchALVO iVm. Anlage 5 bezüglich landwirtschaftlicher Bewässerung in Wasserschutzgebieten. Anlage 5 stellt unter anderem monatlich festgelegte, maximal zulässige Gesamtbewässerungsmengen und eine absolute Jahresmenge von 1.200 Liter/m² auf. Die zulässige Gesamtbewässerungsmenge ist in den Sommermonaten mit 150 Liter/m² fast doppelt so hoch wie in den Wintermonaten, um ein sommerliches Niederschlagsdefizit ausgleichen zu können. Spezifische Vorgaben wie etwa zur Einschwemmung von Schadstoffen durch Bewässerung bei Dürreereignissen enthält Anlage 5 jedoch nicht. Die Einhaltung der Schutzbestimmungen sichern Maßnahmen wie die Überwachung iSv. § 6 SchALVO, behördlichen Anordnungen iSv. § 7 SchALVO oder

---

802 Verwaltungsvorschrift des Umweltministeriums über die Festsetzung von Wasserschutzgebieten v. 14.11.1994 Az.: 34-8932.20 (GABl. 1994 S. 881; 6.5.1996 S. 460).
803 VGH München, Urt. v. 15.3.2016 – BV 14.1102, Rn. 4 (amtl. Anm.).
804 Verordnung des Umweltministeriums über Schutzbestimmungen und die Gewährung von Ausgleichsleistungen in Wasser- und Quellenschutzgebieten v. 20.2.2001 (GBl. 2001, 145, ber. S. 414) z.g.d. Art. 15 des Gesetzes v. 3.12.2013 (GBl. S. 389, 444).
805 Die gute fachliche Praxis richtet sich z.B. nach Düngemittelgesetz und der Düngemittelverordnung, dem Pflanzenschutzgesetz und dem Bodenschutzgesetz, vgl. *LAWA*, Gewässerschützende Landbewirtschaftung in Wassergewinnungsgebieten, 1. Aufl. 2000, S. 11. Zum Begriff der ordnungsgemäßen Landwirtschaft näher *Gößl*, in: Sieder et al., WHG AbwAG, 55. EL 2020, § 52 Rn. 123 ff.; *Hartmann*, Naturschutz und Landwirtschaft, NuR 1983, 53 (57 f.); *Soell*, Grenzen zwischen Landwirtschaft, Naturschutz und Landschaftsschutz, NuR 1984, 8 (11); *Henneke*, Beschränkungen ordnungsgemäßer Landwirtschaft im Landschaftsschutzgebiet, NuR 1984, 263 (265).
806 Eine deklaratorische Liste aller Problem- und Sanierungsgebiete enthalten Anlage 6 und 7 SchALVO.

Verträge iSv. § 9 SchALVO sowie die Sanktion von Verstößen durch Ordnungswidrigkeiten nach § 16 SchALVO ab. Aus der Gesamtschau der Normen ergibt sich ein ausgereiftes System an Nutzungsregelungen, -beschränkungen und -verboten sowie Überwachungs- und Vollzugsmechanismen. Das System der SchALVO ist jedoch ausschließlich auf die stoffliche Belastung der Gewässer ausgelegt und eignet sich daher nur mittelbar zur Dürrevorsorge durch die Verbesserung der Gewässerbelastbarkeit.

Da die Schutzgebietsanordnungen der SchALVO mit Ertragseinbußen, personellem sowie technischen Mehraufwand verbunden sein können, gewährt das Land finanzielle Ausgleichsleistungen nach § 52 Abs. 5 WHG, § 45 Abs. 3 S. 1 WG-BW iVm. §§ 11 ff. SchALVO.[807] Die §§ 11 ff. SchALVO konkretisieren die in § 52 Abs. 5 WHG vorgesehenen Ausgleichsleistung für Beschränkungen, die über die ordnungsgemäße Landwirtschaft hinausgehen.[808] Die Ausgleichsregelung ist nicht als Subvention der Landwirtschaft zu verstehen, sondern als eine flankierende Maßnahme, um den Nitratgehalt im Grundwasser zu senken und die öffentliche Wasserversorgung sicher zu stellen.[809]

Die zwingenden Verhaltensvorgaben für Landwirte nach der SchALVO ergänzt das Agrarumweltprogramm Marktentlastungs- und Kulturlandschaftsausgleich (MEKA),[810] fortgeführt durch das Förderprogramm für Agrarumwelt, Klimaschutz und Tierwohl (FAKT).[811] Dieses verknüpft die vertragliche Verpflichtung zu bestimmten Verhaltensauflagen an die Gewährung staatlicher Subventionen.[812] Die Beteiligung an Agrarumweltprogrammen ist mit 70 % aller Direktzahlungsempfänger[813] vergleichsweise hoch und trägt zu einer hohen Rechtsbefolgung bezüglich der Vorgaben der SchALVO bei.

---

807   Die EU-Kommission verlängerte und genehmigte die Ausgleichsleistung nach SchALVO im Schreiben vom 5. 3. 2015 bis zum 31. 12. 2020, vgl. LT-Drs. 16/236, S. 2.
808   Die Schutzgebietsanordnungen können erhebliche Einkommensverluste bis hin zur Existenzgefährdung verursachen, *Gößl*, in: Sieder et al., WHG AbwAG, 55. EL 2020, § 52 Rn. 114; *Köck*, Zur Entwicklung des Rechts der Wasserversorgung und der Abwasserbeseitigung, ZUR 2015, 3 (13); allgemein *Eifert*, Umweltschutzrecht, in: Schoch (Hrsg.), Besonderes Verwaltungsrecht, 2013, Kap. 5 Rn. 262.
809   *Gößl*, in: Sieder et al., WHG AbwAG, 55. EL 2020, § 52 Rn. 115; für den Härtefallausgleich bei naturschutzrechtlichen Regelungen *König*, Pro und Kontra der dritten Novelle zum Bundesnaturschutzgesetz, NVwZ 1999, 382 (383 ff.); *Härtel*, Kompensationszahlungen im Umweltschutz als Beihilfen i. S. des EGV, ZUR 2001, 380 (385 f.).
810   Zuletzt Verwaltungsvorschrift des Ministeriums für Ländlichen Raum, Ernährung und Verbraucherschutz zur Förderung der Erhaltung und Pflege der Kulturlandschaft und von Erzeugungspraktiken, die der Marktentlastung dienen (Marktentlastungs- und Kulturlandschaftsausgleich – MEKA III) vom 28. 2. 2011 (GABl. 2011, S. 178) g. d. Verwaltungsvorschrift vom 18. 7. 2013 (GABl. 2013, S. 394, ber. S. 470).
811   Verwaltungsvorschrift des Ministeriums für Ländlichen Raum und Verbraucherschutz zum Förderprogramm für Agrarumwelt, Klimaschutz und Tierwohl (VwV FAKT) vom 27. 1. 2016 (GABl. S. 102) z. g. d. Verwaltungsvorschrift vom 10. 1. 2019 (GABl. S. 47), mit Wirkung zum 1. 1. 2020 ersetzt durch die Verwaltungsvorschrift des Ministeriums für Ländlichen Raum und Verbraucherschutz zum Förderprogramm für Agrarumwelt, Klimaschutz und Tierwohl (VwV FAKT) vom 13. 11. 2020 (GABl. 2020 S. 871) g. d. Verwaltungsvorschrift vom 25. 5. 2021 (GABl. 2021 S. 297).
812   Ausführlich Abschnitt C.III.3.b).
813   BT-Drs. 18/4040, S. 194.

cc) Zwischenbilanz

Die Ausweisung von Wasserschutzgebieten bildet ein wichtiges Element einer langfristigen dürrebelastbaren Wasserversorgung, ist jedoch kein genuines Instrument zur Dürrevorsorge oder *ad hoc* Dürrebewältigung. Zur Dürrevorsorge können die Festsetzungszwecke der Schutz der öffentlichen Wasserversorgung nach § 51 Abs. 1 S. 1 Nr. 1 WHG und der Grundwasseranreicherung nach § 51 Abs. 1 S. 1 Nr. 2 WHG eingesetzt werden. Sie erhöhen die Verlässlichkeit der Wasserressourcen und ermöglichen eine nachhaltige Bewirtschaftung auch bei Dürre. Gleiches gilt für die Schutzanordnungen nach § 52 WHG iVm. SchALVO. Die gestuften Schutzanordnungen nach § 2 VwV-WSG und § 4 SchALVO könnten *de lege ferenda* als Vorbild für den Erlass dürrespezifischer Schutzgebietsanordnungen im Hinblick auf die drohende Einschwemmung von Schadstoffen und die mengenmäßige Inanspruchnahme der Gewässer zur *ad hoc* Dürrebewältigung dienen. Anlage 5 der SchALVO bietet sich gerade zu an, eine Differenzierung hinsichtlich der zulässigen Entnahmemenge und der Schadstoffkonzentration für die Landwirtschaft unter verschiedenen hydrologischen Bedingungen vorzunehmen. Wie sich anhand des Problemfeldes Nitrat zeigt, ist das Zusammenspiel aus zwingenden Verhaltensvorgaben und ökonomischen Anreizen zur Verhaltenssteuerung in Wasserschutzgebieten besonders effektiv.[814] Auf diesem Weg können die Rechtsverordnungen zur Festsetzung von Wasserschutzgebieten Maßnahmen zur langfristigen Dürrevorsorge mit konkreten Verhaltenspflichten zur *ad hoc* Dürrebewältigung verbinden. Grundsätzlich können die § 51 f. WHG auch eingesetzt werden, um besonders dürreanfällige Gewässerressourcen zu schützen und in diesen Gebieten präventiv Regelungen zur *ad hoc* Dürrebewältigung in die Schutzgebietsanordnungen aufzunehmen. Abstimmungsbedarf besteht potentiell mit dem Instrument der Rückausnahme erlaubnisfreier Grundwasserbenutzungen nach § 46 Abs. 3 WHG iVm. § 42 WG-BW, um widersprüchliche Regelungen oder Dopplungen zu vermeiden.

f) Sanktionierung und Haftung bei Zuwiderhandlungen

Die uneingeschränkte Einhaltung wasserrechtlicher Vorschriften durch Gewässerbenutzer ist ein wünschenswerter Zustand, der sich in der Realität jedoch selten vollständig einstellt.[815] Die Effektivität präventiver und repressiver Instrumente mit Eignung zur Dürrebewältigung hängt daher auch von tauglichen Sanktionierungs- und Haftungsregelungen ab. Dazu zählen die Ahndung von Verstößen als Ordnungswidrigkeit nach § 103 WHG, die Haftung für Veränderungen der Gewässereigenschaft nach § 89 WHG und die Verhängung von Bußgeldern gegenüber Endnutzern durch öffentliche Wasserversorger.[816]

---

814 *Finck*, Ergebnisse aus 20 Jahren SchALVO, Landinfo 2010, 13 (17 f.).
815 Vgl. *Kubitza*, in: Landmann/Rohmer, Umweltrecht Kommentar, 94. EL. 2020, § 100 WHG Rn. 12.
816 In besonders gravierenden Fällen illegaler Wasserentnahmen kommt auch eine strafrechtliche Ahndung nach § 324 StGB in Betracht. Zum Beispiel kann das Absenken des Wasserspiegels mit artenbedrohender Beeinträchtigung der Gewässerflora und -fauna den Straftatbestand von § 324 Abs. 1 StGB erfüllen, OLG Oldenburg, Urt. v. 22. 1. 1990, NuR 1990, 480; für das Absinken eines Teiches mit Amphibienfauna OLG Stuttgart, Urt. v. 26. 8. 1994, NStZ 1994, 590 (590 f.); ein strafrechtlich relevantes Verhalten liegt auch vor, wenn die natürliche Regenerati-

Insbesondere Instrumente, die zur *ad hoc* Dürrebewältigung beitragen, sind auf Sanktions- und Haftungsinstrumente angewiesen, da sie häufig das Nutzungsverhalten entgegen den Interessen der Gewässerbenutzenden beschränken.

aa) Bußgeldvorschriften für illegale Gewässerbenutzungen, § 103 WHG iVm. § 126 WG-BW

Wasserrechtliche Ge- und Verbote, Zulassungsbescheide und Maßnahmen der Gewässeraufsicht enthalten obligatorische Verhaltensregelungen.[817] Eine vorsätzliche oder fahrlässige Missachtung ausgewählter Regeln stellt eine Ordnungswidrigkeit iSv. § 103 Abs. 1 WHG dar. § 103 Abs. 1 WHG enthält einen abschließenden Katalog verschiedener Ordnungswidrigkeitentatbestände, der durch § 126 Abs. 1 WG-BW ergänzt wird. § 103 Abs. 1 WHG umfasst fast alle Instrumente, die nach vorangegangener Untersuchung Eignung zur Dürrebewältigung aufweisen. Eine Ordnungswidrigkeit nach § 103 Abs. 1 Nr. 1 WHG stellt zum Beispiel das Überschreiten der im Genehmigungsbescheid festgelegten Entnahmemenge als Verstoß gegen eine Inhaltsbestimmung dar.[818] Auch ein Verstoß gegen eine Nebenbestimmung, wie die Nichteinhaltung von Sperrzeiten zur Gewässerbenutzung oder andere Auflagen, begründet eine Ordnungswidrigkeit nach § 103 Abs. 1 Nr. 2 WHG. Zusätzlich zu den genehmigungspflichtigen Gewässerbenutzungen handeln genehmigungsfreie Gewässerbenutzende nach § 126 Abs. 1 Nr. 4 WG-BW ordnungswidrig, wenn sie den Gemeingebrauch über die zulässigen Grenzen hinaus nutzen.[819] Hingegen die Überschreitung der erlaubnisfreien Benutzung des Grundwassers stellt weder nach § 103 WHG, noch nach § 126 WG-BW eine Ordnungswidrigkeit dar. Das Instrument findet somit nicht nur in der Praxis wenig Beachtung, sondern ist auch gesetzlich als vollzugsschwächstes Instrument unter den Instrumenten direkter Verhaltenssteuerung ausgestaltet.

Die Nichteinhaltung der Bestimmungen einer Rechtsverordnung ist in § 126 Abs. 1 Nr. 18 WG-BW genannt, sodass auch ein Verstoß gegen die Schutzanordnungen eines Wasserschutzgebiets eine Ordnungswidrigkeit darstellt. Ausgenommen von § 103 WHG und § 126 WG-BW sind die Mindestwasserführung nach § 33 WHG und allgemeine Schutzpflichten für Gewässerbenutzungen nach § 5 WHG. Grundsätzlich stellt ein Verstoß gegen diese zwingenden Rechtssätze daher keine Ordnungswidrigkeit dar. Dies erscheint auf den ersten Blick widersprüchlich. Allerdings konkretisieren die Wasserbehörden die

---

onsfähigkeit des Gewässers beeinträchtigt wird, OLG Frankfurt, Urt. v. 22. 5. 1987, NJW 1987, 2753 (2755); ausführlich zu strafrechtlichen Würdigung rechtswidriger Gewässerbenutzungen *Papier*, Zur Disharmonie zwischen verwaltungs- und strafrechtlichen Bewertungsmaßstäben im Gewässerschutzrecht, NuR 1986, 1 (3 ff.); mit zahlreichen weiteren Beispielen *Sack*, Umweltstrafrecht, in: Kluth/Smeddinck (Hrsg.), Umweltrecht, 2020, § 8 Rn. 19.

817 Vgl. allgemein *Krämer*, Direkte und indirekte Verhaltenssteuerung, in: Rengeling (Hrsg.), Handbuch zum europäischen und deutschen Umweltrecht, 2003, § 15 Rn. 5; *Schlacke*, Umweltrecht, 7. Aufl. 2019, § 5 Rn. 20.

818 OLG Düsseldorf, Beschl. v. 3. 12. 1990, ZfW 1991, 198 (199 f.); *Hasche*, in: Giesberts/Reinhardt, BeckOK Umweltrecht, 58. Ed. 2021, § 13 WHG Rn. 5; *Meyer*, Wasserhaltung und Wasserrecht, NZBau 2013, 8 (11), der jedoch den umfassenden Schutzauftrag hinsichtlich des mengenmäßigen Zustandes von Grundwasserressourcen verkennt.

819 Näher *Bulling et al.*, WG-BW, Band 1, 3. Aufl., 55. EL 2020, § 20 Rn. 66.

beiden Normen üblicherweise in den Festsetzungen von Genehmigungsbescheiden. Ein Verstoß gegen die Festsetzungen des Genehmigungsbescheids stellt wiederum nach § 103 Abs. 1 Nr. 1, 2 WHG eine Ordnungswidrigkeit dar. Lediglich bei genehmigungfreien Gewässerbenutzungen werden die zwingenden Rechtssätze nicht als Ordnungswidrigkeiten geahndet. Grund hierfür könnte in der untergeordneten wasserwirtschaftlichen Bedeutung genehmigungsfreier Benutzungen liegen.

Nach § 103 Abs. 2 WHG können die Ordnungswidrigkeiten mit einer Geldbuße bis zu 10.000,00 €, enumerativ genannte Ordnungswidrigkeitentatbestände sogar bis zu 50.000,00 € geahndet werden. § 126 Abs. 2 WG-BW erhöht den zulässigen Bußgeldrahmen auf bis zu 100.000,00 €. Eine nähere Differenzierung nach Tageshöchstsätzen oder hydrologischen Bedingungen nehmen weder § 103 Abs. 2 WHG noch § 126 Abs. 2 WG-BW vor. Es ist daher möglich, dass es landesweit zu unterschiedlichen Bußgeldhöhen kommt und die Abschreckungswirkung der Sanktion in manchen Regionen höher ist als in anderen. Nach § 36 OWiG iVm. § 126 Abs. 2 WG-BW liegt der Vollzug der Ordnungswidrigkeiten in der Zuständigkeit der Wasserbehörden, die bereits für den Vollzug der verletzen Vorschriften zuständig sind. Die Zusammenlegung von Anordnungs- und Vollzugsbehörde ist zu begrüßen. Sie stärkt die Effektivität der repressiven und präventiven Instrumente, da die Wasserbehörde aufgrund ihrer Sachnähe einen größeren Überblick über Verstöße gegen wasserrechtlichen Bestimmungen besitzt und Kommunikations- und Verwaltungswege dadurch kurz gehalten werden.

Insgesamt ist die Effektivität des Ordnungswidrigkeitenrechts für die Sanktionierung von rechtswidrigen Gewässerbenutzungen als hoch einzustufen. Mit Ausnahme weniger Bereiche können die Wasserbehörden auch im Dürrefall Bußgelder androhen oder festsetzen, um die Einhaltung von Vorschriften mit Eignung zur Dürrebewältigung sicherzustellen. § 126 Abs. 2 WG-BW dehnt den Sanktionsrahmen der Höhe nach bis auf 100.000,00 € aus und erhöht dadurch die Abschreckungs- und Pönalisierungswirkung der Sanktionierungsinstrumente. Die § 103 WHG iVm. § 126 WG-BW komplementieren damit die Handlungsmöglichkeiten der Wasserbehörden für die Anpassung der Gewässerbenutzungen an Dürreereignisse.

bb) Haftung für nachteilige Veränderungen der Wasserbeschaffenheit, § 89 WHG

Sofern eine Zurechnung einer nachteiligen Veränderung der Wasserbeschaffenheit zu einem Gewässerbenutzer möglich ist, sieht § 89 WHG eine Haftung des Verursachers vor. Der Verursacher ist nach § 89 Abs. 1 S. 1 WHG »zum Ersatz des daraus einem anderen entstehenden Schadens verpflichtet.« Sofern mehrere Benutzer auf das Gewässer eingewirkt haben, begründet § 89 Abs. 1 S. 2 WHG eine Haftung als Gesamtschuldner.

Für die Dürrebewältigung hat § 89 WHG untergeordnete Bedeutung, da der Anwendungsbereich in Übereinstimmung mit den unionsrechtlich vorgegebenen Bewirtschaftungszielen vorwiegend auf die qualitative Verschlechterung des Gewässerzustands als nachteilige Veränderung der Wasserbeschaffenheit abstellt.[820] Selbst in Bezug auf die mengenmäßige Verschlechterung des Grundwasserzustands, der in § 47 Abs. 1 Nr. 1 WHG als Bewirtschaftungsziel geführt wird, begründet § 89 Abs. 1 WHG wohl keine Haftung.[821]

---

820 *Czychowski/Reinhardt*, WHG, 12. Aufl. 2019, § 89 Rn. 30.
821 *Czychowski/Reinhardt*, WHG, 12. Aufl. 2019, Rn. 30.

§ 89 WHG ist dementsprechend für die effektive Durchsetzung von dürrerelevanten Vorschriften von untergeordneter Bedeutung.

g) *Ad hoc* Regelungen für besondere Gefahrensituationen

Oberstes Ziel der *ad hoc* Dürrebewältigung von Extremereignissen ist die Sicherstellung der für Umwelt und die Wasserversorgung notwendigen Wassermenge. Wie bereits erwähnt, sieht das in Baden-Württemberg geltende Wasserwirtschaftsrecht jedoch derzeit keine speziellen Instrumente zur *ad hoc* Dürrebewältigung vor.[822] Stattdessen können Wasserbehörden auf allgemeine wasserrechtliche Instrumente zurückgreifen, die Eignung zur *ad hoc* Bewältigung außergewöhnlicher Dürreereignisse aufweisen, wie z. B. Maßnahmen der Gewässeraufsicht oder die in der Verwaltungspraxis beliebte Beschränkung des Gemeingebrauchs. Bislang greifen die Wasserbehörden meist auf die Beschränkung des Gemeingebrauchs zurück. Die steigende Nachfrage bei Dürre gleichen insbesondere landwirtschaftliche (erlaubnispflichtige) Gewässerbenutzer – sofern möglich – durch Maßnahmen der betrieblichen Eigenvorsorge aus, z. B. durch den Bau von Zisternen.[823] Anhaltspunkte einer gesetzlichen Regelung bietet hierbei § 5 Abs. 2 WHG, der jedenfalls für Hochwasser jede potentiell betroffene Person zur Ergreifung geeigneter Schutzmaßnahmen im Rahmen des Möglichen und Zumutbaren verpflichtet (Eigenvorsorge). Im Dürrefall könnten ergänzend Instrumente aus dem Bereich des Katastrophenschutz und Notstandsrechts zum Einsatz kommen.[824] Der nachfolgende Abschnitt fasst die Möglichkeit zur *ad hoc* Beschränkung der Trinkwasserversorgung durch die Wasserversorger bei Dürre, die Instrumente des Landeskatastrophenschutzgesetz Baden-Württemberg (LKatSG) und die Möglichkeit zur Trinkwassernotversorgung nach dem Wassersicherstellungsgesetz (WasSiG) zusammen. Den Instrumenten ist gemeinsam, das sie Möglichkeiten zur Einflussnahme auf die Trinkwassernutzung durch die Bevölkerung in einer nach Gefahrenintensität und Ausmaß gestuften Verwendung vorsehen. Es stellt sich insofern die Frage, inwieweit diese Funktion der Instrumente auch Eignung zur *ad hoc* Dürrebewältigung aufweist.

aa) Beschränkung der örtlichen Nachfrage durch öffentliche Wasserversorger

Die Sicherstellung des menschlichen Grundbedarfs an Wasser durch die öffentliche Wasserversorgung hat bei Dürreereignissen höchste Priorität. Um die leitungsgebundene Wasserversorgung möglichst lange aufrecht zu erhalten und Versorgungssicherheit zu gewährleisten, müssen öffentliche Wasserversorgungsunternehmen rechtzeitig Maßnah-

---

822 Eine Eingliederung in das Wasserwirtschaftsrecht wäre jedoch unter dem Gesichtspunkt von Dürrebewirtschaftungsplänen iSv. § 83 Abs. 3 WHG oder als Ausnahme von den Bewirtschaftungszielen im Rahmen festzulegender Maßnahmen nach § 31 Abs. 1 Nr. 1 a) WHG nicht nur denkbar, sondern im Sinne eines proaktiven Risikomanagements auch begrüßenswert.
823 Ein solches Vorgehen ausdrücklich erwähnend *LRA Ravensburg*, Bewässerung landwirtschaftlicher Flächen, 2008, S. 14.
824 Da das Wasserrecht keine abschließenden Regelungen zum Schutz vor extremen Dürreereignissen enthält, steht der Heranziehung von Instrumenten aus anderen Rechtsgebieten nichts im Wege. Für das Extremereignis Hochwasser *Peters/Hesselbarth*, Hochwasser als Katastrophe oder als sonstiges außergewöhnliches Ereignis, VBlBW 2014, 130 (133).

men ergreifen und z. B. die Nachfrage regeln, Nutzungszwecke beschränken oder untersagen.[825] Im Jahr 2017 kündigte beispielsweise der baden-württembergische Zweckverband Mannenbach-Wasserversorgung an, bei fortdauernder Trockenheit die Bezugsrechte der einzelnen Mitgliedsgemeinden nach den Vorgaben der Satzung zu kürzen.[826] Die jeweiligen örtlichen Wasserversorger sollten dementsprechend Hinweise für einen sparsamen Wasserverbrauch ankündigen. Jüngstes Beispiel für die Beschränkung des privaten Verbrauchs von Trinkwasser ist die Allgemeinverfügung des Niederbarnimer Wasser- und Abwasserzweckverband (NWA)s aus Mecklenburg-Vorpommern vom 29. 5. 2018, die ein tägliches Entnahmeverbot für Bewässerung im Außenbereich von 07:00 Uhr –21:00 Uhr beinhaltete.[827] Andere Wasserversorger, wie der Trinkwasserverband Stader Land, erließen eine amtliche Bekanntmachung, die »die Nutzung des Trinkwassers aus dem öffentlichen Versorgungsnetz für Beregnungszwecke […], Wagenwaschen und für die Befüllung privater Schwimmbäder untersagt«,[828] nachdem zuvor die Trinkwasserversorgung für hunderte Wasserhaushalte ausfiel.

Nach überwiegender Auffassung verfügen die öffentlichen Wasserversorger über die Befugnis der Endnutzerregulierung bei außergewöhnlichen Umständen. Dies verdeutlicht eine Entscheidung des Bayerischen VGH, wonach bei »extrem heißen Tagen in extrem trockenen Sommern Engpässe entstehen können und dem mit Verbrauchsbeschränkungen zu begegnen ist.«[829] Umstritten ist jedoch, welche Norm zur Ausübung der Befugnis berechtigt. Überwiegend wird eine Beschränkungsbefugnis gegenüber Endkunden aus § 13 Abs. 2 Nr. 2b WHG abgelehnt.[830] Teilweise wird auf die Befugnisse der Gewässeraufsicht aus § 100 WHG iVm. § 83 WG-BW oder auf die polizeirechtliche Generalklausel abgestellt.[831] Besonders geeignet erscheint ein Rückgriff auf § 50 WHG iVm. § 44 Abs. 6 S. 2 WG-BW, der die öffentlichen Wasserversorger zur Anordnung derjenigen Maßnahmen ermächtigt, die ihnen nach pflichtgemäßem Ermessen zur Wahrnehmung dieser Aufgaben erforderlich scheinen.[832]

Um ein möglichst großes Maß an Homogenität aller Versorgungsverträge sicherzustellen, wurde vom Bund die Verordnung über Allgemeine Bedingungen für die Versorgung mit Wasser (AVBWasserV)[833] erlassen. Erfolgt der Vertragsschluss über die Wasserver-

---

825 Jüngstes Beispiel ist der Zweckverband Niederbarnimer Wasser- und Abwasserzweckverband (NWA), der am 1. 6. 2018 ein Entnahmeverbot für die Bewässerung des Außenbereichs täglich von 07:00–21:00 Uhr anordnete, *NWA*, Allgemeinverfügung v. 29. 5. 2018.
826 *Zweckverband Mannenbach-Wasserversorgung*, Wasserversorgung wegen extremer Trockenheit ernsthaft gefährdet, 2017, S. 1.
827 *NWA*, Allgemeinverfügung v. 29. 5. 2018.
828 *Trinkwasserverband Stader Land*, Amtliche Bekanntmachung v. 25. 7. 2018; auch *Wasserverband Südharz*, Beschränkung der Verwendung von Trinkwasser, https://www.wasser-suedharz.de/news/1/451212/nachrichten/beschr%C3%A4nkung-der-verwendung-von-trinkwasser.html [abgerufen am 12. 7. 2021].
829 BayVGH, Urt. v. 23. 10. 1989, ZfW 1990, 415 (416).
830 So *Reese et al.*, Anpassung an die Folgen des Klimawandels, 2. Aufl. 2016, S. 200.
831 *Reese et al.*, Anpassung an die Folgen des Klimawandels, 2. Aufl. 2016, S. 200.
832 Bereits *Zoth/Caillet/Mager*, Herausforderungen und Realität eines Dürremanagements in Baden-Württemberg, VBlBW 2019, 133 (138).
833 Verordnung über Allgemeine Bedingungen für die Versorgung mit Wasser v. 20. 6. 1980 (BGBl. I S. 750, 1067) z. g. d. Art. 8 der Verordnung v. 11. 12. 2014 (BGBl. I S. 2010) auf der Grundlage von § 27 des AGBG i. d. F. v. 9. 12. 1976.

sorgung unter Verwendung von allgemeinen Geschäftsbedingungen, so sind die §§ 2–34 AVBWasserV automatisch Bestandteil des Versorgungsvertrages nach § 1 Abs. 1 AVB-WasserV. § 22 Abs. 2 S. 2 AVBWasserV ermächtigt »Wasserversorgungsunternehmen [...] die Verwendung [des Wassers] für bestimmte Zwecke [zu] beschränken, soweit dies zur Sicherstellung der allgemeinen Wasserversorgung erforderlich ist.«[834] Nach § 50 WHG iVm. § 44 Abs. 6 S. 2 WG-BW und § 22 Abs. 2 S. 2 AVBWasserV können die öffentlichen Wasserversorger die Wassernutzung für bestimmte Zwecke verbieten, soweit dies zur Sicherstellung der allgemeinen Wasserversorgung erforderlich ist.

Die öffentlichen Wasserversorger haben somit – gegebenenfalls auch aus der polizeirechtlichen Generalklausel – die Befugnis zur temporären oder dauerhaften Beschränkung bestimmter Nutzungszwecke im Dürrefall. Ob die Wasserversorger von ihrer Befugnis Gebrauch machen, liegt in ihrem Ermessen und hängt von verschiedenen Faktoren – wie der Anfälligkeit des Wasserversorgers, der Intensität und Dauer von Dürreauswirkungen und der Bedarfsentwicklung – ab.

bb) Eignung des LKatSG zur *ad hoc* Dürrebewältigung

Überschreitet ein Dürreereignis die Schwelle von einem »sonstigen außergewöhnlichen Ereignis«, wie es die VwV Stabsarbeit[835] nennt, können Maßnahmen nach dem LKatSG in Betracht kommen. Katastrophenrechtliche Instrumente können zur *ad hoc* Bewältigung von Extremereignissen beitragen, indem sie auf Dargebots- und/oder Nachfrageseite steuernd eingreifen. Zum Beispiel können Notleitungen für die Trinkwasserversorgung bei Ausfall der leitungsgebundenen Trinkwasserversorgung eingerichtet werden, wie jüngst während des Dürreereignisses 2018 oder 2019 in der Stadt Kelkheim im Taunus.[836] Statt einer Ersatzleitung setzte die Stadt Ulrichstein im Dürresommer 2018 bis zu fünf Tanklaster ein, die täglich 60 m³ Wasser lieferten, um zumindest eine leitungsungebundene Trinkwasserversorgung aufrecht zu erhalten.[837]

(1) Feststellung eines Katastrophenfalls, § 1 Abs. 2 LKatSG

Voraussetzung für die Anwendbarkeit katastrophenrechtlicher Instrumente im Dürrefall ist, dass die hohen Anforderungen eines Katastrophenfalls iSv. § 1 Abs. 2 LKatSG

---

834 Auf diese Vorschrift bezieht sich z. B. auch der *Trinkwasserverband Stader Land* bei der Untersagung verschiedener Nutzungszwecke durch öffentliche Bekanntmachung vom 25. 7. 2018.
835 Verwaltungsvorschrift der Landesregierung Baden-Württemberg und der Ministerien zur Bildung von Stäben bei außergewöhnlichen Ereignissen und Katastrophen vom 29. 11. 2011 (in Kraft vom 1. 1. 2012 – 31. 12. 2018) – Az. 5-1441/16 (GABl. 2011, S. 567).
836 *Stadt Kelkheim (Taunus)*, Akuter Trinkwassernotstand in Ruppertshain und Eppenhain, https://www.kelkheim.de/_rubric/detail.php?rubric=DE+Aktuelles-und-Bekanntmachungen&nr=8299 [abgerufen am 12. 7. 2021]; *dpa*, Wasserspar-Appell im Taunus zeigt Wirkung, Frankfurter Allgemeine – FAZ.NET, 2018, https://www.faz.net/-gzl-9d2yo [abgerufen am 12. 7. 2021]; für Grävenwiesbach und Schmitten *Biener*, Notstand im Hochtaunuskreis, Frankfurter Allgemeine – FAZ.NET, 2020, https://www.faz.net/-gzg-a2223 [abgerufen am 12. 7. 2021].
837 *Diegel*, Wasserversorgungsproblem, Osthessen News, 2018, https://osthessen-news.de/n11594778/wasserversorgungsproblem-tankwagen-bringen-taglich-60-kubikmeter-wasser.html [abgerufen am 12. 7. 2021].

vorliegen. Hierzu muss zunächst eine Schädigung oder Gefährdung genannter Schutzgüter »in [...] ungewöhnlichem Maß« vorliegen. Die Auswirkungen von Dürreereignissen können die menschliche Gesundheit gefährden, die Gewässerökologie und Umwelt beeinträchtigen und in gewässernahen Sektoren – wie der Landwirtschaft, der Wasserkraft oder Schifffahrt – ökonomische Schäden verursachen.[838] Ob die Auswirkungen an die Voraussetzung des »ungewöhnlichen Maßes« heranreichen, ist im Einzelfall zu bestimmen. Gerade die Einstufung von Dürreereignissen nach den Anforderungen des LKatSG kann die zuständigen Behörden vor Herausforderungen stellen, da manche Auswirkungen – im Unterschied zu anderen Extremereignissen wie Hochwasser oder Waldbränden – nicht sofort sichtbar werden. Die Feststellung eines Katastrophenfalls wird daher häufig davon abhängen, ob die Voraussetzung eines erforderlichen Zusammenwirkens von Behörden, Stellen und Organisationen unter einheitlicher Leitung nach § 1 Abs. 2 LKatSG erfüllt ist. Ein Zusammenwirken ist erforderlich, wenn die eigentlich zuständigen Akteure (bei Dürreereignissen z. B. Wasserversorgungsunternehmen, Wasserbehörden und Ortspolizeibehörde) mit der Bewältigung überfordert sind und eine Verstärkung vorhandener Kräfte unter einheitlicher Leitung der Katastrophenschutzbehörde notwendig wird.[839] Zuletzt bedarf es einer förmlichen Feststellung des Katastrophenfalls durch die untere Katastrophenschutzbehörde nach §§ 18, 6 Abs. 1 LKatSG.

(2) Feststellung eines Katastrophenvoralarms, § 22 LKatSG

Nach § 22 Abs. 3 LKatSG kann die Katastrophenschutzbehörde Maßnahmen zur Abwendung einer Katastrophe auch im Vorfeld einer Katastrophe iSv. § 1 Abs. 2 LKatSG anordnen. Dazu muss ein Katastrophenvoralarm iSv. § 22 Abs. 1 LKatSG vorliegen, d. h. ein Ereignis bekannt werden, bei dem erstens tatsächliche Anhaltspunkte für die Annahme bestehen, dass eine Katastrophe im Sinne des § 1 Abs. 2 LKatSG eintreten kann, und zweitens ein unmittelbares Tätigwerden der Katastrophenschutzbehörde zweckmäßig erscheint. Für Dürreereignisse hat der Katastrophenvoralarm iSv. § 22 LKatSG aufgrund der Eigenschaften des Naturereignisses und die mit ihm verbundenen Ungewissheiten wohl eine eher geringere Bedeutung. Bislang können Prognose- und Frühwarnsysteme verlässliche Aussagen nur für einen in der nahen Zukunft liegenden Zeitraum treffen. Die Intensität und Dauer von Dürreereignissen ist umso schwerer vorhersehbar, als sie sich schleichend entwickeln. Für die Abwendung der Katastrophe nach § 22 LKatSG wird es daher regelmäßig an der notwendigen Kenntnis hinsichtlich des Eintritts, der Auswirkungen und der Dauer des Dürreereignisses fehlen.

(3) Rechtsfolgen der Feststellung eines Katastrophenfalls

Als Rechtsfolge ermächtigt § 1 Abs. 1 S. 2 LKatSG die Katastrophenschutzbehörden diejenigen Maßnahmen zu treffen, die nach pflichtgemäßem Ermessen erforderlich erscheinen.

---

838 Abschnitt B.II.1.
839 Zum ähnlich ausgestalteten Art. 35 Abs. 2 S. 1 GG *von Dannwitz*, in: von Mangoldt/Klein/Starck, GG, Band 2, 7. Aufl. 2018, Art. 35 Rn. 60; *Peters/Hesselbarth*, Hochwasser als Katastrophe oder als sonstiges außergewöhnliches Ereignis, VBlBW 2014, 130 (130 f.); allgemein *Kloepfer*, Katastrophenschutzrecht, VerwArch 2007, 163 (190); *Würtenberger/Heckmann/Tanneberger*, Polizeirecht in Baden-Württemberg, 7. Aufl. 2017, Rn. 417.

Für Dürreereignisse kann das die Einrichtung einer Ersatzwasserversorgung, z. B. in Form temporär verlegter Verbindungsleitungen, der Einsatz von Wassertankwagen, die Bereitstellung von Flaschen oder in Behältnissen abgepacktes Wasser, nach § 3 LKatSG bedeuten.[840] Zwingend müssen die Maßnahmen über die Kapazität oder Fähigkeit der Wasser- bzw. Ortspolizeibehörde hinaus gehen und die Reservefunktion der Katastrophenschutzbehörde in Anspruch nehmen.[841] Zentrale Rechtsfolge eines Katastrophenfalls ist zugleich die Kompetenzverschiebung zugunsten der Katastrophenschutzbehörde als weisungsbefugte Leiterin und Koordinatorin der Einsatzmaßnahmen gem. § 19 Abs. 1 S. 1 LKatSG. Im Übrigen behalten Wasserbehörden und Ortspolizeibehörden jedoch ihre gefahrenabwehrrechtlich übertragenen Kompetenzen nach § 100 WHG iVm. §§ 75, 79 WG-BW und §§ 3, 1 PolG, die sie im Rahmen ihrer Mitwirkungspflicht nach § 5 Abs. 1 S. 1 LKatSG einbringen. Sie können in diesem Rahmen z. B. auch auf gebietsübergreifende Nutzungsregulierungen durch Beschränkungen und Verboten hinwirken.

cc) Trinkwassernotversorgung nach dem Wassersicherstellungsgesetz (WasSiG)

Bei außergewöhnlichen Dürreereignissen könnte gegebenenfalls das WasSiG zur *ad hoc* Dürrebewältigung herangezogen werden. Das WasSiG, konkretisiert durch die 1. WasSV[842] und die 2. WasSV,[843] ist *ultima ratio* und schützt die Trinkwasserversorgungssicherheit durch Vorhaltung von Notbrunnen.

(1) Anwendungsbereich des WasSiG

Nach § 1 Abs. 1 iVm. § 16 Abs. 1 WasSiG haben die Länder im Rahmen der Bundesauftragsverwaltung die zum Zwecke der Verteidigung erforderlichen Maßnahmen (Vorsorge- wie Schadensbegrenzungsmaßnahmen, vgl. Teil 1 und Teil 2 WasSiG) zu treffen, um die Trinkwassernotversorgung im Verteidigungsfall sicherzustellen. Da der Wortlaut und Titel des Gesetzes ausdrücklich auf den Verteidigungsfall abstellen, ist fraglich, ob und inwieweit ein Rückgriff auf das WasSiG auch zur *ad hoc* Dürrebewältigung möglich ist.

Gegen eine Ausdehnung des Anwendungsbereichs auf außerordentliche Dürreereignisse spricht zunächst der Wortlaut des WasSiG, der nach § 1 Abs. 1 WasSiG einen Verteidigungsfall[844] voraussetzt. Auch die Entstehungsgeschichte spricht gegen eine Ausweitung des Anwendungsbereichs. Der Bundesgesetzgeber erließ das WasSiG im Zuge einer Welle an Sicherstellungsgesetzen zu Zeiten des Kalten Krieges 1965.[845] Die

---

840 *Fischer/Wienand*, Trinkwassernotbrunnen, BBK, 2013, S. 4.
841 *Gusy*, Katastrophenschutzrecht, DÖV 2011, 85 (89); *Peters/Hesselbarth*, Hochwasser als Katastrophe oder als sonstiges außergewöhnliches Ereignis, VBlBW 2014, 130 (131).
842 Erste Wassersicherstellungsverordnung v. 31. 3. 1970 (BGBl. I S. 357). Die 1. WasSV enthält Bestimmungen über quantitative und qualitative Anforderungen an die Trinkwassernotversorgung nach dem WasSiG.
843 Zweite Wassersicherstellungsverordnung v. 11. 9. 1973 (BGBl. I S. 1313) z. g. Art. 1 d. Verordnung v. 25. 4. 1978 (BGBl. I S. 583). Die Rechtsverordnung enthält überwiegend technische und bauliche Anforderungen an die Trinkwassernotversorgungsbrunnen, vgl. §§ 2–4 2. WasSV.
844 Bei Erlass des WasSiG Art. 59 a Abs. 1 a. F. bestimmte Art. 59 a a. F. GG die Voraussetzungen an die Feststellung eines Verteidigungsfalles, näher *Roth/Dickenbrok*, WaSiG, 1967, S. 38.
845 Vgl. *Roth/Dickenbrok*, WaSiG, 1967, S. 38.

Bundesregierung begründete bei der Vorlage des Gesetzes an den Bundestag dessen Erforderlichkeit damit, dass im Verteidigungsfall die Versorgung mit Trink-, Betriebs-, und Löschwasser, die rasche Entfernung des Abwassers aus den Siedlungsgebieten und der Schutz vor gefährlichen Überschwemmungen zu gewährleisten ist.[846]

Für eine Ausweitung des Anwendungsbereichs spricht im Umkehrschluss, dass der Gesetzgeber trotz Ende des Kalten Krieges und trotz Außerkrafttretens von Art. 59 a GG a. F. das WasSiG in Kraft ließ. Bis heute halten zahlreiche Gemeinden und Länder[847] die Notversorgungsbrunnen nach § 1 Abs. 1 iVm. § 2 Abs. 1 Nr. 7 WasSiG instand und einsatzbereit. Sie sehen den Vorteil darin, eine leitungsunabhängige Versorgung als »doppelten Boden« vorzuhalten. Infrastrukturelle und pragmatische Erwägungen sprechen ebenfalls für die Anwendung des WasSiG auf besonders außergewöhnliche Dürreereignisse. In dem bis heute deutschlandweit bestehenden »regionalen Prioritätenprogramm« schätzen zehn Gemeinden die Bedeutung der Trinkwassernotbrunnen als hoch ein, zehn weitere als mittel und zwölf als gering.[848] Derzeit stehen 5.200 leitungsunabhängige Einzelbrunnen und 120 Verbundleitungen zur Verfügung mittels derer die Bevölkerung im Notfall mit Handgefäßen Wasser entnehmen kann.[849] Die Erhebungen und Instandhaltungsbemühungen der Gemeinden zeigen, dass die Vorhaltung eines Notversorgungssystems noch immer von Bedeutung ist.

Die Leitlinien des Bundesamts für Bevölkerung und Katastrophenschutz sieht den Hauptanwendungsbereich des WasSiG aktuell gerade in neuen Gefährdungen durch Extremereignisse als Folge des Klimawandels,[850] da außergewöhnliche Extremsituationen – wie Hochwasser, Erdbeben oder Dürren – die öffentliche Wasserversorgung in ihrer Funktionstüchtigkeit beeinträchtigen können.[851] Obligatorische oder verwaltungsinterne Konkretisierungen des Wortlauts, wann ein Notstand iSd. Anwendungsbereichs des WasSiG gegenwärtig vorliegt, fehlen. Das Verständnis und die Systematik des WasSiG legt es nahe, die Notstände nach dem GG als Anhaltspunkte für eine Eröffnung des Anwendungsbereichs heranzuziehen. Das Grundgesetz unterscheidet drei Arten von Notständen: Der Katastrophennotstand nach Art. 35 Abs. 2, Abs. 3 GG, der innere Staatsnotstand iSv. Art. 91 GG, der militärische und der Bündnisnotstand iSv. Art. 80a, 115a ff. GG.[852] Art. 35 Abs. 2 S. 2, Abs. 3 GG unterscheiden zwischen einem regionalen und überregio-

---

846 BT-Drs. IV/1448, S. 10; *Roth/Dickenbrok*, WaSiG, 1967, S. 32.
847 Nach § 26 WasSiG bestehen in jedem Bundesland eine oder mehrere zuständige Behörden welche als Landesaufsicht die Koordination der Versorgung durch gemeindliche Notbrunnen beaufsichtigen, vgl. *Fischer/Wienand*, Trinkwassernotbrunnen, BBK, 2013, S. 6.
848 Die restlichen Gemeinden in Baden-Württemberg haben bislang keine Priorisierung der Brunnen vorgenommen, *Fischer/Wienand*, Trinkwassernotbrunnen, BBK, 2013, S. 6.
849 *Fischer/Wienand*, Trinkwassernotbrunnen, BBK, 2013, S. 3; *Fischer et al.*, Trinkwasser-Vorsorgemaßnahmen zur Erhöhung der Versorgungssicherheit, Bevölkerungsschutzmagazin 2016, 18 (19).
850 *Fischer/Wienand*, Trinkwassernotbrunnen, BBK, 2013, S. 2; *Fischer et al.*, Trinkwasser-Vorsorgemaßnahmen zur Erhöhung der Versorgungssicherheit, Bevölkerungsschutzmagazin 2016, 18 (18).
851 *Fischer/Wienand*, Trinkwassernotbrunnen, BBK, 2013, S. 2.
852 Ausführlich zur Notstandsverfassung *Reimer/Kempny*, Einführung in das Notstandsrecht, VR 2011, 253 (254).

nalen Katastrophennotstand, wobei Katastrophe jedes durch Naturgewalten ausgelöste Schadensereignis meint.[853]

Für Dürreereignisse können diese allgemeinen Ausführungen jedoch keine konkreten Vorgaben liefern außer einer generellen Einschätzung, dass auch Dürreereignisse in besonderen Ausnahmefällen den Rückgriff auf Maßnahmen nach WasSiG – wie beispielsweise die Versorgung der Bevölkerung mittels Trinkwasser aus den Trinkwassernotbrunnen – rechtfertigen. Mangels Konkretisierung bleibt das Verhältnis zwischen Maßnahmen nach dem LKatSG und dem WasSiG ebenfalls ungeklärt. Der Grundsatz *lex specialis* legt nahe, vorrangig auf das WasSiG zurückzugreifen. Der Sinn und Zweck des WasSiG als exzeptionelles Sondergesetz zur lebensnotwendigen Trinkwasserversorgung (vgl. § 2 1. WasSV) spricht jedoch für eine Stufenfolge nach der vorrangig das LKatSG und nachrangig das WasSiG Anwendung finden. Die Rationierung von 15 Litern Wasser pro Kopf pro Tag zur Deckung des lebensnotwendigen Bedarfs nach § 2 Abs. 1 1. WasSV iVm. § 1 Nr. 1 WasSiG zeigt die Sicherstellungsfunktion des WasSiG im Sinne einer absoluten Minimalversorgung im Extremfall. Fernab vom Aufrechterhalten der gewöhnlichen Wasserversorgung stellt die Trinkwassernotversorgung als situationsgebundenes Sondergesetz[854] die letzte Stufe des mehrstufigen Vorsorgekonzepts dar.[855]

(2) Eignung des WasSiG für die Dürrebewältigung

Die Trinkwassernotversorgung nach dem WasSiG leistet einen wesentlichen Beitrag zur Sicherheit in der Wasserversorgung. Sie ergänzt das mehrstufige Versorgungssystem durch autarke Brunnen, die im äußersten Notfall die Trinkwasserversorgung anstelle der öffentlichen Wasserversorgung für zwei bis vier Wochen sicherstellt.[856] Der Rückgriff auf die in Bundesauftragsverwaltung durch Kommunen vorgehaltenen Notbrunnen sind *ultima ratio* des mehrstufigen Versorgungssystems. Sofern sie nicht trockenfallen, tragen sie zur Versorgungssicherheit auch im Dürrefall bei. Die Verortung der Notbrunnen als Einzelbrunnen in Siedlungsgebieten ermöglicht eine Notversorgung »vor Ort«. Für die Benutzung der Brunnen ist ferner keine wasserrechtliche Genehmigung erforderlich. Im Ernstfall entscheidet die Gesundheitsbehörde, ob das Notwasser zur Deckung des lebensnotwendigen Bedarfs den, im Vergleich zu DIN 2000 herabgestuften, Trinkwasserqualitätsansprüchen genügt.[857] Für Brauchwasser iSv. § 1 Nr. 2–4 WasSiG gelten nach DIN 4046 keine besonderen Güteeigenschaften. Die Ausweitung einer solchen Praxis würde jedoch dem Ausnahmecharakter des WasSiG als Grundversorgung widersprechen.

---

853 Vgl. zu Dürre als Katastrophe *Dederer*, in: Maunz/Dürig, GG, Band 3, 88. EL. 2017, Art. 35 Rn. 113, 133; *Epping*, in: Epping/Hillgruber, GG, 42. Ed. 2019, Art. 35 Rn. 22; *Schubert*, in: Sachs, GG, 9. Aufl. 2021, Art. 35 Rn. 38 f.; ausführlich *von Dannwitz*, in: von Mangoldt/Klein/Starck, GG, Band 2, 7. Aufl. 2018, Art. 35 Rn. 70.
854 *Eifert*, Umweltschutzrecht, in: Schoch (Hrsg.), Besonderes Verwaltungsrecht, 2013, Kap. 5 Rn. 234; *Ludwig/Schauwecker*, Strukturen und Probleme der Wasserversorgung, in: Püttner (Hrsg.), Kommunale Wirtschaft, 2. Aufl. 1984 (281); *Breuer/Gärditz*, Öffentliches und privates Wasserrecht, 4. Aufl. 2017, Rn. 97.
855 Vgl. *Roth/Dickenbrok*, WaSiG, 1967, S. 32; *Fischer/Wienand*, Trinkwassernotbrunnen, BBK, 2013, S. 12.
856 *Fischer/Wienand*, Trinkwassernotbrunnen, BBK, 2013, S. 4 f.
857 *Fischer/Wienand*, Trinkwassernotbrunnen, BBK, 2013, S. 5.

De lege ferenda wäre daher eine gesetzliche oder verwaltungsinterne Konkretisierung des Anwendungsbereiches des WasSiG über den Verteidigungsfall hinaus wünschenswert.

dd) Zwischenbilanz

Sollte ein Dürreereignis aufgrund außergewöhnlicher Intensität oder Dauer die Versorgungssicherheit durch die öffentliche Wasserversorgung beeinträchtigen, sehen WHG, LKatSG und WasSiG mehrere Gefahrenstufen zur Abwehr vor.

Zunächst können örtliche Wasserversorgungsunternehmen eine Anpassung der Nachfrage an das verringerte Dargebot durch die Nachfragebeschränkung nach § 50 WHG iVm. § 44 WG-BW vornehmen. Diese Möglichkeit spielte für Wasserversorgungsunternehmen im Dürrefall bislang eine untergeordnete Rolle. Im Vordergrund stand, gerade nach dem Jahrhundertsommer 2003, die Ausweitung der Verbandsstruktur durch Zusammenschlüsse örtlicher Wasserversorger. Eine Versorgungsinfrastruktur mit verschiedenen Ebenen ist für lokale Dürreereignisse besonders geeignet, da das Dargebot anderer Wasserversorgungsunternehmen den lokalen Engpass eines einzelnen Wasserversorgungsunternehmen ausgleichen kann. Tritt das Dürreereignis als regionales Phänomen auf, besteht die Gefahr, dass auch ein Verbundnetz kurzfristige Engpässe nicht mit den im Verbundnetz verfügbaren Ressourcen ausgleichen kann. In diesem Fall bedarf es Maßnahmen zur Bedarfssenkung, bevor auf Ersatzmaßnahmen des LKatSG in Form von alternative Versorgungsmöglichkeiten zurückgegriffen wird.

Bei länderübergreifenden Dürreereignissen im Ausmaß eines Katastrophenfalls können Länder zusätzlich die Amtshilfe des Bundes nach Art. 35 Abs. 2, Abs. 3 GG beanspruchen.[858] Erfahrungswerte aus anderen Naturkatastrophen, wie Hochwasser oder Schneegefahren, zeigen, dass die erfolgreiche Beherrschung einer Notsituation untrennbar von einer Vorsorgeplanung mit leitungsgebundenen und -ungebundenen Möglichkeiten abhängt.[859]

h) Bewertung

Das wasserrechtliche Gestattungsregime schafft durch die Bewirtschaftungsziele, das Bewirtschaftungsermessen sowie die Instrumente präventiver und repressiver Verhaltenssteuerung, die eine flexible Regelung des Nutzungsverhaltens im Einzelfall ermöglichen, einen geeigneten Rahmen für ein Dürremanagement. Das für Baden-Württemberg geltende Wasserrecht füllt diesen Rahmen bislang vorwiegend mit allgemeinen Instrumenten und Regelungen des Nutzungsverhaltens aus. Teilweise weisen die Instrumente auch Eignung zur *ad hoc* Dürrebewältigung auf, so z. B. die Untersagung des Gemeingebrauchs nach § 21 Abs. 2 WG-BW, die Maßnahmen der Gewässeraufsicht nach §§ 100 ff. WHG oder die Möglichkeiten der mehrstufigen Gefahrenabwehr. Die Eignung der Instrumente ergibt sich bereits aufgrund der übergeordneten Zielsetzung des § 1 WHG, der eine nachhaltige und ressourcenschonende Bewirtschaftung fordert. Auch die Funktion vieler

---

858 Bei Vorliegen eines Katastrophenfalls iSv. Art. 35 Abs. 2, Abs. 3 GG erhält die Bundesregierung Weisungsbefugnis gegenüber den Ländern iSv. Art. 115 f. GG. Im Übrigen erweitert sich die konkurrierende Gesetzgebungskompetenz des Bundes auf alle Sachgebiete und das Gesetzgebungsverfahren wird beschleunigt, Art. 115 d GG.
859 *Fischer/Wienand*, Trinkwassernotbrunnen, BBK, 2013, S. 11 f.

Instrumente direkter Verhaltenssteuerung zum Schutz der Gewässerökologie weist mittelbar Eignung zur Dürrevorsorge auf. Die Ausrichtung des öffentlichen Wasserrechts legt damit die Weichen für ein hohes Schutzniveau für die Gewässer, das mittelbar auch Einfluss auf deren Belastbarkeit im Dürrefall hat. Die Eignung beschränkt sich vorwiegend auf das jeweilige Instrument selbst, sodass es überwiegend an einer Konkretisierung und Abstimmung der Instrumente zur lang- wie kurzfristigen Dürrebewältigung fehlt.

2. Planerische Instrumente

Planerische Instrumente eignen sich besonders zur Dürrebewältigung, da sie die Gesamtbelastung der Gewässer auf übergeordneter Ebene beurteilen, koordinieren und steuern können. Zudem ist der Einfluss planerischer Instrumente auf die (genehmigungspflichtigen) Gewässerbenutzungen besonders hoch, da die planerischen Instrumente ermessenslenkende Funktion für administrative Einzelfallentscheidungen besitzen (zweistufiges Bewirtschaftungsermessen).[860] Je nach Planungsziel und Regelungsinhalt können die Pläne wahlweise oder kumulativ zur langfristigen Dürrevorsorge oder zur *ad hoc* Dürrebewältigung beitragen. Im Zentrum der wasserwirtschaftlichen Planung stehen die unionsrechtlich vorgegebenen Bewirtschaftungspläne und Maßnahmenprogramme nach § 82 f. WHG.[861] Sie dienen zur Erreichung des Umweltziels eines »guten Gewässerzustands« nach Art. 4 WRRL.[862] Zu einem hohen Gewässerschutz bei Dürreereignissen können ergänzend gewässerökologische Pläne beitragen, sofern die Wasserbehörden keine Ausnahmegenehmigungen von den Planvorgaben erlassen.[863]

a) Eignung von Bewirtschaftungsplänen zur Dürrebewältigung, § 83 WHG

Die Bewirtschaftungspläne beinhalten im Wesentlichen eine Bestandsaufnahme der Gewässer nach ihrem physikalisch-chemischen, biologischen, hydromorphologischen und teils mengenmäßigen Zustand sowie eine wirtschaftliche Analyse der an ihnen

---

860 *Kubitza*, Die Gewässeraufsicht gemäß § 100 Abs. 1 S. 2 WHG, NuR 2018, 89 (90); *Rehbinder*, Ziele, Grundsätze, Strategien und Instrumente des Umweltschutzes, in: Rehbinder/Schink (Hrsg.), Grundzüge des Umweltrechts, 5. Aufl. 2018, § 3 Rn. 368, 407.
861 *Gassner*, Natur- und Landschaftsschutzrecht, 2. Aufl. 2016, Rn. 332. Nach einhelliger Auffassung stehen beide planerischen Instrumente selbständig nebeneinander. Der Wortlaut von Art. 4 Abs. 1 WRRL ist insoweit missverständlich, vgl. *Appel*, in: Berendes/Frenz/Müggeborg, WHG, 2. Aufl. 2017, § 82 Rn. 3; *Kotulla*, WHG, 2. Aufl. 2011, § 82 Rn. 2; *Berendes/Frenz/Müggeborg*, WHG, 2. Aufl. 2017, § 82 Rn. 1; *Reinhardt*, Bewirtschaftungsplanung im Wasserrecht, ZfW 1999, 300 (301); *Kahl/Gärditz*, Umweltrecht, 11. Aufl. 2019, S. 363 f.; *Eifert*, Umweltschutzrecht, in: Schoch (Hrsg.), Besonderes Verwaltungsrecht, 2013, Kap. 5 Rn. 258; *Sparwasser/Engel/Voßkuhle*, Umweltrecht, 5. Aufl. 2003, § 8 Rn. 228.
862 *Mager*, Die Entwicklung des Wasserwirtschaftsrechts, ZaöRV 2010, 789 (806); *Appel*, Das Gewässerschutzrecht auf dem Weg zu einem qualitätsorientierten Bewirtschaftungsregime, ZUR 2001, 129 (130).
863 Ausnahmegenehmigungen erließ z. B. das UM BW für Kraftwerke an Rhein und Neckar während des Dürresommers 2018, *StM BW*, Auswirkungen der Hitze auf die Stromversorgung, 2018, https://stm.baden-wuerttemberg.de/de/service/presse/pressemitteilung/pid/auswirkungen-der-hitze-auf-die-stromversorgung-1/ [abgerufen am 12.7.2021].

bestehenden Nutzungen nach § 83 WHG in Umsetzung von Art. 13 iVm. Anhang VII sowie Art. 5 iVm. Anhang II 1.4 WRRL. Die Bewirtschaftungspläne sind aufgrund der umfassenden Bestandsaufnahme bezüglich des Gewässerzustands zugleich Informationsgrundlage, Monitoring- und Datenerhebungsinstrument.[864] Die zentrale Funktion der Bewirtschaftungspläne besteht darin, die Bewirtschaftungsziele nach §§ 27–31 WHG für die Flusseinzugsgebiete, ihre Bearbeitungs- und Teilgebiete zu konkretisieren.[865]

Baden-Württemberg ist Teil der Flusseinzugsgebiete Rhein und Donau, die nach § 7 iVm. Anlage 2 WHG iVm. §§ 66 Abs. 1, 13 Abs. 1 WG-BW in sechs Bearbeitungsgebiete und 30 Teilbearbeitungsgebiete unterteilt sind.[866] Die Regierungspräsidien als Flussgebietsbehörden nach § 83 Abs. 2, Abs. 3 WG-BW koordinieren und harmonisieren die Teilbearbeitungspläne und fügen sie zu sechs Bewirtschaftungsplänen zusammen. Nach § 84 Abs. 1 WHG iVm. Art. 11 Abs. 7 WRRL aktualisieren die Flussgebietsbehörden die Bewirtschaftungspläne alle sechs Jahre.

Bereits die Funktion und Bedeutung der Bewirtschaftungspläne im Bewirtschaftungssystem der WRRL gibt Aufschluss über die Eignung des Instruments zur Dürrevorsorge. Sie schaffen eine hinreichende Datengrundlage für die Ausübung des behördlichen Bewirtschaftungsermessens im Einzelfall. Sie könnten aber auch zur Ermittlung und Überwachung von Dürreauswirkungen auf die Gewässer beitragen und damit die notwendige Informationsbasis für ein Dürremanagement schaffen.

aa) Aufstellungs- und Aktualisierungsverfahren, § 83 Abs. 4 WHG

Die Aufstellung und Aktualisierung von Bewirtschaftungsplänen erfolgt nicht nur unter aktiver Beteiligung der Öffentlichkeit, interessierter Akteure und Behörden nach §§ 83 Abs. 4, 85 WHG iVm. § 66 f. WG-BW,[867] sondern auch durch die sukzessive Integra-

---

864 BT-Drs. 16/12275, S. 76 f.; *Faßbender*, Die neuen wasserwirtschaftlichen Maßnahmenprogramme und Bewirtschaftungspläne, ZfW 2010, 189 (194); zum dokumentarischen Charakter *Epiney*, Umweltrecht der Europäischen Union, 4. Aufl. 2019, S. 461.

865 *Albrecht*, Die ökologische Neuausrichtung des Wasserrechts durch die Wasserrahmenrichtlinie, EurUP 2015, 96 (105 f.); *Faßbender*, Die neuen wasserwirtschaftlichen Maßnahmenprogramme und Bewirtschaftungspläne, ZfW 2010, 189 (193); *Ruchay*, Die Wasserrahmenrichtlinie der EG und ihre Konsequenzen für das deutsche Wasserrecht, ZUR 2001, 115 (117); *Heuser*, Wasserwirtschaftliche Fachplanung und Raumordnung, 2015, S. 90.

866 Für jedes der sechs Bearbeitungsgebiete (Alpenrhein-Bodensee, Hochrhein, Oberrhein, Neckar, Main, Donau) besteht ein Bewirtschaftungsplan, der sich in die Gesamtpläne der Flussgebietseinheit einfügt *Berendes/Frenz/Müggeborg*, WHG, 2. Aufl. 2017, § 83 Rn. 5; *Caspar*, Die EU-WRRL, DÖV 2001, 529 (536 f.); vgl. mit Übersichtskarte *RP Karlsruhe*, Bewirtschaftungsplan Bearbeitungsgebiet Oberrhein v. 26. 11. 2009, S. 2 f.; *Knopp*, Umsetzung der Wasserrahmenrichtlinie, NVwZ 2003, 275 (276); zur Definition einer Flussgebietseinheit vgl. *Laskowski*, Das Menschenrecht auf Wasser, 2010, S. 722; *Laskowski/Ziehm*, Gewässerschutzrecht, in: Koch/Hofmann/Reese (Hrsg.), Umweltrecht, 5. Aufl. 2018, § 5 Rn. 87; *LUBW*, Methodenband, 2015, S. 11; allgemein zur organisatorischen Struktur einer Flussgebietseinheit *Berendes/Frenz/Müggeborg*, WHG, 2. Aufl. 2017, § 83 Rn. 5; *Albrecht*, Rechtliche und organisatorische Aspekte grenzübergreifender Flussgebietsverwaltung, DVBl. 2008, 1027 (1028 f.).

867 In Umsetzung von Art. 14 Abs. 1 S. 1–3, Abs. 2, Abs. 3 WRRL. Umfassend zur Öffentlichkeitsbeteiligung im Rahmen wasserrechtlicher Planung *Guckelberger*, Facetten der Öffentlichkeits-

tion von Teilbearbeitungsplänen. Diese können die Vergröberung in der Darstellung von Räumen und bestimmten Sektoren der Bewirtschaftungspläne ausgleichen und dadurch möglichst einzelfallgetreue und konkrete Aussagen für Wirtschaftsräume und Nebenfließgewässer in die Bewirtschaftungspläne integrieren.[868] Für Dürreereignisse, die meistens ein eher lokales Phänomen sind und lokal unterschiedliche Auswirkungen aufweisen, ist ein derartig gestuftes Verfahren zu begrüßen. Es begünstigt die Berücksichtigung lokaler Gewässeranfälligkeit und trägt darüber hinaus zu einer koordinierten Übermittlung lokaler Daten und Informationen bei. Bei der Aktualisierung der Bewirtschaftungspläne im Jahr 2015 unterstützten die LUBW und die LAWA die aufstellungspflichtigen Behörden mit begleitenden Dokumenten.[869] Da die Bewirtschaftungspläne der baden-württembergischen Bearbeitungsgebiete in Form von Verwaltungsvorschriften erlassen werden, binden sie ausschließlich die Wasserbehörden bei nachfolgenden wasserwirtschaftlichen Entscheidungen.[870]

bb) Dürrerelevanter Planungsinhalt in Bewirtschaftungsplänen, § 83 WHG

Inwieweit Dürreereignisse in den Bewirtschaftungsplänen des zweiten Bewirtschaftungszyklus Berücksichtigung finden, hängt zum einen von den gesetzlichen Vorgaben an den Mindestinhalt der Pläne nach § 83 WHG und zum anderen von der konkreten Ausgestaltung der Pläne durch die Flussgebietsbehörden ab.

(1) Gesetzlicher Mindestinhalt, § 83 Abs. 2 WHG

Die bundesrechtliche Vollregelung des § 83 Abs. 2 WHG[871] iVm. Art. 13 Abs. 4, Anhang VII WRRL gibt den obligatorischen Mindestinhalt von Bewirtschaftungsplänen vor,[872] der nach dem Modell Driving Forces, Pressures, States, Impacts and Responses (DPSIR), auf das die LUBW zurückgreift,[873] aus fünf Kategorien besteht. Der erste Teil der Bewirtschaftungspläne umfasst nach Art. 13 Abs. 4, Anhang VII A.1 WRRL eine Beschreibung der Merkmale der Flussgebietseinheit nach Art. 5, Anhang II WRRL. Dazu gehört z. B. eine Kartierung der Lage und Grenzen der Oberflächengewässer und des Grundwassers

---

beteiligung, NuR 2010, 835 (835 ff.); *Albrecht*, Umweltqualitätsziele im Gewässerschutzrecht, 1. Aufl. 2007, S. 404.

868 BT-Drs. 14/7755, S. 21; *Berendes/Frenz/Müggeborg*, WHG, 2. Aufl. 2017, § 83 Rn. 9; *Epiney*, Umweltrecht der Europäischen Union, 4. Aufl. 2019, S. 463 ff.

869 *LUBW*, Methodenband, 2015; *LAWA*, Arbeitsexemplar: Arbeitshilfe zur Umsetzung der EG-Wasserrahmenrichtlinie v. 30.4.2003, Teil 3.

870 Die Bewirtschaftungspläne sind daher auch nur durch Inzidentkontrolle gerichtlich überprüfbar, *Durner*, Wasserrecht, in: Rehbinder/Schink (Hrsg.), Grundzüge des Umweltrechts, 5. Aufl. 2018, § 9 Rn. 49 f.

871 Das Landesrecht in Baden-Württemberg, § 66 WG-BW, stellt bezüglich des Inhalts von Bewirtschaftungsplänen keine weiteren Anforderungen, sondern verweist umfänglich auf §§ 82–84 WHG.

872 Art. 13 iVm. Anhang VII sowie Art. 5 iVm. Anhang II 1.4 WRRL. Systematisch gibt § 83 WHG die Vorgaben der WRRL teils identisch wieder, teils verweist § 83 WHG auf Art. 13 sowie Anhang VII WRRL. Zur Systematik von § 83 WHG allgemein *Berendes/Frenz/Müggeborg*, WHG, 2. Aufl. 2017, § 83 Rn. 2; *Czychowski/Reinhardt*, WHG, 12. Aufl. 2019, § 83 Rn. 3.

873 Ausführlich *LUBW*, Methodenband, 2015, S. 8.

und eine Beschreibung der Gewässertypen. Der zweite Teil der Bewirtschaftungspläne enthält eine Zusammenfassung aller menschlichen Auswirkungen (*driver*) und signifikanten Belastungen (*pressures*) nach Art. 13 Abs. 4, Anhang VII A.2 WRRL. Dabei sind folgende wesentliche Belastungstypen zugrunde zu legen: Landwirtschaft, Klimawandel, Energieproduktion, Fischereiwesen, Forstwirtschaft, Industrie, Freizeit und Erholung, urbane Nutzungen und andere Verwendungszwecke.[874] Bei den Oberflächengewässern ist auf die stoffliche, chemische und hydromorphologische Belastung einzugehen. Für Baden-Württemberg maßgebliche Indikatoren sind z. B. Wärmeeinleitungen, Entnahmen und Wiedereinleitungen in den selben Wasserkörper, sowie größere Wasserentnahmen.[875] Diese fallen in die Kategorie »Einschätzung der Belastung für den mengenmäßigen Zustand des Wassers«, einschließlich Entnahmen nach Art. 13 Abs. 4, Anhang VII A.2. Spiegelstrich 4 WRRL. Ohne explizit eine Risikoanalyse an dieser Stelle zu fordern, können die Belastungstypen und Indikatoren zumindest darüber Aufschluss geben, welche Nutzergruppen oder Gewässer eine besonders hohe Anfälligkeit für Dürreereignisse aufweisen. Der Methodenband der LUBW merkt hierzu an:

»Die Methodik [gemeint ist die Bewertung des Wasserhaushalts] hat nicht zum Ziel, den Wasserhaushalt im Hinblick auf Wasserknappheit oder Dürreperioden einzustufen, da solche Bedingungen in Baden-Württemberg derzeit und auch zukünftig nicht zu befürchten sind.«[876]

Nach Art. 13 Abs. 4, Anhang VII A.5 müssen die Bewirtschaftungspläne eine Liste über die Umweltziele für die Gewässer führen. § 83 Abs. 2 Nr. 3 WHG verpflichtet die Flussgebietsbehörden sogar zu einer Beschreibung von Dürreereignissen, um die Ausnahmemöglichkeit von den Bewirtschaftungszielen nach § 31 WHG zu eröffnen. In Baden-Württemberg halten die Flussgebietsbehörden grundsätzlich an den Bewirtschaftungszielen der §§ 27, 47 WHG fest, gegebenenfalls unter Fristverlängerung. Sie lehnen weniger strenge Umweltziele und die Ausnahmen von den Bewirtschaftungszielen nach §§ 30 f. WHG grundsätzlich ab.[877] Zu den Mindestinhalten von Bewirtschaftungsplänen zählen nach Art. 13 Abs. 4, Anhang VII A.4 WRRL unter anderem auch eine Karte mit dem Überwachungsnetz der Gewässerzustände, nach Anhang VII A.6 eine Zusammenfassung der wirtschaftlichen Analyse des Wassergebrauchs, nach Anhang VII A.10 eine Liste zuständiger Behörden oder eine Zusammenfassung der Maßnahmen nach Anhang VII B, die in früheren Bewirtschaftungsplänen enthalten aber nicht umgesetzt wurden. Nach § 83 Abs. 3 WHG iVm. Art. 13 V WRRL können in Baden-Württemberg die Regierungspräsidien die Mindestinhalte der Bewirtschaftungspläne nach ihrem Ermessen in den Teilplänen ergänzen und konkretisieren.[878] Es ist sogar sinnvoll, die zwangsläufigen Vergröberungen in Bewirtschaftungsplänen durch eine zusätzliche Feindarstellung auszugleichen.[879] Bei der Aktualisierung von Bewirtschaftungsplänen soll der Fokus

---

874 *LUBW*, Methodenband, 2015, S. 26.
875 *LUBW*, Methodenband, 2015, S. 28.
876 *LUBW*, Methodenband, 2015, S. 36.
877 *LUBW*, Methodenband, 2015, S. 89 f.
878 *Albrecht*, Umweltqualitätsziele im Gewässerschutzrecht, 1. Aufl. 2007, S. 403; § 83 Abs. 3 WHG hat insoweit deklaratorischen Charakter, da das europarechtliche Planungsinstrumentarium keinen Ausschließlichkeitsanspruch enthält, *Czychowski/Reinhardt*, WHG, 12. Aufl. 2019, § 83 Rn. 43; allgemein *Schlacke*, Umweltrecht, 7. Aufl. 2019, § 11 Rn. 32.
879 *Berendes/Frenz/Müggeborg*, WHG, 2. Aufl. 2017, § 83 Rn. 9.

nach Art. 4, Anhang VII B.1–4 WRRL auf der Dokumentation von Änderungen der Gewässerzustände seit Aufstellung des letzten Plans liegen.

Wie § 83 WHG iVm. Art. 13 WRRL zeigt, gehen die gesetzlichen Vorgaben zum Mindestinhalt der Bewirtschaftungspläne nicht ausdrücklich auf Dürreereignisse ein. Ihre Funktion zur Dürrebewältigung beschränkt sich daher auf ein allgemeines Gewässermonitoring und die Schaffung der Datengrundlage. Es ist den Flussgebietsbehörden jedoch freigestellt, im Rahmen der Festlegung der Umweltziele nach § 83 Abs. 2 Nr. 3 WHG, bei der Beschreibung des Flusseinzugsgebiets oder der signifikanten Belastungen auch auf Dürreereignisse einzugehen. Da jedoch bereits der Methodenband der LUBW Dürreereignisse weitgehend ausklammert, läuft das vorhandene Potential der Bewirtschaftungspläne zur Dürrebewältigung in der Praxis bislang weitgehend leer.

(2) Berücksichtigung von Dürreereignissen in den baden-württembergischen Bewirtschaftungsplänen

Wie die meisten deutschen Bewirtschaftungspläne berücksichtigen die sechs baden-württembergischen Bewirtschaftungspläne Wasserknappheit und Dürre nur am Rande.[880] Bereits im Muster-Bewirtschaftungsplan der LAWA,[881] die den Flussgebietsbehörden die Aufstellung und Aktualisierung der Pläne erleichtern soll,[882] werden Dürreereignisse nur kurz im Abschnitt »fachliche Hintergrundinformationen zur Bestandsaufnahme bei grundwasserabhängigen Oberflächengewässern« erwähnt. Um eine weitere Verringerung des Trockenwetterabflusses von Oberflächengewässern durch Grundwasserentnahmen zu verhindern, schlägt der Muster-Bewirtschaftungsplan die Durchführung von Risikoanalysen für grundwasserabhängige Oberflächengewässer vor.[883] Die Risikoanalysen sollen Prognosewerte über Wasserverbrauch und -verfügbarkeit darlegen, sowie in dürreanfälligen Gebieten Unsicherheitsfaktoren in Bedarf und Dargebot berücksichtigen.[884]

Ergänzend empfiehlt der Muster-Bewirtschaftungsplan einem Unterschreiten der Mindestwasserführung durch die Aufstellung einer »Wasserbilanz« vorzubeugen.[885] Auf

---

880 Die reine Gegenüberstellung von Daten zu Dargebot und Bedarf reicht häufig nicht aus, um Ursachen für Wasserengpässe (künstlicher Wasserstress, natürliche Wasserknappheit, Trockenheit) zu ermitteln. Ferner arbeiten nur 12 % aller deutschen Bewirtschaftungspläne die Belastung der Wasserressourcen durch bestimmte Sektoren auf, *Europäische Kommission*, Bericht über die Überprüfung der EU-Strategie zur Bekämpfung von Wasserknappheit und Dürren, Mitteilung COM (2012) 672 final, 2012, S. 7 ff.
881 *LAWA*, Arbeitsexemplar: Arbeitshilfe zur Umsetzung der EG-Wasserrahmenrichtlinie v. 30. 4. 2003.
882 Der Muster-Bewirtschaftungsplan hat für die Aufstellung und Aktualisierung von Bewirtschaftungsplänen eine große Bedeutung. Alle baden-württembergischen Teil-Bewirtschaftungspläne enthalten den Hinweis, dass zwecks Vereinheitlichung der Vorgehensweise die Arbeitshilfe der LAWA herangezogen wurde, vgl. für viele *RP Tübingen*, Bewirtschaftungsplan Alprhein/Bodensee, Aktualisierung 2015 v. 12/2015, S. 35.
883 *LAWA*, Arbeitsexemplar: Arbeitshilfe zur Umsetzung der EG-Wasserrahmenrichtlinie v. 30. 4. 2003, S. 38 ff.
884 *Europäische Kommission*, Bericht über die Überprüfung der EU-Strategie zur Bekämpfung von Wasserknappheit und Dürren, Mitteilung COM (2012) 672 final, 2012, S. 10.
885 *LAWA*, Arbeitsexemplar: Arbeitshilfe zur Umsetzung der EG-Wasserrahmenrichtlinie v. 30. 4. 2003, S. 10, 50 f.; die Umsetzung und der Vollzug der Wasserbilanz soll »im Rah-

die Empfehlung zur Erstellung von Wasserbilanzen für Grundwasserkörper gingen alle baden-württembergischen Bewirtschaftungspläne ein. Bei den »überschlägigen« Wasserbilanzen wurden »die Entnahmen der durchschnittlichen Grundwasserneubildung aus Niederschlag gegenübergestellt.«[886] Grundsätzlich kommen alle Bewirtschaftungspläne zum Ergebnis, dass eine dauerhafte Übernutzung des Wasserdargebots auch unter »Berücksichtigung der Folgen des Klimawandels« in den Flussgebietseinheiten Donau und Rhein nicht droht.[887] Im Anschluss daran enthalten die meisten Bewirtschaftungspläne eine »Analyse des potentiellen Wasserdargebots«.[888] Die Aussagekraft dieser Analysen für die künftige Wasserverfügbarkeit könnte erhöht werden, wenn die Analysen nicht nur auf vergangene Zeitreihen Bezug nehmen. Die Bewirtschaftungspläne klammern im Rahmen der Beschreibung ihres Einzugsgebiets nach Art. 13 Abs. 4, Anhang VII A.1 WRRL die Beurteilung der künftigen Entwicklung der Wasserverfügbarkeit überwiegend aus. Die Aussagekraft der Pläne beschränkt sich folglich auf die gesetzlich vorgesehene Aufarbeitung des *status quo* des Gewässerzustands. Darüber hinaus nimmt der Bewirtschaftungsplan Donau eine Beschreibung der Folgen des Klimawandels vor. Allerdings gehen auch diese Ausführungen nicht über allgemeine Trendbeschreibungen hinaus wie z. B., dass die saisonale Umverteilung der Niederschläge und die steigenden Lufttemperaturen zu einer Verringerung der Schneedecke führen werden.[889]

In Bezug auf die Beschreibung der signifikanten Belastungen und Auswirkungen nach Art. 13 Abs. 4, Anhang VII A.2 WRRL beschränken sich die meisten Bewirtschaftungspläne auf eine allgemeine Aufzählung verschiedener Benutzergruppen im Bearbeitungsgebiet.[890]

Als einziger der sechs Bewirtschaftungspläne geht der Bewirtschaftungsplan Alpenrhein/Bodensee auf Dürreereignisse als Folge des Klimawandels ein und stellt die Wechselwirkungen mit signifikanten Belastungen nach Art. 13 IV iVm. Anhang VII A.2 WRRL dar.[891] Aufgrund des Klimawandels sei mit einem Rückgang an Regenereignissen und einer Zunahme an Häufigkeit und Dauer sommerlicher Dürreereignisse zu rechnen.[892] Die Maßnahmenprogramme würden den zu erwartenden Herausforderungen des Klimawandels insoweit bereits Rechnung tragen.[893]

men der bestehenden Strukturen der Länder erfolgen«, *Durner*, Die Durchsetzbarkeit des wasserwirtschaftlichen Maßnahmenprogramms, NuR 2009, 77.

886 Anstatt aller *RP Stuttgart*, Bewirtschaftungsplan Neckar, Aktualisierung 2015 v. 12/2015, S. 77.
887 Für viele *RP Karlsruhe*, Bewirtschaftungsplan Bearbeitungsgebiet Oberrhein, Aktualisierung 2015 v. 12/2015, S. 90.
888 Für viele *RP Karlsruhe*, Bewirtschaftungsplan Bearbeitungsgebiet Oberrhein, Aktualisierung 2015 v. 12/2015, S. 90.
889 *RP Tübingen*, Bewirtschaftungsplan Donau, Aktualisierung 2015 v. 12/2015, S. 22.
890 »Wasserentnahmen mit und ohne Wiedereinleitungen werden für industrielle, gewerbliche, energetische, landwirtschaftliche Zwecke sowie für die Fischerei genutzt«, so *RP Stuttgart*, Bewirtschaftungsplan Neckar, Aktualisierung 2015 v. 12/2015, S. 20.
891 *RP Tübingen*, Bewirtschaftungsplan Alprhein/Bodensee, Aktualisierung 2015 v. 12/2015, S. 34.
892 *RP Tübingen*, Bewirtschaftungsplan Alprhein/Bodensee, Aktualisierung 2015 v. 12/2015, S. 83 f.
893 *RP Tübingen*, Bewirtschaftungsplan Alprhein/Bodensee, Aktualisierung 2015 v. 12/2015, S. 85 f.

Mehrere Bewirtschaftungspläne gehen auf Dürreereignisse im Zusammenhang mit Niedrigwasser im Rahmen der wirtschaftlichen Analyse nach Anlage VII A.6 WRRL ein. Die Pläne stellen zunächst allgemeine Entwicklungstrends fest, zum Beispiel, dass Niedrigwasserabflüsse [künftig] sinken, d. h. die Abflussmenge während einer Niedrigwasserphase noch geringer ausfällt als bisher. [...] Die niedrigeren Abflusswerte würden für Sektoren wie die Binnenschifffahrt, Wasserkraft, Landwirtschaft, Wasserversorgung und Flora und Fauna eine Rolle spielen.[894] Ferner sei zu bedenken, dass aufgrund der Zunahme an Trockenperioden die Bewässerungsfeldwirtschaft zunehme.[895] Die Risikoanalysen zur Zielerreichung 2021 beziehen Dürreereignisse erneut als Folgen des Klimawandels ein und stellen dabei Bezüge zu Bewirtschaftung der Gewässer im Dürrefall her. In diesem Sinne verschärfe der Klimawandel durch zunehmende Trockenheit und Wasserentnahmen die Situation des Wasserhaushaltes durch ökologische Auswirkungen, wie eine Konzentrationserhöhung von Nähr- oder Schadstoffen.[896]

Die Analyse der baden-württembergischen Bewirtschaftungspläne des zweiten Bewirtschaftungszyklus zeigt, dass die Flussgebietsbehörden die Thematik Dürre an manchen Stellen erkannt haben, die Ausgestaltung der Bewirtschaftungspläne im Hinblick darauf jedoch hinter den rechtlichen Möglichkeiten zurückbleibt.

(3) Zwischenbilanz

Die gesetzlichen Rahmenbedingungen für die Aufstellung- und Aktualisierung der Bewirtschaftungspläne lassen trotz der ökologischen Ausrichtung der WRRL Raum für die Berücksichtigung von Dürreereignissen. Die reflexive Ausgestaltung des Instruments und die Pflicht zur aktiven Beteiligung von Öffentlichkeit, Behörden und Gewässerbenutzern begünstigt eine Anpassung der Bewirtschaftungspläne an lokale Dürreereignisse und deren Auswirkungen, gerade im Hinblick auf die Dürrevorsorge. In § 83 Abs. 2 Nr. 3 WHG schafft der Gesetzgeber sogar die Grundlage für eine flussgebietsbezogenen Definition von Dürre. Das uneingeschränkte Festhalten der Flussgebietsbehörden an den Bewirtschaftungszielen ist sicherlich aus gewässerökologischer Sicht begrüßenswert, unter manchen Umständen jedoch möglicherweise realitätsfern, wie die Auswirkungen des Dürresommers 2018 zeigen. Ungeachtet dessen, ob die Behörden von den Ausnahmen nach § 31 WHG Gebrauch machen, würde eine Definition von Dürre in Abgrenzung zur saisonalen Trockenheit nach § 83 Abs. 2 Nr. 3 WHG Rechtsklarheit und Rechtssicherheit schaffen. Im Übrigen bleiben die baden-württembergischen Bewirtschaftungspläne für ein Dürremanagement hinter ihren Möglichkeiten zurück. Sie beschränken sich weitgehend auf den hydrologischen Normalzustand.[897] Sofern die Pläne ausnahmsweise auf zukünftige Entwicklungen von Dargebot, Verfügbarkeit oder signifikanten Belastungen eingehen, beschränken sich die Ausführungen auf allgemein-abstrakte Ausführungen

---

894 *RP Tübingen*, Bewirtschaftungsplan Donau, Aktualisierung 2015 v. 12/2015, S. 108 f.
895 Stellvertretend für alle Bewirtschaftungspläne in Baden-Württemberg *RP Stuttgart*, Bewirtschaftungsplan Neckar, Aktualisierung 2015 v. 12/2015, S. 216.
896 *RP Freiburg*, Bewirtschaftungsplan Hochrhein, Aktualisierung 2015 v. 12/2015, S. 87.
897 Diesbezüglich stellen die Flussgebietsbehörden in den Bewirtschaftungsplänen allgemeine Daten zu Dargebot, Beschaffung von Gewässern sowie der Nachfrage dar, vgl. allgemein *Stein et al.*, European Drought and Water Scarcity Policies, in: Bressers/Bressers/Larrue (Hrsg.), Governance for Drought Resilience, 2016, S. 17 (31).

im Zusammenhang mit den Folgen des Klimawandels.[898] Die Bewirtschaftungspläne liefern erste Ansätze für die Erfassung und Überwachung dürrerelevanter Indikatoren, gehen auf diese jedoch nur oberflächlich ein. Insofern können auch die begrüßenswerten Elemente, wie die Erstellung von Wasserbilanzen oder die Ermittlung besonders intensiver Gewässerbenutzer im Rahmen der signifikanten Belastungen, die Bestimmung zweckmäßiger Maßnahmen zur Dürrebewältigung durch Maßnahmenprogramme nur teilweise vorbereiten.

b)   Eignung von Maßnahmenprogrammen zur Dürrebewältigung, § 82 WHG

Welche Maßnahmen zum Schutz der Gewässer erfolgen zu haben, ergibt sich aus den Maßnahmenprogrammen. Die Maßnahmenprogramme nach § 82 WHG sind ebenfalls unionsrechtlich durch die WRRL vorgegeben und stellen als kohärentes Gesamtkonzept Maßnahmen auf, anhand derer das Umweltziel eines guten Gewässerzustands erreicht werden soll.[899] In Baden-Württemberg sind die sechs Maßnahmenprogramme des zweiten Bewirtschaftungszyklus in die Bewirtschaftungspläne integriert. Wie weit die Rechtskraft der Maßnahmenprogramme reicht, ist heftig umstritten.[900] Die Maßnahmenprogramme gelten zumindest für die Wasserbehörden unmittelbar und finden bei Ausübung des Bewirtschaftungsermessens im Einzelfall Berücksichtigung.[901]

Angesichts der jüngeren Diskussion um den Anspruch anerkannter Umweltverbänden auf Aufstellung von Luftreinhalteplänen, ist auch im Bereich der Maßnahmenprogramme von einem einklagbaren Anspruch auf Planaufstellung auszugehen. Ein Anspruch auf Planaufstellung nach nationalem Recht war lange Zeit eher Ausnahme als Regel.[902]

---

898 Zur ansonsten überwiegenden Kritik hinsichtlich des Umfangs und Detailliertheitsgrad von Bewirtschaftungsplänen *Breuer*, Die Fortentwicklung des Wasserrechts auf europäischer und deutscher Ebene, DVBl. 1997, 1211 (1219); *Barth*, Die neue Wasserrahmenrichtlinie, WuB 1997, 5 (7, 9); *Seidel*, Die geplante WRRL der EG, UPR 1998, 430 (435).
899 EuGH, Urt. v. 11. 11. 1999 – C-184/97 Slg. 1999 I-7837, Rn. 56 (amtl. Anm.); *Appel*, in: Berendes/Frenz/Müggeborg, WHG, 2. Aufl. 2017, § 82 Rn. 6; *Seidel/Rechenberg*, Seidel/Rechenberg, ZUR 2004, 213 (219); *Hasche*, Das neue Bewirtschaftungsermessen im Wasserrecht, 2004, S. 150.
900 Umfassend zum Meinungsstreitstand *Götze*, Rechtsschutz im Wirkfeld von Bewirtschaftungsplan und Maßnahmenprogramm, ZUR 2008, 393 (395); *Czychowski/Reinhardt*, WHG, 12. Aufl. 2019, § 82 Rn. 10; *Kahl/Gärditz*, Umweltrecht, 11. Aufl. 2019, § 8 Rn. 107; allgemein *Maurer/Waldhoff*, Allgemeines Verwaltungsrecht, 20. Aufl. 2020, § 16 Rn. 15 ff.
901 VG Freiburg, Urt. v. 5. 4. 2017 – 4 K 630/16, Rn. 61 (amtl. Anm.); *Appel*, in: Berendes/Frenz/Müggeborg, WHG, 2. Aufl. 2017, § 82 Rn. 3; *Ginzky*, in: Giesberts/Reinhardt, BeckOK Umweltrecht, 58. Ed. 2021, § 82 Rn. 4; ausführlich *Hasche*, Das neue Bewirtschaftungsermessen im Wasserrecht, 2004, S. 280 ff.; *Drost/Ell*, Das neue Wasserrecht, 2. Aufl. 2016, S. 264; auch *Götze*, Rechtsschutz im Wirkfeld von Bewirtschaftungsplan und Maßnahmenprogramm, ZUR 2008, 393 (395 f.); *Durner*, Die Durchsetzbarkeit des wasserwirtschaftlichen Maßnahmenprogramms, NuR 2009, 77 (80); *Knopp*, Umsetzung der Wasserrahmenrichtlinie, NVwZ 2003, 275 (278); *Heuser*, Wasserwirtschaftliche Fachplanung und Raumordnung, 2015, S. 78; *Kahl/Gärditz*, Umweltrecht, 11. Aufl. 2019, § 8 Rn. 107.
902 So noch BVerwG, Beschl. v. 29. 3. 2007, NVwZ 2007, 695 (697); *Faßbender*, Die neuen wasserwirtschaftlichen Maßnahmenprogramme und Bewirtschaftungspläne, ZfW 2010, 189 201 m. w. N.

Inzwischen hat der EuGH jedoch einen subjektiv-öffentlichen Anspruch auf Planaufstellung im Zusammenhang mit der Überschreitung von unionsrechtlich festgelegten, dem Gesundheitsschutz dienenden Grenzwerten anerkannt.[903]

Zudem können erlassene Maßnahmenprogramme, aber auch das Unterlassen eines Erlasses, gemäß § 2 Abs. 1 S. 1, § 1 Abs. 1 S. 1 Nr. 4 lit. a Umweltrechtsbehelfsgesetz (UmwRG) iVm. Nr. 1.4 Anlage 5 UVPG von anerkannten Umweltvereinigungen gerichtlich angegriffen werden. Davon zu trennen ist die Frage, ob ein Anspruch auf die Aufnahme konkreter (dürrespezifischer) Maßnahmen in die Maßnahmenprogramme besteht. Hierzu hat der EuGH angemerkt, dass den Mitgliedstaaten grundsätzlich ein weites Auswahlermessen zukommt, welche Maßnahmen im Einzelnen in die Pläne aufgenommen werden.[904] Ein Anspruch auf konkrete Maßnahmen ist daher nur im Ausnahmefall anzunehmen.[905] Somit liegt es im Ermessen der Regierungspräsidien im Rahmen der gesetzlichen Vorgaben nach § 82 Abs. 2 S. 1, Abs. 4 WHG iVm. Art. 11 Abs. 4 WRRL Maßnahmen zur Dürrevorsorge oder *ad hoc* Dürrebewältigung in den Maßnahmenprogrammen festzulegen.

aa) Aufstellungs- und Aktualisierungsverfahren

§ 82 WHG stellt keine unmittelbaren Verfahrensvorgaben an die Aufstellung und Aktualisierung von Maßnahmenprogrammen. Es gelten jedoch die Vorschriften des UVPG,[906] da Maßnahmenprogramme in Ziffer 1.4. der Anlage 3 des UVPG aufgeführt sind. Sie unterliegen daher einer obligatorischen strategischen Umweltprüfung nach § 14 b Abs. 1 Nr. 1 UVPG samt Beteiligung der Öffentlichkeit nach § 14 Abs. 1 iVm. § 9 UVPG. Ob und inwieweit eine ergänzende Pflicht zur Öffentlichkeitsbeteiligung außerhalb der Strategische Umweltprüfung (SUP) besteht, ist umstritten.[907] Eine Öffentlichkeitsbeteiligung iSv. Art. 14 WRRL könnte im Hinblick auf den konkreten Regelungsgehalt der Maßnahmen im Erst-Recht-Schluss zu den Bewirtschaftungsplänen geboten sein.[908] Da Regelungsinhalt der Maßnahmenprogramme jedoch regelmäßig sowohl bei der Öffentlichkeitsbeteiligung im Rahmen der SUP als auch der Öffentlichkeitsbeteiligung im

---

903 EuGH, Urt. v. 25. 7. 2008, NVwZ 2008, 984 (985).
904 EuGH, Urt. v. 22. 2. 2018 – C-336/16, Rn. 95 (amtl. Anm.); die gleiche Diskussion wird auch für Bewirtschaftungspläne geführt, vgl. *Faßbender*, Die neuen wasserwirtschaftlichen Maßnahmenprogramme und Bewirtschaftungspläne, ZfW 2010, 189 (202).
905 *Cancik*, in: Landmann/Rohmer, Umweltrecht Kommentar, 94. EL. 2020, § 47d BImSchG Rn. 35.
906 *Durner*, in: Landmann/Rohmer, Umweltrecht Kommentar, 94. EL. 2020, § 82 WHG Rn. 11.
907 Teilweise wird vertreten, dass nur im Rahmen der SUP eine Pflicht zu Öffentlichkeitsbeteiligung nach § 14i UVPG durchzuführen ist, da Art. 14 WRRL keine Öffentlichkeitsbeteiligung für Maßnahmenprogramme fordert, *Berendes/Frenz/Müggeborg*, WHG, 2. Aufl. 2017, § 82 Rn. 3; für viele *Ginzky*, in: Giesberts/Reinhardt, BeckOK Umweltrecht, 58. Ed. 2021, § 82 Rn. 42; *Sparwasser/Engel/Voßkuhle*, Umweltrecht, 5. Aufl. 2003, § 8 Rn. 237.
908 *Guckelberger*, Facetten der Öffentlichkeitsbeteiligung, NuR 2010, 835 (835 ff.); mit Verweis auf die Öffentlichkeitsbeteiligung wegen der SUP Pflicht nach § 35 Abs. 1 Nr. 1 UVPG *Schlacke*, Umweltrecht, 7. Aufl. 2019, § 11 Rn. 33. Es ist als Versäumnis des Gesetzgebers anzusehen, dass Maßnahmenprogramme in Art. 14 WRRL keine Erwähnung finden, *Berendes/Frenz/Müggeborg*, WHG, 2. Aufl. 2017, § 83 Rn. 10 f.; *Faßbender*, Anforderungen an die Umsetzung der neuen EG-WRRL, NVwZ 2001, 241 (248).

C. Die Rechtslage im Bundesland Baden-Württemberg

eigentlichen Planaufstellungsverfahren identisch ausfallen, kann ausnahmsweise von einer doppelten Öffentlichkeitsbeteiligung abgesehen werden. Allerdings sollte in jedem Fall sichergestellt werden, dass die Öffentlichkeit über die hinreichende Möglichkeit zur Stellungnahme bezüglich der Maßnahmen der Maßnahmenprogramme verfügt. Nur hierdurch kann die Anfälligkeit von Gesellschaft und Gewässerbenutzern sowie der daraus resultierende Handlungsbedarf für die Festlegung entsprechender Maßnahmen in den Programmen gewürdigt werden. Im Übrigen trägt die Beteiligung auch zur größeren Akzeptanz der Maßnahmen im Einzelfall bei.[909]

bb) Dürrerelevanter Planungsinhalt in Maßnahmenprogrammen, § 82 WHG

Inwieweit Dürreereignisse in den Maßnahmenprogrammen des zweiten Bewirtschaftungszyklus Berücksichtigung finden, hängt erneut sowohl von den gesetzlichen Vorgaben an den Mindestinhalt der Pläne nach § 82 WHG als auch von der konkreten Ausgestaltung der Pläne durch die Flussgebietsbehörden ab.

(1) Gesetzlich vorgegebener Regelungsinhalt

Die bundesrechtliche Vollregelung des § 82 Abs. 1 S. 1 WHG gibt den obligatorischen Mindestinhalt an Maßnahmen vor.[910] In die Maßnahmenprogramme kann das gesamte Spektrum an denkbaren Maßnahmen[911] abgebildet werden, sofern die Maßnahmen nach § 82 Abs. 2 S. 1 WHG iVm. Art. 11 Abs. 3 WRRL zur Erreichung des guten Gewässerzustands dienen (abstrakt förderlich) oder beitragen (konkret förderlich).[912] Ergänzend müssen die Maßnahmen nach § 82 Abs. 1 S. 2 WHG die Ziele der Raumordnung beachten, Grundsätze und sonstige Erfordernisse der Raumordnung berücksichtigen. Die Abstimmung von Maßnahmenprogrammen und der Raumordnung ist im Hinblick auf Dürreereignisse zu begrüßen. Hierdurch können raumordnerische Entwicklungen, wie städtisches Wachstum oder landwirtschaftliche Nutzungen, auch in den Maßnahmenprogrammen Berücksichtigung finden. Hinsichtlich des Mindestinhalts von Maßnahmenprogrammen unterscheidet § 82 Abs. 2–4 WHG zwischen obligatorischen, grundlegende Maßnahmen und fakultativen, ergänzenden Maßnahmen.[913]

---

909 *Kampragou et al.*, Harmonization of Water-Related Policies, Environ. Sci. Policy 2011, 815 (818).
910 An vielen Stellen verweist § 82 WHG statisch auf die Vorgaben Art. 11 WRRL sowie Anhang VII um einem Vertragsverletzungsverfahren, das gegen einige Bundesländer angestrengt wurde, vorzubeugen, so z. B. in EuGH, Urt. v. 15. 12. 2005, ABl EU 2006, C036/17, Rn. 9 (amtl. Anm.); *Czychowski/Reinhardt*, WHG, 12. Aufl. 2019, § 82 Rn. 7; *Breuer*, Pflicht und Kür bei der Umsetzung der WRRL, ZfW 2005, 1 (15); *Heuser*, Wasserwirtschaftliche Fachplanung und Raumordnung, 2015, S. 27.
911 BT-Drs. 14/7755, S. 20; *Berendes/Frenz/Müggeborg*, WHG, 2. Aufl. 2017, § 82 Rn. 4 f., 7; ähnlich *Heinz/Esser*, Maßnahmenplanung nach der Wasserrahmenrichtlinie, ZUR 2009, 254 (255); *Meßerschmidt*, Europäisches Umweltrecht, 2011, § 14 Rn. 73; *Walter*, Wasserrecht, in: Kluth/Smeddinck (Hrsg.), Umweltrecht, 2013, S. 177 (243).
912 *Czychowski/Reinhardt*, WHG, 12. Aufl. 2019, § 82 Rn. 23.
913 Weiterführende Ausführungen sowie Aufzählungen bei *Kotulla*, WHG, 2. Aufl. 2011, § 82 Rn. 13; *Berendes/Frenz/Müggeborg*, WHG, 2. Aufl. 2017, § 82 Rn. 7; *Czychowski/Reinhardt*, WHG, 12. Aufl. 2019, § 82 Rn. 17; *Knopp*, Umsetzung der Wasserrahmenrichtlinie, NVwZ

α) Grundlegende Maßnahmen, § 82 Abs. 2, Abs. 3 WHG

§ 82 Abs. 2, Abs. 3 WHG iVm. Art. 11 Abs. 3 WRRL verpflichtet die Flussgebietsbehörden in jedem Maßnahmenprogramm grundlegende Maßnahmen aufzustellen. § 82 Abs. 2, Abs. 3 WHG iVm. Art. 11 Abs. 3 lit. a–l, Anhang VI Teil A WRRL unterscheidet verschiedene Kategorien an grundlegenden Maßnahmen,[914] z. B. Maßnahmen zur Umsetzung gemeinschaftsrechtlicher Wasserschutzvorschriften (lit. a), Maßnahmen zur Förderung einer effizienten und nachhaltigen Wassernutzung (lit. c) oder Maßnahmen zur Begrenzung von Entnahmen (lit. e). Der Wortlaut der Vorschrift legt nahe, dass es sich bei den Maßnahmen um grundsätzliche Vorgaben zur allgemeinen Gewässerbewirtschaftung handelt. Art. 11 Abs. 3 lit. a WRRL meint beispielsweise die Aufnahme von Zulassungsvorbehalten für Gewässerbenutzungen wie Entnahmen, Einleitungen oder Aufstauungen.[915] Die grundlegenden Maßnahmen spielen für die Dürrebewältigung eine eher geringe Rolle, da sie in Deutschland Selbstverständlichkeiten für eine nachhaltige Gewässerbewirtschaftung vorgeben und bereits vor der Einführung der WRRL im WHG und WG-BW umgesetzt wurden.

β) Ergänzende Maßnahmen, § 82 Abs. 2, Abs. 4 WHG

Ergänzende Maßnahmen sind nach § 82 Abs. 2, Abs. 4 WHG in den Maßnahmenprogrammen nur »soweit erforderlich« aufzunehmen. Sie können auch nach Aufstellung der Maßnahmenprogramme nachträglich hinzugefügt werden.[916] Eine Pflicht zur Aufstellung ergänzender Maßnahmen besteht nach § 82 Abs. 4 S. 1 WHG nur dann, wenn sie zur Erreichung der Bewirtschaftungsziele erforderlich sind.[917] Eine Aufzählung ergänzender Maßnahmen enthält Art. 11 Abs. 4 iVm. Anhang VI Teil B WRRL.[918] Zu den unmittelbar dürrerelevanten Maßnahmen nach Anhang VI Teil B WRRL zählen Maßnahmen zur Nachfragereduktion und Dargebotserhöhung, z. B. Verhaltenskodizes für die gute Praxis (vi), Maßnahmen zur Begrenzung der Nachfrage insbesondere zur Förderung einer angepassten landwirtschaftlichen Gewässerbenutzung (z. B. Anbau von dürrebelastbarer

---

2003, 275 (277); *Walter*, Wasserrecht, in: Kluth/Smeddinck (Hrsg.), Umweltrecht, 2013, S. 177 (243 f.); *Epiney*, Umweltrecht der Europäischen Union, 4. Aufl. 2019, S. 454, 459; *Eifert*, Umweltschutzrecht, in: Schoch (Hrsg.), Besonderes Verwaltungsrecht, 2013, Kap. 5 Rn. 259.

914 *Epiney*, Umweltrecht der Europäischen Union, 4. Aufl. 2019, S. 455 ff.; mit Verweis auf *Hasche*, Das neue Bewirtschaftungsermessen im Wasserrecht, 2004, 194 f., wonach die Inhalte zwingen in Maßnahmenprogramme aufzunehmen sind, deren Ausprägung jedoch den Mitgliedstaaten überlassen ist.

915 *Seidel/Rechenberg*, Seidel/Rechenberg, ZUR 2004, 213 (219).

916 Ausdrücklich Art. 4 S. 2, Art. 13 Abs. 4 S. 3 WRRL; *Berendes/Frenz/Müggeborg*, WHG, 2. Aufl. 2017, § 82 Rn. 8; *Sparwasser/Engel/Voßkuhle*, Umweltrecht, 5. Aufl. 2003, § 8 Rn. 235.

917 An die Voraussetzungen der Erforderlichkeit sind nach herrschender Meinung keine strengen Maßstäbe im Sinne einer rechtsstaatlichen Verhältnismäßigkeit anzulegen. Es genügt eine Kausalität zwischen Maßnahme und Bewirtschaftungsziel, um die beliebige Aufnahme von Maßnahmen auszuschließen, *Czychowski/Reinhardt*, WHG, 12. Aufl. 2019, § 82 Rn. 41; a. A. *Appel*, in: Berendes/Frenz/Müggeborg, WHG, 2. Aufl. 2017, § 82 Rn. 61, 63.

918 Eine diesbezügliche Aufzählung findet sich auch bei *Kotulla*, WHG, 2. Aufl. 2011, § 82 Rn. 26 f.; *Czychowski/Reinhardt*, WHG, 12. Aufl. 2019, § 82 Rn. 39.

C. Die Rechtslage im Bundesland Baden-Württemberg

Nutzpflanzen) (ix), Maßnahmen zur Verbesserung der Effizienz von Wassernutzungen (darunter Wiederverwendung von Brauchwasser, wassereffiziente Technologien für die Industrie oder Landwirtschaft) (x) oder die künstliche Anreicherung von Grundwasserleitern (xiv). Die nicht abschließende Aufzählung von Maßnahmen in Anhang VI B WRRL legt nahe, dass die Regierungspräsidien einen weiten Gestaltungsspielraum haben, alle möglichen Maßnahmen zur Dürrebewältigung anzuordnen, um damit die Belastbarkeit der Gewässer zu erhöhen und einen guten Gewässerzustand auch bei Dürreereignissen aufrecht zu erhalten.

Im Rahmen der Aktualisierung der Maßnahmenprogramme im Jahr 2015 setzten die Regierungspräsidien den Fokus insbesondere darauf, die Effektivität bestehender Maßnahmen zu beurteilen und gegebenenfalls weiterführende Maßnahmen aufzustellen, sofern dies für das Umweltziel eines guten Gewässerzustands erforderlich ist.[919]

(2) Berücksichtigung von Dürreereignissen in den baden-württembergischen Maßnahmenprogrammen

Der Fokus der baden-württembergischen Maßnahmenprogramme des zweiten Bewirtschaftungszyklus liegt insbesondere auf der Umsetzung und Überwachung bestehender ergänzender Maßnahmen. Gleichzeitig liegt das Regelungspotential der Maßnahmenprogramme fast ausschließlich auf den ergänzenden Maßnahmen nach § 82 Abs. 2, Abs. 4 WHG, da die grundlegenden Maßnahmen bereits weitgehend Grundvoraussetzung der nachhaltigen Gewässerbewirtschaftung des WHG sind.[920]

Die sechs aktuell gültigen baden-württembergischen Maßnahmenprogramme orientieren sich überwiegend an dem Muster-Maßnahmenprogramm des LAWA-BLANO-Maßnahmenkatalogs.[921] Der LAWA-BLANO Maßnahmenkatalog geht auf Dürreereignisse nicht explizit ein. Einige Maßnahmen weisen jedoch mittelbar dürrerelevanten Regelungsgehalt auf, indem sie entweder auf die Nachfrageregulierung oder einen hohen Gewässerschutz abstellen. Zum Beispiel greifen die Maßnahmen Nr. 45 bis 60 die Kategorie »Reduzierung von Wasserentnahmen« für verschiedene Sektoren (Bergbau, Landwirtschaft, Fischerei, Industrie, Wasserversorgung) auf. Eine Verringerung der Wassermenge soll insbesondere durch die Anpassung der behördlichen Genehmigung (Maßnahmen Nr. 45, 46, 54–58) erfolgen. Weitere Maßnahmen zur Reduzierung von Wasserentnahmen sind die Sanierung des Versorgungsnetzes (Nr. 51) oder technische Maßnahmen

---

919 § 82 Abs. 5 WHG ergänzt § 100 WHG für den Sonderfall des Maßnahmenprogramms, vgl. *Berendes/Frenz/Müggeborg*, WHG, 2. Aufl. 2017, § 82 Rn. 11.
920 *RP Karlsruhe*, SUP zum Maßnahmenprogramm Oberrhein, Umweltbericht, Referat Gewässer und Boden, 2008, S. 36.
921 *LAWA*, LAWA-BLANO Maßnahmenkatalog, 2015; häufig wird der LAWA-Maßnahmenkatalog selbst in die Bewirtschaftungspläne integriert, vgl. *RP Tübingen*, Bewirtschaftungsplan Alprhein/Bodensee, Aktualisierung 2015 v. 12/2015, Anhang 11, S. 67 ff.; *RP Tübingen*, Bewirtschaftungsplan Donau, Aktualisierung 2015 v. 12/2015, Anhang 11, S. 77 ff.; *RP Stuttgart*, Bewirtschaftungsplan Neckar, Aktualisierung 2015 v. 12/2015, Anhang 11, S. 107 ff. Der LAWA-BLANO Maßnahmenkatalog besteht aus vier Teilen: Maßnahmen 1–120 = Maßnahmen der WRRL, Maßnahmen 301–329 = Maßnahmen der HWRM-RL, Maßnahmen 401–431 = Maßnahmen der Meeresschutzrichtlinie, Maßnahmen 501–510 = strategisch konzeptionelle Maßnahmen.

zur wassersparenden Bewässerung (Nr. 47, 48). Eine weitere Maßnahmenkategorie mit dürrerelevantem Regelungsgehalt ist die Mindestwasserführung. Nach Maßnahme Nr. 61 soll die Mindestwasserführung durch Festlegung des Mindestwasserabflusses nach § 33 WHG von allen Sektoren (Landwirtschaft, Wasserkraft, Schifffahrt, u. a.) berücksichtigt werden. Zur Reduzierung der Belastung durch Wärmeeinleitungen schlägt Maßnahme Nr. 17 den Neubau von Kühlanlagen und das Aufstellen von Wärmelastplänen vor.

Ergänzende Maßnahmen nach § 82 Abs. 2, Abs. 4 WHG für die Dürrebewältigung sind in den meisten baden-württembergischen Maßnahmenprogrammen nicht vorgesehen.[922] Stattdessen stehen allgemeine Maßnahmen zur Verbesserung der Gewässerqualität im Vordergrund, z. B. zur Herstellung der Durchgängigkeit, Reduzierung diffuser Schadstoffbelastungen und Ausbau von Kläranlagen, Verbesserung der Rückstausituation und der Gewässerstruktur.[923] In geringem Umfang sehen Maßnahmenprogramme ergänzende Maßnahmen zur Sicherung des »ökologisch begründeten« Mindestwasserabflusses und zur Verbesserung des mengenmäßigen Zustands von Grundwasserkörpern vor. Manche Maßnahmenprogramme, wie das Maßnahmenprogramm im Bewirtschaftungsplan Neckar, ordnen dürrerelevante Maßnahmen in einer eigenen Kategorie »Klimawandel-Maßnahmencheck« an, die auf die Bereiche Abnahme sommerlicher Niederschläge oder höhere Lufttemperatur abstellt.[924] Durch eine derartige Anordnung wird für die nachfolgenden Wasserbehörden zumindest übersichtlich, welche Maßnahmen auch zur Dürrebewältigung eingesetzt werden können. Die Aufzählung ist jedoch von strukturellen Erwägungen eines Dürremanagements weit entfernt.

Die untergeordnete Stellung von Dürreereignissen in Maßnahmenprogrammen bestätigt auch eine deutschlandweite Evaluierung von Maßnahmenprogrammen durch das Umweltbundesamt.[925] Der Erhebung zufolge setzen Maßnahmen für Oberflächengewässer schwerpunktmäßig (42 %) an den morphologischen Gewässereigenschaften oder der Abflussregulierung an. Weitere 38 % der Maßnahmen betreffen die stoffliche Belastung der Gewässer durch diffuse Quellen, weitere 19 % die stoffliche Belastung durch Punktquellen.[926] Nur 1,5 % der deutschlandweiten Maßnahmen in Maßnahmenprogramme betreffen die Gewässermenge, darunter vorrangig technische Maßnahmen zur Erhöhung der Wassernutzungseffizienz bei der Entnahme und Bewässerung.[927] Teilweise bestehen Maßnahmen zur Reduzierung von Wärmebelastungen, wie das Aufstellen von Wärmelastplänen. Diese sind jedoch vorwiegend für Standorte großer Kraftwerke an großen

---

922 Besonders eindrücklich *RP Tübingen*, Bewirtschaftungsplan Alprhein/Bodensee, Aktualisierung 2015 v. 12/2015, Anhang 13, 107 ff.
923 *RP Karlsruhe*, SUP zum Maßnahmenprogramm Oberrhein, Umweltbericht, Referat Gewässer und Boden, 2008, S. 36; von den 373 Maßnahmen zur Verbesserung der Hydromorphologie der Gewässer in Baden-Württemberg dienten 314 zur Herstellung der ökologischen Durchgängigkeit, vgl. *RP Tübingen*, Bewirtschaftungsplan Donau, Aktualisierung 2015 v. 12/2015, S. 220 ff.
924 *RP Stuttgart*, Bewirtschaftungsplan Neckar, Aktualisierung 2015 v. 12/2015, Anhang 6, S. 76 ff.
925 *BMUB/UBA*, Die Wasserrahmenrichtlinie 2015, 2016, S. 77 ff.
926 *BMUB/UBA*, Die Wasserrahmenrichtlinie 2015, 2016, S. 80 f.; *LAWA*, LAWA-BLANO Maßnahmenkatalog, 2015, Anhang B, Nr. 30, S. 3; allgemein *Durner*, Zehn Jahre WRRL, NuR 2010, 452 (462).
927 *BMUB/UBA*, Die Wasserrahmenrichtlinie 2015, 2016, S. 80 f.

Flüssen vorgesehen und von Relevanz.[928] Im Ergebnis stellen die überwiegende Anzahl an Maßnahmenprogrammen nur allgemeine Maßnahmen zur Verbesserung der Gewässerökologie auf. In wenigen Ausnahmefällen sehen Maßnahmenprogramme konkrete Maßnahmen für den Schutz der Gewässermenge vor.

(3) Zwischenbilanz

In der Praxis bleibt das Steuerungspotential der baden-württembergischen Maßnahmenprogramme hinter den rechtlich eingeräumten Möglichkeiten nach § 82 WHG zurück. Grundsätzlich könnten Maßnahmenprogramme im Zusammenhang mit Bewirtschaftungsplänen ein Dürremanagement bestehend aus Dürrestufen und entsprechenden Maßnahmen vorgeben.[929] Derzeit fehlt es hierzu an der Bestimmung des Dürrebegriffs, der Festlegung von Dürrestufen und der Anordnung entsprechender Maßnahmen. Stattdessen beschränken sich die Maßnahmenprogramme nach derzeitigem Stand auf eine stichpunktartige Aneinanderreihung potentieller Maßnahmen[930] und sind daher von einem gestuften Aktionsplan weit entfernt. Ergänzende Maßnahmen iSv. § 82 Abs. 2, Abs. 4 WHG iVm. Art. 11 Abs. 3, Anhang VI Teil B WRRL sind besonders geeignet, um dynamisch und flexibel auch spezielle, örtlich erforderliche Maßnahmen zur Dürrebewältigung festzulegen. Die Öffentlichkeitsbeteiligung bietet hierzu die Möglichkeit, die Notwendigkeit und Ausgestaltung derartiger Maßnahmen gemeinsam mit den Gewässerbenutzern zu erörtern. Vollzugsdefizite durch die eingeschränkte Bindungswirkung der Maßnahmenprogramme können die Eignung der Maßnahmen zur Dürrebewältigung schmälern.[931] Maßnahmen für die Regulierung von Endnutzern müssten dementsprechend durch andere Instrumente umgesetzt und rechtsverbindlich angeordnet werden. Die Analyse der Maßnahmenprogramme zeigt, dass sich das Defizit eines umfassenden Gewässerschutzes bei Dürreereignissen im Rahmen der Bewirtschaftungspläne auf Ebene der Maßnahmenprogramme fortsetzt.[932]

---

928 Erstmals erwähnt die Aktualisierung von 2015 auch Maßnahmen zur Anpassung an den Klimawandel, *LAWA*, LAWA-BLANO Maßnahmenkatalog, 2015, Anhang B, Nr. 17, S. 2 Rn. 24; *BMUB/UBA*, Die Wasserrahmenrichtlinie 2015, 2016, S. 87.
929 Diese Funktion der Planungsinstrumente der WRRL hervorhebend, *Stein et al.*, European Drought and Water Scarcity Policies, in: Bressers/Bressers/Larrue (Hrsg.), Governance for Drought Resilience, 2016, S. 17 (30). Ein derartiges Dürremanagement würde jedoch die Bestimmung von Dürreszenarien iRd. Bewirtschaftungspläne erfordern, vgl. *Estrela/Vargas*, Drought Management Plans in the European Union, Water Resour. Manage. 2012, 1537 (1537 ff.).
930 *Dieckmann*, Die planerischen Instrumente der Wasserrahmenrichtlinie (WRRL), EurUP 2008, 2 (3); *Schmalholz*, Die EU-WRRL, ZfW 2001, 69 (73, 92).
931 Je präziser und konkreter die Maßnahmen eines Maßnahmenprogramms, desto größer die Bindungswirkung im Rahmen des Bewirtschaftungsermessens nachfolgender Entscheidungsträger, *Durner*, Die Durchsetzbarkeit des wasserwirtschaftlichen Maßnahmenprogramms, NuR 2009, 77 (85); *Faßbender*, Maßnahmenprogramme, in: Köck/Faßbender (Hrsg.), Implementation der Wasserrahmenrichtlinie in Deutschland, 2011, S. 129 (140 f.); *Oldiges*, Zur Entwicklung des Gewässerqualitätsrechts, in: ders. (Hrsg.), Umweltqualität durch Planung, 2006, S. 115 (118).
932 Die ökologischen Zielvorgaben der WRRL gelten als *per se* zu ehrgeizig, vgl. für viele *Durner*, Die Durchsetzbarkeit des wasserwirtschaftlichen Maßnahmenprogramms, NuR 2009, 77 (77); *Köck*, Die Implementation der EG-Wasserrahmenrichtlinie, ZUR 2009, 227 (233);

c) Dürrebewirtschaftungspläne nach § 83 Abs. 3 WHG

Als Ergänzung zu Bewirtschaftungsplänen könnten zuständige Planaufstellungsbehörden auf der Grundlage von § 83 Abs. 3 WHG iVm. Art. 4 Abs. 6 lit. b WRRL im Rahmen der zulässigen Komplementärplanung eigenständige[933] Dürrebewirtschaftungspläne aufstellen. § 83 Abs. 3 WHG sieht ausdrücklich vor, dass

»der Bewirtschaftungsplan […] durch detailliertere Programme und Bewirtschaftungspläne für Teileinzugsgebiete, für bestimmte Sektoren und Aspekte der Gewässerbewirtschaftung sowie für bestimmte Gewässertypen ergänzt werden [kann].«

Zudem besteht nach Art. 4 Abs. 6 lit. b WRRL umgesetzt in § 31 WHG ausdrücklich eine Abweichungsmöglichkeit von den Bewirtschaftungszielen in Ausnahmefällen, sofern die Bewirtschaftungspläne festhalten, unter welchen

»Umstände[n], die außergewöhnlich sind oder nach vernünftiger Einschätzung nicht vorhersehbar waren, [die ausnahmsweise Befreiung von den Bewirtschaftungszielen] geltend gemacht werden können und welche Indikatoren hierbei zu verwenden sind.«

Weitere Voraussetzung ist nach Art. 4 Abs. 6 lit. c WRRL, dass

»die Maßnahmen, die unter solchen außergewöhnlichen Umständen zu ergreifen sind, […] in dem Maßnahmenprogramm aufgeführt [sind] und […] nicht die Wiederherstellung des Zustands des Wasserkörpers [gefährden], wenn die außergewöhnlichen Umstände vorüber sind.«

Aus der Gesamtschau der Normen der WRRL bietet § 83 Abs. 3 WHG iVm. Art. 4 Abs. 6 lit. b WRRL folglich die Möglichkeit zur Aufstellung von Dürrebewirtschaftungsplänen, deren Fokus auf der *ad hoc* Dürrebewältigung als Zustand ausnahmsweiser Abweichung von den Bewirtschaftungszielen liegt. Es ist jedoch nicht ausgeschlossen, dass die Dürrebewirtschaftungspläne ein umfassendes Dürremanagement aufstellen und neben einem Dürreaktionsplan auch Maßnahmen zur Dürrevorsorge vorsehen. Dabei entspricht es bereits dem Anspruch des Vorsorgeprinzips und dem modernen Risikomanagement, derartige Dürremanagementpläne präventiv aufzustellen und für den Ernstfall bereit zu halten.[934] Sollte der Fall einer lang anhalten Dürre iSv. § 31 Abs. 1 Nr. 1a) WHG eintreten, könnten Behörden und betroffene Akteure auf den im Dürremanagementplan integrierten Aktionsplan oder Leitfaden zur Bewältigung des Naturereignisses zurückgreifen. Ergänzend könnten Dürrebewirtschaftungspläne zur begrifflichen Klärung und Abgrenzung verschiedener Stufen von Trockenheit beitragen, indem sie eine langanhaltende Dürre von saisonalen Dürreereignissen unterscheiden. Nach derzeitigem Kenntnisstand bestehen in Baden-Württemberg keine Dürremanagementpläne iSv. § 83 Abs. 3 WHG. Bereits der Übersichtlichkeit der allgemeinen Bewirtschaftungspläne und Maßnahmenprogramme halber, bietet sich die Aufstellung ergänzender Dürremanagementpläne an, die in einem Instrument Anwendungsbereich, Begriffs-, Datengrundlage und konkrete Maßnahmen

---

Ammermüller, Die Finanzierung von Maßnahmen zur Reduktion diffuser Gewässerbelastungen aus der Landwirtschaft, ZUR 2009, 250 (250).

933 Zur Komplementärplanung, *Kotulla*, WHG, 2. Aufl. 2011, § 83 Rn. 25; *Lorenzmeier*, in: Sieder et al., WHG AbwAG, 55. EL 2020, § 83 WHG Rn. 35.

934 So *European Commission*, Drought Management Plan Report, Technical Report 2008-023, Water Scarcity and Droughts Expert Network, 2008, Executive Summary, S. 5, 8, 19; *Anschütz*, Das wasserrechtliche Verschlechterungsverbot und seine Ausnahmen, 2017, S. 323.

vorsehen und koordinieren. Alternativ müssten oder sollten zumindest ergänzende Maßnahmen zur *ad hoc* Dürrebewältigung innerhalb der Maßnahmenprogramme erfolgen.[935]

d) Maßnahmenpläne der Wasserversorger, § 38 Abs. 1 IfSG iVm. § 16 Abs. 5 TrinkwV

Die Maßnahmenpläne zur Sicherstellung der Wasserversorgung nach § 38 Abs. 1 Infektionsschutzgesetz (IfSG) iVm. § 16 Abs. 5 Trinkwasserverordnung (TrinkwV)[936] sind eines der wenigen wasserrechtlichen Instrumente in Baden-Württemberg, die ausdrücklich dem Schutz der Wasserversorgung in quantitativer Hinsicht dienen. Dies ist nicht nur der Qualitätsorientierung der WRRL und dem bislang fehlenden Notwendigkeit nach einem gesetzlichen Wassermengenmanagement geschuldet,[937] sondern auch dem Umstand, dass – im Unterschied zu anderen Bundesländern, wie in Brandenburg der Wasserversorgungsplan nach § 63 BbgWG, Nordrhein-Westfalen das Wasserversorgungskonzept nach § 38 Abs. 3 LWG-NRW oder in Rheinland-Pfalz der Wasserversorgungsplan nach § 53 LWG-RhPf,[938] – in Baden-Württemberg eine Dargebots- und Bedarfsplanung der Wasserversorgung nicht gesetzlich vorgesehen ist. Sie findet daher – wenn überhaupt – auf freiwilliger Basis statt und beschränkt sich zumeist auf die Ingenieursplanung im Rahmen der Vorhabenplanung.[939]

Die Maßnahmenpläne nach § 16 Abs. 5 TrinkwV stechen durch ihr originär mengenrechtliches Regelungsziel der Versorgungssicherheit insofern hervor. § 16 Abs. 5 S. 1 TrinkwV verpflichtet alle Inhaber einer Wasserversorgungsanlage zur Aufstellung eines Maßnahmenplans.[940] Dieser muss die örtlichen Gegebenheiten der Trinkwasserversorgung berücksichtigen und den Fall einer Unterbrechung der leitungsgebundenen Wasserversorgung nach § 9 Abs. 3 S. 2 TrinkwV vorsehen. Die Bereithaltung einer Ersatzversorgung auf eine leitungsunabhängige Wasserversorgung ist nach § 9 Abs. 3 S. 2 TrinkwV jedoch nur für den Fall stofflicher Belastung durch Krankheitserreger erforderlich.

Die Ausrichtung der Maßnahmenpläne wird bereits an der Gesetzesgrundlage für die Trinkwasserverordnung, dem IfSG, deutlich. Maßnahmen zur Unterbrechung der Wasserversorgung aus anderen Gründen sind nicht vorzuhalten. Die Maßnahmenprogramme dienen folglich dazu alternative Versorgungsmöglichkeiten im Falle der stofflichen Beeinträchtigung der leitungsgebundenen Wasserversorgung vorzusehen. Es geht dabei weder um die Abstimmung des Dargebots und Bedarfs noch die Vorbereitung auf andere Beein-

---

935 Ähnlich *Anschütz*, Das wasserrechtliche Verschlechterungsverbot und seine Ausnahmen, 2017, S. 324.
936 Trinkwasserverordnung i. d. F. v. 10. 3. 2016 (BGBl. I S. 459) z. g. d. Art. 99 der Verordnung v. 19. 6. 2020 (BGBl. I S. 1328).
937 Vgl. ähnlich *Reese*, Rechtliche Aspekte der Klimaanpassung, in: Marx (Hrsg.), Klimaanpassung in Forschung und Politik, 2017, S. 73 (86).
938 Vgl. die Gegenüberstellung verschiedener Wasserversorgungspläne anderer Bundesländer bei *Köck et al.*, Das Instrument der Bedarfsplanung, Bericht 55/2017, UBA, 2017, S. 218 ff.
939 *Reese*, Rechtliche Aspekte der Klimaanpassung, in: Marx (Hrsg.), Klimaanpassung in Forschung und Politik, 2017, S. 73 (86).
940 Einen Muster-Maßnahmenplan bereitstellend *HSK Gesundheitsamt*, Maßnahmeplan nach § 16 Satz 5 TrinkwV, 2012, http://www.hochsauerlandkreis.de/buergerinfo/formulare/Massnahmeplan_-__16_TrinkwV_gesamt.999x.pdf [abgerufen am 21. 8. 2018].

III. Instrumente mit Eignung zur Dürrebewältigung

trächtigungen der Wasserversorgung. Die Eignung des Instruments in seiner derzeitigen Ausprägung zur *ad hoc* Dürrebewältigung ist daher als gering einzustufen. Dem steht jedoch nicht entgegen, dass *de lege ferenda* die Maßnahmenpläne um einen Teil zur Bewältigung von Versorgungsengpässen und der Sicherstellung einer infektions- und keimfreien Wasserversorgung bei Dürre erweitert werden könnten.

e) Gewässerökologiepläne mit Eignung zur Dürrebewältigung

Die Grundvoraussetzung, um eine Gefährdung der Gewässerökologie durch Dürreauswirkungen möglichst gering zu halten, ist ein guter Zustand der Gewässerqualität und eine hohe Belastbarkeit der Gewässer. Planerische Instrumente zum Schutz der Gewässerökologie können einen wichtigen Beitrag zur Dürrebewältigung leisten und unmittelbar an dürrerelevante Indikatoren, nämlich den physikalischen oder chemischen Gewässereigenschaften, anknüpfen.

Zu den gewässerökologischen Plänen mit Regelungspotential für Dürreereignisse zählen Wärmelastpläne und Sauerstoffreglements für Oberflächengewässer, da diese aufgrund ihrer exponierten Lage gegenüber Temperatur- und Schadstoffveränderungen besonders anfällig sind. Auch wenn diese Pläne nicht ausdrücklich auf Dürreereignisse Bezug nehmen, tragen sie zum guten qualitativen und ökologischen Zustand der Gewässer bei, da sie die Summe der Belastungen im Längsverlauf eines Flusses langfristig steuern.[941] Andererseits können sie auch kurzfristiges Regelungspotential zur Dürrebewältigung aufweisen, da sie an den planerisch festgelegten Grenzwerten auch bei Dürreereignissen festhalten.

aa) Regulierung der Gewässertemperatur durch Wärmelastpläne

Die Bundesregierung empfiehlt Wärmelastpläne zur Regulierung der Gewässertemperatur als ein Monitoring- und Steuerungsinstrument zur Anpassung an die Folgen des Klimawandels.[942] Diese seien ein geeignetes Mittel um den Folgen des Klimawandels, wie höheren Durchschnittslufttemperaturen oder häufigeren Wetterextremen, zu begegnen.

(1) Entwicklung

Die überwiegende Zahl der Wärmelastpläne entstand in den 70er Jahren, um die Auswirkungen der steigenden Anzahl an Kraftwerken und Industrieanlagen auf die Gewässertemperatur zu regulieren. Die LAWA erstellte eigens einen Muster-Wärmelastplan, der fortan als Grundlage für die Aufstellung von flussgebietsspezifischen Wärmelastplänen diente.[943] Im Jahr 1971 trat der Wärmelastplan Rhein in Kraft, der vorwiegend die Überlagerung von Abwasser- und Wärmebelastungen behandelt.[944] Weitere Wärmelastpläne

---

941 BT-Drs. 18/8992, S. 5.
942 BT-Drs. 18/8992, S. 5.
943 Sie erarbeitete 1969 die Arbeitshilfe »Wärmebelastung der Gewässer«, die 1977 aufgrund hoher Nachfrage aktualisiert wurde, *LAWA*, Grundlagen für die Beurteilung der Wärmebelastungen von Gewässern, 2. Aufl. 1977, S. 10.
944 BT-Drs. VI/3052, S. 6. Seit 1971 wurde der Wärmelastplan Rhein nicht mehr aktualisiert.

kündigten die obersten Wasserbehörden für den Main, die Elbe,[945] die Donau, die Saar, die Weser,[946] den Rhein[947] und den Neckar an.[948]

Die Anzahl aktueller, moderner Umwelt- und Technikstandards entsprechender, Wärmelastpläne ist begrenzt. Der Wärmelastplan Tideelbe ist der jüngste Wärmelastplan in Deutschland und wurde im Jahr 2008 von der Flussgebietsgemeinschaft Elbe aktualisiert.[949] Seit 2008 stellt der Wärmelastplan Tideelbe verbindliche Orientierungswerte für die maximal zulässige Gewässertemperatur und die minimal notwendige Sauerstoffsättigung auf (Wärmelastplan 3.0). Er enthält ferner ein hydrologisch-ökologisches Modell der Tideelbe, anhand dessen die Wasserbehörden die Gesamtbelastung des Gewässers im Zulassungsverfahren ermitteln können (Wärmelastplan 4.0). Der Wärmelastplan Tideelbe bindet als Verwaltungsvorschrift ausschließlich die Wasserbehörden bei wasserrechtlichen Entscheidungen. Er erlangt daher nur durch die Umsetzung im Einzelfall rechtsverbindliche Außenwirkung. Auch die Flussgebietsgemeinschaft Weser hat das Regelungspotential von Wärmelastplänen erkannt und ihren Wärmelastplan aus dem Jahr 1974 um einen Warnplan im Jahr 2017 ergänzt. Sinn und Zweck des Warnplans ist die Regelung außergewöhnlicher Umstände, bei denen bedrohliche Temperaturen und Fischsterben auftreten können.[950] Die Wiederentdeckungen der in die Jahre gekommenen Wärmelastpläne zeigt, dass die Wärmelastpläne neben menschlichen Belastungen auch zum Schutz der Gewässerökologie vor akkumulierenden menschlichen und natürlichen Belastungen eingesetzt werden können.

(2) Beispiel: Der Wärmelastplan Neckar

Für den Neckar (Plochingen bis Mannheim) existiert ein Wärmelastplan des Umweltministeriums Baden-Württemberg aus dem Jahr 1973.[951] Er entstand als Reaktion zum Schutz der Gewässerqualität vor den Auswirkungen von Kraftwerken auf die Gewässergüte bei Niedrigwasserereignissen.[952] Grund für die Anfälligkeit des Neckars bezüglich Wärme- und Abwassereinleitungen sind extreme Schwankungen im Abfluss und eine hohe Bevölkerungsdichte entlang des Flusslaufs.[953] Mittels rechnerischer Simulation der natürlichen Wärmeaustauschvorgänge[954] können die Temperaturen des Neckars ermittelt und die Auswirkungen von Wärmeeinleitungen auf das Gewässer beurteilt werden.[955] Das Berechnungsverfahren knüpft an zwei Niedrigwasserführungen im Sommer und Herbst

---

945 Ein Wärmelastplan für die Elbe von Schnackenburg bis Cuxhafen wurde 1973 von der Arbeitsgemeinschaft für die Reinhaltung der Elbe aufgestellt.
946 *Arbeitsgemeinschaft der Länder zur Reinhaltung der Weser*, Wärmelastplan Weser v. 1974.
947 Von 1977 bis 1990 arbeitete die LUBW in Kooperation mit anderen Behörden an der Aufstellung eines Internationalen Wärmelastplans für den Rhein, *LUBW*, Aufstellung eines internationalen Wärmelastplanes für den Rhein, https://pudi.lubw.de/projektdetailseite/-/project/60006 [abgerufen am 12.7.2021].
948 BT-Drs. VI/3052, S. 6.
949 *Sonderaufgabenbereich Tideelbe*, Wärmelastplan Tideelbe v. 2008.
950 *Arbeitsgemeinschaft der Länder zur Reinhaltung der Weser*, Wärmelastplan Weser v. 1974.
951 *Lehn/Steiner/Mohr*, Wasser – die elementare Ressource, 1996, S. 122.
952 *Verband Region Stuttgart*, Regionalplan für die Region Stuttgart v. 22.7.2009, S. 286.
953 *MLR BW*, Wärmelastplan Neckar v. 1973, S. 6.
954 Ausführlich vgl. *MLR BW*, Wärmelastplan Neckar v. 1973, S. 9 ff.
955 *MLR BW*, Wärmelastplan Neckar v. 1973, Vorwort.

an, die an jeweils 10 % und 30 % aller Tage unterschritten werden.⁹⁵⁶ Hieraus ermittelt der Wärmelastplan einen absoluten Grenzwert der Gewässertemperatur von 28 °C. Im Sommer würde die Gewässertemperaturgrenze von 28 °C dauerhaft überschritten, wenn alle Kraftwerke gleichzeitig in Betrieb wären.⁹⁵⁷ Ältere Kraftwerke mit Durchlaufkühlung müssen mit größeren Betriebseinschränkungen rechnen; für jüngere Kraftwerke empfiehlt der Wärmelastplan Neckar den Einbau von Ablauf- oder Kreislaufkühlungen.⁹⁵⁸ Zu Niedrigwasserzeiten ist zwingend nur ein Kühlturmbetrieb möglich.⁹⁵⁹

Ergänzend enthält der Wärmelastplan sogenannte Wärmelastmodelle, d. h. Temperaturprognosemodelle für verschiedene meteorologische Verhältnisse und Abflüsse. Diese dienen als Grundlage für ein Betriebsreglement, das bestimmt, wann und in welchem Umfang Wärmeeinleitungen in den Fluss eingestellt werden müssen, um die vertretbare Belastbarkeitsgrenze nicht zu überschreiten.⁹⁶⁰

Konkrete Aktions- und Betriebspläne für den Betrieb der einzelnen Kraftwerke stellt der Wärmelastplan Neckar jedoch nicht auf. Die Anordnung spezifischer Maßnahmen ist folglich den Wasserbehörden auf Ebene der Einzelfallentscheidung überlassen. Zwar besitzt der Wärmelastplan die Rechtskraft einer Verwaltungsvorschrift, der maximale Grenztwert von 28 °C ist jedoch üblicherweise in den Genehmigungsbescheiden der Kraftwerksbetreiber umgesetzt und gegebenenfalls durch Nebenbestimmungen abgesichert. Ein Überschreiten des Grenzwerts von 28 °C durch Wärmeeinleitungen bedarf folglich einer Ausnahmegenehmigung durch die zuständigen Wasserbehörden. Während des Dürresommers 2018 erteilten baden-württembergische Wasserbehörden sieben Ausnahmegenehmigungen für Kraftwerke an Rhein und Neckar, die ihren Betrieb auch bei Überschreiten der 28 °C-Marke fortsetzen durften.⁹⁶¹ Dies habe nach Angaben des Ministeriums »noch nicht zu einem größeren Fischsterben geführt.«⁹⁶²

Die Ausrichtung der Gewässertemperaturgrenzwerte an Niedrigwasserereignissen im Sommer und Herbst unterscheidet den Wärmelastplan maßgeblich von anderen planerischen Instrumenten und sorgt grundsätzlich für ein hohes Schutzniveau. Er legt ein *worst-case* Szenario zugrunde, um nachteilige Auswirkungen der Gewässerqualität durch erhöhte Gewässertemperaturen in jedem Fall auszuschließen. Der Wärmelastplan steuert damit unmittelbar die Bewältigung von Dürreauswirkungen auf die aquatische Umwelt durch den industriellen Sektor.

Allerdings ist fraglich, ob das Steuerungspotential des in die Jahre gekommenen Wärmelastplans angesichts der Fortschritte in der Abwasserreinigung und Kraftwerkstechnologie den heutigen Umweltstandards genügt. Beispielsweise erfolgte die Bewältigung der Auswirkungen des Jahrhundertsommers 2003 auf die Gewässerökologie nicht nach dem Wärmelastplan. Stattdessen zogen die Behörden das LAWA-Arbeitspapier Grundlagen

---

956 *MLR BW*, Wärmelastplan Neckar v. 1973, S. 14, 16.
957 *MLR BW*, Wärmelastplan Neckar v. 1973, S. 16, 18.
958 *MLR BW*, Wärmelastplan Neckar v. 1973, S. 7, 16.
959 *Lehn/Steiner/Mohr*, Wasser – die elementare Ressource, 1996, S. 121.
960 *MLR BW*, Wärmelastplan Neckar v. 1973, S. 8.
961 *UM BW*, Auswirkungen der Hitze auf die Stromversorgung, 2018, https://um.baden-wuerttemberg.de/de/service/presse/pressemitteilung/pid/auswirkungen-der-hitze-auf-die-stromversorgung/ [abgerufen am 12.7.2021].
962 *dpa*, Fischsterben, ZEIT ONLINE, 2018, https://www.zeit.de/gesellschaft/zeitgeschehen/2018-08/fischsterben-hochrhein-hitze-schweizerischer-fischereiverband [abgerufen am 12.7.2021].

für die Beurteilung der Wärmebelastungen von Gewässern aus dem Jahr 1977 heran, welche sowohl die zulässigen Wärmeemissionen als auch gewässereigene Wirkgrößen begrenzt (Immissionen).[963] Die Ausnahmegenehmigungspraxis während des Dürresommers 2018 weckt darüber hinaus Zweifel an der Effektivität des Instruments als Verwaltungsvorschrift. Insofern ist fraglich, ob der in die Jahre gekommene Wärmelastplan noch ein taugliches und effektives Instrument zur Überwachung und Regelung von Dürreauswirkungen ist. Sollte der Wärmelastplan eine unverhältnismäßige Beschränkung der Kraftwerksbetreiber bei Dürreereignisse erfordern, müsste der Wärmelastplan um spezielle Vorgaben oder Grenzwerte ergänzt werden, die vorab für den Dürrefall die Anforderungen der Kraftwerkbetreiber gegenüber denen der Gewässerökologie abwägen. In jedem Fall sollte sichergestellt werden, dass auch bei ungewöhnlichen Dürreereignissen eine Überhitzung der Gewässertemperatur, die zur Fisch- und Artensterblichkeit führt, unter allen Umständen vermieden wird.

bb) Regulierung der Sauerstoffkonzentration: Das Sauerstoffreglement Neckar

Dürreereignisse können durch Erhöhung der Gewässertemperatur und Senkung des Sauerstoffgehalts im Wasser besonders gravierende Auswirkungen auf Fischpopulationen und sonstige aquatische Lebewesen haben. Im Dürresommer 2018 verendeten über eine Tonne an Fischen allein im Hochrhein.[964]

Einen Mindestschutz für einen ausreichenden Sauerstoffgehalt bieten spezielle Pläne, darunter das Sauerstoffreglement Neckar aktualisiert im Jahr 2002.[965] Es trägt durch ein gestuftes Aktionsprogramm dazu bei, dass ein vorher festgelegter, für die Gewässerökologie notwendiger Mindest-Sauerstoffgehalt nicht unterschritten wird. Im Zentrum des Sauerstoffreglements stehen Maßnahmen von Stau-, Industrie- und Abwasseranlagenbetreiber, die sich gegenüber dem Umweltministerium vertraglich durch Umweltpartnerschaften zur Durchführung der Maßnahmen verpflichten.[966] Die Beeinträchtigung der Abflussgeschwindigkeit und Gewässerqualität durch Stau-, Industrie- und Abwasseranlagen kann bei Dürre exponentiell steigen,[967] weshalb das Sauerstoffreglement durch seine Stützmaßnahmen auch Eignung zur kurzfristigen Verbesserung des Sauerstoffgehalts bei Dürreereignissen aufweisen kann.

Das Aktionsprogramm des Sauerstoffreglements besteht aus fünf Stufen, die jeweils durch die Unterschreitung von Sauerstoffkonzentrationswerten (Grenzwerten) ausgelöst werden.[968] Auf der ersten Stufe »Messen und Beobachten«, dem Normalzustand,

---

963 *LAWA*, Grundlagen für die Beurteilung der Wärmebelastungen von Gewässern, 2. Aufl. 1977; *LfU*, Das Niedrigwasserjahr 2003, 2004, S. 24 f.
964 *dpa*, Fischsterben, ZEIT ONLINE, 2018, https://www.zeit.de/gesellschaft/zeitgeschehen/2018-08/fischsterben-hochrhein-hitze-schweizerischer-fischereiverband [abgerufen am 12. 7. 2021].
965 Das UM BW stellte das Sauerstoffreglement erstmals im Jahr 1980 auf und überarbeitete es im Jahr 2002. Die überarbeitete Fassung des Sauerstoffreglements Neckar ist der Fischbesiedlung am Neckar angepasst, *LfU*, Sauerstoffreglement Neckar, Jahresbericht 2002/2003, 2003.
966 *LfU*, Das Niedrigwasserjahr 2003, 2004, S. 24.
967 *Regierungspräsidium Stuttgart*, Begleitdokument 46 – Neckar unterhalb Fils oberhalb Enz, 2018, S. 47; *LUBW/UM BW*, Umweltdaten 2012, 2012, S. 83.
968 Die nachfolgende Darstellung der Stufen bezieht sich auf *LfU*, Jahresbericht 2002/2003, 2003, S. 18.

erfolgt die kontinuierliche Überwachung der Sauerstoffkonzentration durch das Online-Pegelmessnetz der LUBW.[969] In besonders kritischen Sommermonaten setzt die LUBW einen Bereitschaftsdienst ein, der die Sauerstoffkonzentrationswerte rund um die Uhr überwacht.[970] Stellt die LUBW eine Unterschreitung des Normalzustands fest, kann sie je nach Wert der Sauerstoffkonzentration Meldungen herausgeben, Warnungen ab 4,5 mg/Liter auf der zweiten Stufe abgeben oder einen Alarm ab 3,5 mg/Liter verkünden.[971] Zur Verbesserung der Sauerstoffkonzentration legt das Sauerstoffreglement je nach Stufe verschiedene Maßnahmen fest.[972] Bei einer Unterschreitung von 4,0 mg/Liter führen Anlagenbetreiber für mindestens 24 h Stützmaßnahmen durch (dritte Stufe). Das bedeutet, dass eine künstliche Belüftung des Wassers z. B. durch Turbinen-, Wehr- bzw. Abwasserbelüftung erfolgt.[973] Fällt der Sauerstoffgehalt unter 3,5 mg/Liter[974] (vierte Stufe, Alarm) müssen Kläranlagen- und Wehrbetreiber ergänzende Maßnahmen vornehmen, um sauerstoffreiche Nischen für Fische zu schaffen.[975] Dazu zählen z. B. die Belüftung von Abwasser vor Einleitung in Kläranlagen oder Wehrabsenkung und Wehrüberfall von 1 m³/s. Bei Sauerstoffkonzentrationen unter 2,5 mg/Liter müssen Kraftwerksbetreiber Kühltürme auch ohne Kraftwerksbetrieb betreiben. Besteht trotz der genannten Maßnahmen Gefahr für Fische und aquatische Lebewesen, führt die Feuerwehr Sauerstoffanreicherungsmaßnahmen durch, indem sie Wasser aus dem Neckar pumpt und es auf betroffene Stellen herabregnen lässt (Anreicherung des Wassers durch Sauerstoff aus der Luft, fünfte Stufe lokale Notbelüftungsmaßnahmen).

Die Grenzwerte stehen teilweise in der Kritik, zu niedrig angelegt zu sein. Beispielsweise sind jedes Jahr mehrere Tage lang, in besonders trockenen Jahren wie 2003 waren es von Juni bis August 464 Stunden, Stützmaßnahmen der dritten Stufe erforderlich.[976] Jedoch fallen die Sauerstoffkonzentrationswerte selten in den Anwendungsbereich der vierten Stufe (Stützmaßnahmen).[977] Derzeit im Fokus stehen Maßnahmen zur Reduzierung von Phosphoreinträgen, wodurch mittelfristig die Sauerstoffkonzentration generell verbessert werden soll.[978] Sie ergänzen das Sauerstoffreglement zu Zwecken der langfristigen Risikovorsorge.

Das Sauerstoffreglement Neckar ist in mehrfacher Hinsicht zur Dürrebewältigung geeignet. Zum einen ermöglicht der gestufte Aktionsplan eine schnelle und effektive

---

969   *LfU*, Das Niedrigwasserjahr 2003, 2004, S. 24.
970   *LUBW/UM BW*, Umweltdaten 2012, 2012, S. 156; *LUBW/UM BW*, Umweltdaten 2015, 2015, S. 162.
971   *LfU*, Das Niedrigwasserjahr 2003, 2004, S. 24.
972   Im Bedarfsfall kann die Wasserschutzpolizei in Abstimmung mit der LUBW und den Wasserbehörden ergänzende Maßnahmen anordnen, *Regierungspräsidium Stuttgart*, Begleitdokument 46 – Neckar unterhalb Fils oberhalb Enz, 2018, S. 47.
973   *Regierungspräsidium Stuttgart*, Begleitdokument 46 – Neckar unterhalb Fils oberhalb Enz, 2018, S. 47.
974   Für besonders anfällige Abschnitte genügt bereits ein Unterschreiten von 4 mg/Liter. Das betrifft die Flussabschnitte zwischen Hofen und Besigheim sowie zwischen Guttenbach und Neckargemünd.
975   *Regierungspräsidium Stuttgart*, Begleitdokument 46 – Neckar unterhalb Fils oberhalb Enz, 2018, S. 47.
976   *LfU*, Das Niedrigwasserjahr 2003, 2004, S. 24; *LfU*, Jahresbericht 2002/2003, 2003, S. 20.
977   *LfU*, Jahresbericht 2002/2003, 2003, S. 20.
978   *LUBW/UM BW*, Umweltdaten 2015, 2015, S. 162.

Bewältigung von Dürreauswirkungen, da Anwendungsbereich und Rechtsfolge im Vorfeld feststehen. Die vertraglichen Verpflichtungen im Rahmen der Umweltpartnerschaften beschleunigen den Einsatz von Belüftungsmaßnahmen, da eine behördliche Anordnung zur Durchführung der Maßnahme entbehrlich wird. Zudem können sich Adressaten frühzeitig auf die Durchführung der Maßnahmen einstellen und vorbereiten, da sie bereits zum Zeitpunkt des Vertragsschlusses Kenntnis über die erforderlichen Maßnahmen erhalten. Zum anderen setzt das Sauerstoffreglement ein kontinuierliches Monitoring der Gewässer voraus. Unter den Instrumenten des Wasserwirtschaftsrechts kommt das Sauerstoffreglement einem Dürremonitoring am Nächsten, da es die kontinuierliche Überwachung einer Auswirkung von Dürreereignissen (kritische Sauerstoffwerte) erfordert und den Stufen entsprechende Maßnahmen zur Erhöhung der Sauerstoffkonzentration anordnet.[979]

f) Gewässerschutz durch Warn- und Alarmpläne

Warn- und Alarmpläne können im Ernstfall – bei Eintritt einer Gefahr oder einer Katastrophe – zur schnellen und effektiven Bewältigung des Schadensereignisses beitragen. Häufig bestehen Warn- und Alarmpläne in Form gestufter Aktionspläne. Sie erhöhen die Bereitschaft betroffener Akteure und tragen zur Koordinierung von Akteuren und Bewältigungsmaßnahmen bei. Grundsätzlich sind Warn- und Alarmpläne ein besonderes Instrument zur Bewältigung flussgebietsspezifischer Herausforderungen, die gesetzlich nicht vorgesehen sind. In Deutschland bestehen zwei bislang weitgehend einzigartige Alarmpläne mit unterschiedlicher Ausrichtung: Der auf Chemieunfälle ausgelegte Internationale Warn- und Alarmplan Rhein und der gewässerökologisch ausgerichtete Alarmplan für den bayerischen staugeregelten Main.

aa) Katastrophenschutzrechtliche Alarmpläne: Der Internationale Warn- und Alarmplan Rhein (IWA-Rhein)

Der IWA-Rhein dient zur kurzfristigen Bewältigung von Schadstoffeinleitungen katastrophalen Ausmaßes mittels eines monitoring- und modellbasierten Aktionsprogrammes, das für den Rhein und seine Nebenflussstrecken gilt.[980] Er regelt auch die baden-württembergischen Teile des Rheins und besitzt dort die Rechtsnatur einer Verwaltungsvorschrift (VwV Warn- und Alarmplan Rhein).[981]

Mithilfe des Rheinfließzeitmodells, das inzwischen auch anderen Warn- und Alarmplänen für die Maas und Donau zugrunde liegt, können Verlauf und Ausbreitung plötzlicher

---

[979] So jedenfalls die Handlungsempfehlungen nach *LfU*, Das Niedrigwasserjahr 2003, 2004, S. 22 ff.
[980] Der IWA-Rhein entstand als Reaktion auf das Brandunglück Sandoz im Jahr 1986, bei dem in großem Stil verunreinigtes Löschwasser in den Rhein gelang, *UM BW*, Gewässerüberwachung in Baden-Württemberg, 2021, https://um.baden-wuerttemberg.de/de/umwelt-natur/schutz-natuerlicher-lebensgrundlagen/wasser/gewaesserueberwachung/ [abgerufen am 12.7.2021].
[981] Gemeinsame Verwaltungsvorschrift des Ministeriums für Umwelt, Klima und Energiewirtschaft und des Innenministeriums über den Warn- und Alarmplan am Rhein und an seinen Nebenflüssen (Warn und Alarmplan Rhein) v. 10.8.2016 (GABl. Nr. 9 vom 28.9.2016 S. 581).

Schadstoffeinleitungen genau berechnet und vorhergesagt werden.[982] Je nach Ausmaß der Gewässerverunreinigung unterscheidet der IWA-Rhein drei Schutzstufen: Informationen bei Gewässerverunreinigungen geringeren Ausmaßes im öffentlichen Interesse, Warnungen bei erheblichen Gewässerverunreinigungen und Suchmeldungen.[983] Je nach Schutzstufe ordnet der IWA-Rhein Maßnahmen zur Gefahrenabwehr, zur Ursachenfeststellung, zur Verursacherermittlung, zur Beseitigung der Schäden und zur Vermeidung von Folgeschäden an.[984]

Die weiteren Maßnahmen der vor Ort tätigen Behörden richten sich nach örtlichen Einsatz- und Alarmplänen in der jeweils gültigen Fassung.[985] Suchmeldungen setzen eine Meldekette zur Benachrichtigung wasserrechtlicher Behörden im vermeintlichen Verursachergebiet in Gang.[986]

Der Anwendungsbereich des IWA-Rhein beschränkt sich bislang auf ein gewässerökologisches Monitoring und schadstoffbezogene Bewältigungsmaßnahmen. Die Internationale Kommission zum Schutz des Rheins (IKSR) hat den Handlungsbedarf für (dürrebedingte) Niedrigwassersituationen erkannt, da diese weitreichenden Folgen für Schifffahrt, Stromerzeugung und Ökosysteme des Rheins haben.[987] Zuletzt führten die Auswirkungen des Dürresommers 2018 dazu, dass die Binnenschifffahrt am Rhein ihre Fracht um bis zu 50 % reduzieren musste und eine Tonne tote Fische geborgen wurden.[988] Die IKSR Expertengruppe »Niedrigwasser« arbeitet an der Aufstellung eines Niedrigwasser-Aktionsprogramms, das unter anderem ein Niedrigwassermonitoring an die bestehende Gewässerüberwachung in der Internationale Flußgebietseinheit (IFGE) Rhein anschließen soll.[989]

bb) Gewässerökologische Alarmpläne: Der Alarmplan Main Gewässerökologie (AMÖ)

Der AMÖ, Stand Mai 2021, beschreibt wetterbedingte gewässerökologische Situationen hinsichtlich der Wassertemperatur, des Sauerstoffgehaltes, des Abflusses und der Biologie im Main in drei Warnstufen.[990] Er ersetzt den Alarmplan für den bayerischen, staugeregelten Main (ABM), Stand November 2012, und wurde insbesondere an die Erfahrungen aus den heißen und trockenen Jahren 2015 und 2018 sowie dem neuen Wärmelastplan des

---

982 *IKSR*, Rhein-Alarmmodell, https://www.iksr.org/de/themen/verschmutzungen/internationaler-warn-und-alarmplan/rhein-alarmmodell/ [abgerufen am 12.7.2021].
983 Das entspricht dem international eingeführten Sprachgebrauch, vgl. VwV Warn- und Alarmplan Rhein, S. 581.
984 VwV Warn- und Alarmplan Rhein, S. 581.
985 VwV Warn- und Alarmplan Rhein, S. 582.
986 VwV Warn- und Alarmplan Rhein, S. 582.
987 Vgl. *IKSR*, Niedrigwasser, https://www.iksr.org/de/themen/niedrigwasser/ [abgerufen am 12.7.2021].
988 *Dierig*, Wegen der Hitze ist die Oder bereits unpassierbar, DIE WELT, 2018, https://www.welt.de/wirtschaft/article180265638/Binnenschifffahrt-Niedrigwasser-zwingt-Schiffer-zu-weniger-Fracht.html [abgerufen am 12.7.2021].
989 *Internationale Kommission zum Schutz des Rheins*, Mandat für die Arbeitsgruppe »Hoch- und Niedrigwasser«, 2016.
990 *Regierung Unterfranken*, Alarmplan Main – Gewässerökologie, 2021, https://www.regierung.unterfranken.bayern.de/mam/aufgaben/bereich5/sg52/20210504_amoe_fassung_2_aktualisiert_2021.pdf [abgerufen am 13.7.2021], S. 8.

C. Die Rechtslage im Bundesland Baden-Württemberg

Bayerischen Landesamtes für Umwelt (Entwurf 2019) angepasst.[991] Schon die Fassung des ABM erhob den Anspruch, Handlungen und Entscheidungen von Wasserbehörden bei natürlichen wetterbedingten Veränderungen der Gewässerökologie zu koordinieren und zu steuern. Durch den präventiven, ressourcenbezogenen Ansatz ermöglicht der Plan eine deutschlandweit einzigartige, umfassende Beurteilung der gewässerökologischen Situation auch bei Hitze- und Niedrigwasserereignissen.[992]

Der Alarmplan beruht auf einem Ampelsystem, das jeder Ampelstufe Schwellenwerte bestimmter Indikatoren für die Messstationen festlegt.[993] Das Ampelsystem besteht aus drei Stufen, der »Vorwarnung« (grün), »Warnung« (gelb) und dem »Alarm« (rot). Die wetterbedingten Veränderungen messen sich anhand der Warn- und Alarmkriterien Sauerstoffgehalt, Wassertemperatur, Abfluss und Gewässerökologie.[994]

Jede Ampelstufe löst spezifische Maßnahmen oder Handlungsabläufe für bestimmte (behördliche) Akteure aus, die im Alarmplan ebenfalls konkret bestimmt werden. So erfordert z. B. das Stadium der Vorwarnung die Messwerte der Messstellen zweimal pro Tag abzurufen, die Entwicklung zu verfolgen und umgehend zu überprüfen, ob eine naturbedingte oder eine anthropogene Ursache vorliegt.[995] Im Warnstadium sind z. B. die Messwerte der Messstationen während der Arbeitszeit stündlich abzurufen, die regionalen Medien zu informieren, alle Handlungen, die zu einer weiteren Verschlechterung der Gewässerökologie führen, zu unterlassen und gegebenenfalls die Notwendigkeit einer Abflussaufhöhung in Betracht zu ziehen.[996]

Das Alarmstadium sieht vor, weitere Maßnahmen zu prüfen und wenn zweckmäßig, umzusetzen. Exemplarisch zählt der AMÖ das Veranlassen des Wehrüberfalls an der jeweiligen Staustufe oder die Prüfung von Betriebseinschränkungen zur Reduzierung von Emissionen auf.[997]

---

991 *Regierung Unterfranken*, Alarmplan Main – Gewässerökologie, 2021, https://www.regierung.unterfranken.bayern.de/mam/aufgaben/bereich5/sg52/20210504_amoe_fassung_2_aktualisiert_2021.pdf [abgerufen am 13. 7. 2021], S. 9.
992 Siehe *Regierung Unterfranken*, Alarmplan Main – Gewässerökologie, 2021, https://www.regierung.unterfranken.bayern.de/mam/aufgaben/bereich5/sg52/20210504_amoe_fassung_2_aktualisiert_2021.pdf [abgerufen am 13. 7. 2021], S. 17 f. Verunreinigungen durch Schiffs-, Öl- und Giftunfälle sind vom Anwendungsbereich des Plans, für den eine Verwaltungsvorschrift erstellt wird, ausdrücklich ausgeschlossen, S. 10 f.
993 Anschaulich *Regierung Unterfranken*, Alarmplan Main – Gewässerökologie, 2021, https://www.regierung.unterfranken.bayern.de/mam/aufgaben/bereich5/sg52/20210504_amoe_fassung_2_aktualisiert_2021.pdf [abgerufen am 13. 7. 2021], S. 15.
994 *Regierung Unterfranken*, Alarmplan Main – Gewässerökologie, 2021, https://www.regierung.unterfranken.bayern.de/mam/aufgaben/bereich5/sg52/20210504_amoe_fassung_2_aktualisiert_2021.pdf [abgerufen am 13. 7. 2021], S. 17 f.
995 *Regierung Unterfranken*, Alarmplan Main – Gewässerökologie, 2021, https://www.regierung.unterfranken.bayern.de/mam/aufgaben/bereich5/sg52/20210504_amoe_fassung_2_aktualisiert_2021.pdf [abgerufen am 13. 7. 2021], S. 24.
996 *Regierung Unterfranken*, Alarmplan Main – Gewässerökologie, 2021, https://www.regierung.unterfranken.bayern.de/mam/aufgaben/bereich5/sg52/20210504_amoe_fassung_2_aktualisiert_2021.pdf [abgerufen am 13. 7. 2021], S. 24 ff.
997 *Regierung Unterfranken*, Alarmplan Main – Gewässerökologie, 2021, https://www.regierung.unterfranken.bayern.de/mam/aufgaben/bereich5/sg52/20210504_amoe_fassung_2_aktualisiert_2021.pdf [abgerufen am 13. 7. 2021], S. 26.

g) Zusammenfassung

Die Systematik des Wasserrechts ist gerade im Bereich des Wasserhaushalts auf eine Konkretisierung allgemeiner Grundsätze auf Planungsebene angelegt.[998] Die Untersuchung planerischer Instrumente ergibt jedoch, dass Dürreereignisse bislang einen geringen Stellenwert besitzen. Der Mangel an dürrespezifischen Regelungen in Bewirtschaftungsplänen und Maßnahmenprogrammen setzt die Ausklammerung des Themenbereichs in den wasserrechtlichen Grundsätzen und Instrumenten direkter Verhaltenssteuerung auf planerische Ebene fort. Die zentralen Planungsinstrumente, Bewirtschaftungspläne und Maßnahmenprogramme, könnten nach derzeitigem Rechtsrahmen Ansätze eines Dürremonitorings und -managements entwickeln, beschränken sich in der Praxis jedoch überwiegend auf allgemeine gewässerökologische Vorgaben. Wenige Maßnahmenprogramme gehen auf die Bereiche Mindestwasserführung und Grundwasserneubildung zwecks Verbesserung des gewässerökologischen Zustands ein. Eine Dargebots- oder Bedarfsplanung findet nur im Rahmen von Einzelfallentscheidungen statt, da die planerischen Instrumente des in Baden-Württemberg geltenden Wasserwirtschaftsrechts ein Wassermengenmanagement von ihrem Anwendungsbereich weitgehend ausnehmen.

Zur *ad hoc* Dürrebewältigung eignen sich in Baden-Württemberg teilweise die gewässerökologischen Pläne für den Neckar. Die Pläne setzen jedoch, im Unterschied zum AMÖ, nicht an Dürreereignissen selbst oder deren Ursachen, sondern an den Auswirkungen (Temperatur/Sauerstoff) an. Der Fokus dieser Instrumente (Wärmelastpläne, Sauerstoffreglement) ist ausschließlich umweltbezogen. Er dient der Vermeidung nachteiliger Auswirkungen auf die Gewässerqualität und -ökologie, indem er die industrielle Nutzung der Gewässer und städtische Abwassereinleitungen in Gewässer unter normalen hydrologischen Bedingungen und bei Dürreereignissen reguliert. Da die Pläne ein gestuftes Aktionsprogramm enthalten, sind sie auch zur kurzfristigen Bewältigung von Dürreauswirkungen geeignet.

Sämtliche wasserwirtschaftlichen planerischen Instrumente vernachlässigen bislang die Auswirkungen von Dürreereignisse auf Gewässer mit einem Einzugsgebiet kleiner als 100 km^2.[999] Kleingewässer weisen jedoch gegenüber Dürreereignissen eine besonders hohe Anfälligkeit auf, da kleinere Benutzungen, wie die Einleitung von Abwasser oder Entnahmen, bei einem Dürreereignis gravierendere Auswirkungen auf Kleingewässer als auf große Vorfluter haben können.[1000] Bei der Einbeziehung in planerische Instrumente sollte im Anschluss an die stark bewirtschafteten Gewässer auch eine an Dürreereignisse angepasste Bewirtschaftungsstrategie für Kleingewässer aufgestellt werden.

3. Ökonomische Instrumente

Nach § 12 Abs. 2 WG-BW soll die nachhaltige Bewirtschaftung der Gewässer auch durch »ökonomische Instrumente« und »Maßnahmen zur Bewusstseinsbildung« gefördert wer-

---

998 Ausführlich bereits Abschnitt C.II.5.c)ee).
999 Zwei Drittel der deutschen Gewässer fallen nicht unter die WRRL, da sie nach der Gewässertypisierung in Anhang II WRRL als nicht berichtspflichtig eingestuft werden können, vgl. *Möckel/Bathe*, Kleingewässer und Wasserrahmenrichtlinie, DVBl. 2013, 220 (220).
1000 *Möckel/Bathe*, Kleingewässer und Wasserrahmenrichtlinie, DVBl. 2013, 220 (222).

den. Ökonomische Instrumente können die Nachfrage grundsätzlich aus zwei Richtungen steuern. Sie können ein Verhalten durch Subventionen oder Zuschüsse begünstigen oder durch Zahlungen maßregeln.[1001] Im Unterschied zu ordnungs- oder strafrechtlichen Instrumenten lenken ökonomische Instrumente die Gewässerbenutzung, indem sie ökonomische Anreize für Gewässerbenutzer setzen. Die ökonomischen Anreize können langfristig zu einem stärkeren Bewusstsein für die Notwendigkeit einer ressourcenschonenden Bewirtschaftung beitragen. Das in Baden-Württemberg geltende Wasserrecht kennt verschiedene ökonomische Instrumente, die sehr unterschiedliche Eignung zur Dürrebewältigung aufweisen. Allen voran dient das Wassernutzungsentgelt nach §§ 100 WG-BW zu einer ressourcenschonenden Bewirtschaftung der Gewässer. Auch Art. 9 Abs. 1 WRRL bekräftigt, dass eine geeignete Wassergebührenpolitik angemessene Anreize für eine effiziente Wassernutzung bieten kann. Das Wassernutzungsentgelt trägt zur langfristigen Ressourcenschonung bei und stärkt dadurch mittelbar die Belastbarkeit der Gewässer bei Dürreereignissen.

Staatliche Zuwendungen im Rahmen der Gemeinsamen Agrarpolitik begünstigen den Einsatz wassereffizienter Technologien in der Landwirtschaft. Sie stärken damit nicht nur die Belastbarkeit des landwirtschaftlichen Sektors vor Dürreereignissen, sondern verringern auch die Abhängigkeit des Sektors von einem konstant hohen Wasserdargebot. Eine grundverschiedene Wirkungsweise haben Mehrgefahrenversicherungen und staatliche *ad hoc* Finanzhilfemaßnahmen. Sie dienen ausschließlich der Umverteilung ökonomischer Schäden durch Dürreereignisse, wie zum Beispiel im Dürresommer 2018 die Forderungen nach Soforthilfen für dürrebedingte Ernteausfälle.[1002]

a) Wasserentnahmeentgelt, § 100 WG-BW

Wasserentnahmeentgelte bieten die Möglichkeit die Ressourcenkosten auf die Wassernutzer umzulegen und einen Anreiz zur sparsamen Wasserverwendung zu setzen.[1003] Dabei zählen sie zu den meistdiskutierten, ökonomischen Instrument des Wasserwirtschaftsrechts.[1004] Bislang fehlt es an einer bundesrechtlichen Regelung,[1005] sodass die Erhebung des Wasserentgelts nach Landesrecht – in Baden-Württemberg[1006] nach §§ 100 ff. WG-BW – erfolgt.

1001 *Mysiak/Gomez*, Water Pricing and Taxes: An Introduction, in: Lago *et al.* (Hrsg.), Use of Economic Instruments in Water Policy, 2015, S. 15 (16); *Kirchner*, Ökonomische Analyse des Rechts, in: Assmann/Kirchner/Schanze (Hrsg.), Ökonomische Analyse des Rechts, 1993, S. 62 (63).

1002 *Stürzenhofecker/Zacharakis*, »Die schlechteste Ernte des Jahrhunderts«, ZEIT ONLINE, 2018, https://www.zeit.de/wirtschaft/2018-07/landwirtschaft-deutschland-bauern-ernteausfaelle-duerre-trockenheit [abgerufen am 12.7.2021].

1003 *Reese et al.*, Anpassung an die Folgen des Klimawandels, 2. Aufl. 2016, S. 197.

1004 Mit einer kurzen Übersicht über aktuelle Herausforderungen und Fragestellungen *Breuer/Gärditz*, Öffentliches und privates Wasserrecht, 4. Aufl. 2017, Rn. 81 f.

1005 In § 6a WHG ist der Gedanke zur Erhebung eines Wasserentgelts jedoch vorgesehen.

1006 Baden-Württemberg führte bereits 1988 das Instrument eines Wassernutzungsentgelts ein. Diesem Vorbild sind inzwischen 12 Bundesländer gefolgt. Die Frage, ob Art. 9 WRRL zwingend die Einführung eines Wassernutzungsentgelts stellt sich für Baden-Württemberg insofern nicht. Hierzu ausführlich *Reimer*, Effiziente Wassernutzung durch Wasserentnahmeentgelte?, LKRZ 2013, 445 (446 f.); a. A. für viele *Gawel*, Wasserentnahmeentgelte

Die *Wasserpfennig*-Entscheidung des Bundesverfassungsgerichts hat klargestellt, dass (landesrechtliche) Wasserentnahmeentgelte grundsätzlich verfassungskonform sind. Der Vorwurf, das Wasserentnahmeentgelt sei eine gebührenunabhängige Abgabe und damit eine Steuer im Zuständigkeitsbereich des Bundes nach Art. 105 ff. GG, wurde zurückgewiesen. Vielmehr bestehe eine sachliche Rechtfertigung den Sondervorteil abzuschöpfen zu dürfen, den Einzelne durch die Nutzung einer der Bewirtschaftung unterliegenden Ressource gegenüber denjenigen erhalten, die dieses Gut nicht oder nicht in gleichem Umfang nutzen. Die Gegenleistung für eine individuell zurechenbare staatliche Leistung liegt somit in der Ermöglichung der Entnahme von Wasser aus dem der staatlichen Bewirtschaftung unterliegenden Wasserhaushalt unter Verbrauch entsprechender Nutzungschancen für Dritte.[1007] Für die Dürrebewältigung erlangt die Funktion des Wasserentgelts zur Ressourcenschonung[1008] besondere Bedeutung.

aa) Entgeltpflicht, § 102 WG-BW

§ 102 S. 1 WG-BW enthält einen Katalog an Benutzungstatbeständen, die der Entgeltpflicht unterliegen,

»soweit sie der Wasserversorgung dienen: 1. Entnehmen und Ableiten von Wasser aus oberirdischen Gewässern, 2. Entnehmen, Zutagefördern, Zutageleiten und Ableiten von Grundwasser.«

Die gesetzgeberisch festgelegten Grenzen der Entgeltpflicht geben Aufschluss darüber, welche Gewässerbenutzer der Lenkungsfunktion des Wassernutzungsentgelts unterliegen. Umgekehrt geben die Ausnahmen von der Entgeltpflicht einen Hinweis darauf, welche Gewässerbenutzer gegebenenfalls besonders abhängig von einem konstanten Wasserdargebot sind und eine geringe Belastbarkeit gegenüber Dürre aufweisen, da für sie kein ökonomischer Anreiz zur Anpassung ihres Nutzungsverhaltens besteht.

Gewässerbenutzer, die Wasser direkt aus den Gewässern beziehen, sind nach § 102 S. 1 Nr. 1 WG-BW zur Entrichtung des Wassernutzungsentgelts verpflichtet. Die öffentliche Wasserversorgung, die Wasser für ihre Kunden bereitstellt, ist ebenfalls entgeltpflichtig, kann die Kosten jedoch auf ihre Kunden im Rahmen von öffentlich-rechtlich oder privatrechtlichen Benutzungsordnungen umlegen.[1009] Ein Vorteil der Entgeltpflichtigkeit öffentlicher Wasserversorger ist, dass die Wasserversorger selbst einen ökonomischen Anreiz haben, Maßnahmen zur Dürrevorsorge zu veranlassen wie z. B. ihre Versorgungsinfrastruktur zu pflegen und undichte Stellen zu vermeiden. Zu Rechtsunsicherheiten hinsichtlich der Grenzen der Entgeltpflicht führte der Konditionalsatz »soweit sie der

---

in Berlin, Brandenburg, Sachsen und Sachsen-Anhalt, LKV 2011, 529 (530); *Schendel*, Umweltföderalismus, in: Kloepfer (Hrsg.), Umweltföderalismus, 2002, S. 373 (385 f.).

1007 *Köhn/Lauf*, Das Wasserentnahmeentgelt in Baden-Württemberg, Bericht 1/2017, UFZ, 2016, S. 14.

1008 LT-Drs. 9/4237, S. 13 f.; *UM BW*, Erfahrungsbericht zur Erhebung des Wasserentnahmeentgelts in Baden-Württemberg, 2016, S. 1; *Bulling et al.*, WG-BW, Band 1, 3. Aufl., 55. EL 2020, Vor §§ 100–114 Rn. 43; allgemein *Gawel*, Der Sondervorteil der Wasserentnahme, DVBl. 2011, 1000 (1001 f.); *Reinhardt*, Wasserrechtliche Lenkung durch Abgaben und öffentliche Daseinsvorsorge, LKV 2007, 241 (243 ff.); *Breuer/Gärditz*, Öffentliches und privates Wasserrecht, 4. Aufl. 2017, Rn. 81.

1009 Vgl. *Bulling et al.*, WG-BW, Band 1, 3. Aufl., 55. EL 2020, § 104 Rn. 20.

C. Die Rechtslage im Bundesland Baden-Württemberg

Wasserversorgung dienen«.[1010] Er ist nach gesetzgeberischer Auffassung weit zu verstehen und umfasst nach dem freiwilligen Standard des Deutschen Institutes für Normung (DIN 4046) alle Gewässernutzungen zum Zwecke des Wasserbedarfs.[1011]

Die Entgeltpflicht knüpft an die tatsächliche Entnahme und nicht an die rechtliche Gestattung an. Dies hat zur Folge, dass auch unbefugte Entnahmen, die den rechtlich festgelegten Benutzungsumfang überschreiten oder gegen das Zulassungserfordernis verstoßen, aus Gründen der Gleichbehandlung ebenfalls der Entgeltpflicht unterliegen.[1012] Die Lenkungswirkung des Wassernutzungsentgelts fängt damit Wasserbenutzungen auf, die sich der Steuerung durch ordnungsrechtliche Instrumentarien entziehen.

bb) Ausnahmen von der Entgeltpflicht, § 103 WG-BW

§ 103 WG-BW enthält einen abschließenden Katalog an Gewässerbenutzungen, die von der Entgeltpflicht und damit von der Lenkungsfunktion ausgenommen sind. Für Dürreereignisse bedeutet dies, dass diese Gewässerbenutzer ausschließlich ordnungsrechtlichen Instrumente zur Bedarfssenkung unterliegen. Grundsätzlich ist die Ausnahme von der Entgeltpflicht eine zulässige Subventionsentscheidung des Gesetzgebers, die ihre Grenzen unter anderem im Beihilfenrecht und in Art. 3 Abs. 1 GG findet.[1013]

§ 103 Nr. 1 WG-BW nimmt erlaubnisfreie Benutzungen zur Abwehr einer gegenwärtigen Gefahr für die öffentliche Sicherheit nach § 8 Abs. 2 WHG von einer Entgeltpflicht aus. Der wichtigste Anwendungsbereich der Ausnahme liegt in der Brandbekämpfung.[1014] Die Ausnahme ist dahingehend zweckmäßig, dass sie dem bei Dürreereignissen gesteigerten Brandrisiko aufgrund der Gefahr für die öffentliche Sicherheit und Ordnung gegenüber einer langfristigen Ressourcenschonung höhere Priorität einräumt.

§ 103 Nr. 7 WG-BW sieht eine Ausnahme für »die Benutzung von Wasser aus oberirdischen Gewässern oder von Grundwasser zum Zwecke der Beregnung oder Berieselung landwirtschaftlich, gärtnerisch und forstwirtschaftlich genutzter Flächen« vor. Grund hierfür ist die gesetzgeberische Auffassung, dass die soeben genannten Entnahmen den Benutzern einen verhältnismäßig geringen Sondervorteil verschaffen. Im Übrigen versickere das Wasser im Erdreich und bleibe dem Wasserhaushalt weitestgehend erhalten, sofern es nicht verdunste oder von den Pflanzen aufgenommen werde.[1015]

Die Bereichsausnahme gibt Anlass zur Kritik, die umso gewichtiger wirkt, da das Wassernutzungsentgelt potentiell zur langfristigen Dürrevorsorge geeignet ist. Zum einen überzeuge das Argument des geringen Sondervorteils nur bedingt, da es sich um eine »sachgrundlose Verschonungssubvention« mit systematischen Widersprüchen zur entgeltfreien Entnahme handele, die sich im Rahmen der Bagatellgrenze des § 103 Nr. 9

1010 Die Erhebungspflicht bei der Entnahme von Brunnenwasser zur Vermeidung des Eindringens von Grundwasser in ein Gebäude verneinend VG Stuttgart, Urt. v. 27. 11. 2015 – 1 K 5219/14.
1011 *Bulling et al.*, WG-BW, Band 1, 3. Aufl., 55. EL 2020, § 102 Rn. 17; *UM BW*, Erfahrungsbericht zur Erhebung des Wasserentnahmeentgelts in Baden-Württemberg, 2016, S. 8.
1012 *Bulling et al.*, WG-BW, Band 1, 3. Aufl., 55. EL 2020, § 102 Rn. 8.
1013 BVerfG, Beschl. v. 7. 11. 1995 – *Wasserpfennig*, BVerfGE 93, 319 (350 f.); *Bulling et al.*, WG-BW, Band 1, 3. Aufl., 55. EL 2020, § 103 Rn. 2.
1014 *Bulling et al.*, WG-BW, Band 1, 3. Aufl., 55. EL 2020, § 103 Rn. 3.
1015 LT-Drs. 14/6491, S. 29; *Bulling et al.*, WG-BW, Band 1, 3. Aufl., 55. EL 2020, § 103 Rn. 26.

WG-BW bewege.[1016] Es erscheint zumindest zweifelhaft, wieso neben der entgeltfreien Bagatellgrenze eine branchenweite Freistellung, die insbesondere Beregnungsverbände großflächig begünstige, erforderlich ist.[1017] Zum anderen kann das Argument der Rückführung in den Wasserkreislauf zumindest bei Dürre und Hitzewellen aufgrund der hohen Verdunstungsrate kaum überzeugen. Eine Bewässerung bei Dürre erhöht gleichzeitig den punktuellen Eintrag von Schadstoffen, wie Pestiziden oder Nitrat, in die Gewässer und nachfolgend auch den Aufbereitungsaufwand.[1018] Letztlich besteht die Gefahr einer Ausweitung der Bewässerungslandwirtschaft, da es an ökonomischen Anreizen zur Senkung der Nachfrage fehlt und die Gewinnerzielungsabsicht zu einer stärkeren Inanspruchnahme führen kann. Weitergedacht kann die Ausnahme den Anbau bewässerungsintensiver, mehrjähriger Kulturen begünstigen, da diese eine größere Gewinnmaximierung versprechen. Dies bedeutet wiederum, dass die Anfälligkeit des Landwirtschaftssektors aufgrund zunehmender Abhängigkeit von einer Bewässerung für Dürren steigt.

Ferner nimmt § 103 Nr. 8 WG-BW die Speisung von Lauf- und Springbrunnen von der Entgeltpflicht aus. Mangels gesetzlicher Konkretisierung umfasst die Ausnahme sowohl öffentliche wie auch private Brunnen.[1019] Zur Dürrebewältigung wäre eine Differenzierung zwischen Brunnen mit geschlossenen Kreisläufen und anderen Brunnen wünschenswert. Dies würde nicht nur den Einsatz bedarfsschonender Technologien fördern, sondern auch die unnötige Verschwendung von Wasserressourcen zu ästhetischen Zwecken verhindern.

Die bereits erwähnte Bagatellgrenze in § 103 Nr. 6 WG-BW nimmt geringfügige Benutzungen von der Entgeltpflicht aus. Der Hintergrund der Einführung einer Bagatellgrenze ist die gesetzgeberische Intention, den Verwaltungsaufwand im Zusammenhang mit der Erhebung des Wassernutzungsentgelts um bis zu 25 % zu senken.[1020] Zudem besteht ein Grenzwert für eine zulässige, entgeltfreien Entnahmemenge ohne nähere Konkretisierung des Verwendungszwecks. Dieses Vorgehen befindet die Literatur grundsätzlich als sachgerecht, jedoch sei eine Klarstellung nötig, ob sich die Entnahmemenge auf eine Entnahmestelle, einen Benutzungstatbestand oder eine entgeltpflichtige Person beziehe.[1021] Für die *ad hoc* Dürrebewältigung stehen bislang der Verwaltungsaufwand und die Lenkungsfunktion des Wassernutzungsentgelts in einem Spannungsverhältnis. Mit zunehmenden Dürren könnte jedoch die Notwendigkeit nach einer stärkeren Lenkung für alle Gewässerbenutzer steigen.

cc) Bemessungsgrundlage, § 104 WG-BW

Die Tarifstruktur des Wassernutzungsentgelts ist durch § 104 Abs. 1 WG-BW geregelt. Die Ausgestaltung dieser Tarifstruktur gibt dabei den Rahmen vor, innerhalb dessen das

---

1016 *Köhn/Lauf*, Das Wasserentnahmeentgelt in Baden-Württemberg, Bericht 1/2017, UFZ, 2016, S. 61.
1017 Allgemein *Bulling et al.*, WG-BW, Band 1, 3. Aufl., 55. EL 2020, § 101 Rn. 7.
1018 Hierzu ausführlich Abschnitt C.III.1.e)aa).
1019 LT-Drs. 15/3760, S. 166.
1020 LT-Drs. 14/6491, S. 2; die Einführung einer Bagatellgrenze ist verfassungsrechtlich zulässig, siehe hierzu st. Rspr. des Bundesverfassungsgerichts, BVerfG, Beschl. v. 7. 11. 1995 – *Wasserpfennig*, BVerfGE 93, 319 (351).
1021 *Köhn/Lauf*, Das Wasserentnahmeentgelt in Baden-Württemberg, Bericht 1/2017, UFZ, 2016, S. 167.

Wassernutzungsentgelt auch zur Dürrevorsorge und/oder zur *ad hoc* Nachfrageregulierung im Dürrefall eingesetzt werden kann.

(1) Rechtliche Vorgaben für die Tarifgestaltung

Nach § 108 Abs. 1 WG-BW bemisst sich das Wasserentnahmeentgelt aufgrund einer Eigenerklärung des Entgeltpflichtigen. Die Tarifstruktur des § 104 Abs. 1 WG-BW unterscheidet nach Herkunft, Menge und tatsächlichem Verwendungszweck.[1022] Begrüßenswert im Hinblick auf eine effektive Dürrebewältigung ist, dass sich das Wassernutzungsentgelt nach tatsächlicher Entnahmemenge und nicht etwa rechtlich erlaubter Entnahmemenge bemisst.[1023] Die Notwendigkeit sowie die Art und Weise der Erfassung schreibt die Verordnung des Umweltministeriums über die Erfassung der Wasserentnahmen (WMeßVO) vor. Vollzugs- und Lenkungsdefizite können bestehen, wenn Entgeltpflichtige fälschliche Angaben im Rahmen der Eigenerklärung § 108 WG-BW (als Grundlage für die Festsetzung des Wassernutzungsentgelts) machen. Für Endnutzer mit Anschluss an die öffentliche Wasserversorgung beugen Wasserzähler einer deratigen Diskrepanz vor.

§ 104 WG-BW weist grundsätzlich eine schlanke Tarifsystematik aus. Die Norm unterscheidet drei verschiedene Abgabesätze. Sie differenziert zwischen Herkunft des Wassers aus Oberflächengewässern und Grundwasser sowie nach Wasser für die öffentliche Wasserversorgung. Durch die preisliche Differenzierung nach Grundwasser und Oberflächengewässer regt der Gesetzgeber eine Substitution von Grundwasser durch Oberflächenwasser an.[1024] In Ermangelung einer wasserkörperspezifischen Festlegung von Knappheiten erscheint die Unterscheidung in Grundwasser und Oberflächengewässer gerechtfertigt, zumal Grundwasserressourcen als besonders hochwertige Ressource einen hohen Stellenwert für die Trinkwasserversorgung einnehmen und besonders schutzwürdig sind.[1025] Die in § 104 Abs. 2 WG-BW festgelegten Tarifsätze wurden durch das Haushaltsbegleitgesetz (HBegleitG) 2015/2016[1026] zum 1.1.2019 erhöht, um der allgemeinen Preisentwicklung seit 1988 zu entsprechen. Mit 0,10 €/m^3 unterliegt die öffentliche Wasserversorgung dem höchsten Entgeltsatz, gefolgt von Grundwasser mit 0,051 €/m^3 und Oberflächengewässer mit 0,015 €/m^3, wobei Kühlwasser und Bewässerung aus Oberflächengewässern Sondertarifen unterliegen. Auffällig ist, dass der Sondertarif für Bewässerung mit 0,00511 €/m^3 von der Tariferhöhung im Jahr 2019 ausgenommen war und noch immer weit unter den

---

1022 LT-Drs. 14/6491, S. 30; *Bulling et al.*, WG-BW, Band 1, 3. Aufl., 55. EL 2020, § 104 Rn. 3.
1023 Vgl. allgemein mit dem Hinweis, dass die Erhebung von Abgaben in der Form der Ausübung des Wasserregals über lange Zeiträume selbstverständlich waren, BVerfG, Beschl. v. 7.11.1995 – *Wasserpfennig*, BVerfGE 93, 319 (340); *Bulling et al.*, WG-BW, Band 1, 3. Aufl., 55. EL 2020, § 104 Rn. 5; *Köhn/Lauf*, Das Wasserentnahmeentgelt in Baden-Württemberg, Bericht 1/2017, UFZ, 2016, S. 68; *UM BW*, Erfahrungsbericht zur Erhebung des Wasserentnahmeentgelts in Baden-Württemberg, 2016, S. 16.
1024 *UM BW*, Erfahrungsbericht zur Erhebung des Wasserentnahmeentgelts in Baden-Württemberg, 2016, S. 19.
1025 *Bulling et al.*, WG-BW, Band 1, 3. Aufl., 55. EL 2020, § 104 Rn. 9; *Köhn/Lauf*, Das Wasserentnahmeentgelt in Baden-Württemberg, Bericht 1/2017, UFZ, 2016, S. 161; *UM BW*, Erfahrungsbericht zur Erhebung des Wasserentnahmeentgelts in Baden-Württemberg, 2016, S. 18.
1026 Näher *Bulling et al.*, WG-BW, Band 1, 3. Aufl., 55. EL 2020, Vor §§ 100–114 Rn. 12a, § 104 Rn. 11a.

anderen Tarifsätzen liegt.[1027] Die Höhe der Tarifsätze bewegt sich grundsätzlich im Mittel der Länderregelungen. Die starke Abweichung der Tarife wird hingegen als überprüfungsbedürftig angesehen.[1028] Ab 2019 besteht ein Entgelt-Verhältnis von 1:10 zwischen z. B. der landwirtschaftlicher Bewässerung und der öffentlichen Wasserversorgung. Diese Diskrepanz kann aus dem Gesichtspunkt gerechtfertigt sein, dass Wasser für die öffentliche Wasserversorgung – im Unterschied zu landwirtschaftlich genutztem Wasser – besonders rein ist und besonderer Aufbereitung bedarf. Nicht gerechtfertigt erscheint allerdings, dass die Sondernutzung Bewässerung von der kontinuierlichen Preiserhöhung seit 2011 ausgenommen wurde. Auswirkungen auf die Wettbewerbsfähigkeit Baden-Württembergs als Wirtschaftsstandort hatten bislang weder die Tarifstruktur noch die festgelegten Wasserpreise.[1029] Der Bewässerungssektor, sofern entgeltpflichtig, erfährt an dieser Stelle im Unterschied zu anderen Nutzungszwecken eine Subventionierung.

Der Gesetzgeber hat ferner dem Verhältnismäßigkeitsprinzip Rechnung getragen und in §§ 105 f. WG-BW Ermäßigungen des Wassernutzungsentgelts, sowie eine Befreiung in besonderen Härtefällen, § 107 WG-BW, vorgesehen. Im Zusammenhang mit den Ermäßigungen nach §§ 105 f. WG-BW nutzt der Gesetzgeber die Lenkungsfunktion des Wassernutzungsentgelts in zwei Richtungen. Er sieht Ermäßigungen für weitere Maßnahmen der Ressourcenschonung (wie Umweltmanagementsysteme und sparsamen Umgang mit Grundwasser) vor.[1030] Seit 2011 wurden die Ermäßigungs- und Verrechnungsklauseln für Oberflächengewässer nach § 105 WG-BW allerdings nur in drei Fällen in Anspruch genommen.[1031]

(2) Das Wasserentnahmeentgelt in der Praxis der öffentlichen Wasserversorgung

In der Praxis erfährt der Wassernutzungstarif für die öffentliche Wasserversorgung weitere Ausformung. Die Unternehmen der öffentlichen Wasserversorgung dürfen das Wasserentnahmeentgelt im Rahmen öffentlich-rechtlicher oder privatrechtlicher Benutzungsordnungen, z. B. in Form gemeindlicher Wassergebührensatzungen,[1032] auf die Endkunden umlegen.[1033] Bei öffentlich-rechtlichen Benutzungsordnungen haben die Unternehmen ein weites Ermessen, müssen jedoch die Grundsätze der §§ 13 ff. KAG wahren und insbesondere das Verhältnismäßigkeits- und Kostendeckungsprinzip nach § 14 Abs. 1 S. 1 KAG einhalten. Bei der Gebührenfestsetzung von Wasserversorgern können viele (regionale) Einflussfaktoren eine Rolle spielen, wie z. B. naturräumliche Gegebenheiten,

---

1027 Vgl. hierzu die Daten bei *UM BW*, Erfahrungsbericht zur Erhebung des Wasserentnahmeentgelts in Baden-Württemberg, 2016, S. 18.
1028 *UM BW*, Erfahrungsbericht zur Erhebung des Wasserentnahmeentgelts in Baden-Württemberg, 2016, S. 3, 20; *Köhn/Lauf*, Das Wasserentnahmeentgelt in Baden-Württemberg, Bericht 1/2017, UFZ, 2016, S. 72 f.
1029 *UM BW*, Erfahrungsbericht zur Erhebung des Wasserentnahmeentgelts in Baden-Württemberg, 2016, S. 3.
1030 LT-Drs. 14/6491, S.32; *Bulling et al.*, WG-BW, Band 1, 3. Aufl., 55. EL 2020, § 105 Rn. 1.
1031 *UM BW*, Erfahrungsbericht zur Erhebung des Wasserentnahmeentgelts in Baden-Württemberg, 2016, S. 23.
1032 VGH BW, Urt. v. 5. 7. 2012 – 2 S 2599/11; *Zimmermann/Minecka*, Besprechung von VGH BW, Urt. v. 5.7.2012 – 2 S 2599/11, IR 2013, 44 (45).
1033 *Bulling et al.*, WG-BW, Band 1, 3. Aufl., 55. EL 2020, § 104 Rn. 20.

die sich auf die Aufbereitung und die Gewinnung des Trinkwassers beziehen.[1034] Häufig ist die genaue Erhebung von Wassernutzungsentgelten nur eingeschränkt einsehbar.[1035] Die meisten Benutzungsordnungen gestalten die Benutzungsgebühren für die öffentliche Wasserversorgung mittels eines verbrauchsunabhängigen Grundpreises (nach Größe des Hausanschlusses gestaffelt) und einem einheitlichen Arbeitspreis je nach Entnahmemenge.[1036] Manche Tarifstrukturen sehen Preisnachlässe für hohe Mengenabnahmen von industriellen Großkunden vor, um einer Eigengewinnung oder Standortverlagerung entgegenzuwirken.[1037]

Wasserversorgungsunternehmen können grundsätzlich auch bei privatrechtlicher Benutzungsgestaltung nach der AVBWasserV verbrauchsunabhängige Trinkwassergrundpreise nach Nutzungsgruppen festlegen, da das Maß der Inanspruchnahme der Vorhalteleistung unterschiedlich ausfällt.[1038] Öffentliche Versorger, wie Wasser- und Bodenverbände, dürfen Beträge ebenfalls nach Nutzergruppen gesondert festlegen, sofern nach Art. 3 Abs. 1 GG ein sachlicher Grund besteht.[1039] Besondere Wasser»spar«tarife bieten nur sehr wenige Wasserversorgungsunternehmen, darunter die Stadtwerke Schönwald und die Technischen Werke Mandelbachtal. Sie knüpfen an die doppelte Lenkungsfunktion des Wassernutzungsentgelts an und regen Wassernutzer durch Rabattprogramme mit vergünstigten Wassernutzungstarifen, wenn der Verbrauch gegenüber dem Vorjahr reduziert werden konnte, zu einem langfristigen Wassersparen an.[1040]

Nach § 104 Abs. 4 WG-BW besteht eine Zweckbindung für die Verwendung des Wassernutzungsentgelts, wonach Wasserversorger und das Land als Erhebende die Einnahmen durch das Wassernutzungsentgelt nur für gewässerökologische oder wasserwirtschaftliche Belange einsetzen dürfen,[1041] ausnahmsweise auch zur Deckung der Verwaltungskosten im Zusammenhang mit der Erhebung des Wassernutzungsentgelts.[1042] Die Einführung der Zweckbindung fördert nicht nur die Akzeptanz des Wassernutzungsentgelts, sondern auch die haushaltsunabhängige Finanzierungsbasis.[1043]

1034 *Fälsch et al.*, Abbildung regionaler Unterschiede bei der Trinkwasserbereitstellung, IR 2010, 284 (285).
1035 *Bundeskartellamt*, Bericht über die großstädtische Trinkwasserversorgung, EnWZ 2016, 291 (292, 294).
1036 *Bundeskartellamt*, Bericht über die großstädtische Trinkwasserversorgung, EnWZ 2016, 291 (291); *Oelmann/Haneke*, Herausforderung demographischer Wandel, NuR 2008, 188 (191).
1037 *Bundeskartellamt*, Bericht über die großstädtische Trinkwasserversorgung, EnWZ 2016, 291 (291).
1038 BGH, Urt. v. 8. 7. 2015 – VIII ZR 106/14; *Kramer/Köhler*, Anmerkungen zu OLG Dresden, 14.07.2015 - 9 U 83/15, IR 2015, 262 (263).
1039 VG Lüneburg, Urt. v. 7. 12. 2010 – 3 A 88/09, Rn. 16 ff. (openjur).
1040 *Oelmann/Haneke*, Herausforderung demographischer Wandel, NuR 2008, 188 (193).
1041 Der Gesetzgeber fasst die Begriffe »gewässerökologischer und wasserwirtschaftlicher Belange« wesentlich enger. Beispielsweise sind Bereiche der SchALVO und Altlasten im Rahmen des Bodenschutzrechts ausgenommen, so LT-Drs. 15/5960, S. 10, 12 f.; *Bulling et al.*, WG-BW, Band 1, 3. Aufl., 55. EL 2020, § 104 Rn. 17.
1042 *Bulling et al.*, WG-BW, Band 1, 3. Aufl., 55. EL 2020, § 104 Rn. 18.
1043 *Köhn/Lauf*, Das Wasserentnahmeentgelt in Baden-Württemberg, Bericht 1/2017, UFZ, 2016, S. 162.

dd) Zusammenfassung und Bewertung

Das Wassernutzungsentgelt weist in verschiedener Hinsicht Eignung zur Dürrevorsorge auf. Der Umfang der Entgeltpflicht nach § 102 WG-BW ist begrüßenswert, da selbst illegale Entnahmen von der Entgeltpflicht umfasst werden. Bei den Anforderungen nach § 104 WG-BW und der Ausgestaltung der Tarifstrukturen in der Praxis spielen Dürreereignisse keine unmittelbare Rolle. Gegebenenfalls sind sie in leicht höheren Grund- oder Arbeitstarifen z. B. in wasserärmeren Regionen mitberücksichtigt. Gesonderte Tarifstufen für normale hydrologische Bedingungen und trockene Bedingungen sieht jedoch keine der Tarifstrukturen vor. Die Gründe hierfür können vielfältig sein. Zum einen ist das Wassernutzungsentgelt und eine dürreangepasste Tarifstruktur eine politische Entscheidung.[1044] Zum anderen ist der häusliche Wasserverbrauch seit 1991 konstant rückläufig und erfordert teilweise aufwändige betriebstechnische Maßnahmen, wie die Spülung des Versorgungsnetzes mit Frischwasser aus hygienischen Gründen.[1045] Folge davon ist eine Erhöhung der Wasserpreise, da Unternehmen die Fixkosten auf geringere Absätze umlegen.[1046] Bei ungehinderter Fortsetzung dieses Trends könnte der Wasserverbrauch aufgrund steigender Wassernutzungsentgelte künftig den Bereich geringer Verbrauchselastizität erreichen. Ein Einsparpotential wäre dann nur durch neue Technologien oder Initiierung eines langfristigen Strukturwandels möglich.[1047] Dies könnte langfristig bedeuten, dass das Wassernutzungsentgelt sein Steuerungspotential zur kurzfristigen Anpassung der Nachfrage bei Dürreereignissen aufgrund der Unelastizität verliert.

Um ihre Lenkungsfunktion Ressourcenschonung als langfristigen Beitrag zur Vermeidung von Wasserknappheit aufrecht zu erhalten, sollte der Gesetzgeber an den Voraussetzungen der Entgeltpflicht und den zahlreichen Ausnahmeregelungen ansetzen.[1048] Durch die großflächige Subventionierung von Industrie und Gewerbe im Rahmen der Wassertarifstrukturen und der Landwirtschaft als entgeltfreier Benutzer nach § 103 Nr. 7 WG-BW fördert der Gesetzgeber die gesellschaftliche Perzeption des Wassernutzungsentgelts als »Belastung« anstelle einer »gering entgeltpflichtigen Ressourcennutzung«.[1049] Zudem ist die Ausnahme von der Entgeltpflichtigkeit für die Landwirtschaft in § 103 Nr. 7 WG-BW hinderlich, da sie nicht nur ihre Lenkungsfunktion zur Ressourcenschonung z. B. mittels effizienter Bewässerungstechnologien in einem Bereich auslässt, der Teils ordnungsrechtlicher Einschränkung unterliegt,[1050] sondern aktiv die Abhängigkeit der Landwirtschaft von der Bewässerung fördert. Die Ausnahme selbst trägt damit zum Konfliktpotential zwischen landwirtschaftlichen und anderen Gewässerbenutzern bei.

1044 *Reimer*, Effiziente Wassernutzung durch Wasserentnahmeentgelte?, LKRZ 2013, 445 (450).
1045 BR-Drs. 280/1/09, S. 4; *Bundeskartellamt*, Bericht über die großstädtische Trinkwasserversorgung, EnWZ 2016, 291 (291).
1046 *Bundeskartellamt*, Bericht über die großstädtische Trinkwasserversorgung, EnWZ 2016, 291 (291).
1047 *Reimer*, Effiziente Wassernutzung durch Wasserentnahmeentgelte?, LKRZ 2013, 445 (450).
1048 Ähnlich auch *UM BW*, Erfahrungsbericht zur Erhebung des Wasserentnahmeentgelts in Baden-Württemberg, 2016, S. 6.
1049 *UM BW*, Erfahrungsbericht zur Erhebung des Wasserentnahmeentgelts in Baden-Württemberg, 2016, S. 7.
1050 *UM BW*, Erfahrungsbericht zur Erhebung des Wasserentnahmeentgelts in Baden-Württemberg, 2016, S. 6.

Letztlich kann das Wassernutzungsentgelt ordnungsrechtliche und strafrechtliche Instrumente ergänzen, aber nicht ersetzen.[1051] Die derzeitige Ausgestaltung der Tarifstrukturen berücksichtigt im Ergebnis zwar die Kosten künftiger Knappheit und langfristige Ressourcenvorsorge, versäumt es aber, ihr Lenkungspotential voll auszuschöpfen.[1052] *De lege ferenda* könnte hier die stärkere Ausdifferenzierung in Anlehnung an das Sparsamkeitsgebot nach § 5 Abs. 1 Nr. 2 WHG, § 50 Abs. 3 WHG im Vordergrund stehen. Eine Ergänzung der Tarifstrukturen um dürrespezifische Sondertarife könnte bei *ad hoc* Dürrebedingungen ökonomische Anreize zur Einhaltung des Sparsamkeitsgebots verstärken.

b) Staatliche Zuwendungen

Staatliche Zuwendungen zur Förderung einer klimaangepassten Landwirtschaft erhöhen nicht nur die Belastbarkeit des landwirtschaftlichen Sektors, sie können auch präventiv zum Schutz der Umwelt vor Dürreauswirkungen beitragen. Das Land Baden-Württemberg unterstützt den landwirtschaftlichen Sektor durch staatliche Zuwendungen im Rahmen der europäischen Agrarpolitik. Diese setzen finanzielle Anreize und können das gewässerrelevante Nutzungsverhalten von Landwirten durch die Bezuschussung solcher Maßnahmen steuern, die die Anfälligkeit des Betriebs gegenüber Dürreauswirkungen senken. Zu denken ist insbesondere an Maßnahmen zur Bewässerung, die langfristig die Belastbarkeit von Landwirten gegenüber Dürre erhöhen und zur Ressourcenschonung beitragen.

aa) Der Maßnahmen- und Entwicklungsplan Ländlicher Raum Baden-Württemberg (MEPL) 2014–2020

Nach eigenen Angaben fördert das Land Baden-Württemberg im Rahmen der zweiten Säule der Gemeinsamen Agrarpolitik auch Maßnahmen zur Reduzierung des Dürrerisikos.[1053] Im Fokus stehen Maßnahmen zur innerbetrieblichen Selbsthilfe vor und bei Dürreereignissen. Der MEPL beinhaltet 16 Förderprogramme.[1054] Zu den wichtigsten gewässerspezifischen Maßnahmen mit Eignung zur Dürrevorsorge gehören z. B. die Diversifizierung des Anbauprogramms im Rahmen des Förderprogramms für Agrarumwelt, Klimaschutz und Tierwohl (A1 FAKT).[1055] Ein diversifizierter Anbau streut das Risiko dürrebedingter Ernteschäden und trägt zum Erhalt der natürlichen Bodenfunktionen bei. Maßnahmen zur konservierenden Bodenbearbeitung (F4 FAKT) vermindern das Risiko von Auswirkungen durch Starkniederschläge und Trockenheit.[1056] Beide Maßnahmen wirken sich positiv auf die Speicherkapazität und Filterfunktion der Böden aus, wodurch sie zur Resilienz von Grundwasserressourcen gegenüber Dürreereignissen beitragen.

1051 Für viele *Reimer*, Effiziente Wassernutzung durch Wasserentnahmeentgelte?, LKRZ 2013, 445 (450).
1052 Allgemein *Reese et al.*, Anpassung an die Folgen des Klimawandels, 2. Aufl. 2016, S. 198.
1053 LT-Drs. 16/2053, S. 8.
1054 Rechtsgrundlage für die Förderung innerbetrieblicher Maßnahmen in der Förderperiode 2014–2020 ist die »ELER-Verordnung«, Verordnung (EU) Nr. 1305/2013 des Europäischen Parlaments und des Rates über die Förderung der ländlichen Entwicklung.
1055 *MLR BW*, MEPL III, 3. Aufl. 2016, S. 12 ff.; auch *Feil*, Ernteversicherungen: nur mithilfe des Staates, DLG-Mitteilungen 2015, 22 (22).
1056 LT-Drs. 16/2053, S. 8.

FAKT sieht ferner auch freiwillige Maßnahmen zum Gewässer- und Erosionsschutz vor, die jedoch auf gewässerqualitative Maßnahmen beschränkt sind. Spezifische Maßnahmen zur Selbsthilfe bei Dürreereignissen sieht FAKT nicht vor.

Eine Ausweitung der Maßnahmen erfolgte beispielsweise 2017 für den Weinbau durch die »Omnibus«-Verordnung 2017/2393 des Europäischen Parlaments und des Rates vom 13.12.2017. Auf ihrer Grundlage fördert das Land Baden-Württemberg im Rahmen der VwV Förderung Weinbau[1057] die Umstrukturierung und Umstellung von Rebflächen (UuU), darunter auch die »ortsfeste Installation von Tröpfchenbewässerungsanlagen« nach 2.7. VwV Förderung Weinbau. Derartige Bestrebungen nehmen Weinbauern als taugliche Maßnahmen zur Risikovorsorge gegen Dürreschäden wahr. Bei der Förderung von Maßnahmen zur Bewässerung sollte jedoch stets die Wasserversorgung bei Dürreereignissen bedacht werden. Eine Beschränkung des Gemeingebrauchs oder der erlaubnisfreien Nutzung des Grundwassers könnte die Wasserverfügbarkeit für Weinbauern ohne Genehmigung zur Grundwassernutzung und den Nutzen von Tröpfchenbewässerungsanlagen bei Dürreereignissen beeinträchtigen. Um das Problem der Wasserverfügbarkeit zu lösen, könnten u. a. Selbsthilfemaßnahmen wie der Bau von Zisternen gefördert und gefordert werden, spiegelbildlich zur bereits bestehenden Verpflichtung zur Ergreifung von Schutzmaßnahmen vor Hochwasser nach § 5 Abs. 2 WHG. Alternativ ist auch an Verbundlösungen zu denken, in denen landwirtschaftliche Verbände (die häufig eine hohe Zulauf-/Repräsentationsquote haben) als Bewässerungsgemeinschaft auftreten und die Infrastruktur sowie einen Zugang zu verschiedenen Wasserressourcen bereitstellen. Derartige Bewässerungsgemeinschaften gibt es z. B. in Eschenbach, wo mehrere Beregnungsgemeinschaften zu einem Verband zusammengelegt werden könnten.

Während des Dürresommers 2018, der in Deutschland ökonomische Schäden allein beim Getreideanbau von über 1,4 Mrd. € verursachte, entbrannten heftige Diskussionen über eine Neuausrichtung der Agrarsubventionen.[1058] Kritisiert wurde insbesondere, dass die Subventionen weitgehend ohne Auflagen gewährt werden. Hierdurch besteht erweitertes Regelungspotential für Dürreereignisse, da die Gewährung von Subventionen z. B. an die Vorhaltung und Erstellung von Dürremanagementbetriebsplänen geknüpft werden könnte. Somit könnten auch Subventionen für gewässerferne Zwecke mittelbar zur effektiven Dürrebewältigung beitragen. *De lege ferenda* können Subventionen noch konkreter zur Dürrevorsorge beitragen, indem sie z. B. dürreresistente Anbauarten im Zuge der Anpassung der Landwirtschaft an den Klimawandel fördern.

bb) Soforthilfen für die Landwirtschaft nach der VwV Dürrehilfe

Zur Schadensminderung gewährte die Landesregierung Baden-Württemberg bei besonders extremen Wetterereignissen bisher Ernteausfallzahlungen nach der VwV Unwetter-

---

1057 Verwaltungsvorschrift des Ministeriums für Ländlichen Raum und Verbraucherschutz für die Förderung der Umstrukturierung und Umstellung von Rebflächen und die Förderung von Investitionen im Weinbau (VwV Förderung Weinbau), vom 29.8.2013 – Az.: 24-8536.31 (GABl. 2013, S. 416), z. g. d. Verwaltungsvorschrift v. 30.7.2018 (GABl. 2018, S. 535).

1058 *ZEIT ONLINE*, Missernten: Volker Kauder sagt Landwirten Unterstützung zu, 2018, https://www.zeit.de/politik/2018-08/missernten-kauder-volker-bauern-hilfen-bundesregierung [abgerufen am 12.7.2021].

hilfe.[1059] Diesem Ansatz folgte die Landesregierung als Reaktion auf die Dürreschäden im Jahr 2018[1060] und erließ im November 2018 die VwV Dürrehilfe.[1061]

Die Dürrehilfen im Jahr 2018, die deutschlandweit 340 Milliarden Euro betrugen,[1062] sind ein Beispiel für staatliche *ad hoc* Maßnahmen im Rahmen von Sonder- und Notstandsprogrammen zur Bewältigung außergewöhnlichen Naturkatastrophen aufgrund der besonderen Anfälligkeit der Landwirtschaft für Dürreauswirkungen.[1063] Die Gewährung von *ad hoc* Finanzhilfen erfolgte in Baden-Württemberg beispielsweise auch nach dem Jahrhundertsommer 2003.[1064] Für das Jahr 2018 beantragten rund 300 Bauern in Baden-Württemberg Soforthilfen nach der VwV Dürrehilfe für Schäden in Höhe von rund 9,3 Mio. €, wovon 2,3 Mio. € aus Landes- und Bundesmitteln an 236 Betriebe ausgezahlt wurden.[1065] Die VwV Dürrehilfe stellt ausdrücklich klar, dass

»die Risikovorsorge zur Bewältigung von Schäden in der Land- und Forstwirtschaft, die durch Naturkatastrophen oder widrige Witterungsverhältnisse verursacht werden, [...] zunächst in der Verantwortung der landwirtschaftlichen Unternehmen [liegen]. Die nach Maßgabe dieser Verwaltungsvorschrift [...] gewährten Billigkeitsleistungen sollen das Krisenmanagement der betroffenen landwirtschaftlichen Unternehmen unterstützen und zur Milderung der durch die Dürre verursachten Schäden beitragen.«

Nach 2.1 der VwV Dürrehilfe qualifiziert der Dürresommer 2018 als

»ein außergewöhnliches Naturereignis im Sinne der Nummern 2.3 und 7.1 der nationalen Rahmenrichtlinie zur Gewährung staatlicher Zuwendungen zur Bewältigung von Schäden in der Land- und Forstwirtschaft verursacht durch Naturkatastrophen oder widrige Witterungsverhältnisse.«

Voraussetzung für die Gewährung der *ad hoc* Dürrehilfen ist eine Existenzgefährdung des Unternehmens nach 3.2 VwV Dürrehilfe und die Überschreitung einer Mindestscha-

---

1059 Verwaltungsvorschrift des Ministeriums für Ländlichen Raum und Verbraucherschutz zur Gewährung staatlicher Zuwendungen zur Bewältigung von Unwetterschäden in der Landwirtschaft in Baden-Württemberg 2016 vom 27. 7. 2016 – Az.: 27-8581.05.
1060 ZEIT ONLINE, Missernten: Volker Kauder sagt Landwirten Unterstützung zu, 2018, https://www.zeit.de/politik/2018-08/missernten-kauder-volker-bauern-hilfen-bundesregierung [abgerufen am 12. 7. 2021]; andere Sektoren wie der Weinbau hingegen rechnen mit einem sehr guten Jahrgang *Stürzenhofecker/Zacharakis*, »Die schlechteste Ernte des Jahrhunderts«, ZEIT ONLINE, 2018, https://www.zeit.de/wirtschaft/2018-07/landwirtschaft-deutschland-bauern-ernteausfaelle-duerre-trockenheit [abgerufen am 12. 7. 2021].
1061 Verwaltungsvorschrift des Ministeriums für Ländlichen Raum und Verbraucherschutz zur Gewährung staatlicher Billigkeitsleistungen zur Bewältigung von Dürreschäden in der Landwirtschaft in Baden-Württemberg vom 1. 11. 2018 – Az.: 27-8581.05.
1062 Sie wurden hälftig vom Bund und den Bundesländern getragen, siehe 1.2 VwV Dürrehilfe, *dpa*, Landwirtschaft: Bauern bekommen 340 Millionen Euro als Nothilfe für Dürreschäden, Handelsblatt, 2018, https://www.handelsblatt.com/22892346.html [abgerufen am 12. 7. 2021].
1063 *Mayer/Stroblmair/Tusini*, Land- und Forstwirtschaft: Bedrohung oder Umstellung, in: Steininger/Steinreiber/Ritz (Hrsg.), Extreme Wetterereignisse und ihre wirtschaftlichen Folgen, 2005, S. 151 (166).
1064 LT-Drs. 16/2053, S. 11.
1065 LT-Drs. 17/662, S. 7; *MLR BW*, Land gibt ersten Überblick über Zahl der Anträge, 2018, https://mlr.baden-wuerttemberg.de/de/unser-service/presse-und-oeffentlichkeitsarbeit/pressemitteilung/pid/land-gibt-ersten-ueberblick-ueber-zahl-der-antraege-abschliessendes-bild-erst-im-maerz-2019-moeglich/ [abgerufen am 12. 7. 2021].

densschwelle. Nach 2.2 VwV Dürrehilfe ist die Mindestschadensschwelle überschritten, wenn die durchschnittliche Jahreserzeugung[1066] des betreffenden landwirtschaftlichen Unternehmens durch die Dürre um mehr als 30 % zurückgegangen ist. In den Anwendungsbereich der *ad hoc* Zahlungen fallen neben klassischen Dürreauswirkungen auf die Landwirtschaft, wie Ernteeinbußen an Obst oder Getreide, auch notwendig gewordene »Grundfutterkäufe für Raufutterfresser«, 4.4 VwV Dürrehilfe. Gewährt werden auf der Grundlage der VwV Dürrehilfe bis zu 50 % des Gesamtschadens nach 4.5, 4.7, 5.2 VwV Dürrehilfe.

Die Zweckmäßigkeit derartiger Billigkeitsleistungen zum Teilausgleich wirtschaftlicher Dürreschäden war ein wesentlicher Gegenstand der politischen Debatte im Dürresommer 2018 und auch im Jahr 2019, in dem sich die Nachwirkungen der Dürre 2018 für Landwirte[1067] noch bemerkbar machten. Auf der einen Seite können Dürreereignisse für Landwirte »ein existenzbedrohendes Ausmaß annehmen«.[1068] Auf der anderen Seite können *ad hoc* Finanzhilfen dazu führen, dass Landwirte Maßnahmen eines innerbetrieblichen Risikomanagements zur Vermeidung des Dürrerisikos vernachlässigen. Gleiches gilt für die steuerliche Begünstigung in Form von Stundungs- oder aufgeschobenen Vollstreckungsmaßnahmen von Landwirten bei Dürreschäden an landwirtschaftlichen Kulturen.[1069] Die vorschnelle Bereitstellung von *ad hoc* Finanzhilfen birgt zudem die Gefahr, dass Landwirte mit staatlicher Unterstützung rechnen, jedoch die 30 % Mindestschadensschwelle nicht erreichen oder dem Kriterium der Existenzgefährdung nicht entsprechen und dadurch erst recht in existenzbedrohende Umstände geraten.[1070] Die Dürrehilfen sollten stets den Status einer speziellen Billigkeitsleistung einnehmen und vermitteln, die nur ausnahmsweise die *ad hoc* Bewältigungsmaßnahmen der Land- und Forstwirtschaft unterstützen. Dies verdeutlicht 1.3 VwV Dürrehilfe, der betont, dass

---

1066 Durchschnittliche Jahreserzeugung meint nach 2.2 VwV Dürrehilfe die mit den Anbauflächen gewichteten durchschnittlichen Naturalerträge in der Bodenproduktion des Unternehmens im vorangegangenen Dreijahreszeitraum oder der Dreijahresdurchschnitt auf der Grundlage des vorhergehenden Fünfjahreszeitraums unter Ausschluss des höchsten und des niedrigsten Wertes.

1067 *tagesschau.de*, Nach Dürresommer, Tagesschau, 2019, https://www.tagesschau.de/wirtschaft/bauernverband-ernte-101.html [abgerufen am 12.7.2021].

1068 *Barenberg*, Bauernverband: Lage für viele Betriebe wirklich dramatisch, Deutschlandfunk, 2018, https://www.deutschlandfunk.de/duerreschaeden-bauernverband-lage-fuer-viele-betriebe.1766.de.html?dram:article_id=424202 [abgerufen am 12.7.2021].

1069 Derartige Maßnahmen ordnete das bayerische Finanzministerium bereits 2011 an, *Bayerisches Staatsministerium der Finanzen*, Steuerliche Maßnahmen zur Berücksichtigung von Dürreschäden an landwirtschaftlichen Kulturen v. 3.6.2011, Az. 37 – S 1915 – 009 – 21 262/11; zuletzt *Bayerisches Staatsministerium der Finanzen*, Steuerliche Maßnahmen zur Berücksichtigung von Dürreschäden an landwirtschaftlichen Kulturen v. 3.6.2011, Az. 37 – S 1915 – 009 – 21 262/11. Eine derartige Praxis ist auch in Baden-Württemberg üblich, hierzu Anordnung des Finanzministeriums an die Finanzämter vom 5.5.2017, vgl. LT-Drs. 16/2053, S. 13.

1070 Nach ersten Hochrechnungen wurden die Ertragsausfälle im Dürresommers 2018 in Baden-Württemberg auf durchschnittlich 20 % bis 25 % geschätzt, *dpa*, Hauk kündigt Hilfe für dürregeplagte Bauern an, Süddeutsche Zeitung, 2018, https://www.sueddeutsche.de/wirtschaft/agrar-stuttgart-hauk-kuendigt-hilfe-fuer-duerregeplagte-bauern-an-dpa.urn-newsml-dpa-com-20090101-180807-99-455136 [abgerufen am 12.7.2021].

C. Die Rechtslage im Bundesland Baden-Württemberg

Risikovorsorge zur Bewältigung von Schäden in der Landwirtschaft in der Verantwortung der Betriebe liegt. Nicht auszuschließen ist, dass langfristig *ad hoc* Zahlungen auf der Grundlage von Verwaltungsvorschriften zur Dürrehilfe z. B. durch die staatliche Förderung von Versicherungen gegen Dürreschäden abgelöst werden.

c) Privatrechtliche Entschädigung durch Versicherungspolicen

Ein weiter Ansatz zur Abmilderung ökonomischer Folgen für die Landwirtschaft sind Versicherungen gegen dürrebedingte Ernteausfälle. Versicherungslösungen stehen im Zentrum des außerbetrieblichen Risikomanagements für Landwirte gegen Wetterextreme.[1071] Auch die baden-württembergische Regierung hebt die Bedeutung von Versicherungsmodellen zum Ausgleich von Dürreschäden hervor.[1072] Sie könnten zukünftig staatliche *ad hoc* Ausgleichszahlungen ersetzen. Während des Dürresommers 2018 entbrannte erneut eine Debatte, inwieweit Dürreversicherungen für Landwirte ein zukunftsorientiertes Modell landwirtschaftlicher Risikoabsicherung bieten.[1073] Die Bestrebungen verdeutlichen, dass der Umgang mit witterungsbedingten Ertragsrisiken politisch als Aufgabe der betroffenen Akteure selbst verstanden wird[1074] und zukünftig die Selbsthilfe betroffener Akteure im Vordergrund stehen soll.

aa) Versicherungsmodelle zur Absicherung von Dürreschäden

Seit Mitte des 18. Jahrhunderts beschränken sich Versicherungsleistungen für Schäden durch Naturereignissen in Deutschland überwiegend auf Hagelereignisse.[1075] Bis heute sind privatwirtschaftliche Versicherungsangebote in Form von schadensbasierten Ertragsversicherungen für Hagelereignisse vorherrschend.[1076] Für andere Naturgefahren besteht nur ein geringer Versicherungsschutz.[1077] Dennoch steigt die Anzahl an Mehrgefahrenversicherungen seit 2013, ebenso wie die Anzahl der dürrespezifischen Versicherungsangebote.[1078] Mehrere Versicherungsanbieter haben auf die Frühjahrs-Dürre 2015 reagiert

---

1071 Ausführlich zur Versicherungslösungen als Risikomanagement für Landwirte gegen Extremwetterlagen *Offermann*, Beurteilung agrarpolitischer Maßnahmen zur Unterstützung von Anpassungen an Extremwetterlagen, in: Gömann et al. (Hrsg.), Agrarrelevante Extremwetterlagen und Möglichkeiten von Risikomanagementsystemen, 2015, S. 225 (S. 225 ff.).
1072 LT-Drs. 16/2053, S. 2.
1073 LT-Drs. 16/2153; *dpa*, Hauk kündigt Hilfe für dürregeplagte Bauern an, Süddeutsche Zeitung, 2018, https://www.sueddeutsche.de/wirtschaft/agrar-stuttgart-hauk-kuendigt-hilfe-fuer-duerregeplagte-bauern-an-dpa.urn-newsml-dpa-com-20090101-180807-99-455136 [abgerufen am 12. 7. 2021]; *Krohn*, Bauern scheuen Kosten einer Dürre-Versicherung, Frankfurter Allgemeine – FAZ.NET, 2018, https://www.faz.net/-gqe-9d1t2 [abgerufen am 12. 7. 2021].
1074 LT-Drs. 16/2053, S. 11.
1075 LT-Drs. 16/2053, S. 9; *Feil*, Ernteversicherungen: nur mithilfe des Staates, DLG-Mitteilungen 2015, 22 (22); *GDV*, Landwirtschaftliche Mehrgefahrenversicherungen für Deutschland, 2016, S. 26.
1076 LT-Drs. 16/2053, S. 9.
1077 LT-Drs. 16/2053, S. 9; *Kaindl*, Ernteversicherung, 2007, S. 2.
1078 LT-Drs. 16/2053, S. 9; *GDV*, Landwirtschaftliche Mehrgefahrenversicherungen für Deutschland, 2016, S. 26.

III. Instrumente mit Eignung zur Dürrebewältigung

und bieten inzwischen eine Absicherung gegen Dürreschäden an.[1079] Eine isolierte Dürreversicherung wird bislang jedoch wohl (noch) nicht angeboten. Der Landwirt muss daher zumindest eine Hagelversicherung abschließen um sich gegen Dürreereignisse versichern zu können.[1080] Im Übrigen weichen die Versicherungspolicen in der Art der Schadensregulierung und den Voraussetzungen des Versicherungsfalls stark von einander ab. Sie knüpfen an unterschiedliche Risikofaktoren wie Wetterereignisse, Schadensereignisse oder Ertragsbußen an.[1081] Sie können in schadensbezogene und indexbezogene Versicherungen unterteilt werden.[1082]

Zu den schadensbezogenen Versicherungen zählt die in Deutschland marktübliche Hagelversicherung, die teils auch als Mehrgefahrenversicherung angeboten wird.[1083] Sie versichern ausgewählte schädigende Ereignisse (z. B. Hagel oder Trockenheit), nicht jedoch Schäden aufgrund des Zusammenwirkens mehrerer Ereignisse. Zu den schadensbezogenen Versicherungen gehören auch die schadensbasierten Ertragsversicherungen. Im Versicherungsfall erhält der Landwirt die Differenz zwischen gewählter Versicherungssumme und tatsächlichem Ertrag.[1084] Die Ertragsversicherungen haben sich als Versicherungsmodell besonders bewährt, da sie sowohl das individuelles Risiko des Versicherers als auch das schwankende Preisniveau der Ernte berücksichtigen.

Ferner können Landwirte auch auf indexbezogene Versicherungen zurückgreifen. Versicherungen gegen Dürreschäden basieren typischerweise auf Regional- oder Wetterindex-Ansätzen. Der Versicherungsfall tritt in diesen Fällen beispielsweise ein, wenn Faktoren wie die Niederschlagsmenge, Bodenfeuchte oder Ertragsmenge innerhalb eines festgelegten Zeitraums unter dem langjährigen Mittel oder den regionalen Gegebenheiten liegt.[1085] Herausforderungen indexbasierter Versicherungslösungen liegen häufig in ihrer Praktikabilität für den Versicherten. Beispielsweise können Werte an Messstationen gegenüber den tatsächlichen Werten auf den Feldern abweichen. Die indexbasierten Versicherungen tragen ferner für den Landwirt nur begrenzt zur Risikominderung bei, da das Risiko des Eintritts der kumulativen Voraussetzungen des Versicherungsfalls besteht. Fordert die Versicherungspolice beispielsweise einen Zeitraum von mindestens 30 Tagen ohne Niederschlag und setzt ein Niederschlagsereignis bereits nach 29 Tagen ein, tritt der Versicherungsfall für erfolgte Ernteausfälle nicht ein.[1086] In der Folge werden indexbasierte Versicherungen in der Praxis kaum angenommen.[1087] Angaben der Versicherungsanbieter zufolge hätten alle Landwirte aufgrund der Frühjahrs-Dürre »durchaus Entschädigungen

---

1079 Näher hierzu *Koch*, Trockenheit versichern?, DLZ-Agrarmagazin 2016, 144 (145).
1080 *Koch*, Trockenheit versichern?, DLZ-Agrarmagazin 2016, 144 (145).
1081 LT-Drs. 16/2053, S. 10.
1082 Die verschiedenen Arten darlegend *Feil*, Ernteversicherungen: nur mithilfe des Staates, DLG-Mitteilungen 2015, 22 (22); *GDV*, Landwirtschaftliche Mehrgefahrenversicherungen für Deutschland, 2016, S. 31 f.; *Koch*, Trockenheit versichern?, DLZ-Agrarmagazin 2016, 144 (145).
1083 *Feil*, Ernteversicherungen: nur mithilfe des Staates, DLG-Mitteilungen 2015, 22 (23).
1084 *GDV*, Landwirtschaftliche Mehrgefahrenversicherungen für Deutschland, 2016, S. 31.
1085 *Feil*, Ernteversicherungen: nur mithilfe des Staates, DLG-Mitteilungen 2015, 22 (23); *GDV*, Landwirtschaftliche Mehrgefahrenversicherungen für Deutschland, 2016, S. 31; *Koch*, Trockenheit versichern?, DLZ-Agrarmagazin 2016, 144 (145).
1086 *GDV*, Landwirtschaftliche Mehrgefahrenversicherungen für Deutschland, 2016, S. 31. Auch der umgekehrter Fall ist denkbar.
1087 *Feil*, Ernteversicherungen: nur mithilfe des Staates, DLG-Mitteilungen 2015, 22 (23).

erhalten [...], wenn sie versichert gewesen wären«.[1088] Die derzeitigen Versicherungsangebote sind meist auf wenige Fruchtarten, wie Getreide, Raps, Mais, Kartoffeln oder Zuckerrüben beschränkt.[1089]

bb) Steuerungspotential der derzeitigen Dürreversicherungen

Versicherungsangebote für landwirtschaftliche Dürreschäden sind ein vergleichsweise junges Instrument zur Risikoabsicherung. Wie staatliche *ad hoc* Maßnahmen tragen sie zur kurzfristigen Bewältigung von Dürreereignissen bei, indem sie das wirtschaftliche Risiko verlagern. Sie leisten jedoch keinen Beitrag zur langfristigen Dürrevorsorge des landwirtschaftlichen Sektors.

Versicherungen gegen Trockenheit bestehen derzeit ausschließlich in Form von privatrechtlichen Mehrgefahrenversicherungen. Sie beschränken sich häufig auf wenige Fruchtarten und treten nur für Schäden aufgrund saisonaler Trockenheit ein. Insbesondere Grünlandflächen sind derzeit von einem Versicherungsschutz ausgeschlossen, obwohl Dürreereignisse für Milchviehhalter erhebliche Auswirkungen haben können.[1090] Ernteschäden in Folge »extremer Dürre« sind häufig vom Versicherungsfall ausgeschlossen.[1091]

Die derzeitigen Dürreversicherungen sind darüber hinaus mit hohen wirtschaftlichen Investitionen verbunden. Der Abschluss einer Versicherung zur Risikoabsicherung ist für viele Landwirte eine Kostenfrage und wirtschaftlich nicht rentabel bis unbezahlbar.[1092] Im europäischen Vergleich war Deutschland lange Zeit das einzige Land, das Mehrgefahrenversicherungen ohne staatliche Prämien anbietet.[1093] Dementsprechend gering fiel der Anteil von Mehrgefahrenversicherungen im landwirtschaftlichen Sektor aus. Der Anteil an Versicherungen für Kumulativschäden inklusive Trockenheit umfasste noch im Jahr 2017 ca. 0,5–5 % der bewirtschafteten Ackerfläche.[1094] Dies ergibt eine Marktsättigung von etwa 1 % aller Betriebe, im Verhältnis zur Hagelversicherung, die eine Marktsättigung von 70 % erreicht.[1095] Die Verlässlichkeit der Daten ist jedoch kritisch zu bewerten, da die Versicherungsunternehmen aufgrund der geringen Anzahl von Mehrgefahrenversicherungen und aus Wettbewerbsgründen nur wenige Daten veröffentlichen.[1096] Insbesondere die hohen Ernteausfälle und daraus resultierenden ökonomischen Einbußen des landwirtschaftlichen Sektors im Dürrejahr haben die politische Auseinandersetzung um die Vor- und Nachteile spezieller Dürreversicherungen ausgelöst. Der Bundestages hat am 19. 3. 2020 das »Gesetz zur Einführung von Sondervorschriften für die Sanierung und

---

1088 *Koch*, Trockenheit versichern?, DLZ-Agrarmagazin 2016, 144 (146).
1089 *Koch*, Trockenheit versichern?, DLZ-Agrarmagazin 2016, 144 (145).
1090 *Koch*, Trockenheit versichern?, DLZ-Agrarmagazin 2016, 144 (146).
1091 Im Unterschied hierzu die Angebote in Österreich oder Litauen, *GDV*, Landwirtschaftliche Mehrgefahrenversicherungen für Deutschland, 2016, S. 32.
1092 LT-Drs. 16/2053, S. 9; *Koch*, Trockenheit versichern?, DLZ-Agrarmagazin 2016, 144 (147).
1093 *Santeramo/Ramsey*, Crop Insurance in the EU: Lessons and Caution from the US, EuroChoices 2017, 34 (35 f.); *Feil*, Ernteversicherungen: nur mithilfe des Staates, DLG-Mitteilungen 2015, 22 (25); *Kaindl*, Ernteversicherung, 2007.
1094 LT-Drs. 16/2053, S. 10; *GDV*, Landwirtschaftliche Mehrgefahrenversicherungen für Deutschland, 2016, S. 26.
1095 *Feil*, Ernteversicherungen: nur mithilfe des Staates, DLG-Mitteilungen 2015, 22 (23).
1096 LT-Drs. 16/2053, S. 10.

Abwicklung von zentralen Gegenparteien« eine Absenkung des Versicherungssteuersatzes für Dürreversicherungen im Versicherungssteuergesetz beschlossen.[1097]

Dürreversicherungen, je nach Ausgestaltung, können sowohl die betriebliche Eigenvorsorge als auch ein staatliches Dürremanagement ergänzen. Zum einen unterliegen Extremwetterereignisse einer hohen Volatilität, deren Risikoabsicherung am besten durch Mehrgefahrenversicherungen erfolgen kann. Zum anderen kann eine Entlastung des staatlichen Finanzhaushaltes durch den Wegfall von *ad hoc* Maßnahmen erfolgen.[1098]

Ob und inwieweit der vergünstigte Steuersatz Landwirten vermehrt zum Abschluss von Dürreversicherungen bewegt, bleibt abzuwarten. Langfristig könnten staatlich bezuschusste Dürreversicherungen[1099] die bisweilen verfolgte Praxis der Gewährung von staatlichen Soforthilfen bei Dürreschäden ablösen. Diesen Ansatz testet das Land Baden-Württemberg bereits seit Ende 2019. Im Rahmen des Pilotprojekts »Förderung einer Mehrgefahrenversicherung zur Verbesserung der Risikovorsorge« vergibt das Land Baden-Württemberg jährlich Zuschüsse im Gesamtwert von 5 Millionen Euro an Wein- und Obstbauern zur Mehrgefahrenversicherung. Das Pilotprojekt ist damit der erste Schritt, um staatliche Soforthilfen nach extremen Trockenheiten in Baden-Württemberg langfristig zu ersetzen.[1100] Den rechtlichen Rahmen zur Vergabe bildet die VwV Ertragsversicherung.[1101]

4. Zusammenfassung und Bewertung

Das Wasserwirtschaftsrecht hält zahlreiche Instrumente mit Eignung zur Dürrebewältigung vor. Es fehlt jedoch sowohl im Bereich der Vorsorge wie im Bereich der *ad hoc* Bewältigung an einer Konkretisierung der jeweiligen Instrumente und einer Abstimmung der Instrumente für den Dürrefall.[1102] Der Fokus der Instrumente und der Bewirtschaftungspraxis liegt auf einem hohen Umweltschutz durch Präventivkontrolle, weshalb viele Instrumente geeignet sind mittelbar auch zur langfristigen Dürrevorsorge beizutragen. Hierzu zählen beispielsweise die allgemeinen Bewirtschaftungsgrundsätze des § 6 WHG mit dem Ziel einer nachhaltigen Bewirtschaftung durch Vermeidung von Verschlechterung der Gewässerbeschaffenheit (Nr. 1), die Erhaltung von bestehenden und

---

1097 BGBl. I v. 27.3.2020, S. 529, 539; *Leersch*, Dürreversicherungen werden begünstigt, Deutscher Bundestag, 2020, https://www.bundestag.de/presse/hib/682316-682316 [abgerufen am 12.7.2021]. Das Gesetz wird insoweit ergänzt, als der Katalog der wetterbedingten Elementargefahren im Versicherungssteuergesetz um die Gefahr der Dürre erweitert wird.
1098 LT-Drs. 16/2053, S. 12; *GDV*, Landwirtschaftliche Mehrgefahrenversicherungen für Deutschland, 2016, S. 33.
1099 Zur unionsrechtlichen Vereinbarkeit im Hinblick auf Art. 107 AEUV siehe Abschnitt E.IV.3.
1100 *Land BW*, Pilotprojekt zur Risikovorsorge im Obst- und Weinbau, Pressemitteilung, 2019, https://www.baden-wuerttemberg.de/de/service/presse/pressemitteilung/pid/pilotprojekt-zur-risikovorsorge-im-obst-und-weinbau/ [abgerufen am 12.7.2021].
1101 Verwaltungsvorschrift des Ministeriums für Ländlichen Raum und Verbraucherschutz zur Förderung von Versicherungsprämien zur Deckung witterungsbedingter Risiken im Obst- und Weinbau vom 16.12.2019 – Az.: 27-8581.15 geändert durch ÄnderungsVwV Ertragsversicherung vom 25.11.2020.
1102 Bereits *Zoth/Caillet/Mager*, Herausforderungen und Realität eines Dürremanagements in Baden-Württemberg, VBlBW 2019, 133 (139).

künftigen Nutzungsmöglichkeiten für die öffentliche Wasserversorgung und die Vorbeugung von Folgen des Klimawandels (Nr. 5). Zum Schutz der Gewässerökologie fordern die Bewirtschaftungsziele nach §§ 27–31 WHG einen guten Zustand der Gewässer. Diese grundlegenden Bewirtschaftungsvorgaben, die fast jedes wasserrechtlich relevante Verhalten betreffen, schaffen die Basis für eine hohe Belastbarkeit der Gewässer bei Dürre ohne dies ausdrücklich zum Regelungsziel zu erklären. Ebenfalls Eignung für die langfristige Dürrevorsorge weisen die Pflicht zum sparsamen Wasserverbrauch nach § 5 Abs. 1 Nr. 2 WHG, § 1 Abs. 2 Nr. 1 WG-BW sowie § 50 Abs. 3 WHG, die Anpassungsmöglichkeit wasserrechtlicher Genehmigungen nach §§ 13, 18 oder 22 WHG, das Gebot der Mindestwasserführung nach § 33 WHG, die Ausweisung von Wasserschutzgebieten nach § 51 WHG, die Bewirtschaftungspläne und Maßnahmenprogramme nach §§ 82 f. WHG und ökonomische Instrumente, wie das Wassernutzungsentgelt nach § 100 ff. WG-BW auf. Das Ausmaß des dürrespezifischen Regelungsinhalts hängt bei diesen Instrumenten stark von der Ausübung des Bewirtschaftungsermessens im Einzelfall ab. Ungeachtet der Konkretisierung im Einzelfall trägt das den Instrumenten immanente Schutzziel einer nachhaltigen und sparsamen Ressourcenbewirtschaftung mittelbar zur Belastbarkeit der Gewässerökologie, teilweise auch zur Belastbarkeit der Gewässerbenutzer, bei Dürreereignissen bei.

Zur *ad hoc* Dürrebewältigung können insbesondere die Maßnahmen der Gewässeraufsicht nach § 100 WHG iVm. § 75 Abs. 1 WHG, die Untersagung des Gemeingebrauchs nach § 21 Abs. 2 WG-BW und die Beschränkung des Endnutzerverhaltens durch die öffentlichen Wasserversorger nach § 50 Abs. 3 WHG iVm. § 44 Abs. 3 WG-BW und der AVBWasserV herangezogen werden. Die Instrumente sind nicht auf die spezielle Situation einer kurzfristigen Dürrebewältigung ausgerichtet, können jedoch hierzu eingesetzt werden, da sie zur Ergreifung aller erforderlichen Maßnahmen berechtigen, um den Gefahrenzustand zu beseitigen. Wie dargelegt, enthält das geltende Recht eine Vielzahl von Instrumenten, die auch Eignung zur Dürrebewältigung aufweisen. Sie bieten eine taugliche Grundlage, auf die ein spezielleres, nachhaltiges »Dürremanagement«. Ob das kalifornische Wasserrecht hierfür als Vorbild dienen kann, wird im Folgenden untersucht.

D. Die Rechtslage im US-Bundesstaat Kalifornien

Das kalifornische Wasserrecht hält verschiedene Instrumente zur Dürrebewältigung vor, die teils allgemeinen wasserrechtlichen Regelungen, überwiegend jedoch dürrespezifischen Vorgaben folgen.[1103] Im Unterschied zum Hochwasserrecht stehen diese nicht gebündelt in einem Abschnitt des California Water Code (WAT), sondern finden sich verstreut in gesetzlichen Regelungen, *cases* und Plänen. Die heutige Instrumentenvielfalt des Dürremanagements im US Bundesstaat Kalifornien ist das Ergebnis jahrzehntelanger Erfahrung – *learning by doing* – von Gesetzgeber, Hoheitsträgern und Gerichten im Umgang mit Dürren. Aufgrund der unterschiedlichen Dauer, Intensität und Auswirkungen von Dürren[1104] kennt das kalifornische Dürremanagement bis heute keine »one-size-fits-all« Lösung zur Vermeidung nachteiliger Auswirkungen für Gesellschaft und Umwelt. Stattdessen stehen einzelfallbezogene Maßnahmen eines überwiegend lokalen Dürremanagements und die Anpassungsfähigkeit der Instrumente im Vordergrund.

Gerade im frühen Stadium eines Dürreereignisses greifen staatliche Akteure überwiegend auf Instrumente indirekter Verhaltenssteuerung zurück und steuern das Nutzungsverhalten durch Informationshandeln oder ökonomische Anreize. Erst mit zunehmender Dürreintensität, räumlicher Ausdehnung und Dauer kommen Instrumente des Eingriffsrechts auf lokaler und überregionaler Ebene zum Einsatz.

I. Rechtliche Rahmenbedingungen

Das kalifornische Wasserrecht weist mehrere Besonderheiten auf, wodurch es selbst in Kalifornien als eines der kompliziertesten und verwirrendsten Rechtsgebiete im Bereich der Ressourcenbewirtschaftung gilt.[1105] Die Übersichtlichkeit wasserrechtlicher Regelungen erschweren unter anderem die verschiedenen Rechtsquellen des Common Law Rechtskreises, das Mehrebenensystem an Akteuren mit teils überschneidenden Zuständigkeitsbereichen auf Bundes-, bundesstaatlicher und lokaler Ebene, sowie das duale System der Wasserrechte.

1. Rechtsquellen des kalifornischen Wassermengenrechts

Rechtliche Regelungen zur Dürrebewältigung ergeben sich aus verschiedenen Rechtsquellen, darunter Prinzipien des Common Law, Verfassungsrecht, formelle Gesetzes-

---

1103 Alle englischsprachige Begriffsbezeichnungen, die im Folgenden klein geschrieben werden, sind typisierend zu verstehen.
1104 Siehe Abschnitt B.II.1.
1105 Für viele *McGlothlin/Acos*, The Golden Rule* of Water Management, Golden Gate U. Envtl. L. J. 2016, 109 (130).

D. Die Rechtslage im US-Bundesstaat Kalifornien

akte, Gerichtsentscheidungen, vertragliche Vereinbarungen und (strategische) Pläne. Die nachfolgende Darstellung beleuchtet die wichtigsten Rechtsquellen des kalifornischen Wassermengenrechts mit Dürrebezug.

a) Verfassung

Die kalifornische Verfassung als Rechtsquelle von höchstem Rang enthält mehrere Abschnitte zu allgemeinen wasserrechtlichen Regelungen,[1106] in denen auch dürrespezifische Regelungen vorkommen: zur Entwicklung von Wasserressourcen (Art. 10 A California Constitution (Cal. Const.)) und zum Schutz von Meeresgewässern (Art. 10 B Cal. Const.). Art. 10 Cal. Const. bestimmt die grundlegende Ausrichtung des Wasserrechts sowie Zugangs-, Verteilungs- und Nutzungsfragen.[1107] Für die Bewältigung von Dürreereignissen spielt die Reasonable and Beneficial Use Doctrine aus Art. 10 Sec. 2 Cal. Const. eine wichtige Rolle.[1108]

b) Formelle Gesetze (*statutes*)

Große Teile des kalifornischen Wasserrechts sind in formellen Gesetzen (*statutes*) durch *codes* und *acts*[1109] kodifiziert. Regelungen zur Dürrebewältigung stehen in generellen *codes*, wie dem California Government Code (CGC), überwiegend jedoch im spezielleren WAT.[1110] Wassermengenrechtliche oder dürrespezifische Regelungen finden sich, im Gegensatz zu Hochwasser (Abschnitt 5 Flood Control), über den gesamten WAT verstreut. Der Umfang des WAT mit rund 85.400 Paragraphen und häufige Gesetzesänderungen[1111] erschweren jedoch die Übersicht.

Die einfachgesetzlichen Regelungen zu Dürrebewältigung stehen in Kalifornien unter dem Vorbehalt des Common Law. Sie gelten grundsätzlich als Rechtsquelle von untergeordneter Bedeutung.[1112] Sie haben unter anderem deklaratorische Funktion oder dienen zur

---

1106 Dies legt bereits der Titel des Abschnitts »water« nahe, Art. 10 Cal. Const.; auch *Grodin/Shanske/Salerno*, The California State Constitution, 2. Aufl. 2016, S. 247.
1107 Diese Themen adressierte bereits die erste Fassung der Kalifornischen Verfassung vom 7.5.1879. Zugleich mit einer Übersicht der wichtigsten Verfassungsänderungen bzgl. vgl. *Grodin/Shanske/Salerno*, The California State Constitution, 2. Aufl. 2016, S. 247 ff.
1108 Hierzu sogleich die Abschnitte D.III.1.a)aa) und D.III.1.b)bb); ausführlich *McGlothlin/Acos*, The Golden Rule* of Water Management, Golden Gate U. Envtl. L. J. 2016, 109 (109 ff.).
1109 Seit 1872 erließ der Gesetzgeber kontinuierlich *acts* zur Regelung von Wasserverteilung und Wassernutzung. Mit Übersicht aller *acts* bis 1920, *USCB*, State Compendium: California, 1924, S. 100.
1110 Der WAT trat am 13.5.1943 in Kraft. Er kodifiziert wasserrechtliche Regelungen, die ursprünglich in speziellen *acts* und dem CIV standen. Nicht kodifizierte *acts* stehen im Anhang des WAT (Water Code Appendix).
1111 Das SWRCB gibt jährlich thematisch angelegte Übersichten zu den neuesten Gesetzesänderungen heraus, z. B. *SWRCB*, Statutory Water Rights Law, Division of Water Rights, 2018.
1112 Eine ältere Fassung des CIV § 4 erklärte *cases* und *statutory law* für gleichrangig. Dies konnte sich jedoch langfristig nicht durchsetzen, vgl. *Bruncken*, The Common Law and Statutes, Yale L. J. 1920, 516 (516).

Auslegung und Konkretisierung von Richterrecht (*cases*) und Common Law Doktrinen (*Common Law principles*).[1113]

c) Regulations

Regulations bilden eine eigenständige Rechtsquelle, obwohl der Begriff häufig synonym zu »*rules*« verwendet wird.[1114] Nach § 11342.600 CGC dienen *regulations* zur Umsetzung, Interpretation oder (prozessualen) Durchführung des formellen Gesetzesrechts. Sie werden von Behörden nach den Vorschriften des California Administrative Procedure Act (APA), §§ 11340, 11346 CGC, erlassen. Dürrespezifische Regelungen stehen im Abschnitt 23 des California Code of Regulations (CCR). *Regulations* gelten ebenfalls als Rechtsquellen von untergeordneter Bedeutung.[1115] Sie stehen in der Normenhierarchie an unterster Stelle.

d) Case Law

Das *case law* spielt im Wasserrecht eine außerordentlich große Rolle.[1116] Von 1850 bis 1914 gaben fast ausschließlich Gerichtsentscheidungen wasserrechtliche Regelungen, insbesondere zur Wasserverteilung und zur Lösung von Nutzungskonflikten, vor.[1117] *Precedents* (zu deutsch Präzedenzfälle) sind bis heute wesentlicher Bestandteil des Wasserrechts und binden sowohl Rechtsprechung als auch Verwaltung (*stare decisis*).[1118] Die überwiegende Zahl wasserrechtlicher Entscheidungen ergehen auf bundesstaatlicher Ebene durch die allgemeinen bundesstaatlichen Gerichte (Superior Courts, Courts of Appeals, California Supreme Court).[1119]

e) Pläne

Neben der Verfassung und *case law* haben Pläne herausragende Bedeutung für eine effektive Dürrebewältigung. Das kalifornische Wasserrecht sieht hierfür verschiedene

---

1113 Vgl. *Kischel*, Rechtsvergleichung, 2015, S. 260 m. w. N.
1114 So z. B. auch vom Gesetzgeber selbst in § 11342.600 CGC.
1115 Jüngst entschied der California Court of Appeal in *Light v. SWRCB*, 173 Cal. Rptr. 3d 200, 205 (2014), dass die Wassernutzung zum Frostschutz von Weinreben trotz des ausdrücklichen Wortlauts von § 662.5 CCR kein *reasonable and beneficial use* darstellt, und vom SWRCB untersagt werden kann.
1116 »*Californians have never been reluctant to ask the courts to resolve disputes, but have also customarily resisted legislative attempts to tell them how to use their water*«, *Bowden/Edmunds/Hundley*, Institutions: Customs, Laws and Organizations, in: Engelbert (Hrsg.), Competition for California Water: Alternative Resolutions, 1982, S. 163 (166); allgemein zur Stellung von *cases* in Rechtskreisen des Common Law *Bruncken*, The Common Law and Statutes, Yale L. J. 1920, 516 (516 ff.).
1117 *Kanazawa*, Golden Rules, 2015, S. 190; exemplarisch dafür die erste gerichtliche Entscheidung, *Eddy v. Simpson*, 3 Cal. 249 (1853).
1118 *Eskridge*, Overruling Statutory Precedents, Geo. L .J. 1988, 1361 (1361 ff.); grundlegend *Kischel*, Rechtsvergleichung, 2015, S. 255.
1119 Ausnahmsweise sind Bundesgerichte z. B. bei inter-bundesstaatlichen Wasserkonflikten zuständig, vgl. US Constitution Art. III, § 2, cl. 2.

D. Die Rechtslage im US-Bundesstaat Kalifornien

Pläne vor, die drei Kategorien entsprechen: obligatorische Pläne, freiwillige Pläne und *policy* Pläne.[1120] Der einzige bundesstaatenweit obligatorische Plan, der California Water Plan (CWP) nach § 10005 (a) WAT enthält umfassende Daten und Analysen zu Wasserdargebot, -verfügbarkeit und -nutzung im Bundesstaat. Häufig ist jedoch die Aufstellung eines Plans nicht gesetzlich angeordnet, sondern ausschließlich für die Inanspruchnahme staatlicher Subventionen erforderlich.[1121]

Bei *policy*-Plänen handelt es sich nicht um Recht(squellen) im eigentlichen Sinne, sondern um politisch geprägte Leitlinien von Regierung und Behörden hinsichtlich bestimmter Themen. Ein Beispiel dafür ist der 2014 erstmals erstellte California Water Action Plan (CWAP), der zehn Aktionspunkte als Wegweiser für einen nachhaltigen Umgang mit Wasserressourcen enthält.[1122]

f) Bundesrecht

Das Bundesrecht spielt im kalifornischen Wasserrecht punktuell eine Rolle.[1123] Eine umfassende Kodifikation wasserrechtlicher Regelungen, wie den WAT, gibt es auf Bundesebene nicht. Für ausgewählte Bereiche hat das Bundesrecht nach der *supremacy clause* des Art. VI Clause 2 US Constitution Vorrang vor bundesstaatlichem Recht. Eine Kompetenzabgrenzung nach Regelungsgebieten, wie z. B. in Art. 73, 74 GG, gibt es ebenfalls nicht.

Bereiche des Wasserrechts in denen das Bundesrecht Vorrang beansprucht sind z. B. *federal reserved water rights* im System der Wasserrechte, bei der Wasserverteilung nach dem bundesrechtlich betriebenen Fernwasserversorgungsprojekt Central Valley Project (CVP), bei der Vergabe von Katastrophenhilfe durch das United States Department of Agriculture (USDA) oder das United States Bureau of Reclamation (USBR), sowie bezüglich schiffbarer Gewässer[1124] nach der *federal navigation servitude*.[1125]

1120 Zum Plan als Rechtsbegriff im deutschen Recht *Maurer/Waldhoff*, Allgemeines Verwaltungsrecht, 20. Aufl. 2020, § 16 Rn. 13 f.
1121 Hierzu gehören beispielsweise der WSCP im Rahmen der urbanen Wassermanagementpläne UWMPs, näher Abschnitt D.III.2.b)aa).
1122 *CNRA*, CWAP 2016 Update, 2016.
1123 Von einer »aktiven Rolle« spricht *Thompson et al.*, Legal Control of Water Resources, 6. Aufl. 2018, S. 1039; *Brown*, Uncertainty Below, Environ. Law Policy J. 2015, 45 (46); umfassend zum Einfluss des Bundesrechts bei der Dürrebewältigung *Adler*, Balancing Compassion and Risk in Climate Adaptation, Fla. L. Rev. 2012, 201 (234 ff.).
1124 Die Zuständigkeit des Bundes auf schiffbare Gewässer bestimmt sich nach der sog. »faktischen Schiffbarkeit«, die von anderen Arten der Schiffbarkeit abzugrenzen sind, *Slater*, California Water Law and Policy, Band 1, 1995, § 13.05[2][b], S. 13–16 (Rel. 14-12/2009 Pub. 83013); näher zur Abgrenzung Abschnitt D.I.3.a)bb).
1125 Zur bundesrechtlichen Definition »schiffbarer Gewässer« *United States v. Appalachian Power Co.* 311 US 377, 406–409 (1940); bundes- und bundesstaatliche Definitionen gegenüberstellend *Schneider*, Legal Aspects of Instream Water Uses in California, Staff Paper No. 6, 1978, S. 14 ff. Die Schiffbarkeit spielt in Kalifornien eine untergeordnete Bedeutung, da schiffbare Gewässer entweder ans Meer angebunden sind oder künstlich errichtet, wie die *deepwater shipment canals*. Die *federal navigation servitude* wurzelt in der *commerce clause*, Art. I § 8 US Consitition.

2. Verwaltungskompetenz im Wassermengenrecht

Die Untersuchung rechtlicher Instrumente zur Dürrebewältigung kommt nicht ohne Beleuchtung der zentralen verwaltungsrechtlichen Akteure aus.[1126] Der Verwaltungsaufbau des kalifornischen Wassermengenrechts weist eine dezentrale und fragmentierte Struktur auf. Ursächlich hierfür ist der Grundsatz der *home rule* (Selbstverwaltung) im Wasserrecht, die besagt, dass wasserrechtliche Angelegenheiten und die Dürrebewältigung am zweckmäßigsten durch lokale selbständige Einheiten (*local governments*) erfolgt.[1127] Allerdings erschweren die häufig sehr speziellen Zuständigkeitsbereiche, die teilweise räumliche sowie inhaltliche Überschneidungsbereiche aufweisen, die Rechtsklarheit:

»The vast and often bewildering array of applicable laws are administered by an equally vast and bewildering array of often competing governmental agencies.«[1128]

a) Bundesbehörden (*federal agencies*)

Bundesbehörden (*federal agencies*) spielen für die kalifornische Dürrebewältigung nach der *supremacy clause* des Art. VI Clause 2 US Constitution im Rahmen spezieller Zuständigkeitsbereiche eine Rolle. Ist einer der Zuständigkeitsbereiche einschlägig, überlagert die Kompetenz der Bundesbehörden die der bundesstaatlichen und lokalen Behörden. Im Wassersektor bestehen zehn *federal agencies*,[1129] von denen Folgende zur Dürrebewältigung im Besonderen beitragen:

Das United States Army Corps of Engineers (USACE) betreibt zahlreiche Dämme und hat eine weitgehend uneingeschränkte Eingriffsbefugnis mit weitem Ermessen (*discretion*) über das Stau- und Hochwassermanagement der Dämme sowie über *navigable waterways* nach der *federal navigation servitude*.[1130]

Das USBR als Teil des Innenministeriums (US Department of the Interior) ist die für die Dürrebewältigung wichtigste Bundesbehörde. Es betreibt auf Grundlage des Federal Reclamation Act und der *federal reserved water rights* mehrere Fernwasserversorgungssysteme, darunter das CVP zur Wasserversorgung der Landwirtschaft.[1131]

1126 *Cortinas/O'Neill/Poupeau*, Drought and Water Policy in the Western USA, in: Albright/Hartman/Widin (Hrsg.), Bourdieu's Field Theory and the Social Sciences, 2018, S. 21 (22).
1127 Zur *home rule* im Allgemeinen *Jäger/Haas/Welz*, Regierungssystem der USA, 3. Aufl. 2007, S. 74.
1128 *Weber*, Environmental Law in the California Water Allocation and Use System, Pac. L. J. 1994, 907 (910); für die Bedeutung im Wasserrecht beispielhaft »*groundwater is best managed at the local or regional level*«, DWR, Groundwater Sustainability Program Draft Strategic Plan, 2015.
1129 Namentlich das USBR, FEMA, NMFS, SFBWQIF, USACE, BLM, US EPA, USFWS, USFS, USGS, *Water Education Foundation*, Federal Agencies Involved in Water Interests, https://www.watereducation.org/federal-agencies-involved-water-issues [abgerufen am 12.7.2021].
1130 *Thompson et al.*, Legal Control of Water Resources, 6. Aufl. 2018, S. 887 ff.
1131 Der Federal Reclamation Act von 1902 ermächtigte das USBR zur Errichtung von Wasserspeichermöglichkeiten für die Landwirtschaft, die aus ihren erwirtschafteten Erträgen die Kosten für die Errichtung der Anlagen beglichen. vgl. *Thompson et al.*, Legal Control of Water Resources, 6. Aufl. 2018, S. 842. Derzeit fallen insbesondere 19 Wasserversor-

D. Die Rechtslage im US-Bundesstaat Kalifornien

Ein weiterer Zuständigkeitsbereich des USBR besteht aus der Bereitstellung von Dürrekatastrophenbeihilfen im Gegenzug für die Aufstellung von Dürrenotfallplänen oder *water conservation programs* im Rahmen von *drought response programs*.[1132]

Die United States Environmental Protection Agency (US EPA) hat eine eher untergeordnete Bedeutung für die Dürrebewältigung, aufgrund ihrer – im Bereich des Wasserrechts – gewässerökologischen Ausrichtung.[1133] Sie führt Aufsicht über die Einhaltung des Clean Water Act und des Safe Drinking Water Act. Im Übrigen erstellt sie unverbindliche Handlungsempfehlungen zum Dürremanagement.[1134]

Die Federal Emergency Management Agency (FEMA) ist die bundesweite Koordinationsstelle für Katastrophenschutz. Sie bietet staatliche Soforthilfen bei Dürreschäden und spricht Empfehlungen für ein effektives Dürremanagement aus.[1135]

b) Bundesstaatliche Behörden (*state agencies*)

Zu den zentralen bundesstaatlichen Akteuren gehören das Department of Water Resources (DWR) und das State Water Resources Control Board (SWRCB). Die obersten Wasserbehörden des Bundesstaates übernehmen nach § 105 WAT die Aufsicht über die Wasserressourcen zum Wohle der Bevölkerung. Ergänzende, wenngleich für das Wassermanagement untergeordnete Funktionen, übernehmen die California Natural Resources Agency (CNRA) für die Durchsetzung des California Environmental Quality Act oder die California Water Commission (CWC) zur Beratung des DWR nach § 150 ff. WAT.

aa) Der »*good cop*« der kalifornischen Wasserbehörden: Das Department of Water Resources (DWR)

Das DWR ist für das Wassermanagement im Bundesstaat zuständig.[1136] Zu den dürrerelevanten Aufgabenbereichen zählen die »bundesstaatliche Planung«, die »Planaufsicht« und die »Wasserversorgung«. Das DWR wird überwiegend mittels Plänen, Wasserlieferungsverträgen und *regulations* tätig. Als Planaufstellungsbehörde ist das DWR für die Aufstellung des CWP nach § 10004 (b) (1) WAT zur Analyse des Wasserdargebots alle fünf Jahre verantwortlich. Nach § 12924 WAT veröffentlicht das DWR auch das Bulletin 118, eine Analyse der Grundwasserressourcen und deren Managementpotential.[1137]

---

gungsprojekte (*federal water projects*), zwölf Wasserkraftwerke und über 40 Dämme in den Zuständigkeitsbereich des *USBR*, Projects & Facilities, California, https://www.usbr.gov/projects/facilities.php?state=California [abgerufen am 12.7.2021].

1132 *USBR*, Drought Response Program Fact Sheet, 2018.
1133 *Water Education Foundation*, Federal Agencies Involved in Water Interests, https://www.watereducation.org/federal-agencies-involved-water-issues [abgerufen am 12.7.2021].
1134 Z.B. *US EPA*, Climate Change Indicators, 2021, https://www.epa.gov/climate-indicators/climate-change-indicators-drought [abgerufen am 12.7.2021]; *US EPA*, Drought response and Recovery Guide: A Basic Guide for Water Utilities, 2016.
1135 *FEMA*, Planning for Drought Resilience Fact Sheet, 2017, S. 1 f.
1136 Die Zuständigkeiten des DWR sind teilweise, aber nicht abschließend in §§ 120–147 WAT geregelt.
1137 Bulletin 118 ist die Grundlage für die Erstellung von *groundwater management plans* durch *groundwater sustainability agencies* nach SGMA, näher hierzu Abschnitt D.III.2.c).

Ein zweiter, zentraler Aufgabenbereich des DWR ist der Betrieb des Fernwasserversorgungssystems California State Water Project (SWP) durch Wasserrechte im Umfang von 3,1 Mrd. Liter pro Jahr.[1138] Es beliefert überwiegend *urban water suppliers*[1139] mit Wasser aus dem SWP und gilt aufgrund der Wasserbelieferungsfunktion als *good cop* der beiden bundesstaatlichen Wasserbehörden. Ein dritter Zuständigkeitsbereich des DWR liegt in der Aufsicht und Kontrolle von sektorenspezifischen Bewirtschaftungsplänen (*urban and agricultural water management plans*).

Ergänzend unterstützt die Abteilung Office for Water Use Efficiency and Transport lokale Behörden und Wassernutzer bei der Verbesserung von Wassereinsparmaßnahmen, Wasserrückgewinnung und -wiederverwertung.[1140]

Die Zuständigkeit des DWR im Bereich der Dürrebewältigung fassen folgende Stichpunkte zusammen: »bundesstaatliche Planung«, »Planaufsicht« und »Wasserversorgung«.

bb) Der »*bad cop*« der kalifornischen Wasserbehörden: Das State Water Resources Control Board (SWRCB)

Das SWRCB, vormals State Water Commission, überwacht als Aufsichtsbehörde die Wasserrechte (Division of Water Rights) und die Einhaltung gewässerökologischer Vorschriften (Division of Water Quality).[1141] Aufgrund seiner Funktion als »Gewässeraufsichtsbehörde« (*regulator*) gilt das SWRCB unter den Wassernutzern als »*bad cop*« der beiden bundesstaatlichen Wasserbehörden. Drei Zuständigkeitsbereiche des SWRCB spielen für die Dürrebewältigung eine besondere Rolle:

Zum einen verwaltet das SWRCB einen Teil der Wasserrechte. Es ist nach § 174 (a) WAT zuständig für die Genehmigung (*license and permit*) von *post-1914 appropriative rights*. Zur Aufsicht über die übrigen Wasserrechte, die keinem Genehmigungserfordernis unterliegen, gehört insbesondere die Pflege der Datenbank eWRIMs bezüglich Daten zum Umfang und zur Art der Wasserrechte, die Wassernutzer dem SWRCB nach § 1840 WAT übermitteln. Neben den Gerichten kann das SWRCB auf Antrag die Wasserverteilung für alle Wasserrechte eines Flussgebietsabschnitts im Rahmen eines *statutory adjudication* Verfahrens vornehmen.[1142]

1138 *Little Hoover Commission*, Managing for a Change, 2010, S. 13.
1139 Hierzu sogleich, Abschnitt D.I.2.c)cc).
1140 *Little Hoover Commission*, Managing for a Change, 2010, S. 14.
1141 Hierzu § 174 WAT: »*[The SWRCB] [...] shall exercise the adjudicatory and regulatory functions of the state in the field of water resources. It is also the intention of the Legislature to combine the water rights and the water pollution and water quality functions of state government to provide for consideration of water pollution and water quality, and availability of unappropriated water whenever applications for appropriation of water are granted or waste discharge requirements or water quality objectives are established*«; People v. Shirokow, 26 Cal. 3d 301 (1980); Imp. Irrig. Dist. v. SWRCB, 186 Cal. App. 3d 1160 (1986); *Grodin/Shanske/Salerno*, The California State Constitution, 2. Aufl. 2016, S. 251; diese Kompetenzverteilung ist bundesweit einzigartig, da Wasserrechte – getrennt von Wasserqualitätsfragen – üblicherweise der Kompetenz planerischer Behörden unterliegen, näher *Little Hoover Commission*, Managing for a Change, 2010, S. 16.
1142 In re Waters of Long Valley Creek Stream Sys. 25 Cal. 3d 339, 33 ff. (1979).

D. Die Rechtslage im US-Bundesstaat Kalifornien

Zum anderen ist das SWRCB nach § 275 WAT zur Durchsetzung der Reasonable and Beneficial Use Doctrine in Bezug auf alle Wasserrechte ermächtigt.[1143] Es kann nach § 106 WAT iVm. § 659 ff. CCR bestimmte Verwendungszwecke für vorrangig (*beneficial*) erklären oder bei außergewöhnlichen Dürreereignissen die Wasserrechte beschränken (*curtailments*).

Zuletzt ist das SWRCB Aufsichtsbehörde über neun *regional water quality control boards*,[1144] die für die Aufstellung und Einhaltung von Gewässerqualitätsregelungen im Rahmen des Porter-Cologne Water Quality Control Act zuständig sind.[1145] Zum Aufgabenbereich der *regional water quality control boards* gehört insbesondere die Festsetzung von verbindlichen Gewässerqualitätsstandards durch *regional water quality control plans* nach § 1313 des Federal Clean Water Act (CWA) 33 United States Code (USC).

Zu den klassischen Handlungsformen des SWRCB zählen vorrangig *regulations* im CCR, *orders* und *decisions* gefolgt von *plans*.[1146]

c) Bewirtschaftung der Gewässer durch die Lokalverwaltung (*local government*)

Im Zentrum der Dürrebewältigung stehen Maßnahmen der kalifornischen Lokalverwaltung (*local governments*). Nach Art. 13c Sec. 1 (b) Cal. Const. zählen zu *local governments* die Einheiten *counties*, *cities*, *special districts* und *school districts*.[1147] *Counties* und *cities* gehören den *general purpose governments* (allgemeine Verwaltungsbehörden) an und übernehmen die Bandbreite örtlicher Aufgaben im Bereich der Daseinsvorsorge.[1148] *Special districts* und *school districts* zählen zu den *limited purpose governments* (Sonderbehörden), die nur für spezielle Aufgabenbereiche zuständig sind. In dem historisch gewachsenen Konglomerat an verschiedenen Akteuren gibt es keine klare Aufgabenverteilung für die Bewältigung von Dürreereignissen. Die Akteure stehen gleichrangig und dezentral nebeneinander; sie legen u. a. ihre Zuständigkeitsbereiche unter Einhaltung des

---

1143 Zur ausnahmsweisen Zuständigkeit des SWRCB für alle Wasserrechte *People ex rel. SWRCB v. Forni*, 54 Cal. App. 3d 743, 753 (1976); *Gray*, The Reasonable Use Doctrine, in: Lassiter (Hrsg.), Sustainable Water, 2015, S. 83 (83 ff.); *Grantham/Viers*, 100 Years of California's Water Rights System, Environ. Res. Lett. 2014, 084012:1 (2).

1144 Regionen: North Coast, San Francisco Bay, Central Coast, Los Angeles, Central Valley, Laontan, Colorado River Basin, Santa Ana, San Diego. Die neun Regional Boards wurden durch den Porter-Cologne Water Quality Control Act geschaffen, um Wasserqualitätspläne für Flusseinzugsgebiete aufzustellen.

1145 *Brown*, Uncertainty Below, Environ. Law Policy J. 2015, 45 (61); *Manaster/Selmi/Bender*, California Environmental Law and Land Use Practice, Band 2, 1989, §§ 30.10–30.13.

1146 Zur gerichtlichen Überprüfbarkeit *Grodin/Shanske/Salerno*, The California State Constitution, 2. Aufl. 2016, S. 251.

1147 Derzeit gibt es 58 *counties* und 482 *cities*, siehe *LAO*, Overview of California Local Government, 2010, S. 2; *Janiskee/Masugi*, Democracy in California, 4. Aufl. 2015, S. 102. Die Homepage des California State Controller umfasst 5.316 Einträge für *special districts* (Stand Januar 2019), *California State Controllers Office*, Special Districts Listing, Local Government Financial Data, 2019, https://bythenumbers.sco.ca.gov/Special-Districts-Other/Special-Districts-Listing/fv6y-3v29 [abgerufen am 12. 7. 2021].

1148 *McCarthy/Reynolds*, Local Government Law in a Nutshell, 5. Aufl. 2007, S. 11; *Senate Local Government Committee*, What's so special about special districts?, 4. Aufl. 2010, S. 3.

höherrangigen Rechts selbst fest.[1149] Überschneidungen und Dopplungen an Instrumenten und Maßnahmen zur Bewältigung von Dürreereignissen sind daher nicht selten.[1150]

aa) *Counties*

Counties (zu dt. Kreise, vergleichbar mit Regierungspräsidien oder Landkreisen)[1151] sind nach Art. 11 § 1 a Cal. Const. die größte und zugleich beständigste rechtliche Untereinheit im Bundesstaat.[1152] Ihr Zuständigkeitsbereich ist vorwiegend verfassungsrechtlich vorgegeben und umfasst nach Art. 11 § 7 Cal. Const. örtliche, polizeiliche und gesundheitliche Angelegenheiten in Ausübung für den Bundesstaat.[1153]

County water districts können zum Beispiel nach § 31027 (a) WAT durch Rechtsverordnung die Wassernutzungen regeln, beschränken oder verbieten – eine Befugnis, die üblicherweise *special districts* zusteht. Die umfassende Zuständigkeit der *counties* zur Dürrebewältigung spielt insbesondere dann eine Rolle, wenn das Dürreereignis die Ressourcen der kleinen Untereinheiten (*special districts, cities, municipalities*) überschreitet. Ausnahmsweise übernehmen *counties* in diesem Fall für gemeindefreie Gebiete (*unincorporated areas*) die Dürrebewältigung.[1154]

bb) *Incorporated municipalities*

Cities und *towns* sind kommunale Körperschaften (*incorporated municipalities*) und die kleinste Untereinheit des Bundesstaates.[1155] Ihre Zuständigkeiten umfassen nach Art. XI

1149 *McCarthy/Reynolds*, Local Government Law in a Nutshell, 5. Aufl. 2007, S. 1.
1150 Allgemein *Senate Local Government Committee*, What's so special about special districts?, 4. Aufl. 2010, S. 11; zur Kritik an einer solchen Struktur als zu komplex, zersplittert und wenig effizient *Lewis*, Deep Roots, PPIC, 1998, S. v, 2; *Baldassare*, When Government Fails, 1998, S. 67.
1151 So *Kischel*, Rechtsvergleichung, 2015, S. 365.
1152 Die Anzahl an *counties* hat sich seit 1907 nicht verändert, vgl. *Lewis*, Deep Roots, PPIC, 1998, S. 17.
1153 »*A county is a governmental agency or political subdivision of the state, organized for purposes of exercising some functions of the state government, whereas a municipal corporation is an incorporation of the inhabitants of a specified region for purposes of local government*«, County of San Mateo v. Coburn, 130 Cal. 631 (1990); näher *Grodin/Shanske/Salerno*, The California State Constitution, 2. Aufl. 2016, S. 251. Die kalifornische Verfassung unterscheidet zwischen drei Arten von *counties*, Art. XI § 3, § 6 Cal. Const.: *consolidated counties, charter counties* und *general law counties*. Wesentliches Unterscheidungsmerkmal ist der Grad staatlicher Kontrolle. Dieser ist bei *general law counties* wesentlich höher als bei *charter counties*, näher *Briffault/Reynolds*, Cases and Materials on State and Local Government Law, 7. Aufl. 2009, S. 331.
1154 Der Anteil nicht eingegliederter Gebiete ist durch das rasche Städtewachstum vergleichsweise hoch, *Baldassare*, When Government Fails, 1998, S. 68.
1155 §§ 34101 f. CGC unterscheidet zwischen *general law cities* und *charter cities*. Im Vergleich zu *general law cities* können *charter cities* in ihrer Organisationsstruktur flexibler gestaltet werden, so *Janiskee/Masugi*, Democracy in California, 4. Aufl. 2015, S. 105. 2016 gab es in Kalifornien 361 *general law cities* und 121 *charter cities*, vgl. *Senate Governance and Finance Committee*, City Fact Sheet, 2016, S. 1.

§ 5a Cal. Const. insbesondere kommunale (Dienstleistungs-)Aufgaben,[1156] die im CGC näher geregelt sind.[1157] Sie sind u. a. für die Straßenverkehrsinfrastruktur, Städteplanung, öffentlichen Nahverkehr, Brand- und Polizeischutz und teilweise auch für die Wasserversorgung zuständig.[1158] In diesem Rahmen können sie durch verschiedene Maßnahmen und Instrumente an der Dürrebewältigung auf lokaler Ebene beitragen. Da die Verfassung keine trennscharfe Regelung der Zuständigkeitsbereiche vornimmt – stattdessen sogar eine Verschiebung von Aufgabenbereichen nach Art. 11 § 8 Cal. Const. ermöglicht –, kommt es teilweise zu Zuständigkeitsüberschneidungen zwischen *cities* und *counties*.[1159] Um diesen abzuhelfen hat der Gesetzgeber den Joint Exercise of Powers Act eingeführt auf dessen Grundlage *public agencies* durch Vereinbarungen (*joint power agreements*) ihre Zuständigkeitsbereiche im Detail abgrenzen können.[1160]

cc) *Special districts*

Special districts (zu dt. vergleichbar mit Sonderbehörden) sind seit 1887 Bestandteil des kalifornischen Verwaltungsaufbaus und nehmen nach Art. 13c § 1 (c) Cal. Const. spezielle Verwaltungsaufgaben auf lokaler Ebene wahr:[1161]

1156 Der California Supreme Court hat ein vierstufiges Prüfungsverfahren entwickelt, ob eine kommunale Angelegenheit vorliegt, vgl.*California Fed. Savings & Loan Assn. v. City of Los Angeles*, 54 Cal. 1, 16 (1991); jüngst *State Bldg. & Constr. Trades Council v. City of Vista*, 54 Cal. 4th 547 (12): »*First, a court must determine whether the city ordinance at issue regulates an activity that can be characterized as a ›municipal affair‹. Second, the court ›must satisfy itself that the case presents an actual conflict between [local and state law]‹. Third, the court must decide whether the state law addresses a matter of ›statewide concern‹. Finally, the court must determine whether the law is ›reasonably related to [...] resolution‹ of that concern and to avoid unnecessary interference in local governance.*«

1157 *Cities* haben ein weitreichendes Entschließungs- und Auswahlermessen, ob und wie sie von diesen Zuständigkeiten Gebrauch machen, *Morrison Homes Corp. v. City of Pleasanton*, 58 Cal. App. 3d 724, 733 ff. (1976); *Albuquerque*, Constitutional Powers of Cities, California Constitution Center of UC Berkeley School of Law, 2013, S. 2.

1158 Hinzu kommen z. B. die Rechtssetzungsbefugnis bzgl. Gesundheitswesen, Sicherheit und Sozialhilfe, Steuerhoheit, *Janiskee/Masugi*, Democracy in California, 4. Aufl. 2015, S. 102; *League of Women Voters of California*, Guide to California Government, 13. Aufl. 1986, S. 129.

1159 Teilweise sind Überschneidungen beabsichtigt, z. B. nutzen *cities* die Steuereinziehung durch *counties*, oder *counties* stellen Gelder für *cities* bereit, um die Verkehrsinfrastruktur zu verbessern, vgl. *League of Women Voters of California*, Guide to California Government, 13. Aufl. 1986, S. 134.

1160 *League of Women Voters of California*, Guide to California Government, 13. Aufl. 1986, S. 134.

1161 Siehe § 1090 (c) CGC. Der erste *special district* auf der Grundlage des Wright Act war der bis heute bestehende Turlock Irrigation District, der damals die Wasserversorgungssicherheit erhöhen sollte, *Mullin*, Governing the Tap, 2009, S. 9. Anfänglich dienten Bewässerungsbezirke der Bewässerung ländlicher Gebiete, später lag ihr Fokus auf dem Transport von Wasser in Städte. Vor allem seit 1950 wurden in Süd-Kalifornien *irrigation districts* gebildet, um dem wachsenden Trinkwasserbedarf zu entsprechen, vgl. *Senate Local Government Committee*, What's so special about special districts?, 4. Aufl. 2010, S. 4.

»[Water Districts] are rather like snowflakes, each with its own unique form, designed to meet the needs and interests of each region and its water users.«[1162]

Etwa 1.200 *special districts* übernehmen in Kalifornien verschiedene Aufgaben zur Gewässerbewirtschaftung und zum Wassermanagement,[1163] dementsprechend variiert ihre Bezeichnung.[1164] § 35401 WAT steht sinnbildlich für die vielfältigen Einsatzbereiche von *special districts* im Bereich Wassermanagement:

»A district may acquire, plan, construct, maintain, improve, operate, and keep in repair the necessary works for the production, storage, transmission, and distribution of water for irrigation, domestic, industrial, and municipal purposes.«

Die Verschiedenartigkeit der Zuständigkeiten kann dazu führen, dass in einem Gebiet ein *irrigation district* für die Bewässerung des landwirtschaftlichen Sektors zuständig ist, ein *water district* allgemeine Aufgaben übernimmt, ein *water conservation district* die Wassernutzer mit Informationen über sparsamen Wasserverbrauch und effiziente Technologien informiert, ein *sewage district* die Abwasserbeseitigung vornimmt und ein *wastewater treatment district* die Wiederaufbereitung des Abwassers übernimmt. Häufig sind noch nicht einmal die räumlichen Einzugsbereiche der *special districts* aufeinander abgestimmt.[1165]

Die Zuständigkeitsgrenzen können die Größe eines Stadtteils, eines Dorfes bis hin zu einem ganzen *county* aufweisen. Einer der größten *special districts* ist der Metropolitan Water District of Southern California (MWD). Er erwirbt Wasser über das SWP, betrieben durch das DWR, und leitet es an kleinere *special districts* weiter, die ca. 19 Millionen Menschen versorgen und ein Einzugsgebiet von 8.370 km² abdecken.[1166] Die Organisationsformen der *special districts* sind so vielfältig wie ihre Zuständigkeitsbereiche.[1167] Die Vielgestaltigkeit der *special districts* hat für die Dürrebewältigung den Vorteil, dass die lokalen individuellen Bedürfnisse der Wasserversorger besonders berücksichtigt werden

1162 *Leshy*, Special Water Districts – The Historical Background, in: Corbridge (Hrsg.), Special Water Districts: Challenge for the Future, 1983, S. 11 (11); allgemein *Thompson et al.*, Legal Control of Water Resources, 6. Aufl. 2018, S. 773 f.

1163 *Cohen*, Water Special Districts: A Look at Governance and Public Participation, Legislative Analyst´s Office, 2002, https://lao.ca.gov/2002/water_districts/special_water_districts.html [abgerufen am 12.7.2021]; *Leshy*, Irrigation Districts in a Changing West – An Overview, Az. St. L. J. 1982, 345 (346 f.).

1164 Der WAT nennt über zwanzig verschiedene Arten, z.B. *irrigation districts* § 20500, *county water districts* § 30000, *municipal water districts* § 71000, *water replenishment districts* § 60000, *water conservation districts* § 740000, näher *Nelson*, Uncommon Innovation: Developments in Groundwater Management Planning in California, Water in the West Working Paper 1, 2011, S. 6 f. Ergänzt wird die Aufzählung durch zahlreiche Spezialgesetze, vgl. die Übersicht bei *Littleworth/Garner*, California Water II, 2. Aufl. 2007, S. 85; »Water«, in: 62 Cal. Jur. 3d (11/2017), XIX. »Irrigation Districts and Similar Organizations«.

1165 *Littleworth/Garner*, California Water II, 2. Aufl. 2007, S. 85.

1166 Zur Verdeutlichung der Größenverhältnisse: Der MWD ist damit drei Mal so groß wie das Saarland, *Senate Local Government Committee*, What's so special about special districts?, 4. Aufl. 2010, S. 2.

1167 *Leshy*, Irrigation Districts in a Changing West – An Overview, Az. St. L. J. 1982, 345 (346 f.); zahlenmäßig überwiegen private Organisationsformen, 85 % der Bevölkerung werden jedoch durch öffentliche Wasserversorger bedient, *Thompson et al.*, Legal Control of Water Resources, 6. Aufl. 2018, S. 770 f.

können.[1168] Auf der anderen Seite trägt die Aufspaltung der sachlichen Zuständigkeit dazu bei, dass Instrumente und Maßnahmen zur Dürrebewältigung sich häufig überschneiden oder gar widersprechen.

Insgesamt sind mehr als 3.000 *local government* Akteure in kalifornische Wassermanagement- und Wasserverteilungsprozesse involviert.[1169] Dies legt nahe, dass die Dürrebewältigung primär auf lokaler Ebene erfolgt, stellt die betroffenen Akteure jedoch vor die Herausforderung, lokale und überregionale Dürrebewältigungsmaßnahmen aufeinander abzustimmen.

3. Grundlagen und Systematik des kalifornischen Wasserrechts

Das kalifornische Wasserrecht dient vorrangig dazu, die mengenmäßige Beanspruchung und Verteilung der Ressourcen zu regeln.[1170] Der nachgehende Abschnitt stellt überblicksartig die wichtigsten Grundlagen des kalifornischen Wasserrechts vor, die Teil und Fundament der Instrumente zur Bewältigung von Dürreereignissen sind.

a) Grundprinzipien

aa) Die Reasonable and Beneficial Use Doctrine, Art. 10 Sec. 2 Cal. Const.

Seit 1928[1171] ist die Reasonable and Beneficial Use Doctrine aus Art. 10 Sec. 2 Cal. Const. Dreh- und Angelpunkt dürrespezifischer Instrumente direkter Verhaltenssteuerung. Sie wird daher auch als »goldene Regel«[1172] oder »schlafender Riese«[1173] des kalifornischen Wasserrechts bezeichnet. Art. 10 Sec. 2 Cal. Const. besagt:

»Because of the conditions prevailing in this State the general welfare requires that the water resources of the State be put to beneficial use to the fullest extent of which they are capable, and that the waste or unreasonable use or unreasonable method of use of water be prevented, and that the conservation of such waters is to be exercised with a view to the reasonable and beneficial use thereof in the interest of the people and for the public welfare.«

1168 Zu den Vor- und Nachteilen von *special districts* ausführlich *Senate Local Government Committee*, What's so special about special districts?, 4. Aufl. 2010, S. 11 f.

1169 *Jenkins et al.*, Optimization of California's Water Supply System, J. Water Resour. Plan. Manag. 2004, 271.

1170 Im Gegensatz zum mittelalterlichen Europa, wo eine gute Gewässerqualität vordinglichstes Ziel war, beschäftigte die kalifornische Bevölkerung primär die Verteilung der knappen Wasserressourcen. Regelungen zu Gewässerqualität und Gewässerökologie kamen erst in den 70er und 80er Jahren hinzu. *Tarlock*, From Natural Scarcity to Artificial Abundance, Hastings W.-Nw. J. Envtl. L. & Pol'y 1994, 71 (75); *Kanazawa*, Golden Rules, 2015, S. 21.

1171 Zur historischen Entwicklung von Art. 10 Sec. 2 Cal. Const. als Ablösung der Natural Flow Doctrine v. 1827 – *Tyler v. Wilkinson*, Fed. Cas. 24, 472 (474); *Lauer*, The Common Law Background of the Riparian Doctrine, Mo. L. Rev. 1963, 60 (61, 101); *Gray*, "In Search of Bigfoot", Hastings Const. L.Q. 1989, 225 (263); zur Natural Flow Doctrine auch *Mager*, Die Entwicklung des Wasserwirtschaftsrechts, ZaöRV 2010, 789 (801).

1172 *McGlothlin/Acos*, The Golden Rule* of Water Management, Golden Gate U. Envtl. L. J. 2016, 109 (109).

1173 *Dunning*, Water Allocation in California, Institute of Governmental Studies, 1982, S. 29.

Die Reasonable and Beneficial Use Doctrine ist an einigen Stellen auch einfachgesetzlich verankert, z. B. in §§ 100, 275, 150, 1051 WAT. Sie dient dazu, früher wie heute, einen verschwenderischen Umgang mit Wasser zu verhindern.[1174] Drei Regelungsbereiche der Doktrin tragen besonders zur Dürrebewältigung bei: Die Doktrin bestimmt die Nutzungsmenge der Wasserrechte,[1175] gibt die Wasserverteilung durch die Hierarchie der Wasserrechte vor[1176] und ermächtigt das SWRCB zur Durchsetzung der Doktrin im Rahmen seiner Polizeigewalt (*police power*) z. B. durch die Beschränkung der Wasserrechte bei Dürre (*curtailments*).[1177]

Die Definition, Auslegung und Abgrenzung der Begriffe *reasonable* und *beneficial* stellt bis heute eine Herausforderung in der Rechtsanwendung dar, die der gesetzgeberisch und gerichtlich intendierten Situationsgebundenheit und Dynamik der Doktrin geschuldet ist. Die Entscheidung *Imperial Irrigation District v. SWRCB* führt hierzu aus:

»What is a beneficial use [...] depends upon the facts and circumstances of each case. What may be a reasonable beneficial use, where water is present in excess of all needs, would not be a reasonable beneficial use in an area of great scarcity and need. What is a beneficial use at one time may, because of changed conditions, become a waste of water at a later time.«[1178]

Reasonable use (zu dt. vernünftige Nutzung)[1179] besagt, dass die mit der Wassernutzung verbundene Beeinträchtigung des Abflusses und der anderen Wassernutzer den Rahmen des Hinnehmbaren nicht überschreiten darf.[1180] Was vernünftig oder hinnehmbar ist, bestimmt sich nach den Umständen des Einzelfalls.[1181] Für Wassernutzungen bei Dürreereignissen bedeutet dies, dass eine unter normalen hydrologischen Bedingungen nach Art. 10 Sec. 2 Cal. Const. rechtmäßige Wassernutzung rechtswidrig wird, wenn die

---

1174 Ursprünglich fand die Reasonable and Beneficial Use Doctrine nach dem englischen Common Law auf *riparian right* Inhaber Anwendung, *Slater*, California Water Law and Policy, Band 1, 1995, § 12.02[1], S. 12–4 (Rel. 23-12/2018 Pub. 83013). Seit *Peabody v. City of Vallejo*, 2 Cal. 2d 351, 372 (1935) sind alle Arten an Wasserrechten vom Anwendungsbereich umfasst.

1175 *Peabody v. City of Vallejo*, 2 Cal. 2d 351, 367 (1935); *Gin Chow v. City of Santa Barbara*, 217 Cal. 673, 703 ff. (1933).

1176 Die jüngere Rechtsprechung zieht Art. 10 Sec. 2 Cal. Const. auch zum Schutz der Gewässerökologie heran, *Graham*, The Reasonable Use Rule in Surface Water Law, Mo. L. Rev. 1992, 223 (230).

1177 *Gray*, "In Search of Bigfoot", Hastings Const. L.Q. 1989, 225 (227); *Slater*, California Water Law and Policy, Band 1, 1995, § 12.02[1], S. 12-8 (Rel. 23-12/2018 Pub. 83013); *McGlothlin/Acos*, The Golden Rule* of Water Management, Golden Gate U. Envtl. L. J. 2016, 109 (117).

1178 Anstelle vieler *Imp. Irrig. Dist. v. SWRCB*, 275 Cal. Rptr. 250, 265 (1990).

1179 Eine Übersetzung als »verhältnismäßig« sollte aufgrund der dogmatisch geprägten Begrifflichkeiten der *reasonableness* und der Verhältnismäßigkeit vermieden werden. *Reasonableness* legt einen deutlich großzügigeren Maßstab an, bei dem die Vernünftigkeit des Handelns im Vordergrund steht, siehe auch *Becker*, Verhältnismäßigkeit, in: Kube *et al.* (Hrsg.), Leitgedanken des Rechts, 2013, S. 225 (231).

1180 Das Prinzip des reasonable use entstammt ursprünglich dem Deliktsrecht (*tort law*), siehe *American Law Institute*, Restatement of Torts, Second, Band 4, 1979, § 850 A; *Graham*, The Reasonable Use Rule in Surface Water Law, Mo. L. Rev. 1992, 223 (236); *Kinyon/McClure*, Interferences with Surface Waters, Min. L. Rev. 1940, 891 (904).

1181 *Kinyon/McClure*, Interferences with Surface Waters, Min. L. Rev. 1940, 891 (905).

D. Die Rechtslage im US-Bundesstaat Kalifornien

Nutzungsmenge nicht an das verringerte Dargebot angepasst wird.[1182] Weiterhin umstritten ist, ob das Schutzniveau der *reasonableness* einen verschwenderischen Umgang mit Wasser verbietet oder die bestmögliche, effizienteste Nutzung fordert.[1183]

Welche Verwendungszwecke einem *beneficial use* (zu dt. nützliche Verwendung) entsprechen, ist einfachgesetzlich an mehreren Stellen im WAT konkretisiert, zum Beispiel in §§ 1240 ff., 1257, 1058 WAT.[1184] Ergänzende Aufzählungen nimmt das SWRCB in §§ 659 ff. CCR vor. Zu den klassischen *beneficial uses* gehören die Wassernutzung für den Hausgebrauch nach §§ 106 WAT, 660 CCR, die landwirtschaftliche Bewässerung nach § 661 CCR, die Wasserkraft nach § 662 CCR, Frostschutzmethoden im Weinbau nach §§ 1253 WAT, 662.5 CCR, die städtischen Wassernutzungen nach § 663 CCR, der Bergbau nach § 664 CCR, industrielle Wassernutzungen nach § 665 CCR, der Schutz von *fish and wildlife* nach §§ 1243 (a) WAT, 666 CCR, die Wassernutzung zu Freizeitzwecken nach §§ 1243 WAT, 668 CCR und die Steigerung der Gewässerqualität nach §§ 1242.5 WAT, 670 CCR. Auch die effiziente Nutzung von Wasser zum Beispiel durch Verwendung von wiederaufbereitetem Wasser, Wassertransfers und landwirtschaftlichen *best management practices* stellt ein *beneficial use* dar.[1185]

Die Einzelfallbezogenheit von Art. 10 Sec. 2 Cal. Const. ist grundsätzlich für eine schnelle mengenmäßige Anpassung der Wassernutzungen an ein verringertes Dargebot bei Dürre geeignet. Für Wassernutzer und eine planerische Bewirtschaftung der Gewässer können die auslegungsbedürftigen Begriffe *reasonable* und *beneficial* allerdings zu Rechtsunsicherheit führen.[1186]

bb) Die Public Trust Doctrine (PTD)

Die PTD ist ein weiteres Grundprinzip[1187] des kalifornischen Wasserrechts mit vielfältigen Anwendungsbereichen. Kernaussage der PTD ist, dass der Staat Gewässer im öffentlichen Eigentum des Bundesstaates treuhänderisch für das Volk verwaltet[1188] und an diesen ein

---

1182 *Pabst v. Finmand*, 190 Cal. 124, 129 (1922).
1183 *National Audubon Society v. Superior Court*, 33 Cal. 3d 419, 447 (1983); *Joslin v. Marin Mun. Water Dist.* 67 Cal. 2d 132, 138 ff. (1967).
1184 Die Unterteilung in nützliche und unnütze Verwendungen obliege dem Gesetzgeber im Rahmen der Gesellschafts- und Sozialpolitik, so *Antioch v. Williams Irr. Distr.* 202 Cal. 47, 54 (1922).
1185 Ausführlich *Gray*, The Reasonable Use Doctrine, in: Lassiter (Hrsg.), Sustainable Water, 2015, S. 83 (93 ff.). *Best management practices* sind im Deutschen vergleichbar mit der guten fachlichen Praxis als Maßnahmen, die nach Auffassung der Wissenschaft und Behörden als gesichert gelten, näher *Evert*, Encyclopedic Dictionary of Landscape and Urban Planning, 2010, S. 68.
1186 *Graham*, The Reasonable Use Rule in Surface Water Law, Mo. L. Rev. 1992, 223 (236 f.).
1187 Die PTD beruht überwiegend auf *case law*. Einfachgesetzliche Normen wie § 104 f. WAT haben rein deklaratorischen Charakter, *Sax*, Reserved Public Rights in Water, Vt. L. Rev. 2012, 535 (536); ausführlich zur PTD *Kube*, Eigentum an Naturgütern, 1999, S.146 ff.
1188 *Marks v. Whitney*, 6 Cal. 3d 251, 259 f. (1971); *State of California v. Superior Court (Lyon)*, 29 Cal. 3d 210, 226 ff. (1981). Zur Abgrenzung von schiffbaren bundesstaatlichen Gewässern und Gewässern im Eigentum des Bundes *Hitchings v. Del Rio Woods Recreation & Park Dist.* 55 Cal. App. 3d 560, 565 ff. (1976).

I. Rechtliche Rahmenbedingungen

öffentliches Nutzungsrecht (*common right*) für bestimmte Nutzungszwecke[1189] besteht. Zu den historisch nach der PTD geschützten Nutzungszwecken gehören die Schifffahrt, der Handel (*commerce*) und die Fischerei,[1190] seit jüngerer Zeit auch Freizeitaktivitäten wie Schwimmen, Fischen, Jagen, Rafting und Segeln.[1191] *Marks v. Whitney* bestätigt, dass die PTD ein dynamisches Instrument ist, das sich an die wandelnden Bedürfnisse der Gesellschaft anpasst.[1192] Welche Nutzungen unter den Begriff *public trust* fallen, hängt somit von der gesellschaftlichen Wahrnehmung und der Bedeutung der jeweiligen Nutzung im Einzelfall ab.[1193]

Für Dürreereignisse spielt die Erweiterung der PTD durch die Grundsatzentscheidung *National Audubon Society v. Superior Court*[1194] eine besondere Rolle. Das Urteil stellte fest, dass auch die Gewässerökologie zum treuhänderischen Verantwortungsbereich des Staates gehört und diese nicht durch die Ausübung von Wasserrechten beeinträchtigt werden darf.[1195] Seit der Grundsatzentscheidung müssen die zuständigen Wasserbehörden die Gewässerökologie in sämtliche Bewirtschaftungserwägungen einbeziehen und bereits ergangene Entscheidungen, wie die Genehmigung von *post-1914 appropriative rights*, nachträglich anpassen.[1196] Bei Dürreereignissen verpflichtet *National Audubon Society v. Superior Court* insbesondere zum Verbleib einer notwendigen Restwassermenge (*instream uses*) im Gewässerbett.

Die PTD gewinnt zusehends an Bedeutung für den Schutz der Gewässerökologie. *Environmental Law Foundation v. SWRCB* weitete den Anwendungsbereich der PTD auf Grundwasser aus.[1197] Gleichwohl stellt sie Wassernutzer und Wasserbehörden vor die große Herausforderung, in einem von Übernutzung geprägten Bewirtschaftungsregime nachträglich die gewässerökologischen Belange zu berücksichtigen.

1189 Die PTD greift das römisch rechtliche Verständnis von Wasser und Luft als allgemein zugängliche Ressourcen auf, ausführlich *Sax*, The Public Trust Doctrine in Natural Resource Law, Mich. L. Rev. 1969, 471 (475); *Walston*, The Public Trust Doctrine in the Water Rights Context, Nat. Resources J. 1989, 585 (586). Typischerweise umfasst die PTD Gewässer wie Wattmeere (*tidelands*), Überschwemmungsgebiete (*submerged lands*) und Binnengewässer (*inland navigable waters*), *Slater*, California Water Law and Policy, Band 1, 1995, § 13.06, S. 13-6 (Rel. 21-1/2017 Pub. 83013); *Frank*, The Public Trust Doctrine, U.C. Davis L. Rev. 2012, 665 (671 ff.).
1190 *City of Long Beach v. Mansell*, 3 Cal. 3d 462, 482 (1970); *People v. California Fish Co.* 166 Cal. 576, 584 (1913); *Robie*, Effective Implementation of the Public Trust Doctrine, U.C. Davis L. Rev. 2012, 1155 (1157).
1191 *Slater*, California Water Law and Policy, Band 1, 1995, § 13.06, S. 13-19 ff. (Rel. 23-12/2018 Pub. 83013).
1192 *Marks v. Whitney*, 6 Cal. 3d 251, 259 f. (1971).
1193 Eine starre Definition oder Klassifikation von Nutzungszwecken nach der PTD ist daher nicht zielführend *Marks v. Whitney*, 6 Cal. 3d 251, 260 (1971).
1194 *National Audubon Society v. Superior Court*, 33 Cal. 3d 419 (1983).
1195 *National Audubon Society v. Superior Court*, 33 Cal. 3d 419, 446 (1983).
1196 *National Audubon Society v. Superior Court*, 33 Cal. 3d 419, 446 (1983).
1197 *Environmental Law Foundation v. SWRCB*, Nos. C083239 Super. Ct. No. 34201080000583 (California Court of Appeal 29. 8. 18); zur Entscheidung ausführlich *Frank*, California Court Finds Public Trust Doctrine Applies to State Groundwater Resources, Legal Planet, 2018, http://legal-planet.org/2018/08/29/california-court-finds-public-trust-doctrine-applies-to-state-groundwater-resources/ [abgerufen am 12. 7. 2021].

D. Die Rechtslage im US-Bundesstaat Kalifornien

cc) Eigentum an Gewässern in Kalifornien

Nach § 102 WAT stehen alle natürlichen Gewässer des Bundesstaates im Eigentum des Volkes. *State v. Superior Court* stellt ergänzend klar, dass der Bundesstaat nach § 102 WAT öffentliches Eigentum nicht in einem eigentumsrechtlichen, sondern überwachenden regulatorischen Sinne besitzt.[1198] Ausnahmen vom Grundsatz des öffentlichen Eigentums an Gewässern bestehen beispielsweise nach der Art des Gewässerbetts. Bei künstlichen Wasserläufen wie Rohren, Speicherbecken oder der Infrastruktur der Fernwasserversorgungssysteme folgt das Eigentum am Gewässer dem Eigentum am Gewässerbett.[1199] Die Wasserrechte selbst haben keinen Einfluss auf die Eigentumslage.[1200]

dd) Rechtliche Aufspaltung des Regelungsgegenstands

Das kalifornische Wasserrecht behandelt Oberflächengewässer und Grundwasser rechtlich getrennt.[1201] Seit *Hanson v. McCue* im Jahr 1871 unterscheidet das kalifornische Wasserrecht zwischen drei Gewässerarten: Grundwasser im engeren Sinne (*percolating groundwater*), unterirdische Wasserläufe (*subterranean streams*) und Oberflächengewässer (*surface water*).[1202]

§ 1200 WAT stellt Oberflächengewässer und unterirdische Wasserläufe rechtlich gleich, da beide Gewässerarten in gelenkten Bahnen verlaufen.[1203] Grundwasser i. e. S. ist von den Regelungen ausgenommen und bis zum Inkrafttreten der Sustainable Groundwater Management Plan (SGMP) in den Jahren 2020 und 2022 weitgehend unreguliert.[1204] Die

---

1198 *State v. Superior Court*, 78 Cal. App. 4th 1019, 1026 (2000); ähnlich zuvor *Palmer v. Railroad Commission*, 167 Cal. 163, 167 f. (1914); a. A. *Hutchins*, The California Law of Water Rights, 1956, S. 38 m. w. N.

1199 *Parks Canal & Min. Co. v. Hoyt*, 57 Cal. 44, 46 (1880); *Hutchins*, Water Rights Laws in the Nineteen Western States, Band 1, 1971, S. 144.

1200 »The riparian does not ›own‹ the water of a stream—he ›owns‹ a usufructory right—the right of reasonable use of the water on his riparian land when he needs it« *Rancho Santa Margarita v. Vail*, 11 Cal. 2d 501 (1938); ausführlich *Hutchins*, The California Law of Water Rights, 1956, S. 37 ff.

1201 *Andrew*, Adapting California's Water Sector, in: Lassiter (Hrsg.), Sustainable Water, 2015, S. 10 (24.); Grund hierfür ist das mangelnde hydrologische Verständnis für den Wasserkreislauf bei der Entstehung des Bewirtschaftungsregimes, *Hudson v. Dailey*, 156 Cal. 617 (1909); *Perona*, A Dry Century in California, Environ. Law 2015, 641 (654 f.); mit weiteren Gründen für die unterbliebene Anpassung des Rechtssystems an das moderne hydrologische Verständnis von Wasser als einheitliche Ressource *Sax*, We Don't Do Groundwater, U. Denv. Water L. Rev. 2002, 269 (270 ff.).

1202 *Hanson v. McCue*, 42 Cal. 303, 308 f. (1871); *Hutchins*, The California Law of Water Rights, 1956, S. 419; *Sax*, The Public Trust Doctrine in Natural Resource Law, Mich. L. Rev. 1969, 471 (272); *Littleworth/Garner*, California Water II, 2. Aufl. 2007, S. 71.

1203 Aus folgendem Grund: »But where percolating waters collect or are gathered in a stream running in a defined channel, no distinction exists between waters so running under the surface or upon the surface of land«, *Cross v. Kitts*, 69 Cal. 217, 222 (1886); ausführlich *Thompson et al.*, Legal Control of Water Resources, 6. Aufl. 2018, S. 468.

1204 Zur Regelung von Grundwasser seit dem SGMA näher Abschnitt D.III.2.c); *Brown*, Uncertanity Below, Environ. Law Policy J. 2015, 45 (55); *Sax*, We Don't Do Groundwater, U. Denv. Water L. Rev. 2002, 269 (270).

rechtliche Aufspaltung des Regelungsgegenstands »Wasser« kritisieren sowohl Literatur als auch Rechtsprechung.[1205] Zahlreiche Urteile betonen die Abgrenzungsschwierigkeit von *subterranean streams* und *percolating groundwater* im Einzelfall.[1206] Da nur wenige Gewässer in Kalifornien als *subterranean streams* qualifizieren,[1207] trägt die Unterscheidung von *subterranean streams* und *percolating groundwater* mehr zu Rechtsunsicherheit bei, als dass sie zu einer stärkeren Regulierung des »Grundwassers« führt.

b) Das System der Wasserrechte

Das kalifornische Wasserrecht beruht nach § 102 WAT auf der Grundannahme des englischen Common Law, dass Wasser nur aufgrund eines Wasserrechts genutzt werden darf.[1208] Eine Gewässernutzung ohne Wasserrecht ist nach § 1052 WAT rechtswidrig (*trespass*) und wird mit Geldbußen bis zu 1.000 US Dollar pro Tag plus 2.500 US Dollar für jeden *acre-foot* illegaler Entnahmen in Dürrezeiten durch das SWRCB geahndet. Die Datenbank eWRIMs enthält Stand März 2019 56.410 registrierte Wasserrechte.

aa) Dogmatik des dualen Wasserrechtesystems

Ein Wasserrecht begründet das im Grundstückseigentum (*property*) verankerte Recht zur Wassernutzung.[1209] Wasserrechte zählen dogmatisch zu den Nießbrauchsrechten (*usufructuary rights*).[1210] Im Unterschied zu den absoluten Befugnissen des Grundstücks-

---

1205   *Hudson v. Dailey*, 156 Cal. 617, 627 (1909); *Cross v. Kitts*, 69 Cal. 217, 222 (1886); *Katz v. Walkinshaw*, 141 Cal. 116, 128 ff. (1903); *de Wolfskill v. Smith*, 5 Cal. App. 175, 181 (1907); *Perona*, A Dry Century in California, Environ. Law 2015, 641 (645 f.).
1206   »*There will always be great difficulty in fixing a line, beyond which the water in the sands and gravels over which a stream flows and which supply or uphold the stream, ceases to be a part therof and becomes what is called ›percolating water‹*«, *Hudson v. Dailey*, 156 Cal. 617, 627 (1909); auch *Cross v. Kitts*, 69 Cal. 217, 222 (1886); *Katz v. Walkinshaw*, 141 Cal. 116, 128 ff. (1903); *de Wolfskill v. Smith*, 5 Cal. App. 175, 181 (1907).
1207   *Perona*, A Dry Century in California, Environ. Law 2015, 641 (645 f.).
1208   »*It is a fundamental principle of water law that one may not withdraw water from its source without first acquiring ›water rights‹*«, *US v. SWRCB*, 182 Cal. App. 3d 82, 100 (1986). Ausgenommen vom Erfordernis eines Wasserrechts ist nach § 10574 WAT die Nutzung diffuser Wasservorkommen wie Regen. »*The common law of England, so far as it is not repugnant to or inconsistent with the constitution of the United States, or the constitution or laws of this state, is the rule of decision in all the courts of this state*«, *Gin Chow v. City of Santa Barbara*, 217 Cal. 673, 695 (1933).
1209   *Imp. Irrig. Dist. v. SWRCB*, 225 Cal. App. 3d 551, 562 (1990); *Kanazawa*, Golden Rules, 2015, S. 21; *Littleworth/Garner*, California Water II, 2. Aufl. 2007, S. 31 f.
1210   »*It is laid down by our law writers, that the right of property in water is usufructuary and consists not so much of the fluid itself as the advantage of its use. The owner of land through which a stream flows, merely transmits the water over its surface having the right to its reasonable use during its passage. The right is not in the corpus of the water, and only continues with its possession*«, so der California Supreme Court in seiner ersten Entscheidung *Eddy v. Simpson*, 3 Cal. 249, 252 (1853); *Hutchins*, The California Law of Water Rights, 1956, S. 37 ff.

D. Die Rechtslage im US-Bundesstaat Kalifornien

rechts (*property rights in land*) bestehen Wasserrechte nur innerhalb der gerichtlichen und gesetzlichen Schranken.[1211] *Lux v. Haggin* steht beispielhaft dafür, dass bis ins 20. Jahrhundert ausschließlich gerichtliche Verfahren zur Lösung dürrebedingter Nutzungskonflikte bestanden.[1212] Besonderes Merkmal des kalifornischen Bewirtschaftungsregimes ist das duale System der Wasserrechte. Seit der Leitentscheidung *Lux v. Haggin* finden sowohl die *riparian right doctrine* als auch die *prior appropriation doctrine* Anwendung, die sogleich näher erörtert werden.[1213]

Normalerweise folgen Bundesstaaten einer der beiden Doktrinen, wasserreiche Bundesstaaten an der Ostküste typischerweise der *riparian right doctrine*, wasserärmere Bundesstaaten an der Westküste eher der ressourcenschonenderen *prior appropriation doctrine*.[1214] Trotz Kritik am dualen System der Wasserrechte[1215] kam es nie zur Abschaffung der für wasserärmere Regionen eher ungeeigneten *riparian right doctrine*.

Das kalifornische Wasserrecht unterscheidet insgesamt fünf verschiedene Arten an Wasserrechten, die auf zwei Kategorien, private und öffentliche Wasserrechte, entfallen. Je nach Art des Rechts bestehen unterschiedliche Voraussetzungen in Bezug auf Erwerb, Umfang und Verlust des Rechts. Die Zuteilung des Wassers erfolgt durch den rechtmäßigen Erwerb des Wasserrechts, für den überwiegend kein Genehmigungserfordernis besteht. Daher unterliegen die Wasserrechte fast ausschließlich der nachträglichen gerichtlichen Kontrolle. Die rechtliche Trennung von Grundwasser und Oberflächengewässer bedingt kleinere Unterschiede in den jeweiligen Systemen der Wasserrechte.[1216]

bb) Wasserrechte an Oberflächengewässern und *subterranean streams*, § 102 WAT

Riparian rights (zu dt. wörtlich Anliegerrechte) gehen auf die *riparian right doctrine* des englischen Common Law zurück,[1217] die das Recht zur Wassernutzung aus dem Eigen-

---

1211 Ausführlich Abschnitt D.III.1.a). Einen Entschädigungsanspruch (*just compensation*) hat ein Wasserrechteinhaber nach der *takings clause* des Fifth Amendment der US Constitution nur, wenn ihm die Rechtsausübung innerhalb der rechtlichen Schranken verwehrt wird.
1212 *Hanemann/Dyckmann/Park*, California's Flawed Surface Water Rights, in: Lassiter (Hrsg.), Sustainable Water, 2015, S. 52 (60).
1213 *Lux v. Haggin*, 69 Cal. 255 (1886). Historisch fand bei Gründung des Bundesstaates 1850 zunächst die aus dem englischen Common Law übernommene *riparian right doctrine* Anwendung. Später entwickelten Gerichte im Rahmen richterlicher Rechtsfortbildung die *prior appropriation doctrine*, die seit dem WCA von 1914 alle Wasserrechte post-1914 regelt, vgl. *Irwine v. Philips*, Cal. 5 Cal. 140, 147 (1855); *Carpeneti*, Status of Appropriator of Water in California, California Law Review 1934, 333 (333).
1214 *Littleworth/Garner*, California Water II, 2. Aufl. 2007, S. 31; *Nanni/Caponera*, Principles of Water Law and Administration, 2. Aufl. 2007, S. 125; *Harder*, Unlimited Rights in a Water-Scarce World?, Texas Tech Law Review 2016, 719 (725 f.).
1215 »*California's complex dual system of appropriative and riparian rights has allowed the creation of a system that was never designed to limit individual users to conserve a scarce resource*«, *Tarlock*, From Natural Scarcity to Artificial Abundance, Hastings W.-Nw. J. Envtl. L. & Pol'y 1994, 71 (75).
1216 Die Besonderheiten von Wasserrechten an Grundwasser (*percolating groundwater*) werden im Anschluss an die Wasserrechte an Gewässern nach § 102 WAT abgehandelt.
1217 Die allererste Entscheidung des Kalifornischen Supreme Courts *Crandal v. Woods* erklärte die *riparian right doctrine* für anwendbar, *Crandal v. Woods*, 8 Cal. 136, 138 ff. (1857).

tumsrecht am Grundstück ableitet. *Riparian rights* erlauben es Grundstückseigentümern die an ihre Grundstrücke angrenzenden Gewässer zu nutzen.[1218]

Prior appropriative rights (zu dt. Recht durch Aneignung) gewähren ein Recht auf Wassernutzung durch Aneignung bei Vorliegen eines nützlichen Verwendungszwecks (*beneficial use*).[1219] Seit dem Inkrafttreten des Water Commission Act von 1914 unterscheidet das kalifornische Wasserrecht zwei Arten, *pre-1914* und *post-1914 appropriative rights*. Bei *pre-1914 appropriative rights* begründet der öffentliche Aushang einer schriftlichen Mitteilung über Nutzungsmenge und den Verwendungszweck das Wasserrecht nach §§ 1410–1422 California Civil Code (CIV) von 1872. Für *post-1914 appropriative rights* besteht eine Genehmigungspflicht durch das SWRCB. Bis heute sind *post-1914 appropriative rights* die einzigen Wasserrechte, die einem Genehmigungserfordernis und der präventiven Kontrolle durch das SWRCB unterliegen.

Neben den vorherrschenden *riparian* und *appropriative rights* kennt das kalifornische Wasserrecht spezielle Wasserrechte. Da diese hohen Voraussetzungen unterliegen, treten spezielle Wasserrechte eher selten auf und sind im Hinblick auf den mengenmäßigen Zustand der Gewässer von untergeordneter Bedeutung.

Prescriptive rights[1220] erstarken durch eine offenkundige, ungehinderte, illegale Wassernutzung über einen Zeitraum von fünf Jahren (*adverse posession*). Sie sind an mehrere Voraussetzungen gebunden, die die Rechtsprechung äußerst restriktiv handhabt.[1221] Seit dem Water Commission Act von 1914 können *prescriptive rights* nicht ohne Genehmigung des SWRCB erstarken.[1222] Sie treten in der Praxis aufgrund der hohen Voraussetzungen vergleichsweise selten auf. Dennoch bezeichnen Vertreter aus Literatur und Praxis *prescriptive rights* als einen wesentlichen Unsicherheitsfaktor des kalifornischen Wasserrechts,[1223] der eine langfristige Bewirtschaftungsplanung verhindere.

Ein Relikt spanischer und mexikanischer Rechtsordnungen[1224] sind *pueblo rights* (*pueblo*, Spanisch für Dorf, Volk). *Pueblo rights* stehen Städten und Gemeinden zu,

---

1218 *Lux v. Haggin*, 69 Cal. 255, 390, 391 (1886); *Thompson et al.*, Legal Control of Water Resources, 6. Aufl. 2018, S. 28 f.; *Hutchins*, The California Law of Water Rights, 1956, S. 40.

1219 Die *prior-appropriative* Doktrin stammt aus dem Minenrecht der Goldgräber und ist seit Inkrafttreten des Appropriation Code 1872 gesetzlich anerkannt, *Harder*, Unlimited Rights in a Water-Scarce World?, Texas Tech Law Review 2016, 719 (725 ff.); *Hutchins*, The California Law of Water Rights, 1956, S. 32.

1220 Umstritten ist, ob *prescriptive rights* eine eigene Kategorie von Wasserrechten oder einen Unterfall von *riparian rights* bzw. *appropriative rights* bilden, *Hutchins*, The California Law of Water Rights, 1956, S. 332.

1221 »*Prescriptive rights have been described as the ›parasites of water rights [because] [t]he only way to obtain such rights is to take water rights away from someone else ...‹*«, *People v. Shirokow*, 26 Cal. 3d 301, 307 (1980); zu den genauen Voraussetzungen *City of Pasadena v. City of Alhambra*, 33 Cal. 2d 908, 926 ff. (1949).

1222 *People v. Shirokow*, 26 Cal. 3d 301 (1980).

1223 Für viele *City of Santa Maria v. Adam*, 211 Cal. App. 4th 266, 296 (2012); *Governor's Commission to Review California Water Rights Law*, Final Report, 1987, S. 31 f.

1224 Von 1769 bis 1822 war Kalifornien spanische Kolonie. Die Ausübung spanischer Hoheitsgewalt übertrug Spanien nach der mexikanischen Unabhängigkeitserklärung auf die mexikanische Regierung, vgl. *Grodin/Shanske/Salerno*, The California State Constitution, 2. Aufl. 2016, S. 3; ergänzend *Hutchins*, The California Law of Water Rights, 1956, S. 256; *Bottorff*,

D. Die Rechtslage im US-Bundesstaat Kalifornien

die nachweislich aus spanischen oder mexikanischen Siedlungen entstanden.[1225] Derzeit bedienen nur Los Angeles und San Diego als zwei von sieben ehemaligen Siedlungen ihren Wasserbedarf aus *pueblo rights*.[1226]

Zuletzt können auch Wasserrechte zugunsten des Bundes (*federal reserved water rights*) ein Recht auf Wassernutzung begründen. Nach der Federal Reserved Water Rights Doktrin erwirbt der Bund mit der Eigentümerstellung an Grundstücken gleichzeitig ein Wasserrecht an Oberflächengewässer zur Bewirtschaftung des Grundstücks.[1227]

cc) Wasserrechte an Grundwasser im engeren Sinne (*percolating groundwater*)

Grundsätzlich können Grundwasserressourcen ebenfalls auf der Grundlage der genannten fünf Arten an Wasserrechten genutzt werden. Allerdings weichen die Bezeichnungen und Regelungsinhalte von den Wasserrechten an Oberflächengewässern teilweise ab. Kulturell und rechtlich wird die Nutzung von Grundwasser noch als Annex zum Grundeigentum (*real property*) und in diesem Zusammenhang als »persönlicher, nicht versiegender Wasservorrat« angesehen.[1228] Hieraus resultiert, dass die Nutzung von Grundwasserressourcen nur eingeschränkt und fast ausschließlich durch *case law* geregelt ist.[1229] Zukünftig sollen nachhaltige Grundwasserpläne – *groundwater sustainability plan* (GSP) – die Regelung von Grundwasserressourcen übernehmen, allerdings ohne die Wasserrechte grundlegend zu verändern.[1230] Im Zentrum der Nutzung von Grundwasser stehen drei genehmigungsfreie Arten an Wasserrechten: *overlying*, *appropriative* und *prescriptive rights*.[1231]

Overlying rights (Recht des Grundstückseigentümers) bilden das Pendant zu *riparian rights*. Ein *overlying right* steht den Grundstückseigentümern zu und umfasst das Recht zur Nutzung der unter dem Grundstück befindlichen Grundwasserressourcen auf dem Grundstück.[1232]

Im Unterschied zu Oberflächengewässern richtet sich der Umfang eines *appropriative rights* an Grundwasser nach der gewöhnlich entnommenen Nutzungsmenge, nicht nach

---

The Legal History of a Changing Population, University of Pittsburgh Law Review 2012, 699 (702).

1225 Der US Court of Claims muss den Ersterwerb des Wasserrechts nach ehemals spanischem Recht anerkennen, damit ein *pueblo right* entstehen kann, *Slater*, California Water Law and Policy, Band 1, 1995, § 5 Part C, S.5-6 (Rel. 21-1/2017 Pub. 83013).

1226 *Slater*, California Water Law and Policy, Band 1, 1995, § 5 Part C, S.5-6 (Rel. 21-1/2017 Pub. 83013).

1227 Näher *Walston*, Reborn Federalism in Western Water Law, Hastings Law Journal 1979, 1645 (1658).

1228 Vgl. *Harder*, Unlimited Rights in a Water-Scarce World?, Texas Tech Law Review 2016, 719 (720, 722).

1229 Zum 1. 1. 2015 trat die erste, gesetzliche Regelung von Grundwasser(management), der SGMA in Kraft.

1230 Siehe Abschnitt D.III.2.c).

1231 *City of Pasadena v. City of Alhambra*, 33 Cal. 2d 908, 925 (1949). Der Water Commission Act von 1914 schloss Wasserrechte betreffend Grundwasser ausdrücklich vom Anwendungsbereich eines Zulassungserfordernisses aus, hierzu *Sax*, We Don't Do Groundwater, U. Denv. Water L. Rev. 2002, 269 (269 f., 300, 304 f.).

1232 *City of Pasadena v. City of Alhambra*, 33 Cal. 2d 908, 925 f. (1949).

einer konstitutiven Mitteilung oder einem Genehmigungsbescheid.[1233] Jede Grundwassernutzung ungeachtet der Grundstückseigentumslage, die nicht auf dem darüberliegenden Grund und Boden stattfindet, begründet ein *appropriative right*.[1234] *Appropriative rights* können jedoch nur dann entstehen, wenn nach der vernünftigen und nützlichen (*reasonable and beneficial use*) Wassernutzung von *overlying right* Inhabern eine Restmenge an Grundwasser (*surplus*) im Grundwasserspeicher verbleibt.[1235]

Wie auch bei Oberflächengewässern können unrechtmäßige Wassernutzungen von Grundwasser zu *prescriptive rights* erstarken.[1236]

c) Bewertung des dualen Wasserrechtesystems für die Dürrebewältigung

Ein Bewirtschaftungssystem auf der Grundlage von Wasserrechten eignet sich nur bedingt zur Dürrebewältigung. Sofern kein Genehmigungserfordernis besteht, unterliegen Wasserrechte fast ausschließlich einer nachträglichen, gerichtlichen Kontrolle (Erlaubnis mit Verbotsvorbehalt). In Kalifornien besteht eine präventive Kontrollmöglichkeit nur an einer Wasserrechteart, den *post-1914 appropriative rights* an Gewässern iSv. § 102 WAT. Das Bewirtschaftungssystem durch Wasserrechte mit nur ausnahmsweisem Genehmigungsvorbehalt ist Ausdruck eines Bewirtschaftungsverständnisses, das, anstatt einer nachhaltige Bewirtschaftung zum Zwecke des Gewässerschutzes, die wirtschaftliche Nutzung des Wassers in den Vordergrund stellt.

Darüber hinaus erschwert die konkrete Ausgestaltung des dualen Wasserrechtesystems ein nachhaltiges Ressourcenmanagement im Vorfeld und bei Dürreereignissen. Zum einen ist die *riparian right doctrine* auf humide Klimazonen mit einem reichen Wasserdargebot angelegt und für die hydrologischen und klimatischen Bedingungen in Kalifornien eher ungeeignet. Zum anderen fehlt es den Wasserbehörden an Kenntnis über Anzahl, Nutzungsmenge und Ausübungszeitpunkt von *riparian rights*, da diese auch bei Nichtausübung nicht erlöschen (*dormant rights*).[1237] *Dormant rights* sind daher ein wesentlicher Unsicherheitsfaktor bei der langfristigen Bewirtschaftungsplanung.[1238] Erhebungen zufolge führt bereits die Summationswirkung aller *post-1914 appropriative rights*, die einem Genehmigungserfordernis unterliegen, zu einer mehr als fünffachen Überverteilung des Wasserdargebots in einem normalen hydrologischen Jahr.[1239] Selbst

---

1233 *Littleworth/Garner*, California Water II, 2. Aufl. 2007, S. 77; *Water Education Foundation*, Groundwater, 2011, S. 8.
1234 Vgl. für viele *City of Pasadena v. City of Alhambra*, 33 Cal. 2d 908, 925 f. (1949); *Katz v. Walkinshaw*, 141 Cal. 116, 135 (1903).
1235 *City of Pasadena v. City of Alhambra*, 33 Cal. 2d 908, 925 f. (1949); mit Verweis auf *Peabody v. City of Vallejo*, 2 Cal. 2d 351, 368 f. (1935); *City of San Bernardino v. City of Riverside*, 186 Cal. 7, 29, 30 (1921); *Burr v. Maclay Rancho Water Co.* 154 Cal. 428, 436 (1908); *Katz v. Walkinshaw*, 141 Cal. 116, 135 (1903).
1236 *City of Pasadena v. City of Alhambra*, 33 Cal. 2d 908, 925 (1949).
1237 Im Unterschied zu appropriative rights, die bei nicht-Ausübung erlöschen, *In re Waters of Long Valley Creek Stream Sys.* 25 Cal. 3d 339, 447 (1979).
1238 *In re Waters of Long Valley Creek Stream Sys.* 25 Cal. 3d 339, 347 (1979); *Governor's Commission to Review California Water Rights Law*, Final Report, 1987, S. 19, 27 ff.
1239 *Grantham/Viers*, 100 Years of California's Water Rights System, Environ. Res. Lett. 2014, 084012:1 (1).

im Rahmen der genehmigungspflichtigen Wasserrechte findet dementsprechend keine ressourcenschonende Bewirtschaftung statt.

Das Grundprinzip der Reasonable and Beneficial Use Doctrine ist geeignet, den Umfang von Wasserrechten an geänderte hydrologische Bedingungen anzupassen. Allerdings liegt die Verantwortung zur Einhaltung der Doktrin, bis auf genehmigungspflichtige Wasserrechte, bei den Wassernutzern selbst. Sie müssen im Einzelfall die rechtliche Würdigung vornehmen, ob die Nutzungsmenge im Verhältnis zum Dargebot und anderen Wassernutzern vernünftig ist (*reasonable*). Da Art. 10 Sec. 2 Cal. Const. darüberhinaus ausschließlich auf die wirtschaftlich (sinnvolle Nutzung) der Gewässer ausgelegt ist, können gewässerökologische Belange nur durch die PTD Berücksichtigung finden. Dem kalifornischen Wasserrecht fehlt daher eine gleichwertige Berücksichtigung des Wasserbedarfs der Gesellschaft einerseits und der Umwelt andererseits.[1240] Das auf Wirtschaftlichkeit ausgerichtete duale Wasserrechtesystem erschwert die Dürrebewältigung folglich im Kern. Die Überverteilung der Wasserressourcen kann bereits in hydrologisch wasserreicheren Jahren zu Nutzungskonflikten und einer hohen Anfälligkeit der Gewässer für Dürreereignisse führen. Entscheidungsträger und die Regierung Kaliforniens stehen daher vor der Herausforderung auf der Grundlage des dualen Wasserrechtesystems Dürreereignisse effektiv zu bewältigen.

II. Entwicklung des modernen Dürremanagements im Wasserrecht

Bis heute beeinflussen Dürreereignisse die Entwicklung des kalifornischen Wasserrechts und dessen Regelungen zur Dürrebewältigung.[1241] Letztere sind das Ergebnis jahrzehntelanger Erfahrung im Umgang mit Dürren. Dennoch fallen auch die aktuellen Dürrebewältigungsstrategien von Dürre zu Dürre unterschiedlich aus. Sie müssen auf die Dauer, die Intensität und die räumlicher Ausdehnung des jeweiligen Ereignisses abgestimmt werden. Wie unterschiedlich die Dürrebewältigungsstrategien im Einzelfall ausfallen können und welchen Einfluss Dürreereignisse auf die Entwicklung des Wasserrechts nehmen, zeigen verschiedene historische Dürreereignisse.

Zu den frühen Dürreereignissen zählen mehrere Dürren im Zeitraum von 1850 bis 1900.[1242] Sie haben geringe Bedeutung für die Entwicklung eines modernen Dürremanage-

---

1240 Aus diesem Grund ein Wasserrecht für die Umwelt (*water right for the environment*) fordernd *Gray/Szeptycki/Thompson*, A Water Right for the Environment in California, NewsDeeply: Water Deeply, 2017, https://www.newsdeeply.com/water/community/2017/12/19/a-water-right-for-the-environment-in-california [abgerufen am 12. 7. 2021].

1241 Vgl. auch *Medellín-Azuara et al.*, Economic Analysis of the 2016 California Drought on Agriculture, UC Davis CWS, 2016, S. 12; *Walton*, Drought Exposes Vulnerabilities in California Water Management, Circle of Blue, 2014, https://www.circleofblue.org/2014/world/drought-exposes-vulnerabilities-california-water-management/ [abgerufen am 12. 7. 2021].

1242 Eine Übersicht und Beschreibung früher Dürreereignisse bieten *Guinn*, A History of California's Floods and Drought, Hist. Soc. of South. Cal. 1890, 33 (33 ff.); *Singh*, Unilateral Curtailment of Water Rights, San Joaquin Ag. L. Rev. 2015, 115 (119); auch *BMWi*, Zielmarktanalyse Wasserwirtschaft Kalifornien 2018, 2018, S. 36.

ments, da es an der Vergleichbarkeit tatsächlicher Umstände – wie Bevölkerungsgröße, Art und Umfang landwirtschaftlicher Bewirtschaftung und der Wasserversorgung – fehlt.[1243] In rechtlicher Hinsicht prägen frühe Dürreereignisse vor allem die Grundprinzipien des kalifornischen Wasserrechts und das System der Wassernutzung durch Wasserrechte.

Die Dürre von 1911–1912 hatte *ad hoc* Maßnahmen und Instrumente zur Erhöhung des Dargebots, wie z. B. die Beantragung zum Bau von Trinkwasserbrunnen oder die Beantragung von Weide-Nutzungsrechten in Nationalparks, zur Folge.[1244] Die Dürre 1911–1912 veranlasste zu einer der wichtigsten Reform des kalifornischen Wasserrechts durch den Water Commission Act (1914),[1245] der fortan einen Teil der Wasserrechte, alle *appropriative water rights*, einem Genehmigungserfordernis unterstellte.

Nach der Winterdürre 1923–1924 trieb die kalifornische Regierung den Ausbau der Wasserinfrastruktur voran, um langfristig die Verlässlichkeit des Wasserdargebots zu erhöhen und illegalen Wasserentnahmen entgegenzuwirken.[1246] Infolge der Winterdürre erließ der Gesetzgeber einen Meilenstein des kalifornischen Wasserrechts, die Reasonable and Beneficial Use Doctrine aus Art. 20 Sec. 2 Cal. Const. zur Verteilung des Wasserdargebots. Sie ist die gesetzgeberische Antwort auf zahlreiche Forderungen aus Politik und der Bevölkerung nach Rechtsklarheit im Hinblick auf die Wasserverteilung und die Vermeidung sowie Lösung von Nutzungskonflikten.[1247] Inzwischen ist die Doktrin Dreh- und Angelpunkt des kalifornischen Dürremanagements mit zunehmender Bedeutung.

Die Bewältigung der *»Dustbowl Drought«* Ende der 20er Jahre erfolgte überwiegend durch reaktive ökonomische Instrumente zur Schadenskompensation zugunsten von Bevölkerung und Landwirtschaft.[1248] Um Wasserengpässe bei Dürre künftig zu vermeiden, förderte die Regierung zahlreiche Infrastrukturprojekte, die fortan die Ära des Auf- und Ausbaus bundesstaatlicher Fernwasserversorgungssysteme einleiteten. Ziel der Fernwasserversorgungssysteme ist bis heute eine niederschlagsunabhängige, dürrerbelastbare Wasserversorgung.[1249]

Mit der Dürre 1976–1977 beginnt die Phase des modernen Dürremanagements. Die Bewältigungsstrategie während der Dürre 1976–1977 bestand überwiegend aus Maßnahmen zur Umverteilung des Wasserdargebots, z. B. durch die Verkündung von lokalen Wasserversorgungsengpässen in 47 *counties*, die Einrichtung einer Drought Task Force durch Executive Order (EO) B-27-77, durch die Beschränkung von 4.858 Wasserrechten durch das SWRCB (*curtailments*), durch Befreiung von ökologischen Vorgaben zur Mindestwasserführung mittels eines Interim Water Quality Control Plan und durch Wassertransfers.[1250] Zugleich veranlasste die Regierung aufgrund der Anfälligkeit der

---

1243 Vgl. *DWR*, California's Most Significant Droughts, 2015, S. 32.
1244 *Miller*, Flooding the Courtrooms, 1993, S. 105.
1245 Water Commission Act, California Proposition 29, 1914.
1246 *Hanemann/Dyckmann/Park*, California's Flawed Surface Water Rights, in: Lassiter (Hrsg.), Sustainable Water, 2015, S. 52 (76); *Miller*, Flooding the Courtrooms, 1993, S. 147.
1247 *Miller*, Flooding the Courtrooms, 1993, S. 175.
1248 *Adler*, Drought, Sustainability, and the Law, Sustainability 2010, 2176 (2180); zu den Maßnahmen im Einzelnen *DWR*, California's Most Significant Droughts, 2015, S. 43.
1249 *Adler*, Drought, Sustainability, and the Law, Sustainability 2010, 2176 (2183 ff.); *DWR*, California's Most Significant Droughts, 2015, S. 9.
1250 Zu den Instrumenten im Einzelnen, *DWR*, California's Most Significant Droughts, 2015, S. 48 ff.; *CNRA/DWR*, The 1976–1977 California Drought, 1978, S. 97, 100.

Fernwasserversorgungssysteme gegenüber Dürren eine umfassende Modernisierung der Wasserversorgungsinfrastruktur und trug zur Diversifizierung des Dargebots bei.[1251] Infolge der Dürre 1976–1977 entstanden über 50 Gesetzesvorschläge, von denen etwa ein Drittel in Kraft traten.[1252] Zu den wichtigsten Neuerungen zählt die Erweiterung des Tatbestandes zur Verkündung von Notständen nach § 8558 CGC, um das Tatbestandsmerkmal »*drought*«.[1253] Die ausdrückliche Erweiterung des Anwendungsbereichs auf Dürre entsprach der bis heute andauernden behördlichen Praxis zur Dürrebewältigung und schafft damit Rechtsklarheit. Eine weitere Gesetzesänderung führt eine Planaufstellungspflicht in Bezug auf *urban water management plans* (UWMPs), die zukünftig auch die Erstellung kurzfristiger Dürrebewältigungspläne (*water conservation plans*) umfasst.[1254] Das SWRCB erließ Decision D-1485, um die Nichteinhaltung gewässerökologischer Vorschriften künftig zu verhindern.[1255] Eine Kommission des Gouverneurs zur Begutachtung der Wasserrechte (*Governor's Commission to Review California Water Rights Law*, 1977) sprach Handlungsvorschläge zur Anpassung des Rechts an die hydrologischen und klimatischen Bedingungen des Bundesstaates aus, die der Gesetzgeber teils im Rahmen der Dürre 1987–1992 umsetzte.[1256] Insgesamt brachte die Dürre 1976–1977 die Entwicklung rechtlicher Instrumente zur Belastbarkeit des Wasserversorgungssektors und die Berücksichtigung der Gewässerökologie während einer Dürre voran.

Im Rahmen der Dürre 1987–1992 setzten Regierung und sonstige Hoheitsträger erstmals umfassend Maßnahmen und Instrumente zur Senkung der Nachfrage ein, wie beispielsweise die Beschränkung von urbanen Wassernutzungen durch die Verkündung von Wasserversorgungsnotständen[1257] die Beschränkung der Gewässerbenutzung zugunsten der Gewässerökologie nach D-1485,[1258] oder die Einrichtung einer Dürrewasserbank zur Vereinfachung des Verfahrens von Wassertransfers durch EO 3-91.[1259] Der Water Conser-

---

1251 Sowohl das DWR als Betreiber des SWP als auch das USBR als Betreiber des CVP konnten nur einen Bruchteil des vereinbarten Lieferungsumfangs (ca. 25–50 % des vertraglich vereinbarten Umfangs) erfüllen mit der Folge, dass die Entnahme von Grundwasser um 13 % stieg, *Governor's Commission to Review California Water Rights Law*, Draft Report, 1978, S. 1; *CNRA/DWR*, The 1976–1977 California Drought, 1978, S. 36 ff., 39 ff., 41 ff.; allgemein *DWR/CNRA*, Drought in California, 2015, S. 4; *Jones*, Preparing For California's Next Drought, DWR, 2000, S. 13.
1252 *CNRA/DWR*, The 1976–1977 California Drought, 1978, S. 97, 100; *Jones*, Preparing For California's Next Drought, DWR, 2000, S. 28.
1253 SB 358 (Nejedly) vom 22. 2. 1977.
1254 Urban Water Management Planning Act, AB 767 (Klehs) vom 21. 9. 1983.
1255 *Jones*, Preparing For California's Next Drought, DWR, 2000, S. 17.
1256 *DWR*, California's Most Significant Droughts, 2015, S. 53; *Governor's Commission to Review California Water Rights Law*, Final Report, 1987.
1257 23 von 58 *counties* hatten einen Wasserversorgungsnotstand verkündet. Besonders effektiv zur Senkung der Nachfrage erwies sich das Zusammenwirken von obligatorischen und freiwilligen Wassernutzungsbeschränkungen. *DWR*, California's Most Significant Droughts, 2015, S. 56. Zur übergeordneten Koordinierung der Maßnahmen richtete der Gouverneur durch EO W-3-91 erneut eine Drought Task Force ein, *Northern California Water Association*, Preparing for Drought in the Sacramento Valley, 2013, S. 2; *Jones*, Preparing For California's Next Drought, DWR, 2000, S. 17 f.
1258 *DWR*, California's Most Significant Droughts, 2015, S. 54 ff.
1259 Zu den Wassertransfers und der Dürrebank näher *O'Brien/Gunning*, Water Marketing in California Revisited, Pac. L. J. 1994, 1053 (1054); *Rich*, Institutional Responses to the

vation in Landscaping Act[1260] sieht Maßnahmen zur Senkung des Wasserverbrauchs im Außenbereich vor. Er verpflichtet das DWR zur Erstellung einer Prototyp Rechtsverordnung für Wassersparmaßnahmen in der Garten- und Landschaftsgestaltung (Model Water Efficient Landscape Ordinance, MWELO). Im Übrigen verdeutlichte die nun steigende Belastbarkeit des Wasserversorgungssektors die Effektivität planerischer Instrumente.[1261]

Im Zentrum der Dürrebewältigung von 2007–2009 standen Instrumente zur bundesstaatenweiten Steuerung durch die Exekutive, wie z. B. die Verkündung eines bundesstaatenweiten Dürrenotstands im Juni 2008, obligatorische Wassernutzungsbeschränkungen durch das SWRCB und die bundesstaatenweite Aufklärungskampagne »Save Our Water«.[1262] Der Gesetzgeber knüpfte an die vorangegangen Maßnahmen zur Regulierung der Nachfrage an und erließ den Water Conservation Act[1263] mit dem Ziel »20 in 2020« (20% Nachfragereduzierung bis zum Jahr 2020). Zugleich verpflichtet der Water Conservation Act landwirtschaftliche Wasserversorger zur Aufstellung von *agricultural water management plans* (AWMPs), dem Pendant zu UWMPs.[1264]

Während der Dürre von 2012–2017 kamen zahlreiche vorangegangene Bewältigungsstrategien im Rahmen des bundesstaatenweiten Dürrenotstands zum Einsatz (*drought emergency declaration*).[1265] Auf der Grundlage der Dürrenotstandsproklamation ergingen vorrangig Maßnahmen zur Senkung der Nachfrage, wie die Beschränkung von Wasserrechten (*curtailments*), die Umsetzung von *water conservation plans* durch urbane Wasserversorger und die Aufklärungskampagne »Save Our Water«. EO B-21-13 vereinfachte das Verfahren zur Durchführung von Wassertransfers und trug hierdurch zur Umverteilung verfügbarer Wasserressourcen bei.[1266] Senate Bill (SB) 103/104 (*Committee on Budget and Fiscal Review. Drought relief.*) vom 1.3.2014 stellten über 687,4 Mio. US Dollar zur Schadensminimierung[1267] und für Notfallmaßnahmen, wie Notversorgung und Löschmittel gegen Waldbrände, bereit.[1268] Gesetzesänderungen aus dem Jahr 2018 (SB 606 (Herzberg) vom 31.5.2018, Assembly Bill (AB) 1668 (Friedman) vom 31.5.2018) zei-

---

1987-92 California Drought, in: Wilhite (Hrsg.), Drought Assessment, Management, and Planning, 1993, S. 253 (253); *Northern California Water Association*, Preparing for Drought in the Sacramento Valley, 2013, S. 2.
1260 Water Conservation in Landscaping Act, AB 325 (Clute) vom 29.9.1990.
1261 *Adler*, Drought, Sustainability, and the Law, Sustainability 2010, 2176 (2184); *Jones*, Preparing For California's Next Drought, DWR, 2000, S. 23 f.
1262 *DWR*, California's Most Significant Droughts, 2015, S. 59 f.
1263 SB X7-7 (Steinberg) vom 10.11.2009.
1264 Näher zu UWMPs siehe Abschnitt D.III.2.b)aa).
1265 Eine Übersicht über staatliche Dürrebewältigungsmaßnahmen im Zeitraum 2011–2016 bietet auch *Tortajada et al.*, The California Drought, Environ. Sci. Policy 2017, 97 (103). Eine weitere Übersicht über Auswirkungen und Erfahrungen bietet *CNRA*, Report to the Legislature on the 2012–2016 Drought, 2021.
1266 *DWR*, California's Most Significant Droughts, 2015, S. 3.
1267 Für Landwirte bestand darüber hinaus die Möglichkeit *drought-relief* über das USDA im Rahmen des Katastrophen-Finanzhilfeprogramms FEMA zu beziehen, *USDA*, Emergency Disaster Designation and Declaration Process, Farm Service Agency, 2015, S. 1 ff.
1268 *Dobuzinskis/Murphy*, California Governor Signs $687 Million Drought Relief Legislation, Reuters, 2014, https://www.reuters.com/article/us-usa-drought-california/california-governor-signs-687-million-drought-relief-legislation-idUSBREA2010G20140302 [abgerufen am 12.7.2021].

gen, dass die kontinuierliche Anpassung und Verbesserung rechtlicher Instrumente nach einem Dürreereignis ein wichtiges Element ist, um die Anfälligkeit betroffener Akteure für künftige Dürreereignisse zu senken. Derzeit liegt der gesetzgeberische Fokus darauf, das Dürremanagement zu optimieren, bestehende Lücken in rechtlichen Instrumenten zu schließen und den neuen Ansatz einer Nachfrageregulierung durch die Bildung von Wasserkontingenten (*water budgets*) umzusetzen.

Bereits die historischen Dürrebewältigungsstrategien geben verschiedentlich Aufschluss über ein effektives Dürremanagement: Die Verschiedenartigkeit der historischen Ereignisse in Intensität, Dauer und Auswirkungen spiegelt sich in unterschiedlichen Bewältigungsstrategien wider und verdeutlicht, dass die Bewältigung von Dürreereignissen aufgrund der einhergehenden Ungewissheit ihrer phänomenologischen Erscheinung effektiv nur durch einen Instrumentenmix erfolgen kann. Die Versorgungssicherheit des Wasserversorgungssektors steigt mit der Diversität verfügbarer Wasserressourcen (lokales Dargebot, Anschluss an Verbundsystem, Anschluss an Fernwasserversorgung), da temporäre Engpässe leichter ausgeglichen werden können.[1269] Planerische Instrumente, die Maßnahmen sowohl langfristiger als auch kurzfristiger Dürrebewältigung umfassen erhöhen die Belastbarkeit von Wassernutzern bei Dürre.[1270] Auf diese Weise können Ersatzmaßnahmen einer leitungsunabhängigen Wasserversorgung vermieden werden.[1271] Die Belastbarkeit des landwirtschaftlichen Sektors steigt ebenfalls durch planerische Instrumente, kommt jedoch ohne dürreangepasste Anbau- und Bewässerungsmethoden gegebenenfalls ergänzt um ökonomische Instrumente der Schadenskompensation in Kalifornien nicht aus.[1272] Die Beschränkung von Wasserrechten und die Regulierung der Wasserversorgung dient zur kurzfristigen Senkung der Nachfrage. Derartige Maßnahmen der Eingriffsverwaltung sollten stets restriktiv und nur im Ausnahmefall ergehen, um langfristig nicht an Effektivität zu verlieren.[1273] Grundsätzlich können staatliche Akteure rechtliche Instrumente zur Dürrebewältigung besonders zielgerichtet einsetzen, wenn sowohl eine hinreichende Datengrundlage über die Wasserverfügbarkeit und einzelne Wassernutzungen besteht als auch Prognosen die Dauer und Intensität der Dürreereignisse zumindest kategorisch vorhersagen können.[1274]

III. Instrumente zur Dürrebewältigung

Das kalifornische Wasserrecht hält zahlreiche Instrumente vor, die den Rahmen für lang- und kurzfristige Maßnahmen zur Dürrebewältigung vorgeben und die Anfälligkeit betrof-

---

1269 *DWR*, California's Most Significant Droughts, 2015, S. 74.
1270 *DWR*, California's Most Significant Droughts, 2015, S. 11.
1271 *DWR*, California's Most Significant Droughts, 2015, S. 72.
1272 *DWR*, California's Most Significant Droughts, 2015, S. 72.
1273 Nach Angaben der Wasserbehörden erklärte Gouverneur Brown den Dürrenotstand im April 2017 nach starken winterlichen Regenfällen für aufgehoben, obwohl aus hydrologischer Sicht die Grundwasserspeicher noch immer Dürreauswirkungen aufweisen.
1274 Wäre die Dauer der Dürre 1987–1992 in Ansätzen vorhersehbar gewesen, hätten die Betreiber der Fernwasserversorgungssysteme die Wasserlieferungen dementsprechend anpassen können, vgl. *Jones*, Preparing For California's Next Drought, DWR, 2000, S. 10.

III. Instrumente zur Dürrebewältigung

fener Wassernutzer für Dürreauswirkungen senken. Eine trennscharfe Unterscheidung in Instrumente zur Dürrevorsorge und zur *ad hoc* Dürrebewältigung erfolgt in Kalifornien nicht. Tendenziell setzen die Instrumente größere Schwerpunkte im Bereich der *ad hoc* Dürrebewältigung, die sowohl dazu dienen die Auswirkungen während einer Dürre abzumildern, als auch nach einer Dürre zu beseitigen.

1. Instrumente direkter Verhaltenssteuerung

a) Das kalifornische Nutzungsregime: Nutzungsumfang und Beschränkungsmöglichkeit von Wasserrechten

Eine vorausschauende, präventiven Steuerung der Wassernutzungen ist dem kalifornischen Wasserrecht grundsätzlich wesensfremd. Die präventive Steuerung erfolgt stattdessen durch die Vorgaben nach der Reasonable and Beneficial Use Doctrine aus Art. 10 Sec. 2 Cal. Const. und der Art des Wasserrechts.[1275] Beide Komponenten bestimmen den Nutzungsumfang eines Wasserrechts und können zur Anpassung der Nutzungsmenge an dürrebedingte Wasserengpässe dienen. Nur genehmigungspflichtige Wasserrechte, *post-1914 appropriative rights*, unterliegen der präventiven Steuerung durch das SWRCB. Im Rahmen der Entscheidungsbefugnis (*discretion*)[1276] nach §§ 1201, 275 WAT kann das SWRCB die Nutzungsmenge von *post-1914 appropriative rights* festlegen und Modalitäten der Gewässernutzung im Genehmigungsbescheid anordnen.

aa) Anpassung der Nutzungsmenge, Art. 10 Sec. 2 Cal. Const.

Die Reasonable and Beneficial Use Doctrine nach Art. 10 Sec. 2 Cal. Const. ist die zentrale Vorschrift des kalifornischen Wasserrechts zur Regelung des Nutzungsumfangs eines Wasserrechts. Die rechtlich zulässige Nutzungsmenge eines Wasserrechts hängt danach von den tatsächlichen Gegebenheiten im Einzelfall ab. Grundsätzlich darf nur so viel Wasser genutzt werden, wie für den Benutzungszweck (*beneficial use*) notwendig ist.[1277] Hintergrund dieser Regelung ist, dass die Gewässer möglichst vielen Wassernutzern und deren *beneficial uses* zugänglich sein sollen.[1278] Im Zentrum der Bewirtschaftung der Gewässerressourcen steht folglich der größtmögliche Nutzen der Wasserressourcen für die Gesellschaft. Nach *Gin Chow v. City of Santa Barbara* findet die Reasonable and Beneficial Use Doctrine uneingeschränkt auf alle Wasserrechte Anwendung.[1279] Nur wenn die Vorgaben der Doktrin eingehalten werden, erstarkt das Wasserrecht zu einer geschützten Eigentumsposition, die im Falle von Beeinträchtigungen durch andere Wassernutzer entschädigungspflichtig ist (*entitlement to compensation*).[1280]

1275 Hierzu bereits Abschnitt D.I.3.b)aa).
1276 Ähnlich aber nicht gleichbedeutend zu dem deutschen Begriff Ermessen, näher Abschnitt E.II.2.c)aa).
1277 *Slater*, California Water Law and Policy, Band 1, 1995, § 12.02[2][b], S. 12-10 (Rel. 23-12/2018 Pub. 83013).
1278 *City of Santa Maria v. Adam*, 211 Cal. App. 4th 266, 278 f. (2012).
1279 *Gin Chow v. City of Santa Barbara*, 217 Cal. 673, 296 ff. (1933).
1280 *Gin Chow v. City of Santa Barbara*, 217 Cal. 673, 701 (1933).

D. Die Rechtslage im US-Bundesstaat Kalifornien

Art. 10 Sec. 2 Cal. Const. ist zugleich Leitvorgabe für die Verteilung der Wasserressourcen bei dürrebedingten Engpässen. Die Voraussetzung *reasonable* erfordert ein angemessenes Verhältnis zwischen menschlicher Inanspruchnahme der Gewässer und tatsächlichem Wasserdargebot. Ob eine Nutzung *reasonable* ist und andere Wasserrechte nicht beeinträchtigt, hängt von den hydrologischen Bedingungen im Einzelfall ab. Eine katalogartige Aufzählung sieht § 850 A Restatement of the Law (Second) Torts[1281] vor. Zu den maßgebenden Faktoren gehören zum Beispiel die Länge des Flusses, das Wasserdargebot, die Anzahl an Anliegern im betroffenen Flusseinzugsgebiet, der Benutzungszweck und dessen gesellschaftlicher Wert, die Beeinträchtigungen anderer Gewässernutzer oder die Anpassungsfähigkeit der Nutzung an veränderte hydrologische Bedingungen. Bei *pueblo rights* begrenzt die Reasonable and Beneficial Use Doctrine die Nutzungsmenge auf den notwendigen Bedarf der Stadt und ihrer Einwohner.[1282]

Eine *beneficial use* liegt nach der Mittel-Zweck-Relation (*means end test*) auch dann vor, wenn allein der finale Nutzungszweck nützlich (*beneficial*) ist.[1283] Bei *pre-1914 appropriative rights* besteht nach §§ 1415 ff. CIV die Besonderheit, dass der Nutzungsumfang von den Wassernutzern selbst im schriftlichen Aushang festgelegt wurde. Im Unterschied zu *riparian rights* erlöschen *appropriative rights* jedoch, sobald die Nutzung der Gewässer nach § 1241 WAT unterbleibt.[1284] Dafür darf ein *riparian right* nicht zur Entnahme zum Zwecke der Speicherung von Wasser ausgeübt werden.[1285] Die Nutzungsmenge ist bei *riparian rights* ferner auf das begrenzt, was *reasonably* und *beneficially* auf dem angrenzenden Grundstück verwendet werden kann.[1286] Die Wasserrechte selbst begründen keinen Anspruch auf Nutzung einer bestimmten Wassermenge.[1287]

Bei Dürreereignissen indiziert Art. 10 Sec. 2 Cal. Const. eine notwendige Reduzierung der zulässigen Nutzungsmenge zugunsten einer größtmöglichen Nutzbarkeit der Gewäs-

---

1281 *American Law Institute*, Restatement of Torts, Second, Band 4, 1979.
1282 *Feliz v. City of Los Angeles*, 58 Cal. 73, 80 (1881).
1283 *California Pastoral Etc. Co. v. Madera Canal Etc. Co.* 167 Cal. 78, 85 (1914); *Slater*, California Water Law and Policy, Band 1, 1995, § 12.02[2][b], S. 12-9 f. (Rel. 23-12/2018 Pub. 83013). Die Vermutungsregel bzgl. des Vorliegens einer nützlichen Verwendung bei langjährig praktizierter Wassernutzung gilt heute als überholt, *Lee*, Legal Aspects of Water Conservation in California, Staff Paper No. 3, 1977, S. 13 f.
1284 Die tatsächliche Ausübung ist konstitutiv für das Bestehen eines *appropriative rights*. Bei Nichtausübung erlischt das Recht nach dem »use it or loose it«-Grundsatz. Der Grundsatz soll verhindern, dass Wassernutzer das Wasser »horten« anstatt es für den vorgesehenen Zweck zu verwenden. Grundsätzlich kann ein Sammeln von Wasser in Speicherbecken, im Unterschied zu Anliegerrechten, ein legitimer Nutzungszweck eines Aneignungsrechts sein, *Irwine v. Philips, Cal.* 5 Cal. 140, 146 (1855); *Hutchins*, The California Law of Water Rights, 1956, S. 88; *Thompson et al.*, Legal Control of Water Resources, 6. Aufl. 2018, S. 175 f.
1285 *Hutchins*, The California Law of Water Rights, 1956, S. 246.
1286 »So far as we are aware, no court has ever undertaken to lay down a comprehensive rule on the subject«, *Half Moon Bay Land Co. v. Cowell*, 173 Cal. 543, 549 (1916). Eine einheitliche oder standardisierte Leitlinie zur Bestimmung beider Voraussetzungen besteht weder in der gerichtlichen Praxis noch der Literatur. Ein Grund dafür könnte in der Einzelfallbezogenheit von Art. 10 Sec. 2 Cal. Const. *per se* liegen.
1287 *Prather v. Hoberg*, 24 Cal. 2d 549, 560 (1944); *Hutchins*, The California Law of Water Rights, 1956, S. 218; *Wiel*, Water Rights in the Western States, Band 1, 3. Aufl. 1911, S. 820 f.

ser für alle Gewässernutzer. Die Reasonable and Beneficial Use Doctrine ist folglich ein dynamisches Instrument, das die rechtmäßige Nutzungsmenge automatisch an den hydrologischen Bedingungen ausrichtet und damit grundsätzlich eine effektive Anpassung der Nutzungen an Dürreereignisse verspricht. Allerdings ist die Doktrin auf Rechtskonformität der Wasserrechteinhaber oder effektive Vollzugsinstrumente angewiesen. Die Durchsetzung der Reasonable and Beneficial Use Doctrine erfolgt durch das SWRCB aufgrund einfachgesetzlicher Ermächtigungsgrundlagen, wie §§ 275, 1831, 1058.5 WAT.[1288] § 1831 WAT ermächtigt das SWRCB, illegale Wassernutzungen zu untersagen und die Nutzungsmenge eines Wasserrechts, ungehindert der Art des Wasserrechts, festzustellen.[1289] Die Reasonable and Beneficial Use Doctrine stellt auf der einen Seite flexible aber zugleich ehrgeizige Nutzungsvorgaben auf, auf der anderen Seite verzögert der Mangel an präventiven Steuerungsmöglichkeiten die Effektivität des Regelungsinhalts.

bb) Regelung der Nutzungsmenge von *post-1914 appropriative rights*

Bei *post-1914 appropriative rights* legt das SWRCB die nach Art. 10 Sec. 2 Cal. Const. zulässige Nutzungsmenge im Genehmigungsbescheid (*license*) entsprechend der *discretion*[1290] fest.[1291] Durch die Eröffnungskontrolle kann das SWRCB die Nutzung der Gewässer im Rahmen von Art. 10 Sec. 2 Cal. Const. im Einzelfall regeln und an Dürreereignisse anpassen.

Die zum Zweck dieser Arbeit ausgewählten und untersuchten Bescheide[1292] (veranschaulicht in Tabelle 1) weisen die Tendenz auf, dass ältere Genehmigungen vor 1930 im Vergleich weniger ausdifferenzierte Vorgaben in Bezug auf Dürreereignisse enthalten als Genehmigungen, die das SWRCB nach 1930 erließ. In allen Bescheiden legt das SWRCB stets Entnahmemenge, Entnahmeort, Verwendungszweck sowie Verwendungsort fest.

Die Nutzungsmenge regelt das SWRCB üblicherweise auf drei Arten: Es bestimmt eine maximal zulässige Entnahmerate pro Sekunde (*cubic feet per second, cfs*), die maximale jährliche Entnahmemenge zur Speicherung und die maximale jährliche Gesamtentnahmemenge.[1293] Jüngere Bescheide differenzieren bei Entnahmerate und Entnahmemenge

---

1288 Vgl. *Slater*, California Water Law and Policy, Band 1, 1995, § 12.08[1], S. 12-26 ff. (Rel. 21-1/2017 Pub. 83013).
1289 Ausdrücklich *Millview County Water Dist. v. SWRCB*, 229 Cal. 4th 879, 895 (2014); aufgehoben damit *People ex rel. SWRCB v. Forni*, 54 Cal. App. 3d 743, 747 (1976).
1290 Siehe hierzu Abschnitt E.II.2.c)aa).
1291 Das SWRCB gewährt die Gewässernutzung zunächst vorläufig durch eine *license*, die auf fünf Jahre befristet ist und danach zur lebenslangen Genehmigung erstarkt. Innerhalb der fünf Jahre kann das SWRCB jederzeit eine Anpassung der Festsetzungen vornehmen oder die Nutzungserlaubnis bei Verstößen entziehen, *Grantham/Viers*, 100 Years of California's Water Rights System, Environ. Res. Lett. 2014, 084012:1 (2).
1292 Die nachfolgende Darstellung bezieht sich auf 40 im Rahmen dieser Arbeit stichprobenartig untersuchte Zulassungsbescheide aus 56.410 Einträgen aus der Wasserrechte-Datenbank eWRIMs (Stand März 2019). Die Auswahl der Zulassungsbescheide versucht die Bandbreite der Wassernutzungen abzubilden. Sie steht nicht quantitativ repräsentativ für die Verwaltungspraxis, gewährt jedoch einen Einblick über gängige und wiederkehrende Modalitäten bei verschiedenen Nutzungszwecken.
1293 Für viele *Olivenhain Municipal Water District*, Permit for Diversion and Use of Water, Application 30243, Permit 20787 (10. 5. 1995) (ursprünglich 12. 4. 1993); *City and County*

D. Die Rechtslage im US-Bundesstaat Kalifornien

Tabelle 1: Spezifisch dürrebezogene Regelungen in kalifornischen *water rights*.
Quelle: eigene Einschätzung basierend auf der Auswertung der Bescheide.

Auflagen/Sektor	Urban groß	Urban klein	LWS	Energie	Freizeit
Mengenmäßige Beschränkung	xx	xx	xx	xx	xx
a) Gesamtvolumen pro Jahr	xx	xx	xx	xx	xx
b) Entnahmerate pro Sekunde	xx	xx	xx	xx	xx
c) Saisonal unterschiedliche Entnahmeraten	X	-	X	-	x
Zeitliche Beschränkung	-	-	-	-	-
Festlegung Priorisierung	-	X	-	-	-
Nachträgliche Beschränkungsmöglichkeit vorbehalten	xx	-	X	-/x	xx
Ergänzende Maßnahmen	xx	X	X	-/x	xx
a) *Water conservation*	xx	X	-	-	x
b) *Water quality*	x	-	-	-	x
c) *Fish/Wildlife mitigation*	x	-	-	-	-

Legende:
- nicht vorhanden   x teils vorhanden   xx meistens vorhanden   X häufig vorhanden

teils darüber hinaus nach Winter- und Sommermonaten.[1294] Insbesondere Genehmigungsbescheide zu landwirtschaftlichen Zwecken oder zur Freizeitgestaltung enthalten häufig eine Beschränkung der maximalen Entnahmemenge über die Wintermonate.[1295] Derartige Auflagen können verhindern, dass Wassernutzer Unmengen an Wasser in den Wintermonaten entnehmen und bevorraten im Wissen, dass im Sommer das Dargebot zur Entnahme häufig nicht ausreicht. Ergänzend beschränkt das SWRCB die Entnahme von Wasser zu Speicherzwecken grundsätzlich auf die Wintermonate.[1296] Das SWRCB begründet die

 of San Francisco, License for Diversion and Use of Water, Application 18475, License 10923 (7. 8. 1979).

1294 Bei Genehmigungen zu Energiegewinnungszwecken ist dies besonders ausgeprägt. Die Abflussgrenzwerte beruhen auf einer Prognose, die die maximale tägliche Entnahmerate (in *cfs*) nach Monaten ermittelt, *Metropolitan Water District (Diamond Valley Lake Small Conduit Hydroelectric Project)*, Permit for Diversion and Use of Water, Application 4997, Permit 7640, Term 15 (6. 1. 1950) (ursprünglich 26. 9. 1947). Bescheide für Wasserentnahmen aus ökologisch besonders sensiblen Gewässern legen sogar eine sekündliche Entnahmerate nach monatlich unterschiedlichen Grenzwerten fest, *L.A. Department of Water and Power*, License for Diversion and Use of Water, Application 3850, License 9783 (7. 5. 1971).

1295 Beispiel: *Ferrari-Carano Vineyards and Winery LLC*, License for Diversion and Use of Water, Application 30282, License 13828 (11. 1. 2011); *La Porte Pines Country Club*, Permit for Diversion and Use of Water, Application 27273, Permit 18597 (1. 10. 1982) (ursprünglich 31. 3. 1982); *Olivenhain Municipal Water District*, Permit for Diversion and Use of Water, Application 30243, Permit 20787, Term 5 (10. 5. 1995) (ursprünglich 12. 4. 1993); *Goose Valley Ranch Inc.*, License for Diversion and Use of Water, Application 19145, License 8943 (7. 2. 1969).

1296 *Dutton Ranch Family, Ltd. Ptp.*, Right to Divert and Use Water, Application 31719, Permit 21348 (7. 9. 2016) (ursprünglich 4. 8. 2008); *Napa Valley Country Club*, License for Diver-

saisonale Beschränkung von Entnahmen zu Speicherzwecken mit der hohen Evaporations- und Versickerungsrate von Wasser in den Sommermonaten.[1297]
Erst in jüngeren Bescheiden weist das SWRCB auf nachträgliche Beschränkungsmöglichkeiten von Wasserrechten nach Art. 10 Sec. 2 Cal. Const. oder potentielle Maßnahmen wie die Anordnung von *water conservation plans* hin.[1298] *Water conservation plans* [1299] können Maßnahmen wie die Wiederaufbereitung und Wiederverwertung von Brauchwasser, das Verbot von Ableitungen aus dem Flusslauf zum Zwecke landwirtschaftlichen Stauwassers (*tailwater*), die Installation von Wasserzählern zur mengenmäßigen Kontrolle der Entnahmen, sowie Maßnahmen zur Verringerung der Verdunstungs- und Versickerungsrate enthalten.[1300] Sinn und Zweck des Selbstregulierungsansatzes ist die individuelle Beurteilung und Senkung der Anfälligkeit eines Wassernutzers für Dürreauswirkungen. In Fällen, in denen die Anordnung der Aufstellung eines *water conservation plans* bei Erlass des Zulassungsbescheids unterblieb, nimmt das SWRCB die Anordnung streckenweise im Nachhinein vor.[1301] Durch dieses Vorgehen stärkt das SWRCB die Selbstregulierung und ersetzt damit teilweise die Notwendigkeit hoheitlichen Tätigwerdens. Durch die Anordnung einer Anbringung von Wasserzählern[1302] schließt das SWRCB auf Ebene der Zulassungsbescheide die rechtliche Regelungslücke betreffend die Datenerhebung von Wasserentnahmen.

Je nach Art des zugrundeliegenden Verwendungszwecks ordnet das SWRCB teils weitere Auflagen an. Zum Beispiel enthalten Genehmigungsbescheide für große Wasserversorger eine Auflistung vorzugswürdiger Nutzungszwecke.[1303] Genehmigungsbescheide für Wassernutzungen zu Freizeit und Naherholungszwecken müssen beispielsweise zur Senkung der Wassertemperatur entsprechend einem monatlichen Aktionsplan beitragen

---

sion and Use of Water, Application 29017, License 13612 (18. 10. 2005); *Watson and Watson*, License for Diversion and Use of Water, Application 28899, License 13144 (10. 4. 1995).

1297 Exemplarisch *Napa Valley Country Club*, License for Diversion and Use of Water, Application 29017, License 13612 (18. 10. 2005); *Big Basin Water Cmpany*, Permit for Diversion and Use of Water, Application, Permit (1. 5. 1981) (ursprünglich 7. 9. 1972).

1298 *City and County of San Francisco*, License for Diversion and Use of Water, Application 18475, License 10923 (7. 8. 1979); zur Anordnung von *water conservation plans San Diego County Water Authority*, Permit for Diversion and Use of Water, Application 30243, Permit 20787, Term 11 (10. 5. 1995) (ursprünglich 12. 4. 1993).

1299 Der Begriff *water conservation plan* ist weit zu verstehen und umfasst die Gesamtheit aller Pläne, die zur Bewältigung von Wasserengpässen oder Dürreereignissen erstellt werden können.

1300 Beispielsweise *Napa Valley Country Club*, License for Diversion and Use of Water, Application 29017, License 13612, S. 3 (18. 10. 2005); *La Porte Pines Country Club*, Permit for Diversion and Use of Water, Application 27273, Permit 18597, Term 11 (1. 10. 1982) (ursprünglich 31. 3. 1982); *Provident Irrigation District*, Amended License for Diversion and Use of Water, Application 460, License 7205 (27. 2. 2001).

1301 Beispielsweise *Goose Valley Ranch Inc.*, Order Correcting Stipulation Condition and Amending the License, Application 19145, License 8943 (16. 7. 1990) (ursprünglich 7. 2. 1969).

1302 *Burns*, License for Diversion and Use of Water, Application 25318, License 13689 (13. 12. 2006).

1303 *Metropolitan Water District (Diamond Valley Lake Small Conduit Hydroelectric Project)*, Permit for Diversion and Use of Water, Application 4997, Permit 7640, Term 20 (6. 1. 1950) (ursprünglich 26. 9. 1947).

oder die Entnahme bei Unterschreiten einer gewissen Abflussrate einstellen.[1304] Häufig weist das SWRCB in den Genehmigungsbescheiden jedoch nur auf die aktuell geltende Rechtslage, wie z. B. Art. 10 Sec. 2 Cal. Const. oder §§ 1625 ff. WAT hin, anstatt ausdifferenzierte Bestimmungen festzusetzen.

Die untersuchten Genehmigungsbescheide weisen nur sehr sporadisch dürrespezifische Vorgaben aus. Ein Grund dafür ist möglicherweise die rechtshistorisch verankerte Wahrnehmung von Wasserrechten als »unantastbares« Eigentumsrecht in Zusammenhang mit dem kalifornischen Bewirtschaftungsverständnis, wonach die Gewässer dem größtmöglichen Nutzen für die Gesellschaft dienen. Der Water Commission Act von 1914 räumt dem SWRCB zwar eine präventive Kontrollaufsicht über *post-1914 appopriative rights* ein, von der das SWRCB jedoch nur restriktiv Gebrauch macht. Die Anerkennung und Ausweitung der Zuständigkeit des SWRCB nach Art. 10 Sec. 2 Cal. Const. in den letzten Jahren, z. B. in § 275 WAT, wirkt sich dementsprechend positiv auf die Ausgestaltung der Genehmigungsbescheide von *post-1914 appropriative rights* aus. Die Festlegung von Entnahmemengen und Anordnungen erfolgt detaillierter,[1305] wie insbesondere die saisonal gestaffelten Grenzwerte für Wasserentnahmen zeigen.[1306] Diese Tendenz zeigt, dass das SWRCB das Steuerungspotential von Genehmigungsbescheiden bei *post-1914 appropriative rights* für eine langfristige Dürrevorsorge erkannt hat und aller Voraussicht nach zukünftig weiter ausbauen wird.

cc) Zwischenbilanz

In Ermangelung einer umfassenden Eröffnungskontrolle ist das Steuerungspotential präventiver Instrumente der direkten Verhaltenssteuerung für die langfristige Dürrevorsorge und die *ad hoc* Dürrebewältigung begrenzt. Die Anpassung der Nutzungsmenge von Wasserrechten erfolgt daher bis heute überwiegend durch repressive Instrumente oder gerichtliche Entscheidungen bei Nutzungskonflikten.

In Abwesenheit eines präventiven administrativen Kontrollinstruments für *riparian rights* und *pre-1914 appropriative rights* bindet Art. 10 Sec. 2 Cal. Const. die Wasserrechteinhaber unmittelbar. Der Gesetzgeber hat mit Art. 10 Sec. 2 Cal. Const. ein dynamisches Rechtsinstitut geschaffen, das die zulässige Nutzungsmenge automatisch an die hydrologischen Bedingungen anpasst. Allerdings besteht eine gewisse Missbrauchsgefahr hinsichtlich der nach Art. 10 Sec. 2 Cal. Const. zulässigen Nutzungsmenge. Ungeachtet vorsätzlicher Überschreitungen, stellt die Bestimmung der rechtmäßigen »vernünftigen Nutzung« (*reasonable use*) die Wasserrechteinhaber im Einzelfall vor große Herausforde-

---

1304 *Big Basin Water Cmpany*, Permit for Diversion and Use of Water, Application, Permit, Term 13 und Term 14 (1. 5. 1981) (ursprünglich 7. 9. 1972); *Burns*, License for Diversion and Use of Water, Application 25318, License 13689, Term 0140060 (13. 12. 2006).
1305 Dieser Trend zeigt sich bei Genehmigungen zu landwirtschaftlichen Zwecken jedoch nicht, insbesondere sehen die Genehmigungen fast nie eine saisonal angepasste Entnahme in den Sommermonaten vor. Möglicherweise nimmt das SWRCB keine saisonale Beschränkung der Entnahmemenge vor, da die Verwendungszwecke häufig neben der landwirtschaftlichen Nutzung auch den Schutz vor Waldbränden nennen.
1306 *Grantham/Viers*, 100 Years of California's Water Rights System, Environ. Res. Lett. 2014, 084012:1 (2).

rungen, da sie die hydrologischen Bedingungen und die Gesamtbelastung der Gewässer durch Nutzungen nicht vollumfänglich beurteilen können.

Auch die dürrespezifischen Modalitäten in Genehmigungsbescheiden von *post-1914 appropriative rights* schöpfen ihr Steuerungspotential für Dürreereignisse nicht voll aus. Durch die zeitlich unbeschränkte Erteilung von *permits* beschränkt das SWRCB die Möglichkeit einer erneuten Bewertung der Nutzung und der Einbeziehung nachträglich geänderter Tatsachen. Regelungsinhalte zur *ad hoc* Dürrebewältigung, wie die Anordnung von saisonal gestaffelten Maximalentnahmemengen, könnte das SWRCB flächendeckend und vorsorglich in die Genehmigungsfestsetzungen aufnehmen.

b) Wasserverteilung in Kalifornien: die Hierarchie der Wasserrechte

In Ermangelung einer umfassenden Eröffnungskontrolle übernimmt die gewohnheitsrechtlich geprägte Hierarchie der Wasserrechte (*rule of priority*) die Zuteilung der Wasserressourcen. Der Grund für die Notwendigkeit des Rechtsinstituts liegt darin, dass ein wirksam entstandenes Wasserrecht zwar ein Recht auf Wassernutzung begründet, nicht jedoch ein Recht auf Nutzung einer bestimmten Wassermenge. Ursprünglich diente die Hierarchie der Wasserrechte dazu, alltägliche Nutzungskonflikte zu lösen.[1307]

Inzwischen ist die doppelte Zuteilungsfunktion der Wasserrechtehierarchie ein unerlässliches Instrument zur Verteilung der Wasserressourcen unter Dürrebedingungen. Sie gibt zum einen die Reihenfolge der Berücksichtigung von Wasserrechten von oben nach unten vor und zum anderen die Versagung von Wasserrechten von unten nach oben bei dürresbedingter Wasserknappheit.[1308]

Die Hierarchie der Wasserrechte weist eine vertikale und eine horizontale Ebene auf. Über den Rang eines Wasserrechts in der Hierarchie entscheidet maßgeblich die Art des Wasserrechts. Auf vertikaler Ebene bestimmen ergänzend die Faktoren Entstehungszeitpunkt des Rechts und Verwendungszweck nach Art. 10 Sec. 2 Cal. Const. den Rang des Wasserrechts.

aa) Vertikale und horizontale Priorisierung nach Art des Wasserrechts

Vertikal an oberster Stelle der Wassernutzungshierarchie stehen Siedlungsrechte (*pueblo rights*)[1309] gefolgt von *prescriptive rights*. Die begrenzte Anzahl an derartigen Wasserrechten hat zur Folge, dass im Zusammenhang mit *pueblo rights* selten Nutzungskonflikte

---

1307 Erstmals *Lux v. Haggin*, 69 Cal. 255 (1886); vgl. *Kanazawa*, Golden Rules, 2015, S. 183 f.; *Cody/Folger/Brown*, California Drought, Congressional Research Service, 2015, S. 20.

1308 »*When the supply of water is insufficient to satisfy all persons and entities holding water rights, it is ordinarily the function of the rule of priority to determine the degree to which any particular use must be curtailed.*« *Light v. SWRCB*, 226 Cal. App. 4th 1463, 1463 ff. (2014); *Gray*, The Reasonable Use Doctrine, in: Lassiter (Hrsg.), Sustainable Water, 2015, S. 83 (93).

1309 *City of San Diego v. Cuyamaca Water Co.* 209 Cal. 105, 122 (1930); *City of Los Angeles v. Hunter*, 156 Cal. 603, 603 (1909); *Oeltjen/Fischer*, Allocation of Rights to Water, Neb. L. Rev. 1978, 245 (262); *Geier*, in: Miller/Starr, Mavrin B., Miller & Starr Cal. Real Est. Band 3, 4. Aufl. 2017, §9:32.

(bei Dürre) auftreten. Ihre vorrangige Stellung (*paramount right*) hat nur geringfügigen Einfluss auf die mengenmäßige Nutzung der Gewässerressourcen.[1310]

Die in der Praxis auf vertikaler Ebene typischerweise vorrangigen Rechte sind *riparian rights*.[1311] Auf horizontaler Ebene stehen *riparian rights* einander gleichberechtigt gegenüber. Sie haben einen Anspruch auf Gewässernutzung zu gleichen Teilen (*correlative share*).[1312] Aus dem Anspruch auf Gewässernutzung zu gleichen Teilen folgt inzident ein Beeinträchtigungsverbot in Bezug auf *riparian rights*.[1313] Das Beeinträchtigungsverbot verpflichtet *riparian right* Inhaber daher zur Anwendung effizienter Wassernutzungsmethoden, deren Kosten auf Sekundärebene auf alle Anlieger entfallen.[1314] Sollte das Wasserdargebot häufig unterdurchschnittlich ausfallen, empfehlen Gerichte den Erlass von Dekreten, in denen die Nutzungsreihenfolge näher festgelegt wird z. B. durch eine abwechselnde Nutzung des vollen Abflusses.[1315]

Vertikal auf unterster Ebene der Hierarchie der Wasserrechte stehen *appropriative rights*.[1316] Inhaber von *appropriative rights* dürfen ihr Nutzungsrecht erst dann ausüben, wenn nach der Ausübung von höherrangigen Rechten überschüssiges Wasser (*excess/surplus*) vorhanden ist.[1317] Das Über-Unterordnungsverhältnis von *junior appropriative rights* und *senior riparian rights* stellt einen der größten Nutzungskonflikte Kaliforniens dar.[1318] Bei Dürreereignissen gehen *appropriative right* Inhaber häufig leer aus, da das begrenzte Wasserdargebot von höherrangigen Wasserrechten vollständig aufgebraucht wird.[1319] Da die Landwirtschaft überwiegend *riparian rights* besitzt und der urbane Sektor eher *appropriative rights* innehat, ist das Über-Unterordnungsverhältnis zugleich Ursache für den jahrzehntelangen Nutzungskonflikt zwischen landwirtschaftlichem und urbanem Sektor. Auf horizontaler Ebene erfolgt die Wasserverteilung bei *appropriative rights*

1310 Aufgrund der prioritären Stellung von *pueblo rights* können andere Wassernutzer jedoch keine Entschädigung nach der *just compensation rule* der *takings clause* des Fifth Amendment der US Consitution geltend machen, *Oeltjen/Fischer*, Allocation of Rights to Water, Neb. L. Rev. 1978, 245 (263).

1311 Eine Ausnahme besteht für ruhende Anliegerrechte (dormant riparian rights). Diese können bei administrativer Verteilung einer Wasserressource (*statutory adjudication*) nach §§ 2500 ff. WAT vom SWRCB rangniedriger eingestuft werden, *In re Waters of Long Valley Creek Stream Sys.* 25 Cal. 3d 339, 359, 366 (1979).

1312 Der Anspruch besteht daher nicht in Form einer mathematisch festgelegten Nutzungsmenge, *Prather v. Hoberg*, 24 Cal. 2d 549, 560 (1944); *Wiel*, Priority in Western Water Law, Yale L. J. 1909, 189 (190); *McGlothlin/Acos*, The Golden Rule* of Water Management, Golden Gate U. Envtl. L. J. 2016, 109 (114); *Hutchins*, The California Law of Water Rights, 1956, S. 40 f.

1313 *Pabst v. Finmand*, 190 Cal. 124, vgl. (1922); einfachgesetzlich auch in *American Law Institute*, Restatement of Torts, Second, Band 4, 1979, § 850 (A).

1314 *American Law Institute*, Restatement of Torts, Second, Band 4, 1979, § 850 (A); *Slater*, California Water Law and Policy, Band 1, 1995, § 9.01[3][f], S. 9-15 (Rel. 21-1/2017 Pub. 83013).

1315 *Harris v. Harrison*, 93 Cal. 676, 680 (1886).

1316 Vgl. *Tulare Dist. v. Lindsay-Strathmore Dist.* 3 Cal. 2d 489, 533 (1935).

1317 *Geier*, in: Miller/Starr, Mavrin B., Miller & Starr Cal. Real Est. Band 3, 4. Aufl. 2017, § 9:32.

1318 Zur Bezeichnung *junior/senior water rights Cody/Folger/Brown*, California Drought, Congressional Research Service, 2015, S. 21.

1319 *US v. SWRCB*, 182 Cal. App. 3d 82, 101 f. (1986); mit Verweis auf *Meridian, Ltd. v. San Francisco*, 13 Cal. 2d 424, 445 ff. (1939).

nach dem Grundsatz *qui prior est in tempore, portior est in jure* (*first in time, first in right*).[1320] Der Entstehungszeitpunkt bei *pre-1914 appropriative rights* liegt im Zeitpunkt der Veröffentlichung der Mitteilung (*relation back* Doktrin), bei *post-1914 appropriative rights* ist nach § 1450 WAT der Zeitpunkt der Antragsstellung entscheidend, sofern das SWRCB dem Zulassungsgesuch stattgibt.[1321] Die Art des Wasserrechts spielt damit sowohl auf vertikaler als auch auf horizontaler Ebenen der Hierarchie der Wasserrechte eine wichtige Rolle und entscheidet maßgeblich über die Zuteilung von Wasserressourcen bei Dürreereignissen.

bb) Modifikation durch *reasonable and beneficial use*, Art. 10 Sec. 2 Cal. Const.

Seit Jahrzehnten modifiziert die Reasonable and Beneficial Use Doctrine nach Art. 10 Sec. 2 Cal. Const. die Hierarchie der Wasserrechte und passt sie den vielfältigen Bedürfnissen der Gesellschaft an. Art. 10 Sec. 2 Cal. Const. wirkt in zweifacher Hinsicht auf die Hierarchie der Wasserrechte ein. Zum einen kann die Nichteinhaltung von Art. 10 Sec. 2 Cal. Const. gerade bei Dürreereignissen zum Rangverlust eines Wasserrechts und damit zur Nichtberücksichtigung der Wassernutzung bei der Verteilung der Gewässerressourcen führen.[1322]

Zum anderen modifiziert die Reasonable and Beneficial Use Doctrine die horizontale Priorisierung von *riparian rights* und *appropriative rights*. Die Modifikation ist gewohnheitsrechtlich anerkannt und seit 1943 auch in § 106 WAT[1323] verankert.

Ihren Ursprung hat die Modifikation der Hierarchie der Wasserrechte durch Art. 10 Sec. 2 Cal. Const. auf der horizontalen Ebene von *riparian rights*. Die *rule of reasonableness* konkretisiert die Verteilung der Gewässerressourcen zu gleichen Teilen (*correlative share*).[1324] Eine Beeinträchtigung anderer *riparian rights* liegt nach der *rule of*

1320 Historisch wurzelt der Grundsatz im englischen Common Law, das bei der Gründung des Bundesstaates übernommen wurde. Er fand ursprünglich im Minenrecht Anwendung und schien später eine sinnvolle Lösung von Wassernutzungskonflikten zu bieten. Dieses Vorgehen als vorschnell und gedankenlos kritisierend *Wiel*, Priority in Western Water Law, Yale L. J. 1909, 189 (190); a. A. *Conger v. Weaver*, 6 Cal. 548, 558 (1856); allgemein *Tulare Dist. v. Lindsay-Strathmore Dist.* 45 P. 2d 972, 990 f. (1935); *Tarlock*, Prior Appropriation, North Dakota L.R. 2000, 881 (885 f.), 890); *Slater*, California Water Law and Policy, Band 1, 1995, § 9.01[4], S. 9-16 (Rel. 21-1/2017 Pub. 83013); *Witkin*, Summary of California Law: Constitutional Law, Band 7, 11. Aufl. 2017, Chapter XVII, Real Property – XIV Waters – D. Rights in Surface Waters – 2 Appropriation Rights; *Wiel*, Water Rights in the Western States, Band 1, 3. Aufl. 1911, § 299 S. 307.
1321 *US v. SWRCB*, 558 Fed. 2d 1347, 1353 (1977); *Tarlock*, Prior Appropriation, North Dakota L.R. 2000, 881 (882).
1322 Vgl. *Joslin v. Marin Mun. Water Dist.* 67 Cal. 2d 132, 136 ff. (1967); *Slater*, California Water Law and Policy, Band 1, 1995, § 9.01[3], S. 9-11 (Rel. 21-1/2017 Pub. 83013).
1323 Chapter 368, Statutes of 1943, S. 1606.
1324 Sie löst damit die Natural Flow Doctrine ab, nach der *riparian rights* Inhaber die Gewässer solange Nutzen durften wie Qualität und Quantität des natürlichen Abflusses unbeeinträchtigt blieb, *Ogburn v. Connor 46 Cal. 346 (Cal. 1873)*, 46 Cal. 346, 351 ff. (1873); *Coombs v. Reynolds*, 43 Cal. App. 656, 657, 660 (1919); *Carpeneti*, Status of Appropriator of Water in California, California Law Review 1934, 333 333 m.w.N.; *Hutchins*, Water Rights Laws in the Nineteen Western States, Band 1, 2004, S. 542.

D. Die Rechtslage im US-Bundesstaat Kalifornien

reasonableness vor, wenn keine vernünftige Wassernutzung (*reasonable use*) erfolgt. Die Vernünftigkeit einer Wassernutzung bestimmen frühe Gerichtsentscheidungen anhand des Verwendungszwecks.[1325] Sie unterscheiden zwischen vorrangigen natürlichen und rangniederen, künstlichen Verwendungszwecken (*natural and artificial uses*).[1326] Zu den vorrangigen Verwendungszwecken (*natural uses*) zählen Grundbedürfnisse wie die Wasserversorgung eines (privaten) Haushalts.[1327] Alle anderen Verwendungszwecke stellen eine künstliche Nutzung (*artificial uses*) dar, so z. B. die Energiegewinnung durch Wasserkraft, landwirtschaftliche Bewässerung zu Gewinnerzielungszwecken, industrielle Wassernutzungen oder Wassernutzung zu Freizeitzwecken.[1328] Der Vorrang von *natural uses* geht so weit, dass diese – wenn nötig – den gesamten Abfluss nutzen dürfen.[1329] Grundsätzlich genießen innerhalb der *natural uses* Oberlieger gegenüber Unterliegern Vorrang.[1330]

Inzwischen ist die Priorisierung von natürlichen Verwendungszwecken (*domestic uses*) gegenüber künstlichen Verwendungszwecken in § 106 WAT einfachgesetzlich verankert.[1331] Nach § 106 WAT hat auf horizontaler Ebene die Verwendung von Wasser für den Hausgebrauch oberste Priorität, gefolgt von der Nutzung zu Bewässerungszwecken und anderen Nutzungen. Zur Abgrenzung der Verwendungszwecke hat die Rechtsprechung verschiedene Kriterien entwickelt. Ein wesentliches Unterscheidungsmerkmal ist die Gewinnerzielungsabsicht bei gewerblichen Nutzungen der Ressourcen.[1332]

Ob § 106 WAT nur für *appropriative rights* gilt oder auch – als Konkretisierung der *rule of reasonableness* – für *riparian rights* Anwendung findet, geht aus dem Wortlaut der Norm nicht eindeutig hervor.[1333] Die systematische Verortung von § 106 WAT im Abschnitt Division 1 »*General State Powers over Water*«, der allgemeine Bestimmungen

---

1325 Ob die Wassernutzung *reasonable* ist, bestimmen Faktoren wie die Nachhaltigkeit und der sozialer Wert der Nutzung, der ökonomischer Wert des Endnutzungszwecks und vor allem der Verwendungszweck *Pabst v. Finmand*, 190 Cal. 124, 129 (1922); *Hutchins*, The California Law of Water Rights, 1956, S. 229, 235; *Slater*, California Water Law and Policy, Band 1, 1995, § 9.01[3], S. 9–10 f. (Rel. 21-1/2017 Pub. 83013); *Oeltjen/Fischer*, Allocation of Rights to Water, Neb. L. Rev. 1978, 245 (249 f.).

1326 *Smith v. Corbit*, 116 Cal. 587, 589 (1897); *Wiggins v. Muscupiabe Land & Water Co.* 113 Cal. 182, 189 (1896); »Water«, in: 62 Cal. Jur. 3d (11/2017), § 136. In der Folge äußerten sich unzählige Urteile zur Frage, welche Wassernutzung natürlich und welche künstlich sei, vgl. eine Zusammenfassung derer in *Hutchins*, The California Law of Water Rights, 1956, S. 235 ff.

1327 »*Natural uses are those arising out of the basic necessities of life on the riparian land*«, »Water«, in: 62 Cal. Jur. 3d (11/2017), § 136.

1328 *Thompson et al.*, Legal Control of Water Resources, 6. Aufl. 2018, S. 32 f.

1329 *Smith v. Corbit*, 116 Cal. 587, 589 (1897); *Hutchins*, The California Law of Water Rights, 1956, S. 235; *Witkin*, Summary of California Law: Constitutional Law, Band 7, 11. Aufl. 2017, § 1013.

1330 *Slater*, California Water Law and Policy, Band 1, 1995, § 9.01[3][a], S. 9-12 (Rel. 21-1/2017 Pub. 83013).

1331 Spätestens § 106 WAT löste die Bezeichnung *natural uses* durch die genauere Bezeichnung *domestic uses* ab, *Hutchins*, The California Law of Water Rights, 1956, S. 235 ff.

1332 Ausführlich *Slater*, California Water Law and Policy, Band 1, 1995, § 9.01[3], S. 9-12 f. (Rel. 21-1/2017 Pub. 83013).

1333 Unstrittig findet § 106 WAT auf *appropriative rights* Anwendung, *Prather v. Hoberg*, 24 Cal. 2d 549, 561 ff. (1944).

enthält, spricht für die Anwendbarkeit auf beide Wasserrechtearten. Darüber hinaus betont die Literatur die allgemeingültige Anwendbarkeit von § 106 WAT, die zum Verständnis von Wasser als lebensnotwendiges Gut beitrage.[1334]

Unstrittig modifiziert § 106 WAT als Ausprägung von Art. 10 Sec. 2 Cal. Const. die horizontale Priorität von *post-1914 appropriative rights* im Rahmen des Genehmigungsverfahrens durch das SWRCB.[1335] Zum einen enthält §§ 106 WAT iVm. 659 ff. CCR einen Katalog an Nutzungen, die als *beneficial uses* qualifizieren, z. B. die private Trinkwasserversorgung in Häusern, Wohnungen oder Campinganlagen, das Tränken von Haus- oder Nutztieren zum Eigenbedarf oder das Bewässern von Gärten bis zu einer Nutzungsmenge von ca. 620.000 Litern (0,5 *acre-feet*).

Zum anderen beschränkt § 106 WAT, konkretisiert durch §§ 106.5, 1254, 1412 WAT, die *discretion* des SWRCB und verpflichtet zur vorrangigen Genehmigung von Anträgen auf häusliche und gemeindliche Wassernutzung.[1336] Daraus folgt beispielsweise, dass das SWRCB bei Vorliegen mehrerer Zulassungsgesuche ranghöheren Verwendungszwecken vorrangig stattgeben muss[1337] oder rangniedere Verwendungszwecke nur unter Anordnung der Nutzungseinstellung bei Wasserknappheit erlässt.[1338]

Bei wirksam entstandenen *appropriative rights* halten Gerichte und Wasserrechteinhaber streng am Grundsatz *first in time, first in rights* auf horizontaler Ebene fest. Die Grenzen ihrer Wirkungskraft erreicht die Reasonable and Beneficial Use Doctrine auch auf vertikaler Ebene. Nach wie vor halten die Gerichte dort strikt an dem Über-Unterordnungsverhältnis zwischen Anlieger- und Verwendungsrechten (ungeachtet des Verwendungszwecks) fest.[1339] Ausnahmen bestehen nur dann, wenn Anlieger ihren, nach Art. 10 Sec. 2 Cal. Const. zulässigen, Nutzungsumfang überschreiten.[1340] Besondere Umstände könnten zwar eine Abweichung von der Rangfolge nützlicher Verwendungen rechtfertigen, diese wären jedoch entschädigungspflichtig (*just/due compensation*).[1341]

1334 *Beck*, Municipal Water Priorities/Preferences in Times of Scarcity, in: Proceedings of 56th Annual Rocky Mountain Mineral Law Institute, 2010, § 7.02; allgemein *Wiel*, Priority in Western Water Law, Yale L. J. 1909, 189 (194, 196 f.).
1335 Grund dafür ist, dass ein *appropriative right per se* nur dann wirksam entstehen kann, wenn ein *beneficial use* vorliegt, *Slater*, California Water Law and Policy, Band 1, 1995, § 2.01 Part A, S. 2-8 (Rel. 23-12/2018 Pub. 83013).
1336 Die §§ 106.5, 1254, 1412 WAT stufen gemeindliche Nutzungen ausdrücklich gleichrangig, gegebenenfalls sogar höherrangig gegenüber häuslichen Wassernutzungen ein, da historisch gemeindliche Wassernutzungen anders behandelt wurden als die übrigen Nutzungszwecke von Aneignungsrechten. Sinn und Zweck der Normen ist daher die Gleichbehandlung aller Nutzungszwecke, vgl. *Beck*, Municipal Water Priorities/Preferences in Times of Scarcity, in: Proceedings of 56th Annual Rocky Mountain Mineral Law Institute, 2010, § 7.01.
1337 *Beck*, Municipal Water Priorities/Preferences in Times of Scarcity, in: Proceedings of 56th Annual Rocky Mountain Mineral Law Institute, 2010, § 7.02.
1338 *East Bay M. U. Dist. v. Dept. of Public Works*, 67 Cal. 2d 132, 477 f., 481 (1934).
1339 Klarstellend für viele *Gin Chow v. City of Santa Barbara*, 217 Cal. 673, 696 (1933).
1340 *Peabody v. City of Vallejo*, 2 Cal. 2d 351, 367 ff. (1935); *Joslin v. Marin Mun. Water Dist.* 67 Cal. 2d 132, 141 (1967); *Geier*, in: Miller/Starr, Mavrin B., Miller & Starr Cal. Real Est. Band 3, 4. Aufl. 2017, § 9:32.
1341 *Hutchins*, The California Law of Water Rights, 1956, S. 174; *Thompson et al.*, Legal Control of Water Resources, 6. Aufl. 2018, S. 249.

cc) Stärkung häuslicher Wassernutzungen durch das *human right to water*, § 106.3 WAT

Seit 2013 verstärkt die einfachgesetzliche Verankerung[1342] des Menschenrechts auf Wasser (*human right to water*) in § 106.3 WAT die oberste Priorität von *domestic uses* auf horizontaler Ebene in der Hierarchie der Wasserrechte. § 106.3 (a) (b) WAT verpflichtet in erster Linie Hoheitsträger bei Entscheidungen den lebensnotwendigen Grundbedarf der Bevölkerung zu berücksichtigen. Künftig ist das SWRCB bei der Genehmigung von *post-1914 appropriative rights* daher noch stärker an den Vorrang von *beneficial uses* gebunden. Sinn und Zweck von § 106.3 WAT ist es insbesondere Versorgungsengpässe in der Wasserversorgung auszugleichen und einen flächendeckenden Zugang zu sauberem Trinkwasser zu ermöglichen. Während der letzten Dürre konnten zahlreiche kleinere Wasserversorgungssysteme (*small water systems*) in ländlicheren Gegenden ihre Trinkwasserversorgung nicht aufrechterhalten, da örtliche Brunnen trockenfielen und es den Wasserversorgern an alternativen Bezugsquellen fehlte. Durch die Stärkung von *domestic uses* nach § 106.3 WAT soll die Aufnahme kleiner Versorgungssysteme in größere Verbundnetze gefördert und eine flächendeckende Wasserversorgung gewährleistet werden.[1343]

dd) Ausnahmsweise Abweichungen von der Hierarchie der Wasserrechte durch *area of origin priorities*

Eine Ausnahme von der Hierarchie der Wasserrechte liegt vor, wenn ein Wasserrecht unter dem Örtlichkeitsschutz steht (*area of origin*). *Area of origin priorities* sind ein gewohnheitsrechtlich, teils einfachgesetzlich verankertes Rechtsinstitut,[1344] das örtlichen Wasserrechten im Einzugsbereich einer Wasserressource vorrangigen Zugriff auf die Wasserressourcen einräumt. Erst nachdem die örtlichen Wasserrechte bedient sind, darf die verbleibende Restwassermenge durch andere Rechte (der Fernwasserversorgungsbetreiber) genutzt werden.[1345] *Area of origin priorities* stellen sicher, dass die Wasserressourcen vorrangig zur Wasserversorgung der örtlich ansässigen Bevölkerung genutzt und die

---

1342 Kalifornien ist einer der ersten US-Bundesstaaten, die das Menschenrecht auf Wasser gesetzlich anerkennen. Der Gesetzgeber setzte bewusst auf einen *small wins* Ansatz und verzichtete auf eine verfassungsrechtliche Verankerung des Menschenrechts auf Wasser, um die generelle rechtliche Anerkennung nicht zu gefährden, *International Human Rights Law Clinic*, The Human Right to Water Bill in California, University of California, Berkeley, School of Law, 2013, S. 1; zur Nutzungsmenge des Menschenrechts auf Wasser *Feitelson*, What is Water? A Normative Perspective, Water Policy 2012, 52 (53 f.).

1343 *International Human Rights Law Clinic*, The Human Right to Water Bill in California, University of California, Berkeley, School of Law, 2013, S. 4 f.

1344 Seit 1931 erweitern verschiedene Acts des WAT den Anwendungsbereich von Schutznormen zugunsten örtlicher Wassernutzungen, z. B. der County of Origin Act (1931); der Watershed Protection Act (1933) in §§ 11460–11462 WAT; der Protected Area Statutes (1984) in §§ 1215–1222 WAT.

1345 Grund für die Einführung von Schutznormen für Wassernutzungen im Ursprungsgebiet war die Situation des Owens Valley, dessen Bewohner aufgrund vorrangiger Rechte aus L. A. ihre örtlichen Wasservorkommen nicht nutzen konnten, hierzu *Reisner*, Cadillac Desert, Revised Edition 1993, S. 66 ff.: Viele Bewohner verdursteten wortwörtlich vor »vollen Flüssen und Grundwasserspeichern«.

ökologischen Auswirkungen durch die örtliche Nutzung der Ressourcen möglichst gering gehalten werden.[1346] Ihren Hauptanwendungsbereich haben *area of origin priorities* gegenüber Wasserrechten von Betreiben der Fernwasserversorgungssysteme CVP und SWP.[1347] Beispielsweise darf das SWRCB ein Zulassungsgesuch für eine örtliche Wassernutzung nach § 10505 WAT nicht allein deswegen versagen, dass andere, höherrangige Wasserrechte die Ressource bereits nutzen.[1348] Ein weiteres Beispiel ist § 1216 WAT, wonach Wasserrechte mit Wassernutzungen innerhalb geschützter Gebiete (*protected areas*)[1349] vor anderen Wasserrechten vorrangig zu behandeln sind. Eine Ausnahme vom Vorrang örtlicher Wassernutzungen nehmen §§ 1216, 1217 (a) WAT vor, die die Betreiber von Fernwasserversorgungssystemen im Gegenzug zu Entschädigungszahlungen an örtliche Wasserrechteinhaber verpflichten.

Rechtstheoretisch heben *area of origin priorities* die Hierarchie der Wasserrechte aus. In der Praxis reicht die Wirkung der *area of origin priorities* jedoch häufig nicht über einen unverbindlichen Empfehlungscharakter hinaus.[1350]

ee) Besonderheiten für Grundwasser

Mit wenigen Ausnahmen findet die dargestellte Hierarchie der Wasserrechte gleichermaßen auf Grundwasser Anwendung.[1351]

Bei Grundwasser nehmen darüberliegende Rechte (*overlying rights*) den Rang von *riparian rights* ein. Umfang und Rang von darüberlegenden Rechten entspricht eins zu eins ihrem Komplementär bei Oberflächengewässern.[1352] Die anteilige, gleichberechtigte Verteilung auf vertikaler Ebene und die Anwendung von Art. 10 Sec. 2 Cal. Const. erfolgt anhand von grundwasserspezifischen Faktoren, wie Grundwasserdargebot, Größe des Eigentumsanteils am Grundwasser in Verlängerung zum Grundeigentum, Verwendungszweck oder Bodenfeuchte.[1353] Auf vertikaler Ebene haben darüberliegende Rechte, die zur Verwendung des Grundwassers auf dem Grundstück selbst dienen, Vorrang gegenüber den Rechten, bei denen die Verwendung des Wassers nicht am Ort des Grundwasserspeichers erfolgt.[1354] Rangniedere *appropriative rights* können nur dann auf Grundwasser

---

1346 *SWRCB Cases*, 136 Cal. App. 4th 674, 759 f. (2006).
1347 Vgl. *Gallo*, The Impact of California's Area of Origins Protections, U.C. Davis L. Rev. 2011, 1 (3); *Lyon*, The County of Origin Doctrine, San Joaquin Ag. L. Rev. 2002, 133 (152); *Slater*, California Water Law and Policy, Band 1, 1995, § 6 S. 6-4 (Rel. 18-12/2013 Pub. 83013).
1348 Eine derartige Praxis ist zwar für die lokale Wasserversorgung begrüßenswert, trägt in der Praxis jedoch zu einer Übernutzung der Wasserressourcen bei.
1349 Die Schutzgebiete sind abschließend in § 1215.5 WAT genannt.
1350 »*Unbinding and overestimated*«, so *Littleworth/Garner*, California Water II, 2. Aufl. 2007, S. 65.
1351 An dieser Stelle wird daher nur noch auf Regelungen eingegangen, die von der Grundstruktur der Hierarchie für Oberflächengewässer abweichen. Zur ausführlichen Darstellung der Hierarchie bei Grundwasser vgl. *City of Pasadena v. City of Alhambra*, 33 Cal. 2d 908, 925 f. (1949); *Slater*, California Water Law and Policy, Band 1, 1995, § 9.02 S. 9-18 ff. (Rel. 21-1/2017 Pub. 83013); *Thompson et al.*, Legal Control of Water Resources, 6. Aufl. 2018, S. 472 ff.; *Water Education Foundation*, Groundwater, 2011, S. 7 ff.
1352 *Tehachapi-Cummings County Water Dist. v. Armstong*, 49 Cal. App. 3d 992, 1000 (1975).
1353 *Tehachapi-Cummings County Water Dist. v. Armstong*, 49 Cal. App. 3d 992, 1001 f. (1975).
1354 *Tehachapi-Cummings County Water Dist. v. Armstong*, 49 Cal. App. 3d 992, 1002 (1975).

D. Die Rechtslage im US-Bundesstaat Kalifornien

zugreifen, wenn nach der Ausübung ranghöherer Rechte ein Überschuss (*surplus*) vorliegt und keine schädliche Gewässerveränderung bzgl. des mengenmäßigen Zustands (*overdraft*) eintritt. Eine solche liegt vor, wenn die Gesamtschau aller Wassernutzungen die natürliche Grundwasserneubildungsrate übersteigt.[1355] Allerdings bestehen bei Dürreereignissen Ausnahmen, die eine Nutzung auch über die Grundwasserneubildungsrate ermöglichen. Z. B. enthält die Legaldefinition des Begriffs der Grundwasserübernutzung in § 832 (d) California Code of Civil Procedure (CCP) eine Bereichsausnahme für Dürre.[1356] Die Beschränkung der Aneignungsrechte durch die Rechtsfigur des *overdraft* ist daher überwiegend theoretischer Natur.

ff) Zwischenbilanz

Die Hierarchie der Wasserrechte ist einer der Dreh- und Angelpunkte der kalifornischen Dürrebewältigung, sowohl zur langfristigen Bewirtschaftung der Gewässer als auch zur *ad hoc* Dürrebewältigung. Sie nimmt eine rechtlich bindende Zuteilung der Wasserressourcen vor. Ihre Vielschichtigkeit insbesondere durch die Modifikation von Art. 10 Sec. 2 Cal. Const. stellt verschiedentlich Herausforderungen an die Einhaltung der Hierarchie. Für den anspruchsberechtigten juristischen Laien erschwert die komplexe Rechtslage und die Flexibilität des Instruments durch Art. 10 Sec. 2 Cal. Const. eine rechtskonforme Ausübung von Wasserrechten. Zur Rechtsunsicherheit trägt ferner bei, dass die Verträge von Fernwasserversorgungsunternehmen oder behördliche Zulassungsbescheide häufig die Hierarchie der Wasserrechte in der Praxis aushebeln.[1357] Auf der anderen Seite weist die Hierarchie das Potential auf, Wasserrechte *ad hoc* zu beschränken, da sie die Zuteilung der Wasserressourcen abschließend vorgibt.

Durch die Modifikation der Hierarchie mittels Art. 10 Sec. 2 Cal. Const. gewinnt die Hierarchie der Wasserrechte zugleich an Anpassungsfähigkeit. Rechtliche Würdigungen, wie z. B. das Menschenrecht auf Wasser nach § 106.3 WAT, können bei der Priorisierung von Wasserrechten berücksichtigt werden und spiegeln den Wert des Wassers für die Gesellschaft wider. Fortgedacht müsste zukünftig nicht nur die Art des Wasserrechts, sondern auch die Art der genutzten Ressource (Oberflächenwasser, Grundwasser, Brauchwasser oder wiederaufbereitetes Wasser) Einfluss auf die Priorisierung der Wasserrechte haben,[1358] um die Nachhaltigkeit der Wassernutzung abzubilden.

Die Effektivität der Hierarchie der Wasserrechte zur *ad hoc* Dürrebewältigung beeinträchtigt in der Praxis die noch andauernde, fehlende Akzeptanz für *curtailments*, auf

---

1355 *Langridge et al.*, An Evaluation of California's adjudicated Groundwater Basins, Waterboards CA, 2016, S. 16; *Black*, The Atlas of Water, 3. Aufl. 2016, S. 17.
1356 »›Condition of long-term overdraft‹ means the condition of a groundwater basin where the average annual amount of water extracted for a long-term period, generally 10 years or more, exceeds the long-term average annual supply of water to the basin, plus any temporary surplus. Overdraft during a period of drought is not sufficient to establish a condition of long-term overdraft if extractions and recharge are managed as necessary to ensure that reductions in groundwater levels or storage during a period of drought are offset by increases in groundwater levels or storage during other periods«, § 832 (d) CCP.
1357 Wie z. B. der Genehmigungsbescheid des MWD, hierzu bereits Abschnitt D.I.2.c)cc).
1358 *Feitelson*, A Hierarchy of Water Needs and their Implications for Allocation Mechanisms, in: Ziegler/Groenfeldt (Hrsg.), Global Water Ethics, 2017, S. 149 (150).

deren Grundlage die Beschränkung des Wasserrechts im Einzelfall erfolgt.[1359] Ein Grund hierfür könnte sein, dass eine Beschränkung von Wasserrechten durch gerichtliche Entscheidung bei Dürreereignissen bislang nicht erfolgte[1360] und die Kompetenz des SWRCB zur Beschränkung der im Eigentum begründeten Wasserrechte noch nicht flächendeckend anerkannt wird. Unbestritten und vielfach gerichtlich durchgesetzt ist hingegen die Zuteilungsfunktion der Hierarchie der Wasserrechte, die in dieser Funktion eine umfassende Eröffnungskontrolle ersetzt.

c) Nachträgliche Beschränkung von Wasserrechten

Die *ad hoc* Dürrebewältigung auf Ebene der direkten Verhaltenssteuerung erfolgt fast ausschließlich durch Instrumente zur repressiven Steuerung von Wassernutzern. Ihre Funktion liegt überwiegend darin, das Nutzungsverhalten an das Dürreereignis anzupassen und für die (ungewisse) Dauer der Dürre stets eine Minimalversorgung sicherzustellen.

Möchte das SWRCB zulassungsbeschränkte Wasserrechte nachträglich an eine geänderte Rechtslage anpassen, erlässt es *orders* (ähnl. nachträgliche Anordnungen). Diese werden den ursprünglichen Zulassungsbescheiden beigefügt und ebenfalls von eWRIMs erfasst. Auffällig ist, dass das SWRCB Anordnungen fast ausschließlich zu dem Zweck erlässt, um ältere Rechte an neue Anforderungen bzgl. Umweltqualitätsstandards, Gewässerqualität und Artenschutz anzupassen.[1361] Flächendeckende Anordnungen zur Anpassung älterer Rechte an Dürreereignisse (wie z. B. die Aufstellung von *water conservation plans* oder saisonal gestuften Entnahmebegrenzungen) hat das SWRCB bislang noch nicht vorgenommen.[1362] Möglicherweise wäre eine derartige Anpassung mit hohen Transaktionskosten verbunden, sodass es ökonomischer erscheint und dem rechtlichen Ausnahmecharakter eher Rechnung trägt, Entnahmebeschränkungen durch das Instrument *curtailments* zu erlassen. *Curtailments* (zu dt. wört. Kürzungen) setzt das SWRCB ein, um Wasserrechte für einen kürzeren Zeitraum (mehrere Monate bis zwei Jahre) mengenmäßig zu beschränken. Die Kürzungen erließ das SWRCB bislang nur in Verbindung mit dem Bestehen eines Dürrenotstands (*drought emergency proclamation*).[1363]

Bei illegalen Wassernutzungen, wie z. B. Verstößen gegen Bestimmungen des Zulassungsbescheids, kann das SWRCB *cease and desist orders* (Anordnung zur gegenwärtigen und künftigen Untersagung) nach § 1831 ff. WAT erlassen.[1364] Die Anordnung erfolgt am

---

1359 Siehe hierzu ausführlich Abschnitt D.III.1.i)cc)(2)β)ββ)(i).
1360 *Littleworth/Garner*, California Water II, 2. Aufl. 2007, S. 77.
1361 Für viele *City and County of San Francisco*, License for Diversion and Use of Water, Application 18475, License 10923 (7. 8. 1979); *L.A. Department of Water and Power*, License for Diversion and Use of Water – Order WR 91-03, Application 531, License 10190 (1. 4. 1991).
1362 Hierzu bereits Abschnitt D.III.1.a)bb).
1363 Sie werden im Zusammenhang mit anderen Maßnahmen bei Bestehens eines Dürrenotstands ausführlich erörtert, da sie teleologisch als reaktives Instrument in Verbindung mit einem Dürrenotstand einzustufen sind, siehe Abschnitt D.III.1.i)cc)(2)β)ββ)(i).
1364 Auf der Website des SWRCB finden sich alle cease and desist orders seit 2004 in chronologischer Reihenfolge, *SWRCB*, Water Rights Enforcement Actions: Cease and Desist Actions, California Water Boards, 2020, https://www.waterboards.ca.gov/waterrights/water_issues/programs/enforcement/compliance/cease_desist_actions/ [abgerufen am 12. 7. 2021].

D. Die Rechtslage im US-Bundesstaat Kalifornien

Ende des Beschwerdeverfahrens vor dem SWRCB, das üblicherweise durch Anzeige beim SWRCB eingeleitet und von Amts wegen verfolgt wird.[1365] Zur stärkeren Sanktionierung illegaler Wassernutzungen hat das SWRCB eine benutzerfreundliche Website[1366] sowie eine Telefonhotline eingerichtet.[1367] Rechtsdogmatisch stellen Anordnungen zur gegenwärtigen und künftigen Untersagung einen Spezialfall der nachträglichen Anordnung dar, um illegale Wassernutzungen gegenwärtig zu beenden und künftig zu untersagen. Nach § 1831 (a) WAT genügt zum Erlass einer Anordnung bereits, dass eine drohende Verletzung bestimmter Sachverhalte vorliegt. § 1831 (b) WAT enthält eine abschließende Aufzählung der Sachverhalte, wie z. B. unautorisierte – d. h. illegale – Wasserentnahmen (1), die (drohende) Verletzung von Auflagen und Bestimmungen eines Zulassungsbescheids (2), sowie die (drohende) Verletzung von *drought emergency regulations* (auf der Grundlage von § 1058.5 WAT) und die (drohende) Verletzung von Vorschriften zur nachhaltigen Grundwasserbewirtschaftung nach §§ 10735 ff. WAT.

Die Anordnungen enthalten neben einer umfangreichen Begründung, dass der vorliegende Sachverhalt zum Erlass einer solchen Anordnung berechtigt und prozessuale Voraussetzungen wie eine Anhörung gewahrt wurden, üblicherweise verschiedene materiell-rechtliche Bestimmungen.[1368] Diese Bestimmungen gehen häufig (weit) über die reine Untersagung der illegalen Nutzung hinaus. Typischerweise werden stark einzelfallbezogene, ergänzende Maßnahmen zur Beschränkung der Wassernutzung auf Grundlage eines Zeitplans angeordnet (wie z. B. die Aufstellung und Umsetzung eines *compliance plans* zur Sicherstellung einer rechtmäßigen Wassernutzung,[1369] die Aufstellung und Umsetzung von UWMPs[1370] als Auflage zum Zulassungsbescheid, Dokumentationspflichten, die Einrichtung von Entsalzungsanlagen oder die jährliche/monatliche Beschränkung von Entnahmen).[1371] Bei Nichteinhaltung der Maßnahmen droht die Festsetzung eines nach Dauer der Nichteinhaltung bei Dürre gestaffelten Bußgelds nach § 1052 WAT.[1372]

Repressive Instrumente zur mengenmäßigen Beschränkung von Wasserrechten finden fast ausschließlich zur *ad hoc* Dürrebewältigung, also in Ausnahmefällen, Anwendung. Diese Praxis ist grundsätzlich begrüßenswert, da die Notwendigkeit einer nachträglichen

---

1365 Im Jahr 2014 gingen 189, im Jahr 2015 171 und im Jahr 2016 100 Hinweise ein. Im Vergleich dazu wurden 2012 lediglich 53 und im Jahr 2013 nur 59 Hinweise registriert, vgl. die Datenbank eWRIMs Public Complaint Search, *SWRCB*, Water Rights Enforcement Complaints, California Water Boards, 2021, https://www.waterboards.ca.gov/waterrights/water_issues/programs/enforcement/complaints/ [abgerufen am 12.7.2021].
1366 Vgl. *Cal. EPA*, Environmental Complaint System, https://calepacomplaints.secure.force.com/complaints/ [abgerufen am 12.7.2021].
1367 Vgl. *SWRCB*, Water Rights Enforcement Complaints, California Water Boards, 2021, https://www.waterboards.ca.gov/waterrights/water_issues/programs/enforcement/complaints/ [abgerufen am 12.7.2021].
1368 Beispielsweise Order WR 2009-0060, In the Matter of the Unauthorized Diversion and Use of Water by the California American Water Company, S. 57 ff.
1369 Vgl. Order WR 2015-0025 against Robert Mann.
1370 Siehe Abschnitt D.III.2.b)aa).
1371 Vgl. SWRCB, Order WR 2014-0090-EXEC against Stanford Vina Ranch Inc.; SWRCB, Order WR 2009-0060 against Cal. Water Company.
1372 Auf die genaue Ausgestaltung der nach Dürreintensität gestaffelten Bußgelder wird im Rahmen der *drought emergency regulations* eingegangen, da teleologisch das Bußgeld insbesondere zur Durchsetzung der Regulations dient.

Modifizierung grundsätzlich ein Regelungsdefizit auf Ebene der präventiven Steuerung indiziert. Lediglich bei unvorhersehbaren Ausnahmesituationen verbleibt ein Regelungsbedürfnis auf Ebene der repressiven Steuerung. Ein solches sieht das SWRCB gerade bei Dürren aufgrund der Unvorhersehbarkeit von Dauer und Intensität des Ereignisses gegeben und verzichtet daher auf eine nachträgliche Modifizierung der Genehmigungsbestimmungen von älteren *prior appropriative rights*. Nachträgliche Beschränkungen (*curtailments*) ergehen nur in Sonderfällen bei Bestehen eines Dürrenotstands oder bei illegalen Wassernutzungen. In den Dürrejahren 2014–2016 registrierte das SWRCB ca. 460 Hinweise auf illegale Wassernutzungen.[1373] In den wenigsten Fällen erging tatsächlich eine Untersagungsanordnung. Dies verdeutlicht, dass die Funktion der Untersagungsanordnung im kalifornischen Rechtsraum weniger darin liegt umfassenden Wassereinsparmaßnahmen oder (nachträglichen) Entnahmebegrenzungen vorzunehmen, sondern vielmehr, um ein Exempel im Einzelfall zu statuieren oder ungewöhnlich große Verstöße zu ahnden.

d) Durchsetzung wasserrechtlicher Regelungen, §§ 1825 ff. WAT

Zur Durchsetzung der Wasserrechte und wasserrechtlicher Regelungen sieht der WAT einen eigenen Abschnitt vor, §§ 1825 ff. WAT (*enforcement of water rights*). Die §§ 1825 ff. WAT gelten nach § 1825 WAT ausschließlich für genehmigungspflichtige *post-1914 appropriative rights*. Sie dienen dazu, die Anordnungen des SWRCB durchzusetzen und illegale Wassernutzungen zu ahnden. Die Durchsetzung der Rechtslage erfolgt durch vier Instrumente, Unterlassungsanordnung *cease and desist orders* nach §§ 1831 ff. WAT, Monitoring- und Meldepflichten nach §§ 1840 ff. WAT, Befugnisse der Aufsicht §§ 1845 ff. WAT und gerichtliche Verfolgung nach §§ 1850 f. WAT

aa) Dokumentations- und Informationspflichten bei der Ausübung von Wasserrechten, § 1840 WAT

Seit 2016 verpflichtet § 1840 (a) WAT[1374] die genehmigungspflichtigen Wassernutzer (*post-1914 appropriative rights*) ihre Wasserentnahmen mittels Wasserzählern zu messen und zu dokumentieren. Hierdurch sollen illegale Wasserentnahmen zukünftig vermehrt aufgedeckt werden. Für alle Wasserrechte besteht nach § 1840 (c) WAT eine jährliche Informationspflicht an das SWRCB über die monatliche Entnahmemenge und die monatliche Entnahmerate.[1375] Die Informations- und Dokumentationspflichten nach § 1840 WAT wirken dem Wissensdefizit des SWRCB über die Inanspruchnahme der Gewässer

---

1373 *SWRCB*, Water Rights Enforcement Complaints, California Water Boards, 2021, https://www.waterboards.ca.gov/waterrights/water_issues/programs/enforcement/complaints/ [abgerufen am 12.7.2021].
1374 SB 88 (*Committee on Budget and Fiscal Review. Water.*) vom 17.6.2015.
1375 Ausgenommen von der Informationspflicht sind Wasserrechteinhaber, die ihr Wasser aus einem urbanen Wasserversorgungssystem beziehen, da die Entnahmemenge üblicherweise in den UWMPs hinreichend dokumentiert wird, näher *California Water Boards*, Emergency Regulation for Measuring and Reporting on the Diversion of Water, 2016, https://www.waterboards.ca.gov/waterrights/water_issues/programs/measurement_regulation/docs/fact_sheet_measure_reg.pdf [abgerufen am 12.7.2021].

aufgrund des Wasserrechtesystems entgegen. § 1840 WAT trägt nicht unmittelbar zur Dürrebewältigung bei, schafft jedoch die tatsächliche Datengrundlage, auf die andere Instrumente zur lang- und kurzfristigen Dürrebewältigung aufbauen können. Langfristig könnten die Dokumentations- und Informationspflichten nach § 1840 WAT durch die Anordnung von Wasserzählern mit automatischer Zählerstandübermittlung in Genehmigungsbescheiden abgelöst werden. Hierdurch wäre sichergestellt, dass keine Differenzen zwischen tatsächlicher und übermittelter Nutzungsmenge entstehen. Die Effektivität des Instruments zur Aufklärung illegaler Wassernutzungen könnte somit mit einem geringen Bürokratieaufwand gesteigert und zur Datenvalidität erhöht werden.

bb) Untersagungsanordnungen

Nach § 1055 WAT stellt jeder Verstoß gegen den Umfang eines Wasserrechts, eine Auflage des Genehmigungsbescheids oder die einfachgesetzlichen und administrativen Vorgaben ein Vergehen (*trespass*) dar. Üblicherweise erlässt das SWRCB bei Kenntnis von illegalen Wassernutzungen eine Unterlassungsanordnung (*cease and desist order*) nach § 1831 ff. WAT. Kommt der Anordnungsadressat der Unterlassungsanordnung nicht nach, greift § 1845 (b) (1) WAT, wonach der Anordnungsadressat der Höhe nach bis zu 1.000 US Dollar haftet unter normalen hydrologischen Bedingungen. Liegt ein *statewide drought emergency*[1376] vor, erhöht sich der Haftungsumfang auf bis zu 10.000 US Dollar pro Tag. Ergänzend kann das SWRCB nach § 1845 (a) WAT einen Antrag auf einstweilige Verfügung (*injunction*) bei einem *superior court* stellen. Die hohen Haftungssätze und Handlungsmöglichkeiten des SWRCB bezwecken vor allem eine Abschreckungswirkung. In der Praxis strengt das SWRCB einstweilige Verfügungen bei Dürreereignissen üblicherweise nur an, um an ausgewählten Nutzern ein Exempel zu statuiere, da die gerichtlichen Verfahren häufig länger andauern als das Dürreereignis. Allein die Vorhaltung derartiger Vollzugsmechanismen trägt jedoch aufgrund der Warn- und Abschreckungsfunktion zur Effektivität der wasserrechtlichen Regelungen zur *ad hoc* Dürrebewältigung bei.

e) Prozessuale Verfahren zur Wasserverteilung und Durchsetzung der Wasserrechte

Die Wasserverteilung erfolgt in Kalifornien grundsätzlich durch die Hierarchie der Wasserrechte und die gerichtliche Überprüfung von Wasserrechten. Ausnahmsweise können die Wasserrechteinhaber auch administrative Verfahren (*adjudications*)[1377] anstrengen, um die Wasserverteilung unter den Wasserrechteinhabern rechtsverbindlich – anstelle einer gerichtlichen Auseinandersetzung – zu klären. Die behördliche oder gerichtliche Entscheidung am Ende des Verfahrens bestimmt abschließend über den Umfang von Wasserrechten und die tatsächliche Verteilung des Wasserdargebots. Klassischerweise strengen Wasserrechteinhaber gerichtliche und administrative Ausgleichsverfahren erst bei konkreten Nutzungskonflikten bei Dürreereignissen an. Sie besitzen damit eine dop-

---

1376 Zum *statewide drought emergency* näher sogleich, siehe Abschnitt D.III.1.i)cc).
1377 Das kalifornische Wasserrecht unterscheidet zwei Formen von *adjudication*, zum einen die *statutory adjudication*, die an Oberflächengewässern durch das SWRCB geführt wird, zum anderen die »normale« *adjudication*, auch *groundwater adjudication* genannt, die durch ein Gericht durchgeführt wird.

pelte Funktion, da sie zum einen bestehende Nutzungskonflikte lösen und somit zur *ad hoc* Dürrebewältigung beitragen. Zum anderen legen sie langfristig die rechtmäßige Nutzung der Wasserressourcen fest und tragen damit zur Vermeidung künftiger Nutzungskonflikte bei. Eine besondere Rolle, sowohl bei gerichtlichen als auch bei administrativen Verfahren, spielt die Physical Solution Doctrine. Sie gibt den Leitfaden vor, anhand dessen über den Nutzungskonflikt und die Verteilung des Wasserdargebots zu entscheiden ist. Durch ihre Konfliktvermeidungs- und -beseitigungsfunktion weist die Doktrin sowohl Eignung zur langfristigen Dürrevorsorge als auch zur *ad hoc* Dürrebewältigung auf.

aa) Administrative Zuteilung von Wasserrechten durch *statutory adjudication*, §§ 2500 ff. WAT

In *adjudications* nach §§ 2500 ff. WAT entscheidet das jeweils zuständige Gericht über Grundwasser, im Falle von Oberflächengewässer das SWRCB, abschließend über das Bestehen und den Umfang der Wassernutzung im betroffenen Einzugsgebiet.[1378] Ein Verteilungsverfahren kann für ein gesamtes Flusseinzugsgebiet (Oberflächen- und Grundwasserrechte) oder nur für ein Einzugsgebiet eines Oberflächengewässers nach §§ 2500 ff. WAT oder Grundwasserspeichers nach §§ 834 CIV angestrengt werden.[1379] Das Verteilungsverfahren (*litigation for adjudicatiation of basin*) hat mehrere Zwecke. Erstens dient es zur Bestimmung und Priorisierung aller Wasserrechte und Verteilung der Wasserressource unter den Wasserrechtsinhabern, §§ 2525 WAT, § 834 CIV.[1380] Zweitens legt es eine Aufsichtsperson (*watermaster*) oder eine Aufsichtsbehörde fest, die künftig über das Wassermanagement entscheidet und wacht, § 4000 ff. WAT, § 845 CIV.[1381] Ein *adjudication*-Verfahren kann nach § 2525 WAT auf Antrag eines oder mehrerer beeinträchtigter Wasserrechteinhaber angestrengt werden.

In der Praxis hat insbesondere die gerichtliche Verteilung von Grundwasserressourcen (*groundwater adjudication*) Bedeutung erlangt. Bis zum Inkrafttreten der *groundwater sustainability plans* (GSPs) im Jahr 2020 nach dem Sustainable Groundwater Management Act (SGMA)[1382] waren *groundwater adjudications* das einzige Instrument zur staatlichen Regulierung von Grundwasserressourcen.[1383] Derzeit bestehen nach § 10720.8 WAT für 26 von 515 Grundwasserspeichern besondere Verteilungsregelungen nach dem Verteilungsverfahren.[1384] Die 26 Grundwasserspeicher befinden sich fast ausschließlich im Süden Kaliforniens. Grund dafür ist, dass mangels Wasserdargebots aus Oberflächenge-

---

1378   Die Entscheidung einer *adjudication* kann jedoch gerichtlich vollumfänglich überprüft werden.
1379   *Orange County Water District v. City of Chino*, No. 117628 (Cal. Superior Court 1969).
1380   *Slater*, California Water Law and Policy, Band 2, 2015, § 11.09, S. 11-40 (Rel. 21-1/2017 Pub. 83013); *Langridge et al.*, An Evaluation of California's adjudicated Groundwater Basins, Waterboards CA, 2016, S. 11; »Water«, in: 62 Cal. Jur. 3d (11/2017), § 432.
1381   *City of Pasadena v. City of Alhambra*, 33 Cal. 2d 908, 923 (1949); *Slater*, California Water Law and Policy, Band 2, 2015, § 11.09, S. 11-40 (Rel. 21-1/2017 Pub. 83013).
1382   Hierzu Abschnitt D.III.2.c).
1383   Allgemein *Hart*, The Mojave Desert as Grounds for Change, Hastings W.-Nw. J. Envtl. L. & Pol'y 2002, 31 (48); *Slater*, California Water Law and Policy, Band 2, 2015, § 11.09, S. 11-41 (Rel. 21-1/2017 Pub. 83013).
1384   *Perona*, A Dry Century in California, Environ. Law 2015, 641 (646).

D. Die Rechtslage im US-Bundesstaat Kalifornien

wässern oder Niederschlag die Grundwasserspeicher im Süden Kaliforniens als »alleinige Wasserressource vor Ort« besonders wertvoll und schützenswert angesehen werden.[1385] Die Bereitschaft von Wasserbehörden für eine vergleichsweise nachhaltige Bewirtschaftung des Grundwassers ist daher höher.[1386] Die *adjudication* eines Grundwasserspeichers bestimmt abschließend über das Bestehen aller Wasserrechte und der Verteilung des Grundwasserdargebots auf örtlicher Ebene.[1387] Da alle Wasserrechteinhaber ermittelt und berücksichtigt werden müssen, kann die Summationswirkung aller Nutzungen auf die Gewässer berücksichtigt und eine dementsprechende Verteilung der Grundwasserressourcen erfolgen. Dennoch gilt das Instrument *adjudication* als letzter Ausweg, das nur bei konkreten Nutzungskonflikten anzuwenden ist (*remedy of last resort*).[1388]

In der Praxis wird eine *adjudication* kaum zur *ad hoc* Dürrebewältigung eingesetzt. Grund hierfür ist, dass die *statutory adjudications* ein schwerfälliges, langwieriges und kostenintensives Verfahren erfordert.[1389] In manchen Fällen sind mehrere hundert bis hin zu 4.000 Parteien beteiligt und alle Arten an Wasserrechten vertreten.[1390] Die Ermittlung der betroffenen Parteien muss besonders sorgfältig erfolgen, da die Rechtskraft einer *adjudication* nur *inter partes* besteht.[1391] Häufig liegt der Fokus einer *adjudication* stärker auf der umfassenden Ermittlung aller Wasserrechteinhaber, als der eigentlich materiell-rechtlichen Entscheidung des Nutzungskonflikts. Da künftig die Grundwasserressourcen durch die GSPs und die jüngeren Wasserrechte an Oberflächengewässern bereits durch das Genehmigungsverfahren des SWRCB geregelt werden, könnte die Bedeutung von *adjudications* zur Bewältigung von Nutzungskonflikten weiter abnehmen. Der Beitrag von *adjudications* zur *ad hoc* Dürrebewältigung ist dementsprechend gering.

bb) Die Rolle der Physical Solution Doctrine

Seit der Aufhebung der Equitable Apportionment Doctrine[1392] als Leitprinzip gerichtlicher Entscheidungsfindung durch den Cal. Supreme Court[1393] gibt die Physical Solution Doctrine (zu dt. Doktrin der tatsächlichen Lösung) den materiell-rechtlichen Entschei-

---

1385 *Tarlock*, From Natural Scarcity to Artificial Abundance, Hastings W.-Nw. J. Envtl. L. & Pol'y 1994, 71 (77 ff.).
1386 *Tarlock*, From Natural Scarcity to Artificial Abundance, Hastings W.-Nw. J. Envtl. L. & Pol'y 1994, 71 (77 ff.).
1387 *Slater*, California Water Law and Policy, Band 2, 2015, § 11.09, S. 11-41, S. 11-45 f. (Rel. 21-1/2017 Pub. 83013) m. w. N.
1388 *Slater*, California Water Law and Policy, Band 2, 2015, § 11.09, S. 11-44 (Rel. 21-1/2017 Pub. 83013).
1389 Mit einigen Beispielen für länger als fünf Jahre andauernde Verfahren im siebenstelligen Bereich *Langridge et al.*, An Evaluation of California's adjudicated Groundwater Basins, Waterboards CA, 2016, S. 33 ff.
1390 Vgl. *Orange County Water District v. City of Chino*, No. 117628 (Cal. Superior Court 1969).
1391 *Wright v. Goleta Water Dist.* 174 Cal. App. 3d 74, 88 (1985).
1392 Die Equitable Apportionment Doctrine (zu dt. Doktrin der gerechten Verteilung) besagt, dass bei Nutzungskonflikten aufgrund Wasserknappheit alle Wasserrechte im betroffenen Einzugsgebiet zu gleichen Teilen zu beschränken sind, *City of Los Angeles v. City of San Fernando*, 14 Cal. 3d 199, 219 (1975).
1393 *City of Barstow v. Mojave Water Agency*, 23 Cal. 4th 1224, 1243, 1247 ff. (2000); *Gray*, The Reasonable Use Doctrine, in: Lassiter (Hrsg.), Sustainable Water, 2015, S. 83 (92).

III. Instrumente zur Dürrebewältigung

dungsmaßstab von Gerichten (und dem SWRCB bei *statutory adjudications* an Oberflächengewässern) bei Nutzungskonflikten vor. Nach der Physical Solution Doctrine müssen die Gerichte bei der Entscheidungsfindung sowohl die Hierarchie der Wasserrechte als auch die Reasonable and Beneficial Use Doctrine heranziehen.[1394] Allerdings sei dabei eine »Verteilung nach gesundem Menschenverstand« vorzunehmen, die auch tatsächliche Verteilungsaspekte, sparsamere Technologien oder Ausgleichszahlungen bei der Verteilung zu berücksichtigen habe.[1395] In *Tulare Dist. v. Lindsay-Strathmore Dist.* entwickelte der Cal. Supreme Court eine Handlungsanleitung zur Anwendung der *physical solution*.[1396] In einem ersten Schritt sei die nach Art. 10 Sec. 2 Cal. Const. notwendige Wassermenge für jeden Wassernutzer zu bestimmen und durch Urteil für schützenswert zu erklären.[1397] In einem zweiten Schritt soll Beweis darüber erhoben und bewertet werden, ob Wassereinsparungen möglich und mit zumutbarem Kostenaufwand verbunden sind. Als Wassersparmaßnahmen dienen z. B. die Reparatur oder Modernisierung von Bewässerungsgräben, das Speichern von Wasser[1398] zu Zeiten, in denen es nicht genutzt wird oder die prozentuale Beschränkung der Wassernutzung.[1399] Die Physical Solution Doctrine verfügt über eine abwägungslenkende Wirkung für die gerichtliche oder behördliche Entscheidung von Nutzungskonflikten. Sie entspricht dem speziellen Bedürfnis aufgrund der hydrologischen und klimatischen Bedingungen eine möglichst große Anzahl an Gewässernutzer bei Verteilung des Wasserdargebots zu berücksichtigen – auch wenn dies im Einzelfall ein (ausnahmsweise zulässiges) Abweichen von ungeschriebenen und gesetzlichen Nutzungsregelungen bedeutet. Die Physical Solution Doctrine verschiebt folglich den Regelungsansatz vom Bedarfsmanagement (Verteilung der Ressource) zum Dargebotsmanagement, um möglichst viele Gewässernutzungen zu berücksichtigen.[1400]

1394   *City of Barstow v. Mojave Water Agency*, 23 Cal. 4th 1224, 1250 (2000); *Rogers/Nichols*, Water for California, Band 1, 1967, § 404, S. 549; *Hart*, The Mojave Desert as Grounds for Change, Hastings W.-Nw. J. Envtl. L. & Pol'y 2002, 31 (32, 38).

1395   »*Common sense approach to water rights litigation*«, *Rogers/Nichols*, Water for California, Band 1, 1967, § 404, S. 548; *Littleworth/Garner*, California Water II, 2. Aufl. 2007, S. 172.

1396   Vgl. erstmals *Tulare Dist. v. Lindsay-Strathmore Dist.* 3 Cal. 2d 489, 574 f. (1935); *City of Lodi v. East Bay Mun. Utility Dist.* 7 Cal. 2d 316, 341 ff. (1936).

1397   Teilweise ablehnend *Orange County Water District v. City of Chino*, No. 117628 (Cal. Superior Court 1969): »*It is apparent to the parties and to the court that development of a physical solution based upon a formula for inter-basin allocation of obligations and rights is in the best interests of all the parties and is in furtherance of the water policy of the State. For purposes of such physical solution, it is neither necessary nor helpful to define individual rights of all claimants within the watershed [...]. Sufficient information and data of a general nature are known to formulate a reasonable and just allocation as between the major hydrologic sub-areas within the watershed, and such a physical solution will allow the public agencies and water users within each such major hydrologic sub-area to proceed with orderly water resources planning and development.*«

1398   Vgl. *Rancho Santa Margarita v. Vail*, 11 Cal. 2d 501, 559 f. (1938).

1399   *Western Municipal Water District of Riverside County v. East San Bernardino County Water District*, No. 78426 (Cal. Superior Court 1969); *Hart*, The Mojave Desert as Grounds for Change, Hastings W.-Nw. J. Envtl. L. & Pol'y 2002, 31 (38).

1400   Dies sei ein milderes Mittel als die strikte Anwendung der Hierarchie der Wasserrechte und daher vorrangig zu berücksichtigen, *City of Lodi v. East Bay Mun. Utility Dist.* 7 Cal. 2d 316, 341 (1936).

f) Gewässerökologie im Nutzungsregime: Schutz durch *instream flow protection laws*

Der Schutz der Gewässerökologie spielt im kalifornischen Wasserrecht eine eher untergeordnete Rolle. Bei Dürrebedingungen muss der Schutz der Gewässerökologie häufig hinter der Sicherstellung der Wasserversorgung zurücktreten. Hinzu kommt, dass bis vor kurzem der Verbleib einer Restwassermenge im Gewässerbett als »Verschwendung verfügbarer Wasserressourcen«[1401] galt, die zur Bewirtschaftung genutzt werden könnten. Zudem nutzt die Schifffahrt nur ausgewählte Gewässer als kommerzielle Transportwege, sodass auch in dieser Hinsicht kein Bedarf nach einem zentralen Instrument zur Regelung der Mindestwasserführung besteht. Stattdessen nähert sich das kalifornische Recht der Notwendigkeit eines Mindestabflusses zum Schutz der Gewässerökologie durch verschiedene Regelungen aus unterschiedlichen Rechtsgebieten (*instream flow protection laws*) an.[1402] Hierzu gehört u. a. der notwendige Mindestabfluss für die Ausübung der Wasserrechte (*unimpared stream*),[1403] insbesondere für Wasserrechte zu *instream uses*, nach § 1243 WAT oder die PTD, die auch Verwendungszwecke im Gewässerbett schützt und die Bemessung von Mindestwasserabflüssen (*residual minimum flows*)[1404] der Zuständigkeit des SWRCB unterstellt.

aa) Berücksichtigung eines Mindestabflusses im Rahmen der Wasserrechte

Grundsätzlich ist das kalifornische Wasserrecht nach Art. 10 Sec. 2 Cal. Const. darauf ausgerichtet das verfügbare Wasserdargebot vollumfänglich auf der Grundlage der Hierarchie der Wasserrechte zu menschlichen, landwirtschaftlichen oder gewerblichen Nutzungszwecken zu verteilen (*offstream use*). Die Verringerung des Abflusses spielt nur insoweit eine Rolle, als andere Wasserrechteinhaber an der Ausübung ihrer Wasserrechte gehindert werden (*unimpared stream*).

(1) *Instream uses*

Als Beitrag zur Aufrechterhaltung einer Restwassermenge können Wasserrechte mit *instream uses* dienen. *Instream use* meint die Nutzung von Wasserressourcen ohne einen Entnahme- oder Ableitungsvorgang, typischerweise zu Freizeitzwecken, zur Schifffahrt, für Abwassereinleitungen oder zum Schutz der Gewässerökolgie (*fish and wildlife*).[1405]

1401 Kritisch *Hedgpeth/Reichard*, Rivers Do not "Waste" to the Sea!, in: Lufkin (Hrsg.), California's Salmon and Steelhead, 1991, S. 159 (162 f.); *Dunning*, California Instream Flow Protection Law, McGeorge L. Rev. 2005, 363 (367).
1402 *Browning*, Municipal Water Priorities/Preferences in Times of Scarcity, in: Proceedings of 56th Annual Rocky Mountain Mineral Law Institute, 2010, § 9.04 [4].
1403 Zum Beispiel darf die Ausübung eines *riparian rights* den Abfluss nicht für andere *riparian rights* Inhaber beeinträchtigen (*equal share doctrine*), Abschnitt D.III.1.b)aa).
1404 *King*, Getting our Feet Wet: An Introduction to Water Trusts, Harvard Envtl. L. Rev. 2004, 495 (504); *Kwasniak*, Water Scarcity and Aquatic Sustainability, U. Denv. Water L. Rev. 2010, 321 (345).
1405 *Lilly*, Protecting Streamflows in California, Ecology L. Q. 1980, 697 (698); *Governor's Commission to Review California Water Rights Law*, Final Report, 1987, S. 99; *National Water Commission*, Water Policies for the Future, 1973, S. XXV.

In manchen Bundesstaaten, wie Oregon und Washington, sind Wasserrechte für *instream uses* als eigene Art Wasserrecht anerkannt, die in der Nutzungshierarchie an oberster Stelle stehen.[1406] In Kalifornien lehnen die Gerichte die Anerkennung von *instream uses* als eigene Art von Wasserrecht mit höchstem Rang ausdrücklich ab.[1407] Stattdessen erkennt § 1243 (a) S. 1 WAT *instream uses* als *beneficial uses* an. Wasserrechte mit einem *instream use* stehen damit in Kalifornien zumindest gleichberechtigt auf einer Ebene mit anderen *beneficial uses*. Nach § 1707 (a) (1) WAT genügt es zum Schutz der Gewässerökologie, dass auch Wassertransfers zugunsten von *instream uses* durchgeführt werden können. Darüber hinaus wird die Stellung von *instream uses* auch durch die PTD gestärkt, die Wasserrechten mit *instream uses* den Stellenwert eines *public water right* verleiht.[1408] Ein koordiniertes Vorgehen gerade zum Schutz der Gewässerökologie vor Dürreauswirkungen sehen *instream uses* jedoch nicht vor.

(2) Die Mindestwasserführung als *public water right* der Public Trust Doctrine

Ursprünglich diente die PTD dazu, der Öffentlichkeit trotz privater Wasserrechte die Nutzung von Gewässern zum Zwecke der Schifffahrt, des Handels und der Fischerei einzuräumen.[1409]

In *Marks v. Whitney* erweiterte das Gericht den Anwendungsbereich der PTD und leitet aus ihr ein *public water right* (zu dt. öffentliches Wasserrecht) ab.[1410] Wie auch die *post-1914 appropriative rights* unterstehen die öffentlichen Wasserrechte der Zuständigkeit des SWRCB. Zwischen den *post-1914 appropriative rights* und den *public water rights* besteht ein Gleichrangigkeitsverhältnis, wie die Grundsatzentscheidung *National Audubon Society v. The Superior Court of Alpine County* (*Mono Lake Case*) klarstellt.[1411]

Für die Praxis bedeutsame Vorgaben stellt die darauf folgende *Racanelli*-Entscheidung[1412] auf. Nach *Racanelli* liegt es in der Entscheidungsbefugnis (*discretion*) des SWRCB, konkrete Vorgaben für Abflüsse (*instream flows*) im Rahmen seiner Zuständigkeit

---

1406 *Kwasniak*, Water Scarcity and Aquatic Sustainability, U. Denv. Water L. Rev. 2010, 321 (343). Dieses kann von Naturschutzorganisationen beantragt und »ausgeübt« werden, *Kwasniak*, Water Scarcity and Aquatic Sustainability, U. Denv. Water L. Rev. 2010, 321 (341).
1407 *Fullerton. v. SWRCB*, 90 Cal. App. 3d 590, 596 (1979); *Cal. Trout, Inc. v. SWRCB*, 153 Cal. Rptr. 3d 672, 676 (1979); *Dunning*, California Instream Flow Protection Law, McGeorge L. Rev. 2005, 363 (372); *Schneider*, Legal Aspects of Instream Water Uses in California, Staff Paper No. 6, 1978, S. 131.
1408 *Marks v. Whitney*, 6 Cal. 3d 251, 259 (1971); *King*, Getting our Feet Wet: An Introduction to Water Trusts, Harvard Envtl. L. Rev. 2004, 495 (501).
1409 Einer der ersten Fälle zum Zugang von Austernbänken ist *Arnold v. Mundy*, 6 N. J. L. 1, 8 f. (1821); ausführlich zur PTD *Johnson*, Public Trust Protection for Stream Flows and Lake Levels, U.C. Davis L. Rev. 1980, 233; *Sax*, The Public Trust Doctrine in Natural Resource Law, Mich. L. Rev. 1969, 471; *Beck/Kelley/Dunning*, Waters and Water Rights, Band 4, 3. Aufl. 2004, § 31.01.
1410 Vgl. Grundsatzentscheidung zur Erweiterung der PTD, *Marks v. Whitney*, 6 Cal. 3d 251, 260 (1971); *Sax*, The Public Trust Doctrine in Natural Resource Law, Mich. L. Rev. 1969, 471 (542 f.).
1411 *National Audubon Society v. Superior Court*, 33 Cal. 3d 419, 726 (1983); *Dunning*, California Instream Flow Protection Law, McGeorge L. Rev. 2005, 363 (377).
1412 *US v. SWRCB*, 182 Cal. App. 3d 82 (1986); *US v. SWRCB*, 227 Cal. Rptr. 161 (1986).

festzulegen.[1413] Das SWRCB ist dementsprechend befugt und berechtigt, *public trust* Interessen den Wasserentnahmen vorzuziehen.[1414] Die Berücksichtigung des Gewässerabflusses durch *public water rights* stärkt somit die gewässerökologischen Belange im System der Wasserrechte generell.

(3) Berücksichtigung des *instream flows* durch das State Water Resources Control Board

Die PTD berechtigt das SWRCB, die Mindestwasserführung (*instream flow*) im Rahmen des Genehmigungsverfahrens für *post-1914 appropriative rights* zu berücksichtigen. Bei der Entscheidungsfindung muss das SWRCB die Mindestwasserführung als Teil der *instream uses* als Belang nach § 1257 WAT berücksichtigen und als nützliche Nutzung (*beneficial use*) nach § 1243 (a) S. 1 WAT anerkennen. § 1243 (a)(2) WAT verpflichtet das SWRCB die für die Gewässerökologie notwendige Abflussmenge als Abwägungsbelang zu berücksichtigen:[1415]

»In determining the amount of water available for appropriation for other beneficial uses, the board shall take into account, when it is in the public interest, the amounts of water required for recreation and the preservation and enhancement of fish and wildlife resources.«

Beispielsweise kann das SWRCB Anträge für Wasserrechte mit *instream uses* anderen Anträgen auf Wasserentnahmen oder -ableitungen vorziehen.[1416] Es kann nach § 1255 WAT für den Verbleib einer Restwassermenge sorgen und neue Genehmigungsanträge für *post-1914 appropriative rights* ablehnen oder modifiziert gewähren.[1417] Bei der Genehmigung von *post-1914 appropriative rights* muss das SWRCB nach § 1258 WAT auch die Vorgaben der regionalen Gewässerschutzpläne (*regional water quality control plans*)[1418] berücksichtigen. Häufig enthalten diese jedoch keine konkreten Anforderungen an eine Mindestwasserführung im Sinne verbindlicher Grenzwerte oder verfahrensrechtlicher Anforderungen an die Bestimmung der notwendigen Restwassermenge für die Gewässerökologie.[1419] Abstrakte Regelungen zur Berücksichtigung einer notwendigen Restwassermenge im wasserrechtlichen Genehmigungsverfahren stellt auch der California Wild and Scenic River Act in § 5093.50 California Public Resources Code (PRC) auf.[1420] Die Norm erklärt die Einhaltung einer Mindestwasserführung zu einem Grundsatz des

---

1413 *US v. SWRCB*, 227 Cal. Rptr. 161, 170 (1986); ausführlich *Dunning*, California Instream Flow Protection Law, McGeorge L. Rev. 2005, 363 (382).
1414 *National Audubon Society v. Superior Court*, 33 Cal. 3d 419, 444 (1983); *Börk et al.*, Water for Fish, U.C. Davis L. Rev. 2012, 811 (856).
1415 Ausführlich *Dunning*, California Instream Flow Protection Law, McGeorge L. Rev. 2005, 363 (372); auch schon *Governor's Commission to Review California Water Rights Law*, Draft Report, 1978, S. 108.
1416 *National Audubon Society v. Superior Court*, 33 Cal. 3d 419, 444 (1983); *Börk et al.*, Water for Fish, U.C. Davis L. Rev. 2012, 811 (856).
1417 *Lilly*, Protecting Streamflows in California, Ecology L. Q. 1980, 697 (717).
1418 Hierzu Abschnitt D.III.2.e)aa).
1419 Sehr detaillierte Vorgaben enthält hingegen *SWRCB*, Mono Lake Basin Water Right Decision 1631 v. 28. 9. 1994, S. 13, 196 ff.; näher *Dunning*, California Instream Flow Protection Law, McGeorge L. Rev. 2005, 363 (378).
1420 Ergänzt durch bundesrechtliche Vorgaben des Federal Wild and Scenic River Act, 16 USC §§ 1271–1287.

kalifornischen Wassermanagements. Ergänzend setzt § 5973 California Fish and Game Code (FGC) voraus, dass Betreiber von Stauanlagen einen »guten Zustand« der Gewässer herstellen.[1421]

Genehmigt das SWRCB den Antrag eines *post-1914 appropriative rights*, kann es konkrete Grenzwerte zur Einhaltung der Mindestwasserführung (*residual minimum flow*) vorschreiben.[1422] Bei der Abwägung hat das SWRCB die Empfehlung des Department of Fish and Game zur Mindestwasserführung zum Schutz von Fischen und der aquatischen Ökologie nach § 1243 (b) S. 2 WAT einzuholen und zu berücksichtigen. In jüngerer Zeit widersprach das Department of Fish and Game etwa 70 % aller Entscheidungen des SWRCB hinsichtlich der *instream flow requirements*.[1423] Zur Anpassung der Genehmigungen an die Stellungnahme des Department of Fish and Game ist das SWRCB jedoch nicht verpflichtet. Der Empfehlungscharakter der Stellungnahme verdeutlicht einmal mehr die (noch) andauernde untergeordnete Rolle der Gewässerökologie bei der Ressourcenverteilung.

bb) Regulierung der Mindestwasserführung für die Schifffahrt

Eine Mindestwasserführung könnte ferne zur Aufrechterhaltung der kommerziellen Schifffahrt bei Dürreereignissen stattfinden. Wie ausgeführt, spielt die Schifffahrt aufgrund der geographischen Bedingungen in Kalifornien eine geringe Rolle.[1424] Zum einen bestehen wenig inländische Gewässer, die wichtige Handelsknotenpunkte verbinden, zum anderen sind die meisten Flüsse zu weit und flach und damit für die Berufsschifffahrt weitgehend ungeeignet. Die kommerzielle Schifffahrt findet fast ausschließlich auf zwei künstlich veränderten Kanälen (Deep Water Ship Channel, DWSC) statt. Der Sacramento DWSC reicht vom Meeresdelta bis nach Sacramento; der San Joaquin River DWSC führt vom Meeresdelta bis zum Hafen von Stockton.[1425] Beide Gewässer unterstehen der Aufsicht des USACE nach 33 Code of Federal Regulations (CFR) § 207.640 und unterliegen dem Bundesrecht.[1426] Für die Einhaltung einer Mindestwasserführung bestehen keine

---

1421 Die Norm dient jedoch mehr dem Interessenausgleich von Staudammbetreibern und Naturschutz. Mit einer ausführlichen Darstellung vieler SWRCB *Decisions* zur Mindestwasserführung und § 5937 FGC, *Börk et al.*, Water for Fish, U.C. Davis L. Rev. 2012, 811 (873 ff.); *Gray et al.*, Myths of California Water–Implications and Reality, Hastings W.-Nw. J. Envtl. L. & Pol'y 2010, 1 (40 ff.).
1422 *King*, Getting our Feet Wet: An Introduction to Water Trusts, Harvard Envtl. L. Rev. 2004, 495 (504); *Kwasniak*, Water Scarcity and Aquatic Sustainability, U. Denv. Water L. Rev. 2010, 321 (345).
1423 *Lilly*, Protecting Streamflows in California, Ecology L. Q. 1980, 697 (699).
1424 *Billington/Jackson*, Big Dams of the New Deal Era, 2006, S. 261. Das Bundesrecht stuft zwölf Gewässer in Kalifornien als schiffbar ein, vgl. *USACE*, Navigable Waterways in the Sacramento District, Missions Sacramento District, http://www.spk.usace.army.mil/Missions/Regulatory/Jurisdiction/Navigable-Waters-of-the-US/ [abgerufen am 12.7.2021].
1425 *Witkin*, Summary of California Law: Real Property, Band 12, 11. Aufl. 2017, § 1141 Navigable Waterways; kartographische Darstellung bei *DWR*, Delta Waterways, in: DWR (Hrsg.), Sacramento–San Joaquin Delta Atlas, 1995, S. 10 (14 f.).
1426 Regelungen zur Schifffahrt finden sich verstreut und fragmentiert in einer Bannbreite an nationalen wie bundesstaatlichen Gesetzen, *codes* und gerichtlichen Entscheidungen, vgl. die Übersicht bei *Western Water Canoe Club*, Citizens' Right to California Waterway Use,

D. Die Rechtslage im US-Bundesstaat Kalifornien

konkreten Regelungen. Jedoch ermitteln verschiedene Überwachungsstationen entlang der Kanäle in regelmäßigen Abständen die Temperatur- und Abflusswerte.[1427] In der Vergangenheit stellte das für den Schutz der Gewässer zuständige Central Valley Regional Water Quality Control Board wiederholt eine Verletzung der Sauerstoff-Grenzwerte nach § 303 (d) des CWA und des Central Valley Basin Plans (der einschlägige *regional water quality control plan*) in den Sommer- und Herbstmonaten fest.[1428] Infolgedessen erließ das Central Valley Regional Water Quality Control Board in § 30949.2 CCR konkrete Auflagen für das USACE, um den Sauerstoffgehalt der Gewässer zu erhöhen. Vorgaben zur Einhaltung einer Mindestwasserführung ergingen jedoch auch in diesem Zusammenhang nicht, sodass eine Steuerung der Mindestwasserführung im Ergebnis weitgehend unterbleibt.

cc) Bewertung

Die verschiedenen Regelungen erwecken den Eindruck, dass die »Mindestwasserführung« weder eindeutig dem Wassermengenrecht noch dem Wasserqualitätsrecht angehört und das Konzept einer »Mindestwasserführung« dem kalifornischen Wasserrecht eher fremd ist.[1429] In der Praxis läuft der Schutz der Gewässerökologie gerade bei Dürre überwiegend leer, da die Regelungsansätze dezentral im Wassermengenrecht, Wasserqualitätsrecht und artenschutzrechtliche Regelungen erfolgen, die der Mindestwasserführung jedoch keinen vorrangigen Stellenwert gegenüber den menschlichen Nutzungszwecken einräumen. Die fragmentarischen, teils wenig aussagekräftigen, teils wenig konkreten Regelungen führen zur Zersplitterung der Rechtslage, entbehren eines einheitlichen Schutzniveaus und können daher die Anfälligkeit der Gewässerökologie gegenüber Dürreauswirkungen nur geringfügig senken. Die gerichtlichen Entscheidungen der vergangenen Jahre zur PTD haben zwar den Stellenwert von *instream uses* als *beneficial use* gestärkt. Ein Vorrang der Gewässerökologie gegenüber menschlichen Nutzungszwecken ergibt sich daraus jedoch nicht. Hinzu kommt, dass die PTD keine konkreten Vorgaben für die notwenige Restwassermenge bei *instream uses* aufstellt.

In der Praxis trägt auch die PTD nicht zur Senkung der Anfälligkeit der Gewässerqualität gegenüber Dürreereignissen bei.[1430] Die PTD als Grundprinzip des kalifornischen

Bericht FS-1.3.2.1, 1994, S. 1 ff. Traditionell unterliegen Regelungen zur Schifffahrt der Zuständigkeit des Bundesgesetzgebers, da die Schifffahrt verfassungsrechtlich durch die *commerce clause* der amerikanischen Verfassung, Art. 1 § 8 Clause 3 US Constitution, geschützt wird. Besonders umfassende Rechtsprechung und Literatur besteht zur Frage, wann ein Gewässer als »schiffbar« im Sinne bundesrechtlicher Regelungen eingestuft wird und damit Bundesrecht unterliegt, vgl. »Waters«, in: 78 Am. Jur. 2d (2013), § 141 »What constitutes navigability—Times of navigability; intermittent or periodic navigability«. Keinen Einfluss auf das Merkmal der »Schiffbarkeit« hat, ob das Gewässer temporär, durch saisonale oder dürrebedingte Niedrigwasserereignisse temporär nicht befahrbar ist.

1427 Ausführlich zur Methode der Abflussermittlung im Sacramento DWSC *Mayr*, Sacramento Deep Water Ship Channel Flow Monitoring, in: DWR (Hrsg.), 27th Annual Progress Report October 2006, 2006, S. 2/1 (2/2 ff.).
1428 *Pearson*, Central Valley Board to Adopt TMDL for Stockton Ship Channel, California Environmental Insider 2005.
1429 Zu Letzterem *Lilly*, Protecting Streamflows in California, Ecology L. Q. 1980, 697 (708).
1430 *Lilly*, Protecting Streamflows in California, Ecology L. Q. 1980, 697 (706).

Wasserrechts weist *per se* einen zu abstrakt-generellen Regelungsgehalt auf, als dass aus ihr unmittelbar praxistaugliche Vorgaben für eine Mindestwasserführung erfolgen können. Die Nichtanerkennung von *instream water rights* im kalifornischen Wasserrecht wird daher heftig kritisiert und als Ursache für den geringen Schutz der Gewässerökologie gesehen.[1431] Allerdings konnten Reformansätze für eine umfassende, genaue Regelung der Mindestwasserführung sich bislang nicht durchsetzen.[1432]

Die PTD überlässt es dem SWRCB, Anforderungen einer Mindestwasserführung im Genehmigungsverfahren oder in den Genehmigungsbescheiden von *post-1914 appropriative rights* zu berücksichtigen.[1433] Die Vorgehensweise des SWRCB bei der Berücksichtigung des *instream flow* als Abwägungsbelang iRv. § 1257 WAT und als *beneficial use* nach § 1243 (a) WAT im Genehmigungsverfahren steht beispielhaft für die einzelfallbezogenen, *ad hoc* Regelungen zur Regulierung der Mindestwasserführung im kalifornischen Wasserrecht.[1434] In der Vergangenheit führte dies dazu, dass die Mindestwasserführung in der Abwägung keine hinreichende Gewichtung fand oder die Bestimmung eines Grenzwerts aufgrund mangelnder Daten nicht möglich war.[1435]

Dass die Mindestwasserführung ausschließlich im Rahmen behördlicher Genehmigungsverfahren Berücksichtigung findet, birgt weitere Herausforderungen: Zum einen sind höherrangige Wasserrechte, die keinem Genehmigungserfordernis liegen, von dem Erfordernis einer Mindestwasserführung ausgeschlossen. Zum anderen vernachlässigt die Bestimmung im Einzelfall die kumulative Belastung der Gewässer durch die Wasserrechte.[1436] Weitere Herausforderungen liegen ferner in der Durchsetzung der individuell festgesetzten Grenzwerte. Vor der Festlegung konkreter Grenzwerte im Einzelfall wäre es erforderlich, die kumulative Belastung und Steuerungsmöglichkeiten aller Entnahmen im Gewässereinzugsgebiet im Rahmen eines planerisch abgestimmten Niedrigwassermanagements zu bestimmen (z. B. in den *regional water quality control plans*). Daran anknüpfend könnten Dürrebewältigungsaktionspläne aufgestellt werden, die Entnahmebegrenzungen bei Dürreereignissen planerisch vorbereiten.

Auch im stark wassermengenabhängigen Schifffahrtssektor spielt die Regulierung einer Mindestwasserführung keine Rolle. Dies liegt überwiegend daran, dass weder rechtlich noch gesellschaftlich der Anspruch besteht, dass die Gewässer auch in Sommermonaten und während Dürreereignissen befahrbar sind. Diese Einschätzung bestätigt die rechtliche Klassifizierung von Gewässern als schiffbar und nicht schiffbar (*navigable / non navigable waterways*). Ein Gewässer kann trotz eines zu geringen Wasserstandes bei saisonalen Niedrigwasserereignissen oder Dürreereignissen als schiffbar eingestuft werden.[1437]

1431 *Schneider*, Legal Aspects of Instream Water Uses in California, Staff Paper No. 6, 1978, S. 131; *Boyd*, A Survey of State Instream Flow Law, Nat. Resources J. 2003, 1151 (1163).
1432 *Shupe*, Keeping the Waters Flowing, 1988, Appendix A, S. 1; *Lilly*, Protecting Streamflows in California, Ecology L. Q. 1980, 697 (710).
1433 *Lilly*, Protecting Streamflows in California, Ecology L. Q. 1980, 697 (698).
1434 *Dunning*, California Instream Flow Protection Law, McGeorge L. Rev. 2005, 363 (373).
1435 *Dunning*, California Instream Flow Protection Law, McGeorge L. Rev. 2005, 363 (373).
1436 Vgl. *Governor's Commission to Review California Water Rights Law*, Draft Report, 1978, S. 115, 123.
1437 Vgl. *Rapanos v. US*, 547 US 715, Headnote 4 (westlaw) (2006); *US v. Holt State Bank*, 270 US 49, 57 (1926); »Waters«, in: 78 Am. Jur. 2d (2013), § 141 »What constitutes navigability—Times of navigability; intermittent or periodic navigability«.

D. Die Rechtslage im US-Bundesstaat Kalifornien

Für die fragmentierte Regelung der Mindestwasserführung im kalifornischen Wasserrecht bestehen mehrere Gründe, allen voran die Nichtberücksichtigung gewässerökologischer Belange während der Entstehung des Wasserrechtesystems gefolgt von der daraus resultierenden Entschädigungspflicht bei der Einschränkung bestehender Wasserrechte. Würde ein Gebot der Mindestwasserführung vergleichbar mit § 33 WHG in das kalifornische Wasserrecht integriert, könnte dies einen grundrechtlichen Eingriff (*taking*) in die bestehenden Wasserrechte darstellen.[1438] Dieser Eingriff in das *property right* des Wassernutzers wäre entschädigungspflichtig.[1439] Der Grundsatz der Entschädigungspflicht könnte allenfalls über die PTD entfallen.[1440] Diese systematische Grundsatzentscheidung führt im Ergebnis dazu, dass bestehende Regelungsansätze die langfristige Belastbarkeit der Gewässerökologie gegenüber Dürreauswirkungen nur bedingt stärken; von einem *ad hoc* Schutz zur Minimierung von Dürreauswirkungen abgesehen.

g) Zwingende Sparsamkeitsanforderungen für öffentliche Gebäude und Plätze, § 11011.29 CGC

Auch außerhalb des WAT bestehen Vorgaben für langfristig sparsame Nutzung der Wasserressourcen. Ein Beispiel hierfür ist § 11011.29 CGC, eingeführt durch AB 606 (Levine) vom 9. 10. 2015. Die Norm verpflichtet alle bundesstaatlichen Behörden bei der Errichtung öffentlicher Gebäude, der Umgestaltung von öffentlichen Anlagen oder dem Austausch von Bewässerungssystemen auf Grundstücken in bundesstaatlichem Eigentum besondere Sparsamkeitsanforderungen umzusetzen.[1441] Zum Beispiel müssen bei der Umgestaltung von Grünstreifen und öffentlichen Plätzen nach § 11011.29 (a) (1) CGC dürrebelastbare und heimische Pflanzenarten gepflanzt werden. Nach § 11011.29 (a) (2), (3) CGC sollen Zeitschaltuhren an Bewässerungszählern ausgetauscht, an effiziente Bewässerungspläne angepasst und durch effizientere Bewässerungsmethoden ersetzt werden. Als effizientere Bewässerungsmethode empfiehlt die Norm Tröpfchenbewässerungssysteme für bodennahe Pflanzenarten (*drip irrigation*) und / oder druckkompensierende Bubblerdüsen (*bubblers*),[1442] da hierdurch ein Oberflächenabfluss vermieden wird. Ergänzend sollen nach § 11011.29 CGC die Wiederaufbereitung von Bewässerungswasser oder Auffangvorrichtungen für Regenwasser eingerichtet werden.

Die genannten Maßnahmen dienen nicht nur dazu, in öffentlichen Gebäuden und Anlagen einen langfristig sparsamen Wasserverbrauch sicherzustellen, sondern auch die Vorbildrolle bundesstaatlicher Behörden bei Wassersparmaßnahmen zu festigen. Sie sind darüber hinaus ein Beispiel für zwingende Wassersparmaßnahmen mit rechtsgebietsüber-

---

1438 Zuvor wurden bereits mehrere Vorschriften des ESA als *taking* eines Wasserrechts gerichtlich angefochten, *Casitas Mun. Water Dist. v. U. S.* 543 F. 3d 1276, 1288 ff. (2008); *Tulare Lake Basin Water Storage Dist. v. U. S.* 49 Fed. Cl. 313, 319 f. (2001); *Börk et al.*, Water for Fish, U.C. Davis L. Rev. 2012, 811 (912).
1439 Ähnlich *Dunning*, California Instream Flow Protection Law, McGeorge L. Rev. 2005, 363 (381).
1440 *Kube*, Eigentum an Naturgütern, 1999, S. 157.
1441 Die Verpflichtungen gelten nach § 11011.29 CGC ausnahmsweise nicht für bundesstaatliche Grundstücke, die an Privatpersonen zu landwirtschaftlichen Zwecken verpachtet sind.
1442 Näher hierzu *Hills/Yitayew*, Bubbler Irrigation, in: Lamm/Ayars/Nakayama (Hrsg.), Developments in Agricultural Engineering, 2007, Kap. 14, S. 553 (553 ff.).

greifenden Bezügen zwischen Baurecht und Wasserrecht, die sukzessive eine Anpassung des Wasserverbrauch zum Zwecke der langfristigen Dürrevorsorge sicherstellen.

h) Rechtsverordnungen zur Regulierung städtischer Wassernutzungen im Außenbereich (*landscaping ordinance*), §§ 490 ff. CCR

Ein beliebtes Instrument zur Senkung der Nachfrage sind Rechtsverordnungen zur Steigerung der Effizienz städtischer Wassernutzungen im Außenbereich (*landscaping ordinance*). Städtische Wassernutzungen im Außenbereich sind bei der Notwendigkeit obligatorischer *ad hoc* Dürrebewältigungsmaßnahmen meist der erste Ansatzpunkt für eine Nutzungsregulierung, da sie nicht den lebensnotwendigen Bedarf an Trinkwasser betreffen. Erhebungen des DWR belegen, dass ca. 54 % des häuslichen Wasserverbrauchs zur Bewässerung im Außenbereich dient.[1443] Kalifornien war neben Colorado der erste Bundesstaat, der in den 70er Jahren das Instrument der Landschafts-Rechtsverordnung einsetzten, um der steigenden Wassernachfrage entgegenzuwirken und langfristig zur Dürrevorsorge beizutragen.[1444]

Der Landscaping Act von 1990 (AB 325 (Clute) vom 20. 9. 1990), ergänzt durch den Water Conservation in Landscaping Act 2006 (AB 1881 (Laird) vom 28. 9. 2006), verpflichtete das DWR erstmals eine Rechtsverordnung zur Effizienz von Wassernutzungen im Außenbereich aufzustellen, die nachfolgenden Behörden als Mustervorlage zur Regulierung der häuslichen Wassernutzungen dient.[1445]

Die derzeitig aktuelle Fassung der Mustervorlage trat am 15. 7. 2015 während der Dürre in Kraft und wurde, veranlasst durch EO B-29-15, in einem beschleunigten Verfahren beschlossen. Nach § 495 (b) CCR sind »lokale Behörden« (*local agencies*), in § 491 (oo) CCR näher definiert als Stadt- oder Regierungsbezirke, nicht zwingend verpflichtet die Vorlage des DWR umzusetzen. Sie können alternativ eine eigene Rechtsverordnung aufstellen oder beim DWR den obligatorischen Hinweis einreichen, dass in ihrem Bezirk keine Rechtsverordnung zur Effizienz der Wassernutzung im Außenbereich erforderlich ist. Sinn und Zweck der Vorlage ist es, die Wassernutzung im Außenbereich möglichst effizient zu handhaben, §§ 65591 (e) CGC. Dieses Ziel soll insbesondere mittels einer klimaverträglichen Bepflanzung des Außenbereichs erfolgen.[1446] Studien zufolge konnte durch die klimagerechte Bepflanzung bis zu 60 % der Nachfrage eingespart werden.[1447]

Ein Außenbereich (*landscape area*, definiert in § 491 (ii) CCR) fällt nur dann unter den Anwendungsbereich der Modell-Rechtsverordnung nach § 490 ff. CCR, wenn er eine Fläche von 500 *feet* überschreitet und eines der in § 490.1 CCR genannten Vorhaben oder

---

1443 *CNRA/DWR*, Status of Adoption of Water Efficient Landscape Ordinances, 2011, S. 2.
1444 *Santo*, Local Governments Role in Water Efficient Landscaping, in: Hatcher (Hrsg.), Proceedings of the 1991 Georgia Water Resources Conference, 1991, S. 100 (100).
1445 *Gleick et al.*, Urban Water Conservation, in: Gleick (Hrsg.), The Worlds Wate 2004–2005, 2004, S. 101 (120); *CNRA/DWR*, Status of Adoption of Water Efficient Landscape Ordinances, 2011, S. 2; seit 1993 dem hat das DWR die Mustervorlage mehrfach überarbeitet, vgl. *CNRA/DWR*, Status of Adoption of Water Efficient Landscape Ordinances, 2011, S. 3 f.
1446 Allgemein auch *Santo*, Local Governments Role in Water Efficient Landscaping, in: Hatcher (Hrsg.), Proceedings of the 1991 Georgia Water Resources Conference, 1991, S. 100 (100).
1447 *Santo*, Local Governments Role in Water Efficient Landscaping, in: Hatcher (Hrsg.), Proceedings of the 1991 Georgia Water Resources Conference, 1991, S. 100 (101).

D. Die Rechtslage im US-Bundesstaat Kalifornien

Anlagen erfüllt. Hierunter fallen beispielsweise neue Bauvorhaben nach § 490.1 (a) (1) CCR, die einer Baugenehmigung bedürfen, oder die Umgestaltung des Außenbereichs mit einer Fläche von mindestens 2.500 *square feet* nach § 490.1 (a) (2) CCR. Eingeschränkte Auflagen bestehen beispielsweise für Friedhöfe nach § 490.1 (a) (1) CCR, bestehende Grünanlagen nach § 490.1 (a) (3) und die Bewässerung mit Grauwasser[1448] nach § 409.1 (d) CCR.

Die jüngste Version der Modell-Rechtsverordnung besteht aus zwei Regelungsbereichen. Schwerpunkt ist die Erstellung eines *water budgets*, wonach basierend auf den Faktoren Klima und Art der Landschaft(-sgestaltung) ein individueller Grenzwert für den maximalen jährlichen Wasserverbrauch (*maximum applied water allowance*) nach § 492.4 CCR ermittelt wird.

Zunächst wird ein Evapotranspirations-Anpassungs-Faktor (*evapotranspiration adjustmend factor*, ETAF) nach § 492.4 (a) CCR berechnet aus den Faktoren notwendiger Wasserverbrauch nach Pflanzenart und Methode der Bewässerung. Der ermittelte Wert darf jedoch die in § 492.4 (a) CCR festgesetzten Grenzwerte des ETAF, der in städtischen Gebiete 0,55 und im Außenbereich 0,45 beträgt, nicht überschreiten. Unter Einbeziehung des ETAF, der örtlichen Evapotranspiration (ETo) und der Fläche des Landschaftsgebiets wird anschließend der geschätzte Verbrauch berechnet (*estimated total water use*). Dieser geschätzte Verbrauch wird in einem letzten Schritt mit der *maximum applied water allowance* abgeglichen, einem maximalem Grenzwert vergleichbar mit dem gerade genannten ETAF-Wert. Der geschätzte Verbrauch darf die *maximum applied water allowance* im Ergebnis nicht überschreiten. Anderenfalls verstößt die geplante Außenbereichsgestaltung gegen § 492.4 CCR.

Nach §§ 492.5 ff. CCR müssen ergänzend zur Erstellung des *water budgets* verschiedene Pläne erstellt und eingereicht werden. Dazu gehört ein *soil management report* nach § 492.5 (a) CCR, um Abfluss zu vermeiden und ein gesundes Pflanzenwachstum zu gewährleisten. Ein *landscape design plan* muss darlegen, dass die in § 492.6 CCR genannten Kriterien für die Auswahl der Außenbereichsgestaltung eingehalten werden wie z. B. dürrerobuste Pflanzenarten oder die Auswahl bestimmter Bäume nach sogenannten Baum-Rechtsverordnungen (*tree ordinances*). Ein *irrigation design plan* nach § 492.7 CCR ist nur für solche Landschaftsgebiete aufzustellen, die dauerhaft bewässert werden.

Ein weiterer Schwerpunkt von Landschaftsrechtsverordnungen ist die Nutzung von alternativen Wasserressourcen wie Grauwasser (*graywater systems*) nach § 492.15 CCR und die Durchführung von Aufklärungskampagnen nach § 492.17 CCR. § 492.15 (a) CCR stellt zunächst fest, dass die Nutzung von Grauwasser begrüßenswert ist, jedoch den Anforderungen des Chapter 16 California Plumming Code (CPC) entsprechen muss, um Verunreinigungen zu vermeiden.

Eine Erhebung des DWR im Jahr 1996 zeigt, dass 89 % der zuständigen Behörden der Überzeugung sind, dass die Rechtsverordnung zur Effizienz der Wassernutzungen im Außenbereich beiträgt.[1449] Jüngere Erhebungen zeigen, dass die Aufstellungspflicht in

---

1448 Eine Definition des Begriffs bietet die Europäische Norm DIN-EN 12056-1. Grauwasser ist danach fäkalienfreies, gering verschmutztes Abwasser, wie es etwa aus Dusche, Badewanne, Handwaschbecken und Waschmaschine anfällt und zur Aufbereitung zu Betriebswasser dienen kann; nicht jedoch Küchenabwasser aufgrund seiner hohen Belastung.
1449 *Gleick/Cain*, The World's Water 2004-2005, 2004, S. 120.

Bezug auf die Außenbereichsverordnung seit AB 1881 von vielen Städten und Gemeinden wahrgenommen, die Vorgaben teils übererfüllt und Monitoring-Maßnahmen ergriffen werden.[1450] Die überwiegende Anzahl der zuständigen Behörden (60 % der Städte und 35 % der *counties*) erließen jeweils eine eigene Rechtsordnung, die mindestens die Voraussetzungen der Modell-Rechtsverordnung erfüllt. 20 % der Städte und 30 % der *counties* setzen übergangsweise die Modellrechtsverordnung des DWR in Kraft, da ihre »eigene« Rechtsverordnung noch im Aufstellungsprozess sei.[1451] Die übrigen Städte und *counties* setzten die Modellrechtsverordnung dauerhaft in Kraft. Als Gründe hierfür führten sie den Mangel an finanziellen, technischen und personellen Ressourcen an.[1452] Es verwundert nicht, dass die Berechnung des *water budgets* nach § 492.4 CCR viele Städten und *counties* vor Herausforderungen stellt.[1453] Die §§ 490 ff. CCR weisen einen sehr technisch ausgestalteten Wortlaut auf und stellen hohe Anforderungen an die Sachkunde der Regelungsadressaten. Die Berechnung und Überprüfung der individuell festgelegten Grenzwerte ist zudem mit einem hohen bürokratischen Aufwand für Vorhabenträger und das DWR verbunden. Sämtliche (Bau-)Vorhaben, die auf ihrer Anlage eine unbebaute Fläche von mindestens 47 m² vorsehen, unterliegen den Anforderungen der Rechtsverordnung. Um die dauerhafte Einaltung der Vorgaben zu gewährleisten, ist die Landschaftsplanungs-Rechtsverordnung auf Vollzugs- und Überwachungsinstrumente angewiesen.[1454]

Die Vorlage-Rechtsverordnung trägt in ihrer derzeitigen Form zur langfristigen Dürrevorsorge bei, indem sie den Bewässerungsbedarf und damit die Anfälligkeit der künstlich angelegten Landschaft für Dürreauswirkungen senkt. Bestehende Landschaftsgestaltungen können hierdurch an Dürreereignisse angepasst werden. Die Modellrechtsverordnung erweist sich im Ergebnis als effektives Instrument zur langfristigen Senkung der Nachfrage, wenngleich mit ihr ein hoher Bürokratie- und Vollzugsaufwand verbunden ist.

i) Gefahrenstufen zur *ad hoc* Dürrebewältigung

Durch die jahrzehntelange Erfahrung im Umgang mit Dürre bestehen in Kalifornien mehrere Ebenen der Gefahrenabwehr zur *ad hoc* Dürrebewältigung bei extremen Dürren (Dürrekatastrophenfall). Diesbezügliche Instrumente sind darauf ausgelegt, die leitungsgebundene Wasserversorgung auch bei unterdurchschnittlichem Dargebot möglichst lange aufrechtzuerhalten.[1455] Das dürrespezifische Gefahrenabwehrrecht besteht aus drei Ebenen: Auf der ersten Stufe stehen die wasserrechtlichen Instrumente zur örtlichen Bewältigung des Dürrekatastrophenfalls im Vordergrund. Hierzu gehören der Erlass von Rechtsverordnungen (*water conservation programs*) nach §§ 375 ff. WAT und die

---

1450 *CNRA/DWR*, Status of Adoption of Water Efficient Landscape Ordinances, 2011, S. 1, 6.
1451 *CNRA/DWR*, Status of Adoption of Water Efficient Landscape Ordinances, 2011, S. 8.
1452 *CNRA/DWR*, Status of Adoption of Water Efficient Landscape Ordinances, 2011, S. 5.
1453 *CNRA/DWR*, Status of Adoption of Water Efficient Landscape Ordinances, 2011, S. 4.
1454 *Gleick/Cain*, The World's Water 2004-2005, 2004, S. 101, 121; *CNRA/DWR*, Status of Adoption of Water Efficient Landscape Ordinances, 2011, S. 1.
1455 Dies ist besonders in Jahrzehnten mit einem umgekehrten Regel-Ausnahme-Verhältnis von normalen hydrologischen Jahren und Dürrejahren notwendig, da leitungsungebundene Versorgungsmaßnahmen keine Dauerlösung zur Bewältigung mehrjährige Dürreereignisse bieten.

D. Die Rechtslage im US-Bundesstaat Kalifornien

Verkündung eines örtlichen Wasserknappheitsfalls (*water shortage emergency*) nach § 350 WAT. Auf der zweiten Stufe erfolgt die Dürrebewältigung auf regionaler Ebene durch die Feststellung eines lokalen Dürrekatastrophenfalls nach § 8630 (a) CGC. Auf der letzten Ebene kann der Gouverneur einen bundesstaatenweiten Dürrekatastrophenfall nach § 8625 CGC feststellen. Zwischen und innerhalb der jeweiligen Stufen besteht inhaltlich[1456] keine strikte Trennung zwischen wasserrechtlichen und katastrophenrechtlichen Instrumenten.[1457] Der Fokus der Instrumente liegt dabei weniger auf der rechtliche Unterscheidung zwischen wasserrechtlicher Gefahrenabwehr und Katastrophenschutz, sondern auf der effektiven kurzfristigen Anpassung der Nachfrage unter Berücksichtigung der jeweiligen Dürreauswirkungen durch staatliche Akteure von »unten nach oben« (*bottom up approach*).

aa) Örtliche Dürrebewältigung mittels wasserrechtlicher Instrumente

Die erste Stufe der Bewältigung von extremen Dürreereignissen setzt auf Ebene der Lokalverwaltung (*local governments*) an. Zentrale Akteure sind die lokalen Wasserversorger (*public water supplier*). Sie verfügen über verschiedene wasserrechtliche Instrumente, um bei dürrebedingter Versorgungsknappheit die Nachfrage kurzfristig anzupassen. Im Vergleich zu anderen Bundesstaaten sind die Wasserversorger in Kalifornien mit umfassenden Befugnissen ausgestattet, um das verfügbare Wasserdargebot bei extremen Dürreereignissen möglichst sparsam zu rationieren, die leitungsgebundene Wasserversorgung lange aufrecht zu erhalten und dadurch die Dürreauswirkungen auf Gesellschaft und Gewässerökologie möglichst gering zu halten.[1458]

Die Regulierung der Wassernutzungen erfolgt überwiegend durch Rechtsverordnungen zum Gewässerschutz (*water conservation programs*) nach §§ 357 ff. WAT. Sollten die dort vorgesehenen Maßnahmen zur Anpassung der Nachfrage an ein Dürreereignis nicht ausreichen, können die Wasserversorger nach § 350 WAT einen Wasserknappheitszustand (*water shortage emergency*) feststellen und ergänzende *ad hoc* Maßnahmen ergreifen.

(1) Rechtsverordnungen

α) Zum Gewässerschutz (*water conservation programs*)

Der vom DWR herausgegebene Leitfaden zur Bewältigung von Dürreereignissen benennt Rechtsverordnungen zum Gewässerschutz (*water conservation programs*) nach §§ 357 ff. WAT ausdrücklich als Instrument zur *ad hoc* Bewältigung von Dürreauswirkungen.[1459] Die

---

1456 Systematisch stehen die Instrumente zur örtlichen Bewältigung im WAT, während die Instrumente der zweite und dritte Stufe im California Emergency Services Act, der Teil des CGC (§ 8551) ist, geregelt sind. Allerdings weisen auch die Instrumente des California Emergency Services Act sowohl inhaltlich als auch systematisch Verweise auf den WAT, auch *Jones*, Preparing For California's Next Drought, DWR, 2000, S. 29 ff.; »State of California«, in: 58 Cal. Jur. 3d (11/2017), § 51.
1457 Auch die »katastrophenrechtlichen« Instrumente des California Emergency Services Act als Teil des CGC stehen in wechselseitigen Beziehungen zu den Instrumenten des WAT.
1458 *Herman*, Sometimes There's Nothing Left to Give, Stanford Law Review 1992, 429 (435).
1459 *State of Cal./DWR*, Urban Drought Guidebook 2008, 2008, S. 116, 161.

water conservation programs weisen teils identische Maßnahmen zu den Rechtsfolgen der Feststellung eines Wasserknappheitsfalls (*water shortage emergency*) nach § 350 WAT auf. Beide Instrumente tragen zur kurzfristigen Bewältigung von extremen Dürreereignissen bei und stehen kumulativ nebeneinander.[1460] Überwiegendes Ziel und Funktion von *water conservation programs* liegt jedoch darin, auf den langfristigen ressourcenschonenden Umgang mit Gewässerressourcen hinzuwirken.

Rechtsverordnungen zum Gewässerschutz (*water conservation programs*) können auf verschiedene wasser- oder flächennutzungsrechtliche Ermächtigungsgrundlagen gestützt werden.[1461] Im Besonderen berechtigt § 375 (a) WAT iVm. Art. 10 Sec. 2 Cal. Const. die öffentlichen Wasserversorger (*public water supplier*) zum Erlass von *water conservation programs* in Form von Rechtsverordnungen (*ordinances*) oder Beschlüssen (*resolutions*). Hinsichtlich des Regelungsinhalts haben die öffentlichen Wasserversorger ein weites Entschließungs- und Auswahlermessen.[1462]

Der enumerative Maßnahmenkatalog in §§ 375, 375.5 WAT ermächtigt unter anderem zur Anordnung folgender Maßnahmen: Installation und Verwendung wassersparender Geräte für alle Nutzer außer der Landwirtschaft, zur Festsetzung einer gestaffelten Wasserpreisstruktur und zur Durchführung von Aufklärungs- und Informationskampagnen. Die Aufzählung verdeutlicht, dass die Maßnahmen eine langfristige sparsame Wassernutzung verfolgen. Dieser Aspekt von *water conservation programs* trägt zur langfristigen Dürrevorsorge bei.

β) Zur Regulierung künftiger Nachfrage (*demand offset programs*)

Ein Unterfall von *water conservation programs* sind die Rechtsverordnungen zur Regulierung künftiger Nachfrage (*demand offset programs*).[1463] Insbesondere Wasserversorger in Versorgungsgebieten mit chronischem Wassermangel erließen während der Dürreereig-

---

1460 Die verschiedenen Funktionen und Überschneidungsbereiche herausarbeitend *Harder*, Water Neutral Development in California, McGeorge L. Rev. 2014, 103 (132 ff.).
1461 Dazu zählen z. B. Art. 10 Sec. 2 Cal. Const., die allgemeine Polizeigewalt von Städten und Regierungsbezirken zur Regulierung der Flächennutzung, die generellen Befugnisse von Wasserbezirken zur Regulierung des vorhandenen Dargebots und allgemeine gewässerökologische Vorschriften nach dem CEQA. Bei Vorliegen eines Wasserknappheitsfalls können auch die §§ 350 ff. WAT herangezogen werden, näher *Harder*, Water Neutral Development in California, McGeorge L. Rev. 2014, 103 (105, 153 ff.).
1462 Inhaltliche Anhaltspunkte bieten die gesetzlichen Regelungen aber auch die Musterverordnungen, siehe *OPR*, Sample Ordinance Adopting Water Use Restrictions, 2014, https://www.waterboards.ca.gov/drinking_water/certlic/drinkingwater/documents/drought/sample_water_use_restrict_ord.doc [abgerufen am 1.7.2021].
1463 Sie bestehen üblicherweise aus zwei Komponenten. Erstens senken Wassernutzer vor Ort ihren Bedarf durch wassersparende Technologien wie wassermengenregulierbare WC-Spülungen, sparsame Waschmaschinen, Zisternen, Tröpfchenbewässerung durch selbstregulierende Sprinkleranlagen. Zweitens wird der Eingriff in den Wasserhaushalt an anderer Stelle im Versorgungsnetz durch Ausgleichsmaßnahmen ausgeglichen. Ein typisches Beispiel hierfür sind Toiletten-Austauschprogramme, Entsalzungsprogramme, Zisternen oder Regenwasserrückhaltung, aber auch Wassertransfers, ausführlich *Kanouse/Wallace*, Optimizing Land Use and Water Supply Planning: A Path to Sustainability?, Golden Gate U. Envtl. L. J. 2010, 145 (159).

nisse 1988–1991, 2007–2009 und 2012–2014 regelmäßig *demand offset programs*.[1464] Die Rechtsverordnungen zur Nachfrageanpassung sind ein wasserrechtliches Instrument im Grenzbereich zum Bauplanungsrecht.[1465]

Sinn und Zweck der *demand offset programs* ist es, neue Bauvorhaben (d. h. neue Anschlüsse an die Wasserversorgung) nur dann zuzulassen, wenn sich das Vorhaben mengenmäßig »neutral« auf die Nachfrage an die öffentliche Wasserversorgung auswirkt. Hierzu sehen *demand offset programs* Maßnahmen außerhalb des neuen Bauvorhabens vor wie die Subventionierung wassereffizienter Toiletten im Rahmen von Toilettenaustauschprogrammen (*in lieu / offset fee*) oder die Subventionierung von Maßnahmen zur Dargebotserhöhung betreffend das neue Bauvorhaben, wie Wiederaufbereitung von Regen-/Abwasser oder die Errichtung von Entsalzungsanlagen.[1466] In der Praxis erreichen die Maßnahmen jedoch selten eine »neutrale« Belastung des Wasserhaushalts.[1467] Der Hauptanwendungsbereich von *demand offset programs* liegt bislang in der kurzfristigen Regulierung der Nachfrage bei extremen Dürreereignissen. Grundsätzlich können *demand offset programs* jedoch auch langfristig zur Resilienz der Wasserversorgung beitragen.[1468]

Die Effektivität der *water conservation programs* zur Bewältigung von Dürreereignissen hängt wesentlich von Vollzug und der Durchsetzbarkeit des Instruments und der darin vorgesehenen Maßnahmen ab. Üblicherweise drohen die Wasserversorger nach § 377 WAT bei Nichtbeachtung mit der Einstellung der Wasserversorgung oder der Erhebung von Geld- oder Haftstrafen.[1469] Die Vollzugsdefizite liegen daher weniger an mangelnden Durchsetzungsinstrumenten als an der fehlenden Kenntnis öffentlicher Wasserversorger über ein missbräuchliches Verhalten. Um dem entgegenzuwirken, setzen Wasserversorger z. B. eine Wasserpolizei *water cops* oder Telefonhotlines ein.[1470]

Eine effektivere und mit weniger Verwaltungsaufwand verbundene Methode ist die Kontrolle des Wasserverbrauchs über Wasserzähler.[1471] Die öffentlichen Wasserversorger können über Wasserzähler jedoch nur den absoluten Verbrauch einsehen und nicht den Nutzungszweck einer Wasserentnahme. Ein neuer Ansatz ist daher die Festlegung eines Nutzungskontingents (*water budget*) für jeden Haushalt nach einem individuell ermittelten Bedarf. Wird das Nutzungskontingent überschritten, können Wasserversorger höhere Wasserpreise verlangen oder anhand von »*smart meters*« (Wasserzähler mit auto-

---

1464 *Harder*, Water Neutral Development in California, McGeorge L. Rev. 2014, 103 (105, 113).
1465 *Davies*, Just a Big, "Hot Fuss"?, Ecology L. Q. 2008, 1217 (1244 ff.); *Neumann*, Dusting Off the Blueprint for a Dryland Democracy, ELR News & Analysis 2005, 10236 (10253).
1466 *Harder*, Water Neutral Development in California, McGeorge L. Rev. 2014, 103 (112 f.).
1467 *Harder*, Water Neutral Development in California, McGeorge L. Rev. 2014, 103 (112).
1468 Vgl. *Harder*, Water Neutral Development in California, McGeorge L. Rev. 2014, 103 (105, 151 f.).
1469 *Harder*, Water Neutral Development in California, McGeorge L. Rev. 2014, 103 (143). SB 606 (Hertzberg) vom 31. 5. 2018 hat die Sanktionierung bei Nichteinhaltung von Vorgaben eines *water conservation programs* erheblich verschärft. Nach § 377 (a) WAT stellt die Nichteinhaltung ein Vergehen (*misdemeanor*) dar, das bei gerichtlicher Verurteilung mit einer Haftstrafe bis zu 30 Tagen oder einer Geldstrafe bis zu 10.000 US Dollar geahndet werden kann.
1470 *Harder*, Water Neutral Development in California, McGeorge L. Rev. 2014, 103 (143).
1471 *Harder*, Water Neutral Development in California, McGeorge L. Rev. 2014, 103 (143).

matischer Abschaltfunktion) die Wasserversorgung abstellen.[1472] Die Androhung solcher Vollzugsmaßnahmen kann aufgrund ihrer Abschreckungsfunktion dazu beitragen, die Endnutzer zur langfristigen Einhaltung der Maßnahmen zu bewegen und eine Mentalität des Wassersparens zu verbreiten.

(2) Feststellung eines örtlichen Wasserknappheitsfalls, § 350 WAT

Die Feststellung eines örtlichen Wasserknappheitsfalls nach §§ 350 ff. WAT ist üblicherweise das erste Instrument, das öffentliche Wasserversorger zur *ad hoc* Dürrebewältigung bei unterdurchschnittlichem Wasserdargebot.[1473]

α) Anforderungen an die Feststellung des Wasserknappheitsfalls

§ 350 WAT berechtigt – seit 2018 sogar verpflichtend durch AB 1668 (Friedman) vom 31. 5. 2018 – sowohl öffentliche als auch formell oder materiell privatisierte Wasserversorger zur Feststellung eines örtlichen Wasserknappheitsfalls.[1474] Ein *water shortage emergency* liegt nach § 350 WAT vor,

»whenever it [meaning the water supplier] finds and determines that the ordinary demands and requirements of water consumers cannot be satisfied without depleting the water supply of the distributor to the extent that there would be insufficient water for human consumption, sanitation, and fire protection.«

Die tatbestandlichen Voraussetzungen an einen Wasserknappheitsfall knüpfen daher an die prognostizierte ungenügende Verfügbarkeit für den lebensnotwendigen Grundbedarf und die öffentliche Sicherheit an. Gewässerökologische Belange spielen dabei keine Rolle. In zeitlicher Hinsicht bestehen keine besonders hohen Voraussetzungen an das Vorliegen

---

1472 Einige dieser technologischen Vollzugsinstrumente vorstellend *Harder*, Water Neutral Development in California, McGeorge L. Rev. 2014, 103 (145 ff.).
1473 Neben dem Wasserknappheitsfall für öffentliche Wasserversorger nach § 350 WAT enthält der WAT speziellere Vorschriften für gemeindliche und regierungsbezirkliche Wasserversorger zur Feststellung von *drought emergencies*, vgl. §§ 71640 ff. für *municipal water districts*, §§ 31026 ff. WAT für *county water districts*. Die spezielleren Vorschriften bauen auf den allgemeinen Regelungen der §§ 350ff. WAT auf, vgl. *Herman*, Sometimes There's Nothing Left to Give, Stanford Law Review 1992, 429 (435). Da die Feststellung von *drought emergencies* durch *municipal* oder *county water districts* nur unwesentlich von den §§ 350 ff. WAT abweichen, sei an dieser Stelle auf eine ausführliche Darstellung verzichtet.
1474 Zur Auslegung des Begriffs »*public water supplier*« kann § 359 (f) WAT, der sich auf die Rechtsfolgen der Feststellung bezieht, herangezogen werden. Danach umfasst der Begriff jede Stadt, Bezirk, Behörde oder politische Untereinheit des Bundesstaates – ausgenommen der Bundesstaat selbst –, die eine Endversorgung gewährleisten und diesbezüglich vertragliche Vereinbarungen (iSv. Wasserlieferungsverträgen) mit den Fernwasserversorgungssystemen des Bundes oder des Bundesstaates eingehen können. Die Abgrenzungsschwierigkeiten der begrifflichen Unterscheidung von gemeindlichen, städtischen oder öffentlichen Wasserversorgungsunternehmen kann an dieser Stelle hintenanstehen, da § 350 WAT auf alle öffentlichen Wasserversorgungsunternehmen Bezug nimmt. In Theorie wie Praxis ist eine genaue Abgrenzung kaum möglich, da die Begriffe häufig synonym verwendet werden, vgl. *Beck*, Municipal Water Priorities/Preferences in Times of Scarcity, in: Proceedings of 56th Annual Rocky Mountain Mineral Law Institute, 2010, § 7.02 [1] [c].

eines *water shortage emergencies*. *Swanson v. Marin Municipality Water District* stellte klar, dass ein Wasserversorgungsnotstand nach § 350 WAT nicht nur bei Vorliegen einer unmittelbaren Gefahr in Form eines Wasserengpasses, sondern auch bei bevorstehenden bzw. drohenden Engpässen in einem Zeithorizont von bis zu zwei Jahren verkündet werden darf.[1475] Bei der Feststellung des Wasserknappheitsfalls muss der Wasserversorger auch formelle Voraussetzungen beachten, wie die Durchführung einer Anhörung nach § 352 WAT und die Formerfordernisse der Feststellung nach § 353 WAT. Eine auch nur beispielhafte Aufzählung potentieller Anwendungsbereiche sieht § 350 WAT nicht vor, möglicherweise um den Wasserversorgern genügen Flexibilität bei der Festsetzung des Wasserknappheitsfalls einzuräumen. Zum Hauptanwendungsbereich des Instruments zählt in der Praxis ein dürrebedingt unterdurchschnittliches Wasserdargebot.[1476]

β) Rechtsfolgen der Feststellung des Wasserknappheitsfalls

Zur *ad hoc* Anpassung der Nachfrage erweitern die §§ 353 ff. WAT bei *water shortage emergency* sowohl die Verwaltungs- als auch die Rechtssetzungskompetenz[1477] von Wasserversorgern. Durch die Freischaltung von Befugnisnormen auf Rechtsfolgenseite können Wasserversorger nicht nur nach §§ 353 ff. WAT Maßnahmen zur Beschränkung und Anpassung der Nachfrage treffen, sondern auch nach § 359 WAT finanzielle Dürrekatastrophenhilfe beim Bund beantragen.[1478] Die Verwaltungskompetenz umfasst nach § 353 WAT alle Maßnahmen, die zur (schnellen) Beendigung des Wasserknappheitsfalls beitragen. Die Maßnahmen werden üblicherweise durch Rechtsverordnungen oder Beschlüsse angeordnet[1479] und gelten, sofern nicht ausdrücklich eingeschränkt, für das gesamte Versorgungsgebiet des öffentlichen Wasserversorgers und bleiben nach § 355 WAT so lange in Kraft bis der Wasserversorgungsnotstand überwunden ist. Sie müssen jedoch durch den öffentlichen Wasserversorger ausdrücklich außer Kraft gesetzt werden.[1480] Neben den in §§ 353, 354, 356, 359 WAT genannten Befugnissen haben die öffentlichen Wasserversorger ein weites Auswahlermessen hinsichtlich Beschränkungsmaßnahmen und Nutzungsverboten, um den Bedarf der Endverbraucher an das verringerte Dargebot anzupassen.

1475 *Swanson v. Marin Mun. Water Dist.* 56 Cal. App. 3d 512, 521 (1976); *Building Industry Assn. v. Marin Mun. Water Dist.* 235 Cal. App. 3d 1641, 1646 (1991); ausführlich dazu *Golden*, The Thirst for Population Control, Hastings L.J. 1976, 753 (759 f.).

1476 Die Bezeichnung des »Wasserknappheitsfalls« variiert in den Festsetzungen durch Zusätze wie *water shortage*, *dry* oder *drought*. Es besteht jedoch Einigkeit, dass der Hauptgrund für ein unterdurchschnittliches Wasserdargebot Dürreereignisses sind, *Beck*, Municipal Water Priorities/Preferences in Times of Scarcity, in: Proceedings of 56th Annual Rocky Mountain Mineral Law Institute, 2010, § 7.02 [1].

1477 *Building Industry Assn. v. Marin Mun. Water Dist.* 235 Cal. App. 3d 1641, 1647 f. (1991); § 358 WAT stellt dies klar, indem er die gerichtliche Überprüfung des Ermessens auf ein arglistiges, willkürliches oder unberrechenbares Verhalten des Wasserversorgers beschränkt, auch *Swanson v. Marin Mun. Water Dist.* 56 Cal. App. 3d 512, 517 f. (1976); *Herman*, Sometimes There's Nothing Left to Give, Stanford Law Review 1992, 429 (436).

1478 Vgl. *Littleworth/Garner*, California Water II, 2. Aufl. 2007, S. 271.

1479 Vgl. *Building Industry Assn. v. Marin Mun. Water Dist.* 235 Cal. App. 3d 1641, 1644 (1991); *Swanson v. Marin Mun. Water Dist.* 56 Cal. App. 3d 512, 516 (1976).

1480 *Herman*, Sometimes There's Nothing Left to Give, Stanford Law Review 1992, 429 (436).

αα) Freischaltung der Anordnungsbefugnis von Maßnahmen zur Nachfrageregulierung, §§ 353 f. WAT

Nach § 353 WAT kann ein öffentlicher Wasserversorger alle notwendigen Regelungen zur Anpassung der Nachfrage treffen, um die Versorgung zu Zwecken größter Nutzbarkeit (*beneficial uses*), wie dem menschlichen Grundbedarf an Trinkwasser, dem Gesundheitsschutz und Brandschutz, sicherzustellen. Die Wasserversorger haben dementsprechend ein weites Entschließungs- und Auswahlermessen hinsichtlich der Maßnahmen zur Nachfrageregulierung. Zur Sicherstellung des Grundbedarfs legen die Wasserversorger üblicherweise ein prozentuales Einsparziel mit obligatorischer Rationierung fest.[1481] Die Kürzungen erfolgen typischerweise durch die Beschränkung oder gar das Verbot von Trinkwassernutzungen jenseits des Grundbedarfs. Üblicherweise betroffen von den Kürzungen sind Nutzungszwecke wie Autowaschen oder Gartenbewässerung, die auf ein oder zwei Tagen in der Woche beschränkt werden. Ist durch die Beschränkungen und Verbote der Grundbedarf sichergestellt,[1482] kann der öffentliche Wasserversorger nach § 354 WAT für alle übrigen Wassernutzungen eine Beschränkung nach einer selbst festgelegten Nutzungshierarchie vornehmen. Die Priorisierung ausgewählter Nutzungszwecke liegt nach § 354 Hs. 2 WAT ausdrücklich im Ermessen des Wasserversorgers und findet ihre Grenzen in der unbegründeten Diskriminierung gleicher Nutzungszwecke. Aus § 354 WAT folgt zwar eine indisponible Priorisierung von Wasser zu häuslichen, sanitären und Brandschutzzwecken. § 354 WAT räumt den öffentlichen Wasserversorgern jedoch eine sehr weitreichende Befugnis ein, die Wasserverteilung im Dürrefall für Endnutzer zu konkretisieren und vorzunehmen.[1483]

Besonders geeignet zur Festlegung von Maßnahmen zur Nachfragereduzierung erscheinen Rechtsverordnungen (*ordinance adopting water use restrictions*) mit verschiedenen Dürrestufen.[1484] Die Wasserversorger können die Rechtsverordnungen vorab oder bei Eintritt eines Dürreereignisses erstellen und sollten diese umsetzen, sobald ein Dürrezustand entsprechend der ersten Stufe der Rechtsverordnung vorliegt. Zur Entlastung der Wasserversorger veröffentlicht das Governor's Office of Planning and Research (OPR) Vorlagen für Rechtsverordnung zur Nachfragereduzierung, die von den Wasserversorgern nur noch im Einzelfall angepasst und erlassen werden müssen.[1485]

Rechtsverordnungen mit stufenweisen Aktionspläne sehen üblicherweise vier bis sechs Dürrestufen (normaler Zustand als Referenzzustand, geringfügige, leichte, schwere, kriti-

---

1481 So z. B. bei *Swanson v. Marin Mun. Water Dist.* 56 Cal. App. 3d 512, 516 (1976).
1482 Die unantastbare, hohe Stellung der drei lebensnotwendigen Nutzungszwecke entspricht der grundlegenden Ausrichtung des kalifornischen Wasserrechts, die sich an vielen Stellen, z. B. bei der Hierarchie der Wasserrechte, offenbart.
1483 Vgl. ähnlich auch *De Boni Corp. v. Del Norte Water Co.* 134 Cal. Rptr. 3d 226 226 (2011); Beck, Municipal Water Priorities/Preferences in Times of Scarcity, in: Proceedings of 56th Annual Rocky Mountain Mineral Law Institute, 2010, § 7.02 [1].
1484 OPR, Sample Ordinance Adopting Water Use Restrictions, 2014, https://www.waterboards. ca.gov/drinking_water/certlic/drinkingwater/documents/drought/sample_water_use_ restrict_ord.doc [abgerufen am 1. 7. 2021]. Für *municipal water suppliers* ist die Aufstellung einer derartigen Rechtsverordnung sogar gesetzlich vorgesehen §§ 71640 f. WAT.
1485 OPR, Sample Ordinance Adopting Water Use Restrictions, 2014, https://www.waterboards. ca.gov/drinking_water/certlic/drinkingwater/documents/drought/sample_water_use_ restrict_ord.doc [abgerufen am 1. 7. 2021].

D. Die Rechtslage im US-Bundesstaat Kalifornien

sche, katastrophale Dürre) vor.[1486] Es liegt jedoch an den Wasserversorgern im Einzelfall festzulegen, welche Kriterien die jeweilige Stufe auslösen. Bei der Untersuchung exemplarisch ausgewählter Rechtsverordnungen fällt auf, dass die Verbindlichkeit und Intensität der Maßnahmen mit der Höhe der Stufen steigt.[1487] Auf der ersten Stufe sehen Wasserversorger Informations- und Aufklärungsmaßnahmen vor und rufen zu freiwilligen Wassereinsparmaßnahmen auf, wie der Instandhaltung von Leitungen oder Einrichtung von geschlossene Kreisläufen bei Brunnen und Swimmingpools oder dem Verzicht auf die unaufgeforderte Bereitstellung von Leitungswasser in Restaurants.[1488] Auf höheren Stufen können besonders verschwenderische Wassernutzungen, wie das Überwässern von Gärten und Grünanlagen oder die Reinigung von Straßen oder Hofeinfahrten mit Trinkwasser, zunächst temporär dann gänzlich verboten werden.[1489] Zum Beispiel verbietet die Rechtsverordnung (Ordinance 374) des *Western Municipal Water District of Riverside County* zur Vermeidung von Nutzungsspitzen und einer hohen Verdunstungsrate ausgewählte verschwenderische Wassernutzungen im Zeitraum von 08:00 bis 20:00 Uhr.[1490] Auf den höchsten Stufen unterliegen alle Wassernutzer einer Einsparvorgabe von 15 bis zu 40%.

Die Festlegung von *ad hoc* Maßnahmen zur Nutzungsregulierung in einer Rechtsverordnung mit Dürreaktionsstufen scheint in der Praxis deshalb so effektiv, weil die Wasserversorger ihre Dürrebewältigungsstrategie individuell vorbereiten und die Rechtsverordnung an ihre örtlichen Gegebenheiten anpassen können.

ββ) Untersagung künftiger Anschlüsse an die öffentliche Wasserversorgung: *water moratoria*, § 356 WAT

Die Feststellung eines örtlichen Wasserknappheitsfalls nach § 350 WAT schaltet eine weitere Befugnis der Wasserversorger frei, die besonderes Aufsehen in Rechtsprechung und Literatur erlangt hat. Nach § 356 WAT können Wasserversorger Anträge auf Aufnahme in das Versorgungsnetz ablehnen oder bestehende Anschlüsse bei vorsätzlicher Zuwiderhandlung gegen Nutzungsauflagen vom Versorgungsnetz ausschließen.[1491] Wasser-Moratorien

---

[1486] Vgl. *OPR*, Sample Ordinance Adopting Water Use Restrictions, 2014, https://www.waterboards.ca.gov/drinking_water/certlic/drinkingwater/documents/drought/sample_water_use_restrict_ord.doc [abgerufen am 1.7.2021].

[1487] Vgl. beispielhaft für viele *Western Municipal Water District of Riverside County*, Ordinance 374 v. 6.5.2009, Sec. 6–11.

[1488] Weitere Beispiele sind: keine Verwendung von Trinkwasser zur Reinigung asphaltiertem/gepflastertem Boden, keine exzessive Bewässerung im Außenbereich, Beschränkung der Außenbereichsbewässerung auf verdunstungsärmere Zeiträume (nachts), Punktuelle Bewässerung im Außenbereich durch Gartenschläuche anstatt Sprinkler, Verwendung geschlossener Kreisläufe bei Zierbrunnen, Beschränkung von Autoreinigung auf verdunstungsärmere Zeiträume (frühmorgens/nachmittags), Trinkwasser in Gastronomie- und Hotelbetrieben nur auf Nachfrage, Austausch von Handtüchern und Bettwäsche in Hotels nur auf Bedarf, Sofortige Behebung von undichten Wasserhähnen oder Wasserleitungen.

[1489] So beispielsweise *Western Municipal Water District of Riverside County*, Ordinance 374 v. 6.5.2009, Sec. 5.

[1490] So beispielsweise *Western Municipal Water District of Riverside County*, Ordinance 374 v. 6.5.2009, Sec. 5 B (4).

[1491] Vgl. *Lemieux*, Land Use Control by Utility Service Moratorium, L.A. Bar J. 1977, 262 (262 ff.); *Golden*, The Thirst for Population Control, Hastings L.J. 1976, 753 (753 ff.).

(*water moratoria*) verhängen einen temporären Aufnahmestopp für weitere Anschlüsse an das Versorgungsnetz.

Ursprünglich sollten *water moratoria* auf die Dauer der Feststellung des Wasserknappheitsfalls beschränkt sein, um zur *ad hoc* Dürreabwehr beizutragen.[1492] Manche Wasserversorger ließen ihre *water moratoria* jedoch über 20 Jahre in Kraft, um sich von einer drohenden Verpflichtung zur Versorgung weiterer Anschlüsse zu befreien und Bevölkerungswachstum in wasserarmen Gebieten zu begrenzen.[1493] *Swanson v. Marin Municipality Water District* hat die Zweckentfremdung der *water moratoria* zur baurechtlicher Steuerung teils für zulässig erklärt. *Water moratoria* dürfen auch bei Beendigung eines Wasserknappheitsfalls in Kraft bleiben, wenn weitere Anschlüsse[1494] eine Nachfragesteigerung herbeiführen, die zur Erschöpfung der (lokalen) Wasserressourcen führen würden.[1495] Ein solches Vorgehen sei ausnahmsweise mit der Verpflichtung eines Wasserversorgers zur Gewährleistung der Trinkwasserversorgung vereinbar, da die Ausweitung des Versorgungsnetzes und gegebenenfalls Erschließung neuer Wasserressourcen in der Entscheidungsbefugnis des Wasserversorgers stehe.[1496]

(3) Bewertung

Wie die Untersuchung zeigt, sind die Wasserversorger Schlüsselakteure zur *ad hoc* Nachfrageregulierung bei Dürreereignissen. Sie regeln sowohl die langfristige ressourcenschonende Wassernutzung durch *water conservation plans* nach §§ 375 ff. WAT als auch die kurzfristige Anpassung der Nachfrage bei *water shortage emergencies* nach §§ 350 ff. WAT.[1497] Der Wirkungsgrad der Instrumente und darauf beruhenden Maßnahmen von Wasserversorgern ist dementsprechend hoch. Zum einen, weil sie die überwiegende Mehrheit an häuslichen, landwirtschaftlichen und gewerblichen Wassernutzern regulieren.

1492 In besonderen Fällen lehnten Wasserbezirke ergänzend die Erschließung neuer Wasserressourcen zur Bewältigung neuer Anfragen ab, so z. B. *Wilson v. Hidden Valley Mun. Water Dist.* 265 Cal. App. 2d 271, 274 ff. (1967); *Thompson et al.*, Legal Control of Water Resources, 6. Aufl. 2018, S. 794.

1493 Bereits in den 90ern hatte der drastische Bevölkerungszuwachs in der San Francisco Bay Area kleinere Wasserversorger zur Aufstellung von Water Moratoria »gezwungen«, hierzu *Herman*, Sometimes There's Nothing Left to Give, Stanford Law Review 1992, 429 (432); *Slater*, California Water Law and Policy, Band 2, 2015, 14.14, S. 14-70.4(34) (Rel. 19-7/2015 Pub. 83013); *Thompson/Leshy/Abrams*, Legal Control of Water Resources, 5. Aufl. 2012, S. 629 f.

1494 Ungeklärt ist bislang die Frage, inwieweit Antragsstellern auf Anschluss an das Versorgungsnetz bei Versagung des Antrags eine Entschädigungsleistung nach dem Fifth Amendment der Cal. Const. zusteht. Dies ablehnend *Hollister Park Investment Co. v. Goleta County Water Dist.* 82 Cal. App. 3d 290, 294 (1978); *Herman*, Sometimes There's Nothing Left to Give, Stanford Law Review 1992, 429 (461); grundsätzlich *Lockary v. Kayfetz*, 917 F. 2d 1150, 1154, 1157 (1990); näher *Littleworth/Garner*, California Water II, 2. Aufl. 2007, S. 274.

1495 *Swanson v. Marin Mun. Water Dist.* 56 Cal. App. 3d 512, 520 f. (1976); *Littleworth/Garner*, California Water II, 2. Aufl. 2007, S. 274.

1496 *Building Industry Assn. v. Marin Mun. Water Dist.* 235 Cal. App. 3d 1641, 1648 f. (1991); *Littleworth/Garner*, California Water II, 2. Aufl. 2007, S. 273.

1497 Abschnitt D.III.1.i)aa)(1)α).

D. Die Rechtslage im US-Bundesstaat Kalifornien

Zum anderen, weil die Wasserversorger aufgrund ihrer Sachnähe die Anfälligkeit des Versorgungssystems für Dürreauswirkungen, die Wasserverfügbarkeit sowie Bedarfsspitzen am besten einschätzen und dementsprechend zweckmäßige Maßnahmen anordnen können.

Die Flexibilität und Dynamik der gesetzlichen Regelungen für *water conservation programs* und *water shortage emergencies* ermöglicht sowohl eine zielführende *ad hoc* Dürrebewältigung, als auch die langfristige Anpassung des Nutzungsverhaltens zur Dürrevorsorge. Beispielsweise räumt die Erweiterung der Rechtssetzungskompetenz nach § 353 WAT als Rechtsfolge der Feststellung eines Wasserknappheitsfalls den Wasserversorgern einen großen Gestaltungsspielraum ein, wodurch die Wasserversorger entsprechend den Dürreauswirkungen passgenaue Maßnahmen im Einzelfall treffen können. Doppelungen und Überschneidungen von Maßnahmen sollten durch die gesetzlich nicht vorgeschriebene, aber zur Effektivität der Maßnahmen notwendige, Koordinierung der Instrumente erfolgen.[1498] Besonders effektiv zur kurzfristigen Regulierung der Nachfrage bei Dürreereignissen ist die stufenweise Beschränkung ausgewählter Nutzungszwecke, der Maßnahmen zur Bewusstseinsschärfung und Aufklärung vorangegangen sind. Hierdurch erhöht sich die Bereitschaft der Nutzer zur Einhaltung der obligatorischen »Wassereinsparvorgaben«, sodass eine sofortige Anpassung der Nachfrage stattfindet und Vollzugs- und Durchsetzungsinstrumente weitgehend entbehrlich werden. Je größer die gewerblichen Interessen an der Wassernutzung sind, desto eher müssen Wasserversorger jedoch auf Vollzugs- und Durchsetzungsinstrumente zurückgreifen.

Die Zweckentfremdung wasserrechtlicher Instrumente, wie *water moratoria* oder *demand offset programs*, zur Steuerung des Städtewachstums zeigt die Notwendigkeit der Abstimmung von Wasserrecht und Baurecht, sowohl zur langfristigen Dürrevorsorge als auch zur *ad hoc* Dürrebewältigung. Durch eine vorausschauende Städteplanung können neue Baugebiete dort erschlossen werden, wo die Wasserversorgung hinreichend gesichert ist. Eine vorausschauende Bauplanung trägt langfristig zur Belastbarkeit von Wasserversorgern gegenüber Dürreereignissen bei, hält aber auch das kurzfristige Anpassungspotential der Nachfrage zur Gefahrenabwehr aufrecht.

Die verschiedenen Instrumente und deren rechtliche Ausgestaltung zur Anpassung der Nachfrage durch Wasserversorger kommen der Bewältigung von Dürreereignissen im Ergebnis zugute. Sie räumen den Wasserversorgern einen weiten Handlungsspielraum ein und entsprechen dem Gedanken, dass Dürrebewältigung am effektivsten durch lokale Akteure und örtlich angepasste Bewältigungsmaßnahmen betrieben werden kann.

bb) Bewältigung lokaler Dürrekatastrophenfälle, § 8630 (a) CGC

Auf zweiter Stufe des Mehrebenensystems zur Bewältigung von Dürrekatastrophenfällen ermächtigt § 8630 (a) CGC Städte und oder Landkreise zur Feststellung eines lokalen Dürrekatastrophenfalls (*local emergency*). Ein *local emergency* bewirkt vor allem die zuständigkeitsüberschreitende Zusammenarbeit staatlicher Akteure bei Dürrekatastrophen, die das Hoheitsgebiet mehrerer *local governments* betreffen. Die Feststellung

---

1498 Die uneinheitliche Bezeichnung der Instrumente und das Zusammenwirken von speziellen und allgemeinen Normen, wie bei § 350 ff. WAT trägt darüber hinaus zur Komplexität der Rechtslage bei.

nach § 8630 (a) CGC informiert zugleich die bundesstaatliche Regierung und Wasserbehörden darüber, dass die Dürreauswirkungen zunehmen und die Kapazitäten örtlicher Bewältigung durch Wasserversorger überschreiten (Warnfunktion).

(1) Feststellung eines lokalen Dürrekatastrophenfalls, §§ 8630, 8558 (c) CGC

Die Feststellung eines lokalen Dürrekatastrophenfalls (*local drought emergency*) erfolgt nach den §§ 8630 ff., 8558 (c) CGC. Nach § 8558 (c) CGC liegt ein *local emergency* vor bei:

»existence of conditions of disaster or of extreme peril to the safety of persons and property within the territorial limits of a county, city and county, or city, caused by such conditions as [...] drought [...] [Nr. 1], which are or are likely to be beyond the control of the services, personnel, equipment, and facilities of that political subdivision [Nr. 2] and require the combined forces of other political subdivisions to combat [Nr. 3].«

Die Feststellung der Voraussetzungen liegt in der Entscheidungsbefugnis (*discretion*) der jeweiligen Stadt oder des *counties*. Da der Anwendungsfall *drought* nicht näher konkretisiert wird und im Einzelfall daher schwer bestimmbar ist, hängt die Feststellung üblicherweise von der Notwendigkeit von Amtshilfe zur Dürrekatastrophenabwehr ab.[1499] Stellt ein *county* einen lokalen Dürrekatastrophenfall fest, gilt die Feststellung zugleich stellvertretend für alle im *county* ansässigen Städte.[1500] Sowohl für *counties* als auch für Städte gilt ab Feststellung eine 30-tägige Überprüfungsfrist nach § 8630 (c) CGC, innerhalb der das feststellungsberechtigte Organ kontinuierlich überprüfen muss, ob die Voraussetzungen von § 8558 CGC andauern oder die Beendigung des lokalen Dürrekatastrophenfalls festzustellen ist.[1501]

(2) Rechtsfolgen der Feststellung, §§ 8631 ff. CGC

Sinn und Zweck der Rechtsfolgen einer Feststellung eines lokalen Dürrekatastrophenfalls (*local drought emergency*) ist die schnelle und sachgemäße ad hoc Bewältigung des Dürrekatastrophenzustands durch die verwaltungsgebietsüberschreitende Zusammenarbeit.
Im Zentrum steht die Berechtigung ein Amtshilfegesuch nach § 8631 CGC zu stellen. § 8631 CGC ermächtigt jede politische *subdivison* zur Bereitstellung von Amtshilfe im Rahmen ihrer Zuständigkeit. Bundesstaatliche Behörden können nach § 8632 CGC das Amtshilfegesuch durch personelle, finanzielle, sachliche oder infrastrukturelle Maßnahmen unterstützen.

1499 *League of California Cities*, Emergency Procedures Handbook for City Attorney's Office, 2013, https://www.cacities.org/getattachment/8e773c5a-08e2-452a-a58b-0d071cb75dc0/LR-LowellHndbk.aspx [abgerufen am 28. 8. 2018], S. 9.
1500 Es ist daher nicht erforderlich, dass die Städte zusätzlich einen lokalen Notstand verkünden um die Rechtsfolgen des Notstandsrechts in Anspruch nehmen zu können, vgl. *Swanson*, The Delicate Art of Practicing Municipal Law Under Conditions of Hell and High Water, N. D. L. R. 2000, 487 (495).
1501 Eine kürzere Überprüfungspflicht, wie etwa alle 14 Tage, erwies sich als unnötig kostspielig und von hohem bürokratischen Aufwand, *Stratton*, Emergency Notifications, McGeorge L. Rev. 2010, 635 (638 ff.).

D. Die Rechtslage im US-Bundesstaat Kalifornien

Die Feststellung eines lokalen Dürrekatastrophenfalls erweitert zugleich die polizeirechtliche Befugnis (*police power*) des feststellungsberechtigten Akteurs nach § 8634 CGC. Er kann all diejenigen Maßnahmen treffen oder an andere Akteure delegieren, um die öffentliche Sicherheit und Ordnung aufrecht zu erhalten (*to perserve the public order and safety*). Welche Maßnahmen die Städte und *counties* im Einzelfall ergreifen, hängt stark von den Dürreauswirkungen und der Anfälligkeit betroffener Akteure ab.

Die Koordination von Maßnahmen des *counties* und Maßnahmen der Amtshilfe ist gesetzlich nicht geregelt. Anhaltspunkte können sich aus den Notfallplänen (*disaster preparedness plans*) ergeben, die öffentliche Wasserversorger mit mehr als 10.000 Anschlüssen aufstellen müssen. Alternativ kann auch der allgemeine Katastrophenbewältigungsablauf des Standardized Emergency Management System (SEMS) nach § 2403 CGC herangezogen werden, sofern dieser zur Bewältigung von Dürrekatastrophen geeignet ist.

Ökonomische Dürreauswirkungen können nach § 8633 CGC dadurch gemildert werden, dass der Bundesstaat Kalifornien bei Bewilligung durch den Gouverneur sämtliche Kosten für die gebietsübergreifende Dürrekatastrophenabwehr übernimmt. Die Katastrophenhilfe kann sich aus EOs des Gouverneurs, aus § 8562 CGC, oder dem US National Disaster Assistance Act ergeben.[1502]

Neben den verschiedenen Formen der Amtshilfe ist die Warnfunktion der Feststellung eines Dürrekatastrophenfalls iSv. § 8558 CGC eine wichtige Komponente im Mehrstufensystem der Dürrekatastrophenbewältigung.

cc) Bewältigung bundesstaatenweiter Dürrekatastrophenfälle, § 8625 CGC

Die Feststellung eines bundesstaatenweiten Dürrekatastrophenfalls (*statewide drought emergency*) durch den Gouverneur nach § 8625 CGC ist *ultima ratio* unter den Instrumenten zur kurzfristigen Risikobewältigung von Dürreereignissen und steht auf der dritten Stufe der kurzfristigen Dürrebewältigung. Das Instrument wird ausschließlich bei Dürreereignissen von extremer Intensität, Dauer und einer (fast) flächendeckenden Ausdehnung über den gesamten Bundesstaat eingesetzt. Ein Beispiel hierfür war die Dürre von 2012–2017.

Die Feststellung eines bundesstaatenweiten Dürrekatastrophenfalls ermächtigt zur Bereitstellung von finanziellen Mitteln aus dem Bundesstaatshaushalt und dem Bundeshaushalt,[1503] vor allem zur Ausübung umfassender Rechtssetzungsbefugnisse durch den Gouverneur und das SWRCB. Der Gouverneur und das SWRCB sind daher die zentralen Akteure bei bundesstaatenweiten Dürrekatastrophenzuständen. Sie legen die konkreten Instrumente und Maßnahmen zur Katastrophenabwehr fest, die von Dürreereignis zu Dürreereignis unterschiedlich ausfallen können. Die Feststellung des bundesstaatenweiten Dürrekatastrophenfalls bewirkt dementsprechend eine Zentralisierung der Behördenstruktur und ermöglicht dadurch eine von maximal zwei Akteuren gesteuerte, bundesstaatenweit einheitliche Katastrophenabwehr. Um die Flexibilität des Instruments

---

[1502] Vgl. *Cal. OES*, Emergency Proclamations: A Quick Reference Guide for Local Government, 2014, https://www.caloes.ca.gov/RecoverySite/Documents/Proclamation%20Guide%202014%20V4.pdf [abgerufen am 12. 7. 2021], S. 2.

[1503] Vgl. allgemein *Cal. OES*, Emergency Proclamations: A Quick Reference Guide for Local Government, 2014, https://www.caloes.ca.gov/RecoverySite/Documents/Proclamation%20Guide%202014%20V4.pdf [abgerufen am 12. 7. 2021], S. 2.

insbesondere auf Rechtsfolgenseite zu veranschaulichen, geht die nachfolgende Untersuchung beispielhaft auf die Anordnungen des Gouverneurs und die *drought emergency regulations* des SWRCB im Rahmen der letzten Dürre von 2012–2017 ein.[1504]

(1) Die Feststellung des bundesstaatenweiten Dürrekatastrophenfalls, § 8625 CGC

Die Feststellung eines bundesstaatenweiten Dürrekatastrophenfalls erfolgt nach § 8625 CGC durch den Gouverneur.[1505] Voraussetzung für die Feststellung ist erstens, dass ein Anwendungsfall im Sinne von § 8558 (b) CGC vorliegt und zweitens, dass die Notwendigkeit einer Feststellung nach § 8625 (b) CGC besteht.

§ 8558 (b) CGC beschränkt die Feststellung eines bundesstaatenweiten Katastrophenfalls auf enumerativ genannte Anwendungsfälle. Es liegt nach § 8558 (b) CGC in der Entscheidungsbefugnis des Gouverneurs zu bestimmen, ob diese im Einzelfall vorliegen oder nicht. Ein bundesstaatenweiter Katastrophenfall (*state of emergency*) ist nach § 8558 (b) CGC

»the duly proclaimed existence of conditions of disaster or of extreme peril to the safety of persons and property within the state caused by such conditions as air pollution, fire, flood, storm, epidemic, riot, drought, […] which, by reason of their magnitude, are or are likely to be beyond the control of the services, personnel, equipment, and facilities of any single county, city and county, or city and require the combined forces of a mutual aid region or regions to combat.«

Seit dem Dürreereignis 1976–1977 ist *drought* ausdrücklich als eine Ursache für einen *state of emergency* genannt.[1506] Der Gesetzgeber hat durch die Gesetzesänderung Klarheit geschaffen, dass auch Dürreereignisse einen Katastrophenfall auslösen können. Eine Definition von *drought* bietet § 8558 (b) CGC jedoch nicht an,[1507] möglicherweise um die Vielgestaltigkeit des Naturphänomens zu würdigen. Ob und wann ein Dürreereignis zur Feststellung des bundesstaatenweiten Katastrophenfalls berechtigt, misst sich daher überwiegend an den übrigen Voraussetzungen der Norm. Zum Beispiel, ob und inwieweit Städte und/oder Regionalbezirke (*counties*) mit der Bewältigung von Dürreauswirkungen überfordert sind, die vereinten Einsatzkräfte einer oder mehrerer Regionen (*mutual aid regions*)[1508] zur Bewältigung beitragen oder das Dürreereignis zu Rechtsgutsverletzungen, wie der Sicherheit von Menschen oder Eigentum, führt.

1504 Eine knappe Zusammenfassung bietet jüngst auch *CNRA*, Report to the Legislature on the 2012–2016 Drought, 2021, S.2.
1505 Bei Abwesenheit des Gouverneurs kann ausnahmsweise auch der Minister des Katastrophenmanagements eine Verkündung des Notstands vornehmen, vgl. »State of California«, in: 58 Cal. Jur. 3d (11/2017), § 52.
1506 *DWR*, California's Most Significant Droughts, 2015, S. 53.
1507 Anders so z. B. die Rechtslage im Bundesstaat Washington. Dort ist Dürre ausdrücklich im allgemeinen Öffentlichen Recht definiert: »›Drought conditions‹ *are water supply conditions where a geographical area or a significant part of a geographical area is receiving, or is projected to receive, less than seventy-five percent of normal water supply as the result of natural conditions and the deficiency causes, or is expected to cause, undue hardship to water users within that area*«, Sec. 173-166-030 (4) WAC.
1508 Die Amtshilfe-Bezirke sind Untereinheiten der bundesstaatenweiten Katastrophenschutzbehörde Cal. OES und übernehmen die Koordination von Katastrophenbewältigung bei Sachverhalten, die die Grenzen der Verwaltungseinheiten überschreiten, § 8559 (a) CGC.

D. Die Rechtslage im US-Bundesstaat Kalifornien

Ferner erfordert die Notwendigkeit einer Feststellung nach § 8625 (b) CGC, dass alternativ der Leiter der Stadtverwaltung oder der Vorsitzende des Aufsichtsrats eines Regionalbezirks (*counties*) den Gouverneur zur Feststellung eines *state of emergency* auffordert. Im Ausnahmefall kann auch der Gouverneur selbst nach § 8625 (c) die Unzulänglichkeit örtlicher Bewältigung des Katastrophenfalls feststellen und damit die Notwendigkeit einer Feststellung nach § 8625 CGC begründen. Üblicherweise wirken die lokalen Akteure bei Dürreereignissen in Form informeller Gespräche mit dem Gouverneur oder durch Feststellung eines lokalen Katastrophenfalls (*local emergency*)[1509] auf die Feststellung eines bundesstaatenweiten Dürrekatastrophenfalls hin.[1510]

Ferner bestehen auch formelle Voraussetzungen an die Feststellung des bundesstaatenweiten Dürrekatastrophenfalls nach § 8626 CGC. Sie verpflichten den Gouverneur z. B. zum zügigen Erlass einer Feststellung und enthalten Anforderungen an die Form der Feststellung und Beteiligung der Öffentlichkeit.[1511]

(2) Rechtsfolgen der Feststellung

Die Feststellung eines bundesstaatenweiten Dürrekatastrophenfalls nach § 8625 CGC löst, wie bereits angedeutet, drei Rechtsfolgen aus: Sie berechtigt zur Beantragung finanzieller Unterstützung aus Mitteln des Bundesstaates und des Bundes und ermächtigt den Gouverneur und das SWRCB mit umfassenden Befugnissen zur Übernahme der erforderlichen Katastrophenabwehr.

α) Befugnisse des Gouverneurs, §§ 8565 ff. CGC

Die Befugnisse des Gouverneurs nach Feststellung eines bundesstaatenweiten Dürrekatastrophenfalls regeln die §§ 8565 ff. CGC. Sie lassen dem Gouverneur einen großen Gestaltungsspielraum hinsichtlich der Bewältigungsstrategie und statten ihn zur Umsetzung der bundesstaatenweiten Katastrophenabwehr mit umfassende Anordnungs- und Weisungsbefugnisse aus.[1512] Sowohl die §§ 8565 ff. CGC als auch die §§ 8627 ff. CGC enthalten derartige Befugnisse für einen *state of emergency*. Die Normen sind sehr unterschiedlich ausgestaltet. Ein konkreter Bezug auf Dürrekatastrophen unterbleibt. Manche Normen weisen Einzelfallcharakter auf, andere sind eher abstrakt-generell gehalten, teilweise bestehen Doppelungen.[1513]

1509 Siehe oben Abschnitt D.III.1.i)bb)(1). Haben mehr als 50 % der lokalen und regionalen Akteure einen lokalen Dürrekatastrophenfall oder einen Wasserknappheitsnotstand erklärt, beinhaltet dies zumindest eine starke Indizwirkung für das Vorliegen einer Notwendigkeit iSv. § 8625 CGC.
1510 *Jones*, Preparing For California's Next Drought, DWR, 2000, S. 31.
1511 Die Verkündung muss zum frühestmöglichen Zeitpunkt, sobald die materiellen Voraussetzungen vorliegen, schriftlich ergehen, § 8629 S. 1 CGC. Die Verkündung tritt im Zeitpunkt ihres Erlasses in Kraft, § 8626 S. 1 CGC. § 8626 S. 3 CGC verpflichtet den Gouverneur die breite Öffentlichkeit über die Verkündung des Notstands zu informieren.
1512 Vgl. auch *Jones*, Preparing For California's Next Drought, DWR, 2000, S. 31.
1513 Eine Übersicht einschlägiger Normen für die Dürrebewältigung bietet *Jones*, Preparing For California's Next Drought, DWR, 2000, S. 31.

αα) Organisationshoheit und Anordnungsbefugnisse, § 8567 (a) CGC

Besonders hervorhebenswert sind die Organisationshoheit und Anordnungsbefugnisse des Gouverneurs. Zur Katastrophenabwehr stellt § 8567 (a) CGC dem Gouverneur umfassende Rechtssetzungs- und -suspendierungsbefugnisse zur Verfügung. Er kann neue Anordnungen (*orders*) oder Verordnungen (*regulations*) erlassen oder bestehende Rechtsakte, die eine Dürrebewältigung verzögern würden, zeitweise außer Kraft setzen (*temporary suspension*), §§ 8571, 8627.5 (a) CGC. Darüber hinaus verbietet § 8627.7 CGC[1514] seit 2015 den Vollzug von gemeindlichen oder städtischen Rechtsverordnungen, die eine Sanktionierung von vertrocknetem Rasen in Vorgärten vorsehen.[1515]

Nach § 8627 S. 1 CGC verfügt der Gouverneur als Teil seiner Polizeigewalt (*police power*) nach Feststellung des bundesstaatenweiten Dürrekatastrophenfalls über die Weisungsbefugnis und Organisationshoheit über alle bundesstaatlichen Behörden. Dazu gehört auch die Befugnis, nach § 8565.1 CGC eine Dürresondereinheit (Interagency Drought Task Force) zur Kommunikation und Koordination der Katastrophenabwehr einzusetzen, die von Vertretern der obersten Wasserbehörden geleitet wird. Die obersten Wasserbehörden, das SWRCB und das DWR können insbesondere nach § 8628 S. 1 Hs. 1 CGC verpflichtet werden, betroffenen Regionen und Wasserversorgern ihre personellen, sachlichen und institutionellen Ressourcen zur Verfügung zu stellen, um einen konkreten oder drohenden dürrebedingten Schaden abzuwenden. §§ 8645, 8648 CGC räumt dem Gouverneur ferner die Finanzhoheit für alle Ausgaben bundesstaatlicher und lokaler Behörden ein, die in Zusammenhang mit der Katastrophenabwehr stehen. Wie die enumerative Aufzählung zeigt, besitzt der Gouverneur absolute Polizeigewalt und ist zur Vornahme all derjenigen Maßnahmen berechtigt, die zur Katastrophenabwehr beitragen.[1516]

ββ) Ausübung der Anordnungsbefugnisse in der Praxis: Die Drought Emergency Declaration (DED) vom 27. 1. 2014

Die DED vom 27. 1. 2014[1517] ist ein Beispiel für die Feststellung eines Dürrekatastrophenfalls nach § 8625 CGC und der zeitgleichen Ausübung der Befugnisse des Gouverneurs[1518] im Zusammenhang mit der Feststellung eines Dürrekatastrophenfalls.

Hinsichtlich der Rechtsfolgen der Feststellung des Dürrekatastrophenfalls sticht hervor, dass Gouverneur Brown besonders von seiner Weisungsbefugnis gegenüber bundesstaatlichen Behörden Gebrauch machte. Inhaltlich ordnete der Gouverneur ausschließlich die Umsetzung wasserrechtlicher Instrumente an. Katastrophenrechtliche Instrumente, wie

---

1514 *Witkin*, Summary of California Law: Constitutional Law, Band 7, 11. Aufl. 2017, § 876.
1515 Bei Dürre soll das begrenzte Wasserdargebot sinnvoll nach Art. 10 Sec. 2 Cal. Const. verwendet, eine Politik des Wassersparens verfolgt werden und die optische Einheitlichkeit grüner Vorgärten zurückstehen.
1516 Ergänzend *Witkin*, Summary of California Law: Constitutional Law, Band 8, 11. Aufl. 2017, § 1139.
1517 *Office of Governor*, Governor Brown Declares Drought State of Emergency, 2014, https://www.ca.gov/archive/gov39/2014/01/17/news18368/index.html [abgerufen am 12. 7. 2021].
1518 Weitere Beispiele sind in Tabelle 2 zusammengestellt.

mutual aid regions oder der bundesstaatliche Katastrophenschutzplan (State of California Emergency Plan)[1519] und daraus abzuleitende Maßnahmen finden keine Erwähnung. Die Erfahrung im Umgang mit der *ad hoc* Bewältigung von Dürreereignissen zeigte, dass aufgrund der Sachnähe und Kenntnis Wasserbehörden eher als Katastrophenschutzbehörden zur Dürrebewältigung geeignet sind. Da die DED am Anfang des Dürreereignisses stand, beschränkte sich der Gouverneur zunächst auf freiwillige Maßnahmen zur Nachfragesenkung. Ziel war eine 20 %-ige Reduzierung des Verbrauchs.

Um dieses Einsparziel zu erreichen, wies der Gouverneur wasserrechtliche Akteure zu verschiedenen Maßnahmen an. Zum Beispiel sollten nach DED Nr. 1 alle staatlichen Wasserbehörden an der Aufklärungskampagne Save Our Water teilnehmen, die vom DWR koordiniert wurde. Lokale Wasserversorger und Gemeinden sollten nach DED Nr. 3 ihre Wasserknappheitsaktionspläne (*water shortage contingency plans*, WSCPs) umsetzen. Der Gouverneur überließ es in der DED somit zunächst lokalen Akteuren gegebenenfalls Nutzungsbeschränkungen oder -verbote zu verhängen. Ergänzend sollte das SWRCB nach DED Nr. 7 Inhaber von Wasserrechten über mögliche Engpässe und eine drohende Beschränkung der Wassernutzung informieren. Zur effektiven Nutzung des verfügbaren Dargebots appellierten die Bestimmungen DED Nr. 4, 5, 8, 9 und 12 an ein nachhaltiges Dargebotsmanagement, darunter auch Verfahrenserleichterungen für Wassertransfers (*water transfers*) oder die Überwachung und Registrierung neuer Grundwasserbrunnen. Zur Minimierung dürrebedingter Auswirkungen auf die Gewässerökologie verpflichtete der Gouverneur das Department of Fish and Wildlife in DED Nr. 14, 15 Notfallpläne (*contingency plans*) zu entwickeln, die gegebenenfalls das Fischen in bestimmten Bereichen verbieten.

γγ) Charakteristika ergangener Executive Orders am Beispiel der Executive Order vom 25. 4. 2014

In der Folge erließ der Gouverneur zahlreiche weitere EOs zur Dürrekatastrophenabwehr auf der Grundlage von § 8567 CGC. Tabelle 2 bietet eine Übersicht über diese dürrespezifischen EOs im Zeitraum 2012–2017.

Aufgrund der weiten Befugnisse des Gouverneurs als Rechtsfolge der Feststellung eines Dürrekatastrophenfalls weichen Regelungsgegenstand, -adressat und -inhalt der Anordnungen stark voneinander ab. Gemeinsamkeiten bestehen insofern als dass die EOs häufig auf allgemeine wasserrechtliche Instrumente Bezug nehmen, diese spezifizieren oder deren obligatorische Umsetzung anordnen. So verpflichtet EOs vom 25. 4. 2014 beispielsweise zur Umsetzung von WSCPs durch urbane Wasserversorger.[1520] Die EOs wirken sowohl auf die Anpassung der wasserrechtlichen Instrumente an die Dürreauswirkungen als auch auf die Gewährleistung bundesstaatenweiter Standards hin. Die EO vom 25. 4. 2014 enthielt besonders weitgehenden Anordnungen. Sie verschärfte die

---

1519 *Brown/Ghilarducci*, State of California Emergency Plan, 2017, http://www.caloes.ca.gov/PlanningPreparednessSite/Documents/California_State_Emergency_Plan_2017.pdf [abgerufen am 12. 7. 2021].

1520 WSCPs können von urbanen Wasserversorgern nach Bedarf umgesetzt werden. Durch EO vom 25. 4. 2014 bestand ein bundesstaatenweites Erfordernis für alle urbanen Wasserversorger zur Umsetzung der Wasserknappheitsaktionspläne.

Tabelle 2: Maßnahmen in Executive Orders (EOs) anhand deren Regelungsinhalts.
Quelle: eigene Einschätzung basierend auf der Auswertung der EOs.

Maßnahmen/EO Datum	B-21-13 20.5.2013 (vor DED)	PCSE 25.4.2014	B-26-14 18.9.2013	B-27-14 6.10.2014	B-29-15 1.4.2015	B-36-15 13.11.2015	B-37-16 9.5.2016
Water rights		x			x		
Water transfer	x						
Water supply		x	x				
Water conservation		x			x		
Drought mitigation action plans inklusive UWMPs und AWMPs		x					x
Economic incentives		x			x	x	
Wildfire				x		x	
Water supply		x					

Wassereinsparziele von 20 % auf 25 % und wies das SWRCB an, von seiner Rechtssetzungskompetenz nach § 1058.5 WAT (*drought emergency regulations*) Gebrauch zu machen. Die *drought emergency regulations* sollten nach Anordnung des Gouverneurs in EO vom 25.4.2014 Nr. 17 und 13 den Wasserverbrauch durch Beschränkungen von Wasserrechten (*curtailments*) und Verbote für bestimmte, verschwenderische Wassernutzungen senken.[1521]

β) Rechtssetzungsbefugnisse des State Water Resources Control Board, § 1058.5 WAT

Eine weitere Rechtsfolge der Feststellung des Dürrekatastrophenfalls ist die Ermächtigung des SWRCB zum Erlass von *drought emergency regulations* nach § 1058.5 WAT.[1522] Die *drought emergency regulations* sind der Schwerpunkt der Dürrekatastrophenabwehr. Sie enthalten konkrete *ad hoc* Maßnahmen zur Dürrerisikoabwehr, die von den Regelungsadressaten zwingend zu befolgen sind. Der Gesetzgeber räumt dem SWRCB in § 1058.5 WAT einen weiten Gestaltungsspielraum bezüglich der Ausgestaltung von *drought emergency regulations* ein, wodurch besonders situationsangepasste Maßnahmen erlassen werden können. Während der letzten Dürre von 2014–2017 erließ das SWRCB *drought emergency regulations* in drei Phasen zunächst freiwillige, sodann bindende und zuletzt

---

1521 »*The Water Board will adopt and implement emergency regulations pursuant to Water Code section 1058.5, as it deems necessary to prevent the waste, unreasonable use, unreasonable method of use, or unreasonable method of diversion of water, to promote water recycling or water conservation, and to require curtailment of diversions when water is not available under the diverter's priority of right*«, EO v. 25.4.2014.

1522 Vgl. auch *Slater*, California Water Law and Policy, Band 2, 2015, § 12.08 [4] S. 12-31 (Rel. 21-1/2017 Pub. 83013). Während der letzten Dürre 2012–2017 weitete SB 104 (*Committee on Budget and Fiscal Review. Drought relief*.) vom 1.3.2014 die Rechtssetzungsbefugnis des SWRCB bei Dürreereignissen erheblich aus.

D. Die Rechtslage im US-Bundesstaat Kalifornien

im Einzelfall bestimmbare, bindende Vorgaben für *ad hoc* Dürrebewältigungsmaßnahmen.[1523] Dieser Ansatz bewährte sich bereits bei der Bewältigung des Dürreereignisses 2008–2010.[1524]

αα) Anforderungen an den Erlass von *drought emergency regulations*, § 1058.5 WAT

Der Erlass von *drought emergency regulations* muss den Anforderungen nach § 1058.5 WAT entsprechen. § 1058.5 WAT sieht ein vereinfachtes Verfahren für den Erlass von *drought emergency regulations* vor, um die Maßnahmen zur Dürrekatatsrophenabwehr schnellstmöglich umsetzen zu können.[1525] Zum Beispiel suspendiert § 1058.5 (b) WAT die zehntägige Überprüfungspflicht des Office of Administrative Law (OAL) nach § 11349.6 (b) CGC, die grundsätzlich für den Erlass von *regulations* gilt.[1526]

Zwingend müssen jedoch auch im vereinfachten Verfahren die Öffentlichkeits- und Behördenbeteiligungsvorschriften nach § 11346 ff. CGC eingehalten werden. Abschließend veröffentlicht der Staatssekretär (*state secretary*) die *drought emergency regulations* nach §§ 11343 ff. CGC im CCR. In materiell-rechtlicher Hinsicht müssen *drought emergency regulations* nach § 1058.5 (1) WAT einen von vier Regelungszwecken verfolgen:

»The emergency regulation is adopted to prevent the waste, unreasonable use, unreasonable method of use, or unreasonable method of diversion, of water [Var. 1], to promote water recycling or water conservation [Var. 2], to require curtailment of diversions when water is not available under the diverter's priority of right [Var. 3], or in furtherance of any of the foregoing, to require reporting of diversion or use or the preparation of monitoring reports [Var. 4].«

Zweitens dürfen *drought emergency regulations* nur dann erlassen werden, wenn ein extremes Dürreereignis im Sinne von § 1058.5 (a) (2) WAT vorliegt oder bevorsteht:

»The emergency regulation is adopted in response to conditions which exist, or are threatened, in a critically dry year immediately preceded by two or more consecutive below normal, dry, or critically dry years or during a period for which the Governor has issued a proclamation of a state of emergency under the California Emergency Services Act [...] based on drought conditions.«

Im Unterschied zu den Vorgaben bezüglich der Feststellung eines Dürrekatastrophenfalls (*proclamation of a state of emergency*) definiert der Gesetzgeber an dieser Stelle auf Rechtsfolgenebene erstmals den Begriff *drought*. Die besondere Ermächtigung des SWRCB im Zusammenhang mit *ad hoc* Dürremaßnahmen ist damit besonders deutlich auf den gesetzlich vorgesehenen Anwendungsbereichen beschränkt. Mangels entsprechender Vorgaben zur Bestimmung einer Dürre im Sinne von § 1058.5 (a) (2) WAT liegt es jedoch am SWRCB zu bestimmen, wann die Kriterien »*below normal, dry, or critically dry*

1523 *Mini/Hogue/Pincetl*, The Effectiveness of Water Conservation Measures on Summer Residential Water Use in Los Angeles, California, Resour. Conserv. Recycl. 2015, 136 (138, 141 ff.).
1524 Siehe Abschnitt D.II.
1525 Beispielsweise ist nach EO vom 25. 4. 2014 Nr. 19 die Erstellung eines Umweltberichts (*environmental impact report*) entbehrlich, der grundsätzlich bei Erlass wasserrechtlicher Vorschriften nach dem CEQA einzuholen ist.
1526 Eine Übersicht über die Verfahrenserleichterungen bereitstellend *OAL*, Emergency Rulemaking Flowchart, 2014, https://www.oal.ca.gov/wp-content/uploads/sites/28/2017/05/Emergency-Rulemaking-Flowchart_FINAL_June-2014.pdf [abgerufen am 29. 6. 2018].

years« vorliegen. Dieses Vorgehen erscheint zweckmäßig, da es genügend Spielraum zur Bestimmung der Kriterien im Einzelfall einräumt, aber den Anwendungsfall für die Freischaltung der Rechtssetzungsbefugnis konkret festlegt und damit Rechtsklarheit schafft.

Nach § 1058.5 (c) Var. 1 a. F. WAT galten die jüngsten *drought emergency regulations* nur für einen Zeitraum von 270 Tagen und traten danach automatisch außer Kraft. Seit SB 606 (Hertzberg) vom 31. 5. 2018 gelten *drought emergency regulations* ein Jahr. Weiterhin besteht die Möglichkeit einer Verlängerung der Geltungsdauer durch das SWRCB, wenn die tatbestandlichen Voraussetzungen nach § 1058.5 (a) (2) WAT weiterhin bestehen, vgl. § 1058.5 (c) S. 2 Var. 1 WAT.

ββ) Ausübung der Rechtssetzungsbefugnis am Beispiel der Dürre 2012–2017: Nutzungsregulierung in drei Phasen

Die *drought emergency regulations* des letzten Dürreereignisses enthalten die §§ 863 ff. CCR. Aufgrund der Beendigung des Dürrenotstands durch EO B-40-17 des Gouverneurs im April 2017 und mangels Verlängerung durch das SWRCB nach § 1058.5 (c) WAT sind die Vorschriften aktuell nicht in Kraft, könnten jedoch bei erneuter Feststellung eines Katastrophenfalls in Kraft gesetzt werden oder durch neue Regelungen ersetzt werden. Sie veranschaulichen jedoch die Herausforderungen und das Potential einer bundesstaatenweiten *ad hoc* Dürrekatastrophenabwehr.

(i) Phase 1: freiwilliges Einsparziel in Höhe von 20 %

Die erste Phase der *drought emergency regulations* dauerte von Juli 2014 bis April 2015[1527] und sollte auf freiwilliger Basis bundesstaatenweit die Nachfrage um 20 % senken.[1528] Die *drought emergency regulations* der ersten Phase sehen im Wesentlichen fünf Maßnahmen vor: Die unmittelbare Regulierung von Wassernutzungen zur Bewässerungen von Gärten und Landschaft nach § 865 CCR,[1529] die freiwillige Regulierung von häuslichen Wassernutzungen durch die örtlichen Wassernutzer und obligatorische Umsetzung von WSCPs,[1530] die Anordnung von Mitteilungspflichten (*informational orders*), die vertragli-

---

1527 Dürrenotstandsvorschriften der ersten Phase stellte das SWRCB in *SWRCB*, Resolution 2014-0038 v. 15. 7. 2014, auf.
1528 *Office of Governor*, Governor Brown Declares Drought State of Emergency, 2014, https://www.ca.gov/archive/gov39/2014/01/17/news18368/index.html [abgerufen am 12. 7. 2021], Order Nr. 1; *Mitchell et al.*, Building Drought Resilience in California's Cities and Suburbs, 2017, S. 19.
1529 Diese finden sich in § 865 CCR. § 865 CCR wurde im Laufe der Trockenheit mehrfach geändert und ergänzt. Eine exemplarische Übersicht über einige Verbote wird im Rahmen der dritten Phase der *drought emergency regulations* vorgestellt, da in der dritten Phase die neueste Fassung von § 865 CCR erlassen wurde.
1530 Zuvor bereits *Office of Governor*, Governor Brown Declares Drought State of Emergency, 2014, https://www.ca.gov/archive/gov39/2014/01/17/news18368/index.html [abgerufen am 12. 7. 2021], Order Nr. 1; *Mitchell et al.*, Building Drought Resilience in California's Cities and Suburbs, 2017, S. 19. Die gesonderte Verkündung eines örtlichen Wasserknappheits-Notstands war aufgrund der Anordnung des SWRCB entbehrlich.

chen Verpflichtungen zur Anpassung des Wasserverbrauchs durch landwirtschaftliche Nutzer nach § 878.3 CCR (*local voluntary agreements*)[1531] sowie die Beschränkung von Wasserrechten auf der Grundlage der Hierarchie der Wasserrechte (*curtailments*). Die *drought emergency regulations* der 1. Phase nutzten das Zusammenspiel zwischen der Anordnungsbefugnis des SWRCB und wasserrechtlichen Instrumenten, um mit geringstmöglichem (Bürokratie-)aufwand eine möglichst effektive Nachfragereduzierung ohne den Zwang obligatorischer Regelungen zu erzielen. Die Maßnahmen konnten das angestrebte Einsparungsziel von 20 % jedoch nicht erreichen.[1532]

Hinsichtlich der Anordnung der Umsetzung von WSCPs durch urbane Wasserversorger fordert das SWRCB diejenige Stufe des Plan zu aktivieren, die verpflichtende Beschränkungen zur Bewässerung im Außenbereich aufstellt.[1533] Mit Zustimmung des SWRCB konnten die städtischen Wasserversorger jedoch von einer Umsetzung der Pläne absehen und stattdessen eine dürrespezifisch gestaffelte Wasserpreisstruktur nach § 370 WAT anwenden. Ergänzend verpflichtet § 865 (b) (2) CCR alle Wasserversorger, die keinen WSCP nach § 10632 WAT aufstellen müssen, innerhalb von 30 Tagen vergleichbare Regelungen zur Beschränkung der Bewässerung von Gärten und Landschaft mit Trinkwasser für zwei Tage die Woche zu erlassen. Die örtlichen Maßnahmen zur Regulierung der Nachfrage begleiteten weiche Maßnahmen wie Aufklärungskampagnen, Maßnahmen zum Dargebotsmanagement wie die Wiederaufbereitung von Brauchwasser oder die Speicherung von Regenwasser oder Grauwasser und Infrastrukturmaßnahmen wie die Vermeidung undichter Stellen im Rohrleitungssystem.[1534]

Nach § 879 (a) CCR erließ das SWRCB Anordnungen zur Datenerhebung (*informational orders*) gegenüber Wassernutzern bei Verdacht auf Missachtung der *drought emergency regulations*. Die Anordnungen stellten den Anordnungsadressaten eine 30-tägige Frist zur Mitteilung der gewünschten Information.[1535] Grund für diese Maßnahme zur mittelbaren Gefahrenabwehr ist, dass das SWRCB aufgrund genehmigungsfreier Wassernutzungsrechte und fragmentierten Berichterstattungspflichten nur eingeschränkt Kenntnis über den rechtlichen und tatsächlichen Nutzungsumfang von Wassernutzern besitzt. Ohne Anordnung von *informational orders* nach § 879 CCR hätte das SWRCB daher nicht überprüfen können, ob Wassernutzer die *drought emergency regulations* tatsächlich einhalten. Grundvoraussetzung für die Anordnung von Informationspflichten

---

1531 Ein Vertrag nach § 878.3 CCR beinhaltet den teilweisen oder gänzlichen Verzicht des Wassernutzers auf Ausübung seines Wasserrechts, hierzu *Krieger*, California Drought, The Mercury News, 2015, https://www.mercurynews.com/2015/05/28/california-drought-farmers-senior-water-rights-under-siege/ [abgerufen am 12.7.2021]; *Moran*, Curtailment Notices Sent to Junior Water Right Holders in San Joaquin Watershed, California Water Boards, 2015, https://www.waterboards.ca.gov/press_room/press_releases/2015/pr042315_sjr.pdf [abgerufen am 22.2.2020].

1532 *Mitchell et al.*, Building Drought Resilience in California's Cities and Suburbs, 2017, S. 19.

1533 Vgl. *Ciampa*, Emergency Water Regulations, California Rural Water Association, https://calruralwater.org/news-resources/emergency-water-regulations/ [abgerufen am 12.7.2021].

1534 *Ciampa*, Emergency Water Regulations, California Rural Water Association, https://calruralwater.org/news-resources/emergency-water-regulations/ [abgerufen am 12.7.2021].

1535 Neben der zivilrechtlichen Durchsetzung der Anordnung, konnte das SWRCB eine Nichteinhaltung der Frist nach § 879 (3), (4) CCR mit einem Bußgeld von bis zu 500 US Dollar pro Tag nach § 1846 WAT ahnden. Ob die Durchsetzung in der Praxis tatsächlich erfolgte oder reine Abschreckungswirkung besitzt ist bislang nicht untersucht.

ist jedoch, dass Wassernutzer wahrheitsgemäße Angaben über den Umfang ihrer Wassernutzung machen. Technologien, wie die Anbringung von Wasserzählern könnten nicht nur der Missbrauchsgefahr vorbeugen, sondern den Verwaltungs- und Vollzugsaufwand im Zusammenhang mit *informational orders* reduzieren.

Besonderes Aufsehen im Rahmen der Phase 1 erlangten die Mitteilungen zur Beschränkung von Wasserrechten (*letter of curtailments*) durch das SWRCB nach §§ 875 ff. CCR. Grund hierfür ist, dass das SWRCB eine Beschränkung von Wasserrechten (*curtailments*) bislang erst einmal, im Jahr 1977, zur Bewältigung von Dürrefolgen einsetzte.[1536] Grundsätzlich ist die Beschränkung von Wasserrechten durch *letters of curtailments* ein nach Art. 10 Sec. 2 Cal. Const. zulässiges und notwendiges Instrument zur Durchsetzung der Hierarchie der Wasserrechte und ist entschädigungslos hinzunehmen.[1537] Im Vergleich zu anderen Instrumenten zur kurzfristigen Anpassung der Nachfrage an Dürreereignisse sind *letters of curtailments* jedoch ein bislang wenig genutztes und wenig ausdifferenziertes Instrument zur *ad hoc* Dürrebewältigung.

Die *drought emergency regulations* der ersten Phase sahen den Erlass von *letters of curtailments* für *post-1914 appropriative rights* aus verschiedenen Gründen vor, beispielsweise aufgrund mangelnder Wasserverfügbarkeit nach § 875 CCR (*curtailments due to lack of water availability*), unzureichender Mindestwasserführung für die Gewässerökologie nach § 877 CCR (*emergency curtailment where insufficient flows are available to protect fish in certain watersheds*) oder zur Wahrung von Gesundheits- und Sicherheitsstandards § 878.1 CCR (*minimum health and safety needs*).[1538] Besonders häufig ergingen Versagungen aufgrund mangelnder Wasserverfügbarkeit nach § 875 CCR oder unzureichender Mindestwasserführung nach § 877 CCR.[1539] Die *letters of curtailments* beschränkten ausschließlich künftige Wasserentnahmen und -nutzungen, nicht hingegen bereits entnommenes und gespeichertes Wasser.[1540]

Die Effektivität des Instruments zur Durchsetzung der Nutzungshierarchie und zur *ad hoc* Anpassung der Nachfrage bei Dürre ist sowohl in Bezug auf das Dürreereignis von 1967–1977 als auch das von 2012–2017 ambivalent zu beurteilen. Hauptgründe hierfür sind überwiegend tatsächliche Umstände, wie die lückenhafte Datengrundlage und das

---

1536 Damals hob das SWRCB 4.858 Wasserrechte aufgrund von Wasserknappheit (*notices of shortage*) temporär auf, *Hanemann/Dyckmann/Park*, California's Flawed Surface Water Rights, in: Lassiter (Hrsg.), Sustainable Water, 2015, S. 52 (76).

1537 *Lund et al.*, Drought Curtailment of Water Rights, UC Davis CWS, 2014, S. 1; *Getches*, Water Law in a Nutshell, 4. Aufl. 2009, S. 131; *curtailments* stellen keine entschädigungspflichtige Enteignung (*taking*) nach dem Fifth Amendment der US Constitution (*takings clause*) dar, hierzu *Patashnik*, Physical Takings, Regulatory Takings, and Water Rights, Santa Clara L. Rev. 2011, 365 (369).

1538 Auch §§ 875, 878.3, 878.1, 897 CCR.

1539 Für § 875 CCR beispielsweise *SWRCB*, Russian River Watershed Curtailment Letter, 2014, https://www.waterboards.ca.gov/waterrights/water_issues/programs/drought/docs/rr_curtailment052714.pdf [abgerufen am 29.8.2018]; für § 877 CCR beispielsweise *SWRCB*, State Water Board Drought Year Water Actions, California Water Boards – Mill Deer Antelope Creeks, 2018, https://www.waterboards.ca.gov/waterrights/water_issues/programs/drought/mill_deer_antelope_creeks.html [abgerufen am 12.7.2021].

1540 *SWRCB*, State Water Board Drought Year Water Actions 2014–2017, California Water Boards – Water Availability, 2018, https://www.waterboards.ca.gov/waterrights/water_issues/programs/drought/water_availability.html [abgerufen am 12.7.2021].

D. Die Rechtslage im US-Bundesstaat Kalifornien

Fehlen einer breiten gesellschaftlichen Akzeptanz für dürrebedingte Nutzungsbeschränkungen.[1541]

Die Auswahl der Anordnungsadressaten stellte das SWRCB aufgrund einer lückenhaften Datengrundlage über Anzahl der Wasserrechteinhaber und Nutzungsumfang vor große Herausforderungen. Zwar gibt die Hierarchie der Wasserrechte nach Art. 10 Sec. 2 Cal. Const. Aufschluss darüber, welche Wasserrechte zuerst zu beschränken sind. Um die Grenzen der *reasonableness* zu wahren, benötigt das SWRCB jedoch Auskunft darüber, wie viele Wasserrechte welcher Art wie viel Wasser nutzen dürfen, um dementsprechend eine rechtmäßige Beschränkung durch *letters of curtailment* zu erlassen.[1542] In Ermangelung einer konkreten Datengrundlage orientierte sich das SWRCB an der Verwaltungspraxis von 1976–1977 und erließ *letters of curtailment* ausschließlich nach Art des Wasserrechts auf der Grundlage des Drought Water Right Allocation Tool (DWRAT).[1543] Das DWRAT bestimmt die ideale Zielgruppe für Versagungen nach horizontaler und vertikaler Priorität der Wasserrechte und der aktuellen sowie prognostizierten Wasserverfügbarkeit.[1544] Die lückenhafte Datengrundlage[1545] beschränkte die Anwendung des DWRAT jedoch auf ausgewählte Flusseinzugsgebiete wie den Eel und Russian River.[1546]

Nach Auffassung des SWRCB sind *letters of curtailment* rein informatorischer Art; erst daraus folgende Durchsetzungsmaßnahmen seien rechtsverbindlich und daher mit einer Anhörung verbunden. Dieser Auffassung widersprach der Sacramento County Superior Court in einer Entscheidung vom 10. 7. 2015 und bestätigte eine Verletzung der *due process clause* des 14th Amendment der US Constitution, wenn vor Erlass der *letters of curtailment* keine Anhörung durchgeführt wird.[1547] Inhaltlich ordnen die *letters of curtailment* keine direkte Beschränkung des Wasserrechts an. Stattdessen setzen sie eine Frist von sieben Tagen, innerhalb derer der Wasserrechteinhaber ein ausgefülltes Formular mit Angaben über Nutzungszweck einreichen und Einhaltung der Wasserrechtebeschränkung bestätigen muss.[1548] Von über 8.596 *letters of curtailment* für das Sacramento/San Joaquin

---

1541 *Hanemann/Dyckmann/Park*, California's Flawed Surface Water Rights, in: Lassiter (Hrsg.), Sustainable Water, 2015, S. 52 (76).
1542 Für die Nutzungsbeschränkungen anderer Umweltressourcen, wie z. B. Energie, bestehen gesetzlich festgelegte Kriterien, die beim Erlass von *curtailments* zugrundezulegen sind, vgl. *DGS*, Curtailment Measures, 2013, https://www.documents.dgs.ca.gov/osp/sam/mmemos/MM13_06a.pdf [abgerufen am 29. 6. 2018].
1543 *Lund et al.*, Drought Curtailment of Water Rights, UC Davis CWS, 2014, S. 2.
1544 *Lund et al.*, Drought Curtailment of Water Rights, UC Davis CWS, 2014, S. 1; ausführlich auch *Lord et al.*, Drought Water Right Curtailment Analysis for California's Eel River, J. Water Resour. Plan. Manag. 2018, 04017082.
1545 Daten bezüglich Wasserrechten finden sich zentral z. B. in der Datenbank eWRIMs. Diese ist jedoch nur im Hinblick auf genehmigungspflichtige Wasserrechte umfassend und überwiegend vollständig.
1546 *Lund et al.*, Drought Curtailment of Water Rights, UC Davis CWS, 2014, S. 2.
1547 *Kasler*, California Regulators, After Setback, Issue New Water Rights Curtailments, The Sacramento Bee, 2015, https://www.sacbee.com/news/state/california/water-and-drought/article27347341.html [abgerufen am 12. 7. 2021].
1548 Grund für die Angabe des Nutzungszwecks ist, dass bestimmte Nutzungszwecke wie die Wasserkraft oder häusliche Trinkwassernutzung als unschädlich eingestuft wurden und daher keiner Beschränkung unterlagen, vgl. das offizielle Formular des SWRCB zur Zugangsbestätigung von Versagungen, *SWRCB*, Curtailment Certification Form, 2014, https://www.

Flusseinzugsgebiet kamen jedoch nur 29 % der Empfänger der Rückmeldepflicht nach.[1549] Trotz Androhung von Sanktionsmaßnahmen, wie Bußgeldern nach § 1052 (2) WAT oder einstweiligen Verfügungen (*cease and desist orders*) nach §§ 1831, 1845 WAT[1550] steht der Rücklauf von 38 % aller Nutzer für eine geringe Beachtung der Regelung während der Dürre 2012–2017.[1551] Ausschlaggebend für die Effektivität des Instruments, die aufgrund der Nichteinhaltung der Vorschriften bislang gering ausfällt, ist dessen mangelnde Akzeptanz unter Wasserrechteinhabern und schwerfällige Vollzugsmechanismen, die in der Praxis kaum über eine Abschreckungswirkung hinausgehen. Vielen Wasserrechteinhaber fehlt die Einsicht, eine nicht entschädigungspflichtige Beschränkung ihres Eigentums (*property*) hinnehmen zu müssen. Die Ineffektivität der *letters of curtailment* hat gleichzeitig zur Folge, dass es an einem wirksamen Instrument zur Durchsetzung der Nutzungshierarchie im Dürrefall fehlt.

(ii) Phase 2: obligatorische Verbrauchsreduzierung um 25 %

Die zweite Phase der *drought emergency regulations* bestand von April 2015 bis Juni 2016. EO B-29-15 des Gouverneurs leitete die zweite Phase ein, in deren Zentrum ein bundesstaatenweits obligatorisches Einsparminimum (*conservation mandate period*) von 25 %[1552] stand.[1553] Diese Vorgabe erregte großes Aufsehen aufgrund der weitreichenden Beschränkung der Wasserrechte, die in dieser Form bislang einzigartig in der Geschichte der kalifornischen Dürrekatastrophenbewältigung ist.[1554] Sie schien der Regierung jedoch

---

waterboards.ca.gov/waterrights/water_issues/programs/ewrims/curtailment/curtailment_certification_form.pdf [abgerufen am 29. 8. 2018].

1549 *Hanemann/Dyckmann/Park*, California's Flawed Surface Water Rights, in: Lassiter (Hrsg.), Sustainable Water, 2015, S. 52 (76); *SWRCB*, 2014 Curtailment Certification Response Summary – Final Update, 2015, https://www.waterboards.ca.gov/waterrights/water_issues/programs/drought/docs/certsummary.pdf [abgerufen am 29. 8. 2018].

1550 Exemplarisch für viele *SWRCB*, Sacramento & San Joaquin River Watershed Curtailment Letter, 2014, https://www.waterboards.ca.gov/waterrights/water_issues/programs/drought/docs/sac_curtailment052714.pdf [abgerufen am 29. 8. 2018].

1551 *SWRCB*, 2014 Curtailment Certification Response Summary – Final Update, 2015, https://www.waterboards.ca.gov/waterrights/water_issues/programs/drought/docs/certsummary.pdf [abgerufen am 29. 8. 2018].

1552 Die gemeingebräuchliche Bezeichnung eines »obligatorischen Einsparerfordernis in Höhe von 25 %« ist jedoch insoweit irreführend, da das SWRCB das Einsparminimum nach § 865 (c) (2) CCR anhand des Pro-Kopf-Verbrauchs im Sommer 2014 im Einzelfall festlegte. Dadurch ergaben sich *de facto* Einsparvorgaben von 4–36 % im Vergleich zum tatsächlichen Wasserverbrauch im Jahr 2013, *Mitchell et al.*, Building Drought Resilience in California's Cities and Suburbs, 2017, S. 20.

1553 *Brown*, EO B-29-15 v. 1. 4. 2015. Die Dürre-Notstands-Vorschriften der zweiten Phase galten von Mai 2015 bis Februar 2016 (270 Tage) nach § 1058.5 (c) WAT und wurden verlängert bis Mai 2016. *Slater*, California Water Law and Policy, Band 2, 2015, § 12.08 [5] [a], S. 12-33 ff. (Rel. 21-1/2017 Pub. 83013); *Mitchell et al.*, Building Drought Resilience in California's Cities and Suburbs, 2017, S. 13.

1554 Während der Dürre 1991 bestand ebenfalls ein bundesstaatenweites Einsparminimum von 25 %, dieses war jedoch fakultativ und lediglich für Wassertransfers im Rahmen der Dürrebank (*drought bank*) obligatorisch, *Mitchell et al.*, Building Drought Resilience in California's Cities and Suburbs, 2017, S. 20.

notwendig, um ein einheitliches Niveau in der Dürrekatastrophenabwehr zu erreichen und die Wasserversorgung trotz der langen Dauer und hohen Intensität der Dürre weiter aufrecht zu erhalten (*better safe than sorry approach*).[1555]

Um das Einsparziel zu erreichen verschärfte das SWRCB die bestehenden *drought emergency regulations* und erließ am 5.5.2015 die *state conservation mandates*.[1556] Die *state conservation mandates* sahen strenge Nutzungsregulierungen von Endnutzern, Wasserversorgern und Wasserrechteinhabern vor.[1557] Besonderes Aufsehen in der zweiten Phase der *drought emergency regulations* erweckte erneut die Beschränkung von Wasserrechten durch *letters of curtailment*.[1558] Aufgrund der vorangegangenen Ineffektivität des Instruments zur Beschränkung von *post-1914 appropriative rights* in der ersten Phase erließ das SWRCB am 12.6.2015 *letters of curtailment* auch für *pre-1914 appropriative rights* und *riparian rights*.[1559] Eine ältere und inzwischen aufgehobene Fassung des § 862 CCR ermächtigte das SWRCB ausdrücklich zur Beschränkung ranghöherer Rechte im Rahmen von Art. 10 Sec. 2 Cal. Const.[1560]

Die Beschränkung von ranghöheren Rechten war in der Folge Gegenstand zahlreicher gerichtlicher Entscheidungen. Im Jahr 2014 erklärte *Light v. SWRCB* die Beschränkung höherrangiger Rechte im Rahmen von Art. 10 Sec. 2 Cal. Const. durch das SWRCB für rechtmäßig. Das SWRCB habe die abschließende Kompetenz zur Wasserverteilung, wenn es um die Vermeidung von *waste and unreasonable use* gehe, auch wenn die Wasserverteilung im konkreten Fall der Hierarchie der Wasserrechte widerspreche.[1561] Das SWRCB könne Wassernutzungen zu öffentlichen Zwecken, wie dem Artenschutz, daher ausnahmsweise höher einstufen als kommerzielle Wassernutzungen von Inhabern von *riparian rights* oder *pre-1914 appropriative rights*.[1562] Die umstrittene Zulässigkeit von Beschränkungen höherrangiger Wasserrechte durch *letters of curtailment* greift auch eine bislang unveröffentlichte Entscheidung des Sacramento County Superior Court aus dem Juli 2015 auf. Gegenstand der Entscheidung war die Durchsetzung von 238 *letters of curtailment* durch das SWRCB gegenüber höherrangigen Wasserrechteinhabern im

---

1555 Erfahrungsberichte und der Austausch mit australischen Kollegen hatte ergeben, dass diese retrospektiv nach der »millenial drought« wünschten, sie hätten die Trockenheit von anfang an ernster genommen, um für die nächsten 10 Jahre besser vorbereitet zu sein, ähnlich *Mitchell et al.*, Building Drought Resilience in California's Cities and Suburbs, 2017, S. 41.
1556 *Mitchell et al.*, Building Drought Resilience in California's Cities and Suburbs, 2017, S. 20.
1557 Die Nutzungsbeschränkungen und -verbote von Wasserversorgern und Endnutzern der zweiten Phase weisen inhaltlich große Überschneidungen mit denen der dritten Phase und werden daher dort vorgestellt, Abschnitt D.III.1.i)cc)(2)β)ββ)(iii).
1558 Siehe *Mealey*, 5 California Water District Lawsuits about Curtailment Notices are Centralized, Lexis Legal News, 2015, https://www.lexislegalnews.com/articles/2295/5-california-water-district-lawsuits-about-curtailment-notices-are-centralized [abgerufen am 12.7.2021]; *Wong*, Exhausted of Concurrent Jurisdiction, Wash. J. Envtl. L. & Pol'y 2017, 65 (69 ff.).
1559 *Singh*, Unilateral Curtailment of Water Rights, San Joaquin Ag. L. Rev. 2015, 115 (116).
1560 *Singh*, Unilateral Curtailment of Water Rights, San Joaquin Ag. L. Rev. 2015, 115 (123).
1561 *Light v. SWRCB*, 226 Cal. App. 4th 1463, 1489 (2014).
1562 *Light v. SWRCB*, 226 Cal. App. 4th 1463, 1472 (2014); dies gelte auch, wenn die Nutzungszwecke der Anliegerrechte und *pre-1914* Wasserrechte grundsätzlich als »nutzbringend« eingestuft werden, hierzu *US. v. Alpine Land Reservoir Co.* 340 F. 3d 903, 924 f. (2003).

Spannungsfeld von § 1201 WAT und Art. 10 Sec. 2 Cal. Const.[1563] Auf der einen Seite besagt § 1201 WAT, dass die Regulierung von *pre-1914 appropriative rights* und *riparian rights* der Kompetenz des SWRCB entzogen ist.[1564] Auf der anderen Seite ermächtigt Art. 10 Sec. 2 Cal. Const. das SWRCB zur Vermeidung von verschwenderischem Umgang mit Wasser und illegalen Entnahmen ungeachtet der Art des Wasserrechts.[1565] Anstatt das Spannungsfeld abschließend zu beurteilen, erklärte der Sacramento County Superior Court die *curtailments* aus einem anderen Grund für rechtswidrig. Es fehle bereits an der Durchführung einer Anhörung, womit ein Verstoß gegen die *due process clause* des 14th Amendment der US Constitution vorläge.[1566] Inwiefern *letters of curtailment* daher künftig zur *ad hoc* Dürrebewältigung eingesetzt werden (können), ist nach wie vor ungeklärt.

(iii) Phase 3: individuell festgelegte Einsparvorgaben

Die dritte und letzte Phase der *drought emergency regulations* dauerte von Juni 2016 bis zur Beendigung des Dürrekatastrophenzustands durch EO B-40-17 im April 2017 an.[1567] In der dritten Phase galt kein obligatorisches Einsparerfordernis, stattdessen mussten urbane Wasserversorger im Wege der Selbstregulierung ihr Einsparpotential nach § 864.5 CCR ermitteln und einhalten (*stress-test/self-certification*). Die Nutzungsbeschränkungen und -verbote für ausgewählte Nutzungszwecke nach §§ 864 f. CCR blieben ergänzend zu den Maßnahmen urbaner Wasserversorger in Kraft.[1568]

Die Regierung und das SWRCB sahen den *stress-test* als Mäßigung des obligatorischen 25 %-igen Einsparerfordernisses. Ein bundesstaatenweit obligatorisches Einsparerfordernis sei trotz Fortbestehen der Dürre nicht mehr notwendig, da die örtlichen Wasserver-

---

1563 *Singh*, Unilateral Curtailment of Water Rights, San Joaquin Ag. L. Rev. 2015, 115 (116); exemplarisch für mediale Reaktionen auf die Entscheidung *Broder*, Superior Court Blocks State Curtailment of Older Water Rights, AllGov California, 2015, http://www.allgov.com/usa/ca/news?news=856948 [abgerufen am 12.7.2021]; *Kasler*, California Regulators, After Setback, Issue New Water Rights Curtailments, The Sacramento Bee, 2015, https://www.sacbee.com/news/state/california/water-and-drought/article27347341.html [abgerufen am 12.7.2021]; *Boxall*, Superior Court judge faults state's process of curtailing water rights, L.A. Times, 2015, http://www.latimes.com/local/lanow/la-me-ln-water-rights-order-20150710-story.html [abgerufen am 12.7.2021].
1564 *California Farm Bureau Fed'n v. SWRCB*, 51 Cal. 4th 412, 429 (2011); umfassend zum Spannungsfeld der Kompetenznormen *Singh*, Unilateral Curtailment of Water Rights, San Joaquin Ag. L. Rev. 2015, 115 (123 ff.).
1565 *California Farm Bureau Fed'n v. SWRCB*, 51 Cal. 4th 412, 429 (2011).
1566 Im Ergebnise auch *Singh*, Unilateral Curtailment of Water Rights, San Joaquin Ag. L. Rev. 2015, 115 (126 ff.).
1567 Sie wurden am 18.5.2016 vom SWRCB durch Resolution 2016-0029 beschlossen, traten im Juni 2016 in Kraft und wurden durch die Beendigung des »*state of emergency*« außer Kraft gesetzt, *Slater*, California Water Law and Policy, Band 2, 2015, § 12.08 [5] [b], S. 12-36 f. (Rel. 21-1/2017 Pub. 83013).
1568 *Austin*, SWRCB Adopts "Stress Test" Approach, California Drought, 2016, https://mavensnotebook.com/2016/05/18/this-just-in-state-water-board-adopts-stress-test-approach-to-water-conservation-regulation/ [abgerufen am 12.7.2018]. Sie galten vor allem aber für Wasserversorger, die keinen *stress-test* verfolgten, § 865 (c) CCR.

sorger bereits während der zweiten Phase ein viel größeres Einsparpotential aufwiesen, als von den bundesstaatlichen Akteuren ursprünglich angenommen.[1569] Nach Auffassung staatlicher Akteure tragen Maßnahmen der Selbstregulierung durch einen *bottom-up approach* effektiver zur Dürrekatastrophenabwehr bei als die hoheitliche Vorgabe eines starren Einsparminimums im Wege eines *top-down approaches*.

Bei der Ausgestaltung des *stress-tests* orientierte sich das SWRCB an dem für die Bewältigung der Finanzkrise im Jahr 2000 entwickelten *stress-test* der US Zentralbank (Federal Reserve System).[1570] § 864.5 (a) (1), (3) CCR verpflichtet alle *urban water suppliers* ihr individuelles Einsparpotential an das SWRCB zu übermitteln und bei der Festlegung des Einsparminimums folgende Kriterien nach § 864.5 (b) CCR zu berücksichtigen: Das Einsparminimum soll die Wasserversorgung für die nächsten drei Jahre sicherstellen unter der Annahme, dass die kommenden drei Jahre ebenso trocken ausfallen wie die Jahre 2013–2015. Ergibt die Prognose beispielsweise, dass das Wasserdargebot in drei Jahren nur 80 % des Bedarfs deckt, so wird das aktuelle Einsparminimum auf 20 % festgelegt.[1571] Die Auswahl konkreter Maßnahmen zur Erreichung des Einsparziels lag dabei in der Entscheidungsbefugnis der Wasserversorger. Um die Einhaltung des individuell festgelegten Einsparminimums zu gewährleisten, unterlagen die urbanen Wasserversorger jedoch verschiedenen Aufstellungs- und Berichterstattungspflichten nach § 864.5 (c) ff. CCR. Die konkreten Maßnahmen zur Erreichung des Einsparminimums war ebenfalls den urbanen Wasserversorgern überlassen. Das SWRCB übernahm ausschließlich eine Kontroll- und Überwachungsfunktion (*trust but verify approach*).[1572]

(iv) Dauerhafte Beschränkung ausgewählter Nutzungszwecke (*state conservation mandates*), §§ 864 f. CCR

Einige *drought emergency regulations* des SWRCB blieben während der gesamten Dauer der bundesstaatenweiten Dürrekatatsrophenabwehr in Kraft. Dazu gehörten die Beschränkung und das Verbot ausgewählter Nutzungszwecke für Endnutzer nach § 864 CCR und Vorgaben für Wasserversorger nach § 865 CCR. Beide Normen enthalten sehr umfangreiche, teils einzelfallbezogene Vorgaben, die im Laufe der Dürrekatastrophenabwehr mehrfach ergänzt und geändert wurden.

§ 864 CCR sprach ein generelles Verbot für bestimmte Wassernutzungen aus.[1573] § 864 (a) (1)–(4) CCR beschränkte insbesondere die Verwendung von Trinkwasser zu unterge-

---

1569 *Slater*, California Water Law and Policy, Band 2, 2015, § 12.08 [5] [b], S. 12-36 (Rel. 21-1/2017 Pub. 83013); *Mitchell et al.*, Building Drought Resilience in California's Cities and Suburbs, 2017, S. 41.
1570 *Mitchell et al.*, Building Drought Resilience in California's Cities and Suburbs, 2017, S. 22; ausführlich *Hirtle/Lehnert*, Supervisory Stress Tests, Annu. Rev. Financ. Econ. 2015, 339.
1571 *Slater*, California Water Law and Policy, Band 2, 2015, § 12.08 [5] [b], S. 12-36 (Rel. 21-1/2017 Pub. 83013).
1572 *Mitchell et al.*, Building Drought Resilience in California's Cities and Suburbs, 2017, S. 43. Ausnahmsweise kann das SWRCB ein Einsparminimum und konkrete Maßnahmen zur Erreichung desselben nach § 864.5 (e) CCR festlegen, wenn die urbanen Wasserversorger die Vorschriften des § 864.5 CCR nicht einhalten (*state backstop*).
1573 Mit Ausnahme von Wassernutzungen zu unvorhersehbaren Gesundheits- und Sicherheitszwecken sowie iRv. Bundeswasserrechten, § 864 (a) CCR.

ordneten Zwecken, wie dessen Verwendung zur Reinigung von Gehwegen oder Einfahrten oder in Springbrunnen ohne geschlossenen Kreislauf. Die Bewässerung im Außenbereich[1574] musste auf das Notwendigste reduziert werden und durfte keinen Abfluss auf angrenzende Grundstücke, nicht bewässerte Bereiche, private und öffentliche Gehwege, Straßen, Parkplätze oder andere Bauwerke verursachen. Das Waschen von Autos mit Trinkwasser war nur unter Einsatz eines Gartenschlauchs mit automatischer Abschaltefunktion erlaubt. Ähnliche und teils weitergehende Verbote für gewerblich genutzte Grundstücke enthielt § 864 (c) CCR. § 864 (e), (f) CCR verpflichtete Hauseigentümergemeinschaften (*homeowners associations*), Städte und Landkreise, eine Erhebung von Bußgeldern, die anderenfalls bei fehlender Pflege eines grünen Vorgartens zu verhängen gewesen wären, zu unterlassen.

Besondere Verhaltensauflagen galten ferner für Gastronomie- und Hotelbetriebe. Das Restaurantgästen sonst kulturell, obligatorisch bereitgestellte kostenfreie Leitungswasser durften Restaurants nach § 864 (a) (6) CCR nur auf Nachfrage servieren. Hotels mussten ihre Gäste nach § 864 (b) CCR ansprechen, ob sie täglich frische Handtücher wünschten.

Bei Zuwiderhandlung gegen die in § 864 CCR genannten Verhaltensauflagen konnte das SWRCB nach § 864 (d) CCR ein Bußgeld von bis zu 500 US Dollar am Tag erheben, ergänzend zu anderen Maßnahmen wie der Erhebung einer Zivilklage oder der strafrechtlichen Ahndung des Verhaltens.

§ 865 CCR enthielt Verhaltens- und Mitteilungspflichten für Wasserversorger. Urbane Wasserversorger mussten beispielsweise nach § 865 (b) (1) CCR bei Verdacht eines undichten Anschlusses oder Wasserhahns die jeweiligen Endverbraucher unverzüglich informieren. Besondere Anforderungen bestanden für *urban water supplier*, die Trinkwasser für landwirtschaftliche Nutzungszwecke (*agricultural use*)[1575] bereitstellten. Sie waren z. B. an die Einhaltung von AWMPs nach § 865 (e) (1) (D) CCR oder die Mitteilung an das SWRCB über den Umfang landwirtschaftlich genutzten Wassers und die Identifizierung von potentiellen Einsparmöglichkeiten nach § 865 (e) (1) (B) CCR gehalten.

γγ) Durchsetzung der *drought emergency regulations*

Die Durchsetzung der *drought emergency regulations* ist in § 1058.5 (d) WAT gesondert geregelt. § 1058.5 (d) WAT greift auf die allgemeinen Vorschriften zur Durchsetzung von wasserrechtlichen Regelungen nach § 1058 WAT zurück und ordnet darüber hinaus ein Bußgeld in Höhe von 500 US Dollar pro Tag/bestehender Rechtsverletzung an. Diesbezügliche Einnahmen sind zweckgebunden und dürfen nach § 1058.5 (e) (1) WAT ausschließlich für Maßnahmen zur Wassereinsparung (*water conservation measures*) eingesetzt werden.

Darüber hinaus verschärft § 866 CCR die Durchsetzungsmaßnahmen des WAT bei einem Dürrekatastrophenzustand. Verletzte ein Wasserversorger die Vorgaben des *stresstest* in § 864.5 CCR oder die Verhaltenspflichten in § 865 CCR, konnte das SWRCB ergänzende Maßnahmen anordnen oder Ersatzmaßnahmen vornehmen, § 866 (a) CCR. Die Durchsetzungsmaßnahmen nach § 1058.5 WAT und § 866 CCR können jedoch nur

---

1574 Gemeint sind damit alle Bereiche außerhalb von Gebäuden, nicht der Außenbereich im Sinne von § 35 BauGB.
1575 Was unter »*agricultural use*« zu verstehen ist, wird in § 51201 CGC legaldefiniert.

D. Die Rechtslage im US-Bundesstaat Kalifornien

nach Durchführung eines formellen Verwaltungsverfahrens nach § 1055 WAT ergehen, was zu einer starken zeitlichen Verzögerung führt. Die Regelungsadressaten können die Durchsetzungsmaßnahmen umgehen, indem die Durchführung eines offiziellen, meist die Dürre überdauernden Verwaltungsverfahren fordern oder eine Zivilklage erheben und das SWRCB hierdurch zu einem Absehen von Durchsetzungsmaßnahmen bewegen.[1576] Das derzeitige Verfahren zur Anordnung von Durchsetzungsmaßnahmen steht folglich einem schnellen und effektiven Vollzug der *drought emergency regulations* entgegen, die die Effektivität der *regulations* in diesem Punkt schmälert.[1577]

(3) Beendigung des bundesstaatlichen Dürrekatastrophenfalls, § 8629 CGC

Die Feststellung der Beendigung des Dürrekatastrophenfalls nimmt der Gouverneur oder die Legislative nach §§ 8567, 8629 S. 2 CGC vor. Um den Ausnahmecharakter des Katastrophenrechts aufrecht zu halten, sollte die Feststellung der Beendigung möglichst frühzeitig erfolgen. Beispielhaft dafür steht die Beendigung des Dürrekatastrophenfalls durch den Gouverneur am 7. 4. 2017 mittels EO B-40-17. Zwar dauerten einige Dürreauswirkungen noch immer an;[1578] der besonders niederschlags- und schneereiche Winter 2016/2017[1579] erweckte bei der Bevölkerung jedoch den Eindruck, dass die Dürre vorbei sei. Aller Wahrscheinlichkeit nach erklärte der Gouverneur den Dürrenotstand für beendet, um die Effektivität der Nutzungsbeschränkungen für künftige Dürreereignisse nicht zu schmälern. Die Weiterverfolgung des extremen »Wassersparkurses«, wie er während der Dürre 2012–2017 eingesetzt wurde, hätte aufgrund der winterlichen Niederschläge in der Bevölkerung an Glaubwürdigkeit und damit langfristig an Effektivität verloren.

(4) Zwischenbilanz

Die Feststellung eines bundesstaatenweiten Dürrekatastrophenfalls ist in vielerlei Hinsicht geeignet, um die Nachfrage an Dürreereignisse anzupassen, weist an einigen Stellen jedoch noch Potential zur Steigerung der Effektivität auf.
   Auf Tatbestandsebene ist begrüßenswert, dass *drought* in § 8558 (b) CGC als ein Anwendungsfall zur Feststellung eines *state-wide emergency* genannt wird. Dadurch wird

---

1576   Beispielhaft dafür die Durchsetzungsanordnungen gegen zwei Wasserbezirke aus dem Jahre 2014, die das SWRCB letztenendes 2016 verwarf, *Kostyrko*, SWRCB Dismisses Enforcement Actions against Byron-Bethany and The West Side Irr. Distr. 2016, https://www.waterboards.ca.gov/press_room/press_releases/2016/pr060716_bbid_enforcement.pdf [abgerufen am 29. 6. 2018].
1577   Grund hierfür ist, dass das SWRCB die Abschreckungswirkung der Regulations und Durchsetzungsmaßnahmen in den Vordergrund stellt und die Einhaltung der Vorgaben als »bürgerliche Pflicht« ansieht, vgl. *SWRCB*, Resolution 2015-0032 v. 5. 5. 2015.
1578   Experten weisen insbesondere auf die leergepumpten Grundwasserspeicher und daraus resultierende Bodenabsenkungen hin.
1579   Exemplarisch für die Niederschlagsmengen des Winters 2016/2017 steht der Bruch des Oroville-Staudamms im Februar 2017. Dieser geht zwar nach einhelliger Auffassung auf mangelnde Instandhaltungsmaßnahmen und physikalische Faktoren zurück (vgl. hierzu *Independent Forensic Team*, Report Oroville Dam Spillway Incident, 2018, S. S-1), erweckte in der Bevölkerung den Eindruck eines an Hochwasser grenzenden übermäßigen Wasserdargebots.

nicht nur das Bewusstsein für die Tragweite von Dürreauswirkungen geschärft, sondern auch teils zur Rechtssicherheit in der Rechtsanwendung beigetragen. Wünschenswert wäre jedoch eine Konkretisierung oder beispielhafte Aufzählung, wie z. B. in § 1058.5 (a) (2) WAT, wann die Voraussetzung *drought* in § 8558 (b) CGC erfüllt ist.[1580]

Auf Rechtsfolgenseite rückt die Feststellung des Dürrektatastrophenfalls den Gouverneur und das SWRCB ins Zentrum der Dürrekatastrophenabwehr. Vorteil hierbei ist, dass die Koordinierung der Bewältigungsstrategie zentralisiert wird. So kann der Gouverneur nach § 8565.1 CGC bestimmen, dass die Dürrekatastrophenabwehr über die Drought Task Force und die Wasserbehörden (nicht über den Katastrophenschutz im eigentlichen Sinne) erfolgt. Die Freischaltung der Rechtssetzungsbefugnisse von Gouverneur und SWRCB lässt beiden Akteuren den Gestaltungsspielraum, diejenigen Maßnahmen anzuordnen, die am besten zur Dürrekatastrophenabwehr im Einzelfall beitragen. Die Flexibilität des Systems verdeutlicht das Instrument *drought emergency regulations*, veranschaulicht am Beispiel der Dürrekatastrophenabwehr von 2012–2017. Gleichzeitig wird an den Änderungen von Phase 2 zu Phase 3 deutlich, dass die Maßnahmen des SWRCB teils Überschneidungen mit Maßnahmen lokaler Wasserversorger, z. B. mit Maßnahmen auf der Grundlage der Wasserknappheitsaktionspläne (WSCPs) aufweisen. Die Koordination zwischen den verschiedenen Ebenen der Verwaltung und den jeweiligen Maßnahmen ist daher elementar für eine effektive *ad hoc* Dürrebewältigung.

Wie der große Erfolg der Nachfragereduzierung in Phase zwei zeigt, sind *drought emergency regulations* ein effektives Mittel, um schnell und flexibel bundesstaatenweit die Anpassung der Nachfrage vorzunehmen und einheitliche Standards zu schaffen. Hinsichtlich der Anordnung konkreter Maßnahmen sind besonders die Synergien von weichen und harten Maßnahmen zur Nachfragereduzierung hervorzuheben. Gelungene Informations- und Aufklärungskampagnen können die Anordnung und Durchsetzung harter Maßnahmen entbehrlich machen, da die Endnutzer freiwillig zu Einsparmaßnahmen bereit sind. Unter den harten Maßnahmen zeigen insbesondere konkrete Verbote bestimmter Handlungsweisen oder Wassernutzungszwecke für Endnutzer nach § 864 CCR hohes Einsparpotential. Effektive Vollzugs- und Durchsetzungsmechanismen könnten die Wirksamkeit dieser Maßnahmen weiter steigern. Andere Maßnahmen wie die Versagung von Wasserrechten durch *letters of curtailments* auf der Grundlage von Art. 10 Sec. 2 Cal. Const. weisen ebenfalls Regelungspotential zur *ad hoc* Dürrebewältigung auf. Sie verdeutlichen zum einen die Abhängigkeit repressiver Instrumente von einer hinreichenden Datengrundlage. Zum anderen verstärkt die Rechtsunsicherheit über die Rechtsnatur der *curtailment letters* und die Kompetenz des SWRCB zum Erlass derselben die mangelnde Akzeptanz des Instruments. Im Übrigen läuft die Abschreckungs- und Sanktionierungsfunktion der Durchsetzungsmaßnahmen gegenüber Wasserrechteinhaber mit einem großen Wassernutzungsumfang oder einem gewerblichen Interesse an der Wassernutzung weitgehend leer aufgrund langwieriger Verwaltungsverfahren und der Einlegung von Rechtsmitteln durch Wasserrechteinhaber.

Nicht zuletzt zeigen die *drought emergency regulations* und Einsparziele der letzten Dürre, dass die Regulierung von Wassernutzungen zu »Luxuszwecken« ein großes Ein-

---

1580 Nach der derzeitigen Rechtslage müssen die übrigen Kriterien des § 8558 (b) CGC zur Bestimmung ausreichen, ob ein *state of emergency* vorliegt. Ein Indikator dafür sind die Verkündung lokaler Notstände sowie die Dürre-Klassifizierung des US Drought Monitors Abschnitt B.II.2. Dies könnte im Wortlaut der Norm präzisiert werden.

sparpotential aufweist und bei hinreichender Stärkung des Bewusstseins die öffentliche Wasserversorgung bei Dürrekatastrophenfällen durch *ad hoc* Dürrebewältigungsmaßnahmen noch lange aufrechterhalten werden kann.

dd) Zusammenfassende Bewertung

Das kalifornische Mehrebenensystem zur *ad hoc* Dürrebewältigung verdeutlicht, dass die Katastrophenabwehr zwar von staatlichen Akteuren gesteuert werden kann, ohne eine breite gesellschaftliche Akzeptanz und schnelle sowie effektive Durchsetzungsmaßnahmen weitgehend leerläuft. Besonders zielführend für eine kurzfristige Senkung der Nachfrage sind Maßnahmen, die durch *local goverments* in Verbindung mit Aufklärungs- und Informationskampagnen angeordnet werden, da hierdurch das Bewusstsein und Verständnis der Wassernutzer für die Notwendigkeit der Maßnahmen gefördert wird.

Darüber hinaus hängt die Effektivität der Maßnahmen zur *ad hoc* Dürrebewältigung entscheidend von der Sachkenntnis lokaler Akteure ab. Bei einer überregionalen Bewältigung von Dürrekatastrophenfällen sind Kommunikation und Koordination betroffener und sachkundiger Akteure, wie z. B. durch die Drought Task Force, ein entscheidendes Element effektiver Dürrekatastrophenabwehr. Mangels konkreter Sachnähe zu den örtlichen Dürreauswirkungen liegt die Aufgabe der Regierung und bundesstaatlichen Wasserbehörden bei einem bundesstaatenweiten Dürrekatastrophenfall auf der Koordination der Instrumente und Maßnahmen, der Anordnung einheitlicher Standards (siehe Phase zwei und drei der *drought emergency regulations*) und der finanziellen Unterstützung lokaler Maßnahmen (siehe *water shortage emergencies* und *local drought emergencies*). Die Vielfalt wasserrechtlicher und katastrophenschutzrechtlicher Instrumente, sowie deren rechtlichen Ausgestaltung mit weitreichenden Anordnungsbefugnissen auf Rechtsfolgenseite ist somit zugleich Potential und Herausforderung für die Koordination der *ad hoc* Dürrekatastrophenbewältigung.

2. *Planerische Instrumente*

Dürrepläne sind ein zentrales Instrument zur Dürrebewältigung in Kalifornien. Ihr Regelungsinhalt reicht von der langfristigen Dürrevorsorge bis hin zur *ad hoc* Bewältigung durch Dürreaktionspläne. Aufgrund der stark fragmentierten Rechtslage[1581] kann jedoch nicht von »dem« Dürrebewirtschaftungsplan oder »dem« planerischen Dürremanagement gesprochen werden. Zur Zersplitterung der Rechtslage trägt allem voran der Planungsbegriff bei.[1582] Er umfasst in Kalifornien nicht nur rechtliche Instrumente, sondern auch rechtlich unverbindliche *policy*-Dokumente, die Dürrebewältigungsstrategien der Wasserpolitik programmatisch darlegen. Weiterer Grund für die fragmentierte Rechtslage ist die *home rule*, die im Bereich planerischer Instrumente besonders ausgeprägt ist.[1583] Die Bewirtschaftungsplanung findet auf lokaler Ebene durch die Wasserversorger selbst

---

1581 *Langridge*, Confronting Drought, U. Denv. Water L. Rev. 2009, 295 (297, 304); *Hanak*, Show Me the Water Plan, Golden Gate U. Envtl. L. J. 2010, 69 (70).
1582 Hierzu bereits Abschnitt D.I.1.e).
1583 *Hanak*, Show Me the Water Plan, Golden Gate U. Envtl. L. J. 2010, 69 (71); *Morris*, Who Controls the Waters?, Hastings W.-Nw. J. Envtl. L. & Pol'y 2000, 117 (128).

III. Instrumente zur Dürrebewältigung

statt,[1584] weshalb nur wenige, besondere Pläne bundesstaatenweite Gültigkeit besitzen. Sinn und Zweck der lokalen Bewirtschaftungspläne ist die planerische Steuerung des quantitativen Wasserhaushalts. Obwohl sie zur langfristigen Versorgungssicherheit und zur Belastbarkeit der Wasserversorgung gegenüber Dürreereignissen beitragen, zählen die Pläne nach kalifornischer Auffassung nicht zum Dürremanagement im engeren Sinn. Als Dürrepläne oder Dürremanagement bezeichnen Literatur und Experten kurzfristige Aktionsprogramme, die zur Bewältigung von Dürrefolgen aufgrund eines dürrebedingten Wasserversorgungsengpasses beitragen.[1585] Pläne zur kurzfristigen Bewältigung in Form von Aktionsprogrammen bestehen ausschließlich zur Minimierung der Dürrefolgen für die Gesellschaft.

Neben Bewirtschaftungsplänen zur Gewässerquantität bestehen in Kalifornien auch (zahlreiche) gewässerökologische Pläne. Sie entstanden häufig als gesetzgeberische Reaktion auf gravierende Dürrefolgen für die aquatische Umwelt. Sie nehmen jedoch im Vergleich zu den Bewirtschaftungsplänen eine untergeordnete Stellung innerhalb der planerischen Instrumente ein.

a) Bundesstaatenweit geltende, allgemeine Pläne

Grundlage und Rahmen für planerische Instrumente in Kalifornien ist der bundesstaatenweite CWP.[1586] Er dient zur allgemeinen Dokumentation des Gewässerzustands und enthält eine umfassende Datensammlung und -analyse. Der CWAP[1587] ergänzt den CWP, indem er alle (politischen) Maßnahmen und Strategien zur Bewirtschaftung der Gewässer stichpunktartig zusammenfasst.

aa) Der California Water Plan (CWP) als Datengrundlage

Der CWP schafft eine bundesstaatenweite Datengrundlage für die Bewirtschaftung der Gewässer durch die Wasserversorger. Er ist der einzige bundesstaatenweite gültige Plan, der obligatorisch seit 2003[1588] nach § 10004 (b) (1) WAT alle fünf Jahre vom DWR aufgestellt und erneuert wird.

Wesentlicher Bestandteil des CWP als traditionell, technisches Regelungswerk ist die Erfassung und Analyse hydrologischer und technischer Daten des Wasserhaushaltes.[1589] Nach § 10004.6 (a) WAT muss das DWR Daten zu Wasserverfügbarkeit und -bedarf erheben, sowie eine Analyse zur künftigen Deckung des Wasserbedarfs durchführen. Nach § 10004.5 WAT entwickelt das DWR darüber hinaus einen Strategie zur Sicherstellung des künftigen Wasserbedarfs, wie derzeit z. B. neue Wasserspeichermöglichkeiten, Wassersparmaßnahmen oder Entsalzungsanlagen.

1584 *Langridge*, Confronting Drought, U. Denv. Water L. Rev. 2009, 295 (297, 304).
1585 Im Unterschied dazu sichern die Wassermanagementpläne die langfristige Versorgungssicherheit für die Gesellschaft, zur Funktion der Wassermanagementpläne *Slater*, California Water Law and Policy, Band 2, 2015, § 14.09[1], S. 14-70.3 f. (Rel. 21-1/2017 Pub. 83013).
1586 Hierzu Abschnitt D.III.2.a)aa).
1587 Abschnitt D.III.2.a)bb).
1588 Zuvor erfolgte die Aufstellung in unregelmäßigen Abständen, in den Jahren 1966, 1970, 1974, 1983, 1987, und 1994.
1589 *Gleick et al.*, California Water 2020, Pacific Institute, 1995, S. 30 f.

D. Die Rechtslage im US-Bundesstaat Kalifornien

Trotz des in §§ 10004.5, 10004.6 WAT gesetzlich verankerten Mindestinhalts unterscheiden sich die verschiedenen Fassungen, insbesondere in ihrer Ausrichtung.[1590] Dies zeigt sich auch an den beiden jüngsten Fassungen, dem CWP von 2013 und 2018.

Der CWP 2013 handelt auf 3.500 Seiten in fünf Teilen im Wesentlichen drei Themenkomplexe ab, die Umsetzung eines integrierten Wassermanagements, die Stärkung von behördlicher Kooperation und Koordination und die Investition in neue Technologien und Infrastruktur.[1591] Aufgrund des Umfangs und der Ausrichtung kommt der CWP 2013 einem Handbuch zu bundesstaatlich relevanten gewässerspezifischen Daten, Maßnahmen und Herausforderungen gleich.[1592] Der CWP schafft Transparenz, eine einheitliche Datengrundlage für nachfolgende Entscheidungsträger und wasserwirtschaftliche Akteure und trägt im Ergebnis zur Verbesserung der Kooperation und Kommunikation wasserrechtlicher Akteure bei.

Trotz seines Umfangs geht der Plan nur an wenigen Stellen ausdrücklich auf Dürreereignisse ein.[1593] Der erste Teil enthält einen strategischen Plan, der gegenwärtige Projekte, Maßnahmen und Herausforderungen der kalifornischen Wasserwirtschaft beschreibt und einen Aktionsplan aufstellt. Er betont mehrfach die Dürreauswirkungen auf verschiedene Sektoren.[1594] Eine strategische Aufarbeitung von Dürreereignissen, Auswirkungen und Bewältigung entbehrt Teil 1. Der zweite Teil besteht aus zwölf regionalen Statusberichten, die den Zustand der Gewässer darlegen. Der dritte Teil legt über 30 Strategien zur künftigen Sicherung der Wasserversorgung dar. Fokus der Bewirtschaftungsstrategien liegt auf Maßnahmen zum Bedarfsmanagement, zur Erhöhung des Dargebots, zur Entwicklung und Nutzung wassereffizienter Technologien und zur Verbesserung der Gewässerqualität. Teil vier und fünf des CWP enthalten hydrologische und technische Hintergrundmaterialien, die Methoden zur Datenerhebung, -analyse und -auswertung erläutern. Teil dieser Hintergrundmaterialien sind unter anderem hydrologische Zukunftsszenarien für das Jahr 2050, welche u. a. auch Dürreereignisse berücksichtigen. Der CWP nennt jedoch weder konkrete Maßnahmen noch Bewirtschaftungsstrategien zur Sicherung der künftigen Wasserversorgung oder zur Bewältigung künftiger Dürreereignisse. Er belässt

---

1590 Die erste Fassung des CWP 1957 setzte die Tradition fort, wonach Wasserpläne die Grundlage für die Errichtung neuer Wasserinfrastrukturprojekte von Bauingenieure und Architekten war, *Gleick et al.*, California Water 2020, Pacific Institute, 1995, S. 29. Vorgänger des CWP entstanden bereits 1920 unter Colonel Robert Marshall, Leiter der Hydrologie des USGS. Der bundesstaatliche Gesetzgeber leitete 1921 erstmals ein Verfahren zur Aufstellung eines bundesstaatenweiten Wasserplans ein (*state water plan*), der 1931 in Kraft trat, *DWR/CNRA*, The California Water Plan, Bulletin 160-83, 1983, S. 10; aus *Gleick et al.*, California Water 2020, Pacific Institute, 1995, S. 29; *Morris*, Who Controls the Waters?, Hastings W.-Nw. J. Envtl. L. & Pol'y 2000, 117 (129). Eine ausführliche Zusammenfassung über den Wandel des CWP bietet *DWR/CNRA*, The California Water Plan, Bulletin 160-83, 1983, S. 15 ff.; *Gleick et al.*, California Water 2020, Pacific Institute, 1995, S. 31.

1591 *DWR*, CWP Update 2013 – Highlights, 2014, S. 11.

1592 Bemühungen um eine strategische Ausrichtung des Plans sind zwar erkennbar, aufgrund der Informations- und Datenfülle des CWP in der Praxis jedoch weiterhin von untergeordneter Bedeutung.

1593 *DWR*, CWP Update 2013 – Highlights, 2014, S. 11; *DWR*, CWP Update 2013 – The Strategic Plan, Volume 1, 2014.

1594 Vgl. *DWR*, CWP Update 2013 – The Strategic Plan, Volume 1, 2014, Chapter 2, S. 2–6, Chapter 3, S. 3–55.

es bei der Feststellung, dass Schwere, Zeitpunkt und Häufigkeit von Dürreereignissen eine Quelle faktischer Ungewissheit darstellen, die am besten durch eine umfassende Daten- und Informationsgrundlage verringert werden kann.[1595] Die Eignung des Plans zur Dürrebewältigung ist daher vergleichsweise gering.

Im Unterschied zum CWP 2013 verfolgt der Plan von 2018[1596] erstmals schwerpunktmäßig die Umsetzung eines nachhaltigen Wassermanagements und greift dazu die aktuell größten Herausforderungen der Gewässerbewirtschaftung wie Hochwasserrisiko, Zugang zu Wasserressourcen, Grundwasserübernutzung und den Auswirkungen des Klimawandels auf den Wasserhaushalt auf.

Obwohl der Plan auch die hydrologischen Basisdaten enthält, überwiegt die Funktion als Managementplan. »Chapter 1: California Water Today«[1597] des CWP 2018 lässt ein übergeordnetes Bewirtschaftungsmanagement erkennen, in dem auch Dürre als Folgen des Klimawandels und dessen zunehmende Bedeutung für das Gewässermanagement gewürdigt wird. In den nachfolgenden Kapiteln geht der Plan auf verschiedene Handlungsfelder (»Chapter 2: Challenges to Sustainability«[1598] und »Chapter 3: Actions for Sustanability«[1599]) und deren finanzielle Auswirkungen (»Chapter 4: Investing in Water Resource Sustainability«[1600]) ein. Als weitere Neuerung definiert der Plan sechs Ziele (*goals*) mit insgesamt 19 Handlungsempfehlungen in »Chapter 3«[1601] zum Aufbau eines klimaresistenten Wassersystems und empfiehlt vorrangig Maßnahmen zur Verbesserung des integrierten Wassereinzugsgebietsmanagements, zur Stärkung der Widerstandsfähigkeit der Infrastruktur, zur Wiederherstellung der Ökosystemfunktionen, zur Stärkung unterrepräsentierter Gemeinschaften, zur Verbesserung der behördenübergreifenden Abstimmung, zur Bewältigung regulatorischer Herausforderungen und zur Unterstützung der Entscheidungsfindung, des adaptiven Managements und der langfristigen Planung. Gleichzeitig baut der CWP 2018 auch die Transparenz- und Koordinationsfunktion aus, z. B. indem er eine Liste verschiedener Fördermittel und ähnlicher Pläne vorhält.[1602] Die aktuelle Fassung des CWP weicht insgesamt deutlich von dem bisherigen Ansatz einer reinen Zustandsbeschreibung der Wasserressourcen und -nutzung ab und unterstreicht so dessen Potential zur übergeordneten Steuerung der Bewirtschaftung.

bb) Der California Water Action Plan (CWAP) als Bewirtschaftungsstrategie

Seit 2014 soll der eher technisch ausgestaltete CWP dauerhaft durch den CWAP komplettiert werden.[1603] Wie aus dem Vorwort des CWAP deutlich wird, wurde der »Aktionsplan« als Teil der *ad hoc* Dürrebewältigungsstrategie des Gouverneurs Brown der Jahre 2012 bis

---

1595 Vgl. *DWR*, CWP Update 2013 – The Strategic Plan, Volume 1, 2014, Chapter 5, S. 5–11 f.
1596 *DWR*, CWP Update 2018, 2019.
1597 *DWR*, CWP Update 2018, 2019, S. 1-1 ff.
1598 *DWR*, CWP Update 2018, 2019, S. 2-1 ff.
1599 *DWR*, CWP Update 2018, 2019, S. 3-1 ff.
1600 *DWR*, CWP Update 2018, 2019, S. 4-1 ff.
1601 Zusammengefasst unter *Recommended Actions to Accomplish Update 2018 Goals*, *DWR*, CWP Update 2018, 2019, S. 3-1–3-6, ES-3.
1602 *DWR*, CWP Update 2018, 2019, S. 4-2 ff., FP-1.
1603 Behördenvertreter Kaymar Guivetchi spricht von einem Nexus der beiden planerischen Instrumente, *Austin*, The California Water Plan, Mavens Notebook: Water News, 2015,

D. Die Rechtslage im US-Bundesstaat Kalifornien

2017 ins Leben gerufen und soll langfristig den Schutz der Gesellschaft vor Dürreauswirkungen erhöhen, indem er zur Koordination bestehender Dürrebewältigungsinstrumente und -programme beiträgt.[1604] Obwohl der CWAP den Anspruch eines strategischen Plans erhebt, ist er als *policy* Dokument weder rechtsverbindlich noch geht die aktuelle Fassung – der CWAP 2016 – über eine Auflistung zahlreicher Bewirtschaftungs- und Dürrebewältigungsstrategien hinaus. Der CWAP 2016 besitzt daher rein informatorischen Gehalt für Behörden, Wassernutzer und Bevölkerung.

Der CWAP 2016 formuliert drei Ziele und zehn Maßnahmen,[1605] die mit besonderer Priorität von Behörden und Wasserversorgern verfolgt werden sollen.[1606] Der Fortschritt und die Durchsetzung der Maßnahmen werden durch jährliche Umsetzungsberichte dokumentiert.[1607] Ziel eins ist die Schaffung einer verlässliche Wasserversorgung für städtische und landwirtschaftliche Zwecke. Ziel zwei dient dem Erhalt von Lebensräumen für geschützte Arten, sowie die aquatische Flora und Fauna. Ziel drei nennt die Erhöhung der Resilienz von Wasserversorgung und Umwelt (ggü. Dürreereignissen).[1608] Alle drei Ziele hängen mittelbar oder unmittelbar mit der Dürrebewältigung zusammen. Sechs von zehn Maßnahmen tragen zur langfristigen Belastbarkeit von Umwelt und Wasserversorgung gegenüber Dürreereignissen bei.[1609] Maßnahme 5 trägt die Überschrift »Management und Vorbereitung für trockene Zeiten«. Sie spricht vier Handlungsempfehlungen aus, um die kurzfristige Bewältigung von Dürreereignissen zu verbessern: Überprüfung und Verbesserung von Warn- und Alarmplänen, Verbesserung des Verwaltungsverfahrens für Wassertransfers, Erfassen und Optimieren von Daten bezüglich Wasserrechten zur effizienten und rechtmäßigen Umsetzung der Wassernutzungshierarchie und die Steigerung der Aufnahmefähigkeit von Böden durch nachhaltige Bodenbewirtschaftung.[1610]

Die Handlungsempfehlungen und Maßnahmen des CWAP 2016 entfalten keine unmittelbare Rechtskraft. Der Mehrwert des »Plans« liegt vielmehr darin, bestehende Maßnahmen zur langfristigen und kurzfristigen Bewältigung von Dürreereignissen in einem einheitlichen Dokument für lokale/regionale Behörden und die Bevölkerung zusammen- und darzustellen. Eine regulatorische Steuerungskraft entfaltet der CWAP erst durch Umsetzung in behördlichen Bescheiden oder anderen planerischen Instrumenten, die häufig auf die Dokumentation der Gewässereigenschaften im CWAP aufbauen.

---

 https://mavensnotebook.com/2015/01/13/the-california-water-plan-roadmap-for-action/ [abgerufen am 12. 7. 2021].
1604 *SWRCB*, California Water Action Plan, California Water Boards, 2021, https://www.waterboards.ca.gov/waterrights/water_issues/programs/instream_flows/cwap_enhancing/ [abgerufen am 12. 7. 2021].
1605 Dargestellt werden nachfolgend diejenigen mit Dürrebezug.
1606 *CNRA*, CWAP 2016 Update, 2016, S. 4 f.
1607 Z. B. *CNRA*, CWAP Implementation Report: 2016 Summary on Accomplishments, 2017; zusammenfassend *CNRA*, CWAP Implementation Report: 2014–2018 Summary on Accomplishments, 2019.
1608 *CNRA*, CWAP 2016 Update, 2016, S. 4.
1609 Dazu zählen folgende Maßnahmen: Wassersparen als dauerhaften Lebensstil (1), Stärkung lokaler Verlässlichkeit und des integrierten Wassermanagements in der Regierung (2), Schutz und Restaurierung von Ökosystemen (4), Ausbau der Speicherkapazität und Verbesserung des Grundwassermanagements (6), sichere Trinkwasserversorgung für alle Gemeinden (7), Verbesserung betrieblicher und behördlicher Effizienz (9).
1610 *CNRA*, CWAP 2016 Update, 2016, S. 14 f.

b) Wassermanagmentpläne zur Sicherstellung der Wasserversorgung

Im Zentrum planerischer Instrumente des kalifornischen Wasserrechts stehen sektorenspezifische Bewirtschaftungspläne, UWMPs und AWMPs. Die Instrumente planerischer Gewässerbewirtschaftung dienen dazu, die langfristige Wasserversorgungssicherheit auch bei Dürreereignissen zu gewährleisten und tragen damit zur Belastbarkeit des Wasserversorgungssektors bei Dürre zum Schutz der Gesellschaft bei. Bestandteil der Wassermanagementpläne sind dürrespezifische Aktionspläne zur *ad hoc* Dürrebewältigung. Auf diese Weise verbinden die Wassermanagementpläne langfristige Versorgungssicherheit mit kurzfristigen Dürrebewältigungsstrategien.

aa) *Urban water management plans* (UWMPs)

Die urbanen Wassermanagementpläne (*urban water management plans*, UWMPs) tragen zur hohen Belastbarkeit von urbanen Wasserversorgern im Dürrefall bei bei.[1611] Der Urban Water Management Planning Act, heute §§ 10610–10657 WAT, verpflichtet seit 1983 zur Aufstellung und regelmäßigen Aktualisierung von UWMPs.[1612] Die Effektivität der Pläne zum Schutz der Versorgungssicherheit ist das Ergebnis zahlreicher Gesetzesänderungen zur Verbesserung des Instruments.[1613]

Ein Hauptgrund für den Erfolg der Managementpläne ist ihr lokaler Regelungsansatz. § 10610.2 (a) (2) WAT besagt, dass die Aufstellung und Umsetzung von Wassermanagementplänen durch die Wasserversorger im Wege der Selbstregulierung am effektivsten ist, um Versorgungssicherheit zu gewährleisten.[1614]

1611 *Mitchell et al.*, Building Drought Resilience in California's Cities and Suburbs, 2017, S. 40 f.
1612 *Slater*, California Water Law and Policy, Band 2, 2015, § 14.09[2], S. 14-70.4 f. (Rel. 21-1/2017 Pub. 83013); der Urban Water Management Planning Act entstand als Reaktion auf die gravierenden Auswirkungen der Dürre 1976–1977. Kalifornien war damit der erste Bundesstaat, der sektorenspezifische Wassermanagementpläne vorsah, *Beck*, Municipal Water Priorities/Preferences in Times of Scarcity, in: Proceedings of 56th Annual Rocky Mountain Mineral Law Institute, 2010, § 7.03 [1] *»municipal water priorities«*; *Waterman*, Addressing California's Uncertain Water Future by Coordinating Long-Term Land Use and Water Planning, Ecology L. Q. 2004, 117 (162).
1613 Ausführlich *Taurainen*, New Attention for Urban Water Management Plans, ABA Water Res. Commitee Newsl. 2010, 14 (15); *Hanak*, Show Me the Water Plan, Golden Gate U. Envtl. L. J. 2010, 69 (71 ff.); *Mitchell et al.*, Building Drought Resilience in California's Cities and Suburbs, 2017, S. 40 f. Zum Beispiel verpflichtet SB 1384 (Costa) vom 27. 9. 2002 (heute §§ 10620 (d) (2), 10621 WAT) zur Einbeziehung von Daten über alternative Wasserressourcen und das Trinkwasserdargebot. Die *»show me the water«* laws (SB 610 (Costa) vom 1. 10. 2001, heute §§ 10910–10915 WAT, und SB 221 (Kuehl) vom 9. 10. 2001) ergänzten die UWMPs um raumordnungsrechtliche Elemente (*land use planning*) namentlich der Durchführung eines *environmental impact reports* bei neuen Bauvorhaben und fordern *water supply assessments*. Der *»water conservation bill«* (SB X7-X (Steinberg) vom 10. 11. 2009, heute § 10608.16 WAT) stellt ein verbindliches, vorläufiges Bewirtschaftungsziel – die Einsparung von 10 % des Bedarfs bis 2015 und eine 20 %-ige Einsparung bis 2020 – auf. AB 1668 (2017) verschärft die Anforderungen an dürrespezifische Wasserknappheitsaktionspläne als Teil der Wassermanagementpläne.
1614 Auch *Friends of Santa Clara River v. Castaic Lake Water Agency*, 123 Cal. App. 4th 1, 8 (2004); *Waterman*, Addressing California's Uncertain Water Future by Coordinating Long-

D. Die Rechtslage im US-Bundesstaat Kalifornien

Derzeit bestehen 463 UWMPs,[1615] die nach § 10630 WAT die Nachfrage der Nutzer (insgesamt 86 % der Bevölkerung) an die tatsächliche und prognostizierte Wasserverfügbarkeit anpassen.[1616]

(1) Aufstellungs-, Aktualisierungs- und Verfahrensvorgaben

§ 10620 (a) WAT verpflichtet die in §§ 10617 WAT näher bestimmten urbanen Wasserversorger (*urban water supplier*)[1617] zur Aufstellung von UWMPs zum Wassermanagement. Unter die Aufstellungspflicht fallen alle urbanen Wasserversorger mit mehr als 3.000 Anschlüssen oder einem Wasserabsatz von mehr als 3,7 Milliarden Litern pro Jahr (3.000 *acre-feet*).[1618]
Nach §§ 10620 (a), 10621 (a) WAT müssen die Wassermanagementpläne alle fünf Jahre aktualisiert werden.[1619] Die Aufstellung und Aktualisierung der Pläne ist für *urban water supplier* inzwischen obligatorisch.[1620] Bis heute verstärken ökonomische Anreize die Aufstellungs- und Aktualisierungspflichten, um möglichst flächendeckend die tatsächliche Erstellung der Pläne in der Praxis zu fördern. Die Versagung von ökonomischen Anreizen ist bislang zwar das einzige Durchsetzungsinstrument für die Aufstellungs- und Aktualisierungspflicht,[1621] erweist sich in der Praxis als erfolgreich. 92 % der aufstellungspflichtigen *urban water suppliers* kamen im Jahr 2015 ihrer Aktualisierungspflicht fristgerecht oder mit geringerer Verzögerung nach.[1622]
Das Planaufstellungs- und -änderungsverfahren für UWMPs sieht nach § 10641 f. WAT eine umfassende Behörden- und Öffentlichkeitsbeteiligung vor. Auf diese Weise kann den unterschiedlichen Nutzungsansprüchen im Versorgungsgebiet entsprochen werden unter Berücksichtigung der Gewässerökologie und der Kapazität des Wasserdargebots.

Term Land Use and Water Planning, Ecology L. Q. 2004, 117 (162 ff.); *Slater*, California Water Law and Policy, Band 2, 2015, § 14.09[2] S. 14-70.4 (Rel. 21-1/2017 Pub. 83013).
1615 *DWR*, Status of 2015 Urban Water Management Plans, 2017, S. iv.
1616 *Hanak*, Show Me the Water Plan, Golden Gate U. Envtl. L. J. 2010, 69 (75).
1617 Der Urban Water Management Plan Act knüpft an den Begriff *urban water supplier* an. Die Organisationsform der Wasserversorger hat jedoch keinen Einfluss auf die Aufstellungspflicht, vgl. *Green/Castle*, Assured Water Supply Laws in the Western States, Colo. Nat. Resources, Energy & Envtl. L. Rev. 2017, 67 (95). Teilweise werden die Begriffe *public water supplier* oder *municipal water supplier* synonym verwendet, *Beck*, Municipal Water Priorities/Preferences in Times of Scarcity, in: Proceedings of 56th Annual Rocky Mountain Mineral Law Institute, 2010, § 7.03 [1] [c] »*municipal water priorities*«.
1618 Zum Vergleich: Der Wasserversorger Badenova (Freiburg) hat einen jährlichen Wasserabsatz von 19,1 Milliarden Liter (19,1 Mio. m^3) pro Jahr, *Badenova*, Geschäftsbericht, 2015, S. 11.
1619 Ein neuer *urban water supplier* muss innerhalb eines Jahres einen UWMP einreichen, § 10620 (b) WAT.
1620 Bis 2001 war die Aufstellung von urbanen Wassermanagementplänen fakultativ. SB 610 (Costa) vom 1.10.2001 schaffte einen finanziellen Anreiz, indem er die Aufstellung der Pläne von der Bereitstellung finanzieller Mittel abhängig machte, vgl. *Hanak*, Show Me the Water Plan, Golden Gate U. Envtl. L. J. 2010, 69 (71).
1621 Eine zivilrechtliche oder öffentlich-rechtliche Ahndung einer Nicht-Aufstellung ist nach § 10608.08 (a) (2) WAT vor dem 1.1.2021 nicht möglich. *Taurainen*, New Attention for Urban Water Management Plans, ABA Water Res. Commitee Newsl. 2010, 14 (18).
1622 *DWR*, Status of 2015 Urban Water Management Plans, 2017, S. iv.

(2) Gesetzlicher Mindestinhalt

Die §§ 10631 ff. WAT legen den Mindestinhalt der UWMPs fest, der aus über 70 Vorgaben besteht.[1623] Allerdings räumt der Gesetzgeber den *urban water suppliers* an manchen Stellen alternative Auswahlmöglichkeit ein.[1624] In Ausnahmefällen besteht eine Abweichungsbefugnis von den Mindestinhalten, sofern die Abweichung begründet wird.[1625]

Grundsätzlich unterscheidet § 10620 (c) WAT zwischen Vorgaben, die das Endnutzerverhalten betreffen und solchen, die sich an die Wasserversorger richten. Die gesetzlichen Mindestinhalte für UWMPs sind sehr detailliert ausgestaltet, um einheitliche Standards herzustellen und dem DWR die Überprüfung der Pläne zu erleichtern. Das DWR erlässt sogar im Vorfeld einer neuen Aktualisierungsfrist Handbücher mit vorgefertigten Planbausteinen und Checklisten zur Vereinheitlichung der Planstrukturen und -inhalte.[1626]

Die Mindestvorgaben der §§ 10631 ff. WAT bestehen im Wesentlichen aus drei Bereichen. Die UWMPs beinhalten erstens die Aufstellung von Bewirtschaftungszielen und die Bestimmung der grundlegenden Bewirtschaftungsmethode nach § 10608.20 (b) WAT. Der zweite Bereich umfasst eine Analyse des Versorgungsgebiets nach §§ 10631, 10633 f. WAT und die Aufstellung daran anknüpfender, konkreter Maßnahmen zur Nachfrageregulierung. Der dritte, für die *ad hoc* Dürrebewältigung relevante Bereich, ist die Erstellung von Wasserknappheitsaktionsplänen (*water shortage contingency plans*), § 10632 WAT.

α) Bestimmung der Bewirtschaftungsziele und -methoden, § 10608.20 WAT

Zum Zweck einer möglichst sparsamen Ressourcennutzung legen die §§ 10608.20, 10608.24 (b) WAT ein verbindliches Bewirtschaftungsziel für alle *urban water suppliers* fest. Sie sollten bis zum Jahr 2020 den Wasserverbrauch in ihrem Versorgungsgebiet um 20 % senken (*»20 in 2020«*) und in den UWMPs Zwischenziele festlegen.[1627]

αα) Neueinführung des *baseline daily per capita use* durch Assembly Bill 1668 (2018)

Seit Mai 2018 ersetzt AB 1668 (Friedmann) das Bewirtschaftungsziel *20 in 2020* und führt kontingentbezogene Bewirtschaftungsziele (*standard-based water use targets*, auch

---

1623 Vgl. *DWR*, 2015 UWMP Guidebook for Urban Water Suppliers, 2016, Appendix F: UWMP Checklist; in aktueller Version gesondert verfügbar als *DWR*, UWMP Guidebook 2020: Appendix F – UWMP Checklist, 2021, https://water.ca.gov/-/media/DWR-Website/Web-Pages/Programs/Water-Use-And-Efficiency/Urban-Water-Use-Efficiency/Urban-Water-Management-Plans/Final-2020-UWMP-Guidebook/UWMP-Guidebook-2020---Final-032921.pdf [abgerufen am 27.10.2021].
1624 Z. B. können *urban water suppliers* bestimmte Vorgaben durch einen *best management practices report* ersetzen *Slater*, California Water Law and Policy, Band 2, 2015, § 14.09[2], S.14-70.4 ff. (Rel. 21-1/2017 Pub. 83013).
1625 Dadurch soll vermieden werden, dass das DWR einen Plan als unvollständig ablehnt, *DWR*, 2015 UWMP Guidebook for Urban Water Suppliers, 2016, S. 1-10.
1626 *DWR*, 2015 UWMP Guidebook for Urban Water Suppliers, 2016; für die neue Rechtslage *DWR*, Urban Water Management Plan Guidebook 2020, 2021. Aufgrund der detaillierten (gesetzlichen) Vorgaben wird auf die Analyse einzelner Pläne verzichtet.
1627 Dabei liegt es im Entschließungs- und Auswahlermessen der *urban water suppliers*, ob diese in ihren UWMPs jährliche Zwischenziele aufstellen, § 10608.20 (a) (1) WAT.

baseline daily per capita use) ein. Nach § 10609.4 (a) (1) WAT soll das Versorgungsmanagement der *urban water suppliers* maximal ein Kontingent von 208 Litern (55 *gallons*) pro-Kopf-pro-Tag für den persönlichen Bedarf (*indoor residential water use*) bis Anfang 2025 umfassen. Das pro-Kopf-Verbrauchskontingent soll nach § 10609.4 (a) (2), (3) WAT bis Anfang 2030 auf 198 Liter (52,5 *gallons*) und ab Anfang 2030 auf 180 Liter (50 *gallons*) reduziert werden. Bisherige Erhebungen des SWRCB ergeben, dass die Bevölkerung durchschnittlich im Jahr 2003 noch 413 Liter pro Tag verbrauchte, seit 2017 nur noch 340 Liter pro Tag.[1628] Die Umstellung auf konkrete Nutzungskontingente als Bewirtschaftungsziel entspricht der neuen Bewirtschaftungspraxis von AB 1668 (*part of a broader water budget strategy*),[1629] wonach die Effektivität der Wassersparmaßnahmen an Kontingenten für verschiedene Nutzungszwecke (*indoor and outdoor residential water use* und *commercial and instrustrial water use*) gemessen werden soll.[1630]

Die Einführung der *baseline daily per capita use* für den persönlichen Bedarf ist derzeit so ausgestaltet, dass § 10609.4 WAT vorrangig die *urban water suppliers* zur Einhaltung der Kontingente verpflichtet. Sollten die *urban water suppliers* die zulässige Gesamtmenge aus den Nutzungskontingenten überschreiten, können Bußgelder nach § 1846.4 WAT gegenüber den *urban water suppliers* verhängt werden – nicht gegenüber den Endnutzern. Sinn und Zweck des Wasseretat-Ansatzes für *urban water suppliers* ist es, die Effektivität der Wassereinsparmaßnahmen leichter zu quantifizieren.[1631] Perspektivisch sollen die Verbrauchsgrenzen (*water caps for urban districts*) weiter konkretisiert werden und die Instrumente zur ad hoc Dürrebewältigung weitgehend ablösen.[1632]

SB 606 (Hertzberg) vom 31.5.2018 ergänzt die neuen Bewirtschaftungsziele des AB 1668 (Friedman) vom 31.5.2018 und führt unter anderem § 10609.20 ff. WAT ein. Nach § 10609.20 (a) WAT müssen die *urban retail water supplier* die genannten Kontingente als Bewirtschaftungsziele (*urban water use objectives*) bis zum 1.11.2023 und danach jährlich berechnen. Dabei sind die Voraussetzungen der §§ 10609.20 ff. WAT zu berücksichtigen. Sollte ein Wasserversorger die Bewirtschaftungsziele ab 2023 nicht jährlich berechnen oder ihnen nicht nachkommen kann das SWRCB nach den §§ 10609.26 ff. WAT tätig werden und zum Beispiel *informational orders* erlassen, um den Wasserver-

---

1628 *Luna/Koseff*, Get Ready to Save Water, The Sacramento Bee, 2018, https://www.sacbee.com/news/politics-government/capitol-alert/article211333594.html [abgerufen am 12.7.2021].
1629 *Sabalow/Kasler*, No, Californians, You Won't Be Fined $1,000 if You Shower and Do Laundry the Same Day, The Sacramento Bee, 2018, https://www.sacbee.com/latest-news/article212605634.html [abgerufen am 12.7.2021].
1630 AB 1668 schränkt künftig wohl auch das Auswahlermessen der *urban water suppliers* hinsichtlich Wassersparmaßnahmen ein, da die Gesetzesänderung die Durchführung umfassender Studien und Ermittlungen zu den Bewirtschaftungsstandards und -maßnahmen durch das SWRCB und das DWR anordnet, vgl. § 10609.4 (b) WAT. Die Ergebnisse sollen anschießend dem Gesetzgeber vorgelegt werden und könnten künftig noch detailliertere Bewirtschaftungsziele und -maßnahmen vorgeben.
1631 »The only thing the water supplier is going to be measured on is, ›Are they within budget?‹« (Max Gomberg), *Sabalow/Kasler*, No, Californians, You Won't Be Fined $1,000 if You Shower and Do Laundry the Same Day, The Sacramento Bee, 2018, https://www.sacbee.com/latest-news/article212605634.html [abgerufen am 12.7.2021].
1632 *Boxall*, Superior Court judge faults state's process of curtailing water rights, L.A. Times, 2015, http://www.latimes.com/local/lanow/la-me-ln-water-rights-order-20150710-story.html [abgerufen am 12.7.2021].

sorger bei der Einhaltung und Berechnung der Bewirtschaftungsziele unterstützen zu können. Die §§ 10609.20 ff. WAT legen nahe, dass durch die flächendeckende Umsetzung von Kontingenten eine langfristig noch sparsamere Ressourcennutzung erfolgen soll.

ββ) Methodische Bestimmung der Zwischenziele, § 10608.20 (b) WAT

Um die Bewirtschaftungsstandards zu erreichen, müssen die *urban water suppliers* in ihren Wassermanagementplänen eine von vier Methoden zur Bestimmung ihrer Zwischenziele nach § 10608.20 (b) (1)–(4) WAT umsetzen.[1633]

Die erste Methode nach § 10608.20 (b) (1) WAT sieht die Reduzierung des täglichen Pro-Kopf-Verbrauchs um 20 % vor. Über 60 % der UWMPs folgen dieser Methode.[1634]

Nach der zweiten Methode wird ein individuelles Einsparminimum in Form des täglichen Pro-Kopf-Verbrauchs anhand verschiedener Faktoren festgelegt. Zu den Faktoren zählen nach § 10608.20 (b) (2) WAT u. a. der derzeit gesetzlich angestrebte Grundbedarf von 190 Liter (55 *gallons*) pro Tag und der in *landscaping ordinances* für *reasonable* erklärte Bewässerungsbedarf. Aufgrund der komplizierten Berechnung wird die zweite Methode in der Praxis kaum angewendet.[1635]

Nach § 10608.20 (b) (3) WAT sieht die dritte Methode eine 10 %-ige Nachfragereduzierung vor gegenüber den regionalen Bewirtschaftungszielen des 20x2020 *water conservation plans*. Sie ist mit 30 % die zweithäufigste Methode zur Festlegung von Zwischen-Bewirtschaftungszielen.[1636] Die dritte Methode hat den Vorteil, dass sie eine Einbeziehung von örtlichen und hydrologischen Gegebenheiten ermöglicht.[1637]

Zuletzt können Wasserversorger nach § 10608.20 (b) (4) WAT auch eine andere, beliebige Methode anwenden, vorausgesetzt sie ist vom DWR anerkannt und findet Zustimmung bei den Endnutzern des Versorgungsgebiets.

Die verschiedenen Ansätze zeigen, dass es weniger um die Auswahl einer bestimmten Methode zur Bestimmung von Zwischen-Bewirtschaftungszielen geht, als um die tatsächliche, individuelle Bestimmung von realistischen Einsparzielen, um dem Ziel einer sparsamen Ressourcennutzung möglichst nahe zu kommen.

β) Analyse des Versorgungsgebiets und Nachfrageregulierung, § 10631 (c), (f) WAT

Der Schwerpunkt der UWMPs liegt auf der Analyse des Versorgungsgebiets nach §§ 10631 (a), 10633 f. WAT und den daraus abzuleitenden Maßnahmen zur Nachfrageregulierung nach § 10631 (f) WAT. Der zweite Teil ist damit das planerische Kernelement der UWMPs:

1633 Die Auswahl der Bewirtschaftungsmethode liegt in der *discretion* der Wasserversorger, damit die hydrologischen Gegebenheiten und Bedürfnisse des Wasserversorgungsgebiets hinreichend berücksichtigt werden. Zu den Methoden *DWR*, Status of 2015 Urban Water Management Plans, 2017, S. 5; *Taurainen*, New Attention for Urban Water Management Plans, ABA Water Res. Commitee Newsl. 2010, 14 (17).
1634 *DWR*, Status of 2015 Urban Water Management Plans, 2017, S. 6.
1635 *Taurainen*, New Attention for Urban Water Management Plans, ABA Water Res. Commitee Newsl. 2010, 14 (17).
1636 *DWR*, Status of 2015 Urban Water Management Plans, 2017, S. 6.
1637 *Taurainen*, New Attention for Urban Water Management Plans, ABA Water Res. Commitee Newsl. 2010, 14 (17).

D. Die Rechtslage im US-Bundesstaat Kalifornien

Nach § 10630 WAT müssen *urban water supplier* ihr Wassermanagement an die örtliche Wasserverfügbarkeit und die Nachfrage der Endnutzer anpassen. Zur Analyse des Versorgungsgebiets zählen u. a. nach § 10631 (c) WAT die Darstellung des Wasserdargebots, des Gewässerzustands, der Versorgungsinfrastruktur und der Verfügbarkeit alternativer Ressourcen nach § 10633 f. WAT. Die Voraussetzungen an die Zustandsanalysen finden sich stichpunktartig zusammengefasst in Tabelle 3:

Tabelle 3: Gesetzlich vorgeschriebener Mindestinhalt von Zustandsanalysen in den UWMPs nach §§ 10631 ff. WAT.

Kategorien der Mindestinhalte	Konkrete Mindestanforderungen
Beschreibung des Versorgungsgebiets (*service area of the supplier*) in Fünfjahresabschnitten, § 10631 (a)	– Versorgungsgebiet, § 10631 (a) – Klima im Versorgungsgebiet, § 10631 (a) – Aktuelle und prognostizierte Einwohnerzahl, § 10631 (a) – Demographische Faktoren, die das Wassermanagement betreffen, § 10631 (a) – Aktuelle und prognostizierte Flächennutzung, § 10631 (a)
Beschreibung der Wasserressourcen in Fünfjahresabschnitten, § 10631 (b)	– Identifizieren und Quantifizieren von bestehenden und künftigen Wasserressourcen – Analyse der Wasserverfügbarkeit für die verschiedenen Gewässerarten für ein normales, trockenes und mehrjährig trockene Jahre – Maßnahmen zur Erschließung neuer Wasserressourcen – Ausführliche Analyse der Grundwasserressourcen, sofern diese aktuell oder künftig zur Wassernutzung herangezogen werden und Abstimmung mit den *groundwater sustainability plans* – Beschreibung des Potentials von langfristigen und kurzfristigen Wassertransfers, § 10631 (c) – Beschreibung des künftigen Dargebots aus wiederaufbereitetem Wasser nach 5, 10, 15 und 20 Jahren, § 10633 (e) – Beschreibung des Potentials von wiederaufbereitetem Wasser für künftigen Wasserbedarf inkl. technische und ökonomische Erreichbarkeit dieser Nutzungen, §§ 10631 (g), 10633 (d)
Beschreibung von Wassernutzungen und Nachfrage in Fünfjahresabschnitten, § 10631 (d)	– Entwicklung der aktuellen und prognostizierten Wassernachfrage für folgende Sektoren: Einfamilienhäuser, Mehrfamilienhäuser, gewerbliche Wassernutzung, industrielle Wassernutzung, Wassernutzung in öffentlichen Gebäuden, Außenbereich, Landwirtschaft, Verluste durch Wasserversorgungsinfrastruktur

Fortsetzung von Tabelle 3

Kategorien der Mindestinhalte	Konkrete Mindestanforderungen
Beschreibung der Bewirtschaftungsmaßnahmen, § 10631 (e)	– Beschreibung der Maßnahmen zur Nachfrageregulierung der vergangen fünf Jahre – Künftige Maßnahmen bis 2027 zur Erreichung der Bewirtschaftungsziele – Dabei ist jeweils auf die folgenden Kategorien einzugehen: Rechtsverordnungen zur Vermeidung von Wasserverschwendung, Wasserzähler, gestufte Wasserpreise, Informations- und Aufklärungskampagnen, Ermittlung von Wasserinfrastrukturverlusten, Koordinierung von Wassersparmaßnahmen und andere Maßnahmen, die eine Auswirkung auf den pro-Kopf/pro-Tag Verbrauch haben
Andere Kategorien	– Schätzungsweise Bezifferung der notwendigen Energie zur Bereitstellung der Wasserversorgung, § 10631.2 – Bewertung der Verlässlichkeit des Wasserdargebots während eines normalen, trockenen und mehrjährig trockenen Wasserjahrs im Vergleich zum absoluten verfügbaren Wasserdargebot und der prognostizierten Wassernutzung für die nächsten 20 Jahre, § 10635 (a) – Informationen bzgl. Wasserqualität der verfügbaren Ressourcen, § 10634

Für einige Bereiche schreibt der WAT mehrstufige und mehrjährige Analysen über einen Planungshorizont von fünf Jahren vor. Nach § 10631 (c) (1) WAT müssen *urban water suppliers* beispielsweise die Verlässlichkeit und Belastbarkeit der Wasserversorgung für hydrologische Szenarien nach den Zuständen normale, trocken und mehrere trockene Jahre darstellen (*water supply reliability assessment*).[1638] Die mehrstufigen Analysen dienen dazu die Verlässlichkeit der Wasserversorgung auch bei künftigen Dürreereignissen sicher zu stellen.

Das *water supply reliability assessment* wirkt nach § 10910 (c) (2) WAT auch in das Raumordnungsrecht hinein. Es kann, neben seinem wasserrechtlichen Regelungsgehalt, anstelle eines Umweltverträglichkeitsberichts (*environmental impact report*) nach dem California Environmental Quality Act (CEQA) über die Zulässigkeit von Bauvorhaben entscheiden. Das *water supply reliability assessment* bestimmt daher nicht nur die Anpassung des Wassernutzungsverhaltens, um das wasserrechtliche Bewirtschaftungsziel zu erreichen, sondern steuert auch die Stadtentwicklung.

1638 Die Unterteilung in normale, trockene und mehrjährige trockene Jahre erfolgt in Anlehnung an § 66473.7 (a) (2) CGC: »›*Sufficient water supply*‹ *means the total water supplies available during normal, single-dry, and multiple-dry years within a 20–year projection that will meet the projected demand associated with the proposed subdivision, in addition to existing and planned future uses, including, but not limited to, agricultural and industrial uses.*«

Zur Analyse des Versorgungsgebiets im weiteren Sinne gehört nach § 10635 WAT eine Verlässlichkeitsanalyse zur Wasserverfügbarkeit in normalen, trockenen und mehrjährig trockenen Jahren. Seit Mai 2018 fordert § 10635 (b) WAT eine spezielle Dürrerisikoanalyse (*drought risk assessment/ drought reliability assessment*).[1639] In der Dürrerisikoanalyse ist insbesondere auf die folgenden Faktoren einzugehen: die Beurteilung der Verlässlichkeit der verschiedenen Gewässerarten unter verschiedenen Dürrebedingungen, eine Gegenüberstellung der Wasserverfügbarkeit und des Wasserverbrauchs bei Dürreereignissen und Entwicklungen der Wasserressourcen durch die Folgen des Klimawandels.

Im Anschluss an die Analyse des Versorgungsgebiets müssen *urban water suppliers* für das Versorgungsgebiet geeignete Maßnahmen zur Regulierung der Nachfrage festlegen. Die Auswahl der konkreten Maßnahmen ist den Planaufstellungsakteuren weitgehend überlassen, sofern die Maßnahmen zur Erreichung des Bewirtschaftungsziels und Umsetzung der Bewirtschaftungsmethoden beitragen. § 10631 (f) WAT stellt jedoch Dokumentationspflichten und -anforderungen auf. Die *urban water suppliers* müssen alle *demand management measures* der letzten fünf Jahre nennen und beschreiben. Dabei ist auf die Kategorien Rechtsverordnungen zur Vermeidung von Wasserverschwendung, Wasserzähler, Wasserpreise, Aufklärung und Information, Infrastrukturmaßnahmen und Koordination von Wassersparmaßnahmen einzugehen. Zu den prominentesten Maßnahmen zählen z. B. der Austausch von Wasserzählern des Paradise Irrigation District (Nordkalifornien). Der *district* ersetzte 7.500 alte Wasserzähler und brachte 3.000 neue Wasserzähler an, die den Wasserverbrauch automatisch an die *urban water supplier* übermittelt und Endverbraucher innerhalb von drei Tagen über undichte Stellen oder tropfende Wasserhähne informieren. Hierdurch konnte das Zwischen-Bewirtschaftungsziel des *district* um 40 % übertroffen werden.[1640] Ein weiteres Beispiel ist die Maßnahme des Irvine Ranch Water District, der seit 1991 individualisierte *water budgets* (zu dt. Wasserkontingent) für Endnutzer aufstellt und dadurch sein Zwischen-Bewirtschaftungsziel um über 33 % übertraf. Bei Überschreitung des individuellen Wasserkontingents »sanktioniert« der *district* den »verschwenderischen« Wasserverbrauch durch höhere Wasserpreise. Der Dublin San Ramon Services District übertraf sein Zwischen-Bewirtschaftungsziel von 2015 um 57 % allein durch Öffentlichkeitsarbeit (Social Media, TV, Briefe, Gartenschilder oder Autosticker), die zur Aufklärung über die Notwendigkeit und Funktion von Dürremaßnahmen diente.

Die §§ 10631 (b), (d), 10633 WAT verpflichten die *urban water suppliers* auf ergänzende Bereiche einzugehen. Beispielsweise müssen sie nach § 10631 (b) (2) WAT Maßnahmen festlegen, mithilfe derer die langfristige Übernutzung von Grundwasserspeichern beseitigt und vermieden werden kann. Nach § 10631 (d) WAT müssen die *urban water suppliers* das Einsparungspotential durch Wassertransfers ermitteln oder nach § 10633 (f) WAT Maßnahmen zur Erhöhung der Nutzung von wiederaufbereitetem Wasser treffen. Da in diesem Teil der UWMPs unzählige Maßnahmen zur Regulierung der Nachfrage in Betracht kommen, geben die Handbücher des DWR den *urban water suppliers* einen Überblick und Anhaltspunkte für effektive Maßnahmen.

1639 Das *drought risk assessment* ist künftig den Wasserknappheitsbewältigungsplänen der UWMPs zugrunde zu legen, § 10632 (a) (1) n. F. WAT.
1640 Beispiele aus *DWR*, Status of 2015 Urban Water Management Plans, 2017, S. 13.

Im Ergebnis überlassen die gesetzlichen Regelungen die Auswahl geeigneter Maßnahmen und methodische Bestimmung von Grenzwerte einem sehr weiten Gestaltungsspielraum der Wasserversorger, um dem Ziel einer möglichst sparsamen Ressourcenbewirtschaftung möglichst nahe zu kommen.

γ) *Water shortage contingency plans* (WSCPs), § 10632 WAT

Seit 1991 ist die Aufstellung von Wasserknappheitsaktionsplänen (*water shortage contingency plan*, WSCP) nach § 10632 WAT ein wesentlicher Bestandteil der UWMPs.[1641] Ihnen kommt eine zweifache Funktion zur Dürrebewältigung zu: Zum einen »zwingen« die WSCPs die *urban water suppliers* in einen strategischen Planungsprozess zur Analyse der Belastbarkeit ihrer Versorgungssicherheit. Zum anderen gibt der Aktionsplan Maßnahmen zur *ad hoc* Dürrebewältigung im »Ernstfall« vor.[1642] Trotz der Bezeichnung als *water shortage contingency plan* finden die Aktionspläne ausschließlich zur Dürrebewältigung Anwendung und gelten als originär dürrespezifisches Instrument. Die inhaltlichen Voraussetzungen der Aktionspläne bestimmt § 10632 WAT.[1643] Das Handbuch des DWR erleichtert den *urban water suppliers* die Aufstellung der Aktionspläne, indem es »bekannt und bewährte« Maßnahmen zur Dürrebewältigung aufzählt.[1644]

αα) Festlegung von Dürrestufen, § 10632 (a) WAT

§ 10632 (a) WAT verpflichtet die *urban water suppliers* die WSCPs in Form mehrstufiger Aktionspläne aufzustellen. Die *urban water suppliers* müssen folglich verschiedene Knappheitsstufen nach Indikatoren und Grenzwerten festlegen und für die jeweiligen Stufen entsprechende Maßnahmen zur Beseitigung des Knappheitszustands benennen.[1645]

1641 Der Gesetzgeber führte die Dürre-Notfallpläne durch AB 11X und AB 1869 ein. Die WSCPs können jedoch auch losgelöst von UWMPs oder der Aufstellungspflicht in Bezug auf UWMPs aufgestellt werden, *DWR*, 2015 UWMP Guidebook for Urban Water Suppliers, 2016, S. 8-1, 8-19. Zu den neuen Anforderungen an WSCP aufgrund der Dürre 2012 bis 2017 *DWR*, Urban Water Management Plan Guidebook 2020, 2021, S. 8-4 f.
1642 *DWR*, 2015 UWMP Guidebook for Urban Water Suppliers, 2016, S. 8-1.
1643 SB 606 (Hertzberg) vom 31. 5. 2018 hat die Anforderungen an die UWMPs in § 10632 WAT grundlegend geändert. Da diesbezüglich noch keine Analysen und Umsetzungsbeispiele in der Praxis bestehen und bis 2023 nicht zu erwarten sind, beschränkt sich die Analyse auf die Rechtslage bis zum 31. 5. 2018. Zudem ist bereits im Vorfeld der neuen Regelung umstritten, ob die Gesetzesänderung tatsächlich zur Effektivitätssteigerung beiträgt, *Guerin*, Indoor use limits, water budgets and aerial data gathering: California's plan to wean us off water waste, 89.3 KPCC – Southern California Public Radio, 2018, https://www.scpr.org/news/2018/05/18/83161/indoor-use-limits-water-budgets-and-aerial-data-ga/ [abgerufen am 12. 7. 2021]. Der folgende Abschnitt nimmt daher auf § 10632 WAT a. F. Bezug.
1644 Das DWR stellt ausdrücklich fest, dass die dort aufgelisteten Maßnahmen nicht abschließend oder verbindlich für Wasserversorger sind. Sie stellen nur eine Zusammenstellung der häufigsten Maßnahmen dar, die in den 2010 UWMPs verwendet wurden, *DWR*, 2015 UWMP Guidebook for Urban Water Suppliers, 2016, S. 8-6; Maßnahmen für den Knappheitsfall finden sich auch bei *DWR*, Urban Water Management Plan Guidebook 2020, 2021, S. 8-1 ff.
1645 Die *urban water suppliers* müssen die Grenzwerte der Knappheitsstufen allerdings in Tabelle 8.1 der standardisierten Vorlagen des DWR eintragen zwecks vergleichbaren Standards. Sie

D. Die Rechtslage im US-Bundesstaat Kalifornien

Um eine individuelle Anpassung an das Versorgungsgebiet zu ermöglichen, können die *urban water supplier* die Anzahl der Knappheitsstufen, die Auswahl der Indikatoren und die Bestimmung der Grenzwerte individuell festlegen.[1646] § 10632 (a) WAT erfordert jedoch, dass der Aktionsplan zumindest eine Stufe mit einer 50 %-igen Verringerung des Dargebots enthält.[1647] Typischerweise enthalten die Wasserknappheitsaktionspläne drei bis fünf Stufen.[1648] Die erste Stufe ist häufig ein Referenzzustand, der ein durchschnittliches Wasserdargebot zugrunde legt und dauerhaft in Kraft ist, um z. B. besonders verschwenderische und unerwünschte Wassernutzungen zu untersagen.[1649] Um auf extreme Knappheitssituationen vorzubereiten, müssen Wasserversorger nach § 10632 (a) (2) WAT ergänzend das potentielle Wasserdargebot nach einem *worst case* Szenario der bislang schwersten dreijährigen Dürre berechnen. Diese Voraussetzung soll den *urban water suppliern* eine Richtlinie über die Intensität der höchsten Dürrestufe des Aktionsplans geben. Das DWR empfiehlt Wasserversorgern neben dem Wasserknappheitsaktionsplan einen Ablaufplan zu entwickeln, wer die Stufen im konkreten Fall auslöst und wie die Kommunikation abzulaufen hat.[1650] Dadurch sollen Ungewissheiten bei der Einstufung des Dürreereignisses und Verzögerungen im Ablauf vermieden werden.

Als besonders geeignet hebt das DWR den WSCP der Stadt Reedley (Südkalifornien) hervor.[1651] Er enthält vier Stufen, denen eine prozentuale Verringerung des Dargebots im Vergleich zu einem durchschnittlichen jährlichen Wasserdargebot zugeordnet ist (Stufe 1: 10 %-ige Verringerung des Dargebots bis Stufe 4: 50 %-ige Verringerung des Dargebots). Ergänzend ordnet die Stadt jeder Stufe unterdurchschnittliche Niederschlagswerte über einen Zeitraum (12–60 Monate) und eine prozentuale Verlustrate an Produktionskapazität (*percent loss of production capacity*; übliches Verfahren zur Bestimmung von ökonomischen Einbußen) zu.[1652]

Zu den zentralen Änderungen des § 10632 WAT durch SB 606 (Hertzberg) vom 31. 5. 2018 zählt, dass die WSCP künftigt sechs Knappheitsstufen bestimmen müssen, § 10632 (a) (3) (A) WAT. Damit dürften die WSCP künftig differenziertere Maßnahmen vorsehen. Für die Analyse zur Verlässligkeit der Wasserversorgung genügt es hingegen ein beziehungsweise ein weiteres Dürrejahr zu berücksichtigen, § 10632 (a) (2) (B) WAT.

ββ) Potentielle Bewältigungsmaßnahmen der Aktionspläne, § 10632 (a) (4)–(8) WAT

§ 10632 WAT verpflichtet die *urban water suppliers* den Knappheitsstufen zweckmäßige Maßnahmen zur Beseitigung des Knappheitszustands beizufügen. Ob eine Maßnahme zweckmäßig ist, bestimmen die *urban water suppliers* anhand der Knappheitsstufe und

---

        können auch festlegen, dass die Einstufung anhand eines Gremiums im Einzelfall erfolgt, *DWR*, Urban Water Management Plan Guidebook 2020, 2021, S. 8-13.
1646 *DWR*, 2015 UWMP Guidebook for Urban Water Suppliers, 2016, S. 8-13.
1647 § 10632 (a) WAT schafft einheitliche Standards, ohne die *urban water suppliers* bei der Anpassung des Aktionsplans an die örtlichen Gegebenheiten zu sehr zu beschränken.
1648 *DWR*, 2015 UWMP Guidebook for Urban Water Suppliers, 2016, S. 8-3.
1649 *DWR*, 2015 UWMP Guidebook for Urban Water Suppliers, 2016, S. 8-3.
1650 *DWR*, 2015 UWMP Guidebook for Urban Water Suppliers, 2016, S. 8-3.
1651 *DWR*, Status of 2015 Urban Water Management Plans, 2017, S. 13.
1652 Entsprechend *City of Reedley*, 2015 Urban Water Management Plan, 2016, http://reedley.com/reedley_updates/2015%20Draft%20UWMP.pdf [abgerufen am 12. 8. 2018], S. 64.

den Bedingungen des Versorgungsgebiets nach § 10632 (a) WAT.[1653] Um einen Minimalstandard zu gewähren, gibt § 10632 (a) (4)–(8) WAT erneut Maßnahmenkategorien vor, die Bestandteil jedes WSCPs sein müssen.

(i) Untersagung bestimmter Verwendungszwecke, § 10632 (a) (4) WAT

Eine Maßnahmenkategorie ist nach § 10632 (a) (4) WAT die Untersagung ausgewählter Verwendungszwecke, die als besonders verschwenderisch angesehen werden (*wasteful uses* iSv. Art. 10 Sec. 2 Cal. Const.). Es liegt an den *urban water suppliers* zu bestimmen, ab welcher Knappheitsstufe die Untersagungen in Kraft treten und welche Verwendungszwecke untersagt werden. Das DWR empfiehlt, dass die *urban water suppliers* alle Untersagungen in einer Liste nach Knappheitsstufen und Bereichen anordnen.[1654] Zu den klassischen Bereichen gehören z. B. die Landschaftspflege, gewerbliche Wassernutzungen und dekorative Nutzungszwecke. In einer weiteren Spalte sollen *urban water suppliers* nach § 10632 (a) (6) WAT potentielle Durchsetzungsmaßnahmen, insbesondere die Höhe von Bußgeldern festhalten. Besonders innovativ ist der Vollzug von Bußgeldern der Stadt Santa Cruz. Sie zieht Bußgelder mit der Erhebung der Wasserpreise ein.[1655]

Vorbildcharakter hat auch die nach vier Knappheitsstufen gestaffelte Untersagungsliste der Stadt Pasadena.[1656] Für die Bereiche »Landschaftspflege« und »dekorative Elemente/Schwimmbecken« sieht die Liste jeweils nur wenige Untersagungsanordnungen vor. Die Stadt Pasadena verschärft die Nutzungsregelungen jedoch sukzessive mit zunehmenden Knappheitsstufen. Beispielsweise ist im Bereich Landschaftspflege zunächst eine Bewässerungsbeschränkung auf drei Tage pro Woche vorgesehen, auf der letzten Stufe jedoch eine vollständige Bewässerungsuntersagung. Für künstlich angelegte Wasserelemente und Swimmingpools verpflichtet der UWMP nach § 10632 (a) (4) WAT zunächst nur zum Betrieb innerhalb eines geschlossenen Wasserkreislaufs, auf letzter Stufe untersagt er aufgrund der hohen Verdunstungsrate das Befüllen und Auffüllen derartiger Systeme. In der Kategorie »sonstige Maßnahmen« nennt die Stadt Pasadena beispielsweise Wasserhähne mit automatischer Abschaltefunktion, Beregnungsverbot für Trinkwasser auf Baustellen, Reparatur undichter Wasserhähne, Autowaschen mit Brauchwasser, oder die Anbringung isolierender Poolabdeckungen.[1657]

(ii) Maßnahmen zur Senkung des Verbrauchs, § 10632 (a) (5) WAT

Eine weitere Maßnahmenkategorie ist nach § 10632 (a) (5) S. 1 WAT die Anordnung von Maßnahmen zur Verbrauchssenkung (*consumption reduction measures*) zumindest bei höheren Knappheitsstufen. Im Unterschied zur Untersagung verschwenderischer

---

1653 *DWR*, 2015 UWMP Guidebook for Urban Water Suppliers, 2016, S. 8-6.
1654 Vgl. *DWR*, 2015 UWMP Guidebook for Urban Water Suppliers, 2016, S. 8-7.
1655 *City of Santa Cruz*, 2015 Urban Water Management Plan, 2016, http://www.cityofsantacruz.com/home/showdocument?id=55168 [abgerufen am 12. 7. 2021], S. 8-13.
1656 *DWR*, Status of 2015 Urban Water Management Plans, 2017, S. 14. Die nachfolgenden Ausführungen beziehen sich auf *City of Pasadena*, 2015 Urban Water Management Plan, 2016, https://ww5.cityofpasadena.net/water-and-power/wp-content/uploads/sites/54/2017/08/2015_Final_UWMP.pdf [abgerufen am 12. 7. 2021], S. 7-3 ff.
1657 *DWR*, 2015 UWMP Guidebook for Urban Water Suppliers, 2016, S. 8-11.

D. Die Rechtslage im US-Bundesstaat Kalifornien

Wassernutzungen verfolgen Maßnahmen zur Verbrauchssenkung eine grundsätzliche Verringerung der Nachfrage.[1658] Die Auswahl und Ausgestaltung der Maßnahmen obliegt erneut den *urban water suppliers*, sie müssen nach § 10632 (a) (5) S. 2 WAT jedoch geeignet sein, den Verbrauch um mindestens 50 % zu senken. Das DWR empfiehlt das Einsparpotential jeder Maßnahme nach den Erfahrungswerten vergangener Knappheitssituationen zu ermitteln und nach § 10632 (a) (9) WAT die Einhaltung der Maßnahmen durch Wasserzähler zu überprüfen.[1659]

Klassische Maßnahmen zur Verbrauchssenkung sind z. B. Wasserspartasten an Toilettenspülungen, Aufstellung von Nutzungskontingenten pro Kopf oder pro Haushalt, staatliche Zuschüsse für den Erwerb wassersparender Technologien (Duschköpfe, Toiletten, Waschmaschinen oder Bewässerungssysteme), Identifizierung von undichten Stellen im Leitungssystem, Patrouillen zur Überwachung des Wasserverbrauchs (*water cops*) oder dürreangepasste Wassertarifstrukturen.

(iii) Ökonomische Auswirkungen der Maßnahmen, § 10632 (a) (7) WAT

Da die genannten Maßnahmen zur Untersagung verschwenderischer Nutzungszwecke oder zur Verbrauchssenkung mit einer finanziellen Belastung der *urban water suppliers* einhergehen[1660] und eine Überlastung der *urban water suppliers* zu vermeiden ist, fordert § 10632 (a) (7) WAT einen Haushaltsplan für die Finanzierung der Maßnahmen. Maßnahmen, wie eine gestaffelte Wasserpreistarifstruktur können den Wasserversorgern Kapital für den Bezug weiterer Wasserressourcen oder die Umsetzung von kostenspieligen Maßnahmen zur Nachfragereduzierung verschaffen.[1661]

(iv) Mustervorlage zur Feststellung von Wasserknappheitsfällen, § 10632 (a) (8) WAT

§ 10632 (a) (8) WAT verpflichtet im Übrigen alle aufstellungspflichtigen *urban water suppliers* in ihrem UWMP eine Mustervorlage für die Feststellung eines Wasserknappheitsfalls zu erstellen. § 10632 (a) (8) WAT ist insofern als *lex specialis* zur Feststellung eines örtlichen Wasserknappheitsfalls nach § 350 ff. WAT zu verstehen. Die *urban water suppliers* haben die Wahl, ob die Mustervorlage als *ordinance* oder *resolution* bereits mit Aufstellung ihres UWMPs oder erst »im Ernstfall« in Kraft tritt.[1662] Üblicherweise erlangen die in den WSCPs vorgesehenen Maßnahmen erst durch die Umsetzung in den Rechtsverordnungen oder Resolutionen zur Feststellung eines Wasserknappheitsfalls Rechtsverbindlichkeit gegenüber den Endnutzern des Versorgungsgebiets.

1658 *DWR*, 2015 UWMP Guidebook for Urban Water Suppliers, 2016, S. 8-13.
1659 *DWR*, 2015 UWMP Guidebook for Urban Water Suppliers, 2016, S. 8-13, 8-17.
1660 Eine finanzielle Belastung stellen insbesondere die Bezuschussung wassereffizienter Technologien dar. Der Ankauf externer Wasserressourcen zur Aufrechterhaltung der Wasserversorgung ist ein weiterer Faktor, der *urban water suppliers* finanziell belasten kann. Hinzu kommt, dass die Einnahmen auf der Grundlage von Wasserpreisen durch die Untersagungs- und Verbrauchssenkungsmaßnahmen ebenfalls rückläufig werden, *DWR*, 2015 UWMP Guidebook for Urban Water Suppliers, 2016, S. 8-17 f.
1661 *DWR*, 2015 UWMP Guidebook for Urban Water Suppliers, 2016, S. 8-18.
1662 *DWR*, 2015 UWMP Guidebook for Urban Water Suppliers, 2016, S. 8-19.

δ) Alternative Dürremanagementpläne für *small water suppliers*, § 10609.40 f. WAT

Der durch AB 1668 (Friedmann) neu eingeführte § 10609.40 (a) WAT stellt fest, dass *small water suppliers* – kleinere Wasserversorger, die keiner Aufstellungspflicht für UWMPs unterliegen – während des letzten Dürreereignisses eine besonders niedrige Versorgungssicherheit aufwiesen, da sie über kein planerisches Dürremanagement zur *ad hoc* Bewältigung verfügen. Besondere Aufmerksamkeit erfuhr die Stadt East Porterville (*unincorporated community*), in der über 300 private Brunnen während der Dürre im Jahr 2014 trockenfielen und über 1.000 Bewohner keinen Zugang zu fließendem Wasser hatten.[1663] Zur Senkung der hohen Anfälligkeit kleiner Wasserversorger fordert § 10609.40 (a) S. 2 WAT die Aufnahme von *countywide drought and water chortage contingency plans* in den Katastrophenbewältigungsplänen (*local hazard mitigation plans*) der *counties*. Bis zum 1.1.2020 verpflichtete § 10609.42 WAT das DWR in Kooperation mit dem SWRCB, lokalen Wasserbehörden und Stakeholdern alle *small water suppliers* mit besonderer Anfälligkeit für Dürreauswirkungen zu identifizieren. Ergänzend soll das DWR in Kooperation mit genannten Akteuren nach §§ 10609.40 (b), 10609.42 (b) WAT planerische Instrumente entwickeln, die als Vorlage zur Erweiterung für *county*-weite *hazard mitigation plans* dienen. Durch die Neueinführung von §§ 10609.40 f. WAT schließt der Gesetzgeber damit die bestehende Regelungslücke und verpflichtet alle *urban water supplier* zur Vorhaltung planerischer Instrumente zur *ad hoc* Dürrebewältigung.

(3) Kontrolle und Überwachung der UWMPs

Die aufstellungspflichtigen *urban water suppliers* müssen die Wassermanagementpläne alle fünf Jahre aktualisieren und innerhalb der Aufstellungsfrist elektronisch an das DWR zur Überprüfung übermitteln, § 10644 (a) (2) WAT. Der Umfang der Prüfungskompetenz des DWR ist gesetzlich nicht festgelegt. In der Praxis beschränkt das DWR die Überprüfung der Pläne auf einen »*checklist-review*« zur Planvollständigkeit und nicht der inhaltlichen Qualität der Umsetzung.[1664] Um Mindeststandards zu sichern, gibt das DWR im Vorfeld Checklisten, Tabellen und Formatvorlagen für die UWMPs heraus. Grundsätzlich ist die Tendenz festzustellen, dass die Qualität der Planinhalte bei klaren Organisationsstrukturen des *urban water suppliers* und des Versorgungsgebiets zunimmt.[1665] Nach § 10644 (b) (1) WAT veröffentlicht das DWR einen Abschlussbericht, indem es die häufigsten und effektivsten Bewirtschaftungsmaßnahmen der Pläne zusammenfasst.[1666]

(4) Zwischenbilanz

Die gesetzlichen Vorgaben und ausgewählte UWMPs zeigen, dass das Instrument in mehrfacher Hinsicht zum Schutz der Gesellschaft vor Dürreauswirkungen beiträgt. Sie

---

1663 *Grossi*, California's Biggest Drought Success Story Came with a High Cost, NewsDeeply: Water Deeply, 2017, https://www.newsdeeply.com/water/articles/2017/08/03/californias-biggest-drought-success-story-came-with-a-high-cost [abgerufen am 12.7.2021].
1664 *Hanak*, Show Me the Water Plan, Golden Gate U. Envtl. L. J. 2010, 69 (74).
1665 *Hanak*, Show Me the Water Plan, Golden Gate U. Envtl. L. J. 2010, 69 (76).
1666 Jüngst *DWR*, Status of 2015 Urban Water Management Plans, 2017.

vereinigen langfristige Strategien zur ressourcenschonenden Bewirtschaftung mit kurzfristigen Aktionsplänen zur Dürregefahrenabwehr, sodass die Wasserversorgungssicherheit insgesamt steigt.[1667] Da die WSCPs bereits ein sehr ausdifferenziertes Instrument zur *ad hoc* Dürrebewältigung bereitstellen, liegt der Fokus des Gesetzgebers derzeit auf der langfristigen Nutzungsregulierung des urbanen Sektors zur sparsamen Ressourcennutzung durch Wassernutzungskontingente pro Kopf/Tag (*water caps/baseline water conservation standards*). Mehrere Gründe sind für die auffallend hohe Effektivität des Instruments ausschlaggebend:

Die Wassermanagementpläne setzen auf lokaler Ebene der Wasserversorgung an (*trust-but-verify* Ansatz), wodurch örtliche Gegebenheiten, Besonderheiten des Versorgungssystems und lokale Auswirkungen von Dürre auf planerischer Ebene berücksichtigt werden können. Der Selbstregulierungsansatz begünstigt, dass *urban water suppliers* auf ihre individuelle Anfälligkeit gegenüber Dürreereignissen eingehen und dementsprechend geeignete Maßnahmen festlegen. Zwar beschränken die teils sehr detaillierten, über 70 Vorgaben des Urban Water Management Planning Acts das »Entschließungsermessen« der *urban water suppliers*. Sie sind jedoch erforderlich, um einheitliche Nachfragemanagementstandards zu setzen. Vorgaben für Maßnahmenkategorien und Wahlmöglichkeiten räumen den *urban water suppliers* noch immer ein weites »Auswahlermessen« hinsichtlich der konkret festzulegenden Maßnahmen ein.[1668] Die Handbücher des DWR mit Checklisten, Tabellen und Formatvorlagen erleichtern den *urban water suppliers* zugleich die Einhaltung der gesetzlichen Vorgaben und führen dazu, dass nur wenige Pläne der Kontrolle des DWR nicht standhalten.[1669] Besonders gelungen ist die Verknüpfung der Aufstellungspflicht mit der Antragsberechtigung für ökonomische Instrumente zur Dürreschadensminderung, wie *ad hoc* Dürrehilfen.[1670] Hierdurch wird gewährleistet, dass trotz mangelnder Vollzugsmechanismen im Bereich der Selbstverwaltung von *urban water suppliers* eine fast flächendeckende Einhaltung der Aufstellungs- und Aktualisierungspflichten erfolgt.

Die kontinuierliche Aktualisierung der Wassermanagementpläne nach fünf Jahren ermöglicht den Wasserversorgern zudem eine beständige Anpassung und Optimierung der Bewirtschaftungsmaßnahmen im Sinne eines modernen Risikomanagements.

Ein weiterer Grund für die Effektivität des Instruments ist, dass die Bewirtschaftungsmaßnahmen nicht nur an der Analyse des gegenwärtigen Wasserdargebots, sondern auch an Prognosen auf der Grundlage verschiedener hydrologischer Szenarien ausgerichtet werden. Dadurch ist – abhängig von der Verlässlichkeit der Prognosen – eine vorausschauende Bewirtschaftung der Gewässer möglich. Zudem stehen die Maßnahmen der UWMPs in Verbindung mit Instrumenten anderer Rechtsgebiete. Zum Beispiel sind *water supply assessments* Grundlage für Zulässigkeit von Bauvorhaben; nach § 10632 (a) (8) WAT müssen Mustervorlagen für die Feststellung eines Wasserknappheitsnotstands erstellt wer-

---

1667 *Beck*, Municipal Water Priorities/Preferences in Times of Scarcity, in: Proceedings of 56th Annual Rocky Mountain Mineral Law Institute, 2010, § 7.03 [1].
1668 Vgl. *Green/Castle*, Assured Water Supply Laws in the Western States, Colo. Nat. Resoures, Energy & Envtl. L. Rev. 2017, 67 (95).
1669 *Taurainen*, New Attention for Urban Water Management Plans, ABA Water Res. Commitee Newsl. 2010, 14 (18 f.).
1670 *Hanak*, Show Me the Water Plan, Golden Gate U. Envtl. L. J. 2010, 69 (75).

den. Die UWMPs berücksichtigen damit die Interkonnexität des Regelungsgegenstandes als Querschnittsmaterie.

Trotz des erfolgreichen Beitrags von UWMPs für die langfristige wie kurzfristige Belastbarkeit von urbanen Wasserversorgern bei Dürre, weist das Instrument in manchen Bereichen noch Entwicklungspotential auf. Insbesondere stellt sich die Frage, wie UWMPs in einen flussgebietsbezogenen Bewirtschaftungsansatz integriert werden können. Bislang finden die Gesamtbelastung und potentielle Übernutzung der Gewässer in einem Flusseinzugsgebiet nur am Rande, z. B. im Rahmen der Koordinierungspflicht nach § 10631 (j) WAT, eine Rolle.[1671] Hinzu kommt, dass aktuell das durch Maßnahmen »eingesparte« Wasser nicht etwa zum Schutz der Gewässerökologie dient, sondern teils zur Erschließung neuer Bauvorhaben eingesetzt wird.[1672] In diesem Zusammenhang stellen die Inelastizität der Nachfrage (*demand hardening*) und der ungehinderte Bevölkerungszuwachs große Herausforderungen für die ressourcenschonende Bewirtschaftung der Gewässer durch UWMPs dar. Es liegt die Befürchtung nahe, dass eine derartige Gewässerbewirtschaftung natürliche Knappheitssituationen künstlich verstärkt.

Perspektivisch wird der Fokus von UWMPs stärker auf die Dargebotserweiterung durch alternative Wasserressourcen, wie Entsalzung, Abwasserwiederaufbereitung, Nutzung von Grundwasserspeichern und einer Wasserumverteilung durch Wassertransfers liegen.[1673] Eine »magische Lösung« zur langfristigen Sicherstellung der urbanen Wasserversorgung für künftige Generationen ist derzeit (noch) nicht ersichtlich.[1674]

Eine große Herausforderung liegt in der Gewährleistung von Wasserversorgungssicherheit durch kleine, nicht aufstellungspflichtige Wasserversorger (*small water systems*).[1675] Mit einem Anteil von 2.550 bei insgesamt 3.000 urbanen Wasserversorgern stellen *small water systems* den Großteil an Wasserversorgern. Sie wiesen aufgrund fehlender Verpflichtung zur Planung, insbesondere einer vorausschauenden Versorgungsplanung, eine im Vergleich zu anderen Wasserversorgern hohe Dürreanfälligkeit während der letzten Dürre 2012–2017 auf.[1676] Im Mai 2018 hat der Gesetzgeber auch diese Regelungslücke durch AB 1668 geschlossen. Somit weisen UWMPs Vorbildcharakter zum Schutz der Gesellschaft und Herstellung einer hohen Versorgungssicherheit auf.

bb) Landwirtschaftliche Wassermanagementpläne

Zur Sicherstellung der Versorgungssicherheit im landwirtschaftlichen Sektor dienen *agricultural water management plans* (AWMPs). Sie reichen an die Effektivität von urbanen Wassermanagementplänen zur Dürrevorsorge und *ad hoc* Dürrebewältigung derzeit jedoch nicht heran. Gleichwohl ist das Einsparpotential im landwirtschaftlichen Sektor besonders hoch, wie auch § 10608.4 WAT hervorhebt.[1677] Die Landwirtschaft nutzt

---

1671   Vgl. *Hanak*, Show Me the Water Plan, Golden Gate U. Envtl. L. J. 2010, 69 (76).
1672   *Langridge*, Confronting Drought, U. Denv. Water L. Rev. 2009, 295 (310).
1673   Vgl. auch *Makar*, Increased Urban Water Supply Reliability through Voluntary Transfers, NR&E 2010, 26 (27 ff.); *Dracup/Painter*, Drought Planning and Management, 1979, S. 10.
1674   *Beck*, Municipal Water Priorities/Preferences in Times of Scarcity, in: Proceedings of 56th Annual Rocky Mountain Mineral Law Institute, 2010, § 7.04 [2].
1675   Zu den *small water systems* bereits Abschnitt B.I.2.
1676   *Langridge*, Confronting Drought, U. Denv. Water L. Rev. 2009, 295 (308).
1677   Vgl. *Stevens*, California's Groundwater, Hastings W.-Nw. J. Envtl. L. & Pol'y 2013, 3 (22).

in Kalifornien 80 % des menschlichen Wasserverbrauchs, wovon nur 41 % tatsächlich zur Bewässerung eingesetzt werden. Die restlichen 59 % des landwirtschaftlichen Bedarfs verdunsten oder sind ineffizienten Nutzungsmethoden geschuldet.[1678] AWMPs sind ein vergleichsweise junges Instrument, die ebenfalls ein langfristiges Nachfragemanagement mit kurzfristiger Dürrebewältigung in einem planerischen Instrument vereinen. Allerdings bleibt die Einhaltung der Vorgaben für AWMPs durch landwirtschaftliche Wasserversorger weit hinter dem urbanen Sektor zurück.[1679]

(1) *Water conservation plans* nach dem Reclamation Reform Act 1982

Zum Schutz der Versorgungssicherheit verpflichtet auf Bundesebene Sec. 210 (a) Title II of Public Law 97-293 des Federal Reclamation Reform Act seit 1982 alle landwirtschaftlichen Wasserversorger, die einen Wasserlieferungsvertrag mit dem USBR als Betreiber des Fernwasserversorgungssystems CVP haben,[1680] zur Aufstellung von *water conservation plans*.[1681] Die *water conservation plans* weisen große Ähnlichkeit mit den auf bundesstaatlicher Ebene vorgesehenen AWMPs auf. Derzeit unterliegen 75 landwirtschaftliche Wasserversorger, überwiegend im Sacramento und San Joaquin Valley, dem »*fruit basket*« Kaliforniens, der Aufstellungspflicht.[1682] Seit 2011 besteht nach Sec. 210 Public Law 97-293 zudem alle fünf Jahre eine Aktualisierungspflicht. Nach Sec. 3405 (e) Public Law 102-575 überprüft das Federal Register des USBR die Pläne auf Einhaltung der gesetzlichen Mindestvoraussetzungen, insbesondere ob die Maßnahmen zur guten fachlichen Praxis (*best management practices*, siehe Tabelle 4) umgesetzt sind. Im Falle einer Nichteinhaltung kann das USBR Durchsetzungsmaßnahmen ergreifen, die von der Versagung von Bundesmitteln bis hin zur Beendigung der Wasserlieferungsverträge reichen können.[1683]

Der kalifornische Gesetzgeber hat die Ähnlichkeit von *water conservation plans* und AWMPs in § 10828 (a) WAT festgestellt und berechtigt die 75 landwirtschaftlichen Wasserversorger ausnahmsweise einen *water conservation plan* anstelle eines AWMPs aufzustellen. Eine Aufstellungspflicht für beide Instrumente würde zu Dopplungen führen und unnötig Ressourcen binden. Aufgrund der inhaltlichen Überschneidungsbereiche

---

1678 *Herman*, Sometimes There's Nothing Left to Give, Stanford Law Review 1992, 429 (433).
1679 *O'Connor/Christian-Smith*, Implementation of the Agricultural Water Management Planning Act, NRDC, 2013, S. 11; *DWR*, Agricultural Water Management Compliance as of April 18, 2014, 2014.
1680 Eine Aufstellungspflicht besteht auch für *urban water supplier*, die Wasser über das CVP beziehen, *USBR*, Water Management Planner 2017, 2017, S. 1-1 f. Allerdings sind die UWMPs das umfangreichere Planungsinstrument, wohingegen die *water conservation plans* für *urban water suppliers* eher auf die Erfüllung der vertraglichen Verpflichtungen zwischen Wasserversorger und USBR gerichtet sind.
1681 Das USBR veröffentlicht Leitlinien/Handbücher (*guidebooks*), die den Vertragsparteien bei der Aufstellung von *water conservation plans* helfen, *USBR*, Achieving Efficient Water Management, 2. Aufl. 2000; näher auch *USBR*, Water Management Planner 2017, 2017, S. 1-2; zuvor *USBR*, Water Management Planner 2017, 2017, S. 2-7.
1682 Der Central Valley Project Improvement Act (CVPIA) im Jahr 1992 (Public Law 102-575) weitete die Aufstellungspflicht und Überprüfungsbefugnis des USBR erheblich aus.
1683 *USBR*, Water Management Planner 2017, 2017, S. 1-2, 2-7.

Tabelle 4: Gute fachliche Praxis für das Wassermanagement.
Quelle: eigene Darstellung nach *USBR*, Water Management Planner 2014: Standard Criteria, 2014, S. 2-14.

#	Art der Maßnahme zur guten fachlichen Praxis
1	Erfassung des Wasserverbrauchs
2	Auswahl und Benennung eines Gewässerschutz-Koordinators im Versorgungsgebiet
3	Individuelle Beratung und Unterstützung von landwirtschaftlichen Wassernutzern bei der Bewirtschaftung
4	Festlegung und Umsetzung eines verbrauchsorientierten Wasserpreises
5	Beurteilung und Verbesserung der Effizienz von Pumpen
6	Aufstellung eines Aktionsplans bzgl. Umsetzungs-Zeitraum der jeweiligen Maßnahmen
7	Anreize zur alternativen Bewirtschaftung von landwirtschaftlich ungeeignetem Boden
8	Anreize zur Verwendung von wiederaufbereitetem Wasser
9	Finanzielle Unterstützung für effiziente Bewässerungssysteme
10	Aufstellung einer Wasserpreisstruktur, die zur sparsamen Wassernutzung verleitet
11	Verbesserung der Versorgungsinfrastruktur
12	Erhöhung der Flexibilität des Versorgungssystems von Wasserlieferungen
13	Aufstellung von Vorrichtungen zur Wiederverwertung überschüssigen Bewässerungswassers (*tailwater*)
14	Plan zur Ermittlung von künstlichem Abfluss durch Bewässerung und Vermeidung desselben
15	Verbesserung kumulativer Benutzung von Grundwasser durch gemeinsame Bewirtschaftungspläne
16	Automatisierung des Verteilungssystems
17	Zustandsbeschreibung der beurteilten Grundwasserpumpen
18	Karte der Bewässerungsgräben nach dem GIS

wird daher an dieser Stelle auf eine ausführliche Darstellung der *water conservation plans* nach Title II of Public Law 97-293 verzichtet.

(2) *Agricultural water management plans* (AWMPs), §§ 10800 ff. WAT

Der Fokus von AWMPs nach §§ 10800 ff. WAT liegt darauf, das verfügbare Dargebot mittels einer hinreichenden Datengrundlage langfristig möglichst sparsam (*water conservation*) und effizient (*efficient*) durch die Landwirtschaft zu nutzen. Die AWMPs sollen darüber hinaus auch eine Diskussionsgrundlage für die Methoden der guten landwirtschaftlichen Praxis (*best management practices*) zur Gewässernutzung bilden und zum Austausch anregen.[1684]

Die §§ 10800 ff. WAT regeln Aufstellungspflicht, Planaufstellungsverfahren sowie den materiellen Mindestinhalt der AWMPs. Seit 2015 sind *drought management plans*

1684 *Kibel*, In the Field and in the Stream, McGeorge L. Rev. 2014, 1 (101).

D. Die Rechtslage im US-Bundesstaat Kalifornien

(DMPs) – ähnlich wie die WSCPs – integrativer Bestandteil der AWMPs.[1685] Das DWR begleitet die *agricultural water suppliers* bei der Aufstellung von AWMPs durch verwaltungsinterne Leitfäden mit konkreten Empfehlungen zum Planaufstellungsverfahren[1686] und zu den obligatorischen Mindestinhalten.[1687] Die inhaltlichen Schwerpunkte der AWMPs liegen nach § 10826 WAT auf der Beschreibung des Versorgungsgebiets (a), der Beschreibung des Gewässerzustands (b) inklusive einer Prognose zu den Folgen des Klimawandels (c), der Beschreibung vergangener Bewirtschaftungsmaßnahmen (d) und der Darstellung der nach § 10608.48 WAT umgesetzten *efficient water management practices* (e).

α) Aufstellungs- und Aktualisierungsvorgaben für landwirtschaftliche Wasserversorger, § 10820 WAT

§ 10820 (a) WAT verpflichtet landwirtschaftliche Wasserversorger (*agricultural water suppliers*) zur Aufstellung von AWMPs bis zum 31.12.2012, zur Aktualisierung bis zum 31.12.2015 und danach zur Aktualisierung alle 5 Jahre. Die Aufstellungs- und Aktualisierungspflicht wurde erst durch SB X7-7 (Steinberg) vom 10.11.2009 eingeführt.[1688]

Die Aufstellungs- und Aktualisierungspflicht trifft alle *agricultural water suppliers*, die der Legaldefinition in § 10812 WAT konkretisiert durch § 10608.12 (a) WAT entsprechen. *Agricultural water supplier* iSv. § 10608.12 (a) WAT meint Wasserversorger in privater oder öffentlicher Hand ungeachtet der Art des zugrundeliegenden Wasserrechts, die Wasser für mehr als 40,5 km² (10.000 *acres*) landwirtschaftlich genutzte Fläche bereitstellen.[1689] Einen detaillierten Katalog aufstellungspflichtiger landwirtschaftlicher

---

1685 EO B-29-15 verpflichtet die *agricultural water suppliers* zur Aufstellung von Dürreaktionsplänen (DMPs) zur Dürrebewältigung. Künftig soll AB 1668 (Friedman) vom 31.5.2018 detaillierte Vorgaben für DMPs aufstellen. Seitdem ergeben sich die Aufstellungspflicht und die Vorgaben aus §§ 10826.2 WAT. Zu den geänderten Vorgaben bereits *DWR*, A Guidebook to Assist Agricultural Water Suppliers to Prepare a 2020 Agricultural Water Management Plan Draft, 2020, S. 14 f.

1686 Die landwirtschaftlichen Wasserversorger müssen z.B. nach § 10821 (a) WAT jeden Endabnehmer über Inhalt und Verfahrensstand der AWMPs informieren und nach § 10843 WAT eine Kopie des Plans zukommen lassen. Der Leitfaden des DWR enthält eine Liste potentiell beteiligter Endabnehmer, *DWR*, A Guidebook to Assist Agricultural Water Suppliers to Prepare a 2015 Agricultural Water Management Plan, 2015, S. 97 ff.

1687 *DWR*, A Guidebook to Assist Agricultural Water Suppliers to Prepare a 2015 Agricultural Water Management Plan, 2015, insb. S. 83 ff., mit lediglich auszufüllenden Vorlagen; so auch der Entwurf der neuesten Auflage, *DWR*, A Guidebook to Assist Agricultural Water Suppliers to Prepare a 2020 Agricultural Water Management Plan Draft, 2020, S. 26, 95 ff.

1688 Zuvor bestand nach der Ursprungsfassung des Agricultural Water Management Planning Act (AB 1658 (Isenberg) vom 7.3.1985) eine Aufstellungsobliegenheit, die notwendige Voraussetzung für finanzielle Zuschüsse war. Danach sah der Efficient Water Management Practices Act (AB 3616 vom September 1990) die Aufstellung von AWMPs in Form von vertraglichen Vereinbarungen (*memorandum of understanding*) vor. Zur ausführlichen Übersicht über die historische Entwicklung der AWMPs, *DWR*, Submittal of 2012 Agricultural Water Management Plans and Implementation of Efficient Water Management Practices Review Report, 2016, S. 2 ff.

1689 Bis zum Jahr 2015 waren landwirtschaftliche Wasserversorger mit einem Versorgungsgebiet bis 25.000 *acre* von der Aufstellungspflicht ausgenommen, vgl. § 10853 WAT, der noch

Wasserversorger enthält im Übrigen § 597.1 (a) CCR.[1690] Ausnahmsweise sehen die §§ 10828 WAT eine Befreiung von der Aufstellungs- und Aktualisierungspflicht vor, wenn die *agricultural water suppliers* einen alternativen aber gleichwertigen Plan, wie z. B. die *water conservation plans* nach Title II Public Law 97-293, einreichen.[1691]

Ergänzend sind sowohl aufstellungspflichtige als auch »kleinere« *agricultural water suppliers*, die eine geringere Fläche als 40,5 km^2 versorgen, nach § 531.10 WAT zur jährlichen Übermittlung ihrer monatlichen Wassernachfrage und ihrer *best management practices* (*aggregated farm-gate delivery data report*) an das DWR verpflichtet. Zusätzlich zur obligatorischen Aufstellungspflicht, hält § 10852 WAT an der Verknüpfung von finanziellen Anreizen, Subventionen und Darlehen mit der Planaufstellung fest.

β) Beschreibung des Versorgungsgebiets, § 10826 (a) (1)–(8) WAT

Der erste Teil der AWMPs besteht aus der Beschreibung des Wasserversorgers und seines Versorgungsgebiets nach § 10826 (a) (1)–(8) WAT. Die Norm enthält eine stichpunktartige Aufzählung an Angaben zu dem landwirtschaftlichen Wasserversorger und dem Versorgungsgebiet, die zwingend in den Wassermanagementplänen enthalten sein müssen:

– Ort und Größe des Versorgungsgebiets
– Standort der Wasserversorgungsanlagen
– Gelände und Bodenbeschaffenheit
– Klima im Versorgungsgebiet
– Betriebsvorschriften
– Berechnung oder Messungen der Wasserabgabe
– Wassertarifstrukturen und Abrechnung
– Bewirtschaftungsvorschriften bei Wasserknappheit, seit EO B-29-15 einen Dürremanagementplan

Für jede der genannten Kategorien stellt das DWR in seinen »Guidebooks« zu jedem Aktualisierungszyklus eine Tabelle bereit, die von den *agricultural water suppliers*

---

heute im Gesetz steht. Nach §§ 10853 WAT, 597.1 (e) CCR a. F. bestand für sie lediglich eine Aufstellungsobliegenheit zur Antragsberechtigung von finanziellen Mitteln. Seit EO B-29 10 Nr. 12 im Jahr 2015 besteht auch für diese »kleineren« Wasserversorger eine Aufstellungspflicht. Näher dazu *DWR*, A Guidebook to Assist Agricultural Water Suppliers to Prepare a 2015 Agricultural Water Management Plan, 2015, S. 128 f.; *State of California*, Making Water Conservation a California Way of Life, 2017, S. 3–21, 25.

1690 Landwirtschaftliche Wasserversorgungs-Zwischenhändler sind zur Aufstellung eines landwirtschaftlichen Bewirtschaftungsplans nur nach Zustimmung aller von ihm abhängigen landwirtschaftlichen Wasser-Endversorger verpflichtet, § 10820 (c) WAT.

1691 Das DWR bietet konkrete Handlungsanleitungen, wie *agricultural water suppliers* andere Pläne umgestalten können, um den inhaltlichen und prozessualen Voraussetzungen von AWMPs zu entsprechen, *DWR*, A Guidebook to Assist Agricultural Water Suppliers to Prepare a 2015 Agricultural Water Management Plan, 2015, S. 67 ff.

D. Die Rechtslage im US-Bundesstaat Kalifornien

nur noch ausgefüllt werden muss.[1692] Beispielsweise sind in der Kategorie Klima die monatliche Niederschlagsrate, Verdunstungsrate, sowie Minimal- und Maximaltemperatur anzugeben. Die gleichen Referenzwerte müssen für die Regenzeit (November–Mai) und Trockenzeit (Juni–Oktober), sowie für Extremereignisse mit einer Eintrittswahrscheinlichkeit alle 100 Jahre angegeben werden.[1693] Durch die »Bestandsaufnahme« sollen die *agricultural water suppliers* zugleich die Risikofaktoren und Anfälligkeit des Versorgungssystems ermitteln.

γ) Beschreibung des Gewässerzustands und Prognose zur Wasserverfügbarkeit, § 10826 WAT

Im zweiten Teil der AWMPs erfolgt eine Beschreibung des qualitativen und quantitativen Gewässerzustands nach § 10826 (b) WAT sowie einer Prognose bezüglich der Auswirkungen des Klimawandels auf den Gewässerzustand nach § 10826 (d) WAT. Bei der Beschreibung des qualitativen und quantitativen Gewässerzustands nach § 10826 (b) WAT müssen *agricultural water suppliers* auf die verschiedenen Wasserressourcen, wie Oberflächengewässer, Grundwasser, und andere Wasservorkommen sowie die Überwachung von Quellwasser eingehen. Im Anschluss daran sind nach § 10826 (b) (5) WAT die verschiedenen Nutzergruppen im Versorgungsgebiet darzustellen, darunter landwirtschaftliche, gewässerökologische, städtische und industrielle Wassernutzungen, sowie Wassernutzungen zu Freizeitzwecken, zur Grundwasserneubildung, für Wassertransfers und andere Zwecke.[1694] Seit AB 1668 ist nach § 10826 (c) WAT anstatt einer Analyse des Wasserhaushalts die Erstellung eines jählichen Wasserbugets (*annual water budget*) erforderlich, das aus einer konkreten Gegenüberstellung aller verfügbaren Wasserressourcen (*inflow components*) und der Gesamtnachfrage (*outflow components*) besteht.

δ) Dokumentation von Bewirtschaftungsmaßnahmen und *efficient water management practices* (EWMPs), § 10826 (e), (g) iVm. § 10608.48 WAT

Im Zentrum von AWMPs steht die Darstellung vergangener Bewirtschaftungsmaßnahmen nach § 10826 (e) WAT und die Dokumentation von umgesetzten EWMPs nach §§ 10826 (g) iVm. 10608.48 WAT. Die Dokumentation der EWMPs erfolgt nach § 10608.48 (d) WAT anhand eines auf 10 Jahre angelegten Zeitplanes, der den Zeitpunkt der Umsetzung und die Auswirkungen der Maßnahmen in 5 und 10 Jahren darlegt. Obwohl die EWMPs das regulatorische Herzstück der AWMPs sind, entsprechen in der Praxis nur wenige Pläne den Dokumentationsanforderungen.[1695]

Das DWR als Kontrollbehörde vermutet, dass die Fortschritte durch EWMPs schwer zu erheben sind, da anderen Faktoren wie beispielsweise Wetterbedingungen, ebenfalls

---

1692 *DWR*, A Guidebook to Assist Agricultural Water Suppliers to Prepare a 2015 Agricultural Water Management Plan, 2015, S. 97 ff.; auch *DWR*, A Guidebook to Assist Agricultural Water Suppliers to Prepare a 2020 Agricultural Water Management Plan Draft, 2020, S. 95 ff.
1693 *DWR*, A Guidebook to Assist Agricultural Water Suppliers to Prepare a 2015 Agricultural Water Management Plan, 2015, S. 100 ff.
1694 Auch *Stevens*, California's Groundwater, Hastings W.-Nw. J. Envtl. L. & Pol'y 2013, 3 (21).
1695 *DWR*, Submittal of 2012 Agricultural Water Management Plans and Implementation of Efficient Water Management Practices Review Report, 2016, S. 5.

die Fortschritte effizienter Wassernutzung beeinflussen.[1696] Eine abschließende Auflistung über die umzusetzenden EWMPs enthält § 10608.48 (b) (c) WAT, der nach grundlegenden und ergänzenden, obligatorischen Maßnahmen unterscheidet.

αα) *Critical efficient water management practices*, § 10608.48 (b) WAT

Zwecks ressourcensparsamer Bewässerungspraktiken fordert § 10608.48 (b) WAT zwingend die Umsetzung zweier Maßnahmen zur effizienten landwirtschaftlichen Praxis (*critical* EWMPs): Erstens müssen *agricultural water supplier* die an Endkunden bereitgestellte Wassermenge nach der in §§ 531.10 WAT, 597.3 CCR geforderten Methode und Genauigkeit durch Wasserzähler erfassen. Zweitens müssen die *agricultural water supplier* nach § 10608.48 (b) (2) WAT eine Wasserpreisstruktur implementieren, die zumindest zu Teilen verbrauchsabhängig ist. Die Regelung soll die Trendwende von fixen Pauschalbeträgen für landwirtschaftliche Wassernutzer hin zu verbrauchsbasierten Wasserpreisen beschleunigen.[1697] Fast alle AWMPs aus dem Jahr 2012 gehen auf die Umsetzung der *critical* EWMPs ein oder sehen sie in naher Zukunft vor.[1698]

ββ) *Additional efficient water management practices*, § 10608.48 (c) WAT

Um langfristig eine ressourcenschonende Bewässerungspraxis zu etablieren verpflichtet § 10608.48 (c) WAT *agricultural water suppliers* dazu 14 ergänzende Maßnahmen (*additional* EWMPs) umzusetzen, sofern diese technisch realisierbar und ökonomisch sinnvoll sind. Die 14 Maßnahmen sind in Tabelle 5 aufgelistet und gehen insbesondere auf drei Bereiche ein: Endnutzungen, Wasserpreise sowie das Wasserversorgungssystem. Die jüngsten AWMPs zeigen jedoch, dass nur wenige *agricultural water suppliers* die ergänzenden Maßnahmen tatsächlich umsetzen oder eine Umsetzung planen.[1699] Als Grund wird angeführt, dass die Maßnahmen nach § 10608.48 (c) WAT »technisch oder ökonomisch nicht sinnvoll« wären.

ε) Dürremanagementpläne (*drought management plans* – DMPs), § 10826.2 WAT

Um die Anfälligkeit des landwirtschaftlichen Sektors vor Dürreereignissen zu senken, müssen AWMPs nach § 10826.2 WAT eine Beschreibung von *water shortage allocation policies* enthalten. Die Vorhaltung von dürrespezifischen Plänen war jedoch lange Zeit, im

---

1696 DWR, Submittal of 2012 Agricultural Water Management Plans and Implementation of Efficient Water Management Practices Review Report, 2016, 8. Ein weiterer Grund dafür könnte auch sein, dass die EWMPs integrativer Bestandteil der landwirtschaftlichen Bewirtschaftungspläne, gleichwohl als eigenständiges Instrument angesehen werden.
1697 Die Entwicklung darstellend *O'Connor/Christian-Smith*, Implementation of the Agricultural Water Management Planning Act, NRDC, 2013, S. 4.
1698 DWR, Submittal of 2012 Agricultural Water Management Plans and Implementation of Efficient Water Management Practices Review Report, 2016, S. 6.
1699 Nur 14 von 44 eingereichten Bewirtschaftungsplänen sahen die Umsetzung von ergänzenden EWMPs vor, DWR, Submittal of 2012 Agricultural Water Management Plans and Implementation of Efficient Water Management Practices Review Report, 2016, S. 23.

D. Die Rechtslage im US-Bundesstaat Kalifornien

Tabelle 5: Ergänzende Maßnahmen zur effizienten Gewässernutzung durch die Landwirtschaft, § 10608.48 WAT

#	EWMP-Maßnahme
1	Förderung alternativer Bodennutzung für Bereiche mit hohen Bewässerungsansprüchen
2	Förderung des Einsatzes von wiederaufbereitetem Wasser zu Bewässerungszwecken
3	Finanzielle Unterstützung für landwirtschaftliche Bewässerungssysteme
4	Finanzielle Anreize zur Effizienteren Wassernutzung, Steigerung der Grundwasserneubildungsrate, Reduzierung von Entwässerungen (*drainage*), Verbesserung der Ressourcen
5	Ausweitung der Infrastruktur und Reservoirs, um Flexibilität und Kapazität der Wasserversorgung zu erhöhen, Unterhaltung zu minimieren, und Lecks zu vermeiden
6	Erhöhung der Flexibilität des Versorgungssystems durch die Aufstellung betrieblicher Maximalnutzungen (Grenzwerte)
7	Einrichtung von Auffangvorrichtungen für oberirdischen Abfluss
8	Streuung der Wasserverfügbarkeit auf verschiedene Wasserressourcen (Oberflächengewässer, Grundwasser, Wiederaufbereitung)
9	Automatisierung der Infrastruktur
10	Förderung und Unterstützung bei Tests von Pumpen der Endnutzer
11	Benennung eines Bewirtschaftungs-Koordinators, der für die Aufstellung und Umsetzung von Plänen und Berichten zuständig ist
12	Bereitstellung von Bewirtschaftungs-Services wie Begutachtung von Bewässerungssystemen der Endnutzer, Aufstellung von jährlichen Beregnungsplänen, Durchführung von Bildungsangeboten für Landwirte
13	Begutachtung der Betriebsvorschriften, um die Wasserversorgung flexibler zu gestalten
14	Begutachtung und Verbesserung von Pumpen der Wasserversorgungsinfrastruktur

Unterschied zu UWMPs, nicht vorgesehen. Durch EO B-29-15 Nr. 12 verpflichtete Gouverneur Brown die *agricultural water suppliers* dazu, Dürremanagementpläne (DMPs) in ihre AWMPs zu integrieren.[1700]

Seit der Verabschiedung von AB 1668 (Friedmann) im Mai 2018 verpflichtet § 10826.2 WAT alle *agricultural water suppliers* zur Aufstellung von DMPs als zwingender Bestandteil von AWMPs. Durch die DMPs sollen zum einen kurzfristig die Auswirkungen von Dürreereignissen auf den landwirtschaftlichen Sektor verringert werden. Die Dürremanagementpläne könnten auch langfristig zu einer dürreangepassten landwirtschaftlichen Bewirtschaftung führen und *ad hoc* Notmaßnahmen – wie das Brachliegenlassen von Feldern[1701] – ersetzen. Zum anderen erkennt der Gesetzgeber durch die Einführung von § 10826.2 WAT an, dass nicht nur der urbane, sondern auch der landwirtschaftliche Sektor,

---

[1700] »*Agricultural water suppliers that supply water to more than 25.000 acres shall include in their required 2015 Agricultural Water Management Plans a detailed drought management plan that describes the actions and measures the supplier will take to manage water demand during drought*«, EO B-29-15 Nr. 12.

[1701] Während der Dürre 2012–2017 ließen Landwirte jährlich etwa 2.000 km² (0,5 Mio. *acres*) Nutzungsfläche mangels ausreichendem Wasserdargebot brachliegen, *PPIC Water Policy Center*, Water for Farms, 2016, S. 3.

der 80 % der Nachfrage ausmacht, einen Beitrag zur Dürrebewältigung leisten (muss).[1702] Der Inhalt des Teilplans zur Dürrevorsorge richtet sich nach § 10826.2 (a) WAT und umfasst die Bestimmung der Wasserverfügbarkeit, die Identifizierung der Anfälligkeit des Versorgungssystems, die Möglichkeit zur Nutzung alternativer Ressourcen bei Dürre.

αα) Gesetzliche Anforderungen an *drought management plans*, § 108026.2 WAT

Die DMPs von *agricultural water suppliers* sollen nach § 10826.2 WAT aus zwei Teilen, einem Dürrerisikovorsorge-Teil (*resilience planning*) und einem Dürrebewältigungs-Teil (*drought response planning*) bestehen. Die gesetzlichen Vorgaben an den Mindestinhalt der DMPs sind bislang sehr generell gehalten, möglicherweise um deren Praxistauglichkeit abzuwarten. Der Dürrerisikovorsorge-Teil fokussiert sich nach § 10826.2 WAT überwiegend auf das Monitoring von Dürreindikatoren, Dürrestufen und der Wasserverfügbarkeit. Nach § 10826.2 (a) (2) WAT sollen die *agricultural water suppliers* Analysen durchführen, um die Anfälligkeit für Dürreauswirkungen zu ermitteln. Aus den nach § 10826.2 (a) (1) und (2) WAT gewonnenen Erkenntnissen sollen die *agricultural water suppliers* in einem dritten Schritt potentielle Maßnahmen zur Erhöhung der Dürrebelastbarkeit benennen, u. a. den Mehrwert neuer Technologien untersuchen und darlegen, inwieweit die Wasserversorger bei Dürreereignissen auf alternative Wasserressourcen ausweichen können. Im Dürrebewältigungs-Teil sollen die *agricultural water suppliers* zunächst die geltenden Vorgaben ermitteln und einen Prozess zur Erklärung eines Wasserknappheitsfalls festlegen, § 10826.2 (b) (1) WAT. Ergänzend sollen die Wasserversorger nach § 10826.2 (b) (2) WAT Methoden und Prozesse darlegen, wie sie geltende Dürrebewältigungsmaßnahmen umsetzen oder ausnahmsweise nicht anwenden. Gleiches gilt für die Beurteilung der Effektivität der Maßnahmen. Daneben sollen Umsetzungs- und Vollzugsinstrumentarien benannt und Protokolle/Leitlinien für die Kommunikation der verschiedenen öffentlichen und privaten Akteure bei Dürreereignissen aufgestellt werden. Zuletzt sollen auch die ökonomischen Auswirkungen der *ad hoc* Dürrebewältigungsmaßnahmen nach § 10826.2 (b) (5)WAT dargestellt werden.

ββ) Die *drought response matrix* des San Diego Regional Agricultural Water Management Plan: Ein Praxisbeispiel

In seinem aktuellen Abschlussbericht über die Analyse der AWMPs von 2015 hebt das DWR den San Diego Regional AWMP und den darin enthaltenen DMP als besonders fortschrittlich und effektiv hervor.[1703]

1702 *State of California*, Making Water Conservation a California Way of Life, 2017, S. 3–20; *Stevens*, California's Groundwater, Hastings W.-Nw. J. Envtl. L. & Pol'y 2013, 3 (21).

1703 Grund dafür ist, dass der San Diego Regional AWMP die AWMPs mehrerer *agricultural water suppliers* und die Bewirtschaftungsmaßnahmen von 12 weiteren nicht aufstellungspflichtigen landwirtschaftlichen Wasserversorgern in einem Plan koordinert und dadurch fast einen flussgebietsbezogenen Ansatz zugrundelegt, *DWR*, Submittal of 2015 Agricultural Water Management Plans and Implementation of Efficient Water Management Practices Report, 2017, S. 14. Aufgrund unwesentlicher Abweichungen ist bislang nur der Entwurf (*draft*) des San Diego Regional AWMP veröffentlicht. Die nachfolgenden Ausführungen beziehen sich daher auf den *draft* San Diego Regional AWMP.

D. Die Rechtslage im US-Bundesstaat Kalifornien

Bereits zu Beginn sticht der DMP des San Diego Regional AWMP unter anderen Plänen hervor, da er den Begriff *drought* definiert als Zeitraum mit unterdurchschnittlicher Wasserverfügbarkeit und der Notwendigkeit nach *curtailments*.[1704] Im Zentrum des San Diego DMP steht die Dürrebewältigungs-Matrix (*drought response matrix*), die bereits vor mehreren Jahren entwickelt wurde und einen detaillierten Aktionsplan für *agricultural water suppliers* zur *ad hoc* Dürrebewältigung vorgibt. Sie besteht aus drei Dürrestufen (Beobachtung, Warnung, Alarm), denen verschiedene Maßnahmen für den Wasserversorger selbst sowie für Endnutzer zugeordnet sind. Maßnahmen für Endnutzer und Einsparziele setzt die *drought response conservation ordinance* verbindlich fest,[1705] die vergleichbar zu den *landscaping ordinances* ist. Beispielsweise beschränkt die *drought response conservation ordinance* die gewerbliche Bewässerung in Stufe 1 auf die Zeit zwischen 18 Uhr abends und 10 Uhr morgens, um die Verdunstung möglichst gering zu halten. Auf Stufe 2 (Warnung) ist eine Bewässerung nur noch drei Mal wöchentlich nachts zulässig. Auf Stufe 3 (Alarm) ist die Bewässerung auf zwei Tage die Woche beschränkt.[1706]

Der Schwerpunkt der Maßnahmen für die *agricultural water supplier* liegt darauf, durch eine vorausschauende Rationierung die Wasserversorgung bei Dürre möglichst lange aufrecht zu erhalten. Zur möglichst vorausschauenden Rationierung sieht der DMP den Einsatz verschiedener hydrologischer Modelle (M&I Allocation Modell) zur Prognose der Wasserverfügbarkeit und zweckmäßigen Verteilung der Wasserressourcen vor. Daran anknüpfend können *agricultural water suppliers* nach der Transitional Special Agricultural Water Rate (TSAWR) die Wasserpreise für Landwirte senken, wenn sie weniger Wasser beziehen. Weitere Maßnahmen sind z. B. die Durchführung von Wassertransfers oder Aufklärungskampagnen zur Wassereinsparung.[1707]

ζ) Kontrolle und Überwachung der AWMPs

Die AWMPs müssen nach § 10843 (a) WAT 30 Tage nach Aufstellung beim DWR eingereicht werden. Im Unterschied zu UWMPs hat das DWR ausdrücklich nach § 10845 (d) WAT keine Ablehnungsbefugnis bezüglich Plänen, die gesetzliche Vorgaben nur unzureichend umsetzen. Es ist jedoch verpflichtet, einen Bericht über die Analyse der eingereichten AWMPs nach § 10845 (a), (b) WAT zu verfassen und dabei besonders innovative und effiziente Maßnahmen hervorzuheben. Die Nichteinhaltung der Aufstellungs- und Aktualisierungspflicht könnte das DWR theoretisch durch die Versagung von Zuschüssen

---

1704 *San Diego County Farm Bureau*, Draft San Diego Regional AWMP: Part I, 2016, http://poway.org/DocumentCenter/View/3202/San-Diego-Regional-Agricultural-Water-Management-Plan-2016-DRAFT-bookmarked [abgerufen am 12. 7. 2021], S. 7-1.
1705 *San Diego County Farm Bureau*, Draft San Diego Regional AWMP: Part I, 2016, http://poway.org/DocumentCenter/View/3202/San-Diego-Regional-Agricultural-Water-Management-Plan-2016-DRAFT-bookmarked [abgerufen am 12. 7. 2021], S. 7-5.
1706 Vgl. *San Diego County Water Authority*, An Ordninance Adopting a Drought Response Conservation Program, 2008, https://www.sdcwa.org/sites/default/files/files/droughtordinance_03272008.pdf [abgerufen am 12. 7. 2021].
1707 *San Diego County Farm Bureau*, Draft San Diego Regional AWMP: Part I, 2016, http://poway.org/DocumentCenter/View/3202/San-Diego-Regional-Agricultural-Water-Management-Plan-2016-DRAFT-bookmarked [abgerufen am 12. 7. 2021], S. 7-3.

und Subventionen Proposition 1 (Agricultural Water Use Efficiency Proposal Solicitation Package) sanktionieren, dies erfolgt in der Praxis jedoch selten. Obwohl die Frist zur Aufstellung von AWMPs am 31.12.2012 ablief, sind von 54 aufstellungspflichtigen Wasserversorgern nur 44 bis August 2015 ihrer Pflicht nachgekommen, vier weitere werden erwartet.[1708] Es besteht die Tendenz, dass viele Pläne auch noch Jahre nach Fristende eingereicht werden.[1709] Grund hierfür könnte sein, dass das DWR zwar zahlreiche Hilfestellungen für die Planaufstellung/-änderung in Form von Workshops, Leitlinien und Handreichungen bietet, diese aber zu kurz vor Fristende erst veröffentlicht.[1710]

(3) Zwischenbilanz

Die Analyse und die direkte Gegenüberstellung der UWMPs und AWMPs zeigt, dass die AWMPs bislang ein vergleichsweise wenig ausgereiftes planerisches Instrument sind. Aus der geringen Regelungsbefolgung wird neben einer zersplitterten Rechtslage und vergleichsweise wenig detaillierten Vorgaben auch die mangelnde Akzeptanz der landwirtschaftlichen Wasserversorger für das vergleichsweise junge Instrument deutlich.

Ein wesentlicher Teil der Pläne besteht aus rein deskriptiven Elementen ohne Regelungsanspruch, § 10826 (a), (b), (d) WAT. Dies verdeutlicht, dass im landwirtschaftlichen Sektor erst einmal die Aufarbeitung des *status quo* für *agricultural water suppliers* erfolgen muss. Die eher schwache regulatorische Ausrichtung des Instruments könnte teils auch (politisch) gewollt oder aufgrund rechtlicher und wirtschaftlicher Umstände notwendig sein. Die Landwirtschaft ist einer der größten Wirtschaftszweige Kaliforniens und greift meistens auf die »unantastbaren« *riparian rights* zurück. Diese Einschätzung spiegelt sich auch in der geringen Regelungsbefolgung bezüglich der Aufstellungs- und Aktualisierungspflicht nach § 10820 (a) WAT.

Mit der Einführung einer Aufstellungspflicht für DMPs durch EO B-29-15 Nr. 12 lieferte der Gouverneur einen wichtigen Anstoß für den Gesetzgeber ein bundesstaatenweites Instrument zur Bewältigung von Dürren im landwirtschaftlichen Sektor zu schaffen. Hierin offenbart sich der Paradigmenwechsel der kalifornischen Gewässerbewirtschaftung, die das Wasserdargebot nun als endliche und begrenzte Ressource wahrnimmt, wie AB 1668 bestätigt.

c) Grundwasserschutz durch planerische Instrumente

Zum Schutz der Grundwasserqualität und -menge bestanden bis zum Jahr 2015 nur sehr fragmentarischen Regelungen, wie z. B. den Benutzungsvorgaben durch *groundwater*

1708 Stand Ende 2015 waren 47 eingereicht, davon sieben noch ausstehend, *DWR*, Agricultural Water Management Compliance Documentation, California Department of Water Resources, 2021, https://water.ca.gov/Programs/Water-Use-And-Efficiency/Agricultural-Water-Use-Efficiency [abgerufen am 12.7.2021]; tabellarische Übersicht mit Einreichungsdatum vgl. *DWR*, Submittal of 2012 Agricultural Water Management Plans and Implementation of Efficient Water Management Practices Review Report, 2016, S. 18 ff.
1709 *DWR*, 2015 AWMPs, WUEdata, https://wuedata.water.ca.gov/awmp_plans [abgerufen am 12.7.2021].
1710 *O'Connor/Christian-Smith*, Implementation of the Agricultural Water Management Planning Act, NRDC, 2013, S. 11.

protection areas zur Verbesserung der Grundwasserqualität. Eine hoheitliche Regulierung zur mengenmäßigen Nutzung enthielten bis dato weder Pläne noch das System der Wasserrechte. Dies hatte zur Folge, dass insbesondere Landwirte Grundwasser über Jahrzehnte beanspruchten, um ein verringertes Dargebot aus Oberflächengewässern bei Dürre auszugleichen.[1711]

Teilweise begünstigt das System der Wasserrechte sogar die Übernutzung des Grundwassers, da Inhaber von *water rights* nur durch kontinuierliche Ausübung ihres Wasserrechts die maximal zulässige Entnahmemenge absichern können (*race to the pumphouse*). Die gravierenden Auswirkungen der letzten Dürre (2012–2017) auf die Grundwasserspeicher[1712] verdeutlichen den rechtlichen Handlungsbedarf[1713] und schufen ein einmaliges Fenster zur Regulierung der Grundwassernutzung.

Der im Januar 2015 in Kraft getretene SGMA[1714] vollzieht einen Paradigmenwechsel, weg vom individualistisch geprägten eigentumsrechtlichen Verständnis von Grundwasser (*»my property, my groundwater«*), hin zur Anerkennung der Schutzbedürftigkeit der endlichen Grundwasserressourcen.[1715]

Kalifornien ist zwar der letzte,[1716] aber nur einer von vielen Bundesstaaten, die erst nach schwerer Dürre ein Grundwassermanagement im Bundesstaat einführten.[1717]

1711 *»Groundwater has become California agriculture's most valuable drought reserve.«* *Mettler*, Reducing Overdraft and Respecting Water Rights under California's 2014 Sustainable Groundwater Management Act, Golden Gate U. Envtl. L .J. 2016, 239 (243). Im Dürre-Jahr 2015 fand eine Steigerung der Grundwasserentnahmen um über 70 % der normalen Entnahme statt, um die geringe Wasserverfügbarkeit aus Oberflächengewässern auszugleichen (8,7 Mio. *acre-feet* anstatt 2,7 Mio. *acre-feet*), *Howitt et al.*, Economic Analysis of the 2015 Drought For California Agriculture, UC Davis CWS, ERA Economics und UC AIC, 2015, S. ES-2.

1712 Wie z. B. Trockenfallen von Pumpen, Verunreinigung von Grundwasser, ökologische Schäden, irreversible Bodenabsenkungen, die die Wasserversorgungsinfrastruktur beeinträchtigen (Verschiebung von Rohren, Kanälen, usw.), vgl. *uncodified findings* (a) (3) SGMA. Im San Joaquin Valley führten die gesteigerten Grundwasserentnahmen zu einer Grundwasserpegelabsenkung von über 100 *feet* unter dem historischen Minimalwert, *Mettler*, Reducing Overdraft and Respecting Water Rights under California's 2014 Sustainable Groundwater Management Act, Golden Gate U. Envtl. L .J. 2016, 239 (247).

1713 Den Handlungsbedarf erkannte sogar der landwirtschaftliche Sektor, *Harter/Dahlke*, Out of Sight but not out of Mind, California Agriculture 2014, 54 (54).

1714 Der SGMA besteht aus AB 1739 (Dickinson) vom 16. 9. 2014, SB 1319 (Pavley) vom 16. 9. 2014 und SB 1168 (Pavley) vom 16. 9. 2014. Zum Entstehungsprozess des SGMA ausführlich *Leahy*, Desperate Times Call for Sensible Measures, Golden Gate U. Envtl. L. J. 2016, 5 (6).

1715 Der Gesinnungswandel manifestiert sich u. a. in § 113 WAT, *uncodified findings* (a) (1) SGMA; ähnlich *Leahy*, Desperate Times Call for Sensible Measures, Golden Gate U. Envtl. L. J. 2016, 5 (6).

1716 Kalifornien war nach Texas der letzte Bundesstaat ohne ein Grundwassermanagement, *Smith*, Water Rules: California's Sustainable Groundwater Management Act, L.A. Lawyer 2015, 18 (18); *Martinez/Conrad/Moran*, Upstream, Midstream, and Downstream, U. St.Thomas L.J. 2017, 297 (298).

1717 *O'Brien/Stevenson*, Management and Use of Groundwater in Times of Scarcity, in: 61st Rocky Mountain Mineral Law Foundation Annual Institute Proceedings, 2015, Kap. 23 (15).

aa) *Groundwater sustainability plans* (GSPs)

Der Sustainable Groundwater Management Act (SGMA)[1718] verpflichtet die im Jahr 2017 neu gebildeten *groundwater sustainability agencies* nach §§ 10723.4, 10727.8 WAT zur Aufstellung von GSPs, um bis zum Jahr 2040 eine nachhaltige Bewirtschaftung der Grundwasserressourcen zu erreichen iSv. § 10727.2 (b) (1) WAT. Der Fortschritt wird anhand eines jährlich einzureichenden Berichts kontinuierlich durch das DWR überprüft, § 356.2 CCR.

(1) Systematik

Nicht nur in inhaltlicher, auch in systematischer Hinsicht unterscheiden sich die GSPs wesentlich von den übrigen kalifornischen Wassermanagementplänen. Sie werden von eigens eingerichteten, lokalen *groundwater sustainability agencies* aufgestellt, deren Einzugsbereiche nach § 10723 (a) WAT entlang der Grenzen der Grundwasserkörper verlaufen.[1719] Dieser »ressourcenbezogene«, integrative Bewirtschaftungsansatz entspricht der in § 113 S. 2 WAT normierten Überzeugung, dass die Grundwasserbewirtschaftung am effektivsten auf lokaler Ebene, losgelöst von traditionellen Verwaltungsgrenzen erfolgt. Das SWRCB überprüft die GSPs auf die Einhaltung der gesetzlichen Mindestanforderungen nach § 10735.2 WAT (*trust but verify*). Ausnahmsweise kann das SWRCB sogar nach § 10735.6 (b) WAT einen *interim plan* zur Grundwasserbewirtschaftung erlassen, wenn die lokalen Behörden die gesetzlichen Vorgaben des SGMA missachten (*state-backstop*). Um die Effektivität der Bewirtschaftungsvorgaben in GSPs zu »messen«, verpflichtet § 10728 WAT, § 356.2 CCR die *groundwater sustainability agencies* zur jährlichen Erstellung von Zwischenberichten, die Grundlage für die kontinuierliche Anpassung der Pläne nach § 10728.2 WAT § 356.4 CCR sind. Der Rahmen aus Aktualisierungs- und Berichterstattungspflichten soll dazu beitragen, dass eine langfristig nachhaltige Bewirtschaftung der Grundwasserressourcen zur Sicherung der Wasserversorgung für künftige Generationen stattfindet.[1720] Durch die nachhaltige Bewirtschaftung der Ressourcen sollen Missstände langfristig beseitigt und künftige Missstände, z. B. durch Übernutzung bei Dürre, vermieden werden.

(2) Gesetzlicher Mindestinhalt

Nach §§ 10723.4, 10727.8 WAT mussten die GSPs bis zum Jahr 2020 aufgestellt werden. Art. 4 der Emergency GSP Regulations, §§ 350 ff. CCR enthalten zudem detaillierte

---

1718 §§ 5200–5209 und 10720 ff. WAT ergänzt durch §§ 65350 ff. CGC. Weitere Regelungen enthalten die § 350 ff. CCR.
1719 Die Grenzen der Grundwasserkörper sind nach § 10722 WAT von Bulletin 118 zu übernehmen, das die Grundwasserkörper nach § 1294 (a) WAT bestimmt und priorisiert. Derzeit bestehen in Kalifornien 127 Grundwasserkörper, die 94 % der jährlichen Grundwasserentnahmen bereitstellen, *DWR*, Groundwater Sustainability Program Draft Strategic Plan, 2015, S. 9; *DWR*, CASGEM Groundwater Basin Prioritization Brochure, 2014.
1720 *Mason*, Gov. Jerry Brown Signs Historic Groundwater Management Legislation, Los Angeles Times, 2014, https://www.latimes.com/local/political/la-me-pc-groundwater-regulation-bills-20140916-story.html [abgerufen am 12. 7. 2021].

D. Die Rechtslage im US-Bundesstaat Kalifornien

Verfahrensvorgaben für die Aufstellung und Einreichung der Pläne. U. a. verpflichtet § 353.4 CCR das DWR Formulare und Anweisungen zur Einreichung aufzustellen und ein Online-Berichtssystem zur elektronischen Einrichtung der Materialien bereitzustellen. Den Planaufstellungsprozess begleitet das DWR ferner durch die Bereitstellung von Leitlinien und Benutzerhandbüchern.[1721]

Der SGMA sieht nach §§ 10723.4, 10727.8 WAT eine umfassende Öffentlichkeitsbeteiligung in verschiedenen Phasen der Planaufstellung vor. Bereits die Zusammensetzung der *groundwater sustainability agencies* soll nach § 10723.2 WAT alle betroffenen Interessen[1722] widerspiegeln, um die verschiedenen Interessen möglichst umfassend bei der Aufstellung von GSPs zu berücksichtigen. Die besondere Ausprägung partizipatorischer Elemente begünstigt eine effektive Dürrebewältigung, da betroffene Akteure die Möglichkeit haben, ihre Bedürfnisse, Erfahrungen und Vorschläge einzubringen.

Die inhaltlichen Mindestvoraussetzungen an GSPs folgen aus §§ 10727 ff. WAT iVm. §§ 350 ff. CCR.[1723] Der Gesetzgeber überlässt es den *groundwater sustainability agencies* konkrete Nachhaltigkeitsziele und -vorgaben in den Plänen aufzustellen. Jedoch gibt er in §§ 10727.2 ff. WAT einen umfangreichen, wenngleich stichwortartigen Katalog an Planinhalten vor. Das DWR konkretisiert die vorgegebenen Planinhalte, indem es in den §§ 350 ff. CCR ausführliche methodische Vorgaben zur Gewässerüberwachung sowie zur Bestimmung von Bewirtschaftungszielen und -vorgaben aufstellt. Die Kombination aus bundesstaatenweiter Festsetzung von Planinhalten und methodischen Vorgaben einerseits und der lokalen Bestimmung von Bewirtschaftungszielen und -maßnahmen andererseits, ermöglicht die Umsetzung bundesstaatlicher Standards unter Einbeziehung lokaler Gegebenheiten.

α) Beschreibung des Einzugsgebiets und Zustand des Grundwassers, 10727.2 (a) WAT

Zunächst enthalten die Pläne eine Beschreibung der geographischen und physischen Merkmale des Einzugsgebietes, §§ 10727.2 (a) WAT, 354.8–354.20 CCR. Hierzu gehören die Beschreibung des Grundwasserkörpers, seiner Wasserressourcen, Wassernutzungen und der Problemfelder (z. B. Bodenabsenkungen, Schadstoffeinschwemmung). Zudem ist die Zuständigkeiten der *groundwater sustainability agency* und ihr Verhältnis zu anderen Behörden im Einzugsgebiet darzulegen. Zu der Beschreibung des Einzugsgebiets gehört auch die Analyse des Grundwasserzustands nach §§ 10727.2 (a) WAT, 354.12 ff. CCR, der durch ein hydrologisches Modell nach § 354.14 CCR veranschaulicht werden soll. Im Zentrum der hydrologischen Zustandsbeschreibung steht nach §§ 10727.2 (a) WAT, 354.18 CCR die Aufstellung eines *water budgets* (Nutzungskontingents), das für verschiedene hydrologische Szenarien (historische, gegenwärtige, und zukünftigen Entwicklungen des Wasserhaushalts im Hinblick auf Dargebot, Nachfrage, Übernutzung, Grundwasserneubildung, Speicherkapazität) ermittelt werden soll. Eine Aufarbeitung oder Prognose von Dürreereignissen oder Dürreauswirkungen auf den Grundwasserzustand ist jedoch nicht vorgesehen.

1721 Vgl. *DWR*, GSP Reporting System User Manual, 2019.
1722 Eine enumerative Aufzählung betroffener Interessen enthält § 10723.2 (a) WAT.
1723 § 10733.2 WAT ermächtigt das DWR zum Erlass konkretisierender Regelungen hinsichtlich der Planinhalte.

β) Bestimmung der Nachhaltigkeitsziele (*groundwater sustainability goals*), § 10727 (b) WAT

Der zweite Teil der GSPs besteht daraus, die Nachhaltigkeitsziele und fünfjährige Zwischenziele nach §§ 10727 (b) WAT, 354.30 CCR zu bestimmen. Für bundesstaatliche Standards sorgen §§ 10721 (x) WAT, 351 (ah) CCR, die verschiedene Nachhaltigkeitsindikatoren festlegen. Zum Beispiel sind Bodenabsenkungen, kontinuierliches Senken von Grundwasserpegelständen als *undesirable results* zu vermeiden, um eine nachhaltige Bewirtschaftung zu erreichen. An die negativ definierten Nachhaltigkeitsindikatoren knüpfen §§ 10727 (b) (1) WAT, 354.28 CCR an, wonach die *groundwater sustainability agencies* für jeden der Nachhaltigkeitsindikatoren bestimmte Grenzwerte festlegen müssen. Die GSPs sollen dabei nicht nur darlegen, wie die Grenzwerte methodisch bestimmt und kontinuierlich überwacht werden können, § 354.28 (b) CCR, sondern auch wie jeder Indikator zur Verwirklichung des Bewirtschaftungsziels beitragen kann, § 10727.2 (b) (2) WAT. Bei der Bestimmung von Grenzwerten sollen die *groundwater sustainability agencies* einen angemessenen Toleranzbereich einkalkulieren und insbesondere jahreszeitliche oder saisonale Entwicklungen, Dürre oder andere Unsicherheitsfaktoren berücksichtigen, um die Flexibilität der Bewirtschaftung zu gewährleisten, § 354.30 CCR. Die GSPs verfolgen somit den Anspruch Nachhaltigkeitsziele aufzustellen, die auch bei Dürreereignissen erreicht und eingehalten werden können.

γ) Festlegung von Bewirtschaftungsvorgaben, § 10727.2 (c) (d) WAT

Der dritte Teil der GSPs besteht aus der Festsetzung von Bewirtschaftungsvorgaben und -maßnahmen für das Planeinzugsgebiet nach §§ 10727.2 (c) (d) WAT, 354.42 CCR. Jeder Plan soll nach § 354.44 CCR Maßnahmen nennen, beschreiben und ihren Beitrag für die Nachhaltigkeits(zwischen)ziele quantifizieren. Ergänzend ist ein Zeitplan aufzustellen, innerhalb dessen die Maßnahmen umgesetzt werden. Im Übrigen müssen die GSPs darlegen, wie sie die Bewirtschaftung des Grundwassers messen (*measure*) und überwachen (*monitor*), §§ 107227.2 (d) ff. WAT, 352 ff. CCR.[1724]
Der SGMA überlässt die Auswahl der Bewirtschaftungsvorgaben und -maßnahmen grundsätzlich den *groundwater sustainability agencies*. § 10727.4 WAT enthält eine Auflistung potentieller Maßnahmen, die festgesetzt werden können, wenn diese nach Abstimmung mit anderen Wasserbehörden geeignet scheinen. Beispielhaft genannt werden die Festlegung von *best management practices* zur sparsamen und effizienten Grundwassernutzung, die Überprüfung von Salzwasserintrusion, die Aufstellung von Brunnenerrichtungsvorschriften, die künstliche Erhöhung der Grundwasserneubildung. Vorschläge für den Schutz der Grundwasserressourcen vor Dürreereignissen finden sich nur vereinzelt. Beispielsweise fordert § 354.44 (b) (9) CCR eine Beschreibung der Regulierung von Grundwasserentnahmen und Grundwasserneubildung in der Form, dass ein kontinuierliches Absenken oder die Erschöpfung der Grundwasserressourcen während Dürre durch einen Anstieg der Pegel während (wasserreicherer) Zeiten ausgeglichen wird.

1724 Dies als elementar für die Bewirtschaftung von Grundwasserressourcen herausstellend *O'Brien/Stevenson*, Management and Use of Groundwater in Times of Scarcity, in: 61st Rocky Mountain Mineral Law Foundation Annual Institute Proceedings, 2015, Kap. 23 (4).

D. Die Rechtslage im US-Bundesstaat Kalifornien

Nach § 354.44 (b) (1) (A) CCR ist es den *groundwater sustainability agencies* überlassen, wie sie die Maßnahmen festlegen. Sie können z. B. einen klassischen Aktionsplan aufstellen oder die Maßnahmen in einer unverbindlichen Liste zu führen, die durch einen speziellen Dürre-Ausschuss, der Teil der *groundwater sustainability agencies* ist, umgesetzt wird.

Die gesetzlichen Rahmenvorgaben für die Bewirtschaftung der Grundwasserressourcen zeigen, dass die GSPs primär die Auswirkungen von jahrzehntelanger Übernutzung und Dürreereignissen verringern wollen. Gleichzeitig wird deutlich, dass der Gesetzgeber nicht damit rechnet, dass die Bewirtschaftungsvorgaben des SGMA auch während Dürreereignissen eingehalten werden können.

(3) Die Bedeutung des SGMA für die Bewältigung von Dürreereignissen

Der SGMA ist als Vermächtnis der Dürre 2012–2017 anzusehen, ohne deren gravierende Auswirkungen die Verabschiedung eines umfassenden Grundwassermanagements wohl nicht möglich gewesen wäre. Im Vordergrund des SGMA steht die Einrichtung einer langfristigen nachhaltigen Bewirtschaftung der Grundwasserressourcen durch GSPs mit einem Planungshorizont von knapp 30 Jahren.[1725]

Die Pläne können hierdurch langfristig einen Beitrag zur Dürrevorsorge leisten, in dem sie den mengenmäßigen und gewässerökologischen Zustand der Grundwasserressourcen verbessern. Aus § 354.30 CCR (Berücksichtigung von Dürreereignissen und saisonalen Schwankungen bei der Festlegung von Nachhaltigkeitszielen) und § 354.44 (b) (9) CCR (Ausgleich von Grundwasserpegelabsenkungen bei Dürreereignissen in normalen hydrologischen Jahren) wird deutlich, dass die Grundwasserbewirtschaftung nicht ohne Ausnahmen für Dürreereignisse auskommt. Im Unterschied zu den sektorenspezifischen Bewirtschaftungsplänen sind Dürreaktionspläne mit *ad hoc* Maßnahmen zur Dürrebewältigung derzeit nicht gesetzlich vorgesehen. Sollten Dürreereignisse zukünftig, wie in den vergangenen Jahren, eher Regelfall als Ausnahmezustand sein, ist fraglich, ob die GSPs die Grundwassernutzungen tatsächlich regulieren und einer nachhaltigen Bewirtschaftung zuführen können.[1726]

Zum einen ist die Umsetzung von Nutzungsregulierungen durch die *groundwater sustainability agencies* in der Praxis zweifelhaft, wodurch die Effektivität der GSPs wesentlich geschmälert werden könnte. Nach derzeitigem Stand bestehen die *groundwater sustainability agencies* überwiegend aus Bewässerungsbehörden (*irrigation districts*), die wiederum überwiegend aus Vertretern der Landwirtschaft bestehen. Dies kann in der Praxis dazu führen, dass Landwirte als *groundwater sustainability agency* ihre »eigenen« Beschränkungen erlassen.[1727] Zwar berechtigt § 10726.4 WAT die *groundwater sustainability agencies* ausdrücklich dazu, Regelungen zur Entnahme von Grundwasser zu treffen und umzusetzen. Umstritten ist jedoch bislang, inwieweit der SGMA *de*

1725 Das lange Zeitfenster kritisierend *Perona*, A Dry Century in California, Environ. Law 2015, 641 (643 f.).
1726 A. A. *Mettler*, Reducing Overdraft and Respecting Water Rights under California's 2014 Sustainable Groundwater Management Act, Golden Gate U. Envtl. L .J. 2016, 239 (264).
1727 Dieses Szenario aufzeigend *Mettler*, Reducing Overdraft and Respecting Water Rights under California's 2014 Sustainable Groundwater Management Act, Golden Gate U. Envtl. L .J. 2016, 239 (264).

facto eine Änderung der Rechtslage bezüglich der traditionell eigentumsrechtlich verwurzelten Grundwasserrechte herbeiführt.[1728] Zwar verdeutlicht § 10720.5 (b) (4) WAT ausdrücklich, dass es weder Wille des Gesetzgebers noch Sinn und Zweck des SGMA ist, die Rechtslage von Wasserrechten an Oberflächengewässern oder Grundwasser zu ändern. Wenn die *groundwater sustainability agencies* jedoch keine Nutzungsregulierungen umsetzen und möglicherweise auch die Entnahmemengen nicht beschränken, ist zweifelhaft ob eine nachhaltige Bewirtschaftung der Grundwasserressourcen erreicht werden kann. Darüber hinaus bestehen konkrete Befürchtungen, dass der SGMA zu einem Windhundrennen (*race to the pumphouse*) führt und Inhaber von Wasserrechten zu Mehrentnahmen animiert, um sich künftig einen größeren Umfang zu sichern und von den Beschränkungen durch GSPs weniger betroffen zu sein.[1729] Klarheit können in diesem Punkt nur die gerichtlichliche Anfechtung von GSPs und Anordnungen der *groundwater sustainability agencies* schaffen. Inwieweit die GSPs daher tatsächlich zur langfristigen Dürrervorsorge beitragen können, ist derzeit schwer abzuschätzen. Deutlich wird hingegen, dass Instrumente zur kurzfristigen Dürrebewältigung – wie DMPs – vom SGMA nicht umfasst sind.

bb) Schutz von Grundwasserressourcen durch *groundwater protection areas*

Zum Schutz der Grundwasserqualität bestehen besondere Verhaltensauflagen für die Nutzung von Grundwasserressourcen in *groundwater protection areas*. Sinn und Zweck von *groundwater protection areas* ist es, die Grundwasserressourcen vor mengenmäßigen und vor allem qualitativen Beeinträchtigungen zu schützen um ihre Trinkwasserqualität aufrecht zu erhalten.

Wasserressourcen zu Trinkwasserzwecken müssen den bundesrechtlichen Vorgaben des Federal Safe Drinking Water Act (SDWA) entsprechen.[1730] §§ 300h ff. SDWA regelt den Schutz von Grundwasser. Er sieht z. B. in § 300h die finanzielle Unterstützung von Grundwasserschutzgebieten (*groundwater protection areas*) und die Aufstellung von Brunnenfassungsschutzgebieten (*wellhead protection area*) in §§ 330f-300j SDWA vor.[1731] Die Ausgestaltung und Umsetzung der Instrumente ist jedoch nach § 300h 1, 5 SDWA den Bundesstaaten überlassen. In Kalifornien setzte das California Department of Pesticide Regulation (CDPR) die Grundwasserschutzgebiete zum Schutz vor der Einschwemmung von Pestiziden nach dem Pesticide Contamination Prevention Act, §§ 13141 ff. Food and Agricultural Code (FAC) fest.[1732] Die Verhaltensauflagen in einer *groundwater protection area* regelt das Department of Pesticide Control in speziellen Genehmigungen (*restricted material use permits*), die nach §§ 6416 (a), 6800 CCR für die

---

1728 *Mettler*, Reducing Overdraft and Respecting Water Rights under California's 2014 Sustainable Groundwater Management Act, Golden Gate U. Envtl. L .J. 2016, 239 (261).
1729 *Johnson*, Chapter 255: Finding the Leaks in the Sustainable Groundwater Management Act, U. Pac. L. Rev. 2016, 641 (655).
1730 42 USC Sec. 300f–300j; näher *Cook*, The Protection and Conservation of Water Resources, 2. Aufl. 2017, S. 363.
1731 *Bianchi*, Ground Water Protection Areas and Wellhead Protection, FWQP Reference Sheet 8.3 Publication 8063, UC Davis ANR, 2002, S. 1.
1732 *Bianchi*, Ground Water Protection Areas and Wellhead Protection, FWQP Reference Sheet 8.3 Publication 8063, UC Davis ANR, 2002, S. 1.

D. Die Rechtslage im US-Bundesstaat Kalifornien

Verwendung von Pestiziden in Grundwasserschutzgebieten einzuholen sind. Da es sich bei den *groundwater protection areas* um ein spezifisch schadstoffrechtliches Instrument handelt, treffen die Schutzanordnungen keine originär wasserspezifische Verhaltensauflagen. Ein dürrerelevanter Regelungsgehalt der Schutzanordnungen ergibt sich aufgrund der Querschnittsmaterie »Dürre« jedoch insoweit, als das bei Dürreereignissen besonders starkes Einschwemmen von Pestiziden in das Grundwasser berücksichtigt werden könnte. Die *groundwater protection areas* können daher zumindest einen ergänzenden Beitrag zum ökologischen Schutz des Grundwassers vor Dürreauswirkungen bieten.

d) Dürrebewältigung durch spezielle bundesstaatenweite Aktionspläne

Wie die Wassermanagementpläne zeigen, liegt der Schwerpunkt der Dürrebewältigung durch planerische Instrumente auf lokaler Ebene. Der WAT sieht bislang kein bundesstaatenweites, planerisches Instrument zur Dürrebewältigung vor. Vereinzelt bestehen dennoch bundesstaatenweite »Dürrebewältigungspläne«, wie der Drought Contingency Plan aus dem Jahr 2010 oder der Drought Operations Plan der beiden Fernwasserversorger. In diesem Zusammenhang ist ebenfalls von Dürreplänen die Rede. Es handelt sich jedoch streng genommen um freiwillige Selbsthilfemaßnahmen, die losgelöst von gesetzlichen Rahmenvorgaben bestehen und häufig nur in Zusammenhang mit akuten Dürreereignissen aufgestellt werden.

aa) Der Drought Contingency Plan als Ergänzung zum California Water Plan

Der Drought Contingency Plan ist ein klassisches Beispiel für einen (bundesstaatenweiten) *ad hoc* Dürrebewältigungsplan, der gesetzlich nicht vorgesehen ist, während eines akuten Dürreereignisses erstellt wurde und seitdem wenig Beachtung findet.

(1) Derzeitiger Stellenwert des Drought Contingency Plan zur bundesstaatlichen Dürrebewältigung

Im Dürrejahr 2009 wies Gouverneur Schwarzenegger durch Executive Order die Aufstellung des Drought Contingency Plan an. Sinn und Zweck des Drought Contingency Plan war es zunächst, die aktuelle bundesstaatenweite Dürrebewältigungsstrategien festzulegen und die Maßnahmen zur *ad hoc* Dürrebewältigung unter den verschiedenen Akteuren zu koordinieren. Zukünftig sollte das California Water Steering Comittee, bestehend aus 21 Vertretern von bundesstaatlichen Wasser- und Naturschutzbehörden,[1733] den Drought Contingency Plan als Ergänzung zu den allgemeinen Gewässerbewirtschaftungsstrategien des CWP Volume II alle fünf Jahre mit der Aktualisierung des CWP überarbeiten.[1734] Obwohl das US-weite Dürreforschungszentrum, das National Drought Mitigation Center (NDMC), dem Drought Contingency Plan weitreichende Bedeutung zur *drought*

1733 *DWR*, California Drought Contingency Plan, in: DWR (Hrsg.), CWP Update 2013 – The Reference Guide, Volume 4, 2014, S. 1 (13); *Sayers et al.*, Drought Risk Management, 2016, S. 154.

1734 *DWR*, California Drought Contingency Plan, in: DWR (Hrsg.), CWP Update 2013 – The Reference Guide, Volume 4, 2014, S. 1 (8).

mitigation zuspricht,[1735] ist eine Überarbeitung des Drought Contingency Plan bislang nicht erfolgt.[1736] Die Nichtaktualisierung und Nichterwähnung des Planes in offiziellen Regierungs- und Behördendokumenten sprechen dafür, dass der Drought Contingency Plan eine Momentaufnahme der Dürre 2008–2009 darstellt. Auszugsweise greifen die bundesstaatlichen Behörden jedoch auf den Drought Contingency Plan als Plan ohne Rechtsbindung und Handlungsempfehlung zur Dürrebewältigung zurück.

(2) Aufbau, Funktion und inhaltliche Ausrichtung des Drought Contingency Plan

Der Drought Contingency Plan soll hauptsächlich die administrativen Koordinations- und Kommunikationsprozesse während eines Dürreereignisses verbessern.[1737]
Die ersten drei Kapitel des Drought Contingency Plan haben eine rein deskriptive Funktion. Sie stellen historische Dürreereignisse und Dürreauswirkungen dar und zeigen den Einfluss des Klimawandels auf Intensität, Häufigkeit und Frequenz von Dürreereignissen auf.[1738] Das vierte Kapitel umreißt die Rechtslage bei der Feststellung eines *statewide drought emergency* nach §§ 8625 ff. CGC. Den zentralen Regelungsinhalt des Drought Contingency Plan für die Dürrebewältigung enthalten das Kapitel 5 zur Kommunikations- und Koordinationsstruktur und das Kapitel 6 zu Dürrebewältigungsstrategien, ergänzt durch den Dürreaktionsplan nach Tabelle 2 (*table 2*) des Drought Contingency Plan.

α) Koordinations- und Kommunikationsstrukturen bei Dürreereignissen

Kapitel 5 des Drought Contingency Plan beruht auf der Grundannahme,[1739] dass im Vorhinein festgelegte Koordinations- und Kommunikationsabläufe zur schnelleren und effektiveren Dürrebewältigung durch verschiedene lokale und bundesstaatliche Akteure beitragen.[1740] Im Zentrum steht eine behördenübergreifende, vom DWR geleitete, Sondereinheit (Drought Task Force), die alle Maßnahmen koordiniert.[1741] Die Drought Task

---

1735 Zur Unterscheidung zwischen *mitigation plans* (Bewältigung von Dürrerisiko) und *response plans* (Bewältigung eines konkreten Dürre-Ereignisses) *NDMC*, Information by State, 2021, https://drought.unl.edu/droughtplanning/InfobyState.aspx [abgerufen am 12. 7. 2021].
1736 Der Drought Contingency Plan wird kommentarlos im Anhang zum CWP Update 2013 geführt. In der jüngsten Fassung des CWP wird der Drought Contingency Plan jedoch nicht mehr referenziert, *DWR*, CWP Update 2018, 2019, S. FP-1 ff.
1737 *DWR*, California Drought Contingency Plan, in: DWR (Hrsg.), CWP Update 2013 – The Reference Guide, Volume 4, 2014, S. 1 (7); *Sayers et al.*, Drought Risk Management, 2016, S. 154.
1738 *DWR*, California Drought Contingency Plan, in: DWR (Hrsg.), CWP Update 2013 – The Reference Guide, Volume 4, 2014, S. 1 (9).
1739 Diese ist auch gesetzlich im Zusammenhang mit Dürrebewältigung festgehalten. Nach § 8607 CGC sollen gebietsübergreifende Dürreauswirkungen anhand des standardisierten Katastrophenmanagementsystems, Standardized Emergency Management System (SEMS), erfolgen. Ansonsten können Entschädigungen für bundesstaatenweite und lokale Aufwendungen zur Dürrebewältigung nach § 8610.5 CGC versagt werden.
1740 *DWR*, California Drought Contingency Plan, in: DWR (Hrsg.), CWP Update 2013 – The Reference Guide, Volume 4, 2014, S. 1 (16).
1741 *DWR*, California Drought Contingency Plan, in: DWR (Hrsg.), CWP Update 2013 – The Reference Guide, Volume 4, 2014, S. 1 (20).

D. Die Rechtslage im US-Bundesstaat Kalifornien

Force wird noch heute bei bevorstehenden oder andauernden Dürreereignissen durch das DWR und der bundesstaatlichen Katastrophenbehörde California Emergemency Management Agency (Cal. EMA) einberufen.[1742] Die Aufgabe der Drought Task Force ist es, Dürreauswirkungen zu überwachen und Dürrebewältigungsmaßnahmen mit den übrigen bundesstaatlichen und lokalen Akteuren zu koordinieren.[1743] Spezielle Sondergruppen, wie das Dürremonitoring-Komittee (*drought monitoring comittee*) und Arbeitsgruppen zu Bewertung der Dürreauswirkungen (*impact assessment working group*), erstatten der Drought Task Force regelmäßig Bericht und unterstützen die Drought Task Force bei der Entwicklung von Bewältigungsstrategien und -maßnahmen.[1744] Sie halten regelmäßige Treffen ab, insbesondere in *dry seasons*, um die Dürreauswirkungen zu bewerten.[1745] Im Umkehrschluss ist davon auszugehen, dass eine Dürrevorhersage (*drought forecast*) auch während »normalen« hydrologischen Zustände erfolgt, um das Auftreten eines Dürreereignisses möglichst frühzeitig zu erkennen.

β) Darstellung von Dürrebewältigungsstrategien

Kapitel 6 des Drought Contingency Plan legt die bundesstaatlichen und lokalen Dürrebewältigungsstrategien überblicksartig dar. Das Kapitel dient weniger der Entwicklung neuer, bundesstaatenweiter Bewältigungsstrategien als der Zusammenstellung gegenwärtiger Konzepte und Maßnahmen. Zum Beispiel verweist der Drought Contingency Plan auf die 28 allgemeinen Bewirtschaftungsstrategien des CWP Volume II von 2009 oder auf die Maßnahmen zur Steigerung der Effizienz landwirtschaftlicher Bewässerungspraxis (EWMPs).[1746] Angesichts der Erstellung des CWAP im Jahr 2015 ist Kapitel 6 des Drought Contingency Plan jedoch weitgehend überholt.

Kapitel 7 und 8 ergänzen die Maßnahmen in Kapitel 6, indem sie überblicksartig Handlungsmaßnahmen und Handlungsstrukturen verschiedener Akteure bei und nach einem Dürreereignis darstellen. Der Drought Contingency Plan geht beispielsweise darauf ein, dass Dürrebewältigung üblicherweise als erstes durch lokale Akteure erfolgt und nennt mögliche Maßnahmen. Betroffene Städte oder Gemeinden könnten *water shortage emergencies* feststellen, um finanzielle, sachliche oder personelle Unterstützung zur Bewältigung der Dürre zu erhalten.[1747] Wasserversorger könnten Wassersparmaßnahmen nach Anhang 4 des Drought Contingency Plan ergreifen und anordnen. Der Anhang des Drought Contingency Plan hält für (lokale) Akteure zudem einige Tabellen bereit, die Maßnahmen zur Regulierung des Dargebots und der Nachfrage für verschiedene Stufen einer Dürre vorschlagen.

1742 *DWR*, California Drought Contingency Plan, in: DWR (Hrsg.), CWP Update 2013 – The Reference Guide, Volume 4, 2014, S. 1 (20).
1743 *Sayers et al.*, Drought Risk Management, 2016, S. 154.
1744 *Sayers et al.*, Drought Risk Management, 2016, S. 154.
1745 *DWR*, California Drought Contingency Plan, in: DWR (Hrsg.), CWP Update 2013 – The Reference Guide, Volume 4, 2014, S. 1 (20).
1746 Vgl. *DWR*, California Drought Contingency Plan, in: DWR (Hrsg.), CWP Update 2013 – The Reference Guide, Volume 4, 2014, S. 1 (34 ff.).
1747 Vgl. *DWR*, California Drought Contingency Plan, in: DWR (Hrsg.), CWP Update 2013 – The Reference Guide, Volume 4, 2014, S. 1 (46 f.).

γ) Bundesstaatenweiter Dürreaktionsplan nach Tabelle 2 des Drought Contingency Plan

Im Besonderen stellt der Anhang des Drought Contingency Plan in Tabelle 2 (*table 2*) einen bundesstaatenweiten Muster-Dürreaktionsplan (*potential actions by agencies in responding to a drought*) vor. Die Stufen des Aktionsplans (Level 1–4) orientieren sich inhaltlich und terminologisch an den Dürrestufen des US Drought Monitors.[1748] Die erste Stufe, »ungewöhnlich trocken« (*abnormally dry*), kennzeichnen verschiedene Indikatoren, wie ein unterdurchschnittlicher Niederschlag, Schneedecke, Abfluss oder Speicherbeckenlevel.[1749] Hier sieht der Aktionsplan noch keinen zwingenden Handlungsbedarf, Akteure können jedoch freiwillige, »weiche« Maßnahmen ergreifen, um z. B. das Bewusstsein der Bevölkerung für die gegenwärtigen Bedingungen zu schärfen. Ergänzend empfiehlt der Aktionsplan eine kontinuierliche Überwachung der Dürreindikatoren. Die zweite Stufe, »Dürre ersten Grades« (*first stage drought*), liegt ebenfalls bei unterdurchschnittlichen Werten der Indikatoren nach Stufe eins vor.[1750]

Hier liegt es im Zweifel an den Akteuren selbst eine Konkretisierung und Abgrenzung zu Stufe eins anhand der örtlichen Bedingungen vorzunehmen. Der Dürre-Aktionsplan schlägt für Stufe zwei erneut Maßnahmen zur Bewusstseinsschärfung vor, darunter einen Aufruf zu freiwilligen Wassersparmaßnahmen oder die Aufstellung eines Aktionsplanes, der die Hierarchie der Wasserrechte umsetzt und obligatorische Wassersparmaßnahmen vorsieht (*curtailments*).[1751]

Stufe drei leitet eine »schwere Dürre« (*severe drought*) ein, die niedrige Pegel von Reservoirs, deutlich unterdurchschnittliche Niederschlags- oder Abflusswerte und (Wetter-)Prognosen über das Andauern der Dürre kennzeichnen.[1752] Spätestens auf Stufe drei ist die Dürresondereinheit (Drought Task Force) einzuberufen. Die Drought Task Force und weitere bundesstaatliche Akteure prüfen, inwieweit ein *state drought emergency* nach § 8625 ff. CGC verkündet werden könnte. Zusätzlich soll der Bundesstaat finanzielle und sachliche Unterstützung für stark betroffene Regionen bereitstellen, eine 20 %-ige Wasserbedarfssenkung in öffentlichen Einrichtungen anstreben und genügend Wasser zurückhalten für den Fall, dass das nächste Jahr ebenfalls trocken ausfällt.[1753]

1748 Wie auch der der US Drought Monitor enthält die *table 2* des Drought Contingency Plan insgesamt fünf Dürrestufen: *abnormally dry, moderate drought, severe drought, extreme drought, exceptional drought*. Die fünf Stufen werden anhand verschiedener Indikatoren bestimmt, Bodenfeuchtigkeit nach dem CPC Soil Moisture Model, Abfluss nach dem USGS Weekly Streamflow, Niederschlag nach dem SPI, dem PDSI.
1749 *DWR*, California Drought Contingency Plan, in: DWR (Hrsg.), CWP Update 2013 – The Reference Guide, Volume 4, 2014, S. 1 (45).
1750 Der Wortlaut ist hier identisch wie bei der Bestimmung der ersten Stufe anhand unterdurchschnittlichen Niederschlags, Schneedecke, Abfluss oder Speicherlevel, vgl. *DWR*, California Drought Contingency Plan, in: DWR (Hrsg.), CWP Update 2013 – The Reference Guide, Volume 4, 2014, S. 1 (55).
1751 *DWR*, California Drought Contingency Plan, in: DWR (Hrsg.), CWP Update 2013 – The Reference Guide, Volume 4, 2014, S. 1 (67).
1752 *DWR*, California Drought Contingency Plan, in: DWR (Hrsg.), CWP Update 2013 – The Reference Guide, Volume 4, 2014, S. 1 (48).
1753 *DWR*, California Drought Contingency Plan, in: DWR (Hrsg.), CWP Update 2013 – The Reference Guide, Volume 4, 2014, S. 1 (68).

D. Die Rechtslage im US-Bundesstaat Kalifornien

Erst auf Stufe vier, »extreme Dürre« (*extreme drought*), ist die Beschränkung von rangniedrigeren Wasserrechten vorgesehen. Die Indikatoren für eine extreme Dürre weichen nicht von Stufe drei ab, und müssen daher ebenfalls von und für den konkreten Akteur konkretisiert werden. Auf Stufe vier sind auch erstmals Ersatzmaßnahmen zur Steigerung des Wasserdargebots, wie Wassertransfers oder die Nutzung von wiederaufbereitetem Wasser zugunsten der Landwirtschaft und der Umwelt, durchzuführen.[1754]

Eine »außergewöhnliche Dürre« (*exceptional drought*) im Sinne von Stufe fünf liegt vor, wenn auf dem Gebiet des gesamten Bundesstaates extreme Dürrebedingungen herrschen, die Wasserversorgung aufgrund geringer Verfügbarkeit gefährdet ist, und alle wasserabhängigen Sektoren unter den Auswirkungen der Wasserknappheit leiden.[1755] Infolge des katastrophalen Ausmaßes der Dürre sollen strikte Maßnahmen ergriffen werden, namentlich die Verkündung von *water shortage emergencies*, ein bundesstaatenweites Verbot von offenen Feuern, Alarmierung der Nationalgarde, Beschränkung aller Wasserrechte ausgenommen derer zu Gesundheits- und Sicherheitszwecken, und Evakuierung der Bevölkerung aus Gebieten ohne Wasserversorgung.

(3) Bewertung

Die Notwendigkeit für ein bundesstaatenweites planerisches Instrument zur *ad hoc* Dürrebewältigung ist in Kalifornien aufgrund der lokalen Bewältigungsmaßnahmen besonders hoch, da es anderenfalls an einem koordinierenden planerischen Instrument fehlt. Der Drought Contingency Plan leistet hierzu einen wünschenswerten Beitrag. Er verfestigt den Risikomanagementansatz, indem er die bundesstaatlichen und lokalen Akteure auf mögliche Risikobewältigungsstrategien vorbereitet und bestehende Maßnahmen in eine übergeordnete Struktur einfügt. Gleichzeitig räumt er aufgrund seiner rechtlichen Unverbindlichkeit den bundesstaatlichen und lokalen Akteuren genügend Flexibilität ein, um konkrete Bewältigungsstrategien an akute Dürreereignisse anzupassen.[1756]

Die Analyse des Drought Contingency Plan zeigt, dass der Plan zu großen Teilen aus deskriptiven Elementen besteht. Dies ist aufgrund der Rechtszersplitterung durch lokale Dürrebewältigungsstrategien und der Rechtsunsicherheit über die Feststellung eines *state emergency* bei Dürreereignissen zweckmäßig, um die Effektivität einzelner Instrumente zu fördern. Neben der Transparenzfunktion fördert der Kommunikationsablaufplan nach Kapitel 5 des Drought Contingency Plan eine schnelle und zielgerichtete Koordination von Dürrebewältigungsmaßnahmen auf bundesstaatlicher Ebene. Gleichzeitig bietet der Dürreaktionsplan in *table 2* des Drought Contingency Plan für verantwortliche Akteure einen schnellen Überblick über potentielle Dürrebewältigungsmaßnahmen in verschiedenen Dürrestadien.

Der Beitrag des Drought Contingency Plan als Teil der bundesstaatenweiten Dürrebewältigungsstruktur könnte dennoch an einigen Stellen ausgebaut werden. Zum einen wurde der Drought Contingency Plan bislang nicht aktualisiert, obwohl dies ursprünglich

---

1754 DWR, California Drought Contingency Plan, in: DWR (Hrsg.), CWP Update 2013 – The Reference Guide, Volume 4, 2014, S. 1 (70).
1755 DWR, California Drought Contingency Plan, in: DWR (Hrsg.), CWP Update 2013 – The Reference Guide, Volume 4, 2014, S. 1 (70).
1756 DWR, California Drought Contingency Plan, in: DWR (Hrsg.), CWP Update 2013 – The Reference Guide, Volume 4, 2014, S. 1 (14).

bei der Einführung des Instruments intendiert war. Eine kontinuierliche Anpassung des Plans an tatsächliche Gegebenheiten und Erfahrungen im Umgang mit Dürreereignissen könnte zeitgleich mit der Aktualisierung des CWP erfolgen und das Zusammenwirken beider Instrumente verstärken. Das Steuerungspotential des Plans wird durch Bezüge auf ältere Versionen des CWP[1757] geschmälert. Zum anderen könnte die Effektivität des Instruments durch eine größere Außenwirksamkeit (z. B. ausdrückliche Nennung in offiziellen Regierungs- und Behördendokumenten) gesteigert werden, sodass gerade kleinere lokale Akteure von der Übersichts-, Transparenz- und Koordinationsfunktion des Planes profitieren können. Insbesondere erscheint klärungsbedürftig, in welchem Verhältnis der Drought Contingency Plan zu dem jüngst erlassenen CWAP steht.

Wie derzeitig noch kein anderer bundesstaatenweiter Plan veranschaulicht der Drought Contingency Plan die Rolle, die bundesstaatenweite Dürrepläne in einem von lokalen Bewältigungsstrategien geleiteten Verwaltungssystem spielen können. Sein informeller Regelungsgehalt ist ein taugliches Beispiel, wie ein bundesstaatenweiter Dürrebewältigungsplan die nötige Flexibilität zur Berücksichtigung akuter Dürreereignisse und lokaler Bewältigungsstrategien wahren kann.

bb) Der Drought Operations Plan der Fernwasserversorgungssysteme California State Water Project (SWP) und Central Valley Project (CVP)

Ein weiteres Beispiel für einen bundesstaatenweiten Dürrebewältigungsplan der dem Ansatz der Selbstregulierung zum *ad hoc* Schutz der Gesellschaft vor Dürreauswirkungen folgt, ist der Drought Operations Plan[1758] des DWR für das SWP und des USBR für das CVP.[1759] Grundsätzlich besteht keine Aufstellungspflicht bezüglich des Drought

---

1757 Der Drought Contingency Plan nimmt z. B. in Anhang 2 auf CWP Update 2009 Bezug. Inzwischen sind bereits zwei weitere Aktualisierungen erschienen. Ein Kernelement des Drought Contingency Plan ist es gerade eine Verknüpfung zwischen den Gewässermanagementstrategien des CWP und dem Dürremanagement des Drought Contingency Plan herzustellen. Ein praxistaugliches Zusammenwirken kann an dieser Stelle nur dann bestehen, wenn der Drought Contingency Plan auf den aktuellen CWP Bezug nimmt.

1758 Für den Betriebsplan gibt es keine einheitliche Bezeichnung. Selbst die planaufstellenden Akteure verwenden eine unterschiedliche Bezeichnung, z. B. »*Drought Contingency Plan for Water Project Operations*« (Betriebsplan vom 15. 1. 2016), »*Central Valley Project and State Water Project Drought Contingency Plan*« (Betriebsplan vom 15. 1. 2015). Geläufig ist die Bezeichnung »*Drought Contingency Plan*«. Da diese Bezeichnung eine Unterscheidung vom Dürrenotfallplan aus dem Jahr 2010 (ebenfalls »*Drought Contingency Plan*«) erschwert, ist nachfolgend von einem Dürre-Betriebsplan die Rede. Diese Bezeichnung entspricht im Übrigen auch der Funktion und Eigenschaft des Plans.

1759 Zum bundesstaatlich betriebenen California State Water Project gehören 20 Stauseen, zum Central Valley Project 22 Stauseen. Das SWP beliefert 29 Behörden, die einen 50-Jahresvertrag über Wasserlieferungen mit dem DWR abschließen. Es stellt in einem normalen Jahr Wasser für 20 Millionen Kalifornier und über 75.000 *acres* Bewässerungslandwirtschaft bereit, *DWR*, State Water Project, https://water.ca.gov/Programs/State-Water-Project [abgerufen am 12. 7. 2021]. Das CVP beliefert 250 Vertragsparteien aus 29 von 58 Bundesstaaten auf der Basis von Langzeit-Verträgen. Das CVP bedient insbesondere die Landwirtschaft mit mehr als 3 Mio. *acres* landwirtschaftlicher Fläche und 2 Millionen Konsumenten. In absoluten Zahlen stellen das SWP etwa 4 % und das CVP etwa 9 % des gesamten Wasserdargebots

Operations Plan. Es kann jedoch bei mehrjährigen Dürreereignissen vorkommen, so zum Beispiel im Jahr 2016 durch *SWRCB* Order Modifying an Order that Approved in Part and Denied in Part a Petition for Temporary Urgency Changes to License and Permit Terms and Conditions Requiring Compliance with Delta Water Quality Objectives in Response to Drought Conditions, dass das SWRCB zur Aufstellung eines Drought Operations Plan verpflichtet wird. Der Drought Operations Plan dient ausschließlich dazu, die Versorgungssicherheit des SWP und des CVP auch in bevorstehenden Dürrejahren zu gewährleisten. Dazu sieht der Plan eine möglichst frühzeitige Rationierung des Dargebots vor und legt dar, ob und in welchem Umfang eine Befreiung von Gewässerqualitätsstandards in Decision 1641 zur Sicherstellung der Wasserversorgung erforderlich ist. Allerdings enthält der Drought Operations Plan keinen konkreten Betriebsablaufplan über die nächsten Monate. Er verfolgt vielmehr den Zweck, die Vertragsparteien (lokale Wasserversorger) frühzeitig über potentielle Wasserlieferungsengpässe zu informieren. Dies wiederum ermöglicht den lokalen Wasserversorgern frühzeitig Maßnahmen zu ergreifen, um auch bei geringerer Wasserverfügbarkeit die leitungsgebundene Wasserversorgung aufrecht zu erhalten. Der Drought Operations Plan ist dementsprechend ein Instrument im Schnittbereich zwischen Dürrevorsorge und *ad hoc* Bewältigung.

(1) Vorhersage für sommerliche Lieferumfänge

Der Drought Operations Plan wird nach Bedarf und Einschätzung einer gemeinsamen Dürrearbeitsgruppe (*interagency federal state drought task force*) des DWR und des USBR aufgestellt. Anlass für die Aufstellung des Plans geben Prognosen im ersten Quartal eines Jahres über die Entwicklung des Wasserdargebots. Der Drought Operations Plan nutzt die besonderen Niederschlagsverhältnisse Kaliforniens, anhand derer sich bereits in den Wintermonaten die Wasserverfügbarkeit für die folgenden Monate ableiten lässt.[1760] Auf dieser Grundlage gibt der Drought Operations Plan Rahmenbedingungen für den Betrieb des SWP und des CVP in den nächsten neun bis elf Monaten vor.

Die Dürreanpassungsstrategie des Drought Operations Plan besteht aus zwei Komponenten, operationelle Anpassungsmaßnahmen für den Betrieb der Fernwasserversorgung und Prognosen für die Vertragsparteien. Um die Wasserversorgung bei Dürre sicherzustellen, müssen die Betreiber der Fernwasserversorgungssysteme die Verfügbarkeit durch Reservoir- und Stauseemanagement und den Wasserbedarf durch Einsparungen in Form von geringeren Wasserlieferungen anpassen.[1761] Die Anpassungsmaßnahmen

---

in Kalifornien bereit, vgl. *USBR*, Water Supply and Field Study, 2008, S. iv. Die Aufsicht über die Wasserinfrastrukturprojekte führt das SWP und CVP in einer gemeinsamen Einsatz- bzw. Steuerungszentrale (Joint Operations Center, JOC).

1760 Die Behörden beziehen sich insbesondere auf den jährliche Bericht des California Cooperative Snow Surveys Programs des DWR über Umfang und Ausmaß der winterlichen Schneedecke im Sierra Nevada Gebirge. Anhand dessen lässt sich eine zuverlässige Prognose erstellen, ob das bevorstehende Jahr eher trocken, normal oder nass ausfällt, *DWR*, The Impact of Forecasting, California Cooperative Snow Surveys, https://cdec.water.ca.gov/snow/info/ImpactOfForecasting.html [abgerufen am 12.7.2021].

1761 *DWR*, Central Valley Project and State Water Project 2016 Drought Contingency Plan For Water Project Operations, 2016, https://www.waterboards.ca.gov/drought/docs/plans/2016dcpfebnov.pdf [abgerufen am 12.7.2021], S. 6 f.

werden für Flusseinzugsbereiche oder gezielt zur Vermeidung bestimmter Auswirkungen aufgestellt.[1762]

Der Drought Operations Plan stellt ergänzend Prognosen unter verschiedenen hydrologischen Szenarien auf, um die Vertragsparteien (*water contractors*) frühzeitig auf mögliche Wasserlieferungsengpässe vorzubereiten.[1763] Die Prognosen ermitteln die Abflussverfügbarkeit und Stauseenkapazität unter Berücksichtigung des winterlichen Schneeaufkommens für drei Szenarien. Die Szenarien beschreiben die Wahrscheinlichkeit (50 %, 90 % und 99 %),[1764] nach der die hydrologischen Bedingungen gleich trocken bleiben oder noch trockener werden. Den Szenarien für die Wasserlieferungen und das Management der Wasserprojekte wird eine Beschreibung der hydrologischen Gegebenheiten vorangestellt.[1765] Die Beschreibung enthält drei Komponenten: Versalzung, Gewässerhydrologie und Ökologie.[1766]

Abschließend enthält der Drought Operations Plan Hinweise zur Echtzeitüberwachung und zum Betrieb der Fernwasserversorgungssysteme.[1767] Der Abschnitt verschafft einen Überblick über technische Frühwarnsysteme und deren Einsatz im Betrieb der Wasserprojekte.[1768] Er verdeutlicht, dass die Informationsbereitstellung durch »externe« Überwachungssysteme die Belastbarkeit der Wasserprojekte gegenüber Dürreauswirkungen in zweifacher Hinsicht erhöht: Zum einen können konfligierende Wassernutzungsinteressen umfassender beurteilt, zum anderen Dürreauswirkungen schneller vermieden oder bewältigt werden. Einen Betriebsplan auf monatlicher oder wöchentlicher Basis für den Betrieb der Fernwasserversorgungssysteme enthält der Drought Operations Plan nicht. Ein derartiger Betriebsplan für einen mehrmonatigen zukünftigen Planungshorizont könnte wohl nach derzeitigem technischen und wissenschaftlichen Stand keine verlässlichen Aussagen

---

1762 *DWR*, Central Valley Project and State Water Project 2016 Drought Contingency Plan For Water Project Operations, 2016, https://www.waterboards.ca.gov/drought/docs/plans/2016dcpfebnov.pdf [abgerufen am 12. 7. 2021], Teil VI, S. 22 ff.

1763 *DWR*, Central Valley Project and State Water Project 2016 Drought Contingency Plan For Water Project Operations, 2016, https://www.waterboards.ca.gov/drought/docs/plans/2016dcpfebnov.pdf [abgerufen am 12. 7. 2021], Teil III, IV, Anhang 1.

1764 50 % bedeutet, dass es gleich wahrscheinlich ist, dass es trockener oder nasser wird.

1765 Vgl. *DWR*, Central Valley Project and State Water Project 2016 Drought Contingency Plan For Water Project Operations, 2016, https://www.waterboards.ca.gov/drought/docs/plans/2016dcpfebnov.pdf [abgerufen am 12. 7. 2021], Section II Initial Status of Conditions, S. 11 ff.

1766 Vgl. *DWR*, Central Valley Project and State Water Project 2016 Drought Contingency Plan For Water Project Operations, 2016, https://www.waterboards.ca.gov/drought/docs/plans/2016dcpfebnov.pdf [abgerufen am 12. 7. 2021], Section II Initial Status of Conditions, S. 11 ff.

1767 *DWR*, Central Valley Project and State Water Project 2016 Drought Contingency Plan For Water Project Operations, 2016, https://www.waterboards.ca.gov/drought/docs/plans/2016dcpfebnov.pdf [abgerufen am 12. 7. 2021], Section VIII, S. 26, 28.

1768 Als Frühwarnungssysteme werden beispielsweise die Auswertungen der USGS SmeltCam oder des kurzfristigen Temperaturvorhersageystems (NMFS-SWFSC short-term temperature forecasts for the Sacramento – RAFT?) genannt, *DWR*, Central Valley Project and State Water Project 2016 Drought Contingency Plan For Water Project Operations, 2016, https://www.waterboards.ca.gov/drought/docs/plans/2016dcpfebnov.pdf [abgerufen am 12. 7. 2021], Section VIII, S. 26 ff.

für einen dürreangepassten Versorgungsbetrieb treffen.[1769] Stattdessen erstellt das USBR in Kooperation mit dem DWR und einem Real Time Drought Operations Management Team (RTDOMT)[1770] wöchentlich, bei Bedarf auch täglich, neue Betriebspläne in Form von Ablaufplänen, die genau festlegen, wann wie wo welcher Staudamm zu öffnen und in welchem Umfang Wasser abgelassen werden muss, um die Gewässerqualitätsvorgaben für das Sacramento-San Joaquin Meeresdelta einzuhalten.[1771]

(2) Befreiung von gewässerökologischen Vorschriften

Gleichzeitig dient der Dürrebetriebsplan dazu widerstreitende Anforderungen von gewässerökologischen Vorschriften und der Sicherheit der Trinkwasserversorgung zu ermitteln und gegebenenfalls die Notwendigkeit einer Befreiung von gewässerökologischen Vorschriften anzuzeigen. Verschiedene rechtliche Vorgaben zu ökologischen Mindeststandards, wie SWRCB Decision 1641, Sec. 7 des US Environmental Services Act oder der Environmental Protection Act, verpflichten die Betreiber des SWP und des CVP bei Dürre Wasser aus Staudämmen und Reservoirs zum Schutz der Gewässerökologie des Delta abzulassen.[1772] Ein Erhöhen des Abflusses kann verhindern, dass Salzwasser ins Landesinnere vordringt, die Gewässertemperatur ansteigt und ein Fischsterben eintritt.[1773]

Bei akuten Dürreereignissen reicht das Dargebot selten aus, um die Bedürfnisse der Gewässerökologie und der Trinkwasserversorgung uneingeschränkt zu erfüllen. In diesen Fällen nehmen das DWR und das USBR im Drought Operations Plan eine Abwägung vor, wobei die Trinkwasserversorgung aufgrund der Lebensnotwendigkeit für die Bevölkerung oberste Priorität hat.[1774] Der Drought Operations Plan dient im folgenden dazu, anhand von Prognosen und Berechnungen darzulegen, ob und in welchem Umfang die Betreiber der Fernwasserversorgungssysteme eine Befreiung von den gewässerökologischen Vorschriften (*temporary urgency change petiton*) beantragen sollen. In den Jahren 2014, 2015 und 2016 ist das SWRCB den Anträgen in Order Modifying an Order that Approved in Part and Denied in Part a Petition for Temporary Urgency Changes to License and Permit Terms and Conditions Requiring Compliance with Delta Water Quality Objecti-

---

1769 Auch wenn vom SWRCB bereits angefragt wurde, ob das JOC nicht einen Fünfjahresplan für Dürreereignisse erstellen könnte.
1770 *DWR*, Central Valley Project and State Water Project 2016 Drought Contingency Plan For Water Project Operations, 2016, https://www.waterboards.ca.gov/drought/docs/plans/2016dcpfebnov.pdf [abgerufen am 12.7.2021], S. 4.
1771 Der Betrieb des SWP wird daher im Ermessen des DWR nach einer sog. »*reasonable operation*« ausgeführt. Bei Dürre koordiniert und entscheidet ein Team aus Behördenvertretern des SWP und des CVP täglich den Betrieb der Projekte.
1772 *DWR*, Central Valley Project and State Water Project 2016 Drought Contingency Plan For Water Project Operations, 2016, https://www.waterboards.ca.gov/drought/docs/plans/2016dcpfebnov.pdf [abgerufen am 12.7.2021], S. 6 f.
1773 Für das CVP gelten alternativ die Vorgaben des sog. *refugee water supply programs* nach CVPIA 3406 (b)(3) & (d)(1)(2)(5). Sinn und Zweck des CVPIA *refuge water supply programs* ist die Gewährleistung von genügend Wasser hinreichender Qualität für Sumpfgebiete und deren Flora und Fauna entlang des Central Valley.
1774 *DWR*, Central Valley Project and State Water Project 2016 Drought Contingency Plan For Water Project Operations, 2016, https://www.waterboards.ca.gov/drought/docs/plans/2016dcpfebnov.pdf [abgerufen am 12.7.2021], S. 6 f.

ves in Response to Drought Conditions überwiegend nachgekommen.[1775] Der Drought Operations Plan bereitet folglich die Beantragung gewässerökologischer Befreiungen auf planerischer Ebene vor unter Berücksichtigung des prognostizierten Wasserdargebots und den widerstreitenden Nutzungsanforderungen.

(3) Zwischenbilanz

Der Drought Operations Plan ist ein gelungenes Beispiel eines selbstinitiierten planerischen Instruments zur Sicherstellung der Wasserversorgung, das mittels Prognosen für die Wasserverfügbarkeit der nächsten neun bis elf Monate den Wasserversorgungssektor frühzeitig über mögliche Engpässe informiert und darauf vorbereitet. Gleichzeitig können durch die Aufstellung von Prognosen zur Wasserverfügbarkeit die verschiedenen Nutzungsanforderungen gegenübergestellt und gegeneinander abgewogen werden. Hierdurch können nicht nur die Betreiber der Fernwasserversorgungssysteme proaktiv tätig werden und Ausnahmegenehmigungen von gewässerökologischen Vorschriften beantragen, sondern auch die Vertragsparteien (lokale Wasserversorger) frühzeitig Maßnahmen zur Rationierung des Wasserdargebots ergreifen. Der Drought Operations Plan ergänzt insoweit auch die sektorenspezifischen Wassermanagementpläne, als er die Wasserverfügbarkeit für die kommenden Monate konkretisiert.

Der Vorsorgeansatz des Drought Operations Plan zur Vermeidung von Dürreauswirkungen ist zu begrüßen, wird jedoch aufgrund praktischer und technischer Umstände in seiner Effektivität geschmälert. Zwischen der Ergreifung konkreter Maßnahmen (z. B. Öffnen eines Stausees) und den Auswirkungen der Maßnahmen (mehr Abfluss im Delta) liegen häufig bis zu fünf Tage.

Die wöchentlichen Betriebspläne entsprechen zwar den technisch möglichen Vorhersagezeiträumen, können die Auswirkungen der Maßnahmen jedoch nur bedingt berücksichtigen. Hinzu kommt, dass das DWR und das USBR einen Drought Operations Plan meist nur in akuten Dürrejahren aufstellen. Sein Steuerungspotential wird dadurch auf ein Instrument zur *ad hoc* Dürrebewältigung beschränkt, obwohl es auch in normalen hydrologischen Jahren dazu beitragen könnte, die in das kalifornische Wasserrecht nachträglich eingeführten gewässerökologischen Anforderungen und die menschlichen Nutzungsansprüche nachhaltig in Einklang zu bringen. Die nächste große Herausforderung könnte unter anderem die Integration einer Mindestwasserführung zum Schutz der Gewässerökologie in das Stauregelement des Drought Operations Plan darstellen.

cc) Der Critical Water Shortage Contingency Plan der California Natural Resources Agency (CNRA)

Einen ähnlichen Ansatz zur Abwägung der verschiedenen Nutzungsbedürfnisse wie der Drought Operations Plan verfolgt das Dürrerrisikominderungsprogramm (Critical Water

---

1775 *SWRCB*, Order WR 2015-0043 v. 15. 12. 2015; vgl. auch *SWRCB*, Order Modifying an Order that Approved in Part and Denied in Part a Petition for Temporary Urgency Changes to License and Permit Terms and Conditions Requiring Compliance with Delta Water Quality Objectives in Response to Drought Conditions, 2015, https://www.waterboards.ca.gov/waterrights/water_issues/programs/drought/docs/tucp/2015/tucp_order040615.pdf [abgerufen am 15. 7. 2021], S. 11.

Shortage Contingency Plan, auch *drought risk reduction investment program*)[1776] von der Collaboration Among State and Federal Agencies to Improve California's Water Supply (CALFED). Die CALFED ist eine Abteilung der CNRA, die ausschließlich dazu dient, die verschiedenen staatlichen, bundesstaatlichen und gewässerökologischen Nutzungsansprüche für das Delta zu koordinieren. Anlässlich der akuten und andauernden Dürre im Jahr 2000 verpflichtete der Gouverneur die CALFED durch Executive Order zur Aufstellung des Critical Water Shortage Contingency Plans.[1777] Ähnlich wie der Drought Operations Plan, legt der Critical Water Shortage Contingency Plan anhand von Prognosen das zukünftige Wasserdargebot in einem Planungshorizont von einem Jahr dar und spricht Empfehlungen für eine Umverteilung aus, um möglichst alle Nutzungsansprüche zu berücksichtigen. Für das Dürrejahr 2000 empfahl die CALFED die erleichterte Durchführung von Wassertransfers.[1778]

Der Critical Water Shortage Contingency Plan ist ein weiteres Beispiel für Dürrebewältigungspläne, die anlässlich eines akuten Dürreereignisses erstellt wurden, in der Folge jedoch eher unbeachtet blieben. Der Mehrwert derartiger Pläne für künftige Dürreereignisse liegt in der Zusammenstellung und Bewertung von erprobten und geplanten Maßnahmen zur Dürrebewältigung. Aufgrund ihrer spezifischen Ausrichtung können die Anfälligkeit der beteiligten Akteure und die akuten Dürreauswirkungen umfassend berücksichtigt werden. In praktischer Hinsicht stellt sich allerdings die Frage, ob ein Nebeneinander von Plänen wie dem Drought Operations Plan und dem Critical Water Shortage Contingency Plan zur effektiven Dürrebewältigung beiträgt. Zumindest auf Ebene bundesstaatlicher Akteure müsste eine Koordinierung der in den Plänen empfohlenen Maßnahmen erfolgen (z. B. im Rahmen der Drought Task Force), um gegensätzliche Wirkungen der Dürrebewältigungsmaßnahmen zu vermeiden.

e) Schutz der Gewässerökologie durch gewässerqualitätsspezifische Pläne

Dürreereignisse können verheerende Auswirkungen auf die Gewässerökologie haben, wie jüngst die Dürre 2012–2017 zeigt. Ein verringerter Abfluss, erhöhte Gewässertemperaturen oder Salzwasserintrusion führten nicht nur zu einer erhöhten Schadstoff- und geringeren Sauerstoffkonzentration in den Gewässern, sondern bedrohten 18 Fischarten konkret vom Aussterben.[1779]

Erst seit 1970 stellt das kalifornische Wasserrecht Mindestvorgaben zum Schutz der Gewässerökologie auf.[1780] Da die Vorschriften nachträglich in das bereits ausgereifte Nutzungssystem eingefügt wurden, erscheinen sie teilweise bis heute als Fremdkörper. In

---

1776 So *USBR*, Sacramento River Settlement: Contractors Environmental Impact Statement, Draft Report, 2004, S. 4-3.
1777 *CALFED*, California´s Water Futre: A Framework for Action, 2000, S. 10. Er ist Teil bzw. eine Ergänzung des allgemeinen Strategiepapiers von der CALFED, »Californias Water Future: A Framework for Action«, *Pearson*, Calfed's Plan for California's Water Future, Cal. Envtl. Insider 2000.
1778 *Green*, Managing Water: Avoiding Crisis, 2007, S. 260.
1779 Vgl. *PPIC*, Climate Change Vulnerability of Native and Alien Freshwater Fishes of California, 2016, S. 1.
1780 Die historische Entwicklung des Gewässerschutzes darstellend, *Morris*, Who Controls the Waters?, Hastings W.-Nw. J. Envtl. L. & Pol'y 2000, 117 (132).

Kalifornien setzen eigens erstellte Gewässerqualitätspläne (*regional water quality control plans*) die bundesstaatlichen und bundesweiten Vorschriften zum Schutz der Gewässerökologie verbindlich für die Gewässernutzer um.[1781] Die in den Plänen konkretisierten Mindeststandards sind auch bei Dürreereignissen zwingend einzuhalten, es sei denn es liegt eine ausnahmsweise Befreiung durch eines der *regional water quality control boards* vor. Ausnahmsweise bestehen ergänzende Pläne, die auf spezielle Problembereiche in speziellen Flusseinzugsgebieten spezialisiert sind. Ein spezieller Bereich mit Dürrebezug ist beispielsweise die Regulierung der Gewässertemperatur durch den bundesstaatlichen Wärmelastplan (Thermal Plan) und auf Flusseinzugsgebietsebene durch den Sacramento River Temperature Management Plan. Den gewässerökologischen Plänen ist gemeinsam, dass sie selten explizit auf die Bewältigung von Dürreereignissen eingehen, durch die Mindeststandards jedoch einen Beitrag zur Risikovorsorge vor Dürreereignissen leisten und die Belastbarkeit der Gewässer gegenüber Dürreereignissen verbessern.

aa) *Regional water quality control plans* – ein Dürremanagement für die Gewässerqualität?

Im Zentrum des kalifornischen Gewässerqualitätsschutzes stehen die *regional water quality control plans*. Die *regional water quality control boards*[1782] des SWRCB aktualisieren die Pläne alle drei Jahre, § 13240 WAT iVm. § 303 (c) CWA.

Bei der Aufstellung und Aktualisierung der Pläne müssen die *regional water quality control boards* sowohl die bundesstaatlichen Regelungen des Porter-Cologne Water Quality Control Act nach §§ 13000–13999.1 WAT als auch die bundesweiten Regelungen des CWAs nach 33 USC §§ 1251 ff. einhalten. Die *regional water quality control plans* sind strukturell und konzeptionell sehr unterschiedlich ausgestaltet. Dies liegt daran, dass die gesetzlichen Rahmenvorgaben kaum Vorschriften über die Struktur der Pläne aufstellen. Stattdessen liegt der Fokus darauf, dass die Mindestvorgaben der gesetzlichen Vorschriften in den regionalen Plänen konkretisiert und verbindlich festgelegt werden.[1783]

(1) Regelungsadressat und Rechtsbindungswirkung der Pläne

Die Pläne beanspruchen grundsätzlich rechtliche Verbindlichkeit für alle Gewässerbenutzer und Wasserbehörden im Bundesstaat. Bei genehmigungspflichtigen Gewässerbenutzungen kann das SWRCB die Vorgaben der *regional water quality control plans*

1781   Vgl. *Slater*, California Water Law and Policy, Band 2, 2015, § 16.03[1], S. 16-8 (Rel. 10-6/2005 Pub. 83013). In anderen Bundesstaaten, z. B. Washington oder Nebraska bestehen rechtsgebietsübergreifende Umweltpläne, die rechtliche Mindestvorgaben von verschiedenen Bereichen (z. B. Luftqualität, Gewässerqualität oder Gewässerquanität) konkretisieren und vorgeben.
1782   Nach § 13200 (a) WAT bestehen folgende Regionen: (a) North Coast Region, (b) San Francisco Bay Region, (c) Central Coast Region, (d) Los Angeles Region, (e) Santa Ana Region, (f) San Diego Region, (g) Central Valley Region, (h) Lahontanregion, (i) Colorado River Basin Region.
1783   *Slater*, California Water Law and Policy, Band 2, 2015, § 16.03[2][b], S. 16-10 (Rel. 21-1/2017 Pub. 83013); *Attwater/Markle*, Overview of California Water Rights and Water Quality Law, Pac. L. J. 1987, 957 (994).

D. Die Rechtslage im US-Bundesstaat Kalifornien

im Einzelfall konkretisieren. Da in Kalifornien sowohl nach § 301 des CWA, als auch nach bundesstaatlichem Recht nach §§ 13260 ff. WAT ein generelles Einleitungsverbot mit Erlaubnisvorbehalt besteht, unterliegen grundsätzlich alle Gewässerbenutzungen mit gewässerökologischen Auswirkungen einem Genehmigungsvorbehalt.[1784] Zu den klassischen Anwendungsbereichen, bei denen die Vorgaben der *regional water quality control plans* in Genehmigungsbescheiden konkretisiert werden, gehören nach § 13050 (e) WAT Punktquellen wie Abwassereinleitungen oder die Versickerung von pestizidbelastetem Wasser durch die Landwirtschaft als diffuse Quellen.[1785] Bis 1990 gab es in Kalifornien etwa 8.500 Einleitungen, die der Aufsicht der *regional water quality control boards* unterlagen, 1.200 davon waren Genehmigungen nach Bundesrecht.[1786]

Da die *regional water quality control boards* sowohl Steuerungssubjekt als auch Steuerungsobjekt der *regional water quality control plans* sind, ist bei der Aufstellung und Aktualisierung der Pläne die Zustimmung des SWRCB nach § 13245 WAT und der US EPA nach 33 USC § 1342 (b), CFR § 123.24 erforderlich (*trust but verify*-Ansatz).[1787]

Die regionalen Gewässerschutzpläne verfolgen weniger die planerische Steuerung des Gewässerschutzes als die verbindliche Konkretisierung gesetzlicher Mindeststandards auf regionaler Ebene.

(2) Regelungsgegenstand der Pläne: Gewässerverunreinigungen, § 13050 (i) WAT iVm. 33 USC § 1362 (19) CWA

Nach § 13050 (i) WAT regeln die Pläne alle Maßnahmen und Faktoren, die Auswirkungen auf die Gewässerqualität haben, inklusive der Vermeidung und Beseitigung von Verunreinigungen und Immissionen. Zu den Verunreinigungen zählen nach 33 USC § 1362 (19) des CWA jede menschliche oder durch Menschenhand verursachte Veränderung der chemischen, physikalischen, biologischen und radiologischen Zusammensetzung des Wassers. Die Definition des Regelungsgegenstandes schließt die Maßnahmen zur *ad hoc* Dürrebewältigung zwecks Verbesserung des Zustands der Gewässerqualität folglich aus. Die natürlichen Verunreinigungen, wie Salzwasserintrusion oder Senkung des Sauerstoffgehalts durch Dürren entziehen sich dementsprechend der planerischen Regelungsbefugnis der *regional water quality control boards*.[1788]

1784 Jede Gewässereinleitung ist zunächst mitteilungspflichtig in Form eines Berichts über die Einleitung von Schadstoffen (*report of waste discharge*), § 13240 (a) WAT. Anschließend entscheidet die zuständige regionale Wasserbehörde nach einer Anhörung über die Zulässigkeit der Einleitung nach bundesstaatlichen und bundesweiten Vorschriften und erlässt ggf. ergänzenden Auflagen, vgl. § 13263 (a) WAT. Die Genehmigungsvoraussetzungen nach bundesstaatlichem Recht des Porter-Cologne Water Quality Control Act nehmen Bezug auf das bundesweit geltende NPDES, § 402 CWA.
1785 33 USC § 1288 (b) (2) (F); *Attwater/Markle*, Overview of California Water Rights and Water Quality Law, Pac. L. J. 1987, 957 (997); grundlegend *Slater*, California Water Law and Policy, Band 2, 2015, § 16.06, S. 16-28 f. (Rel. 14-12/2009 Pub. 83013).
1786 *Attwater/Markle*, Overview of California Water Rights and Water Quality Law, Pac. L. J. 1987, 957 (1001).
1787 Ausführlich *Slater*, California Water Law and Policy, Band 2, 2015, § 16.03[2][d], S. 16-10 f. (Rel. 21-1/2017 Pub. 83013).
1788 Zur Definition der Gewässerqualität *Slater*, California Water Law and Policy, Band 2, 2015, § 16.03[1], S. 16-8, § 16.05, S. 16-20 (Rel. 21-1/2017 Pub. 83013).

In Bezug auf Dürreereignisse sind die Pläne aufgrund ihres Regelungsgegenstands auf die Steuerung menschlichen Verhaltens beschränkt. Sie können kein ressourcenbezogenes Dürremanagementsystem für die Gewässerqualität als solche aufstellen, das zum Beispiel Dürrefolgen, wie ein dürrebedingtes Absinken des Sauerstoffgehalts, regelt.

(3) Regelungspotential der Gewässerschutzpläne für Dürreereignisse

Nach §§ 13241 f. WAT bestehen die *regional water quality control plans* aus zwei Teilen, den Gewässerschutzzielen und einem Maßnahmenprogramm. Mangels konkreter gesetzlicher Vorgaben weisen die Pläne bereits einen unterschiedlichen Aufbau und Inhalt im Rahmen des zulässigen Gestaltungsspielraums auf.

α) Bestimmung der Gewässerschutzziele für Verunreinigungen, § 1341 WAT

Im ersten Teil der *regional water quality control plans* beschreiben die Pläne nach § 1341 WAT typischerweise die hydrologischen und geografischen Eigenschaften des Plangebiets und zeigen besondere Problembereiche der Gewässerqualität auf. Ebenfalls im ersten Teil legen die Pläne die Gewässerschutzziele für den qualitativen Zustand der Gewässer fest.[1789]

Manche Pläne gehen konkret auf die verschiedenen Art möglicher Verunreinigungen ein (z. B. Chlor, Öl und Fett, Temperatur oder Giftstoffe)[1790] und stellen dafür erste Grenzwerte auf. Dabei handelt es sich jedoch um eher abstrakt gehaltene Mindeststandards, die später im Maßnahmenteil der Pläne konkretisiert werden. Die Ausführungen des ersten Teils von *regional water quality control plans* gehen nicht explizit auf Dürreereignisse oder deren Auswirkungen auf den qualitativen Gewässerzustand ein. Ein Grund hierfür könnte sein, dass weder der CWA noch der Porter-Cologne Water Quality Control Act konkrete Vorgaben enthalten, ob die Gewässerschutzziele auch bei Dürreereignissen gelten oder woran sich die Mindeststandards der Pläne bemessen.[1791]

β) Die Maßnahmenprogramme und Total Maximum Daily Loads, § 13242 WAT

Der zweite Teil von *regional water quality control plans* besteht aus einem Maßnahmenprogramm nach § 13242 WAT. Manche Pläne wählen einen traditionelleren Ansatz,

---

1789 Für viele *North Coast Regional Water Quality Control Board*, Basin Plan, 2018, https://www.waterboards.ca.gov/northcoast/water_issues/programs/basin_plan/180710/BasinPlan20180620.pdf [abgerufen am 14.8.2018], S. 1.1 ff.; einen anderen Ansatz wählt der Central Valley Region Basin Plan, der nach Flussgebietseinheiten vorgeht, *Central Valley Regional Water Quality Control Board*, Central Valley Basin Plan, 2018, https://www.waterboards.ca.gov/centralvalley/water_issues/basin_plans/sacsjr_201805.pdf [abgerufen am 12.7.2021].
1790 Vgl. *California Regional Water Quality Control Board – San Diego Region*, The Basin Plan, Update 2016, 2016, https://www.waterboards.ca.gov/sandiego/water_issues/programs/basin_plan/ [abgerufen am 14.8.2018], Chapter 3: Water Quality Objectives.
1791 Dies kann sich im Regelungsinhalt der Genehmigungen fortsetzen, hierzu vgl. *Hampson v. Superior Court*, 67 Cal. App. 3d 472, 482 ff. (1977); *Slater*, California Water Law and Policy, Band 2, 2015, § 16.04, S. 16-20 ff. (Rel. 21-1/2017 Pub. 83013).

D. Die Rechtslage im US-Bundesstaat Kalifornien

der an die Vorschriften in *codes* oder *acts* erinnert und bestimmte Maßnahmen oder die Einhaltung von Grenzwerten fordert.[1792] Andere stellen die Vorschriften in Form von Aktionsplänen auf.[1793] Inhaltlich unterscheiden die meisten Pläne zwischen Vorgaben für Punktquellen und diffuse Quellen.[1794] Manche Pläne differenzieren weiter nach Flusseinzugsgebieten, Sektoren (z. B. industrielle, landwirtschaftliche Verschmutzungen) oder Sachbereichen (z. B. Entsorgung von Baggergut, Abwassereinleitungen).[1795] Die Maßnahmenprogramme gehen jedoch selten bis gar nicht auf die Wechselwirkung zwischen Dürreereignissen und menschlichen Verunreinigungen ein.

Das Zentrum der Maßnahmenprogramme ist die Aufstellung von Grenzwerten zur maximalen Tagesbelastung durch verunreinigende Gewässerbenutzungen, sog. Total Maximum Daily Loads (TMDLs).[1796] 40 CFR 130.2 definiert die Grenzwerte zur maximalen Tagesbelastung als die Summe der Schadstoffbelastungen durch Punktquellen, diffuse Quellen und natürliche Belastungen. Nach § 303 (d) (1) (C) CWA muss jeder Bundesstaat für Gewässer ohne hinreichende Vorgaben zum Schutz der aquatischen Umwelt TMDLs iSv. § 304 (a) (2) CWA aufstellen. 40 CFR 130.2, 103.7 iVm. § 303 (d) CWA überlässt die Bestimmung der Grenzwerte weitgehend dem Entschließungs- und Auswahlermessen der *regional water quality control boards*. Das Bundesrecht stellt jedoch bundesweite Anforderungen an die Grenzwerte für Wärmeeinleitungen. 40 CFR 130.7 (c) (1) fordert, dass die bundesstaatlichen Behörden diejenigen Grenzwerte festlegen, die notwendig sind um Gewässerqualitätsstandards trotz jahreszeitlicher Schwankungen zu erreichen und fehlende Informationen bezüglich der Beziehung von Grenzwerten und Gewässerqualität berücksichtigen. Diese Anforderungen konkretisiert das SWRCB durch Resolution 2005-0050.[1797] Es fordert, dass die Grenzwerte sechs weitere Kriterien enthalten: Problembeschreibung, Schadstoffverteilung, zahlenmässige Ziele (Grenzwerte), Ursachenanalyse, Analysen zur Belastbarkeit und Umsetzungsplan.

1792 Vgl. *California Regional Water Quality Control Board – San Diego Region*, The Basin Plan, Update 2016, 2016, https://www.waterboards.ca.gov/sandiego/water_issues/programs/basin_plan/ [abgerufen am 14. 8. 2018], Chapter 4: Implementation.

1793 *North Coast Regional Water Quality Control Board*, Basin Plan, 2018, https://www.waterboards.ca.gov/northcoast/water_issues/programs/basin_plan/180710/BasinPlan20180620.pdf [abgerufen am 14. 8. 2018], Chapter 4.

1794 Vgl. *North Coast Regional Water Quality Control Board*, Basin Plan, 2018, https://www.waterboards.ca.gov/northcoast/water_issues/programs/basin_plan/180710/BasinPlan20180620.pdf [abgerufen am 14. 8. 2018], Chapter 4.

1795 *California Regional Water Quality Control Board – San Diego Region*, The Basin Plan, Update 2016, 2016, https://www.waterboards.ca.gov/sandiego/water_issues/programs/basin_plan/ [abgerufen am 14. 8. 2018], Chapter 4: Implementation.

1796 Umgesetzt beispielsweise in *Los Angeles Regional Water Quality Control Board*, Basin Plan, 2016, https://www.waterboards.ca.gov/losangeles/water_issues/programs/basin_plan/basin_plan_documentation.html [abgerufen am 14. 8. 2018], Chapter 7; *California Regional Water Quality Control Board – San Diego Region*, The Basin Plan, Update 2016, 2016, https://www.waterboards.ca.gov/sandiego/water_issues/programs/basin_plan/ [abgerufen am 14. 8. 2018], Chapter 7.

1797 *SWRCB*, Resolution 2005-0050 v. 16. 6. 2005, *Adoption of the Water Quality Control Policy for Addressing Impaired Waters: Regulartory Structure and Options (Impaired Waters Policy)*.

Ob die Grenzwerte ausdrücklich auf Dürreereignisse eingehen, hängt stark von der Art des Schadstoffes und den hydrologischen Bedingungen im Einzugsgebiet ab. Der Water Quality Control Plan for the San Diego Basin führt beispielsweise im Rahmen des Grenzwerts für das Insektizid Diazinon aus, dass dieser unter allen saisonalen Bedingungen, und damit auch bei Dürre, einzuhalten ist.[1798]

Als weiteres Beispiel geht der Water Quality Control Plan for the North Coast Region auf die Wärmebelastung von Gewässern ein und enthält integrierte Pläne zur Wärmelast (*Plan for Control of Temperature*) und zur Wiedereinleitung von Kühlwasser (»Policy for the Use and Disposal of Inland Waters Used for Power Plant Cooling«).[1799] Der Wärmeplan beinhaltet detaillierte Grenzwerte zur monatlichen Gesamtbelastung einzelner Gewässer, sowie Grenzwerte zur Belastungsdifferenz für bestehende und künftige Einleitungen. Der Central Valley Basin Plan stellt einzelne Planungsdokumente, teilweise auch Resolutionen zu einzelnen Grenzwerte, für ausgewählte Flussgebietseinheiten auf. Ein Beispiel dafür ist Resolution R5-2005-0119 zu monatlichen Grenzwerten für die maximale Gewässertemperatur am Deer Creek. In den monatlichen Grenzwerten finden auch die saisonalen Klimabedingungen Berücksichtigung.[1800]

Aufgrund der unterschiedlichen Ausgestaltung der »Maßnahmenprogramme« in den *regional water quality control plans* ist eine generalisierende Beurteilung des dürrespezifischen Regelungsgehalts kaum möglich. Es wird jedoch deutlich, dass die Berücksichtigung von Dürreereignissen in den gesetzlichen Vorgaben eine untergeordnete Rolle spielt. Es liegt daher in der Entscheidungsbefugnis der *regional water quality control boards* Dürreereignisse im Maßnahmenprogramm der Pläne zu berücksichtigen.

(4) Zwischenbilanz

Die *regional water quality control plans* sind das Bindeglied zwischen den abstrakten gesetzlichen Vorgaben und den Festsetzungen der Genehmigungen für Wassereinleitungen im Einzelfall. Da sie auf die menschliche Verunreinigung iSv. § 13050 (i) WAT iVm. 33 USC § 1362 (19) CWA abstellen, bieten sie grundsätzlich keinen Schutz vor dürrebedingten Verschlechterungen der Gewässerqualität. Die abstrakten, gesetzlichen Vorgaben lassen den *regional water quality control plans* jedoch genügend Handlungs- und Gestaltungsspielraum, um auch die Auswirkungen von Dürreereignissen auf die Gewässerqualität theoretisch zu berücksichtigen. In der Praxis spielen die gewässerqualitativen Vorgaben der *regional water quality control plans* zum Schutz bei Dürreereignissen eine untergeordnete Rolle. Da der kalifornische Wasserhaushalt selbst bei normalen hydrologischen Bedingungen von Übernutzung geprägt ist, ist die Einhaltung von gewässerökologischen Mindeststandards bei Dürreereignissen nahezu unmöglich.

1798 *California Regional Water Quality Control Board – San Diego Region*, The Basin Plan, Update 2016, 2016, https://www.waterboards.ca.gov/sandiego/water_issues/programs/basin_plan/ [abgerufen am 14.8.2018], Chapter 7, S. 7-5.

1799 *North Coast Regional Water Quality Control Board*, Basin Plan, 2018, https://www.waterboards.ca.gov/northcoast/water_issues/programs/basin_plan/180710/BasinPlan20180620.pdf [abgerufen am 14.8.2018], Appendix 3, Appendix 8.

1800 Durch regelmäßiges Monitoring der Gewässertemperatur soll eine Einhaltung der Gewässertemperaturgrenzwerte gewährleistet werden, *California Regional Water Quality Control Board – Central Valley Region*, Resolution R5-2005-0119 v. 16.9.2005.

D. Die Rechtslage im US-Bundesstaat Kalifornien

Die bundesstaatlichen Akteure haben während der jüngsten Dürreereignisse und deren gravierenden Auswirkungen auf die Fischpopulationen die Notwendigkeit von »*water for the environment*« erkannt. Neue Wassergewinnungsmethoden, wie die Wiederaufbereitung von Brauchwasser oder die Entsalzung von Meerwasser, gehören zu den jüngsten Hoffnungen, um auch gewässerökologische Belange und Mindeststandards bei künftigen Dürreereignissen verstärkt berücksichtigen zu können.

bb) Bundesstaatenweites Management von Wärmelast

Die Wärmelast der Oberflächengewässer und Regulierung der Wassertemperatur zum Schutz der Gewässerökologie als Dürrevorsorge ist ein Bereich des kalifornischen Wasserqualitätsrechts, der besondere Aufmerksamkeit erfährt. Aus Sicht eines gewässerökologischen Dürremanagements ist die Regulierung der Wassertemperatur besonders zu begrüßen, da Fischsterben vorgebeugt werden kann.

Die Belastung der Gewässer durch künstliche Erwärmung durch Kraftwerke ist gleichwohl besonders hoch. Hochrechnungen zufolge wären 50–60 % des täglichen Abflusses der Vereinigten Staaten erforderlich, um eine Erhöhung der Wassertemperatur durch Dampfkraftwerke zu verhindern.[1801] Um derartige Auswirkungen zu vermeiden, fordert § 316 (b) CWA bundesweit, dass Kraftwerke nur mit dem technisch besten Kühlungsverfahren betrieben werden dürfen (*best technology prinicple*). 18 von 21 Kraftwerken an der Küste Kaliforniens werden derzeit mit Durchlaufkühlung (*once through cooling*) betrieben.[1802] Die Rechtslage zur Regulierung der Wärmelast besteht aus verschiedenen planerischen und regulatorischen Instrumenten. Die Vorgaben der *regional water quality control plans* werden durch einen bundesstaatlichen Thermal Plan des SWRCB und der Resolution 75-58 des SWRCB ergänzt. Für besonders wärmeanfällige Gewässer besteht zudem die Verpflichtung zur Aufstellung von flussspezifischen Wärmelastplänen, wie z. B. der Sacramento River Temperature Management Plan.

(1) Der Thermal Plan des SWRCB

Der Wärmelastplan (Thermal Plan)[1803] aus dem Jahr 1971 regelt die Wärmebelastung bundesstaatlicher Gewässer.[1804] Er entstand in der Folge dessen, dass die US EPA den Vorgaben zur Temperaturregulierung in den *regional water quality control plans* nicht

---

1801 Würden die Kraftwerke jedoch ausschließlich mit Durchlaufkühlung (*once through cooling*) betrieben, würde die Wassertemperatur nur um ca. 5–10 °C erhöht *Rodgers*, Environmental Law, 2. Aufl. 1994, § 4:38; mit weiteren Beispielen und der Beschreibung verschiedener Kühlsysteme *Fleischli/Hayat*, Power Plant Cooling and Associated Impacts, NRDC, 2014, S. 3; zu den von der US EPA anerkannten Kühlungsverfahren vgl. § 316 (a) CWA; *Voices of Wetlands v. SWRCB*, 69 Cal. Rptr. 3d 487, 521 ff. (2008).
1802 *Ocean Protection Council*, California's Coastal Power Plants: Alternative Cooling System Analysis, 2008, S. ES-2.
1803 *SWRCB*, Water Quality Control Plan for Control of Temperature in the Coastal and Interstate Waters and Enclosed Bays and Estuaries of California, 2005, https://www.waterboards.ca.gov/water_issues/programs/ocean/docs/wqplans/thermpln.pdf [abgerufen am 14. 8. 2018].
1804 Dazu zählen Küstengewässer, bundesstaatenübergreifende Gewässer und Meeresmündungen. Vom Anwendungsbereich ausgenommen sind inländische Gewässer.

zustimmte.[1805] Der Thermal Plan des SWRCB hebt sich von den übrigen gewässerökologischen Plänen insbesondere durch seinen anlagenbezogenen Regelungsansatz ab. Er stellt Grenzwerte für vier Kraftwerksbetreiber[1806] auf, wobei die Grenzwerte nach Art des Gewässers (kalt oder warm)[1807] differieren.[1808] Für den Colorado River als bundestaatenübergreifendes Gewässer (*interstate waters*) stellt der Wärmelastplan ergänzend monatliche Maximalwerte auf, die teils explizit auf Dürreereignisse eingehen.[1809] Den Grenzwerten ist gemein, dass sie ohne Ausnahmegenehmigung durch das SWRCB auch bei Dürreereignissen nicht überschritten werden dürfen.

Die Effektivität des Thermal Plan ist nicht zuletzt aufgrund seines engen Anwendungsbereichs und Regelungsansatzes begrenzt. Der Thermal Plan trägt ferner zur Rechtszersplitterung bei, da er die bestehenden gewässerökologischen Vorgaben in einem neuen Instrument ergänzt. Sinnvoller wäre es, die Vorgaben des Wärmelastplans in die *regional water quality control plans* zu integrieren.[1810] Auch wäre an ein gemeinsames Verfahren zur Regelung des Anlagenbetriebs im Einzelfall zu denken. Derartige Vorgehensweisen könnten ebenfalls gewährleisten, dass die anlagenbezogenen Grenzwerte an der kumulativen Belastung der Gewässer ausgerichtet werden. In seiner Funktion als Konkretisierung der Temperaturvorgaben aus den *regional water quality control plans* trägt der Thermal Plan jedoch insofern zur Dürrevorsorge bei, als er die künstliche Verschlechterung der Gewässertemperatur reguliert und dadurch die Belastbarkeit der Gewässer verbessert.

(2) Resolution 75-58 des SWRCB zur Regulierung von Kühlwasser bei inländischen Gewässern

Die Resolution 75-58 des SWRCB vom 19. 6. 1975 regelt die Temperatur inländischer Gewässer und stellt Vorgaben für Kraftwerke auf, die Wasser zur Kühlung aus Flüssen

---

1805 *Pearson*, State Board to Review Thermal Plan, Cal. Envtl. Insider 1998.
1806 Bei Erlass und Aktualisierung des Planes in den 1970er Jahren existierten nur diese vier Anlagen. Neuere Anlagen regelt der Wärmelastplan in der Kategorie neue Einleitungen (*new discharges*), *SWRCB*, Water Quality Control Plan for Control of Temperature in the Coastal and Interstate Waters and Enclosed Bays and Estuaries of California, 2005, https://www.waterboards.ca.gov/water_issues/programs/ocean/docs/wqplans/thermpln.pdf [abgerufen am 14. 8. 2018], Definitions No. 11.
1807 Ob ein Gewässer als kalt oder warm einzustufen ist, richtet sich nach den dort ansässigen Fischarten, vgl. *SWRCB*, Water Quality Control Plan for Control of Temperature in the Coastal and Interstate Waters and Enclosed Bays and Estuaries of California, 2005, https://www.waterboards.ca.gov/water_issues/programs/ocean/docs/wqplans/thermpln.pdf [abgerufen am 14. 8. 2018], Definitions No. 8.
1808 *Pearson*, State Board to Review Thermal Plan, Cal. Envtl. Insider 1998; *SWRCB*, Water Quality Control Plan for Control of Temperature in the Coastal and Interstate Waters and Enclosed Bays and Estuaries of California, 2005, https://www.waterboards.ca.gov/water_issues/programs/ocean/docs/wqplans/thermpln.pdf [abgerufen am 14. 8. 2018], Specific Water Quality Objectives No. 1 A, 2 A, 3 B (3), 4 B (2).
1809 *SWRCB*, Water Quality Control Plan for Control of Temperature in the Coastal and Interstate Waters and Enclosed Bays and Estuaries of California, 2005, https://www.waterboards.ca.gov/water_issues/programs/ocean/docs/wqplans/thermpln.pdf [abgerufen am 14. 8. 2018], Specific Water Quality Objectives No. 2 C, 2 D.
1810 *Pearson*, State Board to Review Thermal Plan, Cal. Envtl. Insider 1998.

D. Die Rechtslage im US-Bundesstaat Kalifornien

und Seen entnehmen und anschließend das erwärmte Wasser wieder einleiten.[1811] Adressat der Vorgaben sind die neun *regional water quality control boards*, die die Vorgaben der Resolution 75-58 in ihren *regional water quality control plans* umsetzen.

Der zentrale Regelungsinhalt der Resolution besteht aus Grundprinzipien, Verboten und Durchsetzungsinstrumentarien zur Einleitung von Kühlwasser. Beispielsweise führt Prinzip 1 eine Hierarchie nach Art der Gewässer ein, die vorzugsweise für Kühlungszwecke eingesetzt werden sollen. An oberster Stelle steht die Verwendung von wiederaufbereitetem Abwasser,[1812] gefolgt von Meerwasser und landwirtschaftlich genutztem Brackwasser. Die Nutzung von Frischwasser genehmigt das SWRCB nach Prinzip 2 der Resolution 75-58 nur dann, wenn der Einsatz anderer Wasserarten zu Kühlzwecken ökologisch oder ökonomisch nicht sinnvoll wäre. Ferner verbietet die Resolution 75-58 (*discharge prohibition 2*) die Einleitung von Kühlwasser bei Kraftwerken mit Durchlaufkühlung, es sei denn der Anlagenbetreiber kann nachweisen, dass die Durchlaufkühlung weder die Gewässerqualität noch aquatische Umwelt beeinträchtigt.

Die Vorschriften der Resolution stützen eine enumerative Aufzählung potentieller Durchsetzungsmaßnahmen, die von den *regional water quality control boards* nach ihrem Ermessen und den Anforderungen des Einzelfalls in Genehmigungsbescheiden (insb. National Pollutant Discharge Elimination System (NPDES) Genehmigungen nach Bundesrecht und Sanktionsinstrumente) umgesetzt werden. Einen Beitrag für die langfristige Dürrevorsorge durch Resolution 75-58 leistet zum Beispiel ein regelmäßiges Monitoring, um die Einhaltung der Grenzwerte zu beweisen (*Implementation 2*), oder die Durchführung einer Umweltprüfung (*environmental impact report*) nach § 2718 California Administrative Code (Cal. Admin. Code) (*Implementation 3*).

Im Ergebnis sieht Resolution 75-58 jedoch keine Maßnahmen oder Anforderungen an den Kratfwerksbetrieb bei Dürreereignissen vor. Möglicherweise ist die Resolution 75-58 hierfür als bundesstaatenweite Regelung nicht geeignet, um Mindeststandards für lokal betroffene Gewässer bei Dürreereignissen aufzustellen. Das SWRCB könnte an dieser Stelle jedoch die Verpflichtung der nachgeordneten Wasserbehörden und Rahmenbedingungen zur Aufstellung von dürrespezifischen Grenzwerten oder Maßnahmen festlegen. Eine Liste mit *best management practices* könnte Maßnahmen aufnehmen, die bei Dürreereignissen die Gewässertemperatur *ad hoc* senken. Zu denken ist beispielsweise an die nächtliche Abgabe von Kühlwasser in Form von Beregnung, da dadurch die Sauerstoffkonzentration der Gewässer künstlich erhöht werden kann.

Da 18 von 21 Kraftwerken derzeit mit Durchlaufkühlung betrieben werden, zeigen die Vorschriften der Resolution 75-58, die ein generelles Verbot der Durchlaufkühlung anordnen, eher geringe Effektivität. Sie kann daher nur eingeschränkt zur Dürrevorsorge und zum Schutz der Gewässerökologie beitragen.

1811 Ihr Pendant, die Resolution für Einleitungen von Kühlwasser in Meerwasser und Meermündungswasser wurde hingegen mehrfach, zuletzt 2013, aktualisiert, *SWRCB*, Resolution 2013-0018 v. 18. 6. 2013.

1812 Nach Grundprinzip 7 sollen das SWRCB und die Anlagenbetreiber für jedes Kraftwerk untersuchen, inwieweit Abflusswasser zu Kühlzwecken verwendet werden kann.

(3) Wassertemperaturmanagement am Beispiel des Sacramento River Temperature Management Plan

Ein Beispiel für ein flusseinzugsgebietsspezifisches Wassertemperaturmanagement zur Dürrevorsorge liefert der Sacramento River Temperature Management Plan (SRTMP). Er verknüpft artenschutzrechtliche Mindestanforderungen mit hydrologischen Prognosen und ermöglicht dadurch eine dürreangepasste Stauregulierung des Sacramento River. Seit 2015 besteht nach Anordnung des SWRCBs[1813] und nach Bundesrecht[1814] eine Aufstellungspflicht.

Der Bundesgesetzgeber und das SWRCB haben erkannt, dass der SRTMP ein vielversprechendes Instrument zur Vermeidung von Fischsterben und zur Regeneration der Gewässerökologie bei und nach Dürreauswirkungen darstellt. Das primäre Ziel des Planes ist es, den durch die Dürre 2012–2017 konkret vom Aussterben bedrohten Königslachs *chinook salmon* wieder anzusiedeln und vor künftigen Dürreauswirkungen zu schützen.[1815] Die neu eingeführte Aufstellungspflicht verdeutlicht einmal mehr, dass bestehende Instrumente und Vorschriften nicht ausreichen, um artgerechte aquatische Lebensräume und eine angemessene Wassertemperatur bei Dürreereignissen sicherzustellen. Die Verfügbarkeit von »*water for the environment*« muss daher durch zusätzliche, spezielle Instrumente abgesichert werden, die gegebenenfalls auch mit verringerten Wasserlieferungen zu menschlichen Nutzungszwecken einhergeht.[1816]

1813 *SWRCB*, Order WR 90-5 v. 2. 5. 1990; *SWRCB*, Order Modifying an Order that Approved in Part and Denied in Part a Petition for Temporary Urgency Changes to License and Permit Terms and Conditions Requiring Compliance with Delta Water Quality Objectives in Response to Drought Conditions, 2015, https://www.waterboards.ca.gov/waterrights/water_issues/programs/drought/docs/tucp/2015/tucp_order040615.pdf [abgerufen am 15. 7. 2021].

1814 ESA Sec. 7 (b), *NOAA 2009 Biological Opinion Reasonable and Prudent Alternative I.2.4 for long-term operation of CVP and SWP*. Sieht eine Bundesbehörde unter dem ESA geschützte Art durch ein Projekt oder eine Maßnahme bedroht, so kann sie nach ESA Sec. 7 eine formelle Beratung fordern, nach der die Behörde eine *biological opinion* verfasst, weiterführend *Coggins/Glicksman*, Public Natural Resources Law, 2. Aufl. 2007, § 29:28. ESA Sec. 7 folgt strukturell einem ähnlichen Konzept wie die naturschutzrechtliche Eingriffsregelung. In der *biological opinion* wird festgelegt, ob und in welcher Intensität ein Eingriff (*jeopardize, destroy, adversely modify*) für eine geschützte Art vorliegt. Da im vorliegenden Fall des CVP ein *non-jeopardize* Eingriff nach ESA Sec. 7 (a) (2) festgestellt wurde, sprach das NOAA Ersatzmaßnahmen, sog. *reasonable and prudent alternatives*, aus nach ESA Sec. 7 (b). Die Ersatzmaßnahmen im Falle des CVP bestand in der Aufstellung eines Plans für Temperaturmanagement. Inhaltliche Anforderungen an die RPAs definiert 50 CFR 402.02, vgl. auch *Cody/Folger/Brown*, California Drought, Congressional Research Service, 2015, S. 12.

1815 Die hohen Gewässertemperaturen der Jahre 2014 und 2015 haben den Chinook Lachs fast zum Aussterben gebracht *SWRCB*, Order Modifying an Order that Approved in Part and Denied in Part a Petition for Temporary Urgency Changes to License and Permit Terms and Conditions Requiring Compliance with Delta Water Quality Objectives in Response to Drought Conditions, 2015, https://www.waterboards.ca.gov/waterrights/water_issues/programs/drought/docs/tucp/2015/tucp_order040615.pdf [abgerufen am 15. 7. 2021], S. 4 ff.

1816 Seit 2015 gibt der nördlichste Staudamm, Shasta Dam, daher täglich nur noch 7.250 *cfs* frei. Dies bedeutet eine 20 %-ige Kürzung der Wasserlieferungen für urbane und landwirtschaftliche Wasserversorger, *SWRCB*, Order WR 90-5 v. 2. 5. 1990, S. 54.

D. Die Rechtslage im US-Bundesstaat Kalifornien

Die inhaltlichen Voraussetzungen für das Temperaturmanagement geben SWRCB Order WR 90-5[1817] und National Marine Fisheries Service (NMFS) 2009 BiOp *reasonable and prudent alternative* (RPA) Action I.2.3 vor. Sie gestalten den SRTMP als überwiegend technisches Planungsinstrument aus, das aus artenschutzgerechten Grenzwerten und hydrologischen Prognosen[1818] besteht. Da die Staudämme des Sacramento River Teil des CVP sind und damit der Zuständigkeit des USBR unterliegen, ist dieses auch für die Aufstellung des SRTMP zuständig.

α) Artenschutzgerechte Grenzwerte für die Wassertemperatur

Der Planungshorizont des SRTMP umfasst ein Kalenderjahr. Nach SWRCB Order WR 90-5 darf eine Wasserdurchschnittstemperatur von 13,5 °C (56 °F) am Tag in einer bestimmten Gewässertiefe nicht überschritten werden,[1819] da ansonsten die Eier des Chinook Lachs absterben.[1820] Sollte der Grenzwert durch außergewöhnliche Umstände, die außerhalb der Einflussmöglichkeiten des USBR liegen, überschritten werden, darf das USBR ausnahmsweise nach Order WR 90-5 Order 1 (b) (2) einen alternativen Standort mit einer »angemessenen Temperatur« als Rückzugsort für den Chinook Lachs bestimmen. Ergänzend enthält SWRCB Order WR 90-5 in Order 2 und 3 konkrete Anforderungen an die Frequenz, Ort und Art von Überwachungsmaßnahmen. Die Rahmenvorgaben der SWRCB Order WR 90-5 berücksichtigen Dürreereignisse unmittelbar als außergewöhnliche Umstände. Sie gewährleisten, dass auch bei Dürreereignissen artenschutzgerechte Rückzugsorte bestehen und wahren gleichzeitig auch den Verhältnismäßigkeitsgrundsatz für den Betrieb der Staudämme.

Die Anlagen des SRTMP bereiten die Einhaltung der Grenzwerte planerisch vor. Die erste Anlage enthält verschiedene Prognosen hinsichtlich der monatlichen Entwicklung der Wassertemperatur. Die Prognosen beruhen auf historischen Entwicklungen und den aktuellen Wassertemperaturen. Sie treffen Aussagen über die bevorstehende Entwicklung der Wassertemperatur von März bis Mai und stellen eine Wahrscheinlichkeitsprognose auf, ob der Grenzwert von 13,5 °C in den Monaten April bis September eingehalten werden kann. Ergänzend enthält Anlage 1 eine Vorhersage, basierend auf verschiedenen Dürreszenarien (50 %-ige und 90 %-ige Überschreitung der Gewässertemperaturen), ob die Grenzwerte an alternativen Standorten eingehalten werden können.

Komplementär zu den Prognosen stellt der SRTMP einen Betriebsplan für die Stauanlagen und Talsperren auf. Der Betriebsplan setzt entsprechend den prognostizierten Werten und verschiedenen Szenarien Maßnahmen zum Betrieb der Stauseen und Stauanlagen fest. In den kritischen Sommermonaten Mai bis Oktober dürfen die Anlagen des CVP

1817   Bei Order WR 90-5 handelt es sich streng genommen um Ergänzungen und Modifikationen der wasserrechtlichen Genehmigungen für das CVP.
1818   *San Luis & Delta-Mendota Water Authority v. Locke*, 776 F. 3d 971, NMFS 2009 Biological Opinion, RPA I.2.3 enthält einen detaillierten Katalog an Prognosen, die in den SRTMP einzubeziehen sind, hierzu auch (2014); mit Anm. *Cameron/Nikkel*, Ninth Circuit Upholds Biological Opinion Regarding Impacts of Central Valley Project and State Water Project Operations on Salmonid Species, California Water Law & Policy Reporter 2015, 145 (145 ff.).
1819   *SWRCB*, Order WR 90-5 v. 2. 5. 1990, Order 1 (a), S. 54.
1820   *SWRCB*, Order WR 90-5 v. 2. 5. 1990, S. 2.

beispielsweise nur Wasser aus den oberen Schichten der Wasserressourcen mit bereits erwärmtem Wasser entnehmen. Je nach räumlicher Ansiedelung der Fische können weitere Maßnahmen, wie das Ablassen oder Nichtablassen von Staudämmen und Reservoirs hinzukommen.

β) Kontrolle des Planungsinhalts durch Stellungnahmen von Behörden

Die zweite und dritte Anlage des SRTMP ist für die langfristige Bewirtschaftung des Flusses weniger relevant. Sie enthält Stellungnahmen verschiedener Behörden, die die Nachhaltigkeit und Artenschutzgerechtigkeit des Planinhalts kommentieren. Teilweise enthalten die Stellungnahmen auch ergänzende Prognosen, beispielsweise zur Fischsterblichkeit und zur Gewässertemperatur basierend auf Temperaturvorhersagen.[1821]

γ) Zwischenbilanz

Der SRTMP ist ein gelungenes Beispiel für einen hohen Schutz der Gewässerökologie durch einen rechtsgebietsübergreifenden Ansatz zur langfristigen Dürrevorsorge. Er ist zugleich wasserrechtlicher Plan und artenschutzrechtliches Instrument. Positiv zu bewerten ist, dass der Plan nicht nur die Aufarbeitung von Dürreauswirkungen des letzten Dürreereignisses vornimmt, sondern durch die jährlichen Prognosen und Betriebspläne ein Instrument zur langfristigen Belastbarkeit der Gewässerökologie bereitstellt. Die gesetzliche Verpflichtung zur Aufstellung des Plans – auch in wasserreichen Jahren – legt einen Grundstein für die langfristige Etablierung des Plans und die Berücksichtigung der Gewässerqualität bei der Wasserverteilung in Dürrejahren. Die zeitliche Beschränkung des SRTMP auf ein Jahr erscheint aus planerischer Sicht kurz. Würde allerdings ein längerer Planungszeitraum gewählt, so sinkt die Genauigkeit der Prognosen und des daraus ermittelten Betriebsplans. Auch die Ausnahmeregelung zur Auswahl eines Ersatzstandorts erscheint angesichts der Intensität und Dauer von Dürreereignissen in Kalifornien angemessen. Die Ausgleichsregelung gewährleistet bei Dürrebedingungen ein ökologisches Mindestmaß, das jedoch in angemessenem Verhältnis zu anderen Nutzungsansprüchen steht. Der SRTMP könnte daher eine Trendwende in der Regulierung der Wasserverteilung bei Dürreereignissen einleiten und für andere, stauregulierte Oberflächengewässer künftig zu einem Vorbild zum planerischen Ausgleich umweltrechtlicher und menschlicher Nutzungsinteressen heranreifen.

cc) Schlussbewertung

Die planerischen Instrumente zum Schutz der Gewässerqualität und -ökologie sind einerseits nur bedingt für die *ad hoc* Dürrebewältigung ausgelegt und andererseits auch nur teilweise zur langfristigen Dürrevorsorge geeignet. Ein wesentlicher Grund liegt darin, dass die gewässerökologischen Vorschriften nachträglich in ein bereits von Überverteilung

---

1821 Vgl. beispielhaft *USBR*, Basin Planning, 2017, https://www.waterboards.ca.gov/waterrights/water_issues/programs/drought/sacramento_river/docs/2017/2017_final_temp_plan.pdf [abgerufen am 14. 8. 2018], enclosure 2, S. 2 sowie Anhang 5 zu enclosure 2.

geprägtes Wassermengenrecht eingefügt wurden.[1822] In der Folge entstand eine fragmentierte Rechtslage bestehend aus bundesrechtlichen und bundesstaatlichen gesetzlichen und administrativen Mindestanforderungen, die selbst für rechtskundige Wasserbehörden die Einhaltung der Vorschriften bei Aufstellung der *regional water quality control plans* erschweren.[1823] Die Effektivität der gewässerökologischen Vorschriften wird durch die Rechtszersplitterung geschmälert, da zahlreiche (planerische) Instrumente nebeneinander bestehen, die teils unterschiedliche Anforderungen an die Gewässerqualität stellen. Den Wassernutzern verbleibt als verlässliche »Rechtsquelle« häufig nur der behördliche Genehmigungsbescheid für die Einleitung, sofern dieser konkrete Verhaltensanforderungen festsetzt. Die Komplexität der Rechtslage zeigt sich unmittelbar an den Planungsinhalten, die zu Beginn ausführlich die Rechtslage und einschlägigen Rechtsgrundlagen darlegen.

Aus den verschiedenen Gewässerqualitätsplänen lassen sich jedoch auch einige Aspekte für den langfristigen und nachhaltigen Schutz der Gewässerökologie vor Dürreauswirkungen ableiten. Der bundesstaatliche Thermal Plan verdeutlicht, dass Fischarten als Indikatoren besonders geeignet sind, um maximale Schadstoff-, Sauerstoff- und Temperaturgrenzwerte festzulegen. Diesen Ansatz greift der SRTMP auf, der die maximalen Gewässertemperaturgrenzwerte an besonders sensiblen Fischarten ausrichtet. Hervorhebenswert sind ebenfalls die TMDLs der *regional water quality control plans* und die anlagenbezogenen Verhaltensanforderungen im bundesstaatlichen Thermal Plan. Beide Pläne stellen individuelle, standortspezifische Grenzwerte entsprechend der maximalen Belastung des Gewässers auf. Da die Grenzwerte bei Dürreereignissen jedoch häufig nicht eingehalten werden können und die Gewässernutzer Ausnahmegenehmigungen beantragen, müsste über eine Weiterentwicklung der Pläne entsprechend dem Vorbild des SRTMP nachgedacht werden. Die Dezentralität der Pläne (*bottom up approach/trust but verify*)[1824] ist grundsätzlich geeignet, um lokale Dürreauswirkungen auf die Gewässerökologie zu würdigen. Angesichts der nachträglichen Berücksichtigung der gewässerökologischen Belange im System der Wasserrechte und der teils sehr gravierende Dürreintensität sowie langen Dürredauer verwundert es weniger, dass die Gewässerökologie nachrangig nach der Wasserversorgung der Gesellschaft berücksichtigt wird.

f) Zusammenfassende Bewertung der planerischen Instrumente

Der Fokus der planerischen Bewirtschaftung der Gewässer in Kalifornien liegt überwiegend auf der größtmöglichen Nutzbarkeit der Gewässer und der Versorgungssicherheit. Erst in den letzten Jahrzehnten zeigt sich ein Trend zur Berücksichtigung gewässerökologischer Belange. Gerade im Bereich der Gewässerökologie erscheinen die Bezeichnungen als *»plan«* teilweise irreführend, da Instrumente wie die *regional water quality control plan* oder der bundesstaatliche Thermal Plan eher einer untergesetzlichen Festsetzung von Mindestanforderungen gleicht als einem planerischen Vorgehen. Zur kurzfristigen Dürrebewältigung leisten selbstregulatorische Aktionspläne, die teilweise noch nicht einmal gesetzlich vorgesehen sind, einen wichtigen Beitrag, um die Dürrerbelastbarkeit der

---

1822 Die Gewässerqualitätsvorschriften bezeichnet *Dunning* bis heute als Fremdkörper des historisch gewachsenen Wasserrechts, *Dunning*, California Instream Flow Protection Law, McGeorge L. Rev. 2005, 363 (372).
1823 *Slater*, California Water Law and Policy, Band 2, 2015, Chapter 16 Water Quality.
1824 *Hanak*, Show Me the Water Plan, Golden Gate U. Envtl. L. J. 2010, 69 (70).

Akteure zu erhöhen und Dürreauswirkungen möglichst zu vermeiden. Bundesstaatliche Mindeststandards können in diesem Rahmen effektiv nur über eine konsequente Aufsicht bzw. Kontrolle über die Pläne gesetzt werden. Bislang unterliegen die zuständigen Planaufsteller meist nur einer gerichtlichen Kontrolle, sofern diese angestrengt wird.[1825] Hieraus ergibt sich ein ambivalentes Wirkungsverhältnis, zwischen der zur Dürrebewältigung besonders effektiven örtlichen Pläne und der Notwendigkeit bundesstaatlicher Standards zur *ad hoc* Dürrebewältigung.

Die Vielzahl insbesondere informeller dürrespezifischer und gewässerökologischer Pläne legt nahe, ob eine Dürrebewältigung nicht eher durch wenige aber koordinierte planerische Instrumente erfolgen sollte.

Generell ist die Tendenz festzustellen, dass eine nachhaltige Bewirtschaftung der Gewässer und eine Verbesserung der Gewässerökologie eher durch langfristige, planerische Instrumente auf Ebene der Flussgebietseinheiten (wie z. B. die GSPs) erfolgt. Für die Wasserversorgungssicherheit auch bei Dürreereignissen eignen sich eher akteurs- oder sektorenspezifische planerische Instrumente, die Aktionspläne im Rahmen ihres tatsächlichen und prognostizierten Wasseretats umsetzen. Die Gesamtbelastung der Gewässer oder die Auswirkungen auf die Gewässerökologie spielen in diesem Zusammenhang eine eher untergeordnete Rolle.

Wie die Analyse der planerischen Instrumente zeigt, haben Pläne grundsätzlich ein großes Potential für die Dürrebewältigung, da sie langfristige Maßnahmen zur Ressourcenschonung und Dürrevorsorge mit Maßnahmen zur kurzfristigen Bewältigung durch Aktionspläne verknüpfen können. Beide Wirkbereiche können aufgrund des Planungshorizonts durch Prognosen und Vorhersagen frühestmöglich zum Einsatz kommen und Dürreauswirkungen daher bestmöglich vermeiden.

3. Ökonomische Instrumente

Ökonomische Instrumente ergänzen und komplettieren die übrigen Instrumente des kalifornischen Wasserrechts zur Bewältigung von Dürreereignissen. In Bezug auf Dürreereignisse verfolgen die ökonomischen Instrumente verschiedene Ziele und Lenkungsfunktionen. Dürreangepasste Wassertarifstrukturen (*water conservation pricing*, auch *teared pricing*) setzen auf eine marktwirtschaftliche Steuerung und sollen hierdurch zur Senkung der Nachfrage bei Dürreereignissen beitragen. Wassertransfers (*water transfers*) ermöglichen eine ökonomisch gesteuerte Umverteilung von Wasserrechten und Wasserdargebot. Seit Anfang 2021 können Wasserfutures (*water futures*) über den Nasdaq Veles California Water Index (NQH2O) gehandelt werden. Eine staatliche Regulierung der Wassertransfers ist durch eine Dürrewasserbank (*drought waterbank*) möglich. Dürrebedingte Schäden für die Landwirtschaft sichern staatlich bezuschusste Dürreversicherungen ab. Die Gesamtbetrachtung der ökonomischen Instrumente zeigt, dass deren Steuerungspotential überwiegend auf der *ad hoc* Dürrebewältigung liegt, teils auch erst auf der Ebene der Schadensminderung von eingetretenen Dürreauswirkungen ansetzt.

1825 Im Bereich des Klimaschutzes strengt das DWR, im Unterschied zum Wasserrecht, häufig gerichtliche Verfahren zur Durchsetzung der Vorschriften an, vgl. *Hanak*, Show Me the Water Plan, Golden Gate U. Envtl. L. J. 2010, 69 (71 f.).

a) Wasserpreise und gestufte Wasserspartarife

Zuständige Akteure setzen vermehrt die Steuerungsfunktion von Wasserpreisen zur *ad hoc* Dürrebewältigung ein. Bei der Festsetzung von Art und Höhe ihrer Wasserpreise sind erhebungsberechtigte Akteure (meistens *water districts* als *water supplier*) fast ausschließlich an verfassungsrechtliche Regelungen gebunden. Lediglich für gestufte Wasserspartarife (*allocation-based conservation water pricing*) sieht der Gesetzgeber ergänzende Voraussetzungen in §§ 370 ff. WAT vor. Die umfassende Zuständigkeit von Wasserversorgern für Art und Höhe der Wasserpreise ist ein zentraler Grundsatz der Selbstverwaltungshoheit von *local governments*.[1826]

aa) Verfassungsrechtlicher Rahmen

Grundlegende verfassungsrechtliche Vorgaben an die Ausgestaltung der Wassertarife stellen Proposition 13, 218 und 26, die zugleich die Finanzhoheit der *water districts* stärken und die Einflussmöglichkeit des Gesetzgebers beschränken.[1827] Die Verfassungsergänzungen (*propositions*) regeln Wasserpreise konkludent als Teil von Gebühren (*fees*) und stellen Transparenz und Nachvollziehbarkeit der Gebühren- und Steuererhebungen in den Vordergrund.[1828]

(1) Propositions 13 und 218

Proposition 13 weist keinen originär wasserrechtlichen Regelungsgehalt auf. Es dient dazu die Höhe der Grundsteuer (*property tax*), erhoben durch *local governments* zu begrenzen. Da dies mittelbar z. B. zu einem Anstieg des Wasserpreises führte,[1829] wurde Art. VIII C, D Cal. Const. (im Folgenden Proposition 218) erlassen. Proposition 218 begrenzt die Höhe der Wassernutzungskosten für Wassernutzer auf die Umlage der Betriebskosten für die Bereitstellung der Wasserversorgung und den Selbstkostenpreis des Wassers.[1830] Obwohl der Wortlaut von Proposition 218 allgemein von *property related fees and charges* spricht, sind die Voraussetzungen nach Auffassung des Cal. Supreme Court in *Bighorn-Desert View Water Agency v. Verjil*[1831] unstritting auch auf Wasserpreise anzuwenden. Zudem führt Art. XIII D 6 (b) (4) Satz 1, 2 Cal. Const. eine Zweckbindung der Einnahmen aus Wasserpreisen ein. Die Wasserpreise dürfen nur für diejenigen Betriebskosten erhoben werden, die unmittelbar von Endnutzern in Anspruch genommen und auch nur für diesbezügliche Ausgaben eingesetzt werden. Ergänzend muss nach Art. XIII 6 (b) (3) Cal.

1826 *Gray et al.*, Paying for Water in California, Hastings L.J. 2014, 1603 (1603).
1827 Ausführlich *Chappelle et al.*, Paying for Water in California: Technical Appendices, PPIC Water Policy Center, 2015, Appendix A, S. 7 ff.
1828 *Gray et al.*, Paying for Water in California, Hastings L.J. 2014, 1603 (1603); *Chappelle et al.*, Paying for Water in California: Technical Appendices, PPIC Water Policy Center, 2015, Appendix A, S. 2; zur *reasonableness* von Wasserpreisen »Waters«, in: 94 C.J.S. (6/2017), § 742.
1829 *Gray et al.*, Paying for Water in California, Hastings L.J. 2014, 1603 (1610).
1830 *Weber*, A New Water Accounting, Ecology L. Q. 2013, 795 (804).
1831 *Bighorn-Desert View Water Agency v. Verjil*, 138 P. 3d 220, 229 (2006); *Richmond v. Shasta Comm. Svcs. Dist.* 83 P. 3d 518, 528 (2004).

Const. eine Korrelation zwischen der Grundstücksfläche und der Höhe des Wasserpreises erkennbar werden.[1832]

Die Anforderungen an die Gestaltung der Wasserpreise durch Proposition 218 verdeutlicht deren (ausschließliche) Funktion als Gebühr zur Deckung der mit der Wasserbereitstellung verbundenen Kosten. Proposition 218 stellt formelle Anforderungen an das Verfahren für die Festsetzung von Wasserpreisen,[1833] die die Partizipation der Bevölkerung und damit die demokratische Legitimation der Wasserpreise stärken. Aus den materiellen Vorgaben von Proposition 218 wird deutlich, dass die Wasserpreise die Funktion eines Entgelts für eine Dienstleistung einnehmen. Die verfassungsrechtlichen Vorgaben zur Gebührenerhebung folgen der Grundannahme, dass Wasser ein ökonomisch frei verfügbares Gut darstellt.[1834]

Proposition 218 trägt damit maßgeblich dazu bei, dass die Wasserpreise weder der Abschöpfung eines Sondernutzungsvorteils noch der Anlastung von Ressourcennutzungskosten oder der langfristigen Ressourcenvorsorge dienen.

(2) Vereinbarkeit von gestuften Wassertarifstrukturen mit Proposition 218

Capistrano Taxpayers' Assoc., Inc. v. City of San Juan Capistrano[1835] stellte die Vereinbarkeit von gestuften Wassertarifstrukturen mit Proposition 218 fest. Das Urteil erging im Jahr 2015 während der Dürre 2012–2017 und erregte großes Aufsehen. Gegenstand der Entscheidung war die Wassertarifstruktur der Stadt San Juan Capistrano, die eine gestufte Wassertarifstruktur einsetzte, um einen monetären Anreiz zur sparsamen Nutzung des Trinkwassers zu setzen.[1836] Eine exzessive Trinkwassernutzung unterlag angesichts der Dürre einem höheren Preis als der häusliche Trinkwassergrundbedarf. Eine derartige Tarifstruktur sei trotz Proposition 218 aufgrund von Art. 10 Sec. 2 Cal. Const. geboten. Das Urteil erklärte die derzeitige Ausgestaltung des Wasserpreises der Stadt jedoch für verfassungsrechtlich nicht mit Proposition 218 vereinbar. Das Gericht betont, dass Art. 10 Sec. 2 nicht von den Voraussetzungen nach Proposition 218 entbindet. Ein gestufter Wasserpreis sei grundsätzlich verfassungsmäßig, im vorliegenden Fall habe die Stadt jedoch ihre Beweispflicht nach Art. XIII C 4, cl. F Cal. Const. verletzt und versäumt, eine Hochrechnung aufzustellen, ob die Einnahmen der jeweiligen Tarifstufe den Betriebskosten entsprechen.[1837]

1832 Die Beweislast hierfür liegt nach Art. XIII C 4, F Cal. Const. bei den Wasserbezirken, *Silicon Valley Taxpayers v. Santa Clara Co. OSA*, 187 P. 3d 37, 48 (2008).
1833 Wie die Durchführung einer öffentlichen Anhörung und die Mehrheit an Grundstückseigentümern bei der Verabschiedung von Wasserpreisen durch die Wasserbezirke, vgl. Art. XIII 6 cl. A pt. 2 Cal. Const.
1834 *Glennon*, The Price of Water, J. Land Res. & Envtl. L. 2004, 337 (340); *Hardberger*, Put Your Money Where Your Water Is, Conn. Pub. Int. L. J. 2016, 37 (39); *Fahami*, Constitutional Implications on Block Pricing, Hastings Const. L.Q. 2017, 455 (460).
1835 *Capistrano Taxpayers' Assoc., Inc. v. City of San Juan Capistrano*, 186 Cal. Rptr. 3d 362 (2015).
1836 *Capistrano Taxpayers' Assoc., Inc. v. City of San Juan Capistrano*, 186 Cal. Rptr. 3d 362, 367 f., 378 f. (2015).
1837 *Capistrano Taxpayers' Assoc., Inc. v. City of San Juan Capistrano*, 186 Cal. Rptr. 3d 362, 366 f., 370 ff. (2015).

D. Die Rechtslage im US-Bundesstaat Kalifornien

Gouverneur Brown kritisierte die *Capistrano* Entscheidung als »Zwangsjacke« im Kampf für eine Mentalität des Wassersparens.[1838] Dieser Kritik ist nur teilweise zuzustimmen. Die Begründung des Gerichts lässt vermuten, dass eine gestufte Wassertarifstruktur grundsätzlich mit Proposition 218 vereinbar ist, im vorliegenden Fall jedoch den verfassungsrechtlichen Transparenzanforderungen nicht genügt. Auch bei teils widersprüchlichen Ausführungen betont das Gericht, dass ein gestufter Wassertarif sinnvoll und Wasser in Zeiten von Dürre teurer sein kann.[1839]

Die Gerichtsentscheidung zeigt, dass die Anlastung der Ressourcenkosten gerade bei Knappheit zunehmend in die Wasserpreisbildung einbezogen wird. Damit ist zugleich die Möglichkeit verbunden, den ökonomischen Wert des Wassers einzupreisen.

(3) Proposition 26

Proposition 26 stellt allgemeine Anforderungen auf, um eine Umgehung von Proposition 13 und 218 zu verhindern.[1840] In Bezug auf Wasserpreise brachte *San Diego County Water Authority v. Metropolitan Water District of Southern California* die Frage auf, welche Anforderungen Proposition 218 und 26 an die Ausgestaltung von Wasserpreisen von *wholesale water agencies* stellen.[1841] Im vorliegenden Fall hielt der *Metropolitan Water District* Proposition 26 auf Wassergroßlieferanten (wie ihn) nicht anwendbar, da diese die Wasserpreise nicht als Gebühr erheben, sondern mit ihren Vertragsparteien aushandeln würden. Nach Auffassung der *San Diego County Water Authority* überschritten die Wasserpreise des *Metropolitan Water District* im Jahr 2013 und 2014 die Betriebskosten des Wasserversorgers und verletzten damit Proposition 218. Diese Auffassung teilte das Gericht nicht. Es erklärte die Wasserpreise für verfassungsgemäß und mit Proposition 26 vereinbar. Auch Kosten für den Transport von Wasser in der Infrastruktur des Wasserbezirks (*water wheeling*) seien als Betriebskosten anzusehen.

Im Ergebnis haben Wassergroßlieferanten nach der Entscheidung vielmehr einen Ermessensspielraum, wie sie die Kosten für die Betriebskosten von Wasserprojekten und Wassersparmaßnahmen umlegen.[1842]

1838 »*The practical effect of the court's decision is to put a straightjacket on local government at time when maximum flexibility is needed. My policy is and will continue to be: employ every method possible to ensure water is conserved across California*«, Cadelago/Bizjak/Dale, Gov. Brown Issues Statement on 4th Dist. Ct of App. Dec. The Sacramento Bee, 2015, https://www.sacbee.com/news/politics-government/capitol-alert/article19098585.html [abgerufen am 12. 7. 2021].

1839 *Capistrano Taxpayers' Assoc., Inc. v. City of San Juan Capistrano*, 186 Cal. Rptr. 3d 362, 376 (2015).

1840 Ausführlich *Gray et al.*, Paying for Water in California, Hastings L.J. 2014, 1603 (1614); *Chappelle et al.*, Paying for Water in California: Technical Appendices, PPIC Water Policy Center, 2015, Technical Appendix A, S. 22.

1841 *San Diego Cty. Water Auth. v. Metro. Water Dist. of S. Cal.* No. 10-510830 (Cal. Ct. of App. 21. 6. 2017), S. 1.

1842 *San Diego Cty. Water Auth. v. Metro. Water Dist. of S. Cal.* No. 10-510830 (Cal. Ct. of App. 21. 6. 2017), S. 31 f.; *Gray et al.*, Paying for Water in California, Hastings L.J. 2014, 1603 (1633).

bb) Einfachgesetzliche Anforderungen nach §§ 370 ff. WAT an gestufte Wasserpreise

Der kalifornische Gesetzgeber würdigt die langfristige und kurzfristige dürrespezifische Lenkungsfunktion von gestuften Wasserpreisen in § 370 (a) WAT:

»The use of allocation-based conservation water pricing by public entities that sell and distribute water is one effective means by which waste or unreasonable use of water can be prevented and water can be saved in the interest of the people and for the public welfare, within the contemplation of Section 2 of Article X of the California Constitution.«

Welche Voraussetzungen eine gestufte Wassertarifstruktur (*allocation-based conservation water pricing*)[1843] einhalten muss, regeln die §§ 371, 372 WAT.

Grundvoraussetzung für die Festlegung einer gestuften Wassertarifstruktur ist, dass der Wasserpreis nach tatsächlichem Verbrauch bestimmt wird, § 372 (a) (1) WAT. Im Vorfeld ermitteln die Wasserbezirke nach § 372 (a) (2) Satz 2 WAT einen Grundbedarf (*water budget*), der sich aus verschiedenen Faktoren wie die Anzahl der Personen pro Haushalt, Grundstücksfläche, Verdunstungsrate und Klima zusammensetzt. Dabei ist nach § 10608.20 (b) (2) (A) WAT pro Kopf ein Orientierungswert von etwa 210 Litern (55 *gallons*) Wasser pro Tag zugrunde zu legen. Für den Grundbedarf ist ein normaler Wasserpreis festzulegen. Wird der Grundbedarf überschritten, können die Wasserbezirke nach §§ 371 (d), 372 (a) (4) WAT für weitere Wassernutzungen höhere Wasserpreise verlangen (*conservation charge*). Die Ausgestaltung der *conservation charges* ist den Wasserbezirken überlassen. Sie können einen festen Wasserpreis für den Bereich festlegen oder graduell steigende Preise korrelierend zum höheren Verbrauch annehmen, wie § 372 WAT nahe legt. Sinn und Zweck der gestuften Wassertarifstruktur ist es, ökonomische Anreize für eine Mentalität des Wassersparens zu bieten. Dies soll, so § 372 WAT, nicht nur kurzfristig zur Senkung der Nachfrage, sondern zu einer langfristigen ressourcenschonenden Nutzung der Gewässer beitragen. Vor allem Wasserbezirke in Südkalifornien haben die Lenkungsfunktion von gestuften Wassertarifstrukturen für die Bewältigung von Dürreereignissen erkannt. Der Irvine Ranch Water District setzt gestufte Wasserpreise seit den 90er Jahren ein und verzeichnet einen 60 %-igen Rückgang von Wassernutzungen zur Bewässerung von Gärten und Landschaft.[1844]

cc) Ausgestaltungen von Wasserpreisen in der Praxis

Da die Erhebung und Ausgestaltung von Wasserpreisen eine Kernkompetenz der Finanzhoheit von *local governments* ist und verfassungsrechtliche sowie einfachgesetzliche Normen keine konkreten Vorgaben an die Ausgestaltung der Wasserpreise stellen, bestehen in der Praxis große regionale Unterschiede in Bezug auf Art und Höhe der Wasserpreise. Zu den typischen Arten an Wassertarifen gehören Festpreise (*flatrates*), entnahmeabhängige

---

1843 Gängig sind auch die Bezeichnungen *block pricing* oder *water budget pricing*, *Mysiak/Gomez*, Water Pricing and Taxes: An Introduction, in: Lago et al. (Hrsg.), Use of Economic Instruments in Water Policy, 2015, S. 15 (19); *Fahami*, Constitutional Implications on Block Pricing, Hastings Const. L.Q. 2017, 455 (461); *Renwick/Green*, Residential Water Demand Management, J. Environ. Econ. & Manag. 2000, 37 (38).

1844 *Baerenklau/Schwabe/Dinar*, Do Increasing Block Rate Water Budgets Reduce Residential Water Demand?, 2014, S. 2.

D. Die Rechtslage im US-Bundesstaat Kalifornien

Wasserpreise (*volumetric pricing*) und gestufte Preise (*tiered pricing*) mit der besonderen Ausformung des *conservation pricing*, bei der jede Stufe einen ökonomischen Anreiz zum Wassersparen bietet.[1845]

Üblicherweise erheben Wasserbezirke einen entnahmeabhängigen Wasserpreis.[1846] Die Anzahl an Wasserversorgern mit gestufter Wassertarifstruktur steigt jedoch beständig.[1847] Im Jahr 2006 verfolgten ca. 50 %,[1848] im Jahr 2015 60–80 %[1849] aller Wasserbezirke in Kalifornien gestaffelte Wassertarife. Hintergrund des hohen Prozentsatzes ist, dass die Wasserbezirke die gestufte Wassertarifstruktur zur kurzfristigen Senkung der Nachfrage zur Bewältigung der andauernden Dürre einsetzten. Hinsichtlich der Staffelung und Preishöhe gibt es teils Diskrepanzen zwischen landwirtschaftlicher und urbaner Wassernutzung. Die geringere Aufbereitung von Wasser zu landwirtschaftlichen oder industriellen Zwecken kann es rechtfertigen, eine weniger starke Staffelung oder insgesamt günstigere Preise als bei städtischen Wassernutzungen festzulegen.[1850] Dieses Vorgehen steht jedoch zunehmend in der Kritik, Relikt einer Ära zu sein, in der die Landwirtschaft weitgehend unreguliert war und einen geringeren Beitrag zur Dürrebewältigung leisten musste als der urbane Sektor.[1851] Selten, aber bei landwirtschaftlicher Wasserversorgung teils noch verbreitet, ist die Erhebung von Flatrates ungeachtet der tatsächlichen Entnahmemenge.[1852]

dd) Zwischenbilanz

Aufgrund der unterschiedlichen Ausgestaltung von Wasserpreisen durch die Wasserbezirke kann die Effektivität von Wasserpreisen für die Dürrebewältigung nur bedingt beurteilt werden. Die Untersuchung lässt jedoch allgemeine Tendenzen und Aussagen zu.

Die verfassungsrechtlichen Bestimmungen beschränken die Wasserpreise auf die Umlage von Betriebskosten. Ihnen liegt die Annahme zugrunde, dass Wasser ein frei

---

1845 *Donnelly/Christian-Smith*, An Overview of the "New Normal" and Water Rate Basics, 2013, S. 7 ff.
1846 *Donnelly/Christian-Smith*, An Overview of the "New Normal" and Water Rate Basics, 2013, S. 10; der Energiesektor steuert die Nachfrage darüber hinaus durch ein *time of use pricing*, ausführlich *Newsham/Bowker*, The Effect of Utility Time-varying Pricing and Load Control Strategies on Residential Summer Peak Electricity Use, Energy Policy 2010, 3289 (3289).
1847 *Hanak*, Managing California's Water, 2011, S. 270; *Gray et al.*, Paying for Water in California, Hastings L.J. 2014, 1603 (1635).
1848 *Hanak*, Finding Water for Growth, JAWRA 2007, 1024 (1635).
1849 *LexisNexis/Law 360*, Proposition 218 Obstacles To Calif. Tiered Water Rates, Law360, 2015, https://www.law360.com/articles/655523/proposition-218-obstacles-to-calif-tiered-water-rates [abgerufen am 12. 7. 2021].
1850 Eine teurere Staffelung für landwirtschaftliche Wassernutzungen ist wohl mit Proposition 218 nicht vereinbar, da der Preis die Dienstleistung des Wasserversorgers nicht überschreiten darf, *City of Palmdale v. Palmdale Water Dist.* 198 Cal. App. 4th 962, 934 (2011); *Chappelle et al.*, Paying for Water in California: Technical Appendices, PPIC Water Policy Center, 2015, Technical Appendix A, S. 21, 37.
1851 *Baker-Branstetter*, Twenty-First Century Water Wars in Southern California, ELR News & Analysis 2008 (10726).
1852 Diese »archaische Wasserpreispolitik« fand noch bis Mitte 2000 in Städten wie Fresno Anwendung, *Glennon*, Unquenchable, 2010, S. 222.

verfügbares Gut ist und einer marktwirtschaftlichen Steuerung zugeführt werden kann. Diese Grundannahme beschränkt das Potential von Wasserpreisen zur Bewältigung von Dürreereignissen, da der Lenkungszweck weitgehend ausgeschlossen ist.

Tatsächliche Umstände, wie die Erhebung von Wassernutzungs-Flatrates oder das Fehlen einer flächendeckenden Anbringung von Wasserzählern, schränken die Effektivität des Wasserpreises weiter ein.[1853] Eine vergleichsweise hohe Lenkungsfunktion für die Dürrebewältigung weisen gestufte Wassertarife auf. Sie setzen Anreize zu einem sparsamen Wasserverbrauch, der nicht über den Grundbedarf hinausgeht. Gestufte Wassertarife verfestigen ferner das Verständnis von Wasser als marktwirtschaftlichem Gut.[1854] Ihr Beitrag zur Dürrebewältigung ist dennoch ambivalent zu beurteilen. Zum einen hängt die Effektivität der gestuften Wasserpreise zur Regulierung der Nachfrage von weiteren Faktoren wie der finanziellen Situation der Wassernutzer ab. Der »grüne Rasen« im Vorgarten, der ursprünglich durch städtische Satzungen verpflichtend zu bewässern war, kann zum Statussymbol für vermögende Wassernutzer werden, die sich hohe Wasserpreise oder Bußgelder für einen hohen Wasserverbrauch leisten können. Zudem können die Wasserpreise auch zu sozialen Ungerechtigkeit beitragen.[1855] Zum anderen entziehen die verfassungsrechtlichen Bestimmungen den Wasserpreisen für den Grundbedarf jegliche Lenkungsfunktion. In diesem Bereich kann der Wasserpreis auch nicht zur kurzfristigen Senkung der Nachfrage beitragen, da die Nachfrage unelastisch ist.

Das überwältigende Einsparpotential einiger Wasserbezirke während der letzten Dürre ergab sich daher erst aus dem Zusammenwirken von informationellen Instrumenten (Aufklärungskampagnen, Infoblätter als Beilage zur Wasserrechnung) und den Wasserpreisen.[1856] Viele Wasserbezirke tendieren daher zu einer gestuften Wassertarifstruktur mit Dürrezuschlägen für alle Wassernutzer (*drought surcharge*).[1857] Nach der derzeitigen Rechtslage sind Dürrezuschläge jedoch nur dann verfassungsmäßig, wenn sie die Betriebskosten der Wasserbezirke oder Wassergroßlieferanden widerspiegeln.

1853 Häufig kommen Wasserzähler nur dann zum Einsatz, wenn die Wasserbezirke ihr Wasser aus den Fernwasserversorgungssystemen beziehen. In Gebäuden, die nach 1992 errichtet wurden, ist das Anbringen von Wasserzählern inzwischen Pflicht. Städte wie Sacramento und Fresno planen bis 2025 eine Installation von Wasserzählern in jedem Gebäude. Durch SGMA müssen Wasserzähler auch an Entnahmevorrichtungen für Grundwasser angebracht werden, näher *Glennon*, Unquenchable, 2010, S. 318; *Carle*, Introduction to Water in California, 2. Aufl. 2016, S. 235; *Chappelle et al.*, Paying for Water in California: Technical Appendices, PPIC Water Policy Center, 2015, Technical Appendix A, S. 4; *Hanak et al.*, Water and the California Economy, PPIC Water Policy Center, 2012, S. 14.
1854 Dies kritisierend *Berk et al.*, Reducing Consumption in Periods of Acute Scarcity: The Case of Water, Soc. Sci. Res. 1980, 99 (101 f.); *Renwick/Green*, Residential Water Demand Management, J. Environ. Econ. & Manag. 2000, 37 (38); *Fahami*, Constitutional Implications on Block Pricing, Hastings Const. L.Q. 2017, 455 (461).
1855 *Fahami*, Constitutional Implications on Block Pricing, Hastings Const. L.Q. 2017, 455 (461).
1856 *Chappelle et al.*, Paying for Water in California: Technical Appendices, PPIC Water Policy Center, 2015, Technical Appendix A, S. 2.
1857 Vgl. *Lohan*, The Secret to Water Pricing During a Drought, NewsDeeply: Water Deeply, 2016, https://www.newsdeeply.com/water/community/2016/02/11/the-secret-to-water-pricing-during-a-drought [abgerufen am 12.7.2021].

b) Wassertransfers: Die marktwirtschaftliche Umverteilung des Wasserdargebots

Freiwillige Wassertransfers (*voluntary water transfers*) sind ein ökonomisches Instrument zur marktwirtschaftlichen Umverteilung von Wasserressourcen, das bereits 1886 vom Cal. Supreme Court zur effizienten Wassernutzung anerkannt wurde.[1858] Wassertransfers[1859] können in Kalifornien grundsätzlich jederzeit am Wassermarkt (*water market*) durchgeführt werden.[1860] Sie erlangen jedoch vor allem zur kurzfristigen Umverteilung der Wasserressourcen bei Dürreereignissen Bedeutung (*short term transfer*). Gegenstand eines Wassertransfers ist die zeitweise Übertragung der Nutzung eines Wasserrechts von einem Wasserrechteinhaber auf eine andere Person ohne Änderung der Rechtslage gegen ein Entgelt, dessen Höhe sich nach dem Preis am Wassermarkt richtet.[1861] Dabei liegt nach § 475 WAT die Annahme zugrunde, dass Wassertransfers zu einer gesellschaftlich zweckmäßigen Nutzung der Ressourcen beitragen, da für besonders existentielle oder notwendige Nutzungszwecke die größte Bereitschaft zur Zahlung des höchsten Preises besteht.

aa) Konstellationen zur Durchführung von Wassertransfers

Wassertransfers werden üblicherweise in zwei Konstellationen durchgeführt.[1862] Zum einen, zur Umverteilung von überschüssigem oder eingespartem Wasserdargebot (*conserved and surplus*) nach § 1011 WAT, zum Beispiel, wenn Inhaber von Wasserrechten an Oberflächengewässern ihr Nutzungsrecht am Wassermarkt »verkaufen« und stattdessen Grundwasserressourcen nutzen. Gerade bei Dürre kann es für Landwirte wirtschaftlich rentabler sein, ihre Felder brachliegen zu lassen und das »eingesparte« Wasser am Wassermarkt zu verkaufen.[1863] Zum anderen können die Betreiber von Stauanlagen, Talsperren oder Reservoirs Wasser für Wassertransfers bereitstellen.[1864] In der Praxis findet

---

1858 *McDonald & Blackburn v. Bear River and Auburn Water and Mining Co.* 13 Cal. 220, 233 (1859); *Brewer et al.*, Water Markets and Legal Change in California, Wash. J. Envtl. L. & Pol'y 2008, 183 (186).

1859 Wassertransfers sind von anderen Instrumenten zur Übertragung von Nutzungsrechten abzugrenzen, wie etwa *change of point of diversion* oder *leases Slater*, California Water Law and Policy, Band 1, 1995, S. 10-45 f. (Rel. 21-1/2017 Pub. 83013); *Gray*, A Primer on California Water Transfer Law, Az. L. J. 1989, 745 (768 ff.); *O'Brien/Gunning*, Water Marketing in California Revisited, Pac. L. J. 1994, 1053 (1053).

1860 *Hanak/Stryjewski*, California's Water Market, PPIC Water Policy Center, 2012, S. 7.

1861 *DWR/SWRCB*, Background and Recent History of Water Transfers in California, 2015, S. 1; *Colangelo*, Transforming Water Transfers, Ecology L. Q. 2008, 107 (10); *Reagen*, The Water Transfers Rule: How an EPA Rule Threatens to Undermine the Clean Water Act, U. Colo. L. Rev. 2011, 307 (307); *Delfino*, Moving Water in a Highly Altered Land, Duke Environ. L. & Pol'y Forum 2016, 273 (276).

1862 Ausführlich zum Folgenden *Delfino*, Moving Water in a Highly Altered Land, Duke Environ. L. & Pol'y Forum 2016, 273 (285).

1863 Landwirte dürfen jedoch nach § 1745.05 (b) WAT maximal 20 % ihres Nutzungsumfangs übertragen. Diese Art des Wassertransfers erkennt der WAT in §§ 382, 475, 480, 1011, 1745.02, 1745.05 ausdrücklich an, vgl. auch *Brewer et al.*, Water Markets and Legal Change in California, Wash. J. Envtl. L. & Pol'y 2008, 183 (190).

1864 *DWR/SWRCB*, Background and Recent History of Water Transfers in California, 2015, S. 3.

die überwiegende Anzahl an Wassertransfers vom landwirtschaftlichen an den urbanen Sektor statt.[1865] In räumlicher Hinsicht besteht eine Nord-Süd Tendenz in der Umverteilung von Wasserressourcen nördlich des Deltas zu Wassernutzern in Südkalifornien. Seit der Dürre 1976–1977 sind Wassertransfers zur Überbrückung kurz- und langfristiger dürrebedingter Wasserengpässe etabliert. Im Jahr 2013 wurden Wassertransfers für über 26,8 Mio. US Dollar durchgeführt, was eine Zunahme von 220% gegenüber den Vorjahren bedeutet.[1866] § 109 (a) S. 1 WAT[1867] hebt Wassertransfer als eine Methode zur effektiven Wassernutzung hervor. § 109 (a) S. 2 WAT verpflichtet sogar alle bundesstaatlichen Akteure zur aktiven Unterstützung von Wassertransfers zugunsten von Gemeinwohlinteressen.[1868] Die formelle Genehmigungsbedürftigkeit nach § 1726 WAT erschwert die Durchführung von kurzfristigen Wassertransfers. Je nach Art des Wassertransfers (außerhalb oder innerhalb des Flusseinzugsgebiets oder dem Einzugsbereich des Wasserbezirks) und Art des zugrundeliegenden Wasserrechts differiert das Genehmigungsverfahren, insbesondere die am Verfahren beteiligten Akteure. Das Beispiel in Abbildung 6[1869] veranschaulicht die Komplexität des Genehmigungsprozesses bei Wassertransfers.

Ein Landwirt in Nordkalifornien besitzt ein Wasserrecht und nutzt Wasser, das durch einen Bewässerungsbezirk (*irrigation district*) und das SWP bereitgestellt wird. Er setzt effiziente Technologien zur Bewässerung ein und verbraucht daher nicht die im rechtlich zustehende Wassermenge. Er möchte das eingesparte Wasser daher im Rahmen eines *short term water transfer* nach Los Angeles verkaufen. Zunächst muss der Landwirt die Zustimmung des Bewässerungsbezirks einholen. Dabei ist bislang ungeklärt, ob der Landwirt als Antragssteller nach § 1011 (a) WAT einen Anspruch auf Zustimmung hat. Ob und inwieweit ein Wassertransfer möglich ist, ergibt sich nach §§ 382 f. WAT auch aus den Vertragsbestimmungen zwischen Landwirt und Bewässerungsbezirk. Häufig ist auch die Zustimmung des *counties* zum Wassertransfer erforderlich. Ergänzend muss die Zustimmung des DWR als Betreiberin des SWP eingeholt werden. Das SWRCB hat ein Vetorecht, sollte der Wassertransfer das öffentliche Interesse beeinträchtigen. Es kann entweder die Zustimmung versagen oder den Wassertransfer unter ergänzende

---

1865 Während der Dürre 2014 gingen 93% aller Wassertransfers vom landwirtschaftlichen Sektor aus, *Delfino*, Moving Water in a Highly Altered Land, Duke Environ. L. & Pol'y Forum 2016, 273 (285).

1866 *West Water Research*, Drought Intensity Highlights Importance of Spot Market Water Transfers in California, Water Market Insider 2014, 1 (2).

1867 Im Unterschied zu anderen Bundesstaaten sind Wassertransfers nicht zentral in einem Kapitel des WAT geregelt, *Hanak/Dyckmann*, Counties Wresting Control, U. Denv. Water L. Rev. 2003, 490 (490).

1868 Wassertransfers können nicht nur zu menschlichen Nutzungszwecken, sondern auch zugunsten der Gewässerökologie durchgeführt werden, *Thompson/Leshy/Abrams*, Legal Control of Water Resources, 5. Aufl. 2012, S. 264 ff.

1869 Nach *Brewer et al.*, Water Markets and Legal Change in California, Wash. J. Envtl. L. & Pol'y 2008, 183 (192); mit Schaubild (adaptiert in Abbildung 6) *Thompson/Leshy/Abrams*, Legal Control of Water Resources, 5. Aufl. 2012, S. 735; *Thompson*, Water Markets, in: Hill/Anderson (Hrsg.), Water Marketing, the Next Generation, 1997, S. 1 (12); weitere Beispiele bei *Water Transfer Workgroup*, Water Transfer Issues in California, SWRCB, 2002, S. 42 ff.

D. Die Rechtslage im US-Bundesstaat Kalifornien

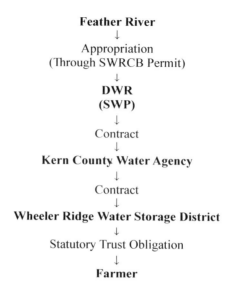

Abbildung 6: Example of Tiered Water Distribution, Kern County, California.
Quelle: *Thompson et al.*, Legal Control of Water Resources, 6. Aufl. 2018, S. 834, mit Verweis auf *Thompson*, Water Markets, in: Hill/Anderson (Hrsg.), Water Marketing, the Next Generation, 1997, S. 1 (12).

Bedingungen stellen.[1870] Eine Zustimmung des SWRCB ist nach § 1725 ff. WAT zwingend erforderlich, wenn das eingesparte Wasser nicht aus den Fernwasserversorgungssystemen stammt.

Die Höhe der Gegenleistung, die der Landwirt für den »Verkauf« des eingesparten Wassers erhält, hängt vom Wasserpreis am Markt ab.[1871] In Dürrejahre können Spitzenpreise bis zu 270 US Dollar pro *acre-foot* erzielt werden.[1872]

Bereits seit Ende 2018 bildet der Nasdaq Veles California Water Index (NQH2O) den wöchentlichen Wert des mengengewichteten Durchschnittspreis für Wasser jeden Mittwoch ab. Seit Januar 2021 können zudem Futures am Chicago Merchantile Exchange als Spotgeschäft erworben werden, mit dem sich alle Wassernutzer gegen steigende Wasserpreise absichern können.[1873]

1870 Hierzu auch *Gray*, The Shape of Transfers to Come, Hastings W.–Nw. J. Envtl. L. & Pol'y 1996, 23 (29); *Brewer et al.*, Water Markets and Legal Change in California, Wash. J. Envtl. L. & Pol'y 2008, 183 (195).
1871 *West Water Research*, Drought Intensity Highlights Importance of Spot Market Water Transfers in California, Water Market Insider 2014, 1 (2).
1872 *West Water Research*, Drought Intensity Highlights Importance of Spot Market Water Transfers in California, Water Market Insider 2014, 1 (2).
1873 *Cipman*, California Water Futures Begin Trading Amid Fear of Scarcity, Bloomberg, 2020, https://www.bloomberg.com/news/articles/2020-12-06/water-futures-to-start-trading-amid-growing-fears-of-scarcity [abgerufen am 12.3.2021]; *Barringer*, California Water on the

Das Handeln mit Wasser am Terminmarkt beurteilen Experten ambivalent. So könnte der neue Terminmarkt den Wasserpreis bei Knappheit künstlich erhöhen, indem er Spekulanten auf den Markt bringt.[1874] Aus der Erfahrung mit anderen Märkten könne diese Befüchtung jedoch nicht bestätigt werden. Vielmehr werde das neue Futures-Produkt den Wassernutzern lediglich ermöglichen, sich gegen das Risiko abzusichern, dass der Wasserpreis steigt, bevor sie mehr Wasser kaufen müssen.

bb) Steuerungspotential von Wassertransfers bei Dürreereignissen

Kalifornien übertrifft andere westliche Bundesstaaten in der Anzahl an jährlichen Wassertransfers bei weitem.[1875] Etwa 3 % der Wassernutzungen erfolgt aus Wasser durch Wassertransfers.[1876] Das Instrument Wassertransfer gilt als »Wundermittel« zur Lösung von Wasserverteilungskonflikten, zur Erhöhung der Belastbarkeit gegen Dürreauswirkungen sowie zur Effizienzsteigerung von Wassernutzungen allgemein.[1877] Gerade bei Dürreereignissen ermöglichen *short term water transfers* eine marktwirtschaftliche Umverteilung des Wasserdargebots zu Wassernutzern, die Wasser am dringendsten benötigen.[1878]

Aufgrund der komplexen Genehmigungsverfahren finden die meisten *short term transfers* innerhalb eines *counties* (38 %) oder einer *region* (41 %) statt.[1879] Das Genehmigungsverfahren im Einzelfall und die Abwesenheit einheitlicher Voraussetzungen an das Genehmigungsverfahren sind zugleich Hauptkritikpunkt an Wassertransfers, weil dadurch die freie Entfaltung des Marktes gehindert würde.[1880] Wasserbezirke erschweren externe Wassertransfers häufig durch hohe Vorgaben, um einem Kontrollverlust über die Wasserressourcen und ökologischen, wirtschaftlichen und sozialen Auswirkungen von Wassertransfers vorzubeugen.[1881] Das Genehmigungsverfahren von *short term transfers* zieht sich dadurch nach § 1726 (g) (1) S. 1 WAT über 35 bis 55 Tage. Während der letzten Dürre stellte das SWRCB daher ein Real Time Drought Operations Team (RTDOT) auf,

---

Market: Q&A with Barton "Buzz" Thompson, 2021, https://west.stanford.edu/news/blogs/and-the-west-blog/2021/qa-barton-buzz-thompson [abgerufen am 12.7.2021].

1874 *Barringer*, California Water on the Market: Q&A with Barton "Buzz" Thompson, 2021, https://west.stanford.edu/news/blogs/and-the-west-blog/2021/qa-barton-buzz-thompson [abgerufen am 12.7.2021].
1875 *Brewer et al.*, Water Markets and Legal Change in California, Wash. J. Envtl. L. & Pol'y 2008, 183 (186 f.).
1876 *Hanak/Stryjewski*, California's Water Market, PPIC Water Policy Center, 2012.
1877 *Delfino*, Moving Water in a Highly Altered Land, Duke Environ. L. & Pol'y Forum 2016, 273 (276).
1878 *Delfino*, Moving Water in a Highly Altered Land, Duke Environ. L. & Pol'y Forum 2016, 273 (284).
1879 *Hanak/Jezdimirovic*, California's Water Market, PPIC Water Policy Center, 2016, S. 1.
1880 Gegner der Ökonomisierung des Wassermarkts halten diese Beschränkungen zugunsten der Versorgungssicherheit der öffentlichen Wasserversorgung notwendig, vgl. *Water Transfer Workgroup*, Water Transfer Issues in California, SWRCB, 2002, S. 7. *Gray et al.* bezeichnen die Rechtszersplitterung des Genehmigungsprozesses als »*hampered by a complex and often opaque set of rules*«, *Gray et al.*, Allocating California's Water: Directions for Reform, PPIC Water Policy Center, 2015, S. 4.
1881 *Thompson*, Institutional Perspectives on Water Policy and Markets, Cal. L. Rev. 1993, 671 (733 ff.).

D. Die Rechtslage im US-Bundesstaat Kalifornien

um gegenseitigen Austausch der Behörden untereinander zu erleichtern.[1882] Die systemische Ausgestaltung des Wassermarkts beeinträchtigt die Wirksamkeit von Wassertransfers darüber hinaus. Bislang gibt es keine online Plattform, auf der Wassertransfers schnell und einfach »gehandelt« werden können. Stattdessen bestehen hohe Transaktionskosten und aufwändige Verwaltungsverfahren.[1883] Dies behindere eine effiziente Marktregulierung und führe zu Intransparenz der Preisbildung.

Wassertransfers zur *ad hoc* Dürrebewältigung können auch Nachteile mit sich bringen. Sie können z.B. zu einer zusätzlichen (unnötigen) Belastung der Grundwasserressourcen führen. Sie können aber auch die Produktion der Landwirtschaft erheblich einschränken, da das Brachliegenlassen von Feldern bei hohen Preisen am Wassermarkt für Landwirte attraktiver ist als die Bewirtschaftung der Felder. Dies kann wiederum den Verlust von Arbeitsplätzen bedeuten.[1884] Der Einsatz von Wassertransfers zur *ad hoc* Dürrebewältigung weist daher zugleich Potential zur möglichst effizienten Wassernutzung unter Dürrebedingungen jedoch auch Risiken der Vernachlässigung einer nachhaltigen und sozialen Verteilung der lebensnotwendigen Ressource auf.

c) Die Dürrewasserbank: Instrument zur staatlichen Regulierung von Wassertransfers

Die Dürrewasserbank (*state drought emergency water bank*)[1885] ist ein Instrument zur kurzfristigen staatlichen Regulierung von Wassertransfers bei Dürreereignissen.[1886]

aa) Betriebs- und Wirkungsweise

Ziel der Dürrewasserbank ist die räumliche und sachliche Steuerung der Wassertransfers, um das Ungleichgewicht in der Wasserverteilung zwischen wasserreichen nördlichen und

---

1882 *Austin*, The Future of Water Transfers after the 2014 Drought, Maven's Notebook, 2015, https://mavensnotebook.com/2015/01/14/the-future-of-water-transfers-after-the-2014-drought/ [abgerufen am 12.7.2021].
1883 *Taylor*, Drought Down Under and Lessons in Water Policy for the Golden State, U.C. Davis L. Rev. 2017, 54 (64); *Water Transfer Workgroup*, Water Transfer Issues in California, SWRCB, 2002, S. 25.
1884 *Delfino*, Moving Water in a Highly Altered Land, Duke Environ. L. & Pol'y Forum 2016, 273 (289).
1885 *Drought water banking* ist von *groundwater banking* zu unterscheiden. *Groundwater banking* meint die künstliche Erhöhung des Grundwasserdargebots, um Wasser unterirdisch in Grundwasserkörpern zu speichern. Hierzu und zur umstrittenen Privatisierung der Kern County Water Bank durch das Monterey Agreement (»*one of the biggest ripoffs in Californian history*«) *Christian-Smith*, Improving Water Management through Groundwater Banking, Pacific Institute Farm Water Success Stories 2013, 1 (5); *Langridge*, Drought and Groundwater, U.C. Davis L. Rev. 2012, 91 (94); *Kletzing*, Imported Groundwater Banking: The Kern Water Bank – A Case Study, Pacific Law Journal 1988, 1225 (1226); *Thorson*, Storing Water Underground, Neb. L. Rev. 1978, 581 (609).
1886 Ausführlich *Gray*, The Market and the Community: Lessons from California's Drought Water Bank, Hastings W.-Nw. J. Envtl. L. & Pol'y 1994, 17 (44 ff.); *Tarlock*, From Natural Scarcity to Artificial Abundance, Hastings W.-Nw. J. Envtl. L. & Pol'y 1994, 71 (83); *O'Brien/Gunning*, Water Marketing in California Revisited, Pac. L. J. 1994, 1053 (1054); *Green*, Managing Water: Avoiding Crisis, 2007, S. 260.

wasserarmen südlichen Regionen auszugleichen.[1887] Sie ist eine zentrale Verteilungsstelle, die vom DWR betrieben wird und darauf zielt, Wasserversorgungsengpässen vorzubeugen, indem Wassertransfers für Veräußerer und Erwerber attraktiver werden.[1888] Das DWR richtete eine Dürrewasserbank nur in wenigen Jahren 1992, 1994 und 2009 ein und beschränkte die Betriebsdauer jeweils auf das laufende Kalenderjahr. Aufgabe des DWR als Betreiberin der Dürrewasserbank war der Ankauf von Wasser aus nicht ausgeübten Wasserrechten zu einem im Einzelfall zu bestimmenden Betrag und der Verkauf der dadurch verfügbaren Wasserressourcen an Interessenten mit besonderen Nutzungsbedürfnissen (*critical needs*).[1889] Das DWR konnte dadurch steuern, wohin, an wen und zu welchen Zwecken das verfügbare Wasser eingesetzt wurde.[1890] Zu den höchsten *critical needs* gehörten die häusliche Wasserversorgung, Gesundheit und Sicherheit sowie Waldbrandschutz.[1891] Bei landwirtschaftlichen Interessenten differenzierte das DWR nach Dringlichkeit und Bewässerungsintensität der Bewirtschaftung.[1892] Wasser, das nach der Berücksichtigung der *critical needs* übrig bliebt, stellte das DWR der Gewässerökologie zur Verfügung.[1893]

Wie bei regulären Wassertransfers stammte das verfügbare Wasser überwiegend aus der Substitution von Oberflächengewässer mit Grundwasser oder dem Brachliegen von Feldern.[1894] Die Durchführung eines Wassertransfers war für Landwirte besonders interessant, da der Verkaufspreis keiner marktwirtschaftlichen Preisbildung unterlag, sondern anhand der eingesparten Wassernutzung und Art der Bewirtschaftung festgelegt wurde (*crop payment plan*).[1895] Zu den Erwerbern zählten große städtische Wasserversorger, wie der Metropolitan Water District of Southern California, Kern County Water Agency und San Francisco Water District, aber auch Landwirte mit einem großen Anteil an mehrjährigen Kulturen, wie Walnüssen, Mandeln, Weinreben oder Obstbäumen.[1896] Insgesamt verhin-

---

1887 *Tarlock*, From Natural Scarcity to Artificial Abundance, Hastings W.-Nw. J. Envtl. L. & Pol'y 1994, 71 (81); allgemein *Thompson et al.*, Legal Control of Water Resources, 6. Aufl. 2018, S. 306; auch Landwirte mit mehrjährigen Anbau waren auf Wassertransfers angewiesen, *Green*, Managing Water: Avoiding Crisis, 2007, S. 260.

1888 Vgl. *Gray*, The Market and the Community: Lessons from California's Drought Water Bank, Hastings W.-Nw. J. Envtl. L. & Pol'y 1994, 17 (17 f.).

1889 *Pease/Snyder*, Model Water Transfer Mechanisms as a Drought Preparation System, J. Contemp. Water Res. Educ. 2017, 66 (70).

1890 *Gray*, The Market and the Community: Lessons from California's Drought Water Bank, Hastings W.-Nw. J. Envtl. L. & Pol'y 1994, 17 (20).

1891 Eine ausführliche Liste der Prioritäten enthält *DWR*, The 1991 Drought Water Bank, 1992, S. 9; *Jones*, Preparing For California's Next Drought, DWR, 2000, S. 19.

1892 Langjährige Bepflanzungen wie Weinreben oder Obstbäume hatten Vorrang, *Jones*, Preparing For California's Next Drought, DWR, 2000, S. 19.

1893 *Gray*, The Market and the Community: Lessons from California's Drought Water Bank, Hastings W.-Nw. J. Envtl. L. & Pol'y 1994, 17 (20); *Dziegielewski/Garbharran/Langowski Jr*, Lessons Learned from the California Drought (1987-1992), 1997, S. 102.

1894 *Gray*, The Market and the Community: Lessons from California's Drought Water Bank, Hastings W.-Nw. J. Envtl. L. & Pol'y 1994, 17 (50).

1895 *Brewer et al.*, Water Markets and Legal Change in California, Wash. J. Envtl. L. & Pol'y 2008, 183 (190).

1896 *Brewer et al.*, Water Markets and Legal Change in California, Wash. J. Envtl. L. & Pol'y 2008, 183 (190 f.); *Tarlock*, From Natural Scarcity to Artificial Abundance, Hastings W.-Nw. J. Envtl. L. & Pol'y 1994, 71 (83); *Dziegielewski/Garbharran/Langowski Jr*, Lessons

derte die Dürrewasserbank im Jahr 1991 Schäden in einer Höhe von schätzungsweise 100 Mio. US Dollar.[1897]

bb) Steuerungspotential für Dürreereignisse

Der große Erfolg der Dürrewasserbanken bestand unter anderem darin, dass sie Vertrauen in das Instrument »Wassertransfer« schufen und das Entgelt einen besonderen Anreiz zur Veräußerung bot.[1898] Im Jahr 1994 ging das DWR dazu über, nur noch Wassertransfers aus Grundwassersubstitution anzukaufen, um weitere Auswirkungen wie die steigende Anzahl an Arbeitslosen oder die Nichtverfügbarkeit landwirtschaftlicher Produkte zu vermeiden.[1899] Dies hatte wiederum das Trockenfallen zahlreicher Brunnen zur Folge.[1900] Im Jahr 2009 setzte Gouverneur Schwarzenegger durch Executive Order noch einmal das Instrument Drought Emergency Bank ein, jedoch ausschließlich zur Bereitstellung von Wasser für die Gewässerökologie.[1901]

2010 besiegelte der California Superior Court – County of Alameda das Schicksal der Dürrewasserbanken zur kurzfristigen Dürrebewältigung. Das Gericht stellte klar, dass auch bei Wassertransfers über die Dürrewasserbank eine Umweltprüfung (*environmental impact report*) nach dem CEQA durchzuführen ist.[1902] Eine Einrichtung der Dürrewasserbank in weniger als 100 Tagen, wie es in der Vergangenheit bereits der Fall war,[1903] ist durch diese Anforderung kaum noch denkbar. Die Dürrewasserbank könnte daher nur noch als langfristiges Instrument zum Ausgleich von Wasserverteilungsengpässen im Vorfeld von Dürreereignissen beitragen.[1904] Das Vermächtnis der Dürrewasserbank besteht im

---

Learned from the California Drought (1987-1992), 1997, S. 98; *Green*, Managing Water: Avoiding Crisis, 2007, S. 260.

1897 *Thompson et al.*, Legal Control of Water Resources, 6. Aufl. 2018, S. 306; ausführlich *Easter/Rosegrant/Dinar*, Markets for Water, 1998, S. 132.

1898 Jeder Wassertransfer erfolgte unter schriftliche Zusicherung seitens des DWR, dass ein Wassertransfer die Inhaberschaft eines Wasserrechts unberührt lasse, *Hanak*, Managing California's Water, 2011, S. 67 f.; *Gray*, The Market and the Community: Lessons from California's Drought Water Bank, Hastings W.-Nw. J. Envtl. L. & Pol'y 1994, 17 (21); ausführlich *Pease/Snyder*, Model Water Transfer Mechanisms as a Drought Preparation System, J. Contemp. Water Res. Educ. 2017, 66 (71 f.).

1899 *Gray*, The Market and the Community: Lessons from California's Drought Water Bank, Hastings W.-Nw. J. Envtl. L. & Pol'y 1994, 17 (21).

1900 *Jones*, Preparing For California's Next Drought, DWR, 2000, S. 19.

1901 *Butte Environmental Council v. DWR*, RG09446708 (Alameda County Superior Court 15.3.2010), S. 9. Insbesondere sollte die durch die letzten Dürren vom Aussterben bedrohte *Delta Smelt* Fischart durch erhöhtes Wasserdargebot in Oberflächengewässern geschützt werden, *Pease/Snyder*, Model Water Transfer Mechanisms as a Drought Preparation System, J. Contemp. Water Res. Educ. 2017, 66 (73).

1902 *Butte Environmental Council v. DWR*, RG09446708 (Alameda County Superior Court 15.3.2010), S. 2.

1903 Damals richtete das DWR die Dürrebank in nicht einmal 100 Tagen ein, *Gray*, The Market and the Community: Lessons from California's Drought Water Bank, Hastings W.-Nw. J. Envtl. L. & Pol'y 1994, 17 (55).

1904 *Pease/Snyder*, Model Water Transfer Mechanisms as a Drought Preparation System, J. Contemp. Water Res. Educ. 2017, 66 (74).

Vertrauen der Bevölkerung bzw. der Wassernutzer in das Instrument des Wassertransfers bis heute fort.[1905]

d) Dürreversicherungen

Analysen von tatsächlichen Auswirkungen von Dürreereignissen zeigen, dass die ökonomischen Schäden durch Dürreereignisse häufig größer sind als durch andere Naturkatastrophen.[1906] In westlichen US Bundesstaaten, darunter Kalifornien, können Dürreschäden im Millionen- und Milliardenbereich (in US Dollar) pro Jahr pro Bundesstaat liegen.[1907] Dürreversicherungen sind ein Instrument um derartige ökonomischen Auswirkungen von Dürreereignissen insbesondere für die Landwirtschaft zu minimieren (*drought crop insurance programs*).[1908] Die Ernteversicherungen sind ein staatlich reguliertes Instrument, das den Vorschriften des *federal farm bills* unterliegt und von der Risk Management Agency des USDA subventioniert wird.[1909] Es handelt sich daher streng genommen um ein Instrument des Bundes. Seit 1980 ersetzt der Federal Crop Insurance Improvement Act von 1980 die bisherige Strategie von staatlichen Entschädigungszahlungen bei Dürreschäden durch Dürreversicherungen.[1910] Das Ernteversicherungsprogramm der USDA bietet inzwischen unzählige Versicherungspolicen teils in Kooperation mit *public private partnerships* an.[1911] Typisch ist auch die Auszahlung der Differenz zwischen vertraglich versichertem Ernteertrag und tatsächlichem Ertrag.[1912] Die Wirkung des Instruments wird im Hinblick auf die Auswirkungen für künftige Generationen kritisch gesehen, weil sie keine Anreize zur Erhöhung der Resilienz landwirtschaftlicher Akteure setzt.[1913]

Ernteversicherungen können einen negativen Anreiz setzten, nicht über alternative Anpassungsmaßnahmen wie wassereffiziente Technologien, eine dürreangepasste Bewässerungspraxis oder den Anbau dürrerbelastbarer Pflanzenarten nachzudenken. Ergänzend können Versicherungspolicen zu einem vermehrten oder reduzierten Anbau bestimmter Arten führen.[1914] Dürreversicherungen gelten daher als *»suboptimal strategy for risk management«*.[1915] Nichtsdestotrotz sind Dürreversicherungen des USDA ein fester Bestand-

---

1905 Vgl. *Government Innovators Network*, California Drought Water Bank, Harvard Kennedy School – ASH Center for Deomcratic Governance and Innovation, 1995, https://www.innovations.harvard.edu/california-drought-water-bank [abgerufen am 12.7.2021].
1906 *Inbar*, Importance of Drought Information in Monitoring and Assessing Land Degradation, in: Sivakumar/Ndiang'ui (Hrsg.), Climate and Land Degradation, 2007, S. 253 (253 f.).
1907 *Steinemann*, Drought Information for Improving Preparedness in the Western States, Bull. Am. Meteorol. Soc. 2014, 843 (843).
1908 *Glauber/Collins/Barry*, Crop Insurance, Disaster Assistance, and the Role of the Federal Government in Providing Catastrophic Risk Protection, Agric. Finance Rev. 2002, 81 (82).
1909 *Christian-Smith/Levy/Gleick*, Maladaptation to Drought, Sustain. Sci. 2015, 491 (449).
1910 *Glauber*, Crop Insurance Reconsidered, Am. J. Agric. Econ. 2004, 1179 (1179).
1911 *Glauber*, Crop Insurance Reconsidered, Am. J. Agric. Econ. 2004, 1179 (1187); *Mayer/Stroblmair/Tusini*, Land- und Forstwirtschaft: Bedrohung oder Umstellung, in: Steininger/Steinreiber/Ritz (Hrsg.), Extreme Wetterereignisse und ihre wirtschaftlichen Folgen, 2005, S. 151 (166).
1912 *GDV*, Landwirtschaftliche Mehrgefahrenversicherungen für Deutschland, 2016, S. 31.
1913 *Christian-Smith/Levy/Gleick*, Maladaptation to Drought, Sustain. Sci. 2015, 491 (500).
1914 *Glauber*, Crop Insurance Reconsidered, Am. J. Agric. Econ. 2004, 1179 (1190).
1915 *Glauber*, Crop Insurance Reconsidered, Am. J. Agric. Econ. 2004, 1179 (1191).

teil des Erhalts der Landwirtschaft trotz Dürreereignissen und im Vergleich zu *ex post* Katastrophenhilfe als *ex ante* Möglichkeit zur Risikoabsicherung immer noch vorzugswürdig.[1916]

e) Dürrekatastrophenhilfe

Bundesweite und bundesstaatliche Programme zur Bereitstellung von Katastrophenhilfe sind fester Bestandteil der *ex post* Bewältigungsstrategie von Dürreereignissen. Umfang und Zweck der Programme differieren je nach Anfälligkeit von Wassernutzern während der Dürre, die sich überwiegend in ökonomischen Schäden ausdrückt. Grundsätzlich ist zwischen Programmen zur Finanzierung von Ersatzmaßnahmen bei Dürreereignissen und Kompensation ökonomischer Schäden nach Ende eines Dürreereignisses zu unterscheiden. Wassernutzer qualifizieren sich zur Beantragung von bundes- oder bundesstaatlicher Katastrophenhilfe, wenn sie in einem *drought emergency* Gebiet liegen.[1917] Zu der Finanzierung von Ersatzmaßnahmen gehört z. B. die Bereitstellung von *mutual aid* bei Erklärung eines *local* oder *statewide drought emergency* nach § 8558 California Emergency Services Act. Katastrophenhilfeprogramme des Bundes sind z. B. die Bereitstellung von *tax relief, emergency livestock transportation programs* zur Umsiedlung von Viehherden in wasserreichere Gebiete, oder Kredite für Gemeinden bei Verschlechterung der Gewässerqualität oder -quantität.[1918] Jüngst standen vor allem die bundesstaatliche Finanzierung von Ersatzmaßnahmen für *disadvantaged communities* im Vordergrund wie Anschlüsse an größere Versorgungsnetze, neue Grundwasserbrunnen oder Verbesserung der Infrastruktur.[1919]

Dürrekatastrophenhilfeprogramme sind als *ex post* Instrument zur Bewältigung von Dürreereignissen kein Instrument, das zum Risikomanagement von Wassernutzern beiträgt. Sie sind aufgrund der Intensität und Dauer von Dürreereignissen in Kalifornien jedoch unerlässlich, da die Anfälligkeit bestimmter Nutzergruppen wie kleinerer Gemeinden oder Landwirte auch durch andere wasserrechtliche oder raumplanerische Instrumente nicht gänzlich auszuschließen ist.

4. *Abschließende Bewertung*

Zusammenfassend ist festzuhalten: Das kalifornische Wasserrecht hält eine Vielzahl an wasserrechtlichen Instrumenten zur Bewältigung von Dürreereignissen bereit. Staatliche Akteure können daher je nach Dauer und Intensität des Ereignisses die zweckmäßigsten Instrumente umsetzen. Viele Instrumente dienen zur kurzfristigen Bewältigung von Dürreereignissen, wie die Verkündung eines Dürrenotstands (*drought emergency*), *water*

1916 *Glauber*, Crop Insurance Reconsidered, Am. J. Agric. Econ. 2004, 1179 (1191).
1917 *Dziegielewski/Garbharran/Langowski Jr*, Lessons Learned from the California Drought (1987-1992), 1997, S. 66.
1918 *Dziegielewski/Garbharran/Langowski Jr*, Lessons Learned from the California Drought (1987-1992), 1997, S. 67.
1919 *Karkosi*, Drought Emergency Funding Sources, SWRCB, Division of Water Rights, 2017, S. 14 ff.

III. Instrumente zur Dürrebewältigung

shortage contingency plans, *drought contingceny plans* oder Wassertransfers. Grundsätzlich lässt sich jedoch ein Trend von *ad hoc* Maßnahmen hin zu planerischen Instrumenten und der langfristigen, vorausschauenden Koordinierung von Nachfrage und Dargebot feststellen. Diese verfolgen fast durchweg einen *bottom up* Ansatz zur Planaufstellung durch starke Beteiligung betroffener Akteure und Wassernutzer, um die Ortskenntnisse und Bedürfnisse der Betroffenen einzubeziehen. Dadurch wird die Belastbarkeit der Bereiche Wasserversorgung, Landwirtschaft und Gewässerökologie gestärkt. Sowohl für direkte Verhaltenssteuerung als auch für planerische Instrumente gilt, dass allein die Menge an Instrumenten[1920] nicht unbedingt die Effektivität des Dürremanagements stärkt. Überschneidungsbereiche und gegensätzliche Regelungen bei fehlender Abstimmung der Instrumente sind – neben der gezielten Missachtung von Vorgaben – eine der Hauptursachen für die Wirkungslosigkeit einzelner Instrumente im Dürrefall. Aufgrund der Dauer und Intensität von Dürreereignissen in Kalifornien sind auch bei größtmöglicher planerischer Vorbereitung kurzfristige Instrumente zur Dürrebewältigung unerlässlich. In Bezug auf ein Risikomanagement zur Dürrebewältigung sind daher sowohl Instrumente zur kurzfristigen Anpassung der Nachfrage als auch Instrumente zur langfristigen Risikovorsorge und Ressourcenschonung notwendig.

1920 Dies zeigt sich bereits auf der Ebene örtlicher Dürrebewältigung: langfristige *water conservation programs* sollen bereits Dürreaktionspläne beinhalten, bei Feststellung eines *water shortage emergencies* können ergänzend Rechtsverordnungen mit Maßnahmen entsprechend verschiedener Dürrestufen erlassen werden.

E. Vergleich und Handlungsempfehlungen

Die Instrumente des kalifornischen Wasserrecht zur Dürrebewältigung stellen in mehrerer Hinsicht einen Gegenentwurf zur Ausrichtung und Zielsetzung des Wasserrechts in Baden-Württemberg dar. Gleichwohl lassen sich aus der Entwicklung der Instrumente in Kalifornien Lehren für die Anpassung oder Erweiterung des hiesigen Wasserrechts im Hinblick auf ein Dürremanagement in Baden-Württemberg ziehen. In Bezug auf die eigene, baden-württembergische Rechtsordnung dient das kalifornische Wasserrecht einerseits als Prüfstein für die gegenwärtige Eignung wasserrechtlicher Instrumente (Negativkomponente) und bietet andererseits Anregungen für eine systemkonforme Weiterentwicklung (Positivkomponente). An dieser Stelle sei bereits darauf hingewiesen, dass das kalifornische Wasserrecht keine uneingeschränkt auf das in Baden-Württemberg geltende Wasserrecht übertragbare Dürrebewältigungsstrategie vorweist. Die vergleichende Gegenüberstellung verstärkt den Eindruck, dass die Grundausrichtung und Zielsetzung des baden-württembergischen Wasserrechts bereits taugliche Grundbedingungen für eine langfristige Dürrevorsorge schafft. Wenig ausgeprägt sind hingegen Instrumente, die gezielt die (*ad hoc*) Bewältigung von Dürreereignissen regeln.

Im Zentrum der vergleichenden Gegenüberstellung steht die Zweckmäßigkeit der Instrumente für ein umfassendes Dürremanagement, das die verschiedenen Stufen des Risikomanagements berücksichtigt. Während in Kalifornien der Schwerpunkt auf der Optimierung und Koordination bestehender Instrumente eines Dürremanagements liegt, steht in Baden-Württemberg die Ausrichtung allgemeiner wasserrechtlicher Instrumente zur Integration eines Dürremanagements im Vordergrund. Aus der Verschiedenartigkeit der Naturereignisse und der Entwicklung des kalifornischen Dürremanagements wird zugleich deutlich, dass ein Dürremanagement stets Flexibilität zur Anpassung im Einzelfall aufweisen und Gegenstand kontinuierlicher Weiterentwicklung sein sollte. Zentrale Aufgabe eines Dürremanagements muss es daher sein, übergeordnete Strukturen zu schaffen und einzelne Instrumente und Maßnahmen aufeinander abzustimmen. Die aus dem Vergleich abgeleiteten Handlungsempfehlungen und deren Zusammenspiel werden in Abbildung 7 dargestellt.

I. Rechtliche Rahmenbedingungen für die Dürrebewältigung

1. *Konzeptionelle Ausrichtung des Wasserrechts*

Inwieweit wasserrechtliche Instrumente zum Schutz von Umwelt und Gesellschaft vor Dürreereignissen dienen, hängt vorrangig von der konzeptionellen Ausrichtung des Wasserrechts[1921] und dessen Regelungsziel ab. Die Länderberichte zeigen, dass zwei grund-

---

1921 Vgl. *Adler*, Balancing Compassion and Risk in Climate Adaptation, Fla. L. Rev. 2012, 201 (223).

E. *Vergleich und Handlungsempfehlungen*

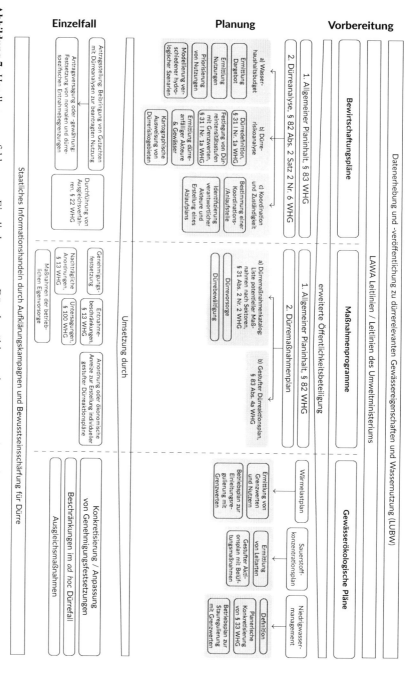

Abbildung 7: Handlungsempfehlung zur Eingliederung von Dürrebewältigungsinstrumenten (*grau hinterlegt*) in das für Baden-Württemberg geltende Wasserrecht.
Quelle: eigene Darstellung.

362

sätzliche Ansätze zur Dürrebewältigung bestehen, die langfristige Dürrevorsorge als Vermeidungsansatz und der *ad hoc* Schadensminimierungsansatz zur kurzfristigen Bewältigung der Dürreauswirkungen. Der Vermeidungsansatz verfolgt eine nachhaltige und ressourcenschonende Bewirtschaftung, um Häufigkeit, Intensität und Auswirkungen von Dürreereignissen zu vermeiden bzw. zu mindern.[1922] Typisch für den Schadensminimierungsansatz sind Entschädigungsleistungen oder Maßnahmen zur Erschließung neuer Wasserressourcen wie Regen-, oder Hochwasserrückhaltebecken, Entsalzungsanlagen und Wiederaufbereitungsanlagen. Zu der Umsetzung eines umfassenden Dürremanagements, müssen beide Ansätze in rechtlichen Instrumenten verankert werden.[1923] Das Ausmaß, inwieweit das jeweilige Wasserrecht vorherrschend dem einen oder anderen Ansatz folgt, hängt von verschiedenen Faktoren. Allen voran steht die Funktion des Wasserrechts und die Bedeutung des Umweltmediums im wasserrechtlichen Bewirtschaftungssystem, gefolgt von den unterschiedlichen menschlichen Nutzungsbedürfnissen und -ansprüchen, den gewässerökologischen Anforderungen und den klimatischen Bedingungen.

a) Das Integrationsmodell der baden-württembergischen Bewirtschaftungspraxis

Das Integrationsmodell (*drought neutrality*) verfolgt den Ansatz, Extremereignisse wie Dürre in generellen wasserrechtlichen Instrumenten mitzuregeln, die keine Ausnahmen oder Abweichungen von materiell-rechtlichen Standards zulassen. Dieser Ansatz ist im für Baden-Württemberg geltenden Wasserrecht derzeit niedergelegt, ohne dabei den Anspruch einer speziellen Regelung von Dürreereignissen zu erheben. Die Bewirtschaftungspläne und Maßnahmenprogramme sehen derzeit keine Abweichungsbefugnis von den Bewirtschaftungszielen nach § 31 WHG vor. Die allgemeinen wasserrechtlichen Regelungen gelten derzeit fast uneingeschränkt sowohl bei normalen als auch bei außergewöhnlichen hydrologischen Umständen.

b) Das Ausnahmemodell der europäischen Wasserrahmenrichtlinie

Das Ausnahmemodell (*drought exceptionalism*) hält für Dürre Ausnahmevorschriften von allgemeinen wasserrechtlichen Regelungen vor. Sowohl im Integrationsmodell als auch im Ausnahmemodell liegt der Schwerpunkt administrativer Maßnahmen auf der Verminderung der Anfälligkeit von Umwelt und Gesellschaft für Dürreauswirkungen (Risikominderungsmaßnahmen, *mitigation measures*). Typischerweise erfolgt dies durch Prognosen, Frühwarnsysteme und planerische Instrumente.[1924] Beispielhaft für das Ausnahmemodell sind die europarechtlichen Rahmenvorgaben der Wasserrahmenrichtlinie (WRRL), umgesetzt in §§ 30 f. WHG. Bei Dürreereignissen könnten Wasserbehörden

---

1922 *Adler*, Balancing Compassion and Risk in Climate Adaptation, Fla. L. Rev. 2012, 201 (223 f.).
1923 Der nachfolgende Absatz nimmt Bezug auf *Adler*, Balancing Compassion and Risk in Climate Adaptation, Fla. L. Rev. 2012, 201 (224 f.); *Wilhite/Sivakumar/Pulwarty*, Managing Drought Risk in a Changing Climate, Weather Clim. Extrem. 2014, 4 (7 f.).
1924 Eine umfassende Darstellung potentieller Maßnahmen *Wilhite/Rhodes*, Drought Mitigation in the United States, in: Wilhite (Hrsg.), Drought Assessment, Management, and Planning, 1993, S. 237 (237 ff.); *Rossi/Cancelliere/Giuliano*, Case Study: Multicriteria Assessment of Drought Mitigation Measures, J. Water Resour. Plan. Manag. 2005, 449 (449 ff.).

E. Vergleich und Handlungsempfehlungen

von der Ausnahmebefugnis nach § 31 Abs. 1 Nr. 1 a) WHG Gebrauch machen, sofern die Maßnahmenprogramme des zweiten Bewirtschaftungszyklus die ergänzenden Voraussetzungen des § 31 Abs. 1 WHG umsetzen. In Baden-Württemberg ist dies bislang nicht erfolgt. Eine Abweichung von den Bewirtschaftungsvorgaben des Wasserrechts ist in Baden-Württemberg daher (derzeit) nicht möglich. Die Herausforderung des Ausnahmemodells, die Bestimmung den Anwendungsbereichs der Ausnahmevorschriften z. B. durch Schwellenwerte, stellt sich daher bislang im Zusammenhang mit Dürreereignissen nicht.

c) Die *ad hoc* Bewältigungsstrategie im kalifornischen Wasserrecht

Das *ad hoc* Modell (*ad hoc approach*) adressiert Dürreereignisse durch strukturell-individuelle Maßnahmen des Wasserrechts oder der Notstandsgesetzgebung. Die Maßnahmen greifen typischerweise reaktiv bei Eintritt von Dürreauswirkungen ein und verfolgen eine kurzfristige (ökonomische) Schadensminimierung.[1925] Vorteil dieses Ansatzes ist die Flexibilität und individuelle Anpassungsmöglichkeit von Maßnahmen an das jeweilige Ereignis. Reaktive *ad hoc* Maßnahmen sind besonders für diejenigen Bereiche geeignet, bei denen Aufwand und Kosten präventiver Vorsorgemaßnahmen außer Verhältnis zu den (ökonomischen) Auswirkungen von Dürren stehen, oder eine geringe Eintrittswahrscheinlichkeit besteht.[1926] Vorangetrieben durch das interdisziplinäre National Drought Mitigation Center (NDMC) der University of Nebraska und *Donald Wilhite* zum Risikomanagement bei Dürre[1927] ist das »*ad hoc* Bewältigungsmodell« in seiner Reinform nur noch selten anzutreffen. Ansätze des »*ad hoc* Bewältigungsmodells« prägen bis heute das kalifornische Wasserrecht wie z. B. Art. 10 Sec. 2 California Constitution (Cal. Const.), das eine dynamische, kurzfristige Anpassung der Nutzung an das gegenwärtige Dargebot vorsieht. Gerade an der historischen Entwicklung der Dürrebewältigung in Kalifornien[1928] wird der *trial and error* Ansatz einer kurzfristigen, individuellen Dürrebewältigung deutlich. Bis heute trägt das ausgeprägte wasserrechtliche Notstandsrecht im Umgang mit den teils jahrelangen Dürren dort zu einer einzelfallorientierten Dürrebewältigung bei.

d) Bewertung

Die Zweckmäßigkeit der Dürrebewältigungskonzepte hängt von den wasserrechtlichen Zielen ab. Im Unterschied zum kalifornischen Wasserrecht, das auf die größtmögliche Nutzung der Wasserressourcen zielt und erst seit den 60er Jahren Aspekte des Umwelt- und Gewässerschutzes einbezieht, hat der gute Zustand der Gewässer nach §§ 27, 47 WHG für das in Baden-Württemberg geltende Wasserrecht oberste Priorität. Hinzu kommen faktische Unterschiede in Dauer und Intensität von Dürreereignissen in den Gliedstaaten. Dürreereignisse in Kalifornien reichen von besonders intensiven mehrmonatigen Dürren bis hin zu mehrjährigen Dürren. Sie erfordern ein hohes Maß an Anpassungsfähigkeit

---

1925 *Wilhite/Sivakumar/Pulwarty*, Managing Drought Risk in a Changing Climate, Weather Clim. Extrem. 2014, 4 (7).
1926 *Schmidt-Aßmann*, Das allgemeine Verwaltungsrecht als Ordnungsidee, 2. Aufl. 2006, S. 121.
1927 *Adler*, Balancing Compassion and Risk in Climate Adaptation, Fla. L. Rev. 2012, 201 (228).
1928 Siehe Abschnitt D.I.

und Flexibilität wasserrechtlicher Instrumente. Die starke Abhängigkeit der Wasserversorgung von Niederschlag im Winterhalbjahr kann zudem – im Unterschied zu Baden-Württemberg – die Versorgungssicherheit für die Gesellschaft beeinträchtigen. Diese tatsächlichen Umstände führen – neben der teils historisch bedingten Zielsetzung des kalifornischen Wasserrechts – dazu, dass die nachträgliche Umsetzung eines Gewässerschutzes im kalifornischen Wasserrecht mit hohen Herausforderungen verbunden ist. Einen hohen Gewässer- und Umweltschutz auch bei Dürreereignissen kann langfristig nur das Integrationsmodell gewährleisten, da hier die Nutzungsinteressen und -bedürfnisse von Umwelt und Gesellschaft gleichberechtigt gegenüberstehen.

Beide Lösungsmodelle verbindet, dass die Instrumente ein gewisses Maß an Flexibilität und Anpassungsfähigkeit aufweisen müssen, um auf dynamische Ereignisse entsprechend ihrer jeweiligen Zielsetzungen zu reagieren. In Baden-Württemberg fällt die einzelfallbezogene Anpassung innerhalb des Integrationsmodells aufgrund des ausgeprägten ökologischen Gewässerschutzes überwiegend zugunsten des Umwelt- und Gewässerschutzes aus, in Kalifornien rückt das *ad hoc* Modell die maximale Nutzbarkeit der Gewässer in den Vordergrund. Die jeweiligen Regelungsmodelle sind in sich folglich schlüssig und geeignet das entsprechende Bewirtschaftungsziel zu erreichen. Sofern die hydrologischen Bedingungen die konzeptionelle Ausrichtung des Wasserrechts im Rahmen des Integrationsmodells zulassen, bietet dieser Ansatz grundsätzlich einen höheren Gewässer- und Umweltschutz bei Dürre und sollte daher in Baden-Württemberg beibehalten werden.

2. *Administrative Akteure und die öffentliche Wasserversorgung: Funktion und Bedeutung*

Verwaltungsorganisation, -zuständigkeit und -aufgaben im Wasserrecht beeinflussen die Handlungsmöglichkeiten und den Handlungsspielraum der Wasserbehörden bei der Dürrebewältigung. Die Verwaltung der beiden Gliedstaaten weist Ähnlichkeit auf, im Ergebnis überwiegen jedoch die Unterschiede.

a) Verwaltungsaufbau im Wasserrecht

Beide Rechtsordnungen sehen einen dreistufigen Behördenaufbau vor. Die Einzugsgebiete der drei Stufen verfügen über eine ähnliche räumliche Ausdehnung in Relation zu der jeweiligen Fläche der Gliedstaaten gesehen.[1929]

1929 Im Vergleich bestehen im Bundesstaat Kalifornien 5.316 Sonderbehörden bei einer Fläche von ca. 424.000 km² (Stand Januar 2019), im Bundesland Baden-Württemberg 1.101 selbstständige Gemeinden bei einer Fläche von ca. 35.700 km² (Stand Juni 2018). Die Bevölkerungsdichte beträgt in Kalifornien 92,6 Einwohner/km² (Schätzung 2018) und in Baden-Württemberg das mehr als Dreifache mit 309 Einwohnern/km² (Stand Juni 2018), *California State Controllers Office*, Special Districts Listing, Local Government Financial Data, 2019, https://bythenumbers.sco.ca.gov/Special-Districts-Other/Special-Districts-Listing/fv6y-3v29 [abgerufen am 12.7.2021]; *USCB*, QuickFacts: California, 2019, https://www.census.gov/quickfacts/ca [abgerufen am 12.7.2021]; *Statistisches Landesamt Baden-Württemberg*, Bevölkerung der Gemeinden Baden-Württembergs am 30. Juni 2018, Artikel-Nr. 3122 18001, 2019, S. 1.

E. Vergleich und Handlungsempfehlungen

In Bezug auf die Kompetenzverteilung innerhalb des Verwaltungsaufbaus Baden-Württembergs und Kaliforniens sind Unterschiede, teilweise auch Ähnlichkeiten festzustellen. Trotz gleicher Anzahl an Ebenen ist die Verwaltung in Kalifornien im Verhältnis zu Baden-Württemberg weniger hierarchisch, aber mit einer starken Kompetenzverlagerung auf das State Water Resources Control Board (SWRCB) zur Regelung des Dürrefalls, und dekonzentrierter ausgestaltet. Gemeinsam ist beiden Rechtsordnungen, dass der Fokus des Dürremanagements auf den örtlichen Wasserbehörden liegt. Dies ist in Kalifornien dem Grundsatz der *home rule* geschuldet, in Baden-Württemberg dem Grundsatz der sachlichen Zuständigkeit unterer Wasserbehörden nach § 82 Abs. 1 S. 1 WG-BW. Die *counties* als Mittelinstanz treten als Akteur zur Dürrebewältigung – im Unterschied zu den Regierungspräsidien, die für die Bewirtschaftungspläne und Maßnahmenprogramme verantwortlich sind – kaum bis gar nicht in Erscheinung. Die bundesstaatenweiten Behörden sorgen in Kalifornien für bundesstaatenweit einheitliche Mindeststandards bei Dürreereignissen und die Umsetzung von Art. 10 Sec. 2 Cal. Const. Aufgrund der bislang überwiegend lokalen Dürreauswirkungen wirkt das Umweltministerium vorwiegend im Rahmen seiner allgemeinen Koordinierungsfunktion an der Dürrebewältigung mit oder bezieht diese vereinzelt im Rahmen der sachlichen Zuständigkeit nach § 82 Abs. 4 WG-BW mit ein. In Kalifornien besteht ein besonderes Spannungsverhältnis zwischen dem Zuständigkeitsgrundsatz der *home rule* und der Notwendigkeit bundesstaatenweit einheitlicher Vorgaben eines Dürremanagements.

b) Sachliche und örtliche Zuständigkeiten der Wasserbehörden

Die sachliche Zuständigkeit von Wasserbehörden ist in den Gliedstaaten unterschiedlich geregelt. Unterschiede ergeben sich bereits im System und Art der Zuständigkeitsregelungen. In Baden-Württemberg regeln die Normen §§ 82 f. WG-BW die sachliche Zuständigkeit aller Wasserbehörden, wobei der Grundsatz der Zuständigkeit der unteren Wasserbehörde gilt. Insofern besteht, wie eben erwähnt, Ähnlichkeit zur *home rule* in Kalifornien.

Die sachliche Zuständigkeit der Verwaltung in Baden-Württemberg folgt aus dem Zuständigkeitskatalog der §§ 82 f. WG-BW. Im Unterschied dazu regeln verschiedene Rechtsquellen die Aufgaben und Befugnisse der kalifornischen Verwaltung. Die kalifornische Verfassung stellt grobe Rahmenbedingungen für die Aufgabenverteilung auf. Die Zuständigkeit von *special districts* ist daher überwiegend historisch gewachsen, was zu Überschneidungs- und Abgrenzungsschwierigkeiten mit allgemeinen Verwaltungseinheiten (*counties* und *cities*) führt. Zu Abgrenzungsschwierigkeiten trägt ergänzend bei, dass die örtliche Zuständigkeit der *special districts* keiner einheitlichen Struktur folgt. Aus diesem Grund trägt das System und die Art der Zuständigkeitsregelung der Wasserbehörden in Baden-Württemberg zur Klarheit und Transparenz durch die eindeutige Abgrenzung von Verantwortungsbereichen bei. Auch der Koordinations- und Kommunikationsaufwand zur Flussgebietsbewirtschaftung fällt in einem System mit katalogartigen Zuständigkeitsverteilungen leichter, da die in einem Flussgebiet liegenden Akteure schneller ermittelt werden können.

Unterschiede bestehen auch hinsichtlich des Inhalts der Zuständigkeitsregelungen. In Baden-Württemberg ist die Zuständigkeit für die Zulässigkeit von Gewässernutzungen auf alle Ebenen der Verwaltung verteilt. Da die territoriale Größe der Regierungspräsidien den hydrologischen Flusseinzugsgebieten am nächsten kommt, stellen in Baden-Württemberg die Regierungspräsidien die Bewirtschaftungspläne und Maßnahmenprogramme nach § 82 f. WHG auf. Eine grundsätzliche Trennung der Entscheidungsbefugnis über Nutzung von Oberflächengewässer und Grundwasser nehmen weder das WHG noch das WG-BW vor. Dem integrierten Bewirtschaftungsverständnis des baden-württembergischen Wasserrechts entspricht es ferner, im Rahmen der Zuständigkeitsregelungen nicht zwischen Gewässergüte und Gewässermenge zu unterscheiden. Dieser Grundannahme folgt inzwischen auch das kalifornische Bewirtschaftungsverständnis. Das SWRCB ist gleichzeitig für Genehmigungsentscheidungen von *post-1914 appropriative rights* an Oberflächengewässern und für die Gewässerökologie zuständig ist.[1930] Hinsichtlich planerischer Instrumente ist das Department of Water Resources (DWR) für die Aufstellung des einzigen bundesstaatenweiten Plans, des California Water Plan (CWP), zuständig. Ansonsten und überwiegend liegt die Planaufstellungsbefugnis für Wassermanagementpläne auf Ebene der *local governments*, die zudem umfassende Rechtssetzungsbefugnisse für die Regulierung der Wassernutzung besitzen. Gerade bei Dürreereignissen besteht die Gefahr, dass die Zuständigkeit der *local governments* durch die faktische Verfügungsgewalt der Wasserinfrastrukturbetreiber über die Wasserressourcen überlagert werden.

Wie an dem kalifornischen Wasserrecht deutlich wird, kann eine nachhaltige Dürrebewältigung nur durch eine zentrale Steuerung lokaler Akteure erfolgen, um örtliche Maßnahmen zur Dürrebewältigung zu koordinieren. Auf diese Weise können Synergien zwischen den lokalen, sachnäheren Akteuren und überregionalen, koordinierenden Akteuren optimal genutzt werden. Bundesstaatenweit zuständige Behörde für die Wasserverteilung wie das DWR oder das SWRCB, deren Aufgabenbereich über eine rein koordinierende Funktion hinausgeht, stehen folglich vor der Herausforderung lokale Verhältnisse hinreichend abzubilden. Erschwerend kommt hinzu, dass Grundwasser, unterirdische Ströme und Oberflächengewässern unterschiedlichen Zuständigkeiten und Regelungssystemen unterliegen. Die im Vergleich zum SWRCB dezentrale Zuständigkeit für Genehmigungen in Baden-Württemberg hat hingegen sicherzustellen, dass eine umfassende Erfassung der Wasserbilanz (Dargebot und Nutzung) für das Bundesland erfolgt. Die sachlichen Zuständigkeitsregelungen in Baden-Württemberg tragen einer integrierten Gewässerbewirtschaftung Rechnung, da keine Aufspaltung des Regelungsgegenstands im Wasserrecht vorgesehen ist. Die überregionale Abstimmung der dezentralen Verwaltung erfolgt durch die Bewirtschaftungspläne und Maßnahmenprogramme nach § 82 f. WG-BW. Hierdurch wird auch in einer dezentralen Ressourcenverwaltung Transparenz und Koordination der Benutzungen innerhalb eines Flusseinzugsgebiets sichergestellt. Grundvoraussetzung hierfür ist ein uneingeschränkter Datenzugang. Einen Beitrag hierzu leisten die von den unteren Wasserbehörden anzulegenden, elektronischen Wasserbücher nach § 87 WHG iVm. § 69 WG-BW.

Der Grundsatz der Zuständigkeit lokaler Selbstverwaltungsangelegenheiten besteht sowohl in Kalifornien als auch in Baden-Württemberg, wobei die *local governments* in Kalifornien historisch weniger stark in den Verwaltungsaufbau eingebunden sind. Die kalifornische Entwicklung des Dürremanagements zeigt, dass die *ad hoc* Bewältigung durch örtliche Akteure die Berücksichtigung lokaler Interessen und die Abstimmung von Instrumenten und Maßnahmen auf die lokalen Auswirkungen von Dürreereignissen begünstigt. Liegt die Hauptverantwortlichkeit für ein Gewässermanagement auf lokalen

---

1930 Allerdings findet in Kalifornien eine Aufspaltung des Regelungsgegenstands Gewässer statt.

E. Vergleich und Handlungsempfehlungen

Akteuren ist durch überregionale Instrumente und Akteure sicherzustellen, dass einheitliche Standards der Ressourcenschonung eingehalten und Rechtszersplitterung durch örtliche Regelungen gerade im *ad hoc* Dürrefall vorgebeugt wird.

c) Rolle und Funktion der Wasserversorger

Die Wasserversorgung nimmt bei der Dürrebewältigung eine wichtige Funktion ein, da sie nicht nur das Endnutzerverhalten reguliert, sondern auch über die tatsächliche Zuteilung der Wasserressourcen entscheidet.

Beide Rechtsordnungen gehen vom Grundsatz der örtlichen Wasserversorgung aus, der für Baden-Württemberg in § 50 Abs. 2 WHG verankert ist. In Kalifornien schützen Prinzipien, wie *area of origin priorities*, den Vorrang örtlicher Wassernutzung. Im Unterschied zu Kalifornien, wo gerade ländlichere Gegenden ausschließlich vom örtlichen Wasserdargebot abhängen, ist die Belastbarkeit der öffentlichen Wasserversorgung aufgrund der besonders ausgeprägten mehrstufiger Versorgungsstrukturen in weiten Teilen Baden-Württembergs sehr gut. Der Örtlichkeitsgrundsatz hält Infrastrukturmaßnahmen für die Wasserversorgung möglichst gering und trägt dadurch zu einer möglichst geringen Belastung der Umwelt bei.

Die Nutzung der überörtlichen Wasserversorgung erfolgt in Kalifornien durch *water districts*, die teilweise die Funktion eines Wasserverbandes übernehmen. Die Nutzung von überörtlichen Wasserressourcen durch Wasserverbände bietet für die *ad hoc* Dürrebewältigung mehrere Vorteile: Sie erhöht die Verlässlichkeit der Wasserversorgung, schützt örtliche Wasservorkommen vor Übernutzung und ermöglicht durch die gemeinsame Nutzung der Infrastruktur einen vergleichsweise kostengünstigen Zugang für Gewässernutzer zu überörtlichen Wasserressourcen.

d) Handlungsempfehlungen

aa) Mehrstufige Versorgungsstrukturen für die öffentliche Wasserversorgung

Das Umweltministerium Baden-Württemberg fördert aktuell den Wasserinfrastrukturausbau im ländlicheren Raum, um auch dort mehrstufige Versorgungsstrukturen zu etablieren.[1931] Zu großen Teilen beruht der Ausbau einer mehrstufigen Versorgungsstruktur allerdings auf Eigeninitiative der Wasserversorger,[1932] die zeigt, dass dürreanfällige Wasserversorger auf das Dürrerisiko reagieren und sich hierdurch Flexibilität bewahren, um auch bei Bedarfsspitzen die Wasserversorgung aufrecht zu erhalten.[1933] Da mit zuneh-

---

1931 Siehe *EUWID Wasser und Abwasser*, Baden-Württemberg fördert Trinkwasser-Projekt im ländlichen Raum, 2018, https://www.euwid-wasser.de/news/wirtschaft/einzelansicht/Artikel/baden-wuerttemberg-foerdert-trinkwasser-projekt-im-laendlichen-raum.html [abgerufen am 12. 7. 2021].
1932 So zum Beispiel der Zweckverband Mannenbach-Wasserversorgung, der mit den Stadtwerken Pforzheim eine Vereinbarung abschloss und eine Anbindung an die Bodensee-Fernwasserversorgung erwirkte, *Zweckverband Mannenbach-Wasserversorgung*, Wasserversorgung wegen extremer Trockenheit ernsthaft gefährdet, 2017, S. 1.
1933 Beispielhaft dafür steht die Wasserversorgung der Stadtwerke Heidelberg während des Dürresommers 2018, die statt der Versorgung aus Quellwasser auf Wasserressourcen aus

mender Tendenz die Anzahl an Anschlüssen an Fernwasserversorgungssysteme, wie die Bodensee-Fernwasserversorgung, steigt,[1934] sollten Fernwasserversorger perspektivisch über die Aufstellung von Dürremanagementbetriebsplänen ähnlich dem Drought Operations Plan nachdenken.

Für Wasserversorger empfiehlt sich vorrangig das Instrument der Nachfrageregulierung, um die Notwendigkeit von Ersatzleitungen oder Tanklastwagen im Dürrefall zu vermeiden.

bb) Wasserversorgungssicherheit durch Wasserverbände

Das Prinzip der Selbstorganisation und Selbsthilfe ist im für Baden-Württemberg geltenden Wasserrecht ein bekanntes Prinzip, das seine historischen Anfänge bereits in den Wiesengemeinschaften[1935] hat. Angesichts der Zunahme der Bewässerungslandwirtschaft, die als solche die Abhängigkeit der Landwirtschaft von einem konstant verfügbaren Wasserdargebot erhöht, kann der Zusammenschluss zu Bewässerungsverbänden eine ortsnahe Versorgung gewährleisten, ähnlich wie in Kalifornien die *irrigation districts*. Vorweg sollte die Ausbreitung der Bewässerungslandwirtschaft angesichts der Notwendigkeit eines konstanten Wasserdargebots vorwiegend für einjährige Anbauarten vorgesehen werden, um ein Brachliegenlassen ökonomisch reizvoller aber bewässerungsbedürftiger, mehrjähriger Anbausorten – wie in Kalifornien mit Mandelbaumplantagen im Jahr 2016 erfolgt – zu vermeiden. Die Wasserversorgung durch Bewässerungsverbände hat mehrere Vorteile, die aus der Nutzung einer gemeinsamen Infrastruktur erwachsen, darunter die Kostenumlage der Infrastruktur- und Instandhaltungskosten sowie der Ressourcenerschließung oder die Möglichkeit einer zentralen Regulierung der landwirtschaftlichen Endnutzer bei Dürre durch den Verband. Zudem können die Bewässerungsverbände einen Anschluss an ihre Versorgungsinfrastruktur mit Auflagen verbinden, um das betriebliche Risikomanagement der landwirtschaftlichen Betriebe zu stärken. Hierfür eignet sich insbesondere die Aufstellung von individuellen Dürremanagementplänen zur betrieblichen Risikovorsorge nach dem Vorbild der *agricultural water management plans* (AWMPs). Die Infrastruktur von Bewässerungsverbänden ermöglicht nicht zuletzt auch die Versorgung zahlreicher Nutzer aus gemeinsamen alternativen Wasserressourcen wie dem Bau von Zisternen oder Rückhaltebecken. Letztere sind jedoch anfällig für eine hohe Verdunstungsrate im Dürrefall und sollten daher in geschlossenen Systemen angelegt werden. Durch eine Verwaltungsvorschrift könnte ein landeseinheitliches Vorgehen im Umgang mit der Bewässerungspraxis sowie Rahmenvorgaben für Bewässerungsverbände, die im Einzelfall umzusetzen wären, geschaffen werden.

---

der Verbundsstruktur umschwenkte, *Stadtwerke Heidelberg*, Trockene Quelle in Handschuhsheim erfordern Umstellung der Trinkwasserversorgung, Metropolnews, 2018, https://www.metropolnews.info/mp352926 [abgerufen am 12.7.2021].

1934 Seit 2009 kontinulierlich steigende Abgabemengen *Domgörgen*, Konstanz, SÜDKURIER Online, 2018, https://www.suedkurier.de/region/kreis-konstanz/kreis-konstanz/Bodenseewasser-Versorger-zapfen-immer-mehr-ab;art372432,9825949 [abgerufen am 12.7.2021].

1935 Hierzu *Weber*, Zur Rechtsgeschichte der Wiesengemeinschaften der Hallig Hooge, ZRG GA 1932, 483.

E. Vergleich und Handlungsempfehlungen

e) Fazit

Der Verwaltungsaufbau und die Zuständigkeitsverteilung in Baden-Württemberg schaffen in vielerlei Hinsicht günstige Grundbedingungen für eine effektive Dürrebewältigung. Der Vorrang der örtlichen Wasserversorgung kann den lokalen Anforderungen an die Versorgungssicherheit und die Belastbarkeit der Wasserversorgung gegenüber Dürreereignissen Rechnung tragen. Die eindeutigen Zuständigkeitsregelungen des baden-württembergischen Verwaltungsaufbaus erleichtern eine klare Aufgabenverteilung, schaffen Transparenz und minimieren den Koordinationsaufwand zwischen Behörden, Stakeholdern und der Bevölkerung. In einem klar strukturierten Verwaltungsaufbau können wasserrechtliche Instrumente schneller, zielgerichteter und damit insgesamt effektiver eingesetzt werden. Die den jeweiligen Instrumenten immanente Eignung zur Dürrebewältigung wird hierdurch erhöht. Die klare Zuständigkeitsverteilung in Baden-Württemberg sollte daher auch bei der Weiterentwicklung wasserrechtlicher Instrumente zu einem Dürremanagement beibehalten werden.

3. Dürrebewältigung durch wasserrechtliche Prinzipien

Der Einfluss wasserrechtlicher Grundprinzipien auf die Eignung wasserrechtlicher Instrumente zur Dürrebewältigung ist erheblich. Sie bestimmen die Leitlinien der Gewässerbewirtschaftung und damit die Ziel- und Schutzrichtung wasserrechtlicher Regelungen. Gerade die Grundprinzipien geben die zentrale Ausrichtung der beiden Rechtsordnung vor, die sich durch die Stichworte Gewässerökologie *versus* Ökonomie zusammenfassen lässt.

a) Verfassungsrechtlicher Rechtsrahmen

Auf verfassungsrechtlicher Ebene erkennt Art. 20a GG die Gewässer um ihrer selbst Willen als schutzwürdig[1936] an und stellt in Verbindung mit dem Unionsrecht verschiedene Umweltprinzipien auf, die unter Anderem der Schutzwürdigkeit der Gewässer dienen und ihre Ausprägung vorrangig in den einfachen Gesetzen finden. In Kalifornien ist Art. 10 Sec. 2 Cal. Const. auf verfassungsrechtlicher Ebene Ausdruck der besonderen klimatischen Bedingungen des Bundesstaats und bindet die Wasserrechteinhaber unmittelbar an die Einhaltung der Reasonable and Beneficial Use Doctrine. Ein weiteres Grundprinzip von Verfassungsrang ist die Public Trust Doctrine (PTD). Das *precautionary principle* wird teils anerkannt, hat jedoch nicht den Status eines Verfassungsprinzips.

Die Gegenüberstellung zeigt, dass die verfassungsrechtlichen Grundprinzipien unterschiedlich ausgestaltet sind. Dies betrifft zunächst ihren Anwendungsbereich. Die Umweltprinzipien sind allgemeine Grundprinzipien, die Geltung für das gesamte Umweltrecht beanspruchen. Die Reasonable and Beneficial Use Doctrine ist ein wasserrechtliches Grundprinzip, das speziell der Anpassung von Nachfrage an das Ressourcendargebot dient. Auch die Rechtswirkung der Grundprinzipien ist unterschiedlich. Die Umweltprinzipien und Art. 20a GG erfahren einfachgesetzliche Konkretisierung und entfalten dadurch

---

[1936] BVerwG, Beschl. v. 6. 9. 2004, ZfW 2005, 227 (231).

unmittelbare Bindungswirkung gegenüber den Wasserbenutzern. In Kalifornien verpflichtet Art. 10 Sec. 2 Cal. Const. unmittelbar jeden Wasserrechteinhaber. Die strukturelle Ausgestaltung der Grundprinzipien ist ebenfalls unterschiedlich. Die Umweltprinzipien sind als übergeordnete Leitlinien zum Zweck des Umwelt- und Ressourcenschutzes vom Einzelfall unabhängig und verfolgen ein langfristig hohes Schutzniveau. Die Reasonable and Beneficial Use Doctrine ist hingegen ein stets im Wandel befindliches, dynamisches Rechtsinstitut, das der bestmöglichen ökonomischen Nutzung der Gewässer dient.

Die Unterschiede sind Folge der grundverschiedenen Rechtssysteme. Art. 20a GG und die Umweltprinzipien folgen dem Grundsatz vom Allgemeinen zum Besonderen. In Kalifornien hingegen geht die Verfassung vorrangig auf Lebenssachverhalte mit besonderer kultureller und gesellschaftlicher Relevanz oder Konfliktpotential ein.[1937]

Art. 10 Sec. 2 Cal. Const. greift den Umstand auf, dass der Zugang zu Wasser und eine konstante Wasserverfügbarkeit seit Gründung des Bundesstaates die Bevölkerung vor Herausforderungen stellt. Infolgedessen ist das kalifornische Wasserrecht traditionell von Verteilungs- und Wassermengenfragen geprägt, wogegen das baden-württembergische Wasserrecht historisch aus dem Bedürfnis einer guten Gewässerqualität wuchs. Der verfassungsrechtliche Rechtsrahmen stellt zudem in beiden Gliedstaaten Leitvorgaben für das Nutzungsverhalten auf. Um der besonderen Schutzbedürftigkeit der Gewässer zu entsprechen, regelt das in Baden-Württemberg geltende Wasserrecht den Zugang zu Wasser durch ein repressives Verbot mit Erlaubnisvorbehalt. Art. 10 Sec. 2 Cal. Const. regelt hingegen die Nutzung und das Verhältnis von Wasserrechten. Wasserrechte sind als Eigentumsrechte (*property rights*) besonders geschützt und nach dem Fifth Amendment der US Constitution und Art. 1 Sec. 1 Cal. Const. Ausdruck des anglo-amerikanischen Verständnis über die Eigentumsrechte, in denen die Abwehrfunktion der Grundrechte besonders zum Ausdruck kommt.[1938]

Die unterschiedliche Zielvorgabe verfassungsrechtlicher Regelungen zu Wasser bestimmen letztlich auch die Ausgestaltung eines Dürremanagements in einfachgesetzlichen, wasserrechtlichen Regelungen. Aufgrund ihrer vergleichsweise geringen Rechtskraft können die Umweltprinzipien und Art. 20a GG nur mittelbar durch einfachgesetzliche Konkretisierung zum Ressourcenschutz bei Dürre beitragen. Die Reasonable and Beneficial Use Doctrine hingegen ist eine der zentralen Normen des kalifornischen Dürremanagements, da auf ihrer Grundlage die Verteilung und Beschränkung von Wassernutzungen erfolgt. Einen Gewässerschutz im Sinne eines Ressourcenschutzes um der Ressource selbst willen bietet in Kalifornien allenfalls die Auslegung der PTD. Für sich genommen halten die

---

1937 Zum Verständnis amerikanischer Verfassungen als historisch-politischen Prozess, der Ausdruck anglo-amerikanischer Common Law Tradition ist, vgl. *Vorländer*, Forum Americanum, in: Häberle (Hrsg.), Jahrbuch des Öffentlichen Rechts der Gegenwart, 1987, S. 451 (455); zur liberalen und konservativen Auslegungstheorien der amerikanischen Verfassung vgl. *Eisfeld*, Liberalismus und Konservatismus, 2006, S. 41 ff.

1938 *Jackson v. City of Joliet*, 715 F. 2d 1200, 1203 (1983): »*[The US Constitution] is a charter of negative rather than positive liberties [...]. The men who wrote the Bill of Rights were not concerned that goverment might do too little for the people but that it might do too much to them.*« Zu den Unterschieden zwischen negativen und positiven Freiheitsverständnisses *Finkelman*, Encyclopedia of American Civil Liberties: A–F, Index, Band 1, 2006, S. 1631; zu den Wurzeln des amerikanischen Freiheitsverständnisses bei John Locke *Fleiner/Basta Fleiner*, Allgemeine Staatslehre, 3. Aufl. 2004, S. 159.

E. Vergleich und Handlungsempfehlungen

verfassungsrechtlichen Vorgaben beider Gliedstaaten jeweils systematisch stringente Regelungen vor, um Dürreereignisse im Rahmen ihrer jeweiligen verfassungsrechtlichen Regelungsziele zu bewältigen.

b) Einfachgesetzliche Verankerung

Einfachgesetzliche wasserrechtliche Grundprinzipien, wie die §§ 1, 6 WHG oder die Bewirtschaftungsziele und -vorgabe nach §§ 27, 47 WHG, sind eine Besonderheit des in Baden-Württemberg geltenden Wasserrechts. Die Vorgabe von Bewirtschaftungszielen erfolgt in Kalifornien erst seit jüngerer Zeit und vorrangig durch die Wasserversorger im Rahmen ihrer Wassermanagementplanung. Ein Beispiel hierfür ist Senate Bill (SB) X7-7 (Steinberg), umgangssprachlich »20 in 2020«, wonach *urban water supplier* mithilfe von *urban water management plans* (UWMPs) die Nachfrage um 20 % bis zum Jahr 2020 senken sollen.[1939] Durch den Sustainable Groundwater Management Act (SGMA) stärkt der Gesetzgeber ein solches Vorgehen und verpflichtet *groundwater sustainability agencies* in den von ihnen zu erstellenden *groundwater sustainability plans* (GSPs) zunächst ihre gesetzlich vorgegebenen »sustainability goals« für den Grundwasserkörper konkretisieren und anschließend Bewirtschaftungsvorgaben aufstellen.[1940] Beide Rechtsordnungen haben folglich das Zusammenspiel aus generellen Regelungen und Konkretisierung durch planerische Instrumente als zweckmäßig zur möglichst ressourcenschonenden Bewirtschaftung der Gewässer erkannt.

c) Handlungsempfehlungen

Trotz der rechtlichen Unterschiede, die Ausdruck der jeweiligen Zielsetzung des Wasserrechts sind (Ökologie *versus* Ökonomie) bietet die vergleichende Gegenüberstellung folgende Empfehlungen für eine Anpassung des hiesigen Wasserrechts:

aa) Allgemeine Grundsätze der Gewässerbewirtschaftung, § 6 WHG

Angesichts des abstrakten Regelungsinhalts von Art. 20a GG und den Umweltprinzipien wäre eine inhaltliche Konkretisierung der Begriffe Nachhaltigkeit und der Vorsorge nach §§ 1, 6 WHG für den Gewässerschutzes und die Dürrebewältigung wünschenswert. Hierdurch können einerseits den Gewässerbenutzern entsprechend dem Bestimmtheitsgrundsatz konkrete Nutzungsempfehlungen an die Hand gegeben werden, andererseits das gesellschaftliche und rechtliche Bewusstsein für eine nachhaltige und vorausschauende Dürrebewältigung geschärft werden.

Da eine Konkretisierung in § 6 WHG selbst dem abstrakt-generellen Regelungsgehalt und dem Telos der Norm als wasserwirtschaftliche Grundsätze widersprechen würde, empfiehlt sich eine Konkretisierung im Rahmen der Bewirtschaftungsziele in den Bewirtschaftungsplänen. Ein solches Vorgehen entspricht der Funktion der Bewirtschaftungspläne nach § 82 WHG, die zur Konkretisierung der Bewirtschaftungsziele auf Flusseinzugsgebietsebene dienen. Zudem können flussgebietsspezifische Herausforderungen

---

1939 Siehe Abschnitt D.III.2.b)aa).
1940 Siehe Abschnitt D.III.2.c).

bei der Dürrebewältigung auf Ebene der Teilbearbeitungs- und Bearbeitungsgebiete der Flusseinzugsgebiete identifiziert werden.

bb) Das Sparsamkeitsgebot, § 5 Abs. 1 Nr. 2 WHG

Die Effektivität von § 5 Abs. 1 Nr. 2 WHG könnte jedoch erhöht werden, dass z. B. die Regierungspräsidien als Flussgebietsbehörden in den Maßnahmenprogrammen nach § 83 WHG eine Liste an Maßnahmen zum Wassersparen aufnehmen, die der guten fachlichen Praxis eines jeweiligen Sektors für genehmigungsfreie und genehmigungspflichtige Gewässerbenutzungen entsprechen (Sparsamkeitsmaßnahmenkatalog). Hierdurch wird nicht nur für die Wasserbehörden im Rahmen ihrer Ermessensausübung, sondern auch für die Gewässerbenutzer auf den ersten Blick erkennbar, welche Maßnahmen zu einer optimalen ressourcenschonenden und effizienten Wasserbenutzung beitragen. Für genehmigungsfreie Gewässerbenutzungen bietet die Liste zugleich konkrete Verhaltensvorgaben, die gesetzliche Regelungen bislang überwiegend entbehren. Die Verankerung einer solchen Liste im Rahmen der Maßnahmenprogramme ermöglicht eine zentrale, zunächst unverbindliche aber überörtliche Steuerung der Gewässerbenutzungen im Flusseinzugsgebiet und ließe genügend Spielraum zur Berücksichtigung des Verhältnismäßigkeitsgrundsatzes bei Einzelfallentscheidungen.

cc) Die Bewirtschaftungsziele, §§ 27–31, 47 WHG

In den unionsrechtlichen, einfachgesetzlich verankerten Bewirtschaftungszielen sollte die Dürrevorsorge, konkret die sparsame und ressourcenschonende Bewirtschaftung der Gewässer, als gleichrangiges Bewirtschaftungsziel benannt werden,[1941] um das Regelungspotential der Bewirtschaftungspläne und Maßnahmenprogramme für die mengenmäßige Bewirtschaftung zu verdeutlichen. Ein guter Zustand der Gewässerökologie und -qualität hängt nicht zuletzt auch von der nachhaltigen mengenmäßigen Bewirtschaftung der Gewässer ab. Die Aufnahme der Dürrevorsorge kann bei Regelungsadressaten, Gewässerbenutzern und der Bevölkerung zur Bewusstseinssteigerung beitragen.

II. Instrumente direkter Verhaltenssteuerung

Wie die Länderberichte zeigen, können Instrumente direkter Verhaltenssteuerung zur Dürrevorsorge und *ad hoc* Bewältigung beitragen. Ihre Effektivität hängt häufig von der gesellschaftlichen Akzeptanz sowie Sanktions- und Haftungsinstrumenten ab.

1. Mindestwasserführung

Einen materiell-rechtlichen Maßstab über den Verbleib der Restwassermenge im Gewässerbett gibt das Verbot der Unterschreitung einer Mindestwasserführung vor. In beiden

---

[1941] *Reese et al.*, Anpassung an die Folgen des Klimawandels, 2. Aufl. 2016, S. 209.

E. Vergleich und Handlungsempfehlungen

Rechtsordnungen dient das Rechtsinstitut dem Schutz der Gewässerökologie. Es ist jedoch unterschiedlich ausgestaltet.

a) Vergleichende Gegenüberstellung

Das in Baden-Württemberg geltende Wasserrecht regelt die Mindestwasserführung zentral in § 33 WHG, der die Bestimmung des »erforderlichen Abflusses« nachfolgenden Entscheidungsträgern überlässt. Die nähere Bestimmung erfolgt in Baden-Württemberg anhand der Verwaltungsvorschrift Wasserkrafterlass und dem Leitfaden der Landesanstalt für Umwelt Baden-Württemberg (LUBW) zu Mindestwasserflüssen in Ausleitungsstrecken. Bei Dürreereignissen erlassen die Wasserbehörden auf Antrag Ausnahmen von den im Genehmigungsbescheid konkretisierten Grenzwerten.

In Kalifornien stehen die Regelungen zur Mindestwasserführung im Zusammenhang mit der nachträglichen Einführung gewässerqualitätsrechtlicher Vorschriften in das Wassermengenrecht. Das Wasserrecht berücksichtigt die Mindestwasserführung nicht zentral in einer Norm wie § 33 WHG, sondern wählt stattdessen den Ansatz, dass die Anforderungen an eine Mindestwasserführung in die verschiedenen, bestehenden Instrumente des Wasserrechts integriert werden. Beispielsweise stärkte die Erweiterung der PTD den Stellenwert von Wasserrechten für *instream uses*. Im Genehmigungsverfahren für *post-1914 appropriative rights* sind die gewässerökologischen Belange an eine Mindestwasserführung in der Abwägung zu berücksichtigen. Konkrete Grenzwerte können auch die *regional water quality control plans* vorhalten. Die verschiedenen fragmentarischen Regelungen können die Gewässerökologie bei Dürreereignissen häufig nicht ausreichend schützen. Bei drohenden gravierenden Folgen verpflichtet das SWRCB *ad hoc* die Stauseenbetreiber Wasser zum Schutz der Gewässerökologie abzulassen und untersagt die Ausübung von Wasserrechten durch *curtailments*.

Grund für die unterschiedliche Ausgestaltung rechtlicher Regelungen zur Mindestwasserführung ist zum einen das unterschiedliche Bewirtschaftungsverständnis der Rechtsordnungen. In Kalifornien stellen Regelungen zur ökologischen Funktionsfähigkeit bis heute einen Fremdkörper des kalifornischen Rechts dar, der sich nur schwer in das *per se* von Übernutzung geprägte Nutzungsregime einfügt.

Zum anderen stehen hinter der Mindestwasserführung unterschiedliche Regelungsbedürfnisse. In Baden-Württemberg dient § 33 WHG vorwiegend zum umfassenden Schutz der Gewässerökologie vor Benutzungen - auch vor energiewirtschaftlichen Benutzungen, bei denen die Fließgewässer zum Betreiben von Kraftwerken genutzt und abgeleitet werden. In Kalifornien, wo Flüsse geographisch bedingt sehr weit und eher flach sind, spielt die Nutzung der Gewässer durch die Energiewirtschaft eine geringe Rolle. In Sommermonaten sind die überwiegende Anzahl der Gewässer bereits aus natürlichen Gründen von Niedrigwasser betroffen. Stattdessen liegt der Schwerpunkt der Regelungen darauf ein »Trockenfallen« der Gewässer durch die zahlreichen Entnahmen verschiedener Nutzergruppen zu verhindern.

Die Regelungsansätze veranschaulichen die unterschiedliche Ausrichtung des Wasserrechts. § 33 WHG ist Ausdruck des integrierten Ansatzes (Integrationsmodell), die kalifornischen Regelungsansätze veranschaulichen das *ad hoc* Vorgehen staatlicher Akteure. Im Hinblick auf die Vermeidung von Dürreauswirkungen ist § 33 WHG zugute zu halten, dass die Norm ein uneingeschränktes Mindestschutzniveau für die Gewässerökologie vorgibt, das für alle Gewässerbenutzer verbindlich gilt.

b) Handlungsempfehlung

Dennoch bietet das kalifornische Regelungsmodell zur Mindestwasserführung Anregungen für eine nachhaltigen und effektiven Gewässerschutz. Die Bestimmung der Mindestwasserführung nach § 33 WHG erfolgt in Baden-Württemberg auf der Grundlage der VwV Wasserkrafterlass 2018 und dem Leitfaden zu Mindestabflüsse in Ausleitungsstrecken der *LfU* durch die Wasserbehörden im Einzelfall. Die vorgegebenen Einstiegswerte des Wasserkrafterlasses würdigen zwar die Summationswirkung von Gewässerbenutzungen. Wünschenswert wäre jedoch eine noch stärkere Ausrichtung an Bioindikatoren, um den Artenreichtum in Gewässern auch bei Dürre zu schützen. Ergänzend empfiehlt sich die Integration hydrologischer Modelle in den Wasserkrafterlass, die Aufschluss über den aktuellen mengenmäßigen Gewässerzustand geben und die Belastung des Gewässers unter verschiedenen Dürreszenarien ermitteln. Hieran könnten die Wasserbehörden erstens im Einzelfall ablesen, ob eine Genehmigung der Gewässerbenutzung mit dem mengenmäßigen Zustand des Gewässers vereinbar ist. Neben der Konkretisierung der Mindestwasserführung im Genehmigungsbescheid in Form von konkreten Grenzwerten, empfiehlt sich der Erlass von Auflagen zu baulichen Maßnahmen, um eine nachträgliche Überprüfung des rechtsgetreuen Verhaltens zu umgehen.[1942] Zweitens könnte ein stufenweiser Niedrigwasseraktionsplan in Kombination mit dem hydrologischen Modell frühzeitig Auskunft geben, ob die Wasserbehörden Gewässerbenutzungen regeln, beschränken oder untersagen sollten. Drittens sollten als weitere Indikatoren für die Niedrigwasserstufen insbesondere Bioindikatoren (Fische und Gewässerflora) herangezogen werden, da sie einer Überfrachtung der sachlichen Auseinandersetzung um Grenzwerte durch gesellschaftlich-politische Interessenlagen[1943] weitgehend vorbeugen. Zwingend sollte zumindest der Wasserkrafterlass, vorzugsweise § 33 WHG, regeln, wie mit einer Unterschreitung der Mindestwasserführung bei Dürreereignissen zu verfahren ist – durch Nutzungsregelungen oder durch Ausnahmegenehmigungen. § 33 WHG sollte folglich als Anknüpfungspunkt für ein eben aufgezeigtes Niedrigwassermanagement dienen, dessen planerische Komponente in den Bewirtschaftungsplänen verankert werden könnte.

2. *Die Eröffnungskontrolle: präventive Steuerungspflichten und -möglichkeiten*

Sowohl das baden-württembergische als auch das kalifornische wasserrechtliche Nutzungsregime berücksichtigen Dürreereignisse auf den Ebenen der präventiven, repressiven und notstandsrechtlichen Steuerung. Die Eignung von Instrumenten direkter Verhaltenssteuerung ergibt sich nicht nur aus dem Regelungsinhalt des jeweiligen Instruments, sondern auch aus der dogmatischen Ausgestaltung der Nutzungsbefugnisse.

a) Die Gewässerbenutzung in der wasserrechtlichen Dogmatik

Das wasserrechtliche Nutzungsregime ist in Baden-Württemberg und Kalifornien dogmatisch unterschiedlich ausgestaltet. Grund hierfür ist das bereits genannte, unterschiedliche

---

1942 Hierzu beispielsweise *LfU*, Mindestabflüsse in Ausleitungsstrecken, 2005, S. 9.
1943 *Kühling*, Umweltqualitätsziele und Umwelthandlungsziele aufstellen, in: Oldiges (Hrsg.), Umweltqualität durch Planung, 2006, S. 149 (150).

E. Vergleich und Handlungsempfehlungen

Ressourcennutzungverständnis, das insbesondere im Regel-Ausnahme-Verhältnis der Wassernutzungen und der Ausgestaltung »alter Rechte« zum Ausdruck kommt.

aa) Das Regel-Ausnahme-Verhältnis

Das in Baden-Württemberg geltende Wasserrecht stellt Gewässerbenutzungen nach § 8 Abs. 1 WHG unter ein repressives Verbot mit Erlaubnisvorbehalt. Bereits die Wahl der Eröffnungskontrolle indiziert die besondere Schutzbedürftigkeit der Gewässer und Notwendigkeit einer sachdienlichen Verteilung.[1944] Eine genehmigungsfreie Gewässerbenutzung ist nur im Rahmen der enumerativen Ausnahmetatbestände, z. B. dem Gemeingebrauch nach § 25 WHG, der erlaubnisfreien Benutzung des Grundwassers nach § 46 WHG oder alten Rechten iSv. § 20 WHG möglich. Das kalifornische Wasserrecht geht hingegen vom Grundsatz eines eigentumsrechtlich begründeten, genehmigungsfreien Rechts auf Wassernutzung aus (Wasserrecht). Es unterscheidet *riparian rights* und *prior appropriative rights*. Eine Genehmigungspflicht besteht ausnahmsweise und ausschließlich für *post-1914 appropriative rights*. Das Regel-Ausnahme-Verhältnis von Genehmigungspflicht und genehmigungsfreien Gewässerbenutzungen verhält sich in den beiden Rechtsordnungen spiegelverkehrt. Eine Gemeinsamkeit besteht lediglich in dem Punkt, dass beide Rechtsordnungen das Instrument Genehmigungspflicht kennen und im Wasserrecht einsetzen.[1945]

Grund für die unterschiedliche dogmatische Ausgestaltung der Gewässernutzungen liegt im unterschiedlichen rechtshistorischen und dogmatischen Verständnis der Gewässernutzung selbst. Bei Gründung des Bundesstaates Kalifornien fand das englische Common Law Anwendung, was die Einführung von »Wasser-Rechten« zur Folge hatte. Trotz geringer Steuerungsfähigkeit der Wasserrechte bei Dürreereignissen sah der kalifornische Gesetzgeber im Water Commission Act (WCA) davon ab, die Wasserrechte einem umfassenden Genehmigungserfordernis zu unterstellen. Dies liegt daran, dass das gesellschaftliche und rechtliche Verständnis von Wasserrechten als unbeschränktes Eigentumsrecht (*property right*) eingestuft werden. Die Wasserrechte begründen aus sich heraus die Nutzungsmöglichkeit der Gewässer, ohne dass eine hoheitliche Zuteilung erfolgt. Die Einführung eines rudimentären Genehmigungserfordernisses durch den WCA ist in Kalifornien ein Kompromiss zwischen Gesetzgeber und Wasserrechteinhaber, die administrative Steuerung der Gewässernutzung im Hinblick auf Dürreereignisse zu erhöhen. Das Eigentumsrecht umfasst in Kalifornien somit ein deutlich stärkeres Abwehrrecht gegenüber staatlicher Regulierung. Auch in Deutschland haben die Grundrechte primär Abwehrfunktion, ihre Schutzpflichtenkomponente ist jedoch gegenüber den kalifornischen Eigentumsrechten stärker ausgeprägt. Der Sicherheitsgedanke und das staatliche Verantwortungsprinzip des Ordnungsrechts stehen bei der Bewirtschaftung der Gewässer im Vordergrund. Daher ist die Gewässerbenutzung grundsätzlich von einem Genehmigungserfordernis, also einem hoheitlichen Akt der Zuteilung von Wasser, abhängig.

1944 Zur grundsätzlichen Unerwünschtheit der Tätigkeit im Rahmen des repressiven Verbots mit Erlaubnisvorbehalt, BVerfG, Urt. v. 5. 8. 1966, BVerfGE 20, 150 (157); *Cherng*, Verbote mit Erlaubnisvorbehalt im Recht der Ordnungsverwaltung, 2001, S. 19; *Drews et al.*, Gefahrenabwehr, 9. Aufl. 1986, S. 354 ff., 443 ff.

1945 In Bezug auf die *appropriation doctrine* bereits *Mager*, Die Entwicklung des Wasserwirtschaftsrechts, ZaöRV 2010, 789 (804).

Weder in Baden-Württemberg noch in Kalifornien[1946] haben Gewässerbenutzer einen Anspruch auf Nutzung einer bestimmten Wassermenge, jedoch aus unterschiedlichen Gründen. In Baden-Württemberg steht das Zulassungsgesuch bei Vorliegen tatbestandlicher Voraussetzungen im Bewirtschaftungsermessen der Wasserbehörden nach § 12 Abs. 2 WHG. In Kalifornien hingegen entscheiden die Reasonable and Beneficial Use Doctrine und die Priorität des Wasserrechts über Nutzungsmöglichkeit und -umfang.

Im Hinblick auf Dürreereignisse, die das Risiko für Nutzungskonflikte und Ressourcenübernutzung erhöhen, erscheint eine möglichst restriktive Zulassung von Gewässerbenutzungen zweckmäßig. Durch die hoheitliche Zuteilung von Wassernutzungsrechten stellen Behörden eine integrierte Bewirtschaftung (*integrated water management*) sicher und überwachen innerhalb ihres Zuständigkeitsbereichs die Summe an Nutzungen, das Dargebot an Oberflächengewässern und Grundwasser sowie Wasserhaushalt und -qualität. Die Grundvoraussetzung für einen hohen Gewässerschutz bei Dürreereignissen ist jedoch, dass die Verwaltungsinstanz sich ihrer Ressourcenverantwortung bewusst ist und mit der Entscheidung im Einzelfall eine langfristige Dürrevorsorge betreibt. Durch eine möglichst restriktive Zulassung genehmigungsfreier Gewässerbenutzungen schafft die Verwaltungsinstanz zudem eine hinreichende Datengrundlage, auf der die Gesamtbelastung der Gewässer am besten erfasst und beurteilt werden kann. Insofern erscheint das in Baden-Württemberg zugrundeliegende repressive Verbot mit Erlaubnisvorbehalt nach § 8 Abs. 1 WHG zweckmäßiger, um sowohl Risikovorsorge als auch Gefahrenabwehr im Zusammenhang mit Dürreereignissen zu gewährleisten.

bb) »Alte Rechte« als Risikofaktor für die Dürrebewältigung

Ähnlich ist beiden Rechtsordnungen, dass »alte Rechte« keinem Genehmigungserfordernis unterliegen. »Alte Rechte« meint in Baden-Württemberg solche iSv. § 20 WHG, in Kalifornien *riparian rights* und *pre-1914 appropriative rights*. Um Unsicherheiten in der mengenmäßigen Beanspruchung der Gewässer zu vermeiden, bestehen sowohl in Kalifornien als auch in Baden-Württemberg nach § 20 Abs. 2 S. 2 Nr. 1 WHG rechtliche Vorschriften, die eine kontinuierliche Ausübung der Rechte innerhalb eines bestimmten Zeitraumes erfordern. Von der eingeschränkten Bestandskraft ausgenommen sind in Kalifornien *riparian rights*. Sie erlöschen auch dann nicht, wenn sie zeitweise nicht ausgeübt werden (*dormant rights*).

Aufgrund dieser Eigenschaft gelten *riparian rights* als großer Unsicherheitsfaktor für den Wasserhaushalt.[1947] Bei Dürre kann sich diese Unsicherheit verstärken. Erstens, weil Anzahl und Nutzungsumfang der alten Rechte den Wasserbehörden üblicherweise unbekannt sind und eine vorausschauende Dargebots-Nachfrage-Planung relativieren. Zweitens besteht bei Dürreereignissen eine höhere Wahrscheinlichkeit, dass alte oder ruhende Rechte aufgrund des steigenden Wasserbedarfs ausgeübt werden. Unterdurchschnittliches Dargebot und unvorhersehbar steigender Bedarf stellen eine große Herausforderung dar.

Im Hinblick auf das potentielle Konfliktverhältnis zwischen »alten Rechten« und der nachhaltigen Gewässerbewirtschaftung weisen die Rechtsordnungen ähnliche Lösungsmodelle auf. Beide Rechtsordnungen beschränken den Bestandsschutz der Rechte oder

---

1946 Hierzu *Prather v. Hoberg*, 24 Cal. 2d 549 (1944).
1947 Abschnitt D.I.3.c).

sehen eine Anzeigepflicht vor. Das obligatorische Anmeldeerfordernis mit automatischem Erlöschen des alten Rechts nach § 21 WHG ist besonders zweckmäßig, um die Ungewissheit im Zusammenhang mit alten Rechte endgültig zu beseitigen. Die Regelung trägt dazu bei, dass Wasserbehörden und Wasserversorger künftig nicht mit unvorhergesehenen Gewässerbenutzungen bei Dürreereignissen konfrontiert werden und eine vorausschauende Wasserhaushaltsbilanz zur Vermeidung von Dürreauswirkungen erstellen können.

cc) Bewertung

Für eine umfassende Dürrevorsorge erscheint ein Nutzungsregime geeignet, das die Gewässerbenutzungen einer umfassenden präventiven Kontrollmöglichkeit unterstellt. Diese ermöglicht es erstens, die Gewässerbenutzungen im Einzelfall so festzulegen, dass der Nutzungszweck erfüllt wird aber die Gewässerbelastung möglichst gering ausfällt. Zweitens schafft sie Datensicherheit in Bezug auf die rechtliche Verteilung der Gewässer. Dadurch können nicht nur die Überverteilung der Gewässer vermieden, sondern auch Maßnahmen- und Nachfrageregelungen auf der Basis hinreichend ermittelter Tatsachen ergehen. Einen ungehinderten Zugang zu Daten und Einheitlichkeit der Daten erleichtert die Zuteilung von Gewässermengen durch einen hoheitlichen Akteure. Eine dezentrale Erhebung durch mehrere Wasserbehörden können einer zentralen Zuständigkeit gleichstehen, wenn die zuständigen Stellen zur uneingeschränkten Kooperation und Koordination bereit sind und eine ökonomische Verwertung der Daten hinter dem Gewässerschutz zurückstehen.

b) Priorisierung von Wasserbenutzungen

Die Priorisierung von Wasserbenutzungen im Wasserrecht übernimmt zwei Funktionen. Sie ist zum einen Allokationsmechanismus (»wer bekommt wie viel«), der zur langfristigen Dürrevorsorge beiträgt, und zum anderen Kontingentierungsmechanismus (»wer wird wann, wo und wie beschränkt«) bei der kurzfristigen ad hoc Dürrebewältigung. Grundsätzlich hängt der Differenzierungsgrad von Nutzungshierarchien vom Wasserdargebot, der Wasserverfügbarkeit, der Inanspruchnahme und den Dürreauswirkungen auf Gesellschaft und Umwelt abhängt. Es überrascht daher nicht, dass in Baden-Württemberg eine Nutzungshierarchie bislang materiell-rechtlich weniger ausdifferenziert ist.

aa) Hierarchie nach Rechtsform und Zweck der Gewässerbenutzung

Die Grundstruktur der Nutzungshierarchien sind ähnlich ausgestaltet. Beide Gliedstaaten kennen eine Differenzierung nach Verwendungszweck, Art der Genehmigung oder des Wasserrechts, sowie zeitlicher und räumlicher Priorität. In Baden-Württemberg finden ausschließlich einfachgesetzliche Regelungen Anwendung, während in Kalifornien sowohl einfachgesetzlich als auch gewohnheitsrechtliche Regelungen zur Anwendung kommen.
In Baden-Württemberg sieht das Wasserrecht keine streng hierarchische Anordnung bestimmter Nutzungen vor, sondern nimmt eine teils geschriebene, teils ungeschriebene Privilegierung durch wasserrechtliche Grundsätze und allgemeine Prinzipien vor. Hierzu zählen beispielsweise das wasserrechtliche Rücksichtnahmegebot, der Grundsatz der Gemeinverträglichkeit nach § 14 Abs. 2 und Abs. 3 WG-BW, die öffentliche Wasser-

versorgung nach § 6 Abs. 1 Nr. 4 WHG, oder das Wohl der Allgemeinheit nach § 6 Abs. 1 Nr. 3 WHG. Da es sich hierbei um auslegungsbedürftige Begriffe handelt, liegt die Funktion überwiegend in der ermessens- und abwägungsleitenden Direktive, weniger in der imperativen Steuerung der Gewässernutzungen, da diese durch die Ausübung des Bewirtschaftungsermessens durch die Wasserbehörden auf Einzelfallebene erfolgt. Privilegierung bedeutet im baden-württembergischen Wasserrecht folglich überwiegend eine Steuerung des Bewirtschaftungsermessens. Beispielsweise räumt das Wasserrecht eine Privilegierung der öffentlichen Wasserversorgung nach § 6 Abs. 1 Nr. 4 WHG ein, da die Grundwasserressourcen zur Versorgungssicherheit besonders schutzbedürftig sind.[1948]

Besonders schutzbedürftige Verwendungszwecke können die Wasserbehörden durch Art der Genehmigung anerkennen. Zum Beispiel wird eine Bewilligung nach § 14 Abs. 1 Nr. 1 WHG nur bei Notwendigkeit einer gesicherten Rechtsstellung, eine gehobene Erlaubnis nur bei einem öffentlichen oder berechtigten Interesse nach § 15 Abs. 1 WHG gestattet. Aus der Gesamtschau der Normen ergibt sich, dass die Trinkwasserversorgung und der Gewässerschutz oberste Priorität in Baden-Württemberg einnehmen.

Der Gesetzgeber würdigt Konkurrenzsituationen explizit auch im Rahmen der Antragstellung auf Gewässerbenutzung, indem er die zuvor genannten allgemeinen Grundsätze näher konkretisiert und um die Komponente der zeitlichen Priorisierung ergänzt. Beispielsweise normiert § 94 Abs. 1 WG-BW bei gleichzeitiger Antragstellung den Grundsatz der Gleichberechtigung aller Nutzungen als Ausdruck des Rücksichtnahmegebots und Gemeinverträglichkeitsprinzips. Ausnahmsweise besteht nach § 94 Abs. 1 Hs. 2 WG-BW Vorrang für Vorhaben mit dem größten Nutzen für das Wohl der Allgemeinheit, wenn die Gewässerbenutzungen nicht nebeneinander ausgeübt werden können. An anderer Stelle im Rahmen des Gemeingebrauchs iSv. § 25 WHG ist die Gewässerbenutzung u. a. daran gebunden, dass Rechte Dritter nicht entgegenstehen. Diese Regelung lässt Ansätze einer Priorisierung anderer Nutzungsformen gegenüber dem Gemeingebrauch erkennen. Eine trennscharfe, ausdifferenzierte Nutzungshierarchie ist dem baden-württembergischen Wasserrecht jedoch nicht zu entnehmen.

Das kalifornische Wasserrecht unterscheidet sich insofern, als es eine ausgeprägte Nutzungshierarchie mit vertikaler und horizontaler Ebene vorsieht, die primär von der Art der Wasserrechte abhängt. Die Reasonable and Beneficial Use Doctrine, einfachgesetzlich verankert durch §§ 106, 106.3 California Water Code (WAT), modifiziert sowohl die vertikale als auch die horizontale Ebene der Nutzungshierarchie, da der Verwendungszweck bei Art des Wasserrechts unberücksichtigt bleibt. Für die besonders detaillierte Ausgestaltung der Nutzungshierarchie bestehen zwei Gründe: Zum einen treten Nutzungskonflikte aufgrund langandauernder oder besonders intensiver Dürreereignisse in Kalifornien vergleichsweise häufig auf, weshalb das Bedürfnis nach einer rechtlichen Regelung höher ist. Zum anderen gleicht die Nutzungshierarchie teilweise den eingeschränkten Genehmigungsvorbehalt aus. Mangels einer präventiven Kontrolle legen die materiell-rechtlichen Vorgaben die Verantwortung für die Einhaltung der Vorschriften und die Vermeidung von Nutzungskonflikten in die Verantwortung der Gewässerbenutzer.

1948 Das BVerfG misst dem Grundwasserschutz eine überragende Bedeutung für die öffentliche Wasserversorgung bei, BVerfG, Beschl. v. 15. 7. 1981 – *Naßauskiesung*, BVerfGE 58, 300 (344); *Kibele*, Neuordnung des Wasserrechts macht das Recht der öffentlichen Wasserversorgung komplizierter, BWGZ 2014, 419 (424 f.).

E. Vergleich und Handlungsempfehlungen

Ein weiterer Unterschied der kalifornischen Hierarchie der Wasserrechte liegt in der Stellung des Gewässerschutzes. Dieser findet in der auf menschliche Bewirtschaftung und umfassende Nutzung der Gewässer nach Art. 10 Sec. 2 Cal. Const. ausgerichteten Hierarchie keine Berücksichtigung. Trotz der Unterschiede im Detail verwundert es angesichts des lebensnotwendigen Grundbedarfs an Wasser nicht, dass die Nutzungshierarchien in Kalifornien und in Baden-Württemberg der häuslichen Wasserversorgung Vorrang einräumen.

Beide Rechtsordnungen erkennen das Prioritätsprinzip bei genehmigungspflichtigen Gewässerbenutzungen an, in Baden-Württemberg in § 94 WG-BW, in Kalifornien durch den Grundsatz »*first in time, first in right*«. Es nimmt jedoch eine unterschiedliche Rolle ein. In Baden-Württemberg gilt das Prioritätsprinzip jedoch »nur« relativ, wenn die Gewässerbenutzungen im Übrigen identisch geartet sind. In Kalifornien hingegen gilt der Grundsatz absolut, er priorisiert die unterschiedlich gearteten *appropriative rights*.

Hauptgründe für die Unterschiedlichkeit der Nutzungshierarchien sind die zugrundeliegenden Nutzungsregime. Im kalifornischen Wasserrecht kommen die vertikale und horizontale Hierarchie deutlicher und prägnanter zum Ausdruck. Grund hierfür ist, dass die Notwendigkeit eines Allokationsmechanismus im Wasserrechte-System viel größer ist als in einem Nutzungssystem mit präventiver Kontrollfunktion, wo die Zuteilung durch hoheitliches Handeln im Einzelfall erfolgt. Bei Dürreereignissen kann eine ausdifferenzierte rechtliche Nutzungshierarchie Rechtsklarheit für Wasserbehörden und Gewässerbenutzer schaffen. Politische oder ökonomisch orientierte Einflussmöglichkeiten werden dadurch bereits im Vorfeld geschmälert. Eine ausdifferenzierte, gesetzlich festgelegte Nutzungshierarchie schmälert zugleich die situations- und ortsgebundene Anpassung von Lösungen für Nutzungskonflikte. Eine Übertragung des kalifornischen Nutzungsregimes in das baden-württembergische Wasserrecht widerspräche rechtsstaatlichen Rationalitätsanforderungen, da die Behörde keinen angemessenen Interessenausgleich vornehmen kann.[1949] Bei einer schematischen Anwendung von Priorisierungskriterien läge eine Ermessensunterschreitung vor.[1950]

bb) Räumliche Priorisierung

Sowohl das baden-württembergische als auch das kalifornische Wasserrecht kennen eine räumliche Priorisierung der Gewässernutzung. Diese findet neben den Nutzungshierarchien Anwendung und hat gegebenenfalls als *lex specialis* Vorrang.

In Baden-Württemberg gilt der einfachgesetzlich festgeschriebene Grundsatz der ortsnahen Wasserversorgung nach § 50 Abs. 2 WHG und der dezentralen, ortsnahen Abwasserbeseitigung. Er bindet vorwiegend die Wasserbehörden im Rahmen ihres Bewirtschaftungsermessens.[1951] Sinn und Zweck der Regelung ist die möglichst geringfügige ökologische Belastung der Gewässer und der Umwelt als Ausdruck des Verursacher-

---

1949 *Wollenschläger*, Verteilungsverfahren, 2010, S. 31 ff., 560 ff.
1950 BayVGH, Beschl. v. 11. 10. 2012, ZUR 2013, 107 (190); *Jestaedt*, Maßstäbe des Verwaltungshandelns, in: Ehlers/Pünder (Hrsg.), Allgemeines Verwaltungsrecht, 15. Aufl. 2016, § 11 Rn. 61; *Maurer/Waldhoff*, Allgemeines Verwaltungsrecht, 20. Aufl. 2020, § 9 Rn. 21; *Breuer/Gärditz*, Öffentliches und privates Wasserrecht, 4. Aufl. 2017, Rn. 640.
1951 *Sparwasser/Engel/Voßkuhle*, Umweltrecht, 5. Aufl. 2003, S. 527.

und Vorsorgeprinzips.[1952] In Kalifornien haben örtliche Wasserrechte im Einzugsgebiet einer Wasserressource Vorrang vor der Berücksichtigung räumlich entfernter Wasserrechte (*area of origin*). Dieser Grundsatz ist gewohnheitsrechtlich anerkannt und durch Richterrecht geprägt.[1953] Er dient auch dem ökologischen Schutz, da er die Eingriffsintensität möglichst gering halten möchte, vorrangig aber der Sicherstellung der örtlichen Wasserversorgung.

Folglich erkennen beide Gliedstaaten die Vorteile örtlicher Wasserversorgung für Umwelt und Gesellschaft an und stellen sie unter einen besonderen Schutz. In Baden-Württemberg geht die Norm speziell auf die Trinkwasserversorgung ein, in Kalifornien gilt das Örtlichkeitsprinzip allgemein unabhängig vom Verwendungszweck. Beide Lösungsmodelle beugen räumlichen Nutzungskonflikten bei Dürreereignissen vor. Das Spannungsfeld zwischen örtlicher Versorgung und Export von Wasserressourcen zur Fernwasserversorgung ist damit im Vorfeld geklärt. Der Vorrang der örtlichen Wasserversorgung schützt jedoch nicht davor, dass lokale Gewässerressourcen bei Dürreereignissen auf natürliche Art und Weise oder durch Übernutzung trockenfallen können. Zur Vermeidung derartiger Auswirkungen trägt eine mehrstufige Versorgungsinfrastruktur bei.

cc) Notwendigkeit einer einfachgesetzlichen Nutzungshierarchie

Angesichts der umfassenden präventiven behördlichen Kontrolle von Gewässerbenutzungen in Baden-Württemberg ist fraglich, ob die Notwendigkeit für eine ausdifferenzierte, obligatorische Nutzungshierarchie nach kalifornischem Beispiel besteht. Für den Bereich der Allokation bieten die Bewirtschaftungsgrundsätze, wie in § 6 WHG und die Voraussetzungen an die Bewilligung und gehobene Erlaubnis §§ 14 f. WHG, bereits Anhaltspunkte für die Wasserbehörden. Für eine Priorisierung von Nutzungszwecken im Dürrefall besteht jedoch die Gefahr, dass diese allgemeinen Grundsätze zu vage und daher ungeeignet sind. Bislang müssen die Wasserbehörden hingegen im Einzelfall Abwägungsprozesse weitgehend losgelöst von einer rechtlichen Priorisierung durchführen. Dies kann zu Verzögerungen bei der nachträglichen Anpassung von Gewässerbenutzungen im Dürrefall führen. Auf der anderen Seite müssen gesetzlich vorgegebene Priorisierungsregelungen den Wasserbehörden einen Gestaltungsspielraum einräumen, um Vollzugsentscheidungen an der jeweiligen Dürreintensität und den Auswirkungen im Einzelfall zu messen.[1954] Zu einer aus vorgenannten Gründen allgemeineren gesetzlichen Priorisierungsregelung sollten die unteren Wasserbehörden im Vorfeld Kriterien entwickeln, wie mit »nachgeordneten« Gewässerbenutzungen der Landwirtschaft, der Industrie, der Bewässerung von Gärten und der Nutzung zu Freizeitzwecken im Dürrefall zu verfahren ist.

1952 *Hendler/Grewing*, Der Grundsatz der ortsnahen Wasserversorgung im Wasserrecht, ZUR 2001, 146 (148 f.); *Schmalz*, Ressourcenschonung im liberalisierten Wassermarkt, ZUR 2001, 152 (154 f.); *Laskowski*, Die deutsche Wasserwirtschaft im Kontext von Privatisierung und Liberalisierung, ZUR 2003, 1 (7); *Sparwasser/Engel/Voßkuhle*, Umweltrecht, 5. Aufl. 2003, S. 527.
1953 Vgl. hierzu Abschnitt D.III.1.b)dd).
1954 Zu rechtstheoretischen Überlegungen, wie eine nachhaltige Nutzungshierarchie aussehen könnte, *Feitelson*, A Hierarchy of Water Needs and their Implications for Allocation Mechanisms, in: Ziegler/Groenfeldt (Hrsg.), Global Water Ethics, 2017, S. 149 (151).

dd) Bewertung

Die Nutzungshierarchie in Kalifornien ist im Vergleich zu den Priorisierungsregelungen des in Baden-Württemberg geltenden Wasserrechts ausdifferenzierter, da mangels umfassenden Genehmigungvorbehalts die Notwendigkeit einer gesetzlichen Priorisierung besteht.

Faktische Umstände schränken die Wirkung der rechtlichen Vorgaben in Kalifornien ein. Erstens besteht häufig keine verlässliche Datengrundlage in einem Flusseinzugsgebiet über die tatsächliche mengenmäßige Belastung der Gewässer. Zweitens ist in der Praxis die Einhaltung der Nutzungshierarchie nicht uneingeschränkt möglich, da gerade bei Dürre die Wasserversorgungslieferungsverträge eigene Hierarchien beinhalten und die gesetzliche Nutzungshierarchie überlagern. Mangels administrativer, präventiver Kontrolle der Gewässerbenutzung liegt die Steuerungsmöglichkeit hinsichtlich Allokation und Begrenzung in der Hoheitsgewalt der Infrastrukturbetreiber. Eine Privatisierung der Infrastruktur, wie das Beispiel der Kern County Water Bank zeigt,[1955] kann daher weitreichende Folgen auf die Verteilungsgerechtigkeit bei Dürreereignissen haben.

Das Instrument Nutzungshierarchie unterstellt in Kalifornien als unabwägbarer materiell-rechtlicher Maßstab die Gewässerbenutzer, mit Ausnahme der genehmigungspflichtigen Wasserrechteinhaber, der repressiven gerichtlichen Kontrolle. Die Priorisierungen in Baden-Württemberg sind hingegen konkret-ermessenbezogen ausgestaltet. Sie binden ebenfalls die Gewässerbenutzer, vorrangig aber die Wasserbehörden bei der Ausübung ihres Bewirtschaftungsermessens nach § 12 Abs. 2 WHG. Angesichts der ausgeprägten Eröffnungskontrolle in Baden-Württemberg erscheint es zweckmäßig, den Wasserbehörden eine Priorisierung von Gewässerbenutzungen nur in Form abstrakt-genereller Grundprinzipien vorzugeben, um eine Anpassung an den Einzelfall zu ermöglichen. In Bezug auf Dürreereignisse und eine potentielle Kontingentierung der Gewässerbenutzungen könnten verwaltungsinterne Priorisierungsleitlinien der einzelnen Wasserbehörden zu einer schnellen und effektiven Anpassung genehmigungspflichtiger Gewässerbenutzer an Dürreereignisse dienen.

ee) Handlungsempfehlungen

Im Hinblick auf zunehmende Nutzungskonflikte sollte eine gesetzliche Regelung im WG-BW erfolgen, die eine allgemein-gültige Priorisierung für die Verteilung von Wasserressourcen trifft und die im Dürrefall gegebenenfalls notwendigen Beschränkungsanordnungen vorwegnimmt (siehe Abbildung 8).

Die kalifornische Hierarchie der Wasserrechte bietet sowohl in struktureller als auch in inhaltlicher Hinsicht teilweise Anhaltspunkte für die Ausgestaltung einer dementsprechenden Regelung. In inhaltlicher Hinsicht müssen die öffentliche Wasserversorgung sowie die Wasserversorgung zur öffentlichen Sicherheit und Ordnung (z. B. Brandschutz oder Gesundheitsschutz) oberste Priorität einnehmen. Auf nachfolgender Stufe stehen gewerbliche Benutzungen, die dem Allgemeinwohl dienen (z. B. Landwirtschaft, verarbeitendes Gewerbe) und insoweit ein schutzbedürftiges Interesse aufweisen. Von untergeordneter Bedeutung sind Benutzungen, die ausschließlich zu ästhetischen oder Freizeitzwecken

---

1955 Hierzu Abschnitt D.III.3.c).

dienen (z. B. private Schwimmbecken, Springbrunnen, Gartenbewässerung). Der Parlamentsentscheidung sollte gerade auch vorbehalten sein, welchen Rang der Gewässerschutz und der Schutz der Umwelt (z. B. Wälder, Fische) einnehmen. Die Ausrichtung und Zielsetzung des öffentlichen Wasserrechts legen es nahe, diese als hochrangig einzustufen.

In struktureller Hinsicht zeigt das kalifornische Wasserrecht, dass ein Vorrangverhältnis als dynamisches, wandel- und anpassungsfähiges Institut ausgestaltet sein soll. Dies kann durch die soeben genannten abstrakten Priorisierungsentscheidungen gewahrt werden, die auf untergesetzlicher Ebene durch Bewirtschaftungspläne, Verwaltungsvorschriften und/oder behördeninterne Leitlinie konkretisiert werden könnten. Eine Leitlinie beschleunigt die behördliche Handlungsfähigkeit, da auf gedankliche Vorüberlegungen zurückgegriffen werden kann, ohne den Ermessensspielraum der Behörden im Einzelfall zu beschränken. Unverbindliche Leitlinien haben in diesem Zusammenhang den Vorteil, dass sie anpassungsfähig sind und Raum für politische, gesellschaftliche und rechtliche Entwicklungen lassen. Vorteilhaft erscheint die Ausgestaltung der Leitlinie in Form einer Liste über prioritäre Nutzungen, wie in § 659 ff. California Code of Regulations (CCR). Inhaltlich könnte die Leitlinie um Handlungsanleitungen ergänzt werden, wie und welche Gewässerbenutzungen als gehobene Erlaubnis nach § 15 Abs. 1 WHG beantragt werden können.

Anhaltspunkte für konkretisierende Nutzungshierarchien auf untergesetzlicher Ebene können sich aus der Genehmigungspflichtigkeit von Nutzungszwecken, dem Benutzerkreis oder dem Umfang und der Qualität vorhandener Gewässerressourcen ergeben. Gegebenenfalls könnten Wasserbehörden hydrologische Modelle in den Flusseinzugsgebieten einsetzen, um die Auswirkungen einer Beschränkung auf den Wasserhaushalt und die Gewässernutzer mit größtem Einsparpotential bei Dürreereignissen zu ermitteln.

Da eine gehobene Erlaubnis nach § 15 Abs. 1 S. 1 WHG nur erteilt werden kann, »wenn hierfür ein öffentliches Interesse oder ein berechtigtes Interesse des Gewässerbenutzers besteht«, können die Wasserbehörden die höhere Bestandskraft nutzen, um besonders schützenswerte Benutzungen zu priorisieren. Die Rechtsform der gehobenen Erlaubnis hat insoweit Indizwirkung für lebensnotwendige oder für das Allgemeinwohl notwendige Benutzungszwecke. Empfehlenswert wäre, dass die sachlich zuständigen Wasserbehörden eine Vorabbewertung anhand der Vorgaben der Maßnahmenprogramme vornehmen, welche aktuellen und potentiellen Gewässerbenutzungen in ihrem Einzugsgebiet im öffentlichen Interesse stehen. Diese Würdigung könnte weiterhin in eine übergeordnete landesweite Leitlinie zu vorzugswürdigen Gewässerbenutzungen einfließen.

Das Vorrangverhältnis von Gewässerbenutzungen könnte ferner auch in der Lenkungsfunktion der Wasserpreise Niederschlag finden, wie es in Kalifornien im Rahmen der *teared pricing* Strukturen teilweise üblich ist. Hierbei können durch ein und den selben Regelungsinhalt verschiedene Anreize und Synergieeffekte geschaffen werden.

c) Genehmigungspflichtige Gewässerbenutzungen

Sowohl in Kalifornien als auch in Baden-Württemberg sind präventive Steuerungsmöglichkeiten bei genehmigungspflichtigen Gewässerbenutzungen vorhanden. Gleichwohl sind dürrespezifische Genehmigungsfestsetzungen auch in Kalifornien eher die Ausnahme.

E. Vergleich und Handlungsempfehlungen

Abbildung 8: Mögliche Umsetzung einer Nutzungshierarchie im öffentlichen Wasserrecht. Quelle: eigene Darstellung.

aa) Administrative Entscheidungsspielräume im Einzelfall

Eine ansatzweise Vergleichbarkeit zwischen Baden-Württemberg und Kalifornien besteht hinsichtlich des behördlichen Gestaltungsspielraums bei genehmigungspflichtigen Gewässerbenutzungen. In Baden-Württemberg liegt es im Bewirtschaftungsermessen der Wasserbehörden nach § 12 Abs. 2 WHG dürrespezifische Modalitäten in Genehmigungsbescheiden festzusetzen. In Kalifornien kann das SWRCB im Rahmen seiner Entscheidungsbefugnis *discretion* und Art. 10 Sec. 2 Cal. Const. die Ausgestaltung der Genehmigungsbescheide von *post-1914 appropriative rights* vornehmen. Strukturell räumt das Wasserrecht den Behörden in beiden Gliedstaaten einen Handlungsspielraum ein, die Reichweite des Gestaltungsspielraums ist jedoch unterschiedlich. *Discretion* entspricht nicht dem deutschen Verständnis von Ermessen, sondern reicht weiter, da es nicht überprüfbar und grundsätzlich ungebunden besteht.[1956]

Der Vergleich von baden-württembergischen und kalifornischen Genehmigungsbescheiden zeigt jedoch, dass ein weiten Gestaltungsspielraum des SWRCB nicht zwangsläufig zu mehr oder detaillierteren dürrespezifischen Festsetzungen führt. Insofern steht das Bewirtschaftungsermessen nach § 12 Abs. 2 WHG dem Gestaltungsspielraum des SWRCB zur Festsetzung dürrespezifischer Modalitäten in Genehmigungsbescheiden nicht nach. Begrüßenswert ist, dass § 12 Abs. 4 WG-BW Benutzungen des Grundwassers nur im Rahmen der Neubildung zulässt.

1956 Ausführlich zu den Unterschieden *Lepsius*, Risikosteuerung durch Verwaltungsrecht, VVStRL 2003, 264 (267).

bb) Dürrerelevante Festsetzungen in Genehmigungsbescheiden

Sowohl in Baden-Württemberg als auch in Kalifornien besteht die Möglichkeit Festsetzungen in Genehmigungsbescheiden vorzusehen, die dem Ziel der Dürrevorsorge oder der *ad hoc* Dürrebewältigung dienen oder zumindest Eignung hierfür aufweisen.

In Baden-Württemberg gibt § 13 WHG verschiedene Möglichkeiten vor, mittels derer die zuständige Behörde die Festsetzungen des Zulassungsbescheids gestalten kann. Der abstrakt-generelle Wortlaut von § 13 WHG steht der Umsetzung von dürrespezifischen Festsetzungen nicht im Weg, sondern legt die Umsetzung in die Verantwortung der zuständigen Wasserbehörde und ermöglicht dieser eine einzelfallgerechte Anpassung an tatsächliche und rechtliche Umstände.[1957] Die maximal zulässige Entnahmemenge ist in Genehmigungsbescheiden zwingend als Inhaltsbestimmung festzulegen. Eine saisonale Staffelung der zulässigen Wassermenge findet jedoch selten statt. Typischerweise enthalten Zulassungsbescheide eine Befristung des Nutzungsrechts auf maximal 30 Jahre, die den Wasserbehörden Flexibilität bei der Gewässerbewirtschaftung einräumt. Bei der Nutzung von Grundwasserressourcen sind Auflagen zur Vornahme von Infiltrationsmaßnahmen besonders häufig anzutreffen. Da Maßnahmenprogramme nur selten auf Dürreereignisse eingehen, läuft § 13 Abs. 2 Nr. b WHG diesbezüglich weitgehend leer. Zusammenfassend ist festzustellen, dass eine Rezeption von Dürreereignissen in den Festsetzungen von Zulassungsbescheiden nicht ausdrücklich erfolgt. Die Behörden verfolgen eher den Ansatz einer insgesamt nachhaltigen Bewirtschaftung, die wiederum einen Beitrag zur langfristigen Dürrevorsorge und zum Gewässerschutz leistet.

Die inhaltliche Ausgestaltung der Festsetzungen in Zulassungsbescheiden erfolgt in Kalifornien im Lichte der Reasonable and Beneficial Use Doctrine. Üblicherweise sehen Genehmigungsbescheide eine festgesetzte Entnahmemenge vor.[1958] Typischerweise erfolgt eine saisonale Konkretisierung für Wintermonate, um ein »Horten« von Wasser für die Sommermonate zu verhindern. Die Genehmigung *(license)* eines *post-1914 appropriative right* ist nicht zeitlich begrenzt. Teilweise findet sich in jüngeren Bescheiden der Hinweis, dass nachträgliche Beschränkungen oder ergänzende Auflagen wie die Anordnung zur Aufstellung von *water conservation plans* ergehen können.

cc) Bewertung

Die Reichweite präventiver Steuerung von Gewässerbenutzung ist in Baden-Württemberg aufgrund des repressiven Verbots mit Erlaubnisvorbehalt nach § 8 Abs. 1 WHG wesentlich ausgeprägter. Die Verantwortung einer ressourcenschonenden Bewirtschaftung der Gewässer und vorsorglichen dürrespezifischen Modalitäten in Genehmigungsbescheiden liegt bei den Wasserbehörden. Sie haben die Über- und Aufsicht über mengenmäßig relevanten Gewässerbenutzungen und können daher präventiv im Rahmen der Eröffnungskontrolle Festsetzungen anordnen, um Nutzungskonflikte zu vermeiden und einen ressourcenschonende Gewässerbenutzung sicherzustellen. Die beiden Lösungsmodelle weisen insoweit Ähnlichkeiten auf, als in beiden Gliedstaaten konkret dürrespezifische Festsetzungen in Zulassungsbescheiden selten erfolgen.[1959] Das Steuerungspotential der

---

1957 Siehe Abschnitt C.III.1.b)dd).
1958 Siehe Abschnitt D.III.1.a)bb).
1959 Zu den Gründen dafür in Kalifornien Abschnitt D.III.1.a)bb).

E. Vergleich und Handlungsempfehlungen

Genehmigungsfestsetzungen wird durch Wasserbehörden in beiden Gliedstaaten daher noch nicht voll ausgeschöpft.

dd) Handlungsempfehlungen

Sowohl der Gesetzgeber und als auch die Wasserbehörden könnten an manchen Stellen das Regelungspotential von Genehmigungen zur Dürrevorsorge und *ad hoc* Dürrebewältigung weiter ausbauen.

(1) Dürrebedarfsplanung in Anlehnung an § 14 Abs. 1 Nr. 2 WHG

Bereits § 14 Abs. 1 Nr. 2 WHG sieht für die Bewilligung vor, dass diese nur zu erteilen ist, wenn die Gewässerbenutzung »einem bestimmten Zweck dient, der nach einem bestimmten Plan verfolgt wird«. Angelehnt an die gesetzliche Normierung würde sich für die behördlichen Praxis anbieten, die *per se* erforderliche Bedarfsplanung der Bewilligung auf alle Genehmigungsarten auszuweiten und die Planung auf verschiedene hydrologische Szenarien, z. B. saisonales Dürreereignis, fünf- und zehnjähriges Dürreereignis, zu erstrecken. Für die Wasserbehörden kann daraus sofort ersichtlich werden, welche Risiken und Anfälligkeiten im Dürrefall von der Gewässerbenutzung ausgehen. Gleichzeitig würde die Belastbarkeit des antragstellenden Gewässerbenutzers für Dürreereignisse gestärkt, da dieser sich bereits im Genehmigungsverfahren mit der Bewältigung von hydrologisch knappen Bedingungen auseinandersetzen muss. Wünschenswert wäre, dass diese Erweiterung der Genehmigungsunterlagen zumindest im Rahmen einer Verwaltungsvorschrift oder einer Handreichung empfohlen wird, um eine möglichst flächendeckende Umsetzung in der behördlichen Praxis zu erreichen.

(2) Ausgestaltung von Inhaltsbestimmungen, § 13 WHG

Durch Inhaltsbestimmungen nach § 13 WHG können die Wasserbehörden eine nachhaltige Bewirtschaftung anordnen und bei Gewässerbenutzern frühzeitig das Bewusstsein für die Notwendigkeit einer ressourcenschonenden Gewässerbenutzung und etwaigen Beschränkungen bei Dürreereignissen schärfen.

Hierfür empfehlen sich saisonal gestaffelte Entnahme- oder Abflussmengen. Zum Beispiel könnten Wasserbehörden größere Entnahmemengen zu Zwecken der Anreicherung in wasserreichen Monaten oder bei Hochwasserereignissen oder die Bevorratung von ungenutzten Wassermengen für den Dürrefall erlauben. Im Unterschied dazu könnte eine verringerte Benutzungsmenge in Sommermonaten oder allein der Hinweis auf eine potentielle Beschränkung des Benutzungsrechts das Bewusstsein des Gewässerbenutzers für einen verantwortungsvollen Umgang mit den Gewässerressourcen schärfen. Standardmäßig – und nicht nur bei Gewässerbenutzungen zum Zwecke der Wasserkraft – sollte die Festlegung einer Mindestwasserführung nach § 33 WHG im Genehmigungsbescheid erfolgen mit dem Hinweis, dass eine Unterschreitung des Mindestwerts auch bei Dürreereignissen nicht zulässig ist. Aufgrund des abstrakt-generellen Regelungsgehalts liefe § 33 WHG ansonsten weitgehend leer. Hierdurch kann die Effektivität des Instruments Mindestwasserführung nach § 33 WHG flächendeckend erhöht werden.

(3) Dürrespezifische Nebenbestimmungen, § 13 WHG

Zudem besteht die Möglichkeit der Festlegung von Nebenbestimmungen nach § 13 WHG. Um weitgehend einheitliche behördliche Standards zu setzen, sollten die Wasserbehörden insbesondere das Potential der Maßnahmenprogramme nach § 13 Abs. 1 Nr. 2 a WHG zur Festlegung von Maßnahmen zur Dürrevorsorge wie zur *ad hoc* Bewältigung nutzen. Würde in den Maßnahmenprogrammen eine Liste mit Wassersparmaßnahmen nach der guten fachlichen Praxis iSv. § 5 Abs. 1 Nr. 2 WHG integriert,[1960] müssten die Wasserbehörden lediglich eine Geeignetheits- und Verhältnismäßigkeitsprüfung einschlägiger Maßnahmen im Einzelfall vornehmen. Bei Maßnahmen zur kurzfristigen Dürrebewältigung[1961] könnten die Wasserbehörden in den Genehmigungsfestsetzungen bereits die Vorhaltung und den Einsatz entsprechender Maßnahmen regeln. Gerade die Vorhaltung von Maßnahmen in den Maßnahmenprogrammen kann zu verwaltungsgrenzüberschreitenden Standards zum Gewässerschutz und zur Erhöhung der Belastbarkeit von Gewässerbenutzern für Dürreereignisse beitragen.

Sieht die Wasserbehörde bereits bei Antrag der Gewässerbenutzungen potentielles Konfliktpotential bei Dürreereignissen, empfiehlt es sich, nach kalifornischer Praxis, den Nutzungskonflikt bereits durch Nebenbestimmungen im Genehmigungsbescheid vorzubeugen und z. B. eine aufschiebend bedingte Beschränkung der Gewässerbenutzung bei Dürreereignissen festzusetzen. Hierdurch erhöht sich das Bewusstsein des Gewässerbenutzers für Dürreereignisse, regt diesen möglicherweise präventiv zur Durchführung selbstregulierender Wassersparmaßnahmen an und beschleunigt den Vollzug von Regelungsanordnungen bei Dürreereignissen.

Die Wasserbehörden könnten zur präventiven Steuerung von Gewässerbenutzungen nach § 13 Abs. 2 Nr. 2 d) WHG *demand offset programs* zur Neutralisierung der nachteiligen Belastung des Wasserhaushalts bei neuen oder bestehenden Bauvorhaben nachdenken und dadurch die mengenmäßige Belastung von Gewässern durch Entnahmen wesentlich reduzieren. Gerade öffentliche Wasserversorger könnten zur Durchführung staatlich subventionierter Austauschprogramme angehalten werden, landwirtschaftliche Wassernutzer zum Einsatz wassereffizienter Bewässerungssysteme. Zumindest bei besonders anfälliger Gewässerbenutzern[1962] sollte standardmäßig die Aufstellung von sektorenspezifischen Dürrebetriebsmanagementplänen nach dem Vorbild kalifornischer *water shortage contingency plans* (WSCPs) als Teil von UWMPs und landwirtschaftlicher *drought management plans* (DMPs) als Teil von AWMPs im Genehmigungsbescheid angeordnet werden oder zumindest zur Bedingung für die Gewährung staatlicher Subventionen gemacht werden. Hierdurch können die Wasserbehörden die Wahrscheinlichkeit erhöhen, dass die zulässige Nutzungsmenge auch bei Dürreereignissen eingehalten wird. Im Übrigen tragen obligatorische benutzerspezifische Dürrebetriebsmanagementpläne dazu bei, dass Gewässerbenutzer ihre Anfälligkeit gegenüber Dürreereignissen reflektieren und so zum Gewässerschutz beitragen.

1960 Zu diesem Vorschlag siehe Abschnitt E.III.1.d)cc).
1961 Zum Vorschlag der Erweiterung von Maßnahmenprogrammen siehe Abschnitt E.III.1.d)cc).
1962 Die Bestimmung dürreanfälliger Gewässerbenutzer erfolgt durch die Bewirtschaftungspläne, siehe Abschnitt E.III.1.d)aa).

E. Vergleich und Handlungsempfehlungen

d) Modernisierung genehmigungsfreier Benutzungstatbestände, §§ 25, 46 WHG

Um das System der Gewässerbewirtschaftung nachhaltig für in Häufigkeit zunehmende Dürreereignisse zu stärken, sollte auch eine Anpassung der Vorgaben genehmigungsfreier Gewässerbenutzungen erfolgen. Grundsätzlich sollte der Gesetzgeber über eine Modernisierung der §§ 25, 46 WHG nachdenken, um den Gewässerschutz langfristig zu erhöhen und zur Belastbarkeit der Gewässer bei Dürreereignissen beizutragen. Eine Modernisierung brächte Rechtsklarheit über die Zulässigkeit moderner genehmigungsfreier Benutzungszwecke und des Benutzungsumfangs. Bis dahin sollten genehmigungsfreie Benutzungen der Gewässer nach §§ 25, 46 WHG nicht grundsätzlich verboten, aber zumindest dauerhaft nach § 21 Abs. 2 WG-BW für Oberflächengewässer und nach § 42 Abs. 1 WG-BW für Grundwasser durch Rechtsverordnung geregelt werden, um Rechtsklarheit hinsichtlich auslegungsbedürftiger Begriffe zu schaffen und sparsame Bewirtschaftungsmethoden nach § 5 Abs. 1 Nr. 2 WHG zu empfehlen. Eine Regelung der genehmigungsfreien Gewässerbenutzung ist nicht zuletzt durch die Summationswirkung und der daraus folgenden schädlichen Belastung für den Wasserhaushalt und die Gewässerökologie geboten.[1963]

Für den Gemeingebrauch nach § 25 WHG ist eine Konkretisierung erforderlich, was unter »geringer Menge« zu verstehen ist. Die Bestimmung der »geringen Menge« in einer Rechtsverordnung durch die Wasserbehörden hat den Vorteil, dass im Unterschied zu einem gesetzlichen Grenzwert die Umstände des Einzelfalls Berücksichtigung finden können. Ergänzend wäre eine landesweit praxistaugliche Leitlinie zur Bestimmung der geringen Menge wünschenswert und notwendig, die sich gegebenenfalls an den Einstiegs- und Anpassungswerten des Wasserkraftserlasses zur Bestimmung der Mindestwasserführung nach § 33 WHG ausrichtet.

Anpassungsbedarf für die erlaubnisfreie Benutzung des Grundwassers nach § 42 WHG besteht *de lege ferenda* im Hinblick auf die Unbestimmtheit der Begriffe »geringe Menge« und »vorübergehender Zweck«,[1964] sowie die landesrechtliche Ausweitung der erlaubnisfreien Grundwasserbenutzung zu kleingärtnerischen Zwecken nach § 42 Abs. 2 WG-BW. Hieraus können potentiell Nutzungskonflikte mit anderen Gewässerbenutzern bei Dürreereignissen entstehen. Eine Ergänzung von § 42 Abs. 2 WG-BW, dass die erlaubnisfreie Benutzung ihre Grenze in der Beeinträchtigung anderer (zulassungspflichtiger) Wassernutzer findet, könnte zur Rechtsklarheit beitragen. Gegebenenfalls könnte der Gesetzgeber überdenken, inwieweit eine Einschränkung der erlaubnisfreien Grundwassernutzung nach § 42 Abs. 2 WG-BW angesichts von saisonalen und außergewöhnlichen Dürreereignissen sowie der hohen Schutzbedürftigkeit des Grundwassers notwendig ist.

Ein weiterer Fokus sollte auf der Vollzugsfähigkeit der Instrumente Gemeingebrauch und erlaubnisfreie Benutzung des Grundwassers liegen. Angesichts der hydrologischen Situation in Baden-Württemberg wäre ein Einsatz von *water-cops* eher unverhältnismäßig und würde unnötige Ressourcen binden. Überlegenswert wäre jedoch die Einrichtung einer Telefonhotline oder eines Online-Meldesystems – wie in Kalifornien[1965] oder in ande-

---

1963 *Czychowski/Reinhardt*, WHG, 12. Aufl. 2019, § 25 Rn. 40; *Ganske*, in: Landmann/Rohmer, Umweltrecht Kommentar, 94. EL. 2020, § 25 WHG Rn. 30; *Kloepfer/Brandner*, Wassersport und Umweltschutz, NVwZ 1988, 115 (116).
1964 Vgl. auch *Meyer*, Wasserhaltung und Wasserrecht, NZBau 2013, 8 (10).
1965 Siehe Abschnitt D.III.1.c).

ren Rechtsgebieten, z. B. dem Bankenaufsichtsrecht, eine Hinweisgeberstelle – um eine benutzerfreundliche Infrastruktur für Hinweise aus der Bevölkerung über illegale Entnahmen zu schaffen. Zur Rechtskonformität und Effektivität der gesetzlichen Beschränkung für genehmigungsfreie Gewässerbenutzungen könnte auch die Einführung einer Mitteilungs- und Informationspflicht über den jährlichen und monatlichen Wasserverbrauch nach dem Vorbild von § 1840 WAT beitragen. Durch eine solche Mitteilungspflicht ist zwar noch nicht gewährleistet, dass die Gewässerbenutzer wahrheitsgemäße Angaben machen. Zumindest erhalten die Wasserbehörden jedoch Kenntnis, was die genehmigungsfreien Gewässerbenutzer als geringe Menge verstehen und erlangen ein vollumfängliches Bild über die mengenmäßige Inspruchnahme der Ressourcen. Sie können Verstöße nach § 103 WHG iVm. § 126 Abs. 1 Nr. 4 WG-BW besser ahnden, da sie über eine mengenmäßige Referenzgröße verfügen. Ergänzend könnten die Wasserbehörden durch eine Einführung der Mitteilungspflicht auch die Wasserbücher nach § 87 WHG und die Datengrundlage dementsprechend vervollständigen.

e) Repressive Steuerungsmöglichkeiten: Modifizierung, Beschränkung, Sanktionierung

Sowohl das in Baden-Württemberg geltende Wasserrecht als auch das kalifornische Wasserrecht sehen unterschiedliche Instrumente repressiver Steuerung vor. Die Auswahlmöglichkeiten für die zuständigen Behörden sind in Baden-Württemberg gleichwohl größer als in Kalifornien. Grund hierfür ist, dass das kalifornische Recht bedingt durch die Ausgestaltung seines Wasserrechtesystems repressive Instrumente fast ausschließlich für *post-1914 appropriative rights* vorsieht, während Baden-Württemberg für jede Art der Gewässerbenutzung – genehmigungsfrei oder genehmigungspflichtig – Instrumente zur repressiven Steuerung vorhält.

Ähnlich ist in beiden subnationalen Einheiten, dass die zuständigen Behörden ein weites Entschließungs- und Auswahlermessen zur repressiver Steuerung von Gewässerbenutzungen bei Dürreereignissen haben. In Baden-Württemberg stehen sowohl die nachträgliche Modifizierung nach § 13 WHG, als auch der Widerruf nach § 18 WHG, die Anordnungen der Gewässeraufsicht nach § 100 WHG iVm. § 75 Abs. 1 S. 2 WG-BW, sowie die Beschränkung zulassungsfreier Gewässerbenutzungen nach §§ 21, 46 WG-BW im Ermessen der zuständigen Behörden. Der Erlass von *orders* und *curtailments* steht in Kalifornien ebenfalls im Ermessen des SWRCB. Eine Einschreitungspflicht kann sich dort aufgrund einer Weisung des Gouverneurs durch Executive Order (EO) ergeben.

aa) Stufenweise Anpassungsmöglichkeiten

Sowohl in Kalifornien als auch in Baden-Württemberg wird eine stufenweise Anpassung von rechtlicher Gewährung und tatsächlichem Nutzungsverhalten praktiziert. In Baden-Württemberg ergibt sich dieses Vorgehen teils aus dem Gesetz, wie in § 21 Abs. 2 Nr. 1 WG-BW (Regeln, Beschränken, Verbieten), aus dem Stufenverhältnis von §§ 13, 18 WHG und dem Verhältnismäßigkeitsgrundsatz. In Kalifornien ist dieses Vorgehen gängige Verwaltungspraxis, die sich im Laufe der historischen Bewältigung von Dürreereignissen als besonders effektiv erwiesen hat. Unterschiedlich ist, dass das in Baden-Württemberg geltende Wasserrecht hierfür allgemeine wasserrechtliche Instrumente vorsieht, die bei

E. Vergleich und Handlungsempfehlungen

Dürreereignissen Anwendung finden können.[1966] Das kalifornische Wasserrecht hingegen leitet die Instrumente aus dürrespezifischen Doktrinen ab. Beiden subnationalen Einheiten ist gemeinsam, dass die rechtmäßige Modifizierung, Beschränkung und gänzliche Untersagung entschädigungsfrei hinzunehmen sind.

bb) Modifizierte Gewährung von genehmigungspflichtigen Gewässerbenutzungen

Die Genehmigungsfestsetzungen können sowohl in Kalifornien als auch in Baden-Württemberg nachträglich modifiziert werden. In Kalifornien modifizieren *orders* des SWRCB den Genehmigungsinhalt von *post-1914 appropriative rights*. In Baden-Württemberg können Erlaubnisse, gehobene Erlaubnisse und Bewilligungen nachträglich durch Inhalts- oder Nebenbestimmungen nach § 13 WHG geändert werden.[1967] Schwerpunktmäßig eignet sich die modifizierte Gewährung insbesondere zur Festsetzung langfristiger Maßnahmen zur Dürrevorsorge. Den Rechtsformen *orders* und Verwaltungsakt iSv. § 35 LVwVfG ist gemein, dass sie im Einzelfall ergehen, für jeden spezifischen Gewässerbenutzer einzeln angeordnet werden müssen aber zugleich Dauerregelungscharakter aufweisen. In beiden Gliedstaaten eignen sich die Instrumente daher besonders zum Erlass von Festsetzungen zur Dürrevorsorge. In Kalifornien dienten die *orders* bislang ausschließlich dazu eine (langfristige) nachträgliche Anpassung der Genehmigungen an neue artenschutzbezogene oder gewässerökologische Vorgaben vorzunehmen. In der Praxis bleiben die Festsetzungen jedoch überwiegend hinter ihrem Regelungspotential zur langfristigen Dürrevorsorge zurück, da derartige Festsetzungsinhalte selten ergehen. Rechtliche Gründe stehen in beiden Gliedstaaten nicht entgegen, proaktiv auch *ad hoc* Regelungen z. B. zur Gewässernutzungsmenge im Dürrefall aufzunehmen. In beiden Ländern stehen für Letzteres auch andere Instrumente, wie die Befugnisse der Gewässeraufsicht in Baden-Württemberg oder *curtailments* in Kalifornien zur Verfügung.

cc) Beschränkungen und Gewässernutzungsverbote

Die mengenmäßige Beschränkung von Gewässerbenutzungen bei Dürreereignissen ist in den beiden Gliedstaaten unterschiedlich ausgestaltet. In Baden-Württemberg haben Wasserbehörden nach §§ 13, 18 WHG die Möglichkeit genehmigungspflichtige Zulassungen teilweise oder gänzlich zu versagen oder Anordnungen der Gewässeraufsicht nach § 100 WHG vorzunehmen. Zulassungsfreie Gewässerbenutzungen können nach §§ 21 Abs. 2 Nr. 1, 46 WG-BW beschränkt oder untersagt werden. Welche Instrumente und Maßnahmen die zuständigen Behörden bei Auftreten eines Dürreereignisses anordnen, liegt im Auswahlermessen der Behörden. Besonders die Beschränkung genehmigungsfreier Gewässerbenutzungen nach §§ 21 Abs. 2 Nr. 1, 46 WG-BW und die Anordnungsbefugnisse der Gewässeraufsicht nach § 100 WHG scheinen zur kurzfristigen Anpassung der Nachfrage an Dürreereignisse geeignet, da sie auf eine zeitweise Suspendierung ausgelegt sind, ohne die Rechtslage grundsätzlich zu ändern. Der Widerruf nach § 18 WHG hingegen zielt auf die langfristige Versagung des Nutzungsrechts und bedarf dar-

---

1966 Siehe Abschnitt C.III.1.b).
1967 Zulassungsfreie Gewässerbenutzungen können die Wasserbehörde oder Ortspolizeibehörde durch Rechtsverordnung iSv. § 21 Abs. 2 Nr. 1 Var. 1 WG-BW regeln.

über hinaus der vorherigen Anhörung des Betroffenen nach § 28 Abs. 1 LVwVfG.[1968] Inwieweit die Anordnungen der Gewässeraufsicht nach § 100 Abs. 1 S. 2 WHG effektiv zur Dürrebewältigung beitragen, hängt vom Anordnungsinhalt und Anordnungsform ab.

In Kalifornien ist die Möglichkeit der Beschränkung von Wasserrechten im Vergleich weniger flächendeckend möglich. Sie erfolgt durch *curtailments*, die die Nutzungshierarchie und Reasonable and Beneficial Use Doctrine bei Dürreereignissen umsetzen. *Curtailments* sind grundsätzlich geeignet, um die Nachfrage kurzfristig an ein geringeres Dargebot anzupassen. Allerdings schränken verschiedene Faktoren die Effektivität des Instruments zur *ad hoc* Dürrebewältigung ein. Da das SWRCB nur eingeschränkt über Daten hinsichtlich der Quantität an ausgeübten Rechten, Nutzungszweck, und -umfang verfügt, ist eine zielgenaue Umsetzung der Nutzungshierarchie nicht möglich (strukturelles Vollzugsdefizit). Das SWRCB kann Beschränkungen daher nur nach Art des Wasserrechts erlassen. Hoch umstritten ist ferner, ob das SWRCB *curtailments* auch für höherrangige Rechte erlassen darf und welche Rechtsnatur *curtailments* besitzen. Damit einher geht auch die Problematik, dass die rechtlichen Beschränkung durch das SWRCB häufig nicht mit der tatsächlichen Befolgung durch die Gewässerbenutzer einhergeht (beschränkte Rechtswirksamkeit).

Beide Lösungsmodelle bieten Vor- und Nachteile für die kurzfristige Steuerung der Gewässerbenutzungen bei Dürreereignissen, die jeweils ihren Ursprung in der grundsätzlichen Ausrichtung des Wasserrechts haben. Ein umfassendes Dürremanagement kommt grundsätzlich nicht ohne die Vorhaltung von Möglichkeiten zur repressiven Steuerung für den Dürrefall aus. Vorzugswürdig erscheint eine Verhaltenssteuerung im Vorfeld eines Dürreereignisses, um den Eintritt nachteiliger Auswirkungen auf den Wasserhaushalt weitgehend zu vermeiden. Im Dürrefall müssen die Wasserbehörden zum Schutz der Gewässer ferner abwägen, inwieweit die repressive Steuerung der Gewässerbenutzer schneller und zweckmäßiger erscheint, als die *ad hoc* Regulierung der Endnutzer durch die öffentlichen Wasserversorger.

dd) Sanktionsinstrumente

Beide Gliedstaaten sehen die Sanktionierung rechtswidriger Gewässerbenutzungen vor. Erneut ist die Art der Instrumentarien vergleichbar, ihre inhaltlichen Ausgestaltungen jedoch verschieden. Sowohl in Baden-Württemberg als auch in Kalifornien sind die zuständigen Behörden auf Hinweise aus der Bevölkerung angewiesen, um Kenntnis über rechtswidrige Nutzungen zu erlangen. In Kalifornien steigt die Tendenz zum Einsatz sogenannter »*smart technologies*«, zu denen Wasserzähler mit automatischer Übermittlungsfunktion zählen, um auf diesem Weg Kenntnis bezüglich rechtswidriger Gewässernutzungen zu erlangen.

In Baden-Württemberg stellt die rechtswidrige Nutzung der Gewässer ohne erforderliche Zulassung nach § 103 Abs. 1 Nr. 1 WHG und die Überschreitung des Gemeingebrauchs an Oberflächengewässern nach § 126 Abs. 1 Nr. 4 WG-BW eine Ordnungswidrigkeit dar. Die Verhängung von Bußgeldern ist ferner in allen der in § 103 Abs. 1 WHG iVm. § 126 WG-BW enumerativ gelisteten Fällen nach § 103 Abs. 2 WHG iVm. § 126

[1968] Gegebenenfalls kann davon jedoch nach § 28 Abs. 2 Nr. 1 LVwVfG bei Bestehen eines Dürreereignisses abgesehen werden.

E. Vergleich und Handlungsempfehlungen

Abs. 2 WG-BW möglich. § 103 Abs. 2 WHG iVm. § 126 WG-BW stellt zudem eine Bußgeldhöchstgrenze von 10.000 Euro und 50.000 Euro in bestimmten Fällen auf. Darüber hinaus kann die nachteilige Veränderung der Gewässereigenschaft, wozu auch der mengenmäßiger Zustand gehört, nach § 324 Abs. 1 StGB strafrechtlich sanktioniert werden. Zur tatsächlichen Beseitigung des rechtswidrigen Zustands ist die Gewässeraufsicht im Rahmen ihrer Befugnisse nach §§ 100 ff. WHG zuständig.

In Kalifornien ermächtigt § 1831 WAT das SWRCB zur Untersagung rechtswidriger Gewässerbenutzungen und § 1052 WAT zur Androhung bzw. Anordnung eines Bußgelds. Hervorhebenswert ist, dass das SWRCB die Bußgeldsätze den hydrologischen Bedingungen durch einen Dürrezuschlag und dem Umfang des Verstoßes anpasst. Rechtswidrig ausgeübte *post-1914 appropriative rights* kann das SWRCB zudem durch eine Unterlassungsanordnung *(cease and desist order)* nach § 1831 ff. WAT versagen. Zur Durchsetzung der Unterlassungsanordnung begründet § 1845 WAT eine Haftung des Wassernutzers für jeden Tag an dem der rechtswidrige Zustand besteht.

Beiden Rechtsordnungen ist gemein, dass sie zwischen der tatsächlichen Beseitigung des rechtswidrigen Zustands und der Sanktionierung der Rechtsverletzung unterscheiden. In beiden Rechtsordnungen besteht ebenfalls Einigkeit, dass Untersagungsanordnungen und Bußgelder zur Effektivität wasserrechtlicher Regelungen beitragen. Die Ausgestaltung des Bußgelds kann die Effektivität der Sanktionsinstrumente zur *ad hoc* Dürrebewältigung jedoch weiter erhöhen. Beispiel hierfür sind in Kalifornien Bußgeldsätze mit Dürrezuschlag *drought surcharge*. Eine dürreangepasste Bußgeldstruktur steigert das Bewusstsein für Dürreereignisse, erhöht die Warnfunktion und bietet einen größeren ökonomischen Anreiz zur Nichtvornahme einer rechtswidrigen Gewässerbenutzung. Darüber hinaus ermöglichen sie als Ausdruck des Verursacherprinzips eine angemessene Verteilung der Ressourcenverantwortung, da bei Dürreereignissen rechtswidriger Wassernutzungen größere negative Auswirkungen auf die Wasserressourcen haben als unter normalen hydrologischen Bedingungen.

ee) Handlungsempfehlungen

Instrumente repressiver Steuerungen von Gewässerbenutzungen sollten nur dort zum Einsatz kommen, wo Instrumente planerischer und präventiver Steuerung zur *ad hoc* Bewältigung einer Dürre nicht mehr ausreichen. Da Intensität, Dauer und Zeitpunkt von Dürreereignissen nur bedingt vorhersehbar sind, gehören Instrumente repressiver Steuerung zu einem umfassenden Dürremanagement, um im Einzelfall die Dürreauswirkungen schnell und zielgerichtet zu vermindern.

(1) Bestimmung des Anordnungszeitpunkts und der Anordnungsadressaten

Sowohl in Bezug auf genehmigungsfreie als auch in Bezug auf genehmigungspflichtige Gewässernutzungen sollten die zuständigen Wasserbehörden in Vorüberlegungen bezüglich der Ausübung des pflichtgemäßen Entschließungsermessens zur Anordnung repressiver Maßnahmen eintreten. Wann sollen genehmigungsfreie Gewässerbenutzungen, wann genehmigungspflichtige Gewässerbenutzungen beschränkt werden? In Kalifornien setzt das SWRCB zunehmend hydrologische Modelle (Drought Water Right Allocation Tool, DWRAT) ein, die die Auswahl des zu beschränkenden Gewässerbenutzerkreises unterstützen. Eine solche Vorüberlegung soll nicht dazu führen, das Entschließungsermessen und die Würdigung im Einzelfall zu beeinträchtigen. Sie soll vielmehr vorab eine dynamische Entscheidungshilfe darstellen, die zu einem koordinierten und planerischen Vorgehen bei Eintritt und Bestehen eines Dürreereignisses beiträgt. Die Entscheidungshilfe könnte auf einem Stufensystem aufbauen, im Rahmen dessen bei einem Dürreereignis ersten Grades zunächst zulassungsfreie und auf höheren Stufen sukzessive zulassungsbeschränkte Gewässerbenutzungen nach der Priorisierungsentscheidung[1969] festgelegt werden können. Zur Bestimmung des Anordnungszeitpunktes könnten die Wasserbehörden die Dürrestufen des Dürremonitorings im Rahmen der Bewirtschaftungspläne heranziehen. Allerdings sollte die Notwendigkeit der Anordnungen nach den Dürrestufen durch einen ressortübergreifenden Sonderausschuss – vergleichbar der Interagency Drought Task Force auf bundesstaatlicher Ebene in Kalifornien – unter Aufsicht der zuständigen Wasserbehörden bestätigt werden, um sicherzustellen, dass nicht nur die Monitoringinstrumente sondern auch die lokalen Auswirkungen ein repressive Steuerung der Gewässerbenutzungen erfordern.

Grundsätzlich sollte die repressive Steuerung von Gewässerbenutzungen stets durch breite Aufklärungs- und Informationskampagnen begleitet werden. Wie sich aus den kalifornischen Erfahrungen zeigt, kann durch begleitende Aufklärungskampagnen die Rechtsbefolgung eher hergestellt werden als durch kostspielige und (zeit-)aufwändige Vollzugsinstrumente (Vermeidung einer *wait and see* Haltung).

(2) Repressive Steuerung von Gewässerbenutzungen

Die Wasserbehörden können Gewässerbenutzungen nachträglich auf der Grundlage von § 100 WHG an Dürreereignisse für die Dauer der Dürreauswirkungen anpassen.

Bereits im Vorfeld eines Dürrefalls sollten die Wasserbehörden einen Ablaufplan zu folgenden Fragestellungen entwickeln:

- Wie viele Genehmigungen nutzen in welchem Umfang die Gewässer im Einzugsgebiet der Behörde?
- Welche Gewässerbenutzer nehmen die Gewässer in besonders großer Menge in Anspruch?
- Welche Nutzungszwecke liegen den Genehmigungen zugrunde (Koordinierung mit der in Maßnahmenprogrammen aufzustellenden Leitlinie zum Vorrangverhältnis)?
- Gibt es hydrologische Modelle, die zur Auswahl und Bestimmung potentieller Anordnungsadressaten eingesetzt werden können, um den Grundsatz der Verhältnismäßigkeit zu wahren?
- Welche Rechtsform ist zur Anordnung der Beschränkungen am zielführendsten (Sammelverwaltungsakt iSv. § 35 S. 1 VwGO oder besser eine Allgemeinverfügung adressiert an mehrere Gewässerbenutzer iSv. § 35 Abs. 1 S. 2 VwGO)?

Bezüglich der Regelungsinhalte müssen Wasserbehörden den Grundsatz der Verhältnismäßigkeit wahren und im Unterschied zur Praxis des SWRCB eine gestufte Steuerung

---

1969 Hierzu siehe Abschnitt E.II.2.b)ee).

verfolgen: Zunächst sollen Nutzungskonflikte durch Regelungen z. B. bezüglich Entnahmezeiten, durch Beschränkungen und erst zuletzt durch Untersagungen beseitigt werden. Bezüglich des Regelungsinhalts könnten die Wasserbehörden auf die Liste mit Sparsamkeitsmaßnahmen nach § 5 Abs. 1 Nr. 2 WHG und die Übersicht über Dürrevorsorge und *ad hoc* Bewältigungsmaßnahmen nach § 31 Abs. 1 Nr. 3 WHG in den Maßnahmenprogrammen[1970] zurückgreifen. Die Erarbeitung eines Muster-Allgemeinverfügung zur repressiven Steuerung von Gewässerbenutzungen bei Dürreereignissen nach § 100 WHG trägt zu einer möglichst schnellen und effektiven Anpassung der Gewässerbenutzung bei.

(3) Repressive Steuerung genehmigungsfreier Gewässerbenutzungen

Die Beschränkung des Gemeingebrauchs durch Allgemeinverfügung nach § 21 WG-BW kommt bereits seit einigen Jahren zur repressiven Steuerung genehmigungsfreier Gewässerbenutzungen von Oberflächengewässern zum Einsatz. Um die Effektivität des Instruments bei Dürreereignissen zu erhöhen, könnten die höheren oder hohen Wasserbehörden Vorlagen für Allgemeinverfügungen bereitstellen, die von den unteren Wasserbehörden im Ernstfall nur noch angepasst und umgesetzt werden müssten. Hierdurch könnten gerade kleinere Behörden entlastet werden und eine schnelle Anpassung an die Schutzbedürftigkeit der Gewässer erfolgen. Standardmäßig sollten die Allgemeinverfügungen den sofortigen Vollzug anordnen, auf die Überwachung der Einhaltung durch die Gewässeraufsicht und die Sanktionierung bei Nichteinhaltung durch Bußgelder nach § 103 WHG iVm. § 126 Abs. 1 Nr. 4 WG-BW hinweisen.[1971] Zu berücksichtigen ist, dass die Notwendigkeit der Beschränkung des Gemeingebrauchs nach § 21 WG-BW nicht nur bei Niedrigwasser, sondern auch aus gewässerqualitativen Gründen bei Dürreereignissen erforderlich sein kann.[1972]

Die doppelte Zuständigkeit von Wasser- und Ortspolizeibehörde nach § 21 Abs. 2 WHG könnte die Effektivität des Instruments schmälern, da die Gefahr der internen Zuständigkeitsverweisung und eines verzögerten Verwaltungshandelns besteht. Wasserbehörden und Ortspolizeibehörden sollten daher intern im Vorfeld die Kommunikations- und Zuständigkeitsbereiche absprechen, gegebenenfalls einen Ablaufplan erarbeiten in Anlehnung an die Meldekette des Landesanstalt für Umweltschutz (LfU) Bayern bei Fischsterben. Sollte bei der jeweils anderen Behörde ein Hinweis auf ein trockengefallenes Gewässer eingehen, ist die »intern zuständige« Behörde unverzüglich zu informieren.

Sollte bei Dürreereignissen eine Gefahr der Übernutzung von Grundwasserressourcen bestehen, sollte das Umweltministerium gegebenenfalls auch präventiv die erlaubnisfreie Benutzung des Grundwassers nach § 42 Abs. 1 WG-BW ausschließen und die Nutzung von Grundwasser einheitlich einem Erlaubnis- und Bewilligungserfordernis unterstellen. Grund hierfür ist, dass die Übernutzung von Grundwasserressourcen zur Beeinträchtigung

---

1970 Hierzu ausführlich Abschnitt E.III.1.d)cc).
1971 So z. B. *LRA Ravensburg*, Allgemeinverfügung v. 30. 7. 2018.
1972 Z. B. können Dürreereignisse das Wachstum von Blaualgen in Badegewässern fördern, *Bury*, Warnung der Stadt Stuttgart: Verdacht auf Blaualgen im Max-Eyth-See, Stuttgarter Zeitung, 2018, https://www.stuttgarter-zeitung.de/inhalt.warnung-der-stadt-stuttgart-verdacht-auf-blaualgen-immax-eyth-see.6d8bfaf8-8389-451b-a1aa-fcb9d214780e.html [abgerufen am 12. 7. 2021].

der Grundwasserqualität und zu irreversiblen Bodenabsenkungen führen kann. Stattdessen sollten Gewässerbenutzer auf alternative Wasserressourcen, wie die Anreicherung von Niederschlagswasser in Zisternen oder die Beantragung einer Genehmigung zur Gewässerbenutzung verwiesen werden.

(4) Dürrezuschlag und Erweiterung des Bußgeldkatalogs

Die Möglichkeit zur Verhängung von Bußgeldern mit Dürrezuschlag könnte durch die vertiefte Abschreckungswirkung zur effektiveren *ad hoc* Dürrebewältigung beitragen. Dem steht auch nicht Art. 3 Abs. 1 GG entgegen, da sich der sachliche Grund für eine solche Ungleichbehandlung aus der Tatsache ergibt, dass gerade kein Normalzustand vorherrscht, sondern eine Dürre.
Eine Nichteinhaltung der Mindestwasserführung nach § 33 WHG oder des Sparsamkeitsgebots nach § 5 Abs. 1 Nr. 2 WHG stellt bislang nur bei Konkretisierung in Inhalts- und Schrankenbestimmungen eines Genehmigungsbescheids eine Ordnungswidrigkeit nach § 103 Abs. 1 Nr. 2 WHG dar. Insoweit bedarf es einer Erweiterung der Bußgeldtatbestände, wenn die Mindestwasserführung z. B. für genehmigungsfreie Gewässerbenutzungen durch Rechtsverordnung dauerhaft geregelt wird. Erweiterungsbedarf besteht auch hinsichtlich der erlaubnisfreien Benutzung des Grundwassers nach § 46 WHG, die im Unterschied zum Gemeingebrauch ebenfalls nicht im Bußgeldtatbestand von § 126 WG-BW gelistet wird. Aufgrund des hohen Reinheitsgrades vieler Grundwasserressourcen und einer drohenden Übernutzung bei Dürreereignissen ist eine wasserrechtliche Sanktionierungsmöglichkeit bei Überschreitung der rechtlich zulässigen Nutzungsmenge unmittelbar geboten. Die landesrechtliche Erweiterung der Bußgeldhöhe auf 100.000 € nach § 126 Abs. 2 WG-BW lässt den Wasserbehörden zwar einen Handlungsspielraum bei der Festsetzung im Einzelfall.
Effektiver könnte die Abschreckungs- und Sanktionierungsfunktion genutzt werden, indem die Höhe der Geldbuße nach hydrologischen Bedingungen und Überschreitungsumfang gestaffelten Tagessätzen berechnet wird, wie z. B. in §§ 1845, 1052 WAT. Der »Dürrezuschlag« sollte einer gesonderten Zweckbindung unterliegen und ausschließlich für die Subventionierung von Wassersparprogrammen, wie den *water conservation programs* zum Austausch von wassersparsameren Haushaltsgeräten, Bewässerungsanlagen oder dürrebelastbarer Gartenumgestaltung eingesetzt werden. Bei Identität von unterer Wasserbehörde und öffentlichem Wasserversorger könnte ein Einzug des Bußgelds, wie in der Stadt Santa Cruz praktiziert, zusammen mit dem Einzug des Wassernutzungsentgelts erfolgen.

f) Prozedurale Ausgleichsverfahren

Sowohl das baden-württembergische als auch das kalifornische Wasserrecht sehen besondere Verfahren vor, um konkurrierende Gewässerbenutzungen bei einem Nutzungskonflikt in einem gemeinsamen Verfahren zu regeln oder zu beschränken. Sie schließen Regelungslücken, in denen eine rechtliche Würdigung der Gewässerbenutzungen unter kumulativen Gesichtspunkten erforderlich wird und eine einheitliche wasserbehördliche Entscheidung zweckmäßiger Weise für mehrere Gewässerbenutzer ergehen kann.

E. Vergleich und Handlungsempfehlungen

aa) Vergleichende Gegenüberstellung

Erneut weisen die Art der Instrumente Vergleichbarkeit, die inhaltliche Ausgestaltung jedoch Verschiedenheit auf. In beiden Rechtsordnungen dient das Verfahren dazu die langfristige (Neu-)Verteilung der Gewässerressourcen durch Änderung der Rechtslage herbeizuführen und künftige Nutzungskonflikte zu vermeiden. In Baden-Württemberg ermöglicht § 22 WHG sowohl die Lösung kurzfristiger Nutzungskonflikte z. B. im Rahmen mehrwöchiger Dürreereignisse als auch die langfristige Regelung der Gewässerbenutzung durch Modifikation der Rechtspositionen. Dabei genügt es, dass ein Gewässerbenutzer aufgrund unzureichender Wassermenge beeinträchtigt ist. In Bezug auf die ad hoc Bewältigung dürrebedingter Nutzungskonflikte kann das gemeinsame Verwaltungsverfahren genutzt werden, um eine verträgliche Lösung für alle Beteiligten im gegenseitigen Austausch zu finden. Allerdings stehen das Regelungsziel, die Änderung der Benutzungsvorgaben, wohl regelmäßig einer kurzfristigen nur übergangsweisen Benutzungsregelung bei Dürre entgegen. In Kalifornien verpflichtet eine *adjudication* die zuständige Behörde zur Ermittlung aller Wassernutzer im Einzugsbereich des Gewässers und zur langfristigen Regelung der Wasserrechte. Gerade der hohe Ermittlungsaufwand schließt die Anwendung von *adjudications* zur *ad hoc* Dürrebewältigung grundsätzlich aus.

Das Ziel und die Funktion der Ausgleichsverfahren sind unterschiedlich. § 22 WHG dient überwiegend der Koordinierung- und Konfliktschlichtung bei Vorliegen einer Beeinträchtigung. Eine *adjudication* verfolgt hingegen die Ermittlung der materiellen Rechtslage unter Gesamtbetrachtung aller Gewässerbenutzungen. Grund für die unterschiedliche Zielrichtung der Verfahren ist das unterschiedliche Nutzungsregime. In Kalifornien hat die umfassende Rechtskraft des Verfahrens besondere Bedeutung, da Grundwasserrechte (bis zum Inkrafttreten des SGMAs) weitgehend unreguliert waren.

Ein weiterer Unterschied liegt in der Zuständigkeit zur Durchführung des Ausgleichsverfahrens. In Baden-Württemberg liegt die Durchführung des Ausgleichsverfahrens im Aufgabenbereich der »zuständigen Behörde«, im Regelfall wohl die Wasserbehörde, die bereits für die Zulassung der Gewässerbenutzung zuständig war. In Kalifornien sind nach § 832 (c) California Civil Code (CIV) die *superior courts* für das Ausgleichsverfahren zuständig, für Oberflächengewässer ausnahmsweise das SWRCB nach § 2500 WAT.

Beide Verfahren werden auf Antrag eingeleitet, wobei die Antragsvoraussetzungen in Baden-Württemberg wesentlich höher sind und eine Beeinträchtigung erfordern. Der Anwendungsbereich des § 22 WHG ist folglich auf »konkrete« Konfliktsituationen beschränkt, wohingegen eine *adjudication* auch bei bevorstehenden Nutzungskonflikten angestrengt werden kann. Grund für den restriktiven Anwendungsbereich von § 22 WHG ist, dass die Gewässerbenutzungen durch das repressive Verbot mit Erlaubnisvorbehalt bereits einer hoheitlichen Regelung zugeführt wurden.

Die Zweckmäßigkeit beider Rechtsordnungen im Hinblick auf die Dürrebewältigung ist beschränkt. Grundsätzlich sind die Verfahren in beiden Rechtsordnungen eher darauf ausgelegt, Nutzungskonflikte langfristig zu vermeiden und eine nachhaltige Bewirtschaftung sicherzustellen. Ursächlich hierfür ist dabei nicht zuletzt der in beiden Rechtsordnungen einhergehende Verwaltungsaufwand zur Durchführung der Verfahren. In Baden-Württemberg schließt jedoch weder Wortlaut noch Funktion des Ausgleichsverfahrens eine Eignung zur kurzfristigen Benutzungsänderung und damit zur *ad hoc* Dürrebewältigung aus, sodass § 22 WHG angesichts der prognostizierten Zunahme von Dürreereignissen neue Bedeutung zum Ausgleich widerstreitender Belange in einem einheitlichen Verfahren zukommen kann.

bb) Handlungsempfehlung

Statt der Kritik an der Entbehrlichkeit des Ausgleichsverfahrens könnte dessen bislang unter den Instrumenten direkter Verhaltenssteuerung einzigartige Koordinierungs- und Konfliktschlichtungsfunktion genutzt werden, um im Vorfeld oder im Dürrefall bei Anbahnung von Konfliktsituationen eine präventive Regelung von Art, Maß und Zeit der Gewässerbenutzungen vorzunehmen.

Die reaktive Ausgestaltung von § 22 WHG ermöglicht eine dynamische und flexible Anpassung der Benutzungsordnung für mehrere Gewässerbenutzer in einem gemeinsamen Verwaltungsverfahren.[1973] Es bündelt die Ressourcen der Verwaltung und scheint für die Bewältigung von Konflikten im Dürrefall insofern geeignet, als das Verfahren im gemeinsamen Austausch auf eine für alle Beteiligten tragbare Lösung abzielt. Es eignet sich für Gewässerbenutzer mit gelegentlichen oder regelmäßigen Benutzungskonflikten bei Dürren, da hier eine einmalige Modifizierung der Genehmigungen durch Allgemeinverfügung langfristige Wirkung zeigt. Für Regionen mit einem hohen Dürrerisiko empfiehlt sich hingegen eine präventive, planerische Koordination der Gewässerbenutzungen.[1974]

Für den materiell-rechtlichen Entscheidungsmaßstab im Ausgleichsverfahren durch die zuständige Wasserbehörde bietet die *physical solution doctrine* praxistaugliche Anregungen. Die zuständigen Wasserbehörden sollten insbesondere tatsächliche Lösungsmöglichkeiten des Nutzungskonflikts (z. B. Einsatz wassersparender Technologien, versetzte Entnahmezeiten oder Ausgleichszahlungen) in ihrer Entscheidung berücksichtigen, um möglichst viele Gewässerbenutzer an den Wasserressourcen teilhaben zu lassen und dennoch ein hohes gewässerökologisches Schutzniveau zu wahren.

g) Wasserschutzgebiete nach § 51 f. WHG vs. *groundwater protection areas*

Besondere Benutzungsvorgaben für einen weiterführenden Schutz der Grundwasserressourcen zum Zwecke der Reinhaltung für Trinkwassergebrauch bieten Wasserschutzgebiete, in Kalifornien *groundwater protection areas*. Die Wasserschutzgebiete nach § 51 WHG können in Baden-Württemberg – im Unterschied zu Kalifornien – jedoch für alle Gewässer iSv. § 2 Abs. 1 Nr. 1, Nr. 3 WHG und damit sowohl für Oberflächengewässer als auch Grundwasser erstellt werden.[1975]

aa) Zweckmäßigkeit

In beiden Gliedstaaten unterscheiden die gesetzlichen Vorgaben zwischen der Ausweisung des Gebiets und der Anordnung von Schutzmaßnahmen. Zuständig sind in Baden-Würt-

---

1973 Allgemein *Baisch*, Bewirtschaftung im Wasserrecht, 1996, S. 186; *Reese et al.*, Anpassung an die Folgen des Klimawandels, 2. Aufl. 2016, S. 196.
1974 Auch *Hafner*, Rechtliche Rahmenbedingungen für eine an den Klimawandel angepasste Landwirtschaft, UPR 2010, 371 (375).
1975 In der Praxis dienen Wasserschutzgebiete jedoch vorwiegend dem Schutz von Grundwasser.

E. Vergleich und Handlungsempfehlungen

temberg die unteren Wasserbehörden nach § 51 Abs. 1 S. 1 WHG iVm. § 95 Abs. 1 S. 1 WG-BW, in Kalifornien das bundesstaatliche Department of Pesticide Regulation (DPR) nach §§ 13141 ff. Food and Agricultural Code (FAC). Bereits die Zuständigkeitsregelungen verdeutlichen die unterschiedliche Art und Funktion der Instrumente. Nach § 51 f. WHG sind die Wasserschutzgebiete in Baden-Württemberg ein wasserrechtliches Instrument, das zur Sicherstellung der Trinkwasserressourcen nach § 51 Abs. 1 S. 1 Nr. 1 WHG aber auch zu anderen Schutzzwecken wie der Grundwasserneubildung eingesetzt werden kann. In Kalifornien hingegen sind *groundwater protection areas* ein pflanzenschutzrechtliches Instrument zur Kontrolle des Einsatzes von Pestiziden durch die Landwirtschaft. In der Folge regeln die kalifornischen Schutzanordnungen der speziellen Genehmigungen (*restricted material use permits*) nur Verhaltensweisen bei der Verwendung von in § 6800 CCR genannten Stoffen. In Baden-Württemberg betreffen die Auflagen der Schutzgebiets- und Ausgleichsverordnung (SchALVO) vielerlei Verhaltensweisen, nicht nur aber auch die Verwendung von Pestiziden und Düngemitteln. Die SchALVO gilt darüber hinaus landesweit und kann im Einzelfall durch behördliche Entscheidung ergänzt werden. In Baden-Württemberg steht folglich der flächendeckende einheitliche Schutz der Grundwasserkörper, in Kalifornien die einzelfallbezogene Regulierung von Schadstoffen im Vordergrund. Dürrespezifische Schutzanordnungen sind in beiden Rechtsordnungen nicht standardmäßig vorgesehen. Im Unterschied zu den kalifornischen Schutzanordnungen in Genehmigungen enthält § 5 Abs. 4 Nr. 1 e) iVm. Anhang V der SchALVO jedoch konkrete Regelungen über die zulässige Bewässerungsmenge in Wasserschutzgebieten.

Unterschiedlich ist ferner auch die Art des Anreizes für die Einhaltung der Schutzanordnungen. § 52 Abs. 4 WHG iVm. § 11 SchALVO sieht eine Entschädigung betroffener Nutzer vor, wohingegen die Nichteinhaltung der Festsetzungen einer *restricted material use permit* zum Widerruf der Genehmigung[1976] und hohen Bußgeldern führen kann.

bb) Bewertung

Die Gegenüberstellung der Instrumente zeigt, dass die Wasserschutzgebiete nach § 51 f. WHG für die Dürrebewältigung zweckmäßiger sind als die *groundwater protection areas*. Die Festsetzungszwecke des § 51 WHG stehen einer Ausweisung eines Wasserschutzgebiets zum proaktiven Schutz seines mengenmäßigen Zustands nach § 51 Abs. 1 S. 1 Nr. 2 WHG nicht entgegen. Einen kurzfristigen Schutz bei Eintritt eines Dürreereignisses vermögen Wasserschutzgebiete aufgrund ihrer statischen Rechtsform als Rechtsverordnung iSv. § 51 WHG jedoch nicht zu leisten. Die Schutzanordnungen der SchALVO sehen derzeit keine dürrespezifischen Verhaltensauflagen vor, weisen aber bereits Regelungsansätze zur Regulierung der Bewässerung in § 5 iVm. Anlage 5 SchALVO auf. Die Unterteilung in Schutzzonen weist zudem großes Potential auf, gestufte Regelungen iSv. freiwilligen Auflagen, obligatorischen Auflagen und verschärften Benutzungsauflagen zu erlassen. Im Hinblick auf die derzeitige Entschädigungs- und Ausgleichleistungspraxis könnten finanzielle Anreize bei Einhaltung der Vorgaben anstelle einer Entschädigungsleistung ein Umdenken der Nutzer herbeiführen, das die Vorschriften der SchALVO als Ausdruck

---

1976 Hierzu *DPR*, Settlement Agreement with Twin Cities Aviation, Inc. and Mark S. Minekema, 2015, http://www.cdpr.ca.gov/docs/enforce/enfords/decisions/license/twin_cities_minkema_settlement.pdf [abgerufen am 26.8.2018].

»guten fachlichen Praxis« anstatt einer »Beschränkung der Bewirtschaftung/Nutzung des Grundstücks« erscheinen lässt.

cc) Handlungsempfehlungen

Die Festsetzung von Wasserschutzgebieten nach § 51 WHG könnte neben Nitratsanierungsgebieten zur Dürrebewältigung genutzt werden.

(1) Festsetzung von Wasserschutzgebieten, § 51 WHG

Bei der Festsetzung von Wasserschutzgebieten nach § 51 WHG zur Dürrebewältigung empfiehlt es sich, an die Dürrerisikoanalyse[1977] in den Bewirtschaftungsplänen anzuknüpfen. Die Festsetzung könnte gleichermaßen für die Oberflächengewässer und Grundwasserressourcen erfolgen, die nach den Bewirtschaftungsplänen eine besonders hohe Anfälligkeit für Dürreereignissen aufweisen. Bei bereits bestehenden Wasserschutzgebieten in Regionen mit hoher Dürreanfälligkeit ist keine weitere Festsetzung nötig. Hier könnten die Schutzgebietsanordnungen entsprechend angepasst werden.[1978]

Bereits im Wortlaut von § 51 Abs. 1 Nr. 2 WHG ist angelegt, dass die Speicherfunktion von Grundwasserkörpern durch die Ausweisung von Schutzgebieten zu nutzen ist. Der Gesetzgeber eröffnet hierdurch ausdrücklich die Möglichkeit, *groundwater banking*[1979] zu betreiben. Die Form des Dargebotsmanagements hat im Unterschied zu Rückhaltungsmaßnahmen in Talsperren oder Hochwasserrückhaltebecken den Vorteil, dass in Dürrezeiten mit gleichzeitigen Hitzewellen keine Einbußen im Dargebot durch Verdunstung erfolgen[1980] und zugleich einer Übernutzung der Grundwasserressourcen vorgebeugt wird. Das Betreiben von *groundwater banking* ist eine strategische Entscheidung, die vorzugsweise landesweit einheitlicher Standards und der Koordinierung bedarf. Ähnlich wie in Kalifornien sollte die Festsetzung von Wasserschutzgebieten zum Zwecke der Grundwasseranreicherung durch raumordnerische Standortausweisung (Standortoptimierung) vorbereitet werden.[1981] Gerade für landwirtschaftliche Wassernutzer könnte Grundwasseranreicherung eine nachhaltige Möglichkeit darstellen, um das Niederschlagsdefizit auszugleichen. Besondere Vorsicht, und daher landesweite Standards zur Durchführung, ist dabei geboten, um eine Verschlechterung des qualitativ guten Zustand der Grundwasserressourcen durch die Anreicherung mit qualitativ schlechterem Grau-, Brauch- oder wiederaufbereitetem Wasser zu vermeiden.

Bei der Festsetzung von Wasserschutzgebieten zur Verbesserung der Gewässerqualität nach § 51 Abs. 1 Nr. 1, Nr. 3 WHG sollte zumindest künftig das Potential für dürrespezifische Regelungen (Vermeidung des Einschwemmens von Schadstoffen bei Dürreereignis-

---

1977 Hierzu sogleich näher in Abschnitt E.III.1.d)aa).
1978 Hierzu sogleich Abschnitt E.II.2.g)cc)(2).
1979 Hierzu bereits Abschnitt D.III.3.c).
1980 Um dieser Auswirkung vorzubeugen setzen die Fernwasserversorgungsbetreiber Maßnahmen wie das Aufbringen von schwarzen Plastikbällen auf Stauseen ein.
1981 Die Ermittlung von geeigneten Gebieten für landwirtschaftliche Nutzungszwecke erfolgt in Kalifornien durch *soil suitability indices*, hierzu *O'Geen et al.*, Soil Suitability Index Identifies Potential Areas for Groundwater Banking on Agricultural Lands, California Agriculture 2015, 75.

sen) berücksichtigt werden, um die Belastbarkeit der Grundwasserressourcen insgesamt gegenüber Dürreereignissen zu stärken.

(2) Schutzanordnungen nach § 52 WHG iVm. SchALVO

Durch die Aufstellung von Schutzanordnungen nach § 52 WHG besteht die Möglichkeit, auch dürrespezifische Regelungen für Wasserschutzgebiete zu erlassen. Erste Ansätze hierzu finden sich in den speziellen Bewässerungsgrenzwerten für die Landwirtschaft in Anhang V der SchALVO, die als Vorbild für die Gewässerbenutzungsregelungen bei *groundwater banking* dienen könnten. Anhang V sieht in Tabelle 1 maximal zulässige Gesamt-Bewässerungsmengen pro Monat in Liter pro Quadratmeter vor. Ein derartiger Regelungsansatz erscheint auch im Hinblick auf Dürreereignisse praktikabel und ausbaufähig. Eine Ergänzung der SchALVO könnte auch z. B. zur guten fachlichen Praxis erfolgen, die eine vorzugsweise nächtliche Bewässerung oder Bewässerungsmethoden festlegt. Grundsätzlich ist der Aufbau der SchALVO mit den verschiedenen Schutzzonen prädestiniert, um stufenweise Regulierungen zur Gewässerbenutzung (freiwillig, obligatorisch, verschärfend) zu erlassen. Eine generalisierte Vorlage zu den Schutzanordnungen in Wasserschutzgebieten ist aufgrund der verschiedenen Festsetzungszwecke und der Verschiedenartigkeit von Gebieten und Nutzerkreisen nicht möglich. Insofern erscheint es zielführender, auf die Auswahl an Maßnahmen in den Maßnahmenprogrammen zu verweisen, als standardisierte Vorlagen zu erarbeiten, die für die zuständigen Wasserbehörden bei der Aufstellung von Schutzanordnungen keinen Mehrwert schaffen.

3. Gefahrenstufen zur ad hoc Dürrebewältigung

Instrumente zur *ad hoc* Bewältigung von außergewöhnlichen Dürreereignissen sind auch für ein auf Dürrevorsorge angelegtes Dürremanagement unerlässlich. Zum einen besteht trotz Dürrevorsorge und hoher Belastbarkeit potentiell betroffener Akteure stets ein Restrisiko für das Auftreten eines Extremereignisses. Zum anderen sind Instrumente zur *ad hoc* Dürrebewältigung außergewöhnlicher Ereignisse ebenfalls Bestandteil eines umfassenden Risikomanagements, da sie zum Vorbereitetsein von Verwaltungsträgern und potentiell betroffenen Akteuren beitragen.

a) Strukturelle Vorbemerkung

Sowohl in Kalifornien als auch in Baden-Württemberg können verschiedene Gefahrenstufen genutzt werden, um Dürreereignisse kurzfristig zu bewältigen.[1982] Strukturell besteht daher eine Ähnlichkeit zwischen der möglichen Auswahl an Instrumenten. In Baden-Württemberg können zunächst auf Grundlage des Wasserrechts die Wasserversorger nach

---

1982 In Bezug auf die Dürrebewältigung sticht die ähnliche Verweisungsstruktur der Rechtsordnungen hervor. In Kalifornien verweisen die Feststellung des *state drought emergency* oder die EOs des Gouverneurs auf die Umsetzung planerischer Instrumente (UWMPs und AWMPs). Das in Baden-Württemberg geltende Wasserrecht verweist in § 31 Abs. 1 Nr. 3 WHG ebenfalls auf planerische Instrumente, namentlich auf die Maßnahmen der Maßnahmenprogramme.

§ 50 Abs. 3 WHG iVm. Verordnung über Allgemeine Bedingungen für die Versorgung mit Wasser (AVBWasserV) tätig werden, die Wasserbehörden auf § 100 WHG zurück greifen oder die jeweils zuständigen Behörden das Landeskatastrophenschutzgesetz Baden-Württemberg (LKatSG) sowie das Wassersicherstellungsgesetz (WasSiG) heranziehen. In Kalifornien hält zunächst der WAT Instrumente für öffentliche Wasserversorger, der California Emergency Services Act die Instrumente des *local* und des *statewide emergency* bereit. Den verschiedenen Gefahrenstufen beider subnationalen Einheiten ist gemeinsam, dass die öffentlichen Wasserversorger erstverantwortlich für die Anpassung der Nachfrage an ein verringertes Dargebot sind.

Die nächsthöhere Stufe in Kalifornien und Baden-Württemberg sieht die Feststellung eines Katastrophenfalls vor, in Baden-Württemberg nach § 1 Abs. 2 LKatSG, und in Kalifornien nach § 8630 California Government Code (CGC). Hervorhebenswert ist, dass die katastrophenrechtlichen Instrumente in Baden-Württemberg und Kalifornien eine sehr ähnliche Struktur aufweisen. In beiden Gliedstaaten steht die Feststellung eines Katastrophenfalls im Ermessen der zuständigen Behörde und richtet sich nach den Kriterien »außergewöhnliches Ereignis« und »starken Beanspruchung zuständiger Behörden«. Auch die Ausgestaltung der Rechtsfolgen der Feststellung eines Katastrophenfalls weist insoweit Ähnlichkeiten auf, da sie zur Ergreifung »notwendiger« (*necessary*) Maßnahmen berechtigt und diese Maßnahmen in der Entscheidungsbefugnis[1983] der zuständigen Behörde stehen.

Ein Unterschied zwischen den beiden Gliedstaaten besteht in struktureller Hinsicht darin, dass das kalifornische Recht zwischen einem *local* und einem *statewide emergency* differenziert, während dem LKatSG nur ein Katastrophenbegriff zugrunde liegt. Gründe hierfür könnten die Größe des Bundesstaates und die besonderen Rechtsfolgen des *statewide emergency* (Zentralisierung der Bewältigung auf den Gouverneur) sein.

Auf der dritten Stufe stehen sich WasSiG und der *statewide emergency* gegenüber, wobei aufgrund von grundlegend unterschiedlicher Funktion und Zielsetzung der Instrumente wohl eher von einem Nebeneinander die Rede sein kann. Die Instrumente weisen nur in dem Punkt Vergleichbarkeit auf, dass sie beide an oberster Stelle einer außergewöhnlichen *ad hoc* Dürrebewältigung stehen. Dogmatisch stringent müsste den Maßnahmen nach WasSiG der Federal Drinking Water Security Act gegenübergestellt werden. Dieser spielt jedoch für die Dürrebewältigung in Kalifornien keine Rolle und kann daher aus kalifornischer Perspektive nicht als dritte Ebene der stufenweisen Bewältigung von außergewöhnlichen Dürreereignissen angesehen werden.

b) Bewältigung durch örtliche Wasserversorger

Öffentliche Wasserversorger spielen bei der kurzfristigen Bewältigung von Dürreereignissen eine zentrale Rolle.[1984] Das besondere Steuerungspotential der öffentlichen Wasserversorger liegt darin, dass sie das Nutzungsverhalten der Endnutzer regulieren können, das sich weitgehend der Kontrolle der Wasserbehörden entzieht.

1983 Zum Handlungsspielraum zuständiger Behörden als Rechtsfolge der Feststellung eines Katastrophenfalls *Reimer/Kempny*, Einführung in das Notstandsrecht, VR 2011, 253 (255 f.).
1984 Hierzu beispielsweise die Abschnitte C.III.1.g)aa), D.III.1.i)bb) und D.III.2.b)aa).

In Baden-Württemberg ist die Regelungsbefugnis öffentlicher Wasserversorger für die Beschränkung von Endnutzungen umstritten, wohl aber in § 50 WHG iVm. § 44 Abs. 1 bis Abs. 4 WG-BW sowie in § 22 AVBWasserV vorgesehen. In Kalifornien ist die Regelungsbefugnis von Endnutzungen durch die öffentlichen Wasserversorger unstrittig im WAT anerkannt. Der WAT sieht sogar verschiedene dürrespezifische Instrumente zur Anpassung des Nutzungsverhaltens an Dürreereignisse vor. Ohne konkreten Anlass können Wasserversorger ein *water conservation program* nach § 375 ff. WAT oder ein spezielles *demand offset program* erlassen, um eine langfristig sparsame Verwendung der Ressourcen sicher zu stellen. Hierzu kann das *water conservation program* bestimmte Nutzungszwecke beschränken oder versagen. Ergänzend sollen die Wasserversorger dürrespezifische Aktionspläne zur stufenweisen kurzfristigen Anpassung der Wassernutzungen beifügen. *Water conservation programs* sehen insbesondere die Aufstellung eines vierstufigen Dürre-Aktionsplans vor, anhand dessen die Nachfrage bei Dürreereignissen stufenweise anzupassen ist. *Die water conservation programs* tragen daher in doppelter Hinsicht zur Dürrevorsorge von Wasserversorgern vor dürrebedingten Engpässe bei. Bei Eintritt eines Dürreereignisses können Wasserversorger durch die Feststellung eines *water shortage emergency* nach § 350 ff. WAT umfassende Maßnahmen zur Beseitigung des Wasserknappheitsfalls treffen. Neben der Umsetzung von stufenweisen Dürrereaktionsplänen durch Rechtsverordnungen (*ordinances*) zur Anpassung der Nachfrage mittels Beschränkungen und Verboten können die Wasserversorger auch das Instrument *water moratoria* anwenden. *Water moratoria* beschränken die Versorgungsleistung des Wasserversorgers auf den *status quo* der derzeitigen Anschlüsse.

Die §§ 350 ff. WAT und §§ 375 ff. WAT bietet einige Anhaltspunkte für die Ausgestaltung dürrespezifischer Normen zur *ad hoc* Bewältigung. Sie enthalten spezifische Vorgaben, wann die dürrespezifischen Instrumente angewendet werden können. Die umfassende Ausstattung öffentlicher Wasserversorger mit verschiedenen dürrespezifischen Instrumenten erscheint vorzugswürdig, da sie den Wasserversorgern einen breiten Handlungsspielraum einräumt um angemessen auf die Auswirkungen von Dürreereignissen zu reagieren. Die kalifornische Rechtslage und Verwaltungspraxis gibt Wasserversorgern konkrete Vorschläge an die Hand, teils auch durch unverbindliche Handlungsempfehlungen und Modellrechtsverordnungen, welche Maßnahmen sie zur kurzfristigen Dürrebewältigung einsetzen können. Hierdurch kann das volle Steuerungspotential der Wasserversorger ausgeschöpft werden. Zu berücksichtigen ist allerdings, dass es sich bei der Wasserversorgung um eine unelastische Nachfrage handelt. Die langfristige Regulierung der Nachfrage im Hinblick auf eine sparsame Verwendung kann zu »demand-hardening« führen,[1985] wodurch die kurzfristige Anpassungselastizität der Nachfrage bei Dürreereignissen künftig geringer ausfallen kann.

c) Bewältigung mittels Katastrophenschutzrecht

Auf der nächsthöheren Stufe stehen Instrumente des Katastrophenschutzes, die zumindest strukturell häufig Ähnlichkeiten aufweisen. Inhaltlich sind viele Instrumente des kalifornischen Katastrophenschutzrechts speziell auf den Dürrefall zugeschnitten.

1985 *Harder*, Water Neutral Development in California, McGeorge L. Rev. 2014, 103 (143 ff.).

aa) Feststellung des Katastrophenfalls bei Dürreereignissen

Grundvoraussetzung für die Freischaltung der Befugnisse katastrophenrechtlicher Instrumente ist, sowohl in Kalifornien als auch in Baden-Württemberg, dass die Dürreereignisse den Voraussetzungen an die Feststellung des Katastrophenfalls genügen müssen. Die Feststellung, ob die Voraussetzungen vorliegen, liegt in beiden Gliedstaaten im Ermessen der zuständigen Behörden. In Baden-Württemberg muss das Dürreereignis den Voraussetzungen des § 1 Abs. 2 LKatSG genügen, in Kalifornien die Voraussetzungen eines *local emergency* nach § 8558 (c) CGC oder eines *statewide emergency* nach § 8558 (b) CGC erfüllen. § 1 Abs. 2 LKatSG rückt die Gefährdung hochrangiger Schutzgüter durch »Katastrophen« in den Vordergrund und definiert Katastrophen dadurch eher schadens- und auswirkungsbezogen ohne konkrete Anwendungsfälle zu benennen. Im Unterschied zu § 1 Abs. 2 LKatSG nennt § 8558 (b), (c) CGC *drought* ausdrücklich als Anwendungsfall des Katastrophenschutzrechts.

Ein Grund für die in Baden-Württemberg und Kalifornien unterschiedliche Legaldefinition könnten in den dahinterstehenden Rechtstraditionen liegen. § 1 Abs. 2 LKatSG verzichtet möglicherweise bewusst einer Aufzählung von Anwendungsfällen, um durch die allgemein gehaltenen Anforderungen und Abstraktion der Voraussetzungen auf eine Vielzahl (unvorhergesehener) Ereignisse Anwendung finden zu können. § 8558 (b), (c) CGC geht hingegen Common Law-typisch von konkreten Einzelfällen aus.

Beide Definitionsansätze haben Vor- und Nachteile. In Baden-Württemberg stehen die zuständigen Behörden vor der Herausforderung das Merkmal des »ungewöhnliche Maßes« zu bestimmen und außergewöhnliche Dürreereignisse von schweren, aber gewöhnlichen saisonalen Dürreereignissen abzugrenzen. In Kalifornien verschiebt § 8558 CGC die Frage, wann eine *drought* im Sinne der Norm vorliegt, dabei darauf wie *drought* zu definieren ist und welche Parameter zur Bestimmung zugrunde zu legen sind. Sollten zuständige Behörden zur Bestimmung auf Dürremonitoringsysteme, wie den US Drought Monitor, zurückgreifen, stellt sich die Frage, ab welcher Stufe des Dürremonitors eine *local emergency* festzustellen ist. Positiv hervorzuheben ist, dass die explizite Nennung von *drought* als Umstand eines *emergency* die Wahrnehmung und das Bewusstsein Betroffener und Beteiligter schärft, dass auch Dürren neben den »klassischen Katastrophen«, wie Hochwasser oder Erdbeben, katastrophales Ausmaß annehmen können.

Im Ergebnis stellen die zuständigen Behörden der beiden Gliedstaaten bei der Feststellung überwiegend auf das Merkmal der Überforderung lokaler Akteure ab. Beide Ansätze sind daher gleichermaßen effektiv, um bei Dürreereignissen einen Katastrophenfall festzustellen.

bb) Rechtsfolge der Feststellung eines Dürrekatastrophenfalls

Hinsichtlich der Rechtsfolge der Feststellung eines Dürrekatastrophenfalls weisen das LKatSG und die Rechtsfolge eines *local emergency* iSv. § 8558 (c) CGC teilweise Ähnlichkeit auf. Die Rechtsfolgen eines *statewide emergency* sind ein Alleinstellungsmerkmal des kalifornischen Katastrophenschutzrechts und haben kein vergleichbares Pendant in Baden-Württemberg.

E. Vergleich und Handlungsempfehlungen

(1) Das LKatSG und *local emergencies*

Im Zentrum der Rechtsfolgen einer Feststellung eines Dürrekatastrophenfalls steht sowohl in Kalifornien als auch in Baden-Württemberg die schnelle Bewältigung des Ereignisses durch Bündelung der administrativen Ressourcen. Nach § 19 Abs. 1 S. 1 LKatSG findet eine zwingende Kompetenzverschiebung zugunsten der unteren Katastrophenschutzbehörde statt, die die Leitung der Bewältigungsmaßnahmen übernimmt und nach § 1 Abs. 1 S. 2 LKatSG zu umfassenden Maßnahmen zur Katastrophenabwehr berechtigt ist. In Kalifornien belässt §§ 8631 ff. CGC die Kompetenz zur Katastrophenabwehr bei den *local governments*, sieht hingegen eine Kompetenzerweiterung der Polizeigewalt und Rechtssetzungsbefugnis vor. Sowohl in Kalifornien als auch in Baden-Württemberg sind die zuständigen Behörden bei Vorliegen eines Katastrophenfalls zur Ergreifung all derjenigen Maßnahmen berechtigt, die nach pflichtgemäßem Ermessen erforderlich erscheinen, § 1 Abs. 1 S. 2 LKatSG bzw. § 8634 CGC. Im Unterschied zu Baden-Württemberg gehört die Verkündung eines *local drought emergency* fast schon standardmäßig zum Aufgabenbereich von *local governments*. Die zuständigen Behörden können daher auf bereits ausgereifte Strukturen zurückgreifen, um den Dürrekatastrophenfall schnellstmöglich und effektiv abzuwehren. Üblicherweise greifen die zuständigen Behörden auf bestehende Ablauf- und Aktionspläne in Form von *emergency response plans* zurück. Die Aktionspläne sehen entweder bestimmte Ablauf- oder Koordinationsstrukturen vor, oder legen dar, welcher Akteur zu welchem Zeitpunkt und bei welcher Dürre-Stufe welche Maßnahmen freiwillig oder zwingend umsetzen soll. Ein klassisches Instrument zur Dürrekatastrophenabwehr ist die Umsetzung von Rechtsverordnungen zur Beschränkung von Wassernutzungen nach § 8634 CGC. Üblicherweise greifen die Behörden auf bereits erlassene Rechtsverordnungen oder Modellrechtsverordnungen des California Office of Emergency Services (Cal. OES) zurück, um die Katastrophenabwehr zu beschleunigen. Häufig legen die Rechtsverordnungen die Verantwortlichkeit für die Bewältigung der Dürre in das Aufgabenfeld der Wasserbehörden, die die Leitung des Katastrophenfalls übernehmen und auf Amtshilfe anderer Behörden zurückgreifen können. Die Kompetenzstärkung der *local governments* und die ergänzende Amtshilfe anderer Behörden hat sich in der Praxis zur Dürrekatastrophenabwehr besonders bewährt, da die *local governments* und Wasserbehörden im Unterschied zu den Katastrophenschutzbehörden eine größere Sachnähe aufweisen.

Aus diesen Gründen erscheinen die Rechtsfolgen und Bewältigungsmaßnahmen des kalifornischen Katastrophenschutzrechts effektiver und zweckmäßiger für die Bewältigung von Dürrekatastrophen.

(2) *Statewide drought emergencies*

Die Feststellung und Rechtsfolgen eines *statewide drought emergency* sind ein Alleinstellungsmerkmal des kalifornischen Rechts. Aufgrund der starken Stellung des Gouverneurs zur Steuerung von *statewide drought emergencies* gelten für die Feststellung des *statewide emergency* nach § 8558 (b) CGC ergänzende Voraussetzungen, zu denen die vorherige Verkündung von *local drought emergencies* gehört.[1986]

1986 Siehe Abschnitt D.III.1.i)cc).

In der Folge besitzt der Gouverneur fast uneingeschränkte Rechtssetzungs- und Weisungsbefugnisse nach §§ 8565 ff. CGC, gefolgt von den Rechtssetzungsbefugnissen des SWRCB nach § 1058.5 WAT zum Erlass von *drought emergency regulations*. Der Gouverneur und das SWRCB werden damit zur Steuerungszentrale bei der Bewältigung von *statewide drought emergencies*. Besonders auffällig bei der Bewältigung von *statewide drought emergencies* ist das Zusammenspiel von wasserrechtlichen Instrumenten und bundesstaatenweiter Steuerung zur Dürrekatastrophenabwehr. Das SWRCB und der Gouverneur nutzen die Rechtssetzungs- und Weisungsbefugnisse überwiegend, um bundesstaatenweit einheitliche Standards herzustellen, beispielsweise durch den Erlass der *drought emergency regulations*. Wie wichtig die Kommunikation zwischen bundesstaatlichen Akteuren und lokalen Wasserbehörden und Wasserversorgern ist, zeigt der Erlass der *drought emergency regulations* in drei Stufen. Nur bei Kenntnis über die Dürreauswirkungen auf lokaler Ebene und über die Resilienz betroffener Akteure können bundesstaatliche Akteure das volle Potential ihrer Steuerungsfunktion ausschöpfen. Der *stress test* der dritten Phase verdeutlicht, dass manche Nutzungszwecke nach § 864 CCR, bundesstaatenweit verboten werden können, eine effektive Nutzungsbeschränkung jedoch überwiegend auf Ebene lokaler Akteure stattfindet. Überregionale Behörden, wie die obersten Bundesbehörden, können durch Aufklärungs- und Informationskampagnen einen Beitrag zur Akzeptanz und Befolgung von Nutzungsbeschränkungen leisten.

Aufgrund des kalifornischen Wassernutzungsregimes findet eine Beschränkung von Wasserrechten durch *curtailments* erst auf Anweisung des Gouverneurs nach Feststellung eines *statewide drought emergency* statt. Im Übrigen zeigt die Bewältigung des letzten Dürreereignisses auch, dass die Anweisungen des Gouverneurs und der obersten Wasserbehörden häufig nur die Umsetzung wasserrechtlicher Instrumente anordnen, anstatt neue, ergänzende Maßnahmen zu ergreifen.

An den Instrumenten und Maßnahmen der Rechtsfolge eines *statewide drought emergency* zeigen sich wesentliche strukturelle Unterschiede zwischen dem in Baden-Württemberg geltenden und dem kalifornischen Gefahrenabwehr- und Wasserrecht. In Kalifornien löst die Feststellung eines *statewide drought emergency* erst die Anwendung und Umsetzung wasserrechtlicher Instrumente der direkten Verhaltenssteuerung aus. In Baden-Württemberg hingegen wäre die Anordnung repressiver, wasserrechtlicher Instrumente als Teil des Gefahrenabwehrrechts vor der Verkündung einer Katastrophe iSv. § 1 Abs. 2 LKatSG zu verorten. Die Anforderungen und Rechtsfolgen eines *state emergency* weisen eher Ähnlichkeiten mit einem überregionalen Katastrophenfall iSv. Art. 35 Abs. 3 GG auf.[1987] Landesweite Anordnungen durch einen dem Gouverneur vergleichbaren Vertreter, wie dem Ministerpräsident von Baden-Württemberg, erscheint im Rahmen der Rechtsfolgen des LKatSG und der hydrologischen, geografischen und klimatischen Bedingungen in Baden-Württemberg eher fernliegend.

In Bezug auf die Zweckmäßigkeit zur Dürrebewältigung bleibt festzuhalten, dass das baden-württembergische Lösungsmodell durch die Nachschaltung des LKatSG an die repressiven Instrumente zur Verhaltenssteuerung des Wasserrechts zur Vermeidung von Dürrekatastrophen beiträgt und somit ein höheres Schutzniveau bietet. Andererseits sind lokale Behörden in Kalifornien durch die Vorhaltung einer Vielzahl an lokalen Dürrebewältigungsmaßnahmen (wie z. B. *landscaping ordinances*, *drought emergency*

1987 *Sattler*, Gefahrenabwehr im Katastrophenfall, 2008, S. 97 ff.

E. Vergleich und Handlungsempfehlungen

response plans, *water conservation programs*) für den Ernstfall entsprechend vorbereitet, da diese Maßnahmen als Leitfaden für die ad hoc Bewältigung dienen und lediglich der Umsetzung bedürfen. Beide Rechtsordnungen lassen jedoch den Schluss zu, dass Bewältigungsmaßnahmen am effektivsten durch lokale Akteure umgesetzt werden können und es insofern gegebenenfalls einer zentralen Stelle bedürfte, die z. B. durch Anweisungen oder Leitlinien an die unteren Wasserbehörden für die Einhaltung landesweiter Standards sorgt. In Baden-Württemberg können diese Aufgabe die Regierungspräsidien als Flussgebietsbehörde, gegebenenfalls auch eine Dürresondereinheit[1988] des Umweltministeriums übernehmen.

d) Sicherstellung der Wasserversorgung auf Bundesebene

Neben den allgemeinen katastrophenschutzrechtlichen Instrumenten des Bundes sehen sowohl das amerikanische als auch das deutsche Katastrophenschutzrecht besondere Gesetze zur Sicherstellung der Wasserversorgung vor.

Auf der Grundlage des Wassersicherstellungsgesetz (WasSiG) betreiben einige Gemeinden und Landkreise ein leitungsungebundenes Trinkwasserversorgungsnetz aus Trinkwassernotbrunnen, die bei extremen Dürreereignissen die öffentliche Wasserversorgung sicherstellen können. In Kalifornien übernimmt der Federal Drinking Water Security Act eine ähnliche Funktion, spielt jedoch aufgrund der ausgereiften bundesstaatlichen Instrumente zur Bewältigung von Dürrekatastrophenfällen kaum keine Rolle. Die potentielle Rückgriffsmöglichkeit auf das WasSiG in Baden-Württemberg ist gerade vor dem Hintergrund zu begrüßen, dass in Baden-Württemberg keine spezifisch dürreangepassten Instrumente zur Gefahrenabwehr bestehen. Die Vorhaltung entsprechender Entnahmevorrichtungen trägt jedoch zu einer höheren Belastbarkeit des Wasserversorgungssektors bei, da zusätzliche Entnahmevorrichtungen einen »doppelter Boden« für die Wasserversorgung bereithalten. Der Rückgriff auf Trinkwassernotbrunnen ist im Einzelfall jedoch sorgfältig gegen die mit den Entnahmen verbundenen Auswirkungen auf den Grundwasserzustand abzuwägen und nur im äußersten Notfall einzusetzen.

e) Bewertung

Die Gegenüberstellung katastrophenrechtlicher Instrumente zeigt, dass die Strukturen in den beiden Gliedstaaten Ähnlichkeit aufweisen, ihre inhaltliche Ausgestaltung jedoch unterschiedlich ist. Im Besonderen fällt auf, dass die kalifornische Katastrophenbekämpfung eine Vielzahl wasserrechtlicher Instrumente umfasst, die speziell auf die Dürrebewältigung ausgerichtet sind. Daran wird deutlich, dass die allgemeinen katastrophenrechtlichen Strukturen grundsätzlich weniger geeignet sind, Dürreereignisse zu bewältigen. Je nach verwirklichtem Risiko muss besonderer Sachverstand in die Organisationsstruktur eingebunden werden.[1989]

Die Vorbereitung von dürrespezifischen Katastrophenschutzmaßnahmen leistet einen wichtigen Beitrag zur Belastbarkeit betroffener Akteure. Sie sind Teil eines Risikomanagementansatzes, der vorausschauend bei der Unvermeidbarkeit eines Schadenseintritts

---

1988 Hierzu bereits Abschnitt E.II.3.f)aa).
1989 *Klafki*, Risiko und Recht, 2017, S. 155.

II. Instrumente direkter Verhaltenssteuerung

die Auswirkungen möglichst gering halten kann. Im Unterschied zu Hochwasser erfüllen Dürreereignisse in Baden-Württemberg – im Unterschied zu Kalifornien – selten die Voraussetzungen einer Katastrophe iSv. § 1 Abs. 2 LKatSG. Außergewöhnliche Ereignisse wie der Hitzesommer 2003 oder 2015 haben zwar zu faktischen Anpassungsmaßnahmen, wie z. B. dem Zusammenschluss von Trinkwasserversorgern zu Zweckverbänden, geführt. Über einen Rückgriff auf katastrophenschutzrechtliche Instrumente ist in diesem Zusammenhang jedoch nichts bekannt.

Dass das LKatSG für die Bewältigung von Dürreereignissen im Unterschied zum California Emergency Services Act eine untergeordnete Bedeutung spielt, kann auch daran liegen, dass das in Baden-Württemberg geltende Wasserrecht schärfer zwischen wasserrechtlicher Gefahrenabwehr und Katastrophenschutz unterscheidet. Seit Beginn des Jahrhunderts sind einige Fälle bekannt, in denen untere Wasserbehörden den Gemeingebrauch durch Allgemeinverfügung gem. § 21 Abs. 2 Nr. 1 WG-BW einschränkten. In Kalifornien hingegen erfolgt die Beschränkung von Wasserrechten erst auf Veranlassung im Rahmen eines *statewide drought emergency*. Daran zeigt sich, dass ein Rückgriff auf katastrophenrechtliche Instrumente in Baden-Württemberg geringere Notwendigkeit aufweist, da das Wasserrecht wirksame Instrumente zur Gefahrenabwehr bereithält.

f) Handlungsempfehlungen

Die *ad hoc* Bewältigung von Dürreereignissen, insbesondere bei überwiegend lokalen Dürreauswirkungen, gelingt am effektivsten auf der Ebene lokaler Akteure, da diese über Sachnähe und größtmögliche Kenntnis über die Wasserverfügbarkeit, die Nachfrage und die Dürreauswirkungen haben. Im Zentrum der Dürrebewältigung steht die Sicherstellung der öffentlichen Wasserversorgung und die Vermeidung kurz- und langfristiger gewässerökologischer Schäden. Dem Ansatz lokaler Regulierung der Wassernutzung folgt bereits § 50 Abs. 3 WHG iVm. AVBWasserV. Die Feststellung eines Katastrophenfalls nach § 1 Abs. 2 LKatSG oder landesweite Verwaltungsvorschriften können dazu beitragen, lokale Akteure bei der Dürrebewältigung zu unterstützen.

aa) Einrichtung einer Dürresondereinheit

Nach dem kalifornischen Vorbild der Drought Task Force kann die Einberufung einer Dürresondereinheit im Dürrefall in zwei Bereichen die Effektivität von *ad hoc* Bewältigungsmaßnahmen lokaler Akteure steigern: Zum einen trägt eine Leitstelle dazu bei, dass lokale Bewältigungsmaßnahmen ausgetauscht und aufeinander abgestimmt werden. Zum anderen kann sie, aufgrund des Überblicks über alle Bewältigungsmaßnahmen auf lokaler Ebene, Gewässerbenutzern und unteren Verwaltungsbehörden zur effektiven Dürrebewältigung verhelfen und auf standardisierte Maßnahmen hinwirken. Eine Dürresondereinheit sollte dabei möglichst sowohl auf Ebene der Regierungspräsidien als Flussgebietsbehörden als auch auf Landesebene eingerichtet werden. Die Leitung der Dürresondereinheit als Zusammensetzung verschiedener Interessenvertreter (darunter z. B. je ein Vertreter der öffentlichen Wasserversorgung, der Landwirtschaft, der Forstwirtschaft, der Schifffahrt, des verarbeitenden Gewerbes, der Fischerei, eines Umweltverbandes, der LUBW, des Katastrophenschutzes) sollte, dem kalifornischen Vorbild entsprechend, ein Vertreter der Wasserbehörden übernehmen, um die Sachnähe zu gewährleisten.

bb) Nachfrageregulierung durch öffentliche Wasserversorger

Vorrangiges Handlungspotential zur kurzfristigen Dürrebewältigung durch Reduzierung der Nachfrage weisen die öffentlichen Wasserversorger auf, da sie für eine Vielzahl an Endnutzern zuständig sind und geringfügige Einsparungen vieler Endnutzer in der Summe erhebliche mengenmäßige Auswirkungen auf den Wasserhaushalt haben.[1990]

Da Wasserversorger nach § 50 Abs. 3 WHG iVm. AVBWasserV eine Satzung erlassen können, sollte hierin ein Abschnitt zur Regelung des Endnutzerverhaltens bei Dürre aufgenommen werden. Dieser sollte darlegen wann, unter welchen Umständen und nach welchen Kriterien Einsparmaßnahmen bei Dürre zum Einsatz kommen werden. Als Vorbild – wenngleich sehr ausdifferenziert – könnten dabei die WSCPs dienen. Durch die Aufstellung und Bereithaltung von Aktionsplänen zur Nachfrageregulierung kann eine situationsangepasste, möglichst wenig eingriffintensive Anpassung der Nachfrage erfolgen und dadurch frühzeitig Maßnahmen, wie dem Einsatz von Trinkwasser-Tankfahrzeugen, vorgebeugt werden. Zudem würde durch die gestuften Anordnungen dem Grundsatz der Verhältnismäßigkeit entsprochen, den die bisherige Praxis der Wasserversorger in Deutschland bei Dürreereignissen nicht erkennen lässt. In rechtlicher Hinsicht erscheint es vorzugswürdig, besonders dürreanfällige Wasserversorger in den wasserrechtlichen Genehmigungen zur Aufstellung entsprechender Pläne zu verpflichten. Sollten zukünftig vermehrt Dürreereignisse auftreten, ist bereits aus ökologischen Gesichtspunkten eine Erweiterung der Maßnahmenpläne von Trinkwasserversorgern nach § 16 Abs. 5 Trinkwasserverordnung (TrinkwV) geboten. § 16 Abs. 5 TrinkwV sollte um die Tatbestandsvoraussetzung der die Aufstellung eines Aktionsplans zur Nachfrageregulierung bei Dürreereignissen ergänzt werden. Bei Vorliegen eines Dürreereignisses könnten die Aktionspläne nach § 50 Abs. 3 WHG iVm. § 44 WG-BW umgesetzt werden.

Die Aufstellung von Aktionsplänen zur *ad hoc* Nachfrageregulierung bei Dürreereignissen könnte in der Praxis dadurch erreicht werden, dass ausgewählte Subventionen oder *ad hoc* Dürrehilfen nur bei Vorlage und Einhaltung eines solchen Aktionsplans gewährt werden. Die Aktionspläne könnten auch zwingender Bestandteil der notwendigen Genehmigungsunterlagen zur Gewässerbenutzung nach § 9 WHG werden, sodass die zuständige Wasserbehörde eine Zweckmäßigkeitsüberprüfung vornehmen kann.

Für eine ressourcenschonende Bewirtschaftung kann es zuträglich sein, die Nutzungsuntersagungen für gewisse Zeit über die Dauer des Dürreereignisses hinaus in Kraft lassen, um den verzögerten Auswirkungen von Dürre auf die Grundwasserressourcen entgegenzuwirken.[1991] Begleitend hierzu empfehlen sich Aufklärungskampagnen, um auf die unsichtbaren Dürreauswirkungen auf Grundwasserreserven aufmerksam zu machen. Allerdings sollten auch die *ad hoc* Nutzungsregulierungen des Grundwassers ihren Ausnahmecharakter wahren und stets in räumlichem- und zeitlichem Zusammenhang zum Dürreereignis stehen.

1990 Diese Einschätzung ergibt sich nicht nur aus den kalifornischen Erfahrungen im Umgang mit Dürreereignissen, sondern auch aus ersten deutschen Erfahrungen im Zuge des Dürresommers 2018, hierzu *dpa*, Wasserspar-Appell im Taunus zeigt Wirkung, Frankfurter Allgemeine – FAZ.NET, 2018, https://www.faz.net/-gzl-9d2yo [abgerufen am 12. 7. 2021].

1991 Zu den Auswirkungen auf die Grundwasserneubildung *Fliß et al.*, Auswirkungen des Klimawandels auf das Grundwasser und die Wasserversorgung in Süddeutschland, Grundwasser 2021, 33.

cc) Regulierung und Versorgung gewässerabhängiger Sektoren bei Dürreereignissen

Bislang besteht noch keine Strategie von Seiten der Wasserbehörden und -versorger zur Regulierung gewässerabhängiger Sektoren, wie Landwirtschaft und Industrie. Sofern die landwirtschaftlichen Betriebe keine Genehmigung zur Entnahme zu Bewässerungszwecken haben, stehen selbstorganisatorische Maßnahmen, wie die Vorhaltung von Zisternen zum Ausgleich eines Niederschlagsdefizits im Zentrum der *ad hoc* Wasserversorgung. Für den Schutz vor Hochwasserereignisse verpflichtet § 5 Abs. 2 WHG den potentiell betroffenen Personenkreis im Rahmen des Möglichen und Zumutbaren geeignete Vorsorgemaßnahmen zu ergreifen (Eigenvorsorge). Gleiches sollte auch zum Schutz vor Dürreereignissen gelten. Perspektivisch könnte der Zusammenschluss zu Bewässerungsgemeinschaften zu einer strukturierten Selbsthilfe und zum Ausgleich lokaler Engpässe aufgrund einer gemeinsamen Infrastruktur erfolgen.[1992] Die (landwirtschaftlichen) Bewässerungsverbände könnten eine ähnliche Rolle wie die öffentlichen Wasserversorger übernehmen und die Nachfrageregulierung bei Dürreereignissen nach einem von den Nutzern erarbeiteten Dürremanagement, vergleichbar den AWMPs, vornehmen.

Vorab müsste jedoch von den zuständigen Wasserbehörden in Kooperation mit den Flussgebietsbehörden und Landwirten geprüft werden, inwieweit das Wasserdargebot einer Flussgebietseinheit für die flächendeckende Einrichtung von landwirtschaftlicher Wasserverbänden erforderlich und zweckmäßig ist. Es liegt nahe, dass mit der Etablierung von landwirtschaftlichen Wasserverbänden die Ausweitung der Bewässerungslandwirtschaft einher geht, deren ökologische und ökonomische Auswirkungen sorgfältig abzuwägen sind. Da der Zusammenschluss zu größeren Verbundstrukturen zwecks Ausgleich lokaler Engpässe auch auf dem Sektor der öffentlichen Wasserversorgung insbesondere nach dem Jahrhundertsommer 2003 erfolgte[1993] liegt es jedoch nahe, dass auch für den landwirtschaftlichen Sektor die Errichtung von Verbundstrukturen langfristig erfolgt. Die Aufgabe der landwirtschaftlichen Wasserversorger sollte es daher sein, zu Beginn an die Maßnahmen des betrieblichen Risikomanagements in eigenen Dürreplänen, die in Einklang mit den Bewirtschaftungsplänen und Maßnahmenprogrammen stehen, zu bündeln, um die Mehrbelastung des Wasserhaushalts möglichst gering zu halten.

In Bezug auf Industrie, Gewerbe und den Energiesektor sollten landesweit einheitliche Leitlinien entwickelt werden, wie grundsätzlich bei Nutzungskonflikten zwischen menschlicher Gewässerbenutzung und der Gewässerökologie zu verfahren ist. Angesichts des hohen Stellenwertes der Gewässerökologie durch die unionsrechtlichen Rahmenvorgaben in Umweltbelangen sollte wann immer möglich von *ad hoc* Ausnahmegenehmigungen zugunsten gewerblicher Wassernutzungen[1994] Abstand genommen und diese zumindest im Rahmen eines planerischen Verfahrens koordiniert werden.

1992 *Rung*, Strukturen und Rechtsfragen europäischer Verbundplanungen, 2013, S. 31; hierzu auch sogleich Abschnitt E.I.2.d)bb).
1993 Siehe Abschnitt B.II.1.; als generelles Konzept zur Überbrückung von Versorgungsengpässen *Udlack/Quirin*, Sicherstellung der Trinkwasserversorgung, Amt für Natur und Umwelt, 2017, S. 38.
1994 Gemeint ist insbesondere die Befreiung von gewässerökologischen Vorschriften zugunsten der Energiewirtschaft im Dürresommer 2018, siehe Abschnitt C.III.2.e)aa)(2).

E. Vergleich und Handlungsempfehlungen

dd) Beitrag des LKatSG für die lokale Dürrebewältigung

Die Maßnahmen nach dem LKatSG können örtliche Dürrebewältigungsmaßnahmen von Wasserversorgern und Wasserbehörden ergänzen. Nach den kalifornischen Erfahrungen sollten die Katastrophenschutzbehörden aufgrund mangelnder Sachnähe ausnahmsweise bei Dürreereignissen nicht die Koordination der Bewältigungsmaßnahmen übernehmen. Die unteren und höheren Wasserbehörden sollten daher vorab mit den unteren und höheren Katastrophenschutzbehörden folgende Aspekte koordinieren: Zuständigkeit im Dürre-Katastrophenfall sowie Koordinations- und Kommunikationsabläufe bei Feststellung eines Dürrekatastrophenfalls. Im Ablaufplan sollte auch der Anwendungsbereich des § 1 Abs. 2 LKatSG bei Dürreereignissen näher bestimmt werden. Hierbei empfiehlt sich eine Orientierung an den Dürrestufen der Bewirtschaftungspläne. Die abschließende Beurteilung über das Vorliegen eines Dürrekatastrophenfalls sollte jedoch durch ein ressortübergreifendes Dürre-Sondergremium der unteren oder höheren Wasserbehörden[1995] erfolgen. Durch dieses zweistufige Verfahren ist sichergestellt, dass sowohl regionale Standards als auch örtliche Besonderheiten bei der Feststellung des Dürrekatastrophenfalls Berücksichtigung finden.

ee) Beitrag landesweiter Vorgaben zur Dürrebewältigung

Sollte eine landesweite Steuerung der Dürrebewältigung erforderlich werden, könnte das Umweltministerium als oberste Wasserbehörde auf das Instrument der Verwaltungsvorschrift zurückgreifen, um schnell und zielgerichtet Weisungen an nachfolgende Wasserbehörden zu erlassen und einheitliche Standards zu setzen. Hierbei empfiehlt sich erneut die Einrichtung eines ressort- und verwaltungshierarchieübergreifenden Dürre-Sonderausschusses, der die Notwendigkeit landesweiter Vorgaben prüft und deren Ausgestaltung anhand der Maßnahmenprogramme der Flussgebietsbehörden vornimmt.

Aus den kalifornischen Erfahrungen im Umgang mit Dürreereignissen ist der Mehrwert landes- oder bundesweiter Dürrebewältigungvorgaben als eher gering einzustufen. Inwieweit ein Notfallplan zur Trinkwasserversorgung bei Dürreereignissen durch das Bundesamt für Bevölkerungsschutz und Katastrophenhilfe[1996] zur effektiven Dürrebewältigung auf lokaler Eben beitragen kann, ist daher eher fraglich.

4. Bewertung und Begleitinstrumente zur effektiven Verhaltenssteuerung

Die Untersuchung zeigt die Notwendigkeit präventiver und repressiver Instrumente, da auch eine umfassende Dürrevorsorge nicht vollständig ohne Instrumente zur *ad hoc* Gefahrenabwehr auskommt. Beim Vergleich der beiden Rechtslagen fällt auf, dass das in Baden-Württemberg geltende Wasserrecht eine Vielzahl ordnungsrechtlicher Instrumente vorhält, die zwar überwiegend allgemein gehalten sind – dadurch Dürreereignisse nur

---

1995 Abschnitt E.II.2.e)ee)(1).
1996 *Glöckner*/dpa, In hessischen Gemeinden wird das Trinkwasser knapp – Bundesregierung erstellt Notfallplan, FOCUS Online, 2018, https://www.focus.de/panorama/wetter-aktuell/anhaltende-trockenheit-in-hessischen-gemeinden-wird-das-trinkwasser-knapp-bundesregierung-erstellt-notfallplan_id_9374913.html [abgerufen am 17.7.2021].

mittelbar regeln –, den zuständigen Behörden jedoch einen umfassenden Handlungsspielraum zur Gestaltung der Gewässerbenutzungen einräumen. Die in Kalifornien geltenden Instrumente gehen häufig bereits im Wortlaut der Regelungen auf die Bewältigung von Dürreereignissen ein, haben jedoch vergleichsweise geringe Rechtswirkung und werden (häufig) erst auf Anordnung oder bei absoluter Notwendigkeit umgesetzt. Ursächlich für die unterschiedliche Rechts- und Wirkungslage ist das historisch geprägte Verständnis der Gewässerbewirtschaftung. Das in Baden-Württemberg geltende Wasserrecht hat seinen Ursprung im besonderen Polizeirecht und dem daraus resultierenden Sicherheitsgedanken, der besonders im repressiven Verbot mit Erlaubnisvorbehalt zum Ausdruck kommt. Das kalifornische Wasserrecht hingegen ist vom Grundsatz der Wirtschaftlichkeit der Gewässernutzung geprägt, in dem jede Nutzungsbeschränkung zunächst einen Eingriff in die persönliche Handlungs- und Eigentumsfreiheit, darüber hinaus eine Wachstumsbeschränkung der Wirtschaft und damit ökonomische Einbußen bedeutet.

Risiko- und Gefahrenabwehr bedürfen angesichts der Besonderheiten der Eigenschaften und Auswirkungen von Dürreereignissen dezentraler Strukturen. Da Dürreereignisse nicht den lokalen oder überregionalen Grenzen traditioneller Verwaltungseinheiten folgen, bedarf es der Koordination und Kommunikation zwischen den Wasserbehörden auf vertikaler und horizontaler Ebene des Verwaltungsaufbaus. Diese Koordination und Kommunikation muss sowohl im Bereich der Risikovorsorge als auch im Bereich der Gefahrenabwehr vorhanden sein, um eine möglichst ressourcenschonende und nachhaltige Bewirtschaftung der Gewässer zu ermöglichen.

Aus dem Vergleich der beiden Rechtslagen lässt sich folgender Grundsatz ableiten: Je umfangreicher die staatliche präventive Kontrolle über die Gewässerbenutzungen in einem von Nachhaltigkeit und Vorsorge geleiteten Wasserrecht ausgestaltet ist, desto besser kann eine Dürrevorsorge umgesetzt und im Rahmen der *ad hoc* Bewältigung eine Anpassung der Bewirtschaftung erfolgen.

a) Effektivitätssteigerung durch staatliches Informationshandeln

Um die Wirkung der freiwilligen oder obligatorischen Nutzungsregulierungen zu verstärken, sollten öffentliche Wasserversorger und Wasserbehörden breite Aufklärungs- und Informationskampagnen auf traditionellen Informationskanälen und sozialen Medien einsetzen. Die Analyse kalifornischer Maßnahmen zeigt, dass die Effektivität der Nutzungsregulierungen mit dem Verständnis und Bewusstsein der Endkunden für die Notwendigkeit der Nutzungsregulierungen steigt. Aufklärungs- und Informationskampagnen führen nicht nur zu einer zeitlich unmittelbaren Anpassung des Nutzungsverhaltens, sondern können die Anordnung von Nutzungsbeschränkungen bzw. deren Vollzug entbehrlich machen.

b) Das Wasserbuch als praxistaugliche Informationsgrundlage, § 87 WHG

An oberster Stelle für eine langfristige Dürrevorsorge steht die Verfügbarkeit und der Zugang zu Daten betreffend Wasserdargebot, Wasserverfügbarkeit und mengenmäßigen Gewässerbenutzungen. Diese sind Grundvoraussetzung für eine nachhaltige Bewirtschaftung und die Vermeidung von Übernutzung der Gewässerressourcen. In Baden-Württemberg dokumentieren die Wasserbehörden die genehmigungspflichtigen Gewässerbenutzungen im elektronischen Wasserbuch nach § 87 Abs. 2 Nr. 1 WHG iVm. § 87

Abs. 2 Nr. 1 WG-BW. Das Wasserbuch in Baden-Württemberg ist, im Unterschied zur eWRIMs Datenbank in Kalifornien oder dem rheinland-pfälzischen Wasserbuch, nicht (online) öffentlich einsehbar. Dies wäre im Hinblick auf die Dürrebewältigung jedoch wünschenswert, zum einen um die behörden- und länderübergreifende Kommunikation zu verbessern und eine möglichst nachhaltige Bewirtschaftung der Flusseinzugsgebiete sicherzustellen; zum anderen können »Nachbareffekte« entstehen, wenn besonders gewässerintensive Benutzer angesichts der Transparenz freiwillig von einer maximalen Gewässerbenutzung bei Dürreereignissen absehen und eine Vorbildfunktion für andere Gewässerbenutzer im gleichen Sektor ausüben.

III. Planerische Instrumente

Der Beitrag planerischer Instrumente zur Dürrebewältigung wird in der Dürreforschung besonders hervorgehoben und kann nicht genug betont werden.[1997] Sie stärken einerseits langfristig die Belastbarkeit von Gewässern und Wassernutzern gegenüber Dürreereignisse und sind Teil eines proaktiven Risikomanagements.[1998] Andererseits ermöglichen Dürreaktionspläne eine schnelle und effektive *ad hoc* Dürrerbewältigung, da sie Akteure für den »Ernstfall« vorbereiten.[1999] Die Erfahrung aus vergangenen Dürreereignissen lehrt, dass planerische Instrumente das Bewusstsein und die Akzeptanz für Maßnahmen zur Dürrebewältigung stärker fördern, als die wiederholte repressive Steuerung von Gewässerbenutzungen im *ad hoc* Dürrefall.[2000]

Eine effektive Dürrebewältigung durch planerische Instrumente stellt eine anspruchsvolle Aufgabe dar,[2001] da die Effektivität der Maßnahmen von möglichst aussagekräftigen Dürremonitoringsystemen und -vorhersagen abhängt.[2002] Die planerischen Ziele geben die konzeptionelle Ausgestaltung der Pläne weitgehend vor.[2003] Ist das Ziel die langfristige Dürrevorsorge durch einen umfassenden Gewässerschutz, setzen die Pläne typischerweise

---

1997 Für viele *Wilhite*, Drought Planning, JAWRA 1991, 29 (29 ff.); *Wilhite*, Planning for Drought, in: ders. (Hrsg.), Drought Assessment, Management, and Planning, 1993, S. 87 (87).
1998 *Garrote/Iglesias/Flores*, Development of Drought Management Plans in Spain, in: Iglesias *et al.* (Hrsg.), Coping with Drought Risk in Agriculture and Water Supply Systems, 2009, Kap. 13, S. 175 (178).
1999 Vgl. *Garrote/Iglesias/Flores*, Development of Drought Management Plans in Spain, in: Iglesias *et al.* (Hrsg.), Coping with Drought Risk in Agriculture and Water Supply Systems, 2009, Kap. 13, S. 175 (179).
2000 *Frederiksen*, Drought Planning and Water Efficiency Implications in Water Resources Management, Technical Paper 185, The World Bank, 1992, S. 7.
2001 Viele Pläne schöpfen daher ihr Potential nicht voll aus, *Steinemann*, Drought Information for Improving Preparedness in the Western States, Bull. Am. Meteorol. Soc. 2014, 843 (843).
2002 Vgl. *Steinemann*, Drought Information for Improving Preparedness in the Western States, Bull. Am. Meteorol. Soc. 2014, 843 (843); *Wilhite/Hayes/Knutson*, Drought Preparedness Planning, in: Wilhite (Hrsg.), Drought and Water Crises, 2005, S. 93 (103 ff.).
2003 Dürrepläne erfordern nicht nur ein hohes Maß an institutionellem Handlungsspielraum, sondern auch entsprechende Humankapazitäten und Finanzkapital zur Aufstellung und Umsetzung, *Wilhite/Hayes/Knutson*, Drought Preparedness Planning, in: Wilhite (Hrsg.), Drought and Water Crises, 2005, S. 93 (100).

auf Ebene von Flusseinzugsgebieten an und verfolgen einen längeren Planungshorizont. Klassische »Dürrepläne« setzen auf Ebene der Gefahrenabwehr an und dienen dazu, die Auswirkungen eines Dürreereignisses kurzfristig zu minimieren.

1. Wassermanagement- und Bewirtschaftungspläne

Die planerischen Instrumente in Kalifornien dienen vorwiegend dem Wassermanagement. Es bestehen sowohl bundesstaatenweite Pläne wie der CWP, als auch sektorenspezifische Wassermanagementpläne wie die UWMPs, AWMPs und demnächst die GSPs. In Baden-Württemberg steht durch die WRRL der Gewässerqualitätsschutz im Vordergrund. Die Bewirtschaftungspläne und Maßnahmenprogramme nach § 82 f. WHG setzen die Bewirtschaftungsziele der WRRL um.

a) Konzeptionelle Unterschiede

Strukturelle Unterschiede zeigen sich zum einen in den räumlich zugrundeliegenden Plangebieten, zum anderen aber auch im Verhältnis der Pläne zueinander.

aa) Sonderstellung des California Water Plan

Der CWP ergänzt durch den California Water Action Plan (CWAP) ist eine Besonderheit des kalifornischen Wasserrechts. Der CWP gleicht einer Enzyklopädie für gewässerrelevante Daten des gesamten Bundesstaates, um den bundesstaatenweiten Wasserbehörden einen Überblick über die hydrologischen Bedingungen des Bundesstaates zu verschaffen und für die lokalen *water districts* und *water suppliers* ein Nachschlagewerk bereitzustellen. Der CWP steht in keinem unmittelbaren Zusammenhang zu den übrigen Wassermanagementplänen. Teilweise können die Wassermanagementpläne in den beschreibenden Teilen der Pläne jedoch auf die Daten des CWP zurückgreifen. Den letzten Schritt, ein Wasserbudget für den gesamten Bundesstaat aufzustellen, geht der CWP jedoch nicht. Ein verlässliches Wasserbudget wäre aufgrund der fragmentierten Rechtslage bezüglich Informationspflichten und zulässigem Nutzungsumfang von Wasserrechten derzeit wohl auch nicht möglich. Der CWP knüpft an dem Bedürfnis an, eine Übersicht über Dargebot und Gewässernutzungen zu schaffen, die aufgrund des dualen Wasserrechtssystems nur eingeschränkt vorhanden ist. In Baden-Württemberg übernehmen zum einen die Bewirtschaftungspläne und Maßnahmenprogramme der Flusseinzugsgebiete eine ähnliche Funktion. Zum anderen schafft das repressive Verbot mit Erlaubnisvorbehalt und das Wasserbuch bereits eine umfassende Datengrundlage über die Gewässerbeanspruchung.

bb) Bewirtschaftungspläne, Maßnahmenprogramme und *water management plans*

Die unionsrechtlich vorgegebenen Bewirtschaftungspläne und Maßnahmenprogramme nach §§ 82 f. WHG stehen selbständig nebeneinander. Bewirtschaftungspläne dienen zur Datenerhebung, Monitoring der Gewässer sowie als Informationsgrundlage.[2004] Maßnah-

---

2004 Siehe Abschnitt E.III.1.d)aa).

E. Vergleich und Handlungsempfehlungen

menprogramme setzen Maßnahmen fest, die zur Erreichung der Bewirtschaftungsziele beitragen.[2005] Beide Instrumente werden von den selben Flussgebietsbehörden aufgestellt und verfolgen ein integriertes Gewässermanagement.

In Kalifornien regeln die sektorenspezifischen *water management plans* und GSPs nach § 10727 WAT die Gewässerbewirtschaftung. Die *water management plans* sind Datenerhebungs-, Prognose-, Monitoringinstrument, Maßnahmen- und Dürrreaktionsplan in einem. Sie setzen auf der Ebene der *water suppliers* an und verfolgen einen Selbstregulierungsansatz unter Aufsicht des DWR. Im Unterschied dazu setzen GSPs, vergleichbar mit den baden-württembergischen Bewirtschaftungsplänen und Maßnahmenprogrammen, nach § 10722 WAT auf Ebene von Grundwassereinzugsgebieten an.[2006] Die differierenden Plangebiete resultieren aus den unterschiedlichen Bewirtschaftungsansprüchen der Pläne. In Baden-Württemberg und den GSPs steht die nachhaltige Bewirtschaftung der Gewässer im Vordergrund, während die *water management plans* auf die Versorgungssicherheit der Wasserversorger bei unterschiedlichen hydrologischen Bedingungen abstellen.

Die unterschiedlichen räumlichen Bezugspunkte der Pläne setzen sich in den Zuständigkeiten für die Planaufstellung fest. Die Regierungspräsidien sind in Baden-Württemberg sowohl für die Aufstellung von Bewirtschaftungsplänen nach § 83 Abs. 1 Nr. 2 WHG iVm. 83 Abs. 2 WG-BW zuständig, als auch für die Aufstellung von Maßnahmenprogrammen nach § 82 Abs. 1 S. 1 WHG iVm. § 83 Abs. 1 Nr. 2 WG-BW. UWMPs unterliegen der Zuständigkeit von *urban water suppliers* nach § 10620 (a) WAT, AWMPs der Zuständigkeit landwirtschaftlicher Wasserversorger nach § 10820 (a) WAT.[2007]

Die Steuerungsobjekte der kalifornischen und baden-württembergischen Wassermanagementpläne unterscheiden sich ebenfalls. Die baden-württembergischen Bewirtschaftungspläne und Maßnahmenprogramme nach §§ 82 f. WHG binden nach überwiegender Meinung ausschließlich die Wasserbehörden bei Ausübung ihres Bewirtschaftungsermessens. In Kalifornien sind die *water suppliers* Steuerungssubjekt und Steuerungsobjekt in Einem, sodass hier die Selbstregulierung im Vordergrund steht. Die Selbstregulierung könnte ein Grund sein, weshalb die Einhaltung der Planaufstellung in Kalifornien trotz finanzieller Anreize prozentual hinter Baden-Württemberg zurückbleibt. Weiterer Grund könnte die unterschiedliche Ausgestaltung von Sanktionierungsmaßnahmen und die zuständige Planaufstellungsbehörde sein. In Baden-Württemberg liegt die Aufstellungspflicht bei staatlichen Behörden, deren Zuwiderhandlung Gegenstand eines Vertragsverletzungsverfahren nach Art. 258 AEUV sein könnte. In Kalifornien hingegen führt das DWR nach § 10644 (a) (2) WAT zwar Aufsicht über urbane Wassermanagementpläne und nach § 10845 WAT über landwirtschaftliche Wassermanagementpläne. Es kann die Pläne bei Nichteinhaltung der gesetzlichen Vorschriften auch zurückweisen oder Subventionen versagen. Darüber hinaus gehende Sanktionsmaßnahmen sieht das kalifornische Wasserrecht jedoch nicht vor.

Der Gestaltungsspielraum der planaufstellungsverpflichteten Akteure ist ebenfalls unterschiedlich ausgestaltet. Die §§ 82 f. WHG stellen eher abstrakte Rahmenbedingungen und einen Mindestinhalt auf, überlassen die inhaltliche Ausgestaltung jedoch dem Auswahlermessen und eine darüberhinausgehende Regelung dem Entschließungs- und

---

2005 Siehe Abschnitt E.III.1.d)cc).
2006 Aufgrund der Sonderstellung des SGMA im planerischen Bewirtschaftungssystem Kaliforniens werden die GSPs am Ende gesondert beleuchtet.
2007 Zu den Einzelheiten siehe Abschnitte D.III.2.b)aa) und D.III.2.b)bb).

Auswahlermessen der zuständigen Regierungspräsidien. Die Arbeitshilfen der Bund-Länder-Arbeitsgemeinschaft Wasser (LAWA) und der LUBW sind ein freiwilliges Angebot, welche den zuständigen Behörden die Umsetzung der gesetzlichen Vorgaben erleichtern sollen. In Kalifornien enthalten die §§ 10631 ff., 10826 WAT vergleichsweise detaillierte Anforderungen, die in den Handlungsempfehlungen des DWR bis hin zu tabellarischen Formatvorgaben weiter konkretisiert werden. In beiden Rechtsordnungen hat sich die Konkretisierung der gesetzlichen Vorgaben durch unverbindliche Leitlinien bewährt um Rechtssicherheit und -einheitlichkeit zu schaffen. Der unterschiedliche Detaillierungsgrad der gesetzlichen Vorschriften erweckt den Eindruck, dass die Planaufstellungsbehörden in Baden-Württemberg einen vergleichsweise größeren Gestaltungsspielraum in Bezug auf Ziel und Inhalt der Pläne haben.

In konzeptioneller Hinsicht haben die kalifornischen und baden-württembergischen Pläne zwei Gemeinsamkeiten, die stetige Aktualisierungs- und die Öffentlichkeitsbeteiligungspflicht. Die Gesetzgeber haben erkannt, dass eine kontinuierliche Anpassung der Bewirtschaftungspläne an Erfahrungen betroffener Akteure und an dem Stand der Technik zur schnelleren und effektiveren Einhaltung der Planungsziele beiträgt.

cc) Zwischenfazit

Die Notwendigkeit des CWP ist Ausdruck der besonderen Rechtslage in Kalifornien, die sich in Baden-Württemberg dergestalt nicht stellt. Hydrologischen Bedingungen, Auswirkungen und die Belastbarkeit der Gewässernutzer gegenüber Dürre können stattdessen auf lokaler Ebene einbezogen werden. Der Selbstregulierungsansatz in Kalifornien, dem urbane und landwirtschaftliche Wasserversorger unterliegen, ermöglicht die Aufstellung von Maßnahmen, die auf die individuelle Belastbarkeit und Anfälligkeit des Planaufstellers eingehen. In Baden-Württemberg hingegen setzen Bewirtschaftungspläne und Maßnahmenprogramme auf der Ebene der Flusseinzugsgebiete an, die in der Gestalt nicht so intensiv auf die individuelle Belastbarkeit und Anfälligkeit einzelner Gewässerbenutzer eingehen können, auch wenn sie in kleinere Einheiten (Teilbearbeitungsgebiete, Bearbeitungsgebiete, Flusseinzugsgebiete) unterteilt werden. Zwar können Gewässernutzer ihre individuelle Situation im Rahmen von Öffentlichkeits- und Behördenbeteiligung im Planaufstellungsverfahren kundtun; Ziel der Bewirtschaftungspläne und Maßnahmenprogramme ist jedoch der gute Zustand der Gewässer – und nicht die Dürrebelastbarkeit einzelner Nutzergruppen. Insofern erfordern beide Rechtsordnungen ergänzende oder übergeordnete Maßnahmen, um auf der einen Seite sowohl den Zustand der Gewässer und deren Gesamtbelastung, auf der anderen Seite die individuelle Anfälligkeit und Belastbarkeit der Gewässernutzung im Rahmen von Wassermanagementplänen zu berücksichtigen.

dd) Handlungsempfehlungen

Die unterschiedlichen Dürreauswirkungen können, wie die kalifornische Rechtslage zeigt, am Effektivsten durch das Zusammenwirken lokaler und überregionaler Pläne bewältigt werden.[2008] Dabei kommt es weniger auf eine möglichst große Anzahl sondern auf eine

---

2008 Auch *Steinemann*, Drought Information for Improving Preparedness in the Western States, Bull. Am. Meteorol. Soc. 2014, 843 (846).

E. Vergleich und Handlungsempfehlungen

zweckmäßige Abstimmung der Pläne an.[2009] Eine Planaufstellungspflicht erfüllt ihren Zweck nur, wenn die überwiegende Anzahl lokaler Akteure ihr beikommt. Anderenfalls müssen ergänzende Maßnahmen, wie Auflagen zur Gewährung von Subventionen, oder alternative Wege, wie die Anzeigepflicht einer Nichterforderlichkeit entsprechender Pläne, im Wege eines Instrumentenmixes eingesetzt werden.

Um Klarheit und Transparenz der bestehenden planerischen Instrumente in Baden-Württemberg beizubehalten, empfiehlt es sich die Bewirtschaftungspläne und Maßnahmenprogramme jeweils um einen integrierten aber selbständigen Teil zum Dürremanagement zu erweitern (»Dürrebewältigungsinstrumente«). Dies entspricht im Übrigen auch der gesetzlich angelegten Systematik in § 31 Abs. 1 Nr. 3 WHG, der bezüglich der Ausnahmen von Bewirtschaftungszielen die Ergreifung der in den Maßnahmenprogrammen hierfür angelegten Bewältigungsmaßnahmen fordert. Die Tauglichkeit dieses Ansatzes zeigt sich auch in Kalifornien an den WSCPs und den DMPs, die einen eigenständigen Plan darstellen, aber integrativer Bestandteil der allgemeinen Wassermanagementpläne der UWMPs und AWMPs sind.

b) Inhaltliche Ausprägung der Pläne bezüglich Dürreereignisse

Neben konzeptionellen Unterschieden weisen die Pläne auch inhaltliche Unterschiede auf. Insbesondere die Intensität in der auf Dürreereignissen eingegangen wird, ist in den kalifornischen Dürreplänen wesentlich ausgeprägter.

Die Bewirtschaftungspläne und Maßnahmenprogramme in Baden-Württemberg verfolgen einen integrierten ressourcenbezogenen Bewirtschaftungsansatz. Ziel der planerischen Instrumente ist ein guter Gewässerzustand iSv. Art. 4 WRRL. Die Pläne dienen daher ausschließlich dem Gewässerschutz, dessen Belastbarkeit gegenüber Dürreereignissen durch die nachhaltige Bewirtschaftung langfristig erhöht wird. Die kalifornischen *water management plans* hingegen verfolgen einen integrierten aber nutzungsbezogenen Bewirtschaftungsansatz. Ziel von UWMPs war es, den menschlichen Wasserverbrauch bis zum Jahr 2020 um 20 % zu senken nach §§ 10608.20, 10608.24 (b) WAT. Das Ziel landwirtschaftlicher Wassermanagementpläne besteht in der effizienten Wassernutzung nach § 10826 (d) WAT. Inhaltlich können Dürreereignisse sowohl auf der »Tatbestandsebene« bei der Beschreibung des Planeinzugsgebiets und des Gewässerzustands, als auch auf »Rechtsfolgenseite« bei der Festsetzung von Maßnahmen Berücksichtigung finden.

aa) Beschreibung von Planeinzugsgebiet und Gewässerzustand

Ähnlich ist, dass sowohl in den baden-württembergischen Bewirtschaftungsplänen nach § 83 Abs. 2 WHG als auch in den UWMPs und AWMPs nach §§ 10631 (c), 10826 (a) WAT eine Beschreibung des Gewässerzustands, seiner Belastungen und Überwachung im Planaufstellungsgebiet erforderlich ist. In den baden-württembergischen Bewirtschaftungsplänen steht die Beschreibung des gewässerökologischen Zustands im Vordergrund.[2010]

2009 »*Better does not necessarily mean more*«, »*plans without planning are just paper*«, Steinemann, Drought Information for Improving Preparedness in the Western States, Bull. Am. Meteorol. Soc. 2014, 843 (846).
2010 Siehe Abschnitt E.III.1.d)aa).

In den kalifornischen Wassermanagementplänen ist die Beschreibung des Gewässerzustands meist nur ein Teil der Beschreibung des Versorgungsgebiets. Im Unterschied zu den Bewirtschaftungsplänen nach § 83 WHG gehören dürrespezifische Prognosen und Vorhersagen über das Wasserdargebot in kalifornischen *water management plans* zur Beschreibung des Gewässerzustands. Grund hierfür ist, dass die baden-württembergischen Pläne an den Flusseinzugsgebieten ansetzen, die kalifornischen Pläne hingegen an der Bewirtschaftung im Versorgungsgebiet. *Urban water suppliers* müssen nach § 10631 (c) WAT ein *water supply reliability assessment* unter verschiedenen hydrologischen Szenarien aufstellen und die Versorgungssicherheit beurteilen. AWMPs müssen nach § 10826 (b) (7) WAT zumindest eine Verlässlichkeitsanalyse (*water accounting*) für die kommenden hydrologischen Jahre enthalten. In diesem Zusammenhang berücksichtigen und bewerten AWMPs und UWMPs die Auswirkungen von Dürreereignissen anhand der individuellen Anfälligkeit der Endnutzer im Versorgungsgebiet und der Ressourcen. Für die Wasserversorger wird dadurch besonders deutlich, wie viel Wasser unter welchen Dürrebedingungen zur Verfügung steht.

Umfang und Art, wie Dürreereignisse im »Tatbestand« der Pläne rezipiert werden, ist unterschiedlich. Zum einen könnte die Ebene einer Flussgebietseinheit oder eines Bearbeitungsgebiets zu groß sein, um verlässliche Prognosen für die Entwicklung des Dargebots unter verschiedenen Dürreszenarien zu modellieren oder die Auswirkungen von Dürreereignissen zweckmäßig aufzuarbeiten. Dies fällt auf einer kleineren, lokalen Ebene wie den *water management plans* in Kalifornien leichter und per se präziser aus. Zum anderen könnten die gesetzlichen Vorgaben der WRRL, des WHG und des WG-BW hinsichtlich des Inhalts von Bewirtschaftungsplänen – im Vergleich zum kalifornischen Wasserrecht – zu abstrakt sein.[2011] Zuletzt könnte die Nichtbeachtung von Dürreereignissen in baden-württembergischen Bewirtschaftungsplänen auch dem ökologischen Fokus der unionsrechtlichen Vorgaben geschuldet sein. Wenngleich Dürreereignisse in den letzten Jahren gehäuft auftraten, so ist dennoch die Intensität und Dauer von Dürreereignissen und damit die Notwendigkeit einer dezidierten Auseinandersetzung mit dem Naturereignis in planerischen Instrumenten im Vergleich zu Kalifornien geringer.

Im Ergebnis ist festzuhalten, dass die inhaltliche Ausgestaltung der *water management plans* für die Dürrebewältigung zweckmäßiger ist. Besonders hervorhebenswert ist der Umstand, dass die Pläne nicht nur den *status quo* des Dargebots, der Gewässerüberwachung und von Problemfeldern im Zusammenhang mit Dürreauswirkungen berücksichtigen, sondern bereits Prognosen bezüglich der künftigen Wasserverfügbarkeit erstellen und damit eine vorausschauende Bewirtschaftung der Gewässer ermöglichen.

bb) Dürrespezifische Bewirtschaftungsmaßnahmen

Die gesetzlichen Vorgaben für dürrespezifische Bewirtschaftungsmaßnahmen und deren planerischer Umsetzung sind in Kalifornien und Baden-Württemberg unterschiedlich ausgestaltet.

In Baden-Württemberg enthalten die Maßnahmenprogramme nach § 82 WHG überwiegend Maßnahmen zur Verbesserung des gewässerökologischen und chemischen Zustands

---

2011 Zu den Chancen und Herausforderungen abstrakter Regelungen im Zusammenhang mit Dürreereignissen bereits Abschnitt C.III.1.b)dd).

der Gewässer. § 82 Abs. 2 sowie Abs. 3 und Abs. 4 WHG trennt zwischen obligatorischen Maßnahmen, die zwingender Mindestinhalt der Programme sind, und freiwilligen Maßnahmen. Selbst die gesetzlichen Vorgaben zu obligatorischen Maßnahmen lassen den Planaufstellungsbehörden einen vergleichsweise großen Handlungsspielraum, da der Wortlaut der Vorschriften sehr abstrakt gehalten ist. Beispielsweise spricht § 82 Abs. 3 WHG iVm. Art. 11 Abs. 3 lit. a WRRL von »Maßnahmen zur Förderung einer effizienten und nachhaltigen Wassernutzung«. Die Vorschrift schränkt selbst den Regelungsgegenstand »Wassernutzung« nicht im Sinne eines Nachfrage- oder Dargebotsmanagements näher ein. Auch die freiwilligen Maßnahmen nach Art. 11 Abs. 4 iVm. Anhang Abs. 6 Teil B WRRL gehen auf Dürreereignisse nicht ein. Es steht folglich im Entschließungs- und Auswahlermessen der Regierungspräsidien über die gesetzlichen Vorgaben hinaus auch dürrespezifische Maßnahmen festzulegen. Aus § 31 Abs. 1 Nr. 3 WHG folgt die Vorgabe, dass von der Ausnahme eines guten Gewässerzustands bei Dürreereignissen nur abgewichen werden darf, wenn entsprechende Maßnahmen zur Vermeidung einer Verschlechterung des vorherigen Zustands in den Maßnahmenprogrammen aufgenommen und getroffen werden. Da die Maßnahmenprogramme keine dürrespezifischen Maßnahmen führen, ist die Ausnahmemöglichkeit von § 31 Abs. 1 Nr. 1 WHG für Dürreereignisse ausgeschlossen. Viele Maßnahmen der Maßnahmenprogramme des zweiten Bewirtschaftungszyklus (vgl. Maßnahmen 45–60 LAWA-BLANO Maßnahmenkatalog)[2012] beinhalten Maßnahmen, die sehr allgemein zu einer hohen Belastbarkeit gegenüber Dürreereignissen beitragen, jedoch nicht unmittelbar darauf Bezug nehmen. Die Maßnahmen mit einem größtmöglichen Dürrebezug sind die zur Mindestwasserführung, wie die Festlegung des Mindestwasserabflusses nach Maßnahme Nr. 61 LAWA-BLANO Maßnahmenkatalog.

Die gesetzlichen Vorgaben bezüglich der Maßnahmen von UWMPs sind konkreter als die Vorgaben des WHG. Zum einen beschränkt das Bewirtschaftungsziel (»20 in 2020«) in Verbindung mit § 10608.20 (b) WAT das Auswahlermessen auf Wassersparmethoden und nach § 10631 (f) WAT auf Maßnahmen zum Bedarfsmanagement. Zum anderen gibt § 10632 WAT zwingend vor, dass die WSCPs in UWMPs zu integrieren sind. § 10632 WAT beschränkt ferner auch das Auswahlermessen hinsichtlich der Struktur der Aktionspläne. Nach § 10632 (a) WAT müssen die WSCPs in Form eines mehrstufigen Aktionsplans angelegt werden, wobei eine Stufe zwingend eine 50 %-ige Reduzierung des Dargebots beinhalten muss. Hinsichtlich der Festsetzung komplementärer Maßnahmen gibt § 10632 (a) WAT einen obligatorischen Maßnahmenkatalog vor.

Ähnlich konkrete Vorgaben bestehen für die Maßnahmen von AWMPs. Die *efficient management practices* iSv. § 10826 WAT erfordern einen detaillierten Maßnahmenplan zur Effizienzsteigerung der Wassernutzung mit grundlegenden und ergänzenden Maßnahmen. Die gesetzlichen Vorgaben in § 10608.48 (b), (c) WAT lassen den planaufstellenden Wasserversorgern dabei einen geringeren Spielraum als § 82 Abs. 3, 4 WHG. § 10826.2 WAT fordert darüber hinaus auch die Aufstellung von DMPs als Teil von AWMPs. Die gesetzlichen Vorgaben hierzu sind weniger ausdifferenziert als die zu UWMPs, jedoch konkreter als die Vorgaben des § 82 WHG.

Bei vergleichender Gegenüberstellung ist festzustellen, dass das WHG den Regierungspräsidien weitaus größeren Gestaltungsspielraum bei der Aufstellung von Maßnahmenprogrammen einräumt als der WAT den städtischen und landwirtschaftlichen

---

2012   Siehe Abschnitt E.III.1.d)cc).

Wasserversorgern bei der Ausgestaltung von UWMPs und AWMPs: Innerhalb des WAT räumt der Gesetzgeber den landwirtschaftlichen Wasserversorgern mehr Gestaltungsspielraum ein als den städtischen Wasserversorgern. Die unterschiedliche Ausgestaltung von Gestaltungsspielraum und Gebundenheit der Planaufstellungsbehörden hat, zusammen mit den Bewirtschaftungszielen, Auswirkungen auf den Planinhalt. Entsprechend der Zielsetzung und dem Regelungsansatz kalifornischer *water management plans* sehen die kalifornischen Pläne überwiegend Maßnahmen zur Regelung der Nachfrage (städtische Pläne) oder zur effizienteren Wassernutzung (landwirtschaftliche Pläne) vor. Die baden-württembergischen Maßnahmenprogramme hingegen sehen überwiegend Maßnahmen zur ökologischen Funktionsfähigkeit der Gewässer und zur Renaturierung vor. Dies wirkt sich auf die Berücksichtigung von Dürreereignissen in den jeweiligen planerischen Instrumenten aus. Baden-württembergische Maßnahmenprogramme enthalten kaum Maßnahmen mit Dürrebezug, während die kalifornischen Wassermanagementpläne sowohl Maßnahmen zur Verbesserung der Belastbarkeit gegenüber Dürreauswirkungen (Bedarfs-/Effizienzmanagement) als auch für die Dürrebewältigung vorsehen. Fraglich ist, worin die Gründe für die unterschiedliche inhaltliche Ausgestaltung der gesetzlichen Regelungen liegen. Zum einen kommt das unterschiedliche Bewirtschaftungsverständnis[2013] in den Maßnahmen der »Bewirtschaftungspläne« besonders deutlich zum Ausdruck. Zum anderen besteht in Kalifornien eine größere hydrologische und klimatische Notwendigkeit für die Erstellung von Dürreaktionsplänen. Auch aus rechtlicher Hinsicht besteht eine Notwendigkeit für die gesetzliche Verpflichtung zur Aufstellung von Dürreaktionsplänen. Mangels eines umfassenden Genehmigungserfordernisses haben die Wasserbehörden eingeschränkte Kenntnis über Dargebot und Nutzung der Gewässerressourcen. Die Wasserversorger besitzen daher die größte Sachnähe und können auf alle Gewässerbenutzer einwirken, die auf das Versorgungsnetz zurückgreifen. Die Notwendigkeit ergibt sich daher aus einem Erkenntnis- und Steuerungsproblem.

c) Bewertung

Wie bereits erwähnt, ermöglicht die Einräumung von Gestaltungsspielräumen eine flexible und dynamische Anpassung des Rechts an Ereignisse, die mit Ungewissheit verbunden sind, wie Dürreereignisse. Gebundene Regelungsvorgaben erscheinen dann sinnvoll, wenn die Gefahr irreversibler Schäden für Gesellschaft und Umwelt besteht.

Vor dem Hintergrund eines effektiven Risikomanagements besteht sowohl für die Rechtsordnung in Kalifornien als auch in Baden-Württemberg Lernpotential.

In Bezug auf die Bewirtschaftungsziele ist festzustellen, dass Nachhaltigkeit, Vorsorge und ein ressourcenschonender Umgang oberstes Ziel sein muss, um sowohl die Versorgungssicherheit als auch den Umwelt- und Gewässerschutz zu gewährleisten. Insofern bieten die Bewirtschaftungspläne und Maßnahmenprogramme in Baden-Württemberg ein höheres Schutzniveau. Sie setzen auf der Ebene an, Dürreereignisse zu vermeiden, wohingegen die kalifornischen Bewirtschaftungspläne die Auswirkung von Dürreereignissen auf die Versorgungssicherheit minimieren sollen. GSPs knüpfen grundsätzlich an die europäische Tradition eines guten Gewässerzustands an, indem sie eine nachhaltige Bewirtschaftung erreichen möchten.

2013 Siehe hierzu bereits Abschnitt E.I.3.a).

E. Vergleich und Handlungsempfehlungen

Die unterschiedlichen Schutzkonzepte spiegeln sich im räumlichen Einzugsbereich der Pläne wieder. Die Ausrichtung an Versorgungseinzugsgebieten rückt in Kalifornien die integrierte, flussgebietsbezogene Gewässerbewirtschaftung in den Hintergrund. In Baden-Württemberg hingegen erschwert der Flussgebietsansatz eine individuelle Beurteilung der dürrespezifischen Anfälligkeit von Gesellschaft und der Gewässerbenutzer. Gleiches gilt für die GSPs, die auf Ebene der Grundwasserkörper ansetzen.

Wie ebenfalls erwähnt, trägt die Ebene der Flusseinzugsgebiete in Baden-Württemberg zwar zu einem ressourcenbezogenen Ansatz bei, ist jedoch für die Anordnung von konkreten Maßnahmen zur *ad hoc* Dürrebewältigung räumlich sehr groß angelegt. Insofern bestehen gute Gründe für einen umfassenden Gestaltungsspielraum der Regierungspräsidien bei der Aufstellung von Maßnahmenprogrammen. Allerdings besteht in der Praxis die Gefahr – wie die Entwicklung des Dürremanagements in Kalifornien zeigt –, dass die (Weiter-)Entwicklung von Dürrebewältigungsmaßnahmen in wasserreichen Zeiten außer Acht bleiben. Die Maßnahmen der Maßnahmenprogramme tragen zwar allgemein zu einem hohen Gewässerschutz und einer belastbaren Infrastruktur der Trinkwasserversorgung bei, sie können jedoch eine Vorbereitung auf die *ad hoc* Gefahrenabwehr im Sinne eines Dürreaktionsplanes nicht ersetzen. Eine nachhaltige Bewirtschaftung und Risikomanagement bedeutet in Bezug auf die Dürrebewältigung durch planerische Instrumente vor allem Folgendes: Ein umfassendes »Vorbereitetsein« liegt nur dann vor, wenn sowohl eine nachhaltige Bewirtschaftung im hydrologischen Normalfall erfolgt als auch Bewältigungskonzepte für den Risikoeintritt vorliegen. Die Koordinierung von lokalen Dürreaktionsplänen für Nutzer und der nachhaltigen Ressourcenbewirtschaftung stellt in beiden Gliedstaaten eine Herausforderungen dar. Durch die kontinuierliche Aktualisierungspflicht berücksichtigen die Pläne in beiden subnationalen Einheiten die Anforderungen des Risikomanagements insofern, als eine stetige Anpassung und Überarbeitung des Planinhalts stattfindet. Dementsprechend können sowohl langfristige Tendenzen im Zuge des Klimawandels als auch kurzfristige Erfahrungswerte im Umgang mit Dürreereignissen in den Plänen Berücksichtigung finden.

d) Handlungsempfehlungen

Die derzeitigen Bewirtschaftungspläne und Maßnahmenprogramme gehen nur sporadisch auf Dürreereignisse ein, weshalb das kalifornische Wasserrecht einige Anregungen zur Umsetzung eines Dürremanagements bietet:

aa) Dürreanalyse in Bewirtschaftungsplänen, § 83 WHG

Die Bewirtschaftungspläne sind um einen selbständigen Teil einer Dürreanalyse[2014] zu ergänzen.[2015] Die Dürreanalyse sollte zumindest aus drei Teilen bestehen. Erstens ist

---

2014 Auch die Nationale Wasserstrategie benennt umfangreiche Wasserdargebots- und Wasserbedarfsanalysen als Grundlage für das Niedrigwasser- und Dürremanagement, *BMU*, Nationale Wasserstrategie, 2021, S. 34.
2015 Eine derartige Ergänzung wird auch durch die systematische Verweisung von § 83 Abs. 2 Nr. 4 WHG iVm. § 31 Abs.1 WHG und § 83 Abs. 2 WHG für möglich erachtet. Nach § 83 Abs. 2 Nr. 4 WHG müssen die Bewirtschaftungspläne die Gründe für die Abweichung von Bewirtschaftungszielen bei außergewöhnlichen Ereignissen wie Dürre darlegen.

ein aktuelles und ein potentielles Wasserhaushaltsbudget (Wasseretat) für das Bearbeitungsgebiet der Flussgebietsbehörden zu erstellen.[2016] Im Rahmen des Wasserbudgets sind Wasserdargebot und Nachfrage in Anlehnung an das Wasserbuch nach § 87 WHG, ergänzt durch die Bedürfnisse der Gewässerökologie im Rahmen der Mindestwasserführung, unmittelbar gegenüberzustellen. Der Vorteil eines Wasserbudgets liegt darin, dass auf Übernutzungen sofort reagiert und künftige Übernutzungen vermieden werden können. Die Bewirtschaftungspläne dienen den Wasserbehörden zugleich als Entscheidungsgrundlage für die Genehmigung von künftigen Gewässerbenutzungen im Einzelfall. Durch die Ermittlung des potentiellen Wasserhaushaltsbudget nach verschiedenen Dürreszenarien (jährliches, zwei-, fünf-, zehn- und fünfzigjähriges Dürreereignis) geben die Bewirtschaftungspläne den Wasserbehörden Leitlinien an die Hand, ob und wie eine Beschränkung von Gewässerbenutzungen bei Dürreereignissen zum Schutz der Übernutzung von Gewässern und der Gewässerökologie zu erfolgen hat. Ergänzend ist auf der Grundlage der ermittelten Gewässerbenutzungen im Einzugsgebiet die Benutzungshierarchie zu konkretisieren. Unter Zugrundelegung der verschiedenen Dürreszenarien dienen hydrologische Modelle dazu, das Dargebot und die Auswirkungen der Benutzungen für den kommenden Bewirtschaftungszyklus zu analysieren. Sie sollten durch die Ermittlung tauglicher Indikatoren und Vorhersagemodelle ergänzt werden, um die Reaktionsfähigkeit betroffener Akteure im Vorfeld eines Dürrefalls zu erhöhen.

Im zweiten Teil der Dürreanalyse des jeweiligen Bewirtschaftungsplans soll eine ausführliche Dürrerisikoanalyse stattfinden, darunter die Definition des Dürrebegriffs für das Plangebiet, die Festlegung entsprechender Dürrestufen, die Ermittlung dürreanfälliger Akteure und Gewässer sowie eine kartografische Ausweisung von Dürrerisikogebieten und -gewässern. In einem ersten Schritt sollten die Flussgebietsbehörden eine Definition von Trockenheit, Dürre und langanhaltender Dürre nach § 31 Abs. 1 Nr. 1 WHG, gegebenenfalls weiteren verwandten Begriffen, bestimmen auf die in einem zweiten Schritt zu ermittelnden Dürreintensitätsstufen anknüpfen. Zur Veranschaulichung sollen die Definitionen auf vergangene Dürreereignisse, wie der Jahrhundertsommer 2003 oder der Dürresommer 2018, als Referenzzustände verweisen. Der Vorteil einer Dürredefinition in Bewirtschaftungsplänen ist, dass landesweite oder bundesweite Dürremonitoringsysteme herangezogen werden können, jedoch eine Konkretisierung unter Berücksichtigung der flussgebietsspezifischen Besonderheiten erfolgen kann und die Rechtsnatur der Bewirtschaftungspläne den Wasserbehörden im Einzelfall noch genügen Spielraum belässt. Es werden jedoch auf der anderen Seite überregionale Standards gesetzt, wann an die Anwendung von Instrumenten repressiver Steuerung oder katastrophenschutzrechtlicher Instrumente zu denken ist. Zur inhaltlichen Bestimmung der Dürreintensitätsstufen können sich die Flussgebietsbehörden an dem deutschlandweiten Dürremonitor und/oder den Dürreindikatoren der Handreichung der EU Kommission zu DMPs orientieren.[2017] In

---

2016 Bereits die Handreichung der LAWA zur Erstellung von Bewirtschaftungsplänen und Maßnahmenprogrammen sieht die Erstellung von Wasserbudgets vor, hierzu Abschnitt C.III.2.a)bb)(2). Zwar ist die Erstellung eines Wasserbudgets komplex und aufwändig insbesondere in der Datenakquise, es ist aber auch in Kalifornien als einziger Weg erkannt worden, um Dargebot und Nachfrage umfassend gegenüberstellen zu können und zu überprüfen, ob Gewässerbewirtschaftung wirklich nachhaltig ist.

2017 Kenngrößen zur Abgrenzung einer »normalen Trockenzeit« von langanhaltenden Dürren könnten Niederschlag, Stromabfluss, Wasserreservoirs und Bodenfeuchtigkeit bieten, *Euro-*

einem weiteren Schritt sollen dürreanfällige Gewässer und Akteure sektorenspezifisch ermittelt und anhand von Risikokarten ausgewiesen werden.[2018]

Der dritte Teil der Dürreanalyse, hierzu sogleich näher, besteht aus einem Element, das zur Koordination von Bewältigungsstrategien und -maßnahmen im *ad hoc* Dürrefall dient. Hierzu soll für das Plangebiet eine Anlaufstelle, z. B. die Dürresondereinheit des Flusseinzugsgebiets, bestimmt werden, die die Kommunikation und Koordination unter den verschiedenen lokalen und überregionalen Akteuren steuert und sicherstellt, dass lokale Akteure keine gegenläufigen Bewältigungsstrategien verfolgen. Gegebenenfalls kann daran ein Ablaufplan ansetzen, der die Zuständigkeiten und Kommunikationsabläufe im Dürrefall vorab festlegt.

Sollten Dürreereignisse in Intensität und Frequenz zunehmen, könnte der Gesetzgeber reagieren und die Dürreanalysen rechtsverbindlich z. B. in einem einzufügenden § 83 Abs. 2 Satz 2 Nr. 6 WHG anordnen.

bb) Ablaufplan zur *ad hoc* Dürrebewältigung

Nach Art. 13 Abs. 4 iVm. Abs. 7 Anhang A.10 WRRL enthalten Bewirtschaftungsplänen eine Liste zuständiger Behörden im Flusseinzugsgebiet. Diese sollte im Hinblick auf eine effektive Dürrebewältigung um einen Kommunikationsablaufplan, der die verantwortlichen Akteure identifiziert und Kommunikationsstränge aufzeigt, ergänzt werden.

Perspektivisch könnte auch die wirtschaftliche Analyse der Gewässernutzungen um einen dürrespezifischen Teil erweitert werden, der darlegt, ob die in Maßnahmenprogrammen aufgezählten Dürremaßnahmen wirtschaftlich rentabel und verhältnismäßig sind.

Im Übrigen ist an der Praxis der Erstellung von Leitlinien durch die LAWA und die LUBW zur Unterstützung der Flussgebietsbehörden bei Aufstellung der Bewirtschaftungspläne (und Maßnahmenprogramme) festzuhalten. Die Leitlinien könnten um den Aspekt der Dürrerisikoanalyse ergänzt werden und für eine Vereinheitlichung der Standards durch die Umsetzung der Flussgebietsbehörden sorgen.

cc) Dürremaßnahmenkatalog in Anlehnung an § 31 Abs. 1 Nr. 3 WHG

Auch die verschiedenen Funktionen der Maßnahmenprogramme nach § 82 WHG können für die Dürrebewältigung genutzt werden. Die Maßnahmenprogramme sollten in Anlehnung an § 31 Abs. 1 Nr. 3 WHG eine rechtlich unverbindliche Liste über alle potentiellen Maßnahmen und Instrumente zur Bewältigung von Dürreereignissen führen, auch wenn die Flussgebietsbehörden nicht beabsichtigen von der Ausnahmeregelung des § 31 WHG in Bezug auf die Bewirtschaftungsziele Gebrauch zu machen (Dürremaßnahmen-

---

pean Commission, Drought Management Plan Report, Technical Report 2008-023, Water Scarcity and Droughts Expert Network, 2008, S. 11; eine Annäherung an den Begriff der langanhaltenden Dürre kann auch durch zwei weitere Indikatorenarten erfolgen, anhand ökologischer oder sozioökonomischer Auswirkungen, *European Commission*, Guidance Document No. 20 on Exemptions to the Environmental Objectives, Technical Report 2009-027, 2009, S. 41.

2018 *Blauhut/Stahl*, Risikomanagement von Dürren in Deutschland, Forum für Hydrologie und Wasserbewirtschaftung 2018, 203 (211).

Katalog). Eine beispielhafte Übersicht findet sich in Tabelle 6 am Ende dieses Kapitels. Der Dürremaßnahmen-Katalog sollte dabei über eine stichwortartige Aufzählung der Maßnahmen nicht hinausgehen. Sinn und Zweck des Dürremaßnahmen-Katalogs ist es, an einer Stelle eine Übersicht über sämtliche verfügbare Maßnahmen und Instrumente bereit zu halten, um die jeweiligen Akteure bei der Aufstellung spezieller Dürremanagementpläne zu unterstützen. Die Liste bietet den Wasserbehörden und interessierte Parteien eine Übersicht über alle verfügbaren Instrumente und Bewältigungsstrategien zur Dürrevorsorge einerseits und zur *ad hoc* Dürrebewältigung andererseits.[2019] Sie sollte insbesondere dann in Betracht gezogen werden, wenn die Aufstellung eines Dürreaktionsplans – hierzu sogleich – aufgrund der hohen Belastbarkeit der Gewässer und Gewässernutzer derzeit nicht erforderlich scheint.

(1) Integrierte Dürreaktionspläne

Im Rahmen der ergänzenden Maßnahmen nach § 82 Abs. 4 WHG iVm. Anhang VI WRRL[2020] könnten die Maßnahmenprogramme um einen integrierten aber selbständigen Dürreaktionsplan (DAP)[2021] ergänzt werden. Der Vorteil eines derartig integrierten Dürremanagements in den Maßnahmenprogrammen ist, dass sich die lokalen, individuellen Bewältigungsstrategien in einen gewässerbezogenen Bewirtschaftungsansatz einfügen. Zugleich sind die Maßnahmenprogramme zentrales Instrument zur überregionalen Steuerung der Gewässerbewirtschaftung, die auch im Rahmen der genehmigungspflichtigen Gewässerbenutzungen nach § 13 Abs. 2 Nr. 2 a) WHG genannt werden und somit die Gewässerbewirtschaftung im Einzelfall beeinflussen. Vor- und Nachteil der Maßnahmenprogramme ist zudem, dass sie der Umsetzung im Einzelfall bedürfen.

Auch hier gilt, sollten Dürreereignisse in Intensität und Frequenz zunehmen, könnte der Gesetzgeber reagieren und die DAPs rechtsverbindlich zum Beispiel in einem einzufügenden § 83 Abs. 4a WHG anordnen.

Sinn und Zweck des in den Maßnahmenprogrammen verankerten DAP sollte es sein, neben einer Übersicht tauglicher Maßnahmen, zugleich eine Vorlage für die Erstellung eines Dürrebewältigungsplans, die dergestalt von nachfolgenden Entscheidungsträgern

---

2019 Durch die Beifügung der Liste erübrigt sich die Aufstellung weiterer Pläne vergleichbar zum CWAP, die keine andere Funktion erfüllen, als alle Maßnahmen und Strategien zur Dürrebewältigung darzulegen.
2020 Freiwillige, ergänzende Maßnahmen haben den Vorteil, dass sie den nachfolgenden Behörden ein Entschließungs- und Auswahlermessen bezüglich der Anordnung der Maßnahmen im Einzelfall und der Aufstellung individueller Dürremanagementpläne lassen. Durch die Auflistung entsprechender Dürrebewältigungsmaßnahmen schärfen die Maßnahmenprogramme jedoch die Sensibilisierung für Dürreereignisse und ihre Auswirkungen und geben eine flexible Leitlinie zur überregionalen Dürrebewältigung vor.
2021 Einführung eines selbständigen, aber integrativen Dürreaktionsplans scheint sinnvoller und zielführender als an die Maßnahmenkategorien der grundlegenden und ergänzenden Maßnahmen nach Anhang VI Teil B WRRL anzuknüpfen, da für den Bereich der Dürrebewältigung eine planerisch-strukturelle Aufarbeitung potentieller Dürrebewältigungsmaßnahmen im Sinne einer planerischen Steuerung der Gewässerbewirtschaftung ansonsten leerläuft. Gleichwohl können die bestehenden Kategorien wie z. B. Anhang Abs. 6 Teil B (vi), (ix), (x) Anregungen für Maßnahmen zur Dürrebewältigung bieten.

E. Vergleich und Handlungsempfehlungen

(z. B. zur Beschränkung von Benutzungszwecken) oder Akteuren (z. B. von Wasserversorgern) zur Dürrebewältigung übernommen werden könnte. Wie auch bei der Liste nach § 31 Abs. 1 Nr. 3 WHG sollte der DAP die Bereiche Dürrevorsorge auf der ersten Stufe (hydrologischer Normalzustand) und *ad hoc* Dürrebewältigung auf allen weiteren Dürreintensitätsstufen abdecken und koordinieren. Dabei empfiehlt sich die Maßnahmen kumulativ nach Akteuren oder Sektoren und nach den in den Bewirtschaftungsplänen festgelegten Dürrestufen (z. B. jährliches, zwei-, fünf-, zehn- und fünfzig-jähriges Dürreereignis) anzuordnen. Die Aufstellung einer derartigen Liste sollte insbesondere durch Leitlinien der LAWA und LUBW begleitet werden, um bereits auf Ebene der Maßnahmenprogramme einheitliche Standards und die Einhaltung gewisser Mindestanforderungen sicherzustellen. Eine Erweiterung des LAWA-BLANO-Maßnahmenkatalogs um einen integrierten, selbständigen DAP mit Vorbildcharakter drängt sich hierzu geradezu auf. Als integrativer Bestandteil unterliegt der DAP auch den Vorgaben für Maßnahmenprogramme zur aktive Beteiligung der Öffentlichkeit nach § 85 WHG, wodurch zum einen die Akzeptanz von Bevölkerung und Gewässerbenutzern gegenüber Dürremaßnahmen gestärkt wird, zum anderen die gesellschaftlichen Bedürfnisse an ein Dürremanagement einbezogen werden. Der Fokus des DAPs sollte allgemein darauf liegen, die Anordnung von dürrespezifischen Maßnahmen im Einzelfall nach § 13 Abs. 2 Nr. 2a WHG vorzubereiten, die Reaktionsfähigkeit staatlicher Akteure zur *ad hoc* Dürrebewältigung zu erhöhen und dürreanfälligen Akteuren einen Leitfaden für die Erstellung eigener, indvdueller Dürremanagementpläne zu bieten.

(2) Akteursspezifische Dürrepläne

Die Dürremaßnahmenpläne dienen nicht nur Wasserbehörden und Wasserversorger sondern auch Gewässerbenutzern als Vorbereitung zur Erstellung ihrer eigenen, individuellen Maßnahmenpläne. Bei besonders dürreanfälligen Akteuren, die in den Bewirtschaftungsplänen ermittelt wurden,[2022] sollten die Wasserbehörden mit den Antragsunterlagen im Rahmen eines Genehmigungsverfahrens die Aufstellung von Dürremanagementpläne fordern.[2023] Alternativ könnte die Aufstellung von Dürremanagementplänen auch an die Gewährung von Subventionen geknüpft werden, wie es bei den UWMPs und AWMPs der Fall ist. Hierdurch kann das betriebseigene Risikomanagement der Akteure gegen Dürreereignisse erhöht werden. Gerade bei landwirtschaftlichen Akteuren scheint die Verknüpfung von Dürremanagementplänen als Antragsvoraussetzung für EU-Subventionen besonders geeignet.

(3) Erweiterte Öffentlichkeitsbeteiligung

Die Öffentlichkeitsbeteiligung hat im Bereich des Dürremanagements die besondere Funktion praxistaugliche Indikatoren[2024] hervorzubringen und dabei auch Auslöser (*hard*

2022   Siehe Abschnitt E.III.1.d)aa).
2023   Hierzu bereitsAbschnitt E.II.2.c)dd)(1).
2024   Bei den Indikatoren ist ferner zu berücksichtigen, dass diese nicht durch menschliche Bewirtschaftung verfälscht sind. Pegelstände von Oberflächengewässern können daher z. B. ein weniger geeigneter Indikator sein.

triggers vs. *soft triggers*)[2025] und Maßnahmen zur Dürrevorsorge und -bewältigung zu identifizieren. Angesichts der Bedeutung dürrespezifischer Pläne ist die Überlegung anzustellen, inwieweit Gewässerbenutzer und Interessengruppen bereits bei der Planaufstellung über die allgemeine Öffentlichkeitsbeteiligung hinaus einbezogen werden sollten (erweiterte Öffentlichkeitsbeteiligung). Die Planaufstellungsbehörden könnten z. B. Fragebögen an alle genehmigungspflichtigen und ihnen bekannten nicht genehmigungspflichtigen Gewässerbenutzer entsenden, um die Dürreanfälligkeit der Benutzer verlässlich zu ermitteln und deren Vorschläge für effektive Bewältigungsmaßnahmen auf Ebene der Maßnahmenprogramme bereits bei der Planaufstellung berücksichtigen zu können. Anderenfalls könnten stellvertretend für die Gewässerbenutzer Vertreter von Verbänden und die Dürresondereinheit[2026] bereits bei der Planaufstellung einbezogen werden, um den für die Dürrebewältigung tauglichen *bottom up* Ansatz umzusetzen.

Durch diese Erweiterung zusätzlich zu den Vorgaben der VwV Öffentlichkeitsbeteiligung[2027] kann zugleich sichergestellt werden, dass der Planinhalt auf eine möglichst breite Akzeptanz stößt, das Bewusstsein für die Notwendigkeit eines proaktiven Dürremanagements stärkt und in der Praxis eine größtmögliche Regelkonformität erreicht wird.

dd) Notwendigkeit einer gesetzlichen Regelung

In Anbetracht der verschiedenen wasserrechtlichen Instrumente zur Nachfrageregulierung mit teils überschneidenden Anwendungsbereichen, scheint eine gesetzliche Regelung für ein abgestimmtes und koordiniertes Dürremanagement auch in Baden-Württemberg sinnvoll. Diese sollte den Wille zum Schutz vor Dürreauswirkungen anhand strategischer Grundsatzentscheidungen verbindlich festhalten. Ziel entsprechender gesetzlicher Regelungen etwa im WG-BW sollte es nicht sein, dem Schutz vor Dürreauswirkungen in den Bewirtschaftungszielen Vorrang einzuräumen, sondern das Bewusstsein für die Auswirkungen von Trockenheitsereignissen auf den Wasserhaushalt zu schaffen. Insbesondere sollte auch die Umsetzung und der Inhalt der vorbenannten Dürrebewältigungsinstrumente in Bewirtschaftungsplänen und Maßnahmenprogrammen gesetzlich festgehalten werden. Dadurch kann zum einen eine flächendeckende Umsetzung in Baden-Württemberg sichergestellt werden. Zum anderen schafft eine derartige Regelung Rechtsklarheit, welche Normen und Instrumente die zentralen Maßnahmen des baden-württembergischen Dürremanagements bilden. Selbstredend können und sollen nachfolgende Behörden und betroffene Akteure die Dürreelemente zur Weiterentwicklung spezifischer Bewältigungsstrategien nutzen. Durch das Festhalten des Willens zum Schutz vor Dürreauswirkungen in einer gesetzlichen Regelung wird jedoch sichergestellt, dass konkretisierende Instrumente und Vollzugsentscheidungen im Einzelfall nicht mit übergeordneten Plänen oder anderen lokalen Maßnahmen im Widerspruch stehen. In Baden-Württemberg besteht insofern die günstige Situation, dass nicht viele nebeneinander bestehende, historisch

---

2025 *Steinemann*, Drought Information for Improving Preparedness in the Western States, Bull. Am. Meteorol. Soc. 2014, 843 (845).
2026 Siehe Abschnitt E.II.3.f)aa).
2027 Verwaltungsvorschrift der Landesregierung zur Intensivierung der Öffentlichkeitsbeteiligung in Planungs- und Zulassungsverfahren vom 17. 12. 2013 i. d. F. v. 10. 11. 2020 (GABl. Nr. 2, 2014 S. 22).

E. Vergleich und Handlungsempfehlungen

gewachsene Instrumente mit überschneidenden Anwendungsbereichen aufeinander abgestimmt werden müssen, sondern die verschiedenen allgemeinen Steuerungsmöglichkeiten in einem zentralen Regelungsansatz koordiniert und konkretisiert werden können.

2. *Grundwasserschutz*

Grundwasserressourcen haben aufgrund der natürlichen Filterfunktion des Bodens einen hohen Reinheitsgrad. Sie sind somit für die Trinkwasserversorgung von besonderer Bedeutung. Daher dienen weitere, über die Bewirtschaftungs- und Wassermanagementpläne hinausgehende Instrumente, dem besonderen Schutz der Grundwasserressourcen. Sie verfolgen die Reinhaltung der Grundwasserressourcen durch verschärfte Bewirtschaftungsvorgaben. Dem Bedürfnis stärkeren Grundwasserschutzes zur Sicherstellung der Grundwasserversorgung tragen in Baden-Württemberg die Wasserschutzgebiete iSv. § 51 WHG, in Kalifornien die *ground water protection areas* Rechnung. Ergänzend regeln in Kalifornien die GSPs ab dem Jahr 2020 die nachhaltige Bewirtschaftung der Grundwasserressourcen.

a) Nachhaltige Grundwasserbewirtschaftung durch *groundwater sustainability plans*

Die Schutzbedürftigkeit von Grundwasserressourcen ergibt sich auch aufgrund der weitgehend irreversiblen Dürreauswirkungen, wie Bodenabsenkungen, Übernutzung in Unkenntnis eines abgesenkten Grundwasserspiegels oder Verunreinigungen aufgrund des Einschwemmens von Schadstoffen nach Dürreereignissen. Die Notwendigkeit dürrespezifischer Schutzkonzepte liegt mitunter darin begründet, dass Dürreauswirkungen auf den Grundwasserzustand nicht auf den ersten Blick erkennbar sind. Häufig treten die Auswirkungen in einer zeitlichen Verzögerung auf und können im Zusammenhang mit einer uneingeschränkten Weiternutzung zur Überbeanspruchung führen. Langfristig kann eine solche Übernutzung zu Bodenabsenkungen und Versorgungsunsicherheiten führen, da Brunnen trockenfallen können. Die gravierende Übernutzung von Grundwasserressourcen hat der kalifornische Gesetzgeber erkannt und im Jahr 2015 den SGMA verabschiedet. Er hat damit ein eigenständiges planerisches Instrument, die GSPs geschaffen, das neben den sektorenspezifischen *water management plans* steht. Die GSPs sind streng genommen den Bewirtschaftungs- und Wassermanagementplänen zuzuordnen, regeln jedoch nur die Bewirtschaftung der Grundwasserressourcen und sind insofern ein spezielles Instrument zum Schutz der Grundwasserressourcen. Im Fokus der GSPs steht zunächst die Beseitigung der gravierenden ökologischen und mengenmäßigen Schäden, bevor über die langfristige nachhaltige Bewirtschaftung der Grundwasserressourcen nachgedacht werden kann.

b) Bewirtschaftungspläne und Maßnahmenprogramme

In Baden-Württemberg hingegen verfolgen die Bewirtschaftungspläne und Maßnahmenprogramme einen integrierten Bewirtschaftungsansatz, der ein einheitliches Instrument für Grundwasser und Oberflächengewässer vorsieht. Ziel dieser Pläne ist die Verbesserung des ökologischen und mengenmäßigen Zustands. Abgesehen von der Aufspaltung des Regelungsgegenstandes, weisen die gesetzlichen Vorgaben für die GSPs jedoch zahlreiche Ähnlichkeiten zu den unionsrechtlich vorgegebenen planerischen Instrumenten in Baden-Württemberg auf.

Dies zeigt sich zum einen an der Zuständigkeit. Der SGMA sieht nach § 19723 WAT die Einrichtung von *groundwater sustainability agencies* vor, deren Aufgabenbereich von einer oder mehreren Wasserbehörden für das Grundwassereinzugsgebiet übernommen wird. Ähnlich verhält es sich mit der Zuständigkeit der Regierungspräsidien, die für ein Flusseinzugsgebiet nach § 7 Abs. 1, Abs. 2 WHG zuständig sind.

Der Planungs- und Umsetzungshorizont des SGMA erinnert ferner stark an die Umsetzungs- und Bewirtschaftungszyklen der Bewirtschaftungspläne und Maßnahmenprogramme in Baden-Württemberg. Beide gliedstaatlichen Lösungsmodelle sind reflexiv ausgestaltet, um eine nachträgliche Anpassung an tatsächliche Gegebenheiten und neue Erkenntnisse zu ermöglichen.

Strukturell verbinden GSPs Ansätze von Bewirtschaftungsplänen und Maßnahmenprogrammen in einem planerischen Instrument. Inhaltlich ergeben sich jedoch keine großen Unterschiede. Wie in einem Bewirtschaftungsplan für die Bewirtschaftungsziele ist am Anfang der GSPs das Nachhaltigkeitsziel nach §§ 10727 (b) WAT, 354.30 CCR zu definieren und festzulegen. Der SGMA gibt im Unterschied zur WRRL und dem WHG konkrete, inhaltliche Vorgaben hinsichtlich der Methoden zur Bestimmung und Überwachung des Nachhaltigkeitsziels vor. Hinsichtlich der Bewirtschaftungsmaßnahmen weisen GSPs ebenfalls strukturelle Ähnlichkeit auf. Der Maßnahmenkatalog in den §§ 10727 ff. WAT iVm. §§ 350 ff. CCR unterscheidet, wie auch § 82 Abs. 3, Abs. 4 WHG, zwischen grundlegenden und ergänzenden Maßnahmen. Die gesetzlichen Vorgaben hinsichtlich ergänzender und grundlegender Maßnahmen in den §§ 10727 ff. WAT ist ähnlich abstrakt wie in § 82 Abs. 3, Abs. 4 WHG. Die *groundwater sustainability agencies* haben damit wie auch die Regierungspräsidien ein weites Entschließungsermessen hinsichtlich konkreter Maßnahmen. Im Unterschied zu den Plänen in Baden-Württemberg können die Maßnahmen der GSPs unmittelbare Außenwirkung für Gewässernutzer entfalten.

Welche Maßnahmen die GSPs konkret enthalten, wie weit sie die Wasserrechte zur Nutzung von Grundwasser einschränken und tatsächlich geeignet sind, die Nachhaltigkeitsziele zu erreichen, kann zu diesem Zeitpunkt nicht beurteilt werden. Im Vergleich zu den Bewirtschaftungsplänen und Maßnahmenprogrammen scheinen die GSPs jedoch vor erschwerten Ausgangsbedingungen zu stehen, da die jahrzehntelange Übernutzung der Grundwasserressourcen zu teils irreversiblen Schäden geführt hat.

c) Bewertung und Handlungsempfehlung

Hinsichtlich der Zweckmäßigkeit der gliedstaatlichen Lösungsmodelle für die Dürrebewältigung erscheinen beide Rechtslagen ausbaufähig. Es ist fraglich, inwieweit die abstrakten Regelungen hinsichtlich der Maßnahmen und das weite Auswahlermessen geeignet sind, um *groundwater sustainability agencies* anzuhalten, hinreichende Maßnahmen zur Dürrebewältigung vorzusehen und entsprechende Nutzungseinschränkungen aufzustellen. Der *self-regulatory* Ansatz erscheint vor allem vor dem Hintergrund der Zusammensetzung der *groundwater sustainability agencies* aus überwiegend landwirtschaftlichen Vertretern fragwürdig. Im Übrigen führt die Einrichtung weiterer Behörden zu einer weiteren Dezentralisierung von Informationen. Auf der anderen Seite hätte die ressourcenbezogene Zuständigkeit der Behörden auch kaum in den bestehenden Verwaltungsaufbau integriert werden können.

Die GSPs setzen, wie auch die planerischen Instrumente der § 82 f. WHG, insofern auf der Ebene der Dürrevorsorge an, als sie zur langfristigen Belastbarkeit der Grundwasserressourcen beitragen. Die Erreichung der Nachhaltigkeitsziele scheint aufgrund der hydrologischen und klimatischen Bedingungen in Kalifornien gleichwohl schwerer. Auch rechtliche Hindernisse und Vollzugshindernisse im Zusammenhang mit der Regulierung von Wasserrechten, die in stark eigentumsrechtlicher Tradition stehen, können den Beitrag von GSPs zur Dürrebewältigung relativieren. Insofern erscheint das baden-württembergische Regelungsmodell vorzugswürdig.

Beide Regelungsmodelle bleiben jedoch in einem wesentlichen Punkt hinter ihrem Regelungspotential für Dürreereignisse zurück. Auch in Bezug auf Grundwasser erscheint die Vorhaltung von Dürreaktionsplänen notwendig, um eine Übernutzung bei Eintritt eines Dürreereignisses auszuschließen. Hier hätte gerade der kalifornische Gesetzgeber aus den Erfahrungen mit den UWMPs und AWMPs lernen können. Möglicherweise hätte eine derartige Regelung aufgrund ihrer weitgehenden Regulierungsvorschriften jedoch die Verabschiedung des Gesetzentwurfs beeinträchtigt.

3. Planerische Instrumente zum Schutz der Gewässerökologie

Sowohl in Kalifornien als auch in Baden-Württemberg bestehen verschiedene planerische Instrumente zur Regelung von physikalischen und chemischen Eigenschaften von Oberflächengewässern. Sie weisen typischerweise einen speziellen Anwendungsbereich und Regelungsinhalt auf, der zur Lösung eines gewässerökologischen Problems beiträgt. Die Regulierung der Sauerstoffkonzentration und ein Gewässertemperaturmanagement spielen für die Dürrebewältigung eine besondere Rolle, da sie zur Vermeidung von Massensterben von aquatischen Lebewesen und Pflanzen beitragen.

a) Konzeptionelle Unterschiede in den Rechtsordnungen

Ausgangs- und Schwerpunkt für den Schutz der Gewässerqualität und -ökologie sind in Baden-Württemberg die unionsrechtlich vorgegebenen Bewirtschaftungspläne und Maßnahmenprogramme. Für besonders anfällige Gewässer oder spezifische Problemfelder bestehen teilweise spezielle Pläne in Form von Verwaltungsvorschriften. Dazu gehören in Baden-Württemberg der Wärmelastplan Neckar und das Sauerstoffreglement Neckar, die in Eigeninitiative des Umweltministeriums aufgestellt und aktualisiert werden. Aufgrund ihrer Rechtswirkung als Verwaltungsvorschrift bedürfen die speziellen Pläne der Umsetzung durch die Wasserbehörden im Einzelfall.

In Kalifornien ist der Schutz der Gewässerqualität und -ökologie nicht Teil der allgemeinen Wassermanagementpläne. Stattdessen erstellen und aktualisieren die *regional water quality control boards* alle drei Jahre die *regional water quality control plans*. Die Pläne konkretisieren die bundesrechtlich und bundesstaatlich vorgegebenen Gewässerqualitätsvorschriften für ihr Planeinzugsgebiet und stellen rechtsverbindliche Mindeststandards auf, die die Bestimmung von Grenzwerten im Einzelfall entbehrlich macht. Im Unterschied zu den §§ 82 f. WHG, die einen abstrakt-generellen Regelungsansatz verfolgen, liegt den *regional water quality control plans* ein konkret-genereller Regelungsansatz zugrunde. Der bundesstaatliche Thermal Plan ersetzt die Gewässertemperaturvorgaben der *regional water quality control plans*. Ausnahmsweise bestehen spezielle Pläne, wie der Sacramento River Temperature Management Plan (SRTMP), deren Ziel es ist, Dürreauswirkungen vergangener Dürreereignisse auf die Fischpopulationen zu mindern und künftige Auswirkungen weitgehend zu vermeiden. Auch hieran zeigt sich der konträre Regelungsanspruch spezieller planerischer Instrumente. Während der SRTMP zur Regulierung der Gewässertemperatur nach artenbedrohenden Dürreauswirkungen erlassen wurde, um künftige Auswirkungen zu vermeiden, erhebt der Wärmelastplan Neckar den Anspruch, einem Massensterben von Fischpopulationen vorzubeugen. Im Übrigen ist der unterschiedliche Grad der Konkretisierung gewässerökologischer Vorgaben in den Plänen auf die unterschiedliche Rechtswirkung der Pläne zurück zu führen.

Für die Dürrebewältigung und einen hohen Gewässerschutz ist die Einbeziehung gewässerökologischer Vorgaben in die allgemeinen »Bewirtschaftungspläne« zweckmäßiger. Die zentrale, wenn auch abstrakt-generelle Regelung von Mindeststandards trägt zur Rechtsklarheit für Wasserbehörden und Gewässerbenutzer bei. Vor allem kann durch einen derart integrierten Bewirtschaftungsansatz sichergestellt werden, dass gewässerökologische Belange bei der planerischen Bewirtschaftung der Gewässer berücksichtigt und eine Übernutzung des Wasserhaushalts vermieden wird. Wie das kalifornische Wasserrecht zeigt, können ökologische Mindeststandards nur schwer nachträglich in ein bestehendes Bewirtschaftungssystem eingefügt werden. Die Festsetzung rechtsverbindlicher Grenzwerte in den *regional water quality control plans* ermöglicht zwar ein einheitliches Schutzniveau im Plangebiet. Sie führt im Ergebnis jedoch zu unverhältnismäßigen Pauschalisierungen, die eher dazu beitragen, dass eine Einhaltung der Grenzwerte in der Praxis nicht erfolgt, als dass ein einheitlich hohes Schutzniveau gewährleistet wird.

Die Kombination aus abstrakt-generellen Vorgaben, die der Umsetzung im Einzelfall bedürfen und speziellen flussgebietsspezifischen Plänen, die sich auf eine physikalische oder chemische Eigenschaft des Gewässers beziehen, erscheint daher für die Bewältigung von Dürreereignissen zweckmäßiger.

b) Besondere Pläne zur Regulierung der Gewässertemperatur

Die Gewässertemperatur zählt zu den wichtigsten physikalischen Indikatoren eines Gewässers, um die Auswirkungen von Dürreereignissen auf die Gewässerökologie zu überwachen. Ihre Kontrolle kann dazu beitragen, dass rechtzeitig Maßnahmen zum Schutz der aquatischen Flora und Fauna ergriffen und irreparable Schäden des Gewässerökosystems abgewendet werden.

aa) Zweckmäßigkeit vorhandener Pläne

In Baden-Württemberg und in Kalifornien besteht nur für wenige Flüsse ein Gewässertemperaturmanagement. Die baden-württembergischen und kalifornischen Gewässertemperaturmanagementpläne weisen teils Ähnlichkeit, teils grundlegende Unterschiede auf. Beide Rechtsordnungen nehmen auf einen vergleichbaren Regelungsgegenstand Bezug, nämlich einen Flusslauf, der erheblichen menschlichen Einflüssen ausgesetzt ist. In Kalifornien stellen der bundesstaatliche Thermal Plan und SWRCB Resolution 75-58 die Vorgaben für ein Gewässertemperaturmanagement auf – nicht die *regional water quality*

E. Vergleich und Handlungsempfehlungen

control plans.²⁰²⁸ In Baden-Württemberg regelte der Wärmelastplan Neckar die Gewässertemperatur für den Neckar, in Kalifornien regelt der SRTMP die Gewässertemperatur des Sacramento River. Die Pläne verfolgen ähnliche Ziele. Das Umweltministerium stellte den Wärmelastplan Neckar auf, um die Wärmebelastung des Neckars durch Wärmeeinleitungen von Kraftwerken zu senken und die Gewässerökologie entsprechend zu schützen. In Kalifornien begründeten erst die Auswirkungen vergangener Dürreereignisse den Handlungsbedarf zur Regulierung der Gewässertemperatur. Die Aufstellungspflicht des United States Bureau of Reclamation (USBR) für den SRTMP ist Ausdruck dieses Handlungsbedarfs. In beiden Fällen bestand aus unterschiedlichen Ursachen ein Anlass zur Regulierung der Gewässertemperatur zum künftigen Schutz der Gewässerökologie. Die Ursachen für die Planaufstellung sind jedoch überwiegend auf das Zusammenwirken von menschlicher Beanspruchung der Gewässer und Dürreereignissen zurückzuführen.

Bei beiden Plänen handelt es sich um technische Planungsinstrumente. Ihre inhaltliche Ausgestaltung ist jedoch unterschiedlich. Dies zeigt sich erstens am Regelungsinhalt. Der Wärmelastplan Neckar besteht aus rechnerischen Simulationen und Prognosen, die bei der Niedrigwasserführung ansetzen. Hierbei wird ein starrer Grenzwert von maximal 28 °C Gewässertemperatur als Obergrenze festgelegt. Der SRTMP ermittelt die Grenzwerte anhand gesetzlicher Vorgaben, die im Wesentlichen auf biologische Indikatoren abstellen. Die Grenzwerte richten sich nach der Fischart mit den höchsten Ansprüchen an die Gewässertemperatur (im vorliegenden Fall der Königslachs). Der SRTMP basiert daher auf standortspezifischen Grenzwerten mit Ausgleichsmöglichkeit.

Die Unterschiede in der inhaltlichen Ausgestaltung zeigen sich zweitens an der Rechtsfolge der Pläne. Der Wärmelastplan Neckar enthält lediglich einen Hinweis, dass ein Betrieb aller Kraftwerke im Sommer zu einer Überschreitung des Grenzwerts führen würde und daher mit Betriebseinschränkungen zu rechnen ist. Eine Rechtsfolge mit Außenwirkung ergibt sich jedoch erst durch entsprechende Regelungsanordnungen der Behörden in Form von Verwaltungsakten. Konkrete Maßnahmen im Sinne eines gestuften Aktionsplans sieht der Wärmelastplan Neckar nicht vor. In Fortsetzung der prognostizierten Gewässertemperaturen erstellt das USBR als Steuerungssubjekt und -objekt einen Betriebsplan (Anlage 1). Der Betriebsplan ist operationelle Grundlage für den Betrieb der Stauanlagen. Er ist ferner an Prognosen und Bewertung der Natur- und Artenschutzbehörde gekoppelt, um sicherzustellen, dass die im Wege der Selbstregulierung ermittelten Grenzwerte auch den gewässerökologischen Anforderungen entsprechen. Grund für die unterschiedlichen Maßnahmen ist zum einen die Aufstellungspflicht und Rechtsform der Pläne. Der Wärmelastplan ist ein freiwilliges Planungsinstrument, das die gewässerökologischen Vorschriften näher konkretisiert. Für den SRTMP besteht hingegen eine gesetzliche Aufstellungspflicht mit vorgegebenem Mindestinhalt.

Für die Gewässerökologie bietet der SRTMP ein höheres Schutzniveau bei Dürreereignissen und erscheint daher zweckmäßiger. Dies liegt zum einen daran, dass er die Grenzwerte der Gewässertemperatur an den sensibelsten aquatischen Lebewesen ausrichtet.²⁰²⁹ Um dennoch Grundsätze der Verhältnismäßigkeit (*reasonableness*) zu wahren,

---

2028 Die *regional water quality control plans* bleiben daher bei der nachfolgenden Analyse außen vor, da sie vom Regelungsbedürfnis her eher den Bewirtschaftungsplänen und Maßnahmenprogrammen der § 82 f. WHG entsprechen.

2029 Der Wärmelastplan Neckar zieht Fische und aquatische Lebewesen nicht ausdrücklich als Indikatoren zur Bestimmung des Gewässertemperaturgrenzwerts hinzu. Ein Grund

kann das USBR ausnahmsweise Ersatzstandorte als Rückzugsorte für aquatische Lebewesen vorhalten. Durch dieses alternative Regelungsmodell bei Dürreereignissen wird verhindert, dass Ausnahmegenehmigungen zur Überschreitung der Grenzwerte erlassen werden. Zum anderen verknüpft der SRTMP die Einhaltung der Mindestgrenzwerte mit konkreten Maßnahmen und einem Betriebsplan. Er ermöglicht dadurch ein umfassendes Gewässertemperaturmanagement. Der SRTMP trägt dadurch zu einem effektiven Schutz der Gewässerökologie bei Dürreereignissen bei und könnte als Vorlage zur Aktualisierung des Wärmelastplan Neckars dienen.

bb) Handlungsempfehlung

(1) Eignung hydrologischer Modelle

Sinnvollerweise sollte die Wärmebelastung von Oberflächengewässern, die Wärmeeinleitungen ausgesetzt sind, durch hydrologische Modelle erfasst und überwacht werden (siehe Wärmelastplan Tideelbe),[2030] um die Gesamtbelastung des Gewässers besser beurteilen zu können. Die hydrologischen Modelle können den Wasserbehörden als Entscheidungsgrundlage dienen, über zukünftige Gewässerbenutzungen zu entscheiden und frühzeitig abzusehen, welche Auswirkungen die beantragte Gewässerbenutzung auf die Gesamtbelastung des Gewässers ausübt. Um die Gewässerbenutzungen bei Dürreereignissen koordinieren zu können, sollte das Modell auch Auskunft über die Gewässerbelastung unter verschiedenen Dürreszenarien (z. B. jährliches, zwei-, fünf-, zehn- und fünfzigjährliches Dürreereignis) geben.

(2) Dürremanagement in Wärmelastplänen

Dürreereignisse sollten in Wärmelastplänen mitgeregelt werden, da das Zusammenspiel aus menschlicher Benutzung und natürlicher Erwärmung der Gewässertemperatur die Gewässer einem besonderen Dürrestress aussetzt. Bei der Regelung von Gewässerbenutzungen bei Dürreereignissen in Wärmelastplänen müssen die zuständigen Planaufstellungsbehörden (im Zweifel das Umweltministerium) konsequent den Bewirtschaftungsansatz von § 31 WHG fortsetzen und entweder Dürreereignisse in den allgemeinen Grenzwerten mitberücksichtigen oder Ausnahmevorschriften aufstellen. Bei letzterem empfiehlt sich nach dem Vorbild des SRTMP die Durchführung von Standortoptimierungsverfahren, um Rückzugsorte (Ausgleichsstandorte) zu identifizieren. Für die Rückzugsorte sind sodann besondere Bewirtschaftungsmaßnahmen, wie das Ausbaggern von Schlick oder künstliche Vertiefungen des Gewässerbetts, vorzusehen. Nur bei dauerhafter Vorhaltung derartiger Rückzugsorte[2031] sollte von den Wasserbehörden die Genehmigungen auf ausnahmsweise Überschreitung der Grenzwerte bei Dürreereignissen stattgegeben werden. Die allgemeinen Grenzwerte und die Grenzwerte an den Rückzugsorten soll-

---

hierfür könnte sein, das die »ökologischen« Indikatoren bereits im Sauerstoffreglement Neckar zugrunde gelegt werden. Zumindest hat das Umweltministerium bei Aufstellung des Sauerstoffreglements 1980 nachträglich auch diese Komponente berücksichtigt.

2030 Hierzu näher Abschnitt C.III.2.e)aa)(1).
2031 Eine Schaffung von Rückzugsorten erst bei bestehenden Dürreereignissen ist zu vermeiden, da die Arten bereits unter Dürrestress stehen.

E. Vergleich und Handlungsempfehlungen

ten jeweils an Bioindikatoren, z. B. an den gewässerspezifisch sensibelsten aquatischen Lebewesen, ausgerichtet werden, um Auswirkungen wie das Körbchenmuschel- oder das Äschensterben im Jahr 2003 zu vermeiden.[2032]

In den darauf aufbauenden Genehmigungsbescheiden könnten die Grenzwerte benutzerspezifisch in Form von Total Maximum Daily Loads (TMDL) konkretisiert werden, wie es teilweise bereits in der Praxis erfolgt. Im Übrigen sollte der stufenweise Wärmelastplan mit Maßnahmen des Sauerstoffreglements abgestimmt werden, da Maßnahmen wie Stütz- oder Belüftungsmaßnahmen auch zur Senkung der Gewässertemperatur dienen können. Wünschenswert wäre die Ergänzung des Wärmelastplans durch einen generell gehaltenen Betriebsplan, der alle Gewässerbenutzer mit Auswirkungen auf die Gewässertemperatur identifiziert, koordiniert und bei einem Dürreereignis von einem eigens dafür eingerichteten Ausschuss konkretisiert wird. Hierdurch könnte sichergestellt werden, dass die gewässerspezifischen Grenzwerte auch bei einem Dürreereignis eingehalten werden.

c) Sauerstoffregulierung der Gewässer

Die Sauerstoffkonzentration zählt zu den wichtigsten chemischen Indikatoren für die Resilienz eines Gewässers bei Dürreereignissen. Die besondere Bedeutung der Sauerstoffkonzentration für den ökologischen Zustand der Gewässer haben auch die Wasserbehörden in Baden-Württemberg und Kalifornien erkannt. Die planerischen Instrumente zur Regulierung der Sauerstoffkonzentration ist in den beiden Rechtsordnungen jedoch unterschiedlich ausgestaltet.

aa) Praxisbeispiele

Zusätzlich zu den Anforderungen der Bewirtschaftungspläne und Maßnahmenprogramme gilt in Baden-Württemberg für den Neckar das im Jahr 2002 überarbeitete Sauerstoffreglement Neckar. Sinn und Zweck des Reglements ist die Einhaltung einer konstanten Sauerstoffkonzentration zum Schutz der aquatischen Umwelt, insbesondere besonders schützenswerter Fischarten.[2033] Ein fünfstufiger Aktionsplan ordnet, je nach Konzentrationswert, Maßnahmen an, die von der Überwachung über die Reduzierung der Phosphoreinträge bis hin zu künstlichen Belüftungsmaßnahmen reichen.

Ein vergleichbares Instrument zur Regulierung der Sauerstoffkonzentration einzelner Gewässer gibt es in Kalifornien nicht. Grund hierfür könnte sein, dass die *regional water quality control plans* bereits detaillierte Vorgaben in Form von Grenzwerten für die Sauerstoffkonzentration (TMDLs) einzelner Gewässer aufstellen. Im Ergebnis kann dadurch die Erstellung eines »Sauerstoffreglements« in Kalifornien entbehrlich sein, da die *regional water quality control plans* diese Funktion übernehmen. Allerdings ist durch die bundesstaatlichen und bundesweiten Vorgaben an die Erstellung der *regional water quality control plans* nicht gewährleistet, dass den Sauerstoffgrenzwerten komplementäre Maßnahmen zur Einhaltung der Grenzwerte in Form eines Aktionsplan beigefügt werden.

2032 *Biedenkapp*, In Diessenhofen am Rhein wird gebaggert, St. Galler Tagblatt, 2018, https://www.tagblatt.ch/ostschweiz/kreuzlingen/diessenhofen-baggern-gegen-das-fischsterben-ld.1040274 [abgerufen am 12. 7. 2021].
2033 Siehe Abschnitt C.III.2.e)bb).

Insofern besitzt das Sauerstoffreglement Neckar hinsichtlich der Zweckmäßigkeit für die Bewältigung von Dürreereignissen Vorbildfunktion. Tauglich erweist sich insbesondere die Festlegung der Mindest-Sauerstoffkonzentration anhand des ökologischen Indikators der nativen Fischarten. Vorteil des immissionsbezogenen Ansatzes ist es, dass die kumulative Belastung durch menschliche wie natürliche Einflussfaktoren berücksichtigt wird. Ein stufenweiser Aktionsplan ermöglicht die Einhaltung der Sauerstoffkonzentration bei allen hydrologischen Bedingungen. Das Sauerstoffreglement Neckar trägt daher umfassend zur Belastbarkeit der Gewässer gegen Dürreereignisse bei.

bb) Handlungsempfehlungen am Beispiel des Sauerstoffreglements Neckar

Insbesondere für Pläne zur Sauerstoffregulierung gilt der oben erwähnte Rückgriff auf Bioindikatoren in Form von besonders sensiblen Fischarten. Das Sauerstoffreglement Neckar ist ein taugliches Beispiel für die Aufstellung eines sauerstoffspezifischen Aktionsplans mit mehreren Stufen. Neben einem Aktionsplan mit verschiedenen Sauerstoffgrenzwerten und entsprechenden Maßnahmen wie die Einleitung von Quellwasser, Erhöhung des Sauerstoffgehalts durch nächtliche Beregnung oder den Einsatz von Großpumpen,[2034] sollten die Wasserbehörden zur Entgegennahme auf die Polizeibehörden verweisen[2035] oder ein online Meldesystem einrichten, durch das die Bevölkerung und Fischer Anzeichen für ein Fischsterben melden können und ein Zuständigkeitsorganigramm erstellen. Für besonders anfällige Gewässer und Populationen könnte über den dauerhaften Einsatz eines Belüftungsschiffes nachgedacht werden.[2036] Die unterste Stufe des Aktionsplans sollte spätestens dann greifen und ein dauerhaftes Monitoring und erste Maßnahmen vorsehen, wenn Anzeichen für Dürrestress bei den Fischen auftreten (z. B. Schnappen nach Luft).

d) Weitere Handlungsempfehlungen

Die gewässerökologischen Pläne sollten für alle Oberflächengewässer mit einer erhöhten Belastbarkeit gegenüber Dürreereignissen aufgestellt werden, insbesondere Gewässern die menschlichen Nutzungen – wie der Einleitung von Kühlwasser, Abwasser oder stofflich verunreinigtem Wasser (Landwirtschaft) – ausgesetzt sind. Die gewässerökologischen Pläne bereiten nicht nur die obligatorischen Festsetzungen in Einzelfallentscheidungen planerisch vor, sondern können auch die Gewässerbenutzungen bei Dürreereignissen koordinieren. Vorab ist festzuhalten, dass Maßnahmen zur Dürrebewältigung in gewässerökologischen Plänen sowohl durch starre Grenzwerte als auch durch die Entscheidung

---

2034 *Bilger*, Hitze in Stuttgart: Das THW übernimmt die Nachtschicht am Max-Eyth-See, Stuttgarter Zeitung, 2018, https://www.stuttgarter-zeitung.de/inhalt.hitze-in-stuttgart-das-thw-uebernimmt-die-nachtschicht-am-max-eyth-see.0521eaa5-f366-419c-838d-31cd5915b6c8.html [abgerufen am 11.7.2021].
2035 So z. B. in Bayern *LfU Bayern*, Fischsterben in Bayern, Bayerisches Landesamt für Umwelt, 2021, https://www.lfu.bayern.de/analytik_stoffe/umweltschadensfaelle/fischsterben/index.htm [abgerufen am 12.7.2021].
2036 *Hartwig*, Mehr Sauerstoff für Berlins Kanäle, Deutschlandfunk, 2005, https://www.deutschlandfunk.de/mehr-sauerstoff-fuer-berlins-kanaele.697.de.html?dram:article_id=74010 [abgerufen am 12.7.2021].

von Gremien abhängig gemacht werden können. Als besonders geeignet erweist sich in Kalifornien die Festlegung von Grenzwerten nach Bioindikatoren, da hierdurch die gesellschaftlich-politische Auseinandersetzung um die Höhe der Grenzwerte geschmälert wird und zugleich die Gewässerökologie einen besonderen Schutz erfährt. Sinnvollerweise sollten alle gewässerökologischen Pläne in einem übergeordneten Planungsinstrument zusammengefasst werden, da zwischen den verschiedenen Regelungsgegenständen enge Wechselwirkungen bestehen und nur so sichergestellt werden kann, dass sich die Maßnahmen nicht wechselseitig behindern. Diesen Ansatz verfolgt in Deutschland z. B. der Alarmplan Main Gewässerökologie (AMÖ),[2037] in Kalifornien die *regional water quality control plans*.

Gewässerökologische Pläne sollten im Hinblick auf die Dürrebewältigung einen inversen Planungsansatz verfolgen, d. h. die Planaufstellungsbehörden sollten zunächst zwingend zu vermeidende Auswirkungen definieren und davon ausgehend notwendige Regelungen festsetzen. Grundsätzlich ist die Rechtsform der Verwaltungsvorschrift für gewässerbezogene gewässerökologische Pläne besonders geeignet, da sie den Wasserbehörden im Einzelfall genügend Spielraum zur Umsetzung der Planinhalte bietet. Droht allerdings die Nichteinhaltung der Planungsinhalte sollten die Pläne in Form einer Rechtsverordnung erlassen werden. Nach dem Vorbild des AMÖ sollten die einzelnen gewässerökologischen Pläne der Ampelstruktur aus freiwilligen (Stufe grün – *Beobachten*), obligatorischen (Stufe Gelb – *Warnung*) und verschärfenden Maßnahmen (Stufe rot – *Alarm*) folgen und in regelmäßigen Abständen, z. B. zeitgleich mit den Maßnahmenprogrammen und Bewirtschaftungsplänen, aktualisiert werden. In einem übergeordneten gewässerökologischen Plan für ein Gewässer sollten folgende Teilbereiche adressiert werden: Wärmebelastung, Sauerstoff, Durchlässigkeit und Niedrigwasser.

aa) Niedrigwassermanagement

Da die Auswirkungen Gewässertemperaturerhöhung und Absinken der Sauerstoffkonzentration durch Niedrigwasser verschärft werden können, Maßnahmen zur Vermeidung von Niedrigwasser zugleich auch die anderen Auswirkungen abmildern und § 33 WHG *per se* als Schutzvorschrift für die Gewässerökologie verstanden wird, sollte ein Niedrigwassermanagement in den gewässerökologischen Plänen verortet werden. Hierzu sollte das technische Verfahren zur Bestimmung der Mindestwasserführung nach § 33 WHG im Wasserkrafterlass um ein hydrologisches Modell zur Modellierung der Niedrigwasserverhältnisse – vergleichbar mit dem kalifornischen Drought Water Right Allocation Tool (DWRAT) Modell – ergänzt werden. Der Vorteil des Modells liegt darin, dass die Gesamtbelastung des Gewässers ermittelt und bei Dürreereignissen zielgerichtet ordnungsrechtliche Instrumente zur Beschränkung von Wasserentnahmen eingesetzt werden können. Darüber hinaus wird auch eine langfristige Übernutzung der Gewässer durch neue Genehmigungen vermieden. Einen Ansatz für ein Niedrigwassermanagement bietet das Pegelmessnetz der LUBW (mittleres Niedrigwasser), das um weitere Niedrig-

---

2037 Gegenüber den *regional water quality control plans* erscheint der AMÖ besonders effektiv, da der Alarmplan ordnungsrechtliche mit informatorischen Maßnahmen verknüpft und sich diese Kombination aus den kalifornischen Erfahrungen als besonders effektiv erweist – zumindest in Bezug auf das Nutzungsverhalten der breiten Bevölkerung.

wasserstufen ausgebaut werden sollte, um ein dem Hochwassermonitoring ebenbürtiges Monitoringsystem zu schaffen. Daran anknüpfend könnten die gewässerspezifischen Niedrigwassermanagementpläne für die verschiedenen Stufen Maßnahmen aufstellen, wie z. B. die Beobachtung der Pegelstände, Information an genehmigungspflichtige Gewässerbenutzer über eine Niedrigwassersituation, Beschränkung des Gemeingebrauchs und Beschränkung genehmigungspflichtiger Gewässerbenutzungen.

bb) Betriebsplan für stauregulierte Gewässer

Für stauregulierte Gewässer, wie den Neckar oder den Rhein, sollte das Niedrigwassermanagement um einen Betriebsplan für stauregulierte Gewässer ergänzt werden. Dieser sollte darlegen – in Anlehnung an den Drought Operations Plan – ob und ab welchen Niedrigwasserstufen Maßnahmen zur Niedrigwasseraufhöhung erfolgen sollen.[2038] Die Aufstellung des Betriebsplanes erfolgt anschließen durch die Hochwasservorhersagezentrale der LUBW in Kooperation mit den Betreibern der Staustufen innerhalb von zwei Wochen. Sinn und Zweck des Betriebsplanes ist es zu ermitteln, wie lange Maßnahmen zur Niedrigwasseraufhöhung eingesetzt werden können und ob gegebenenfalls bei Nutzungskonkurrenzen mit der Öffentlichen Wasserversorgung oder dem Energiesektor Ausnahmegenehmigungen von der Einhaltung der Mindestwasserführung nach § 33 WHG zu beantragen sind.

4. *Dürrespezifische Pläne*

Dürreaktionspläne gehören neben Instrumenten zur Dürrevorsorge zu einem effektiven Risikomanagement. In anderen Bereichen, wie dem Erdbeben-[2039] oder dem Hochwasserschutz nach §§ 72 ff. WHG, ist die Aufstellung von Gefahrenkarten und Aktionsplänen zur Bewältigung des Risikoeintritts selbstverständlich. In rechtlicher Hinsicht ist die umfassende Aufstellung von Dürreaktionsplänen weder in Kalifornien noch in Baden-Württemberg grundsätzlich verpflichtend vorgeschrieben.
In Baden-Württemberg eröffnet § 31 Abs. 1 iVm. § 82 Abs. 3 WHG grundsätzlich die Möglichkeit zur Aufstellung von Dürrebewältigungsplänen auf Ebene der Flussgebietseinheit durch die Regierungspräsidien. Von dieser Möglichkeit haben die Regierungspräsidien in Baden-Württemberg bislang keinen Gebrauch gemacht.
In Kalifornien ist die Erstellung von Dürreaktionsplänen nur im Rahmen der Erstellung sektorenspezifischer *water management plans* gesetzlich vorgeschrieben. Ergänzend bestehen in Kalifornien zwei bundesstaatenweite Dürrepläne. Der Drought Contingency Plan wurde auf Weisung des Gouverneurs während der Dürre 2008/2009 erstellt. Er wurde jedoch seitdem nicht, wie ursprünglich angedacht, im Zuge der Aktualisierungen des CWP überarbeitet. Der Drought Operations Plan des DWR und des USBR ist ein Betriebsplan

---

2038 Die Aufstellung eines jährlichen Betriebsplanes wie in Kalifornien erscheint für Baden-Württemberg nicht zweckmäßig, da das Wasserdargebot des Kalenderjahres nicht an wenigen Niederschlagsereignissen im Winter zu messen ist, wie in Kalifornien.
2039 *Grünthal et al.*, The Probabilistic Seismic Hazard Assessment of Germany, Bull. Earthquake Eng. 2018, 1.

E. Vergleich und Handlungsempfehlungen

für die Fernwasserversorgungssysteme, der in Dürrejahren die Versorgungssicherheit und nachhaltige Rationierung der Gewässerressourcen verfolgt.

Die Rechtslage in den beiden Gliedstaaten ist dementsprechend unterschiedlich. In Kalifornien besteht eine faktische Notwendigkeit zur Erstellung von sektorenspezifischen Dürreaktionsplänen, um die Resilienz der Sektoren gegenüber Dürreereignissen zu erhöhen. Auch ohne gesetzliche Aufstellungspflicht haben bundesstaatliche Behörden ebendiese Notwendigkeit erkannt und auf freiwilliger Basis Dürreaktionspläne erstellt. Die freiwilligen Pläne räumen den Behörden genügend Spielraum ein, um Bewältigungsstrategien an einem spezifischen Dürreereignis auszurichten, geben jedoch eine Leitlinie zur Bewältigung des Ereignisses vor. Ihr Mehrwert liegt vor allem darin, Kommunikationsabläufe und Koordinationsstrukturen zur Abstimmung von Maßnahmen darzulegen. Sie dienen ergänzend dazu, Lehren aus vorangegangenen Ereignissen festzuhalten, wie die Einrichtung einer Dürresondereinheit (Drought Task Force) unter der Aufsicht des DWR als bundesstaatenweite Koordinierungsstelle und Ansprechpartner. In Baden-Württemberg müsste in Ermangelung derartiger Pläne auf die allgemeinen Strukturen der Gefahrenabwehr- und Katastrophenverwaltung zurückgegriffen werden, die – wie die kalifornische Praxis lehrt – für die Dürrebewältigung im Speziellen weniger tauglich ist.[2040] Unklare Zuständigkeitsregelungen wie § 21 WG-BW erschweren die Koordination von Instrumenten und Maßnahmen bei Eintritt eines Dürreereignisses darüber hinaus.

Wie die kalifornische Rechtslage zeigt, können landesweite Dürremanagementpläne aufgrund ihres räumlichen Einzugsbereichs nur bedingt zur Dürrebewältigung beitragen. Es empfiehlt sich daher, mit der Aufstellung landesweiter Pläne sparsam umzugehen. Der Mehrwert landesweiter Pläne liegt vor allem in der Koordination lokaler Bewältigungsstrategien und rechtsgebietsübergreifender Maßnahmen. Zu erwägen ist beispielsweise eine übergeordnete Leitlinie zu Dürrevorsorge- und -bewältigungsmaßnahmen, die nach Akteuren geordnet ist und z. B. den Wasserbehörden bei der Aufstellung von Maßnahmenprogrammen Anhaltspunkte liefert.

5. Systematische und inhaltliche Gestaltung einer gesetzlichen Regelung eines Dürremanagements

An verschiedenen Stellen drängt sich eine gesetzliche Regelung zur Dürrebewältigung auf. Diese könnte in Teil 3: Besondere wasserwirtschaftliche Bestimmungen des WG-BW aufgenommen werden. Ein § 67 n.F. WG-BW könnte entsprechend dem Vorbild von Regelungen zum Hochwasser verschiedene Aspekte der Dürrebewältigung vereinen. Im ersten Absatz könnte, vergleichbar zu § 72 WHG, eine Definition von Dürre in Abgrenzung zu Trockenheit baden-württembergweit geregelt werden. Ergänzend könnten in einem zweiten Satz verschiedene Dürreintensitätsstufen gemessen an der Eintrittswahrscheinlichkeit, vergleichbar zu § 74 Abs. 2 WHG, geregelt werden, die gleichzeitig die Grundlage für ein Dürremonitoring vergleichbar der Hochwasservorhersage durch das LUBW bilden können. Hierzu könnte klargestellt werden, dass die Entscheidung über den Dürrezustand in Baden-Württemberg rechtsverbindlich die Dürresondereinheit des Umweltministeriums oder der Regierungspräsidien entscheidet.

2040 Siehe Abschnitt C.III.1.g)bb).

Der zweite Absatz sollte den zuvor benannte gesetzliche Priorisierung von Wassernutzungen vorbehalten sein, sofern sie nicht schon unter § 1 Abs. 2 Nr. 5 WG-BW aufgenommen werden. Geeignet erscheint in diesem Zusammenhang die Ausgestaltung des Wortlauts als Soll-Vorschrift, um nachfolgenden Entscheidungsträgern entsprechenden Entscheidungsspielraum im Einzelfall zu belassen.

Der dritte Absatz richtet sich an die Regierungspräsidien als Flussgebietsbehörden, die in Anlehnung an §§ 31, 82 WHG, zur Aufstellung vorbenannter Bestandteile zur Dürrebewältigung in die Bewirtschaftungspläne und Maßnahmenprogramme verpflichtet werden sollten. Dabei sollten verschiedene Nummern zum Mindestinhalt der Dürre-Pläne regeln. In einem zweiten Satz könnte in diesem Zusammenhang zur Rechtsklarheit beitragen, den Anwendungsbereich des § 31 WHG für Baden-Württemberg zu konkretisieren.

Der letzte Absatz sollte die öffentlichen Wasserversorger und gewerblichen Gewässerbenutzer verpflichten, auf der Grundlage des planerischen Dürremanagements in den Bewirtschaftungsplänen und Maßnahmenprogrammen, Maßnahmen zur Dürrerisikovorsorge in ihr Betriebsmanagement einzubeziehen.

6. Bewertung

Der Vergleich planerischer Instrumente zeigt an vielen Stellen Handlungspotential zur besseren Anpassung der Instrumente an Dürreereignisse. Die verschiedenen Anwendungsbereiche planerischer Instrumente veranschaulichen deren vielfältige Einsatzbereiche zur Dürrebewältigung. Die Unterschiedlichkeit der gliedstaatlichen Pläne zeigt dabei, dass es häufig mehr als nur eine Möglichkeit gibt, um einem Bedürfnis Rechnung zu tragen. Das zentrale Unterscheidungsmerkmal der gliedstaatlichen Pläne ist das unterschiedliche Bewirtschaftungsverständnis der Gewässerressourcen, das in den planerischen Instrumenten besonders stark zum Ausdruck kommt. Gleichwohl lassen sich wiederkehrende Strukturen in den planerischen Instrumenten beider Gliedstaaten erkennen, die sich als »bekannt und bewährt« erweisen. Dies ist zum einen eine kontinuierliche Aktualisierung der Pläne. Hierdurch wird gewährleistet, dass die planerischen Instrumente stets dem aktuellen Stand der Technik sowie der guten fachlichen Praxis entsprechen und die Erfahrungswerte Vieler im Rahmen der Öffentlichkeitsbeteiligung einbeziehen. Für die Bewältigung von Dürreereignissen besonders geeignet erweist sich die Trias aus Zielen, Messung von Indikatoren und korrelierenden Maßnahmen. Hierdurch kann der Planaufsteller festlegen, welches Ziel er mit dem planerischen Instrument verfolgt, wie er ein Dürreereignis faktisch identifiziert und kategorisiert und mit entsprechenden Maßnahmen zur Erreichung des Ziels verbindet. Derartige Pläne erhöhen die Belastbarkeit von Betroffenen, da sie zum einen definieren, was ein Dürreereignis für den betroffenen Akteur darstellt, wie es festgestellt werden kann und welche Maßnahmen möglicherweise zur Vermeidung oder Minimierung der Auswirkungen in Betracht kommen.

Eine weiterer, effektiver Ansatz ist zum anderen der Dualismus aus Maßnahmen zur langfristigen Dürrevorsorge und *ad hoc* Bewältigungsmaßnahmen. Aus der Gegenüberstellung der gliedstaatlichen Pläne können neben strukturellen auch inhaltliche Gesichtspunkte einen Beitrag zur besseren Anpassung der gliedstaatlichen Lösungsmodelle an Dürreereignisse leisten. Die Belastbarkeit der Gesellschaft gegenüber Dürreereignissen kann am besten durch die Integration sektorenbezogener Pläne in ein übergeordnetes ressourcenbezogenes Planungsregime erfolgen. Nur durch die Kombination der beiden

Ansätze ist gewährleistet, dass einerseits die einzelnen Akteure innerhalb ihres Sektors ihre Anfälligkeit und Belastbarkeit gegenüber Dürreereignissen reflektieren und die lokalen Auswirkungen von Dürreereignisse in Bewältigungsstrategien einbeziehen, andererseits ein hinreichender Ressourcenschutz auf Ebene der Flussgebietseinheit besteht, der alle Gewässernutzungen planerisch koordiniert.

Die Belastbarkeit des ökologischen Gewässerzustands gegenüber Dürreereignissen kann langfristig durch Schutzkonzepte wie Nachhaltigkeit und Ressourcenvorsorge erhöht werden. Die Kombination von Gewässereigenschaften und biologischen Indikatoren aus dem Bereich Natur- und Artenschutz leistet einen wesentlichen Beitrag zur Quantifizierbarkeit und Einhaltung eines »guten ökologischen Gewässerzustands« auch bei Dürreereignissen. Sie sollten daher als Indikatoren zur Bestimmung von Grenzwerten in Schutzkonzepte und Bewirtschaftungsziele integriert werden. Grundsätzlich ist in Bezug auf Grenzwerte festzustellen, dass diese besonders geeignet sind, um die Stufen von Aktionsplänen auszulösen. In Bereichen, in denen Grenzwerte keine repräsentative Aussage treffen können, z. B. aufgrund der räumlichen Größe des Einzugsbereichs, können stattdessen das Auswahl- und Entschließungsermessen fachkundiger Ausschüsse oder die vorgeschlagene Dürresondereinheit, wie z. B. die kalifornische Drought Task Force, Regelungslücken schließen.

Der Vergleich der beiden gliedstaatlichen planerischen Instrumente zeigt auch, dass eine kartografische Risiko- und Gefahrenidentifizierung, wie bereits im Bereich Erdbeben oder Hochwasser praktiziert, auf Dürreereignisse nicht übertragbar ist.[2041] Der Fokus effektiven Risikomanagements liegt stattdessen auf Frühwarnsystemen, die Prognosen und Vorhersagessysteme mit tatsächlichem Zustand und Maßnahmen abstimmen.

IV. Ökonomische Instrumente

Ökonomische Instrumente ergänzen die Instrumente der direkten Verhaltenssteuerung und planerische Instrumente. Sie regulieren die Nachfrage durch freiwillige, ökonomische Anreize.

1. Wasserpreis

Der Wasserpreis setzt ökonomische Anreize und kann langfristig eine ressourcenschonende Gewässernutzung herbeiführen. Bis auf den Bereich der unelastischen Nachfrage kann eine Wassertarifstruktur mit Dürrezuschlag auch zur kurzfristigen Anpassung der Nachfrage an ein geringes Dargebot beitragen.

Das Instrument Wasserpreis ist in Kalifornien und Baden-Württemberg unterschiedlich ausgestaltet. Zum einen ist die Funktion unterschiedlich. In Baden-Württemberg dient das Wassernutzungsentgelt dem Lenkungszweck der Ressourcenschonung und der Abschöpfung des Sondernutzungsvorteils. In Kalifornien beschränkt Proposition 218 den

---

2041 Zustimmend und dies für den Bereich der geographischen Risikoforschung feststellend *Müller-Mahn*, Perspektiven der geographischen Risikoforschung, GR 2007, 4 (11).

IV. Ökonomische Instrumente

Wasserpreis auf die Umlage der Betriebskosten. Der Grund für die Unterschiedlichkeit liegt im Verständnis über die Stellung der natürlichen Ressourcen im Verhältnis zur Gesellschaft. In Baden-Württemberg sind Gewässerressourcen ein schutzbedürftiges Allgemeingut, in Kalifornien sind Wasserressourcen ein »kostenloses« marktwirtschaftliches Gut. In Bezug auf die Dürrebewältigung lässt die Funktion des Wasserentnahmeentgelts in Baden-Württemberg einen größeren Gestaltungsspielraum aufgrund des Lenkungszwecks. Die Kostendeckung des Verwaltungs- und Betriebsaufwands durch das Wasserentnahmeentgelt spielt in Baden-Württemberg nur am Rande eine Rolle. Im Vordergrund steht die Abschöpfungsfunktion und der Ausgleich des Sondernutzungsvorteils.[2042] In Kalifornien hingegen sind die ökonomischen Kosten zur Dürrebewältigung nur dann umlagefähig auf die Gewässer- oder Endbenutzer, wenn eine Korrelation zu den Betriebskosten besteht.

Zum anderen sind die rechtlichen Vorgaben an die Ausgestaltung der Wasserpreise unterschiedlich. In Kalifornien liegt die Festsetzung des Wasserpreises im Ermessen der Wasserbezirke und misst sich, bis auf die gestufte Wassertarifstruktur, ausschließlich an generellen verfassungsrechtlichen Rahmenbedingungen (Proposition 13, 218, 26). In Baden-Württemberg sind Anwendungsbereich und Tarifstruktur des Wasserentnahmeentgelts in §§ 100–104 WG-BW umfassend geregelt. § 104 WG-BW geht sogar soweit, dass es die Wasserpreise für einzelne Sektoren genau benennt. Den öffentlichen Wasserversorgern verbleibt ein vergleichsweise geringes Auswahlermessen, was die Ausgestaltung der Tarifstruktur angeht. Die Regelungen in Baden-Württemberg geben daher eine wesentlich statischere, aber transparente Wasserpreisbildung vor. In Kalifornien können die Wasserpreise von den Wasserbezirken wesentlich dynamischer an geänderte Umstände, wie auch Dürreereignisse, angepasst werden. Es müssen lediglich die formellen Voraussetzungen von Proposition 218 eingehalten werden, im Unterschied zu Baden-Württemberg, wo § 104 WG-BW nur in einem formellen Gesetzgebungsverfahren geändert werden kann. In Kalifornien können Wasserbezirke ihre Wasserpreise in Art und Höhe daher auch kurzfristig bei ein- oder mehrjährigen Dürreereignissen ändern. Der Vorteil einer gesetzlichen Regelung, wie in Baden-Württemberg, ist jedoch, dass die Lenkungsfunktion des Wasserentnahmeentgelts landesweit eine einheitliche Intensität aufweist. Dadurch ist eine landesweit einheitliche Wirkung des Instruments gesichert.

Aufgrund der unterschiedlichen Weite rechtlicher Gestaltungsmöglichkeit der zuständigen Behörden ist auch die Art des Wassernutzungsentgelts in Kalifornien und Baden-Württemberg unterschiedlich. In Kalifornien gibt es drei verschiedene Arten von Wassertarifstrukturen, während § 104 WG-BW eine verbrauchsabhängige Tarifstruktur für Baden-Württemberg festlegt. Grund für die unterschiedliche Ausgestaltung der Wasserpreise ist die unterschiedliche Funktion des Instruments in den gliedstaatlichen Rechtsordnungen. Der Wasserpreis in Kalifornien ist zentrales Element der Finanzhoheit von *local goverments* und entzieht sich weitgehend der Rechtssetzungsbefugnis des Gesetzgebers.

Aufgrund des weitgehenden Gestaltungsspielraums verfolgen viele *water districts* eine preislich gestufte Wassertarifstruktur nach §§ 370 ff. WAT. Eine besondere Ausprägung des gestuften Wassertarifs ist die Erhebung eines Dürrezuschlags (*drought surcharge*). Die gestufte Wassertarifstruktur weist einen stärkeren ökonomischen Anreiz für die Reduzierung der Nachfrage auf als die verbrauchsabhängigen Wasserspreise des § 104 WG-BW. Eine Tarifstruktur mit Dürrezuschlag gibt es in Baden-Württemberg bislang

---

2042 Siehe Abschnitt C.III.3.a).

nicht, obwohl dies mit der Funktion des Wassernutzungsentgelts in Baden-Württemberg weitaus treffender begründet werden könnte als es in Kalifornien der Fall ist. Der Grund für die unterschiedlichen Arten an Wassertarifmodellen liegt im Stellenwert der Wasserressourcen begründet.

a) Bewertung

Im Hinblick auf die Zweckmäßigkeit der Lösungsmodell für die Dürrebewältigung ist zwischen der Steuerungsfunktion von Wasserpreisen zur langfristigen Ressourcenschonung und zur kurzfristigen Anpassung der Nachfrage bei Dürreereignissen zu unterscheiden.

In Bezug auf die langfristige Ressourcenschonung erscheint das baden-württembergische Wassernutzungsentgelt effektiver, da der Wasserpreis Ausdruck der Ressourcennutzungskosten ist. Zudem gibt § 104 WG-BW eine landesweite verbrauchsabhängige Tarifstruktur vor. Hierdurch kann das Entgelt einen ökonomischen Anreiz bieten, Wasser einzusparen und die Nachfrage zu senken, wobei zwischen Steuerungswirkung der verschiedenen Nutzungszwecke zu differieren ist. In Kalifornien fällt der Wirkungsgrad der Wassertarifstrukturen in Bezug auf die Nachfrageregulierung unterschiedlich aus. Die *flatrate* setzt gar keine ökonomischen Anreize zur sparsamen Wassernutzung, sondern begünstigt im Gegenteil einen verschwenderischen Umgang mit knappen Ressourcen. Die Wirkung der gestuften Wassertarife ist demgegenüber sehr viel höher, wie Erhebungen während der letzten Dürre gezeigt haben. Das baden-württembergische Wasserentnahmeentgelt scheint daher vorzugswürdig zur langfristigen Ressourcenschonung, könnte jedoch teilweise von kalifornischen Ansätzen profitieren, um eine noch größere Wirkung bei der Bewältigung von Dürreereignissen zu entfalten.

Für die kurzfristige Anpassung der Nachfrage an Dürreereignisse scheint der gestufte Wasserpreis mit Dürrezuschlag auf den ersten Blick vorzugswürdig. Er integriert zwei Aspekte und kann zu hohen Tarifsätzen führen, die Wassernutzer von einem übermäßigen Wasserverbrauch abschrecken können. Wie bereits angedeutet, kann der gestufte Wasserpreis zu einer sozialen Ungleichverteilung der Wasserressourcen führen. Da Wasserressourcen in Baden-Württemberg ein Allgemeingut darstellen, ist ein derart marktwirtschaftlicher Ansatz nicht mit der baden-württembergischen Rechtslage vereinbar. Die Erhebung eines Dürrezuschlags scheint jedoch eine geeignete Maßnahme, um das Nutzungsverhalten der Gewässernutzer bis auf den Bereich der unelastischen Nachfrage bei Dürreereignissen anzupassen. Hierdurch kann die erhöhte Ressourcenverantwortung gleichermaßen auf alle Gewässerbenutzer umgelegt werden.

Von der Umlage der Ressourcenverantwortung nehmen beide Rechtsordnungen die landwirtschaftliche Nutzung der Gewässer teilweise aus. In Kalifornien erfolgt die Ausnahme bislang noch in Form von *flatrates*; in Baden-Württemberg privilegiert das WG-BW die Landwirtschaft durch die geringeren, verbrauchsabhängigen Preise. Eine derartige Ausnahme mag in Bereichen gerechtfertigt sein, in denen die Landwirtschaft nahezu ausschließlich die Nahrungsversorgung vor Ort sicherstellt. Trägt der herabgesenkte Wasserpreis allein zur Gewinnmaximierung und Steigerung der Exportleistung bei, könnte zumindest für die Dauer eines Dürreereignisses über eine umsatzabhängige Umlage der Ressourcenverantwortung durch den Wasserpreis nachgedacht werden.

b) Handlungsempfehlungen

Die Lenkungswirkung des Wasserentnahmeentgelts nach §§ 100 ff. WG-BW ist ausbaufähig in Bezug auf die effektive Bewältigung von Dürreereignissen.
  Zum einen empfiehlt sich eine klarstellende Änderung des Gesetzeswortlauts in § 102 WG-BW. Da die Formulierung der Entgeltpflicht iRv. § 102 WG-BW durch den Kausalsatz »soweit sie der Wasserversorgung dienen« in der Vergangenheit zu Rechtsunsicherheiten hinsichtlich der Grenzen der Entgeltpflicht beitrug, wäre es begrüßenswert den Zusatz ersatzlos zu streichen.[2043]
  Gleichzeitig müssten die Wasserpreise für Benutzungen, die nicht der öffentlichen Wasserversorgung dienen, nach § 104 Abs. 2 Nr. 3 WG-BW angeglichen werden, um eine Privilegierung untergeordneter Benutzungszwecke zu unterbinden. Auch hier ist insoweit ein Gleichlauf mit den *de lege ferenda* gesetzlich priorisierten Gewässerbenutzungen herzustellen, da sich die Priorisierung nicht nur auf Ebene der direkten Verhaltensstellung sondern auch in ökonomischen Anreizen wiederspiegeln sollte, um die Effektivität allgemein zu stärken.
  Zum anderen sollte über die Implementierung eines Dürrezuschlags insbesondere im Verhältnis öffentliche Wasserversorger – Endkunde nachgedacht werden. Verfassungsrechtliche Bedenken insbesondere im Hinblick auf Art. 3 Abs. 1 GG[2044] dürften nicht entstehen. Auch bei der Gebührenhöhe ist eine besondere sachliche Rechtfertigung, die den bloßen Einnahmeerzielungszweck ersetzt oder ergänzt, zu fordern.[2045] Eine Gebührenbemessung ist erst dann sachlich ungerechtfertigt, wenn einen grobes Missverhältnis zu dem verfolgten Gebührenzweck besteht.[2046] Nach Art. 9 Abs. 1 WRRL soll die Wassergebührenpolitik angemessene Anreize für die Benutzer darstellt, Wasserressourcen effizient zu nutzen. Zudem können die Mitgliedstaaten auch den geographischen und klimatischen Gegebenheiten der betreffenden Region Rechnung tragen. Verbrauchsabhängige Wasserpreise können einen Anreiz bieten, die Wasserressourcen sparsam zu nutzen. Die Erhebung eines Dürrezuschlags verknüpft den Effizienzgedanken, der verbrauchsabhängigen Wasserpreisen häufig bereits zugrunde liegt, mit Situationen, in denen ein erhöhter Druck auf den Gewässerressourcen lastet, da möglicherweise der Bedarf steigt und gleichzeitig die Verfügbarkeit stagniert oder sogar abnimmt. Bei Dürre erlangen die Gebührenzwecke der Vorteilsabschöpfung und der Verhaltenslenkung besondere Bedeutung, da sich der Sondervorteil durch die Teilhabe an dem nun knappen Gut der Allgemeinheit erhöht und der Verbrauch hydrologisch geminderter Nutzungschancen für Dritte stärker zu gewichten ist. Ein Dürrezuschlag dürfte auch mit Bundesrecht vereinbar sein, da § 50 Abs. 3 WHG es den öffentlichen Wasserversorgern überlässt, zum Beispiel Bedarfsspitzen durch ökonomische Steuerung zu vermeiden oder generell auf einen sparsameren Verbrauch bei Dürreereignissen durch einen Dürrezuschlag hinzuwirken. Sollte die Wasserversorgung der Landwirtschaft künftig durch Bewässerungsverbände erfolgen, könnten die Bewässerungsverbände ähnliche ökonomische Anreize zum sparsamen

---

2043 Hierzu bereits *Köhn/Lauf*, Das Wasserentnahmeentgelt in Baden-Württemberg, Bericht 1/2017, UFZ, 2016, S. 28 ff.
2044 Zur verfassungsrechtlichen Vereinbarkeit eines Wasserentgelts der Höhe nach BVerfG, Beschl. v. 20. 1. 2010, NVwZ 2010, 831 (831).
2045 BVerfG, Beschl. v. 20. 1. 2010, NVwZ 2010, 831 (831).
2046 BVerfG, Beschl. v. 9. 12. 2008 – 2 BvR 2193/04, Rn. 11 (juris).

E. Vergleich und Handlungsempfehlungen

Wasserverbrauch bei Dürreereignissen setzen. Sollte die Erhöhung von Wasserpreisen bei Dürreereignissen aufgrund der pönalisierenden Wirkung abgelehnt werden, könnten alternativ günstigere Wassertarife für Endnutzer festgelegt werden, wenn diese hinter ihrem durchschnittlichen monatlichen Verbrauch zurückbleiben.

Wie sich in Kalifornien gezeigt hat, sollte die Implementierung eines Dürrezuschlags nicht ohne begleitende Aufklärungs- und Informationskampagnen erfolgen. Dadurch wird die Akzeptanz und im Ergebnis die Effektivität des Instruments gesteigert. Ein Vorteil der Dürreentnahmeentgelte ist zudem, dass sie nicht nur eine Verhaltenssteuerung bewirken und eine Umlage der Ressourcenverantwortung auf alle Beteiligten vornehmen, sondern auch die Finanzierung von anderen Dürremaßnahmen ermöglichen.

Der Gestaltungsspielraum durch die Wasserentnahmeentgeltstruktur ist langfristig als Bindeglied verschiedener Instrumente eines Dürremanagements zu sehen. Es wird z. B. eine systemkonforme Anpassung der Entgeltstruktur an die Nutzungshierarchie ermöglicht. Weitergehend könnten auf gesetzlicher Ebene die Entgeltsätze um dürrespezifische Zuschläge ergänzt werden, wobei die in den Bewirtschaftungsplänen festgelegten Dürrestufen die Struktur für eine gestaffelte Gebührenhöhe vorgeben können.

2. Wassertransfers

Wassertransfers sind ein besonderes ökonomisches Instrument des kalifornischen Rechts zur kurzfristigen Umverteilung von Wasserrechten bei Dürreereignissen. Der Preis verfügbaren Wassers zum Ausgleich von Versorgungsengpässen bestimmt sich dementsprechend nach der Nachfrage am Markt.[2047] In Baden-Württemberg besteht kein vergleichbares Instrument. Grund hierfür ist die Grundannahme, dass die Wasserversorgung ein Sektor ist, der sich aufgrund der hohen Anforderungen der Gefahrenabwehr an die Sicherheit der Wasserversorgung generell der Logik des Marktes entzieht. Die Sicherheitsverantwortung des Staates lässt daher keinen marktwirtschaftlichen Wettbewerb um die Gewässerressourcen zu.[2048] Eine Übertragung des kalifornischen Wassertransfer-Systems kommt aus rechtlichen und tatsächlichen Gründen nicht in Betracht.

Zum einen besteht in Baden-Württemberg aufgrund der umfassenden Eröffnungskontrolle keine Notwendigkeit für die Umverteilung der Wasserressourcen, da die Wasserbehörden bei Genehmigungserteilung eine Zuteilung der Gewässerressourcen vornehmen. Zum anderen erlöschen alte Rechte gem. § 20 WHG bei Nichtausübung bis zum Jahr 2020. Es besteht daher keine vergleichbare Rechtslage mit dem kalifornischen Wasserrecht, wo *riparian rights* auch bei Nichtausübung bestandskräftig sind und jederzeit geltend gemacht werden können. *Riparian rights* verleiten Inhaber dazu, ein unter normalen hydrologischen Bedingungen nicht ausgeübtes Wasserrecht bei Dürreereignissen in Anspruch zu nehmen, um einen ökonomischen Vorteil durch einen *water transfer* zu erreichen. Im Übrigen begünstigen Wassertransfers bei Dürreereignissen eine Übernutzung der Gewässer und legen die Befürchtung nahe, dass die Gewässerökologie keine hinreichende Berücksichtigung findet. In Kalifornien stehen Wassertransfers darüber

---

2047 *Fahami*, Constitutional Implications on Block Pricing, Hastings Const. L.Q. 2017, 455 (458).
2048 *Markopoulos*, EU-Wirtschaftsverfassung und kommunale Wasserversorgung, KommJur 2012, 330 (330).

hinaus in der Kritik mit einem langwierigen Genehmigungsprozess verbunden zu sein, der die Flexibilität des Instruments zur kurzfristigen Umverteilung von Wasserressourcen bei Dürreereignissen beschränkt.

Wassertransfers sind ein dem baden-württembergischen Bewirtschaftungs- und Zuteilungsverständnis fremdes ökonomisches Instrument, von dessen Anwendung in Baden-Württemberg auch im Lichte der kalifornischen Erfahrungen abzuraten ist.

3. Dürreversicherungen

In Kalifornien sind Dürreversicherungen fester Bestandteil der kurzfristigen Bewältigung von Dürreereignissen. Sie sichern das Risiko ökonomischer Schäden durch Dürreereignisse im landwirtschaftlichen Sektor flächendeckend ab und lösen *ex post* Maßnahmen, wie die Bereitstellung von Katastrophenhilfen, zu großen Teilen ab. Dürreversicherungen in Kalifornien sind ein staatliches Instrument; sie werden durch das United States Department of Agriculture (USDA) bereitgestellt und durch Prämien bezuschusst.[2049] Seit mehreren Jahren gibt es auch in Baden-Württemberg für Landwirte vermehrt »Mehrgefahren-Versicherungen«. Durch die steuerliche Begünstigung von Dürreversicherungen rückwirkend zum 1.1.2020 und dem Pilotprojekt »Förderung einer Mehrgefahrenversicherung zur Verbesserung der Risikovorsorge« sind Dürreversicherungen auch in Baden-Württemberg auf dem Weg langfristig staatliche Soforthilfen zu ersetzen.

Dürreversicherungen können ein tauglicher Ansatz sein, um staatliche *ad hoc* Maßnahmen in Form von Katastrophenhilfe für den landwirtschaftlichen Sektor zu ersetzen. Sie bieten zwar eine finanzielle Kompensation für Dürregeschädigte und können gerade kleinere landwirtschaftliche Betriebe finanziell absichern, sollten jedoch mit geringeren Prämienraten ausgestaltet sein, wenn Landwirte Maßnahmen zur Steigerung der Dürrebelastbarkeit ergreifen, um eine Verhaltenssteuerung herbeizuführen. Ob sie zur langfristigen Risikovorsorge oder zur kurzfristigen Risikobewältigung beitragen, hängt daher von der konkreten Ausgestaltung der Prämienstruktur ab.

Grundsätzlich ist eine langfristige Etablierung von Dürreversicherungen als Maßnahme zur Bewältigung ökonomischer Auswirkungen nicht ohne staatliche Unterstützung und Regulierung möglich, wie die kalifornischen Dürreversicherungen zeigen. Eben diesen Aspekt adressiert die Landesregierung im Pilotprojekt »Förderung einer Mehrgefahrenversicherung zur Verbesserung der Risikovorsorge« indem finanzielle Mittel in Höhe von jährlich fünf Millionen Euro in die anstehenden Haushaltsberatungen eingebracht und in Form von Zuschüssen an Landwirte zur Dürreversicherung ausgeschüttet. Ziel des Pilotprojekts sei es, Erfahrungen zu gewinnen, in welchem Umfang eine staatliche Anschubfinanzierung oder Prämienunterstützung geboten ist, um damit die bisher praktizierten staatlichen *ad hoc* Hilfen nach Naturkatastrophen oder widrigen Witterungsverhältnissen abzulösen.[2050] Nach Angaben des Ministeriums für Ländlichen Raum

---

2049 Siehe Abschnitt D.III.3.d); *Feil*, Ernteversicherungen: nur mithilfe des Staates, DLG-Mitteilungen 2015, 22 (24).
2050 *Land BW*, Pilotprojekt zur Risikovorsorge im Obst- und Weinbau, Pressemitteilung, 2019, https://www.baden-wuerttemberg.de/de/service/presse/pressemitteilung/pid/pilotprojekt-zur-risikovorsorge-im-obst-und-weinbau/ [abgerufen am 12.7.2021].

und Verbraucherschutz hat das Projekt im Jahr 2020 große Resonanz gefunden. Auf der Grundlage der VwV Ertragsversicherung wurden rund drei Millionen Euro an 1.290 Wein- und Obstbaubetriebe im Land ausbezahlt.[2051]

Bedenken gegen die staatliche Unterstützung von Dürreversicherungen bestehen auch nicht im Hinblick auf das unionsrechtliche Beihilfenrecht nach Art. 107 ff. AEUV und der VO EU 702/2014.[2052] Art. 28 der VO EU 702/2014 enthält die unionsrechtlichen Vorgaben für die Gewährung von Beihilfen für die Zahlung von Versicherungsprämien, damit diese iSv. Art. 107 Abs. 3 lit.c AEUV als mit dem Binnenmarkt vereinbar gelten und von der Anmeldepflicht nach Art. 108 Abs. 3 AEUV freigestellt sind. Im Anwendungsbereich liegen u. a. Versicherungen, die z. B. Verluste durch Naturkatastrophen oder widrige Witterungsverhältnisse ausgleichen, Art. 28 Nr. 3 VO EU 702/2014.

4. Dürrekatastrophenhilfe

Sowohl in Kalifornien als auch in Baden-Württemberg kommen Dürrekatastrophenhilfen als *ex post* Instrumente zur Milderung von ökonomischen Schäden zum Einsatz. Die Ausgestaltung der Programme ist teils ähnlich, teils unterschiedlich. In beiden Gliedstaaten kommen z. B. Steuererleichterungen (*tax relief*) zum Einsatz. Die Bereitstellung von Direktzahlungen sind in den Gliedstaaten an unterschiedliche Wassernutzer gerichtet. Die VwV Unwetterhilfe in Baden-Württemberg sieht *ad hoc* Dürrehilfen überwiegend für landwirtschaftliche Ernteausfälle vor. Die US und kalifornischen *drought relief programs* richten sich hingegen überwiegend an Wasserversorger oder Gemeinden zur Verbesserung der Wasserinfrastruktur oder der Einrichtung von Notfallversorgungsmaßnahmen. Grund für die unterschiedlichen Anwendungsbereiche ist, dass in Kalifornien der landwirtschaftliche Sektor durch Dürreversicherungen ein geringes Risiko für ökonomische Dürreschäden aufweist. Insofern besteht eine geringe Notwendigkeit nach *ad hoc* Dürrehilfen. In Baden-Württemberg hingegen weist der öffentliche Wasserversorgungssektor eine hohe Resilienz auf.

Grundsätzlich ist festzustellen, dass Dürrekatastrophenhilfen keinen Beitrag zur langfristigen Dürrevorsorge gegenüber Dürreereignissen leisten. Sie können jedoch zur kurzfristigen Bewältigung der ökonomischen Schäden erforderlich sein.

5. Handlungsempfehlungen

Ökonomische Instrumente spielen eine wichtige Rolle, um das Nutzungsverhalten von Bevölkerung und Gewässerbenutzern unmittelbar zu steuern. Sie können in vielen

---

2051 *Land BW*, Fördergelder für Ertragsversicherung Obst- und Weinbau ausgezahlt, Pressemitteilung, 2021, https://www.baden-wuerttemberg.de/de/service/presse/pressemitteilung/pid/foerdergelder-fuer-ertragsversicherung-obst-und-weinbau-ausgezahlt/ [abgerufen am 12.7.2021].

2052 Verordnung (EU) Nr. 702/2014 der Kommission v. 25.6.2014 zur Feststellung der Vereinbarkeit bestimmter Arten von Beihilfen im Agrar- und Forstsektor und in ländlichen Gebieten mit dem Binnenmarkt in Anwendung der Artikel 107 und 108 des Vertrags über die Arbeitsweise der Europäischen Union.

Bereichen ordnungsrechtliche Instrumente und deren Vollzugsmaßnahmen ersetzen und dadurch die Verwaltung und Regierung bei der Bewältigung von Dürreereignissen entlasten und das Bewusstsein der Nutzer zu einem sparsameren Umgang mit den Gewässerressourcen zu schärfen.

a) Dürreversicherungen vs. *ad hoc* Ernteausfallzahlungen

Grundsätzlich zeigt sich das Land Baden-Württemberg zurückhaltend mit der Bereitstellung von Ernteertragsausfallzahlungen nach Dürreereignissen, da der Umgang mit witterungsbedingten Ertragsrisiken in erster Linie Aufgabe des landwirtschaftlichen Unternehmens ist.[2053]

Ad hoc Finanzleistungen können zwar punktuell eine finanzielle Erleichterung zur Kompensation von Ernteausfällen bieten, es besteht jedoch die Befürchtung, dass ein betriebsinternes Risikomanagement vernachlässigt wird. Wie der Dürresommer 2018 gezeigt hat, kommt ein effektives staatliches Risikomanagement jedoch nicht gänzlich ohne Ernteausfallzahlungen aus, da ansonsten ein »Höfesterben« von kleineren landwirtschaftlichen Betrieben zu befürchten ist.

Auch Dürreversicherungen in ihrer derzeitigen Form bieten keine effektivere Alternative zu staatlichen *ad hoc* Leistungen. Dies liegt zum einen am Instrument Dürreversicherung selbst, das zwar das Risiko der Landwirte gegenüber Dürreereignissen streut, jedoch ebenfalls dazu führen kann, dass kein Anreiz besteht auch unter schwierigen Bedingungen totale Ernteausfälle zu vermeiden.[2054] Langfristig können sich hierdurch Probleme zwischen Landwirten und Zwischenhändlern und gegebenenfalls auch Versorgungsengpässe ergeben, da die Landwirte ihre Lieferungsverträge nicht erfüllen können. Zum anderen sind die Dürreversicherungen in Deutschland bislang zu wenig ausgereift, um das Dürrerisiko für Landwirte effektiv zu streuen. Gerade hier ist es Aufgabe von Wissenschaft und Forschung, z. B. genauere Methoden zu entwickeln, wie die Kausalität zwischen Dürre und Ernteschaden leichter nachgewiesen werden kann. Dürreversicherung können aufgrund der hohen Prämiensätze nur mit staatlicher Subventionierung etabliert werden.[2055] Voraussetzung dabei ist stets, dass die Vorgaben der Art. 107 ff. AEUV, konkretisiert durch Art. 28 Verordnung EU 702/2014, eingehalten werden.[2056] Für kostengünstige Prämiensätze kommt eine staatliche Förderung z. B. in Form einer Anschubfinanzierung in Betracht.[2057] Alternativ könnte auch über eine staatliche Rückversicherung durch Zuschüsse an private Rückversicherer oder staatliche Bürgschaften an Erstversicherer nachgedacht werden.[2058] Eine derart staatlich regulierte Versicherungsleistung könnte auf Grundlage von Art. 36–39 Europäischer Landwirtschaftsfonds für die Entwicklung des ländlichen Raums (ELER)-VO Nr. 1305/2013 (zweite Säule des GAP) erfolgen, da der europäische Gesetzgeber den Mitgliedstaaten ein weites Ermessen

---

2053 LT-Drs. 16/2053, S. 11.
2054 *Adler*, Balancing Compassion and Risk in Climate Adaptation, Fla. L. Rev. 2012, 201 (225).
2055 *Kaindl*, Ernteversicherung, 2007; *GDV*, Landwirtschaftliche Mehrgefahrenversicherungen für Deutschland, 2016, S. 33.
2056 Siehe Abschnitt E.IV.3.
2057 *Feil*, Ernteversicherungen: nur mithilfe des Staates, DLG-Mitteilungen 2015, 22 (25).
2058 *Feil*, Ernteversicherungen: nur mithilfe des Staates, DLG-Mitteilungen 2015, 22 (25).

hinsichtlich Prämienleistungen einräumt.[2059] Für die Obst- und Weinwirtschaft stellt das Land bereits Prämien zu Hagelversicherungen bereit, von der im Jahr 2016 drei Betriebe Gebrauch gemacht haben.[2060] Eine staatliche Regulierung der Versicherungsleistungen könnte die instrumentalen Strukturen zur Versicherbarkeit von Dürreschäden etablieren, die derzeit noch an der Definition und Zurechnung des Schadens zum Dürreereignis stagnieren.[2061] Die Etablierung von Mehrgefahrenversicherungen in Baden-Württemberg böten sowohl für Landwirte als auch für die öffentliche Hand mehrere Vorteile. Zum einen unterliegen Extremwetterereignisse einer hohen Volatilität, der am besten durch Mehrgefahrenversicherungen begegnet werden kann. Zum anderen ist eine Entlastung des staatlichen Finanzhaushaltes durch den Wegfall von *ad hoc* Maßnahmen denkbar.[2062] Zudem sollten die Beiträge und Steuersätze freiwilliger Dürreversicherungen auf die der Hagelversicherung herabgesenkt und mit Prämien begünstigt werden. Von einer staatlichen Pflichtversicherung gegen Dürre ist grundsätzlich abzusehen, da Baden-Württemberg und deutschlandweit große regionale Unterschiede herrschen.

b) Subventionen

Auch durch Subventionen kann das Nutzungsverhalten von Landwirten auf verschiedene Weise gesteuert werden, vorausgesetzt die Art. 107 f. AEUV werden eingehalten. Subventionen betreffend die Beseitigung von Schäden durch Naturkatastrophen oder sonstige außergewöhnliche Ereignisse gelten nach Art. 107 Abs. 2 lit.b. AEUV per se als mit dem Binnenmarkt vereinbar. Zudem sind De–Minimis–Beihilfen durch die Verordnung EU 1407/2013 nach Art. 109, 108 Abs. 4 AEUV vom Anwendungsbereich der Anzeigenpflicht nach Art. 108 Abs. 3 AEUV und damit auch vom Tatbestand des Art. 107 AEUV ausgenommen. Für Subventionen an die Landwirtschaft gelten die speziellen Vorgaben insbesondere zu den Beihilfearten nach Art. 14 ff. der Verordnung EU 702/2014. Dies betrifft insbesondere Subventionen von Maßnahmen zur Dürrevorsorge.

Ein vertiefter Beitrag zur Dürrebewältigung kann dadurch erreicht werden, dass die Gewährung von Subventionen von Auflagen – der Erstellung von betriebsinternen Dürremanagementplänen – abhängig gemacht werden. Zum anderen können Subventionen unmittelbar zur Förderung von Maßnahmen zur Dürrebewältigung gewährt werden. Grundsätzlich sollten bestehende Subventionen für landwirtschaftliche Erzeugnisse und Methoden, die eine wasserintensive Landwirtschaft fördern, zurückgefahren werden, um zu vermeiden, dass direkt oder indirekt die kostendeckenden Wasserbepreisung

---

2059 Auch *GDV*, Landwirtschaftliche Mehrgefahrenversicherungen für Deutschland, 2016, S. 11; *Santeramo/Ramsey*, Crop Insurance in the EU: Lessons and Caution from the US, Euro-Choices 2017, 34 (39); *Kaindl*, Ernteversicherung, 2007; näher *Mayer/Stroblmair/Tusini*, Land- und Forstwirtschaft: Bedrohung oder Umstellung, in: Steininger/Steinreiber/Ritz (Hrsg.), Extreme Wetterereignisse und ihre wirtschaftlichen Folgen, 2005, S. 151 (158).
2060 LT-Drs. 16/2053, S. 12.
2061 *Hlatky/Stroblmair/Tusini*, Versicherungen, in: Steininger/Steinreiber/Ritz (Hrsg.), Extreme Wetterereignisse und ihre wirtschaftlichen Folgen, 2005, S. 167 (170); grundlegend *Eszler*, Versicherbarkeit und ihre Grenzen, Zeitschr. f. d. ges. Versicherungsw. 2000, 285 (289, 294).
2062 LT-Drs. 16/2053, S. 12; *GDV*, Landwirtschaftliche Mehrgefahrenversicherungen für Deutschland, 2016, S. 33.

konterkariert wird.²⁰⁶³ Umgekehrt sollten im Rahmen der Agrarumweltmaßnahmen verstärkt auch wasserwirtschaftlich begründete Maßnahmen zur Wassereinsparung gefördert werden, auch wenn der Katalog der Fördermaßnahmen keinen spezifischen Titel zu dürrerisikovorsorgenden Maßnahmen enthält.²⁰⁶⁴ Hierzu gehört zum Beispiel die Förderung dürrebelastbarer Anbauarten oder eine häufig wechselnde Fruchtfolge. Bevor großflächige Infrastrukturvorhaben zum Ausbau der Bewässerungslandwirtschaft, wie z. B. im Bereich des Weinbaus, bezuschusst werden, sollte vorher auf Ebene der Bewirtschaftungsgebiete eine Wasserbilanz aufgestellt und eine Umweltprüfung durchgeführt werden, um eine dauerhafte Übernutzung des Wasserhaushalts zu vermeiden. Für eine (teilweise wohl nicht vermeidbare) Ausweitung der Bewässerungslandwirtschaft, könnten die Bewässerungsverbände zur Regulierung und Versorgungssicherheit beitragen. Durch derartige Versorgungsstrukturen ist eine Bilanzierung des Mehrbedarfs zudem leichter zu bemessen, als anhand einer Vielzahl einzelner Akteure. Daran anknüpfend könnten besonders effiziente Bewässerungsmethoden (Tröpfchenbewässerung, automatische Bewässerungssysteme, geschlossene Kreisläufe oder Trockenfeldbau) subventioniert werden, um die landwirtschaftliche Nachfrage möglichst gering zu halten. Abschließend ist insbesondere auch auf die Möglichkeit staatlicher Subventionierung von Umweltpartnerschaften, die durch die freiwillige vertragliche Verpflichtung zu einem proaktiven Dürremanagement von Gewässerbenutzern mit der öffentlichen Hand zustande kommen könnten, hinzuweisen. Im Gegenzug zur Durchführung von Dürrervorsorgemaßnahmen werden staatliche Subventionen gewährt. Perspektivisch könnten die Umweltpartnerschaften zu einem ausdifferenzierten System entwickelt werden, nach dem die Anzahl und Art an Dürremaßnahmen nach einer Liste mit der Höhe der staatlichen Subventionen korrelieren.

V. Zusammenwirken von Wasserrecht und anderen Rechtsgebieten

Im Zentrum der Dürrebewältigung stehen wasserwirtschaftliche Instrumente, da diese die Bewirtschaftung der Gewässer unmittelbar regeln. Wie die Untersuchungen der Rechtsordnungen gezeigt haben, können Instrumente anderer Rechtsgebiete die wasserwirtschaftlichen Bewältigungsstrategien ergänzen und komplettieren. Obwohl die enge Wechselbeziehung zwischen Wasser- und Landschaftsnutzung sowie Raumplanung bekannt ist, werden die Rechtsgebiete noch immer häufig isoliert beachtet.²⁰⁶⁵ Ein Wasserwirtschaftsrecht, das den Anspruch eines integrierten Wasserressourcenmanagements erhebt, muss daher sektoren-, politik- sowie akteursübergreifend umgesetzt werden.²⁰⁶⁶

2063 *Reese et al.*, Anpassung an die Folgen des Klimawandels, 2. Aufl. 2016, S. 203; *Krämer*, Climate Change and EU Legal Initiatives Regarding Water Availability, JEEPL 2009, 461.
2064 *Reese et al.*, Anpassung an die Folgen des Klimawandels, 2. Aufl. 2016, S. 203 mit Verweis auf die GAK.
2065 *Grünewald*, Regulatorische und institutionelle Ansätze für eine nachhaltige Wasserbewirtschaftung, in: Hüttl/Bens (Hrsg.), Georessource Wasser – Herausforderung Globaler Wandel, 2012, S. 236 (236 f.).
2066 *Grünewald*, Regulatorische und institutionelle Ansätze für eine nachhaltige Wasserbewirtschaftung, in: Hüttl/Bens (Hrsg.), Georessource Wasser – Herausforderung Globaler Wandel, 2012, S. 236 (245).

E. Vergleich und Handlungsempfehlungen

1. Bauleitplanung und Raumordnung

Baden-Württemberg ist, wie Kalifornien, ein bevölkerungsreiches Land mit kontinuierlichem Bevölkerungszuwachs. Öffentliche Wasserversorger sollten daher in kontinuierlichem Austausch mit zuständigen Behörden der Bauleitplanung stehen, um die Entwicklung der Stadtplanung[2067] an die Wasserverfügbarkeit auszurichten. Hierdurch können Wasserversorgungsengpässen durch Dürreereignisse langfristig vorgebeugt werden. Die öffentliche Wasserversorgung umgeht dadurch Konfliktsituationen, wie in Kalifornien, wo Wasserversorger Anträge auf Anschluss an das öffentliche Versorgungsnetz ablehnen müssen (*water moratoria*). In *per se* wasserarmen Gebieten, in denen bereits eine Verschärfung von Wasserknappheitssituationen durch Umstände wie Bevölkerungszuwachs oder erhöhte Frequenz und Intensität von Dürreereignissen könnten Gemeinden über den Einsatz von *demand offset programs* in Form von Subventionierung wassersparender Technologien nachdenken.

Durch raumordnungsrechtliche Instrumente kann eine proaktive Steuerung der Landnutzung erfolgen, wodurch das Dürrerisiko gesenkt werden kann.[2068] Teilweise wird hierzu der Vorschlag vorgebracht durch Zonenpläne eine Standortoptimierung z. B. für die Landwirtschaft herbeizuführen.[2069] Grundsätzlich ist ein solcher Ansatz sinnvoll um gewässerintensive Nutzungen in *per se* wasserärmeren Regionen zu vermeiden. Jedoch sollte von einer zonengenauen Standortoptimierung abgesehen werden, da Dürreereignisse sich grundsätzlich einer kartografischen Bestimmbarkeit[2070] entziehen.

2. Natur- und Artenschutzrecht

Ein geeigneter Ansatz zur Stärkung gewässerökologischer Belange ist das Natur- und Artenschutzrecht. Im Unterschied zum Wasserwirtschaftsrecht, das von einer Abwägung verschiedener Nutzungsinteressen im Rahmen des Bewirtschaftungsermessens geprägt ist, bietet das Naturschutzrecht die Möglichkeit Abwägungsentscheidungen oder Schwellenwerte anhand von Bioindikatoren »leichter« zu bestimmen. Hierdurch kann gewährleistet werden, dass Wasserwirtschaftsrecht und Naturschutzrecht ein systematisch abgestimmtes, hohes Schutzniveau zugunsten der Umwelt sicherstellen.

2067 Zur Anpassung von Städten an die Folgen des Klimawandels *Albrecht*, Die Stadt im Klimawandel, ZUR 2020, 12.
2068 *Huber*, Naturgefahren in der Raumplanung, Regio Basiliensis 2009, 21 (13).
2069 In Anlehnung an *Kuhn/Beising*, Umweltwandel und Naturgefahren, Regio Basiliensis 2009, 3 (9).
2070 *Huber*, Naturgefahren in der Raumplanung, Regio Basiliensis 2009, 21 (14); *ÖROK*, Risikomanagement für gravitative Naturgefahren in der Raumplanung, 2015, S. 25.

Tabelle 6: Anpassungsmaßnahmen zur Dürrerisikobewältigung und -vorsorge.
Quelle: eigene Darstellung unter Einbeziehung von *Christian-Smith/Levy/Gleick*, Maladaptation to Drought, Sustain. Sci. 2015, 491, 499; *Steinmetz/Wieprecht/Bárdossy*, Anpassungsstrategie Baden-Württemberg an die Folgen des Klimawandels, Teil A: Langfassung, Wasserforschungszentrum Stuttgart, 2013, 144 ff.; *Reese et al.*, Anpassung an die Folgen des Klimawandels, 2. Aufl. 2016, S. 180 ff.; *Grünewald*, Regulatorische und institutionelle Ansätze für eine nachhaltige Wasserbewirtschaftung, in: Hüttl/Bens (Hrsg.), Georessource Wasser – Herausforderung Globaler Wandel, 2012, S. 236, 244 ff.

Sektor	Dürrevorsorge		*ad hoc* Dürrebewältigung	
	Eigenvorsorge	Regulierung	Eigenvorsorge	Regulierung
Untere Wasserbehörden	– Vorlagen für Allgemeinverfügungen zur Beschränkung des Gemeingebrauchs – Verwaltungsinterne Priorisierung der Gewässernutzer – Pflege der Gewässerdaten – Dauerhaftes Monitoring des Gewässerzustands durch das Pegelmessnetz der LUBW	– Proaktive Umsetzung dürrespezifischer Festsetzungen in Genehmigungen – Dauerhafte Regelung des Gemeingebrauchs	– Einrichtung eines Meldewesens für illegale Gewässernutzungen – Einrichtung eines Meldewesens für Fischsterben – Koordinierung und Abstimmung der Bewältigungsstrategie mit Nachbarbehörden	– Beschränkungen, Untersagungen von Gewässernutzungen – Umsetzung der Nutzungspriorisierung
Wasserinfrastruktur	– Zisternen – geschlossene Kreisläufe – geschlossene Speicherbecken – Instandhaltung der Infrastruktur – Identifizierung von Gebieten zur künstlichen Grundwasseranreicherung in wasserreichen Zeiten	– Ausbau Verbandswesen – Diversifizierung des Wasserdargebots – Dezentrale Niederschlagsversickerung – Effiziente Benutzungsmethoden	– Auffangvorrichtungen für Oberflächenabfluss – Betriebspläne für Dürreereignisse	– Leitungsungebundene Wasserversorgung und Notleitungen – Tal- und Stauseenmanagement

Fortsetzung Tabelle 6

Sektor	Dürrevorsorge		ad hoc Dürrebewältigung	
	Eigenvorsorge	Regulierung	Eigenvorsorge	Regulierung
Wasserversorger/ Bewässerungsverbände	– Aufklärungskampagnen über Dürre – Informationskampagnen über sparsame Wassernutzung – Dürrespezifische Wasserpreisstruktur – Entnahmeabhängige Wassertarife – Infrastruktur mit automatischer Abschaltefunktion bei Überwässerung / undichten Stellen – Automatische Wasserzähler – Unterirdische oder geschlossene Leitungssysteme zur Verringerung der Verdunstung – Wassersparkampagnen	– Erstellung von Wassernutzungsbudgets mit verschiedenen hydrologischen Szenarien – Errichtung und Nutzung von Vorhersage- und Frühwarnsystemen – Diversifizierung des Wasserdargebots	– Betriebspläne für Dürreereignisse	– Beschränkung der Nutzungsmenge nach Dürre-Aktionsplan

Fortsetzung Tabelle 6

Sektor	Dürrevorsorge Eigenvorsorge	Dürrevorsorge Regulierung	ad hoc Dürrebewältigung Eigenvorsorge	ad hoc Dürrebewältigung Regulierung
Häusliche Wassernutzer	– Wassereffiziente Geräte mit automatischer Abschaltfunktion (Wasserhähne, Toilettenspülung, Gartenbewässerung) – Dürrebelastbare Bepflanzung von Gärten	– Wassersparprogramme durch Wasserversorger – Aufklärungskampagnen für ein Dürre-nachhaltiges Verbraucherverhalten	– Auffangvorrichtungen für Regenwasser (z. B. Zisternen) – Abdeckvorrichtungen für Schwimmbecken	– Beschränkung der Nutzungsmenge nach Dürre-Aktionsplan – Beschränkung nicht-lebensnotwendiger Nutzungen (z. B. Autowaschen, Rasensprengen)
Landwirtschaft	– Diversifizierung des Dargebots durch Bewässerungsverbände – Schließbare Auffangvorrichtungen für Niederschlagswasser – Sicherstellung der Niederschlagsversickerung – Wassereffiziente Bewässerungssysteme – Anbaudiversifizierung – Anbau dürreresistenter Pflanzen – Verschattung durch Bäume oder Solaranlagen	– Zusammenschluss zu Bewässerungsverbänden – Subventionierung einer dürrebelastbaren Landwirtschaft – Erstellung und Anordnung von Dürremaßnahmen zur guten fachlichen Praxis – Entnahmeabhängige Wasserpreise – Wasserbonussysteme für Landwirte, die ihr Wasserbudget unterschreiten	– Dürreversicherungen – Brachliegenlassen von Feldern – Notschlachtungen – Beziehung von Wasser aus öffentlicher Wasserversorgung – Umsetzung von betrieblichen Dürreaktionsplänen	– Regulierung durch Bewässerungsverbände – Steuererleichterung in Dürresommern – Ausnahmegenehmigungen für Wasserentnahmen – Umsetzung dürreangepasster Bewässerungs- und Beweidungspläne

E. Vergleich und Handlungsempfehlungen

Fortsetzung Tabelle 6

Sektor	Dürrevorsorge		ad hoc Dürrebewältigung	
	Eigenvorsorge	Regulierung	Eigenvorsorge	Regulierung
Energiesektor	– Integration von Belüftungsanlagen in bauliche Anlagen	– Entnahmeregulierung zur Vermeidung von Stoßzeiten – Diversifizierung der Energiegewinnungsformen – Vorhaltung von Ausgleichsstandorten für Fischpopulationen	– Umsetzung betrieblicher Dürreaktionspläne	– Regulierung der Entnahmen und Wärmeeinleitungen – Stützmaßnahmen
Industrie/ Gewerbe	– Optimierung von Produktionsprozessen – Diversifizierung der Bezugsquellen – Einrichtung von geschlossenen Wasserkreisläufen		– Gewässerunabhängige Produktions- oder Transportwege	– Regulierung der Produktionsleistung
Gewässerökologie		– Naturnaher Gewässerfließbausbau – Analysen zur Anfälligkeit von Gewässern – Übergeordnete Steuerung dürrerelevanter Indikatoren (Abfluss, Mindestwasser, Sauerstoff, Temperatur) in einem Dürre-Niedrigwassermanagement	– Ausgleichsmaßnahmen zur Verbesserung der Gewässereigenschaft (Belüftungsmaßnahmen, Beregnung von Gewässern bei Nacht, Abfischen und Umsiedelung von Fischpopulationen)	– Regulierung von Entnahmen und Wärmeeinleitungen

Fortsetzung Tabelle 6

Sektor	Dürrevorsorge		ad hoc Dürrebewältigung	
	Eigenvorsorge	Regulierung	Eigenvorsorge	Regulierung
Gewässerökologie (Niedrigwasser)	– Ausbau eines Niedrigwasserinformationssystems durch das Pegelmessnetz der LUBW mit mehreren Niedrigwasserstufen – Wiederherstellung naturnaher Gewässerstrukturen	– Öffentlich-Rechtliche Verträge mit Wassernutzern zwecks Einhaltung der Grenzwerte – Erstellung eines umfassenden Niedrigwassermanagements für dürreanfällige Gewässer, das Indikatoren Abfluss, Pegelstand, Temperatur, Sauerstoff und Schadstoffkonzentration integriert	– Maßnahmen zur Niedrigwasseraufhöhung	– Umsetzung dürrespezifischer Aktionspläne für staugeregelte Flüsse (Stauseen- und Talsperrenmanagement) – Nutzungsbeschränkungen
Gewässerökologie (Wärmelast)	– Wärmemodelle (für den Rhein seit Mitte 2010, siehe Steinmetz/Wieprecht/Bardossy, Anpassungsstrategie BW an die Folgen des Klimawandels, Teil A lang, 2013 Maßnahmenblatt 16) – Beschattung	– Flussgebietsbezogene Erstellung von Wärmelastplänen mit Dürreaktionsplan		– Versagung von Wärmeeinleitungen
Gewässerökologie (Sauerstoff)	– Ermittlung und Einrichtung von Kaltwasserzonen	– Kontinuierliches Monitoring – An Bioindikatoren ausgerichtete Alarmpläne	– Stützmaßnahmen von Kraftwerken – Wehrüberfall – Belüftungsmaßnahmen	– Umsetzung der Alarmpläne

Fortsetzung Tabelle 6

Sektor	Dürrevorsorge		*ad hoc* Dürrebewältigung	
	Eigenvorsorge	Regulierung	Eigenvorsorge	Regulierung
Raumordnung		– Steuerung von Städtewachstum, Raumnutzung, Versiegelung von Flächen und Ballungsgebieten in wasserärmeren Regionen – Standortoptimierung für Industrie/Energie – Ermittlung von Gebieten zur Grundwasserneubildung – Ermittlung von geeigneten Standorten zur Rückhaltung von Starkregen oder Hochwasserereignissen in geschlossenen Auffangsystemen – Keine Trockenlegung / Drainage von Böden	– Ausweisung von Rückzugsflächen / Ausgleichsstandorte für Fischpopulationen in dürreanfälligen Gewässern	
Forstwirtschaft	– Anpflanzung heimischer, dürrebelastbarer Anbausorten	– Vorhaltung von Einrichtungen zur Waldbrandbekämpfung		– Bewässerungsmaßnahmen unrentabel

F. Zusammenfassung der Ergebnisse und Fazit

I. Zusammenfassung der Ergebnisse

Die wesentlichen Erkenntnisse aus der rechtsvergleichenden Untersuchung lassen sich in der Reihenfolge ihrer Erarbeitung in folgenden Thesen zusammenfassen:

Kapitel A.

1. Das Ziel der vorliegenden Arbeit besteht darin, Instrumente des öffentlichen Wasserwirtschaftsrechts auf ihre Eignung zur Dürrebewältigung zu untersuchen. Es wird die Frage aufgeworfen, ob bestehende Instrumente einen ausreichenden Schutz vor Dürreauswirkungen auf Umwelt und Gesellschaft bieten.
2. Gegenstand der Untersuchung ist das für Baden-Württemberg geltende öffentliche Wasserrecht, da im Zentrum eines Dürremanagements die Regulierung von Gewässerbenutzungen steht. Um einen einheitlichen Mindeststandard vorzugeben und gleichzeitig die örtliche Benutzungsbedürfnisse sowie das Wasserdargebot zu berücksichtigen, muss ein effektives Dürremanagement auf Länderebene ansetzen.
3. Um die Eignung der wasserrechtlichen Instrumente zur Dürrebewältigung hervorzuheben, hat die Ordnung der unterschiedlichen Instrumente anhand ihrer Wirkungsweise gegenüber den Regelungsadressaten zu erfolgen.
4. Das kalifornische Wasserrecht wird rechtsvergleichend herangezogen, da es spezifische Instrumente zur Dürrebewältigung enthält. Das kalifornischen Dürremanagement ist zum einen das Produkt einer jahrzehntelangen Anpassung wasserrechtlicher Instrumente an Dürren. Zum anderen fügt es sich situativ in einen föderalen Staatsaufbau ein, der ähnlich wie in Baden-Württemberg durch das Zusammenwirken von örtlichen Wasserversorgern und verschiedenen Ebenen der Verwaltung geprägt ist.
5. Ein effektives Dürremanagement kommt nicht umhin, die Begriffe »Dürre« und »Trockenheit« konkret zu definieren. Die Untersuchung verwendet den Begriff »Dürre« stets dann, wenn es speziell um die Auswirkungen des Naturereignisses geht. Unter Trockenheit versteht die Untersuchung ein Niederschlagsdefizit, das für sich gesehen als Naturvorgang keine Regelungsnotwendigkeit begründet.

Kapitel B.

6. Das Ziel eines effektiven Dürremanagements besteht darin, auch im Dürrefall ein hohes Niveau des Ressourcen- und Umweltschutzes sicherzustellen, ohne dabei die Versorgungssicherheit der öffentlichen Wasserversorgung zu gefährden oder Nutzungskonflikte zwischen Gewässerbenutzern entstehen zu lassen.
7. Das Bundesland Baden-Württemberg gehört im Bundesvergleich zu einem wasserreichen Gebiet, allerdings bestehen auch hier lokale Wassermangelgebiete. Rückläufige Niederschlagswerte sind perspektivisch vor allem in den Wintermonaten zu erwarten.

8. Vergangene Dürreereignisse zeigten auch in Baden-Württemberg Auswirkungen und führten vereinzelt zu Nutzungskonflikten. Zu den (potentiell) von Dürreauswirkungen betroffenen Sektoren gehören der Anfälligkeit nach: die Gewässerökologie, die Landwirtschaft, die Schifffahrt, die Energiewirtschaft, die Industrie mitsamt verarbeitendem Gewerbe, die Forstwirtschaft sowie die öffentliche Wasserversorgung.

9. Das Risikomanagement ist eine bewährte Methode, um ein angemessenes Schutzniveau für Umwelt und Gesellschaft im Umgang mit Naturereignissen sicherzustellen. Für den Bereich Hochwasserschutz ist die Anwendung des Risikomanagements bereits gesetzlich in den §§ 73 ff. WHG durch Umsetzung der Hochwasserrisikomanagementrichtlinie (HWRM-RL) vorgeschrieben, auf Dürreereignisse jedoch nur bedingt übertragbar.

10. Ein effektives Dürremanagement folgt den Grundsätzen des Risikomanagements und ist proaktiv ausgerichtet. Zu den Handlungsfeldern eines Dürremanagements gehören die langfristige Dürrevorsorge zur Vermeidung des Eintritts von Dürreauswirkungen im Vorfeld und die *ad hoc* Dürrebewältigung zur Verringerung der Schäden durch Dürreereignisse.

Kapitel C.

11. Die Wasserrahmenrichtlinie (WRRL) verfolgt durch das Bewirtschaftungsziel eines »guten Zustands der Gewässer« vorrangig den Schutz der Gewässerökologie. Mindestanforderungen an ein Dürremanagement lassen sich mittelbar durch das unionsrechtliche, in § 27 Abs. 1 Nr. 1 WHG und § 46 Abs. 1 Nr. 1 WHG einfachgesetzlich umgesetzte, Verschlechterungsverbot entnehmen. Dieses begründet mittelbar auch im Dürrefall die staatliche Verantwortung, Verschlechterungen des Gewässerzustands mit allen Mitteln zu vermeiden.

12. Die grundrechtlichen Schutzpflichten des Staates verlangen den wirksamen Schutz von Leben und Gesundheit gem. Art. 2 Abs. 2 S. 1 GG, die Schaffung menschenwürdiger Lebensgrundlagen Art. 2 Abs. 2 S. 1 iVm. Art. 1 Abs. 1 S. 1 GG sowie den Schutz der weiteren grundrechtlichen Rechtsgüter, z. B. Art. 14 GG, auch vor Beeinträchtigungen durch Dürreereignisse.

13. Auch das Staatsziel Umweltschutz aus Art. 20a GG, konkretisiert in mehreren Umweltprinzipien, begründet eine staatliche Verantwortung zur Erhaltung der Wasserressourcen und der Umwelt als intaktem Lebensraum.

14. Einfachgesetzliche Pflichten zum Schutz von Umwelt und Gesellschaft vor Dürreauswirkungen begründen mittelbar insbesondere die Pflicht zur Sicherstellung einer öffentlichen Wasserversorgung §§ 50 WHG iVm. 44 WG-BW und zur Gefahrenabwehr nach § 100 WHG.

15. Allgemeine wasserrechtliche Prinzipien nach § 6 WHG und die unionsrechtlich vorgegebenen, in § 27 WHG und § 46 WHG verankerten, Bewirtschaftungsziele bilden den übergeordneten Bewirtschaftungsrahmen, in den sich ein Dürremanagement einzugliedern hat.

16. Ob und unter welchen klimatischen und hydrologischen Voraussetzungen erleichterte Anforderungen an die Bewirtschaftungsziele nach § 31 WHG gelten, bedarf im Hinblick auf Dürreereignisse näherer Bestimmung - auch auf unionsrechtlicher Ebene, da Art. 4 Abs. 6 WRRL auf den Begriff der »langanhaltenden Dürren« abstellt ohne diesen näher zu definieren.

17. Bewirtschaftungspläne und Maßnahmenprogramme nach §§ 82 f. WHG können das zentrale Element eines Dürremanagements in Baden-Württemberg einnehmen, indem sie jeweils um Dürrebewältigungsinstrumente ergänzt werden. Diese Dürrebewältigungsinstrumente sind zugleich integrativer Bestandteil der Pläne, nehmen aber einen eigenständigen Bereich ein. Für Maßnahmenprogramme bietet sich eine Integration in der Rubrik der ergänzenden Maßnahmen nach §§ 82 f. WHG an.

18. Das repressive Verbot mit Erlaubnisvorbehalt nach § 8 Abs. 1 WHG unterstellt begrüßenswerter Weise bis auf wenige Ausnahmen alle Gewässerbenutzungen einer öffentlich-rechtlichen Gestattung. Die Wasserbehörden haben umfangreiche Möglichkeiten die Gewässerbenutzungen nach §§ 12, 13 WHG zu steuern und auch proaktiv auf Dürreereignisse und Ressourcenschutz abzustimmen. Der Wortlaut sowie der Telos der Normen verfolgen bislang jedoch überwiegend den Schutz der Gewässerqualität, sodass nur mittelbar eine Eignung zur Dürrebewältigung besteht.

19. Instrumente zur Sicherstellung einer ressourcenschonenden Gewässerbenutzung sind die für jedermann geltenden Pflichten Wasser sparsam zu verwenden § 5 Abs. 1 Nr. 2 WHG und die erforderliche Mindestwasserführung nach § 33 WHG einzuhalten. Die Pflichten sind vom Wortlaut her allgemein gehalten und geben den Gewässerbenutzern, abgesehen von einer Konkretisierung durch die Wasserbehörden im gestattungspflichtigen Einzelfall, kaum konkrete Vorgaben, um ihr Benutzungsverhalten entsprechend anzupassen.

20. Instrumente zur kurzfristigen Einschränkung von Gewässerbenutzungen können auf Grundlage der wasserrechtlichen Generalklausel nach § 100 Abs. 1 S. 1 WHG iVm. § 75 WG-BW und, im Falle des Gemeingebrauchs, nach § 21 Abs. 2 Nr. 1 WG-BW zum Einsatz kommen. Im Unterschied zur wasserrechtlichen Generalklausel ist die Möglichkeit zur Anordnung nachträglicher Inhalts- und Nebenbestimmungen nach § 13 Abs. 1 WHG ebenso wie die Möglichkeit zur Rückausnahme von erlaubnisfreien Benutzungen des Grundwassers nach § 42 Abs. 1 WG-BW eher auf die langfristige Anpassung der Gewässerbenutzung ausgerichtet.

21. Ein Instrument zur Verbrauchsbeschränkung sieht §§ 50 WHG iVm. 44 Abs. 6 S. 2 WG-BW vor. Es ermächtigt die Gemeinden zum Vollzug der Wasserversorgungssatzungen, auf Grundlage derer –sofern vorgesehen – Verbrauchsbeschränkungen und -verbote nach pflichtgemäßem Ermessen erlassen werden können.

22. Ein Instrument zur Lösung von Nutzungskonflikten ist das Ausgleichsverfahren nach § 22 WHG. Die Durchführung eines gemeinsamen Verwaltungsverfahrens für alle beeinträchtigen Gewässerbenutzer im Einzugsgebiet kann zu einer zweckmäßigen und effizienten Lösung von Nutzungskonflikten sowie langfristigem Rechtsfrieden beitragen.

F. Zusammenfassung der Ergebnisse und Fazit

23. Spezifisch gewässerökologische, planerische Instrumente gerade in Form von Aktionsplänen können ein Niedrigwassermanagement ergänzen, da sie an Indikatoren wie Sauerstoff ansetzen, deren Konzentration auch von der Pegelhöhe des Gewässers abhängig ist. In Bayern gibt es mit dem Alarmplan für den staugeregelten Main eine Verwaltungsvorschrift, die Meldewege im Fall kritischer Niedrigwasserstände am Main vorgibt.

24. Ein Instrument zum verstärkten Schutz von Grundwasser ist die Ausweisung von Wasserschutzgebieten nach § 51 WHG. Der Gesetzgeber beschränkt die Anordnungsmöglichkeit jedoch weitgehend auf Grundwasser(teil)körper, die einem gewässerqualitätsbeeinträchtigendem Risiko ausgesetzt sind.

25. Wiederholt haben Bund und Länder – insbesondere nach dem Dürresommer 2018 – staatliche Entschädigungszahlungen für Dürreschäden an betroffene Landwirte geleistet. Durch die bundesweite Herabsenkung des Steuersatzes für Mehrgefahrenversicherungen und die landesweite Durchführung von Pilotprojekten zur Bezuschussung von Dürreversicherungen, ist langfristig zu erwarten, dass Dürreversicherungen staatliche Entschädigungszahlungen zumindest in Baden-Württemberg weitgehend ablösen.

Kapitel D.

26. Rechtsgrundlagen des kalifornischen Wasserrechts sind neben der California Constitution (Cal. Const.) und *case law* insbesondere der California Water Code (WAT), der umfangreiche Regelungen für ein Wassermanagement und verschiedene Vorgaben für ein Dürremanagement enthält.

27. Die Betrachtung von historischen Dürreereignissen und deren Bewältigung zeigt, dass ein Dürremanagement dynamisch sein muss, um auf lokale und einzelfallspezifische Dürreauswirkungen reagieren zu können.

28. Hauptakteure eines Dürremanagements in Kalifornien sind lokale Verwaltungseinheiten, sog. *local governments*. Bei überregionalen Dürreereignissen übernimmt eine eigens eingerichtete, partizipativ ausgestaltete Dürre-Sondereinheit, die Interagency Drought Task Force, die Koordination von Bewältigungsstrategien und unterstützt nachfolgende Akteure bei der Umsetzung bundestaatenweiter Dürrebewältigungsvorgaben.

29. Das Dürremanagement findet durch die Reasonable and Beneficial Use Doctrine in Art. 10 Sec. 2 Cal. Const. verfassungsrechtliche Verankerung. Die Doktrin verpflichtet sowohl die Wasserbehörden bei hoheitlichem Tätigwerden als auch jeden Gewässernutzer als Inhaber eines Wasserrechts *water right* sicherzustellen, dass eine im Einzelfall angemessene, nicht verschwenderische Gewässerbenutzung erfolgt.

30. Zentrales Element des kalifornischen Dürremanagements sind auf lokaler Ebene planerische Instrumente der Wasserversorger zum Wassermanagement durch *urban water management plans* (UWMPs) und *agricultural water management plans* (AWMPs), die einen eigenständigen Teil in Form eines Aktionsplans zur Dürrebewältigung beinhalten.

31. Bei bundesstaatenweiten Dürren erlässt das State Water Resources Control Board (SWRCB) als oberste regulatorische Wasserbehörde aufgrund von Spezialermächtigungen durch Executive Orders Vorgaben einheitlicher Dürrebewältigungsmaßnahmen (*drought emergency regulations*), die unter anderem die einheitliche Umsetzung lokaler Dürremaßnahmen sicherstellen und verbindliche Nutzungseinschränkungen anordnen.

32. Ergänzend bestehen bedarfsbezogene Dürreaktionspläne verschiedener Akteure wie der Drought Operations Plan zur Koordinierung der Wasserverteilung durch die Fernwasserversorgungssysteme oder der *critical water shortage contingency plan* der Naturschutzbehörde.

33. Die Gewässerbenutzung erfolgt in Kalifornien auf der Grundlage von Wasserrechten *water rights*. Allein *post-appropriative 1914 water rights* unterliegen einem Genehmigungsvorbehalt, wodurch der regulierende Zugriff der Wasserbehörde SWRCB auf die Gewässerbenutzung erschwert wird.

34. Ausgehend von der Reasonable and Beneficial Use Doctrine Doktrin steht die sinnvolle und nützliche Gewässernutzung im Vordergrund des kalifornischen Wassermanagements. Die Sicherstellung einer ressourcenschonenden Gewässerbenutzung findet inzwischen auch durch die Public Trust Doctrine (PTD) seit einigen Jahrzehnten Berücksichtigung. Aufgrund tatsächlicher Umstände, wie der Überverteilung der Wasserressourcen durch *water rights* und langjährigen Dürresituationen, tritt die ressourcenschonende Nutzung in der Praxis hinter der nützlichen und effektiven Verwendung von Wasserressourcen zurück.

35. Die Priorisierung von Wassernutzungen erfolgt insbesondere nach der Art der Wasserrechte und der Reasonable and Beneficial Use Doctrine. Innerhalb einer Hierarchiestufe unterscheidet auch das Merkmal des Nutzungszwecks.

36. Zur *ad hoc* Verbrauchsbeschränkung bestehen in Kalifornien verschiedene Instrumente, darunter *landscaping ordinances* Rechtsverordnungen zur Regelung der Wassernutzung Außenbereich von Städten und Gemeinden, *water conservation* und *demand offset programs* sowie *water moratoria* als raumordnungsrechtlich geprägte Vorgaben zur Deckelung des absoluten Wasserverbrauchs von Städten und Gemeinden, *water shortage emergencies* für Wasserversorger bei Engpässen und – neben Sonderregelungen für den Dürrenotstand – in den planerischen Instrumenten angelegte Aktionspläne.

37. Zur Lösung von Nutzungskonflikten kann ein administratives Verfahren *statutory adjudication* vor dem SWRCB durchgeführt werden unter Berücksichtigung der materiell-rechtlichen Vorgaben der *physical solution doctrine*. In der Praxis führt das Ergebnis des sehr zeitaufwändigen Verfahrens meist zur zweckmäßigen Aufteilung vorhandener Ressourcen unter allen betroffenen Benutzern durch technische Lösungen, wie effizientere Entnahmemethoden oder zeitlichen Absprachen der Entnahme.

38. Planerische Instrumente zum Schutz der Gewässerökologie sind häufig als Aktionsplan angelegt und spiegeln das aufgrund vorangegangener negativer Erfahrungen bestehende Bedürfnis nach der Berücksichtigung eines konkreten Belangs wieder.

F. *Zusammenfassung der Ergebnisse und Fazit*

Die Regelungsvorgaben der planerischen Instrumente sehen überwiegend eine nachträgliche Einflussnahme auf das Nutzungssystem durch die Wasserrechte vor.

39. Der jüngst in Kraft getretene Sustainable Groundwater Management Act (SGMA) berücksichtigt das besondere Schutzbedürfnis der Grundwasserressourcen und stellt Vorgaben für lokale Grundwassermanagementpläne auf.

40. Ökonomische Instrumente nehmen einen wichtigen Bestandteil des Dürremanagements ein. Wasserversorger setzen unterschiedlich ausgestaltete Wasserpreis-Modelle ein, um die Nachfrage im Dürrefall zu senken. Eine Umverteilung von Nutzungsmöglichkeiten erfolgt durch kurzfristige, privatrechtliche Übertragung von Nutzungsrechten durch *water transfers*, die der Zustimmung von Wasserversorgern und Behörden unterliegen.

Kapitel E.
Zu den bedeutsamsten Handlungsempfehlungen für ein effektives Dürremanagement in Baden-Württemberg durch wasserrechtliche Instrumente zählen insbesondere:

41. Bewirtschaftungspläne und Maßnahmenpläne sollten jeweils um ein integriertes aber selbständiges »Dürrebewältigungsinstrument« ergänzt werden, dessen Ausgestaltung den vorbenannten Anforderungen entsprechen sollte.

42. Die Vorgaben der Mindestwasserführung sollten im Sinne eines umfassenden Niedrigwassermanagements unter Einbeziehung eines Sauerstoff- und Temperaturmanagements für Oberflächengewässer flächendeckend und ergänzend zur Verwaltungsvorschrift Wasserkrafterlass ausgebaut werden. Auch an dieser Stelle sollte ein integrierter aber selbständiger Dürreaktionsplan vorgehalten werden, der insbesondere den unteren Verwaltungsbehörden als Handlungsanleitung im Dürrefall dient.

43. Gewässerbenutzer wie die Landwirtschaft oder die öffentliche Wasserversorgung, die auf eine konstante Wassermenge besonders angewiesen sind, sollten – sofern noch nicht geschehen – Wasser(versorgungs)verbände bilden. Die Wasser(versorgungs)verbände sollten ihrerseits Dürreaktionspläne zum Umgang mit Versorgungsengpässen vorhalten.

44. Wasserversorger sollten durch eine entsprechende Ausgestaltung des Nutzungsentgelts vermehrt zum sparsamen Umgang mit Gewässerressourcen anregen und eine besondere Preisgestaltung für den Dürrefall vorsehen.

45. Der Landesgesetzgeber sollte den in der Praxis erkennbaren Willen zur effektiven Dürrebewältigung rechtlich verbindlich festhalten und in diesem Zusammenhang zur Rechtsklarheit eine Definition der Begriffe »Dürre« und »Trockenheit« aufnehmen.

II. Fazit

Angesichts der attestierten Folgen des Klimawandels auf den Wasserhaushalt und die Zunahme von Extremereignissen stellen Dürreereignisse auch in Baden-Württemberg eine ernstzunehmende Herausforderung für Gewässerbenutzer und staatliche Entscheidungsträger dar. Neben unerwünschten kurzfristigen, überwiegend ökonomischen Folgen besteht langfristig insbesondere das Risiko irreversibler Dürreauswirkungen auf die Umwelt. Letztere gilt es unter allen Umständen zu vermeiden, da sie, wie die Untersuchung der Dürreauswirkungen in Kalifornien zeigt, unter anderem zu einer irreversiblen Beeinträchtigung des Ressourcenhaushalts, des Artenschutzes und der Wasserversorgung nebst Bodenabsenkungen führen können. Sowohl in Kalifornien als auch in Baden-Württemberg ist ein dementsprechend vorausschauendes Handeln staatlicher Entscheidungsträger, insbesondere im Hinblick auf eine mögliche Verknappung des Wassers und eine Zunahme von Nutzungskonflikten erforderlich.

Die staatliche Verantwortung für den Schutz vor Dürreauswirkungen liegt vorrangig bei der Verwaltung, die auf der Grundlage gesetzgeberischer Rahmenvorgaben tätig wird. Der Umfang staatlicher Verantwortung erstreckt sich vor dem Hintergrund eines effektiven Risikomanagements in Baden-Württemberg gerade auf eine proaktive Ausrichtung der Gewässerbewirtschaftung, die auch dem Schutz vor Dürreauswirkungen Rechnung trägt. Ein effektives Dürrerisikomanagement verbindet den Schutz der Gewässer mit dem Schutz der Umwelt im weiteren Sinne und dem Schutz der Gesellschaft vor Dürreauswirkungen durch Abwägung der verschiedenen Belange und Interessen. Für Baden-Württemberg bestehen in dieser Hinsicht günstige Ausgangsbedingungen, zum einen durch den im WHG und WG-BW angelegten integrierten Bewirtschaftungsansatz. Zum anderen schafft die vorwiegend ökologisch Ausrichtung des öffentlichen Wasserrechts in Baden-Württemberg geeignete Rahmenbedingungen, um die Wasserressourcen und die Umwelt im weiteren Sinn vor Dürreauswirkungen zu schützen. In Kalifornien besteht hingegen die Herausforderung das durch Überverteilung geprägte Wassernutzungssystem nachträglich zum Schutz gewässerökologischer Belange auszubauen.

Abkürzungen

AB	Assembly Bill
ABM	Alarmplan für den bayerischen, staugeregelten Main
AMÖ	Alarmplan Main Gewässerökologie
APA	California Administrative Procedure Act
AWMP	*agricultural water management plan*
BGBl.	Bundesgesetzblatt
BGH	Bundesgerichtshof
BLANO	Bund/Länder-Ausschuss Nord- und Ostsee
BLM	Bureau of Land Management
BMU	Bundesministerium für Umwelt, Naturschutz und nukleare Sicherheit
BVerfG	Bundesverfassungsgericht
BVerwG	Bundesverwaltungsgericht
BWV	Bodensee-Wasserversorgung
Cal. Admin. Code	California Administrative Code
Cal. Const.	California Constitution
Cal. EMA	California Emergemcy Management Agency
Cal. OES	California Office of Emergency Services
CALFED	Collaboration Among State and Federal Agencies to Improve California's Water Supply
CCP	California Code of Civil Procedure
CCR	California Code of Regulations
CDPR	California Department of Pesticide Regulation
CEQA	California Environmental Quality Act
CFR	Code of Federal Regulations
CGC	California Government Code
CIMIS	California Irrigation Management Information System
CIRCABC	Communication and Information Resource Centre for Administrations, Businesses and Citizens
CIV	California Civil Code
CNRA	California Natural Resources Agency
CPC	California Plumming Code
CVPIA	Central Valley Project Improvement Act
CVP	Central Valley Project
CWAP	California Water Action Plan
CWA	Federal Clean Water Act
CWC	California Water Commission
CWP	California Water Plan
DAP	Dürreaktionsplan
DED	Drought Emergency Declaration
DMP	*drought management plan*
DPR	Department of Pesticide Regulation
DPSIR	Driving Forces, Pressures, States, Impacts and Responses

DRIeR	Drought Processes, Impacts and Resilience
DWRAT	Drought Water Right Allocation Tool
DWSC	Deep Water Ship Channel
DWD	Deutscher Wetterdienst
DWR	Department of Water Resources
EDO	European Drought Observatory
EEA	European Environment Agency
ELER	Europäischer Landwirtschaftsfonds für die Entwicklung des ländlichen Raums
EO	Executive Order
ESA	Endangered Species Act
ETAF	Evapotranspirations-Anpassungs-Faktor (*evapotranspiration adjustmend factor*)
ETo	Evapotranspiration
EU	Europäische Union
EuGH	Europäischer Gerichtshof
EWMP	*efficient water management practice*
eWRIMs	Electronic Water Rights Information Management System
FAC	Food and Agricultural Code
FAKT	Förderprogramm für Agrarumwelt, Klimaschutz und Tierwohl
FEMA	Federal Emergency Management Agency
FGC	California Fish and Game Code
GAK	Gemeinschaftsaufgabe zur Verbesserung der Agrarstruktur und des Küstenschutzes
GAP	Gemeinsame Agrarpolitik
GASGEM	California Statewide Groundwater Elevation Monitoring
GIS	Geographic Information System
GSP	*groundwater sustainability plan*
GWN-BW	Hydrologisches Wasserhaushaltsmodell »Grundwasserneubildung-Bodenwasserhaushalt«
HSC	California Health and Safety Code
IFGE	Internationale Flußgebietseinheit
IKGB	Internationale Gewässerschutzkommission für den Bodensee
IKSR	Internationale Kommission zum Schutz des Rheins
IWA-Rhein	Internationaler Warn- und Alarmplan Rhein
JOC	Joint Operations Center
KLARA	Verbundprojekt Klimawandel – Auswirkungen, Risiken, Anpassung
KLIWA	Kooperationsvorhaben Klimaveränderung und Wasserwirtschaft
LAWA	Bund-Länder-Arbeitsgemeinschaft Wasser
LAO	Legislative Analyst's Office
LARSIM	Hydrologisches Wasserhaulshaltsmodell (Large Area Runoff Simulation Model)
LfU	Landesanstalt für Umweltschutz
LUBW	Landesanstalt für Umwelt Baden-Württemberg

LW	Landeswasserversorgung
MEKA	Marktentlastungs- und Kulturlandschaftsausgleich
MEPL	Maßnahmen- und Entwicklungsplan Ländlicher Raum Baden-Württemberg
MLR BW	Ministerium für Ernährung, Ländlichen Raum und Verbraucherschutz Baden-Württemberg
MNQ	Mittlerer Niedrigwasserabfluss
MQ	Mittlerer Abfluss
MWD	Metropolitan Water District of Southern California
MWELO	Model Water Efficient Landscape Ordinance
NDMC	National Drought Mitigation Center
NMFS	National Marine Fisheries Service
NOAA	National Oceanic and Atmospheric Administration
NPDES	National Pollutant Discharge Elimination System
NWA	Niederbarnimer Wasser- und Abwasserzweckverband
OAL	Office of Administrative Law
OPR	Governor's Office of Planning and Research
PCSE	Proclamation of a Continued State of Emergency
PDSI	Palmer Drought Severity Index, (Dürreindex)
PPIC	Public Policy Institute of California
PRC	California Public Resources Code
PTD	Public Trust Doctrine
RPA	*reasonable and prudent alternative*
RTDOMT	Real Time Drought Operations Management Team
RTDOT	Real Time Drought Operations Team
San Diego Regional AWMP	San Diego Regional Agricultural Water Management Plan
SB	Senate Bill
SDWA	Federal Safe Drinking Water Act
SEMS	Standardized Emergency Management System
SFBWQIF	San Francisco Bay Water Quality Improvement Fund
SGMA	Sustainable Groundwater Management Act added by Stats. 2014, Ch. 346, Sec. 3. (SB 1168) Effective January 1, 2015
SGMP	Sustainable Groundwater Management Plan
SMI	Soil Moisture Index
SPI	Standardized Precipitation Index
SRTMP	Sacramento River Temperature Management Plan
SSWS	*state small water system*
StM BW	Staatsministerium Baden-Württemberg
SUP	Strategische Umweltprüfung
SWP	State Water Project
SWRCB	State Water Resources Control Board
TI	Trockenheitsindex
TMDL	Total Maximum Daily Loads

TRAIN	Hydrologisches Wasserhaushaltsmodell abgeleitet von »Transpiration & Interzeption«
TSAWR	Transitional Special Agricultural Water Rate
UC AIC	University of California Davis Agricultural Issues Center
UC Davis ANR	University of California Davis Division of Agriculture and Natural Resources
UC Davis CWS	University of California Davis Center for Watershed Sciences
UFZ	Helmholtz-Zentrum für Umweltforschung
UM BW	Ministerium für Umwelt, Klima und Energiewirtschaft Baden-Württemberg
UMK	Umweltministerkonferenz
UNEP	United Nations Environment Programme
US EPA	United States Environmental Protection Agency
USDA	United States Department of Agriculture
USACE	United States Army Corps of Engineers
USBR	United States Bureau of Reclamation
USC	United States Code
USFS	United States Forest Service
USFWS	United States Fish and Wildlife Service
USGS	United States Geological Survey
UuU	Umstrukturierung und Umstellung von Rebflächen
UWMP	*urban water management plan*
VM BW	Ministerium für Verkehr Baden-Württemberg
VO	Verordnung
VwV	Verwaltungsvorschrift
WAC	Washington Administrative Code
WAT	California Water Code
WCA	Water Commission Act
WKK	Wasserversorgung Kleine Kinzig
WMO	World Meteorological Organization
WSCP	*water shortage contingency plan*

Im Übrigen wird verwiesen auf *Kirchner*, Abkürzungsverzeichnis der Rechtssprache, 9. Aufl. 2018.

Rechtsquellen

1. WasSV	Erste Wassersicherstellungsverordnung v. 31.3.1970 (BGBl. I S. 357)
2. WasSV	Zweite Wassersicherstellungsverordnung v. 11.9.1973 (BGBl. I S. 1313) z. g. Art. 1 d. Verordnung v. 25.4.1978 (BGBl. I S. 583)
4. BImSchV	Vierte Verordnung zur Durchführung des Bundes-Immissionsschutzgesetzes i. d. F. v. 31.5.2017 (BGBl. I S. 1440) z. g. d. Art. 1 der Verordnung v. 12.1.2021 (BGBl. I S. 69)
AEUV	Vertrag über die Arbeitsweise der Europäischen Union i. d. F. d. Vertrages von Lissabon (konsolidierte Fassung bekanntgemacht im ABl. EU 2010 C115, S. 47)
AGWVG	Ausführungsgesetz zum Wasserverbandsgesetz v. 18.12.1995 (GBl. 1995, 872) z. g. d. Art. 35 der Verordnung v. 25.4.2007 (GBl. S. 252, 255)
AGBG	Gesetz zur Regelung des Rechts der Allgemeinen Geschäftsbedingungen i. d. F. v. 29.12.1976 (BGBl. I S. 3317)
AVBWasserV	Verordnung über Allgemeine Bedingungen für die Versorgung mit Wasser v. 20.6.1980 (BGBl. I S. 750, 1067) z. g. d. Art. 8 der Verordnung v. 11.12.2014 (BGBl. I S. 2010)
BayWG	Bayerisches Wassergesetz i. d. F. v. 25.2.2010 (GVBl. S. 66, 13, BayRS 753-1-U) z. g. d. § 5 Abs. 18 des Gesetzes v. 23.12.2019 (GVBl. S. 737)
BbgWG	Brandenburgisches Wassergesetz v. 2.3.2012 (GVBl. I Nr. 20) z. g. d. Art. 1 des Gesetzes v. 4.12.2017 (GVBl. I, Nr. 28)
BBodSchG	Bundes-Bodenschutzgesetz i. d. F. v. 17.3.1998 (BGBl. I S. 502) z. g. d. Art. 7 des Gesetzes v. 25.2.2021 (BGBl. I S. 306)
BG-RL	Richtlinie 2006/7/EG v. 15.2.2006 über die Qualität der Badegewässer und deren Bewirtschaftung und zur Aufhebung der Richtlinie 76/160/EWG (ABl. EU 2006 L 64, S. 37)
BImSchG	Gesetz zum Schutz vor schädlichen Umwelteinwirkungen durch Luftverunreinigungen, Geräusche, Erschütterungen und ähnliche Vorgänge i. d. F. v. 17.5.2013 (BGBl. I S. 1274; 2021 I S. 123) z. g. d. Art. 2 Abs. 1 des Gesetzes v. 9.12.2020 (BGBl. I S. 2873)
BKleinG	Bundeskleingartengesetz i. d. F. v. 28.2.1983 (BGBl. I S. 210) z. g. d. Art. 11 des Gesetzes v. 19.9.2006 (BGBl. I S. 2146)
BNatSchG	Bundesnaturschutzgesetz i. d. F. v. 29.7.2009 (BGBl. I S. 2542) z. g. d. Art. 5 des Gesetzes v. 25.2.2021 (BGBl. I S. 306)
EEG	Erneuerbare-Energien-Gesetz i. d. F. v. 21.7.2014 (BGBl. I S. 1066) z. g. d. Art. 11 des Gesetzes v. 16.7.2021 (BGBl. I S. 3026)
EUV	Vertrag über die Europäische Union i. d. F. d. Vertrages von Lissabon (konsolidierte Fassung bekanntgemacht im ABl. EU 2010 C115, S. 13)
EWGV	Vertrag über die Europäische Wirtschaftsgemeinschaft
GemO	Gemeindeordnung für Baden-Württemberg i. d. F. v. 24.7.2000 (GBl. S. 581, ber. S. 698) z. g. d. Art. 2 des Gesetzes v. 2.12.2020 (GBl. S. 1095, 1098)

GG	Grundgesetz für die Bundesrepublik Deutschland in der im Bundesgesetzblatt Teil III, Gliederungsnummer 100-1, veröffentlichten bereinigten Fassung, z. g. d. Art. 1 u. 2 Satz 2 des Gesetzes v. 29. 9. 2020 (BGBl. I S. 2048)
GrwV	Grundwasserverordnung v. 9. 11. 2010 (BGBl. I S. 1513) z. g. d. Art. 1 der Verordnung v. 4. 5. 2017 (BGBl. I S. 1044)
HBegleitG 2015/2016	Haushaltsbegleitgesetz 2015/2016 v. 16. 12. 2014 (GBl. v. 23. 12. 2014, S. 777)
HessWG	Hessisches Wassergesetz i. d. F. v. 14. 12. 2010 (GVBl. I S. 548) z. g. d. Art. 11 des Gesetzes v. 4. 9. 2020 (GVBl. S. 573)
HWRM-RL	Richtlinie 2007/60/EG v. 23. 10. 2007 über die Bewertung und das Management von Hochwasserrisiken (ABl. EU 2007 L 288, S. 27)
IfSG	Gesetz zur Verhütung und Bekämpfung von Infektionskrankheiten bei Menschen v. 20. 7. 2000 (BGBl. I S. 1045) z. g. d. Art. 2 des Gesetzes v. 10. 12. 2021 (BGBl. I S. 5162)
LBO	Landesbauordnung Baden-Württemberg i. d. F. v. 5. 3. 2010 (GBl. 357, 358, ber. S. 416) z. g. d. Gesetz v. 18. 7. 2019 (GBl. S. 313)
LKatSG	Gesetz über den Katastrophenschutz i. d. F. v. 22. 11. 1999 (GBl. 1999, 625) z. g. d. Art. 1 des Gesetzes v. 17. 12. 2020 (GBl. S. 1268)
LVG	Landesverwaltungsgesetz i. d. F. v. 14. 10. 2008 (GBl. 2008, 313, 314) z. g. d. Art. 10 des Gesetzes v. 21. 5. 2019 (GBl. S. 161, 185)
LVwVfG	Verwaltungsverfahrensgesetz für Baden-Württemberg i. d. F. v. 12. 4. 2005 (GBl. S. 350) z. g. d. Art. 1 des Gesetzes v. 4. 2. 2021 (GBl. S. 181)
LVwVG	Verwaltungsvollstreckungsgesetz für Baden-Württemberg i. d. F. v. 12. 3. 1974 (GBl. 1974, 93) z. g. d. Art. 5 der Verordnung v. 23. 2. 2017 (GBl. S. 99, 100)
LWG-NRW	Wassergesetz für das Land Nordrhein-Westfalen v. 8. 7. 2016 (GV. NRW. S. 560) z. g. d. Art. 1 des Gesetzes v. 4. 5. 2021 (GV. NRWS. 560, 718)
LWG-RhPf	Landeswassergesetz Rheinland-Pfalz v. 14. 7. 2015 (GVBl. 2015, S. 127) z. g. d. Art. 7 des Gesetzes v. 26. 6. 2020 (GVBl. S. 287
NatSchG	Gesetz des Landes Baden-Württemberg zum Schutz der Natur und zur Pflege der Landschaft (Naturschutzgesetz) v. 23. 6. 2015 (GBl. 2015, 585) z. g. d. Art. 8 des Gesetzes v. 17. 12. 2020 (GBl. S. 1233, 1250)
NiedSchlWasBesV	Verordnung des Umweltministeriums über die dezentrale Beseitigung von Niederschlagswasser v. 22. 3. 1999 (GBl. 1999 S. 157) z. g. d. Art. 11 des Gesetzes v. 3. 12. 2013 (GBl. S. 389, 441)
OGewV	Oberflächengewässerverordnung v. 20. 6. 2016 (BGBl. I S. 1373) z. g. d. Art. 2 Abs. 4 des Gesetzes v. 9. 12. 2020 (BGBl. I S. 2873)
OWiG	Gesetz über Ordnungswidrigkeiten i. d. F. v. 19. 2. 1987 (BGBl. I S. 602) z. g. d. Art. 3 des Gesetzes v. 30. 11. 2020 (BGBl. I S. 2600)
PolG	Polizeigesetz i. d. F. v. 13. 1. 1992 (GBl. S. 1, ber. S. 596, 1993 S. 155) z. g. d. Art. 1 des Gesetzes v. 6. 10. 2020 (GBl. S. 735)

SchALVO	Verordnung des Umweltministeriums über Schutzbestimmungen und die Gewährung von Ausgleichsleistungen in Wasser- und Quellenschutzgebieten v. 20. 2. 2001 (GBl. 2001, 145, ber. S. 414) z. g. d. Art. 15 des Gesetzes v. 3. 12. 2013 (GBl. S. 389, 444)
SobEG	Gesetz zur Eingliederung der Staatlichen Veterinärämter, zur Aufhebung der Staatlichen Gesundheitsämter, zur Übertragung von Aufgaben der Ämter für Wasserwirtschaft und Bodenschutz auf untere Verwaltungsbehörden sowie zur Bereinigung fleischhygiene- und lebensmittelrechtlicher Zuständigkeiten i. d. F. v. 12. 12. 1994 (GBl. S. 653)
StGB	Strafgesetzbuch i. d. F. v. 13. 11. 1998 (BGBl. I S. 3322) z. g. d. Art. 1 des Gesetzes v. 30. 3. 2021 (BGBl. I S. 448)
SächsWG	Sächsisches Wassergesetz i. d. F. v. 12. 7. 2013 (SächsGVBl. S. 503) z. g. d. Art. 2 des Gesetzes v. 8. 7. 2016 (SächsGVBl. S. 287)
TrinkwV	Trinkwasserverordnung i. d. F. v. 10. 3. 2016 (BGBl. I S. 459) z. g. d. Art. 99 der Verordnung v. 19. 6. 2020 (BGBl. I S. 1328)
ÜRL	Richtlinie 2009/90/EG v. 31. 7. 2009 zur Festlegung technischer Spezifikationen für die chemische Analyse und die Überwachung des Gewässerzustands gemäß der Richtlinie 2000/60/EG des Europäischen Parlaments und des Rates (ABl. EU 2009 L 201, S. 36)
UGB	Umweltgesetzbuch
UmwRG	Umweltrechtsbehelfsgesetz i. d. F. v. 23. 8. 2017 (BGBl. I S. 3290) z. g. d. Art. 8 des Gesetzes v. 25. 2. 2021 (BGBl. I S. 306)
UQN-RL	2008/105/EG v. 16. 12. 2008 über Umweltqualitätsnormen im Bereich der Wasserpolitik und zur Änderung und anschließenden Aufhebung der Richtlinien des Rates 82/176/EWG, 83/513/EWG, 84/156/EWG, 84/491/EWG und 86/280/EWG sowie zur Änderung der Richtlinie 2000/60/EG (ABl. EU 2008 L 348, S. 84)
UVPG	Gesetz über die Umweltverträglichkeitsprüfung i. d. F. v. 24. 2. 2010 (BGBl. I S. 94) z. g. d. Art. 6 des Gesetzes v. 25. 2. 2021 (BGBl. I S. 306)
VwGO	Verwaltungsgerichtsordnung i. d. F. v. 19. 3. 1991 (BGBl. I S. 686) z. g. d. Art. 1 des Gesetzes v. 3. 12. 2020 (BGBl. I S. 2694)
VwVfG	Verwaltungsverfahrensgesetz i. d. F. v. 23. 1. 2003 (BGBl. I S. 102) z. g. d. Art. 24 Abs. 3 des Gesetzes v. 25. 6. 2021 (BGBl. I S. 2154)
VwV Dürrehilfe	Verwaltungsvorschrift des Ministeriums für Ländlichen Raum und Verbraucherschutz zur Gewährung staatlicher Billigkeitsleistungen zur Bewältigung von Dürreschäden in der Landwirtschaft in Baden-Württemberg vom 1. 11. 2018 – Az.: 27-8581.05
VwV Ertragsversicherung	Verwaltungsvorschrift des Ministeriums für Ländlichen Raum und Verbraucherschutz zur Förderung von Versicherungsprämien zur Deckung witterungsbedingter Risiken im Obst- und Weinbau vom 16. 12. 2019 – Az.: 27-8581.15 geändert durch ÄnderungsVwV Ertragsversicherung vom 25. 11. 2020
VwV FAKT 2016	Verwaltungsvorschrift des Ministeriums für Ländlichen Raum und Verbraucherschutz zum Förderprogramm für Agrarumwelt, Klimaschutz und Tierwohl (VwV FAKT) vom 27. 1. 2016 (GABl. S. 102) z. g. d. Verwaltungsvorschrift vom 10. 1. 2019 (GABl. S. 47)

Rechtsquellen

VwV FAKT 2020	Verwaltungsvorschrift des Ministeriums für Ländlichen Raum und Verbraucherschutz zum Förderprogramm für Agrarumwelt, Klimaschutz und Tierwohl (VwV FAKT) vom 13. 11. 2020 (GABl. 2020 S. 871) g. d. Verwaltungsvorschrift vom 25. 5. 2021 (GABl. 2021 S. 297)
VwV Förderung Weinbau	Verwaltungsvorschrift des Ministeriums für Ländlichen Raum und Verbraucherschutz für die Förderung der Umstrukturierung und Umstellung von Rebflächen und die Förderung von Investitionen im Weinbau (VwV Förderung Weinbau), vom 29. 8. 2013 – Az.: 24-8536.31 (GABl. 2013, S. 416), z. g. d. Verwaltungsvorschrift v. 30. 7. 2018 (GABl. 2018, S. 535)
VwV MEKA III	Verwaltungsvorschrift des Ministeriums für Ländlichen Raum, Ernährung und Verbraucherschutz zur Förderung der Erhaltung und Pflege der Kulturlandschaft und von Erzeugungspraktiken, die der Marktentlastung dienen (Marktentlastungs- und Kulturlandschaftsausgleich – MEKA III) vom 28. 2. 2011 (GABl. 2011, S. 178) g. d. Verwaltungsvorschrift vom 18. 7. 2013 (GABl. 2013, S. 394, ber. S. 470)
VwV Öffentlichkeitsbeteiligung	Verwaltungsvorschrift der Landesregierung zur Intensivierung der Öffentlichkeitsbeteiligung in Planungs- und Zulassungsverfahren vom 17. 12. 2013 i. d. F. v. 10. 11. 2020 (GABl. Nr. 2, 2014 S. 22)
VwV Stabsarbeit	Verwaltungsvorschrift der Landesregierung Baden-Württemberg und der Ministerien zur Bildung von Stäben bei außergewöhnlichen Ereignissen und Katastrophen vom 29. 11. 2011 (in Kraft vom 1. 1. 2012 – 31. 12. 2018) – Az. 5-1441/16 (GABl. 2011, S. 567)
VwV Unwetterhilfe	Verwaltungsvorschrift des Ministeriums für Ländlichen Raum und Verbraucherschutz zur Gewährung staatlicher Zuwendungen zur Bewältigung von Unwetterschäden in der Landwirtschaft in Baden-Württemberg 2016 vom 27. 7. 2016 – Az.: 27-8581.05
VwV Warn- und Alarmplan Rhein	Gemeinsame Verwaltungsvorschrift des Ministeriums für Umwelt, Klima und Energiewirtschaft und des Innenministeriums über den Warn- und Alarmplan am Rhein und an seinen Nebenflüssen (Warn und Alarmplan Rhein) v. 10. 8. 2016 (GABl. Nr. 9 vom 28. 9. 2016 S. 581)
VwV Wasserkrafterlass 2006	Gemeinsame Verwaltungsvorschrift des Umweltministeriums, des Ministeriums für Ernährung und Ländlichen Raum und des Wirtschaftsministeriums zur gesamtökologischen Beurteilung der Wasserkraftnutzung; Kriterien für die Zulassung von Wasserkraftanlagen bis 1000 kW vom 30. 12. 2006, GABl. 2007 S. 105, Az.: 51-8964.00
VwV Wasserkrafterlass 2018	Gemeinsame Verwaltungsvorschrift des Umweltministeriums und des Ministeriums für Ländlichen Raum und Verbraucherschutz zur gesamtökologischen Beurteilung der Wasserkraftnutzung; Kriterien für die Zulassung von Wasserkraftanlagen bis 1.000 kW vom 15. 5. 2018, GABl. 2018 S. 403 Az.: 5-8964.00
VwV-WSG	Verwaltungsvorschrift des Umweltministeriums über die Festsetzung von Wasserschutzgebieten v. 14. 11. 1994 Az.: 34-8932.20 (GABl. 1994 S. 881; 6. 5. 1996 S. 460)
WasSiG	Wassersicherstellungsgesetz i. d. F. v. 24. 8. 1965 (BGBl. I S. 1225, 1817) z. g. d. Art. 251 der Verordnung v. 19. 6. 2020 (BGBl. I S. 1328)
WG-BW	Wassergesetz für Baden-Württemberg v. 3. 12. 2013 (GBl. S. 389) z. g. d. Art. 4 d. Gesetzes v. 17. 12. 2020 (GBl. S. 1233, 1248)
WHG	Wasserhaushaltsgesetz i. d. F. v. 31. 7. 2009 (BGBl. I S. 2585), z. g. d. Art. 1 des Gesetzes v. 19. 6. 2020 (BGBl. I S. 1408)
WMeßVO	Verordnung des Umweltministeriums über die Erfassung der Wasserentnahmen v. 17. 12. 1987 (GABl. 1987 S. 754; 3. 12. 2013 S. 389, 445)

WRRL	Richtlinie 2000/60/EG v. 23. 10. 2000 zur Schaffung eines Ordnungsrahmens für Maßnahmen der Gemeinschaft im Bereich der Wasserpolitik (ABl. EG 2000 L 327, S. 1)
WVG	Wasserverbandsgesetz i. d. F. v. 12. 2. 1991 (BGBl. I S. 405) z. g. d. Art. 1 des Gesetzes v. 15. 5. 2002 (BGBl. I S. 1578)

Literatur

Adler, Robert	Drought, Sustainability, and the Law, Sustainability 2010, S. 2176–2196.
Adler, Robert W.	Balancing Compassion and Risk in Climate Adaptation: US Water, Drought, and Agricultural Law, Florida Law Review 2012, S. 201–268.
Albrecht, Juliane	Umweltqualitätsziele im Gewässerschutzrecht: Eine europa-, verfassungs- und verwaltungsrechtliche Untersuchung zur Umsetzung der Wasserrahmenrichtlinie am Beispiel des Freistaates Sachsen, 1. Aufl., Berlin 2007.
Albrecht, Juliane	Rechtliche und organisatorische Aspekte grenzübergreifender Flussgebietsverwaltung dargestellt am Beispiel des Elbeeinzugsgebietes, Deutsches Verwaltungsblatt 2008, S. 1027–1035.
Albrecht, Juliane	Die ökologische Neuausrichtung des Wasserrechts durch die Wasserrahmenrichtlinie, Europäisches Umwelt- und Planungsrecht 2015, S. 96–119.
Albrecht, Juliane	Die Stadt im Klimawandel: Handlungsfelder, Rechtsinstrumente und Perspektiven der Anpassung (climate resilient cities), ZUR 2020, S. 12–22.
Albuquerque, Manuela	Constitutional Powers of Cities, Berkeley: California Constitution Center of UC Berkeley School of Law, 2013.
American Law Institute (Hrsg.)	Restatement of Torts, Second, Band 4 (Restatements of the Law, Second), Philadelphia 1979.
Ammermüller, Britta	Die Finanzierung von Maßnahmen zur Reduktion diffuser Gewässerbelastungen aus der Landwirtschaft – Welche Rolle spielt das Verursacherprinzip?, Zeitschrift für Umweltrecht 2009, S. 250–253.
Andrew, John	Adapting California's Water Sector, in: Lassiter (Hrsg.): Sustainable Water: Challenges and Solutions from California, Oakland CA 2015, S. 10–31.
Anschütz, Maria	Das wasserrechtliche Verschlechterungsverbot und seine Ausnahmen, Kassel 2017.
Appel, Ivo	Stufen der Risikoabwehr – Zur Neuorientierung der umweltrechtlichen Sicherheitsdogmatik im Gentechnikrecht, Natur und Recht 1996, S. 227–235.
Appel, Ivo	Das Gewässerschutzrecht auf dem Weg zu einem qualitätsorientierten Bewirtschaftungsregime: Zum finalen Regelungsansatz der Wasserrahmenrichtlinie, Zeitschrift für Umweltrecht 2001, S. 129–137.

Appel, Ivo	Staatliche Zukunfts- und Entwicklungsvorsorge: zum Wandel der Dogmatik des Öffentlichen Rechts am Beispiel des Konzepts der nachhaltigen Entwicklung im Umweltrecht, Tübingen, Freiburg i.Br. 2005.
Appel, Markus	Wasserrechtliches Gestattungsregime und Klimawandel, Natur und Recht 2011, S. 677–680.
Armbruster, Volker	Grundwasserneubildung in Baden-Württemberg (Freiburger Schriften zur Hydrologie 17), Freiburg i.Br. 2002.
Arndt, Birger	Das Vorsorgeprinzip im EU-Recht, Tübingen 2009.
Arndt, Birger	Das Risikoverständnis der Europäischen Union unter besonderer Berücksichtigung des Vorsorgeprinzips, in: Jaeckel/Janssen (Hrsg.): Risikodogmatik im Umwelt- und Technikrecht: Von der Gefahrenabwehr zum Risikomanagement, 2012, S. 35–50.
Attendorn, Thorsten	Berücksichtigung der Belange der Energiewende bei der Anwendung des Wasserrechts, Umwelt- und Planungsrecht 2013, S. 47–54.
Attwater, William/Markle, James	Overview of California Water Rights and Water Quality Law, Pacific Law Journal 1987, S. 957–1030.
Austin, Chris	The California Water Plan: Roadmap for Action, Mavens Notebook: Water News, 13.1.2015, abrufbar unter https://mavensnotebook.com/2015/01/13/the-california-water-plan-roadmap-for-action/ [abgerufen am 12.7.2021].
Austin, Chris	The Future of Water Transfers after the 2014 Drought, Maven's Notebook, 14.1.2015, abrufbar unter https://mavensnotebook.com/2015/01/14/the-future-of-water-transfers-after-the-2014-drought/ [abgerufen am 12.7.2021].
Austin, Chris	State Water Board Adopts "Stress Test" Approach to Water Conservation Regulation, California Drought, 18.5.2016, abrufbar unter https://mavensnotebook.com/2016/05/18/this-just-in-state-water-board-adopts-stress-test-approach-to-water-conservation-regulation/ [abgerufen am 12.7.2018].
Badenova	Geschäftsbericht, Freiburg i.Br., 2015.
Baerenklau, Kenneth A/Schwabe, Kurt A/Dinar, Ariel	Do Increasing Block Rate Water Budgets Reduce Residential Water Demand? A Case Study in Southern California, Riverside, 2014.
Baisch, Axel	Bewirtschaftung im Wasserrecht – die wasserrechtliche Bewirtschaftungserlaubnis zwischen Prävention und Repression, Frankfurt am Main, Berlin 1996.
Baker-Branstetter, Shannon	The Last Stand of the Wild West: Twenty-First Century Water Wars in Southern California, Environmental Law Report News & Analysis 2008.
Baldassare, Mark	When Government Fails: The Orange County Bankruptcy, San Francisco 1998.

Banse, Gerhard Herkunft und Anspruch der Risikoforschung, in: Banse (Hrsg.): Risikoforschung zwischen Disziplinarität und Interdisziplinarität, Berlin 1998, S. 15–72.

Barenberg, Jasper Bauernverband: Lage für viele Betriebe wirklich dramatisch, Deutschlandfunk, 30.7.2018, abrufbar unter https://www.deutschlandfunk.de/duerreschaeden-bauernverband-lage-fuer-viele-betriebe.1766.de.html?dram:article_id=424202 [abgerufen am 12.7.2021].

Barringer, Felicity California Water on the Market: Q&A with Barton "Buzz" Thompson, 3.3.2021, abrufbar unter https://west.stanford.edu/news/blogs/and-the-west-blog/2021/qa-barton-buzz-thompson [abgerufen am 12.7.2021].

Barth, Friedrich Die neue Wasserrahmenrichtlinie: Chance oder bürokratisches Hemmniss für die europäische Wasserpolitik?, Wasser und Boden 1997, S. 5–12.

Basen, Timo/Gaye-Siessegger, Julia/Brinker, Alexander Auswirkung von Dürre und Hitze 2018 auf Fischbestände: Folgen des Klimawandels für die baden-württembergischen Fischbestände und Schutzkonzepte, Landinfo 2018, S. 56–61.

Bäuerlein, Ulrike Der Borkenkäfer frisst sich durch: Dem Wald im Südwesten droht eine Katastrophe, SÜDKURIER Online, 7.4.2019, abrufbar unter https://www.suedkurier.de/ueberregional/baden-wuerttemberg/Der-Borkenkaefer-frisst-sich-durch-Dem-Wald-im-Suedwesten-droht-eine-Katastrophe;art417930,10109374 [abgerufen am 12.7.2021].

Bayerisches Landesamt für Umwelt Niedrigwasser in Bayern: Grundlagen, Veränderungen und Auswirkungen, Augsburg, 2016.

Bayerisches Landesamt für Umwelt Fischsterben in Bayern, Bayerisches Landesamt für Umwelt, 2021, abrufbar unter https://www.lfu.bayern.de/analytik_stoffe/umweltschadensfaelle/fischsterben/index.htm [abgerufen am 12.7.2021].

Beck, Robert Municipal Water Priorities/Preferences in Times of Scarcity: The Impact of Urban Demand on Natural Resource Industries, in: Proceedings of 56th Annual Rocky Mountain Mineral Law Institute, Westminster, CO 2010.

Beck, Robert/Kelley, Amy/Dunning, Harrison (Hrsg.) Waters and Water Rights, 3. Aufl., Band 4, New Providence, NJ 2004.

Becker, Florian Verhältnismäßigkeit, in: Kube *et al.* (Hrsg.): Leitgedanken des Rechts: Paul Kirchhof zum 70. Geburtstag, Band I, Heidelberg; München; Landsberg; Frechen; Hamburg 2013, S. 225–236.

Below, Regina/Grover-Kopec, Emily/Dilley, Maxx Documenting Drought-Related Disasters: A Global Reassessment, The Journal of Environment & Development 2007, S. 328–344.

Belz, Reiner/Mußmann, Eike Polizeigesetz für Baden-Württemberg: mit Erläuterungen und ergänzenden Vorschriften, 7. Aufl., Stuttgart; München; Hannover; Berlin; Weimar; Dresden 2009.

Bender, Steffen/Schaller, Michaela — Vergleichendes Lexikon: Wichtige Definitionen, Schwellenwerte und Indices aus den Bereichen Klima, Klimafolgenforschung und Naturgefahren, 2014.

Berendes, Konrad/Frenz, Walter/ Müggeborg, Hans-Jürgen (Hrsg.) — Wasserhaushaltsgesetz: Kommentar, 1. Aufl., Berlin 2011.

Berendes, Konrad/Frenz, Walter/ Müggeborg, Hans-Jürgen (Hrsg.) — Wasserhaushaltsgesetz: Kommentar, 2. Aufl., Berlin 2017.

Berk, Richard A. et al. — Reducing Consumption in Periods of Acute Scarcity: The Case of Water, Social Science Research 1980, S. 99–120.

Bernhardt, Rudolf — Eigenheiten und Ziele der Rechtsvergleichung im öffentlichen Recht, Zeitschrift für ausländisches öffentliches Recht 1964, S. 431–452.

Bernhofer, Christian et al. — Untersuchungen zur Erfassung und Charakterisierung von meteorologischer Trockenheit, Heft 7/2015 (Schriftenreihe des Landesamtes für Umwelt, Landwirtschaft und Geologie des Freistaats Sachsens), Dresden: Sächsisches Landesamt für Umwelt, Landwirtschaft und Geologie, 2015.

Bianchi, Mary — Ground Water Protection Areas and Wellhead Protection Draft Regulations for California Agriculture, FWQP Reference Sheet 8.3 Publication 8063, Oakland: Agriculture and Natural Resources: University of California, 2002.

Bidder, Benjamin — Sinkende Pegelstände großer Flüsse: Binnenschiffer leiden unter Wassermangel, DER SPIEGEL | Online-Nachrichten, 29.7.2018, abrufbar unter http://www.spiegel.de/wirtschaft/unternehmen/hitze-niedrigwasser-auf-rhein-und-elbe-macht-schifffahrt-zu-schaffen-a-1220682.html [abgerufen am 12.7.2021].

Biedenkapp, Ines — In Diessenhofen am Rhein wird gebaggert: Becken mit rückgestautem Wasser helfen den Fischen, sich abzukühlen, St. Galler Tagblatt, 24.7.2018, abrufbar unter https://www.tagblatt.ch/ostschweiz/kreuzlingen/diessenhofen-baggern-gegen-das-fischsterben-ld.1040274 [abgerufen am 12.7.2021].

Biener, Bernhard — Notstand im Hochtaunuskreis: Kein frisches Wasser für den neuen Gartenpool, Frankfurter Allgemeine – FAZ.NET, 6.8.2020, abrufbar unter https://www.faz.net/-gzg-a2223 [abgerufen am 12.7.2021].

Bilger, Christine — Hitze in Stuttgart: Das THW übernimmt die Nachtschicht am Max-Eyth-See, Stuttgarter Zeitung, 3.8.2018, abrufbar unter https://www.stuttgarter-zeitung.de/inhalt.hitze-in-stuttgart-das-thw-uebernimmt-die-nachtschicht-am-max-eyth-see.0521eaa5-f366-419c-838d-31cd5915b6c8.html [abgerufen am 11.7.2021].

Billington, David/Jackson, Donald Conrad — Big Dams of the New Deal Era: A Confluence of Engineering and Politics, Norman 2006.

Binder, Constanze/Steinreiber, Christian	Charakterisierung von extremen Wetterereignissen, in: Steininger/Steinreiber/Ritz (Hrsg.): Extreme Wetterereignisse und ihre wirtschaftlichen Folgen: Anpassung, Auswege und politische Forderungen betroffener Wirtschaftsbranchen, Berlin; Heidelberg 2005, S. 11–23.
Bitz, Horst	Abgrenzung des Risiko-Frühwarnsystems ieS. nach KonTraG zu einem umfassenden Risiko-Managementsystem im betriebswirtschaftlichen Sinn, Betriebswirtschaftliche Forschung und Praxis 2000, S. 231–241.
Black, Maggie	The Atlas of Water: Mapping the World's Most Critical Resource, 3. Aufl., Oakland, CA 2016.
Blaikie, Piers et al.	At Risk: Natural Hazards, People's Vulnerability and Disasters, 2. Aufl., New York 2014.
Blauhut, Veit/Stahl, Kerstin	Risikomanagement von Dürren in Deutschland: von der Messung von Auswirkungen zur Modellierung, Forum für Hydrologie und Wasserbewirtschaftung 2018, S. 203–214.
Blauhut, Veit et al.	Estimating drought risk across Europe from reported drought impacts, drought indices, and vulnerability factors, Hydrology and Earth System Sciences 2016, S. 2779–2800.
Blomenhofer, A. et al.	Auswirkungen des Klimawandels auf Bodenwasserhaushalt und Grundwasserneubildung in Baden-Württemberg, Bayern und Rheinland-Pfalz, KLIWA-Bericht Nr. 17, Klimaveränderung und Wasserwirtschaft, 2012.
Blumenberg, Hildegard	Steuerung des Wassersports durch Umweltrecht, Baden-Baden 1995.
Böllinger, Guido et al.	Die Wirkung anthropogener Klimaänderungen auf die Grundwasserneubildung und die Reaktionsmöglichkeiten der vollziehenden Gewalt, Natur und Recht 2001, S. 121–128.
Borchers, James W/Carpenter, Michael	Land Subsidence from Groundwater Use in California, California Water Foundation, 2014.
Börk, Karrigan et al.	The Rebirth of California Fish & Game Code Section 5937: Water for Fish, U.C. Davis Law Review 2012, S. 811–913.
Bottorff, Andrea	The Legal History of a Changing Population: Integrating Mexican and U.S. Legal Customs in the American Southwest, University of Pittsburgh Law Review 2012, S. 699–719.
Bowden, Gerald/Edmunds, Stahrl/Hundley, Norris	Institutions: Customs, Laws and Organizations, in: Engelbert (Hrsg.): Competition for California Water: Alternative Resolutions: Alternative Resolutions, Berkeley; Los Angeles 1982, S. 163–182.
Boxall, Bettina	Superior Court judge faults state's process of curtailing water rights, L.A. Times, 10.7.2015, abrufbar unter http://www.latimes.com/local/lanow/la-me-ln-water-rights-order-20150710-story.html [abgerufen am 12.7.2021].

Boyd, Jesse	Hip Deep: A Survey of State Instream Flow Law from the Rocky Mountains to the Pacific Ocean, Natural Resources Journal 2003, S. 1151–1160.
Braun, Anna	Bundesbehörden und europäische Agenturen als Akteure in Risikoverfahren des Umwelt- und Gesundheitsschutzrechts, Münster 2013.
Brehme, Julia	Privatisierung und Regulierung der öffentlichen Wasserversorgung, Tübingen 2010.
Breier, Siegfried	Die Rechtsetzungspraxis der Europäischen Gemeinschaften am Beispiel des Umweltrechts, Europäisches Wirtschafts- und Steuerrecht 1998, S. 439–443.
Bremicker, Manfred/Homagk, Peter/Ludwig, Karl	Operationelle Niedrigwasservorhersage für das Neckareinzugsgebiet, Wasserwirtschaft 2004, S. 40–46.
Breuer, Rüdiger	Die Fortentwicklung des Wasserrechts auf europäischer und deutscher Ebene, Deutsches Verwaltungsblatt 1997, S. 1211–1223.
Breuer, Rüdiger	Pflicht und Kür bei der Umsetzung der WRRL, Zeitschrift für Wasserrecht 2005, S. 1–22.
Breuer, Rüdiger	Rechtsfragen des Konflikts zwischen Wasserkraftnutzung und Fischfauna (Umwelt- und Technikrecht, Band 88), Berlin 2006.
Breuer, Rüdiger	Eigentumsrelevante Nachbarkonflikte im Wasserwirtschaftsrecht, in: Durner/Sirvani (Hrsg.): Eigentum im Wasserrecht, Köln 2016, S. 33–58.
Breuer, Rüdiger/Gärditz, Klaus Ferdinand	Öffentliches und privates Wasserrecht, 4. Aufl., München 2017.
Brewer, Jedidiah et al.	Law and the New Institutional Economics: Water Markets and Legal Change in California 1987-2005, Washington Journal of Environmental Law & Policy 2008, S. 183–214.
Briffault, Richard/Reynolds, Laurie	Cases and Materials on State and Local Government Law, 7. Aufl., 2009.
Broder, Ken	Superior Court Blocks State Curtailment of Older Water Rights, AllGov California, 13. 7. 2015, abrufbar unter http://www.allgov.com/usa/ca/news?news=856948 [abgerufen am 12. 7. 2021].
Brown, Jerry/Ghilarducci, Mark	State of California Emergency Plan, 1. 10. 2017, abrufbar unter http://www.caloes.ca.gov/PlanningPreparednessSite/Documents/California_State_Emergency_Plan_2017.pdf [abgerufen am 12. 7. 2021].
Brown, Justin Anthony	Uncertainty Below: A Deeper Look Into California's Groundwater Law, Environmental Law and Policy Journal 2015, S. 45–95.

Browning, Michael	Existing State and Provincial Instream Flow Protection Programs, in: Proceedings of 56th Annual Rocky Mountain Mineral Law Institute, Westminster, CO 2010.
Brückner, R.	Das deutsche Wasserrecht: eine rechtswissenschaftliche Monografie, Annalen des deutschen Reiches für Gesetzgebung, Verwaltung und Volkswirtschaft 1877, S. 1–77.
Bruncken, Ernest	The Common Law and Statutes, The Yale Law Journal 1920, S. 516–522.
Bulling, Manfred et al. (Hrsg.)	Wassergesetz für Baden-Württemberg: Kommentar, 3. Aufl., 55. EL, Band 1, Stuttgart 4/2020.
Bund-Länder-Arbeitsgemeinschaft Wasser (Hrsg.)	Grundlagen für die Beurteilung der Wärmebelastungen von Gewässern, 2. Aufl., Mainz 1977.
Bund-Länder-Arbeitsgemeinschaft Wasser (Hrsg.)	Gewässerschützende Landbewirtschaftung in Wassergewinnungsgebieten, 1. Aufl., Berlin 2000.
Bund-Länder-Arbeitsgemeinschaft Wasser (Hrsg.)	Leitlinien für ein nachhaltiges Niedrigwassermanagement, 2007.
Bund-Länder-Arbeitsgemeinschaft Wasser (Hrsg.)	LAWA-BLANO Maßnahmenkatalog, Berlin, 2015.
Bundeskartellamt	Bericht über die großstädtische Trinkwasserversorgung in Deutschland – Zusammenfassung, Zeitschrift für das gesamte Recht der Energiewirtschaft 2016, S. 291–294.
Bundesministerium für Ernährung und Landwirtschaft (Hrsg.)	Risiko- und Krisenmanagement in der Landwirtschaft, Lüneburg, 2018.
Bundesministerium für Umwelt, Naturschutz und Reaktorsicherheit	Umweltgesetzbuch (UGB-KomE): Entwurf der Unabhängigen Sachverständigenkommission zum Umweltgesetzbuch beim Bundesministerium für Umwelt, Naturschutz und Reaktorsicherheit, Berlin 1998.
Bundesministerium für Umwelt, Naturschutz und nukleare Sicherheit (Hrsg.)	Nationale Wasserstrategie, Bonn, 2021.
Bundesministerium für Umwelt, Naturschutz und nukleare Sicherheit/Umweltbundesamt (Hrsg.)	Wasserwirtschaft in Deutschland – Grundlagen, Belastungen, Maßnahmen, Dessau-Roßlau, 2017.
Bundesministerium für Umwelt, Naturschutz, Bau- und Reaktorsicherheit/Umweltbundesamt (Hrsg.)	Wasserwirtschaft in Deutschland – Teil 1: Grundlagen, 2013.
Bundesministerium für Umwelt, Naturschutz, Bau- und Reaktorsicherheit/Umweltbundesamt	Die Wasserrahmenrichtlinie: Deutschlands Gewässer 2015, Bonn, 2016.

Literatur

Bundesministerium für Wirtschaft und Energie	Wasserwirtschaft Kalifornien: Zielmarktanalyse 2018 mit Profilen der Marktakteure, Berlin; San Francisco, 2018.
Burgi, Martin	Erholung in freier Natur: Erholungsuchende als Adressaten staatlichen Umweltschutzes vor dem Hintergrund von Gemeingebrauch, Betretungsrecht und Grundrecht, Berlin 1993.
Bury, Mathias	Warnung der Stadt Stuttgart: Verdacht auf Blaualgen im Max-Eyth-See, Stuttgarter Zeitung, 18. 7. 2018, abrufbar unter https://www.stuttgarter-zeitung.de/inhalt.warnung-der-stadt-stuttgart-verdacht-auf-blaualgen-immax-eyth-see.6d8bfaf8-8389-451b-a1aa-fcb9d214780e.html [abgerufen am 12. 7. 2021].
Cadelago, Christopher/Bizjak, Tony/Dale, Kasler	Jerry Brown Calls Tiered-water Ruling 'a Straitjacket' for Conservation Efforts, The Sacramento Bee, 20. 4. 2015, abrufbar unter https://www.sacbee.com/news/politics-government/capitol-alert/article19098585.html [abgerufen am 12. 7. 2021].
Caillet, Victoria	Legal Tools for Drought Management in the US State of California, Zeitschrift für Umweltpolitik & Umweltrecht 2018, S. 1–20.
Caillet, Victoria et al.	Die Mindestwasserführung als Instrument des Gewässerschutzes vor den Auswirkungen von Niedrigwasserereignissen, Zeitschrift für Umweltpolitik & Umweltrecht 2018, S. 385–409.
California Environmental Protection Agency	Environmental Complaint System, abrufbar unter https://calepacomplaints.secure.force.com/complaints/ [abgerufen am 12. 7. 2021].
California Natural Resources Agency (Hrsg.)	California Water Action Plan 2016 Update, 2016.
California Natural Resources Agency (Hrsg.)	California Water Action Plan Implementation Report: 2016 Summary on Accomplishments, Sacramento, 2017.
California Natural Resources Agency (Hrsg.)	California Water Action Plan Implementation Report: 2014–2018 Summary on Accomplishments, Sacramento, 2019.
California Natural Resources Agency	Report to the Legislature on the 2012–2016 Drought, 2021.
California Natural Resources Agency/Department of Water Resources (Hrsg.)	Status of Adoption of Water Efficient Landscape Ordinances, Pursuant to AB 1881 § 65597, Sacramento, 2011.
California Office of Emergency Services	Emergency Proclamations: A Quick Reference Guide for Local Government, 3/2014, abrufbar unter https://www.caloes.ca.gov/RecoverySite/Documents/Proclamation%20Guide%202014%20V4.pdf [abgerufen am 12. 7. 2021].
California Regional Water Quality Control Board – San Diego Region	Water Quality Control Plan for the San Diego Basin, 17. 5. 2016, abrufbar unter https://www.waterboards.ca.gov/sandiego/water_issues/programs/basin_plan/ [abgerufen am 14. 8. 2018].

California State Controllers Office	Special Districts Listing, Local Government Financial Data, 11.1.2019, abrufbar unter https://bythenumbers.sco.ca.gov/Special-Districts-Other/Special-Districts-Listing/fv6y-3v29 [abgerufen am 12.7.2021].
California Water Boards	Emergency Regulation for Measuring and Reporting on the Diversion of Water, 6.4.2016, abrufbar unter https://www.waterboards.ca.gov/waterrights/water_issues/programs/measurement_regulation/docs/fact_sheet_measure_reg.pdf [abgerufen am 12.7.2021].
Calliess, Christian	Vorsorgeprinzip und Beweislastverteilung im Verwaltungsrecht, Deutsches Verwaltungsblatt 2001, S. 1725–1733.
Calliess, Christian	Die Umweltkompetenzen der EG nach dem Vertrag von Nizza, Zeitschrift für Umweltrecht 2003, S. 129–136.
Calliess, Christian/Korte, Stefan	Das neue Recht der Grünen Gentechnik im europäischen Verwaltungsverbund – Zur Verzahnung staatlicher und europäischer Risikovorsorge im Kontext von Regulierung und Selbstregulierung, Die Öffentliche Verwaltung 2006, S. 10–23.
Calliess, Christian/Ruffert, Matthias (Hrsg.)	EUV/AEUV, 5. Aufl., München 2016.
Cameron, David/Nikkel, Meredith	Ninth Circuit Upholds Biological Opinion Regarding Impacts of Central Valley Project and State Water Project Operations on Salmonid Species, California Water Law and Policy Reporter 2015, S. 145–147.
Carle, David	Introduction to Water in California, 2. Aufl., Oakland, CA 2016.
Carpeneti, Walter	Status of Appropriator of Water in California under Constitution, Statutes and Cases, California Law Review 1934, S. 333–341.
Caspar, Johannes	Die EU-Wasserrahmenrichtlinie: Neue Herausforderungen an einen europäischen Gewässerschutz, Die Öffentliche Verwaltung 2001, S. 529–538.
Caspary, Hans/Hennegriff, Wolfgang	Die Entwicklung von trockenen Großwetterlagen mit Auswirkungen auf den süddeutschen Raum, KLIWA-Bericht Nr. 18, Klimaveränderung und Wasserwirtschaft, 2012.
Caßor-Pfeiffer, Silke	Das Gesetz zur Neuregelung des Wasserrechts, Zeitschrift für Wasserrecht 2010, S. 1–31.
Central Valley Regional Water Quality Control Board	The Water Quality Control Plan (Basin Plan) for the California Regional Water Quality Control Board Central Valley Region, 5/2018, abrufbar unter https://www.waterboards.ca.gov/centralvalley/water_issues/basin_plans/sacsjr_201805.pdf [abgerufen am 12.7.2021].
Chappelle, Caitrin et al.	Paying for Water in California: Technical Appendices, San Francisco, Sacramento: PPIC Water Policy Center, 2015.

Cherng, Ming-Shiou	Verbote mit Erlaubnisvorbehalt im Recht der Ordnungsverwaltung, Berlin; Münster; Wien; Zürich; London 2001.
Christian-Smith, Juliet	Improving Water Management through Groundwater Banking: Kern County and the Rosedale-Rio Bravo Water Storage District, Pacific Institute Farm Water Success Stories: Groundwater Banking 2013, S. 1–8.
Christian-Smith, Juliet/Levy, Morgan C./Gleick, Peter H.	Maladaptation to Drought: A Case Report from California, USA, Sustainability Science 2015, S. 491–501.
Ciampa, James	Emergency Water Regulations: The State Board's Emergency Water Use Regulations, What You Need to Know (and do!), California Rural Water Association, abrufbar unter https://calruralwater.org/news-resources/emergency-water-regulations/ [abgerufen am 12.7.2021].
Cipman, Kim	California Water Futures Begin Trading Amid Fear of Scarcity, Bloomberg, 6.12.2020, abrufbar unter https://www.bloomberg.com/news/articles/2020-12-06/water-futures-to-start-trading-amid-growing-fears-of-scarcity [abgerufen am 12.3.2021].
City of Pasadena	2015 Urban Water Management Plan, unter Mitarb. v. RMC Water and Environment, 6/2016, abrufbar unter https://ww5.cityofpasadena.net/water-and-power/wp-content/uploads/sites/54/2017/08/2015_Final_UWMP.pdf [abgerufen am 12.7.2021].
City of Reedley	2015 Urban Water Management Plan, unter Mitarb. v. AM Consulting Engineers, 9/2016, abrufbar unter http://reedley.com/reedley_updates/2015%20Draft%20UWMP.pdf [abgerufen am 12.8.2018].
City of Santa Cruz	2015 Urban Water Management Plan, 8/2016, abrufbar unter http://www.cityofsantacruz.com/home/showdocument?id=55168 [abgerufen am 12.7.2021].
Cody, Betsy A/Folger, Peter/Brown, Cynthia	California Drought: Hydrological and Regulatory Water Supply Issues, Sacramento: Congressional Research Service, 2015.
Coggins, George Cameron/Glicksman, Robert	Public Natural Resources Law, 2. Aufl., Eagan; Minnesota 2007.
Cohen, Michael	Water Special Districts: A Look at Governance and Public Participation, unter Mitarb. v. Mac, Legislative Analyst's Office, 3/2002, abrufbar unter https://lao.ca.gov/2002/water_districts/special_water_districts.html [abgerufen am 12.7.2021].
Colangelo, Sara	Transforming Water Transfers: The Evolution of Water Transfer Case Law and the NPDES Water Transfers Proposed Rule, Ecology Law Quarterly 2008, S. 107–142.
Collaboration Among State and Federal Agencies to Improve California's Water Supply	California's Water Futre: A Framework for Action, 2000.

Cook, Hadrian F.	The Protection and Conservation of Water Resources, 2. Aufl., West Sussex 2017.
Cooley, Heather/Christian-Smith, Juliet/Gleick, Peter	More with Less: Agricultural Water Conservation and Efficiency in California: A Special Focus on the Delta, Oakland CA: Pacific Institute, 2008.
Cooley, Heather et al.	Impacts of California's Ongoing Drought: Agriculture, Oakland: Pacific Institute, 2015.
Cordes, Albrecht et al. (Hrsg.)	Art. »Mühlenrecht«, Handwörterbuch zur deutschen Rechtsgeschichte, Band 3, 2. Aufl. 2016.
Cortinas, Joan/O'Neill, Brian F./Poupeau, Franck	Drought and Water Policy in the Western USA: Genesis and Structure of a Multi-level Field, in: Albright/Hartman/Widin (Hrsg.): Bourdieu's Field Theory and the Social Sciences, 2018, S. 21–37.
Czychowski, Manfred/Reinhardt, Michael (Hrsg.)	Wasserhaushaltsgesetz: unter Berücksichtigung der Landeswassergesetze: Kommentar, 12. Aufl., München 2019.
Dai, Aiguo	Characteristics and Trends in Various Forms of the Palmer Drought Severity Index During 1900–2008, Journal of Geophysical Research: Atmospheres 2011, S. 1–26.
Dallhammer, Wolf-Dieter/Fritzsch, Claudia	Verschlechterungsverbot – Aktuelle Herausforderungen an die Wasserwirtschaftsverwaltung, Zeitschrift für Umweltrecht 2016, S. 340–352.
Davies, Lincoln	Just a Big, "Hot Fuss"? Assessing the Value of Connecting Suburban Sprawl, Land Use, and Water Rights through Assured Supply Laws, Ecology Law Quarterly 2008, S. 1217–1296.
De Bono, Andréa et al.	Impacts of Summer 2003 Heat Wave in Europe, United Nations Environmental Programme, 2004.
Delfino, Kim	Moving Water in a Highly Altered Land: California's Infrastructure and Environmental Degradation, Duke Environmental Law & Policy Forum 2016, S. 273–298.
Delgado del Saz, Silvia	Vorsorge als Verfassungsprinzip im europäischen Umweltverbund: rechtsvergleichende Überlegungen am Beispiel der Risiken der Mobilfunkstrahlung, Tübingen 2017.
de Martonne, Emmanuel	Une nouvelle fonction climatologique: L'indice d'aridité, La Météorologie 1926, S. 449–459.
Department of General Services	Curtailment Measures, 12. 7. 2013, abrufbar unter https://www.documents.dgs.ca.gov/osp/sam/mmemos/MM13_06a.pdf [abgerufen am 29. 6. 2018].
Department of Pesticide Regulation	Settlement Agreement with Twin Cities Aviation, Inc. and Mark S. Minekema, 15. 6. 2015, abrufbar unter http://www.cdpr.ca.gov/docs/enforce/enfords/decisions/license/twin_cities_minkema_settlement.pdf [abgerufen am 26. 8. 2018].
Department of Water Resources (Hrsg.)	The 1991 Drought Water Bank, Sacramento, 1992.

Literatur

Department of Water Resources	Delta Waterways, in: Department of Water Resources (Hrsg.): Sacramento–San Joaquin Delta Atlas, Sacramento 7/1995, S. 10–21.
Department of Water Resources (Hrsg.)	Bulletin 118 Update 2003: California's Groundwater, 2003.
Department of Water Resources	California Drought Contingency Plan, in: Department of Water Resources (Hrsg.): California Water Plan Update 2013: The Reference Guide, Volume 4, 2014, S. 1–101.
Department of Water Resources (Hrsg.)	Agricultural Water Management Compliance as of April 18, 2014, Sacramento, 2014.
Department of Water Resources (Hrsg.)	California Water Plan Update 2013: Highlights, 2014.
Department of Water Resources (Hrsg.)	California Water Plan Update 2013: The Reference Guide, Volume 4, 2014.
Department of Water Resources (Hrsg.)	California Water Plan Update 2013: The Strategic Plan, Volume 1, 2014.
Department of Water Resources (Hrsg.)	CASGEM Groundwater Basin Prioritization Brochure, Sacramento, 2014.
Department of Water Resources (Hrsg.)	A Guidebook to Assist Agricultural Water Suppliers to Prepare a 2015 Agricultural Water Management Plan, Sacramento, 2015.
Department of Water Resources (Hrsg.)	California's Most Significant Droughts: Comparing Historical and Recent Conditions, Sacramento, 2015.
Department of Water Resources (Hrsg.)	Groundwater Sustainability Program Draft Strategic Plan, Sacramento, 2015.
Department of Water Resources (Hrsg.)	2015 Urban Water Management Plans: Guidebook for Urban Water Suppliers: Final, Sacramento 2016.
Department of Water Resources (Hrsg.)	Bulletin 118 Interim Update 2016, 2016.
Department of Water Resources (Hrsg.)	Central Valley Project and State Water Project 2016 Drought Contingency Plan For Water Project Operations, February – November 2016, 15.1.2016, abrufbar unter https://www.waterboards.ca.gov/drought/docs/plans/2016dcpfebnov.pdf [abgerufen am 12.7.2021].
Department of Water Resources (Hrsg.)	Status Report on California Statewide Groundwater Elevantion Monitoring Program Years 2012–2015, Sacramento, 2016.
Department of Water Resources (Hrsg.)	Submittal of 2012 Agricultural Water Management Plans and Implementation of Efficient Water Management Practices Review Report: A report to the Legislature pursuant to California Water Code Sections 10845 (a) & (b) and 10608.48 (g) and Executive Order B-29-15, Sacramento, 2016.

Department of Water Resources (Hrsg.)	Status of 2015 Urban Water Management Plans: A Report to the Legislature Pursuant to Section 10644 and 10608.42 of the California Water Code, Sacramento, 2017.
Department of Water Resources (Hrsg.)	Submittal of 2015 Agricultural Water Management Plans and Implementation of Efficient Water Management Practices Report: A report to the Legislature pursuant to California Water Code Sections 10845(a) & (b) and 10608.48(g) and Executive Order B-29-15, Sacramento, 2017.
Department of Water Resources (Hrsg.)	California Water Plan Update 2018: Managing Water Resources for Sustainability, 2019.
Department of Water Resources (Hrsg.)	Groundwater Sustainability Plan Reporting System and Monitoring Network Module User Manual, Sacramento 2019.
Department of Water Resources (Hrsg.)	A Guidebook to Assist Agricultural Water Suppliers to Prepare a 2020 Agricultural Water Management Plan Draft, 2020.
Department of Water Resources	Agricultural Water Use Efficiency: Summary of 2015 Agricultural Water Management Plans Submitted, California Department of Water Resources, 2021, abrufbar unter https://water.ca.gov/Programs/Water-Use-And-Efficiency/Agricultural-Water-Use-Efficiency [abgerufen am 12. 7. 2021].
Department of Water Resources	Drought: Defining Drought, 2021, abrufbar unter https://water.ca.gov/water-basics/drought [abgerufen am 12. 7. 2021].
Department of Water Resources (Hrsg.)	Urban Water Management Plan Guidebook 2020, Sacramento 2021.
Department of Water Resources (Hrsg.)	Urban Water Management Plan Guidebook 2020: Appendix F – UWMP Checklist Final, 2021, abrufbar unter https://water.ca.gov/-/media/DWR-Website/Web-Pages/Programs/Water-Use-And-Efficiency/Urban-Water-Use-Efficiency/Urban-Water-Management-Plans/Final-2020-UWMP-Guidebook/UWMP-Guidebook-2020---Final-032921.pdf [abgerufen am 27. 10. 2021].
Department of Water Resources	2015 Agricultural Water Management Plans (AWMPs), WUEdata, abrufbar unter https://wuedata.water.ca.gov/awmp_plans [abgerufen am 12. 7. 2021].
Department of Water Resources	State Water Project, abrufbar unter https://water.ca.gov/Programs/State-Water-Project [abgerufen am 12. 7. 2021].
Department of Water Resources	The Impact of Forecasting, California Cooperative Snow Surveys, abrufbar unter https://cdec.water.ca.gov/snow/info/ImpactOfForecasting.html [abgerufen am 12. 7. 2021].
Department of Water Resources/ California Natural Resources Agency (Hrsg.)	Drought in California: Drought Brochure, Sacramento, 2015.
Department of Water Resources/ State Water Resources Control Board (Hrsg.)	Background and Recent History of Water Transfers in California, 2015.

Literatur

Department of Water Resources/ The Resources Agency (Hrsg.)	The California Water Plan: Projected Use and Available Water Supplies to 2010, Bulletin 160-83, 1983.
Detterbeck, Steffen	Allgemeines Verwaltungsrecht: mit Verwaltungsprozessrecht, 19. Aufl., München 2021.
Dettinger, Michael D. et al.	Atmospheric Rivers, Floods and the Water Resources of California, Water 2011, S. 445–478.
Deutsche Presse-Agentur	Fischsterben: Viele tote Fische im Rhein, ZEIT ONLINE, 6. 8. 2018, abrufbar unter https://www.zeit.de/gesellschaft/zeitgeschehen / 2018 - 08 / fischsterben - hochrhein - hitze - schweizerischer-fischereiverband [abgerufen am 12. 7. 2021].
Deutsche Presse-Agentur	Hauk kündigt Hilfe für dürregeplagte Bauern an, Süddeutsche Zeitung, 7. 8. 2018, abrufbar unter https://www.sueddeutsche.de / wirtschaft / agrar - stuttgart - hauk - kuendigt - hilfe - fuer - duerregeplagte - bauern - an - dpa . urn - newsml - dpa - com - 20090101-180807-99-455136 [abgerufen am 12. 7. 2021].
Deutsche Presse-Agentur	Kurze Abkühlung zum Wochenende: Wasserspar-Appell im Taunus zeigt Wirkung, Frankfurter Allgemeine – FAZ.NET, 7. 8. 2018, abrufbar unter https://www.faz.net/-gzl-9d2yo [abgerufen am 12. 7. 2021].
Deutsche Presse-Agentur	Landwirtschaft: Bauern bekommen 340 Millionen Euro als Nothilfe für Dürreschäden, Handelsblatt, 22. 8. 2018, abrufbar unter https://www.handelsblatt.com/22892346.html [abgerufen am 12. 7. 2021].
Deutsche Presse-Agentur	Sauerstoffmangel: 20 Tonnen Fisch in Münsters Aasee verendet, Die Welt, 10. 8. 2018, abrufbar unter https://www.welt.de/regionales/nrw/article180981232/Sauerstoffmangel-20-Tonnen-Fisch-in-Muensters-Aasee-verendet.html [abgerufen am 12. 7. 2021].
Deutsche Presse-Agentur	Wetter: Dürre in Baden-Württemberg ist noch nicht vorbei, SÜDKURIER Online, 13. 8. 2019, abrufbar unter https://www.suedkurier.de/baden-wuerttemberg/Duerre-in-Baden-Wuerttemberg-ist-noch-nicht-vorbei;art417930,10246169 [abgerufen am 12. 7. 2021].
Deutsche Presse-Agentur	Grundwasserstand niedrig: Zu wenig Regen in Baden-Württemberg, RNZ, 8. 9. 2020, abrufbar unter https://www.rnz.de/politik/suedwest_artikel,-grundwasserstand-niedrig-zu-wenig-regen-in-baden-wuerttemberg-_arid,546189.html [abgerufen am 12. 7. 2021].
Deutsche Presse-Agentur/Reuters	Niedrigwasser am Rhein: BASF macht fast ein Viertel weniger Gewinn, Frankfurter Allgemeine – FAZ.NET, 26. 2. 2019, abrufbar unter https://www.faz.net/-gqi-9k8fe [abgerufen am 12. 7. 2021].
Di Fabio, Udo	Risikoentscheidungen im Rechtsstaat – Zum Wandel der Dogmatik im öffentlichen Recht, insbesondere am Beispiel der Arzneimittelüberwachung, Tübingen 1994.

Di Fabio, Udo — Die Ermessensreduzierung: Fallgruppen, Systemüberlegungen und Prüfprogramm, Verwaltungsarchiv 1995, S. 214–234.

Di Fabio, Udo — Gefahr, Vorsorge, Risiko: Die Gefahrenabwehr unter dem Einfluss des Vorsorgeprinzips, Juristische Ausbildung 1996, S. 566–574.

Dieckmann, Nina — Die planerischen Instrumente der Wasserrahmenrichtlinie (WRRL): Maßnahmenprogramm und Bewirtschaftungsplan, Zeitschrift für Europäisches Umwelt- und Planungsrecht 2008, S. 2–12.

Diegel, Luisa — Wasserversorgungsproblem: Tankwagen bringen täglich 60 Kubikmeter Wasser, Osthessen News, 2.8.2018, abrufbar unter https://osthessen-news.de/n11594778/wasserversorgungsproblem-tankwagen-bringen-taglich-60-kubikmeter-wasser.html [abgerufen am 12.7.2021].

Dierig, Carsten — Wegen der Hitze ist die Oder bereits unpassierbar, DIE WELT, 30.7.2018, abrufbar unter https://www.welt.de/wirtschaft/article180265638/Binnenschifffahrt-Niedrigwasser-zwingt-Schiffer-zu-weniger-Fracht.html [abgerufen am 12.7.2021].

Dietlein, Johannes — Die Lehre von den grundrechtlichen Schutzpflichten, Berlin 1992.

Diffenbaugh, Noah S./Swain, Daniel L./Touma, Danielle — Anthropogenic Warming Has Increased Drought Risk in California, Proceedings of the National Academy of Sciences 2015, S. 3931–3936.

Dobuzinskis, Alex/Murphy, Kevin — California Governor Signs $687 Million Drought Relief Legislation, Reuters, 2.3.2014, abrufbar unter https://www.reuters.com/article/us-usa-drought-california/california-governor-signs-687-million-drought-relief-legislation-idUSBREA2010G20140302 [abgerufen am 12.7.2021].

Domgörgen, Franz — Bodenseewasser: Versorger zapfen immer mehr ab, SÜDKURIER Online, 20.7.2018, abrufbar unter https://www.suedkurier.de/region/kreis-konstanz/kreis-konstanz/Bodenseewasser-Versorger-zapfen-immer-mehr-ab;art372432,9825949 [abgerufen am 12.7.2021].

Donnelly, Kristina/Christian-Smith, Juliet — An Overview of the "New Normal" and Water Rate Basics, Oakland CA 2013.

Doremus, Holly/Hanemann, Michael — The Challenges of Dynamic Water Management in the American West, Journal of Environmental Law 2008, S. 55–75.

Döring, Sandra et al. — Vergleich von Trockenheitsindizes zur Nutzung in der Landwirtschaft unter den klimatischen Bedingungen Mitteldeutschlands, Hercynia – Ökologie und Umwelt in Mitteleuropa 2011, S. 145–168.

Dracup, John A./Lee, Kil Seong/Paulson, Edwin G. — On the Definition of Droughts, Water Resources Research 1980, S. 297–302.

Dracup, John A./Painter, Pamela — Drought Planning and Management, Davis, CA 1979.

Drews, Bill et al.	Gefahrenabwehr - Allgemeines Polizeirecht (Ordnungsrecht) des Bundes und der Länder, 9. Aufl., Köln 1986.
Drost, Ulrich/Ell, Marcus	Das neue Wasserrecht, 2. Aufl., Stuttgart; München; Hannover; Berlin; Weimar; Dresden 2016.
Dunning, Harrison	Water Allocation in California – Legal Rights and Reform Needs, Berkeley: Institute of Governmental Studies, 1982.
Dunning, Harrison	California Instream Flow Protection Law: Then and Now, McGeorge Law Review 2005, S. 363–392.
Durner, Wolfgang	Die Durchsetzbarkeit des wasserwirtschaftlichen Maßnahmenprogramms, Natur und Recht 2009, S. 77–85.
Durner, Wolfgang	Zehn Jahre Wasserrahmen-Richtlinie – Bilanz und Perspektiven, Natur und Recht 2010, S. 452–464.
Durner, Wolfgang	Wasserrecht, in: Rehbinder/Schink (Hrsg.): Grundzüge des Umweltrechts, 5. Aufl., Berlin 2018, S. 715–808.
Dziegielewski, Benedykt/Garbharran, Hari P./Langowski Jr, John F.	Lessons Learned from the California Drought (1987-1992): National Study of Water Management During Drought, 1997.
Easter, K. William/Rosegrant, M. W./Dinar, Ariel	Markets for Water: Potential and Performance, Boston; Dodrecht; London 1998.
Egner, Margit/Fuchs, Rudolf	Naturschutz- und Wasserrecht 2009: Schnelleinstieg für den Praktiker, Heidelberg; München; Landsberg; Frechen; Hamburg 2009.
Ehlers, Dirk/Pünder, Hermann (Hrsg.)	Allgemeines Verwaltungsrecht, 15. Aufl., Berlin 2016.
Eifert, Martin	Regulierungsstrategien, in: Hoffmann-Riem/Schmidt-Aßmann/Voßkuhle (Hrsg.): Grundlagen des Verwaltungsrechts, Band I: Methoden, Maßstäbe, Aufgaben, Organisation, 2. Aufl., München 2012, § 19, S. 1319–1394.
Eifert, Martin	Umweltschutzrecht, in: Schoch (Hrsg.): Besonderes Verwaltungsrecht, München 2013, Kap. 5, S. 759–873.
Eiselt, Andreas Björn	Dauer der wasserrechtlichen Bewilligung nach § 8 Absatz 5 WHG bei Wasserkraftanlagen, Natur und Recht 2007, S. 814–819.
Eisfeld, Jens	Liberalismus und Konservatismus: die US-amerikanische Diskussion um die Legalisierung gleichgeschlechtlicher Ehen durch Gerichtsurteil, Tübingen 2006.
Elgeti, Till/Fries, Susanne/Hurck, Rudolf	Der Begriff der Zustands- und Potentialverschlechterung nach der Wasserrahmenrichtlinie, Natur und Recht 2006, S. 745–750.
EnBW	Gehobene wasserrechtliche Erlaubnis und Entnahme und Wiedereinleitung von Wasser zu Kühlzwecken: Dokumentation der frühen Öffentlichkeitsbeteiligung, Energieversorgung Baden-Württemberg, 2016.

Epiney, Astrid	Umweltrecht der Europäischen Union, 4. Aufl., Baden-Baden, Wien 2019.
Epping, Volker	Grundrechte, 8. Aufl., Berlin, Heidelberg 2019.
Epping, Volker/Hillgruber, Christian (Hrsg.)	BeckOK Grundgesetz, 42. Ed., München 1.12.2019.
Erbguth, Wilfried/Guckelberger, Annette	Allgemeines Verwaltungsrecht: mit Verwaltungsprozess- und Staatshaftungsrecht, 10. Aufl., Baden-Baden 2020.
Erler, Adalbert/Kaufmann, Ekkehard/Werkmüller, Dieter (Hrsg.)	Art. »Wassergericht«, Handwörterbuch zur deutschen Rechtsgeschichte, Band 5, 1. Aufl. 1998.
Erler, Adalbert/Kaufmann, Ekkehard/Werkmüller, Dieter (Hrsg.)	Art. »Wasserrecht«, Handwörterbuch zur deutschen Rechtsgeschichte, Band 5, 1. Aufl. 1998.
Eskridge, William Jr.	Overruling Statutory Precedents, The Georgetown Law Journal 1988, S. 1361–1439.
Estrela, Teodoro/Vargas, Elisa	Drought Management Plans in the European Union: The Case of Spain, Water Resources Management 2012, S. 1537–1553.
Eszler, Erwin	Versicherbarkeit und ihre Grenzen: Logik — Realität — Konstruktion, Zeitschrift für die gesamte Versicherungswissenschaft 2000, S. 285–300.
Europäische Kommission (Hrsg.)	Bericht über die Überprüfung der EU-Strategie zur Bekämpfung von Wasserknappheit und Dürren, Mitteilung COM (2012) 672 final, Brüssel, 2012.
European Commission (Hrsg.)	Drought Management Plan Report: Including Agricultural, Drought Indicators and Climate Change Aspects, Technical Report 2008-023, Water Scarcity and Droughts Expert Network, 2008.
European Commission (Hrsg.)	Guidance Document No. 20 on Exemptions to the Environmental Objectives, Technical Report 2009-027 (Common Implementation Strategy for the Water Framework Directive (2000/60/EC)), Luxembourg, 2009.
European Environment Agency (Hrsg.)	Climate Change and Water Adaptation Issues, Technical Report 2/2007, 2007.
European Environment Agency (Hrsg.)	Water Resources Across Europe – Confronting Water Scarcity and Drought, EEA Report 2/2009, 2009.
European Environment Agency (Hrsg.)	Water Resources in Europe in the Context of Vulnerability, EEA Report 11/2012, Copenhagen, 2012.
EUWID Wasser und Abwasser	Baden-Württemberg: Grundwasserspiegel deutlich gesunken, 4.1.2016, abrufbar unter https://www.euwid-wasser.de/news/politik/einzelansicht/Artikel/baden-wuerttemberg-wassermangel-durch-trockene-und-warme-witterung.html [abgerufen am 22.2.2020].

EUWID Wasser und Abwasser	Baden-Württemberg fördert Trinkwasser-Projekt im ländlichen Raum, 8.5.2018, abrufbar unter https://www.euwid-wasser.de/news/wirtschaft/einzelansicht/Artikel/baden-wuerttemberg-foerdert-trinkwasser-projekt-im-laendlichen-raum.html [abgerufen am 12.7.2021].
Evert, Klaus-Jürgen (Hrsg.)	Encyclopedic Dictionary of Landscape and Urban Planning: Multilingual Reference Book in English, Spanish, French and German, 2010.
Fahami, Deeba	Constitutional Implications on Block Pricing in the California Water Market, Hastings Constitutional Law Quarterly 2017, S. 455–478.
Falasca, Giuliana	Untersuchung der öffentlichen Trinkwasserversorgung in Baden-Württemberg zum Umgang mit Trockenheit: Eine Analyse der Vulnerabilität, Masterarbeit, Freiburg i.Br.: Albert-Ludwigs-Universität Freiburg i. Br., 2016.
Fälsch, Marcel et al.	Abbildung regionaler Unterschiede bei der Trinkwasserbereitstellung, Infrastrukturrecht 2010, S. 284–287.
Faßbender, Kurt	Gemeinschaftsrechtliche Anforderungen an die normative Umsetzung der neuen EG-Wasserrahmenrichtlinie, Neue Zeitschrift für Verwaltungsrecht 2001, S. 241–249.
Faßbender, Kurt	Die neuen wasserwirtschaftlichen Maßnahmenprogramme und Bewirtschaftungspläne – Bindungswirkung und Rechtsschutz, Zeitschrift für Wasserrecht 2010, S. 189–207.
Faßbender, Kurt	Maßnahmenprogramme: Bindungswirkung und Rechtsschutz, in: Köck/Faßbender (Hrsg.): Implementation der Wasserrahmenrichtlinie in Deutschland, Baden-Baden 2011, S. 129–148.
Faßbender, Kurt	Zur aktuellen Diskussion um das Verschlechterungsverbot der Wasserrahmenrichtlinie, Zeitschrift für Europäisches Umwelt- und Planungsrecht 2013, S. 70–84.
Faunt, Claudia C./Sneed, Michelle	Water Availability and Subsidence in California's Central Valley, San Francisco Estuary and Watershed Science 2015, S. 1–8.
Federal Emergency Management Agency (Hrsg.)	Planning for Drought Resilience Fact Sheet, 2017.
Feil, Jan-Henning	Ernteversicherungen: nur mithilfe des Staates, DLG-Mitteilungen 2015, S. 22–25.
Feitelson, Eran	What is Water? A Normative Perspective, Water Policy 2012, S. 52–64.
Feitelson, Eran	A Hierarchy of Water Needs and their Implications for Allocation Mechanisms, in: Ziegler/Groenfeldt (Hrsg.): Global Water Ethics: Towards a Global Ethics Charter, 2017, S. 149–171.
Finck, Margarete	Ergebnisse aus 20 Jahren SchALVO, Landinfo 2010, S. 13–19.
Finkelman, Paul (Hrsg.)	Encyclopedia of American Civil Liberties: A–F, Index, Band 1, New York 2006.

Fischer, Claus	Grundlagen und Grundstrukturen eines Klimawandelanpassungsrechts, Tübingen 2013.
Fischer, Lars	Dürre in Deutschland 2018: Gibt es einen neuen Jahrhundertsommer?, Spektrum der Wissenschaft, 9. 7. 2018, abrufbar unter https://www.spektrum.de/news/gibt-es-einen-neuen-jahrhundertsommer/1576400 [abgerufen am 12. 7. 2021].
Fischer, Lars	Trotz Dürre: Wie sicher sind Deutschlands Wasserreserven?, Spektrum der Wissenschaft, 31. 7. 2018, abrufbar unter https://www.spektrum.de/news/wie-sicher-sind-deutschlands-wasserreserven/1582184 [abgerufen am 12. 7. 2021].
Fischer, Peter/Wienand, Ina	Trinkwassernotbrunnen: Wasserversorgung in Extremsituationen, Bonn: Bundesamt für Bevölkerungsschutz und Katastrophenhilfe, 2013.
Fischer, Peter et al.	Trinkwasser-Vorsorgemaßnahmen zur Erhöhung der Versorgungssicherheit, Bevölkerungsschutzmagazin 2016, S. 18–23.
Fisher, Elizabeth	Risk and Environmental Law: A Beginner's Guide, in: Richardson/Wood (Hrsg.): Environmental Law for Sustainability, Oxford 2006, S. 97–125.
Fleiner, Thomas/Basta Fleiner, Lidija R.	Allgemeine Staatslehre: über die konstitutionelle Demokratie in einer multikulturellen globalisierten Welt, 3. Aufl., Berlin; Heidelberg 2004.
Fleischli, Steve/Hayat, Becky	Power Plant Cooling and Associated Impacts: The Need to Modernize U.S. Power Plants and Protect Our Water Resources and Aquatic Ecosystems, Natural Resources Defense Council, 2014.
Fliß, Ronja et al.	Auswirkungen des Klimawandels auf das Grundwasser und die Wasserversorgung in Süddeutschland, Grundwasser 2021, S. 33–45.
Frank, Richard	California Court Finds Public Trust Doctrine Applies to State Groundwater Resources, Legal Planet, 29. 8. 2018, abrufbar unter http://legal-planet.org/2018/08/29/california-court-finds-public-trust-doctrine-applies-to-state-groundwater-resources/ [abgerufen am 12. 7. 2021].
Frank, Richard M	The Public Trust Doctrine: Assessing Its Recent Past & Charting Its Future, U.C. Davis Law Review 2012, S. 665–691.
Frankenberger, Anke	Umweltschutz durch Rechtsverordnung, 1998.
Frederiksen, Harald D.	Drought Planning and Water Efficiency Implications in Water Resources Management, Technical Paper 185, Washington D.C.: The World Bank, 1992.
Freeman, Gregory	Securing Reliable Water Supplies for Southern California, 2008.
Frenz, Walter	Außenkompetenzen der Europäischen Gemeinschaften und der Mitgliedstaaten im Umweltbereich: Reichweite und Wahrnehmung, Berlin 2001.

Fridrich, Julian	Das öffentliche Eigentum an Gewässern nach dem baden-württembergischen Wasserrecht, Heidelberg 2016.
Friesecke, Albrecht	Die Gemeinverträglichkeit im Wasserrecht, Deutsche Verwaltungsblätter 1960, S. 711–714.
Fulton, Julian/Cooley, Heather/ Gleick, Peter H.	California's Water Footprint, Oakland CA: Pacific Institute, 2012.
Gallo, Gregory	Protecting the Source: The Impact of California's Area of Origins Protections on Federal Exports of Water from Northern California to Southern California, U.C. Davis Law Review 2011, S. 1–35.
Garrote, Luis/Iglesias, Ana/ Flores, Francisco	Development of Drought Management Plans in Spain, in: Iglesias *et al.* (Hrsg.): Coping with Drought Risk in Agriculture and Water Supply Systems: Drought Management and Policy Development in the Mediterranean, Dordrecht 2009, Kap. 13, S. 175–186.
Gassner, Erich	Natur- und Landschaftsschutzrecht, 2. Aufl., Berlin 2016.
Gawel, Erik	Wasserentnahmeentgelte in Berlin, Brandenburg, Sachsen und Sachsen-Anhalt – Stand und Perspektiven, Landes- und Kommunalverwaltung 2011, S. 529–536.
Gawel, Erik	Der Sondervorteil der Wasserentnahme, Deutsches Verwaltungsblatt 2011, S. 1000–1008.
Geffcken, Heinrich	Zur Geschichte des deutschen Wasserrechts, Zeitschrift der Savigny-Stiftung für Rechtsgeschichte / Germanistische Abteilung 1900, S. 173–217.
Gesamtverband der Deutschen Versicherungswirtschaft e.V. (Hrsg.)	Landwirtschaftliche Mehrgefahrenversicherungen für Deutschland, Berlin, 2016.
Getches, David	Water Law in a Nutshell, 4. Aufl., St. Paul MN 2009.
Giesberts, Ludger/Reinhardt, Michael (Hrsg.)	BeckOK Umweltrecht, 46. Ed., 2018.
Giesberts, Ludger/Reinhardt, Michael (Hrsg.)	BeckOK Umweltrecht, 58. Ed., München 2021.
Giesecke, Jürgen/Mosonyi, Emil	Wasserkraftanlagen: Planung, Bau und Betrieb, 5. Aufl., Berlin; Heidelberg 2009.
Giesecke, Paul	Das Recht am eingerichteten und ausgeübten Gewerbebetrieb im Wasserrecht, Zeitschrift für Wasserrecht 1964, S. 3748.
Ginzky, Harald	Das Verschlechterungsverbot nach der Wasserrahmenrichtlinie, Natur und Recht 2008, S. 147–152.
Ginzky, Harald	Die Entscheidung des EuGH zum Verschlechterungsverbot – Alle Fragen geklärt?, Natur und Recht 2015, S. 624–628.
Glaser, Andreas	Nachhaltige Entwicklung und Demokratie: ein Verfassungsrechtsvergleich der politischen Systeme Deutschlands und der Schweiz, Tübingen, Bayreuth 2006.

Glauber, Joseph W.	Crop Insurance Reconsidered, American Journal of Agricultural Economics 2004, S. 1179–1195.
Glauber, Joseph W./Collins, Keith J./Barry, Peter J.	Crop Insurance, Disaster Assistance, and the Role of the Federal Government in Providing Catastrophic Risk Protection, Agricultural Finance Review 2002, S. 81–101.
Gleick, Peter	Impacts of California's Five-Year (2012–2016) Drought on Hydroelectricity Generation, Oakland CA: Pacific Institute, 2017.
Gleick, Peter et al.	California Water 2020: A Sustainable Vision, Oakland CA: Pacific Institute, 1995.
Gleick, Peter et al.	Urban Water Conservation: A case study of Residential Water use in California, in: Gleick (Hrsg.): The Worlds Wate 2004–2005, Washington; Covelo; London 2004, S. 101–129.
Gleick, Peter et al.	The Untapped Potential of California's Water Supply: Efficiency, Reuse, and Stormwater, Pacific Institute, 2014.
Gleick, Peter H./Cain, Nicholas L.	The World's Water 2004-2005: The Biennial Report on Freshwater Resources, 12.11.2004.
Glennon, Robert	The Price of Water, Journal of Land Resources and Environmental Law 2004, S. 337–342.
Glennon, Robert Jerome	Unquenchable: America's Water Crisis and What to Do about It, Washington; Chicago 2010.
Glöckner, Thomas/Deutsche Presse-Agentur	In hessischen Gemeinden wird das Trinkwasser knapp – Bundesregierung erstellt Notfallplan, FOCUS Online, 7.8.2018, abrufbar unter https://www.focus.de/panorama/wetter-aktuell/anhaltende-trockenheit-in-hessischen-gemeinden-wird-das-trinkwasser-knapp-bundesregierung-erstellt-notfallplan_id_9374913.html [abgerufen am 17.7.2021].
Goeke, Ulf	Das Grundeigentum im Luftraum und im Erdreich, Köln 1/1999.
Golden, Richard	The Thirst for Population Control: Water Hookup Moratoria and the Duty to Augment Supply, Hastings Law Journal 1976, S. 753–777.
Gömann, Horst/Bender, Andrea/Bolte, Andreas	Agrarrelevante Extremwetterlagen und Möglichkeiten von Risikomanagementsystemen: Studie im Auftrag, Braunschweig: Johann Heinrich von Thünen-Institut, 2015.
Götze, Roman	Rechtsschutz im Wirkfeld von Bewirtschaftungsplan und Maßnahmenprogramm nach der Wasserrahmenrichtlinie – Rechtsfolgen und Justitiabilität der »Pläne 2009«, Zeitschrift für Umweltrecht 2008, S. 393–401.
Government Innovators Network	California Drought Water Bank, Harvard Kennedy School – ASH Center for Deomcratic Governance and Innovation, 1995, abrufbar unter https://www.innovations.harvard.edu/california-drought-water-bank [abgerufen am 12.7.2021].

Literatur

Governor's Commission to Review California Water Rights Law	Governor's Commission to Review California Water Rights Law: Draft Report, Sacramento, 1978.
Governor's Commission to Review California Water Rights Law	Governor's Commission to Review California Water Rights Law: Final Report, Sacramento, 1987.
Governor's Office of Planning and Research	Sample Ordinance Adopting Water Use Restrictions, 3. 3. 2014, abrufbar unter https://www.waterboards.ca.gov/drinking_water/certlic/drinkingwater/documents/drought/sample_water_use_restrict_ord.doc [abgerufen am 1. 7. 2021].
Grabitz, Eberhard/Hilf, Meinhard/Nettesheim, Martin (Hrsg.)	Das Recht der Europäischen Union: EUV/AEUV, 68. EL, 10/2019.
Graham, Jennifer	The Reasonable Use Rule in Surface Water Law, Missouri Law Review 1992, S. 223–245.
Grantham, Theodore E./Viers, Joshua H.	100 Years of California's Water Rights System: Patterns, Trends and Uncertainty, Environmental Research Letters 2014, 084012:1–10.
Gray, Brian	"In Search of Bigfoot": The Common Law Origins of Article X, Section 2 of the California Constitution, Hastings Constitutional Law Quarterly 1989, S. 225–273.
Gray, Brian	A Primer on California Water Transfer Law, Arizona Law Journal 1989, S. 745–781.
Gray, Brian	The Market and the Community: Lessons from California's Drought Water Bank, Hastings West–Northwest Journal of Environmental Law and Policy 1994, S. 17–47.
Gray, Brian	The Shape of Transfers to Come: A Model Water Transfer Act for California, Hastings West–Northwest Journal of Environmental Law & Policy 1996, S. 23–61.
Gray, Brian	The Reasonable Use Doctrine in California Water Law and Policy, in: Lassiter (Hrsg.): Sustainable Water: Challenges and Solutions from California, Oakland CA 2015, S. 83–107.
Gray, Brian/Szeptycki, Leon/Thompson, Barton H.	A Water Right for the Environment in California, NewsDeeply: Water Deeply, 19. 12. 2017, abrufbar unter https://www.newsdeeply.com/water/community/2017/12/19/a-water-right-for-the-environment-in-california [abgerufen am 12. 7. 2021].
Gray, Brian et al.	Myths of California Water–Implications and Reality, Hastings West-Northwest Journal of Environmental Law and Policy 2010, S. 1–76.
Gray, Brian et al.	Paying for Water in California: The Legal Framework, Hastings Law Journal 2014, S. 1603–1663.
Gray, Brian et al.	Allocating California's Water: Directions for Reform, San Francisco, Sacramento: PPIC Water Policy Center, 2015.
Green, Dorothy	Managing Water: Avoiding Crisis, Berkeley; Los Angeles; London 2007.

Green, Monica/Castle, Anne	Assured Water Supply Laws in the Western States: The Current State of Play, Colorado Natural Resources, Energy & Environmental Law Review 2017, S. 67–145.
Grodin, Joseph R./Shanske, Darien/Salerno, Michael B.	The California State Constitution, 2. Aufl., New York City, New York 2016.
Gromitsaris, Athanasios	Die Unterscheidung zwischen präventivem Verbot mit Erlaubnisvorbehalt und repressivem Verbot mit Befreiungsvorbehalt, Die Öffentliche Verwaltung 1997, S. 401–409.
Groß, Thomas	Welche Klimaschutzpflichten ergeben sich aus Artikel 20a GG?, Zeitschrift für Umweltrecht 2009, S. 364–368.
Groß, Thomas	Die Klagebefugnis als gesetzliches Regulativ des Kontrollzugangs, Die Verwaltung 2010, S. 349–377.
Groß, Thomas	Die Ableitung von Klimaschutzmaßnahmen aus grundrechtlichen Schutzpflichten, Neue Zeitschrift für Verwaltungsrecht 2020, S. 337–342.
Grossi, Mark	California's Biggest Drought Success Story Came with a High Cost, NewsDeeply: Water Deeply, 3.8.2017, abrufbar unter https://www.newsdeeply.com/water/articles/2017/08/03/californias-biggest-drought-success-story-came-with-a-high-cost [abgerufen am 12.7.2021].
Grünewald, Uwe	Regulatorische und institutionelle Ansätze für eine nachhaltige Wasserbewirtschaftung, in: Hüttl/Bens (Hrsg.): Georessource Wasser – Herausforderung Globaler Wandel: Beiträge zu einer integrierten Wasserressourcenbewirtschaftung in Deutschland, Berlin; Heidelberg 2012, S. 236–250.
Grünthal, Gottfried et al.	The Probabilistic Seismic Hazard Assessment of Germany—Version 2016, considering the Range of Epistemic Uncertainties and Aleatory Variability, Bulletin of Earthquake Engineering 2018, S. 1–57.
Gsell, Beate et al. (Hrsg.)	Beck-online Großkommentar, 2019.
Guckelberger, Annette	Die diversen Facetten der Öffentlichkeitsbeteiligung bei wasserrechtlichen Planungen, Natur und Recht 2010, S. 835–842.
Guerin, Emily	Indoor use limits, water budgets and aerial data gathering: California's plan to wean us off water waste, 89.3 KPCC – Southern California Public Radio, 18.5.2018, abrufbar unter https://www.scpr.org/news/2018/05/18/83161/indoor-use-limits-water-budgets-and-aerial-data-ga/ [abgerufen am 12.7.2021].
Guinn, J. M.	Exceptional Years: A History of California's Floods and Drought, Historical Society of Southern California, Los Angeles 1890, S. 33–39.
Guse, Michael/Schuster, Hans-Joachim	1994 – 2005: Die Verwaltungsstruktur-Reformen, in: Landkreistag Baden-Württemberg (Hrsg.): 50 Jahre Landkreistag Baden-Württemberg, Stuttgart 2006, S. 83–89.

Gusy, Christoph	Katastrophenschutzrecht – Zur Situation eines Rechtsgebiets im Wandel, Die Öffentliche Verwaltung 2011, S. 85–95.
Habel, Wolfgang	Wassergesetz für Baden-Württemberg: Kommentar, Stuttgart 1982.
Hafner, Simone	Rechtliche Rahmenbedingungen für eine an den Klimawandel angepasste Landwirtschaft, Umwelt- und Planungsrecht 2010, S. 371–377.
Hanak, Ellen	Finding Water for Growth: New Sources, New Tools, New Challenges, Journal of the American Water Resources Association 2007, S. 1024–1035.
Hanak, Ellen	Show me the Water Plan: Urban Water Management Plans and California's Water Supply Adequacy Laws, Golden Gate University Environmental Law Journal 2010, S. 69–89.
Hanak, Ellen (Hrsg.)	Managing California's Water: from Conflict to Reconciliation, San Francisco, CA 2011.
Hanak, Ellen/Dyckmann, Caitlin	Counties Wresting Control: Local Responses to California's Statewide Water Market, University of Denver Water Law Review 2003, S. 490–518.
Hanak, Ellen/Jezdimirovic, Jelena	California's Water Market, San Francisco; Sacramento: PPIC Water Policy Center, 2016.
Hanak, Ellen/Stryjewski, Elizabeth	California's Water Market, By the Numbers: Update 2012, San Francisco; Sacramento: PPIC Water Policy Center, 2012.
Hanak, Ellen et al.	Water and the California Economy, San Francisco; Sacramento: PPIC Water Policy Center, 2012.
Hanemann, Michael/Dyckmann, Caitlin/Park, Damian	California's Flawed Surface Water Rights, in: Lassiter (Hrsg.): Sustainable Water: Challenges and Solutions from California, Oakland, CA 2015, S. 52–82.
Hardberger, Amy	Put Your Money Where Your Water Is: Building Resilience Through Rates, Conneticut Public International Law Journal 2016, S. 37–81.
Harder, Jennifer	Demand Offsets: Water Neutral Development in California, McGeorge Law Review 2014, S. 103–164.
Harder, Jennifer	Unlimited Rights in a Water-Scarce World? Quantification of Dormant Rights to Common Pool Groundwater, Texas Tech Law Review 2016, S. 719–756.
Hardinghaus, Herbert	Öffentliche Sachherrschaft und öffentliche Sachwaltung: eine Untersuchung des deutschen Rechts der öffentlichen Sachen verglichen mit dem französischen Recht des domaine public, Berlin 1966.
Hart, Kelley	The Mojave Desert as Grounds for Change: Clarifying Property Rights in California's Groundwater to Make Extraction Sustainable Statewide, Hastings West-Northwest Journal of Environmental Law and Policy 2002, S. 31–49.

Härtel, Ines	Kompensationszahlungen im Umweltschutz als Beihilfen i. S. des EGV – dargestellt am Beispiel des § 19 IV WHG, Zeitschrift für Umweltrecht 2001, S. 380–386.
Harter, Thomas/Dahlke, Helen	Out of Sight but not out of Mind: California Refocuses on Groundwater, California Agriculture 2014, S. 54–55.
Hartkopf, Günther/Bohne, Eberhard	Umweltpolitik, Opladen 1983.
Hartmann, Gode	Naturschutz und Landwirtschaft, Natur und Recht 1983, S. 53–59.
Hartwig, Martin	Mehr Sauerstoff für Berlins Kanäle, Deutschlandfunk, 5. 9. 2005, abrufbar unter https://www.deutschlandfunk.de/mehr-sauerstoff-fuer-berlins-kanaele.697.de.html?dram:article_id=74010 [abgerufen am 12. 7. 2021].
Hasche, Frank	Das neue Bewirtschaftungsermessen im Wasserrecht: die Auswirkungen der Wasserrahmenrichtlinie und der IVU-Richtlinie, 2004.
Haug, Sabine	Wasserbedarf in Baden-Württemberg bei 5,3 Milliarden Kubikmeter pro Jahr, Statistisches Monatsheft Baden-Württemberg 2007, S. 44–48.
Hedgpeth, Joel/Reichard, Nancy	Rivers Do not "Waste" to the Sea!, in: Lufkin (Hrsg.): California's Salmon and Steelhead: The Struggle to Restore an Imperiled Resource, Berkeley 1991, S. 159–164.
Heiermann, Ralph	Der Schutz des Bodens vor Schadstoffeintrag: die Instrumente der direkten Verhaltenssteuerung des öffentlichen Rechts, Berlin 1992.
Heim Jr., Richard R.	A Review of Twentieth-Century Drought Indices Used in the United States, Bulletin of the American Meteorological Society 2002, S. 1149–1165.
Heinrich, Georg/Gobiet, Andreas	The Future of Dry and Wet Spells in Europe: A Comprehensive Study Based on the ENSEMBLES Regional Climate Models, International Journal of Climatology 2012, S. 1951–1970.
Heinz, Beate/Esser, Birgit	Maßnahmenplanung nach der Wasserrahmenrichtlinie – Schifffahrt und Wasserwirtschaft, Zeitschrift für Umweltrecht 2009, S. 254–257.
Heitzmann, Diana	Die öffentliche Wasserversorgung in Baden-Württemberg 2010, Statistisches Monatsheft Baden-Württemberg 2012, S. 44–46.
Hendler, Reinhard/Grewing, Cornelia	Der Grundsatz der ortsnahen Wasserversorgung im Wasserrecht, Zeitschrift für Umweltrecht 2001, S. 146–152.
Hennegriff, Wolfgang/Ihringer, Jürgen/Kolokotronis, Vassilis	Prognose von Auswirkungen des Klimawandels auf die Niedrigwasserverhältnisse in Baden-Württemberg, Hydrologie und Wasserbewirtschaftung 2008, S. 309–314.
Henneke, Hans-Günther	Beschränkungen ordnungsgemäßer Landwirtschaft im Landschaftsschutzgebiet, Natur und Recht 1984, S. 263–268.

Herman, Dennis J.	Sometimes There's Nothing Left to Give: The Justification for Denying Water Service to New Consumers to Control Growth, Stanford Law Review 1992, S. 429–470.
Heuser, Philipp	Wasserwirtschaftliche Fachplanung und Raumordnung: eine Untersuchung der Wechselwirkungen zwischen den Maßnahmenprogrammen, Bewirtschaftungsplänen, Hochwasserrisikomanagementplänen und der Raumordnung, Köln 2015.
Hills, David J./Yitayew, Muluneh	Bubbler Irrigation, in: Lamm/Ayars/Nakayama (Hrsg.): Developments in Agricultural Engineering, Band 13, 2007, Kap. 14, S. 553–573.
Hirtle, Beverly/Lehnert, Andreas	Supervisory Stress Tests, Annual Review of Financial Economics 2015, S. 339–355.
Hisdal, H./Tallaksen, L. M. (Hrsg.)	Drought Event Definition, ARIDE Technical Report 6, 2000.
Hlatky, Thomas/Stroblmair, Josef/Tusini, Eva	Versicherungen: Erweiterung der Aufgabenbereiche in verbessertem Gesamtrahmen, in: Steininger/Steinreiber/Ritz (Hrsg.): Extreme Wetterereignisse und ihre wirtschaftlichen Folgen: Anpassung, Auswege und politische Forderungen betroffener Wirtschaftsbranchen, Berlin; Heidelberg 2005, S. 167–176.
Hollenstein, Kurt Hans Rudolf	Analyse, Bewertung und Management von Naturrisiken, Zürich 1996.
Hollmer, Kathrin	Weinanbau: »Um unsere Reben herum ist Wüste«, ZEITmagazin ONLINE – Die Zeit, 6. 8. 2018, abrufbar unter https://www.zeit.de/zeit-magazin/essen-trinken/2018-08/weinanbau-hitze-wein-winzer-klimawandel [abgerufen am 12. 7. 2021].
Hoppe, Werner/Beckmann, Martin/Kauch, Petra	Umweltrecht: juristisches Kurzlehrbuch für Studium und Praxis, 2. Aufl., München 2000.
Howitt, Richard et al.	Economic Analysis of the 2015 Drought For California Agriculture, Davis: UC Davis Center for Watershed Sciences, ERA Economics, UC Agricultural Issues Center, 2015.
HSK Gesundheitsamt	Maßnahmeplan nach § 16 Satz 5 TrinkwV: Mustervorlage für Wasserversorgungsunternehmen, 2012, abrufbar unter http: / / www . hochsauerlandkreis . de / buergerinfo / formulare / Massnahmeplan_-__16_TrinkwV_gesamt.999x.pdf [abgerufen am 21. 8. 2018].
Huber, Martin	Naturgefahren in der Raumplanung, Regio Basiliensis 2009, S. 21–34.
Hundley, Norris	The Great Thirst: Californians and Water; a History, Revised Edition, Berkeley 2001.
Hutchins, Wells	Water Rights Laws in the Nineteen Western States, Band 1, Clark N.J. 2004.
Hutchins, Wells A.	The California Law of Water Rights, Sacramento 1956.
Hutchins, Wells Aleck	Water Rights Laws in the Nineteen Western States, Band 1, 1971.

Iglesias, Carlos A. et al. (Hrsg.)	Coping with Drought Risk in Agriculture and Water Supply Systems: Drought Management and Policy Development in the Mediterranean, Berlin/Heidelberg 2009.
Imbery, Florian et al.	Vorläufiger Rückblick auf den Sommer 2018 – eine Bilanz extremer Wetterereignisse, Deutscher Wetterdienst, 2018.
Inbar, Moshe	Importance of Drought Information in Monitoring and Assessing Land Degradation, in: Sivakumar/Ndiang'ui (Hrsg.): Climate and Land Degradation, 2007, S. 253–266.
Independent Forensic Team	Report Oroville Dam Spillway Incident, Sacramento, 2018.
International Human Rights Law Clinic	The Human Right to Water Bill in California: An Implementation Framework for State Agencies, Berkeley: University of California, Berkeley, School of Law, 2013.
Internationale Kommission zum Schutz des Rheins	Mandat für die Arbeitsgruppe »Hoch- und Niedrigwasser«, 2016.
Internationale Kommission zum Schutz des Rheins	Niedrigwasser, abrufbar unter https://www.iksr.org/de/themen/niedrigwasser/ [abgerufen am 12.7.2021].
Internationale Kommission zum Schutz des Rheins	Rhein-Alarmmodell, abrufbar unter https://www.iksr.org/de/themen/verschmutzungen/internationaler-warn-und-alarmplan/rhein-alarmmodell/ [abgerufen am 12.7.2021].
Ionita, M./Nagavciuc, V.	Forecasting Low Flow Conditions Months in Advance Through Teleconnection Patterns, with a Special Focus on Summer 2018, Nature 2020, S. 13258.
Isensee, Josef	Das Grundrecht als Abwehrrecht und als staatliche Schutzpflicht, in: Isensee/Kirchhof (Hrsg.): Allgemeine Grundrechtslehren, 3. Aufl., Band IX, Heidelberg 2011, S. 413–568.
IWW Zentrum Wasser	Niedrigwasser – Neues Projekt für mehr Sicherheit, 3.2.2020, abrufbar unter https://iww-online.de/niedrigwasser-neues-projekt-fuer-mehr-sicherheit/ [abgerufen am 11.7.2021].
Jacob, Thomas/Lau, Marcus	Beurteilungsspielraum und Einschätzungsprärogative: Zulässigkeit und Grenzen administrativer Letztentscheidungsmacht am Beispiel des Naturschutz- und Wasserrechts, Neue Zeitschrift für Verwaltungsrecht 2015, S. 241–248.
Jaeckel, Liv	Schutzpflichten im deutschen und europäischen Recht: eine Untersuchung der deutschen Grundrechte, der Menschenrechte und Grundfreiheiten der EMRK sowie der Grundrechte und Grundfreiheiten der Europäischen Gemeinschaft, Baden-Baden 2001.
Jäger, Wolfgang/Haas, Christoph/Welz, Wolfgang (Hrsg.)	Regierungssystem der USA: Lehr- und Handbuch, 3. Aufl., München, Wien 2007.
Janiskee, Brian P./Masugi, Ken	Democracy in California: Politics and Government in the Golden State, 4. Aufl., Lanham, Maryland 2015.

Janssen, Gerold — HQ1 – HQextrem – Hochwasserrisikomanagement im novellierten Wasserrecht, in: Jaeckel/Janssen (Hrsg.): Risikodogmatik im Umwelt- und Technikrecht: Von der Gefahrenabwehr zum Risikomanagement, 2012, S. 81–104.

Janzen, Henrik — Unternehmerische Risikopolitik und Umweltschutz, in: Junkernheinrich/Klemmer/Wagner (Hrsg.): Handbuch zur Umweltökonomie, Berlin 1995, S. 348–355.

Jarass, Hans D. — Konkurrenz, Konzentration und Bindungswirkung von Genehmigungen: Probleme und Lösungen am Beispiel der baulichen Anlagen, Berlin 1984.

Jarass, Hans D./Pieroth, Bodo (Hrsg.) — Grundgesetz für die Bundesrepublik Deutschland: Kommentar, 16. Aufl., München 2020.

Jauss, Uwe — Hitzewelle: Im Bodensee droht Fischen ein Massensterben, Schwäbische Zeitung, 22.10.2019, abrufbar unter https://www.schwaebische.de/landkreis/bodenseekreis/langenargen_artikel,-hitzewelle-im-bodensee-droht-fischen-ein-massensterben-_arid,10912963.html [abgerufen am 12.7.2021].

Jenkins, Marion W. et al. — Optimization of California's Water Supply System: Results and Insights, Journal of Water Resources Planning and Management 2004, S. 271–280.

Jeromin, Curt M./Praml, Rolf — Hochwasserschutz und wasserrechtliches Rücksichtnahmegebot, Neue Zeitschrift für Verwaltungsrecht 2009, S. 1079–1082.

Jestaedt, Matthias — Grundrechtsentfaltung im Gesetz: Studien zur Interdependenz von Grundrechtsdogmatik und Rechtsgewinnungstheorie, Tübingen 1999.

Jestaedt, Matthias — Maßstäbe des Verwaltungshandelns, in: Ehlers/Pünder (Hrsg.): Allgemeines Verwaltungsrecht, 15. Aufl., 2016, § 11, S. 325–372.

Johnson, Nicholaus — Chapter 255: Finding the Leaks in the Sustainable Groundwater Management Act, The University of the Pacific Law Review 2016, S. 641–656.

Johnson, Ralph — Public Trust Protection for Stream Flows and Lake Levels: The Public Trust Doctrine in Natural Resources and Management, U.C. Davis Law Review 1980, S. 233–268.

Johnson, Renée/Cody, Betsy — California Agricultural Production and Irrigated Water Use, Congressional Research Services Report, 2015.

Jones, Jeanine — Preparing For California's Next Drought: Changes Since 1987-92, Sacramento: Department of Water Resources, 2000.

Kahl, Wolfgang — Umweltpinzip und Gemeinschaftsrecht: Eine Untersuchung zur Rechtsidee des »bestmöglichen Umweltschutzes« im EWG-Vertrag, Heidelberg 1993.

Kahl, Wolfgang (Hrsg.) — Nachhaltigkeit als Verbundbegriff, Tübingen 2008.

Kahl, Wolfgang/Gärditz, Klaus Ferdinand	Umweltrecht, 11. Aufl., München 2019.
Kahlenborn, Walter/Kraemer, Rudolf Andreas	Nachhaltige Wasserwirtschaft in Deutschland, Berlin, Heidelberg 1999.
Kaindl, A.	Ernteversicherung: Auf dem Weg zu einer staatlich subventionierten Mehrgefahrenversicherung, München 2007.
Kämmereiamt Stadt Heidelberg	Heidelberger Neckarwiese als beliebte Spiel-, Sport- und Freizeitfläche, Sport & Freizeit Stadt Heidelberg, 2021, abrufbar unter https://www.heidelberg.de/hd,Lde/HD/Rathaus/Sport+_+Freizeit.html [abgerufen am 12.7.2021].
Kampragou, Eleni et al.	Towards the Harmonization of Water-Related Policies for Managing Drought Risks across the EU, Environmental Science & Policy 2011, S. 815–824.
Kanazawa, Mark	Golden Rules: The Origins of California Water Law in the Gold Rush, Chicago 2015.
Kang, Mary/Jackson, Robert	Salinity of Deep Groundwater in California: Water Quantity, Quality, and Protection, Proceedings of the National Academy of Sciences 2016, S. 7768–7773.
Kanouse, Randele/Wallace, Douglas	Optimizing Land Use and Water Supply Planning: A Path to Sustainability?, Golden Gate University Environmental Law Journal 2010, S. 145–165.
Karkosi, Joe	Drought Emergency Funding Sources, SWRCB, Division of Water Rights, 2017.
Kaser, Max/Knütel, Rolf/Lohsse, Sebastian	Römisches Privatrecht, 21. Aufl., München 2017.
Kasler, Dale	California Regulators, After Setback, Issue New Water Rights Curtailments, The Sacramento Bee, 15.7.2015, abrufbar unter https://www.sacbee.com/news/state/california/water-and-drought/article27347341.html [abgerufen am 12.7.2021].
Keppeler, Jürgen	Zur Versagung wasserrechtlicher Gestattungen nach § 6 WHG, Neue Zeitschrift für Verwaltungsrecht 1992, S. 137–141.
Ketteler, Gerd	Der Begriff der Nachhaltigkeit im Umwelt- und Planungsrecht, Natur und Recht 2002, S. 513–522.
Keyantash, John/Dracup, John A.	The Quantification of Drought: An Evaluation of Drought Indices, Bulletin of the American Meteorological Society 2002, S. 1167–1180.
Kibel, Paul	In the Field and in the Stream: California Reasonable Use Law Applied to Water for Agriculture, McGeorge Law Review 2014, S. 1–15.
Kibele, Karlheinz	Die Wassergesetz-Novelle von 1988, Verwaltungsblätter Baden-Württemberg 1988, S. 321–331.

Kibele, Karlheinz	Neuordnung des Wasserrechts macht das Recht der öffentlichen Wasserversorgung komplizierter, Zeitschrift für die Städte und Gemeinden 2014, S. 419–425.
Kindhäuser, Urs	Rechtstheoretische Grundfragen des Umweltstrafrechts, in: Letzgus (Hrsg.): Für Recht und Staat (Festschrift für Herbert Helmrich), München 1994, S. 967–984.
King, Mary Ann	Getting our Feet Wet: An Introduction to Water Trusts, Harvard Environmental Law Review 2004, S. 495–534.
Kingreen, Thorsten/Poscher, Ralf	Polizei- und Ordnungsrecht: mit Versammlungsrecht, 10. Aufl., München 2018.
Kinyon, Stanley/McClure, Robert	Interferences with Surface Waters, Minnesota Law Review 1940, S. 891–939.
Kirchner, Christian	Ökonomische Analyse des Rechts: Interdisziplinäre Zusammenarbeit von Ökonomie und Rechtswissenschaft, in: Assmann/Kirchner/Schanze (Hrsg.): Ökonomische Analyse des Rechts, Tübingen 1993, S. 62–78.
Kirchner, Hildebert (Hrsg.)	Abkürzungsverzeichnis der Rechtssprache, 9. Aufl., Berlin 2018.
Kischel, Uwe	Rechtsvergleichung, München 2015.
Klafki, Anika	Risiko und Recht: Risiken und Katastrophen im Spannungsfeld von Effektivität, demokratischer Legitimation und rechtsstaatlichen Grundsätzen am Beispiel von Pandemien, Tübingen 2017.
Klaiber, Gert	Maßnahmen zur strukturellen Verbesserung der öffentlichen Wasserversorgung in Baden-Württemberg, in: Rott (Hrsg.): Innovationen in der Wasserversorgung, München, Oldenburg, Stuttgart 2006, S. 1–4.
Kletzing, Russel	Imported Groundwater Banking: The Kern Water Bank – A Case Study, Pacific Law Journal 1988, S. 1225–1266.
Klimaveränderung und Wasserwirtschaft (Hrsg.)	Klimawandel in Süddeutschland: Veränderungen von meteorologischen und hydrologischen Kenngrößen, Monitoringbericht, 2016.
Klimaveränderung und Wasserwirtschaft (Hrsg.)	Entwicklung von Bodenwasserhaushalt und Grundwasserneubildung in Baden-Württemberg, Bayern, Rheinland-Pfalz und Hessen (1951–2015), KLIWA-Bericht Nr. 21, 2017.
Klimaveränderung und Wasserwirtschaft (Hrsg.)	Niedrigwasser in Süddeutschland – Analysen, Szenarien und Handlungsempfehlungen, KLIWA-Bericht Nr. 23, Karlsruhe, 2018.
Kloepfer, Michael	Zur Geschichte des deutschen Umweltrechts, Berlin 1994.
Kloepfer, Michael	Umweltschutz als Verfassungsrecht: Zum neuen Art. 20a GG, Deutsches Verwaltungsblatt 1996, S. 73–80.
Kloepfer, Michael	Katastrophenschutzrecht – Strukturen und Grundfragen, Verwaltungsarchiv 2007, S. 163–198.

Kloepfer, Michael (Hrsg.)	Handbuch des Katastrophenrechts: Bevölkerungsschutzrecht, Brandschutzrecht, Katastrophenschutzrecht, Katastrophenvermeidungsrecht, Rettungsdienstrecht, Zivilschutzrecht, unter Mitarb. v. Walus/Deye, Baden-Baden 2015.
Kloepfer, Michael	Umweltrecht, 4. Aufl., München 2016.
Kloepfer, Michael/Brandner, Thilo	Wassersport und Umweltschutz, Neue Zeitschrift für Verwaltungsrecht 1988, S. 115–121.
Kloepfer, Michael/Rehbinder, Eckard/Schmidt-Aßmann, Eberhard (Hrsg.)	Umweltgesetzbuch: Allgemeiner Teil, Berlin 1990.
Knauber, Raffael	Das Gebot der Rücksichtnahme – der Schlüssel zur Begründung subjektiver Rechtsmacht jetzt auch im wasserrechtlichen Nachbarschutz, Neue Zeitschrift für Verwaltungsrecht 1988, S. 997–1000.
Knopp, Günther-Michael	Umsetzung der Wasserrahmenrichtlinie – Neue Verwaltungsstrukturen und Planungsinstrumente im Gewässerschutzrecht, Neue Zeitschrift für Verwaltungsrecht 2003, S. 275–281.
Knopp, Günther-Michael	Das neue Wasserhaushaltsrecht: WHG-Novelle 2010, Gewässerbenutzung – Ausbau, München 2010.
Knutson, Cody/Hayes, Michael J./Phillips, Tom	How to Reduce Drought Risk, National Drought Mitigation Center, Preparedness and Mitigation Working Group, 1998.
Koch, Hans-Joachim/Rubel, Rüdiger/Heselhaus, Sebastian	Allgemeines Verwaltungsrecht, 3. Aufl., München/Unterschleißheim 2003.
Koch, Johannes	Trockenheit versichern?, DLZ-Agrarmagazin 2016, S. 144–147.
Köck, Wolfgang	Grundzüge des Risikomanagements im Umweltrecht, in: Bora (Hrsg.): Rechtliches Risikomanagement: Form, Funktion und Leistungsfähigkeit des Rechts in der Risikogesellschaft, Band 80, Berlin 1999, S. 129–192.
Köck, Wolfgang	Klimawandel und Recht – Adaption an Klimaänderungen: Auswirkungen auf den Hochwasserschutz, die Bewirtschaftung der Wasserressourcen und die Erhaltung der Artenvielfalt, Zeitschrift für Umweltrecht 2007, S. 393–400.
Köck, Wolfgang	Die Implementation der EG-Wasserrahmenrichtlinie – eine Zwischenbilanz mit Blick auf die bevorstehende Verabschiedung von Maßnahmenprogrammen und Bewirtschaftungsplänen, Zeitschrift für Umweltrecht 2009, S. 227–233.
Köck, Wolfgang	Wasserwirtschaft und Gewässerschutz in Deutschland: Rechtsrahmen – Institutionen – Organisation, Zeitschrift für Umweltrecht 2012, S. 140–149.
Köck, Wolfgang	Zur Entwicklung des Rechts der Wasserversorgung und der Abwasserbeseitigung, Zeitschrift für Umweltrecht 2015, S. 3–15.

Köck, Wolfgang	Zur Parallelität von Wassernutzungsrechten und Windnutzungsrechten, Zeitschrift für Umweltrecht 2017, S. 684–689.
Köck, Wolfgang et al.	Das Instrument der Bedarfsplanung – Rechtliche Möglichkeiten für und verfahrensrechtliche Anforderungen an ein Instrument für mehr Umweltschutz, Bericht 55/2017, Umweltbundesamt, 2017.
Köhler, Gero et al.	Überblick zur Niedrigwasserperiode 2003 in Deutschland: Ursachen – Wirkungen – Folgen, Hydrologie und Wasserbewirtschaftung 2007, S. 118–129.
Köhn, Patrick/Lauf, Thomas	Das Wasserentnahmeentgelt in Baden-Württemberg: Bestandsaufnahme und Evaluierung, Bericht 1/2017, Leipzig: Helmholtz-Zentrum für Umweltforschung, 2016.
König, Ruth	Pro und Kontra der dritten Novelle zum Bundesnaturschutzgesetz, Neue Zeitschrift für Verwaltungsrecht 1999, S. 382–385.
Koop, Jochen/Bergfeld, Tanja/ Keller, Martin	Einfluss von extremen Niedrigwasser-Ereignissen und gleichzeitigen Hitzeperioden auf die Ökologie von Bundeswasserstraßen, Hydrologie und Wasserbewirtschaftung 2007, S. 202–209.
Kopp, Ferdinand O./Ramsauer, Ulrich	Verwaltungsverfahrensgesetz: Kommentar, 20. Aufl., München 2019.
Köppe, Julia	So heiß und trocken war es von April bis Juli noch nie, DER SPIEGEL | Online-Nachrichten, 3. 8. 2018, abrufbar unter http://www.spiegel.de/wissenschaft/natur/hitze-sommer-weist-hoechste-temperaturanomalie-seit-1881-auf-a-1221615.html [abgerufen am 12. 7. 2021].
Kostyrko, George	State Water Board Dismisses Enforcement Actions Against Byron-Bethany and The West Side Irrigation Districts: Board Action Sustains Authority to Enforce Water Rights System When Demand Exceeds Supply in Droughts, 7. 6. 2016, abrufbar unter https://www.waterboards.ca.gov/press_room/press_releases/2016/pr060716_bbid_enforcement.pdf [abgerufen am 29. 6. 2018].
Kotulla, Michael	Das novellierte Wasserhaushaltsgesetz, Neue Zeitschrift für Verwaltungsrecht 2010, S. 79–86.
Kotulla, Michael	Wasserhaushaltsgesetz: Kommentar, 2. Aufl., Stuttgart 2011.
Kotulla, Michael/Rolfsen, Michael	Der Widerruf von wasserrechtlichen Bewilligungen nach § 18 Abs. 2 WHG – ein Beitrag zur Vereinfachung des Umweltrechts?, Natur und Recht 2010, S. 625–629.
Kramer, Beate/Köhler, Sascha	Anmerkungen zu OLG Dresden, 14.07.2015 - 9 U 83/15: Rechtmäßigkeit von Preisanpassungsklauseln privater Abwasserentsorger, Infrastrukturrecht 2015, S. 262–263.

Krämer, Ludwig	Direkte und indirekte Verhaltenssteuerung, in: Rengeling (Hrsg.): Handbuch zum europäischen und deutschen Umweltrecht, 1: Allgemeines Umweltrecht, Köln; Berlin; Bonn; München 2003, S. 411–429.
Krämer, Ludwig	Climate Change and EU Legal Initiatives Regarding Water Availability, Journal for European Environmental & Planning Law 2009, S. 461–480.
Krieger, Lisa	California Drought: Farmers' "Senior" Water Rights under Siege, The Mercury News, 28. 5. 2015, abrufbar unter https://www.mercurynews.com/2015/05/28/california-drought-farmers-senior-water-rights-under-siege/ [abgerufen am 12. 7. 2021].
Krohn, Philipp	Gegen Milliardenschäden: Bauern scheuen Kosten einer Dürre-Versicherung, Frankfurter Allgemeine – FAZ.NET, 7. 8. 2018, abrufbar unter https://www.faz.net/-gqe-9d1t2 [abgerufen am 12. 7. 2021].
Kruse, Sylvia/Seidl, Irmi	Social Capacities for Drought Risk Management in Switzerland, Natural Hazards Earth System Science 2013, S. 3429–3441.
Kube, Hanno	Private Property in Natural Resources and the Public Weal in German Law – Latent Similarities to the Public Trust Doctrine, Natural Resources Journal 1997, S. 857–880.
Kube, Hanno	Eigentum an Naturgütern: Zuordnung und Unverfügbarkeit, Berlin 1999.
Kubitza, Marc Philip	Die wasserpolizeiliche Generalklausel (Das Recht der Wasser- und Entsorgungswirtschaft), Köln 2015.
Kubitza, Marc Philip	Die Gewässeraufsicht gemäß § 100 Abs. 1 S. 2 Wasserhaushaltsgesetz – Opportunitäts- oder Bewirtschaftungsermessen?, Natur und Recht 2018, S. 89–92.
Kühling, Wilfried	Umweltqualitätsziele und Umwelthandlungsziele aufstellen, in: Oldiges (Hrsg.): Umweltqualität durch Planung, Baden-Baden 2006, S. 149–156.
Kuhn, Nikolaus J./Beising, Edith	Umweltwandel und Naturgefahren – Landschaftssystemanalyse in Forschung und Anwendung, Regio Basiliensis 2009, S. 3–11.
Kwasniak, Arlene	Water Scarcity and Aquatic Sustainability: Moving Beyond Policy Limitations, University of Denver Water Law Review 2010, S. 321–361.
Ladeur, Karl-Heinz	Risikowissen und Risikoentscheidung – Kommentar zu Gotthard Beckmann, Kritische Vierteljahrsschrift für Gesetzgebung und Rechtswissenschaft 1991, S. 241–256.
Lallana, C. et al.	Sustainable Water Use in Europe: Part 2: Demand Management, Environmental Issue Report 19, Copenhagen: European Environmental Agency, 2001.

Literatur

Land Baden-Württemberg	Pilotprojekt zur Risikovorsorge im Obst- und Weinbau, Pressemitteilung, 1.10.2019, abrufbar unter https://www.baden-wuerttemberg.de/de/service/presse/pressemitteilung/pid/pilotprojekt-zur-risikovorsorge-im-obst-und-weinbau/ [abgerufen am 12.7.2021].
Land Baden-Württemberg	Fördergelder für Ertragsversicherung Obst- und Weinbau ausgezahlt, Pressemitteilung, 28.1.2021, abrufbar unter https://www.baden-wuerttemberg.de/de/service/presse/pressemitteilung/pid/foerdergelder-fuer-ertragsversicherung-obst-und-weinbau-ausgezahlt/ [abgerufen am 12.7.2021].
Landesanstalt für Umwelt Baden-Württemberg (Hrsg.)	Hinweise zu den Wasserstands- und Abflussvorhersagen der Hochwasservorhersagezentrale der LUBW, Karlsruhe, 2018.
Landesanstalt für Umwelt Baden-Württemberg	Pegelkarte, Hochwasservorhersagezentrale Baden-Württemberg, 31.8.2018, abrufbar unter https://www.hvz.baden-wuerttemberg.de/ [abgerufen am 12.7.2021].
Landesanstalt für Umwelt Baden-Württemberg	März und April 2020: Eine außergewöhnlich warme und trockene Witterung, Stuttgart, 2020.
Landesanstalt für Umwelt Baden-Württemberg	Wasserschutzgebiete und SchALVO, 2021, abrufbar unter https://www.lubw.baden-wuerttemberg.de/wasser/wasserschutzgebiete [abgerufen am 12.7.2021].
Landesanstalt für Umwelt Baden-Württemberg	Aufstellung eines internationalen Wärmelastplanes für den Rhein, abrufbar unter https://pudi.lubw.de/projektdetailseite/-/project/60006 [abgerufen am 12.7.2021].
Landesanstalt für Umwelt, Messungen und Naturschutz Baden-Württemberg (Hrsg.)	Hochwasserrückhaltebecken und Talsperren: Bauwerkstypen und Übersicht (Oberirdische Gewässer, Gewässerökologie 111), Karlsruhe 2008.
Landesanstalt für Umwelt, Messungen und Naturschutz Baden-Württemberg (Hrsg.)	Methodenband: Aktualisierung 2015 zur Umsetzung der EG-Wasserrahmenrichtlinie in Baden-Württemberg, Karlsruhe, 2015.
Landesanstalt für Umwelt, Messungen und Naturschutz Baden-Württemberg (Hrsg.)	Das Niedrigwasserjahr 2015, Karlsruhe, 2017.
Landesanstalt für Umwelt, Messungen und Naturschutz Baden-Württemberg (Hrsg.)	Grundwasserüberwachungsprogramm: Ergebnisse der Beprobung 2016, Karlsruhe, 2017.
Landesanstalt für Umwelt, Messungen und Naturschutz Baden-Württemberg/Ministerium für Umwelt, Klima und Energiewirtschaft Baden-Württemberg (Hrsg.)	Umweltdaten 2009, Karlsruhe; Stuttgart, 2009.

Landesanstalt für Umwelt, Messungen und Naturschutz Baden-Württemberg/Ministerium für Umwelt, Klima und Energiewirtschaft Baden-Württemberg (Hrsg.)	Umweltdaten 2012, Karlsruhe; Stuttgart, 2012.
Landesanstalt für Umwelt, Messungen und Naturschutz Baden-Württemberg/Ministerium für Umwelt, Klima und Energiewirtschaft Baden-Württemberg (Hrsg.)	Umweltdaten 2015, Karlsruhe; Stuttgart, 2015.
Landesanstalt für Umweltschutz Baden-Württemberg (Hrsg.)	Jahresbericht 2002/2003, Karlsruhe, 2003.
Landesanstalt für Umweltschutz Baden-Württemberg (Hrsg.)	Sauerstoffreglement Neckar, Jahresbericht 2002/2003, Karlsruhe, 2003.
Landesanstalt für Umweltschutz Baden-Württemberg (Hrsg.)	Das Niedrigwasserjahr 2003, Karlsruhe, 2004.
Landesanstalt für Umweltschutz Baden-Württemberg (Hrsg.)	Mindestabflüsse in Ausleitungsstrecken: Grundlagen, Ermittlung und Beispiele, Karlsruhe 2005.
Landmann, Robert/Rohmer, Ernst (Hrsg.)	Umweltrecht Kommentar, 94. EL., München 2020.
Landratsamt Ravensburg (Hrsg.)	Bewässerung landwirtschaftlicher Flächen, 2008.
Landratsamt Tübingen	Allgemeinverfügung des Landratsamtes Tübingen zur Beschränkung des Gemeingebrauchs an öffentlichen oberirdischen Gewässern, Mitteilungsblatt des Stadtteils Hirschau 2015, S. 2.
Langridge, Ruth	Confronting Drought: Water Supply Planning and the Establishment of a Strategic Groundwater Reserve, University of Denver Water Law Review 2008, S. 295–332.
Langridge, Ruth	Confronting Drought: Water Supply Planning and the Establishment of a Strategic Groundwater Reserve, University of Denver Water Law Review 2009, S. 295–331.
Langridge, Ruth	Drought and Groundwater: Legal Hurdles to Establishing Groundwater Drought Reserves in California, U.C. Davis Law Review 2012, S. 91–113.
Langridge, Ruth et al.	An Evaluation of California's adjudicated Groundwater Basins, Sacramento: Waterboards CA, 2016.
Laskowski, Silke	Kohlekraftwerke im Lichte der EU-Wasserrahmenrichtlinie, Zeitschrift für Umweltrecht 2013, S. 131–142.
Laskowski, Silke	Das Verschlechterungsverbot im europäischen Wasserrecht nach dem EuGH Urteil vom 1. Juli 2015, Zeitschrift für Umweltrecht 2015, S. 542–546.

Laskowski, Silke/Ziehm, Cornelia	Gewässerschutzrecht, in: Koch/Hofmann/Reese (Hrsg.): Umweltrecht, 5. Aufl., München 2018, S. 303–376.
Laskowski, Silke Ruth	Die deutsche Wasserwirtschaft im Kontext von Privatisierung und Liberalisierung, Zeitschrift für Umweltrecht 2003, S. 1–10.
Laskowski, Silke Ruth	Das Menschenrecht auf Wasser: die rechtlichen Vorgaben zur Sicherung der Grundversorgung mit Wasser und Sanitärleistungen im Rahmen einer ökologisch-nachhaltigen Wasserwirtschaftsordnung, Tübingen 2010.
Lauer, Kristina	Das Konfliktverhältnis Wasserkraft contra Umweltschutz: rechtliche Steuerungsmöglichkeiten zwischen Wasserkraftnutzungsinteressen und Umweltschutzbelangen unter besonderer Berücksichtigung des sog. Pumpspeicherkraftwerks, Berlin 2012.
Lauer, T.	The Common Law Background of the Riparian Doctrine, Missouri Law Review 1963, S. 60–107.
League of California Cities	Emergency Procedures Handbook for City Attorney's Office, 22.12.2013, abrufbar unter https://www.cacities.org/getattachment/8e773c5a-08e2-452a-a58b-0d071cb75dc0/LR-LowellHndbk.aspx [abgerufen am 28.8.2018].
League of Women Voters of California (Hrsg.)	Guide to California Government, 13. Aufl., Sacramento 1986.
Leahy, Tina	Desperate Times Call for Sensible Measures: The Making of the California Sustainable Groundwater Management Act, Golden Gate University Environmental Law Journal 2016, S. 5–40.
Lee, Cliffort	Legal Aspects of Water Conservation in California: Background and Issues, Staff Paper No. 3, Sacramento 1977.
Leersch, Hans-Jürgen	Dürreversicherungen werden begünstigt, Deutscher Bundestag, 12.2.2020, abrufbar unter https://www.bundestag.de/presse/hib/682316-682316 [abgerufen am 12.7.2021].
Legislative Analysist's Office	Overview of California Local Government, Sacramento, 2010.
Lehn, Helmut/Steiner, Magdalena/Mohr, Hans	Wasser – die elementare Ressource: Leitlinien einer nachhaltigen Nutzung, Berlin, Heidelberg 1996.
Leifer, Christoph	Das europäische Umweltmanagementsystem EMAS als Element gesellschaftlicher Selbstregulierung, Tübingen 2007.
Lemieux, W. K.	Land Use Control by Utility Service Moratorium: The Wrong Solution to the Right Problem, Los Angeles Bar Journal 1977, S. 262–283.
Lenk, Maximilian	Einschränkung des wasserrechtlichen Gemeingebrauchs an Flüssen durch Allgemeinverfügung oder Rechtsverordnung, Verwaltungsblätter für Baden-Württemberg 2017, S. 183–188.
Lenz, Carl-Otto/Borchardt, Klaus Dieter (Hrsg.)	EU-Verträge Kommentar, 6. Aufl., Köln; Wien 2013.

Lepsius, Oliver	Risikosteuerung durch Verwaltungsrecht: Ermöglichung oder Begrenzung von Innovationen?, Veröffentlichungen der Vereinigung der Deutschen Staatsrechtslehrer 2003, S. 264–308.
Leshy, John	Irrigation Districts in a Changing West – An Overview, Arizona State Law Journal 1982, S. 345–376.
Leshy, John	Special Water Districts – The Historical Background, in: Corbridge (Hrsg.): Special Water Districts: Challenge for the Future (Proceedings of the Workshop on Special Water Districts Held at the University of Colorado, September 12-13, 1983), Boulder, CO 1983, S. 11–30.
Leu, Hans Jacob	Eydgenössisches Stadt- und Land-Recht: Darinn Der XIII. und Zugewanten Lobl. Städt und Orten Der Eydgenosschafft Stadt- und Land-Gesetze vorgestellet und mit Anmerckungen erläutert werden, Zürich 1728.
Lewis, Paul G.	Deep Roots: Local Government Structure in California, San Francisco: PPIC, 1998.
LexisNexis/Law 360	Proposition 218 Obstacles To Calif. Tiered Water Rates, Law360, 20. 5. 2015, abrufbar unter https://www.law360.com/articles/655523/proposition-218-obstacles-to-calif-tiered-water-rates [abgerufen am 12. 7. 2021].
Lilly, Alan	Protecting Streamflows in California, Ecology Law Quarterly 1980, S. 697–723.
Little Hoover Commission	Managing for a Change: Modernizing California's Water Governance, Sacramento, Calif., 2010.
Littleworth, Arthur/Garner, Eric	California Water II, 2. Aufl., Point Arena, CA 2007.
Lohan, Rara	The Secret to Water Pricing During a Drought, NewsDeeply: Water Deeply, 11. 2. 2016, abrufbar unter https://www.newsdeeply.com/water/community/2016/02/11/the-secret-to-water-pricing-during-a-drought [abgerufen am 12. 7. 2021].
Lohani, Vinod K./Loganathan, G. V.	An Early Warning System for Drought Management Using the Palmer Drought Index, Journal of the American Water Resources Association 1997, S. 1375–1386.
Lord, Benjamin et al.	Drought Water Right Curtailment Analysis for California's Eel River, Journal of Water Resources Planning and Management 2018, S. 04017082.
Los Angeles Regional Water Quality Control Board	Basin Plan for the Coastal Watersheds of Los Angeles and Ventura Counties, 8. 11. 2016, abrufbar unter https://www.waterboards.ca.gov/losangeles/water_issues/programs/basin_plan/basin_plan_documentation.html [abgerufen am 14. 8. 2018].
Lowel, Lewis/Rains, Williams/ Lynne, Kennedey	Global Climate Change and California Agriculture, in: Knox/Scheuring (Hrsg.): Global Climate Change and California: Potential Impacts and Responses, Berkeley, Los Angeles, Oxford 1991, Kap. 6, S. 97–122.

Literatur

Lübbe-Wolff, Gertrude	Instrumente des Umweltrechts – Leistungsfähigkeit und Leistungsgrenzen, Neue Zeitschrift für Verwaltungsrecht 2001, S. 481–492.
Lüdemann, Dagny	Wetter: »Deutschland wird mit Dürren leben müssen«, ZEIT ONLINE, 24.4.2019, abrufbar unter https://www.zeit.de/wissen/umwelt/2019-03/wetter-rekordsommer-karsten-schwanke-2018-klimawandel-duerre [abgerufen am 12.7.2021].
Ludwig, Wolfgang/Schauwecker, Heinz	Strukturen und Probleme der Wasserversorgung, in: Püttner (Hrsg.): Kommunale Wirtschaft, 2. Aufl., Band 5, Berlin; Heidelberg 1984.
Luna, Tara/Koseff, Alexei	Get Ready to Save Water: Permanent California Restrictions Approved by Gov. Jerry Brown, The Sacramento Bee, 31.5.2018, abrufbar unter https://www.sacbee.com/news/politics-government/capitol-alert/article211333594.html [abgerufen am 12.7.2021].
Lund, Jay	Should California Expand Reservoir Capacity by Removing Sediment?, California WaterBlog, 9.6.2014, abrufbar unter https://californiawaterblog.com/2014/06/09/should-california-expand-reservoir-capacity-by-removing-sediment/ [abgerufen am 12.7.2021].
Lund, Jay/Medellín-Azuara, Josué	California: Water Security from Infrastructure, Institutions, and the Global Economy, in: World Water Council (Hrsg.): Global Water Security (Water Resources Development and Management), 2018, S. 267–279.
Lund, Jay et al.	Drought Curtailment of Water Rights – Problems and Technical Solutions, Davis: UC Davis Center for Watershed Sciences, 2014.
Lüttger, Andrea B./Feike, Til	Development of Heat and Drought Related Extreme Weather Events and their Effect on Winter Wheat Yields in Germany, Theoretical and Applied Climatology 2018, S. 15–29.
Lyon, Robrida	The County of Origin Doctrine: Insufficient as a Legal Water Right in California, San Joaquin Agricultural Law Review 2002, S. 133–156.
Mäder, Alexander	Extremwetter durch Erderwärmung?, Spektrum der Wissenschaft, 29.7.2018, abrufbar unter https://www.spektrum.de/news/extremwetter-durch-erderwaermung/1581182 [abgerufen am 12.7.2021].
Mager, Ute	Die Entwicklung des Wasserwirtschaftsrechts – Referenzgebiet für ein materiell-rechtlich fundiertes internationales Verwaltungsrecht, Zeitschrift für ausländisches öffentliches Recht und Völkerrecht 2010, S. 789–818.
Makar, Laura	Increased Urban Water Supply Reliability through Voluntary Transfers of Reclamation Water, Natural Resources & Environment 2010, S. 26–30.

Manaster, Kenneth A./Selmi, Daniel P./Bender, Matthew (Hrsg.)	California Environmental Law and Land Use Practice, Band 2, New York 1989.
Maniak, Ulrich	Hydrologie und Wasserwirtschaft, 7. Aufl., Berlin 2016.
Mann, Roberta	Like Water for Energy: The Water-Energy Nexus Through the Lens of Tax Policy, University of Colorado Law Review 2011, S. 505–550.
Marcos, Abel La Calle	An Environmental Focus on Drought: The Water Framework Directive, in: Iglesias *et al.* (Hrsg.): Coping with Drought Risk in Agriculture and Water Supply Systems: Drought Management and Policy Development in the Mediterranean, Dordrecht 2009, Kap. 4, S. 43–54.
Markopoulos, Titos	EU-Wirtschaftsverfassung und kommunale Wasserversorgung, Kommunaljurist 2012, S. 330–336.
Marold, Ulf/Hergesell, Mario	Das EU-Projekt WATER CoRe – Wasserknappheit und Dürre, koordiniertes Handeln in europäischen Regionen, in: Hessisches Landesamt für Umwelt und Geologie (Hrsg.): Jahresbericht 2011, Wiesbaden 2012, S. 55–64.
Martin, Thomas/Bär, Thomas	Grundzüge des Risikomanagements nach KonTraG: das Risikomanagementsystem zur Krisenfrüherkennung nach § 91 Abs. 2 AktG, Oldenbourg 2002.
Martinez, Janet/Conrad, Esther/Moran, Tara	Upstream, Midstream, and Downstream: Dispute System Design for Sustainable Groundwater Management, University of St. Thomas Law Journal 2017, S. 297–314.
Marx, Andreas et al.	Der Dürremonitor – Aktuelle Information zur Bodenfeuchte in Deutschland, Forum für Hydrologie und Wasserbewirtschaftung 2016, S. 131–142.
Mason, Melanie	Gov. Jerry Brown Signs Historic Groundwater Management Legislation, Los Angeles Times, 16. 9. 2014, abrufbar unter https://www.latimes.com/local/political/la-me-pc-groundwater-regulation-bills-20140916-story.html [abgerufen am 12. 7. 2021].
Maunz, Theodor/Dürig, Günter (Hrsg.)	Grundgesetz-Kommentar, 88. EL., Band 3, München 2017.
Maunz, Theodor/Dürig, Günter (Hrsg.)	Grundgesetz-Kommentar, 93. EL., Band 3, München 2020.
Maurer, Hartmut	Wasserrecht, Allgemeinverfügung und Rechtsverordnung – Bemerkungen zum Urteil des VGH BW vom 13.3.1987 – 5 S 2079/86, Verwaltungsblätter für Baden-Württemberg 1987, S. 361–364.
Maurer, Hartmut/Waldhoff, Christian	Allgemeines Verwaltungsrecht, 20. Aufl., München 2020.

Mayer, Arno/Stroblmair, Josef/ Tusini, Eva	Land- und Forstwirtschaft: Bedrohung oder Umstellung, in: Steininger/Steinreiber/Ritz (Hrsg.): Extreme Wetterereignisse und ihre wirtschaftlichen Folgen: Anpassung, Auswege und politische Forderungen betroffener Wirtschaftsbranchen, Berlin; Heidelberg 2005, S. 151–166.
Mayr, Shawn	Sacramento Deep Water Ship Channel Flow Monitoring, in: Department of Water Resources (Hrsg.): 27th Annual Progress Report October 2006, Sacramento 2006, S. 2/1–2/5.
McCarthy, David J./Reynolds, Laurie	Local Government Law in a Nutshell, 5. Aufl., 2007.
McGlothlin, Russell M/Acos, Jena Shoaf	The Golden Rule* of Water Management, Golden Gate University Environmental Law Journal 2016, S. 109–132.
Mealey, Rick	5 California Water District Lawsuits about Curtailment Notices are Centralized, Lexis Legal News, 9.9.2015, abrufbar unter https://www.lexislegalnews.com/articles/2295/5-california-water-district-lawsuits-about-curtailment-notices-are-centralized [abgerufen am 12.7.2021].
Medellín-Azuara, Josué et al.	Economic Analysis of the 2016 California Drought on Agriculture: A Report for the California Department of Food and Agriculture, Davis: UC Davis Center for Watershed Sciences, 2016.
Meier, Alexander	Risikosteuerung im Lebensmittel- und Gentechnikrecht: europäische und deutsche Modelle der direkten Steuerung von Risiken beim Inverkehrbringen biotechnischer Lebensmittel, Band 23, Köln, Berlin, Bonn, München 2000.
Mendicino, Giuseppe/Versace, Pasquale	Integrated Drought Watch System: A Case Study in Southern Italy, Water Resources Management 2007, S. 1409–1428.
Menzel, Lucas	Flächenhafte Modellierung der Evapotranspiration mit TRAIN, Potsdam 1999.
Merlot, Julia	Rhein: Dürre legt Schiffswrack aus dem 19. Jahrhundert frei, DER SPIEGEL | Online-Nachrichten, 10.8.2018, abrufbar unter http://www.spiegel.de/wissenschaft/mensch/emmerich-am-rhein-duerre-legt-123-jahre-altes-schiffswrack-frei-a-1222632.html [abgerufen am 12.7.2021].
Merlot, Julia	Warmes Flusswasser: Im Rhein sterben die Fische, DER SPIEGEL | Online-Nachrichten, 6.8.2018, abrufbar unter http://www.spiegel.de/wissenschaft/natur/schweiz-im-rhein-sterben-die-fische-a-1221830.html [abgerufen am 12.7.2021].
Merten, Detlef	Grundrechtliche Schutzpflichten und Untermaßverbot, in: Stern (Hrsg.): Gedächtnisschrift für Joachim Burmeister, Heidelberg 2005, S. 227–244.
Merz, Bruno/Emmermann, Rolf	Zum Umgang mit Naturgefahren in Deutschland: Vom Reagieren zum Risikomanagement, GAIA-Ecological Perspectives for Science and Society 2006, S. 265–274.
Meßerschmidt, Klaus	Europäisches Umweltrecht: ein Studienbuch, München 2011.

Meßerschmidt, Klaus	Instrumente des Umweltrechts, in: Ehlers/Fehling/Pünder (Hrsg.): Besonderes Verwaltungsrecht, 4. Aufl., Band 2, Heidelberg 2020, S. 416–460.
Metropolitan Municipal Water District (Hrsg.)	Contract between the Metropolitan Municipal Water District and the Department of Water Resources for a Water Supply and Selected Related Agreements, 1.1.2005, abrufbar unter http://s3-us-west-2.amazonaws.com/ucldc-nuxeo-ref-media/6a262f68-0483-45d6-8aef-b329bba1a898 [abgerufen am 5.7.2018].
Mette, Tobias/Rötzer, Thomas/ Pretzsch, Hans	Ein Dürre-Index für die Forstwirtschaft?, LWF aktuell 2011, S. 19–21.
Mettler, Ashley	Reducing Overdraft and Respecting Water Rights Under California's 2014 Sustainable Groundwater Management Act: A View From the Kern County Farming Sector, Golden Gate University Environmental Law Journal 2016, S. 239–267.
Meyer, Cedric C.	Wasserhaltung und Wasserrecht – Ein Überblick über wasserrechtliche Fragestellungen bei Wasserhaltungsmaßnahmen, Neue Zeitschrift für Baurecht und Vergaberecht 2013, S. 8–14.
Meyer, Stephan	Grundrechtsschutz in Sachen Klimawandel?, Neue Juristische Wochenschrift 2020, S. 894–900.
Michael, Lothar	Formen- und Instrumentenmix, in: Hoffmann-Riehm/Schmidt-Aßmann/Voßkuhle (Hrsg.): Grundlagen des Verwaltungsrechts, Band II: Informationsordnung, Verwaltungsverfahren, Handlungsformen, 2. Aufl., 2012, § 41, S. 1639–1688.
Miller, Harry D./Starr, Mavrin B. (Hrsg.)	Miller & Starr California Real Estate, 4. Aufl., Band 3, St. Paul, MN 2017.
Miller, M. Catherine	Flooding the Courtrooms: Law and Water in the Far West, Lincoln 1993.
Mini, C./Hogue, T.S./Pincetl, S.	The Effectiveness of Water Conservation Measures on Summer Residential Water Use in Los Angeles, California, Resources, Conservation and Recycling 2015, S. 136–145.
Ministerium für Ländlichen Raum und Verbraucherschutz Baden-Württemberg	MEPL III: Förderprogramme für Ländlichen Raum, Landschaft und Landwirtschaft: Maßnahmen- und Entwicklungsplan Ländlicher Raum Baden-Württemberg 2014–2020, 3. Aufl., Stuttgart 2016.
Ministerium für Ländlichen Raum und Verbraucherschutz Baden-Württemberg	Land gibt ersten Überblick über Zahl der Anträge / Abschließendes Bild erst im März 2019 möglich, 17.12.2018, abrufbar unter https://mlr.baden-wuerttemberg.de/de/unser-service/presse-und-oeffentlichkeitsarbeit/pressemitteilung/pid/land-gibt-ersten-ueberblick-ueber-zahl-der-antraege-abschliessendes-bild-erst-im-maerz-2019-moeglich/ [abgerufen am 12.7.2021].
Ministerium für Ländlichen Raum und Verbraucherschutz Baden-Württemberg	Waldzustandsbericht 2020, Freiburg; Stuttgart, 2021.

Ministerium für Umwelt, Klima und Energiewirtschaft Baden-Württemberg Wasser und Bodenatlas Baden-Württemberg, 4. Aufl., Stuttgart 2012.

Ministerium für Umwelt, Klima und Energiewirtschaft Baden-Württemberg Global Climate Leadership: Memorandum of Understanding, 2015, abrufbar unter https://um.baden-wuerttemberg.de/fileadmin/redaktion/m-um/intern/Dateien/Dokumente/4_Klima/Klimaschutz/MOU_Global_Climate_Leadership_dt.pdf [abgerufen am 12.7.2021].

Ministerium für Umwelt, Klima und Energiewirtschaft Baden-Württemberg Strategie zur Anpassung an den Klimawandel in Baden-Württemberg: Vulnerabilitäten und Anpassungsmaßnahmen in relevanten Handlungsfeldern, Stuttgart, 2015.

Ministerium für Umwelt, Klima und Energiewirtschaft Baden-Württemberg Erfahrungsbericht zur Erhebung des Wasserentnahmeentgelts in Baden-Württemberg, Stuttgart, 2016.

Ministerium für Umwelt, Klima und Energiewirtschaft Baden-Württemberg Auswirkungen der Hitze auf die Stromversorgung, 27.7.2018, abrufbar unter https://um.baden-wuerttemberg.de/de/service/presse/pressemitteilung/pid/auswirkungen-der-hitze-auf-die-stromversorgung/ [abgerufen am 12.7.2021].

Ministerium für Umwelt, Klima und Energiewirtschaft Baden-Württemberg (Hrsg.) Unser kostbares Wasser, 5. Aufl., Stuttgart 2018.

Ministerium für Umwelt, Klima und Energiewirtschaft Baden-Württemberg Umsetzung der EG-Wasserrahmenrichtlinie in Baden-Württemberg: Zwischenbericht 2018, Stuttgart, 2019.

Ministerium für Umwelt, Klima und Energiewirtschaft Baden-Württemberg Weitergehende Beschreibung gefährdeter Grundwasserkörper, 21.12.2020, abrufbar unter https://um.baden-wuerttemberg.de/de/umwelt-natur/wasser-und-boden/blaues-gut/europaeische-wasserrahmenrichtlinie/erster-bewirtschaftungszyklus/bestandsaufnahme-2004/gefaehrdete-grundwasserkoerper/ [abgerufen am 12.7.2021].

Ministerium für Umwelt, Klima und Energiewirtschaft Baden-Württemberg Gewässerüberwachung in Baden-Württemberg, 2021, abrufbar unter https://um.baden-wuerttemberg.de/de/umwelt-natur/schutz-natuerlicher-lebensgrundlagen/wasser/gewaesserueberwachung/ [abgerufen am 12.7.2021].

Ministerium für Umwelt, Klima und Energiewirtschaft Baden-Württemberg/Landesanstalt für Umwelt, Messungen und Naturschutz Baden-Württemberg (Hrsg.) Klimawandel in Baden-Württemberg, Fakten – Folgen – Perspektiven, 4. Aufl., Stuttgart; Karlsruhe 2016.

Ministerium für Umwelt, Klima und Energiewirtschaft Baden-Württemberg/Ministerium für Ländlichen Raum und Verbraucherschutz Baden-Württemberg Klimawandel und Wasserversorgung: Land erarbeitet Masterplan, 18.3.2019, abrufbar unter https://um.baden-wuerttemberg.de/de/service/presse/pressemitteilung/pid/klimawandel-und-wasserversorgung-land-erarbeitet-masterplan/ [abgerufen am 13.7.2021].

Ministerium für Verkehr Baden-Württemberg	Wasserstraßen, 2021, abrufbar unter https://vm.baden-wuerttemberg.de/de/mobilitaet-verkehr/wasser/wasserstrassen/ [abgerufen am 12.7.2021].
Mishra, Ashok K./Singh, Vijay P.	A Review of Drought Concepts, Journal of Hydrology 2010, S. 202–216.
Mitchell, David et al.	Building Drought Resilience in California's Cities and Suburbs, San Francisco; Sacramento, 2017.
Möckel, Stefan/Bathe, Frauke	Kleingewässer und Wasserrahmenrichtlinie – Ist die deutsche Handhabung korrekt?, Deutsches Verwaltungsblatt 2013, S. 220–225.
Möker, Ulf-Henning	Gewässerbelastungen durch Agrarstoffe: rechtliche Standards beim Einsatz von Düngern und Pflanzenschutzmitteln, Baden-Baden 1993.
Moran, Tim	Curtailment Notices Sent to Junior Water Right Holders in San Joaquin Watershed, California Water Boards, 23.4.2015, abrufbar unter https://www.waterboards.ca.gov/press_room/press_releases/2015/pr042315_sjr.pdf [abgerufen am 22.2.2020].
Morris, J.P.	Who Controls the Waters? Incorporating Environmental and Social Values in Water Resources Planning, Hastings West-Northwest Journal of Environmental Law and Policy 2000, S. 117–133.
Moss, Timothy/Hüesker, Frank	Wasserinfrastrukturen als Gemeinwohlträger zwischen globalem Wandel und regionaler Entwicklung – institutionelle Erwiderungen in Berlin-Brandenburg, Berlin 2010.
Mount, Jeffrey/Hanak, Ellen	Water Use in California, Just the Facts, San Francisco, Sacramento: PPIC Water Policy Center, 2016.
Müller-Mahn, Detlef	Perspektiven der geographischen Risikoforschung, Geographische Rundschau 2007, S. 4–11.
Müller-Westermeier, Gerhard	Die mittleren klimatologischen Bedingungen in Deutschland (Teil III), in: Deutscher Wetterdienst (Hrsg.): Klimastatusbericht 1999, Offenbach 2000, S. 48–51.
Müller-Westermeier, Gerhard	Verfügbarkeit und Qualität flächenbezogener Klimadaten, Deutscher Wetterdienst, abrufbar unter https://www.dwd.de/DE/leistungen/klimakartendeutschland/detailbeschreibung.html [abgerufen am 12.7.2021].
Mullin, Megan (Hrsg.)	Governing the Tap, Boston 2009.
Munding, Max	Die Verwaltungsreform in Baden-Württemberg, Verwaltungsblätter Baden-Württemberg 2004, S. 448–451.
Murswiek, Dietrich	Die Bewältigung der wissenschaftlichen und technischen Entwicklungen durch das Verwaltungsrecht, Veröffentlichungen der Vereinigung der Deutschen Staatsrechtslehrer 1990, S. 207–234.

Mysiak, Jaroslav/Gomez, Carlos — Water Pricing and Taxes: An Introduction, in: Lago *et al.* (Hrsg.): Use of Economic Instruments in Water Policy: Insights from International Experience (Global Issues in Water Policy), 2015, S. 15–20.

Nam, Won-Ho et al. — A Real-time Online Drought Broadcast System for Monitoring Soil Moisture Index, KSCE Journal of Civil Engineering 2012, S. 357–365.

Nanni, Marcella/Caponera, Dante Augusto — Principles of Water Law and Administration: National and International, 2. Aufl., London, UK 2007.

National Drought Mitigation Center — Information by State, 2021, abrufbar unter https://drought.unl.edu/droughtplanning/InfobyState.aspx [abgerufen am 12.7.2021].

National Water Commission — Water Policies for the Future: Final Report to the President and to the Congress of the United States, Washington D.C., 1973.

Natural Resources Defense Council (Hrsg.) — California Snowpack and Drought, 2014.

Nelson, Rebecca — Uncommon Innovation: Developments in Groundwater Management Planning in California, Water in the West Working Paper 1, Stanford, 2011.

Neumann, Janet — Drought Proofing Water Law, University of Denver Water Law Review 2003, S. 92–110.

Neumann, Janet — Dusting Off the Blueprint for a Dryland Democracy: Incorporating Watershed Integrity and Water Availability Into Land Use Decisions, Environmental Law Report News & Analysis 2005, S. 10236–10254.

Newsham, Guy R./Bowker, Brent G. — The Effect of Utility Time-varying Pricing and Load Control Strategies on Residential Summer Peak Electricity Use: A Review, Energy Policy 2010, S. 3289–3296.

Niedrigwasser-Informationsdienst Bayern — Niederschlag: Definition der Trockenperioden, 2021, abrufbar unter https://www.nid.bayern.de/hilfe [abgerufen am 12.7.2021].

Niemeyer, S. et al. — Online Pre-operational Drought Monitoring at the European Scale, in: Geophysical Research Abstracts, EGU General Assembly, Band 10, 2008.

Nisipeanu, Peter — Tradition oder Fortentwicklung? Wasserrecht im UGB, Natur und Recht 2008, S. 87–97.

North Coast Regional Water Quality Control Board — Water Quality Control Plan for the North Coast Region, 20.6.2018, abrufbar unter https://www.waterboards.ca.gov/northcoast/water_issues/programs/basin_plan/180710/BasinPlan20180620.pdf [abgerufen am 14.8.2018].

Northern California Water Association — Preparing for Drought in the Sacramento Valley, 2013.

Nowak, Kristin	Daten der Wasserwirtschaft im Angebot des Forschungsdatenzentrums, Statistisches Monatsheft Baden-Württemberg 2014, S. 34–39.
Nutzenberger, Michael	Drei aktuelle EU-Themen, Umwelt- und Planungsrecht 2008, S. 142–149.
O'Brien, Kevin M./Gunning, Robert R.	Water Marketing in California Revisited: The Legacy of the 1987–92 Drought, Pacific Law Journal 1994, S. 1053–1080.
O'Brien, Maria/Stevenson, Sarah M.	Don't Let the Well Run Dry: Management and Use of Groundwater in Times of Scarcity, in: 61st Annual Institute Proceedings, Rocky Mountain Mineral Law Foundation Annual Institute, Band 61, Westminster, CO 2015, Kap. 23.
O'Connor, Claire/Christian-Smith, Juliet	Implementation of the Agricultural Water Management Planning Act: A Review of Agricultural Water Management Plans, Natural Resources Defense Council, 2013.
O'Geen, A. et al.	Soil Suitability Index Identifies Potential Areas for Groundwater Banking on Agricultural Lands, California Agriculture 2015, S. 75–84.
Ocean Protection Council	California's Coastal Power Plants: Alternative Cooling System Analysis, 2008.
Oelmann, Mark/Haneke, Carsten	Herausforderung demographischer Wandel: Tarifmodelle als Instrument der Nachfragestabilisierung in der Wasserversorgung, Netzwirtschaften & Recht 2008, S. 188–194.
Oeltjen, Jarret/Fischer, Loyd	Allocation of Rights to Water: Preferences, Priorities, and the Role of the Market, Nebraska Law Review 1978, S. 245–282.
Offermann, Frank	Beurteilung agrarpolitischer Maßnahmen zur Unterstützung von Anpassungen an Extremwetterlagen: Studie im Auftrag des Bundesministeriums für Ernährung und Landwirtschaft, in: Gömann et al. (Hrsg.): Agrarrelevante Extremwetterlagen und Möglichkeiten von Risikomanagementsystemen, Braunschweig 2015, S. 225–240.
Office of Administrative Law	Emergency Rulemaking Flowchart, 21. 8. 2014, abrufbar unter https://www.oal.ca.gov/wp-content/uploads/sites/28/2017/05/Emergency-Rulemaking-Flowchart_FINAL_June-2014.pdf [abgerufen am 29. 6. 2018].
Office of Governor	Governor Brown Declares Drought State of Emergency, 17. 1. 2014, abrufbar unter https://www.ca.gov/archive/gov39/2014/01/17/news18368/index.html [abgerufen am 12. 7. 2021].
Oldiges, Martin	Zur Entwicklung des Gewässerqualitätsrechts, in: Oldiges (Hrsg.): Umweltqualität durch Planung, Baden-Baden 2006, S. 115–124.
Ossig, Alfred	Römisches Wasserrecht, Leipzig 1898.
Österreichische Raumordnungskonferenz	Risikomanagement für gravitative Naturgefahren in der Raumplanung: Fachliche Empfehlungen & Materialienband, 2015.

Papier, Hans-Jürgen	Zur Disharmonie zwischen verwaltungs- und strafrechtlichen Bewertungsmaßstäben im Gewässerschutzrecht, Natur und Recht 1986, S. 1–8.
Papier, Hans-Jürgen	Recht der öffentlichen Sachen, 3. Aufl., Berlin; New York 1998.
Parry, Martin/Carter, Timothy	Climate Impact Assessment: A Review of Some Approaches, in: Wilhite/Easterling/Wood (Hrsg.): Planning for Drought: Toward a Reduction of Societal Vulnerability, Boulder, CO 1987, S. 165–187.
Patashnik, Josh	Physical Takings, Regulatory Takings, and Water Rights, Santa Clara Law Review 2011, S. 365–416.
Pawlowski, Sibylle	Gewässerunterhaltung zwischen Verkehrssicherung und ökologischer Rekonstruktion, Zeitschrift für Europäisches Umwelt- und Planungsrecht 2015, S. 127–137.
Pearson, Roger	State Board to Review Thermal Plan, California Environmental Insider 1998.
Pearson, Roger	Calfed's Plan for California's Water Future, California Environmental Insider 2000.
Pearson, Roger	Central Valley Board to Adopt TMDL for Stockton Ship Channel, California Environmental Insider 2005.
Pease, Mike/Snyder, Tricia	Model Water Transfer Mechanisms as a Drought Preparation System, Journal of Contemporary Water Research & Education 2017, S. 66–80.
Peine, Franz-Joseph	Risikoabschätzung im Bodenschutz, Deutsche Verwaltungsblätter 1998, S. 157–164.
Pereira, Luis Santos/Cordery, Ian/Iacovides, Iacovos	Coping with Water Scarcity: Addressing the Challenges, Berlin; Heidelberg 2009.
Pereira, Luis Santos et al.	Desertification, Territory and People, A Holistic Approach in the Portugese Context, in: Kepner *et al.* (Hrsg.): Desertification in the Mediterranean Region. A Security Issue (NATO Security Through Science Series 3), Dordrecht 2006, S. 269–289.
Perona, John	A Dry Century in California: Climate Change, Groundwater, and a Science-Based Approach for Preserving the Unseen Commons, Environmental Law 2015, S. 641–661.
Peters, Heinz-Joachim/Hesselbarth, Thorsten	Hochwasser als Katastrophe oder als sonstiges außergewöhnliches Ereignis – Behörden und ihre Befugnisse, Verwaltungsblätter für Baden-Württemberg 2014, S. 130–134.
Pils, Michael Johannes	Zum Wandel des Gefahrenbegriffs im Polizeirecht, Die Öffentliche Verwaltung 2008, S. 941–948.
Plapp, Susanne	Wahrnehmung von Risiken aus Naturkatastrophen. Eine empirische Untersuchung in sechs gefährdeten Gebieten Süd- und Westdeutschlands, Karlsruhe 2003.
Port, Christian	Die Umweltziele der Wasserrahmenrichtlinie, Berlin 2011.

Praml, Rolf	Anmerkungen zur Novellierung des Bundes-Wasserrechts, Natur und Recht 1986, S. 66–70.
Public Policy Institute of California (Hrsg.)	California Water: Water for the Environment, San Francisco; Sacramento, 2016.
Public Policy Institute of California Water Policy Center (Hrsg.)	Water for Farms, San Francisco; Sacramento, 2015.
Public Policy Institute of California Water Policy Center (Hrsg.)	Water for Cities, San Francisco; Sacramento, 2016.
Public Policy Institute of California Water Policy Center (Hrsg.)	Water for Farms, San Francisco; Sacramento, 2016.
Pufé, Iris	Nachhaltigkeit, 3. Aufl., Konstanz, München 2017.
Quiring, Steven M./Papakryiakou, Timothy N.	An Evaluation of Agricultural Drought Indices for the Canadian Prairies, Agricultural and Forest Meteorology 2003, S. 49–62.
Radbruch, Gustav	Über die Methode der Rechtsvergleichung, in: Kaufmann (Hrsg.): Gustav Radbruch Gesamtausgabe, Band 15: Rechtsvergleichende Schriften, unter Mitarb. v. Scholler, Heidelberg 1999, S. 152–156.
Ramsauer, Ulrich	Abgrenzung von Allgemeinverfügung und Rechtsverordnung, Juridica International 2014, S. 69–83.
Ramsauer, Ulrich	Allgemeines Umweltverwaltungsrecht, in: Koch (Hrsg.): Umweltrecht, 4. Aufl., München 2014, S. 114–200.
Reagen, Christ	The Water Transfers Rule: How an EPA Rule Threatens to Underminde the Clean Water Act, University of Colorado Law Review 2011, S. 307–338.
Reese, Moritz	Die Anpassung an den Klimawandel im Bewirtschaftungssystem der Wasserrahmenrichtlinie, Zeitschrift für Wasserrecht 2011, S. 61–82.
Reese, Moritz	Rechtliche Aspekte der Klimaanpassung, in: Marx (Hrsg.): Klimaanpassung in Forschung und Politik, Wiesbaden 2017, S. 73–89.
Reese, Moritz et al.	Rechtlicher Handlungsbedarf für die Anpassung an die Folgen des Klimawandels, 1. Aufl., Dessau-Roßlau 2010.
Reese, Moritz et al.	Rechtlicher Handlungsbedarf für die Anpassung an die Folgen des Klimawandels, 2. Aufl., 2016.
Regierung Unterfranken	Alarmplan Main – Gewässerökologie, 5/2021, abrufbar unter https://www.regierung.unterfranken.bayern.de/mam/aufgaben/bereich5/sg52/20210504_amoe_fassung_2_aktualisiert_2021.pdf [abgerufen am 13.7.2021].
Regierung von Oberfranken	Einschränkung des Anliegergebrauchs an Flüssen und Bächen: Wasserentnahmen zur Bewässerung nicht mehr zulässig, Pressemitteilung 78/2015, Bayreuth, 2015.

Regierungspräsidium Karlsruhe (Hrsg.)	Strategische Umweltprüfung (SUP) zum Maßnahmenprogramm Bearbeitungsgebiet Oberrhein, Umweltbericht, Karlsruhe: Referat Gewässer und Boden, 2008.
Regierungspräsidium Stuttgart	Begleitdokument 46 – Neckar unterhalb Fils oberhalb Enz, Begleitdokumentation zum BG Neckar, Stuttgart, 2018.
Rehbinder, Eckard	Nachhaltigkeit als Prinzip des Umweltrechts: konzeptionelle Fragen, in: Dolde (Hrsg.): Umweltrecht im Wandel, Berlin 2001, S. 721–743.
Rehbinder, Eckard	Der EuGH und das wasserrechtliche Verschlechterungsverbot, Neue Zeitschrift für Verwaltungsrecht 2015, S. 1506–1508.
Rehbinder, Eckard	Ziele, Grundsätze, Strategien und Instrumente des Umweltschutzes, in: Rehbinder/Schink (Hrsg.): Grundzüge des Umweltrechts, 5. Aufl., Berlin 2018, S. 145–308.
Rehbinder, Eckard/Schink, Alexander (Hrsg.)	Grundzüge des Umweltrechts, 5. Aufl., Berlin 2018.
Reich, Andreas	Gefahr – Risiko – Restrisiko: das Vorsorgeprinzip am Beispiel des Immissionsschutzrechts, Düsseldorf 1989.
Reimer, Franz	Effiziente Wassernutzung durch Wasserentnahmeentgelte?, Zeitschrift für Landes- und Kommunalrecht Hessen, Rheinland-Pfalz, Saarland 2013, S. 445–450.
Reimer, Philipp/Kempny, Simon	Einführung in das Notstandsrecht, Verwaltungsrundschau: Zeitschrift für Verwaltung in Praxis und Wissenschaft 2011, S. 253–276.
Reinhardt, Michael	Möglichkeiten und Grenzen einer »nachhaltigen« Bewirtschaftung von Umweltressourcen – Prospektives Verwaltungshandeln am Beispiel des Umweltrechts, in: Marburger/Reinhardt/Schröder (Hrsg.): Die Bewältigung von Langzeitrisiken im Umwelt- und Technikrecht, Berlin 1998, S. 73–102.
Reinhardt, Michael	Bewirtschaftungsplanung im Wasserrecht – Skizzen über ein Instrument der Gewässerbewirtschaftung zwischen nationalem und europäischem Wasserrecht, Zeitschrift für Wasserrecht 1999, S. 300–310.
Reinhardt, Michael	Das wasserhaushaltsgesetzliche System der Eröffnungskontrollen unter Berücksichtigung bergrechtlicher Sachverhaltsgestaltungen, Natur und Recht 1999, S. 134–143.
Reinhardt, Michael	Die gesetzliche Förderung kleiner Wasserkraftanlagen und der Gewässerschutz, Natur und Recht 2006, S. 205–214.
Reinhardt, Michael	Wasserrechtliche Lenkung durch Abgaben und öffentliche Daseinsvorsorge – Zur Reichweite des § 23 Abs. 11 SächsWG unter besonderer Berücksichtigung der öffentlichen Wasserversorgung, Landes- und Kommunalverwaltung 2007, S. 241–247.

Reinhardt, Michael	Gesetzgebungskompetenzen im Wasserrecht: Die Abweichungsgesetzgebung und das neue Wasserhaushaltsgesetz, Archiv des öffentlichen Rechts 2010, S. 459–497.
Reinhardt, Michael	Drittschutz im Wasserrecht, Die Öffentliche Verwaltung 2011, S. 135–142.
Reinhardt, Michael	Neue wasserrechtliche Anforderungen an die Modernisierung von Wasserkraftanlagen, Neue Zeitschrift für Verwaltungsrecht 2011, S. 1089–1094.
Reinhardt, Michael	Wasserrecht im föderalen Staat, in: Härtel (Hrsg.): Handbuch Föderalismus – Föderalismus als demokratische Rechtsordnung und Rechtskultur in Deutschland, Europa und der Welt, Band 3, Berlin; Heidelberg 2012, Kap. 70, S. 463–482.
Reinhardt, Michael	Energie, Pflanzenanbau und Wasserrecht – Ein Beitrag zum Verhältnis von Gewässerschutz und Landwirtschaft, Deutsche Verwaltungsblätter 2012, S. 1195–1203.
Reinhardt, Michael	Regelungsbedarf und Regelungsrahmen einer künftigen Europäischen Politik des Wassersparens, Zeitschrift für Wasserrecht 2012, S. 61–70.
Reinhardt, Michael/Hasche, Frank (Hrsg.)	Wasserverbandsgesetz: Kommentar, München 2011.
Reisner, Marc	Cadillac Desert: The American West and Its Disappearing Water, Revised Edition, New York 1993.
Reisner, Marc/Bates, Sarah F.	Overtapped Oasis: Reform or Revolution for Western Water, Washington D.C, Covelo, California 1990.
Renwick, Mary E./Green, Richard D.	Do Residential Water Demand Side Management Policies Measure Up? An Analysis of Eight California Water Agencies, Journal of Environmental Economics and Management 2000, S. 37–55.
Rheinstein, Max (Hrsg.)	Einführung in die Rechtsvergleichung, unter Mitarb. v. von Borries/Niethammer, 2. Aufl., München 1987.
Rich, James	Institutional Responses to the 1987-92 California Drought, in: Wilhite (Hrsg.): Drought Assessment, Management, and Planning: Theory and Case Studies (Natural Resource Management and Policy 2), 1993, S. 253–262.
Richardson, Benjamin J./Wood, Stepan (Hrsg.)	Environmental Law for Sustainability, 2006.
Robie, Ronald	Effective Implementation of the Public Trust Doctrine in California Water Resources Decision-Making: A View From the Bench, U.C. Davis Law Review 2012, S. 1155–1176.
Roden, Valentin	Urbane Biodiversität als städtebaurechtliches Nachhaltigkeitskonzept: Analyse, Umsetzung und Perspektiven, Tübingen 2017.
Rodgers, William	Environmental Law, 2. Aufl., Eagan M.N. 1994.

Rogers, Harold E./Nichols, Alan Hammond	Water for California: Planning, Law & Practice, Finance, Band 1, San Francisco CA 1967.
Rolshoven, Michael	Wer zuerst kommt, mahlt zuerst? – Zum Prioritätsprinzip bei konkurrierenden Genehmigungsanträgen: Dargestellt anhand aktueller Windkraftfälle, Neue Zeitschrift für Verwaltungsrecht 2006, S. 516–523.
Rommel, Karin	Wasserwirtschaft in Baden-Württemberg – unentbehrlich für Bevölkerung und Industrie, Statistisches Monatsheft Baden-Württemberg 2016, S. 34–38.
Rommel, Karin	Trinkwasserabgabe mit dem Bevölkerungswachstum gestiegen, Statistisches Landesamt Baden-Württemberg, 16. 8. 2018, abrufbar unter https : / / www . statistik - bw . de / Presse / Pressemitteilungen/2018190 [abgerufen am 12. 7. 2021].
Rossi, G./Castiglione, L./Bonaccorso, B.	Guidelines for Planning and Implementing Drought Mitigation Measures, in: Rossi/Vega/Bonaccorso (Hrsg.): Methods and Tools for Drought Analysis and Management, Dordrecht 2007, S. 325–347.
Rossi, Giuseppe	Drought Risk for Water Supply Systems Based on Low-Flow Regionalisation, Braunschweig; Florenz 2011.
Rossi, Giuseppe/Cancelliere, Antonino/Giuliano, Giuseppe	Case Study: Multicriteria Assessment of Drought Mitigation Measures, Journal of Water Resources Planning and Management 2005, S. 449–457.
Roßnagel, Alexander/Sanden, Joachim	Grundlagen der Weiterentwicklung von rechtlichen Instrumenten zur Ressourcenschonung, Berlin 2007.
Rost, Grit et al.	Auswirkungen eines technischen Paradigmenwechsels auf die wasserwirtschaftliche Organisation in strukturschwachen ländlichen Räumen, Raumforschung und Raumordnung 2015, S. 343–356.
Roth, Horst/Dickenbrok, Gerhard	Wassersicherstellungsgesetz: vom 24. Aug. 1965, Berlin 1967.
Ruchay, Dietrich	Die Wasserrahmenrichtlinie der EG und ihre Konsequenzen für das deutsche Wasserrecht, Zeitschrift für Umweltrecht 2001, S. 115–120.
Rudolf-Miklau, Florian	Umgang mit Naturkatastrophen: Ratgeber für Bürgermeister und Helfer, Wien 2018.
Rung, Christoph	Strukturen und Rechtsfragen europäischer Verbundplanungen, Tübingen 2013.
Ruttloff, Marc	Das Verhältnis wasserrechtlicher Gestattungen zum Planfeststellungsrecht: Zum Bedeutungsgehalt des § 19 WHG, Umwelt- und Planungsrecht 2012, S. 328–335.
Sabalow, Ryan/Kasler, Dale	No, Californians, You Won't Be Fined $1,000 if You Shower and Do Laundry the Same Day, The Sacramento Bee, 6. 6. 2018, abrufbar unter https : / / www . sacbee . com / latest - news / article212605634.html [abgerufen am 12. 7. 2021].
Sachs, Michael (Hrsg.)	Grundgesetz: Kommentar, 9. Aufl., München 2021.

Sack, Hans-Jürgen	Umweltstrafrecht, in: Kluth/Smeddinck (Hrsg.): Umweltrecht, Wiesbaden 2020, S. 439–520.
Salzwedel, Jürgen	Gedanken zur Fortentwicklung des Rechts der öffentlichen Sachen, Die Öffentliche Verwaltung 1963, S. 241–251.
Salzwedel, Jürgen	Beurteilungsspielraum und Ermessen bei der Entscheidung über Bewilligungen und Erlaubnisse, Recht der Wasserwirtschaft 1967, S. 35–47.
San Diego County Farm Bureau (Hrsg.)	Draft San Diego Regional Agricultural Water Management Plan Part I, unter Mitarb. v. Ken Weinberg Water Resources Consulting LLC/Bill Jacoby Water Resources Consulting, 1/2016, abrufbar unter http://poway.org/DocumentCenter/View/3202/San-Diego-Regional-Agricultural-Water-Management-Plan-2016-DRAFT-bookmarked [abgerufen am 12.7.2021].
San Diego County Water Authority	An Ordninance Adopting a Drought Response Conservation Program, 27.3.2008, abrufbar unter https://www.sdcwa.org/sites/default/files/files/droughtordinance_03272008.pdf [abgerufen am 12.7.2021].
Santeramo, Fabio/Ramsey, Ford	Crop Insurance in the EU: Lessons and Caution from the US, EuroChoices 2017, S. 34–39.
Santo, James	Local Governments Role in Water Efficient Landscaping, in: Hatcher (Hrsg.): Proceedings of the 1991 Georgia Water Resources Conference (March 19 and 20, 1991), Athens, Georgia 1991, S. 100.
Sattler, Henriette	Gefahrenabwehr im Katastrophenfall, Berlin 2008.
Sax, Joseph	The Public Trust Doctrine in Natural Resource Law: Effective Judicial Intervention, Michigan Law Review 1969, S. 471–566.
Sax, Joseph	We Don't Do Groundwater: A Morsel of California Legal History, University of Denver Water Law Review 2002, S. 269–317.
Sax, Joseph	Reserved Public Rights in Water, Vermont Law Review 2012, S. 535–548.
Sayers, Paul et al.	Drought Risk Management: A Strategic Approach, Paris 2016.
Scasta, John Derek/Weir, John R./Stambaugh, Michael C.	Droughts and Wildfires in Western U.S. Rangelands, Rangelands 2016, S. 197–203.
Schadwinkel, Alina et al.	Hitze und Dürre: Das hält der Wald nicht aus, ZEIT ONLINE, 2.8.2018, abrufbar unter https://www.zeit.de/wissen/umwelt/2018-08/duerre-deutschland-hitze-klima-wald-forst [abgerufen am 12.7.2021].
Schaub, Daniel	Regionale Wasserversorgung im Zeichen des Klimawandels, Regio Basiliensis 2009, S. 53–61.

Literatur

Schendel, Frank Andreas	Gewässerschutz und Foderalismus aus Sicht der Wirtschaft, in: Kloepfer (Hrsg.): Umweltföderalismus: Föderalismus in Deutschland: Motor oder Bremse für den Umweltschutz?, Berlin 2002, S. 373–388.
Schenk, Wolfgang	Grundlegende Strukturen der Verwaltungsorganisation, -aufgaben und -zuständigkeiten in Baden-Württemberg, Verwaltungsblätter für Baden-Württemberg 2003, S. 461–469.
Scherzberg, Arno	Risiko als Rechtsproblem, Verwaltungsarchiv 1993, S. 484–513.
Scheuner, Ulrich	Die Gemeinverträglichkeit im Rahmen des Gemeingebrauchs und der Nutzung öffentlicher Sachen, in: Beiträge zum Recht der Wasserwirtschaft und zum Energierecht: Festschrift zum 70. Geburtstag von Dr. jur. Paul Gieseke, Karlsruhe 1958, S. 73–94.
Schlacke, Sabine	Umweltrecht, 7. Aufl., Baden-Baden 2019.
Schmalholz, Michael	Die EU-Wasserrahmenrichtlinie – »Der Schweizer Käse« im europäischen Gewässerschutz?, Zeitschrift für Wasserrecht 2001, S. 69–102.
Schmalz, Reinhard	Ressourcenschonung im liberalisierten Wassermarkt, Zeitschrift für Umweltrecht 2001, S. 152–156.
Schmidt, Guido/Benítez, Juan Jóse/Benítez, Carlos	Working Definitions of Water Scarcity and Drought, 4. Aufl., 2012.
Schmidt-Aßmann, Eberhard	Das allgemeine Verwaltungsrecht als Ordnungsidee: Grundlagen und Aufgaben der verwaltungsrechtlichen Systembildung, 2. Aufl., Berlin, Heidelberg 2006.
Schmidt-Aßmann, Eberhard	Verwaltungsrechtliche Dogmatik: eine Zwischenbilanz zu Entwicklung, Reform und künftigen Aufgaben, Tübingen 2013.
Schmidt-Kötters, Thomas	Teilbarkeit und Übertragbarkeit von Genehmigung und Anlagenbetrieb, Wirtschaft und Verwaltung 2013, S. 199–232.
Schneider, Anne	Legal Aspects of Instream Water Uses in California: Background and Issues, Staff Paper No. 6, Sacramento 1978.
Schoch, Friedrich	Die Allgemeinverfügung (§ 35 Satz 2 VwVfG), Jura 2012, S. 26–32.
Schoch, Friedrich/Schneider, Jens-Peter/Bier, Wolfgang (Hrsg.)	Verwaltungsgerichtsordnung: Kommentar, 39. EL., 2020.
Schönberger, Christoph	Verwaltungsrechtsvergleichung: Eigenheiten, Methoden und Geschichte, in: von Bogdandy/Cassese/Huber (Hrsg.): Handbuch Ius Publicum Europaeum, Band IV: Verwaltungsrecht in Europa: Wissenschaft, Heidelberg 2011, § 71, S. 493–540.
Seager, Richard et al.	What can Drought-stricken California Expect from the El Niño Winter Forecast? A Science Assessment by a Subgroup of the NOAA Drought Task Force, 2015.

Seeliger, Per/Wrede, Sabine	Zum neuen Wasserhaushaltsgesetz: Insbesondere aus Sicht der Wasserversorgung und der Abwasserentsorgung, Natur und Recht 2009, S. 679–686.
Seidel, Wolfgang	Die geplante Wasserrahmenrichtlinie der Europäischen Gemeinschaft, Umwelt- und Planungsrecht 1998, S. 430–436.
Seidel, Wolfgang/Rechenberg, Jörg	Rechtliche Aspekte des integrativen Gewässermanagements in Deutschland, Zeitschrift für Umweltrecht 2004, S. 213–222.
Seiler, Hansjörg	Recht und technische Risiken, Zürich 1997.
Seiler, Harald	Die Gewässerbenutzungen und ihre Rechtsgrundlagen im Verlauf der Geschichte des Wasserrechts: ein vergleichender Überblick, Bonn 1976.
Senate Governance and Finance Committee	City Fact Sheet, 2016.
Senate Local Government Committee	What's so special about special districts? A Citizen's Guide to Special Districts in California, 4. Aufl., Sacramento 2010.
Shupe, Steven	Keeping the Waters Flowing: Streamflow Protection Programs, Strategies and Issues in the West, Instream Flow Protection in the Western United States: A Practical Symposium (March 31-April 1), 1988.
Sieder, Frank et al. (Hrsg.)	Wasserhaushaltsgesetz, Abwassergesetz, 55. EL, München 2020.
Siegel, Thorsten	Entscheidungsfindung im Verwaltungsverbund: horizontale Entscheidungsvernetzung und vertikale Entscheidungsstufung im nationalen und europäischen Verwaltungsverbund (Jus publicum), Tübingen 2009.
Singh, Kuljit	Unilateral Curtailment of Water Rights: Why the State Water Resource Control Board is Overstepping its Jurisdiction, San Joaquin Agricultural Law Review 2015, S. 115–135.
Sinn, Felix	Das Rechtsinstitut des Gemeingebrauchs im Wasserhaushaltsrecht (Frankfurter Schriften zum Umweltrecht), Baden-Baden 2013.
Slater, Scott	California Water Law and Policy, Band 1, Carlsbad, CA 1995.
Slater, Scott	California Water Law and Policy, Band 2, Carlsbad, CA 2015.
Smith, Alfred	Water Rules: California's Sustainable Groundwater Management Act, Los Angeles Lawyer 2015, S. 18–24.
Soell, Hermann	Grenzen zwischen Landwirtschaft, Naturschutz und Landschaftsschutz, Natur und Recht 1984, S. 8–14.
Sommermann, Karl-Peter	Die Bedeutung der Rechtsvergleichung für die Fortentwicklung des Staats-und Verwaltungsrechts in Europa, Die Öffentliche Verwaltung 1999, S. 1017–1029.
Spanos, Katherine A.	Water Management: From an Uncertain Present to a Sustainable Future, Golden Gate University Environmental Law Journal 2014, S. 143–191.

Sparwasser, Reinhard/Engel, Rüdiger/Voßkuhle, Andreas	Umweltrecht: Grundzüge des öffentlichen Umweltschutzrechts, 5. Aufl., Heidelberg 2003.
Spieth, Wolf Friedrich/Ipsen, Nils Christian	Die Wasserrahmenrichtlinie als neues Damoklesschwert für Genehmigungsprojekte?, Neue Zeitschrift für Verwaltungsrecht 2013, S. 391–395.
Staatsministerium Baden-Württemberg	Auswirkungen der Hitze auf die Stromversorgung, 27. 7. 2018, abrufbar unter https://stm.baden-wuerttemberg.de/de/service/presse/pressemitteilung/pid/auswirkungen-der-hitze-auf-die-stromversorgung-1/ [abgerufen am 12. 7. 2021].
Stadt Kelkheim (Taunus)	Akuter Trinkwassernotstand in Ruppertshain und Eppenhain, abrufbar unter https://www.kelkheim.de/_rubric/detail.php?rubric=DE+Aktuelles-und-Bekanntmachungen&nr=8299 [abgerufen am 12. 7. 2021].
Stadtwerke Heidelberg	Trockene Quelle in Handschuhsheim erfordern Umstellung der Trinkwasserversorgung, Metropolnews, 30. 7. 2018, abrufbar unter https://www.metropolnews.info/mp352926 [abgerufen am 12. 7. 2021].
Stahl, K. et al.	Impacts of European Drought Events: Insights from an International Database of Text-based Reports, Natural Hazards Earth System Science 2016, S. 801–819.
Starck, Christian	Rechtsvergleichung im öffentlichen Recht, JuristenZeitung 1997, S. 1021–1030.
State of California	Making Water Conservation a California Way of Life, Sacramento, 2017.
State of California/Department of Water Resources (Hrsg.)	Urban Drought Guidebook 2008, Sacramento, 2008.
State Water Resources Control Board	Water Quality Control Plan for Control of Temperature in the Coastal and Interstate Waters and Enclosed Bays and Estuaries of California, 2005, abrufbar unter https://www.waterboards.ca.gov/water_issues/programs/ocean/docs/wqplans/thermpln.pdf [abgerufen am 14. 8. 2018].
State Water Resources Control Board	Curtailment Certification Form, 30. 5. 2014, abrufbar unter https://www.waterboards.ca.gov/waterrights/water_issues/programs/ewrims/curtailment/curtailment_certification_form.pdf [abgerufen am 29. 8. 2018].
State Water Resources Control Board	Russian River Watershed Curtailment Letter, 27. 5. 2014, abrufbar unter https://www.waterboards.ca.gov/waterrights/water_issues/programs/drought/docs/rr_curtailment052714.pdf [abgerufen am 29. 8. 2018].
State Water Resources Control Board	Sacramento & San Joaquin River Watershed Curtailment Letter, 27. 5. 2014, abrufbar unter https://www.waterboards.ca.gov/waterrights/water_issues/programs/drought/docs/sac_curtailment052714.pdf [abgerufen am 29. 8. 2018].

State Water Resources Control Board	2014 Curtailment Certification Response Summary – Final Update, 8.1.2015, abrufbar unter https://www.waterboards.ca.gov/waterrights/water_issues/programs/drought/docs/certsummary.pdf [abgerufen am 29.8.2018].
State Water Resources Control Board	Order Modifying an Order that Approved in Part and Denied in Part a Petition for Temporary Urgency Changes to License and Permit Terms and Conditions Requiring Compliance with Delta Water Quality Objectives in Response to Drought Conditions, 6.4.2015, abrufbar unter https://www.waterboards.ca.gov/waterrights/water_issues/programs/drought/docs/tucp/2015/tucp_order040615.pdf [abgerufen am 15.7.2021].
State Water Resources Control Board	State Water Board Drought Year Water Actions, California Water Boards – Mill Deer Antelope Creeks, 22.2.2018, abrufbar unter https://www.waterboards.ca.gov/waterrights/water_issues/programs/drought/mill_deer_antelope_creeks.html [abgerufen am 12.7.2021].
State Water Resources Control Board	State Water Board Drought Year Water Actions 2014–2017, California Water Boards – Water Availability, 27.2.2018, abrufbar unter https://www.waterboards.ca.gov/waterrights/water_issues/programs/drought/water_availability.html [abgerufen am 12.7.2021].
State Water Resources Control Board (Hrsg.)	Statutory Water Rights Law and Related California Code Sections (as amended, including Statutes 2017), Sacramento: Division of Water Rights, 2018.
State Water Resources Control Board	Water Rights Enforcement Actions: Cease and Desist Actions, California Water Boards, 30.4.2020, abrufbar unter https://www.waterboards.ca.gov/waterrights/water_issues/programs/enforcement/compliance/cease_desist_actions/ [abgerufen am 12.7.2021].
State Water Resources Control Board	California Water Action Plan – Enhance Water Flows in Stream Systems Statewide, California Water Boards, 21.6.2021, abrufbar unter https://www.waterboards.ca.gov/waterrights/water_issues/programs/instream_flows/cwap_enhancing/ [abgerufen am 12.7.2021].
State Water Resources Control Board	Water Rights Enforcement Complaints, California Water Boards, 23.6.2021, abrufbar unter https://www.waterboards.ca.gov/waterrights/water_issues/programs/enforcement/complaints/ [abgerufen am 12.7.2021].
Statistisches Landesamt Baden-Württemberg	Landwirtschaftliche Betriebe setzen vermehrt auf Bewässerung: Baden-Württemberg: Zunahme um ein Drittel seit 2010, 7.7.2017, abrufbar unter https://www.statistik-bw.de/Presse/Pressemitteilungen/2017172 [abgerufen am 12.7.2021].
Statistisches Landesamt Baden-Württemberg	Bevölkerung der Gemeinden Baden-Württembergs am 30. Juni 2018, Artikel-Nr. 3122 18001 (Statistische Berichte Baden-Württemberg), 2019.

Literatur

Stein, Ulf et al.	European Drought and Water Scarcity Policies, in: Bressers/Bressers/Larrue (Hrsg.): Governance for Drought Resilience: Land and Water Drought Management in Europe, Berlin 2016, S. 17–44.
Steinemann, Anne	Drought Information for Improving Preparedness in the Western States, Bulletin of the American Meteorological Society 2014, S. 843–847.
Steininger, Karl W./Steinreiber, Christian/Ritz, Christoph (Hrsg.)	Extreme Wetterereignisse und ihre wirtschaftlichen Folgen: Anpassung, Auswege und politische Forderungen betroffener Wirtschaftsbranchen, Berlin; Heidelberg 2005.
Steinmetz, Heidrun/Wieprecht, Silke/Bárdossy, András	Anpassungsstrategie Baden-Württemberg an die Folgen des Klimawandels: Fachgutachten für das Handlungsfeld Wasserhaushalt, Teil A: Langfassung, Stuttgart: Wasserforschungszentrum Stuttgart, 2013.
Stevens, Jan	California's Groundwater: A Legally Neglected Resource, Hastings West-Northwest Journal of Environmental Law and Policy 2013, S. 3–38.
Stock, Manfred	KLARA: Klimawandel – Auswirkungen, Risiken, Anpassung, Potsdam: Potsdam-Institut für Klimafolgenforschung, 2005.
Stölzle, Michael/Stahl, Kerstin	Wassernutzung und Trockenheitsindikatoren in Baden-Württemberg, Standort: Zeitschrift für Angewandte Geographie 2011, S. 94–101.
Stoppel, Dirk	Grundfreiheitliche Schutzpflichten der Mitgliedstaaten im Europäischen Gemeinschaftsrecht, Düsseldorf 2002.
Stratton, Steve	Chapter 6: Emergency Notifications, McGeorge Law Review 2010, S. 635–640.
Strebel, Helmut	Vergleichung und vergleichende Methode im öffentlichen Recht, Zeitschrift für ausländisches öffentliches Recht 1964, S. 405–430.
Streinz, Rudolf (Hrsg.)	EUV/AEUV, 3. Aufl., München 2018.
Strelin	Das Wassergericht, in: Harl (Hrsg.): Allgemeines Archiv für die gesammte Staatswissenschaft, Gesetzgebung und Staatsverwaltung mit alleiniger Ausnahme der Politik und mit besonderer Rücksicht auf Deutschlands gegenwärtige Gewerbs- und Handelsverhältnisse für deutsche Bundesstaaten, Band 3, München 1825, S. 312–317.
Stürzenhofecker, Michael/Zacharakis, Zacharias	Landwirtschaft: »Die schlechteste Ernte des Jahrhunderts«, ZEIT ONLINE, 30.7.2018, abrufbar unter https://www.zeit.de/wirtschaft/2018-07/landwirtschaft-deutschland-bauern-ernteausfaelle-duerre-trockenheit [abgerufen am 12.7.2021].
Svoboda, M./Fuchs, B.A.	Handbook of Drought Indicators and Indices, World Meteorological Organization, 2016.

Swanson, Howard	The Delicate Art of Practicing Municipal Law Under Conditions of Hell and High Water, North Dakota Law Review 2000, S. 487–510.
SZ.de/Deutsche Presse-Agentur	Waldbrand im Landkreis Rosenheim nicht unter Kontrolle, Süddeutsche Zeitung, 10. 8. 2018, abrufbar unter https://www.sueddeutsche.de/bayern/waldbrand-kiefersfelden-1.4087878 [abgerufen am 12. 7. 2021].
Szczekalla, Peter	Die sogenannten grundrechtlichen Schutzpflichten im deutschen und europäischen Recht: Inhalt und Reichweite einer »gemeineuropäischen Grundrechtsfunktion«, Berlin 2002.
tagesschau.de	Nach Dürresommer: Bauernverband beklagt schlechte Ernte, Tagesschau, 23. 8. 2019, abrufbar unter https : / / www . tagesschau.de/wirtschaft/bauernverband-ernte-101.html [abgerufen am 12. 7. 2021].
Tarlock, A Dan	From Natural Scarcity to Artificial Abundance: The Legacy of California Water Law and Politics (inaugural issue), Hastings West-Northwest Journal of Environmental Law and Policy 1994, S. 71–84.
Tarlock, Dan	Prior Appropriation: Rule, Principle or Rhetoric?, North Dakota Law Review 2000, S. 881–910.
Tauchmann, Harald et al.	Innovationen für eine nachhaltige Wasserwirtschaft: Einflussfaktoren und Handlungsbedarf, 2006.
Taurainen, Andrew	New Attention for Urban Water Management Plans: Urban Water Planning in California After the Water Conservation Act of 2009, American Bar Association Water Resources Comitee Newsletter 2010, S. 14–20.
Taylor, Laura	Drought Down Under and Lessons in Water Policy for the Golden State, U.C. Davis Law Review 2017, S. 54–86.
The Resources Agency/Department of Water Resources (Hrsg.)	The 1976–1977 California Drought: A Review, Sacramento, 1978.
Thieme, Hans	Die Funktion der Regalien im Mittelalter, Zeitschrift der Savigny-Stiftung für Rechtsgeschichte / Germanistische Abteilung 1942, S. 57–88.
Thompson, Barton H.	Institutional Perspectives on Water Policy and Markets, California Law Review 1993, S. 671–764.
Thompson, Barton H.	Water Markets and the Problem of Shifting Paradigms, in: Hill/Anderson (Hrsg.): Water Marketing, the Next Generation, Lanham, Boulder, New York, London 1997, S. 1–30.
Thompson, Barton H./Leshy, John/Abrams, Robert	Legal Control of Water Resources, 5. Aufl., St. Paul, MN 2012.
Thompson, Barton H. et al.	Legal Control of Water Resources, 6. Aufl., St. Paul, MN 2018.
Thomson West (Verlag)	Art. »Waters«, American Jurisprudence, 2d, Band 78 2013.

Thomson West (Verlag)	Art. »State of California«, California Jurisprudence, 3d, Band 58 2017.
Thomson West (Verlag)	Art. »Water«, California Jurisprudence, 3d, Band 62 2017.
Thomson West (Verlag)	Art. »Waters«, Corpus Juris Secundum, Band 94 2017.
Thorson, Norman W.	Storing Water Underground: What's the Aqui-Fer?, Nebraska Law Review 1978, S. 581–632.
Tortajada, Cecilia et al.	The California Drought: Coping Responses and Resilience Building, Environmental Science & Policy 2017, S. 97–113.
Trips, Marco	Risikomanagement in der öffentlichen Verwaltung: Zur Möglichkeit der Einführung eines Risikomanagementsystems im öffentlichen Sektor, Neue Zeitschrift für Verwaltungsrecht 2003, S. 804–811.
Tsakiris, Georges et al.	A System-based Paradigm of Drought Analysis for Operational Management, Water Resources Management 2013, S. 5281–5297.
Tschentscher, Axel	Dialektische Rechtsvergleichung – Zur Methode der Komparistik im öffentlichen Recht, JuristenZeitung 2007, S. 807–816.
Tsegai, Daniel/Liebe, Jens/Ardakanian, Reza (Hrsg.)	Synthesis: Capacity Development to Support National Drought Management Policies, UN-Water Decade Programme on Capacity Development, 2015.
UC Davis Agricultural Issues Center (Hrsg.)	The Measure of California Agriculture, Davis, 2009.
Udlack, Mathias/Quirin, Yves	Kantonales Konzept zur Sicherstellung der Trinkwasserversorgung in Notlagen, Amt für Natur und Umwelt, 2017.
Umweltbundesamt	Wassersparen in Privathaushalten: sinnvoll, ausgereizt, übertrieben? Fakten, Hintergründe, Empfehlungen, 2014.
Umweltbundesamt	Monitoringbericht 2019 zur Deutschen Anpassungsstrategie an den Klimawandel, 2019.
Umweltbundesamt	Wasserressourcen und ihre Nutzung, 20. 4. 2020 (ursprünglich 14. 11. 2017), abrufbar unter https://www.umweltbundesamt.de/daten/wasser/wasserressourcen-ihre-nutzung [abgerufen am 12. 7. 2021].
United Nations Office for Disaster Risk Reduction	Terminology on Disaster Risk Reduction, 2009.
United States Army Corps of Engineers	Navigable Waterways in the Sacramento District, Missions Sacramento District, abrufbar unter http://www.spk.usace.army.mil/Missions/Regulatory/Jurisdiction/Navigable-Waters-of-the-US/ [abgerufen am 12. 7. 2021].
United States Bureau of Reclamation (Hrsg.)	Achieving Efficient Water Management, A Guidebook for Preparing Agricultural Water Conservation Plans, 2. Aufl., 2000.
United States Bureau of Reclamation (Hrsg.)	Sacramento River Settlement: Contractors Environmental Impact Statement, Draft Report, 2004.

United States Bureau of Reclamation (Hrsg.)	Water Supply and Field Study, Managing Water in the West, 2008.
United States Bureau of Reclamation (Hrsg.)	Water Management Planner 2014: Standard Criteria, Reclamation: Managing Water in the West, 2014.
United States Bureau of Reclamation	Sacramento River Temperature Management Plan, 28. 6. 2017, abrufbar unter https://www.waterboards.ca.gov/waterrights/water_issues/programs/drought/sacramento_river/docs/2017/2017_final_temp_plan.pdf [abgerufen am 14. 8. 2018].
United States Bureau of Reclamation (Hrsg.)	Water Management Planner 2017: Developed to Meet the 2017 Standard Criteria for Agricultural and Urban Water Management Plans, Reclamation: Managing Water in the West, 2017.
United States Bureau of Reclamation (Hrsg.)	Drought Response Program Fact Sheet, Reclamation: Managing Water in the West, 2018.
United States Bureau of Reclamation	Projects & Facilities, California, abrufbar unter https://www.usbr.gov/projects/facilities.php?state=California [abgerufen am 12. 7. 2021].
United States Census Bureau	State Compendium: California – Statistics of Population, Occupations, Agriculture, and Mines and Quarries for the State, Counties, and Cities (Fourteenth Census of the United States), Washington 1924.
United States Census Bureau	QuickFacts: California, 1. 7. 2019, abrufbar unter https://www.census.gov/quickfacts/ca [abgerufen am 12. 7. 2021].
United States Department of Agriculture (Hrsg.)	Emergency Disaster Designation and Declaration Process, Disaster Assistance Fact Sheet, Washington D.C.: Farm Service Agency, 2015.
United States Environmental Protection Agency (Hrsg.)	Drought response and Recovery Guide: A Basic Guide for Water Utilities, 2016.
United States Environmental Protection Agency	Climate Change Indicators: Drought, 4/2021, abrufbar unter https://www.epa.gov/climate-indicators/climate-change-indicators-drought [abgerufen am 12. 7. 2021].
Urwin, Kate/Jordan, Andrew	Does Public Policy Support or Undermine Climate Change Adaptation? Exploring Policy Interplay Across Different Scales of Governance, Global Environmental Change 2008, S. 180–191.
van Loon, Anne F.	Hydrological Drought Explained, Wiley Interdisciplinary Reviews: Water 2015, S. 359–392.
van Loon, Anne F. et al.	Drought in a Human-modified World: Reframing Drought Definitions, Understanding and Analysis Approaches, Hydrology and Earth System Sciences 2016, S. 3631–3650.
Vatter, Juliane/Wagnitz, Philipp/ Hernandez, Eva	Risiko Dürre: Der weltweite Durst nach Wasser in Zeiten der Klimakrise, Berlin: World Wide Fund For Nature Deutschland, 2019.
Viertel, Berthold	Die Bedeutung von § 1 a WHG für die Zulässigkeit von Abwasserleitungen, Zeitschrift für Wasserrecht 1996, S. 417–423.

Literatur

Vogt, Jürgen/Spinoni, Jonathan/ Naumann, Gustavo	Dürre in Europa, in: Lozán *et al.* (Hrsg.): Extremereignisse (Warnsignal Klima), 2018, S. 119–125.
Vogt, Jürgen V./Somma, Francesca (Hrsg.)	Drought and Drought Mitigation in Europe, Dordrecht 2000.
Vogt, Jürgen V. et al.	Drought Risk Management: Needs and Experiences in Europe, in: Wilhite/Pulwarty (Hrsg.): Drought and Water Crises: Integrating Science, Management, and Policy, 2. Aufl., 2017, S. 385–408.
Volkens, Bettina	Vorsorge im Wasserrecht: Der ökologische Schutzzweck des § 1a WHG und seine Verwirklichung im Bereich der Abwassereinleitung, der Abfallablagerung und der Landwirtschaft (Wasserrecht und Wasserwirtschaft), Berlin 1993.
von Lersner, Heinrich/Berendes, Konrad/Reinhardt, Michael (Hrsg.)	Handbuch des deutschen Wasserrechts: Neues Recht des Bundes und der Länder, Loseblatt-Textsammlung und Kommentare, Band 1, Berlin 4/2021.
von Mangoldt, Hermann/Klein, Friedrich/Starck, Christian (Hrsg.)	Kommentar zum Grundgesetz, 7. Aufl., Band 2, München 2018.
von Münch, Ingo/Kunig, Philip (Hrsg.)	Grundgesetz-Kommentar, Präambel bis Art. 69, 7. Aufl., Band 1, München 2021.
von Repgow, Eike	Ebel (Hrsg.): Sachsenspiegel: Landrecht und Lehnrecht, Stuttgart 1993.
von Repgow, Eike	Kaller (Hrsg.): Der Sachsenspiegel: in hochdeutscher Übersetzung, München 2002.
von Stein, Lorenz	Schliesky (Hrsg.): Handbuch der Verwaltungslehre und des Verwaltungsrechts: mit Vergleichung der Literatur und Gesetzgebung von Frankreich, England und Deutschland, Tübingen 2010.
Vorländer, Hans	Forum Americanum – Konintuität und Legitimität der Verfassung der Vereinigten Staaten von Amerika 1787-1987, in: Häberle (Hrsg.): Jahrbuch des Öffentlichen Rechts der Gegenwart, Tübingen 1987, S. 451–488.
Voßkuhle, Andreas	Das Kompensationsprinzip: Grundlagen einer prospektiven Ausgleichsordnung für die Folgen privater Freiheitsbetätigung – zur Flexibilisierung des Verwaltungsrechts am Beispiel des Umwelt- und Planungsrechts, Tübingen 1999.
Wabnitz, Sabine Erika	Das Verschlechterungsverbot für Oberflächengewässer und Grundwasser, Hamburg 2010.
Wagner, Klaus	Der Risikoansatz in der europäischen Hochwassermanagementrichtlinie, Natur und Recht 2008, S. 774–779.
Wahl, Rainer	Verwaltungsorganisation, in: Maurer/Hendler (Hrsg.): Baden-Württembergisches Staats- und Verwaltungsrecht, Frankfurt am Main 1990, S. 92–122.

Wahl, Rainer/Appel, Ivo	Prävention und Vorsorge: Von der Staatsaufgabe zur rechtlichen Ausgestaltung, in: Wahl (Hrsg.): Prävention und Vorsorge: Von der Staatsaufgabe zu den verwaltungsrechtlichen Instrumenten, Berlin 1995, S. 1–216.
Walker, William R./Hrezo, Margaret S./Haley, Carol J.	Management of Water Resources for Drought Conditions, in: Paulson et al. (Hrsg.): National Water Summary 1988–89: Hydrologic Events and Floods and Droughts (Water-Supply Paper 2375), Reston, VA 1991, S. 147–156.
Wallerath, Maximilian	Allgemeines Verwaltungsrecht: Lehrbuch, 6. Aufl., Berlin 2009.
Walston, Roderick	Reborn Federalism in Western Water Law: The New Melones Dam Decision, Hastings Law Journal 1979, S. 1645–1682.
Walston, Roderick	The Public Trust Doctrine in the Water Rights Context, Natural Resources Journal 1989, S. 585–592.
Walter, Anne-Barbara	Wasserrecht, in: Kluth/Smeddinck (Hrsg.): Umweltrecht, Wiesbaden 2013, S. 177–247.
Walter, Gerhard/Maier, Axel	Die Sicherung von Bezugs- und Abnahmeverpflichtungen durch Dienstbarkeiten, Neue Juristische Wochenschrift 1988, S. 377–388.
Walton, Brett	Drought Exposes Vulnerabilities in California Water Management, Circle of Blue, 12.2.2014, abrufbar unter https://www.circleofblue.org/2014/world/drought-exposes-vulnerabilities-california-water-management/ [abgerufen am 12.7.2021].
Wasserverband Südharz	Beschränkung der Verwendung von Trinkwasser, abrufbar unter https://www.wasser-suedharz.de/news/1/451212/nachrichten/beschr%C3%A4nkung-der-verwendung-von-trinkwasser.html [abgerufen am 12.7.2021].
Water Education Foundation (Hrsg.)	Groundwater, Sacramento, 2011.
Water Education Foundation	Federal Agencies Involved in Water Interests, abrufbar unter https://www.watereducation.org/federal-agencies-involved-water-issues [abgerufen am 12.7.2021].
Water Transfer Workgroup	Water Transfer Issues in California: Final Report to the California State Water Resources Control Board by the Water Transfer Workgroup, Sacramento: State Water Resources Control Board, 2002.
Waterman, Ryan	Addressing California's Uncertain Water Future by Coordinating Long-Term Land Use and Water Planning: Is a Water Element in the General Plan the Next Step?, Ecology Law Quarterly 2004, S. 117–203.
Weber, Gregory S.	The Role of Environmental Law in the California Water Allocation and Use System: An Overview, Pacific Law Journal 1994, S. 907–972.

Weber, Gregory S.	A New Water Accounting, Ecology Law Quarterly 2013, S. 795–831.
Weber, Karl	Zur Rechtsgeschichte der Wiesengemeinschaften der Hallig Hooge, Zeitschrift der Savigny-Stiftung für Rechtsgeschichte / Germanistische Abteilung 1932, S. 483–485.
Weißenberger, Diana	Öffentliche Wasserversorgung 2013, Statistisches Monatsheft Baden-Württemberg 2015, S. 36–39.
West Water Research	Drought Intensity Highlights Importance of Spot Market Water Transfers in California, Water Market Insider 2014, S. 1–4.
Western Water Canoe Club	Citizens' Right to California Waterway Use, Bericht FS-1.3.2.1 (WWCC Law Summary Fact Sheet), 1994.
Wiel, Samuel	Priority in Western Water Law, The Yale Law Journal 1909, S. 189–198.
Wiel, Samuel	Water Rights in the Western States: The Law of Prior Appropriations of Water as Applied Alone in Some Jurisdictions, and as, in Others, Confined to the Public Domain, with the Common Law of Riparian Rights for Waters Upon Private Lands, 3. Aufl., Band 1, San Francisco 1911.
Wilhite, Donald A.	Drought Planning: A Process for State Government, Journal of the American Water Resources Association 1991, S. 29–38.
Wilhite, Donald A.	Planning for Drought: A Methodology, in: Wilhite (Hrsg.): Drought Assessment, Management, and Planning: Theory and Case Studies (Natural Resource Management and Policy 2), Boston, MA 1993, S. 87–108.
Wilhite, Donald A.	The Enigma of Drought, in: Wilhite (Hrsg.): Drought Assessment, Management, and Planning: Theory and Case Studies (Natural Resource Management and Policy 2), New York 1993, S. 3–15.
Wilhite, Donald A./Glantz, Michael H.	Understanding the Drought Phenomenon: The Role of Definitions, Water International 1985, S. 111–120.
Wilhite, Donald A./Hayes, Michael/Knutson, Cody	Drought Preparedness Planning: Building Institutional Capacity, in: Wilhite (Hrsg.): Drought and Water Crises: Science, Technology, and Management Issues, Boca Raton 2005, S. 93–134.
Wilhite, Donald A./Rhodes, Steven L.	Drought Mitigation in the United States: Progress by State Government, in: Wilhite (Hrsg.): Drought Assessment, Management, and Planning: Theory and Case Studies (Natural Resource Management and Policy 2), 1993, S. 237–251.
Wilhite, Donald A./Sivakumar, Mannava VK/Pulwarty, Roger	Managing Drought Risk in a Changing Climate: The Role of National Drought Policy, Weather and Climate Extremes 2014, S. 4–13.

Wilhite, Donald A./Svoboda, Mark	Drought Early Warning Systems in the Context of Drought Preparedness and Mitigation, in: Wilhite/Sivakumar/Wood (Hrsg.): Early Warning Systems for Drought Preparedness and Drought Management, Proceedings of an Expert Group Meeting held in Lisbon, Portugal 2000, S. 1.
Wilhite, Donald A. et al.	Planning for Drought: Moving from Crisis to Risk Management, Journal of the American Water Resources Association 2000, S. 697–710.
Winter, Gerd	Umweltrechtliche Prinzipien des Gemeinschaftsrechts, Zeitschrift für Umweltrecht 2003, S. 137–145.
Witkin, Bernard	Summary of California Law: Constitutional Law, 11. Aufl., Band 7, San Francisco, CA; St. Paul, Minn. 2017.
Witkin, Bernard	Summary of California Law: Constitutional Law, 11. Aufl., Band 8, San Francisco, CA; St. Paul, MN 2017.
Witkin, Bernard	Summary of California Law: Real Property, 11. Aufl., Band 12, San Francisco, CA; St. Paul, MN 2017.
Wollenschläger, Ferdinand	Verteilungsverfahren: die staatliche Verteilung knapper Güter: verfassungs- und unionsrechtlicher Rahmen, Verfahren im Fachrecht, bereichsspezifische verwaltungsrechtliche Typen- und Systembildung (Jus publicum), Tübingen 2010.
Wong, Zoe A.	Exhausted of Concurrent Jurisdiction: A Reexamination of National Audubon v. Superior Court of Alpine County, Washington Journal of Environmental Law & Policy 2017, S. 65–89.
Wurster, Stefan	Energiewende in Baden-Württemberg: Ausmaß und Folgen, in: Hörisch/Wurster (Hrsg.): Das grün-rote Experiment in Baden-Württemberg, 2017, S. 251–278.
Würtenberger, Thomas/Heckmann, Dirk/Tanneberger, Steffen	Polizeirecht in Baden-Württemberg, 7. Aufl., Heidelberg 2017.
Zabel, Lorenz	Das Recht der öffentlichen Wasserversorgung nach dem novellierten Wasserhaushaltsgesetz, Deutsche Verwaltungsblätter 2010, S. 93–102.
Zebisch, Mark et al.	Klimawandel in Deutschland: Vulnerabilität und Anpassungsstrategien klimasensitiver Systeme, Potsdam: Potsdam-Institut für Klimafolgenforschung, 2005.
ZEIT ONLINE	Missernten: Volker Kauder sagt Landwirten Unterstützung zu, 1.8.2018, abrufbar unter https://www.zeit.de/politik/2018-08/missernten-kauder-volker-bauern-hilfen-bundesregierung [abgerufen am 12.7.2021].
Zimmermann, Beate/Minecka, Malgorzata	Besprechung von VGH BW, Urt. v. 5.7.2012 – 2 S 2599/11, Infrastrukturrecht 2013, S. 44–45.
Zink, Matthias et al.	The German Drought Monitor, Environmental Research Letters 2016, 074002:1–9.

Literatur

Zitelmann, Ernst	Aufgaben und Bedeutung der Rechtsvergleichung, Deutsche Juristen-Zeitung 1900, S. 329–331.
Zoth, Peter	Rechtliche Instrumente für das Dürre-Management: Eine Untersuchung unter besonderer Berücksichtigung des öffentlichen Wasserrechts in Deutschland und Spanien (Recht der Wasser- und Entsorgungswirtschaft 49), Köln 2020.
Zoth, Peter/Caillet, Victoria/ Mager, Ute	Herausforderungen und Realität eines Dürremanagements in Baden-Württemberg – Ein Bericht aus dem Forschungsnetzwerk DRIeR, Verwaltungsblätter Baden-Württemberg 2019, S. 133–142.
Zweckverband Mannenbach-Wasserversorgung	Wasserversorgung wegen extremer Trockenheit ernsthaft gefährdet, Mannenbach, 2017.
Zweigert, Konrad/Kötz, Hein	Einführung in die Rechtsvergleichung auf dem Gebiete des Privatrechts, 3. Aufl., Tübingen 1996.

Abbildungen und Tabellen

Abbildungen

1	Abgrenzung der Begrifflichkeiten............................	11
2	Schematische Darstellung der hydrometeorologischen Entwicklung verschiedener Dürretypen....................................	13
3	Risikomanagement..	47
4	The Cycle of Disaster Management	47
5	Die Matrix des Risikomanagements..........................	48
6	Example of Tiered Water Distribution, Kern County, California	352
7	Handlungsempfehlung zur Eingliederung von Dürrebewältigungsinstrumenten in das für Baden-Württemberg geltende Wasserrecht.........	362
8	Mögliche Umsetzung einer Nutzungshierarchie im öffentlichen Wasserrecht...	384

Tabellen

1	Spezifisch dürrebezogene Regelungen in kalifornischen *water rights* ...	228
2	Maßnahmen in EOs anhand deren Regelungsinhalts................	271
3	Gesetzlich vorgeschriebener Mindestinhalt von Zustandsanalysen in den UWMPs nach §§ 10631 ff. WAT.............................	294
4	Gute fachliche Praxis für das Wassermanagement.................	305
5	Ergänzende Maßnahmen zur effizienten Gewässernutzung durch die Landwirtschaft, § 10608.48 WAT............................	310
6	Anpassungsmaßnahmen zur Dürrerisikobewältigung und -vorsorge....	449

Sachregister

Abfluss *siehe* Gewässerabfluss
– erforderlicher *siehe* Mindestabfluss
Ablaufplan 133, 298, 422
adjudication 242 ff., 396
– *statutory* 205, 243 f.
agricultural water management plans (AW-MPs) 303
Aktionsplan 171, 177 f., 230, 287, 298, 318, 321, 375, 402, 408, 423 f., 432 f.
– bundesstaatenweiter 320, 323
Alarmplan 178 f.
Allgemeinverfügung 134
Alte Rechte 121, 377
Anmeldeerfordernis 121
appropriative rights 216, 227
Aridität 11
Artenschutz 340, 448
Ausgleichsverfahren nach § 22 WHG 137, 395
Ausgleichszahlung 140
Ausnahmegenehmigung 157, 175
Ausnahmeregelungen 328

Befristung 107
Benutzung *siehe* Gewässerbenutzung
Benutzungskonflikte 70
Beregnungsverband 185, 191
Beschränkung von Wasserrechten *siehe curtailments*
Bevorratung 67, 126
Bewässerung 299
– effiziente 108
Bewässerungsverband 65, 369
Bewilligung 102 f.
Bewirtschaftungsermessen 71, 104, 157
– zweistufiges 65
Bewirtschaftungspläne 157, 413
– Berücksichtigung von Dürre 161
– Eignung zur Dürrebewältigung 157
Bewirtschaftungsziele 71, 107, 171, 291, 373
– Ausnahme 76
Binnenschifffahrt *siehe* Schifffahrt
Bodensee-Richtlinie 2005 57
Bußgeld 90, 146 f., 240, 277, 281, 292, 299
– Dürrezuschlag 395
Bund-Länder-Arbeitsgemeinschaft Wasser (LAWA) 64

California Constitution 200
California Water Action Plan 287
California Water Code (WAT) 200
California Water Plan 285
case law 201
conservation mandates 277, 280
curtailments 206, 211, 221, 223, 239, 241, 271, 274 ff., 279, 283, 312, 323, 374, 390 f., 405
– *letters of* 275 f., 279, 283

demand offset programs 257 f., 264, 387
Department of Water Resources (DWR) 204
drought
– Begriff 15
drought emergency regulation 272
drought response matrix 311
Dürre 10
– außergewöhnliche 77
– Begriff 12, 81
– begriffliche Abgrenzung 11
– historische 51, 220
– in Baden-Württemberg 31
– in Kalifornien 36
– lang anhaltende 77
– Sondereinheit 407
Dürremanagementplan 309
– alternative 301
Dürreaktionsplan 321, 402, 428
– akteursspezifischer 424
– integrierter 423
Dürreanalyse 420
Dürreauswirkungen 30
Dürrebedarfsplanung 386
Dürrebetriebsmanagementplan 387
Dürrebewältigung
– *ad hoc* 7, 46, 81, 149, 225, 255, 364, 400
– Begriff 9
– lokale 256
Dürrebewältigungsplan 320
– Fernwasserversorgung 325
Dürrebewirtschaftungspläne 149, 171
Dürreindikator 40, 78, 421
Dürrekatastrophe 151
– Beendigung 282
– bundesstaatenweite 267, 404
– lokale 264

539

Sachregister

Dürrekatastrophenfall 149, 255, 403 f.
Dürrekatastrophenhilfe 358, 444
Dürremanagement 83, 361
– gesetzliche Regelung 436
Dürremanagementplan 171
Dürremaßnahmenkatalog 422
Dürremonitor 39
Dürremonitoring 30, 38
Dürrenotstand *siehe* Dürrekatastrophe
Dürrerisikomanagement 46, 49
Dürrerisikominderungsprogramm 329
Dürreschäden 192
Dürrestufen 262, 297, 323
Dürreversicherung 194, 443
– in Kalifornien 357
Dürrevorhersage 30, 38
Dürrevorsorge 7, 46, 57 f., 70, 80 f., 84, 225
Dürrewasserbank 354
Dürrezuschlag 395, 441

Eigenvorsorge
– betriebliche 65, 191, 437
Einsparpotential 349
Einsparungsvorgaben
– individuelle 279
– zwingende 277
Entnahmen
– rechtswidrige 135, 147, 239, 391
Entnahmeregulierung 106, 227
Entnahmeverbot 149
Equitable Apportionment Doctrine 244
Erlaubnis
– gehobene 102, 104
Ernteausfall 194
Ernteausfallzahlungen 445
EU-Strategie gegen Wasserknappheit und Dürre 55
Evapotranspirations-Anpassungs-Faktor (ET-AF) 254

Fernwasserversorgung 23 f., 27, 202 f., 221, 224, 237
Fischsterben 32, 90, 176
Flusseinzugsgebiet 158
Flussgebietsbehörde 60

Gemeingebrauch 113
– Untersagung 82, 90, 131
Gemeinverträglichkeit 70
Generalklausel
– wasserrechtliche 83, 128
Gewässer

– Temperatur 429
Gewässerabfluss 88 ff., 92, 94, 96 f., 105, 163, 174, 180
Gewässeraufsicht 67, 82 f., 123, 127
Gewässeraufteilung
– Kalifornien 214
Gewässerbenutzung 24, 82, 98 f., 119, 215, 375
– Anpassung 139
– genehmigungsfreie 112, 388
– Hierarchie 378
– Priorisierung 67
– Sanktionierung 391
– Untersagung 122
Gewässerdurchgängigkeit 96
Gewässerveränderung 84
– nachteilige 31
Gewässerzustand
– guter 72, 157
Grauwasser 254
groundwater
– *percolating* 218
– *protection area* 319
Grünflaechenbewässerungsvorgaben 253
Grundwasser
– erlaubnisfreie Nutzung 117
Grundwasserschutz 313, 426
Grundwasserspeicher 243
groundwater sustainability plan (GSP) 315
Gewässerzustand 72

Handlungsempfehlungen 361
Hierarchie *siehe* Nutzungshierarchie
Hochwasser
– Definition 78
Hochwassermanagement 81
Hochwasserrisiko 45
Hochwasserrisikomanagement 48
home rule 203
human right to water 236

Informationspflicht 274
– alte Rechte 121
instream flow siehe auch Gewässerabfluss
– *protection laws* 246
– *requirements siehe auch* Mindestabfluss
Instrumente 81
– Definition 7
– Kalifornien 224
– Ordnung 7
Instrumentenmix 8, 416

Katastrophe

- Definition 152
Katastrophenfall 151
Klimawandel 41, 68
Kollisionsregeln 70
Kühlwasserregulierung 337

Landwirtschaft 89, 114, 192
- Nutzungsinteresse 26
local government 206

Maßnahmen
- ergänzende 167
- grundlegende 167
Maßnahmenplan
- der Wasserversorger 172
Maßnahmenprogramme 157
- Dürrebewältigung 164
Masterplan Wasserversorgung 4, 25
Messstellen 32, 74
Mindestabfluss 28, 88 ff., 93 f., 97, 169, 374, 418
Mindestwasserführung 247
Mindestwasserführung 83, 88, 121, 147, 373
Mühlenordnungen 52
Mühlenrechte 121
Mustervorlage
- Dürreaktionsplan 323
- Wasserknappheit 300

Nachfrageregulierung 149, 257, 293
Nachhaltigkeit 66, 68, 317, 426
Nachhaltigkeitsprinzip 58
Nationale Wasserstrategie 4, 35
Nebenbestimmungen 107
Niedrigwasser 31, 88, 135, 174, 246
Niedrigwasseraktionsplan 375
Niedrigwasseraufhöhung 109
Niedrigwassermanagement 375, 434
Niedrigwasservorhersage 39
Nutzungsbeschränkung 239, 272
Nutzungshierarchie 231
- einfachgesetzliche 381
Nutzungsinteresse 24
- Landwirtschaft 26
Nutzungskonflikte 24
Nutzungskonkurrenz 109, 137
Nutzungsregulierung 261, 408
Nutzungsuntersagung 134, 239, 242, 272, *siehe auch* curtailments, 280, 390
Nutzungszweck
- Priorisierung 235

Öffentlichkeitsbeteiligung 424
Ordnungswidrigkeit 147

Physical Solution Doctrine 244
Priorisierung 70, 110, 210, 212, 229, 231, 378, 380
- Nutzungszweck 235
- räumliche 380
- Wasserrechte 231
Public Trust Doctrine (PTD) 212, 370

Querschnittsmaterie 48, 70, 447

Rücksichtnahmegebot 70
Reasonable and Beneficial Use Doctrine 210, 225, 231, 370
Rechtsvergleich 5
Regelungskompetenz
- unionsrechtliche 54
regulations 201
Ressourcenvorsorge 57, 82
Restabflussmenge 246
riparian right 216
Risiko
- Begriff 43
Risikomanagement 42
- Dürre 46, 49
- Hochwasser 48
Risikovorsorge 57, 82

Sauerstoff
- Regulierung 432
Sauerstoffreglement Neckar 176
Schifffahrt 29, 249
Schutzpflichten
- grundrechtliche 61
Sparsamkeit 58, 82 f., 87, 108, 182, 225, 373, 395
Sparsamkeitsanforderungen 252
Sparsamkeitsgebot 84
State Water Resources Control Board (SWRCB) 205
stress test 279
Subventionen 446
Summationswirkung 89, 388

Technologien
- wassereffiziente 86
Temperaturmanagement 339
Thermal Plan 336
Trinkwassernotversorgung 153
Trockenheit 10
- begriffliche Abgrenzung 11

541

Umverteilung
– Wasserressourcen 350
Umweltprinzipien 56
urban water management plans (UWMPs) 289
US Drought Monitor 39 f., 323

Verbesserungsgebot 72
Verfassung Kaliforniens *siehe* California Constitution
Versagungsgrund 96, 100
Verschlechterung
– Begriff der 75
– vorübergehende 76
Verschlechterungsverbot 72, 74, 76, 79, 90, 128
Verursacherprinzip 56
Verwaltungsaufbau 63, 365
– Kalifornien 203
Verwüstung 11
Vorhersage
– Wasserverfügbarkeit 326
Vorratsgenehmigung 67
Vorsorgeprinzip 57
VwV Dürrehilfe 191
VwV Weinbau 191

Wärmelastmanagement 336
Wärmelastplan 173, 331, 431
– Neckar 174
Waldbrandrisiko 34, 112
Wasserbehörden 83, 90, 104, 110, 366
– in Baden-Württemberg 60
– in den Vereinigten Staaten 203
– in Kalifornien 204
Wasserbuch 411
Wasserdargebot 20
Wasserentnahmeentgelt 182
Wassergericht 52
Wasserinfrastruktur 87
Wasserinfrasturktur 22
Wasserknappheit 11
Wasserknappheitsaktionspläne (WSCPs) 297
Wasserkraft 27, 56, 89, 93, 96, 121
Wasserkrafterlass 92
Wassermanagementplan 413
– in Kalifornien 289
– landwirtschaftlicher 303
Wassermarkt 350
Wassermengenrecht

– europäisches 54, 80
Wassernutzung *siehe* Gewässerbenutzung
Wassernutzungsentgelt 57
Wasserpreis 344, 438
– Ausgestaltung 347
Wasserrahmenrichtlinie 55, 58, 71, 85
Wasserrecht
– konzeptionelle Ausrichtung 361
Wasserrechte
– Beschränkung von 229
– Datenbank 227
– nachträgliche Beschränkung 239
– System der 215
Wasserregale 51
Wasserschutzgebiet 141, 397
Wassersicherstellungsgesetz 153
Wasserspartarif 344
Wasserstress 89
Wassertarif
– gestuft 345
Wassertransfer 350, 442
Wasserverband 64, 369
– kalifornischer 208
Wasserversorger 368
– landwirtschaftliche 306
Wasserversorgung
– Beschränkung 149
– öffentliche 63, 68, 87, 110, 149, 187, 262
– örtliche 401
– Sicherstellung 406
Wasserverteilungsverfahren *siehe adjudication*
Wasserwiederverwendung
– Mindestanforderungen für die 56
Wasserzähler
– Dokumentationspflicht 241
Wasserzähler 108, 186, 229, 258, 296, 309, 349, 391
water conservation plan 304
water conservation program 256
water market siehe Wassermarkt
water master 243
water moratoria 262, 264
water reuse Verordnung 56
water shortage contingency plans (WSCPs) 297

Zuwendungen
– staatliche 190

Das Recht der Wasser- und Entsorgungswirtschaft

Herausgegeben von Professor Dr. Dr. Wolfgang Durner, Direktor des Instituts für das Recht der Wasser- und Entsorgungswirtschaft an der Universität Bonn, mit Unterstützung des Vereins zur Förderung des Instituts

Heft 24
Staat, Selbstverwaltung und Private in der Wasser- und Entsorgungswirtschaft.
Referate und Diskussionen der 18. Vortragsveranstaltung des Institutes für das Recht der Wasser- und Entsorgungswirtschaft an der Universität Bonn am 18. Mai 1995 und weitere Abhandlungen.
Herausgegeben von Professor Dr. Rüdiger Breuer.
1997. VIII, 175 S. Kartoniert. ISBN 3-452-23599-8

Heft 25
Hochwasserschutz im geltenden und künftigen Recht.
Referate und Diskussionen der 19. Vortragsveranstaltung des Instituts für das Recht der Wasser- und Entsorgungswirtschaft an der Universität Bonn am 3. Mai 1996.
Herausgegeben von Professor Dr. Rüdiger Breuer.
1999. VIII, 136 S. Kartoniert. ISBN 3-452-24231-5

Heft 26
Die Zulässigkeit landesrechtlicher Andienungs- und Überlassungspflichten gemäß § 13 Abs. 4 KrW-/AbfG.
Von Professor Dr. Rüdiger Breuer. Unter Mitarbeit von Klaus-Dieter Fröhlich.
1999. XI, 148 S. Kartoniert. ISBN 3-452-24250-1

Heft 27
Regelungsmaß und Steuerungskraft des Umweltrechts.
Symposion aus Anlass des 70. Geburtstages von Professor Dr. Jürgen Salzwedel.
Herausgegeben von Professor Dr. Rüdiger Breuer.
2000. VIII, 256 S. Kartoniert. ISBN 3-452-24567-5

Heft 28
Industrielle Abwassereinleitung in Frankreich und Deutschland.
Ein Rechtvergleich unter Einbeziehung der Richtlinie 76/464/ EWG.
Von Dr. Christiane Busch.
2000. XVI, 249 S. Kartoniert. ISBN 3-452-24610-8

Heft 29
Gewässerausbau, Wasserkraftnutzung und alte Mühlenrechte.
Referate und Diskussionen der 20. Vortragsveranstaltung des Instituts für das Recht der Wasser- und Entsorgungswirtschaft an der Universität Bonn am 28. Oktober 1999.
Mit einer aktuellen Studie über alte Mühlenrechte an der Erft.
Herausgegeben von Professor Dr. Rüdiger Breuer.
2001. VII, 215 S. Kartoniert. ISBN 3-452-24999-9

Heft 30
„Wilder Müll" im Spannungsfeld des allgemeinen und besonderen Ordnungsrechts.
Von Dr. Jörg Grundmann.
2003. XXIII, 378 S. Kartoniert. ISBN 3-452-25526-3

Heft 31
Optionsspielräume Privater im Kreislaufwirtschafts- und Abfallrecht.
Von Dr. Manuela Hurst.
2005. XVIII, 254 S. Kartoniert. ISBN 3-452-26065-8

Heft 32
Abwasserbeseitigung durch kommunale Unternehmen.
Unter besonderer Berücksichtigung der Anstalt des öffentlichen Rechts – Zugleich ein Beitrag zur Rechtsformenwahldiskussion.
Von Dr. Ralf Gruneberg.
2007. XVIII, 409 S. Kartoniert. ISBN 978-3-452-26619-4

Heft 33
Die Umsetzung der Umwelthaftungsrichtlinien im Umweltschadensgesetz.
unter besonderer Berücksichtigung der Auswirkungen auf das deutsche Wasserrecht
Von Dr. Malte Petersen.
2008. XVI, 291 S. Kartoniert. ISBN 978-3-452-26932-4

Heft 34
Probleme des wasserrechtlichen Heimfalls.
Von Professor Dr. Rüdiger Breuer.
2008. X, 140 S. Kartoniert. ISBN 978-3-452-27053-5

Band 35
Umweltgesetzbuch – Ziele und Wirkungen
Integrierte Genehmigung – Naturschutz – Wasserrecht
Umweltrechtstage Nordrhein-Westfalen am 10. und 11. Juni 2008 in Bonn
Herausgegeben von Professor Dr. Dr. Wolfgang Durner
2009. XII, 166 S. Kartoniert. ISBN 978-3-452-27093-1

Band 36
Die nachwirkende Veranlagung der Mitglieder sondergesetzlicher Wasserverbände bei einer »Einschränkung der Teilnahme«
Von Professor Dr. Dr. Wolfgang Durner und Professor Dr. Kurt Faßbender
2011. VIII, 46 S. Kartoniert. ISBN 978-3-452-27549-3

Band 37
Wasserrechtlicher Reformbedarf in Bund und Ländern
Umweltrechtstage Nordrhein-Westfalen am 25. und 26. November 2010 in Bonn
Herausgegeben von Professor Dr. Dr. Wolfgang Durner
2011. XIII, 159 S. Kartoniert.　　　　　　　　　　ISBN 978-3-452-27618-6

Band 38
Ende der Kohlenutzung kraft europäischen Wasserrechts?
Zu den Auswirkungen der Phasing-Out-Ziele der Union für Quecksilber
auf die Nutzung von Kohle
Von Professor Dr. Dr. Wolfgang Durner und Nela Gies
2012. VIII, 46 S. Kartoniert.　　　　　　　　　　ISBN 978-3-452-27811-1

Band 39
Wasserrechtsfragen der Energiewende
Referate einer Tagung des Instituts für das Recht der Wasser- und
Entsorgungswirtschaft am 14. Dezember 2012 in Bonn
Herausgegeben von Professor Dr. Dr. Wolfgang Durner
2013. VII, 143 S. Kartoniert.　　　　　　　　　　ISBN 978-3-452-27992-7

Band 40
Das neue Hochwasserschutzrecht in Deutschland
Eine Untersuchung der Implementierung des unionsrechtlichen Hochwasserrisiko-
managements in das Hochwasserrecht des Wasserhaushaltsgesetzes
Von Dr. Alexander Dohmen
2014. VII, 206 S. Kartoniert.　　　　　　　　　　ISBN 978-3-452-28201-9

Band 41
Auf dem Weg zum Wertstoffgesetz
Umweltrechtstag Nordrhein-Westfalen am 10. Dezember 2013 in Bonn
Herausgegeben von Professor Dr. Dr. Wolfgang Durner
2014. VIII, 169 S. Kartoniert.　　　　　　　　　　ISBN 978-3-452-28216-3

Band 42
**Rechtsfragen der Anordnung zusätzlicher Reinigungsstufen
zur Eliminierung von Mikroschadstoffen**
Von Professor Dr. Dr. Wolfgang Durner
2014. VIII, 44 S. Kartoniert.　　　　　　　　　　ISBN 978-3-452-28228-6

Band 43
Die wasserpolizeiliche Generalklausel
Von Dr. Marc Philip Kubitza
2015. XIII, 194 S. Kartoniert.　　　　　　　　　　ISBN 978-3-452-28579-9

Band 44
Wasserwirtschaftliche Fachplanung und Raumordnung
Eine Untersuchung der Wechselwirkungen zwischen den Maßnahmenprogrammen,
Bewirtschaftungsplänen, Hochwasserrisikomanagementplänen und der Raumordnung
Von Dr. Philipp Heuser
2015. XVI, 268 S. Kartoniert. ISBN 978-3-452-28324-5

Band 45
Eigentum im Wasserrecht
Herausgegeben von Professor Dr. Dr. Wolfgang Durner und Prof. Dr. Foroud Shirvani
2016. VII, 111 S. Kartoniert. ISBN 978-3-452-28833-2

Band 46
Übertragung der Abwasserbeseitigungspflicht nach § 52 Absatz 2 LWG NRW
Von Professor Dr. Dr. Wolfgang Durner und Prof. Dr. Rainer Hüttemann
2017. VIII, 64 S. Kartoniert. ISBN 978-3-452-28925-4

Band 47
Die Abfallhierarchie der europäischen Abfallrahmenrichtlinie und ihre Umsetzung im deutschen Kreislaufwirtschaftsgesetz
Von Dr. Tim Hahn
2017. XVI, 396 S. Kartoniert. ISBN 978-3-452-28934-6

Band 48
Der Besorgnisgrundsatz im Grundwasserschutz
Inhalt, Anwendungsbereich und Implikationen
Von Dr. Vera Katharina Ibes
2017. XXVIII, 397 S. Kartoniert. ISBN 978-3-452-28935-3

Band 49
Rechtliche Instrumente für das Dürre-Management
Eine Untersuchung unter besonderer Berücksichtigung des öffentlichen Wasserrechts
in Deutschland und Spanien
Von Dr. Peter Zoth
2020. XVI, 277 S. Kartoniert. ISBN 978-3-452-29616-0

Band 50
Die rechtlichen Grundlagen der Erdgasförderung durch Fracking
Eine rechtliche Analyse unter besonderer Berücksichtigung des Fracking-Regelungspaketes
Von Dr. Fabian Herbst
2021. XXV, 400 S. Kartoniert. ISBN 978-3-452-29686-3

Band 51
Völkerrechtliche Zusammenarbeit in der Wasserwirtschaft
Herausgegeben von Professor Dr. Dr. Wolfgang Durner
2021. VII, 115 S. Kartoniert. ISBN 978-3-452-29833-1

Band 52
Gewässerunterhaltung
Strukturen und Probleme eines elementaren Rechtsinstruments des ökologisierten Wasserrechts
Von Dr. Johannes Funken
2021. XXIII, 559 S. Kartoniert.   ISBN 978-3-452-29846-1

Band 53
Die Maßnahmenplanung im europäisierten Verwaltungsrecht
Grundstrukturen, Dogmatik und Rechtsfragen eines neuartigen verwaltungsrechtlichen Planungsinstruments im europäischen und nationalen Umweltrecht
Von Dr. Lukas Knappe
2022. XXIV, 593 S. Kartoniert.   ISBN 978-3-452-29847-8

Band 54
Instrumente zur Dürrebewältigung im öffentlichen Wasserrecht
Eine rechtsvergleichende Untersuchung zwischen dem Bundesland Baden-Württemberg und dem US-Bundesstaat Kalifornien
Von Dr. Victoria Caillet
2022. XXIII, 542 S. Kartoniert.   ISBN 978-3-452-29872-0

Carl Heymanns Verlag